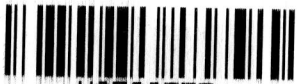

〔清〕董　誥等編

全唐文

四

中華書局

呂向

向字子回涇州人開元十年召入翰林兼集賢院校理累遷中書舍人改工部侍郎卒贈華陰太守

美人賦

帝初馳六飛之不測奄四海而作君曜明威巍崇勳固盡善而盡美又焉得而稱云時屯既康聖躬之豫樂以和操色以怡慮豈曰帝則實惟君舉庸克推腹心增耳目燕趙鄭衛楚越巴漢之邦士農工商阜隸輿臺之族不鄙褊陋

不隔賤卑工技者密聞淑邈者遠知上心由是震蕩中使載以交馳周若雲布迅如飆發以日繫時以時繫月德雋相次爲樂不歇闈紫微環帝座蕖華灼爍柳容婀娜輕羅隨風長縠舒霧肌膚紅潤柔姿靡質妖豔夭逸絕衆挺出嬛然容冶霍若明婚曼睩騰光以橫波修蛾濯色以總翠齒編貝鬢含雲顏綽約以冰雪氣芬郁而蘭薰腰佩激而成響首飾曜而騰文或纖麗婉以似羸或穠盛態而多肌有沈靜見節有語笑呈姿思若老成體類要兒眞天子所御者非庶人當有之洎懷春暮睇情睹列筵於林方舟於水自任縱誕相與攀倚鳥閒關而共嬌花散亂而增美吹碧蕖吐紅蕊左右相視遊嬉未已見頽景之迫濛汜攜密親召近臣陳金罍與瑤席朗月垂光而射人列星奪采長河滅津然後絲竹發越金石鏗鍧守則異器動則和鳴妙舞謂何尚以輕善歌取何矜以清齊列捷獵按次屛營閒直往以曳緒欻轉入而旋縈低視候節紆體遺聲遏行雲結遺風衆工相錯迭美不同夕以闌樂亦闌醉以蕩情樂以忘節帝曰今日爲娛前代固無當以共悅可得而說衆皆蹁躚離席遷延咸齊首互舉酒歌千春稱萬壽因進曰

妾家賤族陋目褊心陛下衣綺縠與羅紈飾珠翠與碧金燕私陳乎笙鼓和樂象乎瑟琴何恩渥以增極而悅愉之備湊顧薄軀之無毅空負惠以難任有美一人激憤含顰凜若秋霜肅然寒筠乃徐進而前止遂抗詞而外陳曰衆妾面諛不可侍君之側指摘背意委曲順色故毀妍而成鄙自崇謬而破直妾異爾情敢對以臆若彼之來違所親離厥夫別兄弟棄舅姑戚族媿羞鄰里嗟吁氣哽咽以塡塞涕流離以霑濡心絕瑤臺之表目斷層城之隅人知君命乃天不可讎尚懼盜有移國水或覆舟伊自古之亡主

莫不躭此嫚遊借爲元龜鑒在宗周衆以爲喜妾以爲憂於時天顔迴移聖心感通竟夜罷寢須明導衷俾革進伎樂者爲薦士之官徵豔色者爲聘賢之使闕下駿奔王庭麕至野無遺材山無逸人賁然偕道與物恆春若此之淑美豈同夫王顔絳脣巧笑工顰惑有國之君臣者哉

述聖頌

天輔聖德配極而崇帝者祖兮神行慈旨布澤而洽人之父兮叶命高嶽踰壽其齊招靈祜兮飛文孤標灑翰又類使物覩兮騰雄激烈交天聲芬偃上古兮發潤飄清揔此

光氣覆下土兮援異聞妙意力猶懸空作矩兮徽往到兮辭聽相授無與伍兮

諫令突厥入仗馳射疏

臣聞鵾鷄不鳴未爲瑞鳥猛武雖服豈齊仁獸是由醜性毒行久務常積故也今夫突厥者正與此類安忍殘賊莫顧君親陛下持武義臨之修文德來之既懾威靈又沐聲教以力以勢不得不庭故稽顙稱臣奔命遣使陛下乃能收其傾効雜以從官赴封禪之禮參玉帛之會此德業自盛固不可名焉因復詔許侍宸遊召入禁仗仰英姿之四照送神藝之百發思意俱極誠無得踰焉乃更賜以馳逐使操弓矢競飛鏃於前同獲獸之樂是屑略太過未敢取也雖聖智豁達與物無猜而愚心徘徊與時加懍儻此等各懷犬吠交肆盜憎荆卿詭動何羅竊玉變逼嚴蹕稍冒清塵縱即殪元兇墟幽土單于爲醢穹廬爲瀦何塞過責特願陛下勿復親近使知分限待不失常歸於得所此謂迴兩曜之鑒袪九宇之憂孰不幸甚

劉彤

彤開元時官右拾遺

諫拜陵寢早表

臣彤言陛下明發不寐展敬山陵朝拜之期必候清曉此誠孝思罔極求諸幽明之宏義也將士發軫路猶矄黑紅塵四合白刃交馳往來不相知左右不相識假令有敗車逸馬朽木枯株則變在不虞患生所忽不可輕也愚臣淺識實以逼迫伏願慮及細微以安宗社拜陵之日必候朝光則凡百歡心普天幸甚

論鹽鐵表

臣聞國之興衰在人不在天政之理亂在變不在習故殷

辛失道雖得歲而亡齊桓反經雖改法而霸此則神而明之存乎其人之明效也是以五帝不相襲禮三王不相沿樂者豈祖孫父子苟欲殊其業耶誠代異乎宜而時有所適不得已而然耳故能功格天地道濟生人三五而來未聞有弊而不還以之長治者也國家承亡隋之季開累聖之業至於憲章彝典立教垂訓可謂詳矣然猶倉廩未實流庸未還俗困兼并人嗟杼軸者所謂能適道矣而未能權積習之見不迴而隨時之宜未得故也臣聞漢之五葉孝武爲政一廄馬三十萬匹後宮數千人外討戎夷內興

宮室殫費之甚實百當今然而古費多而貨有餘今用少而財不足者何也豈非古取山澤而今取貧人哉取山澤則公利厚而人歸於農取貧人則公利薄而人去其業此所以古今不一贏儉相懸故先王之作法也山海有官虞衡有職輕重有術禁發有時一則專農二則饒國濟人盛事也臣實謂當今宜之夫煮海爲鹽採山鑄金伐木爲室者豐餘之輩也寒而無衣饑而無食庸賃自資者窮苦之流也若能收山海厚利奪豐餘之人蠲調斂重徭免窮苦之子所謂損有餘而益不足帝王之道可不謂然乎臣願陛下詔鹽鐵木等官收興利貨賣遷於人則不及數年府有餘儲矣然後下寬大之令蠲窮獨之徭可以惠羣生可以柔荒服討百蠻不憂千金之費懷萬國自有三錫之饒雖戎狄猾夏堯湯水旱無足虞也如此則成康刑措而頌聲作臣愚易之臣聞可與守成而難與慮始者常情是也陛下若允臣愚計便付有司則恐由習常就之無日伏請付中書門下令妙擇才幹委以使車則愚臣所獻儻裨萬一奉天適變惟在陛下行之

河南府奏論驛馬表

臣某言今月一日中使魏光勝至伏奉手詔當管每驛更加添鞍馬不得停留往來使命者伏以所到郵傳以備急宣由臣術無方致令馬畜有闕忽奉恩詔憂惶失圖臣某中謝臣伏以當府重務無過驛馬臣到官之日惟此是圖雖牧市百端死損相繼蓋緣府界濶遠山谷重深自春多雨馬蹄又軟驅馳石路斃踣實多比於陝虢已西及汝鄭等處道路稍異日夜倍憂又西自永寧東自汜水南到臨汝北達河陽正驛都管一十六所常加填備動以久闕此皆臣無政術上軫聖心踏地局天不足所處臣今分遣官

吏稍加價錢兼令外求冀免有闕臣某中謝又盧會昌到日臣謹依詔旨差人領送上都無任懇迫惶懼之至

邢巨

巨揚州人開元七年中文詞雅麗科官監察御史

應文辭雅麗科對策 并問

問朕聞至道雖微不言而化皇天陰隲相叶其彝信寒暑而生成施雲雨而沐潤垂範作訓樹君育人時有澆淳教垂繁略成湯既聖禹道云亾桑扈谷風屢動詩人之刺塞門反坫時遺宣父之嫌我國家拯彼頹綱開茲盛業朕以

不德襲號乘時而皇極之道未敷謨明之軌尚闕思宏厥理其義安從至如視聽貌言恒若時若會極歸極作哲作乂一以貫之何方而可夫禮以飾情情踈則禮略樂以通感感至則神和理內爲同修外爲異同異之用有昧其功人俗未融佇明斯要又四時武德制自何君五行文始本之誰代昭德盛德莫辨所尊昭容禮容未詳所出悉情以對用釋余疑

對臣聞太宗文皇之御天下也廣直言之路開納善之門近臣盡規庶人畢議可謂至矣今皇天眷命陛下紹復先業齊心法宮之中冕旒正殿之上詳延秀異詢及芻蕘若乃敷皇極以作則宏禮樂以垂訓彝倫攸序羣德畢舉斯太宗之盛事也豈前王訪九疇之要貞三極之本能望清光哉天文昭回萬物盡覩臣謬以黃綬之末預聞赤墀之議將何以塞厚問揚天休臣聞諸仲尼曰大道之行與三代之英某未之逮也而有志焉自上皇不歸大道悠久聖人順天地之性究變化之元雖損益以文質或沿襲以忠敬至於飾禮容以昭貴崇樂舞以立象樹君牧人茂時育物其致一也夫務本於道則浮競可以鎮靜習俗於變卽

純一或以僞遷故輕樂見誚於國風昧禮貽訓於聖典蓋有由焉唐興百有餘載高祖以武功定鼎紐天綱於八紘太宗以睿聖握符纂天光於三象蕩亾隋之頹靡宏聖唐之簡易盛德大業與三代同風伏惟陛下誕受天休光膺景命粤若昭德殷薦之禮感和通神之敎敬事睿聖之徵順時布德之典將以登格皇穹鴻業也啟迪王命大猷也風雨時若休徵也人俗康寧至教也五輝叶訓八方順軌堯舜之盛無以加焉成康之道復何足數而猶曰皇道未敷謨明尚闕發天章於聖藻採至言於輿誦陛下之謙讓

也愚臣何足以知之制策曰至如視聽貌言恆若時若會極歸極作哲作乂一以貫之何方而可者臣聞王政之端本於性也至化之極歸於理也能盡其性而合乎理則休徵至不盡其性而悖乎理則咎徵至故聖人法天以立性畏天以作則見天道之在五行人事應之彰彰類矣自非統性命之理求天人之端孰能從言以作乂因事以求哲暘順而會其極蒙恆而返其道適於數故雖以五事明宗其極則可以一理貫臣又聞聖心鏡物必揆於至妙大道虛象垂契於理先然卽繼聖業者其道同遵王度者其化

一陛下體周武之盛德訪唐堯之遺事龜圖靈文天光垂象伏願沐時雨於動植散祥風於涵泳則大中之道何以尚茲制策曰夫禮以飾情情疏則禮略樂以通感感至則神和理內爲同修外爲異同異之用有昧其功人俗未融佇明斯義四時武德制自何君五行文始本之誰代昭德盛德莫辨所尊昭容禮容未詳所出臣聞禮樂其所由來尚矣先王所以美教化厚人倫以致太平也必將考其理求其端故揖讓之教末而安上存乎至簡舞詠之功淺而移風歸乎至易夫辨升降彰采服此禮之所以飾情也登金石翔景瑞此樂之所以通感也故感發於內樂由衷以致和情見乎表禮自外以爲異雖清濁之資考性則殊而教化之端在理斯一況今懿綱被遐裔至道冠生靈和理日躋同乎大順非禮樂之化其孰能至此乎夫崇德垂範此同異之用也教齊化洽此人俗之融也至如武德之盛武之業也文德之盛順之至也神道設教制四時於炎歷德徵可崇增五行於橫序尊三德於清廟表二容於盛禮聖問昭闡與天道以元亨狂言鄙賤仰天文而知愧謹對

對祈田判

甲擊鼓祈年穀於田祖司察以禮不下庶人寘於法不伏判

先王敎人貴賤有等帝耤爲重躬青耜於靈壇終畝惟勤法朱紘於御典候鳥星之仲月闢龍鱗於上腴祥應豳詩祈歲功於土穀疑生魯禮罪越命於金章甲卽非辜擊之可也且援枹而進聲坎坎於田郊嘉粟佇登福穰穰於歲報司察此舉未曰合宜甲之不伏固當其理

拓跋興宗

興宗元宗時人。

請致仕侍親表

臣某言臣聞懷祿者恥於冒進事親者貴在及時苟貪非分之榮何報所生之德臣興宗中謝伏奉某月日敕許臣入京覲省者臣母譙郡太夫人曹氏今八十有四一遭風疾倍加羸憊臣之戰灼罔知攸從然曹氏有臣更無他子臣纔齠齔父已背亡守志偏棲鍾情善訓恩深徙宅慈過折葼孤危相依臣得成立蕃夷賤末久荷國恩磨鈍策疲已歷三紀腰金拖紫四昇八命每慙祿厚慮臣身災況老親在堂迫於衰疾而更晨昏有闕尸素無厭碩鼠貽刺林

烏不若尚參朝列心豈遑安特乞停官許從歸侍則藜藿之養子道獲申桑榆之暉母心是慰當今大聖御極羣賢共理豈資微臣而在冗職雙鳧隻雁寧覺少多九牛一毛未爲增損倘明神見祐母體漸平在臣犬馬敢不驅策伏望採詩人之錫類鑒令伯之陳情曲降鴻私俯矜微懇垂恩遂志死將萬足不勝懇款之至

第二表

臣某言臣前表自陳上訴母親乞停所職以就私養聖恩未許懇願莫從母子二人肝腦塗地臣某中謝臣初孩則孤未冠而仕不識父兄之教但承慈母之育向母無臣則烏鳥誰哺向臣忘母則禽獸不若更無性命以至成長今臣老母八十五載矣加之疾疹日甚一日有增無減湯藥杜口粥食不入頃乃祈恩請命忍死待臣臣不承聖恩不復見母母不蒙聖造亦不重見臣自從去年漸能開釋若臣又辭母母更別臣臣母必即倚門氣絕上馬心斷母必失臣臣亦失母忠孝雙缺公私並喪假臣強顏苟冒榮寵猶望孝理抑就名教以蕃夷之賤品忝冠冕之清流身帶三印爵封五等入踐命卿出爲副將正是臣報國立功榮

宗輝戚之時愛惜毛羽保持名位寧可進寸其容退尺豈願損華轂以傅板輿樂閒居而忘厚秩士君子猶貪其富貴臣種類豈知其矯飾母不能割慈忍愛子不可背義違親二者之心賢愚共悉方寸既亂焉可以理軍否臧皆凶焉足以謀敵無自招於過死則未戰以取亡何以爲萬人之命赴國家之急陛下於愚臣過聽謂邊將得人則有隴右專知教練兵馬使右驍衛將軍藺廷輝材略冠軍智勇無對今節度王忠嗣知其名已令攝使替臣如流輩諸將皆是可惜臣匹夫之勇而不見萬人之敵何抑烏鳥之眾

而不用熊羆之師陛下必以臣幸無大過不令失職卽望全其官守罷以軍麾減其俸祿以延老母略許其宿衞兼遂微臣之定省朝則覲君退還侍母公私兩遂忠孝並存母子如初生死萬足遠近夷落咸知聲教無任懇切危急之至

第三表

臣某言臣聞事君愛親出忠入孝苟不足忠能獨全自古及今未之有也臣夙遭凶憫早喪父兄母祇育臣臣惟侍母更相爲命逮至於今臣願報國安親兩遂忠孝況臣

少從邊役侍養多違母常憶臣積憂成疾往者一辭天闕六變星霜徒叨守郡之榮終切倚門之望加以老母年將遒邁景晏桑榆衰疾交侵藥餌無主頃乃祈哀上請忍死待臣臣幸獲歸寧老母稍安寢息再造之施空荷於乾坤廣大之恩無階於荅効臣又聞子急告父臣急告君今母若無臣臣定失母所以隳裂肝膽塵犯威嚴乞停臣尸素之祿假老母殘餘之命誠爲至願非敢飾情自聖鑒未迴懇誠猶阻而臣又不幸愚子供奉官右威衞郎將守義近亾臣今惸然形影相弔生人之極無甚於臣老母既見孫亾預愁臣去舊患未損泣盡繼血伏惟聖主孝理天下特降綸言戶有老親令蠲賦役鄉有孝子必表門閭洎乎荒外百蠻咸被教化臣雖戎狄賤品忝沐薰風烏鳥之心實愧乳哺若使貪榮徇祿背義忘親固天地所不容人倫所同棄更何面目敢列聖朝特望上垂天光俯照愚懇矜臣養親之日短効命之日長允其停官許令侍疾四夷慕義陛下之德化無窮豈惟微臣獨荷恩私無任迫切屏營之至

李休烈

休烈開元中官洛陽尉

對傭書判

甲居道周以傭書自業乙侮之折筆以笞其背

甲告他物毆人

士生於代各安其業或削觚成學或握槧求工道既多門藝非一揆甲言自巷黨爰居道周雖殊蘭蕙之遊且託桑榆之蔭傭書自給道有類於班超因侮見罪迹方均於甯越汗簡之責既不見稱折筆之尤理宜從讁

袁暉

暉以魏知古薦爲左補闕開元中自邢州司戶參軍召入校正羣籍

對歸胙判

甲監享以胙歸父餕而祭

餕餘不祭昭彼前聞事且違經慙於達者甲忝居官序式陪精意悅分胙以言旋鄙過屠而自足瞻白華之養孝則盡誠睠非肉之言理難逃責遠儔知禮雖惡於鄙人近取恤刑宜寬於漢典

韓朝宗

朝宗太子賓客思復子天寶初爲京兆尹出爲高平太守貶吳興別駕卒

諫作乞寒胡戲表

臣聞之傳曰辛有適伊川見被髮於野者曰不及百年此其爲戎乎其禮先亡矣後秦晉遷陸渾之戎於伊川以其中國之人習戎狄之事一言以實百代可知竊惟王公貴人國之藩翰凡所舉措須合彝典今之乞寒濫觴胡俗臣參聽物議咸言非古作事不法無乃爲戒伏願陛下三思籌其所以又道路籍籍咸云皇太子微行觀此戲且元良國本蒼生繫賴輕此馳騁能無躓蹶況匈奴在邸實繁有徒刺客密發何限夷夏卒然奔呼掩襲無備邂逅驚擾則憂在不測白龍魚服取困豫且深可畏也惟陛下愛人活國憂勤庶政今所施爲豈徒然矣豈不以元象變見疫癘相仍厭甲兵之災助太陰之氣臣識愚暗以爲無益臣聞皇天無親惟德是輔未聞兆亂以來多福太戊修政而桑穀自萎景公善言而熒惑退舍彰善罰惡天之道也伏願去邪勿疑昭德以待豈區區末法而能定其休咎哉

何延之

延之開元十年官職方員外郎鈞州刺史

蘭亭始末記

蘭亭者晉右將軍會稽內史瑯琊王羲之逸少所書之詩序也右軍蟬聯美胄蕭散名賢雅好山水尤善草隸以晉穆帝永和九年三月三日宦遊山陰與太原孫統承公孫綽興公廣漢王彬之道生陳郡謝安安石高平郗曇重熙太原王蘊叔仁釋支遁道林及其子凝之徽之操之等四十有二人修祓禊之禮揮毫製序興樂而書用蠶繭紙鼠鬚筆道美勁健絕代特出凡二十八行三百二十四字字

有重者皆構別體其中之字最多乃有二十許字變轉悉異遂無同者是時殆有神助及醒後他日更書數十本終無及者右軍亦自愛重此書留付子孫傳至七代孫智永卽右軍第五子徽之之後安西成王諮議彥祖之孫廬陵王胄曹昱之子陳郡謝少卿之外甥也與兄孝賓俱捨家入道俗號永禪師禪師克嗣良裘精勤此藝常居永欣寺閣上臨書所退筆頭置之於大竹簏簏受一石餘而五簏皆滿凡三十年於閣上臨眞草千文八百餘本浙江東諸寺各施一本今有存者猶直錢數萬孝賓改名惠欣兄弟

初落髮時住會稽嘉祥寺寺卽右軍之舊宅也後以每年拜墓便近因移此寺自右軍之墳及右軍叔薈以下塋域並置山陰縣西南三十一里蘭渚山下梁武帝以欣永二人皆能崇釋教故號所居之寺爲永欣焉事見會稽志其臨書之閣至今尚在禪師年近百歲乃終其遺書並付與弟子辯才辯才姓袁氏梁司空昂之元孫博學工文琴弈書畫皆臻其妙每臨禪師之書逼眞亂本辯才常於寢房伏梁上鑿爲暗檻以貯蘭亭寶惜貴重甚於禪師在日至貞觀中太宗以聽政之暇銳志翫書臨右軍眞草書帖購募備盡唯未得蘭亭尋知此書知在辯才處乃降敕追師入內道場供養恩賚優洽數日後因言次乃問及蘭亭方便善誘無所不至辯才確稱往日侍奉先師實嘗獲見自禪師喪後洊經喪亂墜失不知所在既而不獲遂放歸越中後更推究不離辯才處又敕追辯才入內重問蘭亭如此者三度竟靳固不出上謂侍臣曰右軍之書朕所偏寶就中逸少之跡莫如蘭亭求見此書勞於寤寐此僧耆年又無所用若爲得一智略之士設謀計取之尚書右僕射房元齡奏曰監察御史蕭翼者梁元帝之曾孫今貫魏州

莘縣負才藝多權謀可充此使必當見獲太宗遂召見翼翼曰若作公使義無得理臣請私行詣彼須得二王雜帖數通太宗依給翼遂改冠微服至洛陽（一作潭）隨商人船下至越州又衣黃衫極寬長潦倒得山東書生之體日暮入寺巡廊以觀壁畫過辯才院止於門前辯才遙見翼乃問曰何處檀越翼因便前禮拜云弟子是北人來此鬻蠶種歷寺縱觀幸遇禪師寒溫既畢語議便合因延入房內卽共圍棋撫琴投壺握槊談說文史意甚相得乃曰白頭如新傾蓋若舊今後無形迹也便留夜宿設缸面藥酒茶果

等江東云缸面猶河北稱甕頭謂初熟酒也酣樂之後請賓賦詩辯才探得來字韻其詩曰初醞一缸開新知萬里來披雲同落寞步月共徘徊夜久孤琴思風長旅鴈哀非君有祕術誰照不然灰蕭翼探得招字韻詩曰邂逅款良宵殷勤荷勝招彌天俄若舊初地豈成遙酒蟻傾還泛心猿躁自調誰憐失羣翼長苦葉空飄（一作良若業風飄）妍媸略同彼此諷詠恨相知之晚通宵盡歡明日乃去辯才曰檀越閒即更來翼乃載酒赴之興後作詩如是者數次於是詩酒為務僧俗混然遂經旬朔翼示師梁元帝自畫職貢圖

師嗟賞不已因談論翰墨翼曰弟子先世皆傳二王楷書法弟子自幼來耽翫今亦有數帖自隨辯才欣然曰明日可攜來看翼依期而往出其書示辯才辯才熟詳之曰是則是矣然未佳善也貧僧有一眞跡頗亦殊常翼曰何帖辯才曰蘭亭翼佯笑曰數經亂離眞跡豈在必是響搨僞作耳辯才曰禪師在日保惜臨亡之際親付於吾付授有緒那得參差可明日來看及翼到師自於屋梁上檻內出之翼見訖故駮瑕指纇曰果是響搨書也紛競不定自示翼之後更不復安於伏檻並蕭翼二王諸帖並借留置於几案之間辯才時年八十餘每日於牕下臨學數遍其篤好也如此自是翼往還既數童弟等無復猜疑後辯才赴靈汜橋南嚴遷家齋翼遂私來房前謂弟子曰翼遺一物在此童子即為開門翼遂於案上取得蘭亭及御府二王書帖赴永安驛告驛長淩愬曰我是御史奉敕來此今有墨敕可報汝都督知都督齊善行聞之馳來拜謁蕭翼因宣示敕旨具告所由善行走使人召辯才辯才仍在嚴遷家未回寺遽見追呼不知所以又遣散直云侍御史須見及才來見御史乃是房中蕭生也蕭翼報云奉敕遣來取

蘭亭蘭亭今得矣故喚師來作別辯才聞語哽絕良久始蘇翼便馳驛而發至都奏御太宗大悅以元齡舉得其人賞錦綵千段擢拜翼為員外郎加入五品賜銀瓶一金縷缾一碼碯椀一並實以珠內廄良馬兩匹兼寶裝鞍轡莊宅各一區太宗初怒老僧之祕吝以其年耄不忍加刑數月後仍賜物三千段穀三千石敕越州支給辯才不敢將入己用回造三層寶塔塔甚精麗至今猶存老僧因悸病不能強飯惟歠粥歲餘乃卒帝命供奉搨書人趙模韓道政馮承素諸葛貞等四人各搨數本以賜皇太子諸王近

臣貞觀二十三年聖躬不豫幸玉華宮含風殿臨崩謂高宗曰吾欲從汝求一物汝誠孝也豈能違吾心耶汝意何如高宗哽咽流涕引耳聽命太宗曰所欲得蘭亭可與我將去及弓劍不遺同軌畢至隨仙駕入元宮矣今趙模等所搨在者一本尚直錢數萬也人間本亦稀少絕代之珍寶難可再見吾嘗爲左千牛將軍時隨牒適越泛巨海登會稽探禹穴訪奇書名僧處士猶倍諸郡固知虞預之著會稽典錄人物不絕信而有徵其辯才弟子元素俗姓楊氏華陰人也漢太尉之後六代祖佺期爲桓元所害子孫

避難流竄江東後遂編貫山陰卽吾之外氏近屬今殿中侍御史瑒之族長安三年素師巳年九十三視聽不衰猶居永欣寺永禪師故房親向吾說聊以退食之暇略疏始末庶將來君子知吾心之所存付之永明溫起等兄弟其有好事同志者亦無隱焉於時歲在甲寅季春之月上巳之日感前修而撰此記主上每暇隙留神藝術迹逾筆聖偏重蘭亭僕開元十年四月二十七日任筠州刺史蒙恩許拜掃至都尋訪所得委曲緣病不獲詣闕遣男昭成皇太后挽郎吏部常選騎都尉永寫本進其日奉日曜門司宣敕內出絹三十匹賜永於是負恩荷澤手舞足蹈捧戴周旋光騈閭里僕跼天聞命伏枕懷欣殊恩忽臨沈痾頓減輒題卷末以示後代朝議郎行職方員外郎上柱國何延之記

欽定全唐文卷三百二

施敬本

敬本潤州丹陽人開元中爲四門助教以太常博士爲集賢院修撰遷右補闕祕書郎

唐昌公主婚禮當移別殿疏

竊以紫宸殿者漢之前殿周之路寢陛下所以負黼扆正黃屋饗萬國朝諸侯人臣至敬之所猶元極可見不可得而升也昔周女出降於齊而以齊侯爲主但有外館之法而無路寢之事今欲紫宸殿會禮卽當人臣攝行馬入於

庭醴升於牖主人授几逡巡紫座之間賓使就筵登降赤墀之地又據主人辭稱吾子有事至於寡人之室言詞僭越事理乖張既黷威靈深虧典制其問名納采等並請權於別所

駁奏舊封禪禮八條

舊禮侍中跪取匜沃盥非禮也夫盥手洗爵人君將致潔而尊神故使小臣爲之今侍中大臣也而盥沃於人君太祝小臣也反詔祝於天神是接天神以小臣奉人君以大臣故爲非禮按周禮大宗伯曰鬱人下士二人贊祼事則沃盥此其職也漢承秦制無鬱人之職故使近臣爲之魏晉至今因而不改然則漢禮侍中行之則可矣今以侍中爲之則非也漢侍中其始也微高帝時籍孺爲之惠帝時閎孺爲之留侯子辟彊年十五爲之至後漢樓望以議郎拜侍中邵闓自侍中遷步兵校尉其秩千石少府卿之官屬也少府卿秩中二千石丞秩千石侍中與少府丞班同魏代蘇則爲之舊侍中親省起居故謂之執獸子吉茂見則嘲之曰仕進不止執獸子是言其爲褻臣也今侍中名則古官人非昔任掌同夔理寄重鹽梅非復漢魏執獸子

之班異乎周禮鬱人之職行舟不息墜劍方遙驗刻而求可謂謬矣夫祝以傳命通主人之意以薦於神明非賤職也故兩君相見則卿爲上儐況天人之際其肅恭之禮以兩君爲喻不亦大乎今太祝下士也非所以重命而尊神之義也然則周漢太祝是禮矣何者按周禮大宗伯曰太祝下大夫二人上士四人掌六祝之辭大宗伯爲上卿今禮部尚書太常卿比也小宗伯中大夫今侍郎少卿比也太祝下大夫今郎中太常丞比也上士四人今員外郎太常博士比也故可以處天人之際致尊極之辭矣又漢太

祝令秩六百石與太常博士同班梁太祝令與南臺御史同班今太祝下士之卑而居古下大夫之職斯又刻舟之論不異於前矣又舊禮謁者引太尉升壇亞獻非禮也謁者已賤升壇已重是微者用之於古而大體實變之於今也按漢官儀尚書御史臺官屬有謁者僕射一人秩六百石銅印青綬謁者三十五人以郎中滿歲稱給事未滿歲稱權謁者又按漢書百官公卿表光祿勳官屬有郎中員外秩比二千石有謁者掌賓讚受事員七十人秩比六百石古之謁者秩異等今謁者班微以之從事可謂疎矣又

舊禮尚書令奉玉牒今無其官請以中書令從事按漢武帝時張安世爲尚書令遊宴後宮以宦者一人出入帝命改爲中書謁者令至成帝罷宦者用士人魏黃初改祕書置中書監令舊尚書并掌制誥既置中書官而制誥樞密皆掌焉則自魏以來中書是漢朝尚書之職今尚書令玉牒是用漢禮其官既闕故可以中書令主之

韋述

述京兆萬年人舉進士天寶初歷左右庶子加銀青光祿大夫遷工部侍郎封方城縣侯居史職二十年祿山之亂抱國史藏於南山後陷賊逼授僞官至德二載三司議罪流渝州爲刺史薛舒困辱不食而卒廣德二年其甥蕭直上疏理述於蒼黃之際能存國史以功補過合霑恩宥乃贈右散騎常侍

請優卹蘇頲疏

臣伏見貞觀永徽之時每有公卿大臣薨卒皆輟朝舉哀所以成終始之恩厚君臣之義上有旌賢錄舊之德下有生榮死哀之美列於史冊以示將來昔智悼子卒平公宴樂杜蒯一言方始感悟春秋載其盛烈禮經以爲美譚今

古舊事昭然可覩臣伏見故禮部尚書蘇頲累葉輔弼代傳忠清頲又伏事軒陛二十餘載入參謀猷出總藩牧誠績斯著操履無虧天不慭遺奄違聖代伏願陛下思帷蓋之舊念股肱之親修先朝之盛典鑒晉平之遠跡爲之輟朝舉哀以明同體之義使歿者荷德於泉壤存者盡節於周行凡百卿士孰不幸甚臣官忝記事君舉必書敢申舊典上黷宸扆希降恩貸俯垂詳擇

宗廟加籩豆議

謹按禮祭統曰凡天之所生地之所長苟可薦者莫不咸

在水草陸醢三牲八簋昆蟲之異草木之實陰陽之物皆備薦矣聖人知孝子之情深而物類之無限故爲之節制使祭有常禮物有其品器有其數上自天子下至公卿貴賤差降無相踰越百代常行無易之道也又按周禮膳夫掌王之食飲膳羞食用六穀膳用六牲飲用六清羞用百有二十品珍用八物醬用百有二十甕則與祭祀之物豐省本殊左傳曰饗以訓恭儉宴以示慈惠恭儉以行禮慈惠以布政又曰饗有體薦宴有折俎杜元凱曰饗有體薦爵盈而不飲豆乾而不食宴則相與食之饗之與宴猶且

異文祭奠所陳固不同矣又按周禮籩人豆人各掌四籩四豆之實供祭祀與賓客所用各殊據此數文祭奠不同嘗時其來久矣且人之嗜好本無憑準宴私之饌與時遷移故聖人一切同歸於古雖平生所嗜非禮亦不薦也平生所惡是禮則不去也楚語曰屈到嗜芰有疾召宗老而囑曰祭必以芰及祥宗老將薦芰屈建命去之曰祭典有之國君有牛享大夫有羊饋士有豚犬之奠庶人有魚炙之薦籩豆脯醢則上下安之不羞珍異不陳庶侈不以私欲干國之典遂不用此則禮外之食前賢不敢薦也今欲取甘旨之物肥濃之味隨所有者皆充祭用苟踰舊制其何限焉雖籩豆有加豈能備也傳曰大羹不致粢食不鑿昭其儉也書曰黍稷非馨明德惟馨事神在於虔誠不求厭飫三年而禘不欲黷也三獻而終禮有成也風有采蘋采蘩雅有行葦泂酌守以忠信神其捨諸若以今之珍饌平生所習求神無方何必師古簠簋可去而盤盂杯案當在御矣韶護可息而箜篌箏笛當在奏矣凡斯之流皆非正物或興於近代或出於蕃夷入耳之娛本無則象用之宗廟後嗣何觀欲爲永式恐未可也且自漢已降諸陵皆

有寢宮歲時朔望薦以常饌此既常行亦足盡至孝之情矣宗廟正禮宜依典故率情變革人情所難又按舊制一升曰爵五升爲散禮器稱宗廟之祭貴者獻以爵賤者獻以散此明貴小賤大示之節儉又按國語觀射父曰郊禘不過繭栗蒸嘗不過把握夫神以精明臨人者也所求備物不求豐大苟失於禮雖多何爲豈可捨先王之遺法徇一時之所尚廢棄禮經以從流俗裂冠毀冕將安用之且君子愛人以禮不求苟合況在宗廟敢忘舊章請依古制庶可經久

服制議

天生萬物惟人㝡靈所以尊尊親親別生分類存則盡其愛敬沒則盡其哀慼緣情而制服考事而立言往聖討論亦已勤矣上自高祖下至元孫以及其身謂之九族由近而及遠稱情而立文差其輕重遂為五服雖則或以義降或以名加教有所從理不踰等百王不易三代可知日月同懸咸所仰也自微言既絕大義復乖雖文質有遷而必遵此制謹按儀禮喪服傳曰外親之服皆緦麻鄭元謂外親異姓正服不過緦麻外祖父母小功五月以尊加也從

母小功五月以名加也舅甥外孫中外昆弟依本服緦麻三月若以匹敵外祖則祖也舅則伯叔父之別也姨舅伯叔則父母之恩不殊而獨殺於外氏聖人之心良有以也喪服傳曰禽獸知母而不知父野人曰父母何算焉都邑之士則知尊禰矣大夫及學士則知尊祖矣諸侯及其太祖天子及其始祖聖人究天道而厚於祖禰繫姓族而親其子孫近則別其賢愚遠則異於禽獸由此言之母黨比於本族不可同貫明矣且家無二尊喪無二斬人之所奉不可貳也特重於大宗者降其小宗為人後者減其父母之服女子出嫁殺其本家之喪蓋所存者遠所抑者私也今若外祖及舅更加服一等堂舅及姨列於服紀之內則中外之制相去幾何廢禮徇情所務者末古之制作者知人情之易搖恐失禮之將漸別有同異輕重相懸欲使後來之人永不相雜微旨斯在豈徒然哉且五服有上殺之義必循源本方及條流伯叔父母本服大功九月從父昆弟亦大功九月並以上出於祖其服不得過於祖也從祖祖父母從祖父母從祖昆弟皆小功五月以出於曾祖服不得過於曾祖也族祖祖父母族祖父母族祖昆弟皆緦

麻三月以其出於高祖其服不得過於高祖也堂舅姨既出於外曾祖若為之制服則外曾祖父母及外伯叔祖父母亦宜制服矣外祖加至大功九月則外曾祖合至小功外高祖合至緦麻若舉此而捨彼事則不均棄親而錄疎理則不順推而廣之是與本族無異矣服皆有報則堂外甥外曾孫姪女之子皆須制服矣聖人豈薄其骨肉背其恩愛情之親者服制乃輕蓋本於公者薄於私存其大者略其細義有所斷不得不然苟可加也亦可減也往聖可得而非則禮經可得而隳矣先王之制謂之彝倫奉以周

旋猶恐失墜一紊其敘庸可止乎且舊章淪胥爲日已久矣所存者無幾又欲棄之雖曰未達不知其可請依儀禮喪服爲定

對不以采蘋爲節判

甲會射制氏不以采蘋爲節所由加罪訴稱非三命以上

射以習戰樂本宣風雖君子之所爭乃先王之修訓惟甲幸逢光宅早踐榮班羔裘以朝未登三命之秩主皮爲會咸茲五善之儀興舞與同必期多算和容中質不出於正

節未及於采蘋事有歸於制氏欲加其罪竊謂誣辭且物有司存孔門垂教失官爲慢春秋所規節以樂章誠則大夫之禮非禮不動實惟先聖之謩師古未表其明知禮反招其咎所由斯罰有異繩愆制氏有言誠爲舉枉

對歸胙判

甲監享以胙歸父餕而祭

郊廟烝嘗春秋禴祀執膰成禮受胙爲榮甲位列周行職惟神監舉信從政須慎威儀屬有事宗祊無虧肅敬鄒人問禮非惟黍稷之馨祝史正詞抑亦牲牷必備既而三獻徹俎肆夏尸還天子多歡始預受釐之福先生有餕遂欣歸胙之榮初則視膳在堂終則降福於廟雖必嘗君賜頗取則於前規而不捨餕餘誠有違於昔典非復必齋之慎審乖如在之儀何慢神之致尤惟失禮而斯取

答蕭十書

述白忽枉書問詞高理博尋翫反覆罔知厭倦述聞登太山者覩蕞薄而迷其方面涉瀛洲者挹波濤而懵其淺深蓋廣大則昧然難爲究足下貫穿羣言靡不該覽聞一以知十切問而近思詞人之淵藪僕誠不敏何以當斯乎足

下無棄芻蕘輕投瓊玖講學先訓足以起予啟發微言孰不賈勇謹當掃陋巷之庭宇望君子之軒車博約之道以俟會面韋某頓首

改謚侍中裴光庭忠獻論

春秋之義諸侯死王事葬之加一等蓋嘉其有功也而不及其賞也爰至漢魏則襚之卽受寵被窀穸唯德是褒豈虛受也近代以來寵贈無紀或以職位崇顯一切優錫或以子孫榮貴恩例無加賢愚虛實爲一貫矣裴光庭以守法之吏驟登相位踐我機衡豈不多愧贈以師範何其濫

斁張燕公有扶翊之勳居講諷之舊秩躋九命官歷二端議者猶謂贈之過當況光庭去斯猶遠何妄竊之甚哉蓋名器假人昔賢之所惋也

敘書錄

開元十六年五月內出二王眞跡及張芝張旭等古跡總一百六十卷付集賢院令集字榻進尋且依文榻兩本進內分賜諸王後屬車駕入都卻進眞本竟不果進集字太宗貞觀中搜訪王右軍等眞跡出御府金帛重爲購賞由是人間古本紛然畢進帝令魏少師虞永興褚河南等定

其眞僞右軍之跡凡得眞行二百九十紙裝爲七十卷草書二千紙裝爲八十卷小王及張芝等亦足隨多少勒爲卷帙以貞觀字爲印印縫及卷之首尾其草跡又令褚河南眞書小字帖紙影之其古本亦有是梁隋官本者梁則滿騫徐僧權沈熾文朱異隋則江總姚察等署記太宗又令魏褚等卷下更署名記其後蘭亭一本相傳云將入昭陵元宮長安神龍之際太平安樂公主奏借出外榻寫樂毅論因此遂失所在開元五年敕陸元悌魏哲劉懷信等檢校分一卷爲兩卷總現在有一百五十八卷餘並墜失

元悌等又割去前代名賢押署之跡惟以已之名氏代焉上自書開元二字爲印以印記之王右軍書凡一百三十卷小王二十八卷張芝張旭書各一卷右軍眞行書惟有黃庭告誓等四篇存焉蕭令尋奏滑州人家藏右軍扇上眞書宣示及小王行書白騎遂等二卷敕令滑州給驛齎書本赴京其書有貞觀舊標織成題字奏進書本留內賜絹一百匹以遣之竟亦不問得書所由

贈東平郡太守章仇府君神道之碑

嘗聞祀盛德者必及百世承大勳（闕十四字）錫允繁茂在商則

爲申爲呂在周則爲齊爲許枝分派別更盛迭貴則太守章仇府君是其後也君諱元素字元素（闕十字）於紀裂繻去國筮仕於周世守保章因官爲姓秦項之際有雍王章邯爲漢（闕一字）併於（闕三字）位降處仇山取因生之舊名增卜居之新號章（闕四字）焉自是流離荒服六百餘載魏氏徙跡平城建都河洛君之六代祖馥（闕一字）參（闕一字）督始歸中原仕至寧南大將軍徐兗青齊相五州刺史馥（闕二字）州任城郡守挹鄒魯之舊風慕洙泗之餘俗遺命留葬因而家焉復因武陽遠於（闕一字）部代爲魯郡（闕二字）任城人也大王父魏

郡太守諱夔大父萊州闕三字政烈考博陵郡錄事參軍諱孝方皆以友悌博雅德良清白增修其勛克開厥後君即博陵府闕一字之第三子也稟粹含和中溫外朗行必誠信闕四字之經學無浮華莫匪詩書之奧弱冠以孝廉登科授將仕郎無幾將有捧檄之闕三字艱不赴闕二字免喪迺喟然而歎曰士之所以降志辱身者闕四字然則隱居行義不患無位蓋所貴在乎全其道也故富貴非道則不取貧賤非道則不去齊景公千駟不如縫掖之一賢王氏五侯孰與簞闕五字關却掃拒絕辟命澹然歸眞以壽而歿君子以爲

鴻飛寥廓罕能測其所至哉夫人渤海吳氏合宮丞少明之妹也嬪風婦則儀闕八字家終卒禮而偕老嗣子銀青光祿大夫戶部尚書兼殿中監內外閑廄等使兼瓊積祉所種濟美必復匪躬是徇爲國藎臣拔自郎闕九字董戎驅輶軒而按俗自褒斜之外邛筰之內萬里澄淸人安訟息閒者闕一字戎貿德蟻聚闕一字山職貢不供兵車屢駕稟聖皇之英算震大國之威靈一舉而闕四字再闕三字其噍類罷析置吏班師舍爵天子議以殊賞酬其懋勛迺推錫類闕三字追遠闕一字寵開元廿九載秋七月詔曰益州大都督府長史兼闕一字御史中丞持節劍南節度闕一字使營田副大使本道兼山南西道採訪處置使章仇兼瓊父故將仕郎元素氣含純粹才擅奇特資禮樂而秉彝負文詞而擢秀議能多通稟命不融德建昭代久淪幽壤雖馳暄易遠松檟成行而餘闕二字鍾芝蘭克茂瞻言允子每效忠公總節制之師致疆場之捷行賞爲重爰贈爾先俾自葉而流根庶慰存而榮歿可贈宋州司馬天寶三載秋九月詔曰蜀郡大都督府長史兼御史大夫章仇兼瓊祖故博陵郡錄事參軍孝方父贈睢陽郡司馬元素等闕一字才繼跡雅操宏

風累德成名克家存闕二字生令允幹用於時總戎懋其勳績秉憲肅其綱紀榮親廣行既資孝以爲忠自葉流根載敷澤而彰善宜加禮贈俾昭餘烈孝方可贈汲州司馬元素可贈使持節東平郡諸軍事東平郡太守又詔曰兼瓊闕一字祖母王氏故母吳氏女則懿範母儀盛德何闕一字嘉慶傳嗣徽音誕此良才克昭遺訓闕二字褒賢之贈錫其有禮之封王氏可贈太原縣君吳氏可贈勃海郡夫人初尚書旣孫伯父麻城令崇節及麻城之夫人馬氏親加訓育恩逾所生洎闕一字獻凱策勳泣奏其事上爲之憮然特詔

追贈麻城府君爲楚州刺史馬夫人爲扶風縣君嗚呼厚於仁者闕一字其闕一字愛其親者及其類所謂孝闕三字也故得明主感歎嘉迺誠心贈策闕二字哀榮薦至非夫慈惠恭儉福履所積肸蠁感通明神所勞則孰能臻於此哉於是載美簡策流芳琬琰永闕二字裔豈惟太原有道無媿闕二字之詞南陽文學空傳子闕一字之頌其詞曰

系是炎皇惟裔之闕五字去紀爲章拒漢協楚失其封疆言避華夏闕二字要荒魏氏徂南卜遷嵩邙我宗復昭列於周行纂闕一字軒裳闕六字東平晈如琳瑯闕六字五常辭祿顧道戢耀含芳積善闕一字裕克生才良準繩憲庥恢復戎場勳績所酬寵贈惟光迺立廟祧以榮邦鄉闕八字俾闕一字休烈如川之長臣烈不揚臣忠不彰子孫是膺永思勿忘

韋抗

抗字抗京兆萬年人中明經景雲初官右臺御史中丞開元中拜大理卿進刑部尚書封武陽伯十四年卒年六十贈太子太傅謚曰貞

先師子貢贊

聞一知二闕四字冠訏就吳滅言行魯闕十六字

崔向

向開元七年官右補闕

諫元宗畋獵疏

臣聞千金之子坐不垂堂百金之子立不倚衡況居大寶之位也哉陛下宜保萬壽之體副三靈之望安可輕出入重盤遊乎天子三田前古有訓豈惟爲乾豆賓客庖廚也哉亦將以閱兵講武誡不虞也詩美宣王之田徒御不驚有聞無聲謂畋獵時人皆啣枚有言聞而無諠譁也又曰悉率左右以燕天子謂悉驅禽獸順其左右之宜以安待王射也則知大綏將下亦有禮焉側聞畋於渭濱有異於是六飛馳騁萬騎騰躍衝翳薈蹴蒙籠越嶄險靡榛叢紅塵坐昏白日將暗毛羣擾擾羽族繽紛左右戎夷競申驍勇攢鏑亂下交刃霜飛而降尊亂卑爭捷於其間豈不殆哉夫環衛而居暴客攸待清道而出行人尚驚如有墜駕之虞流矢之變獸窮則搏鳥窮則攫陛下復何以當之哉靜言思之臣竊爲陛下戰慄也書曰不畏入畏又曰從諫則聖惟陛下深思遠慮以誡後圖則其天下孰不幸甚

李昂

昂開元時官倉部員外郎遷考功郎中終吏部尚書

乘石賦

觀彼乘石體自孤貞得崑山之片字掩穀城之偉名青苔備色堅確符情列羣峯而無語縱衆溜而有聲爾其崔嵬岑絶涵霜貯雪竹徑烟矄松門景滅愜野叟之幽意抱山人之勁節橫碧岫以霞張噴紅泉而水咽借如巨形矗藂勢若將飛隨匠人之採鏨入天子之宮闈故得削跡青澗端容紫微幸至尊之踐履嘉菲陋之因依於是皇帝穆然乃登珍臺乘玉輅帷弸環其拂汨鱗雜沓以駢布旬師清

畿野廬埽路流星旄以燭日儼雲旌而彗霧往來斯登升降必步取其磨而不朽貞而無蠹不然此荒藪之微石何遭逢之多遇請言其本也生必濮山峰壯自開電熌霞駮樹雜苔斑奇形異質紛拏不一屹特立以樹空倚崩崖而構室銜箭羽而橫臥聳蓮峰而半出龍吟應物觸紫巖而吐雲虹梁中斷駕滄海而觀日故石之爲物也不奢不僭無競無猜偶山髓而長往因和璞而俱來考之雲籍則建名古昔貫億祀而長存經百王而不易胡施而不可何用而不適願上吾君千萬年地久天長履茲石

旗賦以風日雲野軍容肅清爲韻

遐國華之容衞諒茲旗之多工文成日月影滅霜空乍透迤而掛霧忽搖曳以張風排迴鷩鳥飛失斷鴻至若混羽旗以橫野則覩之者目駭雜金鼓而特設則見之者氣雄爾其誓將臨邊興師授律擁豹騎而長往指龍山而銜出月陣聯雲星旄鬭日迴五翎以革面挫三庭而屈膝匪旗之佐彼軍容則何以沙場清謐明明我君四海無塵立徽號建鴻勳爲旗削蚩尤之跡畫蛟龍之文信俾功於巢燧諒比德於姜雲奄有天下體國經野覽茲旗之財成故可

得而言者儼孤峙以標衆列廣形而助寡隨時卷舒任用行舍不務功以伐謀良有足而稱也徒觀其進退繽紛旖旎三軍可仰可則光輝一國輔示迷於指南何登車而逐北塞斷連鑾幸遇時清對岌岌之臺殿閒悠悠之旆旌陵紫霄而風埽逗碧落以雲縈擺帝樓之晴樹弄天門之曉旌高則可仰犯乃不傾每低昂以自守常居滿而望盈時亨大畜於何不育永端容於太階沐皇風之清肅

對祭社不奏商均判

大社奏樂不奏商均有司將爲失禮

聖有謨訓明徵定保於昭大社德洽生人雖烈山巳還句龍作配而享祀不忒國容孔彰鍠鍠雲門宛是天樂備物致用覺鳴鳳之不飛感靈動幽識潛魚之入聽是知樂之至也乾坤由是混和祭必肅然神祇所以丕祐國家九變具設六府孔修器陶匏而不奢聲鏗鏘以合雅洞酌明信神其享諸非楚使之誇秦異曹劌之諫魯列聖敷典則有其義商均不奏豈為失禮

對歷生失度判

歷生失秒忽之度

鳳凰司歷象（疑）謀託算象生有數感而遂通邈揆渾元是知元妙眇覩雲物必在精微情至紛擾則他想交亂形質濁穢則寄鑒不明焉可以見天地之心窮鬼神之狀幽變未測孰辨端倪相彼歷生迹參日御臺觀是忝泉蒙未豁唐都不作糟粕誰傳趙達何追菁華莫繼失秒忽之度曷以敬授人時若歸奇於扐履端於始則毫釐不爽黍累無愆如或未精法將焉捨

欽定全唐文卷三百三

賈正義

正義開元二年朝議郎行偃師縣尉

周公祠碑

原夫陰陽不測之謂神變化無窮之謂聖聖也者範圍天地備萬物而不有其功神也者探賾窈冥降百祥而不矜其德持太元之斡運日月齊明振中古之暮猷乾坤合度盛業冠於三代美化流於四國其生也藉我為光輔其逝也薦我為明靈所謂有始有終可久可大者也公字朝明

文王之子武王之弟成王之叔父也昔堯臣以披（闕一字）踐祚初開相地之宜殷伯以積德累仁終翦格天之業歷太極而承元吉資中和而誕賢聖知微表於幼顏繼體分於正氣兵戈巳偃西周之歷數攸歸宅土（闕一字）封東魯之衣冠允集故能勤勞家國翊亮台衡植珪璧而拜三壇御冕旒而朝萬寓鴟鴞救其衰亂狼跋明其終始尊嚴其父孝理也炯誡其子卑牧也七月艱難陳業也三年征伐敘功也復子寶位不虧忠敬之誠開我金縢迺得風雷之意於是測四方以定都邑分六職以明典刑制大禮以安上理

人則俎豆之法行揖讓之儀備制大樂以移風易俗則和感之音暢舞詠之情宣詳八卦而究精微演六爻而告疑滯所謂極深研精立功成器以爲天下利者也敢問先王之德何以加於斯乎若迺示諸仁藏諸用道藝可以激揚今古軌模可以粉澤人倫懸寓煥然不假一二談也嗟乎天道有盈虛人事有存沒欲使百年黎庶讋軒帝之威靈四序蒸嘗用君王之典則非天下之至聖孰能與於此哉偃師縣祠堂者按圖經云後人懷聖恩所置也負陽岑之巖險面通谷之縈紆四水以爲川二室以爲鎮重檐累栱

登玉戶而三階洞室迴廊列金楹而四合壽宮肅肅備物嚴嚴宛若居攝之仁明穆如行化之易簡孝若之徘徊庭廡未足贊其精微靈均之倦紈階除不能訶其怪異易稱王假所以致孝享詩稱天作所以祀王公崇敬則遐邇同臻嘉祥則賢愚共被若迺日之吉辰之良銀葦繡軸溢通莊會舞安歌紛滿堂樽酌奠兮斟桂璆鏘鳴兮琳琅下禱戴兮介福上歆馨兮樂康雖盛凝之持戒練心傾恇不怠劉長之去邪歸道拜謁逾勤正直聰明於是乎在粤以癸丑秋末迄於甲寅夏首西郊不雨南畝亢陽八溪以眺渚

濱河罕植青草九重以握珪沈璧屢命皇華（闕一字）無鶴立之徵田夫有狼顧之懼尹上柱國武威縣開國子隴西李傑山河間氣廊廟宏林允四海之具瞻裁三川之景化西京佇潤稍（闕一字）分陝之郊東都思理再臨惟洛之邑姧豪懲而疑滯剖鰥寡悅而禮義行德澤布濩頌聲洋溢正議大夫行少尹護軍彭城劉禎正議大夫行少尹上柱國博陵縣開國男崔元祐並星象之奇衣冠之秀器惟經國文藝襲於班揚道以匡時令望升於臺閣佐官司錄柳齊物等並陟遐自邇始當州府之勞擇士用才終踐公侯之

望朝請大夫行令博陽縣開國男彭城劉體微金枝玉葉之門上善通賢之量歷霜臺之鯁直聞雷邑之風（闕一字）立義（闕一字）欺兼弁自息通直郎行丞王鈍朝議郎行主簿李循古承議郎行尉崔延祚莫不珪璋比德麟鳳成文藏用於東畿安卑於西亳咸以分官濟俗共理經邦欽若皇情特憐黔首吁嗟廟宇申至理之馨香拜起靈壇奠明祈之蘋（闕一字）誠敬如在神聽無違言未畢而布油雲禮未終而澍甘液三農有慶八政（闕十一字）而家邦可制非聖人之利物豈能與於此者是以黃髮兒齒之徒相與而稱曰昔文翁

以化漸蜀川猶存古廟子產以政行鄭國尚列遺祠況公道德均兩儀神靈庇萬代而頌章斯缺盛事莫傳蒙少忝青衿晚紆黃綬勤誠不蔓豈吾道之將衰遊踐難言冀斯文之未喪頌曰

伊太初兮惟混惟茫暨中古兮無制無防大忠勤國兮輔我君王至道被物兮明（闕一字）典章乾坤可測兮陰陽會合威儀不差兮禮樂鏗鏘上德既喪兮先靈如在下人蒙庇兮遺惠不忘春夏炎赫兮銷流金石官寮祈請兮拜伏壇場神聽之兮密雲已瀌人賴之兮零雨其滂喜大田之多

稼望高廩之盈倉羞蘋蘩於祭禮建碑頌於祠堂松栢森沈兮歲久煙霞（闕二字）兮山荒謁明神於此地降福祚之穰穰

孫翃

翃開元三年對策擢第

應文辭雅麗科對策（幷問）

問朕聞至道雖微不言而化皇天陰騭相叶其彝信寒暑而生成施雲雨而沐潤垂範作訓樹君育人時有澆淳教垂繁略成湯既聖禹道云亾桑扈谷風屢動詩人之刺塞門反坫時遺宣父之嫌我國家拯彼頹綱開茲盛業朕以不德纂號乘時而皇極之道未敷謨明之軌尚闕思宏厥理其義安從至如視聽貌言恆若時若會極歸極作哲作乂一以貫之何方而可夫禮以飾情情疎則禮略樂以通感感至則神和理內爲同修外爲異同異之用有昧其功人俗未融佇明斯要又四時武德制自何君五行文始本之誰代昭德盛德莫辨所尊昭容禮容未詳所出悉情以對用釋余疑

對臣聞登衡霍者嗟培塿之微泛漲海者鄙潢汙之陋臣

草茅孤賤才無足取屬綠綸明揚州閭選辟謬得接武羣彥比肩時英而文物昭回宸顏咫尺退思愚劣甚不稱聖朝求賢之意也揆拙兢顏心愧失守將何以充塞大問對敭天休然聞之於師請言其略制策曰皇極之道未敷謨明之規尚闕思宏厥理其義安從伏惟皇帝陛下開元立極地平天成祖述堯舜憲章文武夔龍咸事陰陽以和聖德動天無遠不屆麟鳳在郊藪河洛出圖書弓旌累降徵捜是急日昃視朝文武並進既盡美矣無德而稱猶且罪已爲心在予興嘆此陛下之至讓也小臣何足以當哉然

忭舞德音忝列明試敢不瀝肝膽獻所聞乎臣恭惟政理之間傳諸長者之口以先朝之事一二明之昔貞觀永徽之間恭默而天下理家給而人足時和而歲豐外戶不扃牛羊被野太倉之粟陳陳相因中府之錢貫朽莫校然而戎車屢駕不無事矣於是度遼之師鬼方之討賀蘭之戰高昌之伐而軍人無損帑藏如初國家富有海內百餘年士庶之多如曩時之兼倍征戍之役當今日之無何豈往得而今失將政繁而俗變其故何哉良有由也議者以爲賦斂厚徭役繁風俗奢利息倍今若息其宮室愛人節用

省無事之官罷不急之務三年政成臣竊遲之愚心曉然謂在此矣制策曰視聽貌言恆若時若會極歸極作哲作乂一以貫之何方而可者伏惟陛下躬神武之姿廣聰明之德思宏至道勵精爲政反支通奏甲夜觀書勵神聰於九疇留睿情於百氏臣聞智小不可謀大綆短難於汲深窺聖謀之莫測謂宸衷之不凡致遠恐泥不其難乎夫視者明也審邪正與曲直聽者聰也察善惡與是非貌者容止可觀儼恪之所謂言者詞令斯在榮辱之所由乂時暘若肅時雨若察休咎之闕會歸於皇建惟睿哲之作聖繫彼道樞故曰無反無側王道正直無黨無偏王道平平一以貫之此其義也制策曰禮以飾情情疏則禮略樂以通感感至則神和理內爲同修外爲異同異之用有昧其功人俗未融佇明斯要者夫大禮與天地同節大樂與天地同和豈惟明尊卑辨等列動天地感鬼神而已哉豈不繫於鐘鼓諒無徵於玉帛樂自外作必假器以明義禮由中起故備物以飾容蓋有國之典章生人之冕服均五材之並用廢一不可類三者之何先尤宜去食故孔子曰安上理人莫善於禮移風易俗莫善於樂去同即異離之則多

傷相須而成兼之則雙美一彼一此何後何先制策曰四時武德制自何君五行文始本之誰代昭德盛德莫辨所尊昭容禮容未詳所出悉情以對用釋予疑臣聞暴秦失政皇漢創業爰作樂以尊先聿釋享以追孝四時武德用之於高祖所以恢武功也文始五行陳之於文廟所以昭文德也蓋舞以盡意歌以崇德制自炎漢之君本乎孝武之代昭德盛德郊廟之樂也昭容禮容質文之辨也臣學不師古才非敏贍慙瑣瑣之陋無足言哉仰蒼蒼之高蔑然自失謹對

楊相如

相如洪州南昌人神龍初進士補當塗尉徙晉陵陸渾召拜右拾遺開元末出爲懷州別駕

陳便宜疏

臣聞賈生之言曰人君之於天下猶今人置器置之安處則安危處則危是國之安危政之理亂亦由乎陛下所置甚易爲也今陛下以命代之主率易爲之資握黎元之命包宇宙之廣盡係之於陛下陛下可不置之於安處乎書云一人有慶兆民賴之斯之謂矣陛下在黎人之上居萬

乘之重將欲爲也天下已隨之將所尚也天下已尚之然風俗之端邪正之首者皆從陛下所爲也非徒風俗邪正所係亦禍福存亡在焉陛下取舍運爲甚不可忽也臣不敢遠徵古昔博引傳記請以隋煬帝太宗文武皇帝言之煬帝籍文皇之資躋大寶之位兵加海外威震區中乃自恃其強不憂時政大縱驕慾恣成猜險所爲不軌所行不順忌忠正之義黜廢賢良狎便佞之言昵愛邪僻荒淫酒色窮極綺麗兵戈不息調役非時奇技淫巧者率獲登遷力邊攘冠者皆慾財賞不恤人之疾苦不知政之理亂君臣阻隔上下相蒙雖制敕交行而聲實舛謬言同堯舜迹如桀紂爲行若是人何克從夫推心不誠欲人之附己恣惡內熾望俗之無邪猶却行追人向日避影孔子曰子帥以正孰敢不正其身不正雖令不從煬帝不節其慾而欲禁人之慾其可得乎故四海之風淫天下之情僞其人怨其俗蕩貞髦擯逐姦逆競馳皇綱紊而隙生禍釁滋而難作昔之有隋也今轉爲大唐豈不以縱慝無厭危忠不恤舉天下之大一擲而棄之荒迷沈亂終不自覺要之覆滅死於人手爲天下笑甚可痛哉詩云殷監不遠在夏后之

世諺云前車覆後車誡然則主社稷承宗廟者可不極思慮濬勗勵乎夫昏主即聖君之資亂邦爲開國之始是用集我昌運太宗以聖德英武雄才睿略掃除昏虐大濟生人叱咤而四維更張指麾而六合復正其知人任使盡得其才或取諸俘虜讎敵並推懷而用之意豁如也故房元齡識之於月品尉遲敬德狎之而不疑接李靖以優禮此天下之智謀所以得輸其赤心天下之勁勇所以得盡其死力也帝業既就寰中已安後武先文勵精爲理務堯舜之道想致羲皇之俗開禮賢之館置十八學士聽朝之後

覃思典墳周通百家樂而忘倦所謂武以得之文以守之其帝王臧否安危成敗政刑理亂風雨興衰皆鑒於前古比之明鏡故以書籍爲古鏡魏徵爲人鏡見善則行之不善則去之聞直言則欣然受納得一士則喜見於朝謟諛便嬖者不得臻於前梗正貞賢者從容於左右矣貞觀之際太平俗洽官人得林功賞必實刑不謬及禮無愆度於時天下晏如遺糧在畝盛德洽於人心而祥風遊乎海內矣非太宗之明懿聰達虛心治道與天下貞臣正士同心戮力豈能致於此乎初東巡以供奉不精而有罰既到雒

邑又理隋之舊宮頗趣遊畋或見可欲魏徵驟諫太宗欣然罷之曰非公無此語也自是帝節慾向道思愆納正用斯而言則聖人之情不必無慾也且物懸於外情動於中情之動中則無窮也物之銜外則不極也以不極之物銜無窮之情動而不爲之節制雖有聖智亦安得致升平之事乎故太宗之情非無慾也擬致升平之資故撙節維持之耳往以隋人失御天命有歸而始終經綸斯亦勤矣首建大義提三尺安八紘創萬代立社稷傳子孫位已重矣功已大矣亦安得不思盈滿之誡而撿嗜慾之情乎故太宗之於崇臺邃宇非不愛之惜人力也寶衣玉石非不美之節人財也姸倡絕艷非不樂之妨聽政也犬馬畋獵非不好之蕩心意也此數者皆能裁抑之是使人之賦斂也輕歲之調役也寡舉人之利甚博資國之用不費國用不費人利是豐則不言而禮讓自清淨而仁義大洽非徒太宗之爲理若是古之明王聖主曷不繇茲道乎臣歷觀有國有家莫不以驕矜放縱而滅畏慎謙恪而興然鮮蹈興平之衢多遵覆滅之路者何也實以在既安之日則忘兢畏及危逼之勢始思悔咎徒成追恨亦何補乎臣誠以人

主之在深宮方安平之日若能先慮危難以自悔勗去不經之道防可欲之原務任賢之規除輕暴之迹則履萬有必安之途而無顚蹶覆辱之患矣行之甚易在人主爲之臣所以舉隋氏縱慾而亡太宗抑慾而昌願陛下詳擇今天下皆拭目而視傾耳而聽欲望陛下兢兢業業以致太平也臣誠以爲宜效太宗去邪佞之士進忠賢之人與之討論詩書談議得失以見先古之成敗以較當今之可否行其所長棄其不善如此則朝廷無僻謬國政必清平矣臣又聞書籍所載美惡具存採其陳迹爲之鑒誡陶然其

中甚足樂也亦何必窮逐聲色巡遊罔倦不務詩書之樂乎非獨妨於政理徒勞棄日矣往者太宗嘗敕魏徵作羣書理要五十篇大論得失臣誠請陛下溫凊閒暇以時觀覽其書雖簡略不備亦足以見忠臣之讜言知經國之要會矣夫古之人主莫不委任忠正廣務才賢而保正全忠者稀傾側向背者衆非緣人主知其不忠不正而用之也蓋似正而非正似忠而不忠潛心以藏邪厚貌而難測耳所以嘗患謬用之而不辨其眞實也且非忠正尚不辨其眞實況實忠正豈得知而信任乎故有獨行而見疎有懷

忠而受讒矣此先古帝王迷惑錯誤以不忠爲忠以賢爲不賢率皆十八九也書曰知人則哲惟帝難之非夫聖王明主則不能知也今陛下聰明在位慶祚方遠若欲任人擇士取致太平必宜先辨忠賢以別邪佞若忠賢既辨邪佞不雜正人爲之羽翼邪人不造其間則有仁義道德行於四方而無諂諛傾巧以亂陛下也且忠賢邪佞雖有難知今以陛下明悟神聰孜孜選用更垂之以睿鑒又加之以密察豈有不知之者乎然其審察之宜可以意測可以情恕矣以意測者測邪佞之臣也以情恕者恕忠賢之臣也夫忠不似佞佞則似忠請陛下測之恕之則可知也臣聞人之性分不可轉移邪佞忠賢各有所趣順道違俗忠賢也違道順俗邪佞也若言之咈耳行之忤心動繇先王之道事極終始之慮志惟安國衛主者忠賢之所爲也故雅質而不佞勤誠而取容務正道而抗節人主聞之固將疏遠之矣此眞忠賢之臣也陛下可不恕而用之乎順欲從旨甘言美飾不繇先聖之道思亂國家之政務於要利以惑主者邪佞之所爲也故發小惠以賈信忩大義而苟合權寵勢而挾威伺愉悅而爭媚人主見之固將親近之

矣此眞邪佞之臣也陛下可不測而去之乎大率人君皆惡其臣忤心而欲人之順已賢臣正直安得不忤心乎邪臣諂詐安得不順已乎故積忤生憎禍之路也積順生愛福之門也此邪佞所以常親而寵賢臣所以嘗疎而辱也自古帝王之使臣佐者曷不多論此弊乎陛下誠能反是而求之精心而察之愛其所忤而收忠賢憎其所順而去邪佞則天下之忠正可以比肩重足天下之太平可以千秋萬歲太宗之政化復行堯舜之淳風日用矣此愚臣所以請陛下審察忠佞測之恕之之術也國家自垂拱以後

至於近年寇賊屢興兵革數動邊師潰喪日費滋多加以觀寺修營錫賚繁數郡縣之吏未息侵漁寰區之氓率盡周鏇官班冗贅淫費頻煩近者人獻直言時有切諫徒聞讜議竟不施行至於營造未甚休息是使國儲不足人畜久空俗弊之繇其來已漸又制敕甚重姦非莫懲節限雖多逾越極衆孤羈寡援者小罪必罰貨賂朋黨者大愆不繩聽斷之獄不審寰中之罪未肅也夫法貴簡而能禁罰宜輕而必行陛下方興崇至德大布新政譬琴之不理宜在更張路之不平終當徙轍若不改創而求理安揚湯以

止沸不可得也臣請不如除去碎密不察小過小過不察則無煩苛大罪不漏則止姦慝使簡而難犯寬而能制此所謂天網恢恢疏而不漏矣然後停不急之務漸無爲之理休罷造作節減輸賦息徭役除贅官絕吏之侵漁復人之本業斯則人安而俗富也且俗富則國富人安則國安所謂理術無他惟此而已矣

盧貞

貞開元時官度支員外郎授汝州刺史充本州防禦使

廣成宮碑記

不宰物而萬類蒙利不致用而元功溥施廣成子之大吾無間然矣經云平天下在修其身廣成子以修身之道授黃帝而天下治俾千百年人畏其神思其德不曰協於教乎祀典云德施於民能禦大災捍大患則祀之黃帝率廣成子之法以致天地之和禦陰陽之災捍刑殺之患不曰宜祀於廟乎廣成子與孔宣父遭時不同故教有精粗跡有遠近耳非殊塗也余既稱廣成子之教通於孔氏問者曰以墳典莫存孰能詳知三五之事言廣成子者皆本於莊周固多寓辭今將質之以爲定論豈不可非通達之士

未足與議也夫欲爲黃帝孔氏者行其言耳豈倣其形哉故其言合道則彷彿其人而尸祝之可也言苟非道雖比肩對席將聽之乎今以廣成子之言得天而合於道故表其廟貌又尊禮之又何患莊生之未信也按爾雅北戴斗極爲崆峒其地絕遠華夏之君所以不至禹跡之內山名崆峒者有三焉其一在臨洮秦築長城之所起也其一在安定山皆高大可取材用彼人亦各於其處爲廣成子立廟而莊生述黃帝問道崆峒遂言遊襄城登具茨訪大隗皆與此山接壤則臨洮安定非問道之所明矣仙經敘三

十六洞天五嶽不在其列是知靈跡所存不繫山之大小也此山之下有洞焉其戶上出耆舊相傳云洞中白犬往往外遊故號山塚爲王狗峯昔之守宰以爲神居闕潔惟樵牧者褻弄因積壤封之今昇踐其頂響通於下甚淺遠亦焉知非靈人所舍乎尋崆峒之言以中含洞邃不顯於外則安在於崇岫連峯淩霄蔽影然後稱名山也哉眞南郭子舊居直山之北少樂大道早依門墻年壯宦遊出入二紀揆才無補晚歲懷歸獲刺是邦停輿授教象設頹圯半爲荒榛遂命徹故宮稍增前制贏財而後事懸善價以

待樂輸陶斲衆工咸來求售匪隨於匆亟蓋視利而勞來暨壇垣指期咸就舊紀但以廣成子爲仙者又不徵崆峒之地知有關焉故復建此銘揭於西序文之曰

德高三王唯軒轅氏爲王者師唯廣成子窈冥昏默恍惚恢詭固精活身以滓爲治功被九域形存伯紀天道不窮至人無死

崔琪

琪天寶九載宣德郎試大理評事

擊柝賦 以封守勤固禦暴爲韻

嚴城暮兮絶人蹤君門深兮閉九重清矣擊柝出彼高墉候銅壺而發箭雜鳧氏之鳴鐘響以應聲按更籌而宣九陌內以達外禁姦慝而清四封何斯達斯是擊是扣聲參投壤之擊知甚挈瓶之守風雨如晦不假雞鳴夙夜在公但見牛斗至若衛尉奉職金吾克勤蓋欲懲冠暴亦以戒昏昕夜如何其歲聿云暮階凝冬雪月滿蟾兔是時也哀響稍動寒聲轉布窈窕鳳凰之樓蕭瑟銅駝之路於焉巡警自成險固復有空閨怨別幽客飄寓心馳遼陽之戍衣化陸生之素聞一聲莫不關于聽萬籟悉以横注當今六

合肅清四夷卽敍時無暴客邑空囹圄彼干楯之事擊柝之所尚行於方隅猶用於軍旅者蓋取諸豫備固吾守禦則知自我垂法寧云待暴至矣哉居安思危亦從吾君之所好也

桂林一枝賦 以題爲韻

倬彼衆木者其桂林一枝淮南擢秀月上標奇光雨露之新沐拂香風以徐吹故能使顥氣淩空孤陰耀質心既丹而不二花又白而純一凝霜殞而色鮮嚴景凋而葉密若然者固將與大椿而爭長豈徒挺小山而間出至如孫宏

巳落郄詵未第沮塵色與灰心然粒玉而爐桂孰謂連蹇銜半死之質特達承再生之惠淹留君之庭芳郁君之砌惜矣哉向使便辭仙客永棄幽林委根不用之境滅影空山之陰又焉能擅崑玉之高價吐歲寒之宿心彼徒見零落焦梧再斲恩滚於既往殊不知摧殘朽桂一枝重遇於當今

唐少林寺靈運禪師塔碑

虛空廣大乎其體智慧圓通乎其用凝而不生湛爾常寂離修離證非色非心歷微塵刼遍恆沙界無量國土皆清

淨無量昏暗皆光明誰其得之吾聞諸上人矣上人諱靈運蕭姓蘭陵人梁武帝後皇考義號州恆農縣尉初上人之生也戒珠孕於母胎定水澂於孩性內典宿植外學生知白雲凝其高志明水峻其苦節泛如也時不能知常以爲幻境非實泡身是妄五色令人昏五音令人聾五味令人爽噫輪彼生滅無時息焉吾將歸根以復於正因遊嵩山至少林寺有始終之意焉會舅氏掾於高平而上人遂緇於此郡玉立凡石不可喻其炯然日映眾星無以方其明耆竟移隸茲寺闕副乎夙心無何習禪決於龐塢珪大師潛契密得以眞實理照十方於自空脫三界於彼著慧眼既淨色身亦如始知夫心外無法所得者皆夢幻耳然後觀大地土木無非佛刹焉空山蒼然窮歲默坐猿對茶椀鳥棲禪庵彼嶺雲無心卽我心矣彼澗水無性卽我性矣夫如是孰能以凡聖量之乎故吾在造化中如夢中也粵開元十有七祀夏五月廿二日不示以疾泊然而終苦霧晦黃於天地悲風哀咽於草木吁崩吾禪山涸吾法海空吾世界使凡百含識大千有情荼於是火於是可勝言哉故門人堅順獨建靈塔於茲山奉遺教也夫碩德丕發

不有超代先覺而出夫等夷者則曷能傳我法印以一燈然千萬燈乎彼上人者嶷然倬立以定慧爲藏以涅槃爲山圓通於不注之境出沒於無涯之域適來時也適去順也今則終矣瞻仰如之何夫事往則跡移歲遷則物換況法與化永念從心積豈可使上人之高歿而不紀其事斲於石以旌斯文銘曰

上人伊何傳我法印其體也寂其行也順紛彼識浪汨夫夢情非照不曙非澄不清作大醫王爲大禪伯岳立松古蓮青月白一朝化滅六合淒愴世界颯空雲山忽曠色身

謝兮法體存金界慘兮鐵圍昏噫我所留者唯心源

田再思

再思開元朝官刑部郎中

服母齊衰三年議

乾尊坤卑天一地二陰陽之位分矣夫婦之道配焉至若死喪之感隆殺之等禮經五服之制齊斬有殊考妣三年之喪貴賤無隔以報免懷之慈酬罔極之恩稽之上古喪期無數暨乎中葉方有歲年禮經云五帝殊時不相沿樂三王異代不相襲禮白虎通云質文再而變正朔三而復

自周公制禮之後孔父刊經已來爰殊厭降之儀以標服紀之節重輕從俗斟酌隨時故知禮不從天而降不由地而出也在人消息爲適時之中耳春秋諸國魯最知禮以周公之後孔子之邦也晉韓起來聘言周禮盡在魯矣齊仲孫來盟言魯猶秉周禮子張問高宗諒陰三年不言不聽其子服出母子游爲同母異父昆弟之服大功子夏謂合從齊衰之制此等並四科之數十哲之人高步孔門親承聖訓及遇喪事猶此致疑卽明自古以來升降不一者也三年之制說者紛然鄭元以爲二十七月王肅以爲二十五月又改葬之服鄭云服緦三月王云訖葬而除又繼母出嫁鄭云皆服王云從子繼育乃爲之服又無服之殤鄭云子生一月哭之一日王云以哭之日易服之月鄭王祖經宗傳各有異同荀摯采古求遺互爲損益方知去聖漸遠殘缺彌多故曰會禮之家名爲聚訟寧有定哉而父在爲母三年行之已逾四紀出自高宗大帝之代不從則天皇后之朝大帝御極之辰中宗獻書之日往時參議謂可施行編之於格服之已久前王所是疏而爲律後王所是著而爲令何必乖先帝之旨阻人子之情虧仁孝之心

背德義之本有何妨於聖化有何紊於彝倫而欲服之周年與伯叔母齊焉與姑姊妹同焉夫三年之喪如白駒之過隙君子喪親有終身之憂何況再周乎夫禮者體也履也示之以迹孝者畜也養也因之以心小人不恥不仁不畏不義服之有制使愚人跂及衣之以衰使見之摧痛以此防人人猶有朝死夕忘者以此制人人猶有釋服從吉者方今漸歸古朴須敦孝義抑賢引愚理資寧戚食稻衣錦所不忍聞若以庶事朝儀一依周禮則古之見君也公卿大夫贄羔鴈珪璧今何故不依乎周之用刑也則墨劓

宮刑今何故不行也周則侯甸男衛朝聘有數今何故不行也周則不五十不仕七十不入朝今何故不依乎周則井邑邱甸以立征稅今何故不行乎周則分土五等父死子及今何故不行乎周則冠冕衣裘乘車而戰今何故不行乎周則三老五更膠庠養老今何故不行乎諸如此例不可勝述何獨孝思之事愛一年之服於其母乎可謂痛心可謂慟哭者詩云哀哀父母生我劬勞禮記云父之親子也親賢而下不能母之親子也賢而親之無能則憐之阮嗣宗晉代之英才方外之高士以爲母重於父據齊斬升數麤細已降何忍服之節制減至於周豈後代之士盡慚於古循古未必是依今未必非也又同爨服緦禮經明義嫂叔遠別同諸路人引而進之觸類而長猶子咸衣苴絰季父不服緦麻推遠之情有餘睦親之義未足又母之昆弟情切渭陽翟酺訟舅之冤甯氏宅甥之相我之出也義亦殷矣不同從母之尊遂降小功之服依諸古禮有爽俗情今貶舅而宗姨是陋今而榮古此並太宗之制也行之百年矣輒爲刊復實用有疑

宇文融

融京兆萬年人開元初拜御史中丞以言利驟用事進黃門侍郎同中書門下平章事因諷侍御史李宙劾信安王罷爲汝州刺史又貶平樂尉司農發融在汴州紿隱官息錢貶巖州道卒帝思其舊功贈台州刺史

定戶口疏

天下所檢責客戶除兩州計會歸本貫以外便令所在編附年限向滿須準居人更令所在優矜即此輩徼幸若徵課稅目擊未堪竊料天下諸州不可一例處置且請從寬鄉有賸田州作法竊計有賸田者減三四十州取其賸田通融支給其賸地者三分請取其一分以下其浮戶請任其親戚鄉里相就每十戶以上共作一坊每戶給五畝充宅並爲造一兩口室宇開巷陌立閭伍種桑棗築園蔬使緩急相助親鄰不失丁別量給五十畝以上爲私田任其自營種率十丁於近坊更共給一頃以爲公田共令營種每丁一月役功三日計十丁一年共得三百六十日營公田一頃不啻得之計平收一年不減百石便納隨近州縣除役功三十六日外更無租稅既是營田戶且免征行安堵有餘必不流散官司每丁納收十石其粟更不別支用

每至不熟年。斗別二十價。然後支用。計一丁年還出兩丁以上。亦與正課不殊。則官收其役。不爲矜縱。人緩其稅。又得安舒。倉廩日殷。久長爲便。其狹鄉無牓地。客多者。雖此法未該。準式許移窄就寬。不必要須留住。若寬鄉安置。得所人皆悅慕。則三兩年後。皆可改圖。棄地盡作公田。狹鄉總移寬處。倉儲既益。水旱無憂矣。

崔明允

明允。博陵人。天寶二年官朝議郎左拾遺內供奉。

紅觜烏賦

伊空桐之靈鳥兮。丹嘴黑質。拂羽青霄兮。流形白日。與鴛鷺而爲伍。豈凡鳥之能匹。故其聲則合雅。動必依仁。受惠而狎。感恩而馴。既裔裔而翔漢。嘗啞啞而向人。不驚不怖。亦義而親。爾其升丹極。入華堂。對上客之羅薦。拂佳人之褧裳。驚空簾之秋色。怨夕月之清光。悲信美而非吾土。傷幽棲而思故鄉。於是湘妃援琴。相如爲歎。何不開金籠而使飛。永騫翥於雲漢。重曰。日宮難可躋。月樹復驚棲。未聽將雛曲。空聞怨夜啼。

大唐平陽郡龍角山慶唐觀大聖祖元元皇帝宮金籙齋頌

空洞之中。溟涬之際。靈文尚矣。混成眹焉。混成者何。象帝之先。靈文者何。龍漢之年。五劫交周。尊神遞運。九炁列正。元始自然。治於流火之庭。鍊於陽明之館。二儀得之以定位。三景得之以發光。赤明開圖。碧落普度。元元奄有大道。遂荒眞宗。天法之以無俔。皇仰之而未及。犧軒應運。堯舜乘時。均至化而思齊。酌元風而殆庶。獨立千古。湛兮若存。首出百王。悠兮不極矣。粤若聖祖。系襲神宗。先天不違。後天繼代。錫允慶遠。流派祥長。國家纂戎。欽承前烈。三合一

德。六葉同道。平陽郡元元宮者。興王之肇兆也。惟初授命。載告休徵。權輿靈迹。俶落祠宇。昭彰於國史。乃今昇平永配。嘉瑞增修。清廟大建。閟宮明白。於御碑因吾道爲天下程。由玆地爲天下式。非夫至聖。孰能與之哉。皇帝御辨無爲。齋心正一。寤寐有感。髣髴眞容。昭孝孫之精誠。貽烈祖之元訓。開元得聖象。天寶獲靈符。丕慶再集。而繁昌至教遂興。而畢備祇崇冊禮。其高莫二。袞龍克光於像設。冕旒追尊於帝位。猗那商頌。生人周雅。儔之於昔。今則過焉。於鑠玆山。會神之寓。西對姑射。北隣天柱。實通仙之祕府也。

正殿肅穆廣廷森沈峯巒左右松栝交陰總虛無以靜濩也石壇重階瓴甓環甃隱訣參伍洞章獲持三元表辰八月降誕每至日展法於斯修金籙齋啟玉皇印道家之寶王者之儀靡盛於此矣乃開乾門闢坤戶氣宏廣莫風和不周八卦行乎其中矣仰列宿躡魁罡落日淪陰夕時沆瀣六甲佐乎其旁矣仙侶頒次羽人步虛朝拜九天醮祠五老想鈎陳則黃雲垂覆存太乙則白鶴來翔其餘侍香金童傳言玉女縹緲煙景徘徊元空求之希微宛如契合惟鎮皇極叶時邕外以廓清萬里戎夷向化內以乂安兆

庶年穀滋稔感格澤與昌光動植生成陰陽氣茂利兵所指則戢干戈靈官所臨則消疵厲殄感通上界神降祺福景命來假天子萬年者乎觀主臣郭處寂虔恭是勤夙夜匪懈稟師之籙佩嶽之符躬執科儀爰謀法要開元十六載御題觀額因隸於茲二十五年上疏議齋帝俞其請於是內使高眞自王城而至綸音祕旨從天上而來諸侯肅臨郡邑蔵事革故垣楝鼎新經像彤彩艴艴金光熒熒曾是所營曾是有成利乎永貞太守臣裴朓並寮屬等惟道孚敬詮形於政奉歎休慶衆合觀徒衆等皆相與遵乃宗極體乎自然熙澹漠於元和抃恬愉於大順微臣嘗佐汾邑親覩聖蹤强名道原用述眞宰從窅冥而辨物因象罔而得之其詞曰

三炁之宗粤元元始朱靈丙午赤明斯起太上道君託胎洪氏後天合德其惟我李爰初啟運符命歸唐海縣攸屬六葉重光天寶是應萬壽無疆大君推策考歷元陽空元之中自然妙有無鞅之衆勃勃珠口迎不見前隨不見後外物雖變我法彌久龍角嵯峨摩輿靈迹仙宮乃建清都伊宅洞裏天長寰中地隔皇矣大道臨下有赫金籙祕訣

玉冊元言陛壇之禮象法之門聖祖貽訓來告孝孫於茲授命永保元元克昌厥後大慶常存刊此樂石以奉至尊

段同泰

同泰元宗朝官太常博士

駁陳貞節廢隱太子等四廟議

議曰古先哲王作範貽訓不背時而立矩必隨俗而裁規由是因人以設教從宜而制禮苟反經以合禮膠柱以調弦故三代所以損益不同百王所以昇降斯別伏據隱太子章懷節愍懿德等皆稟殊恩式創陵寢一差蘋藻驟移

檀柘豈非睦親繼絕悼往推恩者歟況漢置戾園晉修虞祀書稱咸秩禮記百神紛綸蕆兹可略言矣按陳貞節奏狀云伏見隱太子章懷節愍懿德太子等四廟遠則從祖近則堂昆並非有功於人立事於代而寢廟相屬禋獻連時又引漢元帝朝貢禹奏及丞相韋元成匡衡等議以爲先王典禮不可越者臣愚以爲貢禹上書匡衡奏記理異於此事匪其倫何者上述祖宗遠論壇墠往復於商周之際徘徊於遷毀之閒隱太子等並特降綵綸別營祠宇義殊太廟恩出當時如逝者之錫蘋蘩亦猶生者之開茅土

寵章所及誰謂非宜且自古帝王建封子弟寄以維城之固咸登列郡之榮豈必有功於人立事於代生者曾無異議逝者輒此奏停雖存歿之迹不同而君親之恩何別此則輕重非當情禮不均神道固是難誣人情孰云其可又奏狀云合樂登歌有同列帝者隱太子等廟比來祼享皆稟舊章牲止少牢舞纔六佾進無季氏之僭退用諸侯之禮恭惟故實未爲乖謬自茲以降斷亦可知又據匡衡議思戾太子后園親未盡謹檢隱太子是皇帝曾伯祖本服緦麻章懷是伯父本服周年懿德節愍咸是堂昆本服大功親並未盡廟不合廢又準禮有以舉之莫敢廢也故劉歆以爲德薄者流卑德盛者流光禮無所不順故無廢廟又漢司徒掾班彪云貢禹毀宗廟匡衡改郊兆皆數復紛紛不定者何禮文缺微古今異制各爲一家未易可偏定也考觀諸儒之議劉歆博而篤矣據班彪之言足明古今異制禮合從宜按匡衡之議戾太子等以親未盡不毀斯則遠窺青史無可廢之文上固皇枝有湊根之美一朝罷廢竊爲不可隱太子陵廟等權與建立素非禮官詳定蓋是恩從中來斯事非外奬至如漢置戾園睦親也晉修虞

祀繼絕也索神以祭則旁洽百靈咸秩無文則遠霑累代且匱神乏祀春秋所非陟岡在原詩人攸歎國家仁及草木孝通神明澤既漏於三泉恩亦覃於九族豈有遠則堂伯祖近則堂諸昆服未絕於緦麻情見遺於黍稷臣愚以爲置之則綏族廢之則收恩綏族則廟存收恩則享絕事關聖慮奏定爲宜謹議

欽定全唐文卷三百四

鄭老萊

老萊洛邑人遂州刺史叔則父

對春設土牛判

得宜春縣門外各隨方色造牛耕人州司科不應爲訴云春前二日

惟彼璇衡分乎四序調玆玉管載啟三春寰中祈覜土之功海內佇農祥之應甲職司銅墨道洽絃歌務切耕耘情深勸勉洎乎立春之日望氣之辰爲土牛於縣門設耕人

於畎畝隨方所造雖取法於陰陽候節而爲固無虧於令式今者四門併造數次施功便於春月之中豫設秋冬之事禳災或可在法難通州司科以不應縣局乃爲申訴春在兩日雖事分疏齊復三廟何如道理即科其罪恐涉深文輒此商量寧斯折中請從寬典佇叶通規

韓琬

琬字茂貞鄧州南陽人賀州司馬思彥子舉茂才擢第又舉文藝優長賢良方正連中拜監察御史出監河北軍兼按察使開元中遷殿中侍御史坐事貶官

上睿宗論時政疏

國安危在於政政以法暫安焉必危以德始不便焉終治夫法者智也德者道也智權宜也道可以久大也故以智理國國之賊不以智理國國之福貞觀永徽之間農不勸而耕者衆法不施而犯者寡俗不偷薄器不汙窳吏貪者士恥同列忠正清白者比肩而立罰雖輕而不犯賞雖薄而勸位尊不倨家富不奢學校不厲而勸道佛不懲而戒土木質弗厚裨販弗蚩其故奈何維以皇道也自玆以來任巧智斥蹇諤趨勢者進守道者退諂附者無黜剝之憂

正直者有後時之嘆人趨家競風俗淪替其故奈何行以霸道也貞觀永徽之天下亦今日之天下淳薄相反由理則然夫巧者知忠孝爲立身之階仁義爲百行之本託以求進口是而心非言同而意乖陛下焉能盡察哉貪冒者爲能清貞者爲孤浮沈者爲黠剛正者爲愚位下而驕家貧而奢歲月漸漬不救其弊何由變浮之淳哉不務省事而務捉搦夫捉搦者法也法設而滋章滋章則盜賊多矣比法令數改或行未見益止未知損譬奕者一棋爲善而復之者愈善故曰設法不如息事事息則巧不生聖人防

亂於未然天下何繇不理哉永淳時雍邱令尹元貞坐婦女治道免官今婦夫女役常不知怪調露時河內尉劉憲父喪人有請其員者有司以爲名教不取今謂爲見機太宗朝司農以市木橦倍價抵罪大理孫伏伽言官木橦貴故百姓者賤臣見司農識大體未聞其過太宗曰善今和市顓刻剝名爲和而實奪之往者學生佐史里正正每一員闕擬者十人今當選者亾匿以免往選司從容有禮今如仇敵賈販往官將代儲什物俟其至今交罷執符紛競校在亾往商賈出入萬里今市井至失業往家藏鏹積粟相夸今匿貲示羸以相尚往者夷狄（疑闕字）今軍屯積年往者召募人賈其勇爭以自效今者差勒闔宗逃亾相繼往者倉儲盈衍今所在空虛夫流亾之人非愛羇旅忘桑梓也斂重役亟家產已空鄰伍牽連遂爲遊人窮詐而犯禁救死而抵刑夫亂繩已結急引之則不可解今刻薄吏能結者也舉刻吏能引者也則解者不見其人願取奇才卓行者量能授官又仕路太廣故棄農商而趨之一夫耕一婦蠶衣食百人欲儲畜有餘安可得也夫量事置官量官置人使官稱其人須人不虛其位除此之外使其耕桑任其商賈何爲引令入仕廢其本業臣愚以爲國家開仕進之門廣矣皆棄農桑工商而身趨之當今一夫耕而供數百人食一婦蠶而供數百人衣遂使公私皆無儲蓄若不釐革其弊必甚

崔逸

逸開元時清河人

東海縣鬱林觀東巖壁記

維大唐開元七年歲次巳未粤正月庚寅朔時大人出爲海州司馬禮當巡屬縣問者疾周覽海甸察聽毗謠人無事矣乃迴駕惕想眇矚雲山尋紫翠之所登虬龍之逕蓋欲徵靈宅吉洗我塵慮巖巖直上窅窅傍邃霧月與碧海同湊朝霞將赤城爭峻代有知而不能至者至而不能賞者賞而不能窮者亟聞我東海縣宰河南元公光發幽躅起予泉石締思搆匠蠲潔形勝遂披叢篁鑿崩壁流泉歕水藏宿雨而時來臥石埋雲觸搖風而不散歷時花木紅紫無名入聽笙歌宮商自合固可爲眞人之別館元始之離宮哉夫登會稽探禹穴慕古長想復何奇乎豈如志在魏闕心遊江海兩忘出處雙遺是非唯元公得之矣攀賞

未極列壑生陰促駕言旋攢峯擁騎家君顧而歎曰爾知遊名山勒銘紀者非思入上元道存虛白亦何能造次不遠而爲之吾少事雲林長牽塵迹晚齡心事盡於巖閒小子誌之貽夫來者其列座同志次而鐫之

元承徽

承徽開元時鄭州人

上符瑞封事

謹案魏典及北齊至後魏太平眞君年中內學者奏言上黨有天子氣在壺關大王山於時太武南巡親幸上黨掘

山封石將以厭之亦猶秦始皇東遊望氣者云五百年後金陵有天子氣始皇乃改金陵爲秣陵塹北山以絕其勢孫權僭號吳人以爲當之孫盛晉陽秋云從始皇東遊之歲至孫權僭號之時中間四百三十七年權數未當應及晉元帝南渡始有五百二十六年以彼金行奄居四海金陵之瑞其在茲乎又按太武之後百有餘年高歡以內學之言復欲安干符命因勤兵馬來在晉陽舍於壺關六旬而去更有上黨百姓從在晉陽因名上黨之坊實曰晉陽之地歡又居此僞以應之論其僭應則高歡不異於孫權語以虛據則太武有同於嬴政暗於時運豈不惜哉臣等恭尋符命壺關天子之氣正是陛下當焉元穹上聰符命下鍾故使歷試潞州所以用當其應此天意也豈人事乎然而一幸潞州三移灰琯壺關之地歲時爲蒐狩之場大王之山朝夕卽豫遊之所始能龍潛上黨尋乃鳳舉咸寧內學之言果合符契又按內學所奏符應年月太平眞君太平則叶今辰眞君則更明陛下自唐至魏三百餘年觸類而推無不驗應伏願陛下上承天意下諭人心昭告寰瀛編列國史臣等沐道醉心觀洋駭目披圖逖聽曠古無聞實慶生涯親承旦暮

崔涵

涵開元六年官祕書少監

議州縣官月料錢狀

養賢之祿國用尤先取之齊人未爲剝下何用立本息利法商求資皇運之初務革其弊記本收利以繩富家固乃一切權宜諒非經通彝典頃以州縣典吏併捉官錢收利數多破產者衆散諸編戶本少利輕人用不休時以爲便付本收利患及於人然則議國事者亦當憂人爲謀恤下

立計天下州縣積數既多大抵皆然爲害不少且五千之本七分生利一年所輸四千二百兼算勞費不啻五千在於貧人已爲重賦富戶既免其徭貧戶則受其弊傷人刻下俱在其中未若大率羣臣通計眾戶據官定料均戶出資常年發賦之時每丁量加升尺以近及遠損有兼無合而籌之所增蓋少時則不擾簡而易從庶乎流亡漸歸倉庫稍實則當咸出正賦罷所新加天下坦然什一而稅上下各足不其遠矣

崔尚

尚久視六年進士大中大夫行尚書祠部郎中

唐天台山新桐柏觀頌并序

天台也桐柏也代謂之天台眞謂之桐柏此兩者同體一作出而異名同契乎元道無不在夫如是亦奚必是桐柏耶非桐柏耶因斯而談則無是是無非非矣而稽古者言之桐柏山高萬八千丈周旋八百里其山八重四面如一中有洞天號金庭宮卽中右弼王喬子晉之所處也是之謂不死之福鄉養眞之靈境故立觀有初強名桐柏焉耳古觀荒廢則已久矣故老相傳云昔葛仙公始居此地而後有道之士往往因之壇址五六厥迹猶在洎乎我唐有司馬鍊師居焉景雲中天子布命於下新作桐柏觀蓋以光昭我元元之丕烈保綏我國家之永祚者也夫其高居八重之一俯臨千仞之餘背陰嚮陽審曲面勢東西數百步南北亦如之連山峩峩四野皆碧茂樹鬱鬱四時並青大巖之前橫嶺之上雙峯如闕中天豁開長澗南瀉諸泉合瀓一道瀑布百丈懸流望之雪飛聽之風起石梁翠屏可倚也琪樹珠條可攀也仙花靈草春秋互發幽鳥清猿晨暮合響信足賞也始豐南走雲嶂間起剡川北通烟岑相接東則亞入滄海不遠蓬萊西則浩然長山無復人境總

攬奧祕鬱爲秀絕苞元氣以混成鎮厚地而安靜非夫神與仙宅仙得神營其孰能致斯哉故初構天尊之堂晝日有雲五色浮靄其上三井投龍之所時有異雲氣入堂復出者三書之者記祥也然後爲虛室以鑿戶起層臺而壘土經之殖殖成之翼翼綴日月以爲光籠雲霞以爲色花散金地香通元極眞侶好道是遊斯息微我鍊師孰能與之鍊師名承禎一名子微號曰天台白雲河內溫人晉宣帝弟太常馗之後祖晟仕隋爲親侍大都督父仁寀唐與

為朝散大夫襄州長史名賢之家奕代清德慶靈之地生此仙木以為服冕乘軒者寵惠吾身也擊鐘陳鼎者味爽人口也遂乃捐公侯之業學神仙之事科籙教戒博綜無所遺窈冥夷希微妙詎可識無思無為不飲不食仰之彌峻巍乎其若山挹之彌深湛乎其若海夫其通才練識贍學多聞翰墨之工文章之美皆忘其所能也練師蘊廣成之德睿宗繼黃軒之明齋心虛求將倚國政侃侃然不可得而動也我皇孝思維則以道理國協帝堯之用心寵許由之高志故得放曠而處逍遙而遊聞練師之名者足以

激厲風俗睹練師之容者足以脫落氛埃以慈為寶以善救物神以知來智以藏往允所謂名登仙格迹在人寰真不可測矣夫道生乎無名行乎有精（一作情）分而作三才播而作萬物故為天下母修之者昌背之者亡故為天下貴況絕學無憂長生久視也哉道之行也必有階也行道之階非山莫可故有為焉有象焉瞻於斯仰於斯若舍是居教將奚依損之又損以至於無為元門既崇不名厥功朝請大夫使持節台州諸軍事守台州刺史上柱國賈公名長源有道化人有德養物嘗謂別駕蔣欽宗等曰且道以含德德以致美美而不須後代何觀乃相與立石紀頌以奮至道之光其辭曰

邈彼天台嵯峨崔嵬下臨滄海遙望蓬萊漫若天合呼如地開烟雲路通真仙時來顧我練師于彼瓊臺練師練師道入元微噏日安坐淩霄欲飛興廢靈觀練師攸贊道無不為美哉輪奐窈窈茫茫通天降祥保我皇唐如山是常

沁州刺史馮公碑

吾聞（闕一字）君（闕一字）曰古之孝者（闕三字）德（闕四字）碑（闕一字）明示於後代也故今之孝者馮氏三子道（闕一字）崇（闕四字）論（闕十二字）

文曰公諱仁（闕一字）字太元長樂人夫馮文王之允也畢萬（闕一字）封於魏文（闕四字）馮（闕四字）有自來矣（闕二字）流長枝分葉散衣冠人物史諜存焉曾祖（闕三字）隨官（闕一字）尚書兵部郎贈銀青光祿大夫吏部尚書昌黎公謚曰壯武望重一時氣雄千載（闕四字）外臣嘉遯不仕（闕一字）壽祖若（闕三字）嗣幽貞（闕一字）於我公復修祖業特有奇稟識密洞微德暉內藏道氣潛運（闕一字）可（闕三字）無為（闕一字）不（闕一字）俗（闕二字）泊其真率居冈見其（闕一字）處會通默養空而浮代莫能知（闕一字）以（闕一字）守（闕六字）清（闕一字）之（闕三字）以琴書（闕一字）娛優哉（闕六字）所謂

逃名避聲(闕一字)已會景龍(闕一字)年(闕)公之誠孝精忠遁士道力意得元珠謀參黃石同心戴舜以爲天子(闕四字)銀青光祿大夫鴻臚卿冀國公實封三百戶銀印青綬昭其(闕一字)也皁蓋朱轓昭其位也(闕四字)昭其(闕一字)也(闕四字)昭其(闕一字)也公(闕二字)厥子克(闕一字)於邦帝用嘉之拜公爲朝散大夫使持節沁州諸軍事沁州刺史仍聽(闕二字)時人榮之制有踰天官(闕一字)名年八十九以(闕二字)十有一年夏五月庚午終於京師(闕四字)惟十有一月十日壬申葬我公於咸陽北原禮也(闕九字)其宅兆而安厝之(闕四字)銘曰

(闕十六字)遊藝依仁從吾所好(闕五字)物之奧(闕)起(闕一字)乃嚴訓嘉(闕二字)功是(闕一字)予(闕一字)是啟予衷汝作(闕二十二字)孝子(闕二字)垂(闕一字)無窮

李適之

適之初名昌恆山愍王承乾孫神龍初起家左衛郎將開元中拜刑部尚書天寶元年爲左相累封清和縣公罷政事守太子少保坐與韋堅相善貶宜春太守會御史羅希奭陰被詔殺堅等於貶所過宜春適之懼仰藥死

祭嶽瀆得雨賀表

聖心纔啟靈貺潛通膏澤並霑罔不滂霈請宣付史館仍於濟源縣虔修賽禮

請宣付太子諸王詞翰表

臣不工文且非碩學更紆天人之翰以光鄙野之人又見陛下訓以義方教之親睦文王美棠棣之華皇王之際於斯爲盛事連中禁恐良史闕書請編諸典策以光千古

禁朝官稱慘改乘服式奏

臣伏以朝服準式皆合備具比來有稱慘故式致乖疎臣望自今已後每當正至及緣大禮應朝官並六品清官並

服朱衣餘六品以下望許通著袴褶朔望日請依舊文武官朝集使並服袴褶如有慘故準式不合著朱衣袴褶者其日聽不入朝自餘應合著不著者請奪一俸以懲不恪其蕃官望不在此限如情願著者請聽餘望依令式

大唐蘄州龍興寺故法現大禪師碑銘

古之聖人乘時迭用贊神道立人倫所以爲理者也理之爲極故受之以無爲昔之眞人歸根去羨探有物入無窮所以爲久者也久幾乎息故受之以實際於是大雄有作大覺無邊常樂常住不生不滅鑒阿僧而示開闢傳法印

而逾繩契映明月而小元珠位輪王而卑五帝去聖日遠多門互出名數棼絲言說滋蔓粤有紹興法寶超詣眞宗由密意而致清涼域秉圓照而入空寂舍無聞無示非穿非鑿斷諸委曲直見本源其事業有如此者我大師其人也禪師諱法現弋陽人本名法顯避中宗廟諱於是改焉即雙峯忍禪師門人也俗姓宣氏出自周宣王盛於元魏代禪師儀表端嚴眉宇森秀人相具足梵音清暢乘運而應數隨方而立表以濟南浮之人以嗣東山之業初母在孕不喜葷辛及誕之後每以沙上戲爲佛塔志學之歲遠

方訪道年十有九爰就薙落始配住福田寺其後以選更隸龍興寺焉後因捧盂上堂逢一神僧顏赤如醉語師曰汝可名法顯因忽不見年滿受具遂以此名年二十五次因寺事差往鄱陽所憩之家皆同舊識或云宿昔夢師之來儀服宛如所見設供養者皆蒙誘掖閭門盡里同發菩提心爾時鄱陽大旱師爲受戒二千餘人事畢天晶無雲其夜雨雪盈尺隨緣利物殊類齊感在舟則異鱗呈質使漁者收綸登陸則困鹿求哀而獵者束矢所過古寺廢塔雖獨而止猛獸惡龍山精木魅毒氣生烟火眾魔成軍陣坦若虛舟莫能惱害至永淳歲有三婆羅門寄金銀珠寶於師復置牀簀而歸西域其後有賊刦房惟此諸寶獨在出入三載主乃東來各以還之封緘如故母氏遺師預修已墓寺前南嶺地爲吉祥掘皆巨石不可開動已經數日師意彌專忽有一人來詣掘所作禮既畢出一編書與師遂云爲師穿墓觀其用狀殆非人功信宿掘成不知所在開其留書乃菩提達摩之論也及築墳傳土每夕有猛獸蹋跡如杵倏然墓成經一十八年母何氏壽八十有六既耆而艾無疾而終師廬於墳所遂經二載形體臞瘠僅能

識者每有人潛獻牛乳其味凝厚眾疑有異後加驗問莫知所從嘗置梡佛前乃成舍利旬日之後梡中有聲沃而滌之金光浮出連珠成貫色有似榴者其後漸多至百餘粒他州造塔者皆來請之分與而去夫其異應不可思議乃菩提之示現者矣大易云神道設教然則至人無迹至化無名萬緣盡空一切不動此皆善靈扶護示相云爲因感而來無幽不兆咸莫知其所以豈我師之意乎徒觀遠眾響臻羣疑景附惟分請益波迴山積有迷有達或饑或渴禪師發以希聲之音現以隨緣之相如振風之過眾竅

似膏雨而成百穀至有求明義學談說人天三論飲其辨才九部矜其理窟及乎對詢眞賾不覺神醉大巫捨帨靡旗廢講焚疏因而退密專至攝心有初地弟子左相兼兵部尚書李適之往以先君佐蘄贍言歸省因得禮尊儀於密座委弱質於專門持心苦體不舍晝夜尋遘私艱重集于蓼無怙可恃創鉅釁窮負土墳傍泣血廬次大師哀其劬頓假以梯航引於煨燼之區拔於冤毒之海其後皇圖復禹重構維城神龍之中璽書再降授朝請大夫旋追赴京輦禪師遂歎宰官之義强弟子以行雖間濶積年而誨

誘無遠屬有東信至自蘄春方承八年諱問其說最後功德恨不親聞付囑是用觸緒悲涼復次使者言師以開元八年六月初於本寺精舍結跏趺坐積十三日不更飲食無復煩惱因禪不解便入無餘春秋七十有八是日雲物變異香氣晦合池水自黑林鳥皆悲座前白蓮枯卷堂後列栢凋瘁四部雷動三界霆泣或絕於地或訴於天嗚呼慈母忍棄窮子一定以來全軀不壞髮長膚軟紅爪丹唇經今二十年竟不敢遷閉近日薄加香漆四眾供養如生故知不盡之明與刼代而相弊應見之相豈堅林之可焚徒徵夢幻之言莫見去來之迹然則建之於常空有立之於不皦昧難可以智知孰能以識識住持强固永爲宗極以適之心存遺偈力荷慈緣髣髴鏗鏘依稀火傳摛其勿照之曜著以忘言之筌敢申頌元德以昭播人天其詞曰

皇矣能仁宏宣妙覺彼上人者是爲禪族繼體前聖傳燈後學舟梁愛河掎拔情嶽擘允光相翻飛度門偈傳心極神授名尊霰零嚴戒溢入重昏窮魚脫泉困獸還魂獨絕人代蒸在林野魔屬不神善緣來假乳似糜獻編同地下度無量人實無度者諸行圓滿庶類知歸往虛來實遇病

爲醫大雲澍雨惠日揚輝事復無事機反於機我於往昔天方薦瘥彷徉推極荼毒謂何孰承冣上密受居多未究淺海旋驚尺波變異潛惑悲憂斷絕皆發大怖徧身見血淺入靜思義開形閉當知恆住敢告非滅

趙愼言

愼言開元八年官瀛州司法參軍

論郊廟用樂表

祭天地宗廟樂合用商音又周禮三處大祭俱無商調鄭元云此無商調者祭尚柔商堅剛也以臣愚知斯義不當

但商音金也周德木也金能剋木作者去之今皇唐土王即殊周室五音損益須逐便宜豈可將木德之義施土德之用又說者以商聲配金即作剛柔理解殊不知聲無定性音無常主剛柔之體實由其人人和則音和人怒則聲怒故禮稱怒心感者其聲麤以厲愛心感者其聲和以柔祇如宮聲爲君商聲爲臣豈以臣位配金爲臣道便爲剛乎是知周制無商不爲堅剛見闕蓋以扶木德忌金行故國祚靈長後葉昌盛卜代三十卜年八百是去金之應也即人神之心可見剛柔之理原乎聖人之情詳夫作者之

旨車服器械爲易代之通規郊禋聲調避德王之刑剋此不疑之理也其三祭並請加商調去角調

郊廟舞人宜依古制疏

郊廟二舞人不依古制未協人神案周禮以樂舞教國子舞雲門大咸大濩大武是知古之舞者即諸侯子孫容服鮮麗故得神祇降福靈光燭壇今之舞人並容貌蕞陋屠沽之流用以接神欲求降福固亦難矣有隋之際猶以品子爲之號爲二舞郎逮乎聖朝遂變斯制誠願革茲近誤考復古道其二舞人望取品子年二十以下容顏修正者爲之令太常博士主之準國子學給料行事之外習六樂之道學五禮之儀十周年量文武授散官號曰雲門生又按周禮奏太簇歌應鍾以享地祇注云地祇謂神州社稷也太簇陽也位在寅應鍾陰也位在亥故斗建亥則日月會於寅斗建寅則日月會於亥是知聖人之制取合於陰陽歌奏之儀用符於交會今之祭社即乖古法乃下奏太簇上歌黃鍾但太簇黃鍾俱是陽律上下歌奏不異乃是陽合於陽非特違其禮經抑亦乖於會合其社壇歌黃鍾請改爲應鍾又五郊工人舞人衣服合依方色按周禮以

蒼璧禮天以黃琮禮地以青珪禮東方以赤璋禮南方以白琥禮西方以元璜禮北方是知五天帝德色玉不同四時文物各隨方變冀以同色相感同事相宜陰陽交泰莫不由此今祭器茵褥總隨於五方五郊衣服獨乖於方色舞者常持皁飾工人恒服絳衣以臣愚知深爲不便其工人衣服請各依方色其宗廟黃色乃各以所主色禮神又以樂理身心禮移風俗請立樂教以化兆民周禮曰以樂德教國子中和祇庸孝友其國子諸生望教以樂經同於禮傳則人人知禮家家知樂自然風移俗易災害不生其

樂經章目雖詳稍乖旨要請委通明博識修撰訖然後頒下

李元瓘

元瓘開元八年官國子司業

顏子當設坐像並升四哲奏

先聖孔宣父廟先師顏子配則配像當坐今乃立侍準禮授坐不立授立不跪顏子道亞生知才先入室既當配享其儀見立請據禮文合從侍坐又四科弟子閔子騫等並服膺儒術親承聖教雖復列像廟堂不參享祀謹按祠令

何休范甯等二十二賢猶霑從祀豈有升堂入室之子獨不霑春秋配享之餘請春秋釋奠列在二十二賢之上七十子者文翁之壁尚不缺如豈有國庠遂無圖繪請命有司圖形於壁兼爲立贊庶敦勸儒風光崇聖烈曾參孝道可崇獨受經於夫子望準二十二賢從享

請令貢舉人習周禮等經疏

三禮三傳及毛詩尚書周易等並聖賢微旨生徒教業必事資經遠則斯道不墜今明經所習務在出身咸以禮記文少人皆讀周禮經邦之軌則儀禮莊敬之楷模公羊穀梁歷代宗習今兩監及州縣以獨學無友四經殆絕既事資訓誘不可因循其學生望請各量配作業並貢人預試之日習周禮儀禮公羊穀梁並請帖十通五許其入第以此開勸即望四海均習九經該備

蔡孚

孚開元八年官起居舍人

請宣付御製春雪臺望詩編入國史奏

伏見所製氣雄詞美德音相屬鄙炎漢之奢侈徇有唐之儉陋知作勞而居逸念中人之家產用心如此天下斯安

臣職在司言請宣示百寮及編國史

欽定全唐文卷三百五

徐安貞

安貞初名楚璧信安龍邱人應制舉一歲三擢甲科開元中爲中書舍人集賢院學士累遷中書侍郎封東海縣子天寶初卒

奉和聖製喜雨賦

惟大君之執象襲先帝之重元體至精而御物用明德而動天自乘春兮當暑洎三時而不雨何陰陽而併隔瞻雲漢以延佇而雍州之積高乃神明之舊府君告有司無作

淫祠圖應龍兮何召望愚婦兮何期禦傚伏之六沴唯蕩蕩之上帝信天道之悠哉固人事之所制爾其圓壇方壝環以禁林拂瑤席兮列神座藉白茅兮推聖心却華蓋而特立當赫曦之正臨幽應如響明徵在今油然作雲鬱山川之氣淒兮爲雨變天地之陰乘空離合烟霏霧雜散影微微清神不稀無雷電之相追但蕭條而自飛迴颯灑於天聽襲清涼於御衣如泰嶽之朝下似陽臺之暮歸林籞增飾城池共色八水青田千門紫極洗原隰於龍鱗拂甍標於鳳翼伊萬物之同潤況油油之黍稷匝寰海而爲期指咸霖而一息吾君乃升玉堂闢金殿旣滌炎暑是開清宴聽金石之克諧知神人之合忭濟濟三事稽首而言效靈夔之鼓舞聯振鷺而飛翻欣復夏王之膳無邀漢后之恩微臣束紳國史秉筆階戺仰宸儀之法度聞天韻之宮徵大舜之慶雲已發武帝之秋風莫比欽豐歲之餘裕賾先天之至理陋星斗之占冠靈臺之紀猶誡奢靡之事信明明天子

除韋嗣立鳳閣侍郎平章事制

鸞臺鳳池清切鸞渚便蕃出納兩闈允資一德中散大夫

守天官侍郎韋嗣立當朝人傑奕代相門道周性全才高識遠誠以待物寬而容衆往司綸翰五字見推洎處提衡九流式序懷宗廟之掌有社稷之能宜竭忠賢翊宣政化可守鳳閣侍郎同鳳閣鸞臺平章事散官如故主者施行

除裴耀卿黃門侍郎張九齡中書侍郎同平章事制

敕風雲之感必生王佐廊廟之任爰在柱臣中大夫守京兆尹護軍借紫金魚袋裴耀卿含元精之休體度宏遠正議大夫前檢校中書侍郎集賢院學士仍副知院事上柱

國賜紫金魚袋曲江縣開國男張九齡挺生人之秀器識通明並風望素高人倫是仰可以叶彼寅亮當玆啟沃幹時待士既資鼎實之和爲國急賢寧惟金革之事耀卿可黃門侍郎同中書門下平章事宏文館學士散官勳如故張九齡可起復中書侍郎同中書門下平章事兼修國史餘如故主者施行

授席豫尚書右丞等制

門下朝散大夫使持節鄭州諸軍事守鄭州刺史上柱國席豫等早升清近備經推擇或政成大郡或績佇中朝可

以秉於樞轄正之僕御副於內庥亞以尹京各恭迺職允玆休命可依前件

授王翼殿中侍御史等制

敕朝議郎行監察御史王翼五從弟朝請郎行監察御史級等咸以貞固爰司察視騶聞舉直亦既懲姦歲月增深昇遷有序並可殿中侍御史

對習星歷判

得甲稱人有習星歷屬會吉凶有司劾以爲妖款云天文志所載不伏

大君有位北辰列象庶官分職南正司天和王燭而調四時制銅儀而稽六合是則官修其業物有其方彼何人斯而言歷數假使道高王朔學富唐都徒取衒於人間故無聞於代掌多識前載方期爲已役成稱賤寧是潤身眷彼司存行聞糾慝語其察變應援石氏之經會以吉凶合引班生之志誠其偏習宜肅正刑

對太室擇嗣判

甲於太室而擇嗣先幼者或非之稱神所命

欽若古訓奉遵遺典禮崇繼體政重承邦苟冢嫡之或遺

諒昭穆之無取眷言於甲誠乎擇嗣殊無忌之不才讓德於韓宣異延陵之守節歸義於諸樊既而龜其知乎類石祁之合兆神所命也同楚平之當璧且德均則卜罕見前非年均擇賢曾無昔讜先乎幼者誠合通規人或非之孰云其可

對舉嘉遁第判

嚴虛應嘉遁科舉試策及第選曹爲非時進擬

經臺有喧訴選司以虛名乖實貶第

嚴虛草澤賢才蒲輪辟命玉臺對命既則登科仙署縻爵

誠宜利用抑同選調詎曰非常坐見淪塞行招往訴然則晦其跡也事等鑿坏行其道焉何論負鼎諒出處之有異豈名實之相乖義在優賢理無貶第與言舉主誠則知人賞先茅之地非無故實奪間田之祿未之前聞循彼功曹以爲直筆

唐元覽法師碑

師姓褚氏名覽兄無量舒公也爲開元侍講歸觀鄉國太夫人年迫期頤法師昆季晨昏之地說法而已銘曰

法遠乎哉興或共住得自先覺亦曰句文不在茲教有眞傳宏是像法能詣實趣伊人謂何聞道則多如海廣大如山義義心猿既伏隙駟云過惟徒是頌焉知其他

正議大夫使持節易州諸軍事守易州刺史兼高陽軍使賞紫金魚袋上柱國田公德政之碑并序

聞之經國濟理長物生人者則必委成郡邑而擇其良吏然守文則溺於牽俗更法則弊於專任寬恕則失於容姦強毅則陷於傷善建用皇極難乎其人若夫剛不爲虐簡而能斷布政優優化人成俗者見於田易州焉公名琬字

正勤其先敬仲適齊因陳爲族周齊聲近遂氏於田五代其昌罷秦人之西帝七雄方鬭朝泗上之諸侯自國滅淄上族遷關右武安以戚屬爲丞相司農以建議封陽城吾能言之公其後也不殄厥問幽而復光曾祖君綽隋甘州刺史祖越西州長史父思成州同谷尉名雖必聞官不求達累濟純嘏克生忠良公應天景星含道元氣和五味以正性備百行以資身況言談者仁之文孝悌者德之本取與者事之會恬淡者道之符弱冠遊太學尋師授韓詩曲禮以爲小雅傷於怨刺大戴失於奢侈功業宜先於濟理章句非急於適時因讀孫吳兵法衛霍別傳遂仗劒從軍以功授合黎府別將歷果毅轉折衝累拜郎將中郎將尋除安北都護稍遷威衛將軍每拜命必銜一官兼一使非其幹理疇克保釐由是所向皆通衆善咸集戶部尚書王晙國之楨幹人之具瞻太子太師蕭嵩惟嶽出雲生甫翊聖王之總管朔方也帳下之畫一以詢公蕭之節度河（闕一字）也閫外之事不裁於已公貌無矜色口無伐辭出則推美於人入則盡慮於事議者以爲王能信善蕭能任賢居二者之閒非周才孰可尋以將軍兼靈州刺史朔方軍節

度副使押渾部落仍檢校豐安定遠及十將兵馬使會遭家艱奔喪州里扶杖未起粥溢不入古之純孝何以尚茲明年林胡冦邊天子震怒起公除易州刺史鎮北邊也公聞命驚殞以死讓請情既難奪恩爲中停廿四年禮終復除易州刺史兼高陽軍使此邦之人舊稱勇悍凜然尚荆卿之風慕燕丹之義其俗易使也其人可用也而地接邊鄙郡參軍鎮嗟哉杼軸空矣征役勤矣用非所養力盡猶求摧節義之明心就逋逃之下請公潸悲其故大返其源阜其財求致其忠愛居者既逸去者知歸星歲未周繈負

咸至豈非寬明以恕恩結其心者歟時出桑野奄觀銍刈責其惰者則爲之怛慼如遇其敗子焉勉其勤者則喜形顏色若遇其良子焉故人感而懷之莫敢暇逸霑體塗足唯農是務所以家粟流衍而餘糧棲畝管子曰倉廩實知禮節則公之德政信然也歲或大旱憂心如熏如惔如焚如焚其身曾是勤人達於鬼神及有事山川宜乎冢土祝始告而雲合俎未徹而雨降氣有升隔災變爲蝗自西徂東風至雨集其高也蔽日其下也被地遂能辨其疆界犬牙不入非神鑒其德有所底之其孰能與於此夫市者利之所聚人之所爭強或肆奪不忌於上吏取於人謂爲官市交易不得其所朝夕爲之皆虛公撫御多方非止扑罰家僮門客莫出城寺通商服賈日以填湊吏爲一都之會也公之下車將大變其俗其有酣歌劍舞者彈弦跕屣者懾其雄而息其競疏其穢而復於禮以爲不積其德無以服人也不正其身無以出令也故視無旋聽無聳其動也可效其靜也可法四隣以是嘉其致而歸其高百姓以是服其德而樂其行故自郡邑至乎鄉鄙莫不競者讓暴者仁毅者溫懦者立其惟不言而化已過半矣於是詢耆舊

察人俗入而靜謀出而周視高者抑之弛者張之人之所惡者去之人之所欲者濟之老有歸幼有長至於疾苦莫不躬親爲之一年而下無艱急而亦無殄病矣比及三年則有成也盡知方也洎農隙巡撫煦愉溫顏易水變其寒風燕谷增其暖氣由是刑罰不用而君亦（闕一字）之使無訟乎見於今日矣故化行乎近郡而譽達乎京師公夙昭武烈而善於文史將以漢主憂邊故投其筆硯晉侯擇帥更悅其詩書不然何有執繁弱之弓杖雍狐之戟而能緣飾吏事摘發如神窮物之理盡人之性若此之至也廿七年

公次會計朝於京師廿八年春二月制攝御史中丞還安西都護詔書至郡郡之人吏若有所亡或號門衢或悲里室曰自我公至吾黨其蘇今我公往吾黨其痛詣闕陳情則長安地遠邀道攀戀而西域路絕既借寇不可則令名宜存詞曰

卓爾有立時惟田侯清標遠映高月垂秋其武也剛其文則柔孰是師旅能牧於州靡不夙夜思皇厥中綢繆庶政亦以訓戎天子曰俞爰嘉爾功俾守易土而和其風北燕之南全趙之北歲有軍事人用不足從而搖之是謂苛慝

惟君蒞止高明柔克柔克伊何撫如嬰孩蝗不入境旱不爲災既庶能富逋亡歸來非德之致其誰有哉水積則流德積則揚化自下國聲馳遐方允矣君子如珪如璋刻石頌之令問不忘

讓皇帝哀冊文

維開元二十九年歲次辛巳十一月戊申朔二十四日辛未寧王薨於西京之邸第旋殯於寢門之西階翌日有制冊王爲讓皇帝葢景龍歲先帝即位王嫡長將立爲皇太子讓大功於我皇洎薨落讓存有追崇之義粤若天寶元年夏五月乙巳朔十七日辛酉將遷座於惠陵禮也龜筮先遠龍輴此時嗚呼哀哉皇帝遣金紫光祿大夫守尚書左僕射攝太尉上柱國許平縣開國侯耀卿奉宵載奠祖筵以申天倫之慽也乃命詞臣序之典冊其詞曰

昔眞人之述作表高節於讓王太伯聞乎有周皇昆昭於聖唐古往今來身退業昌歿而不朽揚乎耿光元祖錫慶重熙累盛茲冢嗣之謙德迨遺靈而受命童儒之辰初王壽春開國方大進封於蔡以委親賢是兼中外奄有於宋復遷於寧正疇庸於地理配明德於天星或建符節言歸

闕庭既睦天愛承歡帝樂東巡溫泉西侍平樂風雅屬和論思辨博晨超北上謁紫殿於蓬萊夕息南歸對瓊樓於花萼莫匪恩遇周爰咨度坐而論道實惟三公登太尉兼儀同拜司徒命司空儀刑作孚宣和國風稽以前事緬懷逝者五王同日曜大君之一龍萬國來朝無梁王之駟馬讓則有之崇名可追踰周盟之禮會七月之期太史造時遺奠於茲自藩王之邸第建天子之旌旗度春明而春盡下長樂而長辭經灞川與渭川慘容衛兮遲遲當苑門之宮觀攀宇宙而無追仰音顏以纏慕吏吾君兮望思嗚呼

哀哉瀛區有變天注終飛懷蒼梧而日遠望白雲而不歸沈沈隴樹漠漠泉闈竭闕一字音而載筆藹千祀而騰徽嗚呼哀哉高寢林閒陰堂晝閉代謝今昔神之往還列昭穆兮斯在奉忠孝於橋山嗚呼哀哉

貞順皇后哀冊文

維開元二十五年歲次丁丑十二月庚子朔七日丙午惠妃武氏薨於興慶宮之前院移殯春宮麗正殿之西階粵翌日乃命有司持節冊謚曰貞順皇后以旌德飾終也洎明年春二月巳亥朔二十二日庚申將遷座於敬陵禮也

啟攢塗於春禁候重門於初旭轉靈衛於金根緬哀懷於上國亦既有命銘於貞王其詞曰

風之始者闕二字備內職選才淑政兼翊戴化錫丕祉繁華鍾美我天后之從孫周桓王之季子於渭之涘重開戚里鵷鸞飛翔珮玉鏘鏘自婕妤而三命乃率先於鴈行出言有章彤管有光孝慈之心諒自天啟鞠育孫幼恩流愷悌七子既均六宮有禮貴主三分於外館賢王兩闢於朱邸彼陰教兮惟微承日月之光輝輔聖人之至德故動用而無違驪谷湯泉天行暮律屬車之內陪遊之日孰謂蕩邪茲焉遇疾闕焚香山以邀元吉卻居重城彌留永畢思勿藥之有喜痛還年之無術嗚呼哀哉覽舊館兮洞開踐芳塵兮徘徊指甘泉之畫像謂德容之在哉自昔層城之宮椒風之殿獲遇明主是矜邦媛有平生之渥恩無淪沒之餘眷況貞順之寵錫伊往古而莫見卜兆考常三龜既良園陵蒼蒼在國之陽傍芙蓉而左轉怨桃李之春芳風卷旌旆繁笳委咽中使護道懿親辭訣山藏玉衣地留金穴惟清灞之永矣流國風而不竭嗚呼哀哉

庫狄履溫

履溫元宗朝官尚書員外郎兼充節度判官攝御史爲勸農判官

讓起復表

草土臣履溫言臣行迮神明禍歸先父日月未幾苴麻未變伏奉恩敕授臣駕部員外郎充朔方軍判官詔書臨門匍匐廬次捧跪驚駭號纏痛疾氣殘毀容臣今殞越伏以滅性非教逃天莫由敢祈孝理少察哀訴臣門緒單賤本無兄弟惟臣一人鞠育鍾愛幼在隴畝輟臣讀書家貧本無僕役柴水爲資臣在師氏父常有勞束脩資費母亦勤

續訓誨之漸明時忝官唯資以榮過此無報豈謂祿養纔及殃舋已滾所侍老母風氣仍積每臣崩摧撫對增病臣稍用割哀就禮間哭承顏臣若暫離母亦難保且祠祀無主几筵何依臣之憂酷特爲尤甚逮及秋季始至小祥苫廬尚新墳土猶溼聖情何忍令其輟情顧惟形骸實汚冠冕臣又近染風疾似因哀瘵語事便忘居常輒驚以此從戎必不堪命伏乞憫臣艱疾察臣孤獨卒臣喪服矜臣母老則生人之本盡於哀敬國家淳風載激流俗無任荒懇

對春不脩鑑判

丁掌頒不頒於命士春不脩鑑而輒秋刷

開國承家建官分職品彙斯布卑高已陳故禮設六官必在所掌司分九命且均其職眷彼淩人頗忝班位惟茲命士實廁周行雖和平在時終無夭昏之理而炎涼失節或生疾疫之事備預之道寧失國經頒賜之儀豈乖常禮且滾溪寂寂方委積於大冬虛室寥寥遂收藏於小吏春風已解不聞脩飾之功秋露未圓方事刷清之業當其時而不作已表非勤應合給而欽供尤彰失守不應之罰從此自貽慢令之科宜以爲始

梁高望

高望元宗時官易州遂成縣書助教

雲居寺石浮屠銘

夫至道潛運不言而化成大象孕靈不宰之功速斯則神元妙賾雖日用而莫知況耳目不該豈視聽之能識由是給園多士並赴緇林方丈比邱咸歸奈苑有想非想住法非常樂之宗色空即空生滅豈菩提之果於是清信士易州新安府折衝都尉李文安遊心正覺妙達苦空知勞生之有涯設津梁於彼岸迺於范陽縣西雲居寺爲亾妻河

東郡君薛氏敬造石浮屠一所旁求琬璧彤岫爲之獻瑛遠召良工班輸以之呈巧盤螭隱伏與雲峰而相交靈鳳將翔共陽烏而接翼飛空七級狀多寶之移來騰虛四迴疑眾仙之涌出兼以山含萬象地蘊靈奇蓮沼澄光似猴池之浴日松枝引韻若祇樹之吟風眾妙難名約敷厥美冀同拂石万劫茲山銘曰

麗哉宏璧出以崑山磨礱不日神儀婉然停停淨域峩峩給園光浮十界色照三天眾妙功德莫惟斯重鏤鳳傍矯雕龍上聳買地有菓福田無種利益潛通存歿偕奉

崔希逸

希逸開元中爲散騎常侍河西節度使遷河南尹

對藏冰不固判

所司藏冰不固訴云採冰戶不依尺樣

寒暑遞遷四時有凝陰之節宗廟致敬五禮標陳薦之儀徵萬古而莫遷雖百王而不易洎乎歲伏元陸日短星昴天寒地閉風凄雨霖積水成冰與銀牀而等潔冱陰鑿井映玉甃以生光既有峩峩之姿須備沖沖之禮苟虧六尺之樣遂闕三冬之備祭供有罷職司其憂向若尺樣頓乖

納時不應緘默自緣蓋藏不謹今日方事推詢玉毀櫝中是誰之過掌人自合當罪採戶未可論辜

孫翌

翌字季良河南偃師人開元中爲左拾遺集賢院直學士

蘇州常熟縣令孝子太原郭府君墓誌銘 并序

夫孝者百行之本故詩美張仲傳稱穎叔所以軌物而前乎人用者也悠悠千古誰其似之實我府君能錫類矣公諱思謨太原平陽人其先出自有周虢叔之允史諜詳之矣爾其隗以奇策立丹以志業閨泰以人倫稱象以文學著隋祉積慶代不隕德曾王父昇周朝平東將軍上黨郡守大父則隋銀青光祿大夫尚書度支郎中淮陵郡守隴右巡農使邊鄙不聳實資介冑之雄儲偫已均方知會計之力專城無警奉使有光矣嚴考敬同皇幽素舉高第養親不仕易曰幽人貞吉又曰素履無咎幽素之義其大矣哉幽素府君有子其季曰我公俱仁孝絕倫感通天地太夫人嘗有疾闕一字羊宍時禁屠宰犯者加刑日號泣於昊天而不知其所出忽有慈烏銜宍置之階上故得以馨潔其膳猶疑其儻然他時憶菴蘿果屬鬱發之辰有類求芙

蓉於木末不可得也兄弟仰天而歎庭樹爲之犯雪霜華而實矣公取以充養且獻之北闕於時天后造周驚歎者久矣命史臣褒贊特加旌表無幾何憶新筍復如向時之苑結又無告焉後園叢篁忽苞而出所居從善里其竹樹存焉異乎哉書傳所闕者今見之矣公始以孝子徵解褐拜定州安平縣丞下車未幾而東胡作孽虔劉我士卒撓亂我邊陲恒代之閒亭候無守河決非覆簣能制原燎豈負甕可加而公之小邑亦受屠矣身被四虜命懸鋒鏑出於萬死之中與其一切之計大殺冠盜截完郛郭雖田單

之復齊城曹沫之歸魯地蔑以過也招慰使奏加公朱紱撝讓不受屬內憂服闋轉江陽縣丞又應廉讓舉擢武功尉秩滿遷常熟令凡佐三邑而宰一縣所居必化所在必理專務於德夫何不臧公字闕一　二昆長曰思誨易州司馬次曰思訓大理司直不永介福俱已先世遺孤凡十有三人或在髫齔或居襁褓公撫之育之出入腹之子漸乎義方女嬪於他族人不知其諸父蓋孝悌之至也稟命不融春秋五十九開元九年正月二日寢疾終於官舍以其年十一月甲辰朔十七日庚申祔葬洛陽東門平川禮也初

公取於彭城劉氏無子而卒再娶河南元氏有二女亦先朝露矣琴瑟不可以終徹享祀不可以無繼又婚清河張氏故江州刺史嘉言之孫奉禮郎愼思之女作配君子休有烈光彼蒼如何殲我良人有子曰宂曰寀伶俜幼冲未知飾終追遠之禮易州府君冢嫡字捸他山之石昭銘景行其詞曰

循陔者子兮行通神明家邦必達兮休矣清聲天難忱斯兮胡不永齡哀哀羣稚兮泣盡孤塋

高延福墓誌銘 并序

夫勞息之理達人一之然時當大明職近皇位父子併肩而事主君臣同體而多歡而萬石之慶一朝無怙可不悲矣府君諱福字延福渤海人也啟土受氏明諸典冊曾祖權祖祖父護并矜如石焉厥有全操安時處順憂患不能入懲忿窒慾軒冕莫之榮且豕貴隨時雅明尊祖我府君始議從政有光前烈傳曰九變復貫知言之選此之謂矣府君幼而晦明長而藏用體敬仲之愼兼伯楚之忠解褐拜文林郎守奚官丞秩滿遷本局令稍轉宮闈令兼謁者監竊以聖人之教父因子貴府君之寵嗣曰力士我大君

之信臣也項國步多艱而守謀立順以功拜右監門大將軍兼食本邑盡力王室志存匡輔元勲爛然天眷攸屬府君以大將軍之故特拜朝議大夫守內侍員外置尋還中大夫正除本官出入四代凡更六職行不違仁言必合禮由是無黜擯無怨尤恭而能和簡而且肅德著乎宮掖名成乎寮友而稟命不融識者歔欷以開元十一年十二月二十五日終於來庭里之私第春秋六十有三大斂之日天王遣中使臨弔賵絹三百匹明年太歲在甲子正月壬戌朔廿一日壬午遷窆於京兆府白鹿原之西隅禮也緣

喪事儀衛幷皆官給可見哀榮始終禮洎泉壤初府君旁通物情往往造極以爲生者神之主死者神之歸歸乎本眞曷足懷也乃謀龜筮相川原經兆域畚封遂自爲安神之所而松檟蒼然矣君子謂高公於是乎知命府君自公之餘存乎上善每持專一之行深入不二之門範聖容寫眞偈雖衣食所窘此心不易斯又迴嚮之能事也將軍茹荼長號哀述舊德竊慙不敏敢讓其詞銘曰

佳城一閉兮三千年棘人欒欒兮闕一字窮泉出郭門而一望兮見隴樹之生烟君寧見賓御之惻然皆撫墳而涕漣

欽定全唐文卷三百六

王利文

利文河南告成人

上瑞麥表

陛下往在藩邸扈從三陽在臣宅上休憩臣宅北坂之下陛下以爲毬場自夏徂秋往來遊賞其地因感聖氣今有瑞麥生苗或六穗分榮或一莖數秀方圓縱橫不離場邊自非至德潛通豈有瑞應若此

孫義龍

義龍元宗時人

石佛堂記

大哉乾健者斗極鱗影洽於梵宮至柔者坤貞山河載於賢劫是闕四字域闕二字有闕三字風闕一字釋提闕四字而凝浩氣雖復道應形器鴻鑪爲滯有之因理涉名言羣籟起談空之臺況七覺元猷三明奥旨體權實而兼遣鑒闕一字內而闕一字忘闕一字彼闕五字之可察方茲罔象豈神妙之或闕一字故百億須彌三千剎土仰天津而引派則業火咸消瞻覺路之元門則情塵共偃闕四字斯見闕六字大矣乎至聖闕一字

仁固無得而稱已豈不以闕二字日月德配乾坤闕一字其賾者逾溪討其源者闕二字開業寺者育王達羅闕十二字當地闕三字龍交會闕一字所七闕一字元明之地遂立淨觀至大闕一字五年天水公衛尉卿冀州刺史趙郡闕一字趙闕一字靈根入淨慧闕六字以閑邪闕一字乾域而入室闕三字紺並遺脩多齊服冰紈咸歸妙藏觀其湮滅數百餘年通徹宗祊闕一字繼不絕至後魏延昌武闕二字族闕十一字育王之聖闕三字帝之英聲撫事興言起葺寺觀初名偃角復易名隱角及至隋末唐初闕四字姚義闕二字之所出闕十一字土恆華闕一字其闕三字以

永建望形勝疊障千尋列香鑪而吐霧雲樓萬室舉綺袂以成帷闕三字眠樹福闕一字廣遠闕十四字觀其地勢爽塏周神師聿修淨業花臺寶剎架迴浮空層閣步檐飛丹列紫如化城之壯麗譬闕二字之闕一字高闕一字氣桃闕四字陽闕三字者窺上忍之門入其闕一字者踐菩提之域摠法門之交際者其在徹寺主焉諱徹俗姓郭闕一字族闕二字原歷官闕七字爲闕一字氏縣人也闕一字祖諱貴齊岐州刺史贈輔國大將軍氣陵闕一字表威鎮燕垂靈臺不新神襟自逸祖諱爰闕十五字小闕六字臺之高闕三字好闕一字下揚閣而三闕一字家積賜書門闕三字命賞炎祖諱平唐初闕二十三字聖於白虹練湯文於青闕一字大邱鳴雁德星之應可期闕六字之符斯在父諱闕二十二字紀闕一字歷帳內親軍授綏戎副闕四字許州行參軍息闕九字雅闕二十字爲闕四字陸縣令闕三字落闕二字拂衣高蹈鶩三垂之正路尋八闕二十八字與闕二字維那四輩及道俗等爲國敬造淨土石仏堂臺所未能周備寺主闕二字餘闕二十九字宿之分暉闕二字志以董修罄虔心而孝養旁求郢匠廣召山闕二字魯殿之新成采闕二十五字刻文闕一字於闕一字砌闕二字柱於瓊階龍角爭騰飜闕一字照室風輪闕三字仌會而闕二十三字

居闕七字俗由乎闕二字寺主僧闕一字正上坐僧惠隱前都維那闕一字慧周闕一字都維那闕二字武闕二十六字門徒等闕一字高堂之闕三字有遺音睹讓坐之雙尊非纏闕一字濞闕一字空階於十闕二十五字鶴樹闕一字心闕六字此大施主令君之子娛金素里命駕青闕二字見石髓之闕一字驟聽蘇門之曲空山闕二字乍闕十七字祇闕八字襲緇衣之果豈非法王錫類遠被孫謀者哉下官闕二字樂闕一字忝謬闕一字膠葛孔李之通家闕三字之至慼闕二字所闕四字而多慙筆札見知在三軍而無媿人稱顏冉器惟珪璧敢相質天書庶芳名於帝石其詞曰

法身不凋寶相闕四字他闕八字北闕三字西嶺形寫鷲山闕一字如雞白駒常縶紺弃恆萋魔精夜落惠日晨隮聿修靜觀來坐菩提狐池遶砌闕二十三字跡嗣闕一字重闕一字爰有惟孝地蔣闕一字慈咸從五養俱稱大悲銀樹開闕一字金沙映絲猗闕一字上德折縈承訓林闕四字觴秋闕十六字嶠杖節圖眞闕二字寫妙福緣遊觀俯抑廊廡喁喁俗侶蹐蹐僧徒心驚夢幻思闕二字湖鳳刹闕二字鯨鐘夜闕一字孝珠冰淨智刃霜潔闕六字龜碣寒暑闕一字謝徽塵無絕

畢彥雄

彥雄開元十三年官正字。

大唐龍興大德香積寺主淨業法師靈塔銘幷序

禪月西隱，戒燈東照，談眞利俗，稀代稱賢，智炬增輝，法師一人矣。法師諱象，字淨業，趙姓，族著天水，代家南陽，冠冕相輝，才名繼美，因官徙屬，今爲京兆人也。父𨑳，天馬監沈默攸博，安畀適務，時英間出，奕葉於儒門，從法化生，獨鍾於釋子。法師即監之仲子也。器宇恢嶷，風儀宏偉，長河毓量，汪然括地之姿，秀嶽標形，峻矣干天之氣。髫年慕法，弱冠辭榮，高宗忌辰，方階落彩，帔緇七日，旋登法座，觀經疑論，剖析元微，念定生因，抑揚理要。法師夙棹元津，早開靈鍵，入如來之密藏，踐菩薩之空門，凡所闡揚，無不悅可。嘆未曾有，發菩提心，稟其歸戒者，日逾千計。法師博濟冥懷，沖用利物，嘗以大雄既沒，法僧爲本，每至元正，創啟周飾淨場，廣延高僧，轉讀眞詮，洊興勝會，法服精鮮，受用道資，出於百品，預茲位者，應其成數，所施之物，各發一願，願力宏博，量其志焉，風雨不已，廿餘載。菩薩以定慧力而大捨法財，此之謂也。無適非可，住必營建，厥功居多，思力如竭，粵延和元年龍集壬子，而身見微疾，心清志凝，夫依風以興，隨烟而散，來既無所，去復何歸。夏六月十五日，誡誨門

賢，端坐瞪視，念佛告滅。嗚呼！生歷五十有八，即以其年十月廿五日，陪窆於神禾原大善導闍黎域內崇靈塔也。道俗闐湊，號惋盈衢，不可制止者，億百千矣。門人思項等，乃追芳舊簡，撫美遺編，永言風軌，思崇前迹，空留鎖骨之形，敢勒銖衣之石。其銘曰：

佛日既隱，賢雲乃生，傳持正法，必寄時英。時英伊何？猗嗟上人，捐軀利物，愛道忘身，磨而不磷，涅而不緇，博濟羣有，是眞法師。定慧通悟，檀那上施，願力宏廣，成無住義。應眞

而來代謝而往哀哀門人撫膺何仰靈德若在休風可想敢勒遺塵銘徽泉壤

衛憑

憑官左威衛錄事參軍

唐王屋山中巖臺正一先生廟碣

古之所謂列仙者執大全以御於自然遊無有以至於不死旁午衆妙而登夫太元蓋著自元元成於天師備諸簡寂而詳乎貞白得貞白之道者曰昇元昇元以授於體元自三眞在天羣學無主主道之柄必將有人天以司馬眞

人爲木鐸歟不然元標靈符適駿若是尊師族司馬氏世居溫晉彭城王權之後隋親侍都督晟之孫皇代襄滑二長史仁最之子夫軒冕奕代是謂令緒忠賢繼出必生異人故子阿推惠許眞於以降跡初成行慈茅君所以升道抑有由也宗師諱承禎字子微法號道隱生而能言幼而知道天錫奇表神仙正性老莊大旨也引而伸之楊許內學也默而存之潔其行聳其德識窮精微思入虛極議者謂冥冥之翮不可屈而致年二十一始服巾褐入道師體元先生先生中嶽之隱几者也尊師神凝用簡情汰事落其秉操不可瀆其執勤不知倦體元乃洒然異之他日以金根上經三洞祕籙許眞行事陶公微旨盡授於我尊師高悟獨得虛融大通發揮道眞出入元奧嘗夢有鳳鳥銜璽置於法案刻曰授君東華上清眞人由是寶其壽神其行聽於氣息於踵則七日而外物三月而遺形一年而遊於無有矣且鑿坯而遁其隱跡非應物也狂歌而遊其內修非教人也吐騰奇術其眩愚非保眞也偃仰下位其容身非高代也尊師是以務宏道不滯其用方善救不寧其居入覲聖上九重肅廣成之謁出應時賢羣公交子訓之

請故行而無迹事而無傳虛受以曲成廣照以吹萬或外符能鼓其動或內楗善閉其關或燕處而潛偶羣眞或冥升而密行上界斯則不可測已而後遊句曲步華陽之天棲桐柏入靈墟之洞尋大霍釆金瓶之實登衡山窺石廩之祕皆山鬼貢藥天眞授經猛獸護門野禽繞座若此又不可備論也開元十二年天子修明庭之禩思接萬靈動汧水之駕奬邀四子乃徵尊師入內殿受上清經法仍於王屋山置陽臺觀以居之師以王屋小有之天總眞之府景氣幽欻神祇會昌剏吾遺苟行奚適不可翻飛投足遂

有終焉之志更於觀之乾維高邱之午窮極絕界得中巖臺上直大壇下綠大阜巨木圓抱鳴溪中落每養龍大谷相鶴中峯燎金洞之衆香吸石窟之鮮氣有日矣初隱居抄撰道書爲證眞隱訣其存修之道率多闕文尊師乃著修眞祕旨十二篇見行於世至如發晨蘊以陳呪步霄壇以飛章迴寘威於三官走故氣於百鬼一以皇極增峻息金革水旱之虞一以人寰載清無流厲疵癘之儆亦尊師之力也抱一守寂反道歸根之理旣盡泊鍊景迴元乘飈蹈氣之術又備可以透迤造物保合大均觀變化而沖和

其心撫陰陽而寥廓其眂豈兩儀之細而同其濁質萬化之雜而拘其清神哉歲乙亥夏六月十八日顧謂近侍曰吾已受職元都不復得住遂部署封檢將若遠適迨昏有赤雲繚繞摩地而來簫聲泠然乘空而去衆咸驚駭謂必上昇遽趨戶而入已蛻形矣越二十一日羣弟子相與瘞杖舄於西北之松臺制贈銀青光祿大夫諡曰貞一并上自製碑申寵章也門人曰尊師之生也五百年甲子矣常見體如寒松心若明鑑居絕憂喜生無嗜慾昔住嵩嶂則後阜松生及移台嶺則東壁泉湧幽居於南嶽則元鶴蔽野坐忘於茲山則綵雲滿室若乃高姿逸軌近類華陽徵聞偉藝遠齊抱朴其善誨善誘則常以爲己任若性與天道亦不可得而聞宏其馳轅於妙門遊刃於眞宰邁元德而同世恤宣至理而障羣僞及揮斥萬仞翺翔四空凝冰者理順捕影者心伏於戲豈古登天遊霧而不死者夫河東郡寶鼎縣主簿司馬綱師之猶子也餐味密訓倘佯精廬禦侮道門翹足仙事乃恢張遺寢制造新廟將謂靈仙不妄且以虔奉有所考室也侈而大之立主也尸而祝之徒見反宇蘧蘧高松杳翠靈響虛應圓光夜燭亦神異也

僉惟昔之得道者智有如江如海惟濬也我師則無不在德有如邱如陵其高也我師則不可升故塞於瀛縣聲於圖史豈遊其門者能象其迹而綴其美乎誠以立祠者表靈之道刻石者宏教之端思存乎皐鄉之遺風景行乎霊平之故事若述作之奇偉見於革集感應之幽微存乎內傳云爾乃作頌曰

大元混茫上境遼廓沖用斯應翰飛是託道其濬微人孰營度不有眞匠疇能條作偉哉眞匠乘運挺生超乎長存隱乎無名元退首出道再演成潤色大象猗那之精至精

伊何能修體妙大象伊何能勤廣照周塵後學緣飾垂教弱喪知歸晞光胥效從道於中以克大道終處其厚奄荒無有七域昭賁百靈奔走夫生在命此身能久且曰無待著名列仙嗣武貞白齊明稚川解玉何地迴旌幾年靈廟之下空瞻洞天

楊仲昌

仲昌字曼卿太子賓客魏國公元炎子以通經爲修文生調河陽尉開元中對策第一授蒲州法曹參軍判入異等遷監察御史坐累爲孝義令徙下邽終吏部郎中

加籩豆增服紀議

伏奉去月二十七日敕太常卿韋縚奏稱正月十八日恩赦節文籩豆之薦或未能備物服制之紀或有所未通宜令禮官學士詳具奏今諸馨香之物甘旨新鮮肥濃之味陸海所產皆充祭用每座籩豆各加十二酒爵制度亦令廣大者褊學固陋嘗聞於師猥參廷議之末思答守官之用謹按禮曰夫祭不欲煩煩則黷亦不欲簡簡則怠又鄭元云人生尚褻食鬼神則不然神農時雖有黍稷猶未有酒醴及後聖作爲醴酪猶存元酒示不忘古春秋曰蘋蘩薀藻之菜潢汙行潦之水可羞於王公可薦於鬼神又曰大羹不致粢食不鑿此明君人者有國奉先敬神嚴享豈肥濃以爲尚將儉約以表誠則陸海之物鮮肥之類既乖禮文之情而變作者之法皆充祭用非所詳也易曰樽酒簋貳用缶納約自牖此明祭存簡易不在繁奢所以一樽之酒二簋之奠爲明祀也抑又聞之夫義以出禮禮以體政違則有紊是稱不經薦肥濃則褻味有登加籩爵則事非師古與其別行新制寧如謹守舊章又漢家園陵八節上食自茲以降代行其典國初貞觀之後禮法刊定今陵

寢見有八節之奠兼朔望常食聖心追遠每物加薦不敢黷於宗廟請施之於園陵愚忝主司顧非知禮布之執事惟裁擇焉又外祖父母請加至大功九月姨舅齊類加至小功五月堂姨舅舅母并請加至袒免者謹按儀禮曰外親皆緦又曰外祖父母以尊加從母以名加并爲小功五月其爲舅緦鄭文貞公魏徵已議同從母例加至小功五月詎今之所加豈異前旨雖文貞賢也而周孔聖也以賢改聖後學何從堂舅堂姨舅母并升爲袒免則何以祖述禮經乎如以外祖父母加至大功則豈無加報於外孫乎

如以外孫爲報服大功則本宗庶孫何同等而相陵乎儻必如是滋所不便竊恐內外乖序親疎奪倫情之所沿何所不至理必然也昔子路有姊之喪而不除孔子問之子路對曰吾寡兄弟而不忍也子曰先王制禮行道之人皆不忍也子路聞而遂除之此則聖人因言以立訓援事而抑情是明例也禮不云乎無輕議禮明其蟠於天地弁彼日月賢者由之安敢小有損益也況乎喪服之紀先王大猷奉以周旋以匡人道一詞寧措千載是遵涉於異端豈曰宏教伏望各依正禮以厚儒風太常所請增加愚見以

爲不可謹議

對建國判

典同罝臬晝參諸日中之景夜考之極星或告其越司視事詞云知無不爲

考工建官匠人營國既匡政本將懋彝倫惟彼京師式模大壯三門烟竦九軌繩列殷稱重屋周曰明堂必有以懸之工理資置臬之審晝規日景夜考星躔陽不逖來月焉藏往屬吾君稽古庶政文明將大樸爲城池用無私爲宮闕凡諸奢靡咸悉棄捐瞻言主司雖設何有況典同之務隸在宗伯雖舉公道全非守官輒相奪倫焉以逃責望貽出位之誡以厚正名之典

對馬驚師徒判

僕氏爲御馬驚師徒小却監軍糾爲無勇僕氏遂死之或誄其功監軍請置于理誄者執云非罪

師貞以律大易微言羣吏聽誓先王垂則僕氏致躬厮役頗事戎昭似乘邱之總立寧執御而無勇遂使秋（一作狄）還塞北介胄懸容日暮城南鼓鼙傷氣監軍執簡而往操刀

必割冀圖賞罰以制忠邪但授綏匪低流矢斯驗嘉赴敵以徇節亦議功而何妨禮經孔昭誄德惟允實僕也之非罪安捨諸而無惑

韋陟

陟字殷卿宰相安石子十歲授溫王府東閤祭酒朝散大夫肅宗朝爲吳郡太守會永王璘兵起委陟招諭乃授御史大夫江東節度使事平除御史大夫拜吏部尚書卒年六十五贈荊州大都督永泰元年贈尚書左僕射謚忠孝

誓衆文

淮西節度使兼御史大夫𤩽江東節度使御史大夫陟淮南節度使御史大夫適衛國威命各鎮方隅糺合三垂翦除凶慝好惡同之無有異志有渝此盟隊命亾族無克生育皇天后土祖宗神明實鑒斯言

張楚

楚初仕爲臨淄掾調長安尉轉起居舍人遷禮部員外郎出歷司馬長史治中

遊刃賦 以目無全牛必有餘地爲韻

善乎庖丁之養刃也鋒不鈍銳不𠜲橫爽氣以凜凜頓霜威之肅肅內則道協於心外則手應於目三年之後不見全牛於是手以之發刃以之投其虛其徐刃以胳合所倚所觸血自潛流牛之間兮稱有刃之厚兮云無以無厚之刃入有間之軀與切泥而不别將委土而何殊忘其骨節之難易未嘗肯綮其斯須以天合天𧗽然嚮然目不視矣手有存焉窾之導兮自大郤之批兮自穿始以一剖終以萬全匠石代之以運斤未可爭長孔字闕 一般之而用劒難乎同年則說屠羊以淺術望鼓刀以戰慄期百發而百中笑無固而無必乃知丁之道也可久丁之伎也難有利推

百鍊不愧於太阿聲中八音自合於經首日居月諸勇其賈餘君欲口傳等文惠之相好我方神遇覺良庖之不如若然者遊合道遙之事刃合虛白之意儻遊必有方刃何不利冉冉兮雖不可知恢恢兮常有餘地方將解千牛然後躊躇以滿志

應文辭雅麗科對策 并問

問朕聞至道雖微不言而化皇天陰騭相叶其彝信寒暑而生成施雲雨而沐潤垂範作訓樹君育人時有澆淳教垂繁略成湯既聖禹道云亾桑扈谷風屢動詩人之刺塞門反坫時遺宣父之嫌我國家拯彼頹綱開茲盛業朕以不德襲號乘時而皇極之道未敷謨明之軌尚闕思宏厥理其義安從至如視聽貌言恆若時若會極歸極作哲作乂一以貫之何方而可夫禮以飾情情疏則禮略樂以通感感至則神和理內爲同修外爲異同異之用有昧其功人俗未融佇明斯要又四時武德制自何君五行文始本之誰代昭德盛德莫辨所尊昭容禮容未詳所出悉情以對用釋余疑

對臣聞昔在上皇之撫運也政寬事明法簡心一仰察天

道中順人情至於不言混然而化故上元所以眷命罔違於德下人安定厥居俾獲其利暑往寒來以信之雲行雨施以從之於是乎疫疾不生禎祥洊至巍巍蕩蕩蓋無德而稱焉自大道既隱淳原且散或救弊以忠敬亦隨時而損益成康已往頌聲不作俗薄禮廢政荒人亡故其詩曰交交桑扈率場啄粟習習谷風以陰以雨此則刺上不能行政者也仲尼生周末傷道不行乃刪詩書定禮樂立君臣上下之節明奢儉揖讓之序尚不敢救當代變於陪臣而稱曰邦君樹塞門管氏亦樹塞門邦君爲兩君之好有

反坫管氏亦有反坫管氏而知禮孰不知禮者矣自茲厥後頹波浸流有聖哲之君聰明之后豈能振彼凋弊張其紀綱不有我唐興建鴻業乂寧黔首則掃地將盡求野多遺陛下統皇綱纂休運德澤汪濊仁風洋溢不寶遠物則遠人格所寶惟賢則邇人安勸農桑卹刑獄不奪三時之務且惜十家之產左右伊呂郡縣龔黃是以驅俗於雍熙納人於軌物者也豈不徵賢良論政要所以達四聰也臨前殿察羣言所以收九術也梓匠舒幕所以禮賢也凌人散冰所以救渴也臣竊以自古求賢之盛未若今日者矣

賜臣制策曰皇極之道未敷謨明之軌尚闕思宏厥理其義安從者臣實見可久可大之規非有未敷尚闕之事此陛下讓之至也愚臣安敢奉之若乃考前古之庶徵究禮樂之同異辨皇王之制度詳宗廟之禮儀此則陛下懸鏡九流常覽百氏索隱掇異鉤深致遠已在聖斷豈有疑而疑者歟今下問愚臣遠議其事陛下豈不欲廣於明試察臣微才臣幸對敭敢不悉情以對制策曰視聽貌言恆若時若會極歸極作哲作乂一以貫之何方而可者臣聞王者立極必本於天天事著於上人事應於下昔者禹平水

土天告成功錫之以洪範九疇彝倫攸序又皇天降其有極皇大極中也言王者能行大中之道則陰陽和風雨時百穀用成俊乂用章也如是則視曰明聽曰聰貌曰恭言曰從則無恆若之生自去咎徵之應矣今天瑞降地靈集所有動作光乎化先則一以貫之道斯不遠矣制策曰禮以飾情情疎則禮略樂以通感感至則神和理內爲同修外爲異同異之用有昧其功人俗未融佇明斯要者臣聞夫禮由陰作樂以陽來樂與天地同和禮與天地同節誠能感神動物安上移風或以理內爲同或以修外爲異率

由和敬靡不從之者乎施之人俗靡不盡善者乎制策曰四時武德制自何君五行文始本之誰代昭德武德莫辨所尊昭容禮容未詳所出者臣聞嬴政失御漢皇乘極文景致刑措之美武宣當雄富之盛故有四時武德之樂五行文始之舞昭德盛德因之而尊昭容禮容自茲而備臣才識愚陋學業虛淺猥當聖問茫然有失謹對

對祭五嶽判

所司有事恆山用沈辜御史糾失禮不服

恆山臨代惟嶽降神趙主藏其寶符武侯圖以兵勢是稱

靈鎮且在祀典眷此宗伯用祭祁寒黍稷惟馨德之是賴牲牢不識職爾之由苟失沈埋之規何班咸秩之禮匪黷而慢褻其不歆自孽致尤將欲誰咎請從直指之按以塞曠官之責

與達奚侍郎書

公橫海殊量干霄偉林鬱爲能賢時負公望雄筆麗藻獨步當時峻節清心高邁流俗其爲御史也則察視臧否糾過姦邪其任郎官也則彌綸舊章發揮清議其拜舍人也則專掌綸綍翺翔掖垣其遷侍郎也則綜覈才名規模禮

物良由心照明鏡手握純鈞龍門少登鵬翼孤運猶且謙能下士貴不易交頃辱音書恍若會面眷顧之重宿昔不渝執翫徘徊緘藏反覆伐木之詩重作採葵之詠再興何慰如之幸甚幸甚僕誠鄙陋素乏異能直守愚忠每存然諾背憎噂沓少小不爲蘧篨戚施平生所恥故得從遊君子廁跡周行歡會之間常多企慕聊因翰墨輒寫芻蕘公往在臨淄請僕爲曹掾喜奉顏色得接徽猷美景良辰必然邀賞斗酒臠肉何曾蹔忘分若芝蘭堅逾膠漆時范穆二子俱在屬城僕濫同人見稱四友嘗因醉後遂論晚暮

官資衆職許公滎陽勃然不顧公誠相期於下郡咸及爲榮志氣之間懸殊久矣今范郎中永逝穆司直尋殂唯僕尚存得觀榮貴此疇昔之情一也尋應制舉同赴洛陽是時春寒正值雨雪俱乘款段莫不艱辛朝則齊鑣夜還連榻行邁靡靡中心搖搖及次新鄉同爲口號公先曰太行松雪映出青天僕答曰淇水烟波半含春色向將百對盡在一時發則須酬遲便有罰並無所屈斯可爲歡此疇昔之情二也初到都下同止客坊早已酸寒復加屯躓屬公家豎逃逸竊藏無遺賴僑裝未空同爨斯在殆過時月以

畫有無巻雖如窮坐客常滿還復嘲謔頗展歡娛公詠僕以衣袖障塵僕詠公以漿粥和酒復有愁嫗提攜破筐頻來掃除共爲笑弄此疇昔之情三也公授鄭縣歸迎板輿僕已罷官時爲貧士於焉貰酒猶出荒郊候得軒車便成野酌留連數日款曲襟懷旋愴分離遠行追送他鄉旅寓摻袂悽然雖限山川常懷夢想此疇昔之情四也公在畿內僕尉長安多陪府庭是稱聯吏數遊魏十四華館頻詣武七芳筵婉孌心期綢繆讌語應接無暇取與非他車公若無悒然不樂黃生未見鄙恡偏形此疇昔之情五也公

遷侍御僕忝起居執法記言連行供奉舉目相見爲歡益深煥爛玉除之前馥郁香爐之下仰戴空極盡覩朝儀若在鈞天如臨元圃此疇昔之情六也僕轉郎署先在祠曹公自臺端俯臨禮部昔稱同舍今則同廳退每得陪行就食尋常接坐攀由鴻鵠倚是蒹葭咫尺餘光環迴末職官連兩載事同一家此疇昔之情七也復考進士文策同就侍郎廳房信宿重關差池接席掎摭之務仰山彌高於時賢郎幼年詞翰公以本司恐謗不議祁奚僕聞善必驚是敬王粲驟請座主超升甲科今果飛騰已遷京縣雖云報

國亦忝知人此疇昔之情八也凡人有一於此猶有可論況僕周旋若斯足成淡契所以具申前好用呈寸心非欲稱揚故爲繁冗今公全德之際願交者多昔者未達之前欲相知者少於多甚易在少誠難則公居甚易之時下走處誠難之日本以義分相許明非勢利相趨早爲相國所知累遷官守其在銓管也用僕爲京兆掾其在台衡也用僕爲尚書郎隻字片言曾蒙激賞連譏被謗備與辨明察於危難之情知在明敎之地後緣疎憍自取播遷顧三省而多慙甘一黜而何贖歷司馬長史再佐任治中萬里山

川七周星歲從閩適越染瘴纏痾比先支離更加枯槁盡作斑鬢難爲壯心常情尚有咨嗟故舊能無歎息非辭坎壈但媿揶揄偏覩昔人沈淪多因推薦其有超然卻貴自達十不二三以管仲之賢須逢鮑叔以陳平之智須遇無知以諸葛之才見稱徐庶以禰衡之俊見藉孔融如此之流不可稱數其於樗散必待吹噓如公顧盼生光翦拂增價豈忘朽株之事而輕連茹之詞乎卽有言而莫從未有不言而致世稱王陽在位貢禹彈冠彼亦何哉非敢望也復恐傍人踈間貝錦成章僕既無負於他人人豈有嫌於

僕愚之竊料當謂不然彼欲加諸復難重爾嘗試疑大抵如之或在蒼黃或於疑似都由聽覽不至分明便起猜嫌俄成釁隙廉藺獨能生覺蕭朱杳不深知備出時談可爲殷鑒且今之執政必也擇人若非文儒祇應吏道僕於藻翰留意則下筆成章僕於幹蠱專精則操刀必割歷官一十五任入事三十餘年夫琢玉爲器者尚掩微瑕僝木爲輪者猶藏小節僕縱有短身還有長至如高班要津聽望已久小郡偏州常才爲之嗟乎不與其閒益用惆悵要欲知某郡太守以示子孫未知生涯幾何竟當遂否天不可

問人欲奚爲然則同時郎官及餘親故自僕貶黜之後亾者三十餘人皆負聲華豈無知己不與年壽相次歿於泉扃有若范宣城等就中深密最與追從亦思題篇匪朝即夕索然皆盡非慟而誰不奈吾儕多從鬼錄獨求榮進實愧無厭向前借譽於公是謬自頃撥釋氏苦空之說覽莊生齊物之言寵辱何殊喜愠無別希求速進者示必以前有永甘棄廢者未必以後無倚伏難知吉凶何定朝榮暮落始富終貧范卷簀而後榮鄧賜錢而餓死當黜而貴折臂猶亨翻覆何定闕二字波瀾飄飄風雨任運推轉何必越

性干祈但以鄭城最當官路使命來往賓客縱橫馬少愍鞍人當倒屣俸祿供幣蓋不足云筋力漸衰故難堪也儻少乖阻即起憾詞誠兼濟之義存若屢空而理在加以物務牽率形役徒勞幸有田園在於河內控帶泉石交映林亭密邇太行尤豐藥物數千卷足覽古今子姪五六人薄嫻詩賦兼令佐酒何處生愁更引圍碁別成招隱風來北牖月出東岑往往觀魚時時夢蝶唯開一徑懶問四鄰潘岳於是閒棲梁竦由其罷歎行將謝病自此歸耕儻不遂微誠明神是殛遠陳本末之事庶體行藏之心秋中漸涼

唯納休謐出處方異會合無期願以加飡匪唯長憶不具

張楚白

彭殷賢

殷賢開元七年進士

大厦賦 以君子用吉爲韻

遐觀邃古迩聽前聞北辰居正南面爲君莫不茅茨土階以恭儉而爲度上棟下宇避燥溼以爲文聲芳訏謨乎五典德廣兆映於三墳迨乎纘戎天秩啟迪人羣以爲百堵仄陋不足以光先正九筵迫狹不足以垂景勲於是資輿區而寫城闕憑大壯而列宮勢杞梓庀匠於季稱林衡傳

木於毫分既而工用其法人來以子鼛鼓逢逢版築儗儗離婁督繩以爲度般輸削墨而爲砥俾造化以制作越埃壒而資始珠網滴瀝而露垂丹刻翬飛而霞起危簷矗以露斷高閣立而雲倚遠而望之莫測其端倪迫而察之但驚其峻峙仰鵾鵬之不逮豈燕雀之能擬於是發禮以釁之勵樂以樂之可謂休以令聞垂之億秭者也既而馮陳就闢是游是縱笑語卒獲聲色攸重邀觀則環拜輿舞命賞則夾道羅從以爲一生之歌斯笑斯千載之善禱善頌豈知海縣則天下所有帝王則黔黎攸共固惟不節之嗟蓋不知其所用也豈與夫明主君臨邊鄙靜謐儉以足用貴在無佚尚菲陋卑宮室爲無爲以自保事無事以終日故得國家載寧帑藏充實福祚乃於萬斯永子孫則百而逢吉屢降哀矜之詔頻優耆老之秩斯可謂皇哉唐哉唐哉皇哉而天地長久何三五之能匹也

應文辭雅麗科對策 幷問

問朕聞至道雖微不言而化皇天陰隲相叶其彝信寒暑而生成施雲雨而沐潤垂範作訓樹君育人時有澆淳教垂繁略成湯既聖禹道云亾桑扈谷風屢動詩人之剌塞

門反坫時遺宣父之嫌我國家拯彼頹綱開茲盛業朕以不德纂號乘時而皇極之道未敷謨明之軌尚闕思宏厥理其義安從至如視聽貌言恆若時若會極歸極作哲作乂一以貫之何方而可夫禮以飾情情疎則禮略樂以通感感至則神和理內爲同修外爲異同異之用有昧其功人俗未融佇明斯要又四時武德制自何君五行文始本之誰代昭德盛德莫辨所尊昭容禮容未詳所出悉情以對用釋余疑

對臣聞孔子云大道之行與三代之英某未之逮也而有

志焉又顏回對孔子云回願得明王聖主而輔相之此二者皆傷不可得而見也況臣生大道淳風之運屬聖主立政之秋不能有所建明以佐大化此微臣夙心愧恥竊有慙焉日者聖敕頒宣遠尋幽隱振廢滯收介特本州徵臣充賦於王庭陛下溫顏屢賜宴見司饔行食羣事頒冰亦可謂厚德矣自顧性識愚駑智術微淺既蒙清問敢不具素所聞乎臣聞伏羲神農氏往黃帝堯舜氏作莫不體道以育物立德以興化用闡無爲之教以宏不宰之功齊飲啄於鶉居絕往來於犬吠豈不以我清淨而人自正我無

欲而人自樸乎逮乎政及三王君臨萬國亦承奉天地燮贊陰陽順四時之氣理五行之敍惣仁義以安庶類先博愛以悅羣生使人遷善遠惡而不知其所以然也觀夫三王之爲君也謹其所好惡而已故君好之則下爲之上行之則下效之莫不清心以率物正身以御下九女序刻於內三公分職於外度數有恒徭役不作其取人賦也薄而役人力也寡其育物也廣而興利也厚故征伐有道大明詠其功什一而稅大田歌其事所以家給人足而理安興矣易曰聖人久於其道而天下化其斯之謂乎爰及末俗政漸澆僞而禮樂彌煩姦盜滋起桀紂昏亂於上幽厲縱逸於下崇臺榭之峻恐其不高也廣宮室之居恐其不大也聚淫色之美恐其不多也窮聲音之巧恐其不樂也其斂人財也厚而使人力也衆其害物也博而興利也寡其後興役無常桑柔病而嘆之故其詩曰自西徂東靡所定處益言其役之甚也徵發無度下人勞病南山疾而刺之故其詩曰赫赫師尹不平謂何益言其政之亂也自茲厥後強淩弱衆暴寡千官樹姦於朝廷百賈窮僞於市邑財用匱竭寇攘不止大東又刺之曰小東大東杼軸其空言

小大俱盡也又云東人之子職勞不來西人之子粲粲衣服孰有爲人上者不平若此而可久安天下哉此則上失其道政遂多門故天下敗而不之覺乃至所以爲夏者轉而爲殷也所以爲周者轉而爲秦也詩云高岸爲谷濬谷爲陵三代之後於今爲庶此史墨所載社稷無常奉君臣無常位自古以言及秦始皇平定六國隋煬帝富有四海不務廉恥唯存戰伐內造阿房繼以驪山之作外征林邑重以遼東之戍鑿馳道則隱以金椎通鴻溝則樹以柳杞役及閭左人不聊生曲泛龍舟聲多哀思傾天下之賦不

足以周其事殫帑藏之財不足以盈其欲是以衆怨難犯人自爲戰所以陳勝吳廣奮挺以撻之王充李密揚聲以逼之釁起郊壘而禍生左右望夷宮中不免閻樂之難江都城內卒死裴通之手故易曰天之所助者順也人之所助者信也此二君者動而之險不由信順失天人之所助能無及此乎然則合大中之道者如彼失皇極之用者如此古之興敗備在典謨迨隋室道消數鍾百六衣冠禮樂掃地無餘賢人君子稽天並浸此乃大人利見之日聖主驅除之時我太宗志在救焚心存拯溺因茲感激投袂而

起車及於平陽之郊劍及於盟津之會既而戡翦多難克清中夏建非常之功定不拔之業洎位登九五富有萬國制禮以示其讓作樂以興其和兼愛以厚其仁節用以崇其義非先王之服不敢服非先王之言不敢道言必本於風雅行務去乎枝葉明刑賞嚴號令賞當其功則勞臣勸罰當其罪則姦人畏懼名器不妄假必俟其能爵祿不虛授必先有德是以四海之內靡然向風我太宗以至道之心爲天下也所征無不克所向無不成孝弟通於神明易簡合於天地如此則天地德之鬼神祐之使風雨以序

災害不作萬國莫不懽心四夷莫不咸賴良由不僭不濫無怠無荒所以享國久長多歷年數陛下稟天然之姿定不伐之略披肝膽以決大計殄宮闈之氛祲除詐僞之昏狡日月載廓宗社以安濬思禍亂之原乃皇天所以開聖人也自南面臨天下九年於茲封堠無警干戈再戢置鼓以招諫設木以待賢故得近臣盡規遠人獻政出宮女則使心不亂屬大旱則引咎自責蓋禹湯之罪己實堯舜之用心詩云一人有慶兆人賴之其斯之謂歟濬合太宗之宏略遠符貞觀之故事賜愚臣制策云朕以不德襲號乘

時而皇極之道未敷謨明之軌尚闕者微臣何以識陛下之濬遠而輒欲議之或恐日月有遺照聖智所不及故略陳其愚伏惟陛下留聽臣聞書云惟先格王正厥事言災害之起事有不正者也去歲水旱不時咎徵屢作匈奴侵軼邊將氣沮天其或者正訓我也欲令陛下知爵祿之虛授冗散之職多歟樂蕩志歟服失度歟何皇極之不建遂至於此也臣聞省官不如省事省事不如清心誠能克己復禮正身率物表有功而彰明德復古而貴能變禁異服革慢聲遠便佞近忠讜斷斷之士必擢於廟堂九九之術

不遺於管庫可謂虛其心而衆象應正其本而萬事理焉書云天既孚命正厥德言正德以順天也若捨此道是不知其所從矣制策曰視聽貌言恆若時若會極歸極作哲作乂一以貫之何方而可者臣聞易曰崇高莫大乎富貴備物致用立成器以爲天下利莫大乎聖人古之王者享聖人之資秉大寶之位北辰居正南面而理亦可謂富貴乎當須存至公之行立大中之道覆燾同於天地通明合乎日月志遠邇之化存易簡之功庶徵順序五紀和叶百穀用成六畜遂字者無不由焉傳曰皇建其有極其斯之

謂矣若貌之不恭是謂不肅厥罰雨其極惡若得其道則攸好德以應之言之不從是謂不乂厥罰暘其極憂若得其道則康寧以應之視之不明是謂不哲厥罰燠其極疾若得其道則壽以應之聽之不聰是謂不謀厥罰寒其極貧若得其道則富以應之思之不睿是謂不聖厥罰風其極凶短折若得其道則考終命以應之皇之不極是謂不建厥罰陰其極弱故經曰嚮用五福威用六極斯之謂矣臣聞貌言視聽以心爲主故有正心者必有正德正德臨人猶樹直表而望影之曲也得乎大雅云儀刑文王萬邦作孚此之謂矣有邪心者有枉行枉行臨人猶樹曲表而望影之直也得乎孔子云詩三百一言以蔽之曰思無邪蓋戒此也故王者修身以道修道以仁仁也者親親爲大義也者尊賢爲大是以君子先正身而後及於天下如此則六沴不作五福相生貽厥孫謀永無極矣制策曰夫禮以飾情情疏則禮略樂以通感感至則神和理內爲同修外爲異同異之用有昧其功人俗未融佇明斯要者臣聞撥亂反正之主繼體守文之君撫馭之道雖殊禮樂之用爲急自土鼓蕢桴之後始自無聲汙樽坏飲之初彰乎有

用既而莫不曲諧九變信合四時是知大樂與天地同和大禮與天地同節移風易俗義切乎鐘鼓安上理人事寢乎揖讓既而祀歷三王時更七國經籍道息颺宣榭之烟埃儒生數窮赴秦坑而歌滅迨乎斷蛇立極乘牛設位紀綿蕝之儀鳴鼓舞之節必欲樂宣怗懘禮釋回邪取其不肅而成必在既富而教我唐功高邃古德邁往聖坐宣室而訪道登明堂以思政六樂爲馭利則不爭五禮有經思而無犯思聞同異下訪芻蕘臣聞古之明君之御天下也身坐九重心遍四海禮以導其志樂以防其淫樂以理內

爲同禮以修外爲異禮樂之不悖內外之相親可以感於神明通於天地矣詩云肅雍和鳴先祖是聽夫肅肅敬也雍雍和也既敬且和何事不行其斯之謂矣制策曰四時武德制自何君五行文始本之誰代昭德盛德莫辨所尊昭容禮容未詳所出悉情以對用釋予疑者臣聞皇王御宇步驟相仍莫不作樂以饗其德立論以明其行此五帝之常道百王之所不易也且咸池六英韶濩兩聽盡善盡美竊無間然自秦失盛位漢雜霸道文景相襲刑措不用武宣承統華夷再清樂舞居功可略言也武德舞者高祖

作之定禍亂也四時舞者孝武作之示和平也五行者本周曲也文始者本舜舞也孝景採武德爲昭德以尊太宗也孝宣採昭德爲盛德以尊武帝也昭容禮容猶古韶夏紹之於漢祖備之於樂志矣臣材非多士不遊六合之間夢異趙君總覩九天之上啟處無地戰汗不寧況承謏問敢以輕議謹對

盧象

象字緯卿汶水人開元中由前進士補祕書郎轉右衛倉曹掾擢左補闕河南府錄事遷司勳員外郎左遷歷齊邠鄭三郡司馬入爲膳部員外郎安祿山之亂受僞署貶永州司戶起爲主客員外郎

對不受征判

甲有賜田不受征稅

惟甲受茲明命允膺舊德公侯之勳著在盟府恩澤不泯傳之子孫錫圭田以厚賢在王制而無稅徵斯什一頗涉無稽之言議以三章終發有孚之訟

送賀祕監歸會稽歌序

先生紫陽眞人字（闕一）耳河目神氣有異年八十六而道心

益固時人方之赤松子去年寢疾累日冥然如夢長男曾子求於神鬼長請於天竊司命之籍與鬼物相競而角觝焉而告眞人乃泠然而歸於是表請辭官乞以父子入道俱還故鄉仍以山陰舊宅爲觀焉皇帝嘉尚其事尋而見許擇日度公與男田時公卿大夫觀者如堵皆曰賢才也正月五日上令周公郘公洎百僚餞別青門之內元鶴摩於紫霄吹笙擊鼓盡是仙樂聞者莫不增歎輕軒冕焉余與眞人相知不以年不以位俱承太公之後見賞王粲之詞悠悠此別不覺流涕輒贈古歌辭一首庶爲眞人傳用

之亂

韋縚

縚叔夏之子開元時歷集賢修撰光祿卿遷太常卿終太子少師

祠龍池祭儀奏

臣謹按周禮以疈辜祭四方百物祭法曰能出雲爲風雨者皆曰神龍者四靈之畜亦百物也能爲雲雨亦曰神也禮有公食大夫饗之文郎生曰食亦曰饗矣其饗之日合用仲春之月易曰震爲龍震者東方春用事於二月也饗

之法請用二月有司筮日池傍設壇官致齋設籩豆如祭雨師之儀以龍致雨也其牲用少牢其樂用鼓鍾奏姑洗歌南呂鄭元云風師雨師及小祀用此樂凡六變者三變而致鱗物今饗龍亦請三變舞用帗舞尊用散酒以一獻周禮曰凡祭羣小祀用之也

姨舅服制奏

謹按儀禮喪服舅緦麻三月從母小功五月傳曰何以小功以名加也堂姨舅舅母恩所不及外祖父母小功五月傳曰何以小功以尊加也舅緦麻三月並是情親而服屬疎者也外祖正尊同於從母之服姨舅一等服則輕重有殊堂姨舅親既疏末恩絕不相爲服親舅母來承外族同爨之禮不加竊以古意猶有所未暢者也且爲外祖小功此則正尊情甚親而服屬疎者也請加至大功九月姨舅儕親既無別服室齊等請爲舅加小功五月堂姨舅疎降一等親舅母從服之例先無制服之文並望加至袒免臣聞禮以飾情服從義制或有沿革損益可明事體既大理資詳審望付尚書省集衆官吏詳議務從折衷永爲典則

禘祫年數議

禘祫二禮俱爲殷祭祫謂合食祖廟禘謂締序尊卑申先君逮下之慈成羣嗣奉親之孝事異常享有時行之然而祭不欲數數則黷亦不欲疎疎則怠故王者法諸天道制祀典焉蒸嘗象時禘祫如閏五歲再閏天道大成宗廟法之再爲殷祭者也謹按禮記王制周官宗伯鄭元注解高堂所議並云國君嗣位三年喪畢祫於太廟明年禘於羣廟自爾巳降五年再殷一祫一禘漢魏故事貞觀實錄並用此禮又按禮緯及魯禮禘祫注云三年一祫五年一禘所謂五年而再殷祭也又按白虎通及五經通義許慎異

議何休春秋賀循祭議並云三年一禘何也以爲三年一閏天道小備五年再閏大備故也此則五年稱殷通計其數一祫一禘迭相乘矣今廟禘祫各自數年兩岐俱下不相通計或比年頻祫或同歲成序或一禘之後併爲稱祫或五年之後驟有三殷法天象閏之期既違其度五歲稱殷之制數又不同求之禮文頗爲乖矣說者或云禘祫二禮大小不侔祭名有殊年數相縣祫以三紀殺小而合禘以五斷至十而周有茲參差難爲通計竊以三祫五禘之說本出禮緯五歲稱殷之數同在其篇會通二文非相詭

也蓋以禘後置祫二周有半舉以全數謂之三年一閏只用三十二月也其有禘祫異稱各稱四時秋冬爲祫春夏爲禘祭名雖異爲殷則同譬如礿祠蒸嘗其體一也鄭元謂祫大禘小傅咸謂祫小禘大夫肆陳之間或有增減通計之義初無異同蓋象天之法相傳不失惟晉代陳舒有三年一殷之議自五年八年歷十一十四年尋其議文所引亦以象閏五年一禘又奚所施矛盾之說固難憑也夫以天之度既有指歸稽古之禮若玆昭著禘祫二祭通計明矣今請以開元二十七年已卯四月禘至辛巳年十月

祫至甲申年四月又禘至丙戌年十月又祫至己丑年四月又禘至辛卯年十月又祫自此五年再殷週而復始又禘祫之說非惟一家五歲再殷之文既相師矣法天象閏之理大抵亦同而禘後置祫或近遠盈縮之度有二法焉鄭元宗高堂則先三而後二徐邈之議則先二而後三謹按鄭氏所注先王之法約三祫五禘之文存三歲五年之序以甲年既禘丁年當祫己年又禘壬年又祫甲年又禘丁年又祫周而復始以此相承祫後去禘十有八月而近禘後去祫三十二月而遙分析不均粗於算矣假如攻乎

異端置祫於秋則三十九月爲前二十一月爲後雖有小愈其間尚偏竊據本文皆云象閏二閏相去則平分矣兩殷之序何不等耶且又三年之言本數全數二周有半實準三年於此置祫不違文矣何必拘滯遂隔三年乎蓋千慮一失通儒之蔽也徐氏之議有異於是研覈周審最爲可憑以爲二禘相去爲月六十中分三十置一祫焉若甲年夏禘丙年冬祫有象閏法毫釐不偏三年一祫之文既無乖越五歲再殷之制疏數又均較之諸儒義實長久今請依據以定二殷預推祭月周而復始

請以今年夏禘爲殷祭之源并停今年冬祫奏

禮有禘祫俱稱殷祭二法更用轔次相承或云五歲再殷一禘一祫或云三年一祫五年一禘法天象閏大趣皆同皆以太廟禘祫計年有差考於經傳微有所乖頃在四月已前禘享今指孟冬又申祫儀合食禮頻恐違先典伏以陛下能事畢舉舊物咸甄宗祏祇慎之時經訓申明之日臣等忝在持禮職司討論輒據舊文定其倫序請以今年夏禘便爲殷祭之源自此之後禘祫相代五年再殷周而復始其今年冬祫準禮合停望今所司但行時享卽嚴禋

不黷庶合舊議

孟浩然集序

宜城王士源者藻思清遠深鑒文理常遊山水不在人間著亢倉子數篇傳之於代余久在集賢嘗與諸學士命此子不可得見天寶中忽獲浩然文集乃士源爲之序傳詞理卓絕吟諷忘疲書寫不一紙墨薄弱昔虞坂之上逸駕與駑駘俱疲吳竈之中孤桐與樵蘇共爨遇伯樂與伯喈遂騰聲於千古此詩若不遇王君乃十數張故紙耳然則王君之清鑒豈減孫蔡而已哉余今繕寫增其條目復貴士源之清才敢重述於卷首謹將此本送上祕府庶久而不泯傳芳無窮

孫逖

逖潞州涉縣人開元初應哲人奇士舉山陰尉遷祕書正字十年應制登文藻鴻麗科拜左拾遺轉左補闕累拜中書舍人天寶三載權判刑部侍郎病風求散秩改太子左庶子轉太子詹事上元中卒廣德二年贈尚書右僕射謚曰文

簾賦

智者創物有以而然簾之爲用博利存焉若乃少婦重闉

王孫華館映錦屏以猗猗增繡戸之煥煥瓊鉤上而齊女謳珠影垂而楚妃歎蓋私宴之樂飾異在公之達觀至於因依華省隱映長廊交輝朱紱接影金章隔至人之清鏡雜仙署之餘香禁鐘啓明納晴天之曙色嚴城警夕引華月之宵光盼睞成寶終然允臧豈備物而致用亦道同於君子輕明無隔將引喻於虛心卷舒任時足炯誡於行巳組織成象含游夏之文繩約善結得老莊之理豈徒然哉斯盡美矣原夫青青梁苑猗猗淇澳冒雪停霜是稱修竹紆匠人之巧思列冢卿之華屋甘剖節而離根奉榮光而再移則有製長笛成洞簫器同握玩聲引風飈徒擅名於昔日豈齊美於今朝

席賦

彼美嘉席施於高堂廣狹有準卷舒匪常承以彤薦貯之牙牀玉几蟠蛇而上列寶屏邐迤而外張狎高瑟以透響染薰鑪以流香瞰金牕以隔影瑩珠箔而凝芳洎乎禮義多則卑高異行或主或賓浹歡於北院東嚮西嚮取上於南方南方何有是肴是酒或因食而卽前或屬虛而盡後彼固若是不亦如斯必順時以革易乃任人以推移不正

不坐道通於曩儀寒溫暑凊自有其先規所以簟因夏設席乃冬施傾莊敬以揖讓誠君子之攸宜管寧别居且申情於分割曾子避坐將有敏於謙撝若夫行之於俗蘭房之曲有美一人容顏如玉摳長裾而來就斂雙眉而下矚憐纖緩而留心賞華新而不足淩晨啓鏡入夜燒燭每因眠而取暖加以羅衾怨孤坐而多寒增之錦褥則有務學之子安貧順理潔（一作挈）酒攜琴耽籍翫史居環堵而養性遥泰階而虛俟出陳子之幽扃慕戴公之重美旣懷珍而待聘當彈冠而入仕詩言我心匪席不可卷也斯言豈謬

矣

授徐安貞中書侍郎制

門下中樞之要久闕其官仄席而求實難其選中大夫檢校尚書工部侍郎兼集賢院學士上柱國徐安貞清才特達雅量淡沈爲德行之宗師是文詞之雄伯頃司水土兼典圖書博綜惟精彌綸有敘王言是屬公議攸歸宜增秩於五字俾齊名於三入可守中書侍郎餘如故

授薛稷中書侍郎制

門下慶傳於家者代濟其美才許於國者時無與讓由是

密勿爲用訏謨所歸銀青光祿大夫行黃門侍郎修文館學士河東縣開國男參知機務薛稷河汾之英廊廟之寶相門前祉則名優作誥詞場舊業則譽動飛文公貞性成仁和道勝坦然之量羣物不干其靜穆如之風九流不測其度頃羅多難克仗嘉謀翼戴朕躬保寧王室厥功茂矣朝廷賴焉俾迴踐於綸閣以增輝於鼎席可行中書侍郎餘如故主者施行

授褚廷誨給事中制

門下朝議大夫守諫議大夫上柱國褚廷誨師臣舊業官序良才文儒實百行之資翰墨當一時之妙駮正爲務疇咨所難宜遷左禁之榮式允中朝之望可守給事中散官如故

授尹愔諫議大夫制

門下右省署掌諫之官立司過之史所以書君舉箴王闕不次而授唯才是與道士尹愔識洞微妙心遊淡泊祇服元言宏敷聖教雖渾齊萬物獨諳於清眞而博通九流兼達於儒墨朕方貴無名之璞期不言之化資其妙道寘彼周行宜居納誨之職仍存記言之地可朝請大夫守諫議

大夫集賢院學士兼知史官事

授宋渾諫議大夫制

門下朝議大夫前行尚書駕部郎中上柱國襄國縣開國男宋渾清才敏識人望時英未可易量將其必復頃辭省闥言侍庭闈雖私心則然而公用久闕策名委質非無古人之訓移孝爲忠宜在諍臣之列可守諫議大夫散官如故

授楊愼矜諫議大夫依舊知大府出納制

門下太子右贊善大夫兼御史專知大府出納權知御史

中丞事楊愼矜堅正有才通明足用久持天憲兼掌國泉竭忠公之一心杜詭僞之千變爰升獨坐用肅具寮而潛懇固辭執謙難奪願收恩於後命祈盡節於前功得失不驚將敦薄俗始終如一以勤守官特遂由衷之誠仍居出納之任一作納諫之職可行諫議大夫兼侍御史仍依舊知大府出納

授達奚珣中書舍人制

敕朝議大夫守職方郎中兼試知制誥達奚珣文學素優忠勤克著自經試用備問詳密草奏南宮已擅一時之妙

掌綸西掖愈彰五字之能宜就列於卽眞俾正名於近侍可守中書舍人散官如故

授賈登中書舍人制

門下朝請大夫守給事中騎都尉賈登修詞自達守道爲師有大雅之文章稟中和之德行駮正之地已著能名綸綍之司更膺高選可守中書舍人

授梁淑中書舍人制

敕朝議郎守尚書兵部郎中梁淑通明致用博雅爲文才冠時英望高人譽五字之選一臺所推宜旌起草之能俾效司綸之職可中書舍人散官如故

授韋斌中書舍人制

門下國子司業韋斌貞規不雜敏識惟精標麗則以工文秉直聲而濟美久從散秩未展清才豈避姻親遂妨公用宜特昇於禁掖俾專事於司言可行中書舍人

授李元成中書舍人制

敕朝議郎守尚書考功郎中仍試知制誥兼知史官事李元成中和有裕直道自然文章爲致用之資愼密是周身之本久司綸綍浸愜器能宜拜命於卽眞俾甄才於試可

可守中書舍人兼知史官事

授楊齊宣起居郎制

敕朝議郎前行左補闕楊齊宣規行介立守道安貞雅致表於文詞清標傳於緒業頃參諫職考績已浸自聞謝病歲年滋久雖宰臣立節每避舉親而公器須才終難滯用宜發命於中旨俾分官於左言可行起居郎散官如故

授陳九言起居舍人劉晛起居郎制

敕朝議郎守太子舍人攝殿中侍御史朔方節度判官陳九言朝議郎行太常博士兼史館修撰劉晛等清才雅望

敏學工文是周行之俊乂有致遠之良具史臣之選公議所歸宜並拜於軒墀俾分官於左右九言可行起居舍人散官如故晛可行起居郎餘如故

授楊齊宣左補闕制

敕朝議郎前行右拾遺內供奉楊齊宣耿介不羣精明有識傳清白之素業著詞華之令名達禮云終外除將久宜承密命更列近臣可左補闕餘如故

授盧惟等通事舍人制

敕前行潤州丹徒縣主簿盧惟等士族見推人才亦著威

儀有則詞令可觀明試以言既嫺於敷納爲官而擇宜在於軒墀並可通事舍人餘如故

授李林甫左僕射兼右相制

門下端揆之職官之師長宰輔之位朕之股肱有能兼領必在時傑光祿大夫吏部尚書兼集賢殿學士上柱國李林甫國之懿屬有濟時之明略自委三事於茲九年大猷是經庶績惟敍使夫人登福壽俗致和平垂拱而化以臻於道葢天之贊我亦時乃之休況矜愼有恆終始如一外無滿盈之色內秉謙卑之誠歲寒彌堅夕惕彌厲褒德之義又何與之宜兼三綬之榮俾在百僚之首可尚書左僕射兼右相餘如故

授陸景融尚書右丞等制

門下紀綱中省贊貳六卿稱職惟難任賢斯在滎陽郡太守陸景融等夙昭時望見重人倫修德行爲本源用文章爲潤飾淸心雅道獨運虛舟敏識英才高標利器著名滋久更事亦多天臺缺官廷議僉屬宜膺求舊之舉俾叶往諧之命可依前件

授張紹貞尚書右丞制

門下朝議大夫守益州大都督府長史持節劍南節度支

度營田副大使知節度事兼採訪處置使攝御史中丞上柱國張紹貞中積溫惠外形嚴肅通才應物妙理爲心亟踐方州咸推課最爰施密命且寄專征而紀綱一臺彌綸百事缺官斯久選衆尤難宜輟南轅用昇右轄可尚書右丞散官勳如故

授宋鼎尚書右丞郭虛己尚書戶部侍郎制

門下紀綱一臺爰資右轄彌綸五教必擇亞卿通議大夫尚書刑部侍郎借紫金魚袋宋鼎雅操貞規爲律人之器

朝議大夫守尚書工部侍郎上輕車都尉郭虛己通才敏識有成務之能並文行相資公忠自達履周行而有裕在歷官而必聞柯葉不移芳馨可久宜允副於朝選俾遞遷於省闥鼎可守尚書右丞虛己可尚書戶部侍郎散官各如故

授崔翹尚書右丞制

門下司會之廨尤重於紀綱舉能而官必慎於名器大中大夫守河南郡太守本道採訪處置使上柱國崔翹文儒纘業忠闕六字爲徇公之節歷官滋久吏事亦多南省缺員

中朝選舊宜取才於攬轡更馳名於握管可守尚書右丞散官如故

授李林甫兵部尚書制

門下緝熙九法董正六師必在具瞻以宏兼領金紫光祿大夫戶部尚書同中書門下平章事上柱國成紀縣開國男李林甫宗盟有慶王國生才明德爲章懿文成範事君之節貫忠貞於四時應物之誠調惠和於一氣爰立作相以期於理不仁斯遠丕績用彰而詰禁制軍安人和衆是爲邦政濬期汝諧俾謀猷於七兵仍啓沃於三事可兵部尚書餘如故

授裴寬戶部尚書制

門下敬敷五教保息萬人缺官而擇副相惟允通議大夫檢校御史大夫上柱國賜紫金魚袋裴寬器識高明風規端肅謇諤之用累驚鳥而莫當操割之能斷犀革而何有亟登臺閣嘗擁旌旄禮樂爲從政之文德刑是戢兵之武雖地卿所掌實佇通才而天憲唯艱尚資兼領宜曳尚書之履仍紆大夫之印可守戶部尚書兼御史大夫散官勳賜如故

授裴敦復刑部尚書制

門下六卿分職朝選猶難三典佐王邦寄尤重朝議大夫守河南尹攝御史大夫持節江南東道宣撫招討處置使上柱國賜紫金魚袋裴敦復濬沈偉量磊落宏才識無不通俎豆兼於軍旅行有餘力文學資於政事頃者巡撫江徼肅清姦宄大叔之謀既能止盜穰苴之法亦在安人功實簡心賞宜超等委之刑柄俾躡白雲之司錫以身章更增金印之秩可銀青光祿大夫守刑部尚書勳賜如故

授陸景融吏部侍郎制

門下小宰之官久虛其位至公之用唯才是舉守尚書左丞陸景融珪璋成器禮樂爲文剛亦不吐柔而能立恬淡之性足以抑退浮華徽明之識足以激揚淹滯類能而使僉議允屬俾澄清於九流期風俗之一變可守吏部侍郎散官勳如故

授李彭年吏部侍郎制

門下綜彼天秩亞於邦家易人之舉選衆尤難尚書兵部侍郎李彭年人望時秀雅才清識德以全誠文而致用操必割之器遇時事無前持不轉之心在公庭難奪必能敷

求名實底愼銓衡宜輟七兵之務俾修九流之法可守尚書吏部侍郎

授韋陟吏部侍郎達奚珣中散大夫禮部侍郎制

門下冢卿宗伯均國和人乃立其貳非才莫可正議大夫行尚書禮部侍郎權知吏部侍郎上柱國彭城縣開國男韋陟明斷一堅純鋼百鍊中書舍人權知禮部侍郎上騎都尉達奚珣忠公淑愼白珪三復各推邦直皆擅詞雄峻節彌高清標不雜頃膺時事之委瀇得選賢之稱如有所試已副於僉諧必也正名宜光於並拜陟可吏部侍郎珣可中散大夫守禮部侍郎勳封各如故

授張均兵部侍郎制

門下六官之任夏卿尤重貳職之選時望惟屬正議大夫行尚書戶部侍郎上柱國燕國公賜紫金魚袋張均才略經通文詞濟美修身自達擅鴻陸之羽儀莅事無難有龍泉之斷割累拜省闥彌彰器用芳蘭可久垂棘重歸宜允副於僉擇俾增修於舊政可行尚書兵部侍郎散官勳封如故

授李彭年兵部侍郎制

敕朝議大夫守太僕少卿上柱國趙郡開國公李彭年清和稟識博雅爲文堅貞懷匪石之心果斷有剸鐘之利夏卿之亞歲調方殷缺官而擇至公斯在宜副才難之選將觀試可之能可權判兵部侍郎事散官如故

授韋濟戶部侍郎制

敕朝散大夫守京兆少尹奉明縣開國男韋濟衣冠吉士文雅清才蘊忠信於身講傳孝友於門德明而克允遇理必通剛則近仁臨事能斷自升華省迨佐神州皆有令名咸歸雅望地官之亞朝選尤難我其試哉無替厥命可試

尚書戶部侍郎散官封如故

授韓滉戶部侍郎專判度支制

門下周有地官小司徒佐敷五教魏置度支尚書以濟軍國之用政有餘地然可兼之正議大夫行尚書右丞韓滉惟先臣左右列祖格於皇天濟美之盛中朝所重好學師古潔其清純文不流放言無枝葉素練成式用推至公所更之任事可垂遠久司臺轄嘗亦官人姦吏無竄其情羣才各序其位今戶版不實地征未均每歲經費以之匱竭迺者命使以總領且非典故擇郎以專掌又慮權輕歸於

有司期在折衷昔杜元凱之處斯職內以利人外以救邊法可施行者五十餘條以資當時之急委注煩重宜熟計之可行尚書戶部侍郎專判度支散官如故主者施行

授李暐等兵部郎中制

敕朝議大夫行兵部員外郎李暐等清才雅器人望時英咸以令名光於俊選自膺推擇久効彌綸宜甄滿歲之勤俾進爲郎之秩可依前件

授李知止等司封員外郎制

敕至公之用本無偏黨惟善斯擢豈隔親疏四從叔前京兆府奉天縣令上柱國知止等咸有人才見推公族秉惟清之操兼致遠之資朕每精念同盟不勤於德當懸右職以觀其徒先委宗卿精爲內舉量能考行歷載踰時名數則多升聞蓋寡倘膺是選諒在得人固可擢以清要遷於臺閣將觀志於七子冀齊名於八人宜各悉心佇聞成績可依前件書不云乎九族旣睦平章百姓蓋由內而理外必自近而及遠凡我懿戚可不愼歟違道慢常義無私於王法謹身勵節恩豈薄於他人期於率先勵我風俗滾宜自勉以副明言

授李岫司勳員外郎制

敕朝議郎行京兆府司錄參軍上柱國李岫訓稟詩禮才稱英妙旣博藝而能文亦謹身而勵節疆場決勝是賴於台臣爵服懋功宜及於允子雖讓爲德主父則固辭而賞以恩延國有恆典俾增章紱之寵仍在神仙之地可朝散大夫行尚書司勳員外郎勳如故

授張博濟戶部員外郎制

敕朝議郎行河南府司錄參軍張博濟心和識遠藝博詞優清白承於教忠通明達於從政頃在河洛備聞紀綱郎

官選儁雅望攸歸時宰避親良才久滯宜膺特命俾踐劇曹可尚書戶部員外郎散官如故

授章仇兼瓊主客員外郎制

敕殿中侍御史章仇兼瓊雅有堅操嘗懷遠圖義不辭勞忠能盡節頃逾沙磧能正糾繩興國利於懸車振朝威於絕漠甄其績用宜遷禮闈之榮寄以澄清仍受憲臣之任可尚書主客員外郎餘如故

授楊仲昌吏部員外郎李巖兵部員外郎制

門下左司員外郎楊仲昌朝散大夫戶部員外郎李巖等

雅才明識敏行能文修身懷止水之清應物有操刀之利並膺時選所謂人英宜遷禮闈之秩更展劇曹之用仲昌可吏部員外郎巖可兵部員外郎散官各如故

授劉繹虞部員外郎制

門下朝散大夫行河南府倉曹參軍關內道度支判官上柱國彭城縣開國侯劉繹緒業清華行能修飭表通明於吏跡持雅正於公心幕府徵才久聞成效星臺列位宜膺俊選可尚書虞部員外郎餘如故

授王敬從御史中丞充京畿採訪使制

門下肅我具寮謂之秉憲貳於次相必也任賢中書舍人上柱國王敬從雅量淡遠周才博達修德行於身謀致文詞於國用自居近密頗歷歲時忘公盡於掌綸淑慎形於削藁必能執其繩準正彼簡書宜拜三獨之雄且膺八使之選可中散大夫御史中丞仍充京畿採訪處置等使勳如故

授蕭諒御史中丞充京畿採訪使制

門下副相之亞朝綱允屬缺官之舉時選攸難鴻臚少卿蕭諒直道有恆澄心不撓果斷之用操利器於筆端通明

之識置煩文於度外所歷清要必聞聲實將求獨坐更佇兼才斯正色於準繩俾生風於臺閣可御史中丞充京畿採訪處置等使

授蕭隱之御史中丞仍充東京畿採訪等使制

門下列彼三獨儆於百寮選眾爲難舉能斯在中大夫檢校大府少卿東都和糴等使護軍蕭隱之敏行淡識貞標雅器性與公清寧欺於暗室才優決斷豈避於盤根自任以長府委之平糴備聞堅正淡叶和均將寄朝綱允副人望宜贊貳於南憲俾肅清於東都可行御史中丞仍充東

京畿採訪處置使兼充和市和糴使散官勳如故

授呂周等侍御史制

敕行殿中侍御史呂周等體資忠厚器藴通明能兼飭吏之文更有過人之實並膺明選克振朝綱宜展才於草議俾遷榮於執法可依前件

授李常殿中侍御史制

敕朝散大夫行河南府陸渾縣令李常等堅白持操通明効官彰吏跡於神州著公方於近縣秉憲之職惟方是與俾諧僉議用肅具寮可依前件

授蔣洌等監察御史制

敕朝議郎行大理評事蔣洌等修身有裕從事惟明標麗則於文場効公清於吏道方期遠致必藉兼才宜膺刈楚之求俾叶持繩之寄可依前件

授姚閎監察御史等制

敕朝議郎前行同州司法參軍關內道採訪使支使上輕車都尉蕭縣開國男姚閎等砥名厲節博藝多能或嘗佐台臣以清關輔或頃諧宮職見美朝端度才而昇舉善以勸俾同官於察視宜竝拜於丞郎可依前件

授邢巨監察御史制

敕前守監察御史邢巨器能通敏詞藻清新久著令名兼稱利用終喪有禮既及於除執憲須才宜居於舊可監察御史

欽定全唐文卷三百九

孫逖二

授襃信郡王璆宗正卿制

門下公族之任得才則難舉親而官選舊惟允銀青光祿大夫殿中監上柱國襃信郡王璆雅正惟恭虛懷敏達近屬藩翰中朝羽儀無競維人不矜於貴分克勤於位每効於忠公敦敘是司疇咨所屬宜居六尚之職以副九宗之委可宗正卿

授濮陽郡王徹宗正卿制

門下宗卿設位邦族是司必擇親賢以光名器金紫光祿大夫行太僕卿員外置同正員上柱國濮陽郡王徹清貞履道淑慎持身行無越思動不踰矩以才從政於歷官而則濙以地推恩在同姓而爲近敦敘之任疇咨所難宜受寄於本枝更遷榮於列棘可行宗正卿散官勳如故

授廣武郡王承宏光祿卿制

門下銀青光祿大夫行房州別駕員外置同正員廣武郡王承宏地在維城慶延分土頃乖周愼因從降黜捨其公犯用申猶子之恩復其舊資俾踐列卿之秩可光祿大夫光祿卿員外置同正員

授韋珙光祿卿制

門下銀青光祿大夫慶王傅員外置同正員上柱國扶陽郡開國公韋珙衣冠者舊德行名賢吏術該通嘗聞理劇道心遠曉雅好攝生一在優閒久淹年序怡和自保志力猶強宜有命於移官俾承榮於列寺可光祿卿員外置同正員勳封如故

授崔惠童衛尉卿豆盧建太僕卿制

門下尚主之恩允歸於人秀睦親之典必洽於朝榮駙馬

都尉崔惠童豆盧建等在人物士林在勳華忠緒行能雙美才貌兼資善道自修令名無忝錫之姻好已承築館之榮寵其章服宜列象河之位惠童可銀青光祿大夫衛尉卿建可銀青光祿大夫太僕卿並員外置同正員

授王斛斯太僕卿仍兼安西都護制

門下安西都護王斛斯將略稱多忠誠克著頃膺邊寄頗洽人心閒歲以來頻有騷警能清寇虐不頓甲兵契軍國之遠圖得攻拒之良術有勞懋賞自昔如茲宜踐列卿之位俾兼弁護之職可太僕卿員外置同正員兼安西都護

等如故

授王昱太僕卿制

門下列彼九卿正於羣僕允膺茲命必藉兼才正議大夫守太原尹北都留守使持節河東道諸軍節度營田副大使知節度事兼採訪處置使攝御史中丞上護軍賜紫金魚袋王昱韜是明斷資其理識成務有餘奉公不撓自持軍律兼委使車能啓刑書以懲貪吏到官未幾除惡已多類能則然賞善宜及俾升榮於左馭仍受任於北京可守太僕卿兼大原尹餘如故

授李林宗太僕卿制

門下中大夫守太常少卿上柱國李林宗行能溫厚器識該深清白奉公常聞吏術恭謙應物更表身謨自亞河海亟移星歲友于之愛實掌樞衡致美之心俱懷退讓遠嫌滋久舉滯當遷宜正位於名卿俾欽承於密命可太僕卿散官勳如故

授竇鍔等太僕卿制

門下申以婚姻必求於才地制於祿位兼取於親賢竇鍔等克嗣高門能修善道有溫恭之言行兼美秀之形神勳華之緒既連於舊戚遐尚之恩更諧於新禮俾升榮秩仍錫寵章可依前件

授杜希望鴻臚卿攝御史中丞制

門下賞以懋功官無虛授所貴天秩斯爲國典朝議郎守太僕少卿員外置同正員使持節都督鄯州諸軍事兼鄯州刺史隴右節度副使仍知經略支度營田等留後事賜紫金魚袋杜希望器能開敏才略雄深識韜鈐之大綱知戰守之良術頃令討罪爰委行師不憚艱危常先士卒恩威必備權變多方狂寇已清堅城又克疇庸是屬舉善攸歸俾膺超等之榮仍列上卿之位可通議大夫守鴻臚卿

員外置同正員攝御史中丞餘如故

授韋恆太常少卿制

門下朝議大夫守給事中鄭縣開國男韋恆神清氣爽識遠心微周才可以求備雅望期於必復自登近密已積歲年淑慎有恆閒和易退奉常之亞稱職爲難宜同夕拜之榮俾在春官之屬可守太常少卿散官如故

授李林宗太常少卿制

門下朝議大夫守衛尉少卿上柱國李林宗寡言敏行清

節令名能執謙沖之心以成友悌之美自亞九卿已淹四歲舉必以類既承拜命之榮恩則由中俾佐奉常之職可守太常少卿

授李岫衛尉少卿制

門下朝議大夫行祕書丞上柱國清水縣開國伯李岫說禮敦詩資忠履孝勵清修而立節包麗則以爲文曩者輟務仙臺移官祕府一從閒退七變星霜父在樞衡固守范宣之讓謙沖自牧足鎭於浮躁而進用無黨須歸於至公宜承特命之恩俾踐亞卿之職可守衛尉少卿散官勳如

故

授鄭子獻太僕少卿制

敕朝議郎前行宗正卿賜紫金魚袋鄭子獻業繼簪裳地連姻戚早昇班序累効忠勤公族之司頃居亞列僕臣之任宜復舊資可守太僕少卿員外置同正員散官勳如故

授楊先司農少卿仍東都留守制

門下朝議大夫守太僕少卿上柱國朱陽縣開國男楊先精勤從事堅白在公任以器能位於河海出納之悋朝廷所難宜迴職金之府更膺搜粟之寄可守司農少卿仍東都留守

授王迴質祕書監韋廉起居郎制

門下守諫議大夫王迴質茂學純行國之耆耋左補闕韋廉清才敏識人之英秀藩維日就實賴於師資軒陛晨趨有光於侍奉各施於用皆著其勤宜拜藏書之府俾遷紀言之職迴質可祕書監廉可起居郎

授牛仙客殿中監制

門下乃立御府其代天工必在信臣以兼重寄銀青光祿大夫太僕卿朔方節度兼關內道支度兼管營田鹽池押

諸蕃部落副大使兼採訪處置使羣牧都使監牧支度營田閑廐宮苑五坊等使攝御史大夫上柱國隴西縣開國子牛仙客忠公有度亮直無私長才爲萬里之城沈略乃百夫之禦頃持節鉞嘗鎭河湟兵器惟精邊人咸賴出則靖國方資五利之功入則訓驂宜修六尚之職可殿中監散官勳並如故

授宋渾將作少匠制

門下朝議大夫前守諫議大夫上柱國襄國縣開國男宋渾明敏自然通和足尚承舊德之餘訓有多才之令名喪

制久陰朝章式欽宜升髦士之列俾亞上卿之任可守將作少匠散官勳封如故

授翟璋等將作少監制

門下滑州刺史翟璋等精勤立志果斷雄才有吏道之能名是郎官之俊選掄材考行用掌百工之事宰邑臨人佇爲四方之則可依前件

授司馬利賓等著作郎制

敕朝議郎行祕書省著作佐郎司馬利賓等或富於學業或精於吏能公清爲潔己之資詞賦有成名之美舉其同

術宜並拜於軒墀甄其異用俾分官於儒館可依前件

授劉瑗等國子祭酒制

門下名器所歸必徵於才實進用之序亦憑於歲年郯王傅上柱國豐縣開國男劉瑗等備聞素行累踐清資佩服文儒周旋禮讓効官惟謹考績皆深以類而遷既有均於平施至公斯在亦何患於後時宜悉虛懷各從分職可依前件

授裴巨卿國子司業張九皋尚書職方郎中制

門下朝議大夫著作郎裴巨卿厚德馴行性與淳和朝請大夫殿中丞上柱國張九皋雅量清才體合明允咸推遠識皆有令名能勵節於朝廷將致美於兄弟詩書是悦宜當六學之師章奏惟難更擅一臺之妙巨卿可國子司業九皋可尚書職方郎中散官勳如故

授王斛斯守左金吾衞大將軍兼范陽大都督府長史制

門下左羽林大將軍兼范陽大都督府長史充范陽節度經略支度營田副大使王斛斯推誠勵節好勇能謀政必有經舉無遺策久鎮幽朔勤修訓練既摧凶以制勝亦懋

賞以酬庸而環衞之職金吾尤重宜承後命以寵中權可守左金吾衞大將軍兼范陽大都督府長史餘如故

授張元逸明威將軍守右衞將軍制

門下中大夫守光祿寺卿員外置同正員賜紫金魚袋張元逸幹蠱於君謙沖自下外姻之族衆望攸歸寘彼周行備聞聲實委之環衞尤切腹心宜易位於右卿俾呈能於貞將可明威將軍守右衞將軍勳賜如故

授吳王祇等右衞將軍制

門下左衞將軍吳王祇等國之近屬朝之多士或同班警

衞有避於天倫或列位周行已淹於歲序各移官命用廣
朝恩可依前件

授蓋嘉運金吾衞將軍兼北庭都護制

門下右威衞將軍兼北庭都護蓋嘉運百夫稱勇萬里將軍智則有謀忠而能毅頃者狂寇作梗銳師深入用奇以往決勝而歸式酬其庸言命之賞宜增秩於中尉仍握兵於外城可左金吾衞將軍兼北庭都護餘如故

授元環右監門衞將軍制

敕右監門衞中郎將元環衣冠濟業言行資身地在通姻

人稱懿戚徵於舊典洽以新恩宜有命於移官更增榮於賜服可依前件

授趙惠琮雲麾將軍守左監門衞將軍仍兼知內侍省事制

門下中大夫守內侍上柱國賜紫金魚袋趙惠琮素韞智謀早周慎密頃令銜命委以臨戎既踰險而深入亦乘危而苦戰遂清狂寇且振邊威不有賞功將何勸善宜列爪牙之任仍貞印綬之榮可雲麾將軍守左監門衞將軍仍兼知內侍省事勳如故

授王斛斯宣威將軍守右羽林軍將軍制

門下大中大夫守太僕卿員外置同正員上柱國賜紫金魚袋王斛斯智謀宏遠識量沖深位列名卿才優良將頃膺朝寄作扞邊陲惠威有孚羌戎即序念其勤苦既返旆於西城任以腹心宜典兵於北禁可宣威將軍守右羽林軍將軍勳賜如故

授彭元昭右羽林軍將軍制

門下中大夫使持節都督洮州諸軍事守洮州刺史同隴右節度副使上柱國賜紫金魚袋彭元昭久統邊事咸推

武才必也好謀豈唯有勇遞遷中外方表幹能宜典禁兵以膺重寄可右羽林軍將軍

授曹王弼左武衞將軍制

門下行左清道率府曹王弼藉慶宗枝升榮官序頗有公累終非自作曾是黜官亦云累載宜叶睦親之道俾遷仍舊之職可左武衞將軍勳如故

授郭元昇右武衞將軍守右衞將軍鄭繼先右武衞率制

門下將作少匠郭元昇忠厚資貞有聞於行守太子家令

鄭繼先衣冠濟業不隕其名各在官次頗淹年序宜分職於五校俾增榮於兩宮元昇可右武衛將軍守右衛將軍繼先可右武衛率勳如故

授裴倩右武衛將軍制

門下前守右武衛將軍裴倩韞是忠勇資其智謀久樹邊功備詳戎事疆埸有警方期於効節金革無避宜後於奪禮可起復守右武衛將軍餘如故

授信安王禕太子太師制

門下傳導元子師長庶寮必在正人無非舊德太子少師

上柱國信安王禕宗室良翰朝廷碩老踐忠公而立節體明肅而成用頃膺大任頻總中權掌夏司春是爲六官之長戢兵禁暴何止萬人之敵睦親尚齒念舊錄功宜優天秩之榮俾極宮臣之位可光祿大夫守太子太師勳封如故

授崔琳太子少保制

門下貞萬國者必在於元良教三善者是求於端士銀青光祿大夫守刑部尚書上柱國清河郡開國公崔琳中和稟氣厚德資身雅言有章明議能斷標禮樂於先進効忠公於大官堅白不渝芬芳自久緝熙秋典用簡於心調護春宮更難其選宜取才於六職俾齊名於二傅可守太子少保

授賀知章等太子賓客制

門下調護儲宮典司延閣必在舉德固無虛授慶王侍讀銀青光祿大夫祕書監員外置同正員賀知章等衣冠耆舊詞學宗師或恬淡風流獨擅東南之美或清貞介特是稱江漢之英負當朝之令名有錫類之純行頃令教導久侍藩維善利則多寵章宜及方之四老用列賓友之任綜

彼三墳俾在圖書之府可依前件

授孟溫太子賓客崔璘太子右庶子制

門下重位高官必歸於舊德中朝內外亦在於更遷金紫光祿大夫使持節同州諸軍事行同州刺史上柱國曾國公孟溫性與嚴明才優政理朝請大夫使持節魏州諸軍事守魏州刺史上柱國安平縣開國伯崔璘清而率下正以持身或累登要劇聲謠夙著或頻更刺舉歲序滋深出入兼施器能皆適宜膺調護之選俾踐宮坊之任溫可太子賓客璘可太子右庶子散官勳封如故

授裴元初太子賓客制

門下宮朝所重賓友爲先誰其往諧必也求舊通議大夫守太僕卿上柱國聞喜縣開國侯裴元初已勵行全存誠好德中和應物豈終食而違仁至理爲心每忘筌而合道早升清要累踐崇班能慮始以思終不近名而適實宜膺端士之選以佐元良之貞可太子賓客勳封如故

授王暐銀青光祿大夫守太子詹事制

門下儲闈掌事端尹命官疇咨所難愼擇斯在雲麾將軍前左千牛衞將軍上柱國太原郡開國公王暐衣冠貴緒

人物通才善自謀身見推於賢戚凡所効職必聞於中外頃緣謝病今則有瘳舉其滯淹用升於朝列甄其望實宜首於宮僚可銀青光祿大夫守太子詹事勳封如故

授許王瓘太子詹事王暐守同州刺史制

門下宮僚之首必擇正人邦圻之內實資良牧銀青光祿大夫祕書監上柱國許王瓘文儒致位所謂宗英銀青光祿大夫守太子詹事上柱國太原郡開國公王暐言行立誠是稱親懿常以善而爲樂每執謙而忘倦從政已多議能惟允彈違是屬宜肅事於東朝理劇尤難俾安人於左輔瓘可太子詹事暐可使持節同州諸軍事守同州刺史散官勳如故

授盧詢太子詹事制

門下大中大夫使持節華州諸軍事守華州刺史上柱國盧詢才標公望器重士林頃寄分憂備彰聲實近聞稱病已歷旬時雖從政之能猶堪於臥理而攝生之道終忌於勞神宜增班秩之榮俾在優閒之地可太子詹事員外置同正員

授程伯獻光祿大夫太子詹事李仲思光祿大夫國子祭酒制

門下準繩儲寀師長國庠爰擇親賢用諧任寄鎭軍大將軍行右金吾大將軍兼弩營使上柱國廣平郡開國公程伯獻勳臣業固幹略有餘雲麾將軍守右武衞大將軍上柱國安平郡開國公李仲思宗子地華行能無悔咸推雅量早踐通班或甫及高年或近嬰微疾營校之任久以煩卿優閒之職期於遂性宜膺並拜俾在兩宮伯獻可光祿大夫行太子詹事仲思可銀青光祿大夫國子祭酒員外置同正員

授殷承業太子左諭德王利涉國子監丞制

門下朝議大夫宗正少卿殷承業行宗正丞王利涉等咸以器能各升班序克勤於事不忝其名九族之司既無取於異姓兩宮之地宜有命於分官承業可太子左諭德利涉可國子監丞

授甘暉太子贊善大夫元嘉福戎州長史制

敕主客員外郎甘暉前代州長史元嘉福等或遊心淡泊常有慕於幽人或從事劬勞頗知名於邊郡各循班列仍度器能宜序東朝之列俾遷外藩之佐暉可守太子贊善

大夫嘉福可守戎州長史散官如故

授蕭誠太子左贊善大夫仍前幽州節度驅使制

敕朝議郎恆州司馬隨軍副使幽州節度驅使上柱國借緋魚袋蕭誠早標明敏久著聲名詞翰推工才能適用頃從戎幕嘗募征夫宜遷翊贊之榮仍効撫綏之術可守太子左贊善大夫依前幽州節度驅使仍專檢校管內諸軍新召長遠往來健兒事

授韋汭等太子贊善大夫制

門下朝散大夫守忠王府諮議參軍韋汭等各有才器備彰名實頃膺朝選久在王門儲貳作貞既承於新令慶賞行惠必先於舊僚宜叶典章用增班秩

授殷彥方等王傅制

門下中散大夫守忠王府長史兼侍讀上柱國殷彥方等朝廷雅望人物周才或聚學沖深或屬詞清遠頃膺授擇皆侍藩維教導之功既聞於日就溫文之德遂涉於春儲國有典章義存褒賞宜進秩於高位俾升榮於近傅可依前件

授郭元融寧王府諮議制

敕典軍郭元融名列戎昭官升王邸頗經歲序克著勤勞宜更文武之職俾在諮謀之任可朝議郎守寧王府諮議參軍

授李夷吾榮王府諮議制

敕朝議郎守青州司馬李夷吾門擅文儒才推幹理從事惟謙在官必達貳於郡職已聞康海之謠官彼王門宜膺背淮之選可守榮王府諮議參軍散官如故

授王積薪慶王友制

門下朝散大夫前行右領軍衛長史王積薪博藝多能精

心敏識久從班秩頗著勤勞俾遷環衛之司宜在從車之列可慶王友餘如故

授崔隱甫河南尹制

門下三川作都四方取則任能而理求舊爲先銀青光祿大夫守太子賓客上柱國崔隱甫冠冕碩人朝廷偉量士林之秀公望攸歸直而能溫寬以濟猛累踐臺閣備彰德器輦轂之務風化所急鎭兹雅俗俟彼正人宜受任於兼官俾重臨於故府可兼河南尹餘如故

授崔希逸河南尹制

門下制天秩者必在於賞功尹王都者是先於舉德朝散大夫守左散騎常侍持節河西節度經略支度營田九姓長行轉運等副大使知節度使判涼州事赤水軍使上護軍攝御史中丞賜紫金魚袋崔希逸深識宏才清標雅致明無不達懸朗鑑於胸懷斷則有餘錯盤根於掌握頃膺邦選爰委兵權能行上將之謀略獻西師之捷寵其命服俾叶於酬庸鎭彼神州更期於表則可銀青光祿大夫河南尹勳如故

授裴寬河南尹裴伷先蒲州刺史制

門下風雨所交是稱中土山河之寶斯爲近服有能俾乂其在遴選中大夫使持節蒲州諸軍事蒲州刺史上柱國裴寬高朗多才懷必割之良器銀青光祿大夫使持節絳州諸軍事絳州刺史上柱國翼城縣開國伯裴伷先貞廉守道秉不凋之勁節或累拜清秩或頻更劇務三汾作郡各著聲謠八使觀風咸推課最類能而舉僉議攸歸宜受任於洛都更移官於蒲坂寬可守河南尹伷先可使持節蒲州諸軍事蒲州刺史散官勳各如故

授陸操太原少尹制

門下守洛陽縣令陸操才膺利用官歷清資當斷不疑在公必濟京兆之亞夫官之劇既馳名於洛邑宜佐理於汾州可守太原少尹散官如故

授鄭巖萬年縣令制

門下中大夫行尚書刑部郎中上柱國鄭巖形神俊秀理識通明標幹術於公方飾文詞於吏道累登華省嘗典劇曹宜遷取則之邑更展撥煩之用可行京兆府萬年縣令

授徐鍔洛陽縣令制

門下司封郎中徐鍔業繼文儒才優斷割明而不滯幹則

有成五等是司已傳名於臺妙四方之會宜展用於京劇可河南府洛陽縣令

授樊象藍田縣令制

門下行京兆府司錄參軍樊象發跡詞場馳名吏職克勤於位皆著其能掾彼神州既彰人譽宰於近縣俾叶時須可京兆府藍田縣令

授源復等諸州刺史制

門下大中大夫使持節徐州諸軍事守徐州刺史上柱國源復等雅才清識踐行立名政表於良康歌聞於是賴或

歲年滋久必在於更遷或風俗異宜各期於適用俾膺僉往以副僉諧可依前件

授韓朝宗等諸州刺史制

門下朝請大夫使持節都督洪州諸軍事守洪州刺史上柱國長山縣開國伯韓朝宗等開濟雄才宏濬雅量或累升清要常展用於高資或頻膺剌舉久馳名於列郡振其淹滯任以器能宜遞遷於遠近俾更踐於中外可依前件

授元彥沖等諸州刺史制

門下理人之吏淺識於數易度才而遷必憑於久次朝議大夫使持節都督越州諸軍事守越州刺史元彥沖等幹能自達政術有聞化行一郡並逾四稔克慎終始不僭名實宜有遞遷更膺分命書不云乎三載考績黜陟幽明舊章則然古制斯在今所進轉皆爲限約並須畫一無相奪倫庶懲欲速之人將致有常之化凡厥共理宜悉其心可依前件

授崔翹等諸州刺史制

門下中散大夫前使持節滑州諸軍事守滑州刺史上柱國崔翹等詞學爲門貞廉作吏並久從官序能効公心禮

及既祥皆聞於俯就才有所適宜在於分官可依前件

授宋樽等諸州刺史制

門下朝議大夫前使持節仙州諸軍事守仙州刺史上柱國宋樽等或郡國良吏或朝廷吉人咸勵厥躬克勤於位循名考行揆務量能宜受命於分官俾呈才於庶績可依前件

授張敬輿等諸州刺史制

門下大中大夫使持節鄭州諸軍事守鄭州刺史上柱國張敬輿等克修名操久踐衣冠咸適用於當時各効能於

列郡風謠具舉歲序皆淹會是移官用叶平分之義或因去職宜承並命之恩可依前件

授翟璋等諸州刺史制

門下中散大夫守將作少匠上柱國翟璋等名跡修謹藝能該博或累升清秩或久踐通班三年有成各呈才於外郡庶官無曠咸勵節於中朝重寄所難分憂是屬宜膺稍遷之舉用叶汝諸之命可依前件

授秦昌舜等諸州刺史制

敕中散大夫守常山郡太守秦昌舜等器能足用政術多

方頃在列藩皆聞致理或居官已久或去職當還長史缺官中朝慎擇宜膺並命更委親人可依前件

授劉體微等諸州刺史制

門下大中大夫前使持節鄭州諸軍事守鄭州刺史上柱國博陽縣開國男劉體微等器能具舉言行兼資嘗踐郎官頻更吏職令名無替成績有聞宜受任於藩邸俾榮還於郡國可依前件

授裴煒等諸州刺史制

門下中大夫前守安定郡太守裴煒等位分中外名著朝廷或課績多年或招輯成政禮云終服官以授人舊章斯在新命宜及俾膺藩岳之任更展循良之稱可依前件

授魏哲等諸州刺史制

門下前歙州刺史魏哲等以能入仕以廢疾官頃曾罷歸亦云淹久勿藥有喜既善攝生之術度材而用宜承舉滯之恩可依前件

授李昇朝等諸州刺史制

門下亳州刺史李昇朝等並膺時選俾踐官資才器則殊行能皆著或居喪之禮俯就於外除或同氣之親有妨於聯事或近停郡職或久滯王門宜各稍遷俾從分命可依

前件

授李良等諸州刺史制

門下守太子中允李良等早推言行兼有幹能從官必聞服勤斯久分憂是屬慎擇爲難宜副恤人之心俾諸良吏之選可依前件

孫逖 三

授王忠嗣同隴右節度副使制

門下隴右破吐蕃跳盪功專知節度行軍兵馬使遊擊將軍守右威衛翊府左中郎將賜紫金魚袋王忠嗣出自將門習於軍政智謀足用材藝超倫頃在河隴備彰誠節持兵所向料敵無遺挫其侵軼之師收其要害之地念切斯在議賞攸歸宜復舊官置同正員仍同隴右節度副使依前專知兵馬先有勳封並宜如故

授馬元慶河西節度副使制

敕雲麾將軍右驍衛將軍員外置同正員幽州節度副使上柱國馬元慶名重武臣才優將略有剛勇以制敵能廉幹而成務河湟作鎮戎狄是虞既資攻守之術宜佐軍州之任可充河西節度副使判涼州長史兼赤水軍副使仍都知兵馬使餘如故

授李林甫兼河西節度等使制

門下天討有罪未可去兵帝賚良弼自資決勝金紫光祿大夫兵部尚書兼中書令持節經略支度營田大使知節度事集賢院學士修國史上柱國晉國公李林甫高操命代特秀生人公忠爲百度之貞文武成萬邦之憲自登上相兼委中權克致時和且聞戎捷踰隴之外已恢帷幄之謀涉河而西更是輔車之勢欲懲猾夏必在攻宜以三事之謨遙制兩軍之律可兼充河西節度經略支度營田長行轉運九姓等使節度赤水軍事仍判涼州事餘並如故

授盧朔萊州長史薛重輝括州長史制

門下朝散大夫行太原府太谷縣令容城縣開國子盧朔

朝請大夫行太原府榆次縣令薛重輝等咸以班列遷於令長雖恭所職或異其能工則度林人無求備宜從近邑俾佐遠藩朔可行萊州長史重輝可行括州長史散官如故主者施行

授楊行審靈州長史仍充六城水運使制

門下朝散大夫守涼州都督府司馬河西轉運判官柱國楊行審雅推幹術兼有權謀頃在武威克修官政類能而舉宜增郡佐之秩從帥而還仍統軍城之務可守靈州都督府長史仍充六城水運使散官勳如故

授楊戩華州長史制

門下。岐州司馬楊戩修身自久。從政亦淹。凡所效官。皆聞著稱。三輔之郡。貳職爲難。宜易務於汧岐。俾遷榮於河華。可華州長史。散官如故。

授韋景遠犍爲郡長史韋履言仁壽郡長史制

門下。益州蜀縣令韋景遠。郫縣令韋履言等。各因常調。俱在親人。雖清白自持。而方圓未適。使者所奏。應非百里之才。官政式殊。俾佐六條之職。景遠可行犍爲郡長史。履言可行仁壽郡長史。

授李踐由安州別駕李惟可鄂州別駕制

門下。朝議大夫前使持節房州諸軍事守房州刺史上輕車都尉李踐由。朝議大夫行蘄州司馬護軍李惟可等。出自士林。頻遷官序。或方圓異用。道有變通。或昆友同官。法宜迴避。俾從新命。用協舊章。踐由可守安州都督府別駕。散官如故。惟可可鄂州別駕。官勳如故。

授李裕鄧州別駕魏滉德州別駕制

門下。正議大夫前使持節泗州刺史上柱國（闕一字）山縣開國子李裕。朝議大夫前使持節泗州刺史上柱國開國男魏滉等。咸資舊德。早踐通班。頃坐微瑕。因從免職。賢哲之後。可以勸能。邦國之功。期於補過。裕可行鄧州別駕。滉可守德州別駕。勳封如故。

授蕭誠宏農郡別駕制

敕。朝請大夫南陽郡長史員外置同正員上柱國蕭誠。早因才藝。久踐榮班。頃涉微瑕。未爲深累。佐郡之職。冗員頗多。既有命於省官。俾稍遷於近服。可守宏農郡別駕。散官如故。

授李廷珍沂州司馬制

敕。朝議郎行右領軍長史李廷珍。爰以疇人。遂居先職。不修其任。是曠於官。歷象之司。既非適用。海沂之佐。俾効所能。可行沂州司馬員外置同正員。

授李庭芝絳州司馬制

門下。行櫟陽縣令李庭芝。行能通敏。政術優長。有士族之令名。是王畿之良吏。在官既久。成效則多。宜佐雄藩。俾增榮秩。可行絳州司馬。散官如故。

授梁炫郢州司馬制

敕。播州司戶參軍員外置同正員江南西道採訪使判官

渠炫才堪應物累則因人近佐澄清頗彰勤苦以兹補過因可收長宜遷貳郡之榮式允連率之薦可郢州司馬員外置同正員

授嚴正誨博州司馬制

門下朝散大夫行司農寺丞攝殿中侍御史專知太倉出納使借緋魚袋嚴正誨頗有吏能累遷官守況所効職必聞其政出納之吝或未當於邦國之功期於佐理可博州司馬借緋魚袋如故

授韋由太原縣令程若水守太子中允制

門下朝議大夫守太子中允韋由太常丞長清縣開國男程若水等或業擅鄉族恩延將相咸以人才累升官敘北京理劇東朝駁議宜膺並命以叶類能由可守太原縣令若水可守太子中允散官如故

授徐鈞南海縣令制

敕行晉州神山令徐鈞幹以立身果於從政頻更所職頗効其能言念遠人實資良吏既有使臣之薦宜遷宰邑之榮可廣州南海縣令

授崔綸郫縣令制

敕益州大都督府倉曹參軍崔綸頃爲郡掾兼佐軍麾清幹有聞公勤亦著名當歲調才應時須宜遷宰邑之榮式允使臣之薦可益州郫縣令

贈廢太子承乾恆山愍王制

門下理天下者必宏於在宥厚仁德者莫尚於追遠故廢太子承乾昔在先朝長陷淺過因是蹙竄至於淪没雖臣子之罪義則不私而骨肉之親情則無絕況年代浸遠典廢宜（闕）言念往時已申公葬將崇後命是錫王章式遵仍舊之封更表易名之謚可贈恆山愍王

封李林甫晉國公牛仙客邠國公制

門下勤賞者國之端既著酬庸之典俾彰爲善之制中書令李林甫天實挺生鬱爲良佐工部尚書同中書門下三品牛仙客國之名器特表忠臣能協乃心以成大政亟多啟沃聞所未聞導以化源驅之仁壽遂令天下人盡知禁斷獄數十殆至無刑所以比跡於成康高步於文景用人多矣方獲我心況知無不爲釐革庶務損繁取要無往不通古者褒有德賞有功今乃法懸不用德教云洽叶贊之道功則茂焉宜共增封特開井賦林甫可封晉國公仙客

可封郕國公主者施行

張均襲封燕國公制

門下正議大夫行尚書兵部侍郎上柱國張均傳纂濟美錫履承榮有構厦之瓌材爲剸鐘之利器嗣其先職且歷縉雲之司纘乃舊封更開去社之國可襲封燕國公食邑三千戶主者施行

封李岫長樂縣侯制

門下朝議大夫守衛尉少卿上柱國清水縣開國伯李岫操清行潔學敏詞優克荷敎忠之訓以成資敬之德屬交

神有慶布澤無偏賜級之榮既覃於良相推恩之典宜及於名卿俾增錫土之封用表傳纂之業可封長樂縣開國侯食邑一千戶主者施行

授牛仙童內謁者監制

敕奉議郎行內侍省奚官局令護軍牛仙童修身淑愼從事忠公夙夜惟勤出入無悔不有賞善何以勸能宜進官榮且增章服可內侍省謁者監仍賜緋魚袋

封牛仙客妻王氏郕國夫人制

門下卿之內子實著於禮經國有舊章亦褒於淑德銀青光祿大夫守工部尚書同中書門下三品持節朔方節度兼支度營田鹽池押諸蕃部落副大使上柱國郕國公知門下省事牛仙客妻瑯琊郡夫人王氏道膺圖史言成箴誡賢明自遠柔惠兼資作配台臣能修壼教寵其車服已膺命婦之榮錫以山川更表從夫之貴可封郕國夫人主者施行

開元二十七年冊尊號大赦天下制

門下古之執大象建皇極者必稽彝訓而受鴻名所以應乎天而順乎人也朕嗣守丕業二十七年受命之初既膺

明號尚多祇懼已謂崇高而公卿宗子緇黃耆艾披誠瀝懇詣闕上言僉以爲乃聖乃文祖宗大烈恭惟纘服必在欽承願以休名施於薄德抑而不許凡已十年爰迫於今又陳八請上迫奉先之義下稽從衆之言將存至公不可固拒以今日敬依大號曰開元聖文神武皇帝勉從典冊良增感懼惟新之號既不私於朕躬非常之澤宜並覃於率土可大赦天下自開元二十七年二月七日昧爽以前大辟以下罪無輕重已發覺未發覺已結正未結正繫囚見徒常赦所不免者咸赦除之自開元以來諸色逋負欠

累人等咸從洗滌今許自新所司更不須以此爲累其有別敕停官及亡失爵者放歸不齒之類量加收敘左遷官及諸色流人並稍量移近處朕每念黎甿常恐失所救其困乏所貴及時比來諸州或有損處所在賑給例逼春農比及奏報又淹時月既無救於懸絕亦何成於惠養自今以後每年至秋收後即宜遣使分道宣慰仍與採訪使及州縣相知巡檢百姓間或有乏絕不自支濟者應須錫放及賑給便量事處置訖奏聞天下百姓宜放今年地稅州縣官月料往緣錢有濫惡致損於人或徇私者多得罪亦

衆所以改支庸調將便公私聞百姓之間加織造若以此勞弊又非得所自今以後宜各以當道所鑄充其月料古者三載考績黜陟幽明允叶大猷以勸天下比來諸道所通善狀但優仕進之輩與爲選調之資責實循名或乖古義自今以後諸道使更不須通善狀每至三年朕當自擇使臣觀察風俗有清白政理著聞者當別擢用宗廟致敬必先於所在神人所依無取於非族湲惟至理用切因心其應緣太廟五享宜於宗子及嗣王郡王中揀擇有德望者令攝三公行事其異姓官更不須差攝其草澤間有殊

才異行文堪經國爲衆所知不求聞達者所在長官以禮徵送皇太子瑛男宜並封授官邠王守禮寧王憲各與一子三品官其內外文武三品已上賜爵一級四品以下各加一階長公主及嗣郡王各與一子官郡主縣主各放一子出身二王後及諸方蕃客宜各賜物諸致仕官量與進改依前致仕天下耆老百歲以下版授下州刺史婦人版授郡君賜粟五石綿帛五段九十已上版授上州司馬婦人版授縣君賜粟三石綿帛三段八十已上版授縣令婦人版授鄉君賜粟兩石綿帛二段京城父老宜共賜物三

千段道僧等賜物一萬匹天下觀寺六齋日宜轉經讀典懲惡勸善以闡文教赦書有所未該所司類例處分率土之內賜酺五日五嶽四瀆名山大川自古帝王忠臣義士並令州縣致祭其有亡命山澤挾藏軍器百日不首復罪如初宣布中外咸使知聞主者施行

天寶三載親祭九宮壇大赦天下制

門下九宮之祀百代莫修豈日給之不暇將明靈之有待朕當宸君臨握圖纘業每聽政中昃嚮咨讜言觀書乙夜以求故實勵精爲理三紀於兹上荷宗廟延祥克開厥後

下賴股肱叶德以致邕熙而麟鳳龜龍近遊郊藪蠻夷戎
狄遠輸琛賮乘時來之休運恢皇王之遠圖是以圓丘方
澤之儀升中告類之禮靡典不舉靡神不懷恭惟九宮明
祀尚闕載淡兢惕用建靈壇爰以元辰親執奠獻叶青陽
發生之慶祈黔庶吉祐之福今至誠式展大禮云備瑞景
和風神心如荅則無疆之祉豈獨在予非常之澤宜覃率
土可大赦天下自天寶三載十二月二十五日昧爽已前
大辟罪已下罪無輕重咸赦除之其十惡死罪造僞頭首
謀殺攻劫及官典犯贓不在免限朕惟善政實在養人作

法務從於寬簡任事必量於齒力比者成童之歲即掛輕
傜既冠之年便當正役憫其勞苦用軫予懷自今以後天
下百姓以十八已上爲中男二十三已上成丁又任土作
貢先標程式或非所有不免貿遷事既非宜理難經久並
應徵課稅及支遣諸色物或期程之間遲速非便並委所
司與朝集使商量取便穩處置奏聞每歲庸調八月徵收
農功未畢恐難濟辦自今以後延至九月三十日爲限諸
軍行人遠爲邊捍修短之分雖有定期從役而終良深軫
念其有陣亡及在軍亡殁骸骨未還鄉貫者宜令節度使

給官櫬遞歸又防邊禦寇實爲艱勞貧戶單丁固宜存養
更令差遣去住難堪自今以後應差行人家無兼丁不在
取限自古聖人皆以孝理五常之本百行莫先移於國而
爲忠事於長而爲順永言要道實在宏人自今以後令天
下家藏孝經一本精勤誦習鄉學之中倍增教授郡縣官
長明申勸課百姓間有孝勤過人鄉閭欽伏者所由長官
具以名薦其有父兄見在別籍異居虧敗名教莫斯爲甚
特宜禁絕勿使更然並親殁之後亦不得令有分析郡縣
切勒令在惟行自今以後如有不友不恭傷財破產者宜

配磧西用清風教朕惟熙庶績博訪逸人豈唯振拔滯淹
以期於大用亦欲褒崇高尚將敦於薄俗虛佇之懷兼在
於此其有高蹈不仕遁跡邱園遠近如聞未經薦舉者委
所在長官以禮徵送又崇德追遠式聞封墓用旌前烈以
叶大猷自古聖帝明王名臣烈士陵墓有穨毀者宜令所
管量事修葺仍明立標記禁止樵採天下耆老百歲已上
賜帛五段粟三石八十以上帛三段粟二石仍於郡縣長
官存問給付亞獻太子諱宜賜物二千匹終獻慶王琮一
千匹正衣夾侍各五百匹親王各三百匹新封建郡王及

國公各一百匹賢妃三百匹長公主各三百匹公主各二百匹嗣郡王各一百匹中書門下三品竭心翊戴宏益實多各與一子官如先已授官量與一人轉内外文武官三品已上賜爵一級四品已下各加一階一品賜物七十匹三品已上六十匹五品已上四十匹六品已下二十段諸節度使各賜物一百匹三京留守及二王後各八十匹採訪使各六十匹諸蕃客共賜二千匹其唐（隆字避諱）元年功臣絺構之初竭其忠款錄功念舊情所不忘普恩之外更賜一階其身歿者各贈一官皇親五等已上及九廟子孫諸親三等已上未有出身者並放出身其前資者選日稍優與處分見任者更賜勳兩轉應天下賜酺三日赦書有所未該者所司類例聞奏宣布中外咸使知聞主者施行

立忠王爲皇太子制

門下大寶曰位實在於丕承萬邦以貞由建於明兩朕嗣守鴻業祇嚴永圖恭惟匕鬯之主豈捨人神之望開府儀同三司兼單于大都護河北河東道行軍元帥朔方軍節度大使兼關内支度營田鹽池押諸蕃部落等大使上柱國忠王璵天假聰明生知仁孝君親一致孝悌三成溫文之德合於古訓敬愛之風聞於天下嘗亦視其所以察其所安考言有章詢事皆中知子者父允叶於元良以長則順且符於舊典宜膺擇嗣之舉俾受升儲之命可立爲皇太子仍取來月内擇日冊命所司准式主者施行

封高都公主等制

門下肅雍之範以成女德湯沐之賜爰著國章第十一女等生於公宮訓以師氏溫惠之性頗有天姿圖史之學仍聞日就初笄甫及外館將歸宜因待禮之期式備疏封之典可依前件仍各實封一千戶主者施行

封永寧公主制

門下自昔帝女必建封邑典章不易等數猶存第十七女幼而閒和長實徽懿引圖史以自鑒用肅雍而成德將擇近日言適下嫁宜承湯沐之賜以備車服之庸可封永寧公主實食封一千戶主者施行

封平昌公主制

門下詩美肅雍遠著於風雅禮有封建久存於簡策第十九女尚柔成德克順由衷稟於天然自有閒和之性訓以師氏備詳圖史之學宜開湯沐俾叶典章可封平昌公主

食邑一千戶主者施行

改尚書洪範無頗字爲陂字敕

門下典謨旣作雖曰不刊文字或訛豈必相襲朕聽政之暇乙夜觀書匪徒閱於微言實欲暢於精理每讀尚書洪範至無偏無頗遵王之義三復兹句常有所疑據其下文並皆協韻唯頗一字實則不倫又周易泰卦中无平不陂釋文云陂字亦有頗音陂之與頗訓詁無别爲陂則文亦會意爲頗則聲不成文應由煨燼之餘編簡墜缺傳受之際差舛相沿原始要終須有刊革朕雖先覺兼訪諸儒僉

以爲然終非獨斷其尚書洪範無偏無頗字宜改爲陂庶使先儒之義去彼膏肓後學之徒正其魚魯仍宜示國學主者施行

升風伯雨師爲中祀敕

敕六氣不愆所以成歲百神咸秩必也正名況風伯雨師濟時育物畜滋動植溥洽生靈厥有茂功當崇於昭報謂之小祀頗紊於彝倫去載諸星以爲中祀永言比義固合同昇自今以後其風伯雨師並宜升入中祀仍令諸郡各置一壇因春秋祭祀之時同申享祀用刊前典之謬以致蒼生之福

誡勵吏兵部侍郎及南曹郎中敕

敕銓綜之司名器所屬茍虧審愼必有姦濫及今按詰其數頗多馬有害羣罪雖在於胥吏龜之毁櫝過亦由於主守其御史中丞楊愼矜所奏前後知銓侍郎及南曹郎官等忝效職司不能舉察合投嚴譴用肅慢官猶以久踐朝班夙昭人譽過而能改必在增修特宜寬宥俾自懲警

誡勵吏部兵部禮部掌選知舉官等敕

敕官邪則敗國賞僭則利淫自昔至言政之明誡朕祇膺

大寶豈忘兢業臨馭已來且踰二紀期大道之成化冀天下之爲公凡百卿士豈不協力而選舉之司委任尤重若名器失序則勸沮何施近者流外銓曹頗多渝濫有塵清議實紊彝章胥吏之徒雖則微賤仕進之路終爲厥初必澄源流無雜涇渭不愼於細其傷則多小旣不可不懲大亦不可不誡其吏部兵部禮部掌選知舉等官各宜飭勵當盡至公必須杜邪枉之門絕請托之路何止一夔仍圖永清且銓綜九流必仗賢俊取諸賞鑒立斷可知何至淹時至稽圜奏開闈之後餘甲未終旣滯官曹長兹罪過舊

選未畢新格復修此乃因循實爲煩弊自今以後吏部選人三月三十日已前團奏事畢兵部二月内畢其流外銓及武學專委郎官恐不詳悉共爲取捨適衷公憑每至留放之時皆就尚書侍郎對定旣上下檢察庶在得人而覆車尚在殷鑒非遠法不可廢宜識朕懷

誡勵兵吏部兩司敕

敕設官分職將以奉法禁非實在上下叶心中外一德共熙庶績用絶姦源如聞百司頗皆寬縱遂令胥吏得以挾私近者兵部令史因令推鞫或在選曹增減文狀雖小人

之過則惟其常永言在官亦爲疎略朕今申之寛宥許以自新庶覩將來冀能効節至如兵吏兩司是掌銜鏡進趨者非一挾姦巧者亦百端推而言之或所未免無謂幽昧朕皆察焉各宜盡心靖恭爾位

遣榮王琬往隴右巡按處置敕

敕遏寇防邊在於有備興師訓卒用戒不虞隴右諸軍地當戎虜尤資振旅以壯邊威宜令隴右節度經略支度營田大使開府儀同三司兼京兆牧上柱國榮王琬自往隴右巡按處置庶宏廟略因達誠懷宜於關内及河東納資飛騎並諸人中間召取健兒三五萬人赴隴右防捍立秋未無事放還仍於當道軍將内銓擇一人與所由簡召應給糧賜所司速作條例處分

令嗣鄭王希言分祭五嶽敕

敕歲之豐儉故係於常數天之感應實在於精誠項者按以陰陽求之推步至於今歲不合有年朕乃齋心妙聞懇祈元德靈徵不遠丕應用彰果獲西成頗爲善熟蓋至道儲祉惠於蒸人亦羣神叶贊錫以昭假宜令光祿卿嗣鄭王希言祭東嶽太子詹事嗣許王瓘祭北嶽太常卿韋縚

祭西嶽衛尉卿嗣吳王祇祭南嶽宗正卿濮陽郡王徹祭北嶽所司卽擇日錄奏其四瀆及名山大川或遠近不同各委所由郡長官便擇吉日致祭務崇嚴潔以稱朕懷

令關内諸侯州長官祭名山大川敕

敕朕爲人上未嘗自逸每勤於政思致豐年而去冬以來雨雪微少竊恐春事有害農功是用齋心躬自申禱神歆允答甘澤遂流豈朕之微誠敢當丕應蓋天之鑒佑惠及生人詩不云乎無德不報昭賽之義豈可闕如其關内名山大川及有靈祠宜令所由長官擇日致賽務令豐厚各

盡誠潔以副朕懷

令天下寺觀修功德敕

敕道釋二門元通眾妙濟時育物皆有明徵是所依憑豈忘尊奉其天下寺觀並令修功德用齊三聖之教以答百靈之心宜副虛懷各陳至敬

停京都檢校僧道威儀敕

敕道釋二教必在護持須置威儀令自整肅徒眾既廣統攝尤難更相是非却成煩弊自今已後京都檢校僧道威儀事宜並停或恐先有猜嫌因此妄相糾訴所由亦不須

爲理

禁斷寒食雞子相餉遺敕

敕天地之德莫大於生成陽和之時先禁於卵殰比來流俗間每至寒食日皆以雞鵝鴨子更相餉遺既行時令固不合然自今以後永宜禁止朕每思儉樸深惡浮華諸色雕鏤等已令變革其公私宴會比者多假果及樓園之類虛爲損耗競務矜誇亦宜禁絕有違者準今月八日敕

欽定全唐文卷三百十一

孫逖　四

冊潁王獨孤妃文

維開元二十五年歲次丁丑七月辛巳朔十日辛卯皇帝若曰於戲樹之外屏義在於展親修其內則禮先於擇配咨爾故右驍衛郎將獨孤禮第十二女軒冕之族通姻自久賢明之行淑問攸歸早習組紃之功備詳圖史之學實資女士以儷藩維今遣使工部尚書同中書門下三品牛仙客副使行黃門侍郎陳希烈持節冊爾爲潁王妃爾其

克慎威儀無忘孝敬欽承國命永茂嬪風可不慎歟

冊信成公主文

維開元二十五年歲次丁丑八月癸卯朔十五日丁巳皇帝若曰於戲易著于歸詩稱下嫁所以正風化厚人倫也咨爾信成公主淑慎由衷聰明形外訓以師氏頗詳環佩之儀修其婦功更習紘綖之藝日徵先近年及有行宜錫徽章俾膺茂典今遣使金紫光祿大夫兵部尚書兼中書令集賢院學士修國史上柱國晉國公李林甫副使中大夫守中書侍郎集賢院學士徐安貞持節冊爾爲信成公

主爾其光昭闈德宏長國風無怠厥心永綏介福可不慎與

冊昌樂公主文

維開元二十五年歲次丁丑八月癸卯朔二十九日辛未皇帝若曰於戲好合之禮以正人倫肅雍之德用成婦道咨爾昌樂公主生知法度性與柔和亟聞彤史之言頗識采蘋之事素以爲絢既閑於內則梅有其實式遵於下嫁宜膺冊書之命以備車服之庸今遣使銀青光祿大夫工部尚書牛仙客副使黃門侍郎陳希烈持節冊爾爲昌樂

公主爾其欽崇四教承順六姻式是大邦受茲明命可不慎歟

冊高都公主文

維開元二十五年歲次丁丑九月壬申朔十一日壬午皇帝若曰於戲古之聖人垂訓作則必正內外之位以明婚姻之禮咨爾高都公主生於公宮自稟幽閒之性教以師氏更彰徽柔之則能循法度克慎言容魯館于歸沁園將啟宜膺冊命俾協典章今遣使工部尚書牛仙客副使黃門侍郎陳希烈持節冊爾爲高都公主爾其自下於心增修厥德式瞻清懿永固恩榮可不慎歟

冊永寧公主文

維開元二十六年歲次戊寅八月丁酉朔二十二日戊午皇帝若曰於戲人倫式敘以正國風女子有行將成婦道咨爾永寧公主自幼及長終溫且惠引圖史爲鏡鑑用柔和爲粉澤許嫁而笄既遵於彝典備物之冊宜承於寵命今遣使金紫光祿大夫兵部尚書兼中書令李林甫副使上柱國徐安貞持節冊爾爲永寧公主爾其謙恭自下淑慎爲先無忝公宮之教永貽邦媛之則可不慎歟

爲宰相賀雪表

臣某言臣伏見自冬已來雨潤微少雖春候尚遠未足爲災而聖慮憂勤恐妨農事靈星允荅瑞雪其滂自昏達明已覩於盈尺無遠不及何止於千里既溥既霈足表西成之徵不疾不徐正符東作之候豈伊利澤更是殊祥臣等微生叨荷榮遇幸覩休慶空知抃舞無任欣躍之至謹奉表陳賀以聞

爲宰相賀雨表

臣等今日見高力士伏承陛下以春雨愆候皇慈軫念特

紆鳳輦俯詣龍池祝之以聖言詰之以神理靈星允答膏澤遂盈速若影響合如符契則知聰明之德與乾道而潛通變化之功隨聖情而廣運殊祥昭著丕應難名在於微臣倍濩慶忭伏望宣付國史以揚天休無任抃躍之至謹奉表陳賀以聞

爲宰相賀雨表

臣某言臣等伏見近者微旱聖情勤勞躬徇物情修禱祀於神明焦思憂人罷歡宴於良節精誠懇至上應元通果叶休徵遂成膏雨植物皆潤巳需霢霂之恩陰雲尚多終

致滂沱之澤三農有慶萬國同歡臣等職在燮和効無涓滴久勞聖慮責且重於邱山幸遇甘霖恩實濃於卉木無任欣慶之至謹奉表陳賀以聞

爲宰相賀平原郡鑄尊容鑪上有紫雲等瑞表

臣等伏見平原郡奏去月七日鑄尊容鑪上有紫雲如蓋高三尺餘鑄畢方散烟焰中又依稀有一老人鬚眉皓白俯臨鑄上並繞鑪行道時聞空中傳億萬聲及鑄畢啟模相好圓滿面有自然之金色者聖心通感至道炳靈洪鑪未開殊祥累見蓋呈祥瑞相表異金光烈火之中式瞻仙老無聲之地忽聽神言在前古而未聞不崇朝而薦至稠疊之慶名言所難況肇自京師至於郡國眞容所鑄靈應必臻神妙無方用彰於聖壽生靈何幸永覩於昌期臣等忝居近侍倍加欣慶無任抃躍之至謹奉表陳賀以聞

爲宰相賀開元觀鑄聖容慶雲見表

臣等伏見開元觀先請今月十八日鑄聖容昨夜先期普天降雨遲明展事萬里無雲及寫之際又有卿雲休氣氤氳扶日道俗咸覩移時不散伏以聖惟不測有感而必通天則無言觸類而成應陛下欽崇至道子育蒼生爰寫尊

容將洪介福故得天地合氣神靈布和甘澤而達曙巳晴彩雲而抱日呈瑞鎔範之際殊祥畢集實表聖明之感更彰仁壽之期臣等忝在掖垣不勝大慶無任悅豫之至

爲宰相賀會昌山慶雲見表

臣某言臣等今日仗退後伏見會昌山上有五色雲見紅翠稠疊光彩相鮮爛若藻繪積如山岳近依湯井俯俛宸居移時不散從臣咸覩伏以雲物變態眞仙所憑法駕纔上祥光巳見豈惟天地合氣以表於和平固以神靈告休用彰於聖壽無任抃躍之至謹奉表稱賀以聞

爲宰相賀賽龍潭有瑞雲表

臣某言適內謁者監牛仙童至奉宣進止先爲蒼生祈雨今日告賽不坐明日齋修不坐者涼秋已來時雨未降陛下憂勤兆庶躬自祈禱甘澤溥洽又陳昭報親紆鳳輦俯詣龍堂御膳撤鮮齋宮致潔亦既累日方申大祭禮畢之後更祝龍潭纔發德音已蒸丕應仙童云其時卽有青紫雲自潭而起爛熳呈祥絪緼布和勢騰晴空光映秋水卽知飛龍之德變化無方聖人之感淡微莫測惟茲靈貺實謂殊常臣等特賀恩榮倍增欣慶伏望宣示朝列兼付史官用垂明徵永昭盛德無任慶忭之至謹奉表陳賀以聞

爲宰相賀中嶽合煉藥自成兼有瑞雲見表

臣某言臣等伏見道士孫太沖奏事奉進止令中使辟履信監臣於中嶽嵩陽觀合煉其竈中著水置炭於竈側對三却迴已經數月泥拭既密緘封並全卽與縣官等對開門其炭並盡灰又別聚不動人力其藥已成初乃五色發瑞終則太陽暉於鑪際又河南裴敦復所奏並奉敕令右補闕李成式往驗並同者臣聞神變無方式昭於幽贊聖心有感必驗於元通陛下至德奉天精誠契道動無不應事若合符故得煉藥之所瑞雲先見丹鑪不爇金液自成太陽降精宜假於人工飛廉扇炭諒關於神力殊祥特異曠古未聞靈跡既彰用資於聖壽羣生何幸永覩於昌期況在微臣實倍常品無任抃躍之至謹奉表陳賀以聞

爲宰相賀太原府聖容樣至有慶雲見表

臣等伏見太原尹常濟奏今月四日紫極宮玉石聖容樣至北京其時有慶雲垂天自辰至巳輪囷紛郁萬姓咸覩者伏以靈物呈瑞神仙效靈豈伊天地之和更是壽昌之慶況太原舊國王業所興聖容纔及於近郊卿靄已彰於合契氤氳五色變汾水之白雲隱映三清類函關之紫氣上元感通品物同歡況在微臣倍深慶悅無任抃躍之至

爲宰相賀李樹淩冬結實表

臣等伏見劉麟奏南郡李樹淩冬結實並圖及李實者惟此珍樹名應皇族元元所指用興長發之祥明靈是憑故表非常之瑞已經夏實更發冬榮霜雪而翠葉不彫斯須而朱實皆就仁及草木既叶太平之期道貴生成仍呈久視之應恭惟聖感詎可名言所以彰寶祚之靈長表天枝之碩茂遠踰海嶠來薦闕庭豈三秀之足稱何兩岐之敢

喻殊祥薦至品物同歡況在臣等豈勝抃躍無任欣慶之至謹奉表陳賀以聞

爲宰相賀合鍊院産芝草表

臣等伏見道士黃河清等奏興慶宮合鍊院內産芝草五色分輝六莖闕二字神丹入鍊而轉精禎祥應期以如答覩茲嘉瑞望宣付史官者伏以靈芝所致和氣之精著美仙經標名瑞典陛下濬仁契道至德通神鍊液飛丹既啟長年之館數華有葉遽呈三秀之祥五色有類於卿雲六莖且符於帝樂豈惟動植昭感以表於休徵固亦眞仙叶應

用彰於聖壽臣等忝侍軒陛倍深慶忭無任抃躍之至謹奉表陳賀以聞

爲宰相賀武威郡石化爲麪表

臣等伏見王倕奏武威郡番禾縣嘉瑞鄉天寶山周回五六里石化爲麪在近村閭及諸郡部落自今載正月以來取食甘美益人又按圖經貞觀九年鳳凰集於此故名嘉瑞鄉其天寶山在此鄉界伏以神道設教變化無方聖人爲心感通必應陛下仁霑動植澤及生靈故得地不藏寶石變爲麪既資人食又濟邊廩成熟自因於道氣艱難不待於農功豈來麰之足方何雨粟之能喻況山符聖號用彰於萬壽鄉表瑞石允迪於前烈殊祥叶應景福攸臻臣等忝侍軒墀倍深慶忭無任抃躍之至謹奉表陳賀以聞

爲宰相賀檀州界破奚賊表

臣等今月二十五日於易州所奏事陛下顧謂臣曰朝夕之間諸軍當有捷書至臣等愚淺莫測天心不逾數日張守珪果奏副將安祿山於檀州界破奚賊擒生斬級並獲馬牛計至數千定期不差於晷刻指事有同於符契聖惟廣運神以知來微妙之言自成於繫象元通之術不假於

蓍龜精義難名前古未有臣等何幸親覩明徵驚喜之誠抃躍交集伏望宣示朝列兼付史官式昭德音永用垂範無任喜慶之至謹奉表陳賀以聞

爲宰相賀破吐蕃並慶雲見表

臣等比見吐蕃舉國徵兵向二十萬掘壕置柵攻逼定戎城頃因奏事陛下謂臣等曰吐蕃雖衆當即破亾計日之間捷書必至昨見皇甫惟明奏破定戎城下吐蕃賊二十萬衆並斬獲大將論莽布支頭隨狀奉進又初與賊相遇西風甚急及交鋒之後便至風迴既掃妖氛兼有慶雲見

者臣聞天之討罪俟盈貫而方誅聖無不通匪常情之所及伏以西戎凶醜久負恩信敢踰絕漠來犯邊城舉國興師二十餘萬經時固守八十餘日蟻聚蛇伏狼顧鴟張據便地之井泉逼懸車之塹壘雖逆順曲直本無敵於王師而衆寡安危難預卜於人事自朝及野能不憂虞陛下神算無方睿謀先覺料此狂寇必合敗亡決秘策於禁中落奇兵於天上應期撲滅萬里廓清天聲所振已讋於四海虜將之首又懸於北闕事均符契理絕名言況合戰之時則返風破敵決勝之後則卿雲藹空大塊資其殺氣輪囷

表其休色實惟聖感詎測神功凡在庶寮不勝忭躍況於臣等倍萬恆品無任慶快之至謹奉表陳賀以聞

爲宰相賀九姓斬送突厥首表

臣等伏見王忠嗣奏九姓拔悉密等斬突厥可汗首送至朔方軍者伏以北虜孔熾其來自久憑險恃遠千紀亂常雖聖德撫和約爲父子之國而野心凶獷不改豺狼之性旣盈稔貫自速天誅頃歲已來頻貽喪敗酋豪向化雖已歸降黠啜迷恩尚爲潛竄苟合餘燼偷安絕漠陛下聖慮先覺神謀獨斷使其種類自至攜離咸革面於塞垣遂傳首於軍壘以狄攻狄寧勞六月之師有征無戰豈待三年之克永罷邊柝遂清虜庭斬蚩尤而莫儔戮防風而何有豈惟率土無外用表於昌期固亦先天不違更彰於睿算凡曰士庶不勝慶悅況在臣等倍百恆情無任抃躍之至謹奉表陳賀以聞

爲宰相賀突厥來降表

臣等伏以突厥患邊其來自久頃雖朝廷示信約爲父子之國然而戎狄無親常畜豺狼之志陛下聖謀廣運睿略元通至道昭感神明叶贊不勞一卒不頓一兵使其種落

自相攜貳今葉護敗亡殞身漠北妻子縲繫爲俘闕下巢傾席卷瓦解雲散萬里無事二庭遂空曠古不賓盡爲臣僕普天所覆皆入封疆諒由負德背恩自速天亡之禍固亦休兵偃甲用彰海宴之期實有無方之神寧惟不戰之勝求諸載籍所未嘗聞臣等幸遇昌期欣逢大慶忝居近密實倍恆情無任抃躍之至謹奉表陳賀以聞仍望宣付史官兼示中外

爲宰相賀隴右破吐蕃表

臣等先在城中因奏事陛下謂臣等曰朕料至重陽已來

諸軍必頻剋捷臣等欽承聖旨詎測神功近者隴右果奏斬獲莽布支並生擒蘇毗王及鑾駕將迴劍南節度使章仇兼瓊又奏西山將士分爲五道破吐蕃城堡鎭柵等四十餘所四鎭節度馬靈察又奏破吐蕃不可勝數並聞護密識匿等數國共爲邊捍者數旬之閒三方告捷應如影響合若符契禁暴如武盡決於宸衷知來似神更超於繫表斬級獲醜陷陣毀城分南方之五將舉無遺策道西域之諸蕃仍爲外蔽百戰百勝以夷攻夷高居九重懸料萬里所以彰睿略之天縱知犬戎之日蹙臣等忝陪巡幸預奉德音踴躍之誠實倍恆品無任欣慶之至謹奉表陳賀以聞

爲宰相賀趙郡鑄天尊及佛有諸瑞表

臣等伏見趙郡奏鑄等身元始天尊其日天氣晴和祥雲散彩又開模未畢先出白光尊容漸見毫光圓滿其花冠耀白色如玉遍身衣帔自然雲霞着上有兩點白光流轉照耀又鑄等身釋迦牟尼佛螺髻兼遍身自然玉色唯項至面爲紫金色聖情敦道天心護法爰降宸儀將崇寶相鑄寫之際禎祥屢臻初發止於上京遂呈祥於外郡金姿玉色不假琢磨霞帔霓裳非因藻繪見祥光於省宇生瑞氣於雲端曲示明徵宛如合契元貺稠疊用彰萬億之期蒼生何幸盡登仁壽之域臣等忝奉軒墀倍深欣慶無任抃躍之至謹奉表陳賀以聞仍望宣示朝廷編諸簡冊

爲宰相賀開元寺釋迦牟尼佛白光等瑞表

臣等伏見開元寺所鑄釋迦牟尼佛身現金色項含白光發濃紫於聖容散純黃於佛體未加瑩飾已成相好殊祥異應昔所未聞伏以聖人爲心元妙莫測至誠所感靈變無方陛下子育羣生宏修正教寫眞容於法界傳寶相於

恆沙洎崇建以來禎祥畢集自有神通之助豈資人妙之功超絕瑞於千古表昌期於萬邦凡曰士庶不勝慶幸況於臣等倍切常情無任抃悅之至謹奉表陳賀以聞

爲宰相賀宮人夢元元皇帝應見表

臣等昨因奏事親承德音宮中有一婦人性頗好道然未全通悟數日以前忽夢元元皇帝慇懃教誡道法尚未盡解遵承無何又依前夢見大被呵責遂以水噀其兩目因而喪明比夢覺後都無所見然始責躬罪已精祈至眞又夢元元皇帝教之曰汝可見吾孫自當立愈其婦人曰不

知孫是何人曰汝皇帝是也汝至酉時可見當施其法使汝知驗至時宮中數人共扶見朕朕爲潔誠作道法使救療其目須臾自開平復如舊聖祖靈感昭然合符與卿等同慶者伏以混成莫測元元闡其教衆妙難名陛下光其業二聖表德千古叶符將告天休遂憑宮女乘恍惚而爲夢在希微而有聲不因其言孰報貽孫之慶不開其目何彰救物之慈法事旣陳靈徵果驗能使病者復歸其明當聖躬本命之時合烈祖元通之契事且符於久視理仍叶於常存殊尤之祥載籍未有臣忝跡樞近親奉德音慶悅

之情實倍恆品無任抃躍之至謹奉表陳賀以聞

爲宰相謝至尊爲蒼生祈福表

臣等伏見太常寺太祝王璵奏陛下自臨御以來未嘗不四更已後夙興盥漱爲蒼生祈福每遣公卿方士巡察川岳祝文虔誠御札親署曾無一字自爲聖躬伏請自今以後聖心徇物俯垂矜允下情獲展品物同歡伏以虞后濬明但聞恭己周王旰食亦謂憂人未有精意妙門勤祈道賽勞聖躬於夙夜移景福於蒼生遂以爲常久而無倦肇自開闢未嘗覩聞雖覆燾之恩豈求報於芻狗而生成之類願效祝於封人天聽不違民心載悅況在臣等特荷殊私莫測神功空慙帝力無任忻慶之至謹奉表陳謝以聞

爲李右相謝上上考表

臣今日伏奉恩旨垂賜上上考並辭捧讀兢惶戰汗交集臣謬以庸薄久塵樞近承奉明命述宣聖謨罪戾猶多涓埃何補豈晤天心善誘宸眷殊常垂獎拂於德音踰涯越分降恩私於考績超等邁倫雖承含垢之慈終多覆餗之懼無任慙悚之至

爲宰相謝賜竹扇表

高力士至奉宣恩制各賜臣等竹扇及聖製贊以器用俯矜於煩暑博以文章更垂於光拂殊私備及自昔未聞臣等輕生謬膺大任雖罄心勵節徒有慕於修篁而淺識薄林何足當於睿藻外榮天錫內愧御題善誘之恩則深負乘之責彌懼何以對越休命奉揚元風捧對兢惶罔知攸措不勝感戴之至謹奉表陳謝以聞

爲宰相謝賜果實等表

臣等今日頻承賜賚累降珍鮮飽德空深荷恩無力伏以甘果之實今則非時寧惟自遠而來固亦以少爲貴當供

御膳以備天廚何幸小人之腹忽辱非常之賜未施塵露空忝稻粱悚戴慙惶罔知攸措謹奉表陳謝以聞

爲宰相謝賜永穆公主池亭遊宴表

臣某言內使趙侃奉宣恩旨賜臣等明日於永穆公主池亭遊宴者謬承天澤頻賜春遊小人之腹每辱於珍膳下里之聽屢聞於仙樂殊私薦及榮施難酬雖朝野多歡實樂太平之運而涓埃莫效彌慙非據之恩無任悚灼之至謹奉表陳謝以聞

爲宰相請不停千秋宴會表

臣等伏見太常卿韋縚奏稱京兆尹韓朝宗面承進止云若更不雨即停千秋節者臣等伏以千秋令節萬壽良辰上以答皇天啟聖之休下以展蒼生務農之望禮白帝賽田神著在典式久通誠感陛下以經旬不雨憂人軫念有阻羣情將停盛節勤恤之旨被物以深而祈報之歡於義難闕況近城郊甸雖以愆陽自餘郡縣頻霑霈澤今自東京起居使魏方進至臣等親問方進云自陝以東數日一雨秋稼滋茂特異常年此則萬庾可期三農無害近郊之內雖未霑霈率土之濱已知豐衍太平令典豈可闕如又數年以來此禮頻廢臣子之地獻壽無因朝野之情多歡莫展特希天鑒俯暢人心

陳情表

臣父嘉之幸遇明時早勤學業出身入仕四十餘年歷官五政經考二十未能亨通纔及今長臣夙荷嚴訓累登清秩頻遷省闥又拜掖垣地近班榮臣則過量遠遙日暮父乃後時在公府有偷榮之責於私庭無報德之效反慚烏鳥徒廁鴛鴻伏望降臣一外官特乞微恩稍霑臣父

應賢良方正科對策 并問

問朕聞理國莫尚乎任賢命官必資乎選衆堯舜以聲而以度考覈良難殷周取德兼取言徵求匪易朕所以載懷經術之彥夕遺其寢虛佇藝能之士朝忘其飢子大夫光我弓旌應斯揚擇爲政作法豈無前範安人濟時亦有今躅宜敘立身之志各言從官之才至如七輔八元施何綱紀十臣四老正何得失並陳事迹兼詳名氏夫朝會古禮登享舊章九儀式辨其賜六贄各明所執雍時起自何年亳社立於何代天土地土此何所封諸布諸嚴彼何所主又穆邦家而濟生死三聖之教何長利動植而益黎元五

材之用何要工商兩業在俗何先文武二柄適時何急凡此數科不獲雙美必去者方於去食可存者同夫存信朕將親覽爾等明言

對伏惟陛下文明有赫元聖廣運勸激極乎宇宙察微窮乎物象至如選衆任能之術禮經享物之要三聖五材之短長文武工商之用捨斯並獨斷聖慮懸衡睿謀百辟端委而雍若庶績不言而潛運矣猶以為立政圖大試言務重弗躬弗親庶人不信降清問於穹昊儼神威於咫尺斯亦堯咨舜吁同德比義臣愚敢不拜手稽首對揚天子之

休命制策曰子大夫光我弓旌應斯揚擢為政作法豈無前範安人濟時亦有令躅宜敘立身之志各言從官之才者臣聞邦有道貧且賤焉恥也今神化陰騭要道光被設庠塾以教於鄉立膠庠以訓於國制為祿秩以勸其從則含生稟靈者孰不刻意於仁義飭躬於聞達所謂堯舜之代比屋可封也臣以一介能行無取思勉進以追羣顧觀光而知愧嘗亦自強不息有聞而行馳顏閔之極摯伏周孔之軌躅學古庶乎叶道慎行期乎潤身非有志於干祿苟求仁於寡過立身之志允或在茲從官之才則愚豈敢

何則仲尼有言曰如有所譽其有所試必也臨事難乎預謀昔孔明之自比管樂時人未許仲由因之以師旅夫子哂之祇奉睿問懼深隕越其敢覥冒輕議天工陛下若不棄菅蒯無遺蘊藻考片言而察所以効一官而視所由安敢廋哉取則不遠知人則哲陛下允迪於聖君揚己自媒微臣敢辭於醜行制策曰七輔八元施何綱紀十臣四老正何得失並陳事迹兼詳名氏者書曰惟后非賢不乂惟賢非后不食故君明臣忠予違汝弼時聞間出代有其人昔者黃帝之首出庶物也時則有若七輔股肱舟楫虞舜

之賓于四門也時則有若八元忠肅恭懿周文之心德同濟始用十臣漢儲之羽翼已成初聞四老陳其事迹斯亦庶乎詳其名氏固可量也七輔則風牧共貫八元乃伯仲同歸語十臣之倫則太顛閎夭稽四老之類則綺季園公昔鄭子之敘古臣勞於傾蓋魯公之問儒行疲於更僕況實繁有衆急景不留聊舉凡以見意豈遽數而周物制策曰夫朝會古禮祭享舊章九儀式辨其賜六贄各明所執雍畤起自何年亳社立於何代天士地土此何所封諸布諸嚴彼何所主者傳曰朝有定制會有表儀書曰享多儀

儀不及物曰不享斯蓋曲爲之防事爲之制經禮三百儀禮三千載在祀典藏之史籍九儀謂一命受職再命受服三命受位四命受器五命賜則六命賜官七命賜國八命作牧九命作伯六贄謂孤執皮幣卿執羔大夫執鴈士執雉庶人執鶩工商執雞雍時起於秦年亳社立於周代天士地士者漢武之寵方士將軍始受其封諸布諸嚴者班史之記小祠先儒不詳所出制策曰務邦家而濟生死三聖之教何長利動植而益黎元五材之用何要工商兩業在俗何先文武二柄適時何急者夫人生而靜天之性也

感物而動情之欲也天稟其性而不能節聖人能爲之節而不能絕故務恬樸貴清淨同術於湯之益謙合志於堯之克讓此道教所長也若乃不殺伐證因果包太空以爲言化羣有而歸寂此釋教所長也皆能懲窒嗜慾靜鎭紛糅王侯得之以貞天下至於辨貴賤立君臣示之以好惡因之以誅賞使禮樂刑政燦然可觀則爲善不同其味相反係風捕影蕩而無適故知孔氏之立教乃爲邦之所急也傳曰天生五材廢一不可斷之於陰陽效之於氣物示休咎以垂誡因興衰以運行若可廢則乾坤之道其或息矣然土爰稼穡居中履正應我皇之休運彌大化以阜成利動植而益黎元先金火而踰水木必不得已斯其一隅又國有六職實載工商時之二柄莫先文武同唯阿之相去何是非之足徵然舜命共工之職周有考工之記車服器械斯焉取斯豈與夫乘時射利滯財居逐者若茲之瑣瑣焉文德者政之所事也武威者文之所助也然則士農之末作巧賢於鬻貨昇平之歲經國先於定功臣學昧稽古思迷政途謀適不用空愧繞朝之策道之將行猶委仲尼之命謹對

對讀書判

甲讀周書陰符或告違法

所習有業著在前典不讀非聖聞諸昔賢甲知敬學之爲先遂發憤而忘食既而下帷之時不學明訓張燈之際乃習陰符徒成仲舒之淫不如元凱之癖或稱違法誠則伊咎欲將議獄其或有詞至於太公傳符蘇秦佩六國之印黃石受記張良珥七葉之貂苟如斯失無寘於辟

對除喪鼓琴判

乙既除喪而鼓琴成聲或告忘哀云不敢過

三年之喪寧戚則易百行之最惟孝爲先乙縗絰既除藥棘餘毀既而綠琴在御朱絃高張搏拊成聲愉樂斯在雖子張臨喪和之而和先王制禮不敢不至與其樂也何其速哉

欽定全唐文卷三百十二

孫逖五

宰相及百官定昆明池旬宴序

古者天子居青陽服蒼玉於是乎和令布德行慶施惠其義遠矣粵若稽古皇帝御天下之十有九載溥暢神化宏宣大明氏羌來享四方無事元凱升朝百揆時序年屢豐而多慶物由庚而自樂乃賜羣臣十日宴所以畢春氣樂太平也越三日巳巳會於定昆明池於是秉鈞宗公執事庶尹元衮赤舄黼衣繡裳奉璋峩峩佩玉鏘鏘仰丹闕而

拜命俯清川而樂飲大匠孔碩尹京爲致饌之司旨酒思柔柱史爲佐樽之政既錫之以高會又悅之以備樂修妓羅舞名倡間歌合姑洗於鐘鼓動陽春於羽籥陟則設帟降則具舟榜文鷁以泝洄與飛鷗而狎玩魴鱮甫甫鳧鷖翼翼薰風敷散於草木喜氣宛延於郊甸亦既醉止于胥樂兮夫恩之所覃者深則感之所及者遠引之於大足以助天地之同和伸之於微足以致魚鱉之咸若大君垂裕豈虛也哉詩以展事抑惟舊典我上相裴公中書令蕭公保乂皇極緝熙文教以爲正國風美王化者莫近於詩微

言浸遠大義將缺乃命革刻浮靡導揚雅頌斵雕爲樸取實棄華親題首章以倡在位皇矣上帝式歌文王之德穆如清風方聞吉甫之頌請問其目列之於左

湖中宴王使君序

書曰寇賊姦宄又曰奪攘矯虔延於平人千國之紀常州刺史王公奉若天命肅清江服德之至也不言而默信令之行也不言而知懼政未朞月路不拾遺斯亦隨武子鄭太叔常從事於兹矣歲三月使車行郡輕舟入湖自公及私寓物成趣水照金章春明朱紱倚禹穴於前棹迴越城

於後屏南國春暮鶯花亂飛東山晝晴林嶺皆出載酒公讌尋幽水嬉班秩以節在宴樂而有禮簪笏斯皇覺雲湖之增價夫皇華乘傳朝寄之重邱壑林藪幽趣之適在此行也兼而有之請賡載歌用旌厥美

趙六宅浴後宴序

昔孔門達者言志於夫子曰浴乎沂風乎舞雩咏而歸豈非遊必有方道在則樂貴潔清以象德輔精爽而成趣吾友趙子亦事斯語矣歷選暇日咨謀同心備預芳華有事沃盥炎火電烟洞房燠若挼湯以申誠（闕一字）水知其善清

以流其惡則形之汾澮苦而利於病則神之藥石雖雅琴養德惠風析酲曾何喻哉未足多也振衣而退繼酒爲樂需食有節誦言無譁所貴酣暢以和湫底夫始於澡身終於養神樂只君子曷嘗違仁左衛騎曹張晉明伸紙染毫俾予題序

送李郎中赴京序

今上有天下之十載鑾輅在鄗而大夫師長庶士御事分曹成周俾贊居守歲八月詔下東都召水部員外郎李公拜工部郎中崇德也李公主善秉哲敏才處行葆光能明

冥樞自達始以茂才擢第與今中書舍人許公俱補廣陵掾相與沿達淮泗嘯詠雲物雅頌允鏘東南有光官匪慢而趣成道不行而樂在自時厥後蓋四三年或翰飛禁垣或鷹騰仙闕接武軒陛迭耀冠劍夫豈求之歟皆溫良恭儉讓以得之也所謂謙受益德必聞崑崙琅玕南國橘柚無遠不屆彼何言哉傳置具車候亭出餞西顧沇碭北陰肅殺風落崤澠霜飛河濟金羈載馳紫亭何遠夫居四民時地利周所以貴冬官草奏議應列宿漢所以寵郎署之人也之德也必能簡孚乃職克休厥聲天秩虛求明庭仄

席矣凡今作者賦詩贈行

送李侍御之芳黔中掌選序

高陽氏之才子侍御其人焉夏之文求也藝兼而有之矣頃者持斧河朔獨按專城明罰敕法所向風靡是以有黔中之往俾修河朔之政不然者何萬里而南爲至如遐荒靡莫之俗置吏羈縻之道則衆賓敘之矣倦談者何得而稱焉

送張補闕歸鄴序

余射策於洛城南門者有年數矣補闕張子嘗同彙征逮

揮翰於禁庭又聯官於近侍人各有舊所貴於同聲吾愛其不敢忘於久要承明厭直河朔言歸且鄴惟舊都漳有溪涉昔聞七子今在一門北州爲營當有聚星之會西垣贈別請陳零雨之詩

送蔣胄曹充隴右營田判官序

古之使臣必有命介所以謀闕計事類能撰功蔣侯之往佐輶軒蓋其義也夫其敏行精識長才博聞克荷詩禮之訓聿修清白之業故妙年從官已著老成之風卑飛未騁共許垂天之翼是行也必能使田有封洫事著典常儲峙

孔殷甲兵不頓愛人許國何以尚茲時中丞公亢寵天朝而子勤役邊鄙豈不以策名委質者義方之大訓出入顧復者常情之小慈不貴垂堂之誡還嗤倚門之望懿乎哉又聞君子之遠其子也河隴先秋鷹隼方擊贊成糾慝今也其時羣公題之賦詩以贈

送裴參軍充大税使序

古之王者稅公田虞衡之入給郊廟賜與之用無有遠邇咸率乃職越會稽郡者海之西鎮國之東門都會蓄育膏肆兼倍故女有餘布而農有餘粟以方志之所宜供天府

之博斂篚絲紵緡金刀浮江達河命爲汎舟之役撰功底績實賴飲冰之使是行也裴子爲政焉適命水工具行器飾制費用詳度川陸指洞庭以北上向長安而西矣談笑之外厥有成功樽俎之間見其從事展使能者非子而誰而疇昔交情今茲吏道歎淪落於荒服結殷勤於官次喬木之國子其歸乎篁竹之鄉余何爲者肝膽楚越始合終離鳴呼歧路素絲得其幾矣十月冬早三江晝晴夢故園之黃落見長河之鴻鴈澤國山水天資助人炎方草樹歲寒未入居者愛客行者徇公拜神禹之清祠泛伍員之濤

水車馬壘跡傾越人於外郊樓船接艫溢吳歌於寒浦贈君以不拜戒君以登陟攬涕河道賦詩詠曰

送遂州紀參軍序

遂州參軍紀公吾友雲將之令弟也敏於行志於道克修人彝允副兄勗噫周公之允紀爲其首天祚明德必將有後不然何棣華之可久也選曹舉善羣吏須才九霄始構一命而偃移卜吉日遄征畏途緬蹐岷峨遐涉褒漢宿息巖險淩臨湍悍仗信不慄載義必亨方慕忠臣之志固無垂堂之責爾之寡兄克施有政是則是效念茲在茲福利

則覩心永隔遠嫌則荒言自絕固雖邛僰之產巴蜀之饒不潤脂膏誰謗薏苡愁厭丕德時維哲人羣公贈言要僕題序

送康若虛赴任金鄉序

昔太史公涉汶泗登鄒嶧以觀孔氏之遺風康子之吏於是邦有以見古人之心矣況大君出豫將事升中之禮有司擇人俾佐奉高之邑利在求舊急於使能位卑才難亦可宗也夫强學者義之用工文者藝之本明識者智之府令名者德之輿子曰疑士四德以待百事如農之既勤若射之有志行無越思往無不利彼遊刃於理劇固恢恢乎有餘地矣初余以朋友之故謫居荒服憔悴湘濱縉雲不調明時殆將十載是舉也所謂理舊汙續常職信有國之令典知若人之晚成五月鳴蜩載驅翹翹贈之維何折彼柔條餞之維何席彼秀蔓炎雲在天景風拂野時燠方熾吾子勉之請各賦詩以無忘平生之好

禹廟別韋士曹序

世稱命祠者禹廟之謂矣初少康以一旅之衆復禹之績祀夏配天不失舊物立祠制位茲其始也炳靈不測潛德

有孚東南風土罔不祇若故自斑白至於童幼駿奔走執籩豆相望道路歲無虛日郡掾韋公諸侯之良也掄才慮行秉秀騰實清明在躬造次於是夫事人以斂邦賦之重簡才備行郡事之急撰功底績者非韋公而誰詩曰鴻鴈于飛哀鳴嗷嗷維此哲人謂我劬勞韋公有焉練日明發沐芳祠宇邀祝史以陳言宴朋徒而寵行川澤紆餘勢棟轇轕天與澄霽神助幽陰萬象皆清百籟非俗蓄洞澤以東匯亘連岡而南指嵐氣沈沈陽景不入神光爛爛陰堂自明吁其駭人也韋公乃挹瓊芳酌元酒倚余棹兮中洲

君不行兮夷猶兮洞庭兮無波使江水兮安流要言既招神具斯醉宴樂愷悌初自明而達幽景福興作終出無而入有祭典不黷王事其勤飾羈紲之徒旅想京闕之雲物東園有洛西河惟雍歷金門觀象闕則知聲明之盛也登鄠杜躋崤函則知形勝之美也詩人所以適樂國君子所以操土風及君此行二者備矣則傴僂下士鬱湮外邦者尚有何言哉凡我同人賦詩贈别云

吏部尚書壁記

吏部尚書在周爲太宰之職其建設徒屬敷陳事典則周

官備之矣秦滅古法始置尚書漢增其制創立選部故靈帝以梁鵠爲選部尚書是矣魏改選部尚書爲吏部尚書自晉宋至於北齊皆因之宇文朝依周官置大冢宰卿一人蓋其任也隋革周制復曰吏部尚書皇朝龍朔二年改爲司列太常伯咸亨元年復爲吏部光宅元年改爲天官尚書神龍元年又爲吏部尚書綜九流之要爲六官之長位尊任重實在於茲自武德已來多以宰相兼領一彼一此更爲出入才難不其然乎皇帝在位之二十二年缺其官選於衆乃命武都公自兵部尚書拜焉公地惟宗英才則人傑忠孝自律矜嚴成憲式是軌度諒惟衡石國之利也所及遠哉天監有唐俾多吉士踐此位者四十八人嘉名已著於國史故事空存於臺閣繫以日月自得春秋之義記其代遷更是公卿之表以備官學列爲壁記焉

鴻臚少卿壁記

鴻臚漢官掌蠻夷歸義者致其饔餼辨其等威在周爲大行人在秦爲典客在漢爲鴻臚其屬有譯官及郡邸丞長洎後魏太和中九寺各置少卿兩員掌副卿事亦由傳稱亞卿書載三少制位或差於伯仲受任同歸於師長成務

贊禮擇賢而居即其義也帝唐亮采立政稽古命官柔服遠人綏厥有衆肅慎來賀渠搜即敘示之以干羽通之以冠帶允諧是職豈易其人非夫野王之政理元成之經術德儒之明識元方之令望則曷由臻茲蘭陵蕭公朝之俊德觸邪秉憲人之雅重草議爲郎入掌王言出膺方牧帝洛惟允公實來斯且有皇華之命適表兼人之美乃求舊官守敷陳代遷明授任之有章示名器之無假自嗣聖已後記於壁焉

伯樂川記

太原元帥黃門侍郎李公國之宗盟朝之俊德以元凱之忠肅兼桓文之節制戊辰歲秋七月公以疆埸之事會幽州長史李公於伯樂川王命也公駕四牡鏘八鸞旆旌悠悠車轞嘽嘽乙未出於北京戊戌次於橫野己亥至於會封人戒備軍吏宿設立會表於高阜闢轅門於大荒漁陽精銳太原材力駟介八百徒兵三千戈如林羽若月少長有禮賓主不悖蚩尤衂其五兵若敖憖其六卒洸洸乎信可以懾穹廬而震高闕也於是地主致餼以昭饗宴之禮君子有儀以訓上下之則歌蔓草之相遇笑投壺之失辭

大庖既盈醴清有薁胥樂周於卒乘屬厭及於輿臺慈惠之德於是乎在夫幽州太原襟帶之地自河以北幽州制之自河以東太原制之在兩軍之交當二境之上厥有棄地皆爲曠林守之則表裏之勢全舍之則候望之路隔公料以古今度其川原獻方略而入覲於王議工徒而東爲此會爰究爰度匪遊匪遨餐食無再舍之勤扞掫爲一夕之衞不從於素返旆而旋君子謂此會也能用典矣初公之始至太原也酌於人賦於事以爲節用者國之善政於是乎減戍卒以寬其征修備者武之善經於是乎致秋集以裒其旅足食者人之所庇於是乎賞屯兵以艾其力近利者奸之所生於是乎禁和糴以懲其弊然後序山澤之險廣亭燧之虞候騎出於長城爟火通於大漠晝田定賦講射訓騎蓄信義爲國寶修德行爲戰器行之一年軍乃有節邊鄙不聳龔黃之教也雖魏絳有和戎之利郤穀有敦詩之德申伯之式是南邦韓侯之奄受北國曷云比議未足量力公之與幽州李公也義均伯仲芳若蘭茝周諸侯以異姓爲後晉大夫以同官爲寮入亞六卿共行司馬之法出膺九命俱受元戎之律詩曰維其有之是以似之

其二公之謂矣不書所會將何述焉揚厥美於萬斯年俾夫來世知二公相見在此川也

唐齊州刺史裴公德政頌

昔太公之理齊也尊賢知尚有功泱泱大風千載不泯石慶古之良相也臨淄社焉于公古之良吏曹也東海祠焉裴公今之良太守也濟北頌焉今古一揆謂之齊志苟非其人名不僞立君子是以知裴公之爲政有異能矣初公以甲子歲秋八月莅於是邦祇通明命宏敷令典教之誨之養之育之俾夫閭境之內靡清風漸膏雨醉純德飽話

言若卜筮之是乎如草木之允殖用克畏慕升于大猷其明年也皇帝東巡狩至岱宗自洛及兖於皇時邁雷轂萬乘雲旗千里供帳於東道者凡十有六州焉大或數圻次或萬井中產者輕幣膏粱者倍征方事之殷猶懼不給茲郡褊小實難圖也公淵然淺識卓然遠謀擇利而行慮善以動西自於陽穀東盡於長清造舟爲三橋置騎爲萬驛闢野爲兩頃除道爲九逵或總或秸或薪或槱或饔或餼或糧或糗爨之踖踖積之栗栗其崇如墉其比如櫛皆先之以方略繼之以生聚因吏祿之奇羸雜官用之餘羨通

變合度豐省中程編戶之民秋毫勿與繇是邑無征令鄉無斂法賈不利於乘急農不傷於甚賤且狎其野而安其業人所謂勤而不得（疑作德）施而弗費雖小必濟不亦宜乎抑又聞之居簡則易於德綏處煩則難於柔克大抵皆是其誰不然公始自知供迨於卒業不鞭一卒不貫一吏繩責勿用鐫噍無施禮以生其恭悅以盡其力役不再令事無後期雖子文治兵之舉叔敖城沂之政類能比德曷足稱多洎鑾輿反旆旌別淑慝監頓使劉日政勸農使盧怡並奏公理行第一議者以爲當矣其三年秋大水河堤壞決諸郡有聞皆俟詔到莫敢興役害既滋甚功無已時公以爲執事諉上者非至公之法也便文自營者非盡忠之計也亦既成奏因而發卒播告厥指率籲於人荷鍤者襁屬負畚者麏至從公于邁祁祁如雲公俯臨決河躬自護作雨不張蓋塵不振衣饋不致鮮寢不處館蔬食以同其烹餁野次以同其燥溼板築競勸鼛鼓弗勝克鞏而成匪亟而速以浹辰之役興百倍之利澹災革弊人到於今賴焉古之所謂敏則有功豈虛言矣公之方在河上也有執訊者使詔命公爲宣州刺史公悼其功之不成且懼人之

休息未卽宣布周之密之公撫巡如初飭厲不輟及提役旣畢國人皆賀公於是解印出次啓篇見書莫不瞿然而駭曰不虞公去之速也嗚呼曷歸乎乃大哭既而幢棨就國干旟首途野有輟耕巷無服馬男女以辨號泣相望或觴於郊或餞於境扶服遮道汍瀾駐車莫肯旋歸殆過信宿夫所居人富所去見思前史以爲有德君子之遺風猗嗟裴公蓋有之矣公名耀卿字煥之河東聞喜人祖某皇朝亳州鄭縣令父守眞皇朝成寧二州刺史贈晉州刺史又贈兖州都督皆受祉必大垂裕不朽彰徹簡冊布昭政

聞其緒業有如此者公之昆友故冀州刺史子餘等六人俱以儒行達天下之人謂之六龍公之自出今屯田員外郎韋述等七人俱以才名進天下之人謂之七子其族姻有如此者公覃訏有聲髫丱克類公侯表於龜筮詩禮成於小學八歲神童擢第則已殊於公路矣弁髦之後尤邃於文長安中則天首命有司考試調集之士而第其詞之高下公以甲科授祕書省正字異其對也睿宗之在藩邸精選寮屬公爲典籤兼掌文翰愛其才也其文藝有如此者頃之遷國子主簿試詹事府丞歷河南府士曹參軍拜

考功員外郎除右司兵部二郎中自長安令臨此郡自宣城守改授冀州翁歸爲政不移於故跡延壽理人亟登於高第入拜戶部侍郎今爲左庶子其閥閱有如此者若乃邁德由己全誠自衷出入孝悌周旋禮樂幅利以儉祿光以和仁而有剛直而不倨微妙析理入於無間清明開物周於有象享茲具美可謂大賢其庇身也宏矣其所憑也厚矣詩曰布政優優百祿是遒又曰君子萬年介爾景福夫如是欲辭福祿其可得乎方當彌綸帝績豈徒潤色吏事而已盧縣父老某乙等懷公之惠不可弭忘思欲銘德頌美計功稱伐以予國之史臣也學於春秋褒貶之義乃因邑子校書郎衛憑假詞不能徵拙於我事則詳實言多遺恨著循吏之傳願守文翁述馬野之詩慙非史克詞曰

瞻彼濟矣湜湜其沚有斐君子令聞不已帝省其方和鑾央央務穡布常駿惠于王我隄既溢我民既恤成之不日有始有卒黃髮番番飲公之和矢詩不多維以遂歌

唐故幽州都督河北節度使燕國文貞張公遺愛頌并序

有唐開府儀同三司行尚書左丞贈太師燕國文貞公諱

說字道濟張氏聖文神武皇帝佐命之臣也開元六祀宅於幽朔及公既殁御撰豐碑以爲用公於是邦當革弊之舉訊彼故老徵於前事有以見聖人之情見於辭矣夫渤碣之北有山戎焉乍臣乍驕或息或縱鎮之以大府府有都督威之以大軍軍有節度二者之任萬邦之屏彌縫其闕必有宗臣曩者天冊之初王尚書不反命則我天后以納言狄公領之先天之際孫將軍不振旅則我睿宗以太尉宋公爲之洎陘口之役薛公小衂後數稔傷痍未平易置諸將少有稱者則我皇帝注意於文貞公社稷之固生

民之傑伊昔徇節未嘗顧身面折二豎辯邪正於君側首
謀四凶決安危於天下勇於義力於忠雖有賁育不能奪
已自受命處此聲振殊俗終公之代不敢近邊聖人金城
其在是矣先是公之未至也軍實耗斁邊儲匱少帑藏乏
中人之產革車無百駟之羣將欲豐之不其難也公問以
謠俗因而化之命卝人採銅於黃山使興鼓鑄之利命杍
人斬木於燕岳使通林麓之財命圉人市駿於兩蕃使頒
質馬之政命廩人搜粟於塞下使循平糴之法物有其官
官贍其事如川之至以莫不增一年而財用肅給二年而

蓄聚饒羨軍聲武備百倍於往時矣猶以爲不一勞者不
久逸不暫費者不永寧既庶且富人可用也於是塹山湮
起亭障塞雞鳴之阸守阜陵之衝遮大夏之路距盧龍之
口延袤千里橫絕一方以順天地之心且爲華夷之限命
下之日修塞之後人到於今賴焉夫戎狄遠却暴禁矣貨
食滋至財豐矣封守以固人安矣師徒不勞兵戢矣武有
七德我其四焉坐致必勝之道以銷未形之患是公之深
計遠慮所致也初公之大用實以詞宗雖亟持國鈞而未
執兵柄及台揆中廢荆衡外牧上將復內用因以爲將惟

幽都克慎厥始惟大原克和厥中惟朔方克成厥終三駕
而時靡有爭繇是復踐中樞之任矣文武爲憲斯之謂歟
喬嶽告成遂登仲虺之相金華念舊仍遵尚父之師高朗
令終固其宜也昔周有張仲是稱孝友漢有留侯見推籌
畫太守飛聲於朔野司空邁績於西晉及公之貴世德其
昌光於祖考則慶州都督刑部尚書追孝於前烈友于兄
弟則國子祭酒懷州刺史致美於當代施於祚允則兵部
侍郎駙馬都尉纘戎於後葉人臣尊寵舉集其門豈伊朱
輪之盛方繼緇衣之好辯其譜系范陽之大族也敘其封

略燕國之名都也徵其政理幽州之良牧也美數多矣斯
人之德與夫班伯之榮故郡買臣之驚守邸蓋不侔矣薊
縣父老某乙等感之所致久而益思遠訴不才追書盛德
徽音已隔空悲梁木之歌碑頌獨存應墮峴山之淚仍係
辭曰
聖出賢覩爲師爲輔大國宗文殊方畏武帝謂幽朔人思
鎮撫受命再瞻聿來茲土謀猷既壯關漏咸補守固邦寧
財豐人聚四牡既駕三邊無侮又何與之元袞及黼范陽
宗邑燕垂守宇德被塞翁恩深召父琢彼遺愛傳於終古

貞石不騫薊邱之下

故滕王府諮議杜公神道碑

公諱義寛字某姓杜氏東都濮陽人也其先在周者爲侯在漢者爲三公在魏者以許昌居守在晋者以荆州作鎭則杜氏之世祿厥惟舊哉若乃其澤雷夏其川河濟顓頊起焉昆吾理焉則濮陽風化所憑厚矣不有純嘏孰生大賢公則魏陳留郡守亮之曾孫北齊膠州刺史竟陵縣開國侯倸之孫（唐宰相世系表作北齊膠州刺史竟陵公伽）隋本郡中正伽之子（唐宰相世系表作隋鴈門太守倸）承邁種之遺訓體清醇之上姿童而典

學冠而好古於是東涉汶泗北登鄒嶧講周公之德觀孔氏之藝則易之變詩之風樂之和禮之節書之政春秋之理人一以貫之達其本矣繇是大業九年以孝廉高第授河東郡法曹已而隋氏弗綱王充竊命我太宗文武聖皇帝是以有陝東之師公轉餉如役贏糧從徑軍無後爨士有餘勇鄭是以殞唐是以興帝將策勳公乃辭賞既不獲命請從敘遷因授虞州司倉參軍貞觀二年改授普州安康令稍遷合州治中轉恆州别駕雍州高陵令拜朝散大夫饒州長史遷蘇州司馬兼滕王府諮議凡宰二邑佐六郡大小必誠遠近如一其所在也使者昇聞其所去也邦人頌德且有兼官之拜實固大宗之屏空享三壽以諧百工天難忱斯不可黷已春秋七十有二永徽六年某月日終於蘇州某月日乃葬濮陽疊城之舊原禮也噫公之爲人應變當理有慶卿之善畫徽（闕）考祥有董生之博覽威敵（闕）附有穰苴之大略摧剛爲柔有季布之高義雖運逢板蕩而才偶經綸而或出當騁奇于賞蹈利託風雲之會邀日月之光則萬戶之封不足致也三旌之位曷云貴也而能卷其舌塞其兌實若虛明若昧不貪驟雨之福以遠

浮焱之害斯大雅之保身亦君子之向晦也洎天衢開泰皇運清明從官以養人而不爲祿謹身以報主而不近名回翔郡邑三十餘載出處之際優遊自得其古之恬勢利者歟初公之裔祖始宅帝邱時更大亂室無遺堵公因謂所親曰吾之世業爲郡中正遺愛不泯陰德在人施於子孫必有興者于公高門之事可不務乎用是改卜鮮原大起層構垣墉既蔓棟宇斯飛輪焉奐焉爰笑爰語及公之後斯事果徵一世其昌既開方國再世而大遂爲相門論者以爲知言矣爾其鄉黨之行閨門之德孝乃天繼仁爲

已任烝嘗盡敬宴喜無荒祿利必賙於外姻譙讓不行於私屬故子弟趨教州里嚮風雖有嚴刑峻法不如公之潛導也詩所謂行歸於周萬人所望有令名矣夫令德矣夫有四子長曰儉早世次無忝終於朝散大夫梓州鹽亭令次曰愼行終於益州長史建平縣開國男（唐宰相世系表作正平侯）贈蜀州刺史次曰惟忠終於吏部員外郎贈吏部闕咸以大名克紹前烈豐碑未樹梁木先摧孝孫戶部尚書暹國之故相也儉德爲輔正身立朝以伯夷之直清兼張仲之孝友是用秪率理命奉揚祖風作頌稱代刊石表墓留侯大

父已傳班固之書陳氏先生何愧蔡邕之述詞曰

昔公之先於周爲侯及公之允於唐爲輔一德貽孫千齡續祖身隔徂謝名存憲矩在濮之陽居河之滸昀昀原隰濟濟榛楛別業年深先塋地古豐碑頌德式是東土

欽定全唐文卷三百十三

孫逖六

贈太子詹事王公神道碑

洪範五福一曰壽三曰逌好德全生養形者爲壽而已非有德而不彰履仁蹈義者爲德而已非有後而不昌天生大賢神降元吉倚福祿而登祚允者在宿預公焉公諱同晊字某琅琊臨沂人也其先有太子晉以啟其初牒有將軍翦以固其元胄有中尉吉以大其儒門有丞相導以蕃其鄉族自導至公十有一代禮樂增業衣冠濟美天下之

人謂之著姓曾祖寬陳侍中祖誨之皇朝祕書郎父知無祿早世皆先達之良也公夙遭閔凶不稟嚴訓聖善所育孩提有成體恬淡之性資醇醲之德學無常主言不爲華踐行而隱其轍迹襲明而晦其光耀湛然以靜淵然以默故談者無得而名焉儀鳳調露之間太夫人春秋高矣願及親以筮仕豈要君而擇祿繇是解褐鄧州南陽丞六安不樂吾聞其語公則喜焉孝子之致養也秩滿授濟州司法參軍垂拱中寃獄起州將辟顗伏法以公坐是失職十有餘載十年不調人以爲難公即坦然仁者之處約也久

之選授吉州司法參軍以丁內憂哀毀過於禮幾至不全喪服既除哀心未盡遂不茹葷血於身矣神龍初調補司農寺主簿時從父弟同皎選尚公主拜駙馬都尉公以國親封宿預縣開國男食邑三百戶得而勿喜知來者之不可卻也尋坐駙馬所累調建州司倉參軍失而無慍知去者之不可止也洎睿宗受命公辜開釋授公申王府主簿尋又增秩朝散大夫於是乎見倚伏之回穴矣居歲餘制攝安州都督府司馬除太子舍人轉太子中舍人歷太子家令拜宗正少卿遷左庶子東封之歲表請歸閒制授亳

州刺史致仕凡官歷二紀將更五君險阻則遇屯和平則之泰康強則陳力羸老則向晦命非吾有委運推移身非吾有與時消息動斯可效靜斯可則古之至人謂是全德春秋八十有四開元十六年七月十二日遘疾終於京兆安興里之私第皇上以公春華秋實之稱著於兩宮故贈以太子詹事飾終之禮厚莫重焉有司以公天經地義之德冠乎百行故謚之曰孝易名之典善莫大焉公束帶於朝端然齊肅目不近視體無懈容其從官也常避右職其御下也務存大旨不矯舉以求是不憂務以近名所謂建

陵之長者也公雅好釋典尤邃禪門爰有別業使營精舍懸車之後隱几於茲不出戶庭彌入眞寂斯所謂維摩之梵行也公身居顯位子至大官萬石集門伯禽拜後而能謙約自退忠儉有恆占田必先於窮僻卜宅不更於爽塏所謂公綽之不欲也公屬之內聞魯館者二人六姻之中降虞嬪者再世而能進不求寵退不失親遠而不攜進而不逼斯所謂山甫之保身也詩曰瑟彼柞棫民所燎矣豈弟君子神所勞矣宏王公之受茲茀祿式是繁祉享高年以有終保令聞而不已者也初公娶於安定皇甫氏即太

子舍人德參之孫洛陽縣丞寡過之女溫惠成性徽柔作則降年不永先公即冥安厝之日公爲郡掾雖班秩有等邱封尚卑而精靈所寧歲月滋久而公之克葬禮用上卿同於舊穴是廢王命祔於新塋未達神理卜夢通感子孫是依魂無不之合乃非古以開元十六年十月七日葬我孝公於偃師縣首陽山之南原夫人舊塋之東禮也嗣子太子賓客邱懿文軌時清行動俗爲國大器作人元龜不有教忠孰興於嗣不有移孝孰榮其親豐石未琢行楸已拱敷求作者枉逮門人昇闕里之堂實難論賦表太邱之

墓多媿題銘。銘曰。

泱泱淮水。世祚王氏。於穆季公。是爲端士。動合元化。靜符眞理。以道觀身。以忠教子。北諦邙阜。南瞻洛川。還依舊穴。更表新阡。從古之制。非今則然。峩峩雙壠。松柏生烟。

太子右庶子王公神道碑

昔萬石君建陵侯。皆以訥言敏行。前史稱爲長者。然必式路馬。未免於無文。常盛賜劍。且疑於任職。大鈞所冶。粹美爲難。秉純德而苞偉量。吾見之王公矣。公諱敬從。字某。京兆人也。其本曰魏公子信陵君之後。秦人滅魏。其處者爲

王氏。氏族之世。著於關輔焉。漢有河南尹尊。啟鴻軌於前載。周有尚書令羆。建休勳於近代。羆生明遠。隋司金上士。遠生壽。隋州都七職主簿。壽生詰。皇朝同州河西縣令。詰生慶。皇朝冀州棗強主簿。宰相世系表作蒲州長史 武氏革命之後。實秉楚龔之節。杜門自絕。沒齒邱園。公棗強府君之次子也。元精之所稟。和高行之所貽。訓德義之所府。聚文儒之所膏潤。空其炳秀。騰實蘭薰。而玉振者也。曩者大定中舉文擅詞場。景雲歲辟茂才異等。開元初徵文藻宏麗。公三對策詔。皆爲甲科。明試必可。高明益著。爾其用之吏事。則岐州陳倉主簿。京兆府武功縣尉。長安縣尉。能理煩也。施之儒術。則祕書省校書郎。太常博士。著作佐郎。能辨惑也。繇是三入華省。再登禁闥。歷尚書禮部司勳員外。考功郎中。給事中。拜中書舍人。是時也。張曲江李晉公更踐中樞。公與徐安貞韋陟孫逖繼揮宸翰。每至密命。先發詔書。郎舍人草創之。二相討論之。王言式臧。天監允洽。訓誥之地。斯焉得人。逖於諸大夫無能爲役也。居數歲。命公御史中丞。又改太子右庶子。所以穆清彝憲。翼亮元儲。咸事正人。疇與爲言。若夫軍旅之事。公能兼之。故信安王禕張忠敬引

以洛慶。清白之業。公能守之。故源乾曜韋抗皆有褒。闕人之疾苦。公能惠卹。故宣撫江淮。克諭中旨。國之軌度。公能筆削。故刊定格式。允叶。闕二字 材於位。詢於事。若斯之飭備也。而能祿光用晦。體道安貞。言寡尤。行無悶。勇於爲善。而不好立名。直以全誠。而未嘗忤物。括囊君子之德。胎合至人之心。以此持身。全身保性之術也。以此刑國。鎮俗安人之具也。而年不登於下壽。位不極於宗公。未之或知。自昔然矣。春秋六十有二。以開元二十八年五月二十八日。終於西京靜恭里之私第。其年八月十八日。葬於咸陽洪瀆

原禮也公兄曰易從故吏部侍郎弟曰擇從今京兆府士曹咸以文學齊名當代公始以對策高第則易從同科迨乎典校祕文而擇從亦作其後歷青瑣掌黃樞兄既先登公能繼美萼跗之詠凡今莫如則難兄難弟之喻也公夫人宏農縣君楊氏一子曰寥左驍衛錄事參軍楊有敬姜之德寥有曾參之行號天哭晝寧戚過毀公克葬之日雷雨頓歇於通衢反虞之際靈芝或生於靈寢神明昭格姻族嗟稱此又孝妻孝子之誠感也兄弟妻子生榮死哀士則嬪儀盡在於是嗚呼昔人所重同官爲僚默而無述豈

爲心盡況承兄友之淡託復感其孤之至言宿草之墓雖云絕哭他山之石可以題銘用標京兆之阡願比延陵之劍其辭曰

昔與兄友雙遊鳳池平生景行非我誰知政事文學唯所設施溫良恭儉不忘謙卑雅道無悔高年未極逝者如斯人焉取則墓門何有蒼蒼荆棘天道寧論空傳令德

東都留守韋虛心神道碑

夫作春秋者必見於行事論將帥者蓋知其爲人余爲郎時南皮公實掌小司馬之職接武官次亟聞話言故思其人詢其事可知而見之矣公諱虛心字某京兆杜陵人也覲六氣之純粹協九疇之正直沈靜端愨仁慈愿厚忠之屬也清貞本於至公孝之終也毀瘁過於寧戚斯所以行成於內名揚於世者已越在童冠升於膠序介然獨立異於諸生國子博士范頵嘗與均禮考功員外郎李迥秀擢以高第及夫岐下參卿河東主吏能於細謀其長御史賈虛舟舉以勸中丞俟令德與從常辦習於學也如彼材諸位也若此欲無顯得乎明明天法廷尉攸序命公作大理司直大理丞以至於卿肅肅王度憲臺是式命公作侍御

史以至於中丞長人之官以視百姓命公作歙曹二州刺史荆潞揚三州長史以至於太原尹司會之府允釐庶績命公作倉部左司二員外戶部兵部右司三郎中左右丞兵部侍郎以至於工部尚書其餘掌吏部選採訪處置使東都留守皆大任也又能兼之清風暢於臺寺陰雨膏於郡國所居致理所去懷德德以處事事以度功功成而義不愆事正而名不悖故今之任職者祖南皮焉初景龍中西域羌胡或謀背誕天威遠捕吏議咸劉公理其獄旬時伏念以爲刑者所以明除害也誅其桀黠可以除害捨其

脅從可以明德。緜是全活者千有餘人。洎皇帝二十四年鑾駕還長安之月。有坐殊死在緜繫者。時迫季冬。將寘嚴法。公爲之請曰。攸徂之慶。方喜來蘇。好生之德。宜加在宥上可其奏。咸許從流。此則蘇公之緜獄釋之聽理也。曩者竇懷貞姦佞之尤。欲行私惠。劉幽求勳庸既茂。將復私讎。各有愛憎。公嘗按驗。皆舉直以明枉。不詭隨而曲從。秉心惟一。蹈尾無懼。其後荆有大賈。利合權門。揚有貪吏。婚連相國。公亦既條察。先訐姦家。或命出其罪。給郵置於三舍。或捷記其過。啟刑書於五宅。此即山甫之不吐。石奮之

無避也。爾其富人興利。導俗閑邪。於壽春則引芍陂以溉田。於廬江則縣舒城以止盜。茭牧之地。實生稻粱。萑蒲之澤。遂均廬井。此即信臣之方略。少卿之理化也。若乃擇賢親仁。度材委政。謂唐休璟盧從愿先達之宗也。故輯寧閫右。嘗與偕行。謂趙良器劉琯後來之選也。故廉問淮濆。舉以爲介。此則欒武之從善。趙宣之使闕一字也。疇若予工。實諧僉往。上方倚相。適會云亡。享年七十。以開元二十九年某月日。遘疾薨於東都寧仁里之私第。皇帝悼焉。贈揚州大都督。府印綬。賻物一百五十匹。米粟一百五十石。賜謚曰貞。明年某月日。葬貞公於京兆之高陽原。祔先塋。禮也。昔者豕韋作伯。扶陽仍相。寘德於後。莫之與京。公曾祖叔謙。事太宗。爲考功郎中。與兄叔諧季武同在郎署。時人謂三列宿。大父曰知人。事高祖。歷司庫員外郎。贈職方郎中。公烈考曰維。事睿宗。歷戶部郎中。終於左庶子。贈絳州刺史。季弟曰虛舟。事皇帝。歷戶部司勳郎中。今移左司。唐興已來。歷仕華省。析薪齊美。棠棣同升。述職爲奉先。在常僚爲克友。人物之盛。凡今莫儔。先是庶子府君之爲戶部郎署天庭之內。首種行柳。公及令弟能業其官。曾是封殖。益

以蕃廡。比行年而不朽。將樹德之偕茲。仙臺譽之。棠歌勿翦。君子有以知韋氏之昌阜未可量也。貞公之軌度所及遠也。有美如是。可無述焉。肆其孫有方。增永世之業。先人之志。俾余論綴。故作是銘曰。

龍旂翼商。勳績惟光。祚允其昌。簪紱斯皇。東郊處守。北里居方。時清任大。運促人亡。貞公之德。柔和諒直。始終不忒存歿爲則。高墳有平。豐石有泐。芳名可久。永永無極

太子舍人王公墓誌銘

公諱無競。字仲烈。其先瑯琊人也。因官遂居東萊。自宋太

尉宏至棣州司馬佋十一世世濟其美不隕其名公卽棣州府君之次子也克廣前烈於昭令聞翩翻海瀕焜燿京國夫乂用三德正直居首子有四教文行爲先公蔚其文高其行據於直歸於正生而知之實稟其性弱冠以應制擢第解褐授趙州欒城縣尉歷麟臺正字轉右衛倉曹洛陽縣尉監察御史殿中侍御史太子舍人神龍初坐以嘗詆權幸貶於嶺外終於廣州春秋五十四工文則學必從之故登麟臺侍龍樓也好直則威必濟之故吏京邑秉天憲也行高則衆必疵之故陷非罪謫殊方也噫良工能爲

闕五字順君子能爲道而不能爲容士師黜宣尼困屈原逐賈生憤公其近之矣初天冊中公與故人魏州牧獨孤莊書忿林胡之倡狂哀冀方之阢隉誡以軍志示之死所客有薦其書者則天見而異之有制召見驟膺寵渥相如之賦感人主未云速也迺者恩澤侯張昌宗位極大官寵震羣后公著書東觀與之聯事曾是貽籍未嘗暱就色莊見憚象恭益溪長孺之抗禮將軍曷足議也公嘗執簡中禁司察位班時三事大夫有族談錯立者公進而言曰朝有著定所以道威儀邦之具瞻所以昭軌物不道不恭不敬不從其可是耶則肅然就列次矣公之舉劾大臣庸可畏也嗚呼人各有能且又不朽公則具舉其誰與京公生於齊長於魏不忘吾黨常操土風嗣子某虔卜遠日奉成先志以開元十六年某月某日從殯於館陶歸葬於東萊之舊塋書順也夫人范陽盧氏祔焉從周也窀穸之事可無記乎辭曰

萬靈秀百夫特萬卷精多才克詩可興筆餘力人之望邦之直何不仁俾大棘厄炎厲哀明德卜佳城於舊國銘景行永無極

滄州刺史鄭公墓誌銘

有唐之德讓君子曰原武男鄭公諱孝本字某滎陽開封人也父曰荊州松滋令乾瓚松滋之父曰士志祕書祕書之父曰華州刺史襄城公諱某世有令德時稱華胄蕃衍六姻阜昌百祿非夫緇衣之慶羔裘之仁平惠之勳厲宣之親則孰能光宗保族若斯之盛也公秉彝中和服義先訓孝惟不匱友則因心敦詩以言習禮以立用此道也行於國施於政善氣潛暢清風高翔何嚮不可所居則化矣始以明經高第解褐潤州參軍厥初奮庸克勤小物吏曹

以文敏於從事也故與之縣授泗州虹縣令魯人稱之璽書降焉衛人賴之碑頌立焉先大夫張文瓘人之望也典掌台衡督課郡國以公課爲第一且曰雖居下邑聲聞上繇天下長吏樂以爲式若占疑於龜筮如觀法於象魏矣特敕授蒲州虞鄉縣令理如故迹帝是用臧乃詔公爲隴右道廉察使疑有闕堪其事也又爲本道使杜求仁特表薦以賢舉也制授朝散大夫雍州鄠縣令已而永淳大饑關輔尤甚能布其德而恤災人不離散下無捐瘠乃耕乃疵嗣歲以登時皇儲監國多公善政特賜考詞褒異賚文光

被列郡榮之改懷州司馬歷夏州長史以母老乞罷官優詔換瀛州長史東表不寧也命公爲平州刺史兼充使知營府支度營田刺郡實邊能成二事中土之作也命公爲洛陽令又轉洛州司馬理煩佐劇爲則四方尋以丁内艱去職欒欒骨立人倫傷慟既練有制起復又除洛陽司馬公泣血固讓不獲已强拜禮從恩奪而瘠由哀甚忝君之命有以知奉上之心執親之喪有以見過人之感臣子之道仁遠乎哉尋除貝州刺史轉安西都護以疾不堪詣部改授滄州刺史公自重拜洛師再臨河朔曾是遘閔常多移病隱几而敬讓興行閭閻而姦邪消釋德敷於下貝邱多請禱之人功格於上滄海有卧理之詔老氏云鎮之以無名之樸其在是矣聖歷元年九月以致仕終於東郡之敦行里春秋六十有七凡束帶在位三十餘祀理京師訓郊甸惠華夏清朔漠九變復貫百度維貞其養人也寬而栗其行已也儉而一撫孤無隔於外姻博施不崇於内實蓋德行之具美而政事之首出壺遂淡中未登漢皇之相國僑遺愛遠感鄭人之泣公娶於王氏夫人曰瑯琊郡公正員外令思之孫司刑大夫允壽之女稟訓齊大作嬪韓

樂淑慎威儀循守典禮雖貴膺展狄而躬事組紃有雞鳴之賢有螽斯之盛自嬰晝哭遂契明因忘心味禪悟理根善總斯純懿貽厥高門宜錫難老何孤淨德以開元十八年五月終於東都懷仁里享年八十有四明年正月某日合葬於某所從先塋也嗣子尚舍奉御暉之兵部郎中倩之洛陽令偘之皆係世之主也克荷三從之訓俱登五命之服養極其樂喪盡乎哀閔騫之人無間言石建之門傳孝道復見之矣詩曰釐爾女士從以孫子原武有焉銘之下泉表是貞宅銘曰闕

宋州司馬先府君墓誌銘

府君諱嘉之字某魏郡武水人也故屬安樂蓋齊大夫書之後至晉長秋卿道恭有子曰顗避地河朔後世居焉顗五世孫魏光祿大夫惠蔚爲本朝大儒自時厥後不隕其業公即光祿元孫也曾祖孝敏隋大業中幷州晉陽縣令所居之聚聊設衡關至稱爲晉陽里祖仲將皇朝鄆州壽張縣丞父希莊皇朝韓王府典籤自晉陽至府君四世而傳一子故五服之內無近屬焉府君四歲而孤無所怙恃外祖劉士傑因官居於潞之涉縣府君自幼及長外族焉

依克自激昂允迪前烈弱冠以文章著稱因此遊太原涉西河以觀陶唐之風河汾之間有盛名矣垂拱載初之際始詣洛陽獻書闕下極論時政言多抵忤所如不合遂投迹大學託名常調天冊中以進士擢第與崔日用蘇晉俱爲考功郎中李迥秀特所標賞久視初預拔萃與邵炅齊澣同昇甲科解褐蜀州新津縣主簿又補河南府緱氏縣尉改王屋縣主簿府君少好攝生之術自王屋受訣於司馬先生便欲罷官學道而官微祿薄曰衰門無儋宗黨孤眇無所仰給繇是願效六百石長吏焉歷洺州曲周宋州

襄邑二縣令秩滿之後遂絕迹人世屛居園林怡神太和以適初願居數歲適長子逖拜中書舍人實掌絲綸皇上以府君有義方之訓特授朝散大夫宋州司馬仍聽致仕手詔褒美親族榮之享年八十三以開元二十七年四月二十四日棄背於東都集賢里之私第府君性聰明而志高邈學該百氏而不爲章句文窮三變而尤工氣質早有大名晚從卑位於是知命之不偶道之不行隨時委運澹然無營而疇昔輩列平生雅故當軸處中者多矣蓋未嘗跬足而近之恬於勢利乃如此也然所莅之職必悉心爲

政不以小而易之人到於今遺愛矣爾其閨門之教子孫之謀猷之必遠誨則無倦萬石不假於誚讓太邱惟聞於善誘佅乂於後無慚古人夫人廣平宋氏蒲州安邑縣令斌之孫滑州司士參軍郁之女淑德賢行滚慈至柔有子四人皆著名於詞學有女六人俱涉迹於圖史非獨府君之善訓亦有夫人之內則焉享年六十七以開元十年十一月二十三日先棄背於河陽別業逖適遘迍等遭天不憖遺降此鞠凶創鉅以淚荼蓼又集永惟宅兆未立精靈未安猶力疚瘵尚存餘喘即以府君違世之年八月十二日

遷厝於邛山陶村之西原合祔焉禮也北據岡阜南瞻城闕一以託州原之勝勢一以近庭闈之故居諸孤等亦願朝奠几筵暮掃松柏往來密邇以寘哀懷伏惟尊靈安此眞宅小子痛極豈復能文泣血書事言多失緒其辭曰

惟先府君不隕厥問克惟厥訓惟先夫人慈範是經柔德是程昊天罔極曷其報德敢述舊聞言豈爲飾

太子少傅李公墓誌銘

唐之宗盟有若武都公者諱暠（英華註云涼武昭王亦名暠天寶間方追贈）字某太原景皇之穆也淮安靖王之允也姓族本系存乎帝籍王之子曰虢州刺史諱某（世系表云清河郡公靈州都督孝節）虢州之子曰鄭州（世系表云鄭州刺史瑜）生公世載明德實維邦翰昔我高祖之造區夏也則淮安王擐甲胄誅暴强以佐經綸之業洎我皇帝之垂衣裳也則武都公秉衡石傅儲貳以宏邕熙之化允武允文同心同德本枝百世不亦宜哉公應大賢之期含正氣之秀弱而孤藐克自激揚六射五書包禮樂之羣藝九流三變撲古今之至賾生八年而當天授革命之事宗室懼禍至乃不全艱貞保身以免於難久視之後密網少寬公以太夫人在堂無底祿之養顧辱身以報德

豈養高而循名解褐授荆州枝江縣丞維此之故也蔿賈尚幼辟宣有能淡爲州牧張漢陽所器重嘗謂所親曰唐宗一日千里吾見其人國未可量也神龍興復拜通事舍人其後歷尚書工部司勳員外屯田郎中太僕衛尉太常三少卿汝汴二州刺史兵部黃門二侍郎太原尹太常卿工部尚書東都留守兵部吏部尚書太子少傅自枝江至於少傅凡十有九遷人臣寵秩備更之矣先是國朝舊制不以宗親任權開元以來內舉無避唯善所親擢拜右職公爲首也公體正心直邑莊言厲明而可畏寬而能服故所莅之職必姦邪衰止禮義興行國人宜之有由然也曩膺列宿迫亞象河當官而行既立名節及夫典汝潰之國爲夏卿之貳天下歸最朝廷讓能寵光大來公望首出矣黃門政之樞也公執事舉直以替其否太原邦之扞也公滅私寬賦克壯其猷六官之長是爲人樞三命益恭遂掌邦理綜覈流品終始七年凡所作法皆成故事其賞能拔異寘彼周行者可勝記乎上難其人公是以久而淡煩職事累請歸閑留侯有疾猶傅太子尼父不慭終萎哲人以開元二十八年五月十日薨於位春秋五十有八壽不配

德皇慈震悼追贈益州大都督親親尊賢焉禮也其年十二月七日葬於河南縣九賁山之南原惟公以文學政事之本贍祇庸孝友之德揚親有立身之顯何止能養執喪有過人之感匪惟率禮公兄曰昇弟曰暈兄愛弟敬夫和妻柔閨門之閒內外以正均養猶子不殊所生豈引而進之乃因心則至公爲居守也暈寢疾私第沈痼彌年公損膳絕葷消形瘁色及病革之際冒禁而歸終以爲職守管籥不敢久留喪次長號撫櫬雨泣還臺至性傷人酸感行路昇之喪公也哀亦如之死喪孔懷其在是矣所謂曾閔

生九宗之地邢茅爲萬石之門葢本乎國風而爲世範者嗣子造等八人無改於道聿修厥德永爲罔極靡所寘懷以逖嘗參使臣之戒且爲家卿屬久承話言猥託銘誌文仲事君之教何日敢忘鮑叔知我之恩曷其能報徒竭心於所事終有恨於斯文其辭曰

高陽之族才子克生禮樂爲憲親賢是程六官尤重祈父天卿二柄皆執理均政平汲直多病留侯强起尚傅重明俄驚閱水泣盡遺愛感深知己銘德下泉庶通神理

祭亾弟故左羽林軍兵曹參軍文

余年有五爾實以生四十餘載而爲弟兄撫髫並育接袵相成奈何棄予長隔幽明爾之德器寬仁溫厚天道何欺不假爾壽爾之緣飾文學政事天道何欺不假爾位未至中秩纔過强仕奄忽如斯嗟何及矣予兼右職爾位中司兩京爲別數稔於茲頃雖一見倏已三時會合常少悠悠我思近有東訊駕言西上顧日望期心存目想當乘疾置以戒徂兩方欲再馳豈圖常往蹙不及診藥不及嘗壯年殞命暴疾催殃無一言以告訣有萬恨於冥茫長號永痛裂膈抽腸爾逢天威余限王事倉卒之辰急難靡寄遺奠

之日奔臨莫遂痛緒彌深哀端益至今也來斯驟移時律目絕遺象心催虛室顧天倫之有感若具體之喪一諒修短之同歸在先後而相恤撫遺孤而流動氣膈臆而內圮伊物情之共傷豈余心之忍此蓬也未立稷（英華本作穆）兮仍稚以吾視之何但猶子神本不滅爾則有知精爽如在知今心期同疏永絕采藻空施銜酸沃酹哀不能支

欽定全唐文卷三百十四

李華

華字遐叔趙州贊皇人開元二十三年進士天寶中累轉侍御史禮吏二部員外郎祿山陷京師偽署爲鳳閣舍人賊平貶杭州司戶參軍上元中以左補闕司封員外郎召不拜李峴領選江南表置幕府擢檢校吏部員外郎大歷初卒

含元殿賦 有序

宮殿之賦論者以靈光爲宗然諸侯之遺事蓋務恢張飛動而已自兹已降代有詞傑播於聲頌則無聞焉夫先王建都營室必相地形詢卜筮考以農隙工以子來虞人獻山林之幹太史占日月之吉雖班張左思角立前代未能備也而曩之文士賦長笛洞簫懷握之細則廣言山川之阻採伐之勤至於都邑宮室宏模廓度則略而不云其體病矣至若陰陽慘舒之變宜於壯麗棟宇繩墨之間鄰於政教豈前修不逮將俟聖德而啟臣心輒極思慮作含元殿賦陋百王之制度出羣子之胷臆非敢厚自夸耀以希名譽欲使後之觀者知聖代有頌德之臣焉其辭曰

維皇高祖穆端命於元穹萬有千載鍾景祚於鴻裔遠北宮之尊嚴上取法於天帝乃圖正殿之逌居規崇山而定制信神明幽贊而人謀龔契不然何前王曠此之雄麗也先是大司空帥其屬執度而相之曰美哉川原驁乎其大亘坤靈兮配乾剛坤順乾而爲龍舒廣衍兮走羣山紛御面而朝宗陵正陽之奕奕鬱佳氣之葱葱蓋昊天之作而皇祇授元聖獲以造新宮也乃審於龜筮龜筮叶從太卜以告神人咸同皇曰欽哉是將宜於朕躬因以鴻稱含元建名易乾坤之說曰含宏光大又曰元亨利貞括萬象以爲尊特巍巍乎上京則命徵般石之匠下荆揚之林操斧執斤者萬人涉磧礫而登崔嵬擇一幹於千木規大壯於喬枝聲坎坎於青雲若神踣而顛摧勢動連崖拉風碎雷倒勁梢於窮谷斬巨柢於昭回時也山祇效靈波神作氣爲桴爲栰羽疊鱗萃朝泛江漢夕出河渭雲奔山橫交積於作宮之地於是農事既收靈臺勿亟子來而就役者周邦畿而薄四海咸忘勞而獻力乃張爲廣度考正極星邦伯是經國工研精刻盤罔以爲址太階積而三重因博厚而順高明築陵天之四墉四墉既列太階如截下土相欽

愕視沈沈其始也星鏈電交於萬堵霜鋸冰解於千尋攡材爲山攢杵如林乃占日月之吉以成帝室虹梁動於中極橑桷戢以礱窗析姑繇以爲楹隮喬山以爲礩飛重檐以切霞炯素壁以留日神標峻橋鬼壘層楣高卑迭拒尋尺相持木從繩而後正棟橾宇而不危階瑩冰級瓦敷鱗差蕩晶景而升降欻睒睗以交輝聳大厦之奇傑勢將頓而復飛爰詔有司練日推時徵考室於周頌會公卿以落之丕赫哉如俯如跂若合若離竦森修邃以窅徼悅業䮫而巖巍謂衝飈激海兮漩裔淪以無底奔雷觸山兮掉巘

嶨而傾欹石鮫拖首於堂廡狀出雲而撐髻崇高之制靈邱上盤鄰斗極之光耀邇天漢之波瀾察鑿枘之吞吐吸山叢而水攢建升龍之大旆邈不至於階端崢嶸屭贔下視南山照燭無間七耀迴環感歆赫以突兀攄閎宏以蕭攙捧帝座於三辰衙天街之九逵進而仰之鶱龍首而張鳳翼退而瞻之岌樹顛而崒雲末嶷兮峩峩巨鼇戴仙山而出滄波劃兮煌煌燭龍折穹穴而臨北方排層城而廓帝居豁閶闔而面蒼蒼左翔鸞而右棲鳳翹兩闕而爲翼環阿閣以周墀象龍行之曲直夾雙壺之鴻洞啟重閨之

呀赩趍堂塗而未半望宸居而累息惟上聖之欽明爰聽政而布德去雕幾與金玉絀漢京之文飾熾丹臒於崚嶒抗重霄而競色若乃紫微晨曀彤墀夜明雲薄萬栱風交四榮冬止其陽則釋裘而燠夏休其陰則捐絺以凊旂獵風而振響葉墜露而成聲懸櫨駢湊竦柱奔列複檻層綴高牕景爇黯日翳而眾連曜天開而中絕形持神而欲離足傴步而將跌盱昭訓之崇崇瞵光範之揭揭其南則丹鳳啟塗遐矚荆吳十扇開閉陰陽睢盱容鼎九扃方駕五車示王者之無外不樹屏於清都望仙闢於巽維建福敞

於坤隅偃朱旗而櫜元甲屯仡仡之驍夫其後則渼闈祕殿曼宇疎楹瑞木交陰元墀砥平鮮風歷廡淩霰飄英蔭藹武闈增華穆清玉燭內融則嘉盛豐備太陽臨照而天下文明古有六寢御茲一人今也三朝繇古是因布大命於宣政澹元心於紫宸羲和弭節於通乾望舒停景於觀象密勿旒扆臣人是仰左黃閣而右紫微命伊皐以爲長其下則鶡冠魚服良家茂族厲禁非宜金吾領之其前則置兩石以恤刑張三侯以興武告善之旌登聞之鼓節晷漏於鍾律架危樓之笥簴以辨內外之差以正東西之序

天光流於紫庭倒景入於朱戶騰祥雲之郁靄映旭日之
葱蘢清渠導於元氣玉樹生於景風夷坦數里徘徊無窮
羅千乘與萬騎曾不得半乎其中厥初經營天下既乂文
物未周孫其壯麗蓋重於施勞非不懷也乃眷睿孫睿孫
開元萬物晏清而太和掩書契之所論既克廣於崇構聲
明備而益尊蓋聖皇之孝也揮綽變化兮動搖乾坤其東
於是宏文教而開館對日華之清闕蓋左學之遺制協前
王之講德其西於是延載筆之良史俯月華之峻扉集賢
人於別殿朝命婦於中闈王風闡而成化陰教備而不虧

加以咏周詩而展親睦魯衛而敦敘因合族之來宴置更
衣之豐宇至於殿內諸曹則左右有局通軒並廡物有恆
司供無廢舉又有銀璫珥貂寺人巷伯奉宣出納之令更
踐宮中之役熊羆之旅董以龍武矛戟森森材官羽林聲
破邛山氣讋飛沇爪抉千鈞跟騰百尋克壯皇威協比其
心其外則校人掌馬天駟在閑以備順遊放牧其間望我
鑾和陟彼高山猶慮憲章或遺國容未備乃立掌匭之司
館通事之吏職在達下情於上天儆王言於有位壅通大
極陛指龍池重門內注複道潛移幽峻肅以相屬光彤融

以熺熺元象著明帝座維三皇居設位俯察仰參翼室正
中遊宮次南北起含元其容眈眈總而言之如山之壽則
曰蓬萊如日之昇則曰大明自茲而北燕遊所經達於苑
囿不可殫名周廬更呵匝以環衛南端百仞上極霄際卻
視嶔崟經塗廣溪繚以層城黕爲重陰至若時雨膏田九
農懷暢雲歸山穴像以昭曠白日麗於宮隅混晶光而益
壯於是風師斂威纖塵不升穎絕搖芒葉無翻穟自中徂
外鏡洗川澄弦直閶闔井畫溝塍靡迤秦山陂陀漢陵知
稼穡之艱難見皇王之廢興及乎元冥戒寒海神飛雪瑤

城粉野琪樹森列玉宇璇階雲門露闕天華爽霽朗日朝
徹赤旗降庭朱柱艷月仰白帝而金精開據河宮而銀燭
發其或蠻夷不至帝用興戎降元帥於天上發神謀於禁
中皇靈震燿殄厥渠凶矯矯武臣此焉獻功操俘虜而陳
器械恢莫大之威容爾乃時般仲冬日正南至上公奉斝
羣后在位一人壽昌萬國承賜式燕以樂欣欣且醉乃撞
宮懸砯碣天地及乎獻歲元辰東風發春懸法象魏與人
惟新儼文物於王庭兼九伐而宿陳威儀之嚴嶽嶽振振
若太一披絪緼而俯百神既而咸造勿褻會朝清明瑱柄

指寅寢闈發扃皇帝御袞龍之法服佩蒼璧之純精執鎮圭導朱紘降輦登階微聞玉聲於是典禮之官贊王就位南面穆然至若甸侯采衞要荒閩貊輸其方賨罔不來格統以千官六卿二伯司儀敘進象胥重譯肅肅委皮乾乾奠璧設以庭燎天烘地赫雷鼓殷殷朱干玉戚神䕓如生熊羆腭敵危昂歇向歊爛歕射金根玉輅太常少伯火列門旂霜交陛戟乃進元元以觀禮從億兆之增增金吾南首麾之以肱遞攀援而聳仰齊屨企而冠騰太史來告卿雲勃興灑豐澤於生人答上元之休徵申命司寇緩刑家

卿降德秩山川而問耆老周雨露而均邦國華戎竭歡喜氣闐塞揭金雞於太清炫晨光於正色慶忭之聲不踰辰而靄四域當斯時也驅周驟漢於廓煥爛王臨於朝天地貞觀靈宮巖巖上下交贊蓋所以法乾道而遵帝度豈惟安體而明威者哉夫瑤臺之美不可以刑萬國土階之陋不可以儀天下奢不遜而儉固允執中於大位洪範曰皇建其有極富哉上聖之宏議也詩歌楚室頌美泮宮諸侯之事也雲夢甘泉宴恢景福辟王之志也論諸侯曷若戴天子嘉辟玉曷若尊聖人烈烈盛唐祖武宗文五帝赦德

六王懋勳而政本乎慈用過乎儉夫蒼生所奉者惟君所愛者惟親寧有君親宅體於卑室而臣子得安其身乎故有熊明庭帝姚總期從人欲也天垂定星易有大壯君人法焉聖朝猶斥其華而憑其質今是殿也者惟鐵石丹素無加飾焉身居元恥心與萬姓同畎畝之勞以是臨眾何眾不賓以是享神何神不若其天德歟雖欲宮崑崙而館不周城八極而隍四海猶未足儲鴻醇而俯丕耀豈咸鎬一京之所在崇四瀆之前式敕懷鉛之小臣俾讎書於禁中正百代之遺文由是循環天造耳目日新敢頌成功告

於神宗無媿斯干之作式昭聖德之容頌曰帝作含元含元言言崒若日觀呀為天門太階三層遠法崑崙鎮茲秦野揭以周原烈文祖宗永錫孝孫孝孫有慶於以施令奄甸萬姓受天休命歌之頌之管磬空之穆穆皇君壽考無期既成斯文客有勸之上者對曰前王之尤祥絕瑞乃聖朝之細事今休徵已厭於聰明頌聲亦飫於天意私歌竊抃乃臣子之常志又焉足以薦聞哉客曰不然今至尊明發不寐有懷先皇周文之孝也允恭克讓光溢海外堯帝之謙也自卽位已來上下之休嘉臣人之詠歌歌於睿躬

則固辭頌於宗廟則無歎今吾子之文明昭乎累聖之耿光美於大君之孝德可進而退室言而默使雅頌之音卷而不舒猶坦蕩其胷臆無乃過歟爲人之下者有可達乎君親雖濱於死亦冒行之況宗廟啟其心哉臣華嘗聞還善之規願附升歌之末

哀節婦賦 有序

武康尉薄自牧嘗謂余曰僕有賢女適江陰尉鄒待徵徵亦良士僕志之矣鄒子孤立時無古人誰復知之余嘗記其言及江左之亂待徵解印竄匿其妻爲盜所驅將辱之

妻密以待徵官告託付村媼尋待徵付焉而后就死嗚呼自喪亂以來士女以貞烈殆斃者衆余不盡知之若薄氏者與其父遊聞其聲義動於江南又焉得不賦之命曰哀節婦賦云爾

昔歲羣盜並起横行海淛江陰萬戶化爲凝血無蘭不焚無玉不折峩峩薄媛淵然明節自牧之子待徵之妻玉德蘭姿女之英兮鄒也避禍伏於榛莽婉如之嬪執爲囚虜匍匐泥沙極望無覩出授官之告託垂白之姥姥感夫人爰達鄒君兵解求尸宛在江濆哀風起爲連波病氣結爲孤雲鳧鴈爲之哀鳴日月爲之蒙昏端表移景而恆直勁芳貫霜而獨存知子莫若父誠哉長者言

望瀑泉賦

曙無雲兮川無波泛余舟於空碧彼廬山浮重湖之上兮峩極天之峻壁凝黛色之淡明噫林嶺之岑寂何神造之杳冥躍騰泉於山脊孤流皎皎於蒼梁翠淙千仞兮懸帛玉繩縋於寥天銀河垂於廣澤春風雷兮蓰霜雪穿重雲而下射白龍倒飲於平湖若天地之初闢委滔滔兮東逝詎知夫維今之在昔倚高帆而一望豁余心兮灑滌近古

有鴈門上德兮昭洗塵昏柴桑開士兮舍印推尊靈境殊象詮微究原人已古兮山在泉無心兮道存將默貫於精極欲置之而不言

木蘭賦 并序

華容石門山有木蘭樹鄉人不識伐以爲薪餘一本方操柯未下縣令李韶行春見之息馬其陰喟然嘆曰功列桐君之書名載騷人之詞生於遐濬委於薪爨天地之産珍物將焉用之爰戒虞衡禁其翦伐按本草木蘭似桂而香去風熱明耳目在木部上篇乃採斫以歸理疾多驗由是

遠近從而採之斡剖枝分殆枯槁矣士之生世出處語默難乎哉韶余之從子也嘗爲余言感而爲賦云

泝長江以遐覽愛楚山之寂寥山有嘉樹兮名木蘭鬱森森以苕苕當聖政之文明降元和於九霄更祲沴之爲虐貫霜雪而不凋白波潤其根柢元雪暢其枝條沐春雨之濯濯鳴秋風以蕭蕭素膚紫肌綠葉緗蔕疎密聳附高卑蔭蔽華如霜雪實若星麗飾勁松竹香濃蘭桂厭雜植於人間聊獨立於天際徒翳薈兮爲鄰挺堅芳兮此身嘉名列於道書墜露飲乎騷人至若靈山霧歇藹藹林樾當楚

澤之晨霞映洞庭之夜月發聰明於視聽洗煩濁於心骨韻眾壑之空峒澹微雲之滅沒露草白兮山淒淒鶴旣唳兮猿復啼窅溪林以冥冥覆百仞之元谿彼逸人兮有所思戀芳陰兮步遲遲悵幽獨兮人莫知懷馨香兮將爲誰惋樵父之無惠混眾木而皆盡指羣類而揮斥遇仁人之不忍方甘心而剿絕俄固柢於傾殞憐春華而搴芳顧落日而迴軫達者有言巧勞智憂養命蠲疾人胡不求肢殘體剝澤盡枯留顛顇空山離披素秋鳥避弋而高翔魚畏網而深遊不材則終其天年能鳴則免於俎羞奚此木之不終獨隱見而惟憂自昔淪芳於朝市墜實於林邱徒鬱咽而無聲可勝言而計籌者哉吾聞曰人助者信神聽者直則臧倉譖言宣尼失職出處語默與時消息則子雲投閣方回受殛故知天地無心死生同域紜紜品物物有其極至人者委性循於自然寧任夫智之與力也雖賢愚各全其好惡草木不夭其生植已而已而緊蔽不可得

無疆頌八首 并序

臣華言伏以漢明帝時徼外蠻夷槃木白狼獻詩歌德屬事史官況臣自曾祖至臣備國家職員臣又逮事元宗肅

宗今以餘年獲事陛下官歷御史補闕尚書郎命薄多病不獲奔赴闕庭恐先朝露同於泥塵若無歌詩頌德曾蠻夷不若也敢述列聖爲無疆頌式昭皇家大慶無窮謹昧死稽首以聞

高祖元頌一

昊昊旻天監於下甸與有德行維隋之杪時黷陰凝陽潛未登人思炤矣雷行龍興盪濯雰慝文明乎萬國垂仁烝人載親天監保我子孫巍巍皇皇後之皇丕承之

太宗烈頌二

高祖受天命誕興太宗承天之命帝煬昏逾黎人毒痛甚爇於鑪甚溺於塗以號以呼呼天無辜高祖謂太宗爾必有天下爾其討謀太宗稽首恭受天命臣請滌除張我師撫征四國翦薙羣慝鼓一方三方振驚黙炤其靈隨顧而平我負我乳我安我成以奉君父以臨天下任忠孝文武建禮章樂舞我雖明德諫則納汝時維帝降祐之自古明后莫如我德我勛肩無疆天子之無疆本太宗成命

高宗康頌三

肇爲阯爲堂實勤實勩付俾厥裔丕承后帝帝思不忘神

棐靜康不曜而光不求而昌自中方外達於夷羌贍我大邦助祭於廟執貢朝於王油油時雲雨厥百穀漻漻景風扇彼嘉穀飴口飽腹以厭以足俾壽而福都阜成天人

中宗興頌四

屏蠆之毒釁而爲蝮謀虐天之族天祐聖祚八柱將覆帝告五臣俾翼朕躬赫赫彤彤日昇雲中五臣受命鉞爾頑凶故曰再造我天下生人鼓舞既成矣又奉父母

睿宗德頌五

后戚之禍再興有危競競廟祧震怒陰命聖子翼登聖父奮其神旅宵仗金斧金斧一斷殄殲逆亂大聖照臨元元宅心歸祚於有功有德於戲盛德

元宗文頌六

丕鑠元宗之明克孝克仁允武允文宣祖宗之光垂於子孫盛禮畢舉大樂畢陳百蠻來賓元元阜殷戎或不賓遣師徂征罔不頓顙踣於雷霆在漢方昌用刑慘酷中都繫考六萬餘人使者按錄誅千萬人然後興王光武赫赫誅沛賓客以千以百孝明稱賢楚獄連年坐死逮捕以萬以千猶曰漢祚宏長越我宗祖不忍用刑至於元宗哀彼鈇

鑕降爲鞭扑誕告郡國大爲屋室鑿彼百疾追懷登遐止害禽畜旁爲陂池養鱗介族既濡既渥昆蟲草木享國五十年寓縣晏然逆臣犯天天念蒸人若曰寧我負恥不忍人戰死乃告元子理兵朔鄙西幸蜀都命元子受圖天下既定父堯子舜歸於國都無不忻愉無不涕濡傳聖自頤升靈太微嗚呼上聖之道之純不可度思

肅宗孝頌七

穆穆孝慈有如肅宗之誠達於神祇爰訓六師震發北陲陵陵雷馳西戎南蠻北狄東夷咸舉其旆佐皇之威帝心

天和無筮無卜齵然邱岳破裂冰谷逆隸傾覆朝社大復居於海之外服以盟以濯以舞以躍帝在東宮孝如文王蒸蒸其心天地知其孝既收鎬洛祀於陵廟奉迎上聖天日普照有凶有孽將噬將齧我旂方設則已顛隮如燀於雪尊嚴而仁仁覆而嚴大臣小臣莫不潔廉躬勤百度百度如其素

今上昭頌八

大邦之興維天相之曷興曷相則有德繼王昔殷王盤庚武丁紹登殷明矧我帝唐丕承天命疊引其慶生我皇聖

幼冲聖敬實左右肅宗開國御戎羣帥稟教舉則成功自西自東如霆如風蕩滌頑凶罔不率從既登天位於變時邕人咸曰上如太宗延億兆斯年延億兆斯年天博地崇罔不爾容元宗元孫象元宗列文肅宗元子承肅宗孝理

平原公遺德頌　并序

維上帝降靈爲賢弼我大邦鈞明說望協期陳謨仗鉞出師丕赫厥勛大君以距嶺緣湖八州之域天下震擾此邦全寧内輔宗師外飫軍旅咽頤荆越鍾以眷右乃命平原賓護東宮而尊大之師長邦憲肅清華夷朱旂暢轂平原戾止秋霜伊何視我直方春雨伊何宏我愷悌公張氏諱鎬字從周河内儒家時賢薦讓詔書徵起三年之間位登將相吉甫方叔平原兼之間歲臨海狂頑覆浙左陷上饒灊皖寇徒殘害長吏潛逼鍾陵宜春盜帥家兵遍山吏不敢問人愁苦之公黙麾偏師勿駭吾人無聲無色羣凶梟夷下遂其順上遂其仁咸曰不有平原遑恤吾身平原之政以類而舉是邦胡寵公薨於鎮八州文武吏人老幼途哭家祭不能舉首夫山傾川竭未爲成災大臣盛德捨榮即哀災之大者刻頌之義發乎心播乎聲施事爲教感哀

爲德公故吏侍御史博陵崔貢文明殿中侍御史昌黎韓洄幼湊監察御史趙郡李惟岳謨道大理寺丞王士華子秀尚書刑部員外郎前袁州刺史張澹惟清袁州别駕吳郡陸調牧臣及耆壽袁維清彭正運施希廷李開雲百姓彭伋潘玉等一十二人咨余爲頌撫石而泣故其詞也哀皇矣明王求公於野官在諫省將鋤悖凶謂公有勛庸授公肅宗納爲輔翼專征獯戎或蹇或通易簡昭融帝命平原八州隄封湊湖大江宣布睿德淳此下國蕩除妖賊安其父子爰及家室時萬時億山川出雲生此元臣獻歲發

春三靈化醇今則逝矣南方愁苦嗚呼平原如其仁如其仁

潤州丹陽縣復練塘頌并序

大蜡之祭辭曰土反其宅水歸其壑先王因流下而導之故曰九川滌源因漥匯而瀦之故曰九澤既陂以疏天地之氣以利元元之用崇伯汩五行而殛羽山臺駘障大澤而封汾川洪範首之春秋載之地有廣狹事無今古大江具區惟潤州其藪曰練湖幅員四十里菰蒲菱芡之多龜魚鱉蜃之生厭飫江淮膏潤數州其傍大族強家泄流爲

田專利上腴畝收倍鍾富劇淫衍自丹陽延陵金壇環地三百里數合五萬室旱則懸耜水則具舟人罹其害九十餘祀凡經上司紛紛與奪八十一斷嗚呼曲能掩直強者以得之老幼怨痛沈聲無告永泰元年王師大翦西戎西戎既馴矣生人舒息詔公卿選賢良先除二千石以江南經用所資首任能者是歲十一月二十三日拜常州刺史京兆韋公損爲潤州聲如飈馳先詔而至吏人畏伏男女相賀卽日上無貪刻下無冤憤公素知截湖開壞災甚蝮螫臨事風生指期以復羣謗雷動山鎮恬然中明獨裁文之以禮乃白本道觀察使兼御史中丞韋公元甫中丞撫手愜心如公之謀且曰興利除害得其人而後行非常之政敢歸叔父公乃申戒縣吏卒徒闢之人不俟召呼抃從役畚鍤蓋野浚阜成溪增理故塘繚而合之廣湖爲八十里象月之規儔金之固水復其所如鯨噀射洶洶隱地雷聞泉中先程三日若海之彌望灝灝如吞吐日月沈沈如韞蓄風雨所潤者遠原隰皆春耕者飽憂者泰於是疏爲斗門既殺其溢又支其澤沃塉均品河渠通流商悅奠價人勇輸賦遐邇受利豈惟此州每歲萌陰乘陽二氣相薄

大雨時行羣潦奔流水得所入盈而無傷龍見方雩稼穡其渥時前相國彭城公劉尚書晏統東方諸侯平其貢稅聞而悅之白三事以聞詔書褒異爲彭城公宣命至江南捧詔授公公率元僚掾吏令丞以下至於耆艾西向拜手忻戴皇明人心上感天降嘉澤如有神祇昭協厥志公正直而和專靜而斷嫉惡宥過惠人察姦純鈞精堅百鍊不耗伐冰之貴降從士禮詩云靖恭爾位好是正直宜其享多福也吏人入賀公拱而謝之曰尚書劉公觀察韋公奉行王澤也鄙何力之有焉丹陽令杜孟寅秉公之清白廷

陵令李令從如公之愛人金壇令胡玘稟公之成規及丹陽者壽周孝瓌百姓湯源等拜手而請曰兌爲澤兌悅也水歸於澤而澤悅於人百年侵塞而公啟之臣哉鄰哉克諧帝休永代是式三縣無災若不碣而刻之則命不揚於厥後後之人無以倚負也華嘗學古見訪爲頌曰

望沄沄兮視冥冥鳥閒魚樂葭菼生膏腴利倍起訟爭斯人怨抑痛無聲韋公正直動神靈百年淤淀爲澄清饑者飫兮病者寧詔書光寵恩濡榮劃然眊矂復皎明追琢刻頌颺芳馨

欽定全唐文卷三百十五

李華二

與弟莒書

三兄報汝吾疹疾一定汝憂吾疾今吾將息一一用汝語念汝知之且作判官事中丞叔父小心戒慎不離使司昔田仁任安俱爲大將軍舍人臥馬廄中無何詔大將軍出征匈奴遣大夫趙禹選大將軍官屬舍人衣服鮮明二子冠帶顚頹趙禹獨與二子言論於禁中即日召見皆拜二千石汝有二子之實未遇趙公之舉馬廄高眠古今一也

又仲尼嘗爲委吏歎曰富貴如可求雖執鞭之士吾亦爲之魏舒爲郎官時屬沙汰乃襆被而出自言曰當自我始大才當大用如時人不識何爲歎憤哉先師曰不患無位患所以立汝能自修況事叔父吾之休廢永無榮耀於伯仲之間自非潑仁高義長才厚德又焉肯惠於朽壞枯木哉莒省吾書當努力也不次三兄報

與表弟盧復書

八月八日外兄李華敬簡盧十五弟則之處秋風漸高路出泗上將詣職役如所料乎往返勞止當與時俱暢也華

疹疾無聊賢姊與諸君尋常耳福卿漸減弟勿憂之與弟别來十餘年比聞在代朔之地明時道舉出身乃能上爲寡姊下爲孤甥求爲雁門主簿束身戎馬之間始終無過之地此一難也時方艱危動隔生死骨肉妻子寄在河朔一身萬里省姊淮南此二難也喪亂以來時多苟且松貞玉粹亦變頹流唯弟卓然介立寒俗文詞學問守正不移金石之聲泠然在聽此三難也五姓之中盧爲峻茂根源上古歷世著明降及聖唐仁賢不絕外家陵替稍久弟其勉之盧氏有諶翁祭法又世以書聞華恨未見弟爲廣訪

求也南祖分於何祖帝師今有四房誰各承後弟爲華具條流相報也項撰軍器舅神道碑後其房族由來意欲如軍器之志廣外家之美令萬代聞見不復討譜牒也華質性鈍弱而慕汲黯卜式之直晚歲思夫子互鄉之見林宗賈淑之後若悟此道仁在其中坤元之說曰含宏光大品物咸亨大雅曰既明且哲德合天德老氏所宏夫子所述既自以爲戒亦規弟持正也弟正直太過不能容納時人以是相箴努力無忽近有鄭五書信否四姊處得消息無怱怱不次華敬簡

與外孫崔氏二孩書

八月十五日翁告崔氏之子兩孩省吾出身入仕行四十年晚有汝母已養汝二人矣吾逮事裴氏鄭氏崔氏諸姑于氏堂姑皆賢明淑哲爲內外師範意欲與汝言之裴氏姑恩慈見吾一善未嘗不流涕祝吾成立見吾伯仲書題誨責踈略話及舊事云無此例吾伯仲書題比今日中外書題其間踈密不啻百十也吾小時猶省長幼每日兩時櫛盥起居尊行三時侍食飲食訖然後敢食猶責不如禮今者諸子日出高眠爭覽盤器何曾有此儀可爲歎息世

教如此何得不亂婦人亦要讀書解文字知今古情狀事父母舅姑然可無咎詩序云哀窈窕思賢才而無傷善之心焉是關雎之義也易曰主中饋無攸遂婦人但當主酒食待賓客而已其餘無自專之禮詩云將翺將翔佩玉瓊琚此奉舅姑助祭祀之儀也又曰將翺將翔弋鳧與鴈此主酒食待賓客之儀也禮經所載汝其記之又婦人將嫁三月教於公宮祖廟既毀教於宗室嫁則廟見不見廟者不得爲婦今此禮淩夷人從苟且婦人尊於丈夫羣陰制於太陽世教淪替一至於此可爲墮淚汝等當學讀詩禮

論語孝經此最爲要也吾小時南市帽行見貂帽多帷帽少當時舊人已歎風俗中年至西京市帽行乃無帷帽貂帽亦無男子衫袖蒙鼻婦人領巾覆頭向有帷帽羃䍠必爲瓦石所及此乃婦人爲丈夫之象丈夫爲婦人之飾顛之倒之莫甚於此觸類而長不可勝言舉其一端告及汝耳勿謂幼小不遵訓誡所見所聞頹風敗俗故申明舊事不能一一也阿馬來說汝誦得數十篇詩賦麗麗已能承順十五姊顏色十七伯極鍾念吾旅病乍聞甚慰意凡人不患尊行不慈訓患身不能承順耳汝承十五姊仁慈十

七伯訓誘又質性柔順當不扶自直吾所告者括羽汝耳不次翁告崔氏二子省

贈禮部尚書清河孝公崔沔集序

文章本乎作者而哀樂繫乎時本乎作者六經之志也繫乎時者樂文武而哀幽厲也立身揚名有國有家化人成俗安危存亡於是乎觀之宣於志者曰言飾而成之曰文有德之文信無德之文詐皋陶之歌史克之頌信也子朝之告宰嚭之詞詐也而士君子恥之夫子之文章偃商傳焉偃商歿而孔伋孟軻作蓋六經之遺也屈平宋玉哀而傷靡而不返六經之道遯矣論及後世力足者不能知之知之者力或不足則文義寖以微矣文顧行行顧文此其與於古歟帝唐文行大臣太子賓客贈禮部尚書博陵孝公崔氏諱沔字若沖安平公贍之少子也世爲德表門爲上族振發純英滋漸名訓大包淑和高厲遐清行先乎孝藝裕乎文資孝可以股肱王室挾文可以弼成邦教進士登第舉賢良方正對策第一召見拜校書郎歷陸渾主簿朝廷以公直躬正詞擢左補闕以公婞邪忿佞除殿中侍御史文端武淑遷起居舍人學該典禮拜尚書祠部員外

郎議事惟允遷給事中立言成訓改中書舍人辭乞就養授虞部郎中節高天下擢御史中丞剛亦不吐降著作郎道冠儒林遷祕書少監動爲人範除左庶子宜均大政拜中書侍郎望尊地逼出爲魏州刺史人惟求舊入爲左散騎常侍貳東宮居守集賢院學士祕書監太子賓客兼懷州刺史罷州復職副守薨於位時開元二十四年冬仲月旬有七日春秋六十七贈禮部尚書海內冠帶涕哀宗師公爲御史緩輸誠之囚持國屬之罪爲給事中拒貴倖怙恩之詔削大臣忤旨之刑爲中丞數發太倉減上林禽鳥

之給以賑艱食陝東之人仆而復起宦官犯法執以按劾權寵屏息朝章大行權貢舉時得陸尚書景融來揚州瑱宋上黨邁宋兵部鼎等僉爲國器在中書詔命之出上考天時下從人心異於斯者必替其否在魏州屬雨水敗稼乃弛禁便人先行後聞活者萬計公自爲常侍賓客恆任介正德播天下而不容於朝置之散地竟孤其道時乎初公與元兄御史渾齊名弱冠遊京師縉紳儒學之士皆曰崔氏伯仲必至台司既而御史君夭沒公終於副守則向之所屬適爲人慟悲哉公之待疾也孝達於神祇居憂也

哀貫乎天地喪期有數而茹蔬終身慈不貸姦貞不肆直道勝而齊物德全而及人博厚崇高篤實有耀儔於古烈蓋魯衞之君子歟在魏州車駕東巡關外諸侯公爲上第由是分掌選署仕進之族知勸焉親友鄰里饑者待公而炊寒者待公而衣烝嘗之奠待公而後具故祿廩雖厚家未嘗足開元中天下富穰車服過制公菲飲食卑宮室濯衣澣冠俾人瞻我而化其不化者亦慙乎心矣見天下之善如不及從而佐之見天下之不善如探湯從而誨之則卒蹈於中庸翛然於不迪已過半矣中朝議政或疑羣謀

未允公援六經伸百氏覆於時事事舉其中天下莫不諷誦焉文集經亂離多散逸今其存者二十九卷長子成甫進士擢第校書郎陝縣尉知名當時不幸早世嗣子祐甫論譔先志一卷爲第三十卷傳祖禰之美合於禮經見公文章知公行事則人倫之敘治亂之源備矣豈唯化物諧聲爲文章而已乎奉詔修道德經疏藏於三閣行乎天下反魏晉之浮誕合立言於世教其於道也至乎哉祐甫純孝而文直清而和希公門者謂公存焉明發不寐泣次遺文以華北州鄰壤婚姻之舊嘗趨公門備閱家編祐甫代

華爲校書郎華以是味公之道也熟詞則不敏有古之直焉

揚州功曹蕭穎士文集序

開元天寶間詞人以德行著於時者曰河南元君德秀字紫芝其行事趙郡李華爲墓碣已書之矣以文學著於時者曰蘭陵蕭君穎士字茂挺梁鄱陽忠烈王之後曾祖某官大父某官考諱某莒縣丞咸有德不至尊位君七歲能誦數經背碑覆局十歲以文章知名十五譽高天下十九進士擢第歷金壇尉桂州參軍祕書正字河南參軍辭官

避地江左。永王修書請君。君遁逃不與相見。淮南節度使表君爲揚州功曹參軍。相國諸道租庸使第五琦請君爲介。君以先世寄殯嵩條。因之遷祔。終事至汝南而歿。嗚呼。春秋若干。天下儒林。爲之顒顒。君爲金壇尉也。會官不成。爲揚州參軍也。丁家艱。夫官爲正字也。親故請君著書。未終篇。御史中丞以君爲慢官離局。奏謫罷職。爲河南參軍也。寮屬多嫉君才名。上司以吏事責君。君拂衣渡江。遇天下多故。其高節㴱識皎皎如此。君以爲六經之後。有屈原宋玉。文甚雄壯而不能經。厥後有賈誼。文詞最正。近於理

體。枚乘司馬相如。亦瓌麗才士。然而不近風雅。揚雄用意頗㴱。班彪識理。張衡宏曠。曹植豐贍。王粲超逸。嵇康標舉。此外皆金相玉質。所尚或殊。不能備舉。左思詩賦有雅頌遺風。干寶著論近王化根源。此後夐絕無聞焉。近日陳拾遺子昂文體最正。以此而言。見君之述作矣。君以文章制度爲已任。時人咸以此許之。不幸歿於旅次。有文十卷。卷行於代。其篇目雖存。章句遺落。古所謂有其義而無其詞者也。後之爲文者取以爲法焉。今海內至廣。人民至衆。求君之比。不可復得。難乎哉。君有子一人曰存。爲蘇州常熟縣主簿。雅有父風。知名於代。以華平生最㴱。見託爲敘。力疾直書云爾。

楊騎曹集序

開元天寶之間。海內和平。君子得從容於學。以是詞人材碩者衆。然將相屢非其人。化流於苟進成俗。故體道者寡矣。夫子門人。德行言語政事文學四者無人兼之。雖德尊於藝。亦難乎備也。後之學者希慕先賢。其著也亦名高天下。行修言道。以文吾見其人矣。宏農楊君諱極。字齊物。隋觀德王之後。祖正基。魯王府諮議。父珣。永平令。得進士舉。

邦族高之。君幼孤。事繼母以孝聞。讀書務盡其義。爲文務申其志。義盡則君子之道宏矣。志申則君子之言信矣。舉進士時。刑部侍郎樂安孫公逖。以文章之冠。爲考功員外郎。精試羣林。君以南陽張茂之。京兆杜鴻漸。瑯邪顏眞卿。蘭陵蕭穎士。河東柳芳。天水趙驊。頓邱李琚。趙郡李崿。李欣。南陽張階。常山閻防。范陽張南容。高平郗昂等。連年高第。華亦與焉。旣而丁艱。禮足哀餘。名教稱之。外調補太子正字。歷右驍衛騎曹參軍。求道於宏正禪師。百千人中。獨受心要。與清河張茂之。房安禹。鉅鹿魏幼卿爲禪慧之交。

河南元德秀陸據崔器范陽盧治爲道義之交大官薦賢使臣請介莫不推君爲首以方外爲意不之受也識者韙議以論道許之質純氣和動必由道談笑中雅名理入元所著文章多入元中雅之才者也不幸嬰風疾逝於京洛享年五十八向道之流聞之涕洟君及張房既没而狂胡起逆殘虐天下神祐善人安靜其終始乎終始之理至矣遊方之內爲哀遊方之外爲道或固然歟永泰二年余旅疾延陵故人之孫更來候余君孫子年十餘一身奉親孝敬和敏有先人風與余隣居炊汲相望候余小閒捧君之

集十卷詩賦贊序頌記策凡一百七十五篇咨余爲序睠之愴然且名之曰德元字之曰長宗昔許衛尉與徐孝穆友善衛尉孫善心年在童孺奉孝穆殘曲盡情理孝穆憐之延譽當時況德元在羇旅之中集先人文拜乎床下求宣往烈余於孝穆之感不其倍乎乃如其篇第因舉其行事以德元幼孤不知先父之執故爲備陳之

登頭陀寺東樓詩序

侍御韋公延安威清江漢舅氏員外象名高天下賓主相待賢乎哉王師雷行北舉幽朔太尉公分麾下之旅付帷幄之賓與前相張洪州夾攻海寇方收東越夏首地當郢匽吉語日聞喜氣塡塞於江湖生人鼓舞於王澤頭陀古寺簡棲遺文境勝可以澡濯心靈詞高可以繼聲金石二大夫會臺寺之賢擕京華之舊十有餘人粲如瓊華輝動江甸涉金地登朱樓吾無住心酒亦隨盡將以斗擻煩襟觀身齊物日照元氣天清太空無有遠近皆如掌內辨衡巫於點黛指洞庭於片白古今横前江下茂樹方黑春雲一色曰屈平宋玉其文宏而靡則知楚都物象有以佐之舅氏謂華老於文德忘其瑣劣使爲諸公敘事不敢煩也

詞達而已矣

江州卧疾送李侍御詩序

侍御歷總漢上湖陰江左之賦王府之入不匱愛人之頌有餘前相國劉公居佐帝庭行恤人隱侍御時賢高譽盛府舊僚傳檄速駕江城風動當天心厭兵品物思理將東貪狼之口掩破骨之傷濡足而前化危爲安此大丈夫懸弧四方之志與夫窺身漁釣山林枯槁異日論也天下有道貧且賤焉恥也今聖人在上夔龍宣力而老夫甘心貧賤得非人生窮達固有分耶方理舟潯陽追跡幽人解纓

綱陵顥淳雖病痼齒衰而神王顱頞之中齊榮辱一視聽是非哀樂無自入矣侍御忽告余行余知悒焉軫心豈紛累未滌將悲亦有道且以簪擊茶甌歌而餞之曰江沈兮雨凄凄洲渚沒兮元雲低傷别心兮聞鼓鼙

送十三舅適越序

舅氏適越華拜送西階之下俟命席端舅氏曰吾交侍御鮑君夫玉待琢者也知我者鮑君成我者鮑君是以如越求琢於鮑昔子路去魯告顔生曰何以贈我夫贈人以言古之道也況背楚山凌淛河覩會稽之險棹鏡水之波窺

禹穴之冥冥仰秦望之峨峨如不誡我汝將若何華拜手曰柔而立咎繇所以成九德也寬而靜師乙所以諧五聲也文犀明珠之珍伏於掌握之間此君子所以恢令名也再拜稽首

送房七西遊梁宋序

君子既學之患不能行也河南房敬叔其行之者歟我思古人之道其房君哉安親於羇旅之中講道於茅茨之下不改其樂以文會友吾與房也顔子屢空曾參衣敝聞宋之君子落落有奇節奇節發於仁義者也以顔曾之行求仁義之均勉旃斯有望

送薛九遠遊序

士之舒羽毛宣聲調不在高位在有道自王充元晏左思名盛當時價壓百代薛都卿以夷澹養素以文章導志自浙右游湖左一句一韻遍於衣冠江山爲之鮮潤烟景以之明滅其餘情性所得蓋古人之儔歟南陽有略兼有道之高元晏之道論其措意則王充左思豈其遠乎惠然訪余告以行邁將棹溪吴越濡札江嶠東南勝事落爾胷中況爲諸侯上賓知大夫之官族古所貴勉之哉病叟李遐

叔贈

送薄九自牧往義興序

中明檢而能曠年邁體衰而人罕知之陽羨山溪水潤海隅幽阻而人罕知之以中明之元姿默識陽羨之清漪秀石人乎哉清乎哉之子所以爲貴也詩者輔佐情懷其舊俗則泰伯之讓德延陵之高風因是而佐王孫緣物而興之遠也矣

送張十五往吴中序

邯鄲遐叔風病目疾家貧不能具藥爰以言自醫南陽張

士容引帽攝策晨告余行曰雖耕楚田而無稷費相里杭州刑部郎李君以道教我以文博我將求飦粥於二賢可乎余諗之曰嘗讀大雅美張仲之德子其後乎欲而求仁愚以爲可今賢士君子多在江淮之間吾子見二大夫必開館拂席聆相如之玉聲盡家之有無也不爾者人而不仁如禮何人而不仁如樂何息言息言此獲麟之絕筆也

送觀往吳中序

見觀送蘭州兄詩敬不踰節情而中禮是篇也得詩人之一端矣先王省方命太師陳詩以觀人風固非遠嶠之松

雪清江之雲月變也久矣將如之何觀其勉之在昔蘭陵府君平棘闕公柏人懿公兄弟三人有重名於天下鉅鹿蘭陵之穆也故揚州孝公後之觀之世父也高平平棘之嫡也吾後之宣成文昭公柏人之嗣也故中丞蘇州後之夫知卿大夫之族姓班位之高下見貴春秋而此道將亡自族之不知況他人乎觀於經感士丐鄭子之祖德於史慕子長孟堅之自敍羇旅無書往吳中蒐以備家傳之遺闕附之於篇吾病矣老矣是行也慰我祇命聿修之心永泰二年四月庚寅叔父華序

送何萇序

廬江何秀才棹流千里候余柴門執弟子見師之禮余竦然自愧何德以堪之意者賢大夫賈廬州待余異等談余過實是以致秀才神邁氣專文詞有調孤雲超忽逈出秋江若游公卿間必成名然赤光湛盧擬物冰斷其發也在礪磨而已用此申千里之報也何氏之先喆比干德通神明受策阜昌世爲大官有勳有德通追來孝亦以祝秀才也元老趙公華忝疇年之歡夫貴與尊議功論德不究其涯秀才將奉郡之命宣方面之烈我思古人實獲我心

臥疾舟中相里范二侍御先行贈別序

華與二賢早相得偕修君子之儒而獨無成偕勵人臣之道而獨失節偕遇文明之運而獨衰病天寶中奉詔廉軍政北至朔垂駐車山陰辱司徒公太尉公一盼之恩先時爲伊闕尉忝相公尚書約子孫之契不幸孤負所知虧頓受汙流落江湖於今六年大明升於陽谷幽蟄附於光輝元惡掃除太階如砥天下衣冠謂華爲相府故人詔書屢下促華赴職稽首震惶恨無毛羽左司員外郎張公侍御史相里公殿中侍御史張公監察御史范公嚴公望高職

雄持斧登車江湖霜清道路風起華也潦倒龍鍾百疾叢體衣無完帛器無兼蔬以妻子爲童僕以笠履爲車服並轂無由呻吟舟中大别之陽有焞龜之父揲蓍之老華請占命之厚薄乃裹龜囊蓍而言曰三靈人爲宗則人過於蓍龜也耳目主於心則心過於視聽也足下被儒者之服讀先聖之書與身消息足知性命胡爲而煩予予之二物不足占足下華病不能拜拳拳扣顙敬陳先生況服勤西方之教久齊生死之域言其外者則儒不成矣與匹夫同敗名節矣與墨劓同既衰病矣與廢疾同雖牽率危憊匍

匐顛沛君父含宏宰政不遺適爲朝廷之穢相府之羞也又安得恃爲故人哉其内者則大師微旨幸遊其藩甘露灌注於心源寶月照明於眼界無得之分可與進矣負薪之憂忍不爲言江亭憑檻平視漢皋武昌柳暗溢城花發一榮一枯有懽有感離别之念又焉得不悲乎四言詩雅之遺也以睨雅士盍以雅爲贈乎則知車馬佩玉之多反爲末也病夫李華序

欽定全唐文卷三百十六

李華三

中書政事堂記

政事堂者自武德以來常於門下省議事即以議事之所謂之政事堂故長孫無忌起復授司空房元齡起復授左僕射魏徵授太子太師皆知門下省事至高宗光宅元年裴炎自侍中除中書令執事宰相筆乃遷政事堂於中書省記曰政事堂者君不可以枉道於天反道於地覆道於社稷無道於黎元此堂得以議之臣不可悖道於君逆道

於仁黷道於貨亂道於刑尅一方之命變王者之制此堂得以易之兵不可以擅興權不可以擅與貨不可以擅蓄王澤不可以擅奪君恩不可以擅間私讎不可以擅報公爵不可以擅私此堂得以誅之事不可以輕入重罪不可以生入死法不可以剝害於人財不可以擅加於賦情不可以委之於倖亂不可以啟之於萌法案不賞爵紊不封聞荒不救見饉不矜逆諫自賢違道變古此堂得以殺之故曰廟堂之上樽俎之前有兵有刑有梃有刃有斧鉞有酖毒有夷族有破家登此堂者得以行之故伊尹放太甲

之不嗣周公逐管蔡之不義霍光廢昌邑之亂梁公正廬陵之位自君弱臣強之後宰相主生殺之柄天子擁九重之耳變理化爲權衡論思變成機務傾身禍敗不可勝數列國有傳青史有名可以爲終身之誡無罪記云

御史大夫廳壁記

君以文明照臨百官糾其邪職在邦憲由京師而端下國王化所繫不唯威刑御史大夫其任也用捨決於天心得失震於人聽舉直錯枉果而不撓則公卿屛氣道路生風率其屬以正於朝瞻我衣冠不仁者遠苟異於是爲君

子羞政之雄雌與德輕重故名公在位天下仰賴焉秦官有御史大夫在漢爲三公職副丞相丞相闕則大夫遷或名司空或復舊號史足徵也議大政必下丞相御史其廷署古曰府近曰臺其衣冠章綬品秩所視載於甲令聖朝臣唐虞高尚之賢內周漢不賓之俗登人於五福薦樂於九歌帝德廣運而瑞草生天威震動而神羊至故柱石骨鯁之老更拜焉距義寧至先天登宰相者十二人以本官參政事者十三人故相任者四人藉威聲以稜徼外按戎律者八人官或改稱大司憲臺或分爲左右肅政罷置不恆從所宜也開元天寶中刑措不用元元休息由是務簡益重地清彌尊任難其人多舉勳德至宰輔者四人宰輔兼者二人故相任者一人兼節度者九人異姓封王者二人尊號加孝德之明年樂成公自尚書左丞兼文部選崇德也昭融禮經嗣續文雅張仲孝友山甫明哲風度可以師長人倫動靜可以訓齊天下喬嶽鎭定嘉量平均心爲百行之宗體備四時之氣雅有之曰文武吉甫萬邦爲憲樂成有焉至若教行於無訟之前慮辨於未萌之始未萌而慮則求煩不獲無訟而教則何用不臧寬細瑕爲大體

復故事爲新政小人畏法君子夷心無隱情於國家無愧辭於神道堂堂乎大雅之素也初廳壁列先政之名記而不敍公以爲艱難之選將俟後人謂華嘗備屬僚或知故實授簡之恩至屬詞之藝寡無以允副非常之待所報者直質而少文天寶十四載六月十五日記

御史中丞廳壁記

皇帝受天明命垂五十年大道成俗黎人於變百官設而無事三辟存而不論振古未然也猶以爲成歲資於降霜律人本於持憲憲司之拜九數名實王猷其遠乎夫察風

俗平寃滯踣邪佞延俊賢云誰司之職惟御史御史亞長曰中丞貳大夫以領其屬士匄爲伯游之佐司馬乃今尹之偏古之制也漢儀大夫副丞相以備其闕參維國綱鮮臨府事故中丞專焉意者殄凶人之豪挾君子之道各行其志無所牽束行止與大臣絕位指顧則周行振聳政體定之晉宋元魏以還無御史大夫由是中丞威望愈尊禮有加等如火烈烈如霜肅殺不可犯也屬時清無獄朝尚寬政行葦忠厚王化根源周室仁及草木而愷悌流乎頌聲漢文雅好黃老而公卿恥言人過舉盛德而儀刑著矣

焉用察察缺缺以恫生人哉欲以此道行於軍旅故東西幕府皆兼大夫餘軍多假憲司之號聖皇之志也天寶中君臣於道德之間又新其化以尚書左丞張公爲大夫少府大卿庾公爲中丞天下翕然名教知勸大夫睦中丞也羽翮得清風之助中丞奉大夫也律呂本黃鍾之宮耆儒碩老罕云遇此盛矣二公中和備體沈潛經德易直且武溫文而清遵王路以整多方由身而貞百度此外盡餘事也古之制記者先諸德而後諸事至若命官之始省復之代名號冠綬之差祿秩位員之數辭尚體要況皆知之今不書省文也華昧學淺藝承命維谷羣言之首非所克堪然故吏也勉以酧德天寶十四載九月十日記

著作郎廳壁記

化成天下莫尚乎文文之大司是爲國史職在褒貶懲勸區別昏明故駉牧頌於魯侯祈招諷於楚子史官之任有述作蓋王者之元符生人之極教也昔沮誦倉頡爲黃帝史臣文字以興其來尚矣若南正北正建於顓頊羲氏和氏命於唐堯更虞夏商代序天地周官宗伯之屬有太史正歲年以序事小史奠系代辨昭穆內史受納訪以詔王

聽理外史達書名於四方前志所載有左史記事或箴王之闕或司過於朝所典不同其納君於善一也傳曰天子有日官則史逸史伯是也諸侯有日御則裨竈子韋是也倚相在楚南史在齊董狐在晉邦之司直也其事舉則三靈不愆其政息則百度惟危故先王貴之至於漢廷參用周禮太史公既歿其子遷紬金匱石室之文焉降及東京永平中特詔班固著作東觀繼其事者楊彪蔡邕由是太史但掌天文律歷而已小雅寢周聖人生魯道尊而文武將墜德至而天地不通感於獲麟嘆於與蜡爰制國典邱

明傳之因歷象以正時元假鬼神而討有罪善人勸焉淫人懼焉百代之英所由用也向若前代闕能文之史曠記事之官雖禹舜之烈無聞焉有國有家何以直道而行也魏太和年肇以著作名官爲中書屬晉元康年改隷祕書朝服單衣介幘始親職必選名臣傳歷宋齊梁陳官品第六元魏高齊周隋秩從五品魏則王沈以侍中兼之衛凱以尚書帶之至於有晉若史材之美陳壽自佐郎遷元舅之尊庾亮以中書領宋則徐爰何承天齊則沈約裴子野梁則陸雲公姚察陳則顧野王張正見後魏則崔光高允

北齊則邢子才魏收周則蘇亮柳虯隋則虞綽王劭皆一朝名選也貞觀初詔梁國文昭公鄭國文貞公統英儒盛才修五代史天子親垂筆削與春秋合符魏魏乎史氏之光耀也因是開館於內別立史官多以著作郎領帶其職而舊史所掌唯碑誌祭祝之文在焉然以其能綜羣言且居百乘出典下國轉爲郎官經緯斯文昭宣有政或上遷祕書少監或擢拜中書舍人固不易其任也天命元聖降而爲唐唐之建官罔非俊乂若虞永興德函大雅魏侍中才高王佐鄭吏部絕韻鏘鳴崔司業雄詞飛動皆歷焉今上兼帝王之極功總文武之能事思所以比崇軒皞紹美唐虞潤色乎大猷發明乎皇道問誰獻箴則賓客崔氏問誰執簡則恆傳吳公胡諭德遊刃詩騷韋庶子貫珠今古濟濟多士時惟秉文盛矣哉同風乎雅頌也名嶽已遷別封天柱舊章不改尚列周官登陟蓬萊之峯循環藏室之奧從容簡貴信君子保明宏道之司歟今大著作清河崔公名傑天寶三載自祕書郎拜閱天祿之圖書踐人文之苑囿澡身於三德研慮於六經執謙而光好善能澤惠風吟於秀水明月鏡於安流代爲元臣家曰茂緒壯宮室者

必鄧林之條幹乎以儒雅之姿從班蔡之後揮綽令譽達於清朝則百祿隨之曷其有極矣先是命官之記不列於齋以華職忝末班與聞前志拜命之辱敢敘官之守云時天寶七載二月辛亥記

杭州刺史廳壁記

唐虞之代四岳十二牧分掌諸侯宗周有方伯連帥之職秦有監郡漢魏以還初曰部刺史後曰州牧近代罷州牧復爲郡太守太守刺史無恆其稱職同九卿假以符節雖親如魯衛貴若周召任切安人往往除拜天寶中朝廷以

尚書郎人物之高選。二千石元元之性命。始以省郎臨大部。若密邇京師。或控壓衝會。萬商所聚。百貨所殖。將擇良吏。重難之。杭州東南名郡。後漢分會稽爲吳郡。錢塘屬隋。平陳置此州。咽喉吳越。勢雄江海。國家阜成兆人。戶口日益。增領九縣。所臨莅者。多當時名公。宋丞相劉僕射崔尚書之訏謨大政。其間劉尚書裴給事之盛德遠業。魏左丞蘇吏部之公望。遺愛在人。韋太原崔河南劉右丞侯中丞節制方隅。有事以來。承制權假。以相國元公。旬朔之間。生人受賜。由是望甲餘州。名士良將。遞臨此部。況郊海門池

浙江。三山動搖於掌端。靈濤歕激於城下。水牽舟。服陸控山夷。駢檣二十里。開肆三萬室。近歲災沴繁興。寇盜連起。百戰之後。城池獨存。王師雷動。元惡授首。乳哺疲人。分命賢哲。詔以兵部郎中范陽盧公幼平爲之。公體仁而清直方簡。亮文以輔德。武以靜人。澄曠有清江之姿。巍峩有秋山之狀。麾幢戾止。未逾三月。降者遷忠義。歸者喜生育。旌次讓利。轅門無聲。人咸曰休哉。以卿佐之才。遵王澤。敷德政。吾見其爲公爲侯。福履宜之。未見其極也。刺史冠服印綬。甲令載之。故不書。詞尚體要。古史之遺也。永泰元年七月二十五日記。

衢州刺史廳壁記

有漢已還。州統郡。郡或連十城。州或部十郡。江南多大郡。如會稽丹陽。鎮領遐濶。分置部都尉。自富春而南。太末一縣。抵於建安。今此州卽古會稽西部之地也。雖官明吏修。如曠阻何。厥後相因。損益無恆。時更亂離。罷置紛糅。聖朝字育元元。納於大中。自衢公纍單于。英公滅句麗。天下和平。戶口繁衍。元聖溥行葦蓼蕭之澤於下。廷延公卿議割州邑。謂疆與府近。則易爲理。人與吏親。則易爲安。以婺州

封畛爲廣。分置衢州。領六縣。猶爲大郡。近歲析玉山全邑。洎須江南鄉。益信州而不爲寡。去年江湖不登。玆境稍穰。故浙右流離。多就遺秉。凡增萬餘室而不爲衆。吳越地卑。而此方高厚。居者無疾。人斯永年。名山大川。旣麗且清。俗尚文學。有古遺風。國朝不以州領郡。郡與州更相爲號。遷復從宜。事之當也。置觀察之司而董臨之。此州長吏之選。甲於他部。忠貞之老。則武威公李僕射傑。親賢之望。則信安郡王禕。遺政行爲故事。名位光於屋壁。開元天寶中。始以尚書郎超拜名郡。賀蘭大夫爲之。李郎中爲之。自逆胡

悖天地之慈犯雷霆之誅賀蘭起北海之師郎中佐浙東之幕有文有武家頌戶歌元惡天討餘凶稔罪皇恩示以鈇鉞之威未即大刑以爲不教人戰是謂棄之乃分諸州置節度以鎮之州有防禦軍刺史爲之使俾與夫持節某州諸軍事名實副焉以此州密邇山陰爰隸浙東廳事馮高戟戶臨江武文左右麾幢成列千夫長百夫長上寮郡掾屬邑官吏進退無聲趨拜風生仕不登州談不爲榮凡爲州者儒不毅勇則頓威攻守所由敗也勇不儒和則失人邦國所由困也故二千石之任方今爲難至尊垂憂勤

於兆人延俊乂於高位以蘇州刺史陳郡殷公文可以成政武可以安人明斷良謀忠在王室其理也寬不容怠嚴不拒情清白貫於神明簡易契於黃老德必有隣歌聲室繼由是命公典此邦也至若建置城府之年月升降品第之等差風俗貢賦之宜男女提封之數圖牒備矣老幼傳之今之所書略舉勳德也元年建寅月二十一日左補闕趙郡李華於江州附述

常州刺史廳壁記

晉分丹陽爲毗陵後改爲晉陵隋置常州理之無何常熟隸蘇州始於晉陵置常州當楚越之襟束居三吳之高爽其地恆穰故有嘉稱領五縣版圖十餘萬望高地劇此關外名邦自狂虜肆亂江湖流毒地荒人亾十里一室天子詔宰政審可以安人者以工部侍郎贊皇公覽允(一作充)帝俞拜爲此邦昔齊人聞石相將至舉國大理贊皇東轅明詔先下吏愉人泰如時之春視之猶身歸者遍野贊皇公以爲易簡本乎悠久久於其道而化成封章上請求理三歲詔書寵異進品正議大夫優賢報功於時爲盛自吳通上國越盟諸夏秦裂郡國智如伍員才若鴟夷

以及我國家賢良臨州者甚眾未有濬河渠引大江漕有餘之波溉不足之川溝延申浦至於城下廢二埭之隘促數州之程海夷浮舶弦發望至出古人敘物之智見君子濟眾之心大矣哉一境清淨無爲而理此舉大略也漢制刺史部領郡國遷爲太守太守課最入爲公卿及魏晉以來或稱州牧國朝州刺史郡太守更相爲名親賢如寧岐邠諧如狄宋皆拜焉在部視侯伯入朝亞卿尹其車服皁蓋朱轓華蟲七旒進賢兩梁冠玉佩青綬古有銅獸竹使符太守不假節刺史臨兵則持節今雖無事亦稱使持節

戒不虞也降銅魚詔書合之代獸符也夫子門人高第者
衆唯稱雍也可爲諸侯至矣哉古之爲理本於德行贊皇
公秉心宣猷盡瘁王室愷悌君子民之父母爲王者輔宜
哉永泰二年二月庚戌贊皇公從子檢校吏部員外郎華
述

壽州刺史廳壁記

禹貢淮海惟揚州彭蠡三江在焉漢文帝封淮南王長子
安爲王都壽春卽此州也兩漢揚州刺史治於此州墠壇
猶在後魏盧潛爲揚州亦鎮於茲潛有惠政時人比之羊
祜厥後州境或南或北隨人推遷國朝一家天下華夷如
一壽春郡在淮南隸揚州其風俗山川可得而知也某年
以兼侍御史揚州司馬獨孤問俗爲壽州刺史公有德政
理外如內易不遺物周不害通忠孝簡於王室廉平聞於
天下剛克以順柔謹而肅公理州三年遷御史中丞鎮江
夏工部郎中楚州張緯之代公爲州牧某部郎中韋延安
代張典此州僉有政聞故書其事以慰楚人之心

京兆府員外參軍廳壁記

東漢中平以來王室多難元臣統戎括羣才而不遺徵衆

慮而從善故公府置參軍事雖位高八命權重三軍苟好
謀而成亦參於幕下迄於魏氏沿漢舊章洎有晉將殄夫
全吳石苞責禮於孫楚由是府朝致敬稍用下寮逮南北
分於帝郊華夷寢於王澤而此官之選益以衆矣及隋平
江嶺唐有天下聖人貴因循而重改作思豫備而戒不虞
故因其名而降之秩則殷周之損益可知也至若兩京垂
戒於四方府吏同體於郎署非夫公卿盛德之允才望當
仁之流不可膺其任今王國多士賢能歲益職員之外猶
以命之取類乎律呂起於黃鍾滄浪發於清漢人皆以爲
美也趙郡李諲碣石峯蘖臺楨幹嬰年聞禮敬睦傳於
家庭綺歲入官名節動於寮友斂以經德清而達和自懷
濟衆之心仍有封侯之骨嘉魚在藻良馬食苗知其人有
其位干雲萌於甲拆貫革兆於機張且曰清階因之故事
則鍾繇李允魏舒王邁事炳於前代韋僕射李大夫陸少
保杜尚書功宣於盛朝叔父侍郎發迹於河南黃門顧公
漸羽於京兆驥子躡乘黃之阜鵷鶵入威鳳之巢榮縻九
霄縱遊千里其可必也夫其職諧易簡道在中和高步同
於列仙彈冠預於朝會若乃簿書堆案則譽發轂中醪醴

蒲壺亦名高方外動靜皆適剛柔兩持是以爲從事者所貴師古之事車服盤盂畢聞旌記用垂後代飾布德音況朝之命官闕而不載以華聞於舊史請以直書故略其所知疑殆頗闕云爾

河南府參軍廳壁記

文與武邦之大司參以彌綸而果於折中軍以厲禁而闕其暴茂彌綸之謂文厲禁之謂武居一稱而兼二義參軍有焉漢車騎將軍張溫行司空專征關右始徵幽州刺史陶謙參軍事由是上將之府以爲常儀魏驃騎將軍石苞

鎮揚州晉文王命孫楚參苞軍事賓主降禮始於孫石時方用武則軍師之謀主天下乂安則府公之屬吏蓋因府郡之長使持節領諸軍故雖列曹悉以參軍爲號若以漢晉儔於聖代郡國比於神州則理亂不侔而小大相妨矣參軍自國朝以來躋盛位者數十人遠則僕射韋公師係中朝今則中丞蔣公澄清東夏用賢而衣冠焯敘踵武而聲度相隣選部所以較卿佐之才舉公侯之胄是以愼署斯職而要其德藝傳所謂仕而優則學學而優則仕處下僚而無咎悔從吏道而獲安閒差池鵷鷺之間宴息風雲之外矣京兆韋昱門高器全其文也若英敷華其武也長劍淬鍔朗玉調律鷙禽乘秋服楚傳之訓誡傳漢相之經術每從容府中或有異政雖不吾以必預咨謀如川決防如竹迎刃夫然則貴與壽功與名非斯人而誰護君子之所貴者名位不失其人聲聞不忘於後故蒐錄官族第其遷授俾將來俊茂有所觀焉時天寶九載九月十三日記

安陽縣令廳壁記

令長之位詳於漢官土地之宜列於禹貢談者備矣而詞人略焉則此官之職守此境之風俗可知也國朝之有天

下淇漳之間於京師爲近守宰之寄於元元最親故授署此官延至王庭曲蒙睿渥制令褒賜與內官同法清貫往往超拜天寶以來東北隅節度位冠諸侯按數軍鉦鼓兼本道連帥以河北貢篚征稅半乎九州邊於山戎歲備勍寇每置長吏朝廷特難之或操尚虧渝或中塗遷換或流亾未復或委罪刑書繇是使臣愼簡其人密表陳請鍾恩光於異土萃人物於東州不然何公方振羽青雲胡爲而在此堂也公以德行文學爲人倫羨慕清而道藝隣於昔賢自登封主簿撫有茲邑以西門沈巫爲不仁仲康解綬

爲能斷酌古中道爲今令圖下車無何休聞四塞他疆之人父母之居尸祝之則境內之歡可以心見君子哉至若由身立政謀近及遠邑人趨拜靜聞堂上之琴軍師往來潛預幕中之畫所利者大豈惟安陽夫然則繁纓曲縣衷旬四牡人所願也於公宜之記事者志盛德而旌善人今特書公何尊王命其春秋之義歟天寶十載記

臨湍縣令廳壁記

鄧爲天下扃鐍兩都南蔽秦漢以來多封將相姻戚故其人益豪疆內全邑曰南陽曰穰曰臨湍蓋古新城也穰州

府所理吏不暇息南陽領戶既寡姦俠所歸惟臨湍境清人間從仕者所樂開元裂此鄉三千戶爲菊潭縣天寶至德之間狂虜南侵南陽爲戰地地荒人散千里無烟猶以郵置之衝往復王命權置官吏招集疲人如寒資裘如餒併食聖朝臨下有赫哀撫兆人誅元凶清天下詔方鎮選良吏平昌孟威字承顏自左驍衛兵曹參軍本道節度使表爲此縣始至戶不盈百爲政七月盡室而歸者千餘家難矣哉古之爲政者先諸人後諸身先其人則人不勞後其身則身自逸承顏勤恤老幼而休息之損有餘補不足而煦育之人諭其心則不勞而理矣古之求士者觀諸其家知乃爲政承顏奉版輿冒虜塵北越鞏洛歸家於漢上又以清白之祿爲甘旨之資臣子之道卓然則其餘可知也今長品秩章綬人皆知之故不書今所書議能也寶應二年七月甲辰左補闕李華記

故中岳越禪師塔記

智之演者反照仁之大者無思反照而萬物同明無思而一切咸寂眞如住乎無住妙有生乎不生惟禪師至其極也禪師法號常超發定光於大照大師垂惠用於聖善和上證無得於敬愛闍黎司徒郭公舉爲東京大德御史中

丞鄭公表敷教於三吳乃沿漢至黃鶴磯州長候途四輩瞻繞請主大雲寺浩浩羣醉願霑醒藥於是以梵網心地還其本源楞伽法門照彼眞性判越之俗五都僑人有度者矣寶應二年暮春季旬之二日證滅於禪居縗杖百千江哀山悴凡入諸佛正位二十九夏存父母遺體五十九年門人寶藏熙怡等號擗香氈建塔東岡遵象法也禪師滄州人姚姓靈和應於海碣弱歲齒於儒者既而捨孔氏之經爲釋門之允聞西河攝護第一乃往從師次諸嵩潁

服勤上法理妙詞簡神凝道澂蓋六度之龜麟人天之海嶽也嗟夫雨寶之珠伏於泥下燎原之火隱在木中開示有期繼生宗範摩訶達摩以智月開瞽法雷破聾七葉至大照大師門人承囑累者曰聖善和上環注源流含靈福備乃灌其頂龍像如林及狂虜逆天兩京淪翳諸長老奉持心印散在羣方大怖之中人獲依怙則不言之教無爲之益廣矣大矣覺之正之黙茲元照不爲漢乎弟子司封員外郎趙郡李華泣舉雙林敬表仁旨時廣德二年正月六日。

盧郎中齋居記

鴻鵠遡清風陵顥氣翺翔自得於冥冥之間故虞衡矰繳不能爲患甘芻豐秣羈縶駿驥首冠銜鍚身被纓纕力方盛也騁於康逵及其殆也困於鞭箠由是智者高鴻鵠而卑駿驥豈安而論之哉今凶渠假息五兵未偃廟堂有風力之臣征鎭皆方召之老則仁人靜士戢伏自持各其志也尚書左司郎中嗣漁陽公盧振字子厚奉世德而聿修之味道風而遊泳之處於九江南郭荒榛之下不貽害於身不假力於人夷堆墆塡窪穽尋尺無遺林草木不移植書堂齋亭成於指顧高松茂篠森於門巷宴然燕居勝自我得君子出則行其志也公以瑚璉之器爲郎官以干將之斷宰赤縣君子入則善其身也公就鴻鵠之冥冥捨騏驥之馳騁況大江在下名山當目嘉賓時來攜手長望可以頤神養壽暢其天和浴乎沂風乎舞雩吾與點也尋陽僑舊推仁人焉推智者焉廣德二年四月五日趙郡李華記

賀遂員外藥園小山池記

悅名山大川欲以安身崇德而獨往之士勤勞千里豪家

之制殫及百金君子不爲也賀遂公衣冠之鴻鵠執憲起草不塵其心夢寐以青山白雲爲念庭除有砥礪之材礎礩之璞立而象之衡巫堂下有畚鍤之墢圩塓之凹陂而象之江湖種竹藝藥以佐正性華實相蔽百有餘品鑿井引汲伏源出山聲聞池中尋竇而發泉躍波轉而盈沼支流脈散而滿畦一夫躡輪而三江逼戶十指攢石而羣山倚蹊智與化侔至人之用也其間有書堂琴軒置酒娛賓卑痺而敞若雲天尋丈而豁如江漢以小觀大則天下之理盡矣心目所自不忘乎賦情遣辭取興茲境當代文士

目爲詩圃道在抑末敦元可以扶教趙郡李華舉其略而記之

鶚執狐記

某嘗目異鳥擊豐狐於中野雙睛燿宿六翮垂雲迅猶電馳厲若霜殺吻決肝腦爪劃腎腸昂藏自雄倏欻而逝問名於耕者對曰此黃金鶚也何其快哉因讓之曰仁人秉心哀矜不暇何樂之有曰是狐也爲患大矣震驚我姻族撓亂我閭里善逃徐子之盧不畏申孫之矢皇祇或者以其惡貫盈而以鶚誅之予非斯禽之快也而誰爲悲夫高

位疾僨厚味腊毒遵道致盛或罹諸殃況假威爲孼能不速禍在位者當洒濯其心祓除凶意惡是務去福其大來不然則有甚於狐之害人庸忸於鶚之能爾

李華　四

質文論

天地之道易簡易則易知簡則易從先王質文相變以濟天下易知易從莫尚乎質質弊則佐之以文文弊則復之以質不待其極而變之故上無暴下無從亂記曰國奢則示之以儉國儉則示之以禮禮謂易知易從之禮非酬酢裼襲之煩也儉謂易知易從之儉非茅茨土簋之陋也蓋達其誠信安其君親而已質則儉儉則固固則愚其行也

豐肥天下愚極則無恩文則奢奢則不遜不遜則詐其行也痼瘵天下詐極則賊亂故曰不待其極而變之固而文之無害於訓人不遜而質之艱難於成俗若不化而過則愚之病淺於詐之病也無恩之病緩於賊亂之極也故曰莫尚乎奢也奢而後化之求固而不獲也利害遲速不其昭昭歟前王之禮世滋百家之言世益欲人專一而不爲詐難乎哉吉凶之儀刑賞之級繁矣使生人無適從巧者弄而飾之拙者眩而失守誠僞無由明天下浸爲陂池蕩爲洪流雖神禹復生誰能救之夫君人者修德以治天下

不在智不在功必也質而有制制而不煩而已太康啟子禹孫當斯時有堯舜遺人親受禹之賜國爲羿奪內則夏之六卿外則夏之四岳而羿浞愚弄鬬爭內外默然一以聽命至少康艱難而後復由是觀之則聖有謨訓何補哉漢高除秦項煩苛至孝文元默仁儉斷獄幾措及武帝修三代之法而天下荒耗則文不如質明矣漢氏雖歷產祿吳楚之亂而宗室異姓同力合心一舉而安且漢德結於人心不如夏家諸呂吳楚之强倍於羿浞安漢至易而復夏至難何也周德寖衰周公大聖親則管蔡爲亂遠則徐

奄並興四夷多難復子明辟兼虞夏商之典禮後王之法備矣太平之階厚矣至成王季年而後理唯康王垂拱囹圄虛空逮昭王南征不返因是陵夷則郁郁之盛何爲哉周法六官備職六宮備數四時盛祭車服盛飾至於下國方五十里卿大夫士之多軍師之衆大聘小聘朝覲會同地狹人寡不堪覲謁大何得不亂小何得不亡記云周之人强仁窮賞罰故曰殷周之道不勝其弊考前後而論之夏衰失於質而無制周弱失於制而過煩故也愚以爲將求致理始於學習經史左氏國語爾雅荀孟等家輔佐五經者也及藥石之方行於天下考試仕進者宜用之其餘百家之說讖緯之書存而不用至於喪制之緣祭禮之繁不可備舉者以省之考求簡易中於人心者以行之是可以淳風俗而不泥於坦明之路矣學者局於恆教因循而不敢差失毫釐古人之說豈或盡善數骨肉之罪而褒叔向不忍聞之言而書昭伯敬龜筴之信而陳僕句使不仁之人萌芽賊心而仁義之士閉目掩卷何如哉其或曲書常言無裨世教不習可也則煩潰日亡而易簡日用矣海內之廣兆民之多無聊於煩彌世曠久今以簡質易煩文

而便之則晨命而夕周踰年而化成蹈五常享五福理必然也孔子言以約失之者鮮矣與其不遜也寧固傳曰以欲從人則可記曰大樂必易大禮必簡顏子曰無施勞經義可據也如是爲政者得無以爲惑乎

三賢論

或曰吾讀古人之書而求古人之賢未獲嗟夫退叔謂曰無世無賢人其或世教不至淪於風波雖賢不能自辯況察者未之究乎鄭衛方奏正聲間發極和無味至文無彩聽者不達反以爲怪譎之音太師樂工亦皆失容而止晏

都之姿雜於顑頷被緼絜蒙蕭艾美醜夷倫以爲陋此二者既病不自明又求者亦昏將剖其善惡在遷政化端風俗則賢不肖異貫而後賢者自明而察者不惑也余兄事元魯山而友劉蕭二功曹此三賢者可謂之達矣或曰願聞三子之略遐叔曰元之志行當以道紀天下劉之志行當以六經諧人心蕭之志行當以中古易今世元齊愚智劉感一物不得其正蕭呼吸折節而獲重祿不易一刻之安元之道劉之濬蕭之志及於夫子之門則達者其流也然各有病元病酒劉病賞物蕭病貶惡太亟奬能太重元

奉親孝居喪哀撫孤仁徇朋友之急莅職明於賞罰終身貧而樂天知命焉以爲王者作樂崇德殷薦上帝以配祖考天人之極致也而詞章不稱是無樂也於是作破陣樂詞是樂也協商周之頌推是而論則見元之道矣劉名儒史官之家兄弟以學著稱乃述詩書禮樂春秋爲五說條貫源流備今古之變推是而論則見劉之濬矣蕭以史書爲繁尤罪子長不編年陳事而爲列傳後代因之非典訓也將正其失自春秋三家之後非訓齊生人不錄次序纘修以迄於今志未就而歿推是而論則見蕭之志矣元擬師保之席贍其形容不俟其言而見其仁劉被卿佐之服居賓友之地言理亂根源人倫隱明參乎元精而後見其妙蕭若百鍊之鋼不可屈折當廢興去就之際一生一死之間而後見其大節視聽過速欲人人如我志與時多背恆見詬於人取其中節之舉是可以爲人師矣學廣而不偏精其貫穿甚於精者又文方復雅商之至當以律度百代爲任而古之能者往往不至焉超蹈孤厲不可謂不知言也茂挺父爲莒丞得罪清河張惟一時佐廉使按成之茂挺初登科自洛至莒道邀使車發詞哀乞惟一涕下卽

日捨之且曰蕭贊府生一賢才資天下風教吾由是得罪亦無憾夫如是得不謂之孝乎或曰三子者各有所與遊乎遐叔曰若太尉房公可謂名公矣每見魯山則終日嘆息謂予曰見紫芝眉宇使人名利之心盡矣若司業蘇公可謂賢人矣每謂當時名士曰使僕不幸生於衰俗所不恥者識元紫芝廣平程休士美端重寡言河間邢宇紹宗濬明操持不苟宇弟宙次宗和而不流南陽張茂之季豐守道而能斷趙郡李萼伯高含大雅之素萼族子丹叔南誠莊而文丹族子惟岳謨道沈遼廉靜梁國喬潭德源昂

昂有古風宏農楊拯士扶敏而安道清河房垂翼明志而好古河東柳識方明遐曠而木是皆慕於元者也劉在京下嘗寢疾房公時臨扶風聞之通夕不寐顧謂賓從曰挺卿（集本作柄卿英華亦作柄卿注云唐書作捷一作挺）若不起無復有神道尚書劉公每有勝理必詣與談數日忘返退而嘆曰聞劉公清言見皇王之理矣陳郡殷寅直清有識尚恨言理少對未與劉面常想見其人河東裴騰士舉精朗邁直弟霸士會峻清不雜隴西李廣敬仲堅明冲而粹范陽盧虛舟幼直質方而清潁川陳譏言士然淡而不厭吳興沈興宗季長專

靜不渝潁川陳兼不器行古之道渤海高適達夫落落有奇節是皆重於劉者也工部侍郎韋述修國史推蕭同事禮部侍郎楊浚掌貢舉問蕭求人海內以爲德選汝南邵軫緯卿詞舉標幹天水趙驊雲卿才美行純陳郡殷寅直清達於名理河南源衍季融粹微而周會稽孔至惟微述而好古河南陸據德鄰恢恢善於事理河東柳芳仲敷該練故事長樂賈至幼鄰名重當時京兆韋收仲成遠慮而滚南陽張有略維之履道體仁有略族弟邈季遐溫其如玉中山劉穎士端疎明簡暢潁川韓拯佐元行備而文樂安孫益盈孺溫良忠厚京兆韋建士經中明外純潁川陳晉正卿滚於詩書天水尹徵之（集本英華作徵之英華又注云一作徵）誠明貫百家之言是皆厚於蕭者也尚書顏公重名節敦故舊與茂挺少相知顏與陸據柳芳最善茂挺與趙驊邵軫洎華最善天下謂之顏蕭之交殷寅源衍睦於二交之間不幸元罷魯山終於陸渾劉避地逝於安康蕭歸葬先人歿於汝南今復求斯人有之無之是必有之而察之未克也三賢不登尊位不享下壽居易委順賢人之達也不蒙其教生人之病也予知三賢也滚故言之不作云

正交論

上古無文飽於和氣從化而避何交之哉至於善惡分利害競而後有交交天命也疏附奔走之友夫友天縱也亦然微鮑子之知管氏則諸夏遷爲左衽無歸生之說屈建則椒舉死於他國大者濟天下叔牙夷吾是也小者全宗族聲子伍舉是也慈明奉元禮一如大人眞長喪仲祖臨柩動色由是近於骨肉之恩不止交遊而已矣王邑崇繼前好父事君卿梁松恃貴遺舊構陷伏波兩存其道而後兼善是知人事艱難僅發於造次生死變禮不必更時代

朋友漸於講習緣情而親於我爲重憂危相急仕進相推望而不從厚實生怨詩曰喪亂既平既安且寧雖有兄弟不如友生美道義相成也又曰將恐將懼維予與汝將安將樂汝轉棄予哀勢利相傾也三代之教自家刑國樹之以經師啟其心而身修則家事理次定朋友端其性術攝稱從之聲與實諧次諸侯無敢不貢士及於政是以富有賢哲動符六經王澤既衰小雅皆廢諸侯無貢士之理司馬無論材之政猶或先王教存國有君子聖人生於魯七十子遍遊諸侯文武之道曀而復明孔伋孟軻之徒無不

儒尊漢代人心尚樸辟署由州郡公府往往有奇節駭俗之士東京宗祖好學海內翕然是以王室多柱石之臣交遊有死生之友降及魏晉亦未甚踰近代無鄉里之選多寄隸京師隨時聚散懷牒自命積以爲常吠形一發羣響雷應銓擢多誤知之固難使名實兩虧朋友道薄蓋由此也況衆邪爲雄孤正失守誘中人之性易於不善求便身之路庸知直道不從流俗修身俟死者益寡焉加以三尊闕師訓之喪朋友無寢門之哭學府無衰服之制禮亡寖遠言者爲非人從以偷俗用不篤弊在不專經學淪於苟

免者也師乏儒宗則道不尊道不尊則門人不親友非學者則義不固義不固則交道不重選不由鄉則情不繫府情不繫府則舉薦寡恩三者化人之大端而情禮盡曠徼倖道長而純愨道消悲夫禮首於冠而成人筮日筮賓即事於廟同師之友鄉邦之族醮而禮之遂相與字之身何以不嚴友何以不敬雖有暴慢無自入焉嗚呼士大夫略之禮墜於地久矣信義不厚斯有漸歟後進未較是以非僻者多附成而遠敗成或非經敗或非義三代之理不能無是矧弊末乎於是大雅之友掃除無妄之交風動利招

則不悔機網名眩則甘心鼎鑊傾之以勢則不畏於天地餌之以權則忍絕其親愛苟患失之無所不至故詩有谷風之刺禮有邦朋之禁以此防人猶或踰之嗟夫奇巧鉤情者明哲所惡鋒芒逆物者道家不取受施忘惠者仁義之蠹跡均心異者蠻貊之俗面附背攜者人道所棄遠賢奔利者商販之行俞可强不者僕妾悻性愛子遺親者犬彘之心若然者無代無之嗚呼至交之道殆絕乎如有唱而無應非唱者過也善交者不好甘而惡辛貴棄同而即和鮑叔潔廉而管敬仲三歸至知之契故無與二君子不

器交議宜然義在切切偲偲匡救其闕善則輔宣之過則規誨之不從則一心以蔽之不幸寘於刑辟則生死以全之傳曰朋友無大故不棄此之謂也苟能久要之約必存平生之言可復如樓護終身與呂公同食張裔養楊恭母如親則家室有歸人誰虞死古者言之不出恥躬之不逮也行之難言之得無訒乎務省諸身而已矣

卜論

天地之大德曰生舜好生之德洽於人心五福首乎壽麟鳳龜龍謂之四靈龜不傷物呼吸元氣於介蟲爲長而壽

古之聖者刳而焌之觀其裂畫以定吉凶殘其生勦其壽旣勦殘之而求其靈夫何故愚未知夫天地之心聖達之謨靈之壽之而夭戮之脫其肉鑽其骸精氣復於無物而貞悔發乎焦朽不其反耶夫大人與天地合其德與日月合其明與四時合其序與鬼神合其吉凶不當妄也壽而夭之豈合其德乎因物求徵豈合其明乎毒靈介而徵其神豈合其序乎假枯殼而決狐疑豈合其吉凶乎洪範曰爾有大疑謀及卜筮聖人不當有疑於人以筮也夫祭有尸自虞夏商周不變戰國蕩古法祭無尸尸之重於卜則明廢龜可也又聞夫鑄刀劒者不成則屠犬衅血而祭之被髮而哭之則成而利蓋不祥器也其神者躍爲龍蛇穿木石入泉源以至發炯光聲音人不能自神因天地之氣化天地之物而爲神固無悉然是亦爲怪古者成宮室必落之鐘鼓器械必釁之豈神明貴殺享膻腥歟今亡其禮未聞屋室不安身而器物不利用由是而言則卜筮陰陽之流皆妄作也夫潔壇墠而布精誠求福之來緬不可致耕夫蠶婦神一草木禱一禽畜鼓而舞之謂妖祥如答實歟妄歟犧文之易更周孔之述以爲至矣楊子雲爲太元

設卦辨吉凶如易之告若使後代有如子雲又爲一書可筮則象數之變其可旣乎專任道德以貫之則天地之理盡矣又焉假夫蓍龜乎又焉徵夫鬼神乎子不語是存乎道義也

四皓讚

時濁代危賢人去之商洛深山鸞鶴潛飛漢以霸興皇王道衰玉帛雖至先生不歸吾非固然可動而起厖眉皓髮來護太子至尊動容奪嫡心已四賢暫屈天下定矣返駕南山白雲千里

隱者讚七首

嚴君平

先生冥冥隱於卜肆宗師老氏精究易義爰衣爰食止足非利垂簾燕居默養真氣誨人不倦人悅其風曖昧柔剛在我域中心與世遠事與人同不臣大君不友上公在貴反賤齊明若蒙遠哉遠哉微妙元通弋者何為仰慕飛鴻

嚴子陵

五彩雖美玉不汙質光武盛明子陵不屈羊裘魚釣以此終日網羅遍野乃致雲鴻降尊申舊延卧禁中舒體展肢

加於帝躬星官告占天下聞風富春長往漱濯清江

申屠子龍

齊宣燕昭折節下賢羣儒畢至冠帶森然天子尊崇盛於堯年爰及暴嬴書焚人坑東漢祖宗悉尚儒生生徒橫議公府畀名肆其吻端以正鈞衡物極變興子龍遐徵身全道高惟智惟明

陳留老父

去危圖安危則不隕渴而後汲力亦隨盡麒麟遐步終日不踠逃刑諸生自脫何晚溪乎智叟孤遊冥遠

管幼安

我蠶我衣我耕我食推心而動神佐正直溟波不沈仗此之力島夷弁服移我淳德衡門棲遲台佐讓職時非吾世語不如默

留侯

孺子心壯陰讎國冤結客飛椎天下雷喧神付幽符帝納密言去則項亡就則劉興唯天有鑒類日之昇元機靜運四海波澄絕粒謝時方追赤松強為國起鎮定東宮安危在我萬古清風

皇甫義眞

桓靈政昏孽因宦者黃巾四起血流天下京師動搖鬼哭匝野義眞受鉞誓衆而前即日掃除京觀如山渠帥已死破棺折元謳頌風興家邦獲安世故紛紛罕有令人既成其勳又保其身東漢純臣嗚呼義眞

先賢讚六首

管敬仲

小白圖霸尊周服楚聿求仁智扶我此舉叔牙知人拔管於魯一言而合爰制師旅布命諸侯威行九土周王南面

列國來朝朝服濟河心無動搖束髮左衽遷乎一朝邢歸衞存楚貢包茅懸車北討山戎遁逃三歸備職不足累德七子仕楚後人霑臆

隨武子

周衰晉霸世有哲卿范武在秦晉國如傾將中軍師世主夏盟典禮攸興刑政以清神歆正詞國賴直清諸侯朝貢楚不敢爭告老歸政身全德明溥傳嵩岱首冠春秋楚子歎息趙文綢繆馨聞百代風暢春流

東里子產

荆王晉侯虐我小邦南則荆侵北則晉攻捄首捄尾蹶不能起當災獲瀍國氏之子孫明內斷頌興謗止入陳事周權禮並理諸侯新睦霸主悅喜遺愛不忘我行溱水

鴟夷子皮

龍蟠幽谷潛伏非時蟬蛻高枝飲露而飛進如風行退若雲歸冥冥其義幾赫其歸疑小越霸興强吳蕩夷功成不居先生傳之

樂生

明明昭王文武樂君君臣相趨龍起雲蒸既佐弱燕削恥南伐風驅雲鼓齊國瓦裂弔厥罷人旌其故節宗彝樂器歸獻燕闕化弱爲强摧堅俾拆鎮以仁義期之感恍梁趙屛風秦楚弭節天厭諸姬燕不可扶昭王不祿樂生道孤讒行將換齊復爲都季命隣君告謀燕痛詞而泣義貫於天勁飈遐舉攝讐將奔趙王慙羞故國獲存赫赫高皇戎輅北轅徘徊趙墟封其子孫遺風可師名教之源

謝文靖

在昔符秦將霸晉邦百萬雷行飲馬竭江淮岌業力屈則降謝公從容子弟董師以少擊多一鼓殲夷

二孝讚并序

靈武二孝曰侯知道程俱羅目不覩朝廷之容耳不聞韶夏之聲足不登齊魯之境所見戎馬旃裘參於夷狄而能生養以孝歿奉以哀穿壙起墳出於身力鄉人助之者哭而反之廬於塚次號泣無節侯氏七年矣程氏三年矣根於天性陶我孝理其至乎哉埃垢積首草生髮間每大漠晨空連山夜寂人烟四絕虎豹與隣擁墳椎膺聲氣咽塞下入九泉上徹九天背爛心朽皮枯節攣草木先秋而凋落景氣不時而凝閑殊鳥異獸助之悲號萬物有極此哀

無窮大哉二子能以孝終始乎語曰孝如曾參不忍離於親生不忍離歿忍離之哉二子之孝過於曾氏矣昔吳起忍與母盟陳湯忍匿父喪起謀復楚霸而戮死湯功釋漢恥而囚廢神道昭昭若何無報九州之衆誰非人子踐霜露者聞風永懷士有感一諾一顧猶或與之死生嘉一草一木猶或爲之歌詠而況百行之宗終天之感乎華奉使朔陲欲親往弔焉屬河凌絕渡顧言不果憑軾隔川寄聲二孝因爲讚一章敢旌善人以附惇史其文曰

厥初生人有君有親孝於親者爲子忠於君者爲臣兆自

天命降及人倫背死不義忘生不仁愚及智就爲之禮文禮文不能節其哀繫道德之元純至哉侯氏創鉅病殷手足胼胝成此高墳蔬果爲奠茅蒲爲茵其奉也敬其生也貧大漠黃沙空山白雲栢庭既夕松路未晨冠戎接境豺虎成羣夜黑飈動如臨鬼神哭無常聲迴徹蒼旻風雨漂搖支體鱗皴色慘義蒿聲酸棘薪苴斬三年爾獨終身邑子程生其哀也均顧後絕配瞻前無隣冬十一月浮冰塞津吾將唁之其路無因寄誠斯文揮涕河濱

靈濤讚

泱泱靈川滄溟一支每歲八月雄濤應期昧爽風生凜若切肌淒清陰渰曠朗陽晞雪山潢江神物驅之萬里齊足千車並馳雷破天動山搥地移湯室雲分却躍鷺飛突象蹉切奔鯨合離踣逃夔魖竄蟄龍罷共工折柱武安行師羣源委會祥怪叢滋熾毒乘人帝降明威一日再至洗其纖疵仲秋大至以蕩以夷世稱伍員忿憾而爲肇開混元寧莫常斯惟天陰騭日用不知是述是讚嗚呼慎詞

李華 五

言毉

晉侯方圖秦既而有疾秦伯使毉和視之將行戒之曰隣國相病大夫何以爲行對曰臣不發藥石請以詞痊晉侯而國無害秦伯悅以卿禮遣之和至於晉晉君幄銅鞮之宮憑豐肥倚柔容更衣被珠玉者百許人膳夫列鼎於庭而後延客客辭曰始受命於寡君以除君疾爲役今大國反以色與食病臣非臣所及也中軍師對曰此寡君待先

生之禮也不意爲過敬惟所擇客曰臣轡而馳千里形甚勞而氣不足所欲者酒一盛果一器腒鱐佐飯而已其餘不敢煩大國再拜受賜而診之曰君聲流而陽氣濁而浮色寒而容壯與楚王相若亦可爲也亦不可爲也晉侯曰楚子何如而方寡人客曰臣嘗聘楚楚境大而富山川林藪之盛踰淮而竟南海晉與齊秦不敵也晉侯曰寡人未嘗涉楚且置楚王願聞其國之説客曰君不念臣亦未究楚封疆之事直以所見言之楚也近郊去郢尚三百里引車登岡平視諸宮丹素燭天仰不見空如水漂浮半在其中滄波動搖低昂隨風藹藹南極山松不盡乍伏乍起參差高卑流雲重輕或滅或明道路緜緜縈山繞川車蓋如軒稍覺登原赤霄冒頂舉手摩天向之高者乃在車下陰谿冥冥投石無聲狀其乳苑之內則連山黤以當戶容杳杳而業業若堅刃與慢塗呀將折而復合露封隙之欹空聲小往而大答聳崖峴以日爌穿偃仆而雲罯濱江臯衍百里芳草往往白沙日炙晶溔綠野芊緜走舉蒼連箘簵梗梓橘柚之林密孕元氣寒暑若一翳不流風幽不漏日猨狙飛走經息百態啾啾互號終昕竟晦墜英紛目如雪

蔽路四望無人移足沒屨黃鳥時鳴白鷳飛度臨險瞰江江隗爲潭废废不動常有神怪鼉魚涵泳露鱗出介纖草以颸風颭波起崩濤迸沫勢不得止精怖魂怕毛骨洗然攀木瞑眸猶懼踣臬頹麓疎宂繁源鼻歕支流灣灣合注湯湯晝夜有聲當暑清涼透崖撲湍躍而後逝初疑可及忽似無際旋眩迴榻溯泊宂宕覗石敲磨火發川上纔更又亟傾沙委浪白烟微蒼通波滿望澹澹灔灔久而生垠淅淅飛雨冥冥起雲沉湘春生蒼梧日晚聲與聽盡色隨望遠蘋荇荷華組繡一川愕羽族之多名紛合散於水間

泛隨流而將下時逆浪而復還喧呼雷駭沈起雲翻兩不相傷貌豫體開緣涯疊觀照江成霞碧水漣漪淩漫見沙旁經闌闠溢浸欄檻上有嬪嬙繇音入雲侵杳耿而將絕隨隤風而復聞齊宋鄭衛之樂張於宮中撞金擊石草木競發堅城雉圻崇山峯墜鳥獸狂悸淮湖皆沸首飾戴千金一膳傾千家恥不相及者以粒計倉稌之衆半於平人秣馬之費倍於粗入其餘奇麗之富奉養之侈率與是侔楚王甚泰而楚人甚病申叔請老而不與政言未畢晉侯紓氣而伸幹曰向先生言亦可爲也何哉客曰此未足累

楚故曰可爲也若張而無厭則不可爲也晉侯色生力起斥御者撤膳羞而請曰先生終說寡人病幸閒矣客乘時而動之曰楚使令尹司馬理兵於北疆以臨弊邑弊邑大夫少者則請開關以戰老者則曰君務息人楚恃其富強因傷生欲未足畏也寡君乃發府將賜而四境寡小或以四時之用爲請寡君曰是出於人而歸於人無人則無是夫何愛焉申命上大夫布幣於人而謝之曰孤不德使爾父兄子弟不自保於楚師故罄以相勞秦人感君皆泣婦人處子亦請執兵報楚楚朝聞而夕卷師君臣震伏而受職於秦此先王不戰之術也晉侯洸然以楚事而照於晉遂輟謀秦由是大國修好小國來朝戎狄皆附客果以詞痊晉故曰言醫

賢之用捨

上之於賢也患不能好之好之也患不能求之求之也患不能知之知之也患不能任之任之也患不能終之終之也患不能同其心而化於道是故士貴夫遇懼夫遇而不盡也

君之牧人

古之帝者非不欲厚其養泰其身固揣於變化之原而要之以極亦至矣蓋以爲上逸則下困困百衆而逸一人非天意也極非天意亦不忍爲也故下逸而上困帝者甘心焉況百姓逸君孰與困書曰元后作民父母父母勞於養子則襁褓之疾弭闕則父母之心泰推是而求之聖人志於儉薄不得不爾也

國之興亾

爲國者同於理身身或不和則藥室之鍼灸之若夫扶病而不攻疾病則斃扶之者屍也齊隨之亡也以貞於終始

爲惑苟而無恥爲明慢於事職爲高賢見義不爲爲長者繩違用法則附强而潰弱也議於得失則異寡而同衆也尚學希古謂之誕趣便中時謂之工觀其燥濕而輕重之俟其成敗而褒貶之肉食之尊以滋味餬其口忍危亾而僥祿利自是而下則曰上司猶如之我於國何有設能憤發則逆爲備豫動閡關束氣沮志衰亦從以化倖於生者炎炎而四合死於正者求援而無繼麒麟悲鳴鳳鳥垂翅鴟鼓害翼犬呀毒喙則虵鴆虎狼之幟其可向耶嗟乎心腹支體一也爲病者萬焉雖有岐緩而不請岐緩視之而

不救噫齊隋不亾得哉返是而理則王道易易也

材之小大

攀巢之雛羽翼將成習飛而從其母不幸爲烏鳶所震墮於塵轍閭閻之家有侈女焉琱車繡茵過於中陌遇而憐之藏以玉筒粒以紅稻胡然而然材小爲貴養而翫之易爲力也充軛之牛望若山行其生也任重致遠以利天下其死也筋角皮骨皆爲器用水旱寒暑之不時艱難驅走登降重岡踣起塗潦蹄離節坼力氣皆頓病矣目猶睨人盜鳥爪其背嘴其肉猶恨喙噉之未遑鴟鴉而相呼羣犬引其腹胃猘猘而爭之車馬往復於傍以千萬計不顧也胡然而然材大爲累扶而救之難爲功也向若不殫斯須之勞而存之其利固厚矣悲夫材之大也爲累材之小也爲貴戾於理悖於道莫甚焉君天下者辯而返之則不世而仁矣

字訣

或有人示以文卷者中有小學說一篇其略曰鴻文先生坐於堂上手執經一卷弟子以次立先生講既已而爲文焉示於衆子則不善書也小學家流曰先生通儒也而弗

能字學何哉鴻文先生方隱几聞是言也笑而召之責曰夫儒之立身以學乎以書乎苟其書則孔子無以加也且止云典籍至是則無聞也爾徒學書記姓名而已已乎已乎華既覽之心曠曠然思有以喻故作論云

夫六藝中此爲難事人罕曉其奧予非能也亦嘗聞其旨蓋用筆在乎虛掌而實指緩衄而急送意在筆前字居筆後其勢如舞鳳翔鸞則其妙也大抵字不可拙不可巧不可今不可古華質相半可也鍾王之法悉而備矣近世虞世南深得其體別有婉媚之態凡云八法學者悉善于有

二字之訣至神之方所謂截拽也苟善斯字逸少伯英彼何人哉噫諒哉書功之深人之難能知也是歟曷可已乎

四皓銘

天靜地一默成四時人妙其用三靈推移遯蛻秦禍出扶漢危道不可屈南山採芝抱和全默皆享期頤山下水濱四墳纍纍悚慕元風徘徊古祠

唐丞相太尉房公德銘

元宗季年逆將持兵天錫房公言正其傾羣凶害直事乃不行虜起幽陵連覆二京帝慈蒸人避狄西蜀爰命撫國

理兵北朔登賢爲輔讓子以纘公賫冊書亦捧瑞玉聖人神聖天地咸若子孝臣忠元元踴躍命帥中軍謀殲羿浞人或有言志屈道行公曰不可屈則佞生柄不在公衆昏曈明退師儲宫出守函谷入爲尚書正色諤諤又剌汾澮遽臨彭濮何負而東何負而西公受挫抑邦人悽悽帝懷明德俾我不迷徵拜秋官僉曰休哉薨殂閬中國瘁人哀喬嶽隕躋輔星昏霾天子洟涕追崇上台巖巖岱宗瞻其峻極赫赫房公尊其盛德昔撫宜春列邦是式建銘江濱以慰南國

台州乾元國清寺碑

天寶十五載逆將犯闕虜塵翳郊廟上皇哀蒼生避狄幸蜀皇帝誓復君父之恥理兵於朔方避狄仁之盛也復恥孝之大也惟仁盛孝大故不逾年而收京師奉陵寢凶孽走而天降之戮化氣和而人至於道巍巍乎堯舜之烈不足比崇天子齋心元默運行慈煦爲元吉卿士妙講化之宗以爲五帝三王之道皆如來六度之餘也厥初生人降及中古君臣父子日用而不知故元聖師竺乾而昇有古先師宣尼有言三皇五帝皆非聖者而西方有聖人其爲

大千之尊乳育羣聖明矣夫玉帛非爲禮之本捨玉帛則無以爲禮象飾豈施教之源捨象飾則無以爲教建塔廟爲禮容履霜堅冰物有其漸於是卿士從兆人從九圍之中列刹相望矣盈川非古邑也襟東江西山因而城之寺在遠郊信者勞止自官吏耆耋至於商旅咸以津梁未建爲媿爲羞邑城之西有淨名廢寺背連山而面通川杉栝晝暝緇褐經行寒潭夕淸車馬無聲境勝心閑十金果成耆壽徐君贊錄事徐知古等請於縣令隴西李公平平請於前剌史趙郡李公丹丹請於河南等五道度支使御史

中丞京兆第五公琦琦聞於天子墨制曰可僧義璿等伏以乾元之初元惡掃除國步既清廟易名牓因改曰乾元國清寺昭睿功也自所志洎於州縣之長僚吏以降多捨清白之俸徵梓人求繪工爲民儲福爲佛成宮高殿倚雲長廊生風蓮花出界開在空中自江南無有是剎上座某等至某都維那某奉前佛之心印得輪王之髻珠第五公以上智利國人登宰輔李使君以全德公亦持憲爲郡今刺史陳郡殷公日用忠武傑出長城江海專知官司馬隴西李公乾嘉峻能操綱清可激俗縣令李令宗室大儒政之善者皆易簡詣於貞境清淨符於度門醍醐勝味甘露

妙源正性無說宏之在言其詞曰

東裔名剎西方樂土吳山倚垣越水當戶樫松黝藹下有象潭龍在泉中水容耽耽景象光澈江湖氣含天清寶界地湧靈龕大聖蒸蒸動乎天地百神奔走戎服既備命將誓師殄殲逆類奉迎太上開闢正位神人釋憤品物咸遂鼓舞賡歌上通元氣無思不洎雜沓禎瑞輪帝御寓像法昭融須彌四洲建大蓮宮倬彼盈川秀冠越中縣有德政州有名公奉宣睿謀爰度崇工梵侶開士慈雲惠風願言上報聖壽無窮建表勒銘堂堂乎鍾

慶王府司馬徐府君碑

君諱堅字倫名與宗人同故以字稱東海郯人也象德所自如山積高佐人施澤如水鍾下三代以降仁賢不絕至宋齊間位望益尊三公令僕常伯卿將追贈袞司降嬪帝女南朝衣冠宗之國子博士東莞男諱文遠有盛名於國朝東莞生王屋令士安析城以東人受其賜王屋生大理卿贈越州都督諱有功社稷之衛也高宗棄萬國太后臨朝宗室元臣以猜受釁頑虐阿指扇成大獄海內懍懍不保其生凶殘朋黨嚼牙頻翼起於上國延及諸夏不止於

此將圖我國家三分烝人其一爲血宗社垂靈而生大理俾幹刑典扞敵本朝元惡憚其義烈人鬼衛其愷悌惟身與族隨正而行爭性命於豺狼之口解威怒於雷霆之下大者完州郡小者活門閭累爲羣凶所排阽於破滅神佐貞獨終以眞合昔咎繇事唐虞釋之定國當盛漢赫赫大理而丁此時功倍古人聲動百代是之謂也君即大理之元子直溫秉廉浹於德行祖考之訓叢乎厥躬以蔭宿衛調臨邛主簿親累故也歷懷州參軍邵王府戶曹陜州司

法清方知名朝廷以先父之勞超拜大理司直聞者皆垂涕而喜平端讞議果振家風皇舅大尉希瑊以先大理嘗援家寃表讓官於君以申蓼義罔極之感拜恭陵令除陳州别駕改陝州入爲岐王府司馬轉慶王府階朝議大夫襲封東莞侯開元十六年四月二十九日終於洛陽南郊居春秋六十八不登期頤不至大官嗚呼惜哉天地之於物順也君子如之窮達之於人命也君子安之惟君德性與是相凖執親之喪哀毁逾禮追啟手足不貽憂於墳墓孝也守官廉平未嘗違道干譽奉長臨下小大悉心一夫

得罪則爲之損容色有可緩者忻忻然出之仁也惠文太子之在岐邸膺敏好學上㝡器念四時鍾渥澤賓客多詞人君每引道書滿盈之誡以扶俊德忠也仁孝與忠雖無位爲貴禮所謂以道得人而已況承前人之烈光被聖代之寛服乎夫人贊皇縣君趙郡李氏北州望族左司郎中公淹之孫杭州刺史自抱之女左司博古杭州知人訓成懿淑光配有德後君六歲而終合祔於濟源之燕川南原龜從筮從兆因德叶嗣子光祿少卿穀前蜀郡兵曹參軍殷句容尉毅出言舉足不墜孝慈穀行備忠厚辭無枝葉朗而不華直而容衆有古人之情君子之度爲大理正負荷前猷歷宰三縣牧守一郡人感懷之刊石繼起再蒞京邑不求名聲推心而理盛德有後曷其崇高神道聰明豈曠人欲君從父弟惲御史中丞陳留太守河南採訪清廉有威所向霜肅大理殁而有中丞中丞殁而有光祿徐氏之興將在裔乎爰族幽兆與天地極是文也華無媿詞銘曰

三命益恭慶祚猶鍾刳我大理全人門宗扞蔽皇家枝梧羣凶百族感慕大哉勳膺克生茂德山鎭泉塞卷以道風

舒爲士則如何喆人終始藩國在昔偃王仁義道興沿源而下勳德相承或西討濟河或北義延陵又有達者魯連服膺綿綿世祀奕奕髦士晉宋齊梁名臣繼起薦躡公府連嬪帝子東莞以降羽儀清朝美矣哉如金如玉如輪如麴君子踐修德音孔昭抑抑仁人宜於進退合符黃老不皦不昧推心無方我德用大建世何居松門已諡永言孝思光祿有之式播芳烈爲將來師

韓國公張仁愿廟碑銘 并序

唐之元老有大庇於生人曰韓公張仁愿盡力天朝位尊

將相三城立廟軍帥乞靈則祠之天寶季歲華奉使朔方展敬祠下式瞻風采像與神合沈沈如生嗚呼生以功爲臣歿以靈爲神神乎宜奉公總戎疆外懸衡審政拒朧循河緜亘萬里堅城雄防扞蔽三輔介冑之士垂十萬人瞻我麾節以爲進退先是突厥犯塞乘勝入朔方遊騎至安定守軍不到經略失守虜乃驅監牧之駼牝退存廬帳進圍聚邑鳴弓躍馬規復漢南邊人搖心元聖軫念節將更至咸以爲請繒紳獻議則以和親爲便中宗未之許也初以公耋老且重煩之及卜師於太宮之庭惟公之吉至尊

親臨前殿授以兵符公承命徂征北蕃逆駭記所謂君子有其時有其命公得其二而伸其一者也公忠貫神明慮幾造化鎮以長策潰其奸謀一麾偏師屠名王復喪馬奪壍拂雲堆而城之並河之阿列築三鎮將精士銳談笑就役匈奴莫敢南視雷哭而遁老幼望公以相震怖不然則乘冰轉鬬無日無之既而據河山翫其動靜納行旅歸之衽席憑墉而望匹馬單兵不匿形影虜由是械手足而刳腹心朝廷無草竊之虞天下減征役之半矣詩云文武吉甫萬邦爲憲又曰方叔元老克壯其猷公之謂也帳下之厮尚有存者曰公號令素嚴人無違禁自將吏騎卒咸有旗表節不常出出則賞罰隨之賞無非功罰無非罪上流而下競心行而事從謀全功成由此術也三城既就刊木標檜記之種落刻其降年後皆如之豈挺生上將之龜策也奇鑒先物之然也夫鳥獸草木出其倫輩猶或利害憑焉況殊績功勳始終天地翼輔先聖寵綏元元有茅社之尊符節之重後奉者果一勝遂一謀庸非明神幽贊之效雅有吉甫薄伐至於太原王命南仲城彼朔方傳稱齊桓伐戎攘狄以其病燕減衞魏絳和戎狄合諸侯從古及今

以爲大功其餘秦恬漢青之倫纔邱垤耳尚或詩頌颺之簡策貴之況忠武卓異履履今昔而詠歌無之非古也竊感趙孟懷隨武之德寤寐永嘆奉銘神宮其文曰

赫爾韓公司武有經受命北伐渠魁就刑敢或不順鼓行風霆崇岱壓卵滄波灌螢沈泉雷動機發冥冥功奮三城人謠億齡謀出先後構危於寧張天之威恢廟之靈北狄頓顙山戎來庭萬里寢柝緣河罷烽趨拜故祠德謝惟馨翱野何有羣山青青感激遺風徘徊涕零吾誰與歸式薦斯銘

淮南節度使尚書左僕射崔公頌德碑銘 有序

昔在召公相武王除害去虐敷命帝庭周公佐成王卜洛定宅登頌清廟奉康王會朝豐宮克致太平惟崔公相元宗保寧聖德鎮安天下輔肅宗掃除凶穢紹亨太平（一作天命）事今上振宣明威撫綏淮海惟申伯翊宣王登南邦興周室小白率諸侯征楚翼奉王室與崔公叶德同勳皆姜姓也夫議盛德論大功贊大賢舉其殊倫卓然昭明不書其細申大體也故詩陳方叔之烈曰方叔元老克壯其猷又美韓侯之封曰有倬其道韓侯受命今述崔公亦不名不

備官古之制也後魏尚書亮八代至公海內首族人倫德範公少負文學重名具兼宏略敭於王庭甲科入仕歷京兆倉曹參軍再遷司勳員外郎丁太夫人憂以毀聞終喪拜刑部員外郎兼侍御史知劍南節度留後事逆臣起幽陵陷潼關至尊哀兆人思古公避狄之義於是帝車西南依我心膂拜中書侍郎平章事劍南節度採訪使元宗克讓聖子家爲唐虞公出納王命至於朔方弼諧二聖孝慈光明自西自東殄殲元惡天討之師岌如山行冠若霜稾鼓燎無餘帝曰爾圓實叶朕志官中書令拜趙國公公拜稽首臣敢上冒以負天明命帝遂其高俾作少師師訓東宮兼長邦憲居守洛京乃傅濟王又典汾州王德日宣汾州阜安乃統江淮主三軍督萬人加工部尚書時征鎮之司恃勳奸令公獨露奏騫用輟興轉吏部淮南既清軍有餘逸吏難江南萬里康哉六歲在鎮心馳王幄戀慕之極至於涕洟獻章請朝帝思降允公不俟駕建旆將馳耆耋泣訴吏人遮道指日詣闕乞留者三百餘人公申諭而行至於京師天子大悅曰趙國公先帝元臣常爲朕師自我不見於今六年有司如朕意待之加尚書左僕射遂淮南

之請所部八州人舞手蹈足祕書省少監兼盧州刺史長樂賈湲有文有武忠於王室推心馭下嘉績升聞戴公仁明思揚盛德合肥令彭城劉商先后之族臨人惠和一州之老幼咸曰我州我邑敷王德澤崔公封內我是以安其仁不銘其德不可謂賢華嘗忝公遊咨以爲頌夫五岳視三公四瀆視諸侯公入掌三公之政出踐諸侯之長昔鄭武公爲卿士詩人賦緇衣魯僖公爲周賢侯史克頌坰野敢附前烈以書公不朽故褒大臣則王室尊崇美政則王命行不唯頌公尊天王也今載公朝覲之禮以宏大之其

文曰
思崔公出鎮之崇克孝克忠宣帝之武恢帝之功自蜀自朔至於秦宮出納大命決事於中思崔公烈烈郁郁以邕以肅乃統淮服洎江之隩闐闐長轂霞旆霜鏃蠹爾凶毒罔不顛覆思崔公三世元臣德綏生人乃朝於王王顧殊倫且曰東南歛化如春爲朕腹心寧其咏吟思崔公入覲於王鑾聲央央佩玉以鏘秉珪奉璋公復於揚四牡其驟公慕彤庭涕濡於裳思崔公廬江州邑孰不垂泣我公之還陽和起蟄乃求樂石樂石爰立刊之頌之介福攸集州人斯及

唐贈太子少師崔公神道碑

禮之中庸曰父爲士子爲大夫葬以士祭以大夫是禮也於國爲愍於人爲孝朝廷贈趙公之先人故晉州司法參軍贈清和太守三至太子少師襃少師之德揚趙公之孝國之恩也書之洪範曰是訓是行以近天子之光趙公奉若少師之訓爲國股肱翊大君之明可謂忠矣傳曰有明德者必昌於後世後必有達人故叔梁紇有子曰文宣王陳仲弓有孫曰司空羣積德於身以垂厥後猶洪河廣大於涓流太山峻極於邱陵蘊百行惟少師宣六德惟趙公父慈子孝移孝於忠盛矣哉維烈山氏以稼穡代畋漁伯夷以秩禮諧神人太公以大勳平禍亂季子以讓德辭社稷崔氏其後也有魏名臣炎降至宋度支郎中贈冀州刺史元孫隕身成名興起百代生魏吏部尚書左僕射貞烈公亮六爲吏部郎三爲吏部尚書再爲大中正連部二千石一爲大將軍歷侍中太常光祿大夫男爲部官女爲九嬪與伯父之子僕射休首出羣姓爲海内甲門孫曰肇師以令望爲中書侍郎以才辯爲聘梁使中書孫諱道瀹北

齊安州總管掾生少師之祖諱方騫皇朝萬年主簿臨洺子臨洺子生少師烈考諱貞固皇朝武功主簿贈吏部尚書娶趙郡李氏新定之子高都之姪中外之甲光標士林少師諱景晊清河東武城人也三歲丁太夫人憂十二居武功艱號哭無時鄰里輟相終制讀書歲不踐閾一覽數紙終身不忘年十七與親兄晙一舉明經同年擢第二十三調補梁州南鄭縣尉以能政聞轉蜀州晉原縣尉以清白器幹爲按察使倪若水表薦大理評事以親累貶利州葭萌丞歷梓州鹽亭丞晉州司法參軍公風度詳雅器宇

方湙有道者悅之而不厭不仁者憚之而遷善遽瑗在衞
衞多君子子賤居魯魯有賢人若至聽詞必察臨事能斷
吏不忍欺人不敢犯刺史齊景冑泊州長舉公清明中正
差充支使畢構代齊假爲判官開元三年終於官舍春秋
四十權厝於邙山元元廟西北原公之逝也宗族嘆曰孝
可以動神祇而不壽僚友嘆曰仁可以師天下而不貴聞
者嘆曰清可以激貪俗而不昌命矣天乎盛德不興宜其
後也夫人滎陽鄭氏皇朝兵部郎中衞州刺史元昇之子
吏部侍郎平章事愔之女弟以德範儀少師以才明訓趙

公天寶十二年享齡六十九終於京兆崇賢里殯於長安
南杜陵原有一子二女神龍中申明舊詔著之甲令以五
姓婚媾冠冕天下物惡大盛禁相爲姻隴西李寶之六子
太原王瓊之四子滎陽鄭溫之三子范陽盧子遷之四子
盧輔之六子公之八代祖元孫之二子博陵崔懿之八子
趙郡李楷之四子士望四十四人之後同降明詔斯可謂
美宗族人物而表冠冕矣在周則卲單爲公族嬀嬴爲上
國西京賓傅之貴東漢袁楊之盛魏以荀陳爲德門南朝
以王謝爲高望方之於公川谷江海也嗣子圓以文學早

知名射策上第官歷臺省尋拜蜀郡長史兼御史中丞加
節度使時安祿山起幽朔連陷潼關賁表腰金懇迎元宗
省表垂泣召宰相謂曰世亂識忠良今見之矣除中書侍
郎益州長史節度等如故及乘輿至蜀朝廷羽儀如京之
制終古難之肅宗幸彭原將復天下以劍南無事不假此
人詔赴行在咨以締構扈從還宮日月並照元宗獲申聖
慈肅宗獲申聖孝酇侯功大博陸賞尊詔曰一匡天下大
庇生人遷特進中書令集賢殿大學士修國史封趙國公
昔成王以曲阜命周公王曰叔父親親也以營邱命太公

王曰叔舅賢賢也惟肅宗亦以趙國錫崔公今上以少師
贈先公三代之極教也後轉太子少師兼御史大夫東京
留守尋爲工部尚書揚州長史浙江東西三道觀察使吏
部尚書知省事餘如故又轉尚書右僕射四年某月日寵
筮叶吉奉少師滎陽夫人之喪合祔於東京河南邙山之
某原禮也世傳清白子孝臣忠山東士大夫以五姓婚姻
爲第一朝廷衣冠以尚書端揆爲貴仕惟公兼之清河崔
氏至趙公三代僕射可謂盡善矣泰山羊衞世傳清德北
海范毓兒無常親總此二者爲公家法華學放史氏敢播

風烈焉昔孔悝銘鼎備舉前代史克頌魯獨美僖公用以誕敷先人昭示後代在禮然也今之作頌書國家之孝理列聖君之得人崔氏之世緒少師之懿範趙公之孝思士風祖德永爲不朽崔氏之門爲不朽矣若終沓華安得不頌之其文曰

周之上公讓爲大夫秦之司徒家於冀都伯從清河德緒繁多仕至揚州出將封侯惟德惟器魏之中尉降及元魏羣從並貴才如尚書德如評事古之廷評伏念惟刑我聞德聲繼佐葭萌安道和俗化行三蜀彼汾之曲片言折獄

清風人移升聞輦轂輦轍蒲帷公行不歸哲人其萎後賢用微滎陽夫人柔明佐君嫁有嘉聞首代馨芬高陽才子唐虞多士克先趙公大雅爰起有子如是可謂孝矣崇原既平伊洛攸清永安厥靈萬有斯年子孫以寧

欽定全唐文卷三百十九

李華 六

杭州開元寺新塔碑

漢永平中佛教初至洛陽始置寺處騰蘭二德古者官之庭府稱寺蓋實而尊之比於曹署此其源也杭州開元寺梁天監四年豫州刺史譙郡戴朔捨宅爲寺寺號方興名僧惠圓營建之後處士戴元范實恭增飾之至開元二十六年改爲開元寺庭基坦方雙塔樹起日月逝矣材朽將傾廣德三年三月西塔壞凶荒之後人願莫展太常卿兼

杭州刺史張公伯儀忠簡帝心威靜吳越駐車跪禮徘徊感歎乃捨清白之俸爲君爲親修而復之兵部員外郎兼侍御史范公倫人之珪璋國之俊彥法師釋曇獻上座釋雲卿寺主釋崇遠都維那釋惠達釋法祥長樂寺釋曇景等戒香扶其永誓道力護其成功於是劍南荆楊之巨林諸郡倕輸之懿匠竭耗神明三年畢事乙栗結佗穿貫巔氣晃爚景象烘若鎔金距卑躋高凡爲七級級有佛事環迴眴轉幢網通映如梵釋宮踐乎上府俯視萬井有若棊布仰瞻天宇雲在身下傍眺江山列在掌端過乎阯限傾

峯動崖岌業其側既鏤以丹素飾以青紫掀腸閃目百變百移如有靈物巢峗稜層雷嵬攢欒摽江壓湖孤島突天不可名也霞照丹戶如開日宮風搖和鈴若下天樂聲徹自頂輪蔭空界影入清江形鎮大地所濟者廣巍巍度門先大德釋懷亮住持之固如山不動先法師釋道貞華嚴祕宗香象至底先法師釋藏暉三藏扃鑰吾方啟之過去入緣在世慈願不有偈頌其如佛恩華嘗官是邦感深霜露忝大常一面與兵部爲寮敬申其美以佐法門之宏觀其文曰

亭亭揭竪迥出江甸秋天泬寥百里獨見如海浮來如地踊現以壯州邑以調羣心餌藥解病依丹濟深卿曹郎署共布黃金

唐故東光縣主神道碑銘 并序

先朝宗室之望曰紀王太宗第十子也惟帝族母師曰東光縣主紀王第三女也自天降祐生有令德年八歲王不豫循環左右不食累日王撫首諭焉爲之進膳縣主察起居未復憂色如初動於神祇王疾用閒周文樂正之養不過焉至若天人之秀元氣之純積於中文於外其容可知也孝以奉親慈以臨下尊師傅服澣濯其德可知也禮傳爲簪珥詩書爲佩玉原心而顧身體訓而成教其言可知也降尊而處下推泰而從約詣繡繪之妙適飲膳之和其功可知也年十六一作十八受封邑王擇聞喜公以妻之聞喜有王佐之才委會藩邸縣主以皇孫之貴和鳴侯家陰德莫違輝動邦教養先姑如寧膝下奉君子如見大賓以徽柔睦娣姒以莊敬端幼賤鵲巢之化存焉太后臨朝諸武專政魯衛之國翦焉邱墟紀王流竄巴濮薨於道路縣主承訃崩心嘔血每一發聲飛鳥哀鳴草木無色外除之後

衣裳無純采杯棬無甘食耳不聽聲首不加飾自朝廷達於宇內罔不哀之太后復辟中宗出震昇日暘谷天下文明雷破羣陰品物咸遂以王懿親盛德詔有司備禮物陪葬昭陵聞喜公時爲孝義令詔書至河縣主聞之嘔血而絕絕而復蘇告諸子曰家國再造寃酷獲申爲我謝中外親親下見先王瞑目無恨言未畢而薨春秋五十有四時神龍元年二月二十二日有司以聞中宗震悼召聞喜公問公悉以對上歔欷久之殿省垂泣六宮悽愴乃下詔褒美史官撰德弔祭賵賻禮遇其備矣深於春秋者嘆曰孝

之至不忘其親忠之至乃心王室自古賢士大夫莫能備舉惟縣主有焉紀王之陷非罪也泣血以終哀中宗之撫興運也則感深而殞絕忠孝兩極首其人倫使百代之下聞其風者有以勸焉其爲不匱遠矣嗚呼天輔善人宜其有後男十人女十人四子至大夫曰遇曰遘曰邁邁仁則踐修孝惟明發少子德位兼盛曰迥今河南尹兼東都留守上柱國祿益厚而慕益深不逮劬勞之報故也銜涕投簡而命下吏敬銘三章式表幽宅其文曰

蕭雍王門天帝之孫因心則孝懷盛敬尊配美良士如賓禮存泣血終身豈惟霜露慶集國家魂清冢墓壽絕哀歡事高緗素天作邙山萬化攸歸地閉金印泉深衮衣國風悽愴彤管無輝

杭州餘姚縣龍泉寺故大律師碑

大朴既雕淳源不復生人溺於迷妄自拔無由我梵惟哀之力現靈東方雷起羣蟄聞生龍象調御人天巍巍乎大明燭幽而品物知向矣噫稠林枝幹榮枯不息火宅烟焰起滅相尋於衆生速壞之身有諸佛常存之性垢衣纏寶而不見濁水求珠而未得法無高下根有淺深由是啟禪那證入之門立毗尼攝護之藏土因水而成器火得薪而待燃惟此二宗更相爲用律行嚴用奉則淨無瑕缺戒定光深照則測見本源次修定門而自調伏云何爲大定地雖傾而不動云何爲修我心雖寂而無住然後登般若之岸上楞伽之峯以此身爲法身了無得爲眞得或有默修元契於文義受教頓悟於宗師不由門階徑造堂室微塵學者時得一人復有大悲空隘而不窮宏誓海涸而不盡俯從像法以導世間則我大律師其人也師諱道一字法籥餘杭嚴氏生族姓之家是爲因地作如來之子寧有本

緣故祖考不書尊上乘也體峻山岳神閒江海機對敏洽應受融明自襁褓至於成童顏色無違視聽皆正年甫八歲辭親就師鴻鵠入冥自然方外蓮花出水不染泥間十七預剃度隸龍泉寺受具於光州岸律師行相珠圓滌流鏡澈始就山陰聽岸講涅槃經師既歸而爲衆敷闡同時聽者奉以爲師恭惟此經佛最後說教旨深圓故草元著義法華經大事因緣授聲聞記口誦心奉誓盡當來金剛經滅度無邊悉離諸相誦起信論滌除邪妄開導心宗常所受持皆爲義釋於華嚴入普賢性海於維摩得不二法

門凡歷見聞莫非心證從文悟理也白日頓明於世界飛鳥自在於空中從理乘如也嘗謂天台觀門往誓淺教吾所歸也夫垢因戒淨惠定以生未有愛尚存而坐登三昧每嘆曰持心繫於刹那求道本於淸淨使學徒解怠由軌範不明教之興衰在我而已矣乃獲一席信心必隨嘗講大乘方攝齊登座侍者布席微爽律文即命撤席澣衣以俟明日其檢身激下皆此類也自是江南律學砥礪彌精矣至若齊場星列談座雲繞四衆仰山王之高萬里赴龍宮之會遠夷逾海而來聽長老順風而請益至仁生滅至

辨成簡判析疑問若陽和解冰宏敷妙理如止水觀月化童蒙爲上智伏我慢爲調柔引諸佛戒定之池浴衆生輕重之垢垢自流去池常湛然又以儒墨者般若之筌蹄詞賦者伽陀之鼓吹故博通外學時復著文在我法中無非佛事故李大理昇期崔河南希逸嘗撫本州麾幢往復故成御史廣業盧華州元裕兵部韓員外賞屈身郡邑輪舸洄沿及鄉人故汴州何司戶寒同與叩絕韻於清風味元機於永夕廬山師友今古一時誠願密宏崇修本寺導容纓網高殿棟宇工人殫其百櫨信士竭其千金佛宮嚴麗一方勝絕寫大藏經手自刊校學者賴焉廣常住田通給無闕凡聖均焉於天竺寺造慈氏變相憑高爲臺與衆均福光靈盼蠁如在會中永以報生育劬勞之恩先先師訓誘之德不離宴坐應者如歸天寶十三年春忽洒飾道場端理經論惟銅瓶錫杖留置左右具見五天大德十八羅漢幡蓋迎引請與俱西二月八日恬然化滅報齡七十六僧臘五十七生以其日滅亦如之昔同如來捨位之辰今是菩薩往生之日古先大士無此明徵先時院庭有百合兩本對發白花光如月輪照於昏夜嗚呼慈雲既歸花亦

彫萎物感如是人哀可知至某月日遷厝於寺之西偏江嶺淮湖緇麻縞素荼毗之會聲動山川寂寥原野人亾地古悲夫一爲人師六十年矣遠名利故不遊京國樂閒安故不出戶庭有請方去故淺慈密行莫得而究焉門人之冠者一行禪師惠罕法師津梁寺乾應律師蘇州東林寺懷哲律師湖州開元寺惠燈少明之記長者寶藏修身執持導師化城無處瞻仰眷屬之賢有若族人神都等如來影中怖畏都盡力生今地哀號不窮以華悅曾史之風尚竺乾之道追書本行見託斯文銘曰

茗溪教源因戒生定百千人俱見性情淨裂除意網磨拂心鏡雖會一乘終修萬行說法登壇天龍諦聽須彌峯頂白月孤映彼迷方者從我得正報盡生盡歸自法身最朝涕泣江上門人炬滅陰夜舟沈海津雪山靈草無復青春欲報之德蒼蒼罔極旣斷言語又非空色假言喻空觀我爲則

衢州龍興寺故律師體公碑

器爲外物挹泉者器有以濟饑渴也身爲妄聚奉道者身有以成大覺也泉不離器道不離身器存則饑渴洗除身

修則大覺無礙故律爲知見根本開入扃戶持其要得其宗者有若長老體公蓋毗尼之堂室尸羅之燈炬三昧之舟筏也信安有名山名川山秀川清家爲蔣宗母曰徐姓地靈開祐降神而生徐氏旣孕夢婆羅門告曰娣當生男紹興大法長老旣齔好聚沙起窣堵波焚草爲香採花爲供年十有五瓊章鶴姿見爲淨安寺上首乃往從學日誦萬言見嘆曰吾祖父昆弟六人出家受習之速無其比也年二十一通大乘小乘千紙如意年中配度淨安寺遊問會稽遇光律師受其戒誦戒至三日屬衆僧布席登座宣說無有遺文住洛京五年與本州策律師東陽超志法師同講問爲法門儀表萬歲元年歸信安稟受者千人由是江南律範端嚴第一衲衣袒肩跣足行乞手蒔松竹繕造僧房苦行貫天地大慈包世界於辯才得自在於文義得解脫於人法得無我於觀照得甚深刺史徐嶠之率參佐縣吏耆艾以降請居龍興寺迎供者多不知同日紛然辨鬭鬧於長老曰吾修無諍三昧不唯自利宏願利人咄因吾身生彼嗔恨乃别立一室室纔方丈晏然安居不踐門閾刺史李暢跪請移居大方至於涕淚俯如其請因入法

華三昧口不息誦身不親席大事因緣我得心證請左溪大師講止觀鑄鐘七千斤鄭州長吏稽首延請結艦浮川幢蓋彌望瞻禮萬計行無住悲建講堂門樓廚庫房宇畫諸佛刹鑿放生池聞者敬觀者信聽者悟日月無私之照江湖不言之潤如來權實之門其至矣哉收材江湖方構佛殿羣盜據州寺半爲墟址如鳥巢形若枯木凶猾棄刄稽首歸仁寶應二年六月九日自升繩床趺坐而滅享齡九十二僧臘七十一緇素號慟楚越悽悲至廣德元年十二月三日焚於州西某原起塔安神諸佛之遺教也唯長

老貌清神遠仁潑行獨卓爲道器注爲法源謙非外儀質乃內至若調伏住持之固禮誦跪繞之勤耄期不衰寒暑如一學窮必究理精必詣猶自以爲功微道淺未足爲師眞金純金萬寶之最也趺滅之夕則異香滿室閉塔之日則羣鶴翔鳴信安王禕趙太常頤眞鄭庶子倬李中丞丹前相國李梁公峴皆爲此州躬往圍繞趙太常敬因長老立文殊萬聖之象李梁公增感先人泣下雙林之間長老在世靈徵繁多日輪降照於梁端大龍修敬於池上寒蒲挺擢於冰下彩芝炫瑩於禪室慶雲覆會仰嘆千人此其

盛者弟子僧惠藏爰自童蒙服勤左右四十年矣惠命阿難結集如來之言顏氏之子鑽仰素王之道杭州靈隱寺大德惠遠婺州開元寺大德清辨本州六度寺大德惠炬大乘寺主浩然本寺上座惠達寺主法會都維那神爽等輪王之位我敬奉之妙光之法我敬行之爰請伽陁式播元烈銘曰

付囑戒藏遵行威儀光還性靜翼具禽飛止法根本潑仁得之蓮花不濡性本清淨彼上人者無時非定定不離儀儀不離性色身雖滅此滅皆寂寂然不動斯爲正眞鎔金起塔哀斷門人

荊州南泉大雲寺故蘭若和尚碑

肇有含氣則鷹鸇逐鳥虎狼噬人人最靈於其間嗜欲萌而六根動利害交而五兵作文演乾坤至於性命老陳道德循於天下不究因緣之本不知大千之廣而內盜方扇心塵益悖長圍合於三界猛焰流於四生乘時雷震惟佛能救於是超六度之岸轉三乘之輪馭指南於迷路建高燈於黑夜翻海滅焰擎山潰圍蒼生既孤再獲慈母人天之奉大矣遠矣微塵法門吾道一貫承此印者歸乎上仁

和尚諱惠眞南陽冠族張氏也父大禮銀青光祿大夫坊州刺史靈降左闕慶延仁宗太夫人陳氏誦法華經屢有祥應既誕和尚體益康寧而衾褥彌潔每啼聞誦經則止而聽之六歲發言輒諳經義七歲誦書日記萬言默誦法華經安樂行品因捨儒學專精大乘年十三剃度隸西京開業寺事高僧滿意意公門人皆釋侶珪璋和尚年幼道尊以爲之冠十六受十戒持護峻整名重京師進舉經旨遍覽毗尼意謂未圓尋文果闕乃往天竺求梵本至海上遇淨三藏自摩竭陀還淨公謂曰西方學者亦殊宗貫假

欲詮正。如異執柯。因悉投所賚律集。與之俱返。纔二年間。罔不懸解。手績成部。名曰毗尼孫濟蘊。始以五月十六日結夏安居。僧聞盡愕。喧然雷動。門人來問。答曰。迦利底迦星此其候。門人未達。既而無畏三藏以五月十五日至京師。眾僧怪而問故。三藏曰。吾視迦利底迦星合時來。正當日結夏耳。迦利底迦星。即火星也。由是緇林聳嘆。與聖人合符。梵僧長老尚多。初至長安。和尚修謁。膜拜方半。多公喜曰。爾非眞耶。留之座隅。密付心要。當陽宏景禪師國都教宗。帝室尊奉。欲以上法靈鏡歸之和尚。表請京輔大德

一十四人。同住南泉。以和尚爲首。昔智者大師受法於衡岳祖師。至和尚六葉。福種荆土。龍象相承。步至南泉。歷詮幽勝。因起蘭若居焉。地與心寂。同吾定力。室與空明。同吾惠照。躬行勤儉。以率門人。人所不堪。我將禪說。至於捨寢息。齊寒暑。食止一味。茶不非時。嘗遇歲荒。野人茹草。和尚如之。門人勸諭。對曰。順正行事。亦如來教也。中宗聞之。將以禮召。時宏景禪師在座。啟於上曰。此人遙敬則可。願陛下不之强也。撰菩提心記。示心初因。開佛知見。升堂入室者則必親授。此外祕之。立教之宗。以律斷身嫌。戒降心過。應捨而常在。無行而不息。離心色則淨。皆淨則離。離則無生。內外中間。無非實際。要因四攝。成就五身。始以上觀悟入。終於蓮花正受。平等法門。究竟於此。師子國目加三藏來謁。嘆曰。印度聞仁者名。以爲古人。不知在世。本國奉持心記久矣。其尊稱微言。冥究佛心。而神扃遐域。一行禪師服勤規訓。聰明辨達。首出當時。既奉詔徵。泣辭和尚。而自咎曰。弟子於和尚法中。痛無少分。後與無畏譯毗盧經義有不安。日以求正。決於一言。聞者洗心。每謂以法授人。不宜容易。從人受法。鮮克有終。故善來眾生。悉蒙慈覆。至於

悟戒承法。千無一焉。或問南北教門。豈無差別。對曰。家家門外。有長安道。又問曰。修行功用。遠近當殊。答曰。滴水下巖。則知朝海。又問。人無信根。如何勸發。曰。兒喉既開。乳母號慟。大悲無緣。亦爲歔欷。和尚嚴而簡重。慈而有威。望門能進者寡矣。弟尚書右丞紹眞。行備乎身。德及乎人。元老太保陸公象先。名臣韓京兆朝宗。宋兵部鼎。韋刑部虛舟。僉契慈緣。而承善誘。如其仁哉。天寶十年既望。北首右脇臥。入禪定。中夜而滅。享齡七十九。經夏六十。報年之限。涅槃之時。同於如來。昔未曾有。遺命門人曰。聖教無服。愼勿

行之。弟子正知法璨等。哀聞大千。感動他界。先時雙泉竭。大霧昏。白光照室。半若橫血。法門無蔭之徵也。刑部韋侍郎時臨荊州。躬護喪事。以三月一日。厝於西巖山林。變哀鳥獸號咽。有意於道者。莫不摧心洒淚。和尚質孤晴山。神瑩澄海。妙聲宣布。而剛强悽感。慈眼運照。而濁惱清涼。使祥光洞明。枯木蕃榮。得舍利於神人。教天龍於冥晦。其元慈幽護。則病者愈。死者生。高僧遙請而帝夢叶。學徒聽法而天樂下。昭聞殊方。不可殫載。初聞一行終。天子賜謚曰大惠禪師。及和尚滅度。追謚同之。二方如來。皆同一號。此

其證也。正知闍梨持和尚心印。法璨闍梨轉和尚義輪。以華聞風永懷。俾强名道。其辭曰。

荊南正法。大士相傳。灌頂尊記。乃吾師焉。備修衆善。不染羣緣。法華三昧。惠照無邊。菩薩普門。我願亦然。煩惱牙折。菩提鏡懸。戒比秋月。法若春泉。不動南楚。仁周大千。本來常淨。自性無遷。漸則生頓。光依魄圓。隨順生死。芭蕉豈堅。蕭蕭塔樹。永對爐烟。

東都聖善寺無畏三藏碑

惟和尚輪王梵嫡。號善無畏。釋迦如來季父甘露飯王之後。其先自中天竺。迴因難分王烏荼。父曰佛手王。以和尚生有聖姿。早兼德藝。故歷試焉。十歲統戎。十三嗣位。睹諸兄舉兵構亂。不得已而後征之。接刃中體。捍輪傷頂。軍以順勝。兄以愛全。乃白母后。告羣臣曰。向者親征。義斷恩也。今以國讓。行其志也。因置位於兄。固求入道。太后哀許。賜以傳國寶珠。南至海濱。得殊勝招提。入法華三昧。聚沙建塔。誓一萬區。黑蛇傷指而不退。息身寄商船。往中印度。密修禪誦。口放白光。無風三日。而舟行萬里。與商人同遇羣盜。阽於併命。和尚慰帖徒侶。默誦真言。七俱胝尊。全現身

相。盜果爲他寇所殲。寇乃露罪歸誠。指蹤夷險。越窮荒。踰毒水。至中天竺境上。乃遇其王。王之夫人。即和尚妹也。和尚服同凡品。而徒侶以君禮奉之。王問獲其由。嗟稱不足。菩提眷屬。是日同歸。慈雲布蔭。一境丕變。於是發三乘之藏。究諸部之宗。品偈章句。誦無遺者。說龍宮之義。理得師子之頻伸。名振五天。尊爲稱首。那爛陀寺。像法之泉源。衆聖之都會。乃捨寶珠。瑩大像。額端晝如月魄。夜則光耀。僧有達摩鞠多。掌定門之祕鑰。佩如來之密印。顏如四十。許實八百年也。和尚投體兩足。奉爲本師。鉢中非國食。示一

禪僧華人也見油餌尚溫粟飯餘煖愕而嘆曰中國去此十萬八千里是彼朝熟而午時至此何神速也會中盡駭而和尚默然本師謂和尚曰中國白馬寺重閣新成吾適受供而反汝能不言眞可學也乃授以摠持密教神龍圍繞森在目前無量印契一時受頓卽日灌頂爲天人師稱曰三藏三藏有六義内爲戒定慧外爲經律論以陀羅尼而統攝之惟陀羅尼普提速疾之輪下脫吉祥之海三世諸佛生於此門夫慧照所傳一燈而已慧照殊異燈亦無邊由是有百億釋迦微塵三昧菩薩金剛摠攝於諸定向

月懸同於法身頓升階位鄰於大覺此其旨也和尚遍禮聖跡周行大荒不悔艱難每所三至爲迦葉剃髮受觀音摩頂嘗結夏於靈鷲山有猛獸前路深入山穴穴明如晝有牟尼立像左右侍者色相如生中印度大旱求和尚請雨觀音大聖在日輪中手執淨瓶注水於地中感咽於雙樹之下問往昔於佛世之人爲者不言十問其一鍛金爲貝葉寫大般若鎔銀起窣堵坡等佛身相母后謂和尚已化淚竭喪明及寄疏問安朗然如故大雄滅後外道如林九十六宗各專其見和尚皆隨所執乘喻破疑解邪縛於

心門捨迷津於覺路法雨大小而均澤定水方圓而滿器外異學之旗鼓建心王之勝幢使其以心制狂卽身觀佛本師喜曰善男子中國有緣可以行矣乃頂辭奉下至迦溼彌邏國中夜次河河無津梁浮空以濟受請於長者有羅漢降曰我小乘之聖大德是登地菩薩乃讓席推尊和尚授以名衣乃升空而去烏暘國有白鼠馴繞日獻金錢講毗盧於突厥之庭而可敦請法和尚乃安禪樹下法爲金字列在空中突厥之妻有以手按其乳乳爲三道飛注和尚口者乃合掌端容曰此我前生母也或悞舉刃三斫

支體無所傷斫者唯聞銅聲而已至雪山天池而和尚不愈本師自空而至曰菩薩身同世間不捨生死汝久離諸相寧有病耶言畢而沖天則洗然而愈矣路出吐蕃與商旅同次夷人貪貨率眾合圍乃密爲心印而蕃豪請罪至中國西境夜有神見曰此東非弟子界也文殊師利實護中州禮足而滅以驢負經至西川涉龍沙陷驢足沒於泉下和尚入泉三日止龍宮而化之牽驢出岸經無霑溼睿宗道尊德盛立契無爲詔僧若那及將軍史獻出玉門塞表以俟來儀開元紹興重光大化聖皇夢與眞僧見其姿

狀非常躬御丹青圖之毀壁及和尚至止與夢合符天子光靈而敬悅之飾內道場尊爲教主自寧薛二王而下皆跪席捧器爲師賓大士於天台接梵筵於帝座禮國師以廣成之道致人主於如來之乘巍巍法門於此爲盛有術者握鬼神之契參變化之功承詔御前效其神異和尚恬然不動而術者手足無施矣其餘祕要代莫聞也累請居外勅諸寺遞迎隨駕至洛京詔於聖善寺安置自出內之後奔走華夷和尚臨之貴賤如一奉儀形者蓮華開於眼界稟言說者甘露降於心源超然自悟曰有其人矣法侶

高標惟尊奉長老寶思其餘皆接以門人之禮禪師一行者定慧之餘術窮天地有所未達咨而後行和尚質粹神邁氣和言簡不捨律儀而身心自在不離坐席而願力俱圓有來畢應觸應無礙故眾妙懸解藝能兼於百工大悲普薰草木同於一子不知其極也於本院鑄金銅靈塔以此功德應緣護世手爲模範妙極人天寺眾以銷冶至廣庭除湊隘慮風至火盛災延寶坊笑而言曰無可爲憂自當有驗及鼓鑄之日大雪蔽空靈塔既成瑞花飄席前後奉詔禳旱致雨滅火返風昭昭然遍諸耳目矣從容上請

大庇緇林正法之興繫於龍象信也表求還國優詔不許開元二十三年十一月七日右脅累足涅槃於禪室享齡九十九僧臘八十法界淒涼天心震悼詔鴻臚卿李峴威儀賓律師護喪事以某月日塟於龍門西山涕慕傾都山川變色弟子寶思禪師滎陽鄭氏明畏禪師琅琊王氏皆高族上才超然自覺息言爲樂說之辨妙用即禪那之宗入和尚之室惟茲二人而乾元之歲再造天維大君誥無緣之悲躬行不匱之孝由是釋梵邑蹕天龍濟師凶穢掃除人祇清淨位光付囑教大興行二禪師爰以偈頌刻諸

金石法離文字道不可名以慰門人感慕之心有同顏子喟然之嘆其文曰

釋宮尊種龍扶出池捨位成道爲天人師度微塵眾行甘露慈仁消大怖辨洗羣疑法本不滅今子得之隨方演教聿來中國帝后承迎天花滿祴懽喜園花惟聞薝蔔百千萬億調伏其心灌頂在昔聲聞現今山王高妙海月圓湊因於示滅空悲鶴林伊水西山冥冥元室金棺此閟式瞻無日雙寶昭興教尊言密歸我者因因明悟實

李華七

故左溪大師碑

百億三昧無非度門於覺照中而得自在過去大士時惟左溪傅氏之子法號元朗字惠明其先北地泥陽人漢魏大族隨晉南度家於義烏今爲東陽義烏人也自江夏太守極梁居士翕賢達相承世謂居士爲諸佛化身杳不可測左溪卽居士六代孫梵行之門宜生上德母葛氏夢天降靈瑞而娠左溪心靜體安及於乳育生九年矣辭家入

道兼綜羣言曰此法門之畎澮也如意年中薙度隸義烏清泰寺尋光州岸律師受具戒就會稽印宗禪師商律部重山溪林怖畏之地獨處巖穴凡三十年宴居左溪因以爲號每言泉石可以洗昏蒙雲松可以遺身世吾以此始亦以此終於所居之方建立精舍約而不陋跪懺其間如來諸大弟子皆菩薩僧大迦葉之頭陀舍利佛之智慧羅睺羅之密行須菩提之解空由此四者皆最上乘同趣異名分流合體舍利佛先佛滅度佛以心法付大迦葉此後相承凡二十九世至梁魏間有菩薩僧菩提達摩禪師傳楞伽法八世至東京聖善寺宏正禪師今北宗是也又達摩六世至大通禪師大通又授大智禪師降及長安山北寺融禪師蓋北宗之一源也又達摩五世至璨禪師璨又授能禪師今南宗是也又達摩四世至信禪師信又授融禪師住牛頭山今徑山禪師承其後也至梁陳間有慧文禪師學龍樹法授惠思大師南嶽祖師是也思傳智者大師天台法門是也智者傳灌頂大師灌頂傳縉雲威大師縉雲傳東陽威大師左溪是也又宏景禪師得天台法居荆州當陽傳眞禪師俗謂蘭若和尚是也左溪所傳止觀

爲本祇樹園內常聞此經然燈佛前無有少法因字以詮義因義以明理因理以同如定慧雙修空有皆捨此其略也菩薩或以性海度或以普門化香象至底彌樓最高其餘幽贊不知充滿法界夫知上法易行上法難修上法易證上法難明謂左溪爲有則實無所行謂左溪爲無則妙有常住視聽之表巍巍左溪因恭禪師重研心法唯十八種物行頭陀教厥後奉東陽威大師得最上乘詮第一義現聲聞像宏大覺心大無可名也偏袒跪膝奉觀音上聖願生兜率天親近彌勒彈磬衣鉢嚴具尊儀焚香稽首則

舍利降靈光發。寺非正陽屋宇凋落。殿移則像毁財匱則力艱左溪錫杖指揮工人聽命如從舊貫儼若天成心不離定中口不嘗藥味耄期之歲同於壯齡告門人曰吾六印道圓萬行無礙戒爲心本汝等師之天寶十三載九月十六日就滅春秋八十二僧夏六十一四輩號慟如慕如疑香花幢幡雷動山谷鄉人或夢左溪居寶閣第四重者寤告其隣與之夢協兜率天者第四天也願力所屆廣度人天既荼毗已門人分舍利起塔於左溪之西源遵相法也城邑之人願獲親近分半舍利起塔於州之東原申永

慕也左溪僻在深山衣弊食絶布紙而衣掬泉而齋如繒纊之溫均滑甘之飽誦經則翔禽下聽洗鉢則騰猿跪捧宴坐一室如法界之樂蕭然一院等他方之遊或問曰萬行皆空云何苦行對曰本無苦樂妄習爲因衆生妄除我苦隨盡又問曰山水自利如聚落何對曰名香挺根於海岸如來成道於雪山未聞籠中比大遼廓至若旱蛙躍流瞽犬能視雷雲興而獵者捨弓矢鱗介絶而漁者壞罾梁舉其偉然曷可殫載弟子衢州龍邱九嵒寺僧道賓越州法華寺僧法源僧神邕本州靈隱寺僧元淨棲嵒寺僧法開蘇州報恩寺僧道遵皆菩薩僧開左溪之祕藏常州福業寺僧守眞杭州靈曜寺僧法澄靈隱寺僧法眞明州天寶寺僧道源淨安寺僧惠從本州開元寺僧清辨純得醍醐飽左溪之道味入室弟子本州開元寺僧行宣常州妙樂寺僧湛然見如來性專左溪之法門新羅僧法融理應英純理應歸國化行東表宏左溪之妙願菩薩戒弟子傳禮王光福等菩薩惠芽霑左溪之一雨清辨禪師等荷擔遺烈見請斯文銘曰

磁石湊金澄流見月法與心起緣隨定設衆生未度我爲

舟筏將如趙代豈望荆越趨道云何知之在行殛煩惱鶩歸寂滅城不住之住無生之生兜率天樂徘徊下迎潺湲左溪東入蒼海青松白日人亾地在四輩盡哀時乎不待頌德空嶺劫塵無跡

潤州天鄉寺故大德雲禪師碑

東南苾芻之上首曰長老雲公報年若干僧夏若干永泰二年某月日涅槃於潤州丹徒天鄉寺人天痛慕江海寂寥御史中丞韋公元輔項臨潤州嘗申跪禮無何韋公兼觀察領浙西按部至京江來修謁問長老曰如來遺教付

嗚仁賢貧道有檀像一龕敬以相奉意演言簡聞者淒然
韋公致别之明日長老繩牀跏趺無病而滅嗚呼至矣哉
昔支遁與謝公爲山水之遊竺法師與王度爲生死之約
古今同道如見其人長老每言曰得天師於牧馬求善法
於鬻香不可不敬樂羊以食子見疑茂勢以草繫成忍不
可不仁智瑤死於大縣頂生退於釋宮不可不廉留侯先
期而黄石俛元謀愆乞而觀音降不可不信學此四者以
爲教端内訓緇褐外化羣品其餘觸類而長道遍恆沙長
老法號法雲獲度於神龍之歲俗姓申氏其先魏都之望

出於姜姓左右宣王詩所謂惟嶽降神者也曾祖寧皇朝
考功員外郎祖靖睦州遂昌縣令父儉不仕以復楚之忠
烈相韓之勳伐蓄靈韜曜鍾美後人長老童丱入道誦法
華經景龍歲受具於本州龍興寺元昶律師由是萬計俱
圓名冠同列與鶴林絢律師偕往嵩嶺求法於大照和尚
以心眼視徹見無邊界果在掌中隨心舒卷喻菴羅熟終
當自知此其端也道其兼愛故無棄物有志於道來問長
老曰飲甘露者當淨其身有涉道未宏來問長老曰菩提
爲寶耶無知無德涅槃爲空耶常樂我淨由是江表禪教

有大照之宗焉至若願力所宏莊嚴佛教像飾同日月之
照廚供盡人天之福積若山川流於他方凡聖去來緇素
皆以天鄉爲中路之化城也夫三界爲牢鬼神同死使桎
梏輪轉無解脱時佛性在煩惱之中佛身卽衆生之體大
法平等無所不同雪山滿月是爲眞語同音半字寧爲安
說如來毫相始於東土菩薩求法遍在西方慈悲之開固
非一致若乃昆明劫灰夏時同學化人來周穆之歲恆星
隕魯莊之年甘泉金人之祀伊蒲浮圖之說謂之爲妄則
常情不測謂之爲實則迂闊難明立定哀之時書隱桓時

事憑魯史之文猶未之詳況乎視聽之外出乎名言之域
固宜然也國史傍錄往往合符者則宣尼稱西方有聖元
老云吾師竺乾厥後感夢季明漸於中國楚王英尤敦此
道常奉縑贖罪詔曰王誦黄老之微言尚浮圖之仁祠潔
齋三月與神而爲誓其還縑以助伊蒲塞桑門之盛饌浮
圖仁祠卽塔廟也潔齋爲誓卽禮懺也伊蒲塞則優婆塞
也至魏受禪洛陽宮中有浮圖毁除之沙門以佛舍利擲
水生光由是移於車道廣開禪室僧會揚化於三吳惠持
演教於三蜀震曜聾瞽無代無之法壞也因蓋吴同亂之

積其後也賴曇休堅持之誓自菩提達摩降及大照禪師七葉相乘謂之七祖心法傳示爲最上乘南方以殺害爲事北方多豪右犯法故大通在北能公在南至慈救愍曲無不至其餘則澄公威神止石羯之虐惠始定力悛赫連之暴淨檢尼部之初曇柯律藏之始道安垂範羅什銓譯惠遠道生闡教於匡廬杯渡寶誌著異於江淅公之慈靈鎮攝智者之遵揚眞極法膺昏季在壞尋舉起稠公之衣而定興廢驗仲尼之記而崇建立我唐撫運同符聖覺中州徼外大智如林元奘無畏繼與夷夏不可悉數舉甚殊

尤長老既滅門人僧某等戒還本源智人無學以某月十六日遷定於鶴林寺西江湖晦冥道路悽慟初吏部侍郎齊澣採訪江東見天鄉殿宇傾圮執尸完葺乃請禪師與絢公當謂寺僧乾最得堅固力求眞實智乾元初奏請天下一十五寺長講戒律天鄉卽其一焉爾後率同心願善繕理禮部員外郎崔令欽常爲丹徒宗仰不怠無何吴越震擾緇侶竄伏長老挺身於戈劍之間宴坐於虎狼之口大浸不溺大火不焚天鄉獲全長老之力也韋中丞以句容令田少文悅長老之風宏無生敎故托句容護辦葬事刺史韋公損奉善逝甚深之旨行菩薩廣大之慈大理司直兼丹徒令史坦性淨道周如潤州長老之兄弟之子曰堂構爲當代詞人修在家梵行與門人俾華贊德於萬斯年其文曰

至哉元德高標法流法而不著行而不求輪王自在象寶調柔黑夜生月驚波起州洲淪大浸日落中夜方外常在人間代謝性不遷易法無高下億萬人天從吾受化從受化已委順知時諸佛如是我今得之清江朗月古本仁祠以我道法爲人導師

揚州龍興寺經律院和尚碑

菩薩調伏身心具一切智調伏心者爲定慧調伏身者爲律儀假煩惱而後有身心有身心而後開知見權衡並用何莫由之如來於鹿野苑中爲位具法輪始開此法持律第一有優波離如來謂戒爲性源因定見性定爲慧本因慧得常不依科敎無所成實乃宣告四輩攝護身心命以優波長老集毗尼藏以優波無緣此土摩訶迦葉啟迪當來而付囑之與禪同祖者數世去聖滋遠枝剖條分今學者所宗四分爲盛此間有數息諸觀以攝亂意是蓋禪那

之濫觴也夫沙門奉律猶世間行禮若備中和易直之心而無升降周旋之節於義爲非爲義非爲半人恭惟世間皆歸佛性體無分別俱會一乘勝妙法蠡爰傾海水明徹寶器方貯醍醐禪律二門如左右翼和尚執持戒律兼修定慧恩制落染爲人式瞻六十年矣和尚法號懷仁其人也惟天寶十載十月十四日晨起盥漱繩牀跏趺心奉西方旣曛就滅於龍興寺春秋八十三僧夏六十緇素弟子北拒泗沂南踰嶺徼望哭者千族會葬者萬人其上首曰越州開元寺僧曇一福州開元寺僧宣一常州興寧寺僧

義宣杭州譚山寺僧惠鸞東京敬愛寺僧璿光潤州栖霞寺僧法瑜僧乾印潤州天鄉寺僧法雲揚州崇福寺僧明幽延光寺僧靈一龍興寺僧惠遠等天下甘露正味調柔人中象王利根成熟音樂樹下長流福慧之泉雪山峯頂仰見清涼之日金剛決定煩惱無餘優曇開敷香潔盈滿罔不成實樂說辯才得法華三昧衆所知識物之依怙法施之恩重羣居之感深哀奉色身經始靈塔於某原像教也幽公自幼及衰所親侍靜言元梵俯托斯文試言之曰先陀婆者分於一名摩醯目者夾於三點衆法歸善羣緣

體無道豈遠人宏之在我外離諸相猶行邪道內度四生方爲靈覺至若調牛良田唯待天雨渡馱巨海荷護持囊喩夫靈藥毒草同在林中甘泉淤泥共生地下疇能了達惟我宗師和尚太原郭氏厥後遷於淮左孩抱之歲誓齒道門親慈所鍾志不可奪因瑤臺成律師受具戒律文有往哲所疑時賢或誤一言曲分於象表精理自得於環中聲振京師如睎日月諸寺固請綱領乃黙而東歸卽還揚都俯允羣願常誦金剛般若波羅密經如意輪陀羅尼般若佛心我得此心衆生亦如謂天台止觀是一切經義東

山法門是一切佛乘色空兩亡定慧雙照不可得而稱也寒不加服暑不攝齋食不求飽居不易坐四方施捨歸於大衆一身有無均於最下朝廷之士銜命往復路出惟揚終歲百數不踐門閾以爲大羞仰承一眄如洗饑渴和尚與人子言依於孝與人臣言依於忠與上人言依於敬佛教儒行合而爲一慮學者流誤故親教經論延來者聽受故大起僧坊將警羣迷故廣圖菩薩因地善護諸命故曲濟衆生壽量以文字度人故工於翰墨法皆佛法兼採儒流以我慢爲防故自負衣鉢以規範爲任故綱正緇林以

發揮道宗故上紆睿禮以感慕遺迹故不遠他邦以龍象參議故再至京國以軌度端明故研精律部黃門侍郎盧藏用才高名重罕有推挹一見和尚慕味循環不能離坐退而歎曰宇宙之內信有當人黃門於院內置經藏嚴以香燈天地無疆象法常在太子太保陸象先吏部尚書畢構少府監陸餘慶吏部尚書崔日用祕書監賀知章禮部尚書裴寬中書侍郎嚴挺之河南尹崔希逸太尉房琯中書侍郎平章事崔渙禮部尚書李澄詞人氾水尉王昌齡等所共瞻奉願同灑掃建塔之地廣狹如素高卑得中周

臨四衢平覩千里門人環蒔列柏薦以名香空曠寂寥以哀以慰夫子門人輕重諸侯之國如來子弟皆爲釋梵之師敬悅其風以偈銘曰

佛境無二佛心皆一隨其根源乃起禪律持戒外獎觀空內謐是藏私耶衆僧祕密昏醉億萬求醒者稀如來戒定與爾爲歸性空因戒垢重初微彼上人者湲乎道機真空不生妙果無得開明戒定洗去怨賊衣染波利鼻聞薝蔔白日正圓如何昏黑昏黑既已四輩號咷不見金棺空圖白毫月明江潤木落山高迥野孤塔羣心鬱陶訓迪貞子森然朗達阿難苾芻迦葉菩薩仙髮承足諸天奉鉢智火遽然獨留緇褐月苦淮甸風悲楚川千株茂樹百道春泉佛日長晦浮圖巋然哀哀龍象大庇羣緣

潤州鶴林寺故徑山大師碑銘

道行無迹妙極無象謂體性空而本源清淨謂諸見滅而覺照圓明我天人師示第一義師無可說之法義爲不二之門其定也風輪駐機其慧也日宮開照其用也春泉利物三者備體誰後誰先入無量而不動開法華而涌出湛兮以有無觀聽而莫測寥焉以遠近思維而不窮智德皆

空爲眞實際大悲恆寂遍撫羣迷月入百川之中佛匝千花之上修而證者元同妙有應而起者旁作化身先大師適來此土化身歟適去他方補處歟不可得而知也自如來現滅四魔橫恣人天無怙寄命崩崖勝大敵者那羅延身銷大毒者伽陀妙藥拔陷扶墜而生大師大師延陵馬氏諱元素字道清崇高紹興於法位胄緒不繫於人閒慈母方娠厭患葷肉長至之日誕彌仁尊生有異祥乳育安靜既齓稽首父母求歸法門即日獲請出依精舍如意年中薙度隸江寧長壽寺既進具已戒光還照定水澄源鸞

王之不受泥塵香象之頓除羈鎖未之比也身長七尺體無凡骨眉毛際臉口若方丹目不顧盼聲侔扣玉入南牛頭山事威大師撞鐘大鳴入海同味迦葉以頭陀第一大師亦斗藪塵勞聞一知十未嘗請益觀法無本觀心不生喻金剛之最堅比獅子之無畏圓月照海高漢盡明慧風吹雲宇宙皆淨威大師摩頂謂曰東南正法待汝興行命於別位開導來學於是騶虞馴擾哀仁之至也衆禽獻果明化之均也接足右繞百千人俱大師悉以菩薩呼之教習大乘戒妄調伏自性還源無漸而可隨無頓而可入摩

尼照物一切如之吾常默默無法可說或有信願雙極懇求心要於我渴仰施汝醍醐問禪定耶吾無修問智慧耶吾無得道惟心證不在言通懷帝釋輪終爲世論自淨而已無求色聲既悟者小無微塵大無三界當悟者內珠雖隱猶作來因藥草萬殊根莖等潤貌和言寡饑至飽歸或有聞尊稱而遷善現色身而獨得我無示念（一作爾念）道溥慈圓食不問鹹酸口不言寒暑身同池水飽蚊蚋之饑渴道離人我順衆生之往來貴賤怨親是法平等故饋甘味而不辭同於糗糒奉上服而不拒齊於弊褐俾夫家有道侶

府無爭人開元中本寺僧法密請至京口潤州刺史韋銑灑掃鶴林斯焉供養有屠者恣刃積骸如山聞大師尊名來仰真範忽自感悟懺伏求哀大師受之又白言和尚大悲當應我供大師衲衣跏趺未嘗出戶公侯稽首不爲動搖至是如其懇求忻然降詣夫盜隱其罪虎慈其子仁與不仁皆同佛性無生無滅無去無來今濁流一澄清水立現諸佛所度我亦度之天寶中揚州僧希元密請至廣陵便風馳帆白光引棹楚人相慶佛日度江梁宋齊魯傾都來會津塞途盈人無立位解衣投施積若邱陵皆委於所

在行無住捨禮部尚書李澄時爲揚州牧齋心跪謁爲衆唱首望慈月者誰不清涼傳百億明燈照四維上下塵沙之數皆超佛乘二州以貪法之心移牒踰月均吾喜捨成爾堅牢無非道場還至本處天寶十一載十一月十一日中夜坐滅嗚呼菩提位中六十一夏父母之生八十五年赴哀位者可思量否至有浮江而奠望寺而哭十里花雨四天香雲幢幡蓋網光蔽日月以其月二十一日四衆等號捧金身建塔於黃鶴山西原像法也州伯邑宰執喪師之禮率衆申哀江湖震悼曩於寺內移居高松互偃涅槃

之夕椅桐雙枯虎狼哀號聲破山谷人祇慘慟天地晦冥及發引登原風雨如掃慈烏覆野靈鶴徊翔有情無情德至皆感初達摩祖師傳法三世至信大師信門人達者曰融大師居牛頭山得自然智慧信大師就而證之且曰七佛教戒諸三昧門語有差別義無差別羣生根器各各不同唯最上乘攝而歸一涼風既至百實皆成汝能總持吾亦隨喜由是無上覺路分爲此宗融大師講法則金蓮冬敷頓錫而靈泉滿溢東夷西域得神足者赴會聽焉融授巖大師巖授方大師方授持大師持授威大師凡七世矣

眞乘妙緣靈祥嘉應僉具傳錄布於人世門人法鏡吳中上首是也門人法欽徑山長老是也觀音普門文殊佛性惟二菩薩重光道源門人法勵法海親奉微言感延霜露繕崇龕座開構軒楹時惟海公求報師訓廬孔氏之墓起淨明之塔世異人同泫然長慕僧慧端等蔭栴檀樹皆得身香菩薩戒弟子故吏部侍郎齊澣故刑部尚書張均故江東採訪使潤州刺史劉日正故廣州都督梁昇卿故採訪使潤州刺史徐嶠故採訪使常州刺史劉同昇故潤州刺史韋昭理故給事中韓延賞故御史中丞李丹故涇陽縣令萬齊融禮部員外郎崔令欽道流人望莫盛於此弟子嘗聞道於徑山猶樂正子春之於夫子也洗心瞻仰天漢彌高鏡公門人悟甚湊者大理評事楊詣過去聖賢諸功德藏志之所至無不聞知魯史從告況乎傳信其文曰濁金清鏡在爾銷鍊磨之瑩之功至乃現膏潰炷然光明外過陽升律應草木皆變啟迪瘖聾惟吾大師息言成教捨法與悲辰極不動風波自移境因心寂道與人隨杳然元默湛入無爲性本非垢云何淨除身心宴寂大拯淪胥內光無盡萬境同如甘露正味琉璃妙器遍施大千無同

無異度未度者化周緣備道樹忽枯涅槃時至我無生滅隨世因緣吉祥殿上應化諸天寂寂靈塔滔滔逝川恆沙劫壞智月常圓

元魯山墓碣銘 并序

維唐天寶十二載九月二十九日魯山令河南元公終於陸渾草堂春秋五十九服名節者無不痛心嗚呼堂內有篇簡巾褐枕履琴枕簞瓢而已堂下有接賓之位孫甥受學之室過是而往無以送終名高之士陸渾尉梁園喬潭聘以清白之俸遂其喪葬以明月十二日窆於所居南岡

禮也公諱德秀字紫芝延州使君之子後魏七葉易爲元公其裔也世有明哲承而述之幼挺全德長爲律度神體和氣貌融視色知教不言而信大易之易簡黃老之清淨惟公備焉延州即世之後昆弟凋落慈親羸老無小無大仰飴於公及應府貢如京師不忍離親躬負安輿往復千里以才行第一進士登科丁艱聲動於心既過苴枲刺血畫佛像寫經以不貲之身申罔極之報食無鹽酪居無爪翦者三年先人未祔於兆身迫嘗室緘未忘之哀參調求仕銓試超等補南和尉黜陟使以至行上聞授左龍武軍

錄事因墜傷足樂正之憂愀然滿容以甥姪婚仕爲念授署魯山令以痼疾不能趨拜故後長吏僉以客禮待之常獲盜未刑屬濱山之鄉稱猛獸爲害盜請於庭曰感明府慈仁願殺獸贖罪公哀而許焉僚佐堅請公無變慮乃從破械縱之盜果屍獸復命吏人老幼咨嗟震動發於庭宇播於四鄰則政化之行可知也公自幼居貧累服齊斬故不及親在而娶既孤之後單獨終身人或以絕後諭焉對曰兄有息男不曠先人之祀矣歷官俸祿悉以經營葬祭衣食孤遺代下之日柴車而返南遊陸渾考一畝之宅發八筍之直唯匹帛焉居無扃鑰牆藩之禁達生齊物從其所好時屬歉歲涉旬無烟彈琴讀書不改其樂好事者攜酒食以饋之陶陶然脫遺身世涵泳道德拔清塵而棲顥氣中古以降公無比焉知我或希晦而不耀故也是宜爲國老更論道佐世而羔雁不至歿於空山可勝慟耶所著文章根元極則道演寄情性則于蒍于思善人則禮咏多能而瀎則廣吳公子觀樂曠達而妙則現題窮於性命則蹇士賦可謂與古同轍自爲名家者也又其惡萬金之藏鄙十卿之祿富貴之辨吾得其眞至哉元公越軼古今沖

邃冥冥純朗朴渾範於生靈凡與門人吟慕遺風諡曰文行先生從古也夫誄德銘功厥義有三上以簡神明中以鋪光烈下以聳示後人斯文之作由此志也其銘曰

天地元醇降爲仁人隱耀韜精凝和葆神道心元微消息詘伸載襲先猷竭盡報親貞王白華不緇不磷縱翰祥風蜺迹泥塵今則已矣及吾無身仰德如在瞻賢靡因懷哉永思泣涕銘云

欽定全唐文卷三百二十一

李華八

故翰林學士李君墓誌銘

嗚呼姑孰東南青山北址有唐高士李白之墓嗚呼哀哉夫仁以安物公其懋焉義以濟難公其志焉識以辯理公其博焉文以宣志公其懿焉宜其上爲王師下爲伯友年六十有二不偶賦臨終歌而卒悲夫聖以立德賢以立言道以恆世言以經俗雖曰死矣吾不謂其亾之也有子曰伯禽天然長能持幼能辯數梯公之德必將大其名也已

矣銘曰

立德謂聖立言謂賢嗟君之道奇於人而侔於天哀哉

著作郎贈秘書少監權君墓表

君姓權氏諱皐字士繇天水人苻秦尚書僕射翼之後世爲著姓祖某某官父某某官咸有令德君既冠進士及第試臨清尉時節將兼本道使籍君高名表爲薊縣尉充判官無何主將以逆節露君乃詐死扶親涉江既免禍累知機其神先帝聞而歎之除評事御史方議大用屬太夫人病危將侍奉憂勞因中痼疾無何太夫人終君泣血三年羸疾用加服除遷起居舍人著作郎大歷元年四月某日不幸逝於丹徒因殯焉享齡四十二嗚呼識者慟哭聞者痛心君有大節不可奪大名不可掩大才不可及大行不可名天與之仁不與之年哀哉自開元天寶以來高名下位華方疾不能備舉然所憶者曰河南元君德秀元終十年而南陽張君有略張沒二年而君夭元之志如其道德張之行如其經術君之才如其聲望人倫其瘁乎公素與昌黎韓幼深京兆王鎮卿洎華友善韓評君曰可以爲宰輔王評君曰可以爲師保華評君曰可以分天下之善惡

一人而已矣夫人隴西李氏仁賢有一子某生七年矣哀禮成人嗚呼有後哉朝廷贈君以秘書少監悼賢也華因病風扶曳而往哭之嘗聞師乙之言曰溫良而能斷者宜歌齊權君可謂溫良而能斷者也故爲齊風表君之墓云忠於而國孝於而家潔而不滓瑜而不瑕仁胡不壽爲善者何君不幸耶時不幸耶

太子少師崔公墓誌銘

聖唐祖宗重光丕變萬國元宗肅宗今上三后繼明格於上下其輔弼之臣曰趙公奉先少師之訓有大功於王室

少師諱景晊字某清河東武城人也惟成於姜水氏曰有呂德莫厚乎粒蒸人大庭之烈也勳莫盛乎除暴虎尚父之明也讓莫大乎推社稷季子之高也丁公之元子曰季克讓乞歸老於崔氏宜乎其盛也八代祖元孫宋度支郎中以忠烈見危致命夫人攜二子亮敬默依夫人之黨挺志羇孫之中安親危窘之際亮即公七代祖也八爲尚書一爲僕射孫肇師官至中書侍郎元子北齊安州總管府掾諱道淹公之曾祖也生萬年主簿臨洺令諱方騫公之大父也生武功主簿贈吏部尚書諱貞固公之考也郎中

殉王事僕射利生人中書之名望安州之道德臨洺之愛人武功之體道荀淑以盛德及子陳寔以素風及孫誠哉吾聞其語矣今見其人也公孩抱太夫人終童幼武功府君逝根於至性毀過乎哀鄉黨憐之皆曰純孝既除喪外從禮訓內積憂慕啜菽飲水勵志讀書誦無遺文釋無遁義皆一覽也年十七與親兄晙同舉明經調補梁州南鄭尉轉蜀州晉原尉前後使臣表公第一遷大理評事親累貶利州葭萌丞歷梓州鹽亭丞樂天知命貞獨自晦君子哉改晉州司法參軍政尤一道刺史按察使皆以上聞充河東軍支使畢尚書構爲連帥也假公判官仁者悅不仁者懼遘癘終於官舍春秋四十權厝於邙山元元廟西北原識與不識罔不相弔時人之安放後人之不幸夫人滎陽鄭氏皇朝兵部郎中衛州長史元昇之女吏部侍郎平章事愔之妹終京兆崇賢里權殯於長安東南杜陵原夫人鞠佩紛燧以寧顏色闕澄羃酒以奉蒸嘗輔佐君子黔婁之室也撫導賢允孟軻之母也內訓傾謝婦儀無師嗚呼哀哉大歷四年龜筮從吉嗣子圓尚書右僕射趙國公哀奉先少師夫人之裳帷合祔於河南北邙山某原禮也

趙公初爲益州刺史屬逆羯內向天下兵起至尊出長安避狄未有岐下之都因奉表上迎保寧聖德遷爲中書令翼大明復天下肅宗申養元宗申慈趙公之宣力也事今上鎮揚州爲吏部尚書左僕射崔氏之門公盡善哉洪河在北清洛在南二室之下邙原高起是地也是宜君子幽宅寧於斯永保子孫昌於斯其文曰

翼翼孝嗣銜哀不言祇感永思常試討論齊爲霸國鄭甸闕姬姜協德貽慶後昆在昔貞烈爰有魏嶼疑播遷建都公將南轅造舟人便開漕利源宜有令允中書王振安州

榮道。臨洺體順。尚書蓧光。公以德鎮。旣輸典刑。亦清維晉。天不我遺。時將疇師。夫人之德。柔善有則。鼓鐘于宮。聞于四國。從夫訓子。天下是式。不及劬勞。趙公罔極。克誕趙公。蓼莪孝思。奉若先訓。其貴如斯。今日之祿。先人之慈。保寧幽宅。天地無期。

揚州司馬李公墓誌銘

公諱并。字某。趙郡高邑人也。在昔咎繇謨明。元元道德。武安之功。秦人息甲。廣武之略。淮陰東面。魏則中書爲藎臣。齊則常侍參佐命。左丞聲動鄰邦。著明喆於周。隋水部才

冠時倫。資訓迪於忠孝。國朝則蒲州之仁政。趙州之懿德。趙州生晉陽尉諱希遠。道崇位卑。鍾慶身後。官婚人物。爲山東上族五百餘年矣。公少孤。以經明行修登第。直崇文館。授雍邱尉。屬國家升中泰山。縣當馳道。徵責萬計。臨事無違。居至卑而不折。當大務而不撓。外兄許公蘇尚書頲特親重之。秩滿。考六經。覽羣書。手抄二百卷。觀其大義。歷交城尉。無何丁內艱。柴毀終禮。授榆次尉。裴尚書伷先爲太原尹。廉察河東。引公在幕。賢者知勸。不仁者懼。旣而從調。朝廷詔有司精求令長。公以崇璧之姿。鍾彝之重。屈爲蕭令。邑臨古汴之衝。每歲爲害。公因租之集。兩稅一石。置於水濱。治之爲防。水不敗稼。蕭人賴之。徐方歌之。則政之利人。餘可知也。選授太原府法曹參軍事。大都阜殷。嚚訟塡積。公鏡其詐實。皆叶厥中。太原國之北門。枕扼夷夏。屬狂胡首亂。悉衆來攻。公撫弦登陴。左右軍師。完城池。潰凶醜。有力焉。詔加朝散大夫。遷太子洗馬。拜右諭德。進階正議大夫。東宮圖書亾逸。有司命公留北部蒐訪焉。淮南節度故相崔尚書圓表公爲揚州右司馬（世系表作左司馬）將任以州政。方祖道遘厲而終。享年六十六。廣德二年六月十三

日也。長子規。前刑部員外郎兼侍御史。次子覲。故沂州沂水縣丞。次子覿。故太原府榆次縣尉。次子峴。前汾州平遙縣丞。幼子觀。前左監門衛率府兵曹參軍事。（世系表稱長子峴盧江令次子規壽州刺史三子覲四子覿幼子觀官閥不同次序亦異）泣血茹悲。哀號萬里。求仁者之助於江湖。奉迎裳帷於太原。歸安洛汭。禮罔不備。某年月日。窆於某原。禮也。規有公遺風。國之才臣。嘗爲晉州吏職。中外宣力王室。聞於天下。公其不亾矣。公有文有武。簡而能肅。不伐其勞。推其美於人。神明質高。嶷如山阜。味道於老莊。還性於禪慧。每涉危必免。阽患無傷。寘然禮順

疑若靈助蓋德之所至者也嗚呼位不尊壽不遐時耶命耶華於公諸從鴈行爲公所知感規之孝祗述盛烈以慰諸孫之心其銘曰

貴爲侯伯來日赫赫百夫之特所稱者德神錫純嘏道無違者淮南鎮揚爲右司馬嘗涖蕭人蕭人以淳嘗掾太原功宣北藩艾綬銀章大夫之尊春秋匪懈榮於寢門空其永世天胡降戾仁而有子哀號萬里維嵩之隅維汾之涘我卜我筮壽宮修止與天無期寧極於斯子孫百代拜手於斯

唐丞相故太保贈太師韓國公苗公墓誌銘

永泰元年四月戊子唐舊相太保韓國公薨天子輟朝羣臣出次五月壬午贈太師七月丙子詔使中謁者涖祭京兆少尹護喪龍旗輔車鹵簿哀導加於一等園塋封樹碑版垂後盛於當朝葬我韓國公夫人名本於宏本非此運不揚元勳出於忠烈萬死之中登諸日月九天之上乾坤閉而復闢鈞軸折而再駕故肅宗皇帝於行在見公曰欲求良弼其在茲乎公諱晉卿字元輔上黨壺關人祖襲夔贈太子太師父殆庶贈禮部尚書公成童好學弱冠工文二登甲科三入高等始自郡邑臺省之任終乎廊廟台輔之器至於牧四郡使四道在人爲政之絕跡於公能事之常格故不足敘天寶之末胡羯亂常公身在陷穽心圖遼廟謁至尊於幕殿議大計於轅門天子壯之拜爲左相公於時與兵部尚書汾陽郡王經略大業翊贊中興公撫於內汾陽營於外克二京復九廟尊先帝返上皇公之功也乾元二年元凶授首陳希烈等四十八人議在殊死公抗疏上論以四方猶虞罪當寬宥三司質定其事不行於戲慶緒之誅也不用公議使有思明之難朝議之滅復行公

計果令天下大安仁人之言不可已矣上元二年元宗升遐詔公攝政肅宗違代令公當國道合君臣時契雲龍於二主功高宇宙德鍾社稷於一身夫平計之勃安之總有平勃之勛伊攝之霍立之再當伊霍之任人臣貴極今古罕儔公晚嬰衰疾屢辭樞務遂得特紆聖眷俯降臣禮赤墀之下杖策來朝宣室之中肩輿入見此則明主上德而屈體忠臣感恩而忘形君臣之間斯爲盛矣無何有詔冊授太保軍國大務仍咨訪焉公至和爲心太素爲體以虛舟應物世累不能干其神以公器濟時江海不能開其慮

故軒裳鐘鼎。於我如浮雲。大位遐年。在生爲逆旅。享年七十有七。歷仕二十有四。順如也。夫人韓國夫人博陵崔氏。詩書之門。金玉其度。先公而歿。今則祔焉。嗣子發丕堅粲垂向呂稷望咸等。並強學懿文。保家繼代。忠足以勵行。孝足以揚名。敘德立銘。願昭先烈。掌文之客。敢忘大猷。其詞曰。

有唐宗臣。爲國元老。清明淳粹。全德體道。磊落臣節。浚沈廟謨。智能逃難。忠則忘軀。幽薊弄兵。咸秦振蕩。舉族南棄。拔身北嚮。一見先皇。其言甚壯。指麾籌畫。爰立作相。天地

反正。蒼生之望。伊昔南狩。衣冠下從。三司獻議。萬乘將同。諫書一出。天下稱公。二聖登遐。萬方是荷。聖皇在闇。務輟哀坐。稱政臨朝。非公不可。彼蒼不仁。殲我鼎臣。天歸說夢。嶽降申神。嵯峨碑版。突兀封樹。嗚呼。相國韓公之墓。

故相國兵部尚書梁國公李峴傳

梁國公諱峴。字某。其先隴西人。曾祖曰吴王。太宗愛子也。父曰信安郡王。元宗之大臣。肅宗之軍佐也。公年二十。學道於大智禪師志滨。行苦。禪師謂曰。汝當爲國家陳力。緣不在此也。自太子通事舍人五遷爲魏州刺史。化行河朔。再遷爲京兆尹。歲大水。至尊幸溫湯。每冬爲恆。畿輔進奉萬計。公止府縣無所獻。上知其簡亮。益以重之。甸服千里。饑不爲害。忠矣哉。權臣所排。出守零陵。再遷御史中丞。判州等五道副元帥。徵爲宗正卿。鳳翔太守。時兵荒之後。兩京未復。公爲政人不勞而公賦足。智矣哉。除尚書左丞。禮部尚書。御史大夫兼京兆尹。公明賞罰而隱人過。下吏不逮。上延威伸。令引自謝。責而慰安之。推德及人。剛柔皆化。仁矣哉。平訟獄刑察。以人情斷以古義。正詞匡上。直法伸下。明矣哉。遷吏部尚書平章事。以正直進。以正直退。貶蜀

州刺史。遷爲御史大夫兼江陵尹節度觀察使。入爲禮部尚書宗正卿。加黃門侍郎平章事。以道事君。不可則止。可謂大臣歟。行垂益之道。事堯舜之君。公志不申。元元失望。除太子詹事。又歷御史大夫禮部尚書。遷吏部。領遷〔當作選〕江西。改兵部。復命至南陽。詔兼衢州刺史。一州之人。如得父母。永泰二年八月。薨於衢州。一州之人。如絕乳育。天地痛心。朝廷悲懷。贈太子少師。謚曰某。兵部尚書少師同先父之職。國家孝治。追其世德乎。周之興也。內有周召。外有伯禽康叔。漢之盛也。東平入輔。聖德巍巍。公爲股肱。衛侯

之哭柳莊曰非寡人之臣社稷之臣也公可謂社稷之臣歟夫子稱閔子騫曰孝哉閔子騫稱史魚曰直哉史魚宣盛德者一言蔽之與公遊者詠公之德曰柱石天下儀刑縉紳宋韓房後惟公一人公享年五十五伯兄峘戶部尚書統江淮嘗與公並爲御史大夫及公之逝伯季同齒哀哉仲兄嶧戶部尚書散騎常侍一門親賢繼美畢榮盛矣哉公嗣子大理司直孝孫孫女范陽盧浩妻哀有餘禮孝因其心孝矣哉哀奉世父尚書公之喪帷自信安歸於上都跣行號哭三千餘里以大歷二年某月日窆於某原禮也夫人河南獨孤氏祔焉夫人某官某之女以才淑禮法聞於邦族公爲茂德崇勳之後享大名尊位有令兄弟有賢夫人有孝男有孝女全美如是雖古烈無之

李夫人傳

夫人趙郡李氏諱某字某號惠曰自後魏義豐懿公璨七代至明經君元福道義德禮歸於一門魏史所謂事親孝謹風度審正是也年十三歸於貴鄉丞范陽盧公善覲姑崔夫人待子婦甚嚴年高多疾自夫人奉養體氣日和姑視夫人愛子如也夫人奉養姑慈親如也撫下掩其小過因而誨之則大過無從生矣姑怒責幼賤夫人則跪請曰此誠違教尊室降責新婦不安請引外懲恥既而輕罰復命姑或未厭則曰責誠未塞伏以尊慈恐他日追憐傷尊之心崔夫人撫而笑曰孝新婦不唯安吾兼變吾性自是委以家政其柔明婉敏皆此類也盧公爲宕州司法參軍夫人隨之官西南羌戎不知長幼之別夫人威儀敬順聞於殊俗羌戎化焉太夫人因疾喪明夫人奉衣則安奉膳則飽每曰此女在側吾忘失明及居憂泣血三年終身銜戚讀論語詩書禮傳古史箴頌近世詞賦合於雅者盡諷之善鼓琴幽閒自娛志普門之教肸蠁符應六姻孤幼歸夫人者如不孤焉開元元年終春秋五十無子有女一人孝慈明惠如夫人之德歸於安邑令趙郡李公遺孫檢校吏部員外華不及逮事感慕罔極聞於外家十不存一哀書大略敢告史官

德先生誄

或問曰德先生者奚氏余曰南陽張姑有略其名維之其字也或曰與古誰倫可以踐七十子乎余曰七十子或賢或恆人方於賢原憲宓不齊其比也或曰大哉余曰七十

子親聖人之道者也維之追聖人之道者也七十子得聖人疆畛之際維之得聖人衣冠之潤向使獲親聖人則鱗差耕雍也或曰何咎而瞽余曰聖賢偕時故春秋之亂冉耕惡疾左卬明卜商皆瞽聖如夫子失司寇饑於陳蔡忠如萇宏謀尊王室而戮死君子道消故仁賢窮維之鄰道昌黎韓極亦以德聞與維之同病不幸二子不以病爲僉而喪中明者也或曰夫如是得無誄之余誄之曰神胡病後之人而奪先生噫嘻哀夫德甫余將疇兄

弔古戰場文

浩浩乎平沙無垠敻不見人河水縈帶羣山糺紛黯兮慘悴風悲日曛蓬斷草枯凜若霜晨鳥飛不下獸挺亡羣亭長告予曰此古戰場也嘗覆三軍往往鬼哭天陰則聞傷心哉秦歟漢歟將近代歟吾聞夫齊魏徭戍荊韓召募萬里奔走連年暴露沙草晨牧河冰夜渡地闊天長不知歸路寄身鋒刃腷臆誰愬秦漢而還多事四夷中州耗斁無世無之古稱戎夏不抗王師文教失宣武臣用奇奇兵有異於仁義王道迂闊而莫爲嗚呼噫嘻吾想夫北風振漠胡兵伺便主將驕敵期門受戰野豎旄旗川迴組練法重心駭威尊命賤利鏃穿骨驚沙入面主客相搏山川震眩聲折江河勢崩雷電至若窮陰凝閉凜冽海隅積雪沒脛堅冰在鬚鷙鳥休巢征馬踟躕繒纊無溫墮指裂膚當此苦寒天假强胡憑陵殺氣以相翦屠徑截輜重橫攻士卒都尉新降將軍復沒屍踣巨港之岸血滿長城之窟無貴無賤同爲枯骨可勝言哉鼓衰兮力竭矢盡兮弦絶白刃交兮寶刀折兩軍蹙兮生死決降矣哉終身夷狄戰矣哉暴骨沙礫鳥無聲兮山寂寂夜正長兮風淅淅魂魄結兮天沈沈鬼神聚兮雲冪冪日光寒兮草短月色苦兮霜白

傷心慘目有如是耶吾聞之牧用趙卒大破林胡開地千里遁逃匈奴漢傾天下財殫力痡任人而已其在多乎周逐玁狁北至太原旣城朔方全師而還飲至策勳和樂且閒穆穆棣棣君臣之閒秦起長城竟海爲關荼毒生民萬里朱殷漢擊匈奴雖得陰山枕骸遍埜功不補患蒼蒼蒸民誰無父母提攜捧負畏其不壽誰無兄弟如足如手誰無夫婦如賓如友生也何恩殺之何咎其存其歿家莫聞知人或有言將信將疑悁悁心目寤寐見之布奠傾觴哭望天涯天地爲愁草木悽悲弔祭不至精魂無依必有凶

年人其流離嗚呼噫嘻時耶命耶從古如斯爲之奈何守在四夷

祭劉評事兄文

維乾元二年歲次己亥六月乙未朔三日丁酉趙郡李華祭於劉三兄之靈惟兄高韻曠度拔於時倫德契中和道符濬仁泉明其照情性其文疎近無二心冥則親雅敦名教素遠權利夷險一節通塞一致有時不適與道偕醉跡隨沈浮量混同異白雲何遠清風自至人或知兄王佐之器豈人無福而兄夭年浙東幕庭喪此一賢識與不識辛

酸泣然秦失五歎春不相杵清標高志行乃動主緊我夫子列在中士職無所統談笑而已居室言善感於千里綿江越湖掩涕相視追懷晨夜道則同謨定交梁國周旋兩都更相黙喜吾道不孤契闊艱難誰榮誰枯良願再諧握手東吳覊旅情倍天倫豈殊去歲季冬將膺使檄累辱來召陵江挂席持酒歡酣憂懷頓釋攜手終日晤言竟夕無食不均無衣不易題序申餞情深義激贈言綢繆寵我行役涉泗而還遠承遘癘猶復垂念尺書相繼將慶有瘳俄哀永逝萎我盛德天胡不惠嗚呼痛哉華江濱憔悴風溼所侵疾不果問喪不果臨無由執紼從茲破琴異鄉之慟於此何心不言少别便爲古今嗚呼痛哉光烈幕府親兄重兄恩深撫孤義感平生臨弔盡哀行路涕零躬護喪事推以信誠古風復存今見哀榮嗚呼痛哉孀妻晝哭弱子縗經蕭蕭旅瑩空對江月想像遊處心乎鬱結羽毛相依忍此凋鎩寢門之悲悽斷吳越蘇門朗嘯於此長絕泣戒將命往申微醊此如不祭祇益酸咽兄性與道合棲心福庭故於是奠不列葷腥願垂惠照以濟幽靈値佛開法長爲弟兄素心惟此敢告冥冥尚享

祭蕭穎士文

維乾元三年二月十日孤子趙郡李華以清酌之奠敬祭於亡友故揚州功曹蘭陵蕭公之靈嗚呼茂挺平生相知情體如一歲月之别俄成古今天乎喪予此痛何極華疊罰深重艱難所鍾殊方永慕觸目號裂途窮易感況哭故人以足下才爲挺生名蓋天下道孤命屈淪阨終身避亂全絜忠也冒危遷祔孝也有王佐之才先師之訓而歿於道路何負於天乎痛哉華疇昔之歲幸忝周旋足下不棄愚劣一言契合古稱管鮑今則蕭李有過必規無文不講

知名當世實類無人循環往復何日忘此存實等泣血千里羇旅相依聞其一哀心骨皆斷夫痛之至者言不能宣雖欲寄詞祇益塡塞茂挺君其降靈尚享

祭劉左丞文

維年月日左補闕趙郡李華謹奉清酌微奠祭於故國子祭酒劉十六兄之靈痛矣夫時方刑措詖傳長沙運丁中興衍廢於家命與道乖未如之何先師微言行已堙塞續儒濟德俾世爲則專門繼起人用不惑季孟叔仲並華於國文傾遷固理破楊墨濁斯渾清曲莫容直孤玉沈韻高

鴻墜翼疇昔之年逆虜悖天帝命西平董戎於關上宰姦回蔽明怙權沮以監撫海內醜然督哥舒將盍不速轅兄在西陲飛章上言喻古引今易亡爲存時憚姦邪不聞帝闇文武房公慷慨獨論迎吠狺狺竟寢斯文華忝諫官亦嘗披肝千里同氣痻瘵永歎請受監牧請鎭豐安乞固上黨乞備太原心竭犬馬事屈羣頑哥舒表華掌記轅門明明仁兄紹介三軍舉族在此懼爲禍原竟迫方寸孤天負恩聖朝孝理未忍行戮爰詔三司伏念哀鞠網脫烏鳥恩開桎梏實賴仁人再春枯木房公介然明華於朝兄志提挈出泥登霄言於宰司大啟學徒陳沈洎華可備師儒堂堂昌言光我囹拘褚中不行何日忘諸功曹垂侍恩比天倫手足是比枯榮一人友愛惟濬憐眷益親鄖阨流離存亡永分冀遊門閭以慰酸辛誰謂凋落今惟二人嗚呼哀哉弟參邦憲兄鎭海夷誰云存殁其彼有期謂天無親胡與善違孺子攀號遠奉裳帷季氏呼天割我四支平生故人橫涕交頤寄窆空原時迫與師官尊地偏禮不成儀回望舊邦素車遲遲潯陽地古舉目悽悲執紼流慟誰堪此時余生易感況已衰羸泣薦潢汙魂兮臨之尚饗

祭亡友張五兄文

維永泰二年歲次庚午正月某朔日趙郡李華謹遣從姪詹事府丞廉以茶乳疏果之奠敬祭於亡友張五兄博士之靈嗚呼痛哉先生之終人倫不幸況乎小子冣飽道風何悲如之先生以道爲貴以德爲富以樂天知命爲壽則非其道而貴者賤也非其德而富者貧也不樂天不知命而壽者夭也然先生道貴德富加以樂天知命之壽固無恨矣所痛者仁而無後天道何以爲善與神理何以爲正直滔滔江水此慟何窮嗚呼哀哉華殘年衰病足不履地

撫膺而哭欲往無由千里申奠不任酸咽仁兄先生俯鑒
悲懷尚享

欽定全唐文卷三百二十二

蕭穎士 一

穎士字茂挺梁鄱陽王恢七世孫開元二十三年舉進士對策第一天寶初補祕書正字劾免留客濮陽學者皆從授業號蕭夫子召爲集賢校理嘗作伐櫻桃賦譏李林甫見疾免官林甫死更調河南府參軍事安祿山有寵穎士知將亂託疾遊少室山乾元初授揚州功曹參軍至官信宿去客死汝南年五十二門人共謚曰文

愛而不見賦 丙辰歲待詔京邑貽舊知作

嗟乎或愛之而不見者有之矣何必周秦異代夷夏殊軌阻嚴城之九重限方舟之一水苟時事之多忽故人遐而室邇關山起於足下堂上遠乎千里聳專專之目成遠將逝而復止詩人所以思婉孌而搔首賦城隅之有俟吁不得其已也惟夙昔之良會夢佳期於北方款渤澥之三山吸流霞之景光含芳詞以況予云惠好之不忘願報義於永日陪遊宴於帝鄉廣莫忽而號怒鯨波洶而騰張俄驚魂以輟寐問窮髮之茫茫將揭厲以復從駭風濤之匪量思投軀以靡吝撫遺體以兢惶晨切切以悽悽夕屏營以

彷徨追前歡之俯邇歎此恨之悠長於是收神返慮澄澹靜默冥然就寢兀若無識冀良宵之復遇希舊遊之可即徒有願兮且未克憂滚沈兮萃胸臆風兮雨兮思君子兮何極

至日圜丘祀昊天上帝賦 以題爲韻

政教之始莫重乎郊祀郊祀之先莫尊乎昊天是以前王垂之於典訓後帝奉之以周旋以事大矣其儀盛焉日之至也所以明氣之至丘之圜也亦以象天之圜於是致齋於宮合樂於律羣有司肅肅以儆戒百執事乾乾而莊慄

牲用騂犢以貴誠酌用元酒以明質豈但愛人而尊祖葢欲報天而主日天子迺乘玉輅駕蒼虬搢方珽服大裘率九儀之卿士從五等之諸侯旌旗露卷冠蓋雲浮展國容於御路行大禮乎郊丘百役既備司儀辨位劒佩紛紜以陸離鐘鼓鏗訇而沸渭君明其義臣敬其事執鸞刀以啟毛奠蒼璧以爲贄爵一獻而上下胥悅樂六成而神祇畢至後乃取血膋陳玉幣寘於積薪之上燔於泰壇之際飛燎烟於太清合蕭光於上帝是以神降我福人懷我惠時罔凶荒物無疵癘致洪化於仁壽豈不由肅敬於大祭客有旅遊函關欽茲至道觀祀事於國典仰明靈於有昊敢陳輿頌式播元造頌曰

日南至兮既望祀太一兮圜丘上萬斯年兮承天貺

登宜城故城賦 丙申歲避地襄陽見召掌節度書記陪幕府源公赴江陵作

升彼墟兮遐眺荆江迴矚樊沔頽沲以隱嶙欹缺而巇嶬野茫茫其靡極何人戶之單尠悵青春兮始交又白日兮將晚悲事事之艱阻慨征途之未返憑寒臯以盡目究林莽之滚淺烟迴起於殘燎鳥羣飛於絕巘曾是感時而戀舊孰不酸辛而俛俛也矧乎寓縣乖刺關河阻遏去枌榆

兮地表離骨肉兮天末涕橫墮以若注懷永痛其如割悠悠蒼天不日不月曷其有佸撫艱勤之此土偶四海而承平方神武之君臨尚未遑於戢兵警山戎之外虞重燕代之專征罄帑藏之實窮干甲之精陸隘幽冀水塡滄溟其爲盛也入師長於庶僚出董率於連城冢婦降於王姬餘子超乎正卿睚眦則決日誅夷攀附則累歲尊榮玉帛車輿鐘鼓臺亭煥赫而鏗鎗三十年中初不戒其滿盈終大都之偶國逸漏網之奔鯨潰亂河淇虔劉汴滎覆東洛驟陜坰抗靡堅陣守無完營呼吸三旬遂至乎上京爟燧燭

於王宮潼關爲之晝扃旣而將吏逋竄烝民駭散崩騰郡邑空闃閭閈荒涼我汝穎牢落我睢渙傳置載馳於商鄧兵符薦集於淮漢彼邦畿之尹守藩牧之垣翰莫不膺俊選踐履清貫榮利溢乎姻族繁華恣其侈翫或拘囚就戮或胥附從亂曾莫愧其愚懦又奚聞於殉難甚乎昔先王之經國仗文武之二事苟茲道之不墮實經天而緯地邦家可得而理禍亂無從而至今執事者反諸而儒書是戲蒐狩鮮備忠勇翳鬱澆風橫肆蕩然一變而風雅殄瘁故時平無直躬之吏世難無死節之帥其所由來者尚矣

不其哀哉變之始也予旅寓於淇園初提挈而南奔崩波滑臺逼迸東門亾車徒於鼎城擯圖籍於轘轅背維嵩遵汝墳迴環乎郟葉飄泊乎穰宛嗟歲聿之云暮結窮陰之涸沍市蕭條以罕人盜充斥以盈路微奔走之僕御有啼呼之幼孺川層冰而每涉塗積雪而猶步晝兮夜兮曾莫解於馳驚惟寢與食曷嘗忘於恐懼略南鄉之左鄙淩北津之勁渡偉夫峴首之爲鎮也峻隅百雉危甍萬井森松篁之蓊蔚劃鄽街以周整前山縈依而秀拔斜漢杳映以清迴秔稌蕉橘雜荆衡之蓄桑麻黍粟侔冀魏之境漢之盛也移南國之冠蓋晉之衰也爲北門之捍屏今方嶽之仁明惠久要於平生幸羇旅而獲宥旋載筆於戎旌陪後車乎南紀儼四牡以專征歷隤墉而訊諸乃楚鄢之遺城昔漢皇之標季間諸侯之釋位聞景升之是牧嘆興廢於茲地其後綏懷勁楚抗衡強魏雄九域以高視爲一方之所庇亦謀猷所賴而致也於時寇盜蜂聚生民失土賢雖避世才亦擇主有卧龍之奇英視江漢而胥宇遭劉后之側席聿疇咨於草莽若游魚之在水尚三顧而後語其始也亦將棲威漢沔用武荆楚俟時觀釁終然義舉然後包

并河洛盪滌陳汝迎帝配天不失厥序旣中流之顛覆故宏算而乖阻信雲長之寡謀亦天命之弗與猶復鄘邛峨之險奮賓濮之旅鋪敦隴阺震攝關輔致中原於旰食振衰漢之遺緒洸洸乎俾千祀而景慕宜其易名於忠武不其偉歟方其躬耕漢渚獨詠梁甫輕夫管樂莫之云許伊唱高而和寡亦惆悵於前古道不同不相爲謀斯之謂矣荆雲兮蔽虧朔雁兮差池雲有迴兮雁有歸嗟予行兮愴遲遲諒窮愁兮莫諼雖九醞兮奚施

登臨河城賦 并序

亾舅孝廉元君才高位下一命屈臨河尉尋遭風瘵有加無瘳憂悒迄逾一紀故不復仕而風標俊傑文史清雋則君所著别傳詳矣舅於予有教授之恩隻辭片字皆資訓誘旣而射策桂林校書芸閣道爲知己遇名爲海内稱舅氏之力也天寶元年秋八月奉使求遺書於人閒越來月屆於臨河之舊邑覽物增懷泫然有賦羊曇是日獨吟零落之篇周翼終身寧忘吐哺之愛辭曰

登孤城兮見河水之漫漫城有隍兮水有瀾欻翻覆兮無端俯崇墉兮辛酸心斷絕兮河水之干借如韓伯懷恩羊曇念昔追北渚之曩餞嘆西州之忽覩曾一顧而不忘況仁浚與密戚也惟佩觿之弱歲荷哲舅之矜憐枉月旦之殊品超等夷而獨偏過雖小而必誡善無微而不甄備潤身之黼藻聞染翰之蹄筌豈期文嗣作者價參時賢謬崑墟而比玉濫蓬島而懷鉛匪舅德其焉爾諒師資乎在焉痛才高而位下悲道悠而運促甫一命於兹城蹇無媒兮窘束儴昏飈而墜羽淩永路而傾軸悼晉豎之行浚哀秦良之莫贖昔自公而暇豫陪作賦於兹樓懷一紀以如昨愴兮晨而獨遊俯蕭條之邑里對零落之徂秋舊館悽其在目長川逝而不留徒臨風而揮涕孰知夫四望可以銷憂者也

伐櫻桃樹賦并序

天寶八載予以前校理罷免降資參廣陵大府軍事任在限外無官舍是處寓居於紫極宮之道學館因領其教職焉廟庭之右有大櫻桃樹厥高累數尋條暢薈蔚攢柯比葉擁蔽風景腹背微禽是焉棲託頡頏上下喧呼甚適登其喬枝則俯逼軒屏中外斯隔余實惡之懼冠盜窺窬因是爲資遂命伐焉聊託興兹賦以儆夫在位者爾賦曰

古人有言芳蘭當門不得不鉏眷兹櫻之攸止亦在物之宜除觀其體異修直材非棟榦外陰森以茂密中紛錯而交亂先羣卉以效諂望嚴霜而彫換綴繁英兮霰集駢朱實兮星爍故當小鳥之所啄食妖姬之所攀翫也赫赫閟宇元之又元長廊霞截高殿雲褰實吾君聿修祖德論道設教之筵宜乎蒔以芬馥樹以貞堅莫匪夫松篠桂檜茝若蘭荃猗具美而在兹爾何德而居焉擢無用之璅質蒙本枝而自庇汩羣林而非據專廟庭之右地雖先寢而式薦豈和羹之正味每俯臨乎蕭牆姦回得而窺覬諒何惡

之能爲終物情之所畏於是命尋斧伐盤根密葉剹攢柯焚朝光無陰夕鳥不喧肅肅明明蕩乎階軒嗟乎草無滋蔓瓶不假器苟恃勢而將偪雖見親而益忌譬諸人事也則翼吞弁於潛沃會出逐於强季緜峻擅而吳削倫罔專而晉墜其大者虎遷趙嗣鸞竊齊位由履霜而莫戒聿堅冰而洊至嗚呼乃終古覆車之軌轍豈尋常散木之足議

白鷴賦 幷序

白鷴羽族之幽奇也素質黑章爪觜純丹體備冠距頗類夫雞翟神貌清閑不雜於眾禽棲心退淡與人境罕接固

莫得而馴狎也上聞而徵焉處以雕籠致以驛遞是將集長楊游太液行有日矣天寶辛卯歲予飄泊江介流宕踰時秋八月自山陰前次東陽方議夫南登西泛極聞見之義諒褊懷所素蓄而未之從也會有命自天召赴京闕適與玆鳥偕至於會稽之傳舍觀其宛頸旁睨迴惶掩抑往往孤鳴音韻淒涼如慕侶而不獲因感而賦之曰

鳥之生矣於彼南山彩必元素文不綺斑備文武之正飾懋妖姬之殊顏情莽眇以耿潔貌軒昂以安閒無馴擾之近性故不愜於人寰遊必海裔棲必雲間冀養拙以自保袪未萌之憂患不然豈陋彼都邑之佳麗顧投身乎阻艱以其標自然之靜故名之曰白鷴者歟何天聽之緬邈辱微禽之瑣細偶一日之見羈委微軀以受制望層城以斂翼懷眾侶而孤唳從廄置之駿奔仰君門以遐逝君門兮九重洞杳篠兮穹崇池太液兮島方壺萬族翔泳乎其中晝聒未央之繁絃夕驚長樂之虛鐘顧疎野之賤迹豈敢求一枝而見容越水清兮鏡色吳山遠兮天逼窺淺淺以颺影逗清冥兮一息謂杉松可得永日而喋聚尋荇足以窮年而唼食一與心賞兮睽違念歸飛兮何極鸚能言而

入座鶴善舞而登軒殊二者之常態諒惻惶於主恩是以雖信美而非其志獨屏營而兢魂者焉

聽早蟬賦 以吸風飲露爲韻

清商兮暮急白露兮朝溼伊寒蟬之早鳴知涼風之初入散亂搖颺儵寥歘吸前聲未盡後響仍及迴曆櫓而驚歸向茂樹而遙集足令志士傷惋征夫佇立動閨人之夜悲垂塞客之秋泣況乎日晏天空晴景微風命儔嘯侶乍西或東既更鳴而迭息亦處異而音同催渡漢之離雁伴橫階之思蛩空庭曖其已寂遐路杳而難窮伊蜩螗之至細

王雎獨而猶稟體孤高而自適。候時節而斯審其處也。敦今若樸乃蝤蠐而未化其出也道之將行必沆瀣而方飲。豈徒爾雅辨其名體詩人咏夫章句味編本草之錄聲徹上林之賦歌郊宰之化偶范綏而見稱飾趙王之冠與貂尾而胥附莊篇載痀僂之志孔氏感螳螂之捕苟動靜不爽飛鳴有度因依密葉蕭散凝露韜餘陰於歲晚等羣蟄於時暮茲括囊而用吉又曾何烏雀之能喻。

庭莎賦 并序

天寶十載予以史臣推擇待詔闕下僻直多忤連歲不偶

未選敘求參河南府軍事府尹裴公以予浮名枉顧遇焉而尹之外姻或綰紀綱之局怙勢矜權求府僚降禮於己予清慎自守不能附會爰逝我陳嫌怒遂搆又同官多貴遊右戚酒食之會絲竹之娛無間旬朔予人質鄙野雅不之好常願鷗鳥爲儔江海是處往歲久遊剡中將遂終焉朝旨追召故不獲展著白鷳賦以寄斯意至是鬱悒彌用增想廳階之下蹊有莎草故參軍宋之問徙於伊川而植焉結根五紀緜羃庭際廣不累步高樹十餘間以雜果陰蔽其上俗吏往來必淩踐之歎其稟山野之姿而託非其所以就窘迫因而賦曰。

厭公門之窘束。玩纖草於茲庭奚卑弱之斯極豈雨露之愆靈。尚含和以順時。隨春夏之淒清軒房洞啟廣階修直。槐楊蔽虧。桃李對植。橫層陰之冥密綴繁英之翕赩旣高低以異姿。亦濃淡而殊色。胥徒牒訴雜沓乎其側。遊塵浮烟蒙翳而不息。雖蕭颯以自得。亦喧卑而見逼。空夫坐莽浪之野。帶江湖之涘。託根山阿搖穎綠水。芊緜靃靡。連亘乎十數里。何推遷而運會。繆産蒔於庭隅。憂好尚之傾奪見芟夷於難除。旣無心於寵辱。又奚誘於親疎。承簷瀝之

甘潤。蔽衣衿之曳婁。雖爲幸於斯日。諒稟性之云殊。聞哲王之布澤。迨蕭葦而霑鋪。苟一類而失所。猶納隍之在予。矧皇穹之播氣。陶庶彙於靈樞。曷茲卉之攸託。慘終年而莫舒。吾將徵宰物之至理。聿歸問於元虛者焉。

蓮藥散賦 并序

予同生繼夭憯戚所萃。己未歲夏六月。旅寄韋城憂傷感疾腫生於左脇之下彌旬不愈楚痛備至友生于逖張南容在大梁聞之。以言於方牧李公。公予之舊知也。俯垂驚嗟遠致是散題曰蓮藥命和以蘇用附腫上又覆以油帛

以羃之其瘳如洗一夕復故感恩歎異於以賦焉
彼散維黄曰蓮之藥有輕其質如雪伊灑君子賚焉厥疾遄已揆艱疾之永感羇孤之遠情諒積悲而成疢爰彼腫而斯嬰遘徂夏之赫曦蹇憂虞於此城堆以壅蓄介於腰腹如烟斯燃如蠆斯觸靡宵靡晝莫獲偃伏亦既浹辰寘予於毒惴然其恐兮如集於木幸于張之久要干至貴而爲言感知己於名公降踰涯之厚恩旅信宿以問至致良散以斯存於是瀹以蘇膏羃以油帛玆焉塗附未始竟夕有瘳如神兮厥痛斯滌彼挂帆而奔駟曾莫速乎靈跡

雖兼金與製錦豈厥價而能敵異哉討奇篇於綠帙搜祕卷於青囊奚要術之備列獨無聞於此方茍佳名之是徵乃菡萏之餘芳原夫託根清泚敷藹馨香宜蠲穢而蕩邪救吾人之疾瘍於以用之終然允臧愷悌君子德音不忘昔禽蛇之見拯尚有答於隨噲矧圓首之爲貴聿稱靈於覆載慚力微而施重懼隕墜於酬戴蓮之藥兮永以爲佩

滯舟賦

攝提歲拂衣海嶽應調函洛詠佩服之梟蘭美縶維之埸藿徵良圖以趨事窘中道以摧落昔謬價於當年今後來之不若眾飛鉗以抵巇余矩枘而規鑿悲介直之不可媒想雲林以自託眷眷離憂行行獨愁邅我車而北上揭吾道以東遊愛遲遲之暮景登泛泛之輕舟過巖邑以信次纜縈波之下流於時丙丁守位恢台肇節朱雲四騰瑤草半歇景蟲蟲而熾旱風翳翳以歊熱赫中潭之平沙滲通川而殆竭則有危檣巨舸長艤廣艘龍翼錦軸雀顱方艚材木蘭兮竹箭紉菡萏與羽毛頓修笮於迴塘斮曲岸以戢篙於是迅挐輕檕河舠漢艇乘時泝洄赴利馳騁混漁商而沸雜期數日而俄頃事也時哉咸適其未吁嗟大艦

安得而來借如三江五湖之渺漫磐石飄沙之汩淈望赤岸以天低臨清波而景沒峻艫衡濤以直透高颿雲卷而上摯朝發乎荆衡夕止乎揚越晷刻千里之外一何去留之倏忽彼斗筲鍾鬲之餘捷徑趨時之末曾壓溺以不暇亦何知於歲月材微則致遠而自覆量大則俟時而可貴苟或喻於窮通又奚分於器類運之來也賈長淵高視於三台謀不用焉梅子眞近辭於一尉吾將斂策以飲氣覩維舟而獻欷

爲揚州李長史賀立皇太子表

臣某言伏奉制書皇太子以今月嘉辰肅膺典冊少陽輔德前星耿耀凡在生靈豫增慶幸臣聞立嗣必子爰徵古訓惟賢乃建式固宗祧周漢以還憲章未改伏惟開元神武皇帝陛下嚴祇寶祚光啟睿圖則哲其難至公有在惟天爲大萬邦所以作貞如日之昇重離所以增煥況瓊枝挺秀玉葉資神允釐監撫儀形雅頌春華秋實嘗俯俟於嘉言一物三善諒行稱於至德固以靈祇叶贊景命昭宣馳道之前猶應著令寢門之外方候問安臣忝貳藩條局守官次不獲預陪大禮稱慶闕庭延首承華以忻以抃

爲李北海作進芝草表

臣某言臣聞郊祀盡敬粢盛豐潔則天降休祉地生靈芝大哉斯瑞元和正氣有感而昭敷者爾古先哲后所由盡心臣本郡道學講堂中梁有芝英產見六莖其本正向堂門素色純淨流輝棟宇臣遐考曩歷旁窺瑞牒多矣至若神爵九枝青龍三幹菌蠢池籞葳蕤甸服猶復登諸宗廟被以頌聲又況極道德之至精鑠元元之景命超漢軼魏光圖掩牒之祕瑞伏惟開元天寶聖文神武皇帝陛下大孝尊先元功兆物奐清宮於郡國驅赤縣於仁壽天弗違而寶歷重昌瑞有答而金英特秀觀其審曲面勢負陰抱陽當九月而生聿符陽數挺六莖之表遙叶樂章昭聖祚於天長返皇風於古始加之冰霰奪色緇塵不染迎曉日而相鮮與秋雲而共潔雖復晨敷者五競爽於丹田歲秀者三擢榮於元圃以茲視彼奚其瑣碎臣姓忝宗枝任叨藩守揚吹萬之化預稟陶鈞聳倍百之情寧忘肺腑

爲陳正卿進續尚書表

臣某言臣林莽介賤幼而強學竊聞諸大易之說曰觀乎天文以察時變觀乎人文以化成天下夫察乎變者立德

以貞其象成乎化者立言以贊其功故太極列三階五緯於上聖人著三墳五典於下至哉文乎天人合應名數指歸之大統也今之言文字者始於太昊徵訓典者本於唐堯振頹綱者孰若漢朝興盛言者莫如聖代是則太昊朕之軒轅章之唐堯祖之虞舜述之漢高作之光武維之祖宗開之陛下因之臣愚以爲太昊至於我高祖太宗軒轅之於我開元聖文神武皇帝陛下稱廣運者四代繼成功者四君咸宜布昭睿典光熙德政矣然則伏羲創文籍黃帝立史官太古淳奥權輿樸略至陶唐氏而後大備故孔

子美之曰堯之爲君也煥乎其有文章由是敘帝王之書首唐虞之典於堯則曰欽明文思於舜則曰誕敷文德文之時義大矣哉夏商已後德弗及舜仲尼雜目其書而不爲典言未能察變成化比唐虞之際也何則夏之興也泣辜殊於政理殷之興也慚德乖於雅樂周之興也謂武微於盡善其不爲帝典宜矣陵夷僭亂以曁暴秦剗亂墳籍瞽聾兆庶王者之風殄矣生人之道窮矣天之未喪斯文也故帝道復興於漢家數百年中而憲章具舉夫其推步律歷帝堯分命之典也增修封禪帝舜時巡之義也約三

章之法以正咎繇之刑班四時之舞以續后夔之樂臣竊覩三代之作貽範垂訓體國綏人雖載祀緜長德澤滚遠皆因循轍迹故弗易其事孔子曰殷因於夏禮周因於殷禮所損益可知也未有踵七雄交爭之末繼六籍焚如之後帝典缺而更張淳風醨而載洽若大漢者也且義帝之喪三軍縞服異夫湯武之放弒其君矣諸呂之亂浹辰底定異夫羿浞之驟移其祚矣中興之盛華戎率服異夫吳楚之僭竊其名矣夫如是有漢之美固可以比肩虞后千載一時之運歟曹馬以還曾何足擬四分五裂朝成暮敗其間雖晉平吳蜀隋舉陳國混并未幾危亾荐及法令不足以禁齊人聲名不足以垂後裔其於帝道疎矣又況乎南遷淮海北起胡戎者邪茲又二朝之不若也臣聞乾道運行否終則泰上帝有以輔文明之哲后衷光宅之休期必將乘喪亂之極繼驅除之運故有周之末禮樂崩壞連横合縱俱非正朔則秦氏略定而漢代以興在晉之亾寓縣崩拆南吳北虜各擅名號則隋氏削平而聖朝以作此天意一也不然何秦隋二葉而亾也若彼唐漢一家之盛也如此於赫盛唐正百王之闕思文陛下光五聖之嗣啟

運應期之符弔人伐罪之義制禮作樂之本郊天禪地之位萬庾三登之穰河海晏清之瑞舞七旬而殊俗格歌六律而薰風至故以騰子姒而絕景挹嬀祁而高議矣又何東晉後魏梁陳周齊之足道哉誠宜詔史官敷帝載炳唐虞之故實黜商周之遺制矣漢氏已略之於前皇唐復曠之於後臣實惜焉知而不述則臣子之罪也臣實愚淺陋竊不自揆敢緣聖朝稽古之道陛下文思之德耕牧餘暇輒復著書討尋載籍於茲一紀謹上今文續尚書一部凡若干篇卷始有漢二典次我唐二典以續夫前書堯舜之

典也其餘文景明章之後魏晉宋齊已還南訖有陳北起元魏歷周隋洎夫高氏以至聖朝總一十二代詔策章疏頌歌符檄忠臣之正議武士之權謀類而刊之次以年代以續夫夏商周秦魯之篇也臣聞古者右史記事左史記言舉其大略前書之義備矣孔聖沒而微言絕暴秦興而挾書罪雖戰國遺策舊章駁亂於從橫漢臣著紀新體互紛於表志其道未者其文雜其才淺者其意煩豈聖人存易簡之旨盡芟夷之義也昔文宣脩五帝之書究三王之季臣性非天縱學異人師稟生何幸親奉聖代此皆文武

聖皇之遺旨臣愚曷足以知之何者臣嘗伏讀貞觀實錄昔太宗因聽政之暇觀覽尚書謂侍臣曰朕每庶幾唐虞亦欲公等齊肩稷契又曰令數百年外讀我國史豈獨窺兩漢哉臣故知有漢之功業與我唐之化理俱可以繼夫唐虞之盛也伏惟陛下元德昭升至仁廣被迺二十一年正月制曰各勵精一志共興元化俾蒼生登於仁壽天下還於淳樸愚臣緬述太宗之旨伏思陛下之詔固非取類於三代之間也勒成帝典不亦宜乎陛下睿思雄飛宸章間發質文一變風雅大興臣聞水之細者江海假其淺材之短者棟梁資其峻陛下必謂臣所著小有可觀賜以召見闕庭一垂試問臣採摭之外亦以學文縱不能光揚盛美猶庶乎細水短材之益則聖旨之含容大矣臣之誠願畢矣

爲揚州李長史作千秋節進毛龜表

臣某言臣聞在昔上皇之御極也則元化有助嘉祥必臻故升中於天而四靈是格若夫出洛登壇青文丹甲之瑞王霸以降邈哉敻乎不可得而聞已然其緬邈郊藪葳蕤簡牒與時升降者亦往往而存未有含道德之純粹闡祖

宗之休命俛視千載潛通百靈允符祕祉若今之盛者也伏惟皇帝陛下至誠允迪懸解自衷神有契而斯輔道惟淺而不測故錙銖繫表寤寐胥庭七曜垂文則元言焯敘千秋表節則緣錯來儀以今月某日所部江都縣崇虛觀講聖注道德經於元元皇帝座隅有毛龜出見翠毫金介爍日霏烟迹殊生育來緣感召應陛下長靈之期符先聖谷神之妙知來藏往實見於茲休徵委集萬方幸甚手舞足蹈倍百恆情無任喜悅之至謹奉表以聞

爲從叔鴻臚少卿論旱請掩骼埋胔表

臣言臣聞事君之義有犯無隱故心苟所至願必上聞所以罄露塵涓裨助山海則匪躬之節著致主之情竭矣臣實蕪庸志業非遠幸逢明聖累忝驅策位登四品官亞九卿叨竊已多答效無紀常願刳肝碎骨仰報於天此臣景行前修悃款終夕不能已也臣某中謝臣聞諸傳曰天災流行國家代有雖升平之代秉哲之君禮義不忒刑罰斯中而適當其際化理不回故商武受命之賢王周宣中興之令主桑林未禱金石以銷禮疑其大統則陰陽之數義實固然推其至理則時事之端政乖取此誠細有所遺驗

諸方志昭然可辨雖日月薄蝕無損於明而宵旰兢慄未喻其道良足惜也伏惟開元聖文神武皇帝陛下道格上蒼功溪下濟叶兩儀之高厚等四序之運行告成岱宗而靈饗韋應展禮農籍而嘉禾實穎烝烝過於虞后翼翼邁於周文故元祖契會昌之符蒼生踐仁壽之域臣竊觀圖諜所記生靈以來巍巍赫赫未有如聖朝之盛者也而水旱小數時或僭和一旬不雨仍延聖慮臣竊以殷周之事考之斯可得而言矣臣聞道德經曰大軍之後必有凶年論語亦曰加之以師旅因之以饑饉益云暴骨中原感動

和氣疵癘是作災害用生故强死之魂傳稱爲鬼積尸之氣禮有驅除不徒言也臣竊觀成湯之受命也前有伐葛之役後有升陑之師凡七十二征而天下服故其詩曰武王載旆有虔秉鉞如火烈烈莫我敢遏宣王之中興也亦南征淮甸北伐太原外攘夷狄復文武之境土故其詩曰六月棲棲戎車既飭四牡騤騤載是常服則二王用師而定也明矣未聞有岐昌掩骼之政秦穆封尸之令旱暵之故不亦宜乎不然則月令孟春之命掩骼埋胔周禮蜡氏掌凡國之骴禁埋而置楬焉豈虛設也臣聞之五材並用

誰能去兵小則施諸市朝大則陳諸原野我國家櫜鞬理定十紀於斯陛下重之以懷柔申之以靈武三韓左衽夷於郡縣六狄解辮願爲臣妾書詩所載未之聞也而西戎醜類尚興艽野之師東胡噍餘猶徼柳城之戍陛下爰整其旅弔厥匪人雖有征無戰不聞遺鏃之失而恃險與馬猶積抗輪之孽故血膏草莽骸聚邱山史不絕書士有餘勇以爲常矣臣又聞之帝王者則天而法地長物以子人如天之無不幬如地之無不載故天無遺人雖古先哲王內諸華而外夷狄亦云要服者貢荒服者王聲教所加合

於一揆所以伐其叛而柔其服重其生而哀其死詩曰普天之下莫非王土書曰丕冒海隅莫不率俾此之謂也頃春之季恒陽小愆宿麥未登首種不入賴陛下憂勞日昃以萬物爲心天且不違應如影響閏月云暮時雨滂流我田我私既浹祁祁之澤彼黍彼稷方成油油之稼此天慶陛下至矣人感陛下深矣而密雲未洒忽復二旬時屬炎蒸土仍滲漉元元之望又加於茲昔燕祠寡婦延閭境之潤漢察寃囚致隨車之雨今陛下當措刑之代濟必封之毗吏不苛刻人無怨訴愆亢之由有異於彼愚臣不敏竊

有所見謂宜分遣制使往校邊庭凡戰陣之處骸骨所在即將埋掩仍施厲禁則儀刑萬國仁洽九泉存亡均雨露之恩華夷同日月之照庶膏液與聖私齊運旱苗將朽骨俱榮不任 云云。

為李中丞賀赦表

臣某言中書省馬崇至自蜀郡伏奉八月一日制書大赦天下罪無輕重咸蒙洗滌覆宗之辜亦賜原宥惠澤浹於存沒恩榮被乎出處聲動夷夏氣感風雲含齒戴髮孰非幸甚鑠哉沛乎虞后肆赦羲文作解之盛典也臣某中賀

臣聞乾靈肇運亭育萬方其德至普而或水旱流行氛沴表見然後蕩之以祥風煦之以和氣而品物熙焉聖人立極平章庶政其道至明亦或四凶在朝三苗逆命然後寘諸嚴刑被以文德而官方正焉伏惟開元天寶聖文神武證道孝德皇帝陛下纘戎累聖惟新舊服天成地平萬邦作乂德禮備舉符應爰臻下加有隩四紀於茲矣由是嚮明端拱齋居元默布大信於羣后絕嫌疑於纖芥狐鼠憑依假擾天紀陛下垂泣辜之旨降勤卹之令將士勵節黎庶歸仁咸思赴蹈指期蕩定開泰之辰計不云遠臣又聞

之昔上皇御辨祇車巡於谷口盛漢膺運賓旅奮乎關中益風謠尚武可以大殲醜類會昌建福可以永保邦家前古休期復見茲日臣嘗叨近侍謬佐藩牧千里景從不及扈遊之觀百城風靡空懼分憂之責魂馳井絡戀結巴渝無任感激悅豫之至

欽定全唐文卷三百二十三

蕭穎士二

爲李中丞作與虢王書

某還奉問垂示報魯郡克捷官軍乘勝進取東平捧對三復實深兼慰通醜稽誅遂淹氣序芟夷濟濮陵虐洙泗雖遊魂送死所當翦滅而命師授律必俟英威四郎挺雄烈之姿荷專征之任允文允武終古罕儔惟親惟賢方今莫二故能將士憤發忠勇爭先遺孽殄殪隻輪不反俾彼危城蔚爲强鎮必將長驅許下席卷浚郊解滑臺之圍剗襄

邑之恥在是行矣此皆明大夫善任才而抑軍將之能用命也豈徒咫尺汶陽而久勞其師旅哉遲企大捷預寬憂負天氣漸寒伏惟尊體動止康勝卽日蒙免未由拜覿增以勤倦所調兵糧事資軍國唯力是視曷敢差池謹遣江陽令杜萬往諮稟

與崔中書圓書

遣奉累月伏增馳結首冬漸寒伏惟相公尊體動止康裕敬想表妹珍儀外甥休慰時事孔棘出於慮外京邑傾淪主上遷播率土臣子銜涕痛心相公應期降德康濟危難保翊聖躬乂安社稷勳踰曩昔道貫前修海隅蒼生孰不幸甚況在舊故榮庇特深某自中州隔越流播漢陰遂至江左淮南節度使召掌書記兼補此官羈窘之辰幸忝俸祿然任輸墨罕參籌議徒懷所見莫獲申述竊惟二京未復祆氛方熾靈武太原雖稱官軍甚盛而兩河南北無月不遭寇禍頃者濮陽東平中都鄆城相繼失守靈昌頳川皆累戰之餘今未解圍上蔡汝南近又奔潰虢王之鎮河南亦有政刑而百城饉乏兵力未振河北自六月不聞克捷井陘路亦云未通河東絳郡復傳先陷淮南山北境內

賊壘戶寡人貧徵促弊竭眾心危懼莫有固志則兵食所資獨江南兩道耳楚越之地重山積阻江湖浩漫樂興永嘉南通嶺表北至吳會皆境瀕巨海自古平日常備不虞中原或擾不無盜賊爲患固宜察其要害增以兵力擢文武良材以鎮捍之先奉七月十五日敕盛王當牧淮海累遣迎候尚仍在蜀今副大使李中丞華冑茂德平時良守清靜臨人貪暴斂迹雖古龔黃召杜之化無以先之然與今時經略頗不甚稱所莅謹守科條愛惜府庫江淮三十餘郡僅徵兵二萬已謂之勞人將卒不相統攝兵士未嘗

訓練淮左江東三十餘郡無一良二千石豈惟不才乃皆中人以下之不逮其間敗衂略難勝述比者吳郡晉陵江東海陵諸界已有草竊屯聚保於洲島剽掠村浦爲害日滋若朝廷不時遣賢王郎就鎭求選博通宏略之士以輔佐之特許不計階次超拔才雄以居將守倘一朝勍寇南侵陵蹈淮涘衝要關繕完之備甲兵無抗擊之利江海餘孽因而嘯聚則長江之南亦從此而大潰矣復何觀釁虜庭指日清蕩哉某雖不敏嘗覽舊史見古今成敗之策江山險易之勢多矣忝職幕賓言不見錄長宵歎息不覺飲

淚方思虞詡之任朝歌見疑守將古今一也幸他日風塵早辱惠愛今雖卑賤禮數懸絕仰惟無大故則不棄之義或當未賜疎擲耳銜憤萬里遠陳短見亦惟相公留聽無忽尚書房公門下崔公往不自意並陳盛德一顧之末然若非相公爲小人貧賤之交不敢輒申狂簡輕冒抵觸書不云乎三后叶心同底於道亦何必人人別疏哉在相公言之耳親弟某乙久在巡內或垂記識自多故以來信問阻絕酸心痛骨未期一見時維以小人承舊愛之故惠提奬之私非所敢望如或假以公乘使江淮獲一親集死生骨肉不勝幸甚末由拜賀無任下情謹因賀赦使附狀不宣蕭某頓首

爲邵翼作上張兵部書

月日應武藝超絕舉某乙謹上書侍郎公執事某汝潁儒家子先人以文至尚書郎今僕不肖持七尺之軀蹶張角力爲褒衣者所不見禮猶復決短策希餘光願以羸庇之形忽微之氣三寸之舌百金之義一朝而委諸執事將納之耶拒之耶嗚呼苟或拒之士亦未易知也試爲執事言之僕幼聞禮經長習篇翰多舉大略不求微旨且尤好史

臣之言自秦漢迄於周隋馳乎千餘載間天人祕理軍國奇畫皆耳剽其論而爲文未嘗不喜潤色求官迺拙莫能進取顧人事所先則天資所闕雖欲從士大夫之後高談抵掌取當代名其不可得也審矣然每讀太史公書竊慕穰苴樂生之高義常願一寘戎車之殿指麾部分爲天子干城近臣不知明主未識徒欲奮決孰爲引致嗟乎使古之二子復與僕同時於今雖有敗晉强燕之謀亦不能自達也明矣所謂論干戈於揖讓之代則悖者信哉是以傴僂其形慚沮其色與披堅執銳之伍以馳逐擊刺爲容雖

欲恥之其可得已侍郎亦不可謂僕無學而輕之今聖主居安慮危有備無患以侍郎爲濬寄故專任簡稽之司豈不欲旁求爪牙式遏寇虐故將七擒是擇寧止百中爲奇則孫子之謀長於減竈杜侯之力曾不跨鞍蓋古之有善陣不戰者未聞以投石拔棘爲全軍也侍郎懋衮之後爲善是學朝稱偉才物飽宏議固當纘韋平之業爲社稷之臣使小人得馳驅下風計畫見用比蕭何韓信之事顧不美乎侍郎必不以僕爲狂使待罪末品參一旅之長受偏師之任羽書狎至烽火交馳察以時候占其氣物標利害

之形相山澤之險乍聚乍散一陰一陽飈馳雷動千變萬化使兵不血刃勢如川決與夫搴一旗斬一卒崎嶇行陣之末以徼賞求名者何其遠歟如或人非廢言事有可驗又得出疆埸之外奉咫尺之書因空料敵隨事制變使千古忠臣之節凜然復存則蘇武虜中尚能齧雪傳生幕下必斬樓蘭此亦一奇也侍郎又不可謂僕大言而疑之以侍郎有卓立傑出之姿虛心待士貴不驕物故小人越上下之分持得失之端私布之於侍郎期不以衆人見遇也侍郎用僕亦今日否亦今日屈伸待命惟所進退某再拜

重答李清河書

某白臨清傳馬子遠至昌樂奉問及亦既披緘慰慘交集幸甚幸甚亡友存日側聞緒言以其先門在殯舊塋未祔將事啟卜指用早秋見託不才俾述銘誌手草行狀遺本猶存豈期遠日未臨長夜俄遘埋追遠之純心受終天之永酷幽冥憤歎豈其可言南陽王公聞而傷之近賫錢二萬以濟所欲兄又不以人廢言克申後意則不腆之作刊就有期既往之魂瞑目無悔存歿所荷非二公而誰然後知燕王無以矜其市骨魏妾不獨申其結草矣辭奉日遠

係積難任惟珍重因還騎不宣某再拜

贈韋司業書

月日潁川男子蕭穎士敢復書於京兆韋夫子足下嗟乎事有勇於昔聞而怯於今見有求之累月而棄之一言其勇於昔聞而怯於今見者固見之不厭其成也求之累月而棄之一言者固言之未通其情也難進爲志士之節知音實盛名之選可不謂難哉必也道不磷於進取之幾交可判於言談之分雅心特達中義不回者能之由是而其來也必審於幾其去也必揆於分鳥能擇木木不能擇鳥

離合是非之迹在主不在客則僕之所以怯乃足下之所以難也嗚呼將見不見聞不聞惟難僕所以盤桓顧望且累月焉惜知音之至希一絕不再也泳然不謁幸不怪乎僕家業山東非舉選時不至三輔而倏來忽往亦已再三一昨遇謝官乃不知門下省與朝堂所在足下試以此等事相對豈輕於進退者耶而願託洨期積有年矣幼小日曾竊窺足下所著兩京新記長來追思實爲善作人所知殷晉亟接清言僕幸因之飽於餘論思心諫遲疑以日爲年頃數歲前足下新除吏部郎中時曾與都省之間昧然

一謁足下亦頗垂顧接而今得無忘耶豈或念此便謂僕爲輕於造請者也僕往時之舉誠復輕率然自足下則有固求而不至者焉足下誠問僕於衡軸諸公必知未有一人言僕造其門矣以正月二十五日至自東京參後追兹遽承足下屢垂訪引又賢弟曾一陪宴席貴壻徐子舊所交歡豈不足假延譽於門庭披舊積於心腑耶何曩之不能往也如此所謂勇於昔聞而怯於今見者矣仰惟足下旁求百氏獨步當朝抑揚鑒戒時難與擬自甫登清貫垂二十年更事既多閱人不少尚能紆迴雅慮辱在小人歎懇懇至於數四何其異也方今運偶休命賢才至衆龍門之下躍鱗所萃豈復吹噓眄睞之地尚微一蕭茂挺乎雖足下惠顧轉深而僕愈自疑也未知足下設何禮以接之竊覩今之文人雅操大缺內不能自强於已外有以求譽於時籧篨闒茸人望口氣謂其高位必以援登芳聲要以用致而當路者既不能人人有許郭之見亦因依左右惑而容之由斯而達十倍八九翕翕闒闒而忘返致令待士者不能備其禮懷才者無以表其誠混淆委驟良足歎也亦知足下爰自諸生早云峻拔策名從仕清標有素世

所希也而時事共然頹風一扇詎知來者有貞純之士得無繫累於流俗乎僕褊介自持麤疎浸久平生峻節未嘗屈下恐足下尚以爲風塵之士名位不侔行言致迕音容便阻則麋鹿雖微欲服之轅軛且必異於騏驥矣挺而走險何公之門不可曳長裾乎此所謂求之累月而棄之一言也足下名卿之孫相門自出妙年籍甚寵駕時賢俯仰周旋故已在雲霄之上而僕汝頫之間一後生耳不知足下何從而見訪耶高命驟臨怪歎無寘竊爲重之忽記往年奉詣時足下云孫大所言第一進士子則其人不肖誠

愧孫公之過談足下誤聽然尚恐足下正由此見知苟曰其然則足下未知之也嗟夫漢(闕)有言曰公知其一未知其二此言雖大可以喻小若孫考功之於僕可謂知其一也淺矣可不忩矣然其所未知者乃三四不啻豈一二而已哉愼子有言以離朱之明視秋毫之末於百步之外視水一尺則不能見其淺深何則所賦者異也曩時與孫考功無里閈交遊之知親朋推薦之分勢懸望阻聲塵不接躡無情之路迴必斷之明懷恩下隔於至公而見遇盡闕於薄技則是僕詞策之知已非心期之知已故曰可謂知

其一也丈夫生遇昇平時自爲文儒士縱不能公卿坐取助人主視聽致俗雍熙遺名竹帛尚應優遊道術以名教爲已任著一家之言垂沮勸之益此其道也豈直以辭場策試一第聲名爲知已相期之分耶若由此見知僕不才者幸嘗遇賞於孫氏瑣瑣之文何足枉二賢淺顧哉足下蘊邱明之恥資董狐之良載筆延閣職司國史誠朝之得人竊爲足下重之斯未易任也亦知足下懷獨見之明後來諸生固無借其一字然受金於呂氏之藏春不可謂之秦無人矣僕不意少有此癖心存目想行已十年時命不貸所懷莫就而朋從之間或謬見稱說亦何知足下不緣此見訪耶苟曰其然則僕心期之知已未始或移於足下矣非曰能爾敢事當仁何者僕私心自料亦已熟矣今朝野之際文場至廣掞藻飛聲森然林植必也扣精微於賞鑒之府稽折中於序述之科如僕料得足下門而入者寡矣僕不敏竊嘗自以爲升足下堂而未入於室也但足下未深知耳僕與足下無世業通家之舊屈伸之際僕輒預舒慘焉聲同氣感不知其所以然也夫司業古成均之貳學政是循國風伊始先哲王之所以導人敏德謀猷長世

者曷嘗不就學校而本風化耶梁代劉嗣芳自尚書左丞除國子博士於時物議以爲妙選近高宗朝樂安孫公以宰臣之重再轉此官朝廷素望初不黜缺斯尚學尊儒之道也今來擢用此塗稍革必當由憲臺而遷會府典綸誥而掌銓衡一履學官便爲屏棄雖不足以斷賢才通塞之路而常情積習可不謂然乎頃在洛中聞足下初出南宮僕惕然不樂尋知足下載司東觀又翻然以喜王綏有言國寶雖不我知我自知國寶此之謂也夫人生相知亦有運命在僕素誠乃命爾足下果惠而訪之豈人事也以足

下陵戾青冥漸漬恩渥雍容壁沼之觀耀映石渠之府而屈伸小數僕尚預其慘舒況乎淪厭盛時悲涼壯歲宿心有在得不爲先達論乎臨書耿歎不知自已惟足下實深諒之今請以一世浮沈之端一身能否之效從始至末仰訴知音言而不應命之極也僕南遷士族有梁支孫系祖司徒鄱陽忠烈王追蹤二南邁德荆郢有子四十人俾侯錫社入卿出牧且忠且賢終始梁代第三子侍中懿惠侯大同中以信武將軍都督北兗州緣淮南軍遺愛在人詔學士謝蘭撰德政碑文長子山陰侯儒術精博世有盛名

隋代山陰第十一弟常侍君才標清峻見崔子發齊紀陽玠著談藪亦稱俊爽而有才辯隋開皇中徵爲東宮學士謝病免少子零陵通守以再從姪齊王諮議府君爲後則小人曾王父本則惠侯第十七弟太尉安豐侯之後太子太保梁安公之孫安豐有忠孝大節見稱梁季迹光五史分載南北安公以前代宿德再綰台傅於義寧武德之間同堂兄弟百有數十自梁涉唐多著名迹終古蕃盛莫之與比貞觀之後羣從彫零垂拱以來無復大位越敬王之圖匡復也王父實預其謀擯身江海不臣武氏舊業郊岐

一朝瓦解內弟琅邪王仁簡標列傳贊備昭事迹家君子少丁家難辛苦百罹事繼親長異母弟育孫姪以孝友聞於姻族僕生於汝潁幼而苦貧孜孜強學業成冠歲射策甲科見稱朝右當此之時爲奮筆飛鸞鳳摛論吐雲煙明主可正議而干羣公可長揖而見何言日損一日年貶一年蹉跎半紀乃殊方一下吏耳興言念此不覺氣之交胸從來事業復何所用未可爲不知已者論也僕平生屬文格不近俗凡所擬議必希古人魏晉以來未嘗留意又況區區咫尺之判曷足牽丈夫壯志哉而時議喧喧輒復見

數亦嘗標奬恩於銓庭振塵聲於輦下而今拙句尚在人口已云再矣復何補於淪棄耶嗟乎以苗侍郎之至公待物以僕之直道干時取捨之端理關於一試由來賞待亦云乎不薄而壯年志氣盡此一行時耶命耶若此之甚也又溺志著書放心前史乍窺律令無殊桎梏使終身學此未知得時用茲措足寧逃罪戾髮膚不毀豈若是也惟疾之憂寧逃罪乎僕從來宦情素自落薄撫躬量力栖心有限假使因緣會遇躬力康衢正應陪侍從近臣之列以箴規諷諭爲事進足以獻替明君退足以潤色鴻業決不能

作擒姦摘伏以吏能自達耳況乎累土之漸升天無階自經寤魘千端萬緒方欲議一官之資勤歷政之效信兹課最跂彼京畿不二十年未免斯厄舉足踏坑穽揮手挂網羅摧折庭臣之威諠呶卒伍之役捨長用短雖智何爲安見鼓鐘可樂便將饗爰居以愁也近日見苗侍郎乃云以子文章非文章才所及異時大用不繫於此得會當再發方成一舉嗟夫以文體爲言則爾而一身自卜且又不然何者僕向時之試非不工也苗公之言非不知也以得便之試逢見知之言詞殫理極卒孤始望自兹以外更安可

料哉僕有識以來寡於嗜好經術之外略不嬰心幼年方小學時受論語尚書雖未能究解精微而依說與今不異由是心開意適日誦千有餘言榎楚之威不曾及體有時疲頓卽聊自止息不過臨池水視遊魚耳頃來志若轉不耐煩觀圍碁讀八分書亦憒悶除經史老莊之翫所未忘者有碧天秋霽風琴夜彈良朋合坐茶茗閒進評古賢論釋典已又酒性不多涓滴輒醉適情緩飲則樂在終席雖體氣薰薰實如困憊而中心醒悟了無惑焉常時知故以此見寡三杯之餘則任意縱誕就闇窗或屛風閒曲肱岸幘怡然自處或經過廣座稠人之中綺筵四匝珍羞盈品爽心飜然有時閣箸若乃箏歌亂奏繼以舉白博奕樗蒱呼梟爭道優姬艷伎諠雜左右易貌變聲千態萬曲卽嗒然氣盡無所覺知心識低佪魂動神撓但思臨長風一大叫耳雖復郤昭子之驚楚奏夏仲御之逃越巫何以加之一行郡邑志尚都沮事與好相背責與悶相成寮列不諳悉異之又以爲務恃文詞傲弄當世同聲悉疾何地自容可歎息也直性褊中少所容忍於心不慊未曾勉強昔常話文章得失論姓氏臧否忤人雅意累悔無及友生邵軫

湲以爲言四五年來絶無此過終朝杜口不復發端偶然見問則率意便答必不能矯情飾理雷同取合而今世風流見異者衆雖三五至交才名久著一參名理俄然楚越而州縣之禮捨義重權小人跨躡便成簡傲卑身下氣已自不堪詞色之端更求附會守初心則嫌猜頻起將任節則操履全乖丈夫行已三十年讀書數千卷尚不能揣摩捭闔取權豪意旨況復終年怏怏折腰於掾吏之下哉古者左史記事右史記言記事者春秋經記言者尚書是也周德既衰史官失守孔聖斷唐虞以下刪帝王之書因魯

史記而作春秋託微詞以示襃貶全身遠害之道博懲惡勸善之功大韓宣子見之曰周禮盡在魯矣吾乃今知周公之德與周之所以王也有漢之興舊章頓革馬遷唱其始班固揚其風紀傳平分表志區別其文複而雜其體漫而疎事同舉措言殊卷帙首末不足以振綱維支條適足以助繁亂於是聖明之筆削襃貶之文廢矣後進因循學猶不及竟增泛博彌數簡要其迷固久非可一二言也僕不揆顧嘗有志焉思欲依魯史編年著歷代通典起於漢元十月終於義寧二年約而刪之勒成百卷應正數者舉年以繫代分土宇者附月以表年於左氏取其文穀梁師其簡公羊得其覈綜三傳之能事標一字以舉凡扶孔左而中興黜遷固爲放命昔荀仲豫袁彥伯二賢亦嘗筆削紀年裁成兩漢晉代則孫安國編次南北迄穆帝之終其道鸞鑿齒幾原叔庠繼踵於宋齊之間矣梁武烈太子以弱冠之年早事刪錄雜諸家之說著三十家春秋泰清之季金陵板蕩元帝嗣興乘輿不復東臺典籍悉上荆州及郢都淪喪焚燒略盡史策遺逸散在人間同原異流十家俱起而究終始一氏則何劉二典存焉陳紀裁於野王齊

志創於君懋蔡學士集江陵故事撰後梁春秋隋季有後略一家亦行於世泰趙涼諸國亦有得而稱元魏及周無聞焉爾自漢元卒於大業期運驟遷史籍塡委編年之作亦往往而聞其間體裁非無優劣終未能摧漢臣僭僞之鋒接魯論之緒附庸班范曾何足云雄銳獨斷抑非諸君子之事也誠智小謀大綆短汲深加之數年可以集事嘗願得祕書省一官登蓬萊閱典籍冀三四年內絕筆之秋使孟浪之談一朝見信寧不知立身有百行立命非一途豈必繫心翰墨爲將來不朽之事也夫太上立德其次立功其次立言立言者乃不朽之末耳然則古之終年著述者亦已知之心有所存正爾不能自已也豈求見重於千載耶校理是司於今絕望刊削之志事即都損矣聖朝官人妄求稱職使道皆適務時無棄能何須銓衡枉分如此僕以三月二十六日拜謝闕庭適來凡四十餘日正以足下之故未便東行久不能斷夫人與不見於胷中由此致淹泊耳幸足下勿謂僕爲後輩一生聞其小有所知但欲輕一召來試觀其談說也僕遇於足下豈徒伯喈王粲之嘉會子產延陵之脗合耶雖數百年外邈爾相望亦不爲

遼濶也況契心期於俯仰之頃得不重哉僕從來綴文略不苦思惟專心舊史企望有成不復能以他人手筆冀流傳於人世所以援毫簇紙見推疾速自今月五日始作書首末千餘言經半旬乃就加之筆札斯亦勤矣誠知殊藹截之清詞長謬悠之曼說然苟非足下安能有此課之善士之託於知己恨鬱悒而無所申非必求利也計足下之年應長僕二十許歲亦已懸矣而才名位望之隔則又可知所不間於夙期者道耳足下本以道垂訪小人亦以道自謀故此書之禮過於慢易成足下之高耳苟道之不著

而名位是務足下之趨風者多豈惟一蕭茂挺小人之受侮亦眾豈獨一韋夫子乎足下必不以爲狂而亮其志越絆拘之常禮頓風流之雅躅乘躡履之遇展傾蓋之歡則重賜一書猥答誠昵既奔足下不暇豈敢差池若文不足微道未相借請見還此本謹俟燒焚無爲輕置蓋甑使識者一窺齊楚交失非古之君子退人有禮之道也雜詩五首謹以奉投聊用代情不近文律耳穎士再拜

與從弟評事書

朝得書爲正不佳又前意已決難作移改是以又不報吾素志疎野平時尚不求仕進況今豈徼榮祿哉前赴牒追者蓋爲三道重權冀以疇昔厚眷計議獲申惟薦舉才庶其裨益今既一言不見預一士薦不行方復規求一中下郡佐而利其祿秩豈在意耶況馬墜所傷全未平復方恐便廢自是棄人才既不足採而加此疾苦更不復力強耳韋二十五與弟昨言中丞必須相然始下筆才非樂生不望擁篲志力弊困未堪詣府日日如斯與斷莫定來中丞便至責其違闕乃罪不可料何負使司作此相陷古人有言冠一免豈可復加於首吾計決矣之死矢靡憚弟無惑

爲再申意二十五官無爲咄咄見逼也爲胷中最傷心力甚弱書數行便不能仰視昔不因子致跌 闕 交遊早識中丞今海內未靜之秋加之患疾傷損不蒙恩恤過秋羈迫亦知命矣吁何道哉

爲南陽尉六舅上鄧州趙王牋

某惶恐叩頭使君公節下小人以寒淺之姿承命下吏常懼罪戾仰負仁明勵茲駑拙兢惕不暇安敢謬持文翰祇冒府庭濫巴歈之末音覬牙曠之清聽豈惟取笑僚友知其不然故亦退慙虛薄非所敢望今則溷階屏氣心膽戰

越竊有短詞願聞於節下執事者理或至切情所不堪誠以仁賢措心名教有地敢布四體伏惟明公圖之某家自周齊業傳清白先人以文學政事任尚書郎門緒不昌幼集荼蓼詩禮之訓襁褓無追顧復之恩縞練仍失顧瞻兄弟童丱五人所不隕滅實同形影少賴餘蔭免從庶役或以進士或以明經二紀於茲畢參官序雖青紫之望有限登天而箕裘之業幸微墜地豈圖家不悔禍釁罰仍鍾累年以來凶險荐至兩兄一弟殂謝連及孀孤空室苫蓋在庭故不忍聞今在備見誠宜泣血私第移疾公門胡復心

顏以冀榮遇所不爾者亦惟明公哀之重以諸姪藐然三喪在殯卭封未兆凍餒是虞匪伊薄祿云何取濟今歲時獲便龜策告從此月之交計發嵩汝季弟備官越在東吳千里而遙三月不至興言主辦捨某而誰感念存亡觸目纏迫詩不云乎死喪之威兄弟孔懷禮亦有之祖於庭葬於墓所以即遠也人道之終此日而畢天倫宗戚豈可輕忘守官次則情理頓虧越私哀則簡書是懼龍鍾荼苦畢備於茲伏惟明公嘗以雅望忠誠弼諧聖政朝廷故事臺閣式瞻仁恕之風被於列郡儻或窮誠見遇微物感通許以假歸申其永慕生死骨肉實賴明恩所不敢言斯豈獲已況宛葉汝穎密邇山川往復之期旬日以冀奔走之事豈乏差池某頓首謹言

清明日南皮泛舟序

昔建安中魏文爲王太子與朋友諸彥有南皮之遊驪鳴葭浮甘瓜清泉濔淪千古一色此城隅託勝之舊也由小而方大則貴賤之權可齊以今而喻古則風流之事不易矧乃日清明時升平眄庶阜海濱之利謳吟動齊右之曲亦明代一方之樂也邑宰東海徐君洎英僚二三皆人傑

秀出吏能高視郊驛纔當時之歡濠梁重莊叟之興相與矯翠帟騰清波紅妝屢舞綠醑徐進管絲迎風以響亮士女環岸而攢雜可以娛聖澤表人和也層城景移碧潭陰起蕩暄妍之氣色縱魚鳥之遊泳其思夫關塞崇崒昆池清泠關河千里帝京不見斯興情之極致也爰命墨客紀他鄉之勝事云爾

陪李採訪泛舟蓮池宴李文部序

聖后欽明天工懸恤人瘼罷前監郡仍昔按部其爲寄也大焉若乃池梁虛城浚都舳艫萬里閭閻千室通邑之尤

也東至於河西至於海亘長淮而彌甸服方域之雄也牧守之任循良之選豈易人哉今茲春歲聿旱人咨荒歉朝廷慮東方之耗斁也愼簡大賢而臨莅之明詔乃下俾鉅鹿守李公往焉亦既褰帷零雨其祁矜人癘痳貴糴日衰被青徐而周兗豫有政刑矣已而襄國士女結去思之怨大君愍然又命公族之良前文部侍郎東陽繼焉擅文儒之俊所以司綸翰兼銓尺矣韞戎略之權所以參簡稽貳麾節矣登朝而備履清貫出守而再踐名邦其鎭撫斯境式慰饑渴宜矣秋九月鉅鹿舟輿次於是都明使君客焉

懿夫尊卑有序敦晉鄭之好前後斯諧美召杜之德溫溫二公善可知焉越三日宴集於南亭具水嬉也出層城橫通川迴環里閭曠望郊廛抑抑威儀徒馭如馳人導馬隨以至於蓬池矯翠帟登畫鷁揖讓有禮獻酬無斁威哉赫乎方伯所以饗邦君也爾乃洲島迴互林亭蓊鬱天海清平豁若萬頃澄湛乎其間紅蕖照灼綠菱搖漾淺草細萍往往藂生邀魚舟望白鳥江湖勝勢去去非遠既而涉則在岸泛則在流珍羞間海陸之錯妙舞應荆吳之奏參差逶迤笑語忘疲亦千古一時也晚林未踈隄草更綠輕雨泛灑微風清潤泝洄淪漣終日夕焉二公喜昇平生至樂歡然有命賦詩客有欣遇二府莛賓筵之末從事斯文爰操簡請同賦四韻嗣於國風之後焉

送族弟旭帖經下第東歸序

吾族旭也洵美有聲夫蒸蒸者行之能翼翼者體之敬工文足以標絕唱深識足以剖羣疑兼而備焉實爲難者意其培積風之力駭絕電之姿從東道以載馳去南溟而一息此其分也繫明代擇人宜乎盡能使輪轅當曲直之適鑿枘靡圓方之歎則宏綱舉而浮議息矣以吾弟不羈之

才逢聖君如渴之日而徵求章句見遺甲乙是猶籠鷙鷹絆騰黃望遼廓權奇其可得也吾聞諸君子非無位之患惟立身實難今爾有是才居是屈能卷舒其道喜慍不形又其沖融坦蕩莫可得而窺也不然書未十獻歲未二毛道非捭闔交無荐寵而雄雖先進歎甚後時何哉論者以爲人之望也仲春二月東京千里之子往矣薄言旋歸賦詩而寵別者皆上國之選莫不銜憤屑涕抗詞悲歌吾乃知道術親而然諾重也況乎西遷而五陵是宅南渡而二曹其昌居宋有摯疇之姻在周爲魯衛之國曾是共祖不

待馮商之言已爲路人。未虞陶生之歎。今也于邁。如何勿思。詩不云乎。凡今之人。莫如兄弟。不廢急難之謂也。

蓬池禊飲序

禊。逸禮也。鄭風有之。蓋取諸勾萌發達。陽景敷煦。握芳蘭臨清川。秉和蠲潔。用徼介祉。厥義存矣。晉氏中朝。始參燕胥之樂。江右宋齊。又間以文詠。風流遂遠。鬱爲盛集。焉若夫華林曲水。萬乘之降也。蘭亭激湍。專城之踐也。而方伯之歡。未始前聞。以俟乎今辰。粤天寶乙未。暮春三月。河南連帥領陳留守李公。以政成務簡。方國多暇。率府郡佐吏

二三賓客。帳飲於蓬池。備祓除之禮也。梁有蓬池。上矣。前迄淑穎。右滙郛邑。渺瀰淪漣。盪日澄天。舟檝是臨。泛波景從其左。則逶原縈屬。崇岡傑竦。嘉卉異芳。雜樹連青。郎爲臺亭。登眺斯在。爾乃郡曹頒餼。以給費。縣吏領徒。而修頓先夕以定。議詰朝而集。事是日。方牧乃擁車徒。曳旌旃。卯出乎北牖。辰濟乎南川。匪疾匪閒。翼翼闐闐。以稅駕於東焉。然後降春流。颺彩舟。羽觴芳羞。緩舞清謳。援青蘋。駭紫鱗。迴環中汀。緬望南津。飫於已。酣於未。歌樂只。賦既醉。坐闌而靡。怠日入而未闋。陶陶乎有以表勝境。佳辰之具美。名公好事之厚意。下客不敏。聞於前載。曰。夫德洽禮成。則詠歌繫之。梁故魏也。請皆賦詩志焉。

欽定全唐文卷三百二十四

王維一

維字摩詰太原祁人徙河東開元九年進士歷右拾遺三遷吏部郎中天寶末爲給事中祿山陷兩都爲賊所得僞病瘖拘於普救寺迫以僞署賊平陷賊官三等定罪維以所爲凝碧池詩聞於上肅宗嘉之會弟縉請削巳官以贖兄罪乃責授太子中允乾元元年轉尚書右丞二年卒

白鸚鵡賦 以容日上海孤飛色媚爲韻

若夫名依西域族本南海同朱喙之清音變綠衣於素彩

惟茲鳥之可貴諒其美之斯在夫其入翫於人見珍奇質狎蘭房之伎女去桂林之雲日易喬枝以羅袖代危巢以瓊室慕侶方遠依人永畢託言語而雖通顧形影而非匹經過珠綱出入金鋪單鳴無應隻影長孤偶白鷴於池側對皓鶴於庭隅愁混色而難辨願知名而自呼明心有識懷恩無極芳樹絕想雕梁撫翼時銜花而不言每投人以方息慧性孤稟雅容非飾含火德之明輝被金方之正色至如海燕呈瑞有玉筐之可依山雞學舞向寶鏡而知歸皆羽毛之偉麗奉日月之光輝豈憐茲鳥地遠形微色凌紈質彩奪繪衣深籠久閉喬木長違儻見借於羽翼與遷鶯而共飛 謹按本限八韻賦止五韻郝名遠作亦同

代陳司徒謝敕賜麟德殿宴百僚詩序表

臣某言支使某官奏事迴伏奉某月日手詔賜臣以皇太子所寫聖製麟德殿宴百僚詩序日月揚光風雲動色捧受之次震駭失常臣某中謝臣伏以經天緯地者聖人之文多才多藝者元良之美逖聽前修旋觀往冊考論盛德罕見全能故漢后詠歌有乖雅頌之旨周儲聰哲不聞翰墨之妙伏惟陛下道洽帝堯文超繫表體陰陽之變化與

雲漢而昭回皇太子德邁生知學資聖訓掩鍾張之筆札並虬鸞以飛動臣特承湛恩荷此殊錫集榮光於外府啟重寶於私庭班氏賜書既甚懸隔馬卿視草曾未比擬又臣所獻奉和詩事等賡歌情同率舞濫吹之音謬塵於天聽踰涯之賞忽降於絲言豈臣微力所宜負戴非臣捐軀所能效益無任榮荷感惕之至

賀古樂器表

臣維言伏見今月七日中書門下敕牒道士申太芝奏稱伏奉恩旨令臣往名山修功德去載六月二十日於南海

葛洪居處至誠祈請中夜恍惚見一老人云是茅山羅浮神人常於七曜洞來往昔曾於九疑山桂陽石室中藏天樂一部歲月久遠變爲五野豬彼郡百姓捉獲汝可往取獻皇帝每祈祭但依方安置奏之卽五音自和天仙百神應聲降福所求必遂壽命延長臣奉神言卽往桂陽尋問百姓云天寶二載村人常見有五野豬逐之便走入石室就裏尋覓化爲石物五枚衆共驚異臣取以扣之音律相和與神人言不異今將奉進者臣聞陰陽不測之謂神變化無方之謂聖唯神與聖感而遂通伏惟開元天寶聖文

神武應道皇帝陛下居皇建之極中得混成之大道奉先天之聖祖元化協於無爲育率土之羣生至仁侔於陰騭然猶精意不倦聖祀逾崇遍禮羣仙思祐九服故得厖耆皓髮遥同入昴之人眞訣元言來告馭風之客棲身七曜以俟唐堯藏樂九疑不傳虞舜留兹石室思獻玉墀憑野豕以呈形表洞仙之屬意且神物思變古亦有之龍躍平津實爲寶劒鳧飛葉縣空餘素履器非上品人纔下仙猶能精誠聿修神變浚若況殊庭致貺天老效祥願授至尊以享上帝亦既考擊動諧律呂部濩慙其九奏雲咸失其八音羣鳳入於洞簫殊非雅韻朱鷺傳於疊鼓敢比仙聲天地同和神祇降福無窮之壽永撫寶圖無疆之休以康庶績實由至德斯感大道元通神人親告於休徵靈仙不祕其空樂稽之古昔實未見聞臣等限以留司不獲隨例抃舞不任踴躍喜慶之至

賀元元皇帝見眞容表

臣維言伏見中書門下奏上黨郡奏啓聖祖大道元元皇帝玉石眞容主上聖容今月十五日三元齋開光明其日戌後道士陳希玉等十三人同朝禮見内殿有光非常照

耀及開殿門其光彌盛滿堂如晝久之方散其時檢校官及押官等皆共瞻覩者臣聞仙祖行化眞氣臨關聖人降生祥光滿室固知仙聖必有景光伏惟開元天地大寶聖文神武應道皇帝陛下大道爲心上元同體挾風雲之質敬想猶龍寫日月之儀欽承大象仍迴舊邸以奉清都眞容聖容既明四目照殿照室忽類三光蘂宮自明初謂上天無夜桂殿如晝還疑就日而朝琪樹韜華瑤池奪暎實由陛下宏敷本際大啟元宗明君潤色於眞源聖祖和光於帝載表文明之在御六合以清知臨照之無疆億載多

慶臣等限以留司不獲隨例抃舞無任踴躍喜慶之至

賀神兵助取石堡城表

臣維等言伏奉中書門下牒伏見絳郡太平縣百姓王英杞狀稱去載七月於萬春鄉界頻見聖祖空中有言曰我以神兵助取石堡城當時具經郡縣陳說並有文狀申奏訖今載正月又於舊處再見云我昔於梓州威洞造一龕尊像在獨坐山東北公成山左側年代已遠其處傾陷像在土中可報吾孫令人往取斯乃蒼生之福國祚無疆者近奉進止差直省往彼求覓昨見梓潼郡奏稱去載某月

二十六日郡縣官吏並道士父老百姓等一千餘人與直省李萬德依此尋求其日諸山盡皆晴朗惟公成山上雲霧暗合遍尋不知所在遂結壇齋戒祈請經宿至二十七日辰時有五色雲見於霧合之處遂即分人子細尋覓乃見山半腹有少土傾處其上竹樹非常蒙密並見一石角出土一寸便穿掘深三尺已來乃是一石龕龕中有尊像一左右眞人六並師子崑崙各二遂以水洗沃儀相儼然事實吐符並如眞誥其石龕重大非人力所能運轉今於龕上造屋宇便差精誠道士三人專修香火供養謹畫圖奉進者臣聞元德升聞與至降監必錫靈貺彰厥有成不祕祥符昭其克享伏惟開元天地大寶聖文神武應道皇帝陛下以道理國以奇用兵先天而法自然終日不離輜重故得仙君居九霄之上屢降中州聖祖在千古之前還臨後葉視之不見者今見聽之不聞者今聞仍敕神兵以助王旅天丁力士潛結鸛鵝星劒雲旗暗充貔虎遂殲逆命之虜果屠難拔之城加以言必有徵德無不報指尊像之所在爲寶祚之休徵周流六虛言於晉而驗於蜀混成一氣出於有而入於無未達齋心初迷三里之霧既符眞

氣俄成五色之雲山腹洞開仙容儼若萬物今覩千刼未逢昔河啟綠圖山輸元女尚謂得天之助藏爲受命之符況眞誥人聞聖容神造照臨下土不住大羅之天保佑羣生爰啟小有之洞實感明主縮地而來豈比漢時乘空而去元后欽崇之福遠至邇安聖祖昭報之心天長地久臣等限以留司不獲隨例抃舞不勝踴躍喜慶之至

門下起赦書表

伏奉制書如右好生之德洽於人心奉天之時以行春令體元作則惟聖裁成伏惟乾元大聖光天文武孝感皇帝

陛下道凝庶績功演廣運極孝敬於至誠致雍和於允穆狹其祝網陋彼畫衣寧失不經況乎輕繫大赦戮餘之罪益寬流宥之典人謂無冤何如捨而不問殺而有禮豈若至於無刑加以親減庶羞無祭肺之膳下除冗食贍餬口之人買櫝設楬藏彼無歸之骨歲取畝收本乎盍徹之稅臣猶止於一惡貧人免於十夫思折券者寬其暴征嘗書勳者貫其宿負道德齊禮成其有恥之心悔咎思愆開其自新之路道之一變將使比屋可封守在四夷庶夫外戶不閉風俗忠厚禮讓興行六府孔修萬代永賴臣等忝居

門下不任鳧藻抃躍之至

謝除太子中允表

臣維稽首言伏奉某月日制除臣太子中允詔出宸衷恩過望表捧戴惶懼不知所裁臣聞食君之祿死君之難當逆胡干紀上皇出宮臣進不得從行退不能自殺情雖可察罪不容誅伏惟光天文武大聖孝感皇帝陛下孝德動天聖功冠古復宗社於墜地救塗炭於橫流少康不及君親光武出於支庶今上皇返正陛下御乾歷數前王曾無比德萬靈抃野六合歡康仍開祝網之恩免臣釁鼓之戮投書削罪端衽立朝穢汙殘骸死滅餘氣伏謁明主豈不自愧於心仰廁群臣亦復何施其面跼天內省無地自容且政化之源刑賞爲急陷身凶虜尚沐官榮陳力興王將何寵異況臣夙有誠願伏願陛下中興逆賊殄滅臣卽出家修道極其精勤庶裨萬一頃者身方待罪國未書刑若慕龍象之儔是避魑魅之地所以鉗口不敢萌心今聖澤含宏天波昭洗朝容罪人食祿必招屈法之嫌臣得奉佛報恩自寬不死之痛謹詣銀臺門冒死陳請以聞無任惶恐戰越之至

謝集賢學士表

朝議大夫試太子中允臣維稽首言伏奉今月十八日敕今臣充集賢殿學士擢及無能恩加非望抃躍慙懼不知所裁且謂之集賢非賢莫集固當宣其五德列在四科遴聽衆推方紆聖鑒臣抽毫作賦非古詩之流挾策讀書無專經之業伏惟陛下文思超則哲之后書契踰畫卦之君龜圖不能比其詞龍甲不足究其義聞相如在蜀畏不同時徵枚乘於齊惜其已老急賢之旨欲賜追鋒如臣不才豈容濫吹將何以編次漆簡刊定石經東堂賦詩將招不

成之罰北面待詔必無善對之木以榮爲憂席寵知懼無任感恩踴躍戰越之至謹詣延英門陳謝以聞

謝御書集賢院額表

臣維言伏奉今月某日聖札題集賢殿御書院額捧戴抃舞不知所裁竊以先聖微言前王令典所以興行禮義訓正人倫頃逆胡凶頑不識經籍恣行毀裂有甚焚燒伏惟陛下御極統天功成理定慜其墜簡旁搜古壁發求書之使置寫書之官於是九流百家韋編緗帙爛然虎觀盛彼鴻都加以親重儒門將爲教首俯題金榜自運銀鈎龍鳳

翔於烟雲日月照於天地曾無以喻誰敢强名況乎方丈之書七分入木仲將虛爲白首羲之枉在墨池將使率土之人知陛下寵兹書府普天之下數陛下敦彼儒風政化之原實始於此臣忝編次漆簡刊校石經載光載輝誠歡誠喜

爲薛使君謝婺州刺史表

臣某言伏奉今月日制除臣某官拜命若驚稽首無地臣聞洪波迅流必盪其溷穢慶雲所潤不遺於荆棘伏惟陛下孝悌之至通於神明馨香之德格於天地故指旗而黑祲旋靜揮戈而白日再中豈臣蟲臂鼠肝所能談天述聖臣之本末强欲自陳擢髮數罪臣戮餘也剖心自明天知之矣臣素書生少爲文吏折衝禦侮幾何不亾奉法守文一日之長當賊逼溫洛兵接河潼拜臣陝州催臣上道驅馬才至長圍已合未暇施力旋復陷城戟枝乂頭刀環築口身關木索縛就虎狼臣實驚狂自恨駑怯脫身雖則無計自刃有何不可而折節凶頑偷生廁溷縱齒盤水之劍未消臣惡空題墓門之石豈解臣悲今於抱釁之中寄以分憂之重且天兵討賊曾無汗馬之勞天命興王得返屠

羊之肆免其釁鼓之戮仍開祝網之恩臣縱粉骨糜軀不報萬分之一況褰帷露冕是去歲之縲囚洗垢滌瑕爲聖朝之岳牧臣欲殺身滅愧刎首謝恩生無益於一毛死何異於腐鼠謹當閉閣以思政酌泉以勵心覲畢力於平人無煩八部誓不負於明主非畏四知用釋愆誅敢求課最

爲崔常侍謝賜物表

臣某言總管關敬之至奉九月十五日敕吐蕃贊普公主信物金胡瓶等十一事伏蒙恩旨特以賜臣捧戴慚惶以抃以躍臣幸居無事待罪西門恭守嘉謨欽承成憲王師

不戰無汗馬之勞堯屋可封何理人之有實無異效特降殊恩竊用勤以忘家志不顧命分膏草野以報萬一無任感戴戰越之至

爲畫人謝賜表

臣某言臣猥以賤伎得備眾工誤點屛風乏成蠅之巧偶持團扇無事牸之能徒以職官不敢貳事顧惟時論有慚三絕伏惟皇帝陛下撥亂反正受命中興俯協龜圖傍觀鳥迹卦因於畫畫始生書知微知彰惟聖體聖臣奉詔旨令寫功臣運偶鳳翔之初無非鷹揚之士燕頷猿臂裂眥

奮髯髮衝鶡冠力舉龍鼎骨風猛毅眸子分明皆就筆端別生身外傳神寫照雖非巧心審象求形或皆暗識妍媸無枉敢顧黃金取舍惟精時憑白粉且如日磾下泣知其孝思于禁懷慚媿此忠節乃無聲之箴頌亦何賤於丹青宣父之似梟繇元子之類越石不待或人之說無煩故伎之言此又一奇誠爲可尚臣得舐筆麟閣繼踵虎頭頻蒙奬教之恩益用精誠自勵勤以補拙雖未仙飛感而遂通實因聖訓況賜衣服累問官資中使相望屢加宣慰微臣戰灼無答恩私之至

爲曹將軍謝寫眞表

臣某言天幸微臣身逢大聖得爲列卒以備戎行於臣一生已爲萬足況建旗爲將裂組受官蒙推食之恩辱賜衣之寵匹夫之勇雖不顧身長策無聞未能盡敵仰慙介冑俯愧橐鞬加以弓不重於六鈞箭不穿於七札詎中雀目誠慙猿臂以劉琨而恨小非關羽之絕倫何以廁跡虎臣儀形麟閣伏惟皇帝陛下昭格天地懸超七十二家微臣託附風雲不如二十八將而蒙垂聖旨特命圖工畫植戟之黃鬚圖石棱之紫色才如過隙顧俟已得其神不待臨

淄郤子自知其醜豈可藏之祕府以示後人將謂飛龍之時無俟貔貅之士寵過其效力不稱恩願死蓺於伏陜誓殺身於鳴轂無任感激欣戴之至

爲幹和尚進注仁王經表

沙門惠幹言法離言說了言說卽解脫者終日可言法無名相知名相卽眞如者何嘗壞相實際以無際可示無生以不生相傳非夫自得性空密印心地見聞自在宗說皆通者何以證玉毫之光辯金口之義伏惟乾元大聖光天文武孝感皇帝陛下高登十地降撫九天宏濟羣生濡蓮

花之足示行世法屈金粟之身心淨超禪頂法懸解廣釋門之六度包儒行之五常老僧空空復何語語以無見之見不言之言淺智勝疑冰之蟲微戒愈溺墍之象以自覺離念注先聖微言如人（疑一作麻）何足盡思食木偶然成字豈堪上塵慧眼仰稱聖心有命自天藏拙無地伏以集解仁王般若經十卷謹隨筆奉進無任慚惶然本注經先發大願釋第一義開不二門與四十九僧離一百八句六時禪誦三載懇祈俾廓袄氛得瞻慧日三千世界悉奉神王五千善神常衛樂土今果盪定無量安寧緇服蒼生不勝慶

躍

爲舜闍黎謝御題大通大照和尚塔額表

沙門僧某等言伏蒙聖札題二大師塔額及度僧抽僧等並畢伏喜天心俯從人欲恩光至重抃舞難勝臣聞聖者正也住正法者爲聖人佛者覺也得覺滿者入佛慧伏惟光天文武大聖孝感皇帝陛下登滿足地超究竟天入三解脫門過九次第定見聞自在不住無爲理事皆如終非有漏復皇國而御宇尊白法以教人百穀順成六氣時若不加兵而賊破不擾物以人和緇侶勝緣蒼生厚幸昨蒙書額度僧等龍騰金榜鳳轉銀鉤河漢昭回烟雲飛動韋誕恥其遺法梁鵠慚爲古人降出天門升於寶塔玉繩綴於重級珠斗挂於露盤以方宸翰實多慚德又宿修梵行願在法流者覆以慚愧之衣落其煩惱之髮冀成寶器仁王爲琢玉之因廣運佛心聖主受恆沙之祐沙門等叨承禪訓幸遇昌期御札賜書足報本師之德梵筵邀福願酬大聖之恩不勝戴荷之至

爲僧等請上佛殿梁表

僧某言天地之大未滿法身紺殿朱宮豈云光宅陛下尊

崇像教大捨外財白法利人黃金布地不役一人之力不費一家之產崇崇寶坊雲構將畢所營某寺以某月日上佛殿梁伏望天恩內賜一纖庶使大千世界悉入蓋中六合人天共歸宇下然後以無礙慧大化羣物將使四生皆度豈惟比屋可封則中天之臺才留幻士畫雲之觀徒候神人以古況今前王何陋謹詣右銀臺門奉表陳請以聞

責躬薦弟表

臣維稽首言臣年老力衰心昏眼暗自料涯分其能幾何久竊天官每慚尸素頃又沒於逆賊不能殺身負國偷生

以至今日陛下矜其愚弱託病被囚不賜疵瑕屢遷省閤昭洗罪累免負惡名在於微臣百生萬足昔在賊地泣血自思一日得見聖朝即願出家修道及奉明主伏戀仁恩貪冒官榮荏苒歲月不知止足尚忝簪裾始願屢違私心自咎臣又聞用不才之士才臣不來賞無功之人功臣不勸有國大體爲政本原非敢議論他人竊以兄弟自比臣弟蜀州刺史縉太原五年撫養百姓盡心爲國竭力守城臣即陷在賊中苟且延命臣忠不如弟一也縉前後歷任所在著聲臣忝職甚多曾無裨益臣政不如弟二也臣頃

負累繫在三司縉上表祈哀請代臣罪臣之於縉一無憂憐臣義不如弟三也縉之判策屢登甲科眾推才名素在臣上臣小言淺學不足謂文臣才不如弟四也縉言不忤物行不上人植性謙和執心平直臣無度量實自空疎臣德不如弟五也臣之五短弟之五長加以有功又能爲政顧臣謬官華省而弟遠守方州外愧妨賢內慚比義痛心疾首以日爲年臣又逼近懸車朝暮入地闃然孤獨迥無子孫弟之與臣更相爲命兩人又俱白首一別恐隔黃泉儻得同居相視而沒泯滅之際魂魄有依伏乞盡削臣官放歸田里賜弟散職令在朝廷臣當苦行齋心弟自竭誠盡節並願肝腦塗地隕越爲期葵藿之心庶知向日犬馬之意何足動天不勝私情懇迫之至

請施莊爲寺表

臣維稽首臣聞罔極之恩豈有能報終天不返何堪永思然要欲强有所爲自寬其痛釋教有崇樹功德宏濟幽冥臣亡母故博陵縣君崔氏師事大照禪師三十餘歲褐衣蔬食持戒安禪樂住山林志求寂靜臣遂於藍田縣營山居一所草堂精舍竹林果園並是亡親宴坐之餘經行之

所臣往丁凶釁當即發心願爲伽藍永劫追福比雖未敢陳情終日常積懇誠又屬元聖中興羣生受福臣至庸朽得備周行無以謝生將何答施願獻如天之壽長爲率土之君惟佛之力可憑施寺之心轉切效微塵於天地固先國而後家敢以烏鳥私情冒觸天聽伏乞施此莊爲一小寺兼望抽諸寺名行僧七人精勤禪誦齋戒住持上報聖恩下酬慈愛無任懇款之至

奉勅詳帝皇龜鏡圖狀 帝皇龜鏡圖兩卷令簡擇訖進狀

右某官宣口勅語看可否者臣愚何足以知謹與某等議

竊以名爲帝皇圖者葢龜可以卜也鏡可以照也以前代帝王行事善惡以卜後代以前代帝王行事善惡以照後代可以知盛衰興亾故其行事似堯舜者必盛似湯武者必興似秦皇漢武者必衰似夏桀殷紂者必滅如卜之必知如照之必見故謂之龜鏡圖伏如所示之圖謂之自古帝皇圖卽可矣謂之龜鏡圖伏恐稍乖名實又多不出於正經或取諸子之說又取曹植飛龍篇摯虞庖犧讚等是一時文章之語非正經本傳之事至如堯之茅茨不翦土階三尺就之如日望之如雲舜之逐竄四凶舉十六族臣

歌九德君撫五絃等善事夏桀之瑤臺瓊室殷紂之肉林酒池等惡事葢畫如此之類乃成龜鏡之圖至於伏羲生時伏羲之墓女媧腸化摶土爲人如此之流豈爲龜鏡若記帝皇之事總載無妨若爲龜鏡之圖恐須簡擇又論元氣已後其圖似重太初與太始無殊有形與有質不異易云乾元亨利貞卽未有物者乾之始也乾者元之體也元者乾之用也上猶道家旨道生一一生二二生三三生萬物又近佛經八識是清淨無所有第八識卽含藏一切種子第六識卽分別成五陰十八界此圖從元氣已下名目稍多臣識用愚淺不知忌諱敢率鄙見無任戰越伏惟聖心裁擇謹狀

請迴前任司職田粟施貧人粥狀

右臣比見道路之上凍餒之人朝尚呻吟暮塡溝壑陛下聖慈憐愍煮公粥施之頃年已來多有全濟至仁之德感動上天故得年穀頗登逆賊皆滅報施之應福祐昭然臣前任中書舍人給事中兩任職田並合交納近奉恩敕不許併請望將一司職田迴與施粥之所於國家不減數粒在窮窘或得再生庶以上福聖躬永宏寶祚仍望令劉晏

分付所由訖具數奏聞如聖恩允許請降墨敕

謝弟縉新授左散騎常侍狀

右臣之兄弟皆迫桑榆每至一別恐難再見匪躬之節誠不顧家臨老之年實悲遠道陛下均平布政中外遞遷尚錄前勞仍收舊齒使備顧問載珥貂蟬趨侍玉墀從容瑣闥不材之木附萼聯芳斷行之鴈飛鳴接翼自天之命特出宸衷塗地之心難酬聖造不勝戴荷踴躍之至

欽定全唐文卷三百二十五

王維二

對官門誤不下鍵判

安上門應閉主者誤不下鍵

設險守國金城九重迎賓遠方朱門四闢將以晝通阡陌宵禁姦非眷彼閽人實司是職當使秦王宮裏不失狐白之裘漢后廄中惟通赭馬之跡而乃不施金鍵空下鐵關將謂堯人可封固無狗盗之侶王者無外有輕魚鑰之心過自慢生陷茲詿誤而抱關為事空欲望於侯嬴或犯門

有人將何禦於臧紇固當無疑必寘嚴科

與工部李侍郎書

一昨出後伏承令從官將軍車騎至陋巷見命恨不得隨使者詣舍下謁才非張載枉傅元以車相迎德謝侯生辱信陵虛左見待古人有此今也未聞所以竦踊惕息通夕不寢維自結髮即枉眷顧侍郎素風維知之矣宿昔貴公子常下交布衣盡禮髦士絕甘分少致醴以飯汲汲於當世之士常如不及故夙著聞望為孟嘗平原之儔及乎晚歲時危益見臣節草莽之中乘輿播越列郡或棄車走林畏賊顧望貢獻不至莫有關心侍郎慨然枕戈泣血奮不顧命捍衛聖主楊奉之以兵奉迎蕭何之運糧致餽曹洪之以良馬濟趙衰之以壺飧從收合亾騎繕治兵甲喻以大義慰而勉之然後以劒率卒執戈前驅浹旬之間六軍響振以成興復之業豈非侍郎忠節蓋世義貫白日垂名竹帛為一代宗臣誠可愛也或曰宗子與國同休不得不爾也夫仁弱自愛者且奔竄伏匿偷延晷刻窮蹙既至即匹夫匹婦自經於溝瀆安能決命爭首慷慨大節死生以之乎而能不邀寵於上不干功於下不怠邦政不受私謁

時與風流儒雅之士置酒高會唫咏先王遺風脩然有東山之志善矣維雖老賤沈跡無狀豈不知有忠義之士乎亦常延頸企踵嚮風慕義無窮也然不敢自列於下執事者以為賤貴有倫等威有序以閒人持不急之務朝夕倚門窺戶抑亦侍郎之所惡也而猥不見遺思曹公命吳質將何以塞知己之望報厚顧之恩內省空虛流汗而已輒先馳狀候涼時即躬詣門下奉謝王維頓首

山中與裴迪秀才書

近臘月下景氣和暢故山殊可過足下方溫經猥不敢相

煩輒便往山中憩感配寺與山僧飯訖而去北涉元灞清月映郭夜登華子岡輞水淪漣與月上下寒山遠火明滅林外深巷寒犬吠聲如豹村墟夜舂復與疎鐘相間此時獨坐僮僕靜默多思曩昔攜手賦詩步仄逕臨清流也當待春中草木蔓發春山可望輕鯈出水白鷗矯翼露溼青皋麥隴朝雊斯之不遠儻能從我遊乎非子天機清妙者豈能以此不急之務相邀然是中有深趣矣無忽因馱黃檗人往不一山中人王維白

與魏居士書

足下太師之後世有明德宏其四代五公克復舊業而伯仲諸昆頃或早世唯有壽光復遭播越幼生弱姪藐然諸孤布衣徒步降在皁隸足下不忍其親杖策入關降志屈體託於所知身不衣帛而於六親孝慈終日一飯而以百口爲累攻苦食淡流汗霡霂爲之驅馳僕見足下裂裳毀冕二十餘年山棲谷飲高居深視造次不違於仁舉止必由於道高世之德欲蓋而彰又屬聖主搜揚仄陋束帛加璧被於巖穴相國急賢以副旁求朝聞夕拜片善一能垂章拖組況足下崇德茂緒清節冠世風高於黔婁善卷行獨於石門荷篠朝廷所以超拜右史思其入踐赤墀執牘珥筆羽儀當朝爲天子文明且又祿及其室養昆弟免於負薪樵蘇晚爨柴門閉於積雪藜牀穿而未起若有稱職上有致君之盛下有厚俗之化亦何顧影跼步行歌採薇是懷寶迷邦愛身賤物也豈謂足下利鍾釜之祿榮數尺之綬雖方丈盈前而蔬食菜羹雖高門甲第而畢竟空寂人莫不相愛而觀身如聚沫人莫不自厚而視財若浮雲於足下實何有哉聖人知身不足有也故曰欲潔其身而亂大倫知名無所著也故曰欲使如來名聲普聞故離身

而返屈其身知名空而返不避其名也古之高者曰許由挂瓢於樹風吹瓢惡而去之聞堯讓臨水而洗其耳耳非駐聲之地聲無染耳之跡惡外者垢內病物者自我此尚不能至於曠士豈入道者之門歟降及嵇康亦云頓纓狂顧逾思長林而憶豐草頓纓狂顧豈與俛受維縶有異乎長林豐草豈與官署門闌有異乎異見起而正性隱色事礙而慧用微豈等同虛空無所不遍光明遍照知見獨存之旨邪此又足下之所知也近有陶潛不肯把板屈腰見督郵解印綬棄官去後貧乞食詩云叩門拙言詞是屢乞

而多慚也嘗一見督郵安食公田數頃一慙之不忍而終身慙乎此亦人我攻中忿大守小不闕其後之累也孔宣父云我則異於是無可無不可可者適意不可者不適意也君子以布仁施義活國濟人爲適意縱其道不行亦無意爲不適意也苟身心相離理事俱如則何往而不適此近於不易願足下思可不可之旨以種類俱生無行作以爲大依無守嘿以爲絕塵以不動爲出世也僕年且六十足力不强上不能原本理體裨補國朝下不能殖貨聚穀博施窮窘偷祿苟活誠罪人也然才不出衆德在人下存

亾去就如九牛一毛耳實非欲引尸祝以自助求分謗於高賢也略陳起予惟審圖之維白

招素上人彈琴簡

僕乍脫塵鞅來就泉石左右墳史時自舒卷頗覺思慮斗然一淸禺侯揮絃寫我佳況

兵部起請露布文

天地之心無不覆載鳥鼠之性自私巢穴國家非徒疆理其地臣妾其人思欲一車書混聲教變毒螫之俗爲理義之鄉伏惟皇帝陛下大道先天至德冠古武功則我有七德文教則舞於兩階億兆廣堯封之時郡縣加禹服之外而犬戎小醜蝸角偷安動搖遠邊遮漢使之路脅從小國絕藩臣之禮四鎮節度使高仙芝等虔奉聖策肅將天誅因識匿之且慴尋勃律之舊好暨諸胡國悉會王師萬里風馳六軍電掃氊裘之長思嚮風以無階毳幙之人惟塗地而可獲遂通重譯罔不來庭實賴聖謀曷惟帝力無攻不克百蠻皆歸於計中無遠不賓萬方若在於宇下臣等不勝喜慶之至

暮春太師左右丞相諸公於韋氏逍遙谷讌集序

山有姑射人蓋方外海有蓬瀛地非宇下逍遙谷天都近者王官有之不廢大倫存乎小隱跡崆峒而身拖朱紱朝承明而暮宿青靄故可尚也先天之君俾人在宥歡心格於上帝喜氣降爲陽春時則有若太子太師徐國公左丞相稷山公右丞相始興公少師宜陽公少保崔公特進鄧公吏部尚書武都公禮部尚書杜公賓客王公黼衣方領垂璫珥筆詔有不名命無下拜熙天工者坐而論道典邦敎者官司其方相與察天地之和人神之泰聽於朝則雅頌矣問於野則賡歌矣迺曰猗哉至理之代也吾徒可以

酒合讌樂考擊鐘鼓退於彤庭撰辰擇地右班劒驂六騶畫輪載轂羽幢先路以詣夫逍遙谷焉神皋藉其綠草驪山啟於朱戶渭之美竹魯之嘉樹雲出於棟水環其室灞陵下連乎菜地新豐半入於家林館層巔檻側邐師古節儉惟新丹堊巖谷先曙羲和不能信其時芳卉一作卉木後春勾芒不能一其令桃一作花邐窈窕蘅皋漣漪一作超忽驂御延佇於叢薄珮玉升降於蒼翠於是外僕告次獸人獻鮮樽以大罍烹用五鼎木器擁腫即天姿以爲飾沼毛蘋蘩在山羞而可薦伶人在位曼姬始敷齊瑟慷慨於座右趙舞裹回於白雲衮旒松風珠翠烟露日在濛汜羣山夕嵐猶且濯纓清歌據梧高詠與松喬爲伍是羲皇上人且三代之後而其君帝舜九服之內而其俗華胥上客則冠冕巢由主人則弟兄元愷是四美同乎一時廢而不書罪在司禮竊思一作賢楚傅常詣茅堂之居仰謝右軍忽序蘭亭之事蓋不獲命豈曰能賢

洛陽鄭少府與兩省遺補宴韋司戶南亭序

惟帝克辟惟股肱克左右庶績允釐有司多暇舉無違德執獻其可雖列侍丹陛而罕伏青蒲攄懷致館灞陵南望

曲江左轉登一級而鄠杜如近盡三休而天地始大凝氣向晦蒼蒼寒木式與汝歌多酌我酒墨客既序觀當獸炭膳夫交馳屢奏鮮食夫含德之厚與時偕化拂衣爲放則野人於小隱之中束帶而朝則君子於大夫之後何軌轍一境是非外物哉且騎有羈紲一作勒徒有次舍可以永日可以繼夜客非詩人之徒歟奚其嘿也

送高判官從軍赴河西序

今上合大道以撫荒外振長策以馭宇內故左言返踵穿胸沸脣膺騰白波驟輸碧砮之貢腹阻赤坂傳致紫琥之璞辮髮名王養馬於下廏魋結去帝獻珠於小臣而犬戎不識蝸角自大偷安九服之外謂天誅罕及自絕所國之後而王祭不供天子按劒謀臣切齒思以赤山爲城青海爲壍盡平其地悉虜其人而上將有哥舒大夫者名蓋四方身長八尺眼如紫石棱鬚如蝟毛磔指撝而百蠻不守叱咤而萬人俱廢鬃鬛奮髯哮吼如虎裂眥大怒磨牙欲吞不待成師固將身先士卒常思盡敵不以賊遺君父矢集月窟劒斬天驕蹴崑崙使西倒縛呼韓令北面豈直趙人祭其東門匈奴不敢南牧而已開府之日辟書始下以

爲踴躍用兵健將之事意氣跨馬俠少之能蓋欲謀夫起予哲士俾我殲黠虜以無類舉外國如拾遺待夷門而不食置廣武於上座始得我高子焉高子讀書五車運籌百勝慷慨謀議折天口之是非指畫山川知地形之要害嘗著七發曹王慕義每奏一篇漢文稱善緣情之製獨步當時主人橫挑而有餘墨客仰攻而不下公卿籍甚遍交歡於五侯孫吴暗合將建功於萬里徼以露版召見甘泉衣短後之衣帶櫑具之劒象弧彫服鞭弭櫜韃目無先零氣射西旅蒼頭宿將持漢節以臨戎白面書生坐胡床而破

賊然孤峯遠戍黃雲千里嚴城落日而閉鐵騎升山而出胡笳咽於塞下畫角發於軍中亦可悲也遲子之獻凱雲臺奏事宣室紫綬曳地金印如斗列居東第位爲通侯舊友拜塵羣公書幣祁大夫老矣武安侯問乎

送李補闕充河西支度營田判官序

漢張右掖以備左衽西遮孔道北護居延然犬戎夜獵於山外匈奴射鵰於塞下歲或有之我散騎常侍曰王公勇能盡敵禮可用兵讀黃石書殺白馬將入備顧問載以乘輿副車出命專征賜以內棧文馬將軍幕府請命介於本朝天子瑣闈輟諫官以從事補闕李公家世龍門詞場虎步五經在笥一言蔽詩廣屯田之蓄度長府之羨以贍邊人以弱敵國然後馳檄識匿略地崑崙使麾下騎刃樓蘭之腹發外國兵繫郅支之頸五單于遁逃於漠北雜種羌不近於隴上子之行也不謂是乎拜首漢庭驅傳而出窮塞沙磧以西極黃河混沌而東注胡風動地朔雁成行拔劒登車慷慨而別

送懷州杜參軍赴京選集序

國自有初以節守西門者得自召吏選客故我常侍崔公

以貳車迎杜侯於杜陵而咨之矣舍之門下衣儒者之服立於軍門說諸侯之劒猗元帥之理也行有賁育鐵馬成羣而雄戟罕耀角弓載櫜秉王者師不邀奇功樓庭籍甚高冠長劒拜命雲臺在是行也羣公自出轅門驂騑滿路置酒欲飲高歌自悽寂寥孤城惆愴朔管飛雪蔽野長河始冰吾子勉之慷慨而別

送鄆州須昌馮少府赴任序

少年明經試出補吏學通大義政習前典本之於德輔之以才大官大邑可也不惟是歟予昔仕魯蓋嘗之鄆書社

萬室帶以魚山濟水旗亭千隧雜以鄭商周客有郟人之風以厚俗有汝陽之田以富農齊紈在笥河魴登俎一都會也子其不寶貨不耽樂不弄法不慢官無侮老成人無虐孤與幼上官奏課輶軒以聞則繡衣方領垂璫珥筆子所得也誰敢有之予病且憊歲晚彌獨窮巷衡門落日秋草趙服過我且東其轅促飯中厨子不可以蔬食送車出郭吾不可以徒行屨以及門拜於宇下猶且抱杖延頸送之以目城迴樹轉悲其馬嘶云

送鄭五赴任新都序

邠人前京兆右扶風居上谷間與寢園接七月之什蕩無遺風五陵之豪雜居其地故有黠吏惡少犯命干紀政寬則以姦病人操急則以事中吏鄭子爲邑也絃歌之化洋溢四封雷霆之威爗赫百里下車按捕盡致法焉繡衣下帷風俗之治苟以文墨抵罪除名爲人削跡於野杜陵解印時賣故侯之瓜彭澤無官詎有公田之黍牽衣肘見步雪履穿獲戾由中是貧非病屬聖朝龍旂鑾輅登封告成之事畢蒼玉黃琮郊天祀地之禮備天下無事海內乂安盡登仁壽之域猶下哀憐之詔萬方有罪與之更新百寮失職使復其位降邑宰爲輿尉從館墨而解褐龍星始見馬首欲西搢紳先生居多結友諸曹列署且有同時時工部侍郎蕭公詞翰之宗德義之府弱年筮仕一命聯官於奉常幾日左遷六人同罪於外郡籯金盛業克傳丞相文儒萬石高風彌重故人賓客賦詩寵别贈言誠行騎登棧道館於板屋劍門中斷蜀國滿於二川銅梁下臨巴江入於萬井黃鸝欲語夏木成陰悲哉此時相送千里

送從弟惟祥宰海陵序

天子若曰咨爾三事百辟寇賊姦宄震驚朕師其舉吏二

千石至墨綬予將大命於朝以撫方夏羣從曰惟祥舊有令聞克奉成憲往踐迺職無恫於人獄貨非寶農食滋碩浮于淮泗浩然天波海潮噴於乾坤江城入於泱漭彼有美錦爾嘗操刀學古入官倚法爲吏上官奏課國將大選爾勞勉哉行乎唱予和汝

薦福寺光師房花藥詩序

心舍於有無眼界於色空皆幻也離亦幻也至人者不捨幻而過於色空有無之際故目可塵也而心未始同心不世也而身未嘗物物方酌我於無垠之域亦已殆矣上人

順陰陽之動與勞侶而作在雙樹之道場以衆花爲佛事天上海外異卉奇藥齊諧未識伯益未知者地始載於茲人始聞於我瓊蕤滋蔓侵迴階而欲上寶庭盡蕪當露井而不合羣艷耀日衆香同風開敷次第連九冬之月種類若干多四天所雨至用楊枝已開貝葉高閣聞鐘升堂覲佛右繞七匝卻坐一面則流芳忽起雜英亂飛焚香不俟於栴檀散花奚取於優鉢漆園傲吏著書以稊稗爲言蓮座大仙說法開藥草之品道無不在物何足忘故歌之詠之者吾愈見其嘿也

冬筍記

會心者行表行者祥故行藏於密而祥發於外欲人不知不可得也夫孝於人爲和德其應爲陽氣筍陽物也而以陰出斯其效歟重冰閉地密雪滔天而綠籜包生不日盈尺公之家執德庇人仗義藩國忘身於王室不家於朱戶公世載盛德人文冠冕又天姿大賢庭訓括羽之日諸季式亦克用訓我爾身也共被爲蹤禮庇身焉禦侮無所花萼煜煜爛其盈門兄弟怡怡穆然映女且孝有上和下睦之難尊賢容衆之難厚人薄己之難自家刑國之難加行之以忠信文之以禮樂斯其大者遠者況承順顏色乎況溫凊枕席乎如是故天高聽卑神鑒孔明不然筍曷爲出哉視諸故府則昔之人亦以孝致斯瑞也

讚佛文

竊以眞如妙宰具十方而無成涅槃至功滿四生而不度故無邊大照不照得空有之源萬法偕行無行爲滿足之地惟茲化佛卽具三身不捨凡夫本無五蘊實藉津梁法相脫落塵容始於度門漸於空舍然後金剛道後爲三界太師玉毫光相得一生補處左散騎常侍攝御史中丞崔

公第十五娘子於多劫來植衆德本以般若力生菩提家含哺則外葷羶勝衣而斥珠翠教從半字便會聖言戲則薦花而爲佛事常侍公頃以入朝天闕上簡帝心雖功在於生人深辭拜命願賞延於愛女密啟出家白法宿修紫書方降卽令某月日敬對三世諸佛十方賢聖稽首合掌奉詔落髮久清三業素成菩薩之心新下雙鬟如見如來之頂綺襦方解樹神獻無價之衣香飯當消天王持衆寶之鉢惟娘子舍諸珍寶塗彼戒香在微塵中見億佛剎如獻珠頃具六神通伏願以度人設齋功德上奉皇帝聖壽

無疆記椿樹以爲年土宇無垠包蓮花而爲界又用莊嚴常侍公出爲法將入拜台臣身在百官之中心超十地之上夫人以文殊智本是法王在普賢心長爲佛母郎君娘子等住誠性爲孝順用闕德爲道場將遍衆生之慈迴同一子之想又願普同法界盡及有情共此勝因俱登聖果

西方淨土變畫讚 幷序

法身無對非東西也淨土無所離空有也若依佛慧旣洗滌於六塵未捨法求厭如幻於三有故大雄以不思議力開方便門我心猶疑未認寶藏商人旣倦且息化城究境

達於無生因地從於有相西方淨土變者左常侍攝御史中丞崔公夫人李氏奉爲亾考故某官中祥之所作也夫人門爲士族之先道爲梵行之首大師繼踵望塵而理印命婦盈朝聞風而素履心王自在萬有皆如頂法眞空一乘不立以示見故菩薩爲勝鬘夫人同解脫因天女讚維摩長者陟岵何至哀哀纏經順有漏法泣血以居念罔極恩滅性非報惟茲十力所護豈與百身之贖不寶纓絡資於繪素圖極樂國象無上樂法王安詳聖衆圍繞湛然不動疑過於往來寂爾無聞若離於言說林分寶樹七重遶於香城衣奉天花六時散於金地迦陵欲語曼陁未落衆善普會諸相具美於是竭誠稽首隕涕焚香願立功德以備梯航得彼佛身常以慈悲爲女存乎法性還在菩提之家偈曰

稽首十方大導師能於一法見多法以種種相導羣生其心本來無所動稽首無邊法性海功德無量不思議於巳不色等無礙不住有無亦不捨我今深達眞實空知此色相體清淨願以西方爲導首往生極樂性自在

繡如意輪像讚 幷序

寂等於空非心量德如則不動離意識界實無所住常遍羣生不捨有爲懸超萬行法性如是豈可說邪如意輪者觀世音菩薩陀羅尼三昧門現方便於幻眼六臂色身以究竟爲佛心一體眞相隨念卽藏乃無緣之慈應度而來斯不共之力衆生如意菩薩何心崇通寺尼無疑道登等貴族出家梵筵上首久積淨業三世皆空長在道場一乘自立亾兄故河南少尹雖明世典深達實相以不二法處於百（一作上）官花萼相連恩深女弟栴檀舊繞望絕仁兄雖曰如夢無寧喪我煩惱性淨示有同凡之悲菩提路空强

爲助道之相選伎惟潔底功加敬針鋒線縷日就月將五彩相宣千光欲發金蓮捧足寶珠垂髻原夫審像於淨心成形於纖手珊瑚掌內疑現不動如來頻婆口中同乎無法可說焚香讚歎散花瞻仰有情苦業滅而不生無上法輪轉而恆寂願以此福冥用莊嚴乃爲偈曰

菩薩神力不思議能以一身遍一切常轉法輪無所轉衆生隨念得解脫色即是空非空有是故以色像觀音願以淨斯六趣福迴向過去不可得

給事中竇紹爲亡弟故駙馬都尉於孝義寺浮圖

畫西方阿彌陀變讚 并序

易曰遊魂爲變傳曰魂氣則無不之固知神明更生矣輔之以道則變爲妙身之於樂土大覺曰聖離妄曰性克修其業以正其命得無法者即六塵爲淨域繫有相者憑十念以往生西方變者給事中竇紹敬爲亡弟故駙馬都尉某官之所畫也天倫之愛加人數等悲讓侫而無所痛殞身而莫贖 闕 傾無長之工不平分於我生將厚貸於泉路尚茲繪事滌彼染業寶樹成列金砂自映迦陵欲語曼陀未落墜此中年登乎上品池蓮寶座將踰棠棣之榮水鳥法音當悟鶺鴒之力讚曰

生因妄念沒有遺識憑化而遷轉身不息將免六趣惟茲十力哀此仁兄友于後生不知世界畢意經營傍熏獲悟自性當成

爲相國王公紫芝木瓜讚 并序

孝悌之至通於神明天爲之降和地爲之嘉植發書占之推理可得何者人心本於元氣元氣被於造物心善者氣應氣應者物美故呈祥於魚鳥或發揮於草木示神明之陰騭與天地之嘉會今中書侍郎相公先生左丞府君沈

潛上德退尚絕軌江海漭沆嬰孩杳壇高門長軌隱几含素蓋鳳凰之高逝薄龍虎之逶迤積有淳德誕敷餘慶而我相公生而英姿河目海口量與太素而無端倪應會神速動若發括事遣理盡澹然虛空亦猶太清雲無處所重元之旨達而有餘奧太白之明漫而不及理文可以經邦訓俗武可以保大定功故天子咨之以布元化昔者高堂既闋扇枕無所嘔血長號禮不能制其哭泣之度終身巨痛時無以加其霜露之惕攻苦食淡寢苫枕塊淚少於血骨餘於形風唉起而裂其心烏悲鳴而感其哭俄而紫芝

生楝葉若一作華成仙人之蓋色奪齊侯之衣又有木瓜在林味若楚王之萍大如安期之棗枯木無生物之理而布濩滋蔓時果有常分之形而碩大殊尤鄰里駭之郡縣聞之公泣而不敢言州司遽表以獻或曰因心而致人之祥也或曰率土所生國之瑞也有識君子曰至孝所感物爲人之祥大賢佐時人爲國之瑞二物者雖感曩時之純至亦符今日之崇高也公尤不敢當歸美於今上以爲震位先兆孝德動天至乾元二年乃畫圖以進詔報曰芝草者延壽之徵也木瓜者投報之應也蓋至誠所感有開必先朕

與卿道契雲龍義同水石位崇台衮寄重股肱故得嘉瑞薦臻靈物昭格君臣同德區宇克寧覽其進圖可爲嘉應請宣付史館者既依史策亦藏書府讚曰

紫芝三秀則生於梁木瓜一實其大盈篚嘉應薦至其故何祥哀哀孝思漣漣泣血終身致毀每慟將絕雲爲衷回風爲慘切依仁據德移孝爲忠經目盡理任心便公其道橐籥虛而不窮公位先兆聖人斯覩賜以詔書藏之祕府邦家之光哀榮終古

皇甫岳寫眞讚

有道者古其神則淸雙眸朗暢四氣和平長江月影太華松聲周而不器獨也難名且未婚嫁猶寄簪纓燒丹藥就辟穀將成雲溪之下法本無生

裴右丞寫眞讚

澹爾清德居然素風氣和容衆心靜如空智以窮理才包至公大盜振駭羣臣困蒙忘身徇節歷險能通仁者之勇義無失忠凝情取象惟雅則同粉繪不及清明在躬麟閣之上其誰比崇

奉和聖製聖劄賜宰臣連珠詞五首應制

臣聞大明馭寓天地同符閒氣佐時君臣協德故千年聖主唐帝撫其寶圖七德諸侯周公爲之元老

臣聞有其才者效其職重其任者竭其能故樂播大風乃能調四氣身騎列宿於是運三光

臣聞先天不違德合於上事君盡力功濟於下故君臣同體於大道庶人以康億兆宅心於至仁萬邦乃固

臣聞形之端者影必隨焉聲之善者響必應焉故偃武修文皇天降之善氣薄賦省役后土報以豐年

臣聞宣至理者文懸之於日月表聖言者字動之以烟雲

故虞舜作歌徒施於典策伏羲畫卦未類於昭回

欽定全唐文卷三百二十六

王維 三

故右豹韜衛長史賜丹州刺史任君神道碑

君諱某字某其先奚仲之後於商爲上卿世有功烈於諸侯氏則任囂爲著族後有官於京兆者子孫因家焉今爲萬年縣人也遠祖某漢河東太守曾祖某周清河太守光復舊職異世而同符祖某隋梁州南鄭縣令父某皇石州離石縣令不墜象賢一門而二邑爲皆爲政以德遺愛在人能高其門必有興者雖不當代果生達人君離石府君

之第某子也膺一賢之期鍾累葉之善忠孝自得業乎天姿詩禮輔成潤以庭訓文含四始雕蟲之技附庸武有七德啼猿之術居外明經者皓首弱歲成儒達法者腐脅端居曉吏以鄉貢明經擢第解褐益州新都尉居無何丁母憂廬以長號淚少於血杖而後起骨餘於形彈琴不成從先王之禮捧篋便慟有終身之哀服闋授左金吾衛兵曹參軍轉左衛錄事參軍又遷右豹韜衛長史王樂爲用率武夫以扞城人愛其才稱君子之爲衞方將冠章甫之冠衣逢掖之衣奏議雲臺論政赤墀一見天子必爲之前席

三說大臣必爲之解印若端委以相六合盡宅心於帝庭授鉞以董八鑾可傳首於魏闕然後挂冠東郡拂衣五湖高蹈烟虹笑謝珪組天命不祐沮我良策春秋若干以某年月日寢疾卒於永興里第某年月日葬於京兆神禾原禮也嗣子曰某善繼先志克成厥家多藝多才安英實遜匪闕實寶十城之價不以力聞萬夫之敵命同御座漢帝以恩待故人超將中軍先軫以才登元帥以某年月日從駕謁五陵天子若曰自古明王因心以孝待人由已以施物故休戚共憂樂同也其贈羽林將軍任某父使持節丹

州諸軍事丹州刺史敬其事則命以始寵其身以及其親明主所以盡心忠臣所以盡力故羊舌職悅是賞也陳力異代官成聖朝修文下泉名在天爵前賢陰德雖貽慶於後昆嗣子揚名乃大顯於先父養則致樂沒而有稱昔也爲士享唯將軍之食今則典邦葬亦諸侯之禮皇帝命之太史書之報昊天之恩曾舉世未有豈與夫手樹行檟躬廬長松負土成墳傭身以葬匹夫之孝同年而語哉君少有大略長而能賢安於仁樂於善厚生以儉守智以愚視事所及筆研盈庭其力文也容膝之外圖書滿屋其嗜學也八體之能右軍曾未知翰五弦之妙中散何擅於琴以禮庇身以清守官惟邦之彥惟國之翰夫人河東裴氏始以某爲光祿也封河東郡君及是又贈河東郡太君子之忠由母之教母以子貴不亦宜乎司文者執簡以往刊石旌德其詞曰

許侯之裔兮代濟其美不隕其名是生碩德兮爲世作程忠不祐孝不福兮早謝休名身爲士兮子爲卿大將羽林兮統天兵天子寵兮爲崇榮贈我武符兮賜我專城青松寂寂兮晝無人聲狗不吠兮雞不鳴蒼茫千古兮孰云旌

賴孝子兮揚音英

大唐故臨汝郡太守贈祕書監京兆韋公神道碑

銘

坑七族而不顧赴五鼎而如歸徇千載之名輕一朝之命烈士之勇也隱身流涕獄急不見南冠而縶遜詞以免北風忽起刎頸送君智士之勇也種族其家則廢先君之嗣戮辱及室則累天子之姻非苟免以全其生思得當有以報漢棄身爲餌俛首入橐僞就以亂其謀佯愚以折其僭謝安伺桓溫之亟蔡邕制董卓之邪然後吞藥自裁嘔血

而死仁者之勇夫子爲之公諱斌字某京兆杜陵人也昔豕韋氏主盟於商後扶陽侯重世相漢高祖孝寬周大司空鄖國公曾祖津陵州刺史壽光縣男祖琬成州刺史父安石左僕射郇國公謚文貞並勳德茂著史牒詳焉公卽文貞公之仲子也初以宰相子弁髦署吏抱拜授封加朝散大夫封平樂郡公累拜某官丁文貞公憂又丁某國夫人憂無容顧禮殆不勝喪終身之痛歷稔猶毀幼無童心長積純氣抱其天素立於人紀先聖微言宿儒未辨貫穿精義總括旁說文言蔚於輿表筆態妊於力外子虛上林

敢云雄似黃庭園扇方議雁行鶴鷟之姿羊車奪映會選公壻詔婚王室天家焜耀獨任素風時論騰踴宜在右職乃拜中書舍人動翔鳳之詠啟迪古詩下流水之書敦崇雅誥轉太常少卿六宗九奏悉具其儀天神地祇可得而禮俄入覲累貶巴陵太守稍遷壽春太守又遷臨汝太守其理務教訓其政尚寬簡謂其敘在六官又踐三事疇咨帝載必歌九功之德式和人則必復三代之英天子避其用親姦臣惡其異已馮衍竟廢揚雄不遷抑古人而有之何夫子之命也逆賊安祿山吠堯之犬驅彼六騾憑武之狐猶威百獸藉天子之寵稱天子之官徵天子之兵逆天子之命始反幽薊稍逼溫洛云誅君側尚惑人心列郡無備百司安堵變折衝爲賊矣兼法令而盜之將逃者已落彀中謝病者先之死地密布羅網遙施陷穽舉足便跌奮飛卽挂智不能自謀勇無所致力賊使其騎劫之以兵署之以職以孥爲質遣吏挾行公潰其腹心候其間隙義覆元惡以雪大恥嗚呼上京既駭法駕大遷天地不仁轂洛方鬭鑿齒入骨磨牙食人君子爲投檻之猨小臣若喪家之狗僞疾將遁以猜見囚勺飲不入者一旬穢溺不離者

十月白刃臨者四至赤棒守者五人刀環築口戟枝叉頸縛送賊庭實賴天幸上帝不降罪疾逆賊惆瘵在身無暇戮人自憂爲厲公哀予微節私予以誠推食飯我致館休我畢今日歡泣數行下示予佩玦斫手長吁座客更衣附耳而語指其心曰積憤攻中流痛成疾猥不見戮專車之骨梟枕鼓之頭焚骸四衢然臍三日見子而死知予此心言之明日而卒某年月日絕於洛陽某之私第以某月日返葬於某原禮也皇帝中興悲憐其意下詔褒美贈祕書監天下之人謂之賞不失德矣公敦穆孝友明允篤誠高

居化源濡迹物軌元昆曰陟伯與仲居愛之欲無方視之若不足薄其私而厚其室抑謙巳而讓其名故有靈芝聳蓋嘉木連理時人以爲孝悌之祥而公昆季謙而不以聞維稺弱之契晚年彌篤吾實知之能言者乃爲銘曰 銘亾

裴僕射齊州遺愛碑

夫爲政以德必世而後仁齊人以刑苟免而無恥則刑禁者難久百年安可勝殘德化者効遲三載如何考績刑以助德猛以濟寬期月政成成而不朽者惟公能之公名耀卿字渙之河東聞喜人也益爲帝虞實相帝舜非子其胄

而邑諸裴在漢者爲水衡在魏者守代郡十三代祖徽魏益豫雍兗徐五州刺史蘭陵武公源於大賢派以俊德世濟其美不隕其名矣曾祖正隋散騎常侍長平郡贊理祖眘皇朝洛南南鄭二縣令著族斯茂衣冠未敢爭雄繼世皆賢英彥無出其右故有常侍縣君遞輝迭暎父守眞太常博士判駕部夏官員外今上楚王府諮議參軍邠寧二州刺史贈晉兗沂三州刺史文儒之宗伯禮樂之本源藉業雖曰承家復始由乎種德再典大郡二爲仙郎舉十大夫是則是斆且年不及壽而位未稱德朝多其能歿而獨

贈公則晉州之第三子也語而能文有識便知爲兒則量過黃髮未仕而心在蒼生伯達試經子夋應詔古之人也我不後之八歲神童舉試毛詩尚書論語及第解褐補祕書省校書郎歷睿宗安國相王府典籤東觀載筆班固名香西園賦詠劉楨氣逸轉國子主簿檢校詹事府丞學識宏在儒林風度雅膺儲寀河南府士曹參軍考功員外郎公府屈廊廟之才曹無留事仙郎明黜陟之法野無遺賢右司兵部二郎中長安縣令其在含香一臺推妙以之製錦四海是儀公之斷獄也必原情以定罪不阿意以侮法

是以小失天旨出爲此州刺史公推善於國不稱無罪思利於人志其屈巳戮豪右以懲惡一至無刑旌孝弟以勸善洪惟見德然後務材訓農通商惠工敬教勸學授方任能行之一年郡乃大理襁負而至何憂乎蕩析之人路不拾遺何畏乎穿窬之盜既富之矣汲黯奚取於開倉使無訟乎仲由何施其折獄居無何詔封東嶽關東列郡頗當馳道至於犧牲玉帛資糧屝屨其或不供爲有司所劾因而厚斂非天子之意豐省之度多不得中故二千石有不能受事於宰旅者矣季孫請會視郕滕濤塗恐師出陳鄭

抑爲是也公盡事君之心且曰從人之欲萬斯箱之粟茲乃如京百執事之人於我乎館四封之境亡爲帝庭一郡之賦再粒天下士卒林會馬牛谷量皆投足獲安端拱取給無虞爆溼不畏寇盜草莽之中用能便其體羇紲之外無所勞其力天朝中貴持權用事厚爲之禮則生我羽毛小不如意則成是貝錦公享有常牢覿無私幣冒貨賄者我以爲仇淫芻蕘者吾所能禦至於急宣中旨暴征庶物或命嘉蔬先春當薦錫貢珍果非土所生舉是一隅其徒千計皆曾不旋踵若取諸懷又不知其備預之所以然也

謂餽牢竭矣而家有餘糧謂疲勞甚矣而人有餘力豈非積年之儲用之有度終身之逸使之有時不然班貢藝事輕重以列我視子男之國而倍公侯之征今日之事我爲上也大駕還都分遣中丞蔣欽緒御史劉日政宋珣等巡按皆嘉公之能奏課第一公未受賞朝而歸藩天災流行河水決溢蝗蟲避境雖馬棱之化能然洪水滔天固帝堯之時且爾高岸萃以雲斷平郊豁其地裂噴薄雷吼沖融天迴百姓巢居主客有其家室五稼波殄沼毛荒於畝畎公急人之虞分帝之憂御衣假寐對案輟食不俟駕而星邁不入門而雨行議隄防也至則平板榦具餱糧揆形略趾量功命日而赤岸成谷白濤亘山雖有呂梁之人盡下淇園之竹無能爲也乃有壞防之餘衡波且盡僅在而危同累卵將墜而間不容髮公暴露其上爲人請命風伯屏氣以遷迹陽侯整波而退舍又王尊至誠未足加也然後下畚梮搴長茭土簣雲積金鎚電散公親巡而撫之慰而勉之千夫畢飯始就飲食一人未息不歸遽廬惰者發憤以踐勤懦者自强以齊壯成之不日金隄峩峩下截重泉上可方軌北河迴其竹箭東郡鬱爲桑田先是朝廷除公

宣州刺史公惜九仞之垂成恐眾心之或怠懷絲綸之詔密金玉之音率負薪而益勤親執扑而彌厲既成乃發書示之皆捨畚攀轅廢歌成泣淚洏濟袂澤陰魯郊哀哀號呼不崇朝而達四境噫公之視人也如子人之去公也如父室其升聞於天司我五教公之富人也以簡簡則不擾而人得肆其業非富歟公之愛吏也以嚴嚴則畏威而吏不陷於罪非愛歟是其大旨也至若沛郡謂爲神明淮陽謝其清淨尊經於學校魯風載儒加信於兒童齊人不詐明閒視聽其察姦也無全曉習文法於決事乎何有六義

之製文在於斯五車之書學半於我其爲身計保乎忠貞將爲孫謀貽以清白能軾之貴子弟夷於平人龍門則高賓客不遺下士非禮不動出言有章語曰愷悌君子人之父母其是之謂乎維也不才嘗備官屬公之行事豈不然乎維實知之維能言之況夫婦男女思我遺愛者唫詠成風耆艾人吏願頌清德者道路如市則王褒所講奚斯之頌美政盛德綴詞之士固未嘗闕如也維敢拒之哉頌曰童子何知兮公邁成人大不必佳兮公德日新天生德於公兮遺此下民天子命我兮守茲東郡人調公以謫去兮

不能致訓公曾不私已兮政聲益振惟歲十月兮帝封岱宗千乘萬騎兮行幸山東小郡之賦兮再粒萬邦豐不盈儉不陋兮公之舉也得中河爲不道兮離常流以痛毒不用一牲兮不沈一玉身當中流兮馮夷感而避賢敕陽侯兮使却走夫洪漣板築既具兮薪又屬庶人欣以就役兮高岸崛起於濱谷人降邱宅土兮桑田鬱以載緣行無五馬兮食不載味惠恤鰥寡兮感讋黠吏公之德兮曾無與二人思遺愛兮淚淫淫歲久不衰兮至今性與天道吾不得聞兮誌其小者近者兮已是過人之德音

京兆尹張公德政碑

雲從龍風從虎氣應也聖人作賢人輔德同也君臣同德天地通氣以康九有以遂萬類惟皇御極二十載光格四表至於海隅日出越小大邦蠻貊師長罔不欽於成憲以承天休然天子猶日省三揖一作接列辟日聽萬方輿頌懼人有未化賢有未登故敭仄陋兼乎十等選宗室及乎九族任事以觀林積時以觀行乃得我賢京兆焉夫京兆號爲難理清淨病於不給刀筆拘於守文或以軟弱廢或以賊殺劾把宿負淺爲丈夫用鉤距益非長者我則異於是

大道難名大理無法閉關於任數巧算不能知堅壁於畫一善政不能下摧宿豪如薙草無愠色視大權如歷塊無傲容百司之務一作吏總以奇而得正一作總一德以感服五方之人雜異教而同理受命之始先聲已振黠吏惡少聞風改行及乎鳴騶詣府登堂坐定縣尹掾史以次上謁守正之人其氣高含章之人其詞大見容色而聞號令小人戚而君子泰日者櫟陽男子閭里爲豪借客報仇聚人爲盜或白日手刃或黃塵袖椎政寬則以身先諸偷操急則以事中長吏貳過不已萬計自脫公命吏縛之立死鈴下於是人

入閨室若遇大賓焉前年不登人頗太甚野無遺秉路有委骨天子不忍征於不粒賦於無衣六軍從衛以臨東諸侯息關中也帝曰咨天其降威人罔畏罪台恐寇盜迺邑翊曰蕩析離居惟爾克濟撫茲方夏（一作西土）公拜稽首思塞休命布慈惠之政不以利淫振雷霆之威其或宥過饔人減雙雞之膳圉人省五馬之秣陶不獻脈圬不塓館自身已往振廩同食雖人煙不動道殣相望不思濫以苟生咸守教以就死是不可能也先是王公或專南山之利司農涸昆明之池收赤岸澤將爲田以便官至是悉奏罷之舟

鮫衡麓之守廢蒲荷薪蒸之產入自郊徂邑室有魚飧斬陰伐陽市多山木人得以贍唯涇有防比歲多決近縣疲於力役他山匱於度林公命刳朽壞填巨石辨大木去編菅其始告勞乃終有慶匠石日減功萬藏史日省錢億農始竟耒女始安織於是台背黃髮之老曰我有田疇鍾秉其畞我有子弟頗閑其行鄉黨以睦悍失其獨道路有禮汰無與爭酒先養老賄不問吏既無犬吠亦無姦人臨年餘資幸蒙惠化其曷以臻茲君子曰此天子至公內舉不避親錫汝明尹張公之力也夫公於國爲外戚於帝爲外弟重組累印珥香貂者七葉奉車駙馬乘朱輪者十人勝衣則綺襦紈袴通籍則玉墀青瑣動則兩驂如舞坐則五鼎成列文軒楚製素女趙舞而公儼兮其若客澹兮其無味心在四教語稱七德目視六籍口誦九歌懷君子兮德之忠保詩人錫類之孝悌有過於其被慈有踰於含食惡衣以居公服不敢降也屈體下士王綱不敢替也協二姓之好以正人倫旁無嬖御分一人之憂以審官政下多英傑若夫皇帝敬問之詔御札自書天王命賜之衣上宮所製勞勤則中使接武討議則走馬來朝豈惟眾臣重其經

術爲吏雜以儒雅而已且公之（一有德字）升聞於天非一朝一夕之漸也亦以稱職於累官著聲於所在其丞祕書也闕文遺簡多在大家淡爲子孫之藏密有緘縢之固公不憚權貴或抵或誘盡歸天閣官書備焉其牧郢也人有不若德戮之不爲暴人有不保居撫之不爲諂存者考其事壯其食以畜之行者緝其宮蓺其樹以待之此邦之人既優他邦之人又重（一作至）焉未盈一歲遂增萬戶其守汾也仍歲大旱郡祠介推雖屢舞僊僊而靈應未若公命東組取火伐樹寘薪釃酒而祝曰有功於人祀爲明神無德而祿

禍亦覆餗自絳以來人實祀子純犧大璧不敢愛必以薦
也童男季女不敢黷必以敬也神既靡答人將安仰若亭
午而雨則樹其鷺羽執此翳毛不然者火燎將至燬天鑠
地靈衣且爲煨燼豐屋將爲茂草爾其圖之言未畢而雲
興拜未起而雨降周於闔境不入他郡雖封疆咫尺而彼
竭我盈嘻若記能事載盛德渭川之竹不足簡終南之木
不足軸夫訓人至於禮義曰德安人免於阽危曰功功德
者上賞於上下頌於下長老孜孜願刋於石以予學於舊
史來即我謀且維與人編戶與人爲伍與人出入與人言

語知風俗之淳樊識政化之源本屬詞媿文書事蓋實詞
曰
五代相韓七葉侍漢及我聖朝亦生邦翰大道無形貞蠱
以幹含章不耀在割能斷情僞萬端吾道一貫帝選賢尹
無以易張金印紫綬京兆之良佩我鳴玉冠我兩梁天子
休命拜手以將寬而愛人立滅暴強明明天子哀此南畝
將息西人遂覲東后我教我訓我鎮我守茫茫三秦則罔
餬口守死以義徇生不苟王曰外弟視人不佻何以寵之
手書以詔何以問之賜衣而朝俾人華胥致君帝堯刻石
作頌永世彌昭

魏郡太守河北採訪處置使上黨苗公德政碑

五方殊俗魏風婉而其人餙九土異宜冀田壤而其賦錯
前政有寬猛之異時令有班藝之差非夫酌舊典於可行
啓新圖於必當多方而不失正一貫而或從權曲成便人
大抵厚俗選衆而舉非公而誰公先自吏部侍郎出爲安
康郡太守某載月日詔以公爲魏郡太守河北道採訪處
置使公諱晉卿字元輔潞州壺關人也其出處本末奕世
冠冕國史家牒詳焉凡邦伯到官詔使按部或閉閤思政

或下車作威或劾吏爲明或移書示禁公異於是可略而
言公素號賢一作鮮明積有治行宿訟不決之務餘地割分
疑獄自誣之枉容光立照故陋其思政也安全長吏不逐
老丞成就諸生先教小吏道德齊禮有恥且格故鄙其作
威也謝亭長之問勞野次之賢吏悉謂爲神明人不隱其
毫髮故無事劾吏也列郡共職清節銷其過求諸曹報簿
直筆破其污詆故不待移書也山東古之七雄河北有其
四國地方數千里人蓋億萬計獻子三歎之饋滋無舊德
平原十日之飲顧有遺風朱亥袖椎豪雄扼腕曹王拂局

輕薄爲心奢泰擬都護之堂遲緩學邯鄲之步公抑末計一作技而敦本斥浮食以歸業督課八政擇良吏以遺行講求六籍置學官於便坐於是橫經左塾力穡先疇盡業農桑大興庠序家知禮義吏式段子之廬戶有京坻增修史起之廟叢臺歌舞成市鄴郡帝王舊都袪服靚妝挾筑跕屣淇上留客河間數錢公課其組紝之庸開其婚嫁之節冶容絕四方之袖織室致五匹之工刑於上官訓及處子鄭聲衛樂共棄師襄趙帶燕裾思齊漆室漁陽騎客奏報本朝鯁海樓船連漕絕域郊迎館給不敢淫其芻蕘水路

陸衝盡若安於枕席某載月日詔賜紫袍玉帶金魚袋衣若干副方伯十聯賴其澄清之鑾天子七命賜以安吉之衣緹油屏車璽書增秩未是過也勝殘之化既成觀俗之風允穆優游無事學宦思歸況乎父母之邦近在嬰兒之國表請拜掃有詔許焉預約守宰幸無偵候至郡則投刺上謁至邑則舍車而徒展禮先塋椎心泣血迴趨長老稽顙緒言宗人族姻姑黨姪行覿以重幣筐篚徧於里閭享有加牢牛酒溢於衢陌朱軒駟馬耀於衡門紫綬雙龜出入編戶蘇公佩印始歸鄉里盡歡疏傳散金不與子孫爲計迨乎將去仍以餘資一里置社備養生送死之具一鄉置校開說禮敦詩之本相如衣錦且飛大漢檄書買臣懷綬不德長安廢吏故使巴蜀太守負弩前驅會稽守丞引章下拜此蓋恨不禮於他日思釋憾於故鄉是輕桑梓之人適騁斗筲之志豈若公自心而至率禮無違來悅去思推才降體平陽傳舍不許望塵山陰吏卒詎聞治道富貴還鄉榮之至也揚名顯親孝之終也凡百君子無一至焉公當九伯之官兼八使之任滚總之體不求於無虞闕六字於草竊政成德舉風動神行頃有勳臣旁典屬郡曩者風

雲際會攀附騰驤貪天之功以爲己力謂國不忘尚嘉迺勳宋父宣驕條侯倨貴當關常從橫恣不法帷帳狗馬僭侈踰制公劾之則重傷國恩置之則大廢邦典於是喻以禍福告之話言昔有不愛趙城將蹈滄海既尊漢室願遂赤松功成不居道家所韙至於析珪分組跨壤連州懷四術而自疑見九重而失望或冤家上變司敗受辭朝享膏粱寧知獄吏暮成葅醢遍賜諸侯難恃白馬之盟徒思黃犬之樂雕牆峻宇萬乘猶憚十訾紫衣狐裘一朝而數三罪雖嫌絳灌等列不逾梁楚爲墟於是翕肩振驚折節受

教杜門謝絕賓客終身不紊紀綱以寛服人實在有德厥有挾左道飛訛言南國青珠之符東海赤刀之術分風送客割水飲人僞辨而納之於邪善誘而濟之以惡戶外多保汝之屨恐爲亂階門前無長者之車知其惑衆公奉誅首惡悉宥面從不蔽要囚惟良折獄議事以制不徵於書副至仁之納隍用輕典於平國刑期不濫人乃大安奏課計功天下小察責吏以實則舉其不矜欲人自新則貰其宿負官以德舉政以禮成至於賞善勸能正源端本齊風變魯蓋以悉禮名儒晉盜奔秦豈俟多誅惡少納貢獻賦

則惟恐居後酬庸命賞則義不敢先布以聖恩奉宣明主之詔問其理狀對用議曹之言邦家之光其斯謂矣年若干秀才擢第應制舉第若干等授某官歷某官若夫明眸白皙玉潤珠耀美秀備於儀形風流發於言笑行之方也留如守司智之圓也速若發括量包羣有思入無間壞壁古文曲臺遺禮淮王九師之易漢氏三家之詩傳癖書淫鷹揚學府比文園入室之武同丞相登科之策奏甚平讞詩窮綺靡研燔紙貴虎視詞林嘗奉和聖製雨中春望詩云雨後山川光正發雲端花柳意無窮又奉和行幸詩云接仗風雲動迎軍鳥獸舞時人以爲鮑參軍謝吏部爲吏生云某年月日詔除公河東太守兼採訪使官吏百姓等或守闕乞留或遮道更借淚增時雨思結仁風親愛之深諱名而號爲父歌詠不足取姓以命其兒公旣去官多歷年所人思愈甚共立生祠異邑居而瓦合無契約而響至恐不預於聚財懼不任乎輸力棠樹勿翦何如審像圖形桐鄉置祠豈比耳聞身及以此觀德何德之深仍建豐碑立於祠宇匍匐千里前後百輩求綴詞之客爲頌德之文維也竊比老農不知舊史衆心所至難抑與於輿人予病

未能不獲已於求我乃爲頌曰

禹別九州漢分八使實惟方伯且曰連帥建節乘軺觀風察吏山東河北全趙大魏授方任能惟名與器蓋非其才孰享斯位天子命我導揚皇風敬教勸學通商惠工法去太甚政貴得中守丞老病小吏童蒙督郵不遂博士成功遂安賢者大啓儒宮四國之餘一都之會平原舊俗信陵遺態博塞以遊椎埋爲害叢臺淇水燕裾趙帶淳化旁屬貞風儆載劈績卷綃橫經秉耒清節峻邈碩量宏深投書置水酹酒捐金樹德滋蔓持刑不淫訛言免坐倨貴懷音

繐衣罷斧墨綬停琴旣此時雨當聞作霖申哀松柏展敬桑梓伏謁公門徒行故里椎心馬鬣啓顙鯢齒身紆紫綬禮及童稚帝賜黃金盡於筐篚社養宗人學招邑子能事具舉令問允穆璽書改印緹油轉轂壁挂胡床舍留官犢人吏老幼涕泗號哭頌德豐碑圖形華屋閱實數美移晷更僕

欽定全唐文卷三百二十七

王維 四

大薦福寺大德道光禪師塔銘

禪師諱道光本姓李緜州巴西人其先有特有流若實有蜀蓋子孫爲民大父懷節隱峨嵋山行無轍迹其季父榮爲道士有文知名禪師幼孤在諸兒其神獨不偶家頗苦乏絕元詣鄉校見周孔書曰世教耳誓苦行求佛道入山林割肉施鳥獸鍊指燒臂入般舟道場百日晝夜經行遇五臺寶鑑禪師曰吾周行天下未有如爾可教遂密授頓教得解脫知見舍空不域即動無眹不觀攝見順有離覺毛端族舉佛剎掌上斷置世界不覩非咎應度方知得其門者寡故道俗之傾而息化城指盡謂窮性海而已（上有闕文）焉足知恆沙德用法界眞有哉春秋五十二凡三十二夏以大唐開元二十七年五月二十三日入般涅槃於薦福僧坊門人明空等建塔於長安城南畢原人天會葬涕泗如雨禪師之不可得法如此其世行遺教如一切賢聖維十年座下俯伏受教欲以毫末度量虛空無有是處誌其舍利所在而已銘曰

嗚呼人天尊全身舍利在畢原

六祖能禪師碑銘

無有可捨是達有源無空可住是知空本離寂非動乘化用常在百法而無得周萬物而不殆鼓枻海師不知菩提之行散花天女能變聲聞之身則知法本不生因心起見見無可取法則常如世之至人有證於此得無漏不盡漏度有爲非無爲者其惟我曹溪禪師乎禪師俗姓盧氏某郡某縣人也名是虛假不生族姓之家法無中邊不居華夏之地善習表於兒戲利根發於童心不私其身臭味於

耕桑之侶苟適其道羶行於蠻貊之鄉年若干事黃梅忍大師願竭其力卽安於井臼素刳其心獲悟於稊稗每大師登座學衆盈庭中有三乘之根共聽一音之法禪師默然受教曾不起予退省其私迴超無我其有猶懷渴鹿之想尚求飛鳥之跡香飯未消弊衣仍覆皆曰升堂入室測海窺天謂得黃帝之珠堪受法王之印大師心知獨得謙而不鳴天何言哉聖與仁豈敢子曰賜也吾與汝弗如臨終遂密授以祖師袈裟而謂之曰物忌獨賢人惡出已吾且死矣汝其行乎禪師遂懷寶迷邦銷聲異域衆生爲淨

土雜居止於編人世事是度門混農商於勞侶如此積十六載南海有印宗法師講涅槃經禪師聽於座下因問大義質以眞乘旣不能酬翻從請益乃歎曰化身菩薩在此色身肉眼凡夫願開慧眼遂領其徒一作屬盡詣禪居奉爲挂衣親自削髮於是大興法雨普灑客塵乃教人以忍曰忍者無生方得無我始成於初發心以爲教首至於定無所入慧無所依大身過於十方本覺超於三世根塵不滅非色滅空行願無成卽凡成聖舉足下足長在道場是心是情同歸性海商人告倦自息化城窮子無疑直開寶藏

其有不植德本難入頓門妄繫空花之狂曾非慧日之咎常歎曰七寶布施等恆河沙億劫修行盡大地墨不如無爲之運無礙之慈宏濟四生大庇三有旣而道德遍覆名聲普聞泉館卉服之人去聖歷劫塗身穿耳之國航海窮年皆願拭目於龍象之姿忘身於鯨鯢之口駢立於戶外趺坐於牀前林是栴檀更無雜樹花惟薝蔔不嗅餘香皆以實歸多離安執九重延想萬里馳誠思布髮以奉迎願乂手而作禮則天太后孝和皇帝並敕書勸諭徵赴京城禪師子牟之心敢忘鳳闕遠公之足不過虎溪固以此辭

竟不奉詔遂送百衲袈裟及錢帛等供養天王厚禮獻玉衣於幻人女后宿因施金錢於化佛尚德貴物異代同符至某載月日忽謂門人曰吾將行矣俄而異香滿室白虹屬地飯食訖而敷坐沐浴畢而更衣彈指不留水流燈焰金身永謝薪盡火滅山崩川竭鳥哭猿啼諸人唱言人無眼目列郡慟哭世且空虛某月日遷神於曹溪安座於某所擇吉祥之地不待青烏變功德之林皆成白鶴嗚呼大師至性淳一天姿貞素百福成相衆妙會心經行宴息皆在正受譚笑語言曾無戲論故能五天重跡百越稽首修

虵雄虺毒螯之氣銷跳殳彎弓猜悍之風變畋漁悉罷蠱酖知非多絶羶腥效桑門之食悉棄罟網襲稻田之衣永惟浮圖之法實助皇王之化弟子曰神會遇師於晚景聞道於中年廣量出於凡心利智踰於宿學雖末後供樂最上乘先師所明有類獻珠之願一作顧世人未識猶多抱玉之悲謂余知道以頌見託偈曰

五蘊本空六塵非有衆生倒計不知正受蓮花承足楊枝生肘苟離身心孰爲休咎其一至人達觀與佛齊功無心捨有何處依空不著三界徒勞八風以茲利智遂與宗通其二愍彼偏方不聞正法俯同惡類將興善業教忍斷嗔修慈捨獵世界一花祖宗六葉其三大開寶藏明示衣珠本源常在妄轍遂殊過動不動離俱不俱吾道如是道豈在吾其四道遍四生常依六趣有漏聖智無義章句六十二種一百八喻悉無所得應如是住其五

大唐大安國寺故大德淨覺師塔銘

光宅眞空心王之四履建功無畢法將之萬勝故大塊羣籟無弦出法化之聲恆沙衆形闕二字爲寶嚴之色至如六師兆亂四諦徂征開甘露狹小之門出臭烟朽故之宅踞

寶牀而搖白拂徐誘草菴沃金瓶而繫素繒遂登蓮座足使天口雄辯刮語燒書河目大儒捨仁擊義斯爲究竟孰不歸依禪師法名淨覺俗姓韋氏孝和皇帝庶人之弟也中宗之時後宮用事女謁寖盛主柄潛移戚里之親同分珪組屬籍之外亦綰銀黃況乎天倫將議封拜促上方令鑄印命尚書使備策詰朝而五土開國信宿而駟馬朝天禪師歎曰昔我大師尚以菩提釋位今我小子欲以恩澤爲倖仁遠乎哉行之卽是裂裳裹足以宵遁乞食餬口以兼行入太行山削髮受具尋某禪師故蘭若居焉猛虎舐

足毒蛇熏體山神獻果天女散花澹爾宴安曾無喜懼先有洄泉枯柏至是布葉跳波東魏神泉應焚香而忽湧北天衆果候飛錫而還生禪枝必復之徵法水再興之象聞東京有頤大師乃脫履戶前摳衣座下天資義性半字敵於多聞宿植聖胎一瞬超於累劫九次第定乘風雲而不留三解脫門揭日月而常照雪山童子不顧芭蕉之身雲地比邱欲成甘蔗之種大師委運遂廣化緣海澄而龍額珠明雷震而象牙花發外家公主長跪獻衣薦紳先生却行擁篲乞言於無說請益於又損天池杯水遍含秋月之

輝草葉樹根皆霑宿雨之潤不窺世典門人與宣父中分不受人爵廩食與封君相比至於律儀細行周密護持經典溪宗毫釐剖析窮其二翼即入佛乘趣得一毛亦成僧寶於是同凡現疾處順將終忽謂衆人有疑皆問我於是夜當入無餘開口萬言音和水鳥踊身七樹光映天人如甏出行泯然趺坐以某載月日歸大寂滅某月日遷神於少陵原赤谷蘭若香油細氎用以荼毗合璧連珠爲之葬具城門至於谷口幡蓋相連法侶之與都人縞素相半叩膺拔髮灑水坌塵升堂入室之徒數踰七十破山澍海之哭聲振三千則有僧某乙尼某乙故惠莊某氏某郡主賢者某乙等各在衆中共爲上首或行如白雪或名亞紅蓮或爲勝鬘夫人或稱毗邪居士二空法外何處進求七覺分中誰當決擇猶衣舍利冀獲菩提身塔不出虎溪淚碑有同羊峴表心成相相非離於眞如敘德以言言豈著於文字乃爲銘曰

小三千界後五百年空乘玉牒莫覩金仙無量義處如來之禪皆同目論誰契心傳其一弟在人間姊歸鳳闕去日留訓別時翦髮累賜金錢將加印紱忽爾宵遁終然兩絕其二

救頭學道裏足尋師一花寶樹八水香池戒生忍草定長禪枝不疑少父更似嬰兒其三既立勝幡併摧邪網利眼金翅圓身寶掌巧攝死龍能調老象魔種敗壞聖胎長養其四四生滅度五陰虛空無說無意非異非同此身何處彼岸成功當觀水月莫怨松風其五

大唐吳興郡別駕前荊州大都督府長史山南東道採訪使京兆尹韓公墓誌銘

嗚呼謂天未喪斯文宣尼去魯而無祿謂天果輔有德樂毅去燕而不歸夫子處順而終穆伯猶毀以請飾棺置境

返葬於周公諱朝宗字某本出昌黎今爲京兆人也其先或元衮赤舄介圭覲王朱纓綠縢執訊擒敵周末諸侯相王始啟宜陽漢初功臣定封亦荒岱郡曾祖諱倫左衛率賜爵長山縣男祖某隱居不仕父諱思復御史大夫太子賓客進封長山縣伯遯世者名高善卷黜婁事君者位至倪寬卜式公卽長山府君之長子也神言有公侯之徵兒戲陳俎豆之法學成孫叔狀類皋繇年若干應文以經國舉甲科試右拾遺天祿校文獻子雲之賦馬生驟諫稱公高之官拜監察御史兵部員外郎埋輪憲府奏記劾大將

軍賜筆禮闈董戎從小司馬轉度支郎中除給事中度錢穀之盈虛以均九賦執制詔之可否以辨五書置王令於水源豐國財於天府尋知吏部選事興廢繼絕不過前人之光選賢授能必當庶尹之任旌平淑慝御以清通除許州刺史荊州大都督府長史山南採訪使坐南陽令貶洪州都督遷蒲州刺史所履之官政皆尤異黜陟使奏課第一徵爲京兆尹外家公主敢縱蒼頭盧兒黠吏惡少自擒赭衣偷長恥用鉤距得情好以春秋輔義奏事盡成律令爲吏飾以文儒上悅其醇方委以政頃坐營谷口别業貶高平太守又坐長安令有罪貶吳興郡别駕諸葛田園未啟明主華陰傾巧卒敗名儒天寶九載六月二十一日寢疾薨於官舍享年六十有五暨國家推五運之紀接千歲之統開釋天地與之更始宥萬方之未昭蘇叙百官之喪職秩苟有位者咸得與焉而公冥然不及見也虛蒙大賚重以爲哀夫人河東柳氏父某某官言妃齊侯實惟宋子人傳夫人之禮家有大家之書以開元五年六月五日先公而卒至是以天寶十載十月二十四日合祔陪於藍田白鹿原長山公先塋禮也長子曰某官居憂而卒次子某

前殿中侍御史貶晉陵郡司戶次子某等倚廬野次方衔枕凷之哀輿櫬歸來尚抱長沙之痛公子之輸力王室公之紀勳太常言於國竭情無私理於家陳信無愧降年不永非命而何誌則有由或題季子之墓宅不改卜素有滕公之銘銘曰

帝周發之苗裔兮受介圭以建侯中裂土以分晉兮又王韓以（闕二字）紛吾既有此內美兮（闕一字）忠信以爲乘登麒麟兮剸白虎冠獬豸兮奮蒼鷹朝含香兮禮闈夕青瑣兮黃扉方天公兮密啟建出牧兮高麾俄入守兮京兆賜黃金

兮披皁衣捐余佩兮江中隱思君兮不可窮歌泰山兮不返萋濟洹兮遂空素車兮逶遲宛鄉關兮故時望國門兮不入到泰山兮不知贍舊域兮松楸平原夕兮素滻愁魂兮歸來江南不可以久留

故任城縣尉裴府君墓誌銘

天寶二年正月十二日唐故魯郡任城縣尉河東裴府君卒於西京新昌坊私第享年三十九嗚呼哀哉君諱回字玉溫河東聞喜人也曾祖宏泰皇雍州錄事參軍贈上黨長史祖思義皇侍御史吏部員外左司郎中戶部吏部侍

郎河東郡太守晉城縣開國子父歙珍皇薛王府騎曹參軍自晉已降世爲冠族令德不替以至於君夫其事親孝兄弟順與朋友信其從政公平而壽不中年官才一命慈母在堂諸弟未仕兒未有識女且嬰孩妻夭於前身歿於後天可問邪其若老親何其若季仲諸孤何生人之悲莫甚於是家貧祭以棗脯殮以時服以某月日祔葬於鳳棲原先府君之塋嗚呼有河東裴子之墓誌之蓋古有之繼後之知者亦何有哉銘曰

一死萬紀終天不復爲之柰何哀哀慟哭覆載至廣庶類繁育萬物方春而就於木

工部楊尚書夫人贈太原郡夫人京兆王氏墓誌銘

夫人諱某京兆霸城人也晉出三家公子尊於魏國秦亡六國時人謂之王家河南則分虎臨人華陰則老熊當道高祖德眞皇左僕射祖九思京兆府三原縣令父濬河南府告成縣令大名之後重光不替夫人令儀淑德發於天姿閑禮明詩傳於世業言成女誡可著於縑緗行爲女師詎資於麻枲豈止彈琴吐論誦賦吟詩而已及乎有行嬪

於君子事姑至孝旁穆六姻爲母溪慈均養七子男以無雙令德降帝子於鳳樓女則第一解空歸法王之象教閨門之訓朝野稱多旣而家列公侯地連妃主珠翠滿座不御釆衣方丈盈前惟甘素食同德大師大照和尚覩如來之奥昭羣有之源夫人一入空門便蒙法印朱簾紺幰無復餘乘龍藏寶經悉通至義惠用圓滿誠力堅嚴藥藉茹葷雖愈疾而不受心已久淨縱沒齒而常安以某年月日奄歸大寂於長興里之私第厥初寢疾彌曠旬時駙馬上人柴毀骨立揮淚嘗藥身不解衣泣血持經手不釋卷晝

夜懺悔非止六時身命供養寧唯七寶御醫繼踵中使重
跡魂兮不反空焚外國之香生也有涯非無上天之樂某
月日有詔追贈太原郡夫人襄城石窌增寵其榮名翟茀
魚軒空悲於象設以某月日安厝於某原禮也功德之至
散花天女不留釋梵之筵勝鬘夫人何在嗚呼哀哉乃爲
銘曰
天生淑德實俾宜家特能柔順讓棄驕奢詎離環佩不御
其華其一婦道允諧母儀具美每出誡夫停餐訓子賦掩西
征書教內史其二門容高幰庭列長筵男乘翠鳳女比紅蓮
繁華貴里寂寞安禪其三下闕

唐故潞州刺史王府君夫人滎國夫人墓誌銘
夫人姓盧氏范陽人也昔堯命伯夷典秩宗號太常爲尚
父疑桓裏之際公子食盧卯金故人王於大國越石從事
官至郎中曾祖士會世系表作士繪隋行臺侍御史祖某皇朝奉
禮郎父某濠淄邛等三州刺史持斧衣繡威加不法蕢玉
瘞帛舉無違禮守臨淄而齊兒不訴去臨邛而蜀物盡留
夫人即府君之長女積累世之德鍾二門之美儀表秀整
進止詳閒不咨保傅動由詩禮既以士一作七族冠時遂歸
齊大之偶入持門戶內事舅姑枕席溫凊於堂上環珮逶
迤於堂下不脫簪珥親當澣濯元纁可實於筐篚粢盛可
獻於宗廟魚軒或駕翟茀而朝衆婦於是修容夫人專之
以禮克贊君子累至大官雅政清德實多左右潞州早世
淡秉義方母儀可則庭訓不替女史之學多讚大家之書
衆婦之儀盡稟夫人之法天與盛德不降永年以某月日
寢疾薨於長安善和里享年若干以某月日合祔某山原
禮也子某某官淳孝之性泣血待盡永惟令德固不可泯
彰示後人乃刊於石銘曰

有姜之後或邑於盧歷代種德示有稱孤從事文府振轡
長途其一憲府持法奉常秉禮皇考專城腰章郡邸厚德重
跡重仁繼體其二降生哲人其行惟惇儀型衆庶門冠諸姻
齊姜宋子敢望清塵其三君子之貳實聞高義乃躬澣濯先
晨簪珥穆及外親敬是中饋其四母儀既峻庭訓載揚子以
才貴煌煌寵章馳暉難駐令聞空長其五壽宮既啟高堂永
寂千秋萬古山川松柏紀德誌行維茲貞石其六
汧陽郡太守王公夫人安喜縣君成氏墓誌銘
夫人字某某郡人也其先周成王之後古之錫姓命氏或

以先父之職官或因始祖之名謚漢魏以降史牒詳焉曾祖休寧某官祖某某官襲封常山公貳公執帛調護儲闈九伯剖符典司方岳父某某官漢雄右輔實拜翁歸周命僕臣惟茲伯冏夫人卽太僕府君之第二女也世有明訓家無遺德蕙心紈質豈曰師成螓首蛾眉抑惟天與同雲降雪常聞柳絮之詩獻歲發春卽賦椒花之頌言事姑舅宜其家室寢門繞闕笄六珈而問安擊鍾未睎具八籩而獻饋染朱與綠不愆公子之衣采藻及蘋有甚季姜之祭魚軒翟茀爲諸侯之夫人鳴珮垂環對有國之君子綺疏

寓目助選賢人青帳藩身用酬高論善持門戶能睦族姻誠良人之從畋不嘗原獸訓愛子之爲政遂返池魚言成大家之書行爲眾婦之法至於彈琴製賦纂組攻書具舉百事之能仍居四德之外嗚呼降年不永春秋五十以某載月日薨於長安平康里之私第某月日祔於咸陽洪瀆原之先塋禮也不獲偕老空傷奉倩之神未始有生誰達莊周之理長子濡前某官次子澄某官次曰某某官及女等漣漣泣血煢煢在疚哀纏聖善痛七子之無依文敘塞淵冀九原之可識乃爲銘曰

齊侯之子兮衛侯之妻膚如凝脂兮手如柔荑奉初之嘉訓兮淑德日躋供養兮姑舅奪珥問安兮先夜漏製三緵兮元纁具五獻兮籩豆翟茀兮錦衣駕魚軒兮來歸從如雲兮滿中闈忽形沈兮影絕夫傷神兮子泣血悲餘澤兮猶在怨迴文兮未滅返葬兮咸陽寒天暮兮渭水長嗟梧桐兮半死無雙飛兮鳳凰

爲崔常侍祭牙門姜將軍文

維大唐開元二十五年歲次丁丑十一月辛未朔四日甲戌左散騎常侍河西節度副大使攝御史中丞崔公致祭

於故姜公之靈嗚呼天子命我建旗西門帶甲十萬鐵騎雲屯橫挑强胡飲馬河源嗟爾勇健表爲牙門牙門伊何全齊大族四方有事誓死鳴轂前有血刃後有飛鏃其氣益振大呼馳逐翩翩白馬象弧雕服戈舂其喉矢注其目嗚呼天下無事今上好文爾有餘勇莫敢邀勳腰鞬白首蹉跎塞雲死於裨將誰統前軍家本秦人靈車東騖長天積雪邊城欲暮麾下行哭前旌抗路身有寶劍不佩而去轅有代馬悲鳴踞顧嗚呼我誠軍吏令送爾歸旣素我服亦朱其衣黠虜未滅壯士長辭牢禮以祭太息歔欷尚饗

為羽林軍祭武大將軍文

維年月日將軍某等謹以清酌少牢之奠祭於故大將軍武公之靈嗚呼武公命代出羣氣葢朔方勇冠六軍生長下國聲聞上天天子壯之命居北門北門伊何國之重寄羽林孤兒旄頭突騎罔不畢歡為之元帥帝在紫微與君為衞身恆披堅手不捨銳出乘天駟入並東第同官為寮出入五世顧我軍旅凜然遺風一日之長萬夫之雄身雖有極德不可窮嗚呼門館蒼黃風景淒涼櫪馬悲鳴角弓不張弔客接武哭聲滿堂嗚呼凡人有喪匍匐斯救況我

武公屨及其霤盟而撫之含玉當受敢不嗣事如公之舊

為人祭李舍人文

年月日某以茶藥之奠祭於故舍人李公之靈嗚呼見人多矣未有如子生於德門長於貴里名高江夏之童貌奪河陽之美行比顏曾才兼文史含恣輕肥抑偃紈綺惡如涕唾棄如塵滓比布衣以同年甘蔬食而沒齒嗚呼溪入度門高居道源獨一靜處寂默無言待草誠之真性歸化光之法尊曠無淨染頓離塵根豈期昨日分首別離未久萬法皆空一生何有無餘涅槃應無所受無漏智慧斯為

不朽予以凡情哀哀其後世相謂然道心斯醜敢不從俗子其無咎

為兵部祭庫部王郎中文

惟公宏量碩德抱義戴仁早離我見常守吾真朝稱端士世謂淳人夏官之職惟賢是寄既節五官兼選騎士宿衞扞城必由茲地速應為敏平分是貴決遣先馳曹無留事嗚呼積善無慶寢疾彌留唐肆求馬夜壑藏舟湲悟幻境獨與道遊死而不忘魂兮若休嗚呼某等何幸得備官屬泰然若春溫兮如玉去德何永事生何促五情如喪百身

不贖敬獻醴牢哀哀慟哭尚饗

為人祭某官文

惟公宏量碩德寡言敏行直而能婉和而不競關儒墨為鋒鍔在顏冉之季孟白雲刑官繡衣使者時無寃人路多避馬既踐文昌來司武庫冀翟車之高足為鳳池之先路豈期位薄德崇才遠途窮拜命之時初一朝於北闕移疾於外不再入於南宮嗚呼哀輓悲笳寒天疎木宅不卜地祔於故塋家無餘財歛以時服弟難會葬兒未及哭其營護而奠遺惟甥姪與姻族某嘗同官實喜良友仰德彌高

立言不朽居常接膝未忍分手況永訣兮無期向空筵而醴酒尚饗

爲人祭兵部房郎中文

維載月日朔某官某乙謹以酒脯之奠敬祭於故兵部郎中房公之靈嗚呼君子之才周而不器苟求行道未嘗私身沈靜好謀話言必雅往歲穀貴闕輔阻饑眷命自天發廩以賑中朝乏使屬之鄙夫不敢自賢請子爲介匹夫婺婦黃口之孫鍾釜之施罔不畢當舉無棄粒野有頌聲國家厭兵革苦徵戍大去浮食以靖國人單車諭旨萬里窮

磧西度赤坂館於烏孫形勞者病神勞則夭棄成功於末路未復命而言謝死不廢命忠也尸而加紳寵也我盟而撫子瞑受含求仁得仁其誰不死玉關之下素車倭遲愁雲晝聚白雪春下絳旐從風車徒行哭至上京而不駐將返葬於關東河活活而東注天慘慘而悲風道路猶長子實途窮人世如舊子實成空我有旨酒以歆以餞想像明德歔欷出涕尚饗

爲楊郎中祭李員外文

維載月日朔行尚書司勳郎中賜緋魚袋楊元琫等謹以清酌少牢之奠敬祭於故左司員外郎李公之靈嗚呼大樸難名大辯若訥泊兮無兆汎然隨物直而好學敏以從事行隱於寡言文成於沈醉澡身浴德惟仁與義讀書甚解作賦彌工麗詞秀務（疑）奧義元通記言西掖起草南宮第五將姪伏波事嫂食先與甘衣必讓好口嘗其糲身席於槀結友一言同官一日殉我朋友忘其身恤豈惟攜手亦將加膝明明天子惟賢是思恨馮唐之巳老喜相如之同時罷刊書於虎觀將載筆於鳳池嗚呼病時七啟卧內一訣痛乾坤而忽窮嗟古今而長絕永言北首返葬東周

何夫子之適去同眾人之若休歷千門而行哭動九陌而增愁馬悲鳴而筎咽雲寡色而風秋元琫等或結髮舊遊比肩同列悲鹺歌之首路哀柳車之就轜嗟無見而空來痛不知而成列嗚呼哀哉尚饗

爲王常侍祭沙陁鄴國夫人文

維年月日朔河西節度使左散騎常侍王公遣總管石抱玉以酒牢之奠致祭於故沙陁鄴國夫人之靈嗚呼惟此淑德降於異域至性不師天姿靡飾禮容詎假於環珮工藝非因於紝織行闔訓於穹廬成母儀於蕃國懿此清範

夫人之則沙陁令門外家之力嗚呼夫人歸命于戈遂寢子孫扞城國家高枕居之右地華其左衽散辮垂髮解袤衣錦嗚呼降年不永遠日方臨寂矣高堂飲珠含玉哀哉貴女刃面摧心嗚呼聖朝命我護此諸蕃夫人所出天子加恩能守漢制不效夷言馬無北首車必南轅敎義所及忠信彌敦實嘉內訓用潔斯樽尚饗

欽定全唐文卷三百二十八

崔翹

翹清河武城人官禮部尚書東都留守

上元宗尊號表

臣聞上元成命錫禎符以應期聖皇乘時受神筴於興運是以啟殊祥於景福崇大號於至公伏惟陛下纘重元之耿光嗣五聖之丕緒大德侔於天地至化貫於陰陽感元道之尊運百辟之議三冒闕下累陳鴻名陛下猶以固讓爲心不以至公爲意臣等請以符瑞重敘明之日者五星

如連珠兩曜如合璧卿雲蔚膏露凝天之貺也瑤英產於金爬元記開於玉洞神光見眞誥傳地之祥也固知天地以鴻休報陛下陛下以至德通乾元允玄合符克配徽號伏奉乙卯詔書曰志存要妙理却虛名臣又聞之天不讓高地不辭大五帝法之而成象三王參之而比德先天地者道也聖祖已著於强名合天地者聖也陛下允膺於明稱式彰妙用豈曰虛名況禎祥感通旣著於彼靈應參會又符於此是以封章再獻而雲日重光徽號三陳而烟霄降澤天人交感影響必臻若然者陛下安得闕三才之大

端拱萬姓之勤願違祖宗之睠命曠天地之符文臣等固陋猶知不可況眞宗示慶祕簡呈文秉王氣於玉行擁神休於寶運伏願光臨大寶允答洪休嘗垂覆載之仁永保延長之歷天下幸甚

請封西嶽紀榮號表

自今辛亥至於癸丑累表誠祈請紀榮號聖心恭默冲讓再三臣等伏讀綸言退增祇慄敢重瀝愚懇期諸必遂臣聞聖人之言與春秋而同信上天之宰將影響而合符昭報不可以久稽成命不可以固拒今靈山聳躍望玉鑾之

升中儒林展儀思金匱之盛禮發祥備祉喻以封山人事天時不可失也伏惟開元天地大寶聖文神武應道皇帝陛下祖武宗文重熙累洽霑風化而砥礪在動植而昭蘇外戶不扃餘糧棲畝其神功至道廣瑞殊祥前表縷陳安敢浮說夫修德以俟命勒功以告成將欲竭款神祇雍熙帝載未爲過越也伏惟覽公卿之儀考封禪之禮陟華蓋於翠微轉鉤陳於雲路泥金於菡萏之上刻玉於明星之前使三五六經復再聞於唐典七十二姓不獨紀於夷吾敷景福以浸黎元錫大慶而後天地蒼生之望也朝廷之幸也無任誠懇悃款之至謹詣朝堂奉表陳請以聞

請封西嶽表

臣翹等伏稽古訓上請增封再奉明旨未蒙允諾臣等承詔惶駭失圖臣聞省方展義君人之大典登封告成王者之丕業是以古先哲后道洽則封所以答神祇之功增兆庶之福無私於己故行之者不思必順於天故言之者難奪敢昧萬責竭誠終請伏惟開元天地大寶聖文神武應道皇帝陛下紹文武之丕烈合君臣於昌運均雨露和陰陽四海無波而靜默羣生自樂而仁壽繇是德懷蠻貊澤

洎昆蟲宗廟祀典罔不祗肅要荒殊俗亦莫不庭自皇王已來載籍所記未有混區宇窮貞祥地平天成德茂道洽若今日之盛者與固可告太平之功展封崇之禮故臣與王公侯伯黎老緇黃累陳白奏備竭丹懇豈謂聖恩猶阻皇鑒未迴伏奉癸丑詔書曰輕修大典所不願爲臣等戰慄匪遑寧處實以陛下功成道洽理實升中且夫龜龍咸格天意也夷夏大同人事也時和年豐太平也無爲清淨至理也允應大典豈謂輕修乎奉若靈命安可不爲乎臣等敢冒宸極重明其義竊以西嶽華山實鎮京國皇虞之

所循省靈仙之所依憑固可封也況金方正位合陛下本命之符白帝臨壇告陛下長生之籙發祥作聖抑有明徵又可封也昔周成王以翦桐爲戲唐叔因是而定封蓋人君之言動有成憲斯事至細猶不忽也況陛下眷言封祀宿著神明道已洽於昇平事未符於琬琰豈可抑至公於私讓棄誠信於神明乎固不可得而辭也日者封章累奏嘉應必臻一獻而甘雨流再陳而瑞雪降則知人天之意影響合符若然者陛下安得稽天命以固辭違人事以久讓太平不告其若休祥何至理不答其若神祇何伏願仰

答天心允祇靈貺上以揚祖宗之盛烈下以副億兆之懇誠克崇上報永光大典臣等幸甚

對家僮視天判

甲於庭中作小樓令家僮更直於上視天乙告違法甲云專心候業不伏

易不云乎仰觀時變詩有之矣上列昭回國家蓋轉銅渾灰飛玉律曙光侵而鼓應暝色下而鐘鳴月穆穆而增波烟蔟蔟而不散苟非其局必寘刑名甲令家僮心謀窺管至如長雲氣色京房有隱士之占德星夜聚太史有賢人之奏儻泛言古事自合張裕之流如私習天文請寘呂刑之訓必也業傳弓冶名隸保章寧失不經豈濫無罪待窮由緒方正科條

對伏日出何典憲判

廣漢等四郡俗並不以庚日爲伏或問其故云地氣溫暑草木早生異於中土常自擇伏日既乖恆經出何典憲

廣漢之郡實惟沃壤江波濯錦斜分白馬之津山嶂吐雲近對黃牛之峽皇明撫運文軌大同自北徂南東被西漸

徒以溼盈異等風候殊宜草木偏早於陽春金火不取於今日炎蒸郁毓未見行車毒霧氛氳唯看墜鳥論其恆式違帝者之金科語以憲章符漢王之故事是非之理其在茲乎

對縣令不修橋判

長安萬年縣坐去歲霖雨不修城內橋被推按訴云各有司存不伏科罪

顧兔離星商羊應雨浸厚地而沮洳灑長天而蕭索凝雲不動履雙闕而朝蹐行潦坐流亙四溟而夜下遂使鵲橋

牢落虹影欹傾石杠沈而鐵鎖暗移舊枝壞而新查亂墜兩城之內是曰帝居作曹自合修營赤縣元非管屬輒被推按乃涉濫刑至於司存事資懲罰牒問由緒方正科條

對祭器判

少府監申稱太常寺牒稱須造罇罍彝器弁舟不詳形狀制度請裁下

先王制物禮器爲先商周虞夏形容各異象罇之儀爰刻象以成形玉斝之名遂以玉而爲飾罍雲采采如開五色之雲彝鳥軒軒似翥六時之鳥舟其足也夫復奚疑少府

自有常儀太常非無舊準更請裁下未爽公方至於規模並在於此如愚管見謂叶通途

張嵩

嵩初舉進士常以邊任自許代郭虔瓘爲安西都護開元十年轉太原尹

雲中古城賦

開元十有四年冬孟月張子出玉塞秉金鉞撫循邊心窺按窮髮走汗漫之廣漠陟崢嶸之高嶠徒觀其風馬哀鳴霜鴻苦聲塵昏白日雲繞丹旌虜障萬里戍沙四平乘蒙恬之古築得拓跋之遺城伊昔晉人失政亾彼金鏡海水朝飛欃槍夕映鵝呈而二京繼覆馬渡而五胡交盛慨逐鹿而爭雄空瞻烏而莫定於是魏祖發大號鼓洪爐天授宏略神輸祕圖北清獯獫南振荆吳繇是一太陰以建極則廣莫而論都遂徵板幹庀徒卒鏟嶕嶢剞崛屼因方山以列榭按長城以爲塞旣雲和而星繁亦邱連而岳突月觀霞閣左社右鄽元沼泓汯湧其後白樓巘嶮與其前開士子之詞館列先王之藉田靈臺山立璧水池圓雙闕萬仞九衢四達羽旄林森堂殿轇轕當其士馬精彊都畿浩

穰始摧燕而滅夏終服宋而平梁故能出入百祀聯延七主擊會衛之諸侯廓秦齊之土宇禮興樂盛修文輝武講六代之憲章布三陽之風雨亦云已矣哉俄而高祖受命崇儒重本南巡主鼎之邑北去軒轅之臺鵬摶海運鳳舉天迴嗤紇眞之鳥死憶新野之花開自朝河洛地空沙漠代祀推移風雲蕭索溫室樹古瀛洲水涸城未哭而先崩梁無歌而自落魏家美人聞姓元新聲巧妙今古傳昔日流音遍華夏可憐埋骨委山樊城闕摧殘猶可惜荒郊處處生荆棘寒飈動地胡馬嘶若個征夫不沾臆人生榮耀

當及時白髮須臾亂如絲君不見魏都行樂處只今空有野風吹乃載歌曰雲中古城鬱嵯峨塞上行吟麥秀歌感時傷古今如此報主懷恩奈老何

胡晧

晧開元三年朝請大夫祕書丞兼昭文館學士

嶲州都督贈幽州都督吏部尚書謚文獻姚府君碑銘并序

夫應順相成君臣有待豈不以參庸作輔闕二字移屯象闕不可以不臨山川不可以不守於是開分都野對乂天人

高爵命於儀刑大邑熙於品物五侯九伯公實當之公諱懿字善意其先吳興郡大姓明考以官歷陝圻遂留家於硤石也昔有虞惟舜其姓惟姚欽若神明蓋云祖始子孫蕃邈而迫於茲曾祖宣業陳世系表作梁征東將軍吳興郡公祖安仁隋青汾二州刺史遠圖膺錫大石垂休父祥隋懷州長史檢校函谷關都尉煬帝誥以武能守於天險高門晉爍何象賢之紛光哉公都尉之季子毅烈昭融蓄大容遠藝工非習學遠無師燕雀闕一字知鴻鵠自若以待奮也年十八屬亂隋無象羣盜生郊授公本縣令以先人部曲少用輯寧太宗濟河聞公名密遣相聞公告於州將曰王充非主天命在唐宜速舉眾以應義不爾恐貽後感因間道入謁高祖嘉歎者久之乃降賜璽書金帛以此闔州離患太宗東伐王充授鷹揚郎將長沙縣男水陸道總管洎賊平將舉籍議功有妄譖者云公曾通僞鄭因見疑黜又以明略用多每爲朋儕所忌乃築室於硤石東北重岡之曲將以道德幽棲高尚其事右二陝左二陵北河南陰南山北趾中養浩氣外衍遐風紫芝淹留赤松不返俄而貶授晉州高陽府折衝都尉公抗疏自列謝病而退乃除常

州長史亦堅以疾辭尋除硤州刺史累加銀青光祿大夫公舉六察按百城導齊江門茂育雲澤龍朔初卭蠻作梗乃除公使持節嶲州都督公正以馴吏嚴以蓄戎不罰而徵不戰而服能以毀遠壽以衰遷啟全告終返眞於始以二年十二月一日終於官舍春秋七十有三嗚呼哀哉以三年七月十五日藁葬於硤石縣安陽公之原未備遷禮也公門傳孝義代蒙旌榜至若雞鶩家禽牛羊圈畜互以相乳不限所生豈非明德纖修應形殊類也公青雲誰與白日相鄰武傑文英幽濱天理孝原忠極保合神庭餘力

所存致心無害雖五善三變窮妙曲成而藏器待時移官於位乃作藩翰以制要荒綏之以誠不以言震之以威不以暴遠夷文順羣物緝熙存立大功歿昭餘訓豈無明主而有遐遺命矣哉公初娶張氏李氏並早殂歿後娶劉氏累封彭城郡夫人則隋左常侍降之孫唐襄州長史志達之女今紫微令崇故宗正少卿元景之毋也夫人於資福祉實受靈和四德待行三從及嗣祇先導後在閫成家二子少孤一門所恃長幼咸若禮訓所陶出有庶官入惟丞相乃數皇極遂廣人和至矣哉蓋由内則有方外成其大

而況乎衆姜羣婦罔或不宗於休夫人豈古之明達者矣以神龍三年正月八日終於洛陽慈惠坊之私第嗚呼遺令曰生以形累死以魂遊然事尊在冥無遠不至何必合葬然後爲禮昔邴根矩沐德信並通儒達識咸以同窆爲非實獲我心當從其議無改吾志爾惟孝乎歿已可於龍門山外用爲窀穸冀近家園以慰吾平生之好耳崇等敬遵遺旨以景龍二年歲次戊申九月庚寅朔十五日甲辰葬於萬安山之南陽令公純德佐時高堂生感永思不待長號罔極以爲東塋巳異西兆未殷占考歲辰奏加封樹以開元三年歲次乙卯十月巳酉朔十三日辛酉龙徙有作初景龍年以時宰先人特旨追贈幽州都督而神道貴靜元宅不移重廣冥域因成象制天子於是乎昭寵大臣追崇舊烈又制贈吏部尚書謚曰文獻公命五品官監護賜米粟各二百石絹布四百端匹庶事官供特令優厚蓋念功悼存發榮而資哀者也版築相麗賁飾其儀豐不近奢薄不違儉名山大谷異勢盤紆密壙重壙靈祇式歆是惟幽極可以永安摛德昭文長垂不巳銘曰

氏原德先裔裔緜緜曷時無雋曷位無賢重象曜質紛紛

秩秩潔齊相亨休復於吉於時保之文獻非他我生則眸天爵云多粵有符彩寧施琢磨英圖烈烈利用峨峨瞻天歷象謁帝關河庸勛遠大錫命騑羅行行駟馬作藩荒遐職職悟人爲範陶鈞政閒誰驥時修物育陟遐未窮歸冥不復慈告式明卜宅離塋東畢西賁幽封大成尊尊孝子昭發家聲

鄭繇

繇鄭州人嗣聖元年進士開元初爲岐王長史

水鏡賦

夫有名之域有象之中惟水能淨惟鏡能空水則無心而皎澈鏡則照瞻而幽通遇物斯應匪我求蒙爾其決之則流盈而不闕泛金碧而色潤開玉匣而光發其清也不煜和風其鑒也不同朗月爾乃雲收白日粉拭紅塵拂芰葉而交映挹菱花而獨春直注千里旁通四鄰成美惡之元鑒字闕六攬鬢興嗟濯纓爲足惜容輝之易晚歎功名之難續況復影圓鳳沼聲激龍門可驚飛於神鵲可搖動於靈鯤同大道之自然合重元之眾妙冰潭洞達石崖含耀亦由裴楷清通王戎簡要知之類之。疑意忿疲於屢照

王邱

邱字仲山光祿卿同皎從子年十一擢童子科他童皆誦經而邱屬文由是知名及冠舉制科授奉禮郎開元中累拜黃門侍郎御史大夫改太子賓客襲父爵宿預男以疾從禮部尚書天寶二載卒贈荊州大都督謚曰文

授崔翹中書舍人制

門下朝議大夫守給事中崔翹學行自中方直形外明而能晦簡不違謙始方蔚於文章終激揚於吏道駮議既久要密遞遷空自珥貂之司俾參鳴鳳之掖可守中書舍人散官如故

授裴敦復中書舍人制

敕朝議郎檢校吏部郎中裴敦復等並行標純一材蘊經通或學辨文最核綜兼於隱賾或詞握靈蛇光輝映於等夷職居要劇聲振發揮近密之職搜擇宜精俾對掌於絲言兼聯華於省闥可依前件

田休光

休光京兆人鄉貢進士

法藏禪師塔銘并序

世之業生滅若輪環者則雖塵沙作數草木爲籌了無遺纖哉吁不可知者其惟流浪乎夫木性生火水中有月以凡筌聖從道場而至道場通因及果非前際而於後際行之於彼得之於此禪師諱法藏緣氏諸葛蘇州吳縣人昔羣雄角力三方鼎峙蜀光有龍吳恃其虎瑾之後裕蟬聯姑蘇曾祖詧吳郡太守蘇州刺史祕書監銀青光祿大夫上柱國開國男大父穎隨閬州刺史銀青光祿大夫父禮皇唐少府監丞吳會旗裳東南旖旎洗墨而清夷落衣錦而燭江鄉山海禁錢蓬萊祕府屢遊清貫歷拜寵章禪師

卽蘇州使君之曾孫少府監丞之第二子也年甫二六其殆庶幾知微知章克岐克嶷此寺大德欽禪師廣世界津航人非鑽仰禪師伏膺寂行禮備師資因誦經至永徽中頗以妙年經業優長奉敕爲濮王度所謂天孫利益禪門得人禪師自少出家卽與衆生作大善知識道行第一人天殊勝開普門之幽鑰酌慈源之密波由恐日月居諸天地消息每對天龍八部晝夜六時如救頭然曾未蹔捨非乞之食不以食以至於頭陀非掃之衣不以衣得之於蘭若禪師自少於老駝騾象馬莫之聞乘也以爲鎔金爲象

非本也裂素抄經是末也欲使賤末貴本背僞歸眞求諸如來取諸佛性三十二相八十種好衆生對面而不識奈何修假以望眞且夫萬行之宗衆相之本生善之地修善之境禪師了了見之矣夫鐘鼓在庭聲出於外如意元年大聖天后聞禪師戒行精最奉制請於東都大福先寺檢校无盡藏長安年又奉制請檢校化度寺无盡藏其年又奉制請爲薦福寺大德非禪師戒固居龍象之首清淨開人倫之目不然焉使天文屢降和衆相推揚覺路之威儀總禪庭之準的護珠圓朗智刃雄鳴伏違順之鬼魔碎身心之株杌廢情屬境卑以自居如谷王之流謙百川委輸若周公之吐哺天下歸心菩薩下人名在衆生之上悲哉三界卽火宅之所四大將歲時之速既從道來亦從道去遂拂衣掩室脫屣繩牀惟惚惟恍不驚不怖粤以開元二年十二月十九日捨生於寺報齡七十有八門人若喪考妣乃相謂曰和上云亾吾徒安放乃枝血相視仰天椎心卽以其年十二月廿（闕一字）日施身於終南山梗梓谷屍陁林由是積以香薪然諸花甑收其舍利建塔睹波於禪師塔右自佛般入涅槃於今千五百年矣聖人不見正法陵

夷卽有善華月法師樂見離車菩薩慇懃絕紐並演三階其敎未行咸遭弑戮有隨信行禪師與在世造舟爲梁大開普敬認惡之宗將藥破病之說撰成數十餘卷名曰三階集錄禪師靡不撥賾索隱鉤深致遠守而勿失作禮奉行是故弟子將恐頹其風聲乃掇諸景行記之於石銘曰

有若禪人凝棱心不易兮身世須洞撥討眞賾兮寂行沖融渙其冰釋兮軒裳蟬聯清暉相射兮奕裏不染乾乾衣錫兮蕭灑諠譁地自虛僻兮元關洞開亾珠可索兮吾將斯人免夫過隙兮魂兮何之聲流道格若使天地長久而

可知卽相與摭實刊之於石今

欽定全唐文卷三百二十九

田義晊

義晊開元四年官陝州司戶參軍

對飴鹽造𥜿判

景以飴鹽造𥜿或責以苦鹽有闕

虔稽祀典類造之禮攸陳緬睇齋籩俎奠之儀當潔景麗名宗伯展事鹽人白黑孔修錯形飴而在列元纁判備考鹺苦而斯乖雖德之惟馨亦或罔吐而物有奠具謂何獲釐大事闕供小懲非宜

先聖廟堂碑　幷序

大矣哉聖人之道洋洋乎發育萬物峻極于天優優大哉粵若元不代乎蒼故時不階其用業方鶩乎霸則政莫繇於理人之難說也道之難明也英華久彫附枝將墜會聲而鼓不陳則行般夫子負道遑遑無所鉤用者曷足病已夫子孔氏其先黑帝子本殷人遷於魯弋尼邱山取邱諱字焉以誕彌也握文履度連珠含則衡相月角河口斗脣首法紫宮貌𦦙黃帝年十有五而志於學貧無束脩謁伯陽訪道德之原考廟朝之則金人未毀覽緘口之銘宥坐

斯存識誨盈之器易曰君子學以聚之問以辨之斯之謂也三十而立其道彌尊蓋有不墳山不直地掘衣而至者三千餘人矣求也退而是進由也兼人而抑伯魚問學喻觀葦於汚池端木求知恐妨生而送死易曰君子以教思无窮斯之謂也若乃觀易兩卦喟然不怡論詩六章惕焉知懼隨黃口而羅者得勉以慎從亾著轡而哭者哀旌其念舊欲給則豫偃也之行得之獨居思仁縕之行也由此易曰君子以朋友講習斯之謂也四十而不惑必聞其政故其參委吏會計平掌乘田牧畜息中都制法則諸侯畢

師攝相登庸則敵國咸懼七日而誅兩觀一言而毀三都遂返龜陰之田克殄倡優之樂易曰君子以明罰勅法斯之謂也若乃麛裘韠帶化未洽而謗流章甫袞衣政既行而頌作弱陪臣而强公室登泰山而小天下雖復齊人來遺仍察政以少留及夫魯不致膰遂拂衣而高逝易曰君子以思患而豫防之斯之謂也五十而知天命遂能原物之情嗚呼道之得行也命也曷吾道之不行道之將廢也命也固斯文之未喪乃自衛返魯刪詩定書制禮作樂述易修史故其溫柔敦厚以極操指之情也疏通知遠以闕一

字馳驟之迹也恭儉莊敬備周旋揖讓之容也廣博易良明綴兆疾舒之節也屬辭比事褒貶天人之功也潔靜精微範圍乾坤之化也用能極乎天而蟠乎地窮乎性命而通乎鬼神易曰君子以反身修德斯之謂也六十而耳順遂知來物詳夫天殃所及先陳魯廟之災土怪攸興宓識季卿之問辯防風之巨節吳使嗟稱稽肅慎之遺砮陳人悅服顏回不貳吾亦食而無疑商瞿必昌爾詎勞乎更娶齊禽大舞聞備水之謠趙犢其誅起迴輿之操月離于畢既應之猶響萍觸於舟其食之如蜜石函金簡豈謂赤雀

之符縹筆單衣方陳紫麟之典易曰君子爲能通天下之志斯之謂也至於懷胥附之友感萎蘭以滂沲闕一字禦侮之交聞震雷而惻怛重五教而垂範含萬物而化光人到於今訓其成式故能酌焉而不竭注焉而不滿苟非聰明睿哲達天德者其孰能與於此易曰君子以多識前言往行以畜其德斯之謂也七十而從心所欲不踰矩故虛以受物貴而下人惜其腐餘享以仁人之饋嘉其美味喜當甂中之食請長生之訣引咎於闕一字童聞官志之名訪學於郯子易曰君子以虛受人斯之謂也若乃言而不用莫

顧廪邱之卦命則未通詎免匡人之厄諱窮久矣而不免者命也求通久矣而不得者時也易曰君子以理歷明時又曰不可榮以祿斯之謂也雖復春居籠兮夏居窗秋不風兮冬不煬閱逝川兮若斯歌頹山兮何及越哀公六年夏四月己丑尼父卒凡享年七十有三嗚呼哀哉門人追在三之義盡喪之禮封爲馬鬣葬於泗濱公西掌其凶事子貢廬於墓側若乃平鄉聖跡金石乃闡北里神塋草萊自闢噫夫夫子歿而微言絶七十子終而大義乖周日陵遲漢未暇給是使籩豆簠簋將涸源而不流王戚朱干若

顛木之微枿迨乎恭王壞宅得其藏書於是乎夫子之道粲然永錫罔墜者矣於戲棐迪有位示人昭範典墳之迹蹶濟生人由後之君子或配其宗名或崇以寵秩故孟堅頌漢述孔相之休邱明志魯傳素王之業又孰知夫是非哉劉氏以哀成恤允曹王以宗聖開家自時厥後享祀罔絶陝州孔子廟堂者後魏恒農太守劉斌之所建也劉君在郡有政理故其柏樹數株尚青青焉我皇唐御歷一百餘年神武開元茲惟四載創則而聿修王度厲精而恢復帝業修文闡職咸秩廢典敷德以柔遠宣慈以和親故其神功滂洋蒙葺陸梁魚頡而鳥鴻靈化翕赩旁魄四塞刑清而訟息矣銀青光祿大夫使持節陝州諸軍陝州刺史上柱國金城郡開國公姜師度惟允之精乃台之耀門傳義窟家有孝聲文章包六氣之和仁言總五行之秀才優武庫當朝服元凱之名時號智囊百代識文強之價一臺歸妙始含香而握蘭獨坐生風更避車而住樟法河歷拜充牣國泉咨岳累遷瀛人望由左緜而轉扇惑蜀吏之追攀指分陝以褰帷見虞童之迎拜昔河内取給司徒受委於東京關中是資相國轉饋於西漢非夫寄淺邦本功

濟人天疇能比庸允光僉屬且夫陝者陰晉之鄙寧秦之郊泛舟而來控引淮海漕粟攸務糇粮軍國又聞（闕一字）一者近臨之邑蟻人廢常賓祭之用仍歲靡給自公戾止允釐庶務用能美利紛積羣綱備舉上資京師旁達鄰國列封略之內而有不富教者乎爰初下車顧謂儒林郎守博士甯修本曰夫化人成俗者其必由學乎若函丈之義不崇則子衿之詠攸作彼楹宇之彫毀當修葺之修本乃詢事考言庀徒涓日而梅梁初搆丹雘塈茨藻貢壇亭周列槐杏雙童夾侍宛然叔仲之容十哲旁羅莞爾言游之對中

散大夫守司馬黃履順通議大夫行長史盧季珣字闕一大夫行司馬趙慶逸並鷟鶴羽儀珪璧符彩比影迭耀字闕二別乘朝議郎行錄事參軍李瑱司功參軍楊淑司倉參軍楊寧司兵參軍李和仲司字闕一參軍扈德思司士參軍甄茂成參軍事李直蕭謐楊絳崔某等並因陪祭上下肅稽洪烈乃颺言曰周則甘棠蔽芾召伯之所存也魏則茂柏森沈劉君之所藝也今則崇廟設象姜公之所訓也而三賢異日萬古同風使躅空存芳名永鈌式瞻貞範猥及庸愚游夏難言惕焉兢懼徒以服勤訓迹二紀於茲願備所

聞敢爲頌曰

昔在黑帝感搖光兮白蜺貫月誕幽房兮惟我皇祖元禽翔兮授命天人降生商兮猗歟父嘉五族昌兮君子萬年必有光兮固天將聖不代彰兮爲漢制法闡文章兮帝道喪矣霸道項強兮乾坤不交小人長兮其誰宗予遂遑遑兮鳳鳥不至麟亦傷兮述明六藝爲紀綱兮身歿道存名益亨彰兮永垂代式謂素王兮泗濱既葬水泱泱兮何豈男子上吾牀兮我璧有七張伯藏兮萬代禮樂惟薦香兮昔郃分陝坐甘棠兮惟劉典郡建廟堂兮歲不我與日毀荒兮載修載葺我公姜兮威儀象設則平鄉兮縣彤藻繪既煒煌兮乃刊貞石頌芬芳兮今來古往永無疆兮

鄭子春

子春開元時官陳州長史

北嶽廟碑

夫清明著象廣大成形聖人則之作紀資始列於五嶽視以三公率由典常靡不柴燎維厥恆岫實爲首稱故知碣石太行萬里延袤闕鞏河滸盤薄海隅畢昴降其精淶易疏其浸設險以分中外通氣以出雲雷非陰陽不測之神

其孰能與於此也爾其峯崿星聯草樹烟鬱雲仙表其窟宅珍怪産其高深感通應見必契誠德藏珪者知將公之兆制勝者效率然之奇龍蛇羽毛安可詳悉幽贊設教神道有憑登臨極目如指諸掌其陰則常嵠廣武林胡樓煩其陽則燕趙殷衞面河泝雒自冀州既載惟彼陶唐隄封庶品波委霧合財力豪贍貨殖繁滋遺風祠宇巋然無易敬神綏福不孫德鄰歆類誕靈可勝紀哉定人禦侮陳迹昭然易知簡能可大可久且收藏曰義生長曰仁仁義所攝祈禱如市有年登稔穰穰滿家和平是恃不生災害我

唐列聖重光再造區宇邦本胥悦俊人用彰天工所代無非淑哲惟良共此拔賢責成彼美循吏其猶踵武自升中檢玉再展岱宗方嶽省巡躬行未給今之故事牧守是遵敬遠之規載在王府使持節刺史段公字崇簡學古入官政貴清淨人荷其惠吏懾其威博考前聞肅祇明祀每躬行奠享愷弟不忘神之所勞必在君子夫象設靈宇睟容凝湛未施敬而自敬不有威而自威而簷廡階闥尚多湫隘未增閒敞折衷有虧長松靡柏逕隧猶褊公乃審面勢規曲直延觀宇劃垣墉高閈閎通巷術周覽彌望列樹豐

碑容衛森羅藻繪彪駁納日月於扃牖駐雲霧於軒楹光色焜煌爛如貝錦不費財力而忽賸不徵力役而自成求諸志識不亦冥助先是冀方遐邇溥獲元吉初求厚報其徒實繁如山如流委輸所積物無遺乏人不勤勞易於從事百姓無擾商農工賈孚信不遺休徵允集是依是賴自東胡逆命多歷歲年推亾固存天心獨昭乃命大使輔國大將軍左羽林衛大將軍幽府長史兼御史大夫經略軍支度營田節度副大使兼知河北道採訪使南陽郡開國公張守珪分閫董戎假節專制抗棱運策凶渠喪元屈人不戰種落夷謐初有南陽人田登封於此祈福神君降形而謂之曰吾方助順取彼殘孽殄殲元惡懸諸藁街果如其期止暴寧亂兵不血刃野不曝骸迺聖迺神幽贊斯在雖霍山之祐無恤新城之見申生以此寄言曾何等級由是厖眉耇老皤皤然被黃髮者相率而言曰某等上從祖德下及孫謀百有餘年沐浴皇化鼓腹擊壤賡歌太平今屬牧守仁明正身率下我有枳棘岑公不伐而自除昔無襦袴廉叔聿來而稱足別駕符子規長史高元奉司馬李負等咸輔導忠益克表緹紬詢謀公道實昆方嶽況乎廣

運不測幽明協和謀無遺筭人不勞止刊石紀事不亦宜乎子春才愧邑緜學非博物課虛杼軸敢讓當仁詞曰

巍巍巨鎮幽都是託上接蒼昊傍分寥廓並吞冀野枕倚沙漠華夷險界隔閡斯作（其一）凡所敬遠心惟鬼神式昭祀典大庇烝人苛慝無作政教日新不孤其德必有其鄰（其二）水火金木配神作主允茲嶽靈實司朔土東生南長西成北聚膏庫開藏爰及坻庾（其三）五載四覲今古有殊豐約異軌禮物分區明德無替潔粢不渝神理昭晰感應冥符（其四）昇中告禪名山有五禮亦從宜何必循古率先岱宗望秩

周普精一無差允膺福祜（其五）隨時珍薦必俟王言或降卿士或命司存執禮必備恭惟駿奔式禋明德荷畜乾坤（其六）我皇立極阜俗寧亂賢才是以凶族咸竄叢爾林胡假息離叛殲魁撫脅人神協贊（其七）疇咨牧守實獲我公既敷惠渥亦扇仁風有葺斯廟陋彼昔功隘狹增廣宏廓傍通（其八）庭廡遂敞官衛彌飾繪事後素昭彰歆艷工無遺巧人不勞力垣墉徑遂內方外直（其九）門閈高聳豐碑列樹相質匪工受辛寧喻小子何讓敢忘景慕紀功書實愜我王度（其十）

對投牋獲弟判

河內縣荀君林乘冰省舅冰陷而逝兄倫求屍不獲遂作牋與河伯經宿冰開獲君林執牋出

鄉人告稱妖惑

覃懷舊壤野王遺跡元凱造舟於後忿生食邑於前自晉啟山陽鄭錫河沃精靈有作人物代興相彼君林實爲茂族感如存之念恭自出之心憑河履冰自貽陷溺終墜而死當奈若何類無忌之永休比元陽之相負況鴒原稱咏本在急難凡今之人莫如兄弟嫂溺禮通於援手季歿義切於投牋孝弟之心聽明正直靈鑒在斯信宿之閒克備喪禮誠有應於今日事無隔於古人告以爲妖未符通識誣人之罪法有恆規請據愆尤以定刑典

李龜年

龜年與其弟彭年鶴年同著名於開元時

對同爨不緦義居芝草判

得王甲與從母夫趙乙同爨乙有罪物故甲不爲三月服喪從母訴甲無義縣令王庚笞甲四十死州斷庚加役流庚不服又虞乙家五從義居園中禾生兩穗庭中產芝草蓋形紫色鄰人告隱瑞州不斷罪亦不上聞

命以義夫光昭令德俾立家室其（其一作禮）或有差同爨則緦已發檀弓之問義居成瑞雅均唐叔之謠王甲冥豫在躬物故無服虞乙至誠必察感而遂通從母薄言因遘憫而興謗鄰人所告何至攻乎異端德音莫違及爾偕老制義居業光輝日新繐帳空懸悲深苦月芝庭獨秀榮曜生春宿草之墳未展生芻之禮擢蘭之砌已交蓂葉之陰縣令能業其官懲忿窒慾州司以明庶政敢復未聞罰既甚於蹊田瑞頗陳於州里欲拘司敗法也何逃或禮出異文緣

情僞俛瑞符等級易有隨時未尋物故之由難語不應之坐苛詳靈草之異方書掩瑞之愆。

李彭年

彭年開元中歷官兵部侍郎天寶中以罪流嶺南起爲濟陰太守累遷吏部侍郎元宗幸蜀賊陷西京脅授僞官憂憤卒贈禮部尚書

論刑法不便表

臣聞明王之理人也設法立制不私喜怒與天下共之忠臣之事主也竭誠盡節不顧榮辱欲天下利之故得上下同心法令明一寬而有制從容以和此益刑措太平之道也今陛下作人父母勤憂庶政從諫不咈居安慮危臣所以敢進逆耳之言忤旨之罪伏願陛下少垂照察幸甚

臣聞書曰罪疑惟輕功疑惟重與其殺不辜寧失不經好生之德洽於人心竊見紫微主書趙誨爲取蕃人末河利刀子趁文書特敕處盡趙誨受贓罪不枉法又異監臨貪以敗官事雖挂網議而定罪國有常條若必責之以極典假有罪重倣此者陛下復何以加之於法乎臣又聞政之所興事資賞罰賞罰必信人心乃安輕重或虧手足無措陛下若以借趙誨之命勵貪吏之心以臣之愚又將未益夫法存畫一不啟二門者蓋示人以信也先教後罰寧僭無濫者不陷人以罪也若有犯必死則非薄刑之意同罪異罰又非畫一之道何必殺之示信臣非愛人命也惜陛下之法也昔者渭橋驚馬空見罰金高廟盜環惟聞棄市漢幾刑措職此之由釋之之言可以爲喻伏惟陛下少留意焉抑臣聞之死者不可復生雖欲改過自新其道無由及也殺氣方深嚴刑在近一物失所聖心不安臣忝諍臣不敢不奏又典律所制輕重各殊笞杖是輕徒死是重爰

自近日此道便乖凡所決囚例多非命此乃徒刑有必生之理杖刑爲致死之條既乖國經有傷和氣又凡曰造僞例是死囚伏準條格先決一百既要之以斬罪何更加以杖刑臣雖至愚猶知不可凡百達識孰謂其宜又周禮論刑刺之典一曰訊羣臣二曰訊羣吏三曰訊萬人陛下若以臣所言事非可用則願陛下訊以羣吏詢諸宰臣擇善而行國之利也夫古之人臣干救危犯者非一人也然遇主榮達者萬無一也其遭咎罹禍者不可勝數以此觀之豈臣之利也誠爲主也伏惟陛下深察之臣識謝中庸才

非上達佷以承乏叨居諫官既無涓埃之効實多尸素之責謹獻愚直輕觸威嚴儻益萬分甘之九死

第二表

臣某言臣伏見詔書內外官取受一匹以上科本罪外放歸田里五匹以上仍於犯處便附貫者臣聞國之大禮必存其故不易其宜循其教不易其俗故禮曰刑者侀也一成而不可變此則百代常行之道也周禮曰刑新國用輕典刑平國用中典刑亂國用重典此又三等用刑之意也然設三槐九棘之吏入鈞金束矢之條蓋又慎之至也故

詳刑則死者不恨而生者不怨怨恨不生則災害不作災害不作則太平之理也以堯舜之聖猶曰惟刑恤哉以成康之賢故稱明德慎罰爲政之道可不慎歟自周室寖微穆王荒耄作五刑之屬立三千之條度時而用所謂刑亂者也春秋之時王道寖壞征伐交起教化不行子產鑄書見疵於叔向荀寅設法獲毀於仲尼偷薄之政自是滋矣秦至始皇專任刑罰赭衣塞路姦邪並生囹圄成市天下愁苦劉項一呼土崩瓦解降自魏晉至於陳隋歷代興亾莫不因此故孔子曰禮樂不興則刑罰不中刑罰不中則人無所措手足誠哉是言也當今天下有道庶政惟和四方無虞萬邦從政正可勝殘去殺道德齊禮大革前非淳風一變今乃下明敕峻刑書深非元元之望也夫刑罰者御人以威法令者示人以信若成而數變則人之心不安嚴而必行則獄訟滋起先王所言議事以制不爲刑辟者懼人之有爭心也伏惟陛下取鑒前典率由舊章國用常刑俯收嚴典則政經有序德洽人心萬姓咸曰大哉王心茲用不犯於有司矣且臣聞寬者仁也政者正也上正其道下必從之陛下居無爲之時行不嚴之化則如風偃草

日用而不知豈待威之以深刑而欲革之以貪性苟縱免而無恥亦何益於政哉臣又聞之至刑無所用至政無所理故楊泉物理論曰姦與天地俱生自然之氣也人主以政御人政寬則姦易禁政急則姦難絕今法雖大設犯者逾多臣愚以爲持政之急老子曰法令滋章盜賊多有此蓋急刑非止姦之意伏願陛下深思之臣識見近淺才非匡濟謬參列侍忝齒諍臣敢不竭誠以速官謗儻裨政化雖死猶生

申屠液

液開元十二年官亳州臨渙縣尉

虢國公楊花臺銘

原夫眞性卽空從色聲而有相道源無體因法教以沿流所以人天捨千萬之資神鬼建由旬之塔金衣紺髮盡留多寶之臺銀壘青蓮並入眞珠之藏湛然釋氏一千餘年輔國大將軍虢國公楊等皆天子貴臣忠義盡節布衣脫粟將軍有丞相之風牛車鹿裘驃騎滅中人之產爰抽淨俸申莊嚴之事也華旛寶像盡垂交露之珠玉砌連龕更飾雄黃之寶風箏逸韻飛妙響於天宮花雨依微灑香塵

於世䀹猶恐蓬萊海變石折不周仍鐫長者之經必勒輪王之偈書工紀事迺爲銘曰

昭昭大覺巍巍聖功身融剎海願洽虛空閈眾趣以窒惕闡元門以包蒙物成緣而必應理無幽而不通有美至人股肱良臣受聖寄任聞難經綸英謀貫古韜略通神一蒙金鉞屢建華勛善代不伐功成不居功歸天子善託眞如乃貢靈相用答冥符佛心雖空佛福常在願普此因同臻性海

戴璇

璇天寶元年官朝散大夫守倉部郎中

大唐聖祖元元皇帝靈應碑

至矣哉皇法於天天法於道居大寶者必尊祖以配天孩庶類者咸宅生以母道故四維張國遠宗元教三后在天代紹明德然後彌綸區宇昭格神祇其能繼休美之聖烈首千古之洪化者卓哉煌煌歸我唐室矣皇上受圖享國葢三十載功侔天地孝誠祖考其高明也布星辰以有倫其博厚也振河海而不洩至於揖羣后敘彝倫陶鑄堯舜湫隘軒頊者乃皇上之餘事也嘗端居宣室緬懷至道惟

德動天夢啟靈應怳怳有物希夷元通實元祖之明命錫無疆之寶歷乃潛誌元象遵詰旁求西亘太白東連鄠杜號周史之經臺枕秦山之幽谷肇居尹喜集法侶爲道門後遇皇唐易樓觀爲宗聖藥井尚渫僊軾仍存卜勝宗元此爲俶落飛泉噴石重林閟景苔蘚地偏以恆湊烟雲晝晴而不散睟容挺出赫然有光煥白虹於玉座紉紫氣於仙境洎遘睿覽宛符夢寐譆葢聖人有以見天下之賾而擬諸形容聖人有以見天下之動而觀其會通者可舉之一隅矣其始迓也焚芝朮闢葷羶寂歷無聲擎跽有則初

靡荔席次登靈壇徐肩綵杠少息華館清籟颼飀於草樹天雪氛氳於崖谷及路轉莽蒼風順崆峒雲鶴翊以導輿輦僊扈而成列逮地通天苑閭轅國門蜺旌鳳簫風馳海合絳節羽蓋波屬霧委萬姓翹首於西城百辟候儀於北闕禺禺如也皇上乃捧昇露寢奉先思孝集僊府以陳齋圖混成而告遠不崇朝而通八景未浹旬以遍六合故羣臣率舞慶靈稱觴獻壽森旗伐鼓何其盛哉於戲元元之道旁礴萬物妙爲化先豨韋氏得之而挈天地伏羲氏得之以襲氣母至若王母西崑比之如朝菌麻姑東海涵之

如夏蟲沖虛馭風蓋錙銖於糠粃王喬控鶴方轥轢於蓬蒿信無上歟信元氣歟且天啟皇唐儲祉罔極其功神者其應大其源靈者其流長昔王室將傾我則電擊以存國介邱望幸我則雲行以告成汾脽毖祀我則順子以尊后陵寢肅雝我則述經以明孝可謂重椅坤軸復紐乾綱漫衍葳蕤皆皇極之大造也其修鈇禮補樂章存樸以嗇人陳兵以訓武奔四夷以歸化主百神而授職者可勝言哉古有仁片言而受福樹一善以獲應況網羅衆制包括鴻徽以神化之貞明協靈命之幽贊克畣修祉不亦宜乎玉眞長公主以天孫毓德帝妹聯貴師心此地杳捐代情奏黃籙以比絜瞻白雲而志遠覲主李元蔚監齋顏無待上座傳承說爲學日益爲道日損逍遙山林之下彷徨塵垢之外因聚而議曰今自道以祐主自主以祐人下覃六經上契三極風后力牧協宣朝政關雎麟趾宏被國風禎祥荐臻祆沴不作足以規萬葉示將來赫赫巍巍以表靈貺而迺謝奚斯頌魯之義闕穆滿銘弇之遊是上蔽天休下虧臣禮緣事斷謚蒙竊恧焉於是盩厔宰李嗣琳同荷湛恩以備能事博詢墨客以贊皇猷時戶部郎中沛國劉同

昇才清起草譽美郎官之列文慕上林能揚天子之事共遵大雅以揆其辭奉爲頌

劉同昇

同昇開元中官侍御史天寶元年授朝散大夫戶部郎中

大唐聖祖元元皇帝靈應碑頌

終南之山多喜境關令尹眞宅茲嶺陰松柏造華頂草結花樓龍護井靈僊之窟肅而靜其一惟皇夜夢眞人來神光赫赫金銀臺瑤容綽約冰雪開霓裳羽駕紛徘徊前聖後聖相承哉其二帝心虔求齋玉京王公百辟咸致誠雲旗

綵仗森出迎日月晏温顥氣晶眞容來兮受天慶其三眞容來兮聖人壽千春無涯百福有眞容來兮寶歷昌遠郊却馬雄四方紫殿數座煙雲香拜手稽首天地長元元之祉萬斯唐其四

對大夫祭判

有五品祭寢不祭廟餼用索牛御史劾於寢則已陋於餼則已泰訴云禮令無違

國政通班書崇明祀朝則齒爵載分於羔鴈祭必毛牲取類於豺獺惟彼五品薦於四時籩豆聿修履濡霜而或惕寢門是祭因掃地而致誠克恭行葦之酌或備采蘋之奠

雖夫子立言且云寧儉而聖人行禮必貴從宜恭已習常情稱偪下因心達孝事則由衷屬避馬申威出漢臺而有問索牛是劾撫周禮而猶疑餼取於豐祭從於薄過如不及吾恐失之必存著甲之令請恕先庚之罰

對不供夷盤判

三品喪事夷盤不供司儀云時所不要

喪事攸列凶禮克明佐器者存乎有司致用者期於無憾綴几初設已陳含玉之儀夷盤不供何施造冰之禮且議事以制觀過知仁必若夏日斯炎臭亾達於墻屋亦或當秋露結刑宜麗於簡書如或冬淒已冰寒氣方緫則史魚之殯雖且在堂咎繇之謨終期緩獄理則可也彼其詰哉

欽定全唐文卷三百三十

韓賞

賞開元中官御史歷右補闕戸祠二部員外郎

告華嶽文

惟廿七祀孟秋右補闕韓賞敢昭告於泰華府君祠廟惟天地生於人惟山川主乎神人有識而神有靈人貴聰而神貴明於昭靈山與天窈冥載在祀典鎭於上京自古帝王徵應不一荒淫者神降之凶聖哲者神授之吉惟兹臣庶鑒乎得失今予小子造於神祠將有所盟神其聽之人

有嗜好各爲私禱願無所求唯道是憂今者内禱於身外盟於神如有一心公朝戮力生人惟神是福崎嶇世道僶俛在位惟神所殛必將忘身奉國爲本圖憂國濟人爲已任明明泰華昭鑒於兹瞻彼牲牢抑惟常禮神嗜正直意存精誠正直以享神精誠以享意拳然跼處瞿然改容益靈山之嵯峩增壽宫之肅穆歷階趨庭髣髴其形尚饗

盧渙

渙開元十三年官告成尉

大唐河南府陽翟縣善才寺文蕩律師塔碑銘幷序

昔者混元既闢生法世始舟車莫用言教不施愛憎之心未生爭奪之源未起則昔闕一字刧如來無爲而化者矣其後人懷惡念資變淳風刀俎遍於三界生死繁於六道我慈氏大憐庶品宏兹祕藏甘露正法爰啟闕一字石之資身宍手足竭其負擔之用拔地輿而考勝列龜謀而定域或陟在巘或降在原倘佯焉彷徨焉而得於夏城之隅闕二字覩其後背增巖前臨平野居然曠望四時有霜雨遞來直置孫標千里與雲虹競秀信安神之妙境有塔之宏闕一字

者焉越闕一字開元十一年十月十七日己酉奉迎律師全身寧於兹塔寺主昔承灌頂今爲闕則天偉之乃移法服授以榮班拜游擊將軍非其好也寺主道風素遠天爵自高朱紱方來雅操難奪固讓朝命願復緇衣則天多之闕一字特闕一字敕授善才寺主幷賜内府絹一百匹雜綵三十段仍許至寺大闕一字法會以光其業寺主常以爲徒宏願衣服卧具甘闕一字明昏拯溺雖報如來之恩蕪沒塋園未盡師資之禮於是撞鐘定策糺面闕門恆沙衆生咸從頂受其有位階十地身現四生守遮制之科宫牆莫測闕運

慈悲並行廣大難思者其惟我律師乎俗姓薛氏河南密人也（闕一字）正見家舍天仁性清心自樂宴坐窮年納芥而羣有頓無觀身而衆妙皆盡若是乎律師常持金剛經心禪口誦不捨須臾（闕二字）則天樂自鳴中夜則異香頻降故爲道俗之所欣然人天之所歸仰也春秋七十有五以大唐開元七年五月九日夜（闕二字）悟色相之皆空示生滅而警衆嗚呼風雲昏闇衆鳥悲鳴朝野悽慘神龍震驚以其年五月十一日權殯於夏城（闕一字）有大弟（闕一字）寺主八智俗姓張氏清河郡人德業宏深風神秀遠所作已辦在邦必聞證聖中則天聞而嘉焉召見於同明殿因陳濟國安人之道（闕一字）神足復於塔右置立香園率諸門徒（闕三字）掃手植松柏千有餘株寺主早悟色空念茲生滅觀石火之非久歎芭蕉之不堅預於下層自託終制誡門弟子曰吾自幼出家奉事和上和上者則我慈父生我法身吾欲萬劫歸依兩肩負荷旣沒之後無背吾言故其塔下層卽寺主之所宅也至矣哉寺主之爲道仁不忘本孝極尊師自非六行總持十力無畏安能預於斯乎次有弟子延祐等三十人（闕一字）嵩潁名家法門（闕一字）實戒珠清靜心猨調伏

咸能叶贊封樹同規祠塔僉共謀可久之迹垂無窮之紀恐汗簡之難存勒高碑而播美銘曰

至哉聖覺淵乎調御開拓慧境昭融昏趣演偈孤園全功雙樹魔風不競法流長注（其一）猗歟碩德像教護持禪薰廣被戒靜難思經窮貝葉劫盡天衣高燈正朗墜露俄晞（其二）爰有上人心源猛利擯落朝組周旋了義邱首垂仁駢胝答施尊師踴塔如佛無異（其三）岌岌孤秀迢迢削成金繩（闕一字）綴寶鐸風鳴香烟作雨伏檻流星房廊遶護花藥經行（其四）夏后城池至今猶在此（闕三字）千里豈改有道貧賤浮生

危殆託遺跡於後賢儻斯文之可采

史承節

承節萬歲通天元年充河南道察訪使元宗初官邢州刺史

鄭康成祠碑

夫囊括宇宙者文字發明道業者墳典是以聖人作而萬物覩賢人述而百代通禮樂得之以昭明日月失之而寒感宣尼彰刪緝之功始皇速燒焚之禍追乎羣儒在漢傳註瑤（闕一字）莫不珠玉交輝纖微洞迹同見集於芸閣獨有

綴於環林豈若經敎興義圖緯滚術兼行者多無如我鄭公也公諱元字康成北海高密人也八世祖崇哀帝時爲尚書僕射公少爲鄉嗇夫不樂爲吏遂造太學師事第五元始通京氏易公羊春秋三統歷九章算術又從東郡張欽祖受周官禮記左氏春秋韓詩古文尚書攝齋問道扼衣請益去山東而入關右因盧植而見馬融考論圖緯乃召見而升樓精通禮樂以將東而起嘆三載在門十年歸邑及黨事起遂杜門不出隱修經業於是鍼左氏之膏肓起穀梁之廢疾而又操入室之戈矛發何休之墨守陳元

李育校論古今劉瓌范升憲章文議何進延於几杖經宿而逃袁隗表爲侍中緣喪不起孔融之相北海屣履造門陶謙之牧徐州接以師禮比商山之四皓鄉曰鄭公類東海之于公門稱通德漢公車徵爲大司農給安車一乘所過長吏迎送公乃以病自乞還家董卓遷都長安公卿舉公爲趙相道斷不至會黃巾冦靑部乃避地徐州建安元年自徐州還道遇黃巾賊數萬見公皆拜相約不敢入縣境時大將軍袁紹總兵冀州遣使邀公大會賓客乃延上坐身長八尺飲酒一斛秀眉明目儀容溫偉客多豪俊幷有才說見公儒者未以通人許之競設異端百家互起公依方辯答咸出問表皆得所未聞莫不嘆服時汝南應劭亦歸於紹因自贊曰故太山守應仲遠北面稱弟子何如公笑曰仲尼之門考以四科回賜之徒不稱官閥劭有慚色門人相與撰公答諸弟子問五經依論語作鄭志八篇公所注周易尚書毛詩儀禮周官禮記孝經尚書大傳中候乾象歷又著天文七政論魯禮禘祫義六藝論毛詩譜駮許愼五經異義答臨孝存周禮難凡百餘萬言經傳洽熟稱爲純儒其所撰注今並通習是知書有萬卷公覽八

千也齊魯間宗之公後嘗疾篤自慮以書戒其子益恩書曰吾家舊貧爲父母羣弟所容去厮役之吏遊學周秦之都往來幽幷兗豫之域大儒得意有所受焉遂博稽六藝麤覽傳記時覩祕書緯術之奧年過四十乃歸鄉假田播殖以娛朝夕後舉賢良方正有道辟大將軍三司府公車再徵比牒併名皆爲宰相唯彼數公懿德大雅克堪王臣故宜式敍吾自忖度無任於此但念述先聖之元意思整百家之不齊亦庶幾以竭吾才故聞命罔從而黃巾爲害萍浮南北復歸鄉邦入此歲來已七十矣宿素衰落仍有

失誤桉之禮典便合傳家今我告爾以老歸爾以事將開居以安性覃思以終業自非拜國君之命問族親之憂展敬墳墓觀省野物胡嘗扶杖出門乎家事大小汝一承之咨爾覺覺一夫曾無同生相依勗求君子之道研鑽勿替敬慎威儀以近有德顯譽成於僚友德行立於已志若致聲稱亦有業於所生可不濬念耶可不濬念耶吾雖無紱冕之緒亦有讓爵之高自樂以論贊之功庶不遺後人之羞凡某所憤憤者徒以吾親墳隴未成所好羣書率皆腐敝不得於禮堂寫定傳與後人日西方暮其可圖乎家今差多於昔勤力務時無恤飢寒菲飲食薄衣服節夫二者尚可令吾寡恨若忽忘不識亦已焉哉五年春夢孔子告之曰起起今年歲在辰來年歲在巳既寤以讖合之知命當終有頃寢疾年七十有四以其年六月卒遺命薄葬自郡守以下嘗受業者衰絰赴會千餘人乃葬於高密縣城西北一十五里礪阜山之原嗚呼哀哉有子益恩孔融在北海舉爲孝廉及融爲黃巾所圍遂赴難捐身有遺腹子公以其手文似己名曰小同精通六經鄉人尊之時爲侍中嘗詣司馬文王文王有密疏未之屏也如厠還問曰卿

見吾密疏乎答曰未見文王曰寧我負卿勿卿負我致鴆而卒悲夫自夫子沒後大道方喪公之網羅遺典揆賾今猶特立鬱然時季途迍志不苟變全身遠害猗歟美歟及范史作論有曰王父豫章君每考先儒經訓常以爲仲尼之門不能過也及傳受生徒專以鄭氏家注云晉中興戴逵字安道以雞卵汁溲白瓦屑爲公作碑手自書寫文闕三字語亦妙絕年代古而碑闕亾德音寘而詩書在承節以萬歲通天元年奉敕於河南道訪察觀風省俗激濁揚清行至州界見高密父老云鄭先生漢代鴻儒見無碑記不以庸妄遂託爲文往以會府務殷闕一字無暇景歲序遷貿執筆無由今者罷職含香忝居分竹屬以閒隙乃加修撰耆舊者唯聞其名後生者不覩其事今故尋源討本握槧懷鉛無疏本傳之文並序前言之目發九泉之冥昧播千載之闕二字薦以繁華不爲雕飾銘曰

煥乎人文圖稽典墳煩亂事蕪定自孔君中途湮沒秦帝沮焚漢興儒教鄭氏超羣膺腴美地轡紱宏規嗇夫罷署京兆尋師中候乾象左氏韓詩雖稱積學殆若生知公之挺生大雅之懿囊括墳典精通奧祕六藝殊科五經通義

小無不盡大無不備好學慕道深思遠慮來往周秦經過兗豫侍中不仕司農罷署盧植東遇孔融西去作者謂聖述者謂明躬達三辟門傳五更周官東部漢雎西京白玉遍地黃金滿籯占卜潛橋行途過沛陶謙師友孔融高蓋山啟釁扇草生書帶七十歸老三千赴會經傳洽熟齊魯攸宗爵祿不受贊論爲功禮樂今去吾道皆東類於標德比皓稱公閣尹擅貴禁錮連年乃逢宥罪方從舉賢南城避難東萊假田誕膺五百中覽八千今年在辰來年在巳嗚呼不慭吁嗟到此勞我以生息我以死道該八表神交

千祀濰水之曲礪阜之陽通德爲里鄭公爲鄉雲愁廟古月暗墳荒舊碑先殁新石再彰詞愧黃絹心淒白楊名譽不朽終古騰芳

封常清

常清蒲州猗氏人爲都知兵馬使高仙芝判官累以軍功授鎮將果毅折衝天寶十一載擢安西副大都護攝御史中丞持節充安西四鎮節度經略支度營田副大使知節度事十四載爲范陽節度使募兵討安祿山兵敗奔陝郡削官爵白衣從仙芝軍效力與監軍邊令誠不協奏其逗撓誅之

遺表

中使駱奉仙至奉宣口敕恕臣萬死之罪收臣一朝之效今臣卻赴陝州隨高仙芝行營負斧縲囚忽焉解縛敗軍之將更許增修臣常清誠懽誠喜頓首頓首臣自城陷已來前後三度遣使奉表具述赤心竟不蒙引對臣之此來非求苟活實欲陳社稷之計破虎狼之謀冀拜首闕庭吐心陛下論逆胡之兵勢陳討捍之别謀酬萬死之恩以報一生之寵豈料長安日遠謁見無由函谷關遙陳情不暇

臣讀春秋見狼瞫稱未獲死所臣今獲矣昨日者與羯胡接戰自今月七日交兵至於十三日不已臣所將之兵皆是烏合之徒素未訓習率周南市人之衆當漁陽突騎之師尚猶殺敵塞路血流滿野臣欲挺身刃下死節軍前恐長逆胡之威以挫王師之勢是以馳御就日將命歸天一期陛下斬臣於都市之下以誡諸將二期陛下問臣以逆賊之勢將誡諸軍三期陛下知臣非惜死之徒許臣竭露臣今將死抗表陛下或以臣失律之後誑妄爲辭陛下或以臣欲盡所忠肝膽見察臣死之後望陛下不輕此賊無

忠臣言則冀社稷復安逆胡敗覆臣之所願畢矣仰天飲鴆向日封章即爲屍諫之臣死作聖朝之鬼若使殁而有知必結草軍前迴風陣上引王師之旗鼓平寇賊之戈鋋生死酬恩不任感激臣常清無任永辭聖代悲戀之至

獨孤峻

峻開元末爲四鎮節度使夫蒙靈詧判官

對舉似己者判

丙充使舉似己者御史糾梭丙稱但成三物唯善能之

舉賢無私惟善所在茍利社稷無恤其他故德能佐時彭仲超於令尹才堪禦敵觀父統於三軍唯得其人似己何爽且魏獻舉代祁奚薦讎將利國是資不阻親怨以進賢爲務寧問回邪故能建彼一官成乎三物先賢所尚君子韙之事以類分云胡不可瞻言丙也直指是稱舉爾所知何敢没没良才衆矣多舉何妨御史繡服霜華驄威電發將違執秩言寘僕區曾不知獄也放紛刑乎煩黷淫刑以逞誰則無辜得善誠則可嘉糾梭斯爲戾也

沈東美

東美少詹事佺期子初爲府掾天寶中除膳部員外郎

對薦賢能判

甲薦賢能之士三詣公車試皆高第表請錫彤弓矢廷尉致詰詞云三適有功

舉善惟微知人則哲妙聞音者識窮山之竹能追芳者賞幽徑之蘭甲位登八命才高四岳言刈其楚有異錯薪載縶其駒屢聞驤首文舉之昇一鶚陶洪之拔二龍曷足思齊寧將比價懿茲擢桂便請錫弓自伐誠則躁求議功何妨懋賞稽諸漢史軌躅昭然名器不可假人升降固宜合

禮爵土互錫理或酬功弓矢斯張雅符謬請六卿司過三適胡爲

大酺酒判

元日會序賓光祿以大酙酺醴祈黃耇比部以無令式勾徵訴稱以引以翼古之道也

比年三年殷見時見大會正殿小會東堂典禮序以罍珪建官司其鍾鎮瞻言光祿式遵古典且爾公酬匪無彝倫功沽之巧先資於麴糵水泉既香必潔於湛饎瑟彼玉瓚黃流在中挹彼注茲酺以大酙我客戾止嘉賓式宴呦呦

鹿鳴酒正斯舉振振鷺舞兕觥其觩俾爾戩穀永錫難老式夷式已以引以翼方得古人之禮寧虧聖主之私郎署雖欲淡文卿寺豈空甘罪

孟匡朝

匡朝開元末官御史遷左司員外郎擢翰林學士

金樽含霜賦

夫何卜晝之不暇以清夜之方久垂玉漏之未窮賴金樽兮有酒霜入室兮夜何長樽含霜而醴澈霜覆醴而金光適足勁乎玉性亦何傷乎酒香夫如是樽既可賞霜亦可翫味資蘭桂影奪綃紈疊華彩於銀燭散餘光於玉盤況

東堂清歠北斗闌干在公載宴廢寢相歡心飲冰兮猶熱酒飛霜兮豈寒斯蓋爲上台之式百辟少牢之設九流明命充選俾士全謀五權立而羣才入鏡三人行而一人同舟並錯薪於翹楚異攀桂之淹留每賞崇乎夜隙故樽列而霜浮於時星歲道盡地有寒沍引颸風烏徘徊玉兔杯上霧起鑪前香覆對樽影而霜含況霜姿而粉傳非兕觥其觩絜乎自舉會心絜矩凝然抱素於是執簡爲名比玉同貞結而能白沖而不盈光露寢之舊席刻神鐘之遠聲豈獨坐中藏器酒上含情者哉

李暠

暠太原景皇裔孫解褐枝江縣丞擢監察御史歷工兵吏三部尚書東都留守加太子少傅開元二十八年卒年五十八

祭北嶽報雨狀

臣至邢州雨降盈尺臣切問野老皆云往十二年春夏大旱六月下旬方始降雨其歲河朔大熟粟斗五錢今年得雨雖晩猶早於前歲百姓欣然咸有秋望臣受命之日祈雨恆山玉幣未陳明靈已應實陛下至誠元感先天不違

韋恆

恆贈兵部尚書嗣立子開元初爲碭山令擢殿中侍御史歷度支左司員外太常少卿轉給事中二十九年爲隴右道河西黜陟使時河西節度使蓋嘉運恃左右爲非法恆劾奏之出爲陳留太守卒

對習星歷判

得甲稱人有習星歷屬會吉凶有司劾以爲袄

款云天文志所載不伏

元象垂文星辰作範休咎之徵斯在吉凶之跡可明祕以人倫得之邦國既河長而山久亦自古而迄今尚有不遵典刑黜習推步眷兹所學幸遇休明慕劉氏之高蹤仰張衡之舊業既而秋槎將泛知河漢之明梭太白初高識將軍之出戰雖災祥之屢犯在徵應之可憑若彝典以斯違亦公途而難舍有司情惟糾慝志切繩違告爲袄訛事恐乖於五聽科其犯禁誠有叶於三章

李憕

憕幷州文水人舉明經開元時累官河南少尹天寶中封

酒泉縣侯爲京兆尹改光祿卿東京留守安祿山反憕繕城壘訓勵士卒遇賊西鋒擢禮部尚書城破爲賊所害詔贈司徒謚曰忠懿河洛平再贈太尉

重與蕭十書

再覽來封皆如一面秋熱未解所履如何某拙疾但昧於理耳崔子日月漸遠弟故人情多一慟渙衷豈易論也委曲具悉待彼官到若有商量與申後意彼有人作主人否承郎欲還豈不能一至此也外郡感別情不易言道路無留滯朝廷待士論屈日湲佇聞鳴躍匆至斷絕弟多才博識言成楷模某棄廢之人何能爲也言談次可吹噓之令不負公私亦親故之情耳千萬千萬不具李憕諮

陸據

據字德鄰三十餘始遊京師舉進士累官司勛員外郎天寶十三載卒

對蜡饗不祀判

歲十二月有司將行蜡饗不祀司嗇迎貓而祭之御史糾云古之君子使而必報

窮陰殺節流歲云暮將舉祀典必參故實無忘報本之始

敬用伊耆之禮聚百物以饗息人大義爲一日之蜡非賜所知贍言所司是爲之祭八神降止一國期集於焉觀德必也知古迎貓無闕言除碩鼠之患司嗇不預且有若敖之餒雖祭能如在樂已吹豳而禮尚有疵人多歎魯有鬼或爽誣神若何事乃違經儻受嗤於草服國有報憲宜見繩於繡衣

崔顥

顥開元中進士累官司勛員外郎天寶十三載卒

薦樊衡書

夫相州者先王之舊都西山雄崇足是秀異竊見縣人樊衡年三十神爽清悟才能絕倫雖白面書生有雄膽大略深識可以軌時俗長策可以安塞裔藏用守道實有歲年今國家封山勒崇希代罕遇含育之類莫不踴躍況詔徵隱逸州貢茂異衡之際會千載一時君侯復躬自執圭陪鑾日覩此州名藩必有所舉當是舉者非衡而誰伏願不棄賢才賜以甄奬得參大禮升聞天朝衡因此時策名樹績報國榮家今當代之士知出君侯之門矣顥不勝區區敢聞左右俯伏階墀用增戰汗

薦齊秀才書

某官至辱垂下問令公舉一人可管記之任者愚以爲軍中之書記節度使之喉舌指事立言而上達思中天心發號出令以下行期悅人意諒非容易而可專據竊見前進士高陽齊孝若考叔年二十四舉必專攻文皆雅正詞賦甚精章表殊健疏眉目美風姿外若坦蕩中甚畏愼執事倘引在幕下列於賓佐使其馳一檄飛一書必能應馬上之急求言腹中之所欲夫擬芳刈楚不棄幽遠況孝若相門子弟射策甲科家居君侯之宇下且數年矣不勞重幣而獲至寶甚善甚善雄都大府多士如林最所知者斯人也請爲閤下記其若此唯用與舍高明裁之謹再拜

趙煜

煜字雲卿鄧州穰人開元中舉進士連擢科第授大理評事乾元初累拜左補闕遷祕書少監建中四年卒追贈華州刺史

東都留臺石柱記

天垂象聖人則之故星有執法職有持憲皆鐵冠繡衣直指不阿俾在位者肅如也日者天子在鎬庶官分守於是

乎有留臺所以上至中司鶚峙都邑夫洛陽有明堂辟雍太倉武庫郊廟百祀邦畿百域有不如法得舉劾之至若密網峻威微文深詆眾所嚴憚愈於京師蓋由臨之者專也奉之者一也專則權有獨斷一則政無多門前達以之立名於此暨皇運中興與人休息雖風移代變煩簡則殊而舉直錯枉典型猶在殿中侍御史河東薛公朝之望也復修舊職凜然生風秦官漢儀斯不替矣乃篆石題記使人不遺聊紀於近庶昭厥德始自乾元歲掌留務者次而書之以垂於後大歷八年月日記

欽定全唐文卷三百三十一

王昌齡

昌齡字少伯江寧人第進士補祕書省校書郎又登博學宏詞科再遷汜水尉貶龍標尉以世亂還鄉里爲刺史閭邱曉所殺

公孫宏開東閤賦（以風勢聲理暢休實久爲韻）

易窮則變變則乃通二氣相感萬物初蒙拆於陽甲化於陰風彼君臣有際會屠釣無終窮其未遇也如獸之檻如禽之籠其德合也起阿衡於莘媵獲太師於渭翁覩公孫

之發迹知漢帝之尊崇陻厄則異元亨則同火有炎光木有根柢寒者斯附暑者蒙蔽苟得其所亦爲大惠動必有獲自然之勢抑折節以下人亦開國而來詣衣布被而薄已散金帛以賙濟近乎仁者之心與裘馬而俱蔽以光招賢之策不失終身之計故能多士爰處僉謀是行拓南蠻之徼增朔方之城大啓侯國載揚天聲與夫蚩蚩以致誚孰若兢兢而立名僭上則差偪下則鄙反坫誰咎豚肩陋矣或儉奢而得中即達人之至理嗟服勤以抗節在庶幾乎君子璞玉在山白虹在上精靈不隱物理相暢君任下以不疑臣薦賢以答貺失之者喪得之者王況乎左右股肱舉爾無妄道有興廢人亦焉廋屈之則否伸之則休不正其名亦去其實賓閤既闢擁門自佚使賢醜錯雜而不分登駑駘於招士之室喟然宣父悲之已久儻相府之可依銘盛德於不朽

弔軹道賦并序

軹道秦故亭名也今在京師東北十五里署於路曰秦王子嬰降漢高祖之地豈不傷哉余披榛往而訪之則莽蒼如也夫以戰國之弊天下創夷又困於秦使無所訴罪在

於政而戮乎嬰嗚呼殺降不祥項氏之不仁也遂作賦以弔云

長林之墟荒草無垠躊躇訪古隱嶙如存耆老曰此秦之軹亭也莫不隕泣而傷魂我聞中原板蕩歷數更造來爲都邑去爲郊道化育人寰盛德攸保其有隨覆車之遺跡躡咸陽以崩倒陳炯戒而罔懷終滅裂以蕩埽今者行旅有悲涼之色將未識聖人之大寶聽之哉不義而强其敝必速徒以金城千里介馬萬軸九國既夷上慢下黷東遊莫返白帝先哭是以沙邱閟禍制出趙氏扶蘇賜死大事

去矣海内洶焉雷駭飈起自非蹂先王而隳道德亦無能而及此五星夜聚漢瑞秦亾白馬素車降於道傍非子嬰之罪也而殺身於項王悲夫以暴易亂莫知其極且聞追懷而霸楚無乃弛義而爭國東城引劒亦其宜哉至於后稷貽周三聖九賢合於成康千有餘年猶復慎終如始爰作顧命宣文武之重光訓艱難於執政乃尸天圭遂誥諸侯高爽内軸齊魯外輈此周之所以磐石相維數革龜謀孰與夫離擯子弟甘心賊臣身死國滅如火燎薪設使雍州爲輿伊傅爲輪當朽索之不馭豈龍虎之能馴不其然

乎賈生聞之於是讓東陵故侯曰昔王子有殷墟之歌大夫有周廟之作子秦人也豈無情哉邵平乃太息久之且爲歌曰道不虚行兮史鰌没位吾寧范伯之徒與感夷齊而多媿麟鳳遠去龍則死之河水洋洋兮先師莫歸往者不可諫來者吾誰欺姑退身以進道曷飈言而受非彼蕭相國知子乎布衣

灞橋賦 以水雲輝映車騎繁雜爲韻

聖人以美利利天下作舟車禹乃開鑿百川紆餘舟不可以無水水不可以通輿遂各麗於所得非其安而不居横浮梁於極浦會有跡於通墟借如經綸淮海陶鼓仁義藏用於密動物以智每因宜以制模則永代而取寄伊津梁之不設信要荒之莫致思未濟於中流視安危之如戲故可取於古今豈徒閲千乘與萬騎惟梁於灞惟灞於源當秦地之衝口東東衢之走轂拖偃蹇以横曳若長虹之未飜隘騰逐而水激忽須臾而聽繁雖曰其繁潰而不雜懷璧拔劒拔離屯合當遊役之嗷嗷自洪波之納納客有居於東陵者接行埃之餘氛薄暮垂釣平明去耜傍連古木遠帶清濆昏曉一望還如陣雲乃臨川而歎曰亾周霸秦

舉目遺址前車覆軌不變流水歎往事之誠非得兹橋之信美皇風不競佳氣常依旣東幸而清道每西臨以駐旆連袂挾轂煙闐雨飛嗟乎此橋且悅明盛徒結網於川隅視雲霞之暉映聊倚柱以歎息敢書橋以承命

對大斗酌酒判

元日會序賓光祿以大斗酌醴祈黄耇比部以無令式勾徵訴稱以引以翼古之道也

設罇養老序賓惟賢將必發乎直言用光被乎孝德徵元會之燕射展古義於君臣金奏洋洋合明神於九變青氣

靄靄布慶雲於一色則當嘉賓戾止彝倫孔彰羣儒就經之日天子尊師之禮袒割以俾其冕旒乞言以成其福祿昔之所廢今之所崇瞻彼有司未詳光祿嗟引翼之攸懵何令式之無稽徒欲致譏誠堪聳詬

對薦賢能判

甲薦賢能之士三詣公車試皆高第表請錫彤弓廷尉致詰詞云三適有功

俾爾公侯敬服王命乃升賢俊昭宣訓典惟甲蕃屏有垣旣孜孜於審擇黜陟咸若亦賢賢而修貢三詣三適登漢

室之明科九德九徵贊虞臣之寅亮有如取火於燧故能任事加爵且汝惟勿伐則維珪瓚不誣今也自賢豈曰彤弓是允與其表請孰若謙光廷尉有詞匪伊妄作

上李侍郎書

昌齡拜手奉書吏部侍郎李公座右夫道有一昌齡有心明公有鑒三者定矣而又元氣潛行羣動相鼓乘時則利遇難則否斯亦分於數矣今或者議觚旁礴以爲已任發心不中中無不通雖大愚之人猶知不可況賢智之士乎茲數者如昌齡之心非不知也明公之鑒非不明也惟明

公能以至虛納惟昌齡敢以無妄進故未便絕意願就執事陳之若明公以爲隅曲置之度外則昌齡未識定分爲向時之客乘時不利動則遇否至虛不納無妄不進將使天下之士永絕望於明公矣豈獨小人哉初聞明公克舉大體不尚小節竭智附賢貫道選數亦已確鎮外物翕然有歸於是窮居獨閒未用之士將適幽貞千里未審明公何以待之夫夷吾窮困樂毅羇旅孔明躬耕子房養志此四賢未遇之時則乃不遇意固不能俛首跼步與衆人爭得失於吏曹之門就使四賢生於明時無所服用則下士

之不若也亦當與衆人四方而來踈於明公之門未審明公何以處之伏惟明公居堂上之陰知日月之次覩堂下之士知四方之賢若者終不自若也伏惟明公熟察焉天生賢才必有聖代用之用之於天子先自銓衡則明公主司天下開塞天下之所由也可不愼之嗟乎持衡取士專在文墨固未盡矣況文章體勢其多面焉苟不相容則太迂闊一時不合便即棄之伏恐傷鉤賾之明結志士之怨吁可畏也又有恢恢無明精誠洞物大不施小屈於章句蓋屈寸而伸尺小枉而大直君子行焉儻斯人也木訥自

守默然而退。明公不以爲賢，是小人敢正顏色、鼓喉舌，欲伸大直於明公，能容之否？所爲直者如何？明公若以爲羣區一舉，自有常式，富貴爲懷，曾莫下視，則明公何以異近代？合古人，匪惟高賢雅量，在小子亦知之矣。明公昔未居此任，豈不曰伊人也棄正任巧，我爲宗臣，必將革之。操持升降，正在今日。伏願密運心鏡，俾無逃形，振拔非常，以資天軸。乃明公論，則振拔者亦膺摩赤霄，必將逆進其類，以光王國。自邇及遠，其誰曰不當任乎？一爲元龜，自可數千百年不衰其政矣。敬之無任，使小人之口，波盪振駭。君子

闇闇以俟賢，俟昌齡久於貧賤，是以多知危苦之事。天下固有長吟悲歌，無所投足。天工或闕，何借補之？苟有人焉，有國焉，昌齡請攘袂先驅，爲國士用。棼絲之務，最急之治，實所甘心。昌齡豈不解置身青山，俯飲白水，飽於道義，然後謁王公大人以希大遇哉？每思力養不給，則不覺獨坐流涕，啜菽負米，惟明公念之。直科不得，不謀其始，夫惟明公深念之。投報徇義，非一言而能盡也。昌齡常在暇日著鑒略五篇，以究知人之道，將俟後命，以黷清塵。

陽伯成

伯成，開元時官尚書左司郎中、河南少尹。

駮太常燕國公張說謚議

議曰：謚者德之表，行之迹，將以激勵風俗，檢束名教，固無虛譽，是尊實錄。準張說罷相制云：「不肅細微之人，頗乖周慎之旨。」又致仕制云：「行虧半古，防闕周身，未免瓜李之嫌，而喧衆多之口。」且玉之有瑕，尚可磨也；人之斯玷，焉可逭焉？謚曰文貞，何成沮勸？請下太常，更據行事定議。謹議。

大智禪師碑陰記

夫道非言，言以明道也；空非相，相以泯空也。禪師彌天冥

符，曠劫傳印，出等等，騰非非，適來時也，適去順也。上自宸扆，下達蒸黎，纔仰青蓮之光，旋驚白林之會。中書侍郎嚴公探祕藏，決詞江，洋洋乎文宗，昭昭乎靈迹。伯成殊昧先覺，忝在後塵，紏合羣公，激揚衆美，豈翰墨以云朽，將金石以齊固。所謂非六經曷以明夫子也，非四偈曷以曉眞如也。凡捨淨財者，人具題爵里。於時歲在辛巳五月庚戌十八日丁卯，皇唐開元廿九年也。（謹案碑刻嚴挺之大智禪師碑銘之下題河南少尹陽伯成撰，通直郎行河南府伊闕縣尉集賢院待制兼校理史惟則書。）

李元成

元成天寶時官考功郎中知制誥遷中書舍人

應賢良方正科對策（并問）

制策問朕聞理國莫尚乎（前篇作於）任賢命官必資乎（前篇作於）選
衆堯舜以聲不（登科記及前篇並作而）以度考覈良難殷周取德兼
取言（登科記及前篇並作而取名）徵求匪易朕所以載懷經術之彥夕
遺其寢虛佇藝能之士朝忘其饑子大夫光我弓旌應（登科記及名賢策問並作膺）斯揚擇爲政作法豈無前範安人濟時亦有
令躅宜敘立身之志各言從官之朮（前篇作心）至如七輔八元
施何綱紀十臣四老正何得失並（一作各）陳事迹兼詳（登科記作

述前篇作言）名氏夫（登科記及前篇並無夫字）朝會古禮登享舊章九儀式
辨其賜六贄各明所（前篇作其）執雍時起自（登科記作於）何年（前篇作代）亳
社立於何代（前篇作年）天士地士此（前篇作復）何所封諸布諸嚴彼
何所主（前篇作立）又穆邦家而濟生死三聖之教何長利動植
而益黎元（前篇作庶）五材之用（登科記作術）何要工商兩（前篇作二）業在
俗何先文武二（前篇作兩）柄適時何急凡此數科不獲雙美必
去者方於去食可存者同夫存信（十四字登科記及前篇並作必存者均乎存信所去者同乎去食）朕將親覽爾等（前篇作則）明言
對臣聞大聖有國將興至理總庶官以匡化覽羣議以登
賢所以奉若天紀作爲人極觀堯舜之典則四嶽僉舉九
載陟明考覈之端立矣監殷周之策則三駕訪德六廉察
事徵求之道行矣非睿哲明慮濬體化源亦安能董正理
官推伏賢傑者也今陛下纘興聖業昭布天光舉良弼以
謀至道綜羣才以康庶績故乃嶽生維翰星降士師嘉猷
日聞正言彌啓肅然在位燦然盈朝矣且猶郡邑公選巖
穴敷求遺寢載懷比歲臨問佇經術以佑職想藝能以建
官則古之坐明堂議衢室安可以儔清問之深也固將卓
立化首廓開政先豈唯紹明恒訓踐修常軌而已臣素微

經藝之術謬忝弓旌之招誠不足以登進王庭恭承明策
至若爲政作法之要安人濟時之體臣雖愚鄙竊有志焉
臣聞政務利人法期濟物布法由道行政在官官必其才
則人沐於化法必於正則物賴其安故庇人以和所以興
其義率人以禮所以致其淳賦之必均所以綏其業役之
必度所以務其時卹其轉死所以保其命薄其收入所以
全其生此安人之畫濟時之要總其大趣存其至心而臣
節無隱者爾故王者安人則審政興政則任官任官必良
則爲政皆善善政溥洽則黎人用康德之本也是以濬居

而情鑒萬里高拱而明照八極其在任人之術歟夫至公克守於鳴謙臣節必存乎無隱況王心虛鏡容光必察詢其立身之志考其從官之才臣之愚衷具以上達若蒙飭躬召入程器收用使得履文石以獻議瞻法座以陳誠序安人之大訓言濟時之良政抗恒節以忠主申遠圖以戴君臣之宿心永願畢矣立身之志實在於斯從官之才安敢自必蓋無善不應有開必先七輔立於先朝充四目以鑒遠八元翼於舜日播五典以宏風或理歷茂時天道以敘或辨方寧亂地紀用章或內平外成樹稼而蒸人乃粒

或忠肅恭懿敷教而理訓克從原其紀綱較然明著十臣佐命周道蔚興四老爲賓漢儲底定文武以濟靈臺光偃伯之期羽翼既成寵子罷奪宗之計匡正得失格言斯在風后力牧膺七輔之名伯奮仲戡居八元之列周公呂尚爲十臣之宗園公綺里參四老之目八元盡高辛之裔十臣有文王之子事跡斯辨名氏可徵矣夫朝會者所以正君臣之位登享者所以盡誠敬之極故物稱其禮舉之表儀功被於人施之祀典蓋辨其位序而不多其玉帛先其敬意而不繁其樽俎明王道之制也自道遠聖逝修及嬴劉薦幣興利酎金逞罰祭非其鬼妖望其祥瞻古語事斯謬甚矣周官大宗伯之職以九儀之命正邦國之位一命受職再命受服三命受位四命受器五命賜則六命賜官七命賜國八命作牧九命作伯蓋以懋功訓德審官乂人也又以禽作六贄以等諸臣孤執皮帛卿執羔大夫執雁士執雉庶人執鶩工商執雞蓋象事以明等威以示禮也秦修雍祠而古有雍畤焉周祭亳社宜社有屬亭焉孝武祈仙封於欒大將以通天地之道也故天士地士懸以五利之名焉漢氏廣禱主於小祠將以期純嘏之集也故諸

布諸嚴設於羣望之祭焉夫谷神不死道宗於元默至覺而生釋歸於清淨書於聖典固在儒流然練神虛心釋道以空慧爲法可以濟於生死矣興政致理周孔以禮義爲訓可以移於邦家矣教之攸設儒則爲長天生五材利溥羣物火炎水潤動植以滋剡木範金黎甿攸濟稟於元象土德厚載而居多施於物宜五行廢一而不可工以繕器商以通財財則聚人器則周用疾其浮偽商以政而當遏資於器械工在俗而爲先聖人覩天地以成文象震曜以興武文次九序武標七德利用開物禁暴夷凶二柄所資

百代無易兩參王政互爲國經若寰海晏如則武備都偃干戈日揚則文教式衰自有偏廢之辰皆無必去之道理曠者不可以言極道淺者不可以意明乾象照臨聖模廣運臣材非秀茂學非敏博對越天旨誠無足觀謹對

崔器

器深州安平人天寶中舉明經爲奉先令祿山陷西京器受賊署仍守奉先後詣靈武爲御史中丞兼戶部侍郎從肅宗至鳳翔加禮儀使尅復二京爲三司使吏部侍郎御史大夫上元元年卒

將軍王去榮殺人議

右件官打殺本部富平縣令杜徽恩旨以其能放拋石免死奪官自身配陝郡效力中書舍人賈至等未卽行下奏請奉進敕旨議者臣等伏以法者天地之大典帝王守之猶不敢專也若王去榮者乃敢擅殺是臣下之權過於人主開元以前無者尊朝廷也當今（疑）爲天下主愛無親疎得一去榮而失萬姓何利之有又八議名例都無此名十惡科條乃居其一殺本部縣令而陛下寬之王法不行人倫道屈臣等奉詔不知所從夫國以法勝有恩無威慈母

不能使其子養由基射穿七札楚王以爲辱國林慮公主男犯法漢君不爲減罪賤技則去榮何有受法則林慮可徵晉文棄原取信以信大於原也今陝雖要郡不急於法則海內無處不尅（疑）況陝郡乎無法也賈至等皆朝之忠良見尅（疑）在近謹議

楊綰

綰字公權華州華陰人舉進士補太子正字天寶十三載舉詞藻宏麗科擢右拾遺肅宗卽位擢起居舍人知制誥累拜中書侍郎同中書門下平章事集賢殿崇文館大學士卒謚文簡

條奏貢舉疏

國之選士必藉賢良蓋取孝友純備言行敦實居常育德動不違仁體忠信之資履謙恭之操藏器則未嘗自伐虛心而所應必誠夫如是故能率已從政化人鎭俗者也自叔世澆詐茲道寖微爭尚文詞互相矜衒馬卿浮薄竟不周於任用趙壹虛誕終取擯於鄉閭自時厥後其道彌盛不思實行皆徇空名敗俗傷教備載前史古人比文章於鄭衛蓋有由也近煬帝始置進士之科當時猶試策而已

至高宗朝劉思立爲考功員外郎又奏進士加雜文明經加帖經從此積弊寖而成俗幼能就學皆誦當代之詩長而博文不越諸家之集遞相黨與用致虛聲六經則未嘗開卷三史則皆同挂壁况復徵以孔孟之道責其君子之儒者哉祖習既深奔競爲務矜藝者曾無媿色勇進者但欲淩人以毀讟爲常談以向背爲己任投刺干謁驅馳於要津露才揚己喧騰於當代古之賢良方正豈有如此者乎朝之公卿以此待士家之長老以此垂訓欲其返淳樸懷禮讓守忠信識廉隅何可得也譬之於水其流已濁若

不澄本何當復清方今聖德御天再寧寰宇四海之內喁喁向化皆延頸舉踵思聖朝之理也不以此時而理之則太平之政又乖矣凡國之大柄莫先擇士古先哲后皆側席待賢今之取人令投牒自應非經國之體也望請依古制縣令察孝廉審知在鄉閭有孝悌及信義廉恥之行加以經業才堪策試者以孝廉爲名薦之於州刺史當以禮待之試其所通之學其通者送名於省自縣至省不得令舉人輒自陳牒比來有到狀保辨識牒等一切並停其所習經取左傳公羊穀梁禮記周禮儀禮尚書毛詩周易任通一經務取深達奧旨通諸家之義試日差諸司官有儒學者對問每經問義十條問畢對策三道其策皆問古今理體及當時要務取堪行用者其經義並策全通爲上第望付吏部便與官其經義通八策通二爲中第與出身下第者罷歸其明經比試帖經殊非古義皆誦帖括冀圖僥倖並近有道舉亦非理國之體望請與明經進士並停其國子監舉人亦請準此如有行業不著所由妄相推薦請量加貶黜所冀數年之間人倫一變既歸實學當識大猷居家者自修德業從政者皆知廉恥浮競自止敦龐自勸

教人之本實在茲焉事若施行即別立條例

上貢舉條目疏

孝廉舉人請取精通一經每經問義二十條皆須旁通諸義深識微言試策三道每日問一道問古今理體取堪行用者經義及策全通爲上第望付吏部便與官義通七策通二爲中第與出身下第者罷之論語孝經聖人深旨孟子儒門之達者望兼習此三者爲一經其試如上先取在家有孝義廉恥謙恭之行好學不倦精通經義堪對策者縣令徵於鄉里送名於州刺史與曹官對試以其通者

送省既是貢士刺史縣令不得以部人待之加其禮數隨朝集使以十月二十五日到省其鄉飲酒及至上都朝見並謁先師並依舊式又以寇難之故衣冠多去故鄉所居必聞才行斯在望許所在州縣且舉所請知者秀才舉人準舊格惟試方略策五條望令精通五經每經準孝廉例問義二十條對策五條每日試一道全通爲上第送中書門下超與處分十條通七策通四爲中第送吏部與官下者罷之又國子監舉人亦請每歲本業博士推擇才行送名與祭酒依鄉貢例試通者送省舉人自縣至州皆不得

輒自陳牒比來有到狀保辦識牒等請並停明法舉人望付刑部考試

裴遵慶碑

易坤之爲義臣道也君子履之文言曰直方大不習闕一字不利又曰陰雖有美含之以從王事然後以黃中通理之道闕終則受黃裳之吉矣安貞應地者其順矣乎公闕十二字在闕一字爲伯益若予上下在周爲非子闕字重闕七字因其生也濟物之慶垂名闕九字河東著族其後始大以至於大闕逮先考贈司空闕二字君重之以明義虞闕二字公公少而闕十一字於近究末而必愼其初嘗闕足以盡闕一字則闕一字然矣介是者君子之所闕六字爲寶闕八字而不察解褐以門蔭授與寧陵闕之功用刑者必求其意闕一字法者闕一字極於文闕六字疑闕九字加徒役辭闕一字翻動文致於理闕體闕一字自前修闕一字批案云才辯不足闕一字人威力不闕十二字省闕七字別曹奪巳闕一字之闕外闕一字轉司勳吏部郎皆掌曹事前古官省而久任中代闕七字鄉里之闕七字掄材之重專闕萌難闕一字隱匿闕一字環訛爲闕一字結投刃不惑應弦而闕二字自闕三字不自尊其闕三字問望巳闕一字於公輔矣丁內闕

太守外闕三字中權闕一字擾私欲闕一字求不給則闕三字貶守闕四字稱惜闕五字郎中至德初闕二字賊庭將闕賀於朝闕一字拜給事中累遷尙書右丞兵部戶部闕一字校吏部闕一字郎闕二字之後以擢闕四字之道闕一字而多端公鑒以闕年除吏闕一字侍郎平章事時寇戎未平闕一字國多務闕一字以數變生害穀以不通爲急公闕四字敬闕一字之信不擅其利不闕則闕一字而闕一字溫雅闕一字浮詭闕二字矜伏諷諫見闕三字內懼闕五字爲文闕一字惟左右近闕二字記削闕一字之疎數莫知其闕食一百戶又追先闕二字之德寵贈正司以闕一字勉焉

公以年當賜杖禮有懸車不矜字闕五簿守官之節固請過闕上難字闕二至字闕一太子少傅又以官制字闕一明選曹求舊還除吏部尚書遷右僕射再字闕四人願也公和順積中闕欲進之字闕一及踐大任無自喜之色當其未可審其體而能安當其可蹈其字闕一而不失每字闕一安危故事興替舊章論同字闕一極上列祭字闕一實賦養不加厚謙以自持酒醴之歡儉故能廣林泉之字闕五惠愛以合親施舍以周給古之闕以大歷十年十月二十九日薨於字闕一年縣升平里之私第以明年二月二十字闕一日字闕二於東都萬安山

之舊塋字闕一謚曰字闕二公禮也詔使字闕二典客護喪卿大夫庶僚百吏追送於國門之外生榮歿哀人理至矣有子太子闕踐德之字闕三抱字闕一之字闕三之義以文見託論譔闕四字不字闕一其銘曰

天生萬物有典有則人之秉彝好字闕四空之天古訓是式知字闕一知字闕一有嚴有翼慤善同允敬字闕一奉職五刑恤闕是力字闕六自字闕七其直是非字闕八盈虛與時消息字闕四哀榮同域闕

汾陽王妻霍國夫人王氏神道碑

鵲巢配德合好之義洎象服建封寵光之致極况動循法度躬事蘋蘩揭四德而表儀高門秉一心而輔佐君子則有夫人王氏有唐元輔汾陽王之伉儷本其盛族著於太原高祖長諧皇左武衛大將軍秦州都督平原郡公贈荆州大都督陪葬獻陵曾祖德元銀青光祿大夫唐州刺史祖士會河南府陸渾縣令父守一寧王府掾贈兗州大都督或勳閥可稱或理行尤異積仁儲慶奕葉聯華夫人即兗州府君之長女敏悟生知孝慈天性誕含柔範光起部儀親執組紃備詳圖史女宗之美燦然有光年既及笄禮

從納幣言告師氏歸於汾陽汾陽時寵祿未崇盛業猶晦夫人循節儉之行服澣濯之衣祇事舅姑恪恭朝夕視庖主饋未嘗假人下氣怡聲率由至性生既極其養歿又過乎戚愼徽衆善敦敍六宗睦娣姒以仁接中表以義由是閨門以穆婦道有聞天寶中汾陽分鎮河中策勳王府夫人從夫之義封瑯琊縣君尋又進封太原郡君其後寇盜橫厲風雲元感汾陽乃首啟戎行宣力王室出則統一師旅入則燮贊台階元勳既崇殊賞斯至內訓之功其子或位列通侯或室嬪貴主姻連右戚榮冠中朝門通河漢之

津地成冠蓋之里每令節嘉賞長筵高會青紫照庭佩璟盈室薰灼人代莫之與京然約已尚柔從夫體順服仁不倦守禮無爲總是具美允膺多福亦嘗排鳳闕謁龍顏及承制曰汾陽郡王妻太原郡君王氏婉娩淑德齋莊令容稟訓姆師友於琴瑟作賓君子宜爾室家克著艱難之勳實由輔助之力可封霍國夫人初汾陽受命東征長驅河朔夫人處於西土三徙其居導諸子以義方規衆女以典則用能聿遵禮度伊加等之顧問奉殊常之寵錫容止合度威儀可觀帝嘉其賢尤所稱重宜其阜昌盛業蕃衍華

緒荷恩渥於上天保榮耀於當代而夫人蘊高世之度抱出塵之節以爲致盈必損理有固然誓棄浮華願歸正覺於是損其服玩斥其愛染思契理於勝因將息心於了義乃捨京城西別業奏置法雄寺又於法雲寺寫藏經修塔院置經行之室立禪誦之堂景福所憑斯焉茫昧遐齡未及奄爾薨殂享年七十三以大歷十二年正月辛未終於平康里之私第皇慈興歎中使臨弔汾陽以睽偕老之期深遺掛之恨撫襟長慟悼亡何及即以其年六月二日卜葬於萬年縣鳳栖之原恩詔贈賻率加常典哀榮之盛今昔罕儔有子六人長曰銀青光祿大夫太子詹事上柱國太原郡開國公曜次曰開府儀同三司行左散騎常侍趙國公晞次曰開府儀同三司行尚書吏部司封郎中上柱國樂平郡開國公晤次曰銀青光祿大夫試殿中監駙馬都尉曖次曰銀青光祿大夫守殿中少監曙幼曰朝散大夫守秘書省著作佐郎映有女八人長女適成都縣令盧諫金次女適鄂州觀察使吳仲孺次女適衛尉卿張洨次女適殿中少監李洞清次女適司門郎中鄭渾次女適邠（一作汾）州別駕張邕次女適和州刺史趙縱幼女適太常寺

丞王宰並銜恤在疚是崇窀穸帝女降天人之貴從主婦之儀手制衣衾親臨祖載自宮徂野徒行號擗此又盛德所感明靈永慰者也汾陽屬當出鎮瞻望不及思刻金石以紀徽猷綰顧無贊美之能虛承敘德之命式揚茂實以副永懷銘曰

赫赫崇勳鬱爲元臣峩峩淑德奄有方國夫貴妻尊恩渥寵極聿修閫政以懋嬪則妥自中年嘉聲克宣魚軒昭曜翟茀嬋娟嬪從如雲歌鍾沸天永言浮世載悟眞詮元夜何速青鳥斯卜惻愴笳簫蒼茫陵谷惟貞石之不朽庶斯

言之可復

欽定全唐文卷三百三十二

郭子儀

子儀字子儀，華州鄭縣人。以武舉異等補左衛長史，累遷朔方節度右兵馬使。安祿山反，進衛尉卿，兼靈武郡太守，充朔方節度。以本軍東討，以功加御史大夫。肅宗即位，拜兵部尚書、同中書門下平章事。至德二載，進司空，充關內河東副元帥。兩京平，加司徒，封代國公。上元三年，進封汾陽郡王。廣德元年，賜鐵券，圖形淩煙閣。德宗立，攝冢宰，賜號尚父，進位太尉、中書令。建中二年薨，年八十五。贈太師，

諡忠武。

請宣示儉德表

臣聞古先哲王，莫不崇儉以阜時，戒奢以敦本，勤以樹善，利在化淳。伏惟乾元大聖光天文武孝感皇帝陛下，纘成盛業，備歷諸艱，功存造化，澤被毗俗。至於服用之飾，聲樂之娛，宜有所增加，以彰聖德。今月十六日，臣等伏蒙天恩，幸霑內宴，切見後庭伎樂，其數非多，衣製儉薄，頗爲逼下。顧無麗綺之玩，是行質素之風。恭惟睿慈，允臻於道。昔漢文念中人之產，晉武焚外國之裘，皆抑止於有餘，匪謙讓

於當分以今比古無德而稱況聖作物覩著自格言上行下效存以理體陛下以農桑未乂軍務猶虞思維富教之繇率先儉約之化康寧之福莫尚於此臣等備位宰臣職當毗贊恐聖烈無紀臣下未知請編之史策宣示中外

請改元立號表

臣聞功莫大於締搆乾坤孝莫先於纘承社稷伏惟皇帝陛下繼述冠於周武中興邁於漢光曩者巨逆慢天中原失序生人罹厥角之禍皇運甚綴旒之危陛下親討元凶指麾戎旅尊先帝於靈武返上皇於巴蜀以一旅而歸定

二京不再周而克寧九廟是陛下締搆之功也及乎先帝厭代姦臣窺國懷躡足之變搆無將之端陛下曒將成之禍胎挫已就之凶計申大義而誅呂全至公而嗣文日月蝕而重明寰宇傾而再定陛下纘承之孝也臣伏以古先帝王繼體踐祚者年踰則改元創業垂統者功成則上號陛下頃以先帝梓宮象設猶在橋山石室弓劒未藏固違體天之典將申罔戚之義孝思之至又何加焉今二聖靈輀永安陵寢萬方黎庶悉夢華胥聖人之哀榮畢矣帝王之功業成矣宜其大崇徽號允羣臣禺然之望惟新正朔覃四海莫大之澤伏願降明詔下有司許臣等徵三代之故事考百王之通典改元立號革故鼎新懸之無窮俾映千古臣子儀等與羣臣萬姓不勝懇請大願之至

上尊號表

陛下昔在藩邸及登儲闈聰明徇齊齋肅端冕遇闕則下入廟必趨及乎著代成人繼明踐祚聖資天縱神化日新學貫九流觀書過於乙夜文高五始逸興麗於秋風此則陛下明昭之文德也頃者凶羯亂常彝倫失敘陛下親總戎旅誅討元凶掩慶緒於雒陽斬朝義於河朔罷三司而

復其位職人懷莫大之恩收兩京而不問脅從國賀非常之澤洎先帝大漸凶臣伺釁陛下釋服卽戎提戈清難九重遘慝王室危於綴旒百姓不知天下安於山嶽此則陛下安難之武功也若夫心遊繫象之表理絕名言之外聖斷沈遠同陰陽之不測睿謨鉤深與鬼神而爭與休氣潛盈草木化爲禎祥淳風遠覃蠻夷效其獻貢加以明並日月德參乾坤風雨應時自有雍熙之兆魚鼈咸若更登仁壽之期此則陛下莫大之至聖也至於色養盡心愼終追遠問安內侍豈一日而忘朝視膳宰夫知再飯而方退及

乎三聖建代九域侵臨至性自天哀容觸地門外之理權依易月之期從心之喪實履終天之痛財傾象設力竭山陵莫不德通於神明哀感於天地故得役徒百萬之衆皆曰子來送終三十餘日曾無塗潦此則陛下感通之至孝也若乃神告聖運天呈寶符陛下登極之辰泗水見其五璽天兵滅虜之日黃河清於千里神烏白雀之祥塡林溢圃卿雲甘露之瑞歲至月書此皆靈貺昭告休期之大應也且夫允恭濬哲有軒轅戰伐之功焉德合乾坤有伏羲尊聖之業焉降天休呈地寶有夏禹元珪之感焉經天緯

地之謂文立極中興之謂武變化無方之謂聖精誠上通之謂孝降天和騰地氣生無期出無盡之謂寶文以昭之武以定之聖以成之孝以通之寶以應之夫然後可以充天地之洪名崇帝王之大號故臣等犯冒萬死奉上寶應元聖文武孝皇帝尊號伏願陛下祇膺景命對越神祇應天理人光膺大典臣等謹當撰吉日修禮容設九賓覲羣后昭告列聖清廟展黃琮之儀有事昊穹圜丘陳蒼璧之禮臣子儀等與羣臣百姓不勝大慶謹上尊號以聞

上章敬皇后謚表

儷宸極者允歸於淑德謚徽號者必副於鴻名當履運而承天則因心而追往此先王之明訓聖人之茂典也伏惟先太后圓精挺質方祇稟秀禎符協於四星典禮敦於萬國得元和之正氣韞霄漢之清英顧史求箴道先於壼則撝謙率禮教備於中闈太陰無昊朓之徵丙殿有祝延之慶尊敬師傅佩服禮經勤於蘋藻之薦罔貴珩璜之飾徽音允穆嘉慶聿彰憲度輔佐之勞緝熙元默之化足以光昭宗祀作配紫微豈嬀虞之風行於江漢之域葛覃之詠起自岐陽之下爰膺歷數作啓聖明大拯艱難永清夷夏

雖復文母成周王之業慶都誕帝堯之聖異代同符彼多慚德昊蒼不弔聖善長違當圓魄之成玉英早落有坤儀之美象服未加悲懷於先遠之辰感動於易名之日伏以山陵貞兆良吉有期虞祔之儀式資配享率由故實敬奉嘉名謹按謚法敬慎高明曰章法度明大曰章夙興夜寐曰敬齊莊中正曰敬敢遵先典仰圖懿德謹上尊謚曰章敬皇后

讓加太尉表

伏以太尉職雄任重竊憂非據輒敢上聞今日開府敬令

琬至伏奉墨詔不蒙允許仰觀聖旨惶駭失圖臣疇昔之分早知止足今茲累請竊懼滿盈義實由衷事非矯飾志之所至敢不盡言自兵亂以來紀綱寖壞時多躁競俗少廉隅德薄而位尊功微而賞厚實繁有衆不可殫論臣每見之深以爲念昔范宣子讓其下皆讓欒黶爲汰不敢違也臣誠薄劣竊慕古人務欲以身率先大變浮俗是用勤勤懇懇願罷此官庶禮讓興行由臣而致也臣位爲上相爵爲眞王參啓沃之謀受腹心之寄恩榮已極功業已成尋合乞骸保全餘齒但以寇讎在近家國未安臣子之心

不敢寧處苟西戎既斂懷恩就擒疇昔官爵誓無所受必當追蹤范蠡繼迹留侯臣之鄙懷切在於此伏願察臣愚款炤臣血誠遠降德音俯停新命上以廣聖明德讓之美下以免微臣無極之災畢力捐軀萬死無恨

讓太尉第二表

累上封章固辭新命未蒙亮察猥見褒崇應錄臣性分愚魯言辭蹇訥不足以遠迴天聽上感宸衷伏念兢惶心魂若失臣備位將相於今十年嘗願竭力奉公以身格物宏簡退之化移躁競之風不使食浮於人賞僭於德區區之志實在於斯今臣受命徂征不越畿甸顧惟勤效尚未梟夷論功則毫髮未聞議賞則邱山已重而舊官秩外更授崇班忝日秉鈞將何率下實恐浮薄之輩從茲寖甚禮讓之道不復興行在臣微軀胡顏自處臣歷觀古今備見否藏貴而能降者盡獲保全進而忘退者卒遇傾覆臣深知此理安敢貪榮所以抵冒威嚴昧死陳讓陛下雲雨之施旣以光寵其始亭育之恩豈不保持其末所冀免臣橫死錫臣餘年碎首爲請期於必遂

讓加尚書令表

伏奉廣德二年十二月三日制加臣尚書令餘並如故受恩逾量魂守飛越臣聞王政之本繫於中臺天下所宗謂之會府大錄其事自古攸難宣五常之教儀刑百辟揆六聯之務阜成兆人非才則闕不可濫處臣以薄劣素乏行能逢時擾攘猥蒙驅策內參朝政外總兵權上不能翼戴三光下不能糺逖羣慝功微賞厚任重恩深覆餗之憂實盈寤寐臣昨所以固辭太尉乞保餘年殊私曲臨遂見矜許竊謂陛下已知其願淺察其心豈意未歷旬時復延寵命以臣褊淺又寡知謀安可謬職南宮當茲大任況太宗

昔居藩邸嘗踐此官累聖相承曠而不置皇太子爲雍王之日陛下以其總兵薄伐平定關東欽至策勳再有斯授豈臣末職敢亂大倫德薄位尊難逃天下之責負乘致寇復速神明之誅伏乞天慈俯停新命非惟名器無假實冀骸骨獲全在於微誠皇穹所鑒

讓尚書令第二表

臣伏以尚書令武德之際太宗爲之一昨瀝懇上陳請罷斯職而陛下未垂亮察務欲褒崇區區微誠益用惶懼何則太宗立極之主聖德在人自後因廢此官永代作則陛

下守文繼體固當奉而行之豈可猥私老臣隳厥成式上掩陛下之德下貽萬方之非臣雖至愚安敢輕受況久經兵亂僭賞者多一人之身兼官數四朱紫同色清濁不分爛羊之謠復聞聖代臣頃觀其弊思革其源以逆寇猶存未敢輕議今元凶沮敗計日成擒中外無虞妖氛漸息此陛下作法之際審官之時固合始於老臣化及班列豈可輕爲此舉以亂國章國章亂於上則庶政隳於下海內之政皆亂則國家又安得永代而無患哉陛下苟能從臣之言俯察誠請彼貪榮冒進者亦將各讓其所兼之官自然天下文明百工式敘太平之業可得而復也臣誠蒙鄙識昧古今志之所切實在於此

進賜前後詔敕自陳表

臣德薄蟬翼命輕鴻毛累蒙國恩猥廁朝列會天地震盪中原血戰臣北至靈武覲先皇帝乃舉兵而南大蒐於岐陽先帝憂勤宗社託臣以家國俾副陛下掃兩京之妖祲陛下雄圖丕斷再造區宇自後不以臣寡劣委文武之二柄外敷邦教內調鼎飪是以常許國家之死實荷日月之明臣本愚淺言多訐直慮此招謗上瀆冕旒陛下居高聽

卑察臣不貳皇天后土察臣無私伏以器忌滿盈日增兢惕焉敢偷全久妨賢路自受恩塞下制敵行間東西十年前後百戰天寒劍折濺血霑衣野宿魂驚飲冰傷骨跋涉艱阻出沒死生所仗惟天以至今日陛下曲垂惠獎念及勤勞貽臣詔書一千餘首聖旨微婉慰諭綢繆彰微臣一時之功成子孫萬代之寶自靈武河北河南彭原鄜坊河東鳳翔兩京絳州臣所經行賜手詔敕書凡二十卷昧死上進庶煩聽覽

請車駕還京奏

臣聞雍州之地古稱天府右控隴蜀左扼崤函前有終南太華之險後有清渭濁河之固神明之奧王者所都地方數千里帶甲十餘萬兵強士勇雄視八方有利則出攻無利則入守此用武之國非諸夏所同秦漢因之卒成帝業其後或處之而泰去之而亡前史所書不唯一姓及隋氏季末煬帝南遷河洛丘墟兵戈亂起高祖倡義亦先入關惟能翦滅姦雄底定區宇以至於太宗高宗之盛中宗元宗之明多在秦川鮮居東洛間者羯胡構亂九服分崩河北河南盡從逆命然而先帝仗朔方之衆慶緒奔亡陛下

藉西土之師朝義就戮豈唯天道助順抑亦地形使然此陛下所知非臣飾說近因吐蕃淩逼鑾駕東巡蓋以六軍之兵素非精練皆市肆屠沽之人務挂虛名苟避征賦及驅以就戰百無一堪亦有潛輸貨財因以求免又中官掩蔽庶政多荒遂令陛下振蕩不安退居陝服斯蓋關於委任失所豈可謂秦地非良者哉今道路云云不知信否咸謂陛下已有成命將幸洛都臣熟思其端未見其利夫以東周之地久陷賊中宮室焚燒十不存一百曹荒廢曾無尺椽中間畿內不滿千戶井邑榛棘豺狼所嗥既乏軍儲又鮮人力東至鄭汴達於徐方北自覃懷經於相土人煙斷絕千里蕭條將何以奉萬乘之牲餼供百官之次舍矧其土地狹阨纔數百里閒東有成皋南有二室險不足恃適為戰場陛下奈何棄久安之勢從至危之策忽社稷之計生天下之心臣雖至愚竊為陛下不取且聖旨所慮豈不以京畿新遭剽掠田野空虛恐糧食不充國用有闕以臣所見深謂不然昔衛文公小國之君諸侯之主耳遭懿公為狄所滅始廬於曹衣大布之衣冠大帛之冠元年革車三十乘季年三百乘卒能恢復舊業享無疆之休況明

明天子躬儉節用苟能黜素餐之吏去冗食之官抑豎刁易牙之權任蘧瑗史鰌之直薄征弛力卹隱追鰥委諸相以簡賢任能付老臣以練兵禦侮則黎元自理寇盜自平中興之功旬月可冀卜年之期永無極矣願時邁順動迴鑾上都再造邦家惟新庶政奉宗廟以修薦享謁陵寢以崇孝思臣雖隕越死無所恨

上黑禾奏

寧朔縣界荒地廣十五里有黑禾穀出遍地每日側近百姓掃盡經宿還生前後可得五六千石其禾圓實味甘美

臣以爲天啓興王瑞先百穀故漢稱雨粟周頌來麰豈瑞禾自出家給人足蓋陛下富教安人務農敦本光復社稷康濟黎元之應也臣不勝大慶

論吐蕃書

朔方國之北門西禦犬戎北虞獫狁五城相去三千餘里開元天寶中戰士十萬戰馬三萬纔敵一隅自先皇龍飛靈武戰士從陛下收復兩京東西南北曾無寧歲中年以僕固之役又經耗散人亾三分之二比於天寶中有十分之一今吐蕃充斥勢強十倍兼河隴之地雜羌渾之衆每

歲來寇近郊以朔方減十倍之軍當吐蕃加十倍之騎欲求制勝豈易爲力近入內地稱四節度每將盈萬每賊兼乘數四臣所統將士不當賊四分之一所有征馬不當賊百分之二誠合固守不宜於戰又得馬璘牒報賊擬涉渭而南臣若堅壁恐犯畿甸若過畿內則國人大恐諸道易搖外有吐蕃之強中多易搖之衆外畏內懼將何以安臣伏以陛下廣制勝之術力非不足但慮簡練不精進退未一時淹師老地闊勢分願陛下更詢讜議慎擇名將俾之統軍於諸道各抽精卒成四五萬則制勝之道必矣未可失時臣又料河南河北山南江淮小鎮數千大鎮數萬空耗月餉曾不習戰臣請抽赴關右教之戰陣則軍聲益振攻守必全亦長久之策臣猥蒙任遇垂二十年今齒髮已衰願避賢路止足之誠神明所鑒

房琯

琯字次律河南人以門廕補宏文生授祕書省校書郎天寶中累遷憲部侍郎元宗狩蜀拜文部尚書同中書門下平章事加銀青光祿大夫奉使靈武冊立肅宗尋抗疏自請將兵詔加持節招討西京兼防禦蒲潼兩關兵馬節度

等使遇賊於陳濤斜敗績罷爲太子少師還京師加金紫光祿大夫封清河郡公寶應二年拜特進刑部尚書廣德元年卒年六十七贈太尉

上張燕公書

竊惟當今主英臣誠海平天清于相國者更言朝廷之遺闕黔黎之艱阻妥矣琯直以有詞不自明徵積心無與消散此亦一夫不獲願就相門陳之或議相門重溪賤士窂及進言不少非人則廢退而或念止於旬時若借人爲容則恥殊特達欲持情徑往則懼致忽遺思所以自奇圖左

右見異僭用舊禮獻此琬琰冀贊列得啓其書書窮思見其人矣至於輕好行怪易爲犯德琯非敢如此也顧左右明之琯嘗聞旣往布衣之士亦賤者也而一人下之三公崇之將欲分其賢愚而係其理亂琯自料必不能有損益於盛朝徒亦形似英哲之蹤辱累珪璋之德希左右以公選琯因以私進所私者則敢終而言之琯幼而先相國棄代委翳於蓁蕪之下文粹作琯幼爲先相國棄委翳於蓁蕪之下因物遂遷與農者莫辨不忍窘厄然後以蓄穫爲懷將袛若遺誅乃發前言篋笥有相公述作焉有先君鑒誡焉約之立言依以

扶信若赴古道則適若逢今人則乖或謂之非或謂之是求我哲匠擊此困蒙顧此身在下流無聞上士未足爲先君之嗣不可見先君之友況有貴賤之異爲之隔閡乎淡惟達音者希恐不可再得忽不知相國之富貴如此琯之貧賤又如此期相國乃曰人以道義求我我不當以貴賤隔之借如宣父有相國之貴寧拒游夏之徒歟夫其此心千載一用豈琯也當之又見禮經有難進易退者戒貪也起人來學者勸道也琯趣仁者而久未行何乎衣惟素褐乘非車馬閽人斥之馭者排之長衢高門驟拜左右則近於論訴豈聞道之士乎故獻玉貢書以先其意或垂善誘使得登其門假以溫和之顏賜其清閒之宴大觀宗廟旁見百官上諮爲人之紀綱次及作文之利害然後陳百一之誡諷南山之詩醉德寫誠俯而告退琯之願也未敢忘也若其取於是日許時入奉一歲之內得再廁法曹舍人聞詩禮焉人子畢矣豈有恨哉至如笥有衣裳天有秩序聖君在上何人不欲如琯今日未敢生心倘見露之時爲左右所器亦願起自燕國門下令衆人別意瞻矚也貪竭鄙志不覺多言妨塵宴私憂危失措倘左右垂無窮之惠

降不測之禮錫數字之答加一介之使則相國保下士之譽小人獲見知之榮光照微軀價傳多士輒飾瑣貌以俟軒車

龍興寺碑序

厥初道在人和上皇取象以濟其略中古淳薄人散東周出禮以順其動後代澆極人安西方流化以復其情夫動與禮違靜與道遇詩書之義尚乎聰明其終動以乖乘戒之旨反乎視聽其終靜以適然則先王之作其未盡歟如來之道其無上歟觀其數乘方駕愚智各新其業大悲一

貫胎化成遂其情法要颺言佛性可以懸得禪宗陰契菩提可以程至通天上地下之事達前生後身之理歷劫必遇其勝因累生因成其圓果輪迴拯厄無物不盡非釋迦如來孰能至於此乎精宮爲歸誠之地比邱是覺後之人非明主良臣孰能崇於此乎此宇宙我高祖創集之我烈祖潤色之則天皇后中微之孝和皇帝再興之此龍興寺則孝和之天下諸州各建同號所以慶王業也雖棟宇已立而裝持未嚴開元十七年天火下焚僅獲半存州將皇三從叔無言聖允帝緒稟受自高發慮存誠與庶品不類

於彼無度外之物在我無累巳之人廣不可尋淺難以測政成化溥身逸俗康位居藩牧與天子共理親則叔父與人主同家護社稷淺於他臣視龍興別於餘寺與言多感舉意大成以家率先施錢數萬合境僧尼等道會一體物通十方同力來奉佛塔此州是闔廬故國太伯始封習俗尚華人士克讓聞義風偃捨財雲集上座戒嚴長江氣雄心朗才傑寺主行虔外想遺形苦心堅行相與戮力營衞受伏州主由是發人取財輦貨購匠川流咽塞道路相望體製諮決於公輸壞巧採奇於衆藝程式既定百工齊舉素無特起舊有增飾允正殿之西靈蔓長廡之南垂廓開房室增加廄庫高閣疊起以下覆三門並建以相挾如少華之承西嶽少室之拱維嵩彩翠虹新欒櫨雲容欻爾巳就宛然化成右驛亭左城堞亘望直視一面齊啓背倚闉闍俯朝盈夕散之人前枕通莊閱朝京通越之士地當聚落之腹壯爲塔廟之首標吳中之巨麗實天下之景福向若衆生無緣則佛不出世象教何由及此乎聖祀非長則帝不出震龍興何以建寺乎州無賢牧則蒸庶不化財力何以得廣乎百祥畢備成是寶功足可以光揚前烈乎佑

下人也琯浮客一過捨舟投體目駭奇功心賞直節輕諸敘事不甚明暢銘而頌之實在能者

欽定全唐文卷三百三十三

苑咸

咸成都人登進士爲李林甫書記開元末上書拜司經校書中書舍人

爲李林甫讓中書令表

臣某言臣聞百工允釐方可咸熙庶績九流不雜所以彌奬人倫苟非其才胡顏安處臣某中謝臣智識凡近藝能瑣薄徒以遭逢運遇預奉休明謬忝宗枝特承甄拔爰從散職拜以中司三入仙臺兩登禁掖久於近密衆莫能過

念臣愚者聖慈收臣直者天斷頃者外總戎律會無決勝之謀內參鈞衡實寡推賢之舉將何以彌綸庶政翊贊雍熙以此慙惶無忘鑒寐況中書理本軍國務重事無巨細稟於睿旨蹔從時雨陛下每降於親祈未有邊塵陛下尚勞於遙詔無幽不燭有感必通在臣何人叨居大任雖願荷恩效力更勉驅馳其如竊位妨賢自多媿恥鴻私茂寵於臣已極纖勞薄效在國何施況貞觀以來相無宗子唯臣忝越擢自宸衷誠宜粉骨碎首闕七字尸素之嫌久招輿議屏退之分臣之宿心實恐上累明時下玷良史比因趨奏屢有陳祈天眷未迴聖情猶阻伏惟陛下察臣之情憫臣之訴賜臣止足之分恕臣不逮之力賜停今職退守閒司且臣感恩至深報效殊淺儻中外任使衆所辭難臣願先登冀罄誠節豈敢偷安重祿自保優閒特望更選羣賢以秉成績庶使朝無闕政天下稱公區區懇誠期於必遂不勝戰汗惶懼之至謹奉表詣朝堂陳乞以聞

謝兄除補闕表

臣某言伏奉恩旨臣兄前長安縣尉某特授左補闕內供奉賜紫金魚袋踰涯之澤忽降於重霄非次之榮猥延於

同氣自天有命闔室相歡臣某中謝臣兄比因寇孽潛跡江湖臣侍奉皇輿委身巴蜀艱虞萬里兄弟一方分成吳越之人久切支離之思陛下克清禍難再闢寰區臣兄幸遇休明得歸鄉陌雖骨肉之愛重喜如初而班秩已停久嗟失職臣昨因對奏遂竭懇誠情至所陳言將無隱陛下道宏孝理念廣睦親載懷遂物之仁爰軫在原之急皇慈曲被朝獎仍加擢同補袞之司錫以腰章之寵況臣官參秩禮任在司言身上列於紫垣兄遽升於青瑣故得連枝捧日方並侍於軒墀比影朝天復總華於朱紫一門受賜

舉族增榮斯實眷自宸衷恩加望外臣比承顧使本不因人今又沐殊私特延慈旨投軀有地報德無階非臣灰粉所能答效惟當昆弟相勗以孝資忠螻蟻之負細塵誓將裨補烏雀之銜微蠡志願塡河將九死而猶生豈百年之足謝云

爲李卿謝三品狀

伏奉今月恩制特授臣三品恩出非常罔知所措臣以薄劣久忝班榮幸以地籍宗枝遂得位參卿寺常憂踰分忝於正名豈臣灰粉所能答效自殊私俯及宿疾頓除旣承

七命之貴更荷在生之澤才輕遇重以榮以憂又先承聖恩賜臣藥酒自蒙救療日覺痊平但以微虛未堪趨伏拜恩閤巷喜懼難勝馳心闕廷戰荷交集無任惶悚之至

爲李林甫謝兄林宗爲太僕卿狀

右臣伏承今日恩制除臣兄太常少卿林寇爲太僕卿明命自天惶怍無地臣兄每私門誓約公道爲心務竭忠勤敢踰涯分豈謂陛下降中旨之詔假望外之恩拔自奉常正於羣僕臣久居宰輔職忝進賢考槃之詩未能息詠葛藟之蔭先及本根渥澤旣重於邱山光輝復聯於花萼一門有幸九死何酬無任感戴惶悚之至

爲李林甫謝賜兄衣服狀

右臣今月某日中使郭全羽至奉宣聖旨賜臣兄太僕卿林宗紫衣一副並犀角帶及金魚袋恩出非常榮超望表闔門捧戴喜懼失圖臣少遭閔凶早違怙恃兄弟素少形影相依幸遇休明俱霑官序且一身叨竊謬踐台衡闔門寵榮皆承天覆恩獎所及始望已過但兄林宗年力稍侵近嬰風病常恐溘先朝露不報前恩豈謂睿渥特深鴻私曲被河海重寄已叨命卿之榮章印崇班更承綬服之賜

慶流公族光照私門雖喜鶺鴒之詩終懼維鵜之刺無任喜懼感佩之至

爲李林甫讓男五品官狀

右臣今日曲蒙聖恩處分仙客令與臣男岫五品並授員外郎愚誠懇辭天鑒不察仙客承旨又已進宮憂懼失圖不知死所臣幸承天蔭特荷殊榮無補涓塵常靦面目至如邊城克捷狂寇肅淸皆睿略元通聖謀獨斷臣之遙統但有空名敢冒天功而爲已力虛承厚委滋是曠官況在頑童何議延賞假使天慈善誘宸聰曲臨變其服章已濊

榮幸更塵清奬何以自安且郎官之任朝廷俊選無人則缺不可虛授臣男岫性資愚戇無所能爲臣實知之非爲矯飾儻謬踐華省滋累聖朝必負黃童之才豈憚祁奚之舉知其不可敢乞收恩制命未行猶祈便寢無任懇款之至謹冒死陳請以聞

爲李林甫謝臘日賜藥等狀

右昨晚內使曹侍仙至奉宣聖旨賜臣臘日所合通中散駐顏面脂及鈿合並吃力伽丸白黑蒺藜煎揩齒藥等逼夜又賜粳米一百石麪二十袋適中使楊元新至又賜鱵

鱵魚魴魚鮭魚等仍便令膳造伏以嘉平舊節鍊藥良辰錫靈仙之祕方均雨露之殊澤金膏玉散駐齒髮於衰容瑞麪香粳頓豐盈於私廩况鱵魚魴鮭等降自天廚中使炮烹皆承聖法不資椒桂之力備適鹽梅之味臣竊位歲久叨榮日滋調鼎之功未施於毫髮登俎之美屢浹於恩波徒荷生成何酬造化無任稠疊感戴之至

謝賜藥金盞等狀

右內給事袁思藝奉宣聖旨賜臣藥金盞一匙並參花蜜餘甘煎及平脫合二（平脫一作平晚）兼令中使輔朝俊親授昨所

賜金方法者伏以聖澤無涯已沐九天之施眞方不祕更示八公之法王人俯及寶器仍頒自昔名臣近代良佐雖功業攸著或不承此賜况臣才不逮古雨露之澤逾滋任重當時涓塵之效無補仰瞻元造上答何階無任感戴之至

謝賜藥金狀

右內給事袁思藝至奉宣聖旨賜臣江東成金二挺若服之後滋有補益兼延駐者伏以仙方所祕靈藥稱珍必候休明之辰上益無疆之壽不意復迴天眷念及微臣賜九

轉之金駐百年之命且螻蟻賤質豈能長固蒲柳易朽常慮先凋竊荷生成之恩寧酬造化之德澤如河海空欣羽翼之期寵若邱山何伸灰粉之謝不任忻忭之至

爲李林甫謝賜鹿肉狀

右內品官史鳳節至奉宣聖旨賜臣鹿肉一盤捧戴殊私喜躍無地伏以十月農隙三泰歲成展豫離宮時巡近甸幸承扈蹕已荷陪遊之榮恩降自天更沐珍鮮之賜慶覃野坎（坎一作次）澤被私門顧螻蟻之至極仰邱山而何答無任感佩惶悚之至

爲李林甫謝賜魚狀

右內品官葉惠仙至奉宣聖旨賜臣魴魚一盤仍便令造羹伏以九天之使頻過衡門八珍之羞屢霑御膳登盤既榮於薦熟正席更喜於先嘗每侍軒墀曾無獻替歸休私室偏沐恩波空荷紅鮮之慈實負素餐之責無任惶悚感戴之極

爲李林甫謝賜蟹狀

右中使焦庭望至奉宣恩旨賜臣生蟹一盤便令造食臣自叨陪侍從累沐殊榮朝天賜浴於御湯退食每霑於仙

饌賞隨恩積慶逐時新臣之何功偏承厚錫游泳渥澤但懼踰涯徘徊寵私無階答効無任望外荷戴之極

爲李林甫謝賜車螯蛤蜊等狀

右內品官葉惠仙至奉宣聖旨賜臣車螯蛤蜊等仍令便造膳適中使賜臣水犢肉一合伏自濫陪巡幸累沐殊私每荷天恩曾不踰日或承海味或降珍鮮況皆聖主傳芳王人調飪薄効無裨於涓滴厚施轉積於邱山昔周美康侯特霑蕃庶之錫漢崇張禹亟覃賜餼之榮才不逮於前賢而遇每深於曩眷雖竭心盡節何答生成

爲李林甫謝賜食物狀

右內官趙承暉至奉宣聖旨賜臣車螯蛤蜊等一盤仍令便造趙臣忠至又賜生蟹一盤高如瓊至又賜白魚兩箇伏以衡門之下頻降王人簞食之中累承天餼適口之異無時不霑駭目之珍每日皆遇顧循涯分何以克當徘徊寵私罔知攸答

邵軫

軫汝南人

雲韶樂賦

帝唐之於宣昭立極本乎神堯彌六葉以開泰接三正而會朝樂一人之淳德成萬國之謳謠故太宗載橐而象舞聞於破陣我后垂拱而作樂嗣曰雲韶夫道者率性作者謂聖統同積和倫理知政斯古之所以歌九德誦六詩咸池備矣大章繼之玉戚朱干降及禮文之代黃桴葦籥行乎樸略之時若乃周道衰王澤竭正始之音奔散哀思之風鬱結逾千載而未返以俟我開元之濬哲噫我樂之方作也天保定武功成紹堯光澤嗣武重明感物以風下理心而和聲稽六律之宮變諧八音而磬清越二十四祀建

寅望之夕啓千門以達陽氣御重城而臨百辟張彩燈之煌煌敞新樓之奕奕甸師庭燎武賁陛戟命典庸使設簨簴飾羽毛而展金石納四夷之僸佅兜離奏六代之翕純皦繹乃翼日出雲韶而舞之徒觀其降輦路臨廣場曳羅裹之婀娜鳴玉佩之鏘鏘始逶迤而並進終宛轉而成行於是合以絃匏從之磬管昭敬意於廉直本喜心之嘽緩克和四氣應春候兩角調取象八風如舞行之綴短霓裳綵鬬雲髻花垂清歌互舉玉步徐移俯仰有節周旋中規將導志以變轉幾成文於合離爾其美目流盼輕姿聳峙

或少進而赴商俄善來而應徵魚貫初度驚鴻乍起容裔自得蹁躚未已褰衣屢更新態不窮忽舉袖而縈紫復迴身而拖紅及夫繁音九變曲度將終神人以和天地攸同道五常之行移四海之風然後樂師告罷退之帷宮時也皇歡浹睿澤滲一人有慶萬國歡心羣臣獻華封之祝天子御薰絃之琴照宸光於合璧式王度其如金乾道兮下濟湛恩兮汪濊四三皇兮六五帝于胥樂兮千萬歲

綦毋潛

潛字季通荆南人開元十四年進士調宜壽尉入爲集賢待制遷右拾遺終著作郎

龍興寺銘

在昔元命運革唐德大象有歸神器載復天人用慶元津扇福迺命率土崇之法堂錫名取類棟宇以光善本物持淨亦神護發地騰焰莫知其故疎綴烟消迴廊燼去半落層構斜通平地烈烈皇叔總我古城象設不覩風埃咸盈崩殘不葺忠孝何弃乃廣其施誘人助成英英郡貳亦旣同聲粲粲僚士誰非會情投心霧塞効信泉傾舊製俄滿新規更營龍跳透檻虎翼飛甍與國同刼配天作程假詞

紹美吁其以驚

王諲

諲開元中進士官右補闕

明堂賦

大唐混合寰宇開張時雍體黃中之一德居紫微之九重旣而成化再造天下有道得綵鳳之靈圖據飛龍之大寶美其歷數會昌累葉重光眞宰無爲盛先天之景業聖人有作立配帝之明堂寫神規之大造嶷崇基之正陽燐燐爛爛熒熒煌煌徒觀其藻畫周設彫刻具美綺寮豁達以

生風重檐周流以藏晷嶔崟崎巇狀崑岳含霧而插天衢
隆崇嵂屼若蓬萊駕鼇而涌海水屹乎氤氳孤標紫氛璇
題皓飾金鋪洞文拱星辰以端居傍眺白日馮軒檻以直
視俯見青雲爾乃環曲枅構重屋蓮銜綺井黸窗吒以垂
珠階接形庭影連延而造玉若夫靈姿衆出詭變叢生晝
栱攢椸龍桷參差以星布陰室晝朗粉垣皎曜以月明及
夫四海波晏一人有慶寒風初盡陽月既正蠻夷颯沓以
來王文物葳蕤以交映信所謂不宰而合通居中而作聖

花萼樓賦以花萼樓賦一首并序爲韻

我唐有國塹炎海而苑絶漠封日域而隄流沙生堯舜而
開統誕文景而承家於茲百有二十載開元皇帝御極居
藩符五馬之兆在天豈一龍能加愛弟則淮南之仙術名
王則臨淄之才華朝有土階之約官靡瑤臺之奢飾舊館
而納景建飛觀而臨霞長公子之自薄塞主人之相誇非
徒擬花萼之麗蓋取諸棠棣之華請循其始仍舊而作珍
林自生靈池不鑿下池塘之烟霧植掖垣之花萼鳧鷺翕
習而來止樓臺嶁嵯而相錯雨日而雲起澄潭霽夕而月
懸高閣歸梁園於上苑通代邸於平樂洞複道而爲臨幸

矗層城而作垠埒於是於城之陬建此飛樓橫邐迤而十
丈上崚嶒而三休仰接天漢俯瞰皇州百鄽之所迴合九
逵之所夷猶總萬象之多少極二曜之環周爲棟宇之殊
觀實崇高之寡仇蓋術者之不陋亦帝王之所遊規模制
度去奢維素方面曲折匠石所務浮欄鬱律而卻偃飛甍
參差而前注連磴道而內屬曳軒窗之橫鶩龍獸撫注而
相驚虹蜺亘薄而齊布塗椒蘭以爲馥銜明月而爲炷牓
題仲將之手頌登文考之賦六合清朗天地靜謐明主垂
裳賢臣屈膝龍輿親覽珠旗曉出言羽衛以清帳敕太史

之擇日點翠幕而夾道列雲影而竟術萬國爭馳而駢會
千官畢扈而咸秩宮闕迢遙其若浮郡國森羅以加一廣
宴須大官之膳鴻霈寬司寇之律獻春之望嚴更羅守月
上南山燈連北斗魚啟鑰於樓上龍銜燭於帳口帝城縱
觀而駕肩王宫望瞻而仰首鼓吹更落琴笙夜久清歌齊
升而切漢妙舞連軒而垂手張廣樂以建和示至樂於羣
有天子偃伯天下高臨穆清理國以道與代作程不純儉
以愆德不徇奢而害盈建宮而豐其屋則遵求舊作室而
節其用則示閒情其孝友也署爲花萼之號其勤人也則

牓以政本之名何聖人之啓意物與道而相并秦作阿房而窮侈靡漢宮未央以自尊榮由是展禮樂開塾序太學時薦列國奉舉擇仙郎爲清選之官闢星臺爲明試之所顧無智士之知難而勞能者之虛佇

柱礎賦

稽古太初穴處巢居則大壯之垂象上棟下宇成其室廬迨於中葉僭奢違道木衣緹緗土被文藻列蟠螭於欄檻拖長虹於欀橑謂桂柱之不堅施柱礎以佯其壽考相萬祀而一人階天地而相保其始也徵士尚方聚徒巖畔經

迴溪之紆鬱梯嵯峩於天半披林離之修蘿刮莓苔之爛漫曜雲霞之綵駮嘉錦章之輝煥圖嵌空設妙算或攻或鑿叫嘯相贊碓山成雷擊石火散初髣髴而縷析忽砰磻以冰泮五丁力殫九牛流汗自彼幽藪登膺華觀乃命王爾操繩公輸削墨規上成範方下爲則錯坎缺之參差開青熒之古色入紅壁對朱扉廊迴月皎殿廣星稀隨風起潤逐日呈輝扣透迤之環佩拂迴旋之舞衣及夫荏苒時移崢嶸歲久堂惟荆棘塵埋戶牖嗟建章之火流何金石之可守礎則不易人將誰壽礎兮礎兮全堅固曾見渼宮幾人故夫礎之爲德既堅且貞華而尚素晦而尚清象君子之待問扣之則鳴誠在位之有式居必底平平則可久久則不傾無靳固而守樸非昭章而眩明庶夫人之銳意覽茲物而篤誠

南至雲物賦 以題爲韻

於赫至化時惟大君推歷比夫軒后授人齊乎放勳北風戒節南至司分驗律飛灰遙應乎懸炭登臺視祲必在乎書雲麗乎時方別色天斂殘氛星連珠而候曉日合璧而呈文衆瑞咸集禎祥薦至雲散黃光天浮喜氣金柯郁郁

而蔽野玉葉飄飄而委地迴紀天表永無兵意災沴靡作罷札瘥之虞水旱不行詠京坻之事得此先甲還同漢日之觀報以豐年不假春秋之備於時帝在暘谷風后陪驂會玉帛而塗山有媿朝公卿而汾水懷慙佳氣從龍遙連渭北非烟拂日俯對終南懿聖誕之與萬美皇道而超三保章告其符祉太史視其替綏應子月兮生一陽奏黃鐘兮動萬物乃明南至者日極之數視雲物者歲占之故其在必書不徵常度慶瑞滿於圖牒獻納盈其府庫鳳凰下於元都銅雀棲於溫樹調玉燭而陰陽變和撫黔首而時

令大布日之方夕歲聿云暮才非瞽史未知天道之祥文似相如願獻淩雲之賦

對張侯下綱判

景張侯下綱不及地武賓遂貫之監者謂無揖讓之禮不坐奠豐上賓祖決而退

國將郊禘王有聘享宴而習禮射以觀德大侯既抗敦弓乃堅天子張熊武之威諸侯異朱元之殺不及地武何所失儀高其下綱誠爲順理然禮崇三讓無聞固請之辭射有五容先招不至之誚雖飲於少筭自可奠豐而獻爾發

功方觀祖決於賓徵爲舍禮在景何所愆儀但欲旌能期於書過

對向街開門判

于門告張第向街開門第云祖父有勳蔭

東海于門高容駟馬南陽張第榮珥七貂通德未孚薄言斯露或以霞扉晝敞臨大道之青樓畫栱雲構接長楊之綺陌有同樹塞不遠人境車馬之客相闐冠蓋之賓坐合若也人惟白屋奢僭之辜何逭必其地是朱門公侯之家始復有勳有蔭既未審於高卑應闔應開誠可窮其新舊

敬申三覆然定五刑

欽定全唐文卷三百三十四

陶翰

翰潤州人開元十八年進士又擢宏詞科官禮部員外郎

冰壺賦 以清如玉壺冰何慙宿昔意爲韻

惟冰也有堅凝之貞惟壺也有虛受之明謝周流之弱質託鎔鑄以成名直方任器規圓愜情對光輝而比色因擊扣而馳聲冰假壺以爲用壺含冰而轉清及夫歡呈朝晏之餘瑞表經綸之初尢荀吳之失對陷王霸之後車既遇賞以爲樂乃獲成於所如但觀夫推移在道澄澈如玉時

見瑩而則明或將摧而不曲故曰冰貴於水器尊者壺國因時而必用軍每擊而何虞若乃周將酬客魯欲藏冰揖籍父其何忌顧申豐而可憑是以用之者廣須之者多遇辥鼓而擊誦豳詩而何至時冰銷滴潤壺罄成酣乃挾纊以荷德豈知漏而與慚昔者趙衰從徑魏主其逐雖有餒而仍擕顧無麋而未宿每覽餘軌當思踐跡志未吐於生平容已衰於疇昔倘開冰之可薦庶投壺而無斁況霜空且寒晚景仍墜雖杼軸而不輟猶髣髴而無記將投皎潔之姿願假含容之意

狐白裘賦 以珍裘非一腋爲韻

邈哉瑞獸生乎青邱資挾溫以流潤得顥素而成裘故縝豪錯毳匪剛斯柔象羣哲以濟美軼千年而取優配華玩於車服曜珍奇於貴游殷祀典以崇賁飾禮容而克修暨夫秋沈金氣冬舉元律進卿相之門登王侯之室寒祛溫薦恩纏好密任藏用以卷舒委涼暄以昇黜將裕衣以遞御與紈扇而更出苟人事之宜然諒廢興之若一嘉其全眞定色育精含徽千金振價衆服騰輝朝臨皓雪且狀乎寒披鶴氅曉安朱架又象乎高懸玉衣雖質文之可別蓋

貴賤而同歸故崇侈者取貴而尚戒奢者含貞以非矧乎從損而益工兼素腋德之攸親豈惟物新晏嬰相齊以推弊孟嘗獻秦而獲珍貞休利乎蕃玦悔悋生乎妄人儻茲道之無替遮遺芳於後塵

對假蔭判

甲爲人後請準蔭人色所由以同假冒甲訴法有差等

有國之制不易於常典王者之政未忘於繼絕人則不幸同叔向之有言天道如何比鄧攸之無子甲義當爲後情

切自孤名不絕於本枝愛未遷於他室克聞鳲鳩之德寧爽螟蛉之義知子之道必全見父之行無改將議繼體那懸象賢主禮方列於宗門入仕曷由於庇蔭苟從法之差等亦在禮之何傷所由無端雖不憂懼訴者有據應異無文

對流外判

流外解請兵部勞所由不許訴五品以上

百度之間見於甲令九流之內言念胥徒在邦必達於大體爲政不遺於小物歲之云宴更議初勳勞之可書仍祈

後績慕縉雲之職名級願遷聰巽風之命節文當協所由以司存必舉稽彼三章訴者以理實無言徵諸五品旣詳於法難屈爾詞

餞崔朔司功入計序

冬天子至自河華中使至司功崔公朝於京師禮也今天下有道聲教必被要荒來格況其邇者乎政莫大於殷會使莫大於述職故學於禮足以專對崔公近之矣及夫三物成者斯義戢征驂如飛郊暮來祖渭上西眺寒原無色賦皇華而送崔氏行焉

送王侍御赴劒南序

國家旣誅卭筰之游魂收滇池之陳地以蠻陬君長未即序徼外新國約非甚堅將欲宣王風布中典必候才英矣監察御史王公志標勁節天假異能秉心而忠義必聞多方而文武不墜我中丞鮮于公以功名立破城江南闢啓而虜不敢窺城峻而敵不敢守者皆倚匡時之策仗橫行之氣不然者豈有夕拾一尉旦麾三軍盱衡於不毛之間決勝於大荒之表取廷評者浹月登憲府者周星繡衣照於江原風霜掃於劒壁斯不足畏矣中朝名雅向義趨風

餞筵傾誠翰墨紛屬百壺追送來登董原之野萬嶺蒼然更繞華陽之國予以授簡敢無斯文

送封判官攝監察御史之磧西序

夫子以忠義爲名以才能爲用頃年投筆多制勝之謨間歲策勳有斯皇之命以西師之未解右地之多虞何寧此林豈獲居息我主將所以封弱水擒月氏略康居取勃律雖出車之任事屬於才能而入幕之賢功歸於帷幄嗟乎非萬里無以見遠圖非三軍無以知壯節古人於是歷孔道窮河源豈勤勞而樂行役甘絕域而厭諸夏必以爲擔

石者能喪志安懷者也而拜命封侯功成事立不同日言矣勉哉封子守其嘉謀輶軒將馳繡服將假雖天下險阻玉關之風故不足爲子慮耳帝鄉山川徙倚將遠别路雲樹蒼茫欲秋可以贈離杯可以贈離唱乃命座客唯然賦詩

送史判官之河南序

子始以詞進而果以政聞拔起翰林激昂儒服朝升一尉暮入五府漢東之駕纔返河南之檄適至皇皇之命未嘗寧居將欲拒其辟書韜其利用若清規雄烈已異於天下

矣周鄭之風好僻齊魯之政或訛使戎臣所以政疑於勵精銳於振舉以東夏候子得無戒之哉於是中朝名士左補闕任侯序其詠歌太常主簿楊公鴆其晏餞筆墨以之聚至文章以之感合不有君子胡寧是焉中條氣凝河冰將壯關中送客美使者之賢泗上諸侯感主人之禮愼爾行役勉哉軺軒别筵再興詞賦間作故我有後甲之作凡百（英華作故我有後甲之銜斷句凡百作凡不屬下句）在任氏之唱者實隷於斯矣

送李參軍水運序

壯哉大河之功也南分淮泗東委溟渤呀呷長川呼吸萬里若舟檝是戒風濤無虞則三萬之廪可得而西矣故朝廷大役實難其人李公精義宏高德量魁達聲聞關右義徹浙川我侍御史薛公資之以成務也於是驛騎首路列筵在庭山川且長語笑云隔勵其節宣其規使白波徐清紅粟流衍則國家之事濟矣勉旃故交不敏詩以投贈之

送李參軍序

人生相知心乎僕之心嘗語君矣相天疑以志相忠以言以居則無悶以動則無悔孰謂子非天下之知己乎同官爲僚同志爲友豈不欲晤語終日盡平生之歡然而天時

者盈虛也人事者倏忽也一合一否與時而來不有聚何以同二人心不有散何以見四方志長揖而去勉哉東軒楊花初飛郊草先碧自秦及洛雲山千里子衿之首章善矣吾從也

送蕭少府之幽州序

頃林胡大寇邊殺右將軍於是幽薊之北門不啟天子方憂朔漠之事問盧龍之策公安得收其宏略匣長劍塊然爲一尉哉夫感於事則忠義全登於危則臣節見必也海水晏燕山空代雲胡沙談笑而靜蓋王師之義全言未畢

征馬將散，三嘯於離郊之上，敬而辭焉。

送崔司戶過隴迎大夫序

夫公銜紼海裔，東歸玉門，戎夏已康，金甲已息，伊大夫皆受賜矣。矧司戶公詩禮是勗，庭闈是故（疑）假輶軒登隴雲而四望矣。吾朋乃驅征騎，攜旨酒，歌白雲以贈之。關河始風，秋草尚碧，衆皆詩人也，安關乎文哉。

送崔二十一之上都序

士之相知，故不在舊。僕一覩君詞，志慷慨，情幹絕人，是欲片心樹善，君子風義，相感笑言，卒獲時不與，而清秋至，樂未央而別恨生，則臨歧撫然，把袂如失。蘭可佩也，掇而贈君；酒可忘憂，酌以酬我。且士爲（疑）當世虛己之運，主司推心之時，而不能翰飛沖天，淩厲勁翮，非人英也。子之往矣，吾無間然，乃徵詩寮，以壯行色。

送孟大入蜀序

襄陽孟浩然，精明奇素，幼高爲文。天寶年始游西秦，京師詞人皆歎其曠絕也。觀其匠思幽妙，振言孤傑，信詩伯矣。不然者，何以有聲於江楚間。嗟乎！夫子有如是才，如是志，且流落未遇，風塵所已（疑）然，謂天下無否泰，無時命，豈不謬哉。翰讀古人文，見長楊羽獵子虛賦，壯哉！至廣漢城西三千里，清江夤緣，兩山如劒，中有微徑，西入岷峨（闕一字）有奇幽，皆感子之與矣。勉旃，故交不才，以文投贈。

送惠上人還江東序

自延陵季子來詣上國，齊魯晉鄭，賢豪風靡。及夫顧陸入洛，亦稱南金。今錢塘惠上人，捉一麈，振一錫，則呼吸詞府，頡頏朝顏。長江之南，世有詞人舊矣。於是侍御史王公維、太子舍人裴公總，寄彼好事，於焉首唱，賢才翕集，文墨藪芬，作者爲之不寧，詞林爲之一振。此公家本富春，棲於天竺，白雲青岫，方丈之居，江風海濤，一杯而泛，窮其奥旨，即空王之法門，賾其精心，有眞如之理性。不然，我羣公風流，虛佇歌詠，間作者豈無哉。正月祓裳，東旅征帆，南岸眺吳山而可見，値湖水之將碧，震澤千里，孤舟渺然，比思我曹，時開離贈卷也。

送王大拔萃不第歸睢陽序

才格可得而仰也，文章可知而畏也。故往年有公連之捷矣。九流之學日盛，三鼓之音未歇，今玆有天官之阨矣。天將啓子於世，故命以才；授子於亨，故先以屈。屈伸理也，才位時也子姑感激毫翰增修詞律沖天之舉吾倚而待焉歡洽豈常離言實早河岳西別悠哉鎬京庭闈東瞻誰謂家遠草色將變雲天浩然詩而詠言將以述志

送盧涓落第東還序

噫天生秀明雋而才之有九流胡蒙而屯之故君子守之以知息之命而固有須也不然者盧氏子魁岸特達而若是尚脈脈於公車之下而三歲不覿哉灞城春潤風暄景遲鶯聲始調柳色堪醉當此而裹足千里背闕（一字）而東豈意者歟衆皆賦詩以慰行旅

送謝氏昆季下第歸南陽序

吾常游江表得二謝焉青青子衿始在童丱時已辨其梢雲噴浪之兆江河蕭散垂二十秋忽然上京再瑩心目詩騷之興天假流略之奧日新才藝克備文鋒甚銳吾以此自負不爲非知人矣金門未偶征蓋言旋雲峯閉於武閣春野開於楚鄧盍將窮討策府琢磨詞律他日之奮六翮登九霄未爲後耳春水尚寒郊草無色何以贈別必在乎斯文

送田八落第東歸序

田子行於古而志於文雅多清調將有新律鋒鏑甚銳將來者其憚之勿以三年未鳴六翮小挫則遂有清谿白雲之意夫才也者命在其中矣屈也者伸在其中矣將子少安吾以是觀德灞亭柳綠昆池草青於何送歸無易詠歌

仲春羣公遊田司直城東別業序

余聞宥天下不聞理天下故夏臺門（疑）而生白秋官滄而守中不然我羣公法家之流惟刑是恤亦何暇閣挂巾車鏘鏘乎在此堂矣司直鴈門田侯行修器博心遠地偏於是啓郊園之扉主簿天水姜侯詞才俊秀雅志堅直於是

傳翰林之讌嗟乎城池不越井邑不移林篁忽淺山巒斗起出迴塘而入蒼翠更指淺亭因曲岸而捫穹嵌忽升絕頂雲天極思河山滿目菡萏春色蒼茫遠空烟間之宮闕九重砌下之亭皐千里臨眺之壯也罇酒既醉舞袖登筵歡洽在斯獻酬無算措九州於樂府移三典於頌章皆我順堯之心除秦之政所以偶春服之晏也咸請賦詩

蘇綰

綰元宗朝爲記室參軍

對家僮視天判

甲於庭中作小樓令家僮更直於上視天乙告違法甲云專心候業不伏

聖人作乎萬物惟乂百僚分事命南正而司天五緯連衡遵北辰而列象莫不上稽天道下授人時率由舊章克備常典辨躔次之無忒識運行之有度南躔日至爰有望於靈臺東陸春歸方可觀於太室必若官非代掌業異家藏理宜勗於閑邪有犯於時辭豈逃於語怪惟彼甲也能微復王朔（漢有王朔望氣英華作霸非）之精才有唐都之秘術不在其位訟乎僮則無良異疇人之子弟乙惟嫉惡復呂氏之刑書

庭際退瞻寧用圭而測景樓中仰視徒以管而窺天攻乎異端既殊冰操在乎正本請寘霜科

對賜則出就判

甲賜則有司令其出就訴云未成

欽若典章丕承政道九州封域始昭於禹訓五等爵土終叶於殷謨馴致者何率由斯在聖朝恢國本建方位才優者疏以爵位功永者頒以邑田是則秩子男而靡出帝畿介藩屏而用崇王室惟德是宅非賢孰居甲以克搆承宗疇庸錫社雖荷封茅之寵猶居食采之列成功覽分一簣尚缺於爲山賜則加榮九等未膺於就國因而勇退殊匪躁求陳力就列先賢攸重惟刑與禮循理何傷

劉知古

知古元宗朝緜州昌明縣令

進日月元樞論表

臣伏見近日累降詔書委當道監軍使於諸觀內求精選丹兼通藥性者一二人送赴上都至闕下試驗不精亦不加罪至哉精求宏告天地若誠如此山川豈秘其靈文神明安隱其元象臣自幼年與道合虛情性守一頗歷歲月

至於留心藥物向此二紀意謂無出周易參同契但能尋究此書卽自見其道臣數年屬意於此精覺開悟尚猶未免朦朧至於金石紀綱亦略見其端緒臣忽因閒暇吟詠之餘著日月元樞論一卷本欲藏諸名山傳之同好今幸遇有道聖明之君志慕元風若沈默不言實恐天下無好之志今陛下若需還丹切恐難遂其志臣所著書謹憑當道監軍使隨表進上伏望聖慈討天下精通藥理之士考究若以斯論可採臣當無隱於陛下若以爲不可臣自昧於風塵之外亦不媿於不取臣不揆庸瑣輒獻芻蕘伏增

戰越之至

日月元樞論

夫馳騖於名利之場者惟尊爵祿以爲意逍遙於無爲之域者獨貴神仙之可尊名位非德行可致道術非博學而得故仲尼不享其高爵劉向不達其祕言卽知命有所定分有所歸固不計其才能之與清濁矣古今修仙學道蓁蓁蓬蒿不啻多也得之者麟鳳鵬鸞不亦稀乎且道之至祕者莫過還丹還丹之近驗者必先龍虎龍虎所自出者莫若參同契世之習此書近乎髣髴其徒實繁達乎元義

者未之有也昔抱朴子神仙傳云魏眞人參同契五相類凡二篇其說似解釋周易其實假借爻象以論作丹之意也又有元光先生不知何代人也覩日月混元經其序云徐從事擬龍虎之文撰參同契上卷傳魏君魏君又述中卷傳淳于叔通淳于叔通又製下卷表三才也此則葛稚川錦平城四字訣全乖人無識者復有蕭先生亦不知何代人也又註龍虎敘云參同契者擬龍虎上經本出眞人徐從事因越上虞人魏伯陽造五相類以解前篇遂改爲參同契其後淳于叔通補述其類取象三才乃爲三卷又叔通親事徐君夜寤不寐仰觀元象以配卦爻而著其書研詳三說理有異同元光之談失之窮遠若以魏伯陽造五相類以解前篇遂改爲參同契此非其審也凡五相類豈不云參同契者敷陳梗概不能專一汎濫而說今更撰錄補塞遺脫故復作五類則大易情性盡矣若不然者則未備也三卷之前未有此書此亦是以辯中卷是魏伯陽所撰不然者故不合云今更撰錄補塞遺脫其義益明矣夫參同契者參考三才之理敘其符契而已非爲因三卷而得參同也所以五相類者葢論還丹之道與五行之理

相類也所以本經云參考三才又云推演五行卽此所見設題之本旨也而不達者强生疑言殊不究此經篇章雖異旨趣皆同莫不以乾坤爲鼎天地之道成焉坎離爲藥南北之位分焉龍虎爲名東西之界列焉若論火候定生成莫不循卦節應鍾律消息合刑賞故黃鍾氣至卽陽生於復漸歷臨泰至巳而陽爻數終蕤賓氣至卽陰生於姤漸歷遯否至亥而陰爻數窮如循還未始有極期六合三才四時五行之理備矣夫鼎者所以鼎其鼎也藥者所以藥其藥也鼎藥一也豈容非類截而有感者妄生穿鑿謂

肝青爲父是曾青也肺白爲母是鉛銀也腎黑爲子是磁石也脾黃爲祖是雌雄也殊不究經云挺除武都八石弃捐豈更用元精雄黃之類也哉謂還丹自赤而成紫色者曾青之氣染入而已又大非也且草木乘春而生生即青及其花含文彩實熟黃赤其中豈有假曾雄乎謂還丹因染而成紫色不知黃金黑錫赤銅藍玉是何物染乎蓋陰陽之氣自然變化也況還丹順天地生成之道合金水自然之質豈得無變化者哉只爲五金八石硝礬硇石羣方衆藥之中或有用之於龍虎大丹亦無用處豈非經旨隱

而難辯耶抑亦心竅窒塞而莫可曉也且世上聞虎者多識虎者少夫流珠爲龍龍即日也黃芽爲虎虎即月也此二物者日月精氣咸有變化之理故餌之者亦能變化所謂變化者變丹砂爲水銀自陽返陰也水銀復爲丹砂自陰返陽也故流珠丹亦名火青丹變黑鉛爲黃丹自陰返陽也化黃丹爲黑鉛自陽返陰也二物謂之陰倏然而爲陽矣謂之陽忽然而成陰矣互爲夫婦更爲父母此蓋陰陽感激而成雖聖賢莫測所以魏夫子敘云雲芽之靈龍吟方泉景雲絡霄虎嘯虛無衝風四振陽燧昭明朱光鬱起方諸見陰元液淸溢皆爲自然也此大還丹妙用其實一也上古有水銀一味而獨不成丹者蓋有龍而無虎不如是又何假四象五行亦何求於陰陽男女哉是以必有不因於物亦不因於人而往往任其大道自化者矣上經豈不云賢者能特行不肖與毋俱夫與毋俱迺知豈非自然之正也如紀綱八石本乎二物龍虎一體而開三條審乎二物易乎一源可知至元也所以千舉萬敗者其由不達三五與一之理此非大道曲隱由思慮之未至老子所謂能知一萬事畢亦爲此義也世人徒知還丹可以度世

即不知度世之理從何生焉蓋餌日月精華故也日月者天生元女地長黃男是也虎者金也龍者汞也金汞相抱得自然性服食之者豈不神哉所以黃庭經云日月精華救老殘豈非二景之事乎答曰嬪二景之暉者其徒實繁服五晨之霞者數亦不少然當此道住世長生者鮮矣至於餌一藥服一丹獲延駐長生者目所見多矣由是論長生之術必在保養服食內外兼資方始有望若獨任一端徒亦不免虛勞耳學者云鉛非鉛也此恐昧甚者歟且上經云眞人至妙若有若無髣髴大淵乍沈乍浮中經云眞

人潛淩淵浮游守規中此蓋銷鉛爲水煖汞投之初入則寂爾無聲火烈花浮迴然獨異此豈不以物處於太泉淩淵者乎若謂斯鉛非鉛者又不可知也或人爲鼎正當有土者是矣也眞鉛者火鉛是也夫水位北方卦主坎坎主六戊戊卽土也火位南方卦主離離主六巳巳亦土也眞人之意惟以戊巳之氣而爲土非以土地而爲土也此坎戊月精離巳日光之義也經豈不云乎人所稟軀元精雲布因氣託初陰陽爲度夫作丹者亦以法象人也稟父母四氣以立爲形魂魄隨起乃有精神矣然卽父母之體豈

中有土乎是知一陰一陽而爲水火火以水爲夫水以火爲妻其道自成於戊巳夫萬物莫不終始於土功用莫逃於水火陰陽若謂土者五行之數列在鼎中則龍爲木精鼎中何能無杞梓之屬其道甚明知之者鮮矣夫金能生水水亦能生金水生金者則鉛中出黃芽是其性也五金訣云鉛能制汞汞能伏金金汞成形故名製伏此一理也夫木能生火火亦能生木者則丹砂中出汞亦是其性所謂木者木受太陽之炁化爲流珠太陽者日也日出於東東者木位太陰者月也月出於西西者金位故還丹以元象爲準日月之符在乎晦朔會合刑德之氣順乎卯酉出入乾坤徘徊子午以天地爲雌雄以陰陽爲父母故左名爲龍右名爲虎經曰汞日爲流珠青龍與之俱理在於此有淺見之士或以水銀和山澤銀合於器中燒呼爲樹子始卽二物相抱後乃銀汞異處或經一年至二年鉛母旣成赤粉其中伏火功淺則十存四五效淺者十有二三服之者不聞益人亦往往反損蓋緣五行之氣不足法象之理有乖或有曰鉛從銀生定以鉛精合汞名曰龍虎殊不知黃芽雖出於鉛實非鉛也以非鉛爲藥而爲正矣故云

黃芽不是鉛不離鉛中作是也故爲龍虎者必先以黃芽爲正也經云終始自相因此謂制汞以類合類故名於終始相因之義也夫父之制子子之制孫者人倫之正也火性銷金金伐木榮者還丹之感也又有術士或以龍虎歌云陰在上陽下奔首尾武中間文但常在鑪上置水一甌出五符經語此要言也夫還丹起於陽生終於陰極者陽伏於下陰在於上假令雖有生者必待陰衰之後水旺之時也向者自復觀卦彌歷十月鉛黃旣謝丹道將成子生母胞不相涉入陽消陰息金勝水衰魂魄相安剛柔合體

然後設陰鑪於上張炎火於下經所謂舉水以激火奄然滅光明又云水盛坎侵陽火衰離晝昏陰陽相飲食交感道自然斯乃順時合宜與氣相得之理也眞人意者以金丹久爲火化形氣乾虛欲使受其陰津以潤肌骨蓋妙盡於此矣嘗見天下好道者財竭不知貧力盡不知困渡可哀也莫不以鉛黃花與水銀相和燒之謂之紫粉或以朱砂雄黃水銀硫黃曾青空青及諸礬雲母等同合和蒸煉煑煅而服之或以諸礬新礫諸灰結水銀名爲紅銀化爲粉屑以服之凡此衆類制作多門若修煉如法形氣不散

尚可愈人之疾亦別無所益若散失精華空有滓惡但能稍熱更無所堪或用藥汁以煑硫黃澄濾以研成玉粉或用硫黃以染銅葉研煉而成赤丹煑之此於諸術之中最爲凡淺至於砒霜以化銅鐵縮錫此蓋爲飢寒之徒非道者所處也然得妙者亦百無一矣世有不知道者謂五金是金銀銅鐵錫也八石是雄硫砒礬膽曾青磁也殊不知子午以成三戊巳自爲五是以八石之名得陰陽之數此還丹之道備矣所以前輩道流云不用二青及四黃河車自有五神光經云九還七返八歸六居此義隱非久通元者莫得論焉世人多將黑鉛化爲黃粉卽牛糞汁或麪糟之類和其鉛粉同溲團燒之鉛汁流下如此九度謂之九煉鉛精天下學者皆以此爲九還七返是鉛精丹砂又不知八歸六居復是何物夫金生數四成數九木生數三成數八火生數二成數七此三者皆本生之氣相合故名返還六居者水生數一成數六金本生水水不得與金合居然自謂之六居天地左轉日月右行俯而視之則金能生水木能生火仰而觀之水返生金火返生木子當右轉午乃東旋卯酉界隔主定二名此之謂也故知天道不隱人

自迷之今謂此書爲日月元樞者亦取此也蓋世上學者茫茫漠漠竟馳於金石卽無消息之見復無明師可道則利在於黃白之術得不妄動動則終敗也夫修還丹者有十難焉一精神不惑二財力不足三藥物不正四分兩不同五修煉非法六陳布乖度七火候愆期八徒侶不端九誠心懈怠十成而不祕有此十者一有所虧所失者大而況不成有全虧者乎所以學而得者萬無一矣至於經年歷歲守鑪看火屏息營運休廢生業前期未卜內懷疑懼久勤則力屈甚貴則生怨中道而止者謂之難類也豈容

易哉自非捐俗求仙越世高迹稟性精一盡於名利者安可造次議久視之要臣不揆庸愚好道學仙久覽參同契不因其師苦患乏財力不能早修也又恐荏苒過時使後學者久困迷途枉費資產雖不盡露眞詮而亦頗闡元要夫以和璞爲石荆國之衆也謂碔砆爲玉者天下皆是也又不知所謂碔砆焉和璞焉悠悠然莫知所問惟俟感通以望神仙之教也

常建

建開元中進士大歷中爲盱眙尉

對祭闕頌誥判

所司有禮事不須誥所由斷徒訴不伏

祀事孔殷以供百神禮容不肅奚崇三獻典言國典厥在司存須之猶恐不供不須將何集事俾左社右廟奚捧幣薦牲方澤圜丘曷焚柴埋玉欲加之罪安得有詞必也禮或重輕法存降殺將定所刑之典須明所祭之神議以從徒宜其後命

對復以冕服判

甲復以冕服御史糾其違失

喪定等列在乎中制爵爲公侯招以上服禮則有數甲其謂何必若錫重五侯寵加八命寢於中霤固當復彼東榮適在他邦是何升其左轂冕服則順鐵冠奚爲如或有愆於儀不象厥德僭而有作同彼季孫孝則莫彰畏夫曾子所謂殺禮宜其聚慝徵大夫之轍理既有違論司敗之刑法將何逭

萬齊融

齊融越州人官祕書省正字出爲崑山令

對樂請置判懸判

有州申百姓皆好操縵都不識雅章以不能易俗請置判懸供釋菜賓社之用使人觀習省以爲非所宜言不爲聞欲科罪訴云州將國籓見著令文且方古軒懸爲降巳甚置之何過

國家制禮作樂懸象示人列在京師編諸甲令禮緣失序

自可取之於朝樂章不虧何輒列之於野苟希專制豈曰宜言惟彼有州殊非折衷中和樂職不見威德之容上下判懸無聞達禮之意置之何過州乃飾非不與上聞省以爲當

阿育王寺常住田碑

我聞語寂滅者本之以不生而菩薩不能去資生立法談逍遙者存之以無待而神人不能亾有待爲煩吉闕一字之降帝農教以耒耜蒼靈之下后稷俾其播種故維摩之甿耶稽首持鉢尚詣於香積釋迦之給孤洗足著衣猶乞食於舍衛闕一字知夫食者不獨乎人天農者豈惟夫政本阿育王靈塔寺者晉義熙元年之所置也昔孔雀氏循童子之因果當金人之授記暨鐵輪位正寶塔功成計鳥道之千里占人寰之一勝夜乂密跡以飛行神僧護影而圍繞雖方壇氣象巳萌青石之符而員頂光明未質白雲之狀迨觀音應現而幽贊利賓虛求以昭發全身踊出儼如多寶之音一爪圓開宛是樓那之相神其不滅道在茲乎晉安帝允釐三才成就六度聿圖蘭若式印招提景行阿育王故以育王靈塔爲稱首徒觀夫輪奐規矩鉤繩瓛製珠

軒翠檻延袤中霄王霤金池周羅上界環海之下流元氣大地爲衣圍山之上結太清諸天作蓋信方廣一都之會也左赤岸而千里右青闕三字曲霞標莽蒼幽幽迷鬼谷之祠日剎晶明的的識丈人之館天花未雨宿傳龍界之香地籟無風時起魚山之梵則知定光諸佛悔天台之赤城羅漢羣仙謬崑崙之元圃闕二字法惟神授道乃人宏向使輸柯王昧巴連之因初微此塔迦葉佛晦閻浮之跡殆曠茲山蓋虛明之絕境不可得而思議者也鄮寺東十五里塔墅常住田者宋元嘉二年奉闕二字所立也宋文帝秉籙

御乾作娑羅之外護感闍耶子砂糗之供制賜是田梁武皇握樞臨極爲寶應之下生見阿育王金粟之果敕鐫其賦日月盈止既有命以自天陵谷迭（闕三字）動其如地梁普通中沙門僧緩兹寺之應眞也以發行爲道場以直心爲淨土聞純陁艮田之喻遂篤志焉既種既戒載芟載柞察地道之化成觀天道之時變晤是（闕一字）無（闕三字）始以常住名焉次有僧濟上人虛已淨心紬兹慧業披衣晝其塍埒持戒整其疆畔苗而不秀有恨何及逮陳隋之季喪亂薦臻農野蕭條鞠爲茂草我皇家執大象乘飛龍陟丕上帝

之耿命紹復先王之大業有山棲曠和上道尊人傑德貴天師中宗孝和皇帝親降璽書願同金輦擊鼓而陳其入國造船而捧其登座故知二乘行道（闕二字）朱（闕一字）四果適時還陛紫殿雖植衆德本作南山之福田種諸善根存東皋之淨業初湖之左右夾壤二區榛梗始艾畬粗立僧徒理勝力未贍農童牧因閒私竊種藝和上（闕一字）蒙俗之貪垢負冥期之幽報乃推湖西易壟讓爲閒田斆諍歸之春稅就給惟割湖東十頃復古賜地窮海北漸會山南麓樓子根盤以東峙富都股引而西注眞陸水膏腴之沃壤

實神靈滋液之奧區於是奠其畛畷孚其版籍農野罷侵田畯至喜人到於今稱焉前寺主簡皎二法師僧祇之龍象也就先疇之畎畝敦老農之底績蔵事作製蓑笠來思者久之歲功未成生厓共盡流沙忽去荒涼紫陌之田影壁空存搖落青園之寺可爲長太息者矣有惠炬闍黎德業淳修曾統綱領道勝之韻生而能言禪悅之味老而彌篤用能纂其（闕一字）始高軌可追庇其委積長算斯遠與法言沙門俗姓喻氏貞已密行惠心苦節今屆知墅任垂將十年先是潟鹵未斥塗洫未濬薹稗翳薈漫於農郊夫其

心嗇制度目（闕一字）曲折荷鍤畚土堙窪鏟凸隤竹落揵石留漑高湊仰增卑培薄分瀦水怒承達土氣塡淤游盪而時至餘波寬緩而不迫終古旱害浸以汙潢冬不祈於積雪夏無禜乎小雨由是湖有千金之號焉當其春鳸司載田事既飭產乎甲毓萌芽或蘪或蓑實穎實發上農臺而課長嬴汶陽之稼如雲矣及夫寒蟬紀時農乃登穀完積聚築場圃乎不遺秉嬴無（闕四字）庚而督收成海陵之倉非衍矣詩云綽彼碩田歲取十千其是之謂乎百穀既蒸萬供既設滿以衆香之鉢薰以毗耶之城或異聲聞若化菩

薩虛高座以影集時洪鍾而闕三字座而坐飯食經行嗅若香風味同甘露遍滿一劫周流十方聞之者得未曾有食之者咸登正位白衣之會龍國無掘鬱金之香緇裳之集雞寺不碎菴羅之末三藏大闕三字金之奇貴一器沙彌識變坋之非重資我飯色師之力與都維那元宗遊方觀化大闕一字慈誘火耕水耨常有助於上農飛杖浮杯今載行乎中國上座釋辨疑十城之僧主也闕三字合金杵發其修徵寺主釋惠敏九州之維那也風骨天成鐵鎮起其靈相咸能以如來之衣衣分如來之座坐護育王之靈塔願貿

金錢闕一字育王之聖田思模石柱弟子早校蘭書式典麒麟之閣晚遊蓮跡每參鶖鴿之林賓頭盧之下空急見有能師子舍那私之入寺豈謂無知老人識異博文才非能賦阮公不事曾供香花顧越有緣遂瞻碑版滿笈多之石室未擲其籌對輪王之金地且耕其筆多羅之葉而書偈云

渾儀草昧象物紛拏或甲而乙或萌而芽萬殊成類百寶攸嘉故后稷播其種神農嘗其華其一燧人更運火正司職教以鼎飪炊之黍稷易茲毛茹成此粒食是之爲人天是之爲皇極其二我聞維摩會語舍利如來大慈甘露上味又見阿難問是香氣亦有以飯食以之爲佛事其三若長者主若聲聞人天諸居士地虛空神如聞飯氣而亦來臻況生生之位闕一字有待之爲身其四猗歟童子供茲砂糗法王大慈冷然虛受伊鐵輪以授記從滅度後何寶塔之莊嚴得未曾有其五烏道於許人寰在哉鬼神冥運風雨潛來白雲湧出青闕二字開闕一字千輪之蓮跡建百福之花臺其六宋帝下生梁皇外護太稷賜疇司農蠲賦皋壤晪發湖源灌注既魚鱗於左右亦犬牙而盤互其七菑畬平秩蓑笠來思爰

疏畛畷是務鋤犁三農闕二字萬畝祁祁自膏腴而兼倍矧雨露與華滋其八懿茲開士賞功司過悅以犒勤刑以肅惰東作方喜西成是課始象耕而鳥耘終牛舂而馬簸其九千箱既積五穀斯分味蒸甘露闕一字涌香雲執云菩薩而謂聲聞摶須彌所不能盡曷毗耶之足薰其十藐爾赤松猶田白玉矧伊塔寺神通付囑信矣育王能生金粟彼鄭國之泥紫如富都之水綠其十一我來自東經行成趣淨業斯闢善根方樹式紀因緣匪在章句庶金田與石柱永巍巍以常住

法華寺戒壇院碑

或曰佛法東度律教南流而云尸羅波羅蜜者何華言持戒清淨般若波羅蜜者何華言智慧明了故戒爲德本萬善以之爲生地慧爲勝業百福由之以出天聖人以之而修身防非止惡上士以之而度物勸善行慈持之而迷倒是生虛空不可以十指執捉學之而住著爲遠日月不可以兩手捫摸信矣二法之難見也如是其有不教而自得天然而自知持象扇而掌數明珠據龜牀而心照清鏡則我元儼律師其人也律師俗姓徐氏晉室南遷因官諸暨

遂爲縣族年始十二辭親從師事富春僧暉證聖元年恩制度人始墮僧數隸懸溜寺律師幼而明敏長而韶令標格峻整風儀凜然迨於弱冠乃從光州諸受具戒後乃遊詣上京擬賾律範遇崇福意律師及融濟律師皆名匠十方南山上足咸能昇堂睹奧共所印可由是道遵戒品名動京師安國受記並充大德浚還江左偏宏四分因著輔篇記十卷羯磨述章三篇至今僧徒遠近傳寫初光州岸公嘗因暇寐忽夢神僧謂曰元儼當爲法器云何教以小乘後乃命宏般若由是研精覃思採摭舊學撰金剛義疏七卷古德所不解先達所未詳咸皆發揮光明若指諸掌誓以一生宣講百徧越邑精舍時稱法華晉沙門曇翼曾結菴層巔入是法三昧感徧吉菩薩徒觀其塔類多寶涌出以證經宮如轉輪飛行而聽法雙鳥所以示兆今尚翔鳴六象所以呈奇時猶隱現不可得而思議者蓋斯之謂歟信如來之福庭是菩薩之隱岳大師乃考槃是卜東鉢淺棲建置戒壇招集律行若夫秦衡上士燕代高僧數若稻麻算同竹葦伏膺請益躡屩擔簦宴坐不出幾三十載開元二十四年我開元天地大寶聖文神武孝德證道皇

帝持法鏡握神珠親注金剛般若經詔頒天下普令宣誦都督河南元彥沖躬請律師重光聖日律師闡揚幽讚允合天心令盲者見日月之光聾者聞雷霆之響師之演暢蓋有力焉夫樂小法者迷自我而爲病通大方者懵開空之法道若夫會三歸一觸理冥事自優波離已下猶或病諸而律師綱紀小乘演暢大法晤佛境之非有識魔界之爲空故能使涅槃將生死一如煩惱與菩薩齊致發心而登佛地非我而誰白黑歸依當仁不讓昔僧護法師常居石城宴坐青壁仰其中峯如有佛像願造十丈以圖兜率

良願未諧護公長逝梁武皇帝詔僧祐律師馳傳經理規模刻劃意匠纔施俄而山冢崒崩全身坐現合一百五十尺雖金石絲竹四天之供施常聞而功德莊嚴十方之鏤鐫尚闕律師乃內傾衣鉢亦外率檀那布以黃金之色鎔以白銀之相銅錫鉛鍇球琳琅玕七寶由是渾成八珍於焉具足雖寶積獻蓋界現三千迦葉貢衣金踰十萬如須彌之現於大海若法日之出於高山此又律師之功德不可思議者也故洛州刺史徐嶠之工部尚書徐安貞咸以宗室設道友之敬國子司業康希銑太子賓客賀知章朝

散大夫杭州臨安縣令朱元慎亦以鄉曲具法朋之禮開元二十六載恩制度人採訪使潤州刺史齊澣越府都督敬誠採訪使盧見義泗州刺史王弼無不停旟淨境稟承法訓齊公乃方舟結乘奉迎律師於丹陽餘杭吳興諸郡令新度諸僧躬受具戒自廣陵迄於信安地方千里緇黃道俗受法者殆出萬人凡禮佛名經一百徧設無遮大會十筵而人境住持舉無與比夫秉法傳授從佛口生有門人法華曇俊崇默龍興崇一開元智符稱心崇義香嚴懷節寶林洪霈覺允灌頂皆不傾油鉢無漏浮囊經不云乎如旃檀林旃檀圍繞如師子王師子圍繞信律師之威師有在而法主之功德不刊嗚呼三界無安百齡共盡此生已遺於後息他世應見於前心天寶三載歲次壬午化緣已畢十一月三日現疾於繩牀七日午時坐終於戒壇院春秋六十有八粤其月二十五日窆於寺南秦山之下高樹雙塔光明踰於白雲列植千松秀色羅於明月經始則神邕崇曉住持則惟湛道昭並躬護聖場親傳智印其餘三千門人五百弟子承般若之瀉法受毗尼之密行盡號顓門無待彌勒令並列載碑陰用摽律序初律師出問時

余忝外役永懷德音謂如昨日及瞻斯拱木已十有餘秋私念生涯自憐何極庶依神理敢作銘云

律師堂堂宗高偃王才華骨貴戒美名香佛國柱石僧門棟梁毗尼玉色般若金光我聞二法難信難解等有開遮平無高下生生草繫節節支解念電不停身塵自假觀生若幻視息猶風慧明日月戒性虛空不遠無相修行在中善矣真匠賢哉法雄我生已盡梵行已立示化衆生隨緣悟入去來三界無苦無樂常行一乘日用斯給哀哀釋子資父惟師痛失瞻仰悲瀉住持方墳永翳圓塔長辭何時

踊現更紹迦維

祖詠

詠洛陽人開元十二年進士

對祭闕頒誥判

所司有禮事不頒誥所由斷徒訴不伏

祀事孔明展誠誥備崇享獻之道則歌舞其牲嘉滌濯之容則詔相其禮取則不遠聞斯行諸政貴有恆人用不撓雖小祭大祭課乃義疑而職人宂人曷不頒布況鄆罰麗事職汝之由天子有司是堪自頒龜玉毀櫝曷所逃刑

對復以冕服判

甲復以冕服御史糾其違失

吉凶殊流冕服異數苟將失制敢用此規而泉壤幽深生涯遠盡綴足斂手初聞於長逝設階乘屋遽見於三號甲也用心審於盡愛尤差司服還惜禮經招平生之衣不有曾子之問加冕弁之服更異邾婁之言相彼豸冠素爲人望今將一糾寔謂正途

薛邕

邕太原人開元中官監察御史累遷吏部侍郎貞元中由尚書左丞貶歙州刺史

丹甑賦以國有豐年爲韻

神物昭見聖人是則五位時序兮萬邦以寧百祥薦臻兮一人之德鼓玆靈器呈我王國有物有憑匪雕匪刻察其狀而元妙相其儀而不忒諒幽贊而克成矧徽猷之允塞是知奇制可久嘉名不朽類君子之心以虛而受同至人之德終善且有既應盛而自滿不假於盤瓶亦詎炊而自熟何勞於薪樵擬神鼎之有用掩瓴器而無咎豈以塵見范丹之空賂爲紀國之醜者矣且夫清明在躬符瑞由衷

誠之必感感而遂通獻白環於重華克明濬哲錫元珪於文命告厥成功此唐堯之表貺蓋王母之欽風曷若自然挺出爲瑞斯崇其應不昧其用無窮莫因埏埴寧俟磨礱以彰我君聖以報我年豐而已哉客有賦而歌曰元德日用兮象帝之先丹甑時見兮神物光妍中含虛兮體道上應規兮法天染人無所施其彩飾陶人無所效其貞堅以享以孝兮可以餴饎多稌多黍兮屢玆豐年

對讖書判

乙家有論語讖鄰告其畜禁書科徒一載郡斷

無罪未知合否

幽家元苞祕書赤制賈逵是擿且未能言鄭輿不爲孰云有學倘在法而斯禁寧當刑而可捨丕惟斯乙嗜學可嘉仰惠施之藏書得蔡邕之舊業通德惟異未聞北海之旌里仁是依遽致西鄰之責有論語之識則稱私畜禁書覽天官之文豈曰潛窺元象將循名以責實何加少而爲多役以牽傍是非舉直聞言是信雖吾子之有猜執德不回終匹夫之爲訴請從郡斷以黜鄰告

盧履冰

履冰幽州范陽人開元五年爲右補闕

請復父在爲母服朞表

準禮父在爲母一周除靈三年心喪則天皇后請同父沒之服三年然始除靈雖則權行有紊彝典今陛下孝理天下動合禮經請仍舊章庶叶通典

再請父在爲母服朞疏

禮父在爲母十一月而練十三月而祥十五月而禫心喪三年上元中則天皇后上表請同父沒之服亦未有行至垂拱年中始編入格易代之後俗乃通行臣開元五年頻請仍舊恩敕並嫂叔舅姨之服亦付所司詳議諸司所議同異相參所司惟執齊斬之文又云亦合典禮竊見新修之格猶依垂拱之僞致有祖父母安存子孫之妻亾沒下房筵几亦立再周甚無謂也據周易家人卦云利女貞女正位乎內男正位乎外男女正天地之大義家人有嚴君焉父母之謂也父父子子兄兄弟弟夫夫婦婦家道正而天下正矣禮女在室以父爲天出嫁以夫爲天又在家從父出嫁從夫夫死從子本無自專抗尊之法卽喪服四制云天無二日土無二王國無二君家無二尊以一理之也

故父在爲母服周者避二尊也伏惟陛下正持家國孝理天下而不斷在宸衷詳正此禮隨末俗之願念兒女之情臣恐後代復有婦奪夫政之敗者

三請父在爲母服朞疏

臣聞夫婦之道人倫之始尊卑法於天地動靜合於陰陽陰陽和而天地生成夫婦正而人倫式序自家刑國牝雞無晨四德之禮不僭三從之義斯在卽喪服四制云天無二日土無二王國無二君家無二尊以一理之也故父在爲母服周者見無二尊也準舊儀父在爲母一周除靈再

周心喪父必三年而後娶者達子之志焉豈先聖無情於所生固有意於國家者矣原夫上元肇年則天已潛秉政將圖僭簒預自崇光請升慈愛之喪以抗尊嚴之禮雖齊斬之儀不改而几筵之制遂同數年之間尚未通用天皇晏駕中宗蒙塵垂拱之末果行聖母之僞符載初之元遂啓易代之漸闕孝和雖多反正韋氏復效晨鳴孝和非意暴崩韋氏旋即稱制不蒙陛下英算宗廟何由克復易云臣弒其君子弒其父非一朝一夕之故其斯之謂矣臣謹尋禮意防杜實深若不早圖刊正何以垂戒於後所以薄

言禮教請依舊章恩敕通明蒙付所司詳議且臣所獻者蓋請正夫婦之綱豈忘母子之道諸議多不討其本源所非議者大凡祇論罔極之恩喪也寧戚禽獸識母而不識父秦燔書後禮經殘缺後儒纘集不足可憑豈得與伯叔母服同豈得與姑姊妹制等三王不相襲禮五帝不相沿樂齊斬足爲升降歲年何忍不同此並道聽途說之言未習先王之旨又安足以議經邦理俗之禮乎臣請擬經義以明之所云罔極之恩者春秋祭祀以時思之君子可終身之憂霜露之感豈止一二周之服哉故聖人恐有朝死而夕忘曾鳥獸之不若爲立中制使賢不肖共成文理而已所云喪也寧戚者孔子答林放之問至如太奢太儉太易太戚皆非禮中苟不得中名爲俱失不如太[illegible]太戚焉毀而滅性猶愈於朝死夕忘焉此論臨喪哀毀之容豈比於同宗異姓之服所云禽獸識母而不識父者禽獸羣居而聚麀而無家國之禮少雖知親愛其母長不解尊嚴其父引此爲論則亦禽獸之不若乎所云秦燔書後禮經缺殘後儒纘集不足可憑者人間或有遺逸豈亦家戸到而燔之假若盡燔苟不可信則墳典都謬庠序徒立非聖之

談復云安屬所云與伯叔姑姊服同者伯叔姑姊有筵杖之制三年心喪乎所云五帝不相沿樂三王不相襲禮誠哉是言此是則天懷私包禍之情豈可復相沿樂襲禮乎所云齊斬足爲升降者母齊父斬不易之禮按三年問云將由修飾之君子與三年之喪若駟之過隙遂之則是無窮也然則何以周也曰至親以周斷是何也曰天地則已易矣四時則已變矣其在天地之中者莫不更始焉以是象之也然則何以三年曰加重焉耳故父加至再周父在爲母加三年心喪今者還同父沒之制則尊嚴之律安施

喪服四制又曰凡禮之大體體天地法四時則陰陽順人情故謂之禮訾之者是不知禮之所由生非徒不識禮之所由制亦恐未達孝子之通義臣謹按孝經以明陛下孝治之合至德要道請論世俗訾禮之徒夫至德謂孝悌要道謂禮樂移風易俗莫善於樂安上治民莫善於禮又禮有無體之禮無聲之樂按孝經援神契云天子孝曰就就之爲言成也天子德被天下澤及萬物始終成就則其親獲安故曰就也諸侯孝曰度度者法也諸侯居國能奉天子法度得不危溢則其親獲安故曰度也卿大夫孝曰譽

譽之爲言名也卿大夫言行布滿能無惡稱譽達遐邇則其親獲安故曰譽也士孝曰究究者以明審爲義士始升朝辭親入仕能審資父事君之禮則其親獲安故曰究也庶人孝曰畜畜者含畜爲義庶人含情受朴躬耕力作以畜其德則其親獲安故曰畜也陛下以韋氏構逆中宗降禍宸衷哀憤睿情卓烈初無一旅之衆遂殄九重之妖定社稷於阽危拯宗枝於塗炭此陛下孝悌之至通於神明光於四海無所不通使諸侯得守其法度卿大夫得盡其言行士得資親以事君庶人得用天而分地此陛下無體之禮以安上理人也上元已來政由宮氏文明之後法在凶人賊害宗親誅滅良善勳階歲累酺赦年頻倿之則榮華正之則遷謫神龍景雲之際其事尤繁先天開元之間斯弊都革此陛下之無聲之樂以移風易俗也臣前狀單略議者未識臣之懇誠謹具狀重進請付中書門下商量處分臣言若讜然敢側足於軒墀臣言不忠伏請竄跡於荒裔

孫平子

平子伊闕人開元五年上書論躋睿宗非禮爲禮官所軋

貶康州都城尉

請祔孝和皇帝封事

臣聞昔者帝王之爲國也行其禮則皇圖昌廢其禮則宗社危臣竊見今年正月太廟毀此乃躋聖貞所致也夫宗廟國之大事陛下當今聖主臣不敢曲意巧言而陳之謹按經傳具陳引休咎特望天恩少察臣言則可晏然無慮也故臣不避誅以言之伏惟陛下俯垂許擇臣按左傳云君薨卒哭而祔祔而作主特祀於主烝嘗禘於廟今日有違於此也昔魯文公二年宗伯弗忌躋僖公於閔公上後

致太室壞春秋異而書之今日有同於彼也君子以弗忌爲失禮仲尼曰臧文仲不仁者三縱逆祀一也又按五行志書僖公雖閔公之兄嘗爲閔公臣臣居君上爲失禮也遂太室壞且兄臣於弟猶不可躋之弟上況弟臣於兄豈可躋弟於兄上耶昔莊公三十三年薨閔公三年吉禘自薨至禘向有二年春秋猶非之失禮況夏崩冬禘其不亦太速乎且太廟中央曰太室尊高也魯自是陵夷將墮周公之祀臣昧死據此斷之卽太廟毀亦今日將欲陵夷之象墮先帝之祀也斯亦上天祐我唐國乃降此災以陛下

去年禘孝和於別室吉祭於太廟未祭孝和先祭太上皇此乃與僖閔事同先臣後君也昔兄躋弟上今弟先兄祭過有甚於古也昔登臣君上今亦如之事豈不同耶昔太室屋壞今聖朝太廟毀變豈不同耶若以兄弟同昭則不合出致別廟若以臣子之例則孝和合進爲昭昔武氏簒國十有餘年孝和挺劒龍飛再興唐祚反正朔服色咸依貞觀故事此卽有功於天下也今禘於別殿是廢先聖之訓棄中興之功下君上臣輕長重幼若以孝和無道則位不合稱帝墳不得稱陵傳曰子雖齊聖不先父食久矣杜氏曰臣繼君父也昔禹不先鯀湯不先契文武不先不窋故宋鄭不以帝乙厲王不肖而猶尊尚之況孝和有大功乎魯頌曰春秋匪懈享祀不忒皇皇后帝皇祖后稷詩曰問我諸姑遂及伯姊禮爲其後伯姊而先諸姑者何也尊其先也弗忌欲阿時君先其所親亂國大事故傳特引二詩淺責其意方今太廟毀雖臣阿曲之過恐危陛下之國也昔晉太康五年宣帝廟地陷梁折八年正月太廟殿陷改作殿宇更營新廟遠致名林雜以銅柱自八年九月造至十年四月乃成十一月又梁折毀壞據此言之天降災

譴非枯朽也晉不知過天下分離王室大亂英雄競起夷狄滿國特望天恩少垂詳察臣知言必就誅夷而昧死言之者以陛下聖明寬容博物納諫而此事恐史筆書之令來代君子以巍巍聖代野無博識朝無忠直臣將何以彰陛下招諫伏請速召宰相已下御史已上衆共詳議移孝和入廟何必苦違禮典以同魯晉哉陛下前降明制令所司到朝堂進封極言時政得失又舉方康顧問又徵賢山野而寂無人言非朝不招諫時惡直言竊爲儒生不達大體也特請陛下於其書傳親加省覽以聖慮斷之頃秋夏

之間淫雨彌旬傷稼敗邑漢書五行志云簡宗廟不禱祀逆天時則致災也臣又見兩畿戶口逃去者半常侍解宛招攜不還李傑奏請訪括不得臣能使之如鷹有緇若馬有絆夫鳥飛於空魚沈於泉鹿走於野猿猱騰於山猶尚取而馴之屠而食之況於人不能飛沈乎伏望天恩許臣面奏亦爲宗廟未安不敢卽言仰恃鴻恩之厚不懼雷霆之威昧死連封伏深戰越

王仲邱

仲邱沂州琅邪人開元中歷左補闕內供奉集賢修撰起

居舍人遷禮部員外郎卒贈祕書少監

請祀五方帝議

按貞觀禮正月上辛祀感帝於南郊顯慶禮祀昊天上帝於圜丘以祈穀左傳曰郊而後耕詩曰噫嘻春夏祈穀於上帝禮記亦曰上辛祈穀於上帝則祈穀之文傳於歷代上帝之號允屬昊天而鄭康成云天之五帝遞王王者之興必感其一因其所感別祭尊之故夏正之月祭其所生之帝於南郊以其祖配之故周祭靈威仰以后稷配之因以祈穀據所說祀感帝之意本非祈穀先儒所說事恐難憑今祈穀之禮請準禮修之且感帝之祀行之自久記曰有其舉之莫敢廢也請於祈穀之壇徧祭五方帝夫五帝者五行之精五行者九穀之宗也今請二禮並行六神咸祀又按貞觀禮孟夏雩祀五方上帝五人帝五官於南郊顯慶禮則雩祀昊天上帝於圜丘且雩祀上帝蓋爲百穀祈甘雨故月令云命有司大雩帝用盛樂以祈穀實鄭元云雩上帝者天之別號允屬昊天祀於圜丘尊天位也然雩祀五帝既久亦請二禮並行以成大雩帝之義又貞觀禮季秋祀五方帝五官於明堂顯慶禮祀昊天上帝於明

堂準孝經曰郊祀后稷以配天宗祀文王於明堂以配上帝先儒以爲天是感精之帝卽太微五帝此卽皆是星辰之例且上帝之號皆屬昊天鄭元所引皆云五帝周禮曰王將旅上帝張氈案設皇邸祀五帝張大次小次由此言之上帝之與五帝自有差等豈可混而爲一乎孝經云嚴父莫大於配天其下文卽云宗祀文王於明堂以配上帝鄭元注云上帝者天之別名神無二主故異其處孔安國云帝亦天也然則禋享上帝有合經義而五方皆祀行之已久有其舉之難於卽廢亦請二禮並行以成月令大享

帝之義

欽定全唐文卷三百三十六

顏真卿一

真卿字清臣瑯琊臨沂人開元中舉進士又擢制科累官武部員外郎出爲平原太守安祿山反河朔盡陷獨平原城守具備加戶部侍郎肅宗幸靈武授工部尚書兼御史大夫河北採訪招討使代宗朝封魯郡公爲刑部尚書加改太子太師盧杞惡之奏使諭李希烈希烈脅之不屈遂縊殺之年七十七贈司徒謚曰文忠

象魏賦 以象懸國章道崇政理爲韻

曰有唐之建都兮蓋法天而立象濬重門於北極聳雙闕以南敞夾黃道而嶷峙干青雲之直上豈一人之是憑抑萬國之攸仰洎乎青陽戒節玉紀迴天萬戶聞漏以傳響百僚執贄而獻年道人之木鐸旣徇天子之金章是懸觀乎渙發大號乎崇聖德澤如春流義若泉塞公卿翼翼而仰化黎庶欣欣而無忒自皇明而播九重由京師而降萬國美哉眞盛代之聖明也爾其闕之爲用也叶古典布新章積非煙之壘壘羃佳氣之蒼蒼扣峻墉以龍峙屹中天而鳳翔伯玉過而必肅子牟懷而不忘若乃盤礴國門巍

峩穹昊覆瑤草於輦路接青槐於馳道亘玉斗而彌永半金城以處好既悅功於子來抑有符於靈造及夫霜天肅霽曙景涵風對巖廊而隱轔映玉樹以玲瓏既岌岌以業業亦穹穹而崇崇縱黃金與紫貝孰並美而傳功童子何知謬膺邦政徒欲竭其鄙思諒難酬於嘉命且賦頌之作本乎情性雖杼軸而屢空聊高歌以爲詠亂曰巍巍雙闕兮岳立雲峙政令因斯以緜有兮黎元賴此以獲理敢頌美於一時庶流芳於千祀

皇帝卽位賀上皇表

臣眞卿言六月二十七日伏承賊陷潼關駕幸蜀郡李光弼郭子儀等正圍博陵郡收兵入土門王師既還百姓震恐憂惶危懼若無所歸臣不勝悲憤之深遂遣腳力人張雲子間道上表猶恐不達又差招討判官信都郡武邑縣主簿李銑相繼間行銑及雲子前後並到靈武郡奉皇帝七月十二日敕伏承陛下命皇太子踐祚改元皇帝上陛下尊號曰上皇天帝臣及官吏僧道耆壽百姓等蹈舞抃躍不勝感咽其張雲子回皇帝授臣工部尚書兼御史大夫其李銑回又授臣銀青光祿大夫顧以庸微頻叨寵命道路隔絕辭讓無由進退失圖伏增惶懼竊以逆賊安祿山孤負聖恩憑陵寓縣禍盈惡稔尚稽天誅今皇帝撫軍蒼生賈勇豐鎬河洛指期可平伏願陛下垂拱頤神以覩廓清之慶臣官守有限不獲隨例闕庭無任懇款悲戀之至

讓憲部尚書表

臣眞卿言臣聞無功受賞爲善不勸有罪不罰爲惡罔辨陛下尅復之期匪朝伊夕至如賞罰二柄事在必行苟或不明於何取則臣以愚懦叨守平原屬逆賊安祿山背叛

聖恩擾犯河洛臣堂兄杲卿以常山太守首開土門臣與河北諸郡因之固守人臣本分夫有何功上皇授臣戶部侍郎兼知招討採訪等使已失人望緣賊未滅遂不敢辭又令李光弼郭子儀賀蘭進明等與臣計會同討凶逆三數月間河北向定屬潼關失守大駕西巡光弼等卻入土門諸郡危逼陛下御極又錄臣無功寵以非次常伯亞相一時猥集兄允南弟允臧等連榮臺省一男三姪皆授好官在臣一門叨幸斯極殞身碎首無以上報臣常使判官鉅鹿郡南和縣丞賈載姪男永王府典軍廣成及行官鄧

昌珍楊神功裴法成等十餘人將繰物絹帛相繼渡海與劉正臣討會共和兩蕃正臣等尅期南來行已有日屬逆賊史思明尹子奇等乘其未至悉力急攻諸郡無援相次陷沒皆由臣孱懦無謀致此顛沛誠合殉命危難死守孤城以爲歸罪闕庭愈於受擒賊手所以僶俛偷生過河緣劉正臣使楊神功將牒與臣索兵馬及盤瓶錦帳令應接奚契丹等不與其勾當伏恐陛下貽憂又恩敕先超授吳郡司士鄭毓樂安郡太守令於江淮南兩道度僧道取錢與臣召募士馬令應接河北臣由此未獲即赴行在遂至

廣陵丹陽等郡各與採訪使計會竟不得兵馬即累奉聖旨許臣入奏行至武當郡又奉恩命除臣憲部尚書兼令使者送告身與臣捧戴殊私不任惶懼陛下縱含宏善貸不忍明刑在臣覥冒至深胡顏自處臣忝爲大臣繫國休戚損臣益國臣受其益損國益臣臣受其損若受任失守還朝屢遷示國無刑於臣大損非敢外飾實披至誠又臣名節雖微任位頗重爲政之體必在律人恩先逮下罰當從上今罪一人則萬人懼若怙於寵四海何瞻伏願陛下重貶臣一官以示天憲使天下知有必行之法則知有必賞之令寵榮過於尚書遠矣無任懇悃之至

謝兼御史大夫表

臣真卿言伏奉今日制書以臣兼御史大夫本官如故恩榮累及成命曲臨捧戴殊私慙惶靡據中謝臣孱微有素抗直無聞比守平原困於凶賊不能死節負義歸朝斧鉞之誅甘心待命崇高之位不次頻叨孟夏之中始操刑柄數旬之內兼總憲司撫已缺如負乘斯甚將何以明刑天下振舉朝綱臣聞秦漢之時凡有制詔皆下丞相御史府人到於今稱爲副相東方朔舉自古聖賢以次百官乃以

孔某爲御史大夫則知其官何可妄授況列曹尚書古之常伯如天之有斗豈易其人昨以表辭非敢矯舉恐煩天聽僶俛就班候隙請閒方擬牢讓不圖榮寵又集微軀聖恩頻繁固令即上陳請莫遂惶懼益深又臣竊見近日朝列之內或有身兼數官苟貪利權多致顛覆害政非一妨賢實多臣嘗忿之其忍自冒無任懇迫屏營之至謹詣閤門陳謝以聞倘天聽聽卑猶冀少迴恩命停臣一職別授忠賢則雖死猶生期於畢力臣某云云

謝吏部侍郎表

臣眞卿言伏奉某月日恩制以臣爲吏部侍郎又奉某月日恩制加臣銀青光祿大夫浹辰之間殊澤洊至恭承寵命戴荷交馳中謝竊以國之所急必在官人銓綜之司非賢弗授伏揆虛薄祗懼實深常恐上塵則哲之明下負竊位之責未酬萬一再沐恩私寵命忽臨舊階旋復叨榮既甚宥過何深佩玉腰金實懼在梁之刺忘軀拜賜惟懷粉骨之誠施重力微罔知攸措無任荷戴屛營之至

同州刺史謝上表

臣眞卿言伏奉某月日恩制除臣同州刺史以某日至郡

上訖受命祗懼伏增戰越中謝臣自失守平原萬里歸命甘心斧鉞用儆敗亡陛下錄纖芥之誠捨邱山之罪超司秋典再長憲臺宗伯亞相一時猥集在臣叨幸何以克堪誓當粉骨碎身少酬萬一而力微任重福過災生涓塵莫效咎愆仍積上負聖明之恩下慚魯衞之士槃水加劒未塞深尤禦魅投荒乃爲殊造陛下識其首目矜其要領待罪猶忝於左馮黜官不離於本秩感念恩德淪於心髓木石知變況在微臣伏惟陛下察其戇愚收其後效臣雖萬死實荷所天竊以此郡破亡再陷凶逆生靈塗炭邑室空虛殺傷者雖或葢藏逃亡者尚未歸復謹當勵精悉力宣諭皇明旬月之間望有所校伏惟陛下減省聖慮不以此郡爲憂則臣之愚忠生死萬足其戶口實數并利害切急者伏望容臣括責續狀奏聞無任感戀之至

蒲州刺史謝上表

臣眞卿言臣今月十一日伏奉五日恩制除臣使持節蒲州諸軍事蒲州刺史充本州防禦使臣緣同州先無佐官蒲州書魚未到遲迴累日不敢赴上中使張抱誠至奉宣恩命令臣與將軍趙瑱計會遊奕兵馬昨以十八日至州

上訖祗承寵命伏增感惕中謝臣竊以此州之地堯舜所都表裏山河古稱天險餘凶未殄防禦是先況扼秦晉之喉撫幽并之背既號股肱之郡實資心膂之賢伏惟光天文武大聖孝感皇帝陛下道冠生人恩涵墜履方建非常之業不遺易忘之臣特委大邦俾之集事戴荷殊奬無忘寢食但臣愚駑有素智勇缺然將以鎭遏艱虞導揚德澤拜命之日以榮爲憂唯君知臣敎其不及勤恤人隱動必以聞陛下不以爲煩則臣死而獲考矣無任感戴屛營之至

乞御書天下放生池碑額表

臣眞卿言：臣聞帝王之德莫大於生成臣子之心敢忘於讚述臣去年冬任昇州刺史日屬左驍衛左郎將史元琮中使張庭玉等奉宣恩命於天下州縣臨江帶郭處各置放生池始於洋州興道迄於昇州江寧秦淮太平橋凡八十一所恩沾動植澤及昆蟲發自皇心徧於天下歷選列辟未之前聞海隅蒼生孰不欣喜臣時不揆愚昧輒述天下放生池碑銘一章又以俸錢於當州採石兼力拙自書蓋欲使天下元元知陛下有好生之德因令微臣獲廣昔

賢善頌之義遂絹寫一本附史元琮奉進兼乞御書題額以光揚不朽緣前書點畫稍細恐不堪經久臣今謹據石擘窠大書一本隨表奉進庶以竭臣下惓惓之誠特乞聖恩俯遂前請則天下幸甚豈惟愚臣昔秦始皇暴虐之君李斯邪諂之臣猶刻金石垂於後代魏文帝外禪之主鍾繇偏方之佐亦於繁昌立表頌德況陛下以巍巍功業而無紀述則臣竊恥之謹昧死以聞伏增戰越臣眞卿誠惶誠恐頓首謹言

謝浙西節度使表

臣眞卿言伏奉六月九日恩制以臣爲昇州刺史充浙西節度使兼江寧軍使聖德含宏不遺簪屨捨其罪戾假以麾幢感戴恩榮死生知報臣某中謝臣以爲全吳舊國分閫重權煮東海以自資塹西河而作固九州天險之地六代帝王之都是以魏文興嗟甘從南北之限苻堅恃衆爰喪百萬之師豈不以形勝是先腹心斯切親賢重寄鎮遏攸難矧在庸微寧堪及此是以拜命之日以榮爲憂制書以今月四日至饒州臣以今日發赴本道取都統節度觀察使李峘處分訖卽赴昇州卽當繕修甲兵撫循將士觀

察要害以備不虞假陛下英武之威遵陛下平明之理一心戮力上答天慈伏惟陛下察臣愚忠則死且不朽無任感戴屏營之至

謝戶部侍郎表

臣眞卿言伏奉某月日恩命以臣爲戶部侍郎榮寵自天感戴交集中謝臣聞地官之任邦教是資侍郎之職非賢不授況臣資性愚蒙行能無取頻以疎拙獲罪朝廷五年之間三貶官次先朝皇極猶佐藩條官階勳封盡蒙黜削待罪三年分從退棄屬陛下以聰明睿哲嗣聖登庸恩宥

廣覃授臣利州刺史詔書始下纔涉旬朔不遺易忘之臣忽奉待詔之命生死骨肉受賜已深對見之辰又蒙假以章服小臣懷惠寤寐無寧聖澤頻繁叨戴斯授循涯省分盈量則多粉骨糜軀罔知攸答無任感戴惶懼之至

謝荆南節度使表

臣眞卿言伏奉二十七日恩制除臣江陵尹兼御史大夫充荆南節度觀察處置使寵命自天戰荷無地中謝竊以荆南巨鎭江漢上游右控巴蜀左聯吳越南通五嶺北走上都寇賊雖平襟帶尤切雖叔子仁德元凱智囊居之猶或病諸過此豈宜濫據祗承睿顧伏深慙惕無任感戴屏營之至

謝贈官表

臣眞卿言伏奉二月十七日恩制臣亡祖故曹王屬曹王晉王侍讀先臣昭甫特蒙聖恩超贈使持節華州諸軍事華州刺史天慈錫類泉壤疏榮捧戴殊私闔門感慶中謝竊以臣亡祖伏膺文儒克篤前烈能讀三墳五典八索九邱特爲伯父故祕書監先臣師古之所賞愛師古每有注釋未嘗不參預焉又與學士令狐德棻等同侍天皇得備顧問有時無命夭閼盛年臣亡父故薛王友先臣惟貞亡伯故濠州刺史先臣元孫等並襁褓苴麻孩提未識養於舅氏殷仲容以至成立臣堂兄故衛尉卿兼御史中丞杲卿即元孫之子及臣兄弟等幸承貽厥之訓遭遇明聖之朝各以微誠皆蒙殊奬杲卿雖死爲不朽矣臣亦何人屢叨榮祿夙夜祗懼慚戴已深不謂霈澤曲霑褒贈俯及特蒙加等之禮實爲非常之恩感戴屏營萬死非報無任戰荷之至謹因中使内謁者監張抱誠冒死陳謝以聞

請除禫服奏

哀號在疚開闢所無誠懇尚違庶僚增懼伏見百辟並已釋除事既合權禮無獨異不可以吉凶兼制臣子殊儀伏乞奉顧命之文節因心之孝順時即吉屈已臨朝則萬姓心安四方事集臣典司儀注不敢輕移冒犯宸嚴無任懇迫

請除素練聽政奏

孝德動天事踰前古德音俯降感咽載深臣伏守遺詔禮從易月祥禫變除儀注皆備若陛下未忍即吉更服練巾則遺詔不得奉行羣僚無以覲見伏乞俯順人望仰遵先

旨實大孝不虧萬方幸甚臣職在典禮愚守如前無任懇迫之至

論百官論事疏

御史中丞李進等傳宰相語稱奉進止緣諸司官奏事頗多朕不憚省覽但所奏多挾私讒毀自今論事者諸司官皆須先白長官長官白宰相宰相定可否然後奏聞者臣自聞此語已來朝野囂然人心亦多衰退何則諸司長官皆達官也言皆專達於天子也郎官御史陛下腹心耳目之臣也故其出使天下事無巨細得失皆令訪察迴日奏

聞所以明四目達四聰也今陛下欲自屏耳目使不聰明則天下何述焉詩云營營青蠅止于棘讒言罔極交亂四國以其能變白爲黑變黑爲白也詩人深惡之故曰取彼讒人投畀豺虎豺虎不食投畀有北則夏之伯明楚之無極漢之江充皆讒人也孰不惡之陛下惡之深得君人之體矣陛下何不深迴聽察其言虛誣者則讒人也因誅殛之其言不虛者則正人也因奬勵之陛下舍此不爲使衆人皆謂陛下不能明察而倦於聽覽以此爲辭拒其諫諍臣竊爲陛下痛惜之臣聞太宗勤於聽覽庶政以理故著

司門式云其有無門籍人有急奏者皆令監門司與仗家引對不許關礙所以防壅蔽也并置立仗馬二匹須有乘騎便往所以平治天下正用此道也天寶已後李林甫威權日盛羣臣不先諮宰相輒奏事者仍託以他故中傷之不敢明約百官令先白宰相又閹官袁思藝日宣詔至中書元宗動靜必告林甫林甫得以先意奏請元宗驚喜若神以此權柄恩寵日甚道路以目上意不下宣下情不上達所以漸致潼關之禍皆權臣誤主不遵太宗之法故也淩夷至於今日天下之弊盡萃於聖躬豈陛下招致之乎

蓋其所從來者漸矣自艱難之初百姓尚未凋弊太平之理立可便致屬李輔國當權宰相專政遞相姑息莫肯直言大開三司不安反側逆賊散落將士北走党項合集土賊至今爲患僞將更相驚恐因思明危懼扇動卻反又今相州敗散東都陷沒先帝由此憂勤至於損壽臣每思之痛切心骨今天下兵戈未戢瘡痏未平陛下豈得不博聞讜言以廣視聽而欲頓隔忠讜之路乎臣竊聞陛下在陝州時奏事者不限貴賤務廣聞見乃堯舜之事也凡百臣庶以爲太宗之理可翹足而待也臣又聞君子難進易退

由此言之朝廷開不諱之路猶恐不言況懷厭怠令宰相宣進止使御史臺作條目不令直進從此人人不敢奏事則陛下聞見只在三數人耳天下之士方鉗口結舌陛下後見無人奏事必謂朝廷無事可論豈知懼不敢進即林甫國忠復起矣凡百臣庶以爲危殆之期又翹足而至也如今日之事曠古未有雖李林甫楊國忠猶不敢公然如此今陛下不早覺悟漸成孤立後縱悔之無及矣臣實知忤大臣者罪在不測不忍孤負陛下無任懇迫之至

請復七聖謚號狀

謹按禮記曰先王謚以尊名節以一惠故行出於己而名生於人使夫善者勸而惡者懼也而虞夏之質殷周之文至矣而禹湯文武之君咸以一字爲謚言文則不稱武言武則不稱文豈聖德所不優乎蓋羣臣稱其至者是以子不得議父臣不得議君天子崩則臣下制謚於南郊明受之於天也諸侯薨則太子赴告於天子明受之於君也至於周室卑大樸散謚始以兩字爲重人或以虛美爲榮漢承戰國餘烈參而用之君臣易名事歸至當少不以爲貶多不以爲褒雖美衆所歸可一言而盡矣魏晉以降蓋不足徵聖唐欽明憲章周漢爰初創業順考古道高祖謚大武用漢制太宗謚曰文行周道也名正理順垂之無窮上元中政在宮壼亂名改作始建神堯文武大聖之號蓋非高宗之所獲已臮元宗之末奸臣竊柄析言而亂舊法輕議以改鴻名遂廣累聖之謚有加至十一字者皇帝則悉有大聖之號皇后則皆有順聖之名使言之者惑於今行之者異於古非舊制也其後劒門下罪己之詔敘高祖以下累聖悉用舊謚則元宗悔既往之失亦已明矣寶應中二聖山陵有司請謚事不師古變而行權去古質而尚浮

華捨舊名而廣新謚謂一名不足以節惠迺十倍於古焉而累聖謚名悉以字多者爲定是廢高祖太宗之令豈曰愛君今制謚非古人皆知之有司因循其事而無敢言者假使當今守之而不改後人議之以爲非然所失豈不大哉何者臣子之於君父莫不欲廣其美稱先王制禮不敢過也故至敬無文至文尚質質之數極於一堯舜之美足以彰矣文之數極於二孝文孝景之德亦已明矣質則近古文則近今此高祖太宗所以更用其法後王所宜守之法也非天下之至聖其孰能定之此天皇所以興聖主而

正鴻名太宗所以待孝孫而修廢典徽臣所以守經義而崇聖朝陛下宜奉天心繼先太宗之志使子孫蒙其法而萬代守之此天下之能事也臣愚以爲高祖以下累聖謚號悉宜取初謚爲定謹按舊制宜上高祖爲武皇帝太宗爲文皇帝高宗爲天皇大帝中宗爲孝和皇帝睿宗爲聖眞皇帝其二聖謚名字數太廣有逾古制臣愚請擇其美稱而正之謹按謚法秉德不回曰孝照臨四方曰明宜上元宗爲孝明皇帝又按謚法聖善周聞曰宣宜上肅宗爲孝宣皇帝仍準漢魏及國朝故事於尚書省議定奏御夫

文敝則救之以質至敬也名惑而反之於正至明也祖作之而孫述之至孝也三者備矣然後能立天下之大本正天下之大名建天下之大業能事畢矣伏惟皇帝陛下詳擇

論元皇帝祧遷狀

王制天子七廟三昭三穆與太祖之廟而七又禮器云有以多爲貴者天子七廟又伊尹曰七世之廟可以觀德此經典之明證也七廟之外則曰去祧爲壇去壇爲墠故歷代儒者制迭毀之禮皆親盡宜毀伏以太宗文皇帝七代之祖高祖神堯皇帝國朝首祚萬葉所承太祖景皇帝受命於天始封於唐元本皆在不毀之典代祖元皇帝地非開統親在七廟之外代宗皇帝升祔有日元皇帝神主禮合祧遷或議者以祖宗之名難於迭毀昔漢朝近古不敢以私滅公故前漢十二帝爲祖宗者四而已至後漢漸違經意子孫以推美爲先自光武已下皆有廟號則祖宗之名莫不建也安帝信讒害大臣廢太子及崩無上宗之奏後自建武以來無毀者因以陵號稱宗至桓帝失德尚有宗號故初平中左中郎蔡邕以和帝以下功德無殊而有

過差不應爲宗及餘非宗者追尊三代皆奏毀之是知祖有功宗有德存至公之義非其人不居蓋三代立禮之本也自東漢已來則此道喪矣魏明帝自稱烈祖論者以爲逆自稱祖宗故近代此名悉爲廟號未有子孫踐祚而不祖宗先王者以此明之則不得獨據兩字而爲不祧遷之證假令傳祚百代豈可上崇百代以爲孝乎請依三昭三穆之義永爲通典寶應二年升祔元宗肅宗則獻祖懿祖已從迭毀伏以代宗睿文孝皇帝卒哭而祔則合上遷一室元皇帝代數已遠其神主準禮當祧至禘祫之時然後

饗祀

廟享議

議者或云獻祖懿祖親遠廟遷不當祫享宜永閟於西夾室又議者云二祖宜同祫享與太祖並列昭穆而空太祖東向之位又議者云二祖若同祫享即太祖之位永不得正宜奉遷二祖神主祔藏於德明皇帝廟臣伏以三議俱未爲允且禮經殘缺既無明據儒者能比方義類斟酌取中則可舉而行之蓋叶於正也伏惟太祖景皇帝以受命始封之君處百代不遷之廟配天崇享是極尊嚴且至禘

祫之時暫居昭穆之位屈己伸孝敬奉祖宗緣齒族之禮廣尊先之道此實太祖明神烝烝之本意亦所以化被天下率循孝悌也請依晉蔡謨等議至五年十月祫享之日奉獻祖神主居東向之位懿祖太祖臮諸祖宗遵左昭右穆之列此有以彰國家重本尚順之明義足爲萬代不易之令典也又議者請奉遷二祖神主於德明皇帝廟行祫祭之禮夫祫合也故公羊傳曰大事者何祫也若祫祭不陳於太廟而享於德明廟是乃分食也豈謂合食乎名實相乖深失禮意固不可行

朝會有故去樂議

周禮大司樂職云諸侯薨令去樂大臣死令弛縣鄭註云去謂藏之弛謂釋下也是知哀輕者則釋哀重者則藏又按庾蔚之禮論云晉元后秋崩武帝咸寧元年享萬國不設樂永嘉元年冬惠帝三年喪制未終司徒左長史江統議二年正會不宜作樂又章皇后哀限未終后主已入廟博士徐乾議曰周景王有后嫡子之喪既葬除服叔向猶議其宴今不宜懸宋書禮志云晉武帝已來國有大喪廢樂三年又按江都集禮說晉博士孔恢朝廷遏密懸而不

作恢以爲宜都去懸設樂爲作不作則不宜懸孟獻子禫懸而不樂自是應作耳故夫子曰獻子加於人一等矣非謂不應作而猶懸也國喪尚近謂金石不可陳於庭又徐廣晉史曰聞樂不怡故申情於遏密諒闇奪服慮政事之荒廢是故秉權通以變常量輕重以降差臣以周禮去樂之文宋志終喪之證徐廣之論寧戚孔恢之說禫懸理既可憑事又故實伏請三年未畢都不設懸如有齊衰喪及遇大臣薨歿則量輕重懸而不作

駮吏部尚書韋陟謚忠孝議

出處事殊忠孝不並已爲孝子不得爲忠臣已爲忠臣不得爲孝子故求忠於孝豈先親而後君移孝於忠則出身而事主所以叱馭而進不憚危險故王尊爲忠臣思全而歸恐有毀傷故王陽爲孝子則知晝之與夜本不相隨春之與秋豈宜同日且以爲尚書志業高遠羽儀前朝百行之中能事甚衆議行稱諡固多美名何必忠孝兩施然後表德歷考前史恐無此事敢率愚見請更商量

欽定全唐文卷三百三十七

顏真卿二

對三命判

乙仕登三命舉以特牲祀以少牢人告其僭加於舉禮也

侑食以樂執恭展禮以辨等威以明貴賤乙以筮仕策名清朝從大夫之後既登三命循先人之祭有事十倫已而鏗鏘具舉和平不爽苾芬承祀胡考之寧舉特且叶於禮經加牢未虧於祀典人告其僭罔知攸伏

按楊志堅妻求別適判

楊志堅素爲儒學徧覽九經篇詠之間風騷可摭愚妻覩其未遇遂有離心王歡之廩既虛豈遵黃卷朱叟之妻必去寧見錦衣污辱鄉閭敗傷風俗若無褒貶僥倖者多阿王決二十後任改嫁楊志堅秀才贈布絹各二十匹米二十石便署隨軍仍令遠近知悉

與郭僕射書

十一月日金紫光祿大夫檢校刑部尚書上柱國魯郡開國公顏真卿謹奉書於右僕射定襄郡王郭公閣下蓋太

上有立德其次有立功是之謂不朽抑又聞之端揆者百寮之師長諸侯王者人臣之極地今僕射挺不朽之功業當人臣之極地豈不以才爲世出功冠一時挫思明跋扈之師抗回紇無厭之請故得身畫淩烟之閣名藏太室之廷吁足畏也然美則美矣而終之始難故曰滿而不溢所以長守富也高而不危所以長守貴也可不儆懼乎書曰爾惟弗矜天下莫與汝爭功爾惟不伐天下莫與汝爭能以齊桓公之盛業片言勤王則九合諸侯一匡天下葵邱之會微有振矜而叛者九國故曰行百里者半九十里言

晚節末路之難也從古至今洎我高祖太宗已來未有行此而不理廢此而不亂者也前者菩提寺行香僕射指麾宰相與兩省臺省已下常參官並爲一行坐魚開府及僕射率諸軍將爲一行坐若一時從權亦猶未可何況積習更行之乎一昨以郭令公以父子之軍破犬羊凶逆之衆衆情忻喜恨不頂而戴之是用有興道之會僕射又不悟前失竟率意而指麾不顧班秩之高下不論文武之左右苟以取悅軍容爲心曾不顧百寮之側目亦何異清晝攫金之士哉甚非謂也君子愛人以禮不聞姑息僕射得不深念之乎眞卿竊聞軍容之爲人清修梵行深入佛海況乎收東京有殄賊之業守陝城有戴天之功朝野之人所共景仰豈獨有分於僕射哉加以利衰塗割恬然於心固不以一毀加怒一敬加喜尚何半席之座咫尺之地能汨其志哉且鄉里上齒宗廟上爵朝廷上位皆有等威以明長幼故得彝倫敘而天下和平也且上自宰相御史大夫兩省五品已上供奉官自爲一行十二衛大將軍次之三師三公令僕少師保傅尚書左右丞侍郎自爲一行九卿三監對之從古以然未嘗參錯至如節度軍將各有本班

卿監有卿監之班將軍有將軍之位縱是開府特進並是勳官用蔭卽有高卑會讌合依倫敘豈可裂冠毀冕反易彝倫貴者爲卑所淩尊者爲賤所偪一至於此振古未聞如魚軍容階雖開府官卽監門將軍朝廷列位自有次序但以功績旣高恩澤莫二出入王命衆人不敢爲比不可令居本位須別示有尊崇只可於宰相師保座南橫安一位如御史臺衆尊知雜事御史別置一榻使百寮共得瞻仰不亦可乎聖皇時開府高力士承恩傳宣亦只如此橫座亦不聞別有禮數亦何必令他失位如李輔國倚承恩

澤徑居左右僕射及三公之上令天下疑怪乎古人云益者三友損者三友願僕射與軍容爲直諒之友不願僕射爲軍容佞柔之友又一昨裴僕射誤欲令左右丞勾當尚書當時輒有訓對僕射恃貴張目見尤介衆之中不欲顯過今者興道之會還爾遂非再猲八座尚書欲令便向下座州縣軍城之禮亦恐未然朝廷公讌之宜不應若此今既若此僕射意只應以爲尚書之與僕射若州佐之與縣令乎若以尚書同於縣令則僕射見尚書令得如上佐事刺史乎益不然矣今既三廳齊列足明不同刺史且尚書

令與僕射同是二品只校上下之階六曹尚書並正三品又非隔品致敬之類尚書之事僕射禮數未敢有失僕射之顧尚書何乃欲同卑吏又據宋書百官志八座同是第三品隋及國家始升別作二品高自標致誠則尊崇向下擠排無乃傷甚況再於公堂猲咄常伯當爲令公初到不欲紛披僶俛就命亦非理屈朝廷紀綱須共存立過爾隳壞亦恐及身明天子忽震電含怒責斁彝倫之人則僕射其將何辭以對

與李太保帖八首

辭後明日至宅奉送承已當時出闕不獲重捧袂至今爲恨仲春漸暄不審太保尊體何如眞卿粗爾不審初到如何佇承異績以慰瞻仰因中郎張潡往謹附狀不宣謹狀

二月十四日刑部尚書顏眞卿狀上李太保大夫公閤下

張潡昨艱難時首末得力願在麾下有容足處庇之幸甚謹空

奏事官至蒙問增慰馳誠冬閏初寒伏惟太保尊體安適眞卿悲疢何言蕃寇推退爲憲之功忝沐淺情俱增喜躍前後不逢之信遂闕修狀何時入奏未聞悲係無喻謹還

狀不次謹狀閏月十有四日刑部尚書顏眞卿狀上李太保大夫公閤下謹空

眞卿粗自奉別渴仰何勝昨緣馬奔遂失馳謁想蒙情恕也眞卿十五日離家大小俱安沈沈病瘡少愈勿憂爲佳正遠披承益期自愛謹勒參候不次刑部尚書顏眞卿頓首李太保大夫公閤下

千手贊已領訖然尚少第二隔恐在書府希更根尋足疎拙抵罪聖慈含宏猶佐列藩不遠伊邇省躬荷德恩貸實淺兢慄之誠在物何喻仲春暄甚不審太保尊體何如所

苦當轉勝也。眞卿緣驛上無馬。私乘泡轉幾死。前進不得。今日始至藍田。卽便取路。不獲執別。此情如何。珍重珍重。謹附狀不次。謹狀。二月十一日。陝州別駕顏眞卿狀上李太保大夫公閣下。

不審所苦何如。奉計已痊復。眞卿緣馬病。朝迴已乏。未遂馳謁。謹勒參候。不次。謹狀。刑部尚書顏眞卿狀上李太保大夫公閣下。

千手贊檢得未。帖之。謹空。

拙於生事。舉家食粥來已數月。今又罄竭。祇益憂煎。輒恃

深情。故令投告。惠及少米。實濟艱勤。仍恕干煩也。眞卿狀。

陰寒。不審太保所苦何如。承渴已損。深慰馳仰。所檢贊猶未獲。望於文書內細檢也。病妻服藥。要少鹿肉脯。有新好者。望惠少許。幸甚幸甚。專馳謁。不次。謹狀。二十九日。刑部尚書顏眞卿狀上李太保大夫公閣下。謹空。

與御史帖

眞卿謹別上書於御史閣下。竊聞尊候平和。眞卿瞻仰瞻仰。前所會廟上諸公未悟。唯御史論高百寮。振古未有。雜事可置。況朝廷自有次序。不足念乎。眞卿。

與盧倉曹帖

昨奉辭。但增悵仰。承已過埭。不得重別。情深惘然。珍重。謹此不宣。眞卿白。二十四日。

與蔡明遠帖二首

蔡明遠。鄱陽人。眞卿昔刺饒州。卽嘗趨事。及來江右。無改厥勤。靖言此心。有足嘉者。一昨緣受替歸北。中止金陵。閤門百口。幾至餬口。明遠與夏鎭不遠數千里。冒涉江湖。連舸而來。不愆晷刻。竟達命於秦淮之上。又隨我於邗溝之東。追攀不疲。以至邵伯南埭。始終之際。良有可稱。今既已

事方旋。指期斯復。江路悠緬。風濤浩然。行李之間。深宜尚愼。不宣。眞卿報。

聞鄱游與明遠同來。欲至采石。計其不久。亦合及吾淮泗之間。脫若未到。見之宜傳此意。遣此不宣。眞卿報蔡明遠。

奉使蔡州書

眞卿奉命來此。事期未竟。止緣忠勤。無有旋意。然中心恨恨。始終不改。游於波濤。宜得斯報。千百年間。察眞卿心者。見此一事。知我是行。亦足達於時命耳。

移蔡帖

眞元元年正月五日眞卿自汝移蔡天也天之昭明其可誣乎有唐之德則不朽耳十九日書

劉中使帖

近聞劉中使至瀛州吳希光已降足慰海隅之心耳又聞磁州爲盧子期所圍舍利將軍擒獲之吁足慰也

與夫人帖

眞卿頓首奉承十四日還曆承問悲慕不能自勝惟攀慕不及摧毀何堪痛當柰何痛當柰何凝寒惟動靜支適見子等保侍眞卿離官已久事須十間前至鄭州汴州已來

專奉侍一日只擬一驛計過大事後發猶恐遲必望知此緩急勿遲滯足下不來義無獨去之法必請矜此狼狽所望今到汴州水下不愁河凍書祭器等先下船去眞卿十一日且發東京佇望早來早來謹不次眞卿頓首夫人閤下。十一月八日。問訊須𪱌蒙郎郎和奴光嚴滚遠憶或至十三日得發

與緒汝書

政可守不可不守吾去歲中言事得罪又不能逆道徇時爲千古罪人也雖貶居遠方終身不恥緒汝等當須會吾之志不可不守也

與澄師帖

眞卿承聞大華嚴會已遂圓成取來日要詣彼隨喜如何如何幸周副老草不悉眞卿頓首和南澄師大德侍者十日敬空

廣平帖

得示問廣平碑本了來數日故當封呈眞卿頓首

文殊帖

近作一文殊師利菩薩碑但欲發揚主上聖意蓋不近文

律耳今奉呈充蓋醬之用可乎眞卿白

寒食帖

天氣殊未佳汝定成行否寒食只數日間得且住爲佳耳

中夏帖

眞卿頓首中夏以還暑氣日甚病懶益不喜所爲前欲書石當須稍涼作之也幸不以差緩過之京人來何消息嘉否

修書帖

賊軍未平使僕不憤見故先修書但召諸子弟與語不具

眞卿

訊後帖

眞卿具前褚訊後所苦何如立斯極位雄廷江上佳山秀水在公庭戶想日有樂事甚得佳士相延公高才逸韻自有晉宋間人風坐此肆局不易處上方招致仁者如公之儔豈久在江左乎行聞迅召以快士議眞卿頓首

世系譜序

顏氏之先出自黃帝之孫安爲曹姓其裔邾武公名儀父字伯顏子友別封郳爲小邾子遂以顏爲氏世爲魯國卿

大夫孔門達者七十二人顏氏有八回居四科之首其後戰國有率蹈秦有芝貞漢有異肆安樂魏有斐盛盛字叔臺歷青徐二州刺史關內侯其後子孫咸著官族有若宏都之德行巴陵記室之書翰特進黃門之文章祕監華州之學識肇自魯國格於聖代紛綸盛美舉集於茲述遵前人不敢失墜建中元年歲次庚申秋七月癸亥序

尚書刑部侍郎贈尚書右僕射孫逖文公集序

古之爲文者所以導達心志發揮性靈本乎詠歌終乎雅頌帝庸作而君臣動色王澤竭而風化不行政之興衰實繫於此然而文勝質則繡其鞶帨而血流漂杵質勝文則野於禮樂而木訥不華歷代相因莫能適中故詩人之賦麗以則詞人之賦麗以淫此其效也漢魏已還雅道微缺梁陳斯降宮體聿興既馳騁於末流遂受嗤於後學是以沈隱侯之論謝康樂也乃云靈均已來此未及覩盧黃門之序陳拾遺也而云道喪五百歲而得陳君若激昂頹波雖無害於過正榷其中論不亦傷於厚誣何則雅鄭在人理亂由俗桑間濮上胡爲乎緜古之時正始皇風奚獨乎凡今之代蓋不然矣其或斌斌彪炳郁郁相宣膺期運以

挺生奄寰瀛而首出者其惟僕射孫公乎公諱逖河南鞏人其先自樂安武水寓於涉而徙焉父嘉之以詞學登科官至宋州司馬公風裁澂明天才傑出學窮百氏不好非聖之書文統三變特淩稽古之道故逸氣上躋而高情四達羌索隱乎混元之始表獨立於常均之外不其盛歟年數歲即好屬文十五時相國齊公崔日用試土火鑪賦公雅思道麗援翰立成齊公駭之約以忘年之契爾後遂有大名故其試言也年未弱冠而三擢甲科吏部侍郎王邱試竹簾賦降階約拜以殊禮待之相國燕公張說覽其策

而心醉其序事也則伯樂川記及諸碑志皆卓立千古傳於域中其爲詩也必有逸韻佳對冠絕當時布在人口其詞言也則宰相張九齡欲掎摭疵瑕沈吟久之不能易一字公之除庶子也苑咸草詔曰西掖掌綸朝推無對議者以爲知言凡斯夥多庸可悉數故燕國深賞公才俾與張九齡許景先韋述同遊門庭命子均垍申伯仲之禮江夏李邕自陳州入計繕寫其集齎以詣公託知己之分其爲先達所重也如此公又雅有清鑒典考功時精覈進士雖權要不能逼所獎擢者二十七人數年間宏詞判等入甲

第者一十六人授校書郎者九人其餘咸著名當世已而多至顯官明年典舉亦如之故言第者必稱孫公而已夫然信可謂人文之宗師國風之哲匠者矣公凡所著詩歌賦序策問贊碑志表疏制誥不可勝紀遭二朝之亂多有散落子宿絳成等夙奉過庭之訓咸以文章知名同時臺省乃編次公文集爲二十卷列之於左庶乎好事者傳寫諷誦以垂乎無窮亦何必藏名山而納石室也眞卿昔觀光乎天府實荷公之獎擢見命爲序豈究端倪時則永泰元年仲秋之月也至若世系閥閱蓋存之別傳此不復云

懷素上人草書歌序

開士懷素僧中之英氣概通疏性靈豁暢精心草聖積有歲時江嶺之間其名大著故吏部尚書韋公陟覩其筆力勖以有成今禮部侍郎張公謂賞其不羈引共遊處兼好事者同作歌以贊之動盈卷軸夫草藁之作起於漢代杜度崔瑗始以妙聞迨乎伯英尤擅其美羲獻茲降虞陸相承口訣手授以至於吳郡張旭長史雖姿性顛逸超絕古今而楷法精詳特爲眞正某早歲嘗接游居屢蒙激勸告以筆法資質劣弱又嬰物務不能懇習迄用無成追思一

言何可復得忽見師作縱橫不羣迅疾駭人若還舊觀向使師得親承善誘函挹規模則入室之賓舍子奚適嗟歎不足聊書以冠諸篇首

送福建觀察使高寬仁序

國家設觀察使即古州牧部使之職代朝廷班導風化而宣布德意振舉萬事而沙汰百吏者也民俗之舒慘兵賦之調發刑獄之寃濫政治之得失皆得以觀察而行之其任可謂重矣江西貴溪高君寬仁初舉明經歷任中外克勤職務政績昭著陞福建觀察使夫君子之仕不以位尊

爲榮而以盡職爲貴福建大藩也其地東帶滄溟南接交廣居民若是其衆也政務若是其煩也職乎州郡者果皆循且良尚不能保其無一事之不舉矧未必皆循良乎弱之食强之取飢寒顛沛而漁奪之不厭則畎畝之民若之何能求其安也自古爲民之病者多類此是以居高位而欲下之安其道難也故衆皆以位高爲寬仁喜子獨以盡職爲寬仁勉所以盡職者無他正已格物而已忠君愛民而已子與寬仁交久且厚予所以望於寬仁者豈但在於政事文字之間而已哉振肅風紀表儀一方盡致君澤民

之道使聲名流芳史冊茲行是望於是乎書

送劉太沖序

劉太沖者彭城之華望者也自開府垂明於宋室澤州考績於國朝道素相承世傳儒雅尚矣夫其果行修潔斯文彪蔚鄂不照乎栘華龍驥驤乎雲路則公山正禮策高足於前沖與太眞嗣家聲於後有日矣昔予作郡平原拒胡羯而請與從事掌銓吏部第甲乙而超升等夷爾來蹉跎猶屑卑位雖才不偶命而德其無鄰故沖之西遊斯有望矣江月弦魄秦淮頂潮君行句溪正及春水勖哉之子道

存何居魯郡公顏眞卿敘

送辛子序

醇白之士曰隴西辛晃銳業班漢續門名家十五而志學克明五十而勵精益懋拳拳不失慕回也之服膺哀哀可聽同茂先之善說昔我高叔祖鄆州使君著決疑一十二卷問答稱爲大顏曾伯祖祕書監府君集註解成一十二帙名儒斟酌煩省捃摭英華勒成三十篇名之曰漢略夫其發凡舉例晁序言之已詳惜乎困於縑緗不獲繕寫遂使精義沈鬱闇然未彰吁足歎也二月初吉金陵氣暖抵淮上之諸侯所如必合及滁川之美景未至方歡羣子賦

詩以寵之

張長史十二意筆法記

予罷秩醴泉特詣京洛訪金吾長史張公旭請師筆法長史於時在裴儆宅憩止已一年矣衆師張公求筆法或有得者皆曰神妙僕頃在長安二年師事張公皆大笑而已卽對以草書或三紙五紙皆乘興而散不復有得其言者僕自再于洛下相見眷然不替僕因問裴儆足下師張長史有何所得曰但書得絹屏素數十軸亦嘗論諸筆法唯

言倍加工學臨寫書法當自悟耳僕自停裴家月餘日因與裴儆從長史言話散卻迴京師前請曰既承兄丈（一本作九）丈奬諭日月滋深夙夜工勤溺於翰墨儻得聞筆法要訣終爲師學以冀至於能妙豈任感戴之誠也長史良久不言乃左右眄視拂然而起僕乃從行歸東竹林院小堂張公乃當堂踞牀而坐命僕居於小榻而曰筆法元微難妄傳授非志士高人詎可與言要妙也書之求能且攻眞草今以授之可須思妙乃曰夫平謂橫子知之乎僕思以對之曰嘗聞長史示令每爲一平畫皆須令縱橫有象此豈

非其謂乎長史乃笑曰然而又問曰直謂縱子知之乎曰豈不謂直者從不令邪曲之謂乎曰均謂間子知之乎曰嘗蒙示以間不容光之謂乎曰密謂際子知之乎曰豈不謂築鋒下筆皆令宛成不令其疎之謂乎曰鋒謂末子知之乎曰豈不謂以末成畫使其鋒健之謂乎曰力謂骨體子知之乎曰豈不謂趯筆則點畫皆有筋骨字體自然雄媚之謂乎曰轉輕謂屈折子知之乎曰豈不謂鉤筆轉角折鋒輕過亦謂轉角爲闇過之謂乎曰決謂牽掣子知之乎曰豈不謂爲牽爲掣決意挫鋒使不怯滯令險峻而

成以謂之決乎曰補謂不足子知之乎曰豈不謂結點畫或有失趣者則以別點畫旁救之謂乎曰損謂有餘子知之乎曰豈不謂趣長筆短常使意勢有餘點畫若不足之謂乎曰巧謂布置子知之乎曰豈不謂欲書先預想字形布置令其平穩或意外字體令其異勢是謂之巧乎曰稱謂大小子知之乎曰豈不謂大字蹙之令小小字展之爲大兼令茂密所以爲稱乎長史曰子言頗皆近之矣夫書道之妙煥乎其有旨焉字外之奇言所不能盡世之書者宗二王元常逸跡曾不睥睨筆法之妙遂爾雷同獻之謂

之古肥旭謂之今瘦古今既殊肥瘦頗反如自省覽有異衆說芝鍾巧趣精細殆同始自機神肥瘦古今豈易致意眞跡雖少可得而推逸少至於學鍾勢巧形容及其獨運意疎字緩譬猶楚音習夏不能無楚過言不悒未爲篤論又子敬之不逮逸少猶逸少之不逮元常學子敬者畫虎也學元常者畫龍也子雖不習久得其道不問之言必慕之歟儻有巧思思盈半矣子其勉之工精勤悉自當妙矣眞卿前請曰幸蒙長史傳授筆法敢問工書之妙如何得齊於古人張公曰妙在執筆令其圓轉勿使拘攣其次諸

法須口傳手授之訣勿使無度所謂筆法也其次在於布置不慢不越巧使合宜其次紙筆精佳其次諸變適懷縱捨規矩五者備矣然後齊於古人矣敢問執筆之理可得聞乎長史曰予傳授筆法之老舅彥遠曰吾聞昔日說書若學有工而跡不至後聞於褚河南曰用筆當須如印泥畫沙思所以不悟後於江島遇見沙地平淨令人意悅欲書乃偶以利鋒畫其勁險之狀明利媚好乃悟用筆如錐畫沙使其藏鋒畫乃沈著當其用鋒常欲使其透過紙背此成功之極矣真草用筆悉如畫沙則其道至矣是乃其

迹可久自然齊古人矣但思此理以專想工用故其點畫不得妄動子其書紳予遂銘謝再拜逡巡而退自此得攻書之術於茲五年真草自知可成矣

汎愛寺重修記

予不信佛法而好居佛寺喜與學佛者語人視之若酷信佛法者然而實不然也予未仕時讀書講學恒在福山邑之寺有類福山者無有無予蹟也始僦居則凡海印萬福天寧諸寺無有無予蹟者既仕於昆時授徒於東寺待客於西寺每至姑蘇恒止竹堂目予實信其法故爲張侈其事以感沙氓則非知予者矣

鮮于氏離堆記

閬州之東百餘里有縣曰新政新政之南數千步有山曰離堆斗入嘉陵江直上數百尺形勝縮矗嶔壁峻肅上崢嶸而下迴洑不與衆山相連屬是之謂離堆東面有石堂焉即故京兆尹鮮于君之所開鑿也堂有室廣輪袤丈蕭豁洞敞虛聞江聲徹見羣象人村川境若指諸掌堂北盤石之上有九曲流杯池焉懸源螭首處噴鶴咮釃渠股引迴坐環溜若有良朋以傾醇酎堂南有茅齋焉遊於斯息

於斯聚賓友於斯虛而來者實而歸其齋壁間有詩焉皆君舅著作郎嚴從君甥殿中侍御史嚴銑之等美君考槃之所作也其右有小石盧焉亦可蔭而踐據矣其松竹桂樠冬青雜樹皆徙他山而栽蒔焉其上方有男宮觀焉署之曰景福君弟京兆尹叔明至德一年十月嘗任尚書司勳員外郎之所奉置也君諱向字仲通以字行漁陽人卓爾堅忮毅然抗直易有之曰篤實輝光書不云乎沈潛剛克君自高曾以降世以財雄招徠賢豪施舍不倦至君纔緒其流益光弱冠以任俠自喜尚未知名乃慷慨發憤於

焉卜築養蒙學文忘寢與食不四三載展也大成著作奇
之勛以賓薦無何以進士高第驟登臺省天寶九載以益
州大都督府長史兼御史中丞持節充劒南節度副大使
知節度事劒南山南西道採訪處置使入爲司農少卿遂
作京兆尹以忤楊國忠貶卲陽郡司馬十有二載秋八月
除漢陽郡太守冬十有一月終於所任官舍悲夫雄圖未
伸志業已空葬於縣北表附先塋禮也君之薨也冢子光
祿寺丞昱匍匐迎喪星言泣血自沔泝峽滿險萬重肩槁
足蹋扳笭引舳凡今幾年皺瘃在目因心則至豈無僮僕

梟昱之季曰尚書都官員外郎炅克篤前烈永言孝思懇
闕二字志反葬於茲行道之人孰不跂而真卿猶子曰紘從
父兄故偃師丞春卿之子也嘗尉閬中君故舊不遺與之
有忘年之契叔明昱炅亦篤世親之歡真卿因之又忝憲
司之寮亟與濟南蹇昂奉以周旋益著通家之好兄允南
以司膳司封二郎中弟允臧以三院御史皆與叔明首末
聯事我是用飽君之故乾元改號上元之歲秋八月哉生
魄猥自刑部侍郎以言事忤旨聖恩全宥貶貳於蓬州沿
嘉陵而路出新政適會昱以成都兵曹取急歸覲遭我乎
貴州之朝留游締歡信宿陘峴感今懷昔遂援翰而志之
叔明時刺商州炅又申掾京兆不同躋陟有恨如何帝唐
龍集後壬寅仲夏己卯朔十五日甲午刻於門序之左右

欽定全唐文卷三百三十八

顏眞卿三

撫州寶應寺翻經臺記

撫州城東南四里有翻經臺宋康樂侯謝公元嘉年初於此翻譯涅槃經因以爲號公諱靈運陳郡陽夏人也祖元晉車騎將軍父瑍祕書郎公幼穎悟好學博覽羣書文章之美江左莫逮以襲祖爵世人宗之盛稱謝康樂初爲劉毅衞軍從事中郎太子左率出爲永嘉太守郡有名山水公素愛好肆意遨遊稱疾去職於始寧縣修營故墅傍山

帶江盡幽居之美因著山居賦並自註之與隱士王宏之等遊放爲娛有終焉之志每一詩至都邑莫不競寫宿昔之間士庶皆徧徵爲祕書監再召不赴太祖使范泰與書敦獎之乃出就職尋遷侍中日夕引見賞遇甚厚多疾不朝賜假東歸免官與從弟惠連東海何長瑜穎川荀道雍泰山羊璿之以文章賞會時人謂之四友尋山登賞常著木屐上則去其前齒下則去其後齒會稽太守孟顗事佛精懇公謂之曰得道應須慧業丈人生天應在靈運前成佛必在靈運後顗深恨此言後遂表公有異志公馳出自陳太祖知見誣除臨川內史公以曇無讖所翻大涅槃經語少朴質不甚流靡品數踈簡初學者難以措懷乃與沙門范惠嚴顧慧觀依舊泥洹經共爲潤色勒成三十六卷義理昭暢質文相宣歷代寶之盛行於天下其餘感神徵應具如高僧傳所說邈乎階局不改棟宇具無眞卿叨刺是邦茲用慨息有高行頭陀僧智清緒發洪誓精心住持請以佛跡寺僧什喩仙臺觀道士譚仙巖同力增修指期恢復自是法堂之遺構克崇先達之高蹤不泯百里而遙四山不逼三休而上十地方超經行之業旣崇斗藪之功

斯懋大歷己酉歲四月丙午都人士庶相與大會設嚴供而落焉以眞卿業於斯文見咨紀述後之君子其忘增修乎銘曰

摩訶般若解脫法身是則涅槃衆經中尊曇無肇允嚴觀是因實賴同德宏茲法輪謝公發揮精義入神理絕史野文兼郁彬一垂刊削百代咸遵遺跡忽睹高臺嶙峋載悲祖謝曷踐音塵眞卿愀然憫故執新檀那衣鉢悉力經綸不日復之周邦仰仁緬懷敦慕子亦何人徒願神交媿非德鄰刻銘金石永永不泯

撫州寶應寺律藏院戒壇記

如來以身口意三業難調伏也淨尸羅以息其內行住坐臥四威儀攝善心也明布薩以昭其外故曰波羅提木叉是汝之師則憍陳如之善來迦葉波之尚法諸聲聞三歸約衆十四年以八敬度尼羯磨相承其致一也至漢靈帝建寧元年有北天竺五桑門支法領等始於長安譯出四分戒本兼羯磨與大僧受戒至曹魏有天竺十尼自遠而來爲尼受具後秦姚萇宏始十一年有梵僧佛陀耶舍譯出四分律本而關內先行僧祇江南盛行十誦至元魏法

聰律師始闡四分之宗聰傳道覆覆傳惠光光傳雲暉願願傳理隱樂洪雲雲傳遵遵傳智首首傳道宣宣傳洪洪傳法勵勵傳滿意意傳法成成傳大亮道賓亮傳雲一賓傳岸超慧澄澄傳慧欽皆口相授受臻於壼奧欽俗姓徐洪州建昌人蓋漢孺子之後也二十二尋師於臨川楮山後五歲削髮隸於高安龍岡寺遂受戒有唐義淨則譯經上足曰洪州靈傑其秉宣羯磨者曰兩京清滁使法慧欽智度沖深神用高爽行無權實身絕開遮闡律藏而日月光明騁辯才而龍象蹴踏江嶺之外凜然風生開元末北遊京師充東京福先大德常誦大涅槃經而講之兼明俱舍論維摩金剛經每登講座其下日有二三千人由是名動輦轂屬祿山作亂杖錫南歸居於西山洪井雙嶺之間慕高僧觀顯之遺蹤於寺北別置蘭若山泉之美頗極幽絕欽雖堅持律儀而志在宏濟好讀周易左傳下筆成章著律儀輔演十卷嘗撰本州龍興寺戒壇碑頗見稱於作者大曆三年真卿忝刺撫州東南四里有宋侍中臨川內史謝靈運翻大涅槃經古臺階局儼然軒構摧圮有高行頭陀僧智清者首事修葺安居住持明年秋七月真卿續

秩將滿有觀察使尚書御史大夫趙國魏公願以我皇帝降誕之辰奏爲寶應寺仍請山林高行僧三七人冬十月二十三日聖恩允許於是鼎新輪奐其興也勃焉乃請止觀大師法源法泉襄陽乘覺清源善宏羅浮圓覺佛跡十喩餘杭慧達泉當州海通海岸等同住董修以資景福僉以爲學徒雖增毗尼未立明年三月乃請欽登壇而董振鐸焉仍俾龍岡道幹天台法裔招提智融白馬法允衡岳正覺同德義盈香城藏選龍興藏志開元明徹等同秉法事於是遠近駿奔道場側塞聖像放光而龍王不雨者四

匃僧尼等三百五十七人而文士正議大夫前衛尉少卿張廷皋脫俗歸眞其名曰瓌綱爲稱首焉又欽比年以來爲受具者凡一萬餘人江嶺湖海之間幅員千餘里像法於變此皆欽教道之力焉臨川在嶺隅未嘗宏律於是二衆三百餘人請法裔數演而依止之矣復有上都資聖寺高德曰還本律主偉玄能辨淩嗟歎而贊美之請於寺東南置普通無礙禪院院內立鎭海觀音道場請善宏居之以開悟心要雲一上足曰智融精持本事如會尊衆乃命智光等於普通道場東置律藏院剏立戒壇以佇欽公之

來儀且施肇紀之不朽經營未幾壇殿欝興庶乎渡海浮囊分毫絕羅刹之請嚴身瓔珞照耀有摩尼之光則入佛位而披伽梨者名香普薰神足無極其可勝紀而蕪絕乎有唐大歷辛亥歲春三月行撫州刺史魯郡開國公顏眞卿書而誌之

撫州南城縣麻姑山仙壇記

麻姑者葛稚川神仙傳云王遠字方平欲東之括蒼山過吳蔡經家教其尸解如蛇蟬也經去十餘年忽還語家人言七月七日王君當來過到期日方平乘羽車駕五龍各異色旌旗導從威儀赫奕如大將也旣至坐須臾引見經父兄因遣人與麻姑相聞亦莫知麻姑是何神也言王方平敬報久不行民間今來在此想麻姑能蹔來有頃信還但聞其語不見所使人曰麻姑再拜不見忽已五百餘年尊卑有序修敬無階思念久煩信承在彼登山顚倒而先被記當按行蓬萊今便蹔往如是便還還卽親覲願不卽去如此兩時間麻姑來來時不先聞人馬聲旣至從官當半於方平也麻姑至蔡經亦舉家見之是好女子年十八九許頂中作髻餘髮垂之至腰其衣有文章而非錦綺光

彩耀日不可名字皆世所無有也得見方平方平爲起立坐定各進行廚金盤玉杯無限美膳多是諸華而香氣達於內外擗麟脯行之麻姑自言接待以來見東海三爲桑田向間蓬萊水乃淺於往者會時略半也豈將復還爲陸陵乎方平笑曰聖人皆言海中行復揚塵也麻姑欲見蔡經母及婦經弟婦新產數十日麻姑望見之已知曰噫且止勿前卽求少許米便以擲之墮地卽成丹沙方平笑曰姑故年少吾了不喜復作此曹狡獪變化也麻姑手似鳥爪蔡經心中念言背癢時得此爪以杷背乃佳也方平卽

知經心中念言卽使人牽經鞭之曰麻姑者神人汝何忽謂其爪可以杷背邪見鞭著經背亦不見有人持鞭者方平告經曰吾鞭不可妄得也大歷三年眞卿刺撫州按圖經南城縣有麻姑山頂有古壇相傳云麻姑於此得道壇東南有池中有紅蓮近忽變碧今又白矣池北下壇傍有杉松松皆偃蓋時聞步虛鐘磬之音東南有瀑布淙下三百餘尺東北有石崇觀高石中猶有螺蚌殼或以爲桑田所變西北有麻源謝靈運詩題入華子岡是麻源第三谷恐其處也源口有神祈雨輒應開元中道士鄧紫陽於此

習道蒙召入大同殿修功德二十七年忽見虎駕龍車二人執節於庭中顧謂其友竹務猷曰此迎我也可爲吾奏願欲歸葬本山仍請立廟於壇側元宗從之天寶五載投龍於瀑布石池中有黃龍見元宗感焉乃命增修仙宇眞儀侍從雲鶴之類於戲自麻姑發迹於茲嶺南眞遺壇於龜源華姑表異於井山今女道士黎瓊仙年八十而容色益少曾妙行夢瓊仙而飡花絕粒紫陽姪男曰德誠繼修香火弟子譚仙巖法籙尊嚴而史元洞左通元鄒鬱華皆清虛服道非天地氣殊異江山炳靈則曷由纂懿流光若斯之盛者矣眞卿幸承餘烈敢刻金石而志之時則六年夏四月也

有唐宋州官吏八關齋會報德記

夫德之所感淪骨髓而非淺誠之所至去神明而何遠有唐大歷壬子歲宋州八關齋會者此都人士衆文武將吏朝散大夫使持節宋州諸軍事行宋州刺史兼侍御史本州團練守捉使賜紫金魚袋徐向等奉爲河南節度觀察使開府儀同三司太子太師左右僕射知省事兼御史大夫汴州刺史上柱國信都郡王田公頃疾良已之所建也

公名神功冀州南宮人稟元和之粹靈膺期運以傑出含宏厚下正直率先起孝而德感生人竭忠而精貫白日和衆必資於寬簡安人務在於撫柔況乎武藝絕倫英謀沈祕所向而前無强敵日新而學有緝熙故能殿天子之邦鬱蒼生之望有日矣羯戎搆逆公以平盧節將佐今右僕射李公忠臣收滄德攻相州拒杏園守陳留許叔冀降而陷焉思明懼忠臣圖己令公佐南德信隨劉從諫收江淮至宋州欲襲李銑公斬德信走從諫遂並其衆而報焉肅宗大悅拜公鴻臚卿再襲敬釭於鄆州加中丞討劉展於

潤州斬平之遷徐州刺史明年拜淄青節度使屬倭希逸自平盧至公以州讓之時宋州刺史李岑爲賊所圍副元帥李光弼請公討平之拜御史大夫加開府充兗鄆節度破法子營又討敬釭釭歸順焉史朝義聞之奔下博投范陽自縊死廣德元年授戶部尚書封信都郡王上幸陝公首來扈從都知六軍兵馬每食徧公皆躬自省視上感焉方委以政事公涕泣固辭而止二年拜汴宋節度遷兵部大曆二年加右僕射封母清河張氏爲趙國夫人妻信安郡王褘女爲涼國夫人太夫人慈和勤儉睦於親黨公性

純孝居常不離左右閱讀書史或時疾病公輒累月不茹薰家中禮懺不絕仍造崇夏宏聖二寺以祈福祐五年兼判左僕射知省事加太子太師公德厚量淺勞謙重愼功旣高而心益下位彌大而體益恭故遠無不懷邇無不肅今夏四月忽嬰熱疾沈頓累旬積善降祥勿藥遄喜鷹犬之翫悉皆棄捨羣帥感焉無復弋獵四履之內咸懷歡欣睢陽之人踊躍尤甚乃咨於州將曰昔我公之陷賊也至敝邑而首誅德信李岑之見圍也破其黨而克保城池是卽我公再有大造於敝邑矣微我公之救恤卽皆死於鋒鏑入於煎熬矣尚何能保完家室嬉戲鄉井者乎不資齋明何以報德徐公悅而從之來五月八日首以俸錢三十萬設八關大會飯千僧於開元伽藍將佐爭承唯恐居後巳而州縣官吏長史苗藏實等設一千五百人爲一會鎮遏團練官健副使孫琳等設五百人爲一會耆壽百姓張列等設五千人爲一會法筵等供仄塞於郊坰贊唄香花喧塡於晝夜其餘鄉村聚落來往舟車聞風而靡督自勸聳惠而怵先胥懋者又不可勝數矣非夫美政淳深德風汪濊則何以感人若此其至者乎某叨接好仁饞承餘烈

覩玆盛美益覼求蒙若不垂諸將來則記事者奚述

吳興沈氏述祖德記

南齊徵士吳興沈君名驎士郡人也蘊道德晦於邑之餘不溪家貧無資以織簾爲業故時人號爲織簾先生精於禮傳嘗自詁訓宗人吏部郎中淵中書郎約累薦徵爲著作郎高臥不起名重江表臨終遺敕依皇甫元晏棺中貯孝經一卷穿壙三尺置棺平土不設机位四時地席元酒而奠子彝奉而行之吳郡陸惠曉張融皆爲之誄徵士嘗製述祖德碑立於金鵝山之先塋年月淹遠風雨蠹蝕朽

字殘文翳而莫分乾元中爲盜火所焚碑首毀裂欹然將墮過江二十葉孫御史中丞震移牒郡國請其封葺或屬兵凶曠而莫修忽有仆樹生於龜腹盤根抱趾聳幹夾碑嶷如工造鬱若神化歆者復正危而再堅夫德無名遇賢而鍾慶神無質假物以申應沈氏積善既遠徵士植德既深天將興舊族乎吾知沈之復大也權檢校宗事十九葉孫前太廟齋郎怡拜泣松檟增修舊塋感先碑之隕覆懼遺文之殘闕乃具他石傳而貳焉崇其本所以尊先也建其新所以嗣德也以眞卿江南婚姻之舊中外伯仲之穆

謬忝拜刺見託斯文刊諸碑陰以傳無朽因改其樹爲慶樹以旌其美焉沈氏之故事具於家諜今闕而不絕時有

唐大歷八年冬十二月

通議大夫守太子賓客東都副留守雲騎尉贈尚書左僕射博陵崔孝公宅陋室銘記

公諱沔字若沖博陵安平人其先出於齊太公之後自亭伯三世文宗祕書監六字闕一派別叔軌季則俱死王事神謙神通並高循績子彭宏度以武幹稱景雋巨倫以文行著繼方面者累代列史傳者十人奕葉相承恆爲鼎族曾祖宏峻隋銀青光祿大夫趙王長史祖儼皇朝益州雒縣令父暟年未四十爲庫部員外郎因擇能吏爲壽安令又充江西道廉察使徙醴泉遂歷四邑盤桓不進以剛正也累至朝散大夫汝州長史封安平縣男贈衛尉少卿公卽安平之次子也全德天至成人王立蓋聖代之寶臣華宗之孝子文章之哲匠禮樂之祖師既不可以一名又何能以悉數年二十四舉鄉貢進士考功郎李迥秀器異之曰王佐才也遂擢高第其年舉賢良方正對策萬數公獨居第一而兄渾亦在甲科典試官梁載言陳子昂歎曰雖公

孫鼂郄不及也召見前殿拜麟臺校書郎緣是名蓋天下御史張思敬以德行薦之以資授陸渾主簿平陽王敬暉宏度外之交略上官之禮丁府君憂服除太夫人勉起之以所試超邁擢拜左補闕遷殿中侍御史奉敕按竊金者公得其情許之不死竟得減論諸王戚恃貴不遵法度舉而按之其不吐茹也如此尋遷起居舍人嘗扈從以親老抗疏乞退薦瑯琊王邱太原郭濉渤海封希顏等自代睿宗嘉之特許留司以遂其孝養遷祠部員外郎倖僧有請度人者公拒不奉詔遷給事中大理卿韓思復用法小

差權臣致勍。公特寬之。遷中書舍人。省改紫微。其官仍舊。又固辭以親老。除虞部郎中。開元初攝御史中丞。或訟吏曹之不平。公與崔泰之銜命詳理。多所收拔。俄而卽眞。兼都畿按察使。歲或不稔。公請發粟賑貸之。賴全活者以萬數。內謁者霍元忠有罪。公執之以聞。元宗使以璽書勞之。公之澄清中外也。以畿縣令長陸景融劉體微盧暉有異政。丞尉宋遙皇甫翼陳希烈宋鼎蕭隱之范冬芬楊愼餘劉日正高昌寓州掾李瑱裴曠等。並以清白吏疏而薦之。二十二年。置十道採訪使。公所舉六人在焉。執事子有不

法者。公舉之不回。移著作郎。尋遷祕書少監。修圖書使。尋判大理卿。禮部侍郎。公旣職司典禮。乃刪寫疏論數百卷。以備闕遺。特加朝散大夫。遷左庶子。丁太夫人憂。徵拜中書侍郎。出爲魏州刺史。乃肇移元城。徙置新市。吏人便之。乙丑歲。元宗東封。知頓使奏課第一。賜絹二百匹。獄下觀禮。獻慶雲頌。又賜絹一百匹。明年入朝。分掌十銓。公與王邱爲選人所歌。曰。汚人澄明澈底清。邱山介直連天峻。時人韙之。還州。以理有異績。御史大夫崔隱甫中丞宇文融朝服表薦。璽書寵慰。無何。徵拜左散騎常侍。上以六宮親

蠶絲。賜近臣。公獻御絲賦。又侍讌別殿。賦端午詩。屢蒙錫以縑帛綵羅。兼判國子祭酒。俄充東都副留守。十七年。有事陵廟。追贈安平公及太君曰安平夫人。駕還。罷留守。二十年春。奉敕撰龍門公宴詩序。賜絹百匹。延入集賢院修老子道德經疏。行於天下。二十一年。遷祕書監。修撰如故。屬耕藉田。爲居守。賜絹百匹。遷太子賓客。出兼懷州刺史。二十四年。罷州。又以本官充東都副留守。累加通議大夫。二十七年冬十一月十有七日。寢疾薨於位。春秋六十有七。元宗震悼。贈禮部尚書。葬日量借手力幔幕。故吏前監

察御史博陵崔頌爲公行狀云。公德充符契。精貫人極。孝愛聞於天下。制作垂於無窮。執太夫人之喪。徒跣吐血。以身爲糞土。況乎含宏內恕。夷坦外名。德至矣乎。今之達者若以富貴崇德。行藏養高。則老萊闕於榮親。黔婁褊於謀道。又加於古人矣。故養則致其樂。喪則過乎哀。以兄姊之戚亞其親。甥姪之慈甚其子。至於藥硋備物。溫清異宜。手胝杵臼之間。身辱澣濯之伍。汲汲然矣。每至宗廟。心齋嚴恭。祀事明發不寐。翌日餘悲。故聲氣感人者淺。儀形化人者遠。躬踐五德。退讓於恭儉溫良。行張四維。加信於仁義

禮智而老驥伏櫪以飽驄不忘白鳩巢檐以家瑞終黔則非殊倫絕輩擬議乎萬一矣太常博士裴總議曰公醇一誕靈文明含粹蹈元和以爲天性籍閒氣以爲人師前後歷官或拜而不至或至而不留瘠形瞽目尊孝養可不謂孝乎遂謚曰孝公凡所著文集二十九卷並嗣子祐甫論次先志一卷爲三十卷吏部員外郎趙郡李華爲集序云公之侍親也孝達乎神祇居憂也哀貫乎天地喪期有數而茹荼終身親交鄰里飢者待公而炊寒者待公而裘烝嘗之奠待公而具故祿廩雖厚而未常足也傳祖禰之

美合於禮經見公文章知公行事則人倫之序理亂之源備矣祐甫純行而文直清而和希公門者謂公存焉亡賢數載如此初太夫人患目公傾家求醫或曰療之必愈恐壽不得延太夫人及公悲恨而罷自是竭力奉養不脫冠帶者僅三十年每至良辰美景勝引佳遊必扶侍左右笑言陳說親朋往來莫知太夫人之有苦也公年官雖高至於食菓蔬菜與子姪躬自植藝溉灌以申馨潔泉終喪雖見孩稚者必設位東帶盡哀以禮之公與江夏李邕友善爲校書郎時引邕館於秘閣之下讀書者累年邕由是才名益盛邕與尚書席建侯嘗過公怪乘馬癯羸曰何不於廳前自觀餘飼忽然致殞何以更之公唯而不易他日二公又以爲言公良久則曰每欲發言恐涉有疑於厮養者所以沈吟自媿二公退而謂人曰每想崔公此言使人慚恧如醉延和太極之間公既留司東都遂鬻所乘馬就故人監察御史張汯子湊河南府崇政坊買宅以製居建宗廟於西南維先太夫人安平郡夫人堂在宅之中儉而不陋淨而不華六十餘年榱棟如故堂東嫂盧夫人所居堂之東北鄭氏李氏姊歸寧所居堂之北五步之外建瓦堂

三間以居之雜用舊椽不崇墉無赭堊累歷清要所得祿秩但奉烝嘗賚嫂姊給孤幼營甥姪婚姻而已朝服衣馬一皆取其下者唯祭器祭服稱禮焉其室竟不修泉夫人太原郡太夫人王氏捐牀帳之後公徙居他室或在賓館而無常所爲常侍時著陋室銘以自廣天寶末子孫灑掃貯書籍劒履而已逆胡再陷洛陽屋遂崩圮唯檐下廢井存焉長子成甫倜儻有才名進士校書郎早卒祐甫能荷先業以進士高第累登臺省至吏部郎中充永平軍節度使尚書李公勉行軍司馬兼侍御史中丞永懷先德明發

不寤恐茂烈烟淪罔垂後裔乃刻陋室銘於井北遺址之前以抒所志某夙仰名教實欽孝公之盛德晚聯臺閣竊慕中丞之象賢又能好我不遺見託論譔採風猷而莫窮萬一涉泉海而豈究津涯操筆强名退增戰恧時則大歷十一年青龍景辰孟夏之月也

梁吳興太守柳惲西亭記

湖州烏程縣南水亭卽梁吳興太守柳惲之西亭也緜以遠峯浮於清流包括氣象之妙實資遊宴之美觀夫搆宏林拔廣榭豁達其外聯罛其中雲軒水閣當亭無暑信爲

仁智之所創制原乎其始則柳吳興惲西亭之舊所焉世增崇之不易其地按吳均入東記云惲爲郡起西亭毗山二亭悉有詩今處士陸羽圖記云西亭城西南二里烏程縣南六十步跨苕溪爲之昔柳惲文暢再典吳興以天監十六年正月所起以其在吳興郡理西故名焉文暢嘗與郡主簿吳均同賦西亭五韻之作由是此亭勝事彌著間歲頗爲州僚據而有之日月滋深室宇將壞而文人嘉客不得極情於兹憤憤悱悱者久矣邑宰李淸請而修之以攄衆君子之意役不煩費財有羨餘人莫之知而斯美具也清皇家子名公之允忠肅明懿以將其身清簡仁惠以成其政絃歌二歲而流庸復者六百餘室廢田墾者二百頃浮客臻湊迨乎二千種桑畜養盈於數萬官路有刻石之堠吏廚有餐錢之資敦本經久率皆如是略舉數者其餘可知矣豈必夜魚春躍而後見稱哉於戲以清之地高且朮而勵精於政事何患雲霄之不致乎清之筮仕也兩參儁乂之列再移仙尉之任毗贊於蜀邑子男於吳興多爲廉使盛府之所辟薦則知學詩之訓聞緝之心施之於政不得不然也縣稱緊舊矣今詔升爲望清當受代而邑

人巳軫去思之悲白府願留者屢矣眞卿重違耆老之請啓於十連優詔以旌清之美也某不佞忝當分憂共理之寄人安俗阜固有所歸雖無魯臣掣肘之患豈盡言子用刀之術由此論之則水亭之功乃餘力也夫知邑莫若州知宰莫若守知而不言無乃過乎今此記述以備其事懼不宣美豈徒媿詞而已哉大歷一紀之首夏也

華蓋山王郭二眞君壇碑記

粤以江南之地佳麗垂名山嶽之間宛有仙洞余祇膺聖澤廉察臨州一日按地理圖得屬邑崇仁縣華蓋山有王

郭二眞君壇存焉欣覩異事未原其始他日公餘因令軍將往山下訪求碑銘果得一石記乃隋開皇五年焚修道士李子眞於壞碑上再錄出其文則知王郭二眞君仙不顯名王則方平之從姪郭乃王之族弟也始於金華山修道以圖輕舉尋遊洞府自王笥山將之麻姑洞中道恱一山問故老曰此爲何山對曰巴陵華葢山也二眞君相與言曰此山福地名亦異焉因求卜止再煉神丹山下父老詣而再拜曰敢問眞人之名字曰吾等修志於虛無不欲述焉後有一道士來謁敢問眞人之師曰吾師浮邱先生

則上界大仙也頃於金華山遇焉二眞君能走石飛符輿雲致雨或有人疾苦暴亡往而告之卽飛符以救之歲時大旱卽致霖雨以濟之至晉惠帝元康二年二月一日綵雲連晝仙樂喧風二眞君乃驂鸞駕鶴冉冉上昇今上昇之壇及浮邱先生之壇存焉其後立觀焚修境邑將旱若詣壇禱之則雲雨立應矣故事昭然仙蹤儼若雖遺史籍安泯聲華鸞鶴對飛共作壺中之客林巒疊秀別含象外之春因與府官議崇觀宇永利焚修尋差軍將以公用錢詣山換殿宇門廊不日而迴云工畢矣予德慚好道任忝分符原始要終罕測沖天之日飛文染翰用貽終古之芳

銘曰

元牝之門澄心養神學則彌衆得者幾人冉冉千古堂堂二眞丹成巖谷道應穹旻綵雲色煥仙樂聲勻遲日初麗柳花正新驂鸞援俗駕鶴超雲言歸紫府笑別芳辰山存華葢長含異春恩流豐澤用濟烝民浮雲世速好月生頻儼若聖祉永播清芬

東方先生畫贊碑陰記

東方先生畫贊者晉散騎常侍夏侯湛之所作也湛字孝

若父莊爲樂陵太守因來覲省遂作斯文贊云大夫諱朔字曼倩平原厭次人魏建安中分厭次爲樂陵郡又爲郡人爲厭次今移屬樂安郡東去祠廟六百里故厭次城今在平原郡安德縣東北二十二里廟西南一里先生形像今則捏素爲之並二細君侍焉郡嘗爲德州其贊開元八年刺史韓公思復刻於石碑眞卿去歲拜此郡屬殿中侍御史平公冽監察御史閻公寬李公史魚右金吾胄曹宋公謇咸以河北採訪使東平王判官巡按狎至眞卿候於境上而先生祠廟不遠道周亟與數公泉家兄淄川司馬

曜卿長史前洛陽令蕭晉用前醴泉尉李伯魚徵君左驍衛兵曹張璲麟遊尉韋宅相朝城主簿韋夏有司經正字畢燿族弟渾前參軍鄭悟初同茲謁拜退而遊於中唐則韓之刻石存焉僉歎其文字纖靡駁辭生金四十年間已不可識眞卿於是勸諸他山之石蓋取其字大可久不復課其工拙故援翰而不辭焉至若先生事跡則載在太史公書漢書風俗通武帝內傳十洲記列仙神仙高士傳此不復紀焉有唐天寶十三載季冬辛卯朔建

乞御書題額恩敕批答碑陰記

肅宗皇帝恩許既有斯答御劄垂下而眞卿以疎拙蒙譴粤若來八月既望貶授蓬州長史洎今上即位寶應元年夏五月拜利州刺史屬羌賊圍城不得入恩敕追赴上都爲今尚書前相國彭城公劉公晏所讓授尚書戶部侍郎二年春三月改吏部廣德元年秋八月拜江陵尹兼御史大夫充荊南節度觀察處置等使未行受代轉尚書右丞明年春正月檢校刑部尚書兼御史大夫充朔方行營汾晉等六州宣慰使以招諭太師中書令僕固懷恩不行遂知府事永泰二年春二月貶峽州别駕旬餘移貶吉州大歷三年夏五月蒙除撫州刺史六年閏三月代到秋八月至上元爾來十有六年困於疎愚累蒙寬譴其所置碑石迄今委諸巖麓之際未遑崇樹七年秋九月歸自東京起家蒙除湖州刺史來年春正月至任州東有苕霅兩溪溪左有放生池焉即我寶應元聖文武皇帝所置也州西有白鶴山山多樂石於是採而斲之命吏幹磨礱之家僮鐫刻之建於州之駱駝橋東蓋以抒臣下追遠之誠昭先帝生成之德額既未立追思莫逮客或請先帝所賜敕書批答中諸事以緝而勒之眞卿從焉勒願斯畢瞻慕不足遂

志諸碑陰庶乎乾象昭回與宇宙而終始天文煥發將日月而齊暉時則有唐大歷九年青龍甲寅之歲孟秋甲子之日也

唐故太尉廣平文貞公宋公神道碑側記

初公任監察御史持服於沙河縣屬突厥寇趙定州河朔兇懼邢州刺史黃文軌投艱於公公以父母之邦金革無避及賊至城下公爲曉陳禍福其徒有素聞公威名者乃相率而去之開元末安西都護趙含章冒於貨賄多以金帛賂遺朝廷之士九品以上悉皆有名其後節度范陽事

方發覺有司具以上聞元宗切責名品將加黜削公一無所受乃進諫焉元宗納之遂御花萼樓一切釋放舉朝皆謝公衣冠儼然獨立不拜翌日入奏元宗謂公曰古人以清白遺子孫乃卿一人而已公曰含章之賄偶不至臣門非不受也元宗深嘉歎之前碑闕焉故略述於此公第三子渾之爲中丞也方欲陳乞御製碑頌未果而中受譴責旋羯胡作亂事竟不成眞卿時忝監察殿中爲中丞屬吏故公孫儼泣請眞卿論譔之昭義軍節度觀察使尚書左僕射兼御史大夫平陽郡王薛公曰嵩以文武忠義之姿

爲國保障上慕公之德業歎尚無窮次嘉儼之懇誠崇暨莫致迺命屯田郎中權邢州刺史封演購他山之石曳以百牛僝刻字之工成乎半歲磨礱既畢建立斯崇遠近嗟稱古今榮觀雖大賢爲德樹善厝限於存亡而小子何知附驥托跡於階序眞卿刺湖州之日因成文請儼刻其側而志之未及雕鐫而第六子衡因謫居沙州參佐戎幕河隴失守介於吐蕃以功累拜工部郎中兼御史河西節度行軍司馬與節度周鼎保守燉煌僅十餘歲遂有中丞常侍之拜恩命未達而吐蕃圍城兵盡矢窮爲賊所陷吐蕃素聞太尉名德曰唐天子我之舅也衡之父舅賢相也落魄如此豈可留乎遂贈以駝馬送還於朝大歷十二年十一月以二百騎盡室護歸士君子偉之乃古來所無也上欲特加超獎且命待制於側門十三年春三月吏部尚書顏眞卿記

項王碑陰述

西楚霸王當秦之末與叔梁避讎於吳蓋今之湖州也雖滅秦而宰制天下魂魄猶思樂兹邦至今廟食不絕其神靈事迹具見竟陵子陸羽所載圖經大歷七年眞卿蒙刺

是州十二載姦臣伏法恩命追眞卿上都闕二字尅期首路竟陵是諗予以故碑顛趾嘗因闕三字巳而復闕之眞卿乃命再加崇樹闕五字紀之時則仲夏方生明之日

題湖州碑陰

太保謝公東晉咸和中以吳興山水清遠求典此郡郡西至長城縣通水陸今尚稱謝公塘及遷去郡人用懷思刻石記功焉歷代至皇唐天寶末羣盜起公之碑誌失於所在眷求蕪沒滋爲愴然借舊史遺文敬刊息石公之雅量宏度蓋嗟歎之不足

橫山廟碑

神居武陵其處有湖每出則神獸前道形如白馬

永字八法頌

側蹲鴟而墜石勒緩縱以藏機努彎環而勢曲趯峻快以如錐策依稀而似勒掠仿髴以宜肥啄騰凌而速進磔抑趞以遲移

欽定全唐文卷三百三十九

顔真卿四

左納言史務滋像贊

嗚呼人方羅織我獨平反周來之徒殺人以媚人而卒亦不免孔子曰無求生以害仁有殺身以成仁而何嘗親密乎行感闕倰臣慘刻吏枘鑿不相入當年公已矣民到於今稱遺直

李侍御寫真贊并序

前殿中侍御史正議大夫行洛陽縣令隴西李構年三十七洛陽精堅強項稱賢粉績圖出風規宛然睟容昭寫卓立神全舉板迎揖吾將荅焉

蒲塘辨

土俗所呼博淺水浦與數音轉爾南有博陽山土人呼爲濮陽山濮博聲訛水北有歷下村疑古歷陵也

華嶽廟題名

皇唐乾元元年歲次戊戌冬十月戊申眞卿自蒲州刺史蒙恩除饒州刺史十有二日辛亥次於華陰與監察御史

王延昌大理評事攝監察御史穆寧評事張澹華陰令劉暠主簿鄭鎮同謁金天王之神祠顏眞卿題記

東林寺題名

唐永泰丙午歲眞卿以罪佐吉州夏六月壬戌與殷亮韋桓尼賈鎰同炙於東林寺時則同惜熙怡二公惠秀正義二律師泉楊鵠在焉仰盧阜之鑪峯想遠公之遺烈升神運殿禮僧伽衣覩生法師麈尾扇謝靈運翻涅槃經貝多梵夾忻慕之不足聊寫刻於張李二公耶舍禪師之碑側魯郡顏眞卿書記

西林寺題名

唐永泰丙午歲眞卿以疎拙貶佐吉州夏六月癸亥與殷亮韋桓尼賈鎰楊鵠憩於西林寺有法眞律師淡究清淨毗尼之學即律祖師志恩之上足余內弟正義之阿闍黎也緬懷遠現二公之道烈導余躋重閣示余以張僧繇畫盧舍那佛像泉梁武帝蹙線繡鉢袋因寓題歐陽公所撰永公碑陰魯郡顏眞卿題

靖居寺題名

唐永泰二年眞卿以罪佐吉州聞青原靖居寺有幽絕之致御史韓公涉刺史梁公乘嘗見招欲同遊而不果大歷二年十月壬寅評事韋甫巳使將歸乃與別駕李（闕二字）清河房澄同官主簿陸消甫男七步眞卿子姪蔡頔泚頤盱等同宿於下方明日及僧明則智清而登禮焉因覩行思天師經始雙泉之靈迹道契律師纂成（闕）路之祕藏徘徊瞻仰乃援翰而勒於碑陰

天下放生池碑銘

皇唐七葉我乾元大聖光天文武孝感皇帝陛下以至聖之姿屬艱虞之運無少康一旅之衆當祿山强暴之初乾

輩勞謙勵精爲理推誠而萬方胥悅克己而天下歸仁恩信侔於四時英威達於八表功庸格天地孝感通神明故得回紇奚霫契丹大食盾蠻之屬扶服萬里決命而爭先朔方河東平盧河西隴右安西黔中嶺南河南之師虓闞五年推鋒而効死摧元惡如拉朽舉兩京若拾遺慶緒逭逃巳蒙赤族之戮思明跧伏行就沸鼎之誅拯巳墜之皇綱據再安之宗社迎上皇於西蜀申子道於中京一日三朝大明天子之孝問安視膳不改家人之禮蒸蒸然翼翼然眞帝皇之上儀誥誓所不及巳歷選內禪生人以來振

古及隋未有如我皇帝者也而猶嫗煦萬類動唉四生乃以乾元二年太歲己亥春三月己丑端命左驍衛右郎將史元琮中使張庭玉奉明詔布德音始於洋州之興道洎山南劍南黔中荊南嶺南江西浙江西諸道訖於昇州之江寧秦淮太平橋臨江帶郭上下五里各置放生池凡八十一所蓋所以宣皇明而廣慈愛也易不云乎信及豚魚書不云乎曁鳥獸魚鼈咸若古之聰明睿智神武而不殺者非陛下而誰昔殷湯克仁猶存一面之網漢武垂惠纔致銜珠之答雖流水救涸寶勝稱名蓋事止於當時尚介

祉於終古豈若我今日動者植者水居陸居舉天下以爲池罄域中而蒙福乘陁羅尼加持之力竭煩惱海生死之津掇之前古曾何髣髴微臣職忝方面生丁盛美受恩寖淺無以上報謹緣臯陶奚斯歌虞頌魯之義述天下放生池碑銘一章雖不足形容明聖萬分之一亦臣之精懇也敢刻金石著其詞曰

明明皇帝臨下有赫至德光天乾元啟蹟緯武戡亂經文御曆孝感神明義形金石仁覆華夏恩加蠻貊道冠巍巍威淩虩虩邁茲多難克廣丕績慶緒致誅思明辟易人道助順天心惡逆撲滅之期匪朝伊夕乘此寶祚永廣宗祏業盛君親功崇列辟交禪之際粲然明白迴映來今孫高往策去殺流惠好生立辟率土之濱臨江是宅遂其生性庇爾鱗翮環海爲池周天布澤致茲忠厚罔弗怡懌動植依仁飛沈受獲流水長者徒稱往昔寶勝如來疇膺允格德力無競慈悲孔碩相時傳聞尚賴宏益矧在遭遇其忘數錫眞卿勒銘敢告凡百

湖州烏程縣杼山妙喜寺碑銘

州西南杼山之陽有妙喜寺者梁武帝之所置也大同七

年夏五月帝御壽光閣會所司奏請置額帝以東方有妙喜佛國因以名之舊置在州西金斗山唐太宗文皇帝升極之六年春二月移於此山山高三百尺週迴一千二百步蓋昔夏杼南巡之所今山有夏王村山西北有夏駕山皆后杼所幸之地也晉吳興太守張元之吳興疏云烏程有墟名東張地形高爽山阜四周即此山也其山勝絕遊者忘歸前代亦名稽留山寺前二十步跨澗有黃浦橋橋南五十步又有黃浦亭並宋鮑照送盛侍郎及庾中郎賦詩之所其水自杼山西南五里黃檗山出故號黃浦俗亦

名黃檗澗卽梁光祿卿江淹賦詩之所寺東偏有招隱院其前堂西廈謂之溫閤從草堂東南屈曲有懸巖徑行百步至吳興太守何楷釣臺西北五十步至避它城按說文云它蛇也上古患蛇而相問得無它乎蓋往古之人築城以避它也有處士竟陵子陸羽杼山記所載如此其臺殿廊廡建立年代並具於記中大歷七年眞卿蒙刺是邦時浙江西觀察判官殿中侍御史袁君高巡部至州會於此土眞卿遂立亭於東南陸處士以癸丑歲冬十月癸卯朔二十一日癸亥建因名之曰三癸亭西北於藂桂之間創

桂棚左右數百步有芳林茂樹悉產丹青紫三桂而華葉各異樹桂之有支徑以袁君步焉因呼爲御史徑眞卿自典校時卽考五代祖隋外史府君與法言所定切韻引說文蒼雅諸字書窮其訓解次以經史子集中兩字巳上成句者廣而編之故曰韻海以其鏡照原本無所不見故曰鏡源天寶末眞卿出守平原巳與郡人渤海封紹高質族弟今太子通事舍人渾等修之裁成二百卷屬安祿山作亂止具四分之一及刺撫州與州人左輔元姜如璧等增而廣之成五百卷事物婁擾未遑刊削大歷壬子歲眞卿叨刺於湖公務之隙乃與金陵沙門法海前殿中侍御史李崿陸羽國子助教州人褚沖評事湯某清河丞太祝柳察長城丞潘述縣尉裴循常熟主簿蕭存嘉興尉陸士修後進楊遂初崔宏楊德元胡仲南陽湯涉顏祭韋介左興宗顏策以季夏於州學及放生池日相討論至冬徙於茲山東偏來年春遂終其事前是顏渾正字殷佐明魏縣尉劉茂括州錄事參軍盧鍔江寧丞韋寧壽州倉曹朱弁後進周愿顏暄沈殷李蕭亦嘗同修未畢各以事去而起居郎裴郁祕書郎蔣志評事呂渭魏理沈益劉全白沈仲昌

攝御史陸向沈祖山周闐司議邱悌臨川令沈咸右衛兵曹張著兄蕃弟薦鷟校書郎權器興平丞韋桓尼後進房夔崔密崔萬寶叔蒙裴繼姪男超峴愚子頵顧往來登歷時杼山大德僧皎然工於文什惠達靈煜味於禪誦相與言曰昔廬山東林謝客有遺民之會襄陽南峴羊公流潤甫之詞況乎玆山深邃羣士響集若無記述何以示將來乃左顧以求蒙俾記詞而藏事銘曰

夏后南巡山名是因梁王東揆寺傍攸詢形勝天絕規模鼎新避它城古垂釣臺堙棚以桂結浦由黃串二庚迢遞

三癸嶙峋徑列御史傳紆逸人紛吾著書羣彥惠臻韻海鏡源自秋徂春編同貫魚學比成麟幸託勝引亟倍僧珍庶斯見傳金石不泯

周太師蜀國公尉遲公廟碑銘

天臨有周誕赫元輔屏內藩外經文緯武隱若長城闞如虓虎功縣日月聲葢寰宇甥舅之國君親是輔統蜀制梁督隴莅茲天命假易奸臣不祇憑陵君德暴蔑京師我圖匡救三方奮糾綠巾始繫黃龍失守精貫天地義伏羣醜節著誠全死而不朽皇唐御歷景命有融賜練改葬懋烈

昭忠鄰有賢守是爲張公馨香明德乃建閟宮乃建閟宮閟宮有侐乃建豐碑豐碑有峭妖孼遂止幽明載色戩穀無虧享祀不忒

有唐故中大夫使持節壽州諸軍事壽州刺史上柱國贈太保郭公廟碑銘 并序

昔申伯翰周降神於維嶽仲父匡晉演慶於箕淮而猶見美詩人騰芳史冊豈比夫神明積高之壤百二懸隔之都三峯發地而削成九派浮天而噴激炳靈毓粹奕葉生賢括宇宙而稟和總河山而蘊秀莫與京者其惟郭宗乎其先蓋出周之號叔號或爲郭因而氏焉代爲太原著姓漢有光祿大夫廣德生孟儒爲馮翊太守子孫始自太原家焉後轉徙於華山之下故一族今爲華州鄭縣人夫其築臺見師瘞子致養家承金穴之貴政有露冕之高或哲或謀或肅或乂皆海有珠而鳥有鳳也閥閱之盛其流益光隋有金州司倉諱履球府君懋其德輝不愔下位克已復禮州邦化焉篤生唐涼州司法諱昶府君能世其業以伸其道遠近宗之不隕厥問生美原縣主簿贈兵部尚書諱通府君清識澈照博綜羣言始登王畿鬱有休稱道悠運

促靡及貴仕垂於後昆沒而見尊是生我諱敬之府君府君幼而好仁長有全德身長八尺二寸行中絜矩聲如洪鍾河目電照虯鬚蝟磔進退閑雅望之若神以仲由之政事兼翁歸之文武始自涪州錄事參軍轉瓜州司倉雍北府右果毅加遊擊將軍申王府典軍金吾府折衝兼左衛長上原州別駕遷扶州刺史未上除左威衛左郎將兼監牧南使渭吉二州刺史侍中牛僊客薦君清節奏授綏州遷壽州累加中大夫策勳上柱國以天寶三載春正月十日遘疾終於京師常樂坊之私第春秋七十有八乾元元

年春二月以公之寶允開府儀同三司司徒兼中書令上柱國汾陽郡王曰子儀有大勳於王室乃下詔曰故中大夫壽州刺史郭敬之累君子之行毓達人之德才光文武政美中和生此大賢爲我良弼頃以孽胡稱亂黠首罹殃朕於是鬱興神武之師克掃欃槍之勢而子儀帥彼勁卒赫然先驅取京洛如拾遺翦凶殘猶振槁功存社稷澤潤生人是用寵洽哀榮義申存歿可贈太保於戲體含宏之素履秉沖邈之高烈言必主於忠信行不違於直方清白爲吏者之師死生敦交友之分端一之操不以夷險變其

懷堅明之姿不以雪霜易其令用情不間於疎遠泛愛莫遺於賤貧拳拳服膺終始靡二故所居則化所去見思人到於今稱之斯不朽矣傳曰德盛必百代祀其有後也宜哉恭惟令公先皇之佐命臣也少而美秀長而瓌偉姿性質直天然孝悌寬仁無比騎射絕倫所蒞以清白見稱居常以經濟自命弱冠以邦鄉之賦驟膺將帥之舉四擢高第有聲前朝三爲將軍再守大郡累典兵要必聞休績天寶末安祿山反於范陽令公以節度使擁朔方之衆圍高秀巖於雲中破史思明於嘉山先帝之幸朔方赴行在於靈武擊同羅於河曲走崔乾祐於蒲坂今上之爲元帥也首副旄鉞會回紇於扶風摧凶寇於汶水追餘孽於陝服長驅河洛弼成睿圖再造生靈克清天步乂函夏之未乂安天下之不安一年之間區宇大定丕休哉徒觀其元和降精間氣生德感星辰而作輔應期運以濟時忠於國而孝於家威可畏而儀可象盛德繫物寬仁厚下用人由己從善如流沈謀祕於鬼神精義貫於天地推赤誠而許國冒白刃以率先電擊於雲雷之初鷹揚於廟堂之上凡二歷鼎司兩升都座四作元帥九年中書歷事二聖而厥德

維懋易相二十而受遇益深蓋就復上都者再戡定東京者一其餘麾城摲邑得儁推鋒亦非遽數之所周也信可謂王國虓虎生人膺庥者歟非太保之邁種不孤則何以鍾美若是況乎友于著睦鬱龍虎者十人貽厥有光紆青紫者八十勳庸舉集今古莫儔昔奮號尊榮紅粟纔霑於萬石惲家全盛朱輪不出於十人繇我觀之事不侔矣於戲清廟之興所以仁祖考鴻伐之刻亦以垂子孫爰剏制於舊居將永圖而觀德中堂有恤丕構克崇感霜露而怵惕以增敘昭穆而敬恭斯在庶乎觀盥禺若既無斁於永

懷入室僾然必有覩乎其位哀榮既極情禮用申仁人之所及遠哉孝子之事親終矣豈唯溫溫孔父遠稱讒鼎之銘穆穆魯侯獨美龍旂之祀其詞曰

郭之皇祖肇允號土逮於後昆實守左輔徙華陰兮其一源長流光施於司倉涼州兵部克熾而昌載德浚兮其二篤生太保允懋厥道神之聽之永錫難老式如金兮其三於穆令公汾陽啟封文經武緯訓徒陟空簡帝心兮其四含一不二格於天地愷悌君子邦之攸塈貊德音兮其五芝馥蘭芳羽儀公堂子子孫孫爲龍爲光鏘璆琳兮其六乃立新廟肅雍

允恊神保是聽孝思孔熠亶居歆兮其七乃立高碑盛美奚鋑日月有既徽猷永垂映來今兮其八

東莞臧氏糺宗碑銘

德有三孝弟稱其至常有五仁道原其終故興化所自則曰侯其在矣死喪相恤疇能亦莫吾聞鶺鴒於焉譬急難棠棣所以勗跗蕚糺宗綏族所貴因之誰其庶乎吾見之於臧氏矣爰自伯禽國魯公子氏彄魚賂大諫於僖哀言聖兩垂於文武朗陵會吳而滅蜀東郡感張而絕袁建義而辭器歸高奮筆而陽秋與直賢明之盛今古莫崇積慶所鍾克生隋驃騎將軍府君諱滿滿生皇朝通議大夫靈州都督府長史府君諱寵寵生銀青光祿大夫銀州刺史贈太子少師諱善德感懷忠良克續徽烈古稱有後今見其然少師生三子曰右武衛將軍贈幽州大都督闕三字懷慶冠軍左羽林大將軍兼營府都督御史中丞充平盧節度採訪兩蕃使懷亮河源軍使安北都護右領軍將軍上柱國上蔡縣開國侯累贈太常卿魏州刺史工部尚書懷恪皆行冠人倫才兼文武並時迭將爲國虎臣朔漠之間峻風斯在其功庸志業各具三原縣先塋神道碑懷慶五

子曰左金吾中郎將范陽節度經略副使希古右威衛將軍中受降城使希眞殿中監朔方經略副使希賓原州長史監牧副使希昢銀青北平太守仍充軍使希逸懷亮五子曰勝州都督朔方節度副使敬廉金紫文安太守范陽節度副使希莊左清道率幽州經略副使敬之太常卿特進武州刺史今上元帥都知兵馬使讓之左監門將軍敬此懷恪七子曰右衛中郎將贈闕州刺史希崇豐州別駕贈宋州刺史希昶左驍衛中郎將贈太子賓客希忱忠武將軍贈汝州刺史希愔壯武將軍左威衛中郎將贈祕書

監希景雲麾麟寧三州刺史左金吾將軍左街使贈揚州大都督希晏魯國公希讓並稟訓義方丕崇閥閱遭逢明盛備展材良能挺虓闞之姿學蘊韜鈐之略糅蘭玉而輝映階庭晝隼熊而光聯旟軾勳庸之盛當世無倫源長流浚德盛祀遠開元天寶閒宗族之紆青紫佐麾幢者已數十百人迨乎今上當宁而諸孫冠軍左羽林將軍贈太子詹事彥英忠武左清道率琰左清道率贈少府監彥佺金紫太僕卿涉特進殿中監珎左金吾大將軍彥璟正議湖州長史隨並不幸早世銀青棣州刺史瑜特進殿中監慈

州刺史瑪特進鴻臚卿均特進太常卿彥昭開府太常卿彥暠正議杭州別駕巽銀青鴻臚少卿渙鴻臚卿曠朝散明州長史叔猷少府監楚卿朝散台州司馬晉卿朝散洋州司馬叔雅符寶郎齊卿涇陽縣闕　雲卿左金吾衞長卿千牛叔鄉京兆府參軍叔清闕文

晉侍中右光祿大夫本州大中正西平靖侯顏公大宗碑

公諱含字宏都瑯琊臨沂人其先出於邾顏公子友封於郳是爲小邾子爲魯附庸居於鄒邑因以命氏孔門達者八人曰路回辛驕祖噲僕何次有丁闔叔子率蹈秦有芝眞漢有肆異安樂魏有斐盛盛字叔臺青徐二州刺史關內侯始自魯居瑯琊代傳恭孝故號所居爲孝悌里生欽字公若明韓詩禮易尚書多所通涉學者宗之歷大中大夫東莞廣陵太守葛繹貞子生默字靜伯晉汝陰太守護軍將軍生公少有操行以孝聞兄畿咸寧中死託夢當復生發棺而氣息甚微闔家營視母妻不能無倦公乃絕棄人事躬親侍養足不出戶者十有三年次嫂樊氏失明須髯蛇膽尋求不得忽有青衣童子持囊授公乃蛇膽也尋

出戶化成青鳥飛去東海王越以爲太傅參軍元帝過江爲丞相祭酒東宮初建公以儒素篤行補太子中庶子遷黃門侍郎本州大中正封西平縣侯拜侍中除吳郡太守公所歷簡而有恩明而能斷然以威風御下王導歎曰顏公在事吳人斂手矣未之官復爲侍中國子祭酒光祿勳以年老遜位成帝美其素行就加右光祿大夫門施行馬賜牀帳被褥敕大官四時致膳固辭不受時論者欲爲王導降禮馮懷以問於公公曰吾聞伐國不問仁人向馮祖思問佞於我我有邪德乎或論少正卯盜跖惡孰深公曰

隱伏之姦非聖不誅衆咸服焉郭璞嘗欲爲公筮公曰自有性命無勞蓍龜桓溫求婚以其盛滿不許因誡子孫曰自今任官不可過二千石婚姻勿貪世家或問羣士優劣答曰周伯仁之正鄧伯道之清卞望之之節餘則吾不知致仕二十餘年年九十二薨諡曰靖三子髦謙約並有聲譽公喪在殯而鄰家失火髦與二弟抱柩號叫熛焰垂至忽爾頓絕時人以爲孝感事見晉書髦子君道少纂家業惇於學行儀狀嚴整風貌端美桓公見而歎曰顏侍中廊廟之望也尚書郎國大中正給事黃門侍郎以父老不就

加給事中晉陵臨川太守侍中本州大中正加秩中二千石光祿勳西平定侯事具約孫延之集生綝字文和騎都尉襲西平侯生靖之字茂宗宣城太守司徒諮議御史中丞生騰之字宏道善草隸書有風格治書御史度支校尉巴陵太守生炳之字叔豹以能書稱奉朝請輔國江夏王參軍生見遠字見遠方正不合於俗梁書云博學有志行齊治書御史俄兼中丞正色立朝有當官之稱高祖受禪不食發憤慟哭而絕武帝恨之曰我自應天從人何預天下人事而顏見遠乃至於此生協字子和湘東王記室梁書有傳生之推字介北齊中書舍人給事黃門侍郎平原太守嘗著觀我生賦云展白下以流連以靖侯已下七葉墳塋皆在故也生思魯慜楚集序思魯自作事見本傳入隋生遊秦思魯字孔歸博學善屬文尤工詁訓隋司經校書長寧王侍讀東宮學士嘗與劉臻講論經義臻屈服焉高祖入關率男師古相時勤禮育德奉迎於長春宮授儀同秦王記室國史溫大雅傳云大雅在隋與思魯俱在東宮弟彥博與慜楚同直內史省彥公與遊秦並典校祕閣二家兄弟各爲一時人物之盛少時學業顏氏爲優其後

職位溫氏爲盛勤禮字敬幼而朗悟識量宏遠工於篆籀尤精詁訓祕閣司經史籍多所刊定歷校書郎著作郎與兄師古相時俱以文學爲崇賢宏文館學士太宗使蕭鈞讚曰依仁服義懷文守一履道自居下幃終日德彰素里行成蘭室鶴籥馳譽龍樓委質終著作郎生昭甫字周卿少聰穎而善工篆隸草書與內弟殷仲容齊名而勁利過之特爲伯父師古所賞凡所注釋必令參定焉爲天皇曹王侍讀曹王屬有獻古鼎篆書二十餘字舉朝莫能讀昭甫盡識之贈華州刺史眞卿表謝批答曰卿之乃祖嘗爲

碩儒旣高倚相之能遂有臧孫之後不墜其業在卿之門二子元孫惟貞元孫字聿修聰銳舉進士考功郎劉奇特標榜之歷太子舍人專掌令畫元宗讚之曰孔子亞聖曾國稱賢翰墨之妙莫之與先累至滁沂濠三州刺史贈祕書監五子春卿明經拔萃蜀縣尉舉茂才偃師丞杲卿字昕常山太守祿山反開土門拜衞尉卿兼中丞贈太子太保謚曰忠節曜卿工草隸五言以文學直崇文館淄川司馬旭卿善草書允山令茂曾篤行頗好詁訓犍爲司馬惟貞字叔堅有德行詞學尤善草隸屢登甲科太子文學薛

王友累贈太子少保事具陸據神道碑七子闕疑孝友仁讓專精詩傳杭州參軍允南孝悌聰銳工爲詩判屢入高等與春卿杲卿曜卿同日爲侍郎席建侯所賞歷左補闕時眞卿爲殿中侍御史正至同拱法座蹈舞而衣袂相接者三故允南侍宴詩云誰言百人會兄弟也霑陪累遷司封郎中國子司業金鄉男喬卿仁友精晉史有吏道富平尉眞長清直舉明經幼輿仁和有醞藉精班漢左衞率府兵曹眞卿進士校書郎舉文詞秀逸醴泉尉清白名聞長安尉歷三院御史兵部員外郎以平原太守拒祿山凡五

爲侍郎右丞三爲尚書四爲御史大夫七爲刺史二爲節度採訪觀察使魯郡公允臧友悌有吏幹制舉縣令宰延昌拜監察充郭子儀朔方衣資使遷殿中太子中允江陵少尹再兼侍御史充荆南節度行軍司馬公子謙安城太守約零陵太守孫綸廷尉熙散騎常侍顒護軍司馬曾孫系之益州刺史延之金紫光祿大夫劭之領軍司馬根晉安太守元孫希之新安太守師伯僕射師仲中書郎淡吏部尚書測臨淮太守奐五兵尚書微之散騎常侍僧度給事中僧超徐州刺史來孫幼明征虜記室昆孫積中書郎

翻廣州刺史仍孫誓交州刺史挺山陽太守雲孫之儀周御正中大夫新野公之善隋葉令侍讀十代孫昶寧仁令愍楚侍御史遊秦度支郎中廉州刺史見循吏傳著班漢決疑頤隋汝南侯侍讀十一代孫千里工書殷王主簿師古祕書監宏文崇賢學士相時禮部侍郎天冊學士育德太子通事舍人司經局校定經史利仁祕書郎有意沔州刺史博古博學延陵丞十二代孫中和渝州刺史揚庭蔣王侍讀光庭博學注後漢書涉令趨庭職方郎中吉州刺史欣期著作郎益期詳正學士敬仲仁孝吏部郎中平昌

男康成進士太子舍人崇文館學士希莊進士銀青和州刺史日損應制高第大基尉嘉賓少有俊才十三代孫大智幷州錄事參軍隱朝進士拔萃河北尉匡朝工五言朐山令元淑鄴幾景靈並校書郎同寅明經昇庠有詞學富陽令恭敏有德行明漢書武功尉知微制舉伊闕丞十四代孫溫之有志行舉方正司門郎中澂之澹之並明經晃有清節饒陽司士抱范縣尉允濟好屬文榆次尉振高陵丞搢援挺據撝捃並明經挺有詞理萬年尉式宣清修進士殿中侍御史茂齊淳謹漢州司法舒俊才制舉長安尉

詭明經有才器渭南丞順孝悌進士評事勝進士左補闕怡好爲詩渾博涉有文太子通事舍人方儁進士宮門丞十五代孫逸好文武康令鏻長安尉廣成將軍泉明孝義佐父開土門彭州司馬季明子幹詡沛頗及外孫沈盈盧逖祿山反死難並贈五品官翽敦敏通義令覿綿州參軍顥西令慈明都水穎河南府功曹校書郎頊孝明經大理司直頔奉禮郎頎江陵須河中頵鳳翔參軍頡當陽主簿願千牛頂武功丞頗工隸書太子洗馬頤頫並京兆參軍顒峴頡穎須頫瓶盈枝並未仕通明項城尉韶有才氣工

詩策進士濮陽尉明華陽尉啓溫江尉襲華陰尉亞邱守道不仕其餘枝派繁衍不可具載於戲吾祖以志行純粹感通神明貽謀子孫奕葉無改其後忠義孝悌文學才業布在青史粲然可知非夫德盛流光何能若是眞卿小子懼不克荷頃自撫州代到獲展舊山雖碑版沈淪而邱封儼在敢揚不朽之烈庶竭罔極之思銘曰

鑠吾祖渡江浦孝通神名軼古凡七葉葬白下本支分源流溥世忠義疊規矩璽鸞皇炳龍虎文雖渙學鄒魯赫才明振區宇亘今昔難悉數嗟末孫慙下武揚耿光媿無取

豐碑立百世覩

欽定全唐文卷三百四十

顏眞卿五

撫州臨川縣井山華姑仙壇碑銘

華姑者姓黃氏諱令微撫州臨川人也少乃好道丰神卓異天然絕粒年十二度爲天寶觀女道士年八十髮白面紅如處子狀時人謂之華姑躡履而行奔馬不及聞魏夫人仙壇在州郭之南草木榛翳結廬求之不得長壽二年歲在壬辰冬十月壬申朔訪於洪州西山胡天師天師名超能役使鬼神見其懇切遙指姑所居南二百步曰烏龜

原中有石龜每踩踐田苗百姓患之乃擊斷其首即其處也明日與姑登山顧望西面有池水焉天師謂姑曰池中有所見乎曰無師遂舉左手令姑自腋下觀之四仙浴焉師曰爾有道分必當得之因留與語數日旣還至州虔誠尋訪遂獲石龜於壇中央掘其下得尊像及刀鋸各一油甕五口燈盞數十個天后聞之盡收入內姑嘗於旦夕精思想象之間忽有告曰壇南有九曲池汝可開之姑從而獲焉磚砌盡在他日有異香綵雲從西南而來其夕夢有人謂姑曰井山道場何不修葺姑未及往忽然感疾姑悔之曰得非違尊教所致乎翌日病愈又聞異香而宿於谷口聞鐘聲遲明入山果獲壇殿池砌餘址半峯有自然石井深可三尺闊丈餘故名井山天欲雨則雲霧先起姑旣置精舍時聞仙梵之音環壇五七里間莫敢樵採姑遂灑掃修葺極其力焉人或不潔不誠必遭蛇虎怪異之驚迷不能出矣至今猶然有野鹿爲獵人所射來姑前姑爲拔箭其後每至齋時即銜蓮藕以獻姑前開元九年欲上昇之際忽謂弟子曰不須釘吾棺可以絳紗羃之數夕有雷震電繞視紗頂孔如雞卵屋穿容人棺中惟覆被木簡而

已弟子奠瓜數日生蔓長數尺結實二顆其大如桃姑同學弟子黎瓊仙恆服茯苓胡麻絕粒四十餘秋年八十齒髮不衰六七歲時親覩其事每至忌辰即風雲蓊鬱直入室內村野路人往往見綵雲白鶴飛入洞口清齋行道時每有一朱鬃白馬在壇側逼之則奔而出外捨之則隨而復來靈異昭彰不可談悉仙臺觀道士譚仙巖史元同左通元等每至三元恆修齋醮大曆三年眞卿獲刺是州明年春三月山下有女道士曾妙行夢一女師令上七層華樹層層攀飡及寤猶飽因是不食嘗於觀中見黎瓊仙跪

而拜曰夢中所見乃尊師也因請依之於今覺韶顏潤澤虔修香火於此山遐邇駭慕焉嗚呼麻姑得道於名山南眞昇仙於龜原華姑鶴鶱於茲嶺瓊仙妙行接踵而去非夫天地肸蠁從古以然則何以仙氣氤氳若斯盛者眞卿幸因述職親覩厥猷若默而不言則來者奚述乃爲銘曰綽約華姑眞仙品徒芳連比色逸俊乎驅南郭從魏西山訪胡腋窺仙浴原獲龜烏靈跡既儼曲池猶污鼎新廟貌煥然規模名曰井山終焉不逾鹿來羈獻馬見鬃朱簡解空存紗穿上徂奠瓜吐實藹室雲趨妙行精持高眞是俞

勒銘翠琰永播元都

有唐茅山元靖先生廣陵李君碑銘 幷序

先生姓李氏諱含光廣陵江都人本姓宏以孝敬皇帝廟諱改焉二十一代祖宏江夏太守避王莽徙居晉陵遂爲郡人高祖文嶷陳桂陽王國侍郎曾祖榮皇朝雷州司馬祖師龕隱居以求其志徙於江都父孝威博學好古雅修彭聃之道與天台司馬練師子微爲方外之交尤以篤慎著於州里考行議諡曰正隱先生母瑯琊王氏賢明有德行先生孩提則有殊異晬日獨取孝經如捧讀焉羈丱好靜處誦習墳典年十八志求道妙遂師事同邑李先生遊藝數年神龍初以清行度爲道士居龍興觀尤精老莊周易之淡趣執喪過哀口不嘗甘旨之味食惟穬麥而已封植膳羞皆出其手號毀骨立親族莫不傷之開元十七年從司馬練師於王屋山傳受大法靈文金記一覽無遺綜核古今該明奧旨元宗知先生偏得子微之道乃詔先生居王屋山陽臺觀以繼之歲餘請居茅山纂修經法頻徵皆謝病不出天寶四載冬乃命中官賫璽書徵之既至延入禁中每欲諮稟必先齋沐他日請傳道法先生辭以足

疾不任科儀者數焉元宗知不可強而止先生嘗以茅山靈跡蕪焉將墜眞經祕籙亦多散落請歸修葺乃特詔於楊許舊居紫陽以宅之仍賜絹二百匹法衣兩副香鑪一具御製詩及序以餞之又禁於山側採捕魚獵食葷血者不得輒入公私祈禱咸絕牲牢先生以六載秋到山是歲詔書三至遲澤頻繁暉映崖谷初山中有上清眞人許長史楊君陶隱居自寫經法歷代傳寶時遭喪亂散逸無遺先生捧詔搜求悉備其跡而進上之先時元宗將求大法請先生爲師先生竟執謙沖辭疾而退洎七載春元宗又

欲受三洞眞經其年春之三月中官齎璽書云其月十八日尅受經詰是日於大同殿潔修其事遂遙禮先生爲元師并賜衣一襲以伸師資之禮因以元靖爲先生之嘉號焉仍詔刻石於華陽洞宮以誌之是歲夏五月隱居先生合丹之所有芝草八十一莖散生於松石之間詔俾先生與中官啓告靈仙緘封表進夏又詔以紫陽觀側近二百戶太平崇元兩觀各一百戶並蠲其官徭以供香火秋七月又徵先生既自請居道觀以養疾九載春辭歸舊山其年夏六月前生靈芝之所又產三百餘莖煌煌秀異人所

莫覩先生又圖而奏之是歲冬又徵先生於紫陽別院館之十載秋先生又懇辭告老御製序詩以餞之十有一載先生奉詔與門人韋景昭等於紫陽之東鬱岡山別建齋院立心誠肅是夜仙壇林間徧生甘露因以上聞特詔嘉異初隱居先生以三洞眞法傳昇元先生昇元付體元先生體元付正一先生正一付先生自先生距於隱居凡五葉矣皆總襲妙門大正眞法所以茅山爲天下道學之所宗矣於戲是非可齊也我物共焉生死可忘也覺夢同焉如此者何域心於變化之際哉先生以大歷己酉歲冬十一月十有四日遁化於茅山紫陽之別院春秋八十有七其年十二月八日門人赴喪而至者凡數千人號奉冠舄遷窆於雷平山之西陲遺命以松棺竹杖木几水瓶香奩香鑪置於藏內門弟子等仰奉嘉猷克遵儉德先生識思眞淳業行高古道窮情性之本學冠天人之際所以優游句曲鬱爲王者之師出入明庭特寵肩輿之貴是知順風而問昔稱於黃帝望山而請今見於元宗矣又博覽羣言長於著撰嘗以本草之書精明藥物事關性命難用因循著音義兩卷又以老莊周易爲潔淨之書著學記義略各

三篇內學記二篇以續仙家之遺事皆名實無違詞旨該博初先生幼年頗工篆籀而隸書尤妙客或賞之云賢於其父因投筆不書元宗詔山人王旼強請先生楷書上經一十三紙以備楊許之闕先生能於陰陽術數之道而不以藝業爲能極於轉鍊服食之事而不以壽養爲極但冥懷素樸妙味元津非夫博大之至人孰能盡於此眞卿乾元二年以昇州刺史充浙西節度欽承至德結慕元微遂專使致書於茅山以抒誠懇先生特令韋鍊師景昭復書於眞卿恩眷綢繆足勵超然之志然宗師可仰望紫府而

非遥王事不遑寄白雲而攸遠洎大歷六年眞卿罷刺臨川旋舟建業將宅心小嶺長庇高蹤而轉刺吴興事乖夙願徘徊郡邑空懷尊道之心瞻望林巒永負借山之記而景昭洎郭閲等以先生茂烈芳猷願銘金石乃邀道士劉明素來託斯文眞卿與先生門人中林子殷淑遺名韋渠牟嘗接采眞之遊緒聞含一之德敢强名於巷黨曷足辨於鴻蒙其詞曰

抱一混茫人之紀綱先生以之氣王神强乃啓元旨元門以彰乃爲帝師帝道惟康甘露呈瑞靈芝效祥上士云感

高風載揚鶴返仙廟雲辭帝鄉退歸而老妙識行藏德本無累道心有常實曰形解孰云坐忘伐石表墓勒銘傳芳谷變陵遷厥跡彌光

浪跡先生元眞子張志和碑銘

士有牢籠太虛擻掖元造擺元氣而詞鋒首出軋無間而理窟肌分者其惟元眞子乎元眞子姓張氏本名龜齡東陽金華人父遊朝清眞好道著南華象罔說十卷又著沖虛白馬非馬證八卷代莫知之母留氏夢楓生腹上因而誕焉年十六遊太學以明經擢第獻策肅宗深蒙賞重令翰林待詔授左金吾衛錄事參軍仍改名志和字子同尋復貶南浦尉經量移不願之任得還本貫既而親喪無復宦情遂扁舟垂綸浮三江泛五湖自謂烟波釣徒著十二卷凡三萬言號元眞子遂以稱焉客或以其文論道縱横謂之造化鼓吹京兆韋詣爲作内解元眞又述太易十五卷凡二百六十有五卦以有無爲宗觀者以爲碧虛金骨兄浦陽尉鶴齡亦有文學恐元眞浪跡不還乃於會稽東郭買地結茅齋以居之閉竹門十年不出吏人嘗呼爲掏河夫執畚就役曾無忤色又欲以大布爲褐裘服徐氏聞

之手爲織纊一製十年方暑不解所居草堂椽柱皮節皆存而無斤斧之跡文士效柏梁體作歌者十餘人浙江東觀察使御史大夫陳公少遊聞而謁之坐必終日因表其所居曰元眞坊又以門巷湫隘出錢買地以立閈閎旌曰迴軒巷仍命評事劉太眞爲叙因賦柏梁之什文士詩以美之者十五人既門隔流水十年無橋陳公遂爲刱造行者謂之大夫橋遂作告大夫橋文以謝之常以豹皮爲展騪皮爲屩隱素木几酌斑螺盃鳴榔杖撃隨意取適垂釣去餌不在得魚肅宗嘗賜奴婢各一元眞配爲夫婦名夫

曰漁僮妻曰樵青人問其故曰漁僮使捧釣收綸蘆中鼓枻樵青使蘇蘭薪桂竹裏煎茶竟陵子陸羽校書郎裴修嘗詣問有何人往來答曰太虛作室而共居夜月爲燈以同照與四海諸公未嘗離別有何往來性好畫山水皆因酒酣乘興擊鼓吹笛或閉目或背面舞筆飛墨應節而成大歷九年秋八月訊眞卿於湖州前御史李崿以縑帳請焉俄揮灑橫拂而纖纊霏拂亂搶而攢毫雷馳須臾之間千變萬化蓬壺髣髴而隱見天水微茫而昭合觀者如堵轟然愕貽在坐六十餘人元眞命各言爵里紀年名字第

行於其下作兩句題目命酒以蕉葉書之援翰立成潛皆屬對舉席駭歎竟陵子因命畫工圖而次焉眞卿以舴艋旣敝請命更之答曰儻惠漁舟願以爲浮家泛宅沿泝江湖之上往來苕霅之間野夫之幸矣其詼諧辨捷皆此類也然立性孤峻不可得而親疏率誠澹然人莫窺其喜慍視軒裳如草芥屛嗜欲若泥沙希跡乎大丈夫同符乎古作者莫可測也忽焉去我思德茲深曷以寘懷寄諸他山之石銘曰

邈元眞超隱淪齊得喪甘賤貧泛湖海同光塵宅漁舟垂釣綸輔明主斯若人豈烟波終此身

唐故通議大夫行薛王友柱國贈祕書少監國子祭酒太子少保顔君碑銘

昔孔悝有彝鼎之銘陸機有祠堂之頌皆所以發揮祖德敷演家聲故君子之觀其銘也旣美其所稱又美其所爲無而稱之是誣也有而不述豈仁乎論而撰之敢不祇懼君諱惟貞字叔堅其先出於顓頊之孫祝融融孫安爲曹姓其裔邾武公名夷甫字顔子友別封郳爲小邾子遂以顔爲氏多仕魯爲卿大夫孔門達者七十二人顔氏有八

戰國有率觸秦有芝貞漢有異肆安樂其後喪亂譜牒淪亡魏有斐盛盛字叔臺青徐二州刺史關內侯始自魯居於琅琊臨沂孝悌里生廣陵太守給事中葛繹貞子諱欽字公若精韓詩禮易尚書學者宗之生汝陰太守護軍襲葛繹子諱默字靜伯生晉侍中光祿大夫西平靖侯諱含字宏都隨元帝過江巳下七葉葬在上元幕府山西生侍中光祿勳西平定侯諱髦字君道事具孝行傳生州西曹騎都尉西平侯諱綝字文和生宣城太守御史中丞諱靖之字茂宗生巴陵太守度支校尉諱騰之字宏道善草隸

書有風格梁武帝草書評云顏騰之賀道力並便尺牘少
行於代生輔國江夏王參軍諱炳之字叔豹以能書稱生
齊持書御史兼中丞諱見遠字見遠和帝被弒一慟而絕
梁武深恨之事見梁周北齊書生梁鎭西記室參軍諱協
字子和感家門事義不求聞達元帝著懷舊詩以傷之撰
晉仙傳五篇日月災異圖兩卷文集二十卷見梁書生北
齊給事黃門侍郎待詔文林館平原太守隋東宮學士諱
之推字介著家訓二十篇冤魂志三卷證俗字音五卷文
集三十卷事具本傳黃門兄之儀周御正御史中大夫麟

趾學士隋文輔政不署矯詔索璽又拒之出爲集州刺史
新野公後朝朔望引之御榻曰見危授命臨大節而不可
奪古人所重何以加卿事具周書弟之善隋葉令子孫見
於後黃門生皇泰王記室諱思魯愍楚遊秦小記室字孔
歸君之曾祖也隋司經校書東宮學士率子弟奉迎義旗
於長春宮招瓜州拜儀同博學善屬文自爲父集序國史
稱溫大雅在隋與思魯同事東宮彥博與愍楚同直內史
省彥將時與遊秦同典校祕閣二家兄弟各爲一時人物
之選少時學業顏氏爲優其後職位溫氏爲盛溫氏譜亦
載焉生勤禮字敬君之祖也幼而朗悟識量宏遠工於篆
籀尤精詁訓解褐校書郎與兩兄弟師古相時同時爲宏
文崇賢學士弟育德又於司經校定經史當代榮之太宗
嘗令師古讚崇賢學士以兄弟特命蕭鈞讚之曰依仁服
義懷文守一履道自居下帷終日德彰素里行成蘭室鶴
鑰馳譽龍樓委質著作郞修國史夔府長史贈虢州刺史
生昭甫敬仲殆庶無悶少連務滋辟強昭甫字周卿君之
父也幼而穎悟尤明詁訓工篆籀草隸書與內弟殷仲容
齊名而勁利過之特爲伯父師古所賞重每有著述必令

參定嘗得古鼎二十餘字舉朝莫識盡能讀之高宗侍讀
曹王屬贈華州刺史眞卿表謝肅宗批答卿之乃祖當爲
碩儒既高倚相之能遂有臧孫之後不墜其業在卿之門
生我伯父諱元孫臯君伯父聰穎絕倫尤工文翰舉進士
考功郞劉奇特標榜之由是名動海內累遷太子舍人元
宗監國專掌令畫嘗和遊苑詩批云孔門稱哲宋室聞賢
翰墨云捷莫之與先歷滁沂濠三州刺史贈祕書監君仁
孝友悌少孤育舅殷仲容氏蒙教筆法家貧無紙筆與兄
以黃土掃壁本石畫而習之故特以草隸擅名天授元年

糊名考試判入高等以親累授衢州參軍與盈川令楊炯信安尉桓彥範相得甚歡又選授洛州溫縣永昌二尉每選皆判入高科侍郎蘇味道以所試示介衆曰選人中乃有如此書判嗟歎久之遂代兄爲長安尉太子文學以清白五爲察訪使魏奉古等所薦五邸初開盛選僚屬拜薛王友柱國伯姊御史大夫張知泰妻魯郡夫人亡將葬數家占君不利臨壙君哭而拒之曰豈有亡手足之痛牽拘忌而忍自絕乎弗從其年七月才生明遘疾而歿敎義者隱而傷焉與會稽賀知章陳郡殷踐猷吳郡陸象先上谷

寇泚河南源光裕博陵崔璩友善事具陸據所撰神道碑累贈祕書少監國子祭酒太子少保真卿表謝肅宗批答云卿之先人德行優著學精百氏藝絕六書頻擢甲科屢升循政曳裾王府名右鄒枚載筆春宮道高徐阮既而壽乖華髮器紆青雲業載史臣慶傳令子追存盛美褒贈崇班且旌善於義方俾揚名於有後濠州生春卿杲卿曜卿旭卿茂曾春卿工詞翰倜儻有吏才蘇頲舉茂才偃師丞杲卿文理清峻所居有聲太常丞攝常山太守祿山反擒其心手開土門拜衞尉卿兼中丞城陷杲卿叱詈之遂被

鉤舌支解而終贈太子太保諡曰忠節真卿表謝肅宗批答云自羯胡猖狂入我河縣所在官吏多受迫脅卿兄以人臣大節獨制橫流或俘其謀主或斬其元惡當以救兵懸絕身陷賊廷旁若無人歷數其罪手足寄於鋒刃忠義形於顏色古所未有朕甚嘉之曜卿工詩書草隸十五以文學直崇文館淄川司馬旭卿善草書允山令茂曾好屬文詁訓仁厚絕衆揵爲司馬君生闕疑允南喬卿真長幼輿真卿允臧闕疑仁孝有吏能精詩傳善剖判杭州參軍允南仁孝有清識工詩人多誦其佳句善草隸與春卿杲

卿曜卿同日於銓庭爲侍郎席建侯所賞達奚珣薦爲左補闕真卿時爲殿中正至三拱法座舞蹈而衣袂相接者三故允南賦詩云誰言百人會兄弟也霑陪歷殿中膳部司封郎中國子司業金鄉男喬卿仁和有吏幹富平尉真長清直早世幼輿方雅有醖藉通班漢左清道率府兵曹真卿早孤蒙伯父泉允南親自敎誨舉進士歷校書制舉醴泉尉陟清白長安尉三院御史四爲大夫六爲尚書再爲採訪節度充禮儀使光祿大夫魯郡公允臧敦質孝悌有吏能制舉延昌令監察充朔方衣資使殿中三爲侍御

史中允江陵少尹荊南行軍濠州及君孫泉明佐父開土門彭州司馬威明邛州司馬季明子幹沛翙頗誕及外孫博野尉沈盈盧逖並爲逆胡所害各蒙贈五品京官濬好屬文翹華正頤慈明都水使者頤好五言校書頍仁孝方正明經大理司直嶺南營田判官執喪九日不食頡河陽尉顗鳳翔參軍頗工小楷洗馬頎恭仁奉禮郎並早喪逝紘方義主簿泉覿並沒蠻襲明微明德明未仕通明獲嘉尉將明昌明尉克明崇文明經衞密標榜之歟有德行文詞華原主簿準溧水尉覿頗工文襄陽尉覲有文行宏文

進士顒仁友清白常熟令封金鄉男穎清介勤學侍郎蔣洌賞其判京兆兵曹襲金鄉男岫仁純常熟主簿任城男頎浚儀尉頌清源尉頂幹辯揚府法曹願長厚清白朝邑尉頵左率倉曹碩祕書正字頫有吏幹歙州錄事參軍曲阜男頫好爲詩富陽尉禺好爲文常州參軍並粗有所立君之諸祖父羣從揚庭頤並侍讀強學益期並學士中和至誠敬仲大智溫之澂之澹之揩挺援撰溫泳陵並明經康成強學希莊日損隱朝鄰幾知微舒說順勝式宣韶並進士制舉有意中和趨庭希莊至刺史利仁明天文欣期元淑景靈並校書光庭注後漢書嘉賓千里昇庠匡朝恰滔渾允濟揩逸覿不器防有文詞博古少連恭敏惇學行敬仲溫之以孝聞潤有風義晃鏻邈迢以清白稱其餘咸著官族不獲悉數洪惟累祖之耿光丕業有若子泉宏都之德行巴陵記室之書翰特進黃門之文章祕監華州之學識肇自魯國格於聖代紛綸盛美遂舉集於君君能述遵前人不敢失墜其志事以忝聿修宜其克饗尊榮爲清廟不祧之主眞卿幸承遺訓叨受國恩既受無疆之庥敢揚不朽之烈銘曰

系我宗邾顏公子封郳魯附庸亞孔聖浴沂風刺青徐給事中護譽柳渡江楓侍兄疾感虵童鄰火斷珥貂重施七葉傳孝恭武騎都尉司從便尺牘繼魚蟲慟君難憤而終咨記室游湘東嗟御正凜移忠泉黃門擅文雄三部長事東宮四穆叔史牢籠褒華州詁訓通小祕監盛名鴻維少保文翰工蒞畿赤五褒崇登望苑友桂叢三超贈保儲宮流光盛廟貌融永不祧垂無窮

碑銘

晉紫虛元君領上眞司命南嶽夫人魏夫人仙壇

夫人諱華存字賢安任城人晉司徒劇陽文康公舒之女也師於小有清虛眞人王褒褒命中候上仙范邈爲立傳其略云夫人挺瓊蘭之流映體自然之靈璞志逸雲霞明潔鮮蘇天才卓異元標幽掞少讀老莊三傳五經百子無不該覽性樂神仙味眞慕道少服胡麻散茯苓丸吐納氣液攝生夷靜親戚往來一無關見常欲別居閒處父母不許年二十四强適太保掾南陽劉君幼彥生二子璞遐幼彥後爲修武令夫人心期幽靈精誠苦盡逮子息粗立乃離隔室宇齋於別寢淸修百日忽有太極眞人安度明東

華大神方諸青童扶桑碧河湯谷神王景林眞人小有仙清虛眞人王褒來降褒謂夫人曰聞子密緯眞氣太帝君敕我授子神眞之道青童曰清虛爾之師也度明曰子苦心求道道今來矣景林曰虛皇鑒爾勤感太極已注子於玉札子其勗哉青童又曰子不受聞上道內法晨景玉經者仙道無緣得成也後日當會陽洛山中爾勤密之矣王君乃命侍女開玉笈出太上寶文八素隱身大洞眞經高仙羽元等書三十一卷手授夫人焉此皆王君昔遇南極夫人西城眞人王方平於陽洛山所受之本經也山中有洞臺是清虛之別宮王君至是北向祝誓於夫人曰太上三元九皇高眞虛微八道上清玉晨褒爲太帝所敕於魏華存王君又說太極白簡青籙金刻玉文有得見此三十一卷書者之姓名也凡此寶書起自清虛眞人受太師西城王君紫元夫人從是當七人得之以白玉爲簡青玉爲字至夫人爲四矣於是景林又授夫人黃庭內景經令晝夜誦讀萬遍乃得洞觀鬼神此乃不死之道也於是四眞吟唱各命玉女彈琴擊鼓吹簫合節而發歌歌畢王君乃解語夫人向所授書存思指歸寶經節度行事口訣諸要

粗訖徐乃別去凡二夕一日共會在曲靜之中自此之後王君及西城眞人諸元君夫人互有來往或與隔壁共庭初不駭悟已而幼彥以暴疾殞世直天下荒亂夫人撫養內外傍救窮乏超羣先覺乃攜細小徑來東南及兒息各大並處官位至於守靜之思與日而進也凡在世八十三年以成帝咸和九年歲在甲午王君乃與東華青童來降與夫人靈藥兩劑使頓服之剋期會於陽洛宮夫人服藥稱疾閉目寢息飲而不食七日夜半太乙元仙遣飈車來迎夫人用藏景之法託形神劒化成死骸始終外朗仙化

內逸冥變隱適從此而絕子璞時爲庾司空司馬遐時爲陶太尉從事中郎安城太守故夫人自此隱化諭景須臾至陽洛山明日青童君太極四眞人清虛王君三天法師張道陵等凡四十七眞人降教夫人於隱元之臺王君令夫人清齋五百日讀大洞眞經并分別登眞祕奧道陵授以新出明威章奏入靜存祝吏兵符籙之訣衆眞各標至訓三日而去道陵所以備教委曲者以夫人在世爲女官祭酒領職理故也夫人遂修齋讀經誦言萬過積十六年顏如少女於是龜山九靈太眞西王母金闕聖君南極元

君乃共來迎夫人遂白日昇晨北詣上清宮玉闕之下太微天帝中央王老君三素高元君太上玉晨大道君太素三元君扶桑太帝君金闕後聖君各令使者致命授夫人玉札金文位爲紫虛元君領上眞司命南嶽夫人比秩仙公使治天台大霍山洞臺之中主下訓奉道教授當眞仙者而男之高仙曰眞人女曰元君於是夫人受錫事畢王母及金闕聖君南極元君各去使夫人於王屋小有之中更齋戒三日畢九微元君龜山王母三元夫人馮雙禮珠臬諸衆仙並降夫人於小有清虛上宮絳房之中時夫人與王君爲賓主焉神肴羅陳金觴四奏各命侍女陳曲成之鈞九雲合節八音零粲於是西王母擊節而歌歌畢馮雙禮珠彈雲璈而答歌餘眞人各歌須臾司命神仙諸隸屬及南嶽神靈迎官並至虎旗龍輦激曜數百里中西王母諸眞乃共與夫人東南行俱詣天台霍山臺又便道過句曲金壇茅叔申宴會二日二夕又共適於霍山夫人安駕玉宇然後各別初王君告夫人曰學者當去疾除病因授甘草丸所謂穀仙方也夫人服之而仙夫人能隸書爲王君立傳事甚詳悉又述青精䬪飯註黃庭內景經自後

屢降茅山子璞後至侍中蒙使傳法於司徒瑯琊王舍人楊羲護軍長史許穆穆子玉斧並昇仙事具陶宏景眞誥所呼南眞卽夫人也初夫人旣渡江徧遊名山至臨川郡臨汝水西立壇置精舍院東百餘步造冢壙又於石井山建立壇場往來遊憩歲月淡久榛蕪淪翳雖備載圖經而略無遺跡有唐女道士黃令微道行高遠八十而有少容躡屐而行奔馬不及時人見其顏色殊異號曰華姑聞夫人靈跡長壽二年歲在壬辰冬十月乃訊於洪州西山道士胡超超能通神明遙指郭南六里烏龜原有石龜每犯

田苗被人擊首柝其處是也姑與道流尋訪見龜在壇中央其下得尊像油甕鋸刀燈盞之類俄夢夫人指九曲池於壇南獲之磚砌猶在景雲中睿宗使道士葉善信將繡像幡花來修法事仍於壇西置洞靈觀度女道士七人開元初元宗使醮祭祈禱不絕每有風雨或聞簫管之聲入室禮謁必須嚴潔不爾必有虵虎驚吼之異時時有雲如烏鳥羣飛垂帶直下壇上倏忽不見西出如向井山前後非一已而華姑髣髴聞如有告者曰井山古跡汝須崇建俄聞異香從西來姑行徧洞口聞鐘磬之音遲明入山果

遇壇殿餘址遂建立屋宇屢聞仙梵之響環壇數里有採斫及不精潔者必有怪異之警有野鹿中箭來投華姑姑爲拔之後每齋前則銜蓮藕以獻姑開元九年姑欲上昇告弟子曰勿釘吾棺可以絳紗羃之已而雷霆震擊紗上有孔大如雞卵棺中惟有被覆木簡屋上穿可容人座前奠瓜數日生蔓結實如桃者二每至忌辰則風雨鬱勃直入室內元宗聞而駭之覆視明白使道士蔡偉編入後仙傳二十九年春三月乙酉使道士齋龍璧來醮忽有白鹿自壇東出至冢間而滅五色仙蛾集壇上刺史范陽張景佚以爲聖德感應立碑頌述天寶八載以夫人得道昇仙之所度女道士二人見修香火大歷三年眞卿叨刺是州言崇禮謁郊郭蒙邃萑蒲震驚女弱曹逃豺狼窟聚眞儀如在壇殿巋然瞻仰徘徊悄焉若失有仙壇觀道士譚仙巖者修眞自遠法侶是宗請以男官黃道士二七人抽隸洞靈共申灑掃高行女道士黎瓊仙七人萃居壇院精力住持已久率勵往來增修觀宇從之不日適暨厥成仙跡之載崇師之力也敢備其本末而爲頌云銘曰

紫虛元君維魏夫人位列五嶽名高七眞凝華台允奪志

劉嬪太帝昭鑒清虛降神羣仙畢會王笈斯陳服道日損精心益勤蛻形神劒託馭飈輪適抵陽洛遄登隱元黃庭朗詠白日昇晨西降王母東過叔申傳法侍中許楊爲鄰伊昔南渡爰居汝濱壇場處所埋沒荒榛實賴華姑諗於胡尊果獲靈跡烏龜之原坎尋井山實叶羲言嫣然簡解紗羃空存野鹿銜藕靈瓜吐根怪異昭彰不可殫論二聖竦駭屢崇明禋于嗟女弱香火堙淪眞卿刺州謁拜斯蘋乃命仙子增修鼎新華姑侍傍異代同塵曷表元德銘功翠珉垂諸來裔垓圠無垠

欽定全唐文卷三百四十一

顏眞卿六

祕書省著作郎夔州都督長史上護軍顏公神道碑

君諱勤禮字敬琅邪臨沂人高祖諱見遠齊御史中丞梁武帝受禪不食數日一慟而絕事見梁齊周書曾祖諱協梁湘東王記室參軍文學有傳祖諱之推北齊給事黃門侍郎隋東宮學士齊書有傳始自南入北今爲京兆長安人父諱思魯博學善屬文尤工詁訓仕隋司經局校書東

宮學士長寧王侍讀與沛國劉臻辯論經義臻屢屈焉學書黃門傳集序君自作後加踰岷將軍太宗爲秦王精選僚屬拜記室參軍加儀同娶御正中大夫殷英童女英童集呼顏郎是也更唱者二十餘首溫大雅傳云初君在隋與大雅俱仕東宮弟愍楚與彥博同直內史省愍楚弟遊秦與彥將俱典祕閣二家兄弟各爲一時人物之選少時學業顏氏爲優其後職位溫氏爲盛事具國史君幼而朗悟識量宏遠工於篆籀尤精詁訓祕閣司經史籍多所刊定義寧元年十一月從太宗平京城授朝散大夫勳解褐祕書省校書郎武德中授右領左右府鎧曹參軍九年十一月授輕車都尉兼直祕書省貞觀三年六月兼行雍州參軍事六年七月授佐郎七年六月授詹事主簿轉太子直監加崇賢館學士宮廢出補蔣王文學宏文館學士永徽元年三月制曰君學藝優敏宜加獎擢乃拜陳王屬學士如故遷曹王友無何拜祕書省著作郎君與兄祕書監師古禮部侍郎相時齊名祕監與君同時爲崇賢宏文館學士禮部爲天策府學士弟太子通事舍人育德又奉令於司經局校定經史太宗嘗圖畫崇賢諸文學士命祕監

爲讚以君祕監兄弟不宜相褒述乃命中書舍人蕭鈞特讚君曰依仁服義懷文守一履道自居下帷終日德彰素里行成蘭室鶴籥馳譽龍樓委質當代榮之六年以後夫人兄中書令柳奭親累貶夔州都督府長史顯慶六年加上護軍君安時處順恬無慍色不幸遇疾傾逝於府之官舍既而歸窆於京城東南萬年縣寧安鄉之鳳栖原先夫人陳郡殷氏泉柳夫人同合祔焉禮也七子昭甫晉王曹王侍讀贈華州刺史事具眞卿所撰神道碑敬仲吏部郎中事具劉子元神道碑殆庶無恤辟非少連務滋皆有學

行以柳令外甥不得仕進孫元孫舉進士考功員外劉奇特標榜之名動海內從調以書判入高等者三累遷太子舍人屬元宗監國專掌令畫滁沂濠三州刺史贈祕書監惟貞頻以書判入高等歷畿赤尉丞太子文學薛王友贈國子祭酒太子少保德業具陸據神道碑會宗襄州參軍考楚州司馬澄左衛翊衛潤倜儻涪城尉曾孫春卿工詞翰有風義明經拔萃犀浦蜀二縣尉故相國蘇頲舉茂才又爲張敬忠劒南節度判官偃師丞杲卿忠烈有清識吏幹累遷太常丞攝常山太守殺逆賊安祿山將李欽湊開

土門擒其心手何千年高邈遷衛尉卿兼御史中丞城守陷賊東京遇害楚毒慘下詈言不絕贈太子太保謚曰忠節曜卿工詩書草隸十六以詞學直崇文館淄川司馬旭卿善草允山令茂曾訥言敏行頗工篆籀犍爲司馬闕疑仁孝善詩春秋杭州參軍允南工詩人皆諷誦之善草隸書判頻入等第歷左補闕殿中侍御史三爲郎官國子司業金鄉男喬卿仁厚有吏林富平尉眞長耿介舉明經幼輿敦雅蘊藉通班漢書左清道率府兵曹眞卿舉進士校書郎舉文詞秀逸醴泉尉黜陟使王鉷以清白名聞七爲

憲官九爲省官洊爲節度採訪觀察使魯郡公允臧敦實有吏能舉縣令宰延昌四爲御史充太尉郭子儀判官江陵少尹荊南行軍司馬長卿晉卿邠充國質多無祿早世名卿偆偘伋倫並爲武官元孫紘通義尉沒於爨泉明孝義有吏道又開土門佐其謀彭州司馬威明邛州司馬季明子幹沛翙泉明男誕及君外曾孫沈盈盧逖並爲逆賊所害俱蒙贈五品京官濬好屬文翹華正頤並早夭穎好五言校書郎頍仁孝方正明經大理司直充張萬頃嶺南營田判官顗鳳翔參軍頍通悟頗善隸書太子洗馬鄭王

府司馬並不幸短命通明好屬文項城尉翽溫江丞覿緜州參軍靚鹽亭尉顒仁和有政理蓬州長史慈明仁順幹蠱都水使者頍介直河南府法曹頔奉禮郎頎江陵參軍頡當陽主簿頌河中參軍項衛尉主簿願左千牛頣頩並京兆參軍頻須頫並童稚未仕自黃門御正至君父叔兄弟衆子姪揚庭益期昭甫強學十三人四世爲學士侍讀事見柳芳續卓絕殷寅著姓略少監少保以德行詞翰爲天下所推春卿杲卿曜卿允南而下泉君之羣從光庭千里康成希莊日損隱朝匡朝昇庠恭敏鄰幾元淑敏溫之

舒說順勝怡渾允濟挺式宣部等多以名德著述學業文翰交映儒林故當代謂之學家非夫君之積德累仁貽謀有則何以流光末裔錫美盛時小子眞卿聿修是忝嬰孩集慕不及過庭之訓晚暮論譔莫追長老之口故君之德美多恨闕遺銘曰銘闕

朝議大夫守華州刺史上柱國贈祕書監顏君神道碑銘

君諱元孫字聿修京兆長安人高祖諱之推北齊給事黃門侍郎待詔文林館曾祖諱思魯隋太子校書東宮學士

皇朝秦王記室祖諱勤禮著作郎崇賢宏文兩館學士父諱昭甫高宗侍讀曹王屬贈華州刺史俱以德業才名相望史冊君即華州之元子少孤養於舅殷仲容家身長六尺二寸聰銳絕倫工詞賦章奏有史才明吏事年十歲時叔父吏部郎中敬仲任益府法曹長史李孝逸聞君少俊請與相見座中試安石榴賦君默綴少頃郎中聘而從之君授翰立就不加點竄孝逸大驚尤善草隸仲容以能書爲天下所宗人造請者牋盈几輒令代遣得者欣然莫之能辨舉進士素未習尚書六日而兼注必究省試九河銘

高松賦故事舉人就試朝官畢集考功郎劉奇乃先標榜君曰銘賦二首既麗且新時務五條詞高理贍惜其帖經通六所以不原本闕屈從常第徒渼悚怍由是名動天下解褐鼓城主簿歷登封尉與弟贈太子少保諱惟貞府君調選屢以高等同登甲科相代爲長安尉翰林偉之前是老吏好以婚田之不決者試新上官君悉垛階上研墨汁數原本闕操割凡百餘道不終夕而畢縣令隴西李餰才學士也覩原本闕駭命小吏分手寫之而通不給朝廷聳歎遷洛陽丞著作佐郎太子舍人時元宗監國獨掌令誥當時以

爲綸言之最嘗有命召或以次進原本闕今日非也聞公喚長舍人來遂御小殿賜食因出諸家書跡數十卷曰聞公能書可爲寡人定其眞僞君分別以進上元宗大悅因賜藤牋筆墨衣服等物嘗和遊苑詩御札八分批答云孔門入室魯國稱賢翰墨之妙莫之與先君一覽無遺兼該故實聿安石以宰相兼庶子特相禮重宮務一以諮君事頗填委從駕至原本闕以司直用事命坊官同遊石瓮寺駐焉諸君有忌前者曰顏舍人必不行已而君辭以遽曰果爾何爲妄請君默然元宗登極同列皆遷中書舍人君讓范

陽盧偹俄爲掊等所擠出爲潤州長史遷滁州刺史按察使王志愔以清白名聞拜沂州志愔娶於顏餘慶以男求婚君拒之遂誣奏請降階奪祿其初君與執事者因闕一字官有忤至是憾焉遂黜歸田里君屏私第傲然無悶者十年與陳郡殷踐猷上谷寇泚武功蘇晉吳郡陸象先友善相見未甞不畢景起爲濠州刺史累加朝議大夫上柱國中書令張嘉貞洊相器重方引知制誥原本闕右職屬罷相不行代到風疾停家開元二十年秋七月才生明薨於絳州翼城縣丞之官舍隨子春卿任也明年葬於東京鶴店

東北高村原夫人新城縣君元氏故兆異穴而堋權也文集三十卷著于祿字書一卷並行於世續祖父涉令光庭注後漢書常山之陷也沒焉廣德二年春三月二十有二日制曰故濠州刺史上柱國顏元孫懿道淳茂宏材特達傳經成業聚學爲文清白著於家風問望光於銓選久膺揚歷爰寄藩條政有其方績宣其用未登大任遽迫流年九原不作郡邑存其遺愛二子象賢艱難立其名節忠能徇國孝在榮親贈以儒官揚其盛烈可贈祕書監眞卿表謝今上批答云卿之先伯當代詞宗道蘊國經行推人表上宏祖德下奬門閥鄭國不亡臧氏有後雖雲雨之澤自葉流根然訓誨之方因父見子永惟盛烈式寵代官不朽者名斯爲極矣嗚呼君有五子皆有才名春卿聰銳無比早擅詞賦尤工表檄倜儻有吏能急人之急明經拔萃歷蜀縣尉長史蘇頲舉茂才異等未試充張敬忠節度判官轉翼城丞與弟杲卿曜卿從父弟允南調選同日於銓庭爲侍郎席建侯所賞授偃師縣丞杲卿忠烈方正精敏有識累至魏州錄事參軍清白名聞充安祿山營田及度支判官太常丞攝常山太守祿山反誅其土門使及原本闕拜

衛尉卿兼御史中丞城陷詬詈爲賊所屠害乾元中贈太子太保謚曰忠節曜卿介直以信稱勤學好屬文工草隸書十五以文學直崇文館每選集必爲主司所賞擢歷城丞淄川司馬旭卿美姿儀善草書允山令茂曾仁恕和厚口無擇言頗屬文詞留心詁訓嘉陵司馬孫紘少好雜書疎財重義方義尉鮮于仲通節度劍南引爲判官同征閤羅鳳沒於蠻泉明穎悟孝義果銳媚於吏道安平尉父敬保將開土門使與長史袁履謙往來謀議授左金吾兵曹尋爲賊所執舉家見陷泉明到河北乞求贖先姑女而後

巳子行路哀之東京收復泣血求父屍獲焉時人以爲孝感所致拜郫令有能名爲崔光遠所擠終彭州司馬威明太僕丞邛州司馬季明惇敏有容止與君外孫盧逖同爲賊所害贈左贊善濬勤學好屬文早卒子幹剛銳強力公劉府果毅弟沛同遇賊害贈都水使者沛尚食奉御翹入道詡與泉明子誕同質於祿山皆被鋸殺贈贊善誕義王諮議翽道義令覿漢州參軍靚鹽亭尉琡覯未仕會孫証右內倉曹訊兵曹詔彭王參軍皆承謀翼不敢失墜惟君德盛才茂行周業廣文可以經國道可以致君而坎壈盛

明不登弼亮其時歎其命歟眞卿越自嬰孩特蒙奬異且秉師父之訓豈獨猶子之恩濡筆告哀不申萬一銘曰

琅琅世父明德是矩孝以仁親忠期輔主周旋禮法精究訓詁行楙珪璋文彪龍虎高標天府震耀區寓前載（原本闕）千官歟覲王畿就列赤縣斯偪枎華交輝灑翰如雨洛陽毗貳著作布武載筆龍樓（闕一字）光鼉組元宗褒異（闕一字）發儔伍不入掖垣翻飛江滸淮沂其乂典憲斯侮望閑爰歸優游不吐名公虛左濠上爰撫方俟同昇遽徂多祜一麾屢黜百贖奚補翼子多方教忠則膴吁嗟太保爲國干櫓取義舍生悲今邁古皇恩自葉超贈秘府存歿哀榮幽明赫昈眞卿追痛銜恤靡怙牽綴銘功恨非覼縷

正議大夫行國子司業上柱國金鄉縣開國男顏府君神道碑銘

君諱允南字去惑京兆長安人也高宗侍讀贈華州刺史昭甫府君之孫薛王友贈太子少保惟貞府君之第二子也少以詞藻擅名兼工草隸書尤善五言詩深爲伯父濠州刺史元孫府君之所賞愛開元十五年以挽郎選糊名考判入高第授鶉觚尉後與從父兄春卿杲卿曜卿調集

皆爲吏部侍郎席建侯所賞重時論榮之尋授右武衛兵曹二十六年丁內憂以毀聞服闋轉右領軍錄事參軍與從祖姑子劉同昇齊名長又相善嘗寓書與之中書舍人孫逖見而驚歎曰古人之作尋爲同昇江南經略判官遷大理評事從調吏部侍郎達奚珣以書判超等薦爲朝廷左補闕元宗嘗撰華嶽碑並書天寶九載令御史大夫王鉷打百本以賜朝臣家獲二本者四族而君以兩省官弟眞卿以殿中侍御史居其一焉每正至朝賀宰相以下登殿者不過三十人而君與眞卿王鉷法服於含元殿蹈舞

而衣接焉朝覲宴集必同行列故君賦詩云誰言百人會兄弟皆霑陪與諫議大夫鄭審郎中祁賢之每應制及朝廷唱和必警絕佳對人人稱說之俄遷殿中侍御史以忤楊國忠貶襄陽丞移河東司戸京兆士曹十五年長安陷輿駕幸蜀朝官多出駱谷至興道房琯李煜高適等數十人盡在中丞田良邱爲哥舒翰行軍司馬旣敗猶自振矜因誦表云翰北行師未嘗挫衂蓋緣運數潛迫人神同棄職之人故匪翰之由衆皆默然君獨抗聲叱之曰公何得尚爲賊說徵祥乎峘等因欲毆擊魏仲犀與之同罪遜詞

引去不敢枝梧一座皆壯之恩詔召拜尚書屯田員外郎加朝散大夫遷司膳郎中眞卿至自河北元宗給君驛至鳳翔令相見從肅宗入西京遷司封眞卿以尚書兼大夫弟允臧又爲殿中兄弟三人同時臺省當代無比時人欽羨焉尋封金鄉縣開國男累加正議大夫上柱國遷國子司業寶應元年冬十一月眞卿自利州蒙召至上都君遇疾巳革闕而泣曰吾忍得見汝因哽咽不自勝其十日傾逝於私第享年六十九嗚呼明日庚申葬於萬年縣鳳棲原先塋之北祔也二子穎頻皆好爲五言詩眞卿使奏事彭原上文章蒙擢校書郎早卒穎簡直潔巳以左衛兵曹選爲侍郎崔器所賞累授河南府士曹噫君幼而聰明長而美秀仁恕形於造次清識冠於當時善與人交篤於僚友故父執侍郎寇公泚相國陸公象先尚書陸公景融重君才名相見未嘗不移日也相國房琯尚書韋陟張倚皆篤忘年之契河南陸據彭城劉餗劉秩隴西李揆河東裴士淹特敦莫逆之歡河東敬括隴西李華李涵范陽盧允畢盡常僚之好非夫親仁誠物泛愛虛巳則何以廣而能周久而益敬者矣家常有折歷鶴初眞卿小年時戲書其

背君切責曰此雖不能奮飛竟不惜其毛羽奚不仁之甚歟其惻隱者如此眞卿終身志之於戲以君之才之美之德之義方當翼亮盛時儀型宗國道之祝喪頓我遠圖悲乎痛哉眞卿孩而不天太夫人蘭陵郡太夫人殷氏親自鞠育實賴慈訓粗茲有成至若發慮學文之觀立身復禮之道非仁兄之規誨曷暨所蒙且有師訓之資豈惟孔懷之戚布哀金石未究萬分銘曰

莊嶽熊渾清沂駿奔英靈孕育生我仲昆維我仲昆邦家之藩孝仁是履愷悌是惇清識冰澈郜儀玉溫詞華藻絢

翰墨雲繁通究理體精詳政源爰初發迹屢振瑤琨尉邑何陋評廷不冤袞衣補闕繡服榮敦神州列掾會府掌屯司膳王封迴薄飛騫乃佐教胄載光儒門未登鼐鼎奄謝鴻鶩伊昔不造實賴能存下光花蕚上潔晨飧微君教導曷惠拯援今既絕矣哀摧忍言何以寘懷勒銘弗諼垂諸來裔翼子謀孫

左衛率府兵曹參軍賜紫金魚袋顏君神道碑銘

君諱幼輿字令軌京兆長安人高宗侍讀贈華州刺史昭甫府君之孫許王友贈太子少保惟貞府君之第六子也

美容止有器度故小名粲焉孝悌仁和精詳禮法博涉史記漢書盡究其義理起家后土齋郎調補汝南郡新息縣主簿恪謹官次備聞修潔紀綱吏人罔弗畏慕太守趙國公王琚器君才名待以殊禮縣之庶務悉以見咨家素清貧從母之孀嫠者宗族之惸單者皆仰給焉君悉心奉養情禮彌篤哥舒之攻石堡城請君隨軍拜左衛率府兵曹參軍恩敕賜緋魚袋不幸以天寶九載秋七月旬有三日遇疾而終春秋四十八即以其月窆於萬年縣鳳棲原先塋西北祔也夫人陳郡殷氏太夫人蘭陵郡太夫人兗曹州司法麗正殿學士踐猷之元女高士永寧尉寅之女弟高士壽安尉亮之家姑也我伯舅聰明純粹博學稽古相國陸象先秘書監賀知章臬我世父濠州刺史元孫府君友善皆呼為五總龜千年而五總問無不知也太夫人以君四世殷之自出（原本闕）失其新命君娶之既而遂焉成先志也夫人含風孤映當世以廣德三年冬十月二十一日棄牀帳於江陵仲子鳳翔參軍顗泉季子頓不幸早夭大歷四年夏四月壬戌季弟眞卿命君孟子前武功丞頂叔子左千牛願度遠日而合祔焉嗚呼君以全德之姿丁休明之運宜其振翼層漢濯鱗清流而位不準才德淪於天

吁足慟也謂之何哉銘曰

兵曹樂只於穆不巳華州之孫少保之子溫溫體度嶷嶷容止非禮勿言唯德是揆人倫領袖宗廟簠簋佩服典常顗精文史汾睢歲事新息入仕忠益上官總持綱紀奉養從母必窮珍旨綏族糺宗羣居咸喜哥舒授律石堡俟倚命我翊戎寵章斯被鯤溟未運鴻漸伊始不與之年云如何瘞安放安仰嗣徽昭美合葬既遵從周有斐于嗟窘束不獲躬視寫恨立銘告哀千祀

朝請大夫行江陵少尹兼侍御史判南行軍司馬

上柱國顏君神道碑銘

君諱允臧字季寧京兆長安人曹王晉王侍讀贈華州刺史昭甫府君之孫諱王友贈太子少保惟貞府君之第八子也孝悌惇敏有才幹局力所居以吏道稱解褐太康尉太守張倚採訪使韋陟皆器其清嚴與之均禮天寶十載制舉縣令對策及第授延昌令君悉心致理遠者懷而邇者安採訪判官賈至王倫言於使清白名聞會安祿山反遂止潼關陷太守李揖計未有所出君勸投靈武至寧朔

屬同羅招六蕃府絕不得通肅宗聞君誠至德初追赴彭原行在所拜監察御史賜緋魚袋遂承任使推劾不避強禦中官邢延恩等皆得罪焉尋充朔方兵健衣資使郭公子儀請爲判官清渠之衂也賊兵四合矢下如雨君挺劒躍馬奔之得出至武功知縣御史及吏人無敢住足君徐坐示暇於大遶然後少有至者因令具頓以候今上上大驚喜引之同食河東人郭俊邢韶翻城歸順郭公俾君先入郡以安恤之郭公既至軍郡之事一以咨君隨方決遣無不欣愜有郡人嘗爲賊將崔乾祐判官郭公欲加刑君領證左右以入救遂貰之二年秋八月遷殿中侍御史眞卿表謝肅宗批答曰卿昆季連擢才聲並振俱守寒松之操允執後彫之心久冒艱危大知難奪委以憲臺之長克申白簡之威厥弟之遷亦爲官擇宜相勸勉各樹能名當代榮之京城收與崔禕銜命宣撫都人大悅出爲櫟陽令錄事有奸犯者君立榜殺之豪強震恐一縣屏息遷侍御史以當爲郎以兄在南省君遂撝揖牢讓轉大理正用法精詳或以賄財執事而妄訴者卿丞莫能止君獨召訊詰責立服衆皆爲君危之寶應中復拜侍御史兼太子中允

廣德三年冬十月拜江陵少尹又兼侍御史判南行軍司馬君清正卓立特爲軍州所敬既而代到屢詔徵入未得行大歷三年冬十一月五日乙亥奄忽感暴疾終於私第春秋五十九其兄眞卿聞喪哀摧甚去手足迺命姪男前武功丞頍諗於其妻奉明縣君韋氏其孫前京兆參軍頫泉頵禺等以明年夏四月壬戌歸祔君於上都萬年縣鳳棲原先塋之北禮也嗚呼君姿質瓌博襟靈沈粹心根德義躬服孝仁理以居家果於從政與人淡一定之分臨事多獨見之明屢佐戎旃必聞忠益六登憲府皆推直諫信

可謂朝之正人。儒之君子。未申殿邦之用。遽齎入冥之恨。知與不知。孰不嗟悼。眞卿黌瀸祜薄。門祚衰陵。同生之人。零落皆盡。唯形與影。相視不足。豈圖不造。永訣於斯。長號立銘。泣盡繼血。其辭曰。

嗟嗟予季。特稟純粹。曰孝與仁。因心則至。友由悌睦。禮用和貴。虵虵美言。嶽嶽高義。行絕枝葉。心無頗詖。經德秉彝。拔萃出類。環衞入侍。牽絲作尉。泛愛與人。檢莊莅事。一作象雷六爲天吏。豪右宣威。憲臺增氣。羣公虛左。天子思媚。守挹讓郎。得仁奚媿。司刑棘寺。理法昭賁。儲闈載升。亞尹

斯位。七德繄理。萬人攸蔭。黃髮未登。青雲方致。云如不淑。奄忽云諱。國失重寶。家摧脛臂。以此思哀。我生奚寄。反葬何所。先塋之次。濱水東流。終峯北峙。勒名金石。威烈無墜。

攝常山郡太守衞尉卿兼御史中丞贈太子太保

謚忠節京兆顏公神道碑銘

公諱杲卿。字昕。京兆長安人也。北齊黃門侍郎諱之推之來孫。隋太子校書東宮學士皇朝秦王府記室參軍諱思魯之元孫。著作郎崇賢宏文館學士贈虢州刺史諱勤禮之曾孫。高宗晉邸侍讀曹王屬贈華州刺史諱昭甫之孫。濠州刺史贈祕書監諱元孫之第二子也。公方正精敏。有清識。周旋有則。進止閒詳。起家江州司法。轉遂州。嘗爲刺史所責。公守正不爲之屈。時人稱之。遷鄭州司兵。開元與兄春卿。弟曜卿。從父弟允南。俱從調吏部。皆以書判超等。同日於銓庭爲侍郎席建侯所賞。翰林拭目。爲擢授魏郡錄事參軍。當官正色。舉劾無所迴避。採訪使張守珪以清白聞。遷范陽郡戶曹。安祿山雅聞其名。奏爲營田判官。光祿太常二寺丞。又請爲度支判官。兼攝常山郡太守。天寶十四載冬十一月。祿山反范陽。至槀城。公與長史袁履謙

同謁。乃矯授公紫。履謙緋。因令崇州刺史李欽湊以兵七千人守土門。公罷歸。途中指章服諷履謙曰。與公受他此色。如何。履謙亦感激之士。遂與公定謀翻之。恐事洩。潛使男安平尉泉明往來計議。又使西通王承業。北結賈循。循敗族滅。屬祿山使其心手高邈往范陽。公使姪壻槀城尉崔安石密伺其歸。以圖之。冬十二月二十日。以私號召欽湊。未至。會祿山害東京留守李憕。中丞盧奕。判官蔣淸。傳首脅並海諸郡。前二日。眞卿以平原太守斬其使。令外甥盧逖以購祿山。敕送於饒陽常山。後二日逖至。公悲喜不

自勝猶未敢宣示其夕欽湊至公俾參軍李峻馮虔靈壽尉李栖默泉土人翟進王緄於城南門密令驛長蔡行儀醉以酒而斬之履謙入告公與相持而泣喜其事之集也遂使峻栖默開土門又斬其副使潘惟愼是夜高邈迴宿蒲城公命馮虔翟進玉崔安石馳捕邈繫其肘而縛之虔領赴郡俄頃醴泉驛候騎報何千年發趙郡安石以進玉馳襲而擒之如高邈遂給以榮王琬哥舒翰官軍二十萬入土門告於列郡遂使郭仲邕詐爲先鋒以中官領御騎六十徇以南諸郡於是趙郡殺賊刺史馬道貞鉅鹿殺劉

柽廣平殺郭子昂曲州殺清河太守崔審交皆以其首至先是眞卿守平原而饒陽前聞景城樂安博平清河七郡皆相與拒賊至是博陵上谷文安信都鉅鹿廣平魏趙鄴與常山十郡皆卻爲國家守乃使張通幽以兄通儒相賊乞隨泉明以自雪至太原與尹王承業同惡竊爲己功留泉明等不遣承業從弟隨中官入奏皆蒙超奬拜公衛尉卿兼御史中丞追赴京以履謙爲太守潑爲司馬泉明爲左金吾兵曹制書未至春正月賊使平盧兵馬使史思明寇諸郡思明旣來攻六日城平糧井皆竭遂爲賊所陷男

季明外甥盧逖皆遇害遂以公履謙至東京祿山讓公曰我擢汝爲太守何負於汝而乃反乎公曰吾代受國恩官職皆天子所與汝叨受恩寵乃敢悖逆吾寧負汝豈負本朝乎臊羯胡狗何不速殺我乃繫公於天津橋南柱令割肉以自噉公詬詈不已遂鉤以斷舌問更敢爾否公猶感氣含胡以應之還被支解而終觀者痛心焉楊國忠受通幽詭說賈潑又不證明竟不蒙恤問乾元元年夏五月二十八日肅宗乃追贈太子太保子姪爲賊所害者八人孫誕姪詡先質於賊皆被鋸殺至是贈季明詡左右贊善誕

義王諮議姪子幹都水使者沛尚食奉御頗洗馬逖鄭王友從父甥博野尉沈盈大理正封夫人崔氏清河郡太夫人授泉明郫縣令男威明太僕丞姪男翽漢州司馬孫証左內倉曹訊兵曹謐公忠節從父弟國子司業允南洎眞卿表謝蒙批答曰自逆胡猖狂入我河縣所在官吏多受迫脅卿兄以人臣大節獨制橫流或俘其謀主或斬其元惡當以援兵懸絕身陷賊庭傍若無人歷數其罪手足寄於鋒刃忠義形於顏色古所未有朕甚嘉之盛烈旣冠於當時寵名宜及於泉壤初公被懸首於右金吾街樹有張

湊者哀其髮收謁元宗俄見夢云禦捍處多兵馬少元宗哭而設祭焉後湊以髮至夫人疑之憑牀而哭忽聞聲如鞭牀者發箱跳而前夫人方駭信之明年春正月葬於京城鳳棲原先塋西北禮也昔七代祖中丞府君慟絕於梁武五代伯祖御正府君抗璽於隋文而公精貫白日義形宗社今又繼之爲不隕矣嗚呼公與眞卿偕陷賊境懸隔千里稟義莫由天難忱斯小子不死而公死痛矣哉銘曰

太保烈烈抗茲忠節殉國義形見危身殺元宗杖信售詐凶羯寵極災挺稱兵向闕河朔鼎沸潼關晝閉天下寒心王旒若贅虵豕十萬萃如霜雪公以眇身毅然奮發逆黨株送土門披抉人知効忠國用不骳恩寵三座榮加九列王命未臨孤城已滅身縣鋒刃口詈不絕先聖感忠保儲贈揚刻諸金石思表墓綴遠莫致之留斯江滏日月有旣巖猷無缺

河南府參軍贈秘書丞郭君神道碑銘

夫騏驥千里之足踣於庭唐之內鴻鵠四海之志儕於墜滲之羽此倜儻奇偉之士所爲歎息者也取之於人在於郭君矣君諱揆字良宰太原人也郭本虢叔之後春秋梟漢細侯得政事之美有道冠人倫之目素絲作詠青溪招隱信爲多士宜稱盛族五代祖昶隋驃騎大將軍開府儀同三司高祖澄皇朝朔方道大總管涇鄜坊慶丹延夏七州刺史贈荊州都督諡曰忠曾祖某朝散大夫太子洗馬祖義朝議大夫贈鄭州刺史父虛巳銀青光祿大夫守工部尚書兼御史大夫蜀郡大都督府長史持節充劒南節度支度營田副大使本道并山南西道採訪處置使上柱國贈太子太師諡曰獻君生而聰明不爲戲弄之事長而清峻罔雜綺紈之流辯對則江夏之童志意則山東之妙

大夫府君以其于氏之出故幼名封奴嘉有應務之器故長字良宰蓋取待封宰割之義也觀其言必顧行動必由禮讀書不取其糟粕爲仁罕忘於造次亦足以保其嘉名楚之正則漢之臺卿乃其比也年十七崇文生明經及第侍郎韋陟揚言於朝稱其稽古之力許其青冥之價後詡集侍郎李彭年嗟君所判足冠後生擢才子於公庭賀大夫於私第美聲洋溢時莫與京授大常寺太祝加敬莅事陳信正辭每巡陵及郊必有歌詠潘河陽藉田之賦顏光祿明祀之作復見前賢之致矣無何改授河南府參軍天

寶五載大夫總渡瀘之師緊君奉循陔之養南中污下遂得氣疾先大夫憐其寖劇命訪秦醫太夫人懼其不起繼自蜀至何神不禱靡藥不嘗依親自強望父增歎以天寶八載二月十八日終於安輿之私第時年二十四皇帝聞而悼之贈祕書丞嗚呼斯人不起子丕未識亦可爲長慟者矣君子曰夫孝弟之至絜矩之道文章之絕周旋之儀可謂成人矣方將培雄風單白石憐乎得二幾乎第一是以其疾即御醫坐門其亡即天使歸賵陳師境上推以雨露之私修文地下贈以蓬萊之職弔客多其文行操誄盡

於作者以五月二十一日葬於首陽鄉大塋之側君志也先大夫懿其天姿親疏行狀敘其參元之美歎其老成之風方崇南峴之碑以慰西門之感伏滔受遇爲人父也若斯祈奚至公其知子也如此斯文未建頹山遂及太夫人東海于氏淩虛墜翼開緘悼心望汝絕歸來之期抱孫有無時之哭遂成刊刻之意以寄零落之哀銘曰

粲粲門子菲菲國香家傳玉樹人詠金相風流小褚才貌潘郎一經自達六義名揚聞於密啟寘此周行爲子道備從親路長既銘絕壁亦奉垂堂霧露成病膏盲遂亡天向京兆墳歸洛陽江堙初流水毀寒霜茫茫蔓草蕭蕭白楊苦月墳上豐碑道傍披文相質誰不沾裳

顏眞卿七

唐故右武衛將軍贈工部尚書上柱國上蔡縣開國侯臧公神道碑銘

公諱懷恪字貞節東莞人其先出於魯孝公之子彄字子臧大夫得祖諸侯其孫以王父字爲氏僖哀二伯旣納忠於魚鼎文武兩仲亦不朽於言哲丈人成功而遁迹子原抗節而舍生義和辭金飾之器桀緒奮陽秋之筆賢達繼軌紛綸至今曾祖滿隋驃騎將軍祖寵皇朝通議大夫靈

州都督府長史父德朝散大夫贈銀州刺史咸務遠圖克開厥後恤允之慶世祀宜哉公卽銀州之第三子也身長六尺一寸眉目雄朗鬚髯灑秀雅善騎射尤工尺牘沈靜少言寬仁得衆奇謀沖邈英勇冠倫友于弟兄謹爾鄉黨每敦詩而執禮不茹柔以吐剛莅事而剖判泉流臨戎而智略鋒起古所謂文武不墜高明有融者焉少以勳勞亟紆戎級開元初嘗遊平盧屬奚室韋大下公挺身與戰所向摧靡繇是發名元宗聞而嘉之拜勝州都督府長史銳精佐理絜矩當官朔漠不空邊隅用乂俄拜左衛率府左郎將轉右領軍中郎將兼安北都護中受降城使朔方五城都知兵馬使戎事齊足十萬維羣我伐用張軍威以肅由是渙爲節度使王晙所器奏充都知兵馬使嘗以百五十騎遇突厥斬啜八部落十萬餘衆於狼頭山殺其數百人引身據高環馬禦外虜矢如雨公徒且殲遽而紿之曰我爲臧懷恪敕令和汝何得與我拒戰於時僕固懷恩父設支適在其中獨遮護之諸部落持疑不肯公封羊以盟之杖義以責之衆皆感激由此獲免遂與設支部落二千帳來歸後充河西軍前將盤禾安氏有馬千駟怙富不虔

一族三人立皆毆斃軍州慄慄疇敢不祗又爲節度相國蕭嵩所賞後充河源軍使兼隴右節度副大使關西兵馬使拜右武衛將軍吐蕃不敢東向者累年俄封上蔡縣開國侯開元十二年歲次甲子春二月二十有六日薨於鄯城之官舍享年五十六某年八月二十三日詔曰故具官某頓以幹能亟承任使操行愈謹勞效未酬不幸遷殂良增追悼可贈右領軍衛大將軍卽以其年冬十月庚戌遷窆於京兆府三原縣北原禮也嗚呼公兄左羽林軍大將軍平盧副持節懷亮以方虎之材爪牙之任孔懷斯切致

美則潁公七子游擊將軍崇仁府折衝希崇豐州别駕贈宋州刺史希昶左武衛將軍朔方節度副使贈太子賓客希忱右衛左郎將劍南討擊副使贈汝州刺史希愔右驍衛郎將靜邊軍使贈祕書監希景寧州刺史左金吾衛將軍贈揚州大都督希晏開府儀同三司行太子詹事兼御史大夫邠寧山南觀察使集賢待制工部尚書渭北節度使魯國公希讓等夙漸詩禮恭承教義芬潤挺蘭玉之姿英威讋虓闞之質而希讓識度宏遠器謀沈邃仁親以孝殿國以忠綽裕冠於人倫勳勞懋於王室至德中今上爲

元帥東伐肇允押牙從收兩京陟降左右入侍帷幄既崇翼戴之功出擁麾幢載叶澄清之寄加以篤睦羣從糺綏宗族吉凶贍恤終始無渝行道之人孰不嗟尚肅宗以公有謀翼之勳乾元三年春三月贈魏州刺史寶應元年冬十月又贈太常卿廣德元年冬十月詔曰孝以立身可揚名於後代忠能事主故追榮而及親開府儀同三司兼御史大夫元帥都虞候魯國公臧希讓亡父贈太常卿懷恪業茂勳賢地華簪紱佩忠信而行已包禮樂以資身守節安卑幽貞自適養蒙全正聲利不營雖與善無徵促齡悲於逝晷而積善垂祐餘慶光於後昆故得業濟艱難功參締構出有藩條之寄入多爪牙之任位以德遷禮宜加等父由子貴贈合超倫宜登八座之榮式慰九原之路又贈工部尚書褒異之典於斯爲盛臧氏自驃驍而下世以材雄朔陲尚書既還特以功懋當代兄弟子姪勳賢間出自天寶距開元乘朱輪而拖珪組數百人迨於今茲繁衍彌熾綰軍州而握兵要者相望國都有後之慶固殊異於他族者矣眞卿早歲與公兄子謙爲田蘇之游敦伯仲之契晚從大夫之後每接常寮之歡故公之世家竊備聞見敢

述遺烈將無媿辭銘曰

魯史褒者臧孫有之陳魚則諫納鼎以規歿貴言立時稱聖爲仁昭典墳知叶蓍龜世濟忠肅道光羽儀以至夫公英明雄毅鶚視騰彩龍驤作氣鋒淬霜稜妙窮金匱謀猷泉寫翰墨風馳儒勇是兼動庸以位介馳戎馬猛奮虓虎絕漠援孤連兵戰苦萬虜鳴鏑紛紛如雨一身抗詞諤諤連柱精貫霜日氣雄鉦鼓狄人義激僕固誠全眇漫窮裔隨降幾千野靜沙雪風恬塞煙我騎如雲我旗連天牧無南向勣有北旋天子休之命侯開國謂福而壽康衢騁力

奚命之遭。幽扃是卽。十城玉折。萬里鵬息。陣雲蒼蒼。日暮無色。令人趨奉。天眷孔明。九原不作。八座哀榮。勇列徽範。芳時懿名。里成冠蓋。族茂簪纓。萬古千祀。瞻言涕零。

唐故開府儀同三司太尉兼侍中河南副元帥都督河南淮南淮西荆南山南東道五節度行營事東都留守上柱國贈太保臨淮武穆王李公神道碑銘

昔宗周之中興也。時則有若方叔召虎。總師干肇敏之業。南威蠻荆。東截淮浦。以左右宣王。詩人歌之。列在風雅。我

皇唐之反正也。時則有若臨淮汾陽。秉文武忠義之姿。廓清河朔。保乂王室。翼戴三聖。天下之人。謂之李郭。異代同德。今古一時。公諱光弼。京兆萬年人也。曾祖皇左威衛大將軍幽州經略軍副使府君諱令節。祖鴻臚卿兼檀州刺史府君諱重英。父雲麾將軍左領左羽林二軍大將軍朔方節度副使薊郡開國公贈幽州都督司空諱楷洛。皆以英果沈勇。累葉將邊。憺威稜於幽碣。公卽薊國公之第四子也。體渾元之正性。秉宏毅之高蹈。天子純嘏。生知禮度。謨謀炳邃。默識沖深。傑出經武之才。鬱爲興王之佐。故能東征北伐。厥難康屯。挺草昧不世之功。允蒼生具瞻之望。社稷威寶。公之謂歟。初天后萬歲中。大將軍燕國公武楷固爲國大將。威震北陲。有女曰今韓國太夫人。才淑冠族。嘗鑒之曰。爾後必生公侯之子。因擇薊公配焉。後果生公。公年六歲。嘗撫鹿而遊。薊公視而誨之曰。兒勿更爾。公振手而起。遂絕不爲童戲。未冠以將門子工於騎射。能讀左氏春秋。兼該太史公班固之學。開元中起家左衛左郎將。歷豐夏二都督府長史。尋遷別駕。加朝散大夫。丁父憂以毀聞。終喪不入妻室。太夫人高明整肅。有慈有威。公下氣

怡聲。承順而每竭其力。雖已官達。小不如意。猶加譙讓之責。故能濟其勳業。天寶二年。拜寧朔郡太守。四載加左清道率。兼安北都護。仍充朔方行軍都虞候。五載充王忠嗣河西節度兵馬使。加游騎將軍。守右領軍。賜紫金魚袋。仍充赤水軍使。八月。襲封薊郡開國公。八載遷右金吾衛將軍。充節度副使。以破吐蕃及招討吐谷渾。加雲麾將軍左武衛大將軍。十一載拜單于副都護。十三載爲安思順朔方節度兵馬使。思順慕公信義。請爲婚姻。公辭不獲免。遂託疾罷官。西平王哥舒翰聞而避之。奏歸京師。遂守道屏

居杜絕人事。十四載冬十一月。安祿山反范陽。天下驛騷。朝廷旰食。聿求虓闞之將。爰統鷹揚之師。明年春正月。起公爲銀青光祿大夫鴻臚卿兼雲中郡太守攝御史中丞持節充河東節度支度營田副大使知節度事。仍充大同軍使。二月拜攝御史大夫魏郡太守充河北道採訪使。俄除范陽郡大都督府長史。充范陽節度使。初公以朔方馬步八千人出土門。其月既望。收常山郡。前是太守顏杲卿長史袁履謙殺祿山土門使李欽湊。擒其心腹高邈何千年。屬太原尹王承業不出救兵。杲卿履謙爲史思明所

陷。戰士死者跆藉於滹沲之上。公親以衣袂拂去其口上沙塵。因慟哭以祭之。分遣恤其家屬。城中莫不感激。一心史思明正圍饒陽。馳來拒戰。公屢摧陷之。詔拜公兼御史大夫。俾令尚書令汾陽王郭公子儀悉朔方之衆與公合勢。南收趙郡。又敗之於沙河。夏六月。戰於嘉山。大敗之。斬獲萬計。思明露髮跣足。奔於博陵。窮蹙無計。歸節於祿山。祿山大恐。逆徒幾潰。屬潼關不守。肅宗理兵於靈武。盡追朔方之師。加公太原尹。公以麾下及景城河間之卒數千人至。秋八月。拜戶部尚書同中書門下平章事。史思明既有河北之地。與蔡希德悉衆來攻。累月不剋而退。公自賊逼城。於東南角張帳次居止。竟不省視妻子。每過府門。未嘗回顧。是後決遣事務。信宿方歸。至德二載。拜司徒。冬十二月十五日。肅宗既還京師。策勳換司空兼兵部尚書。封鄭國公。食實封八百戶。公弟光進亦以懋功同制封拜。乾元元年八月。拜侍中。其年冬十月。與九節度圍安慶緒於相州。明年春三月。史思明至滏陽。屢絕我糧道。衆咸請公簡精銳以擊之。交鋒竟日。思明奔北於百里之外。公反旆而歸。烟塵亘天。諸將皆以爲賊軍大至。遂南渡黃河。公至

則無見矣。迺歸於太原。是年夏五月。除范陽節度使。尋代汾陽王爲朔方節度使。秋八月。充天下兵馬副元帥。以數千騎東巡。追兵馬使張用濟會於汜水。用濟獨來上謁。公數其罪而斬之。因追都知兵馬使御史大夫僕固懷恩。懷恩中夜馳赴。魚貫而前。再宿遄至。秋毫不敢犯。公趣河而東。及滑州。聞史思明已過河。遂迎強旅以至東京。移牒留守及官吏等。悉皆迴避。公獨與麾下趣河陽橋城。賊先鋒已下倒懸坂。公至石橋。命秉燭徐行。一夜方達。賊望之不敢近。思明來至城下。請見公。公於城上謂之曰。我三代無

葬地一身必以死國家之患爾爲逆虜我爲王臣義不兩全我若不死於汝手汝必死於我手將士聞之無不激勵相持凡八月思明暴露不敢入東京乾元二年冬十月甲申賊將周贄悉河北之衆萃於河陽城北思明以河南之衆頓於河陽南城之南南北夾攻表裏受敵公設奇分銳襲其虛而大破贄軍臨陣擒其大將徐璜玉殺獲略盡贄僅以身免收軍資器械不可勝數思明心悸氣索烟火不舉者三日官軍大振初公以爲戰者危事勝負難必每臨陣嘗貯伏突於靴中義不受辱至是登城西向拜舞因欷

歔不自勝三軍見之無不淚下三年春正月遷太尉兼中書令其年改元上元冬十一月攻拔懷州擒其僞節度安太清二年春二月統僕固懷恩自河陽趨河淸與史思明合戰於邙山屬風雨晦冥王師不利公收合餘軍屯於垣縣遂引過請罪懇讓太尉肅宗不能違之二月拜開府儀同三司中書令兼河中尹節度使夏五月十有一日復拜太尉兼侍中充河南副元帥都知河南淮南淮西山南東荆南五道節度行營事出鎮臨淮時史朝義乘邙山之捷圍逼申安等一十三州自領精騎圍李岑於宋州公之將吏皆兇懼議南保揚州公謂之曰臨淮城池卑陋不堪鎮遏不如徑赴彭城俟其東寇躡而追之賊可擒也遂趨徐州因召田神功宴慰與同寢宿以宋州之難告祖道郊外俾先飲以寵之分麾下隸於其將喬岫仍令兵馬使郝庭玉與岫犄角而擊之賊遂一戰而走使來告捷公已屈指俟報俄而吉語至焉今上登極寶應元年夏五月進封臨淮郡王廣德元年秋七月加實封三百戶通前後凡二千戶賜鐵券名藏太廟仍圖畫於凌烟閣冬十一月上在陝州以公兼東都留守制書未下久待命於徐州將赴東都

屬疾痢增劇公知不起使使齎表奉辭廣德二年秋七月五日己亥薨於徐州之官舍初將吏等問以後事公曰吾久在軍中不得就養今爲不孝子矣夫復何言因取已封布絹各三千匹錢三千貫鬻麥以分遺將士衆皆感痛不自勝及公云亡遂以其布爲公製服庚申哀問至上都上痛悼之輟朝三日太夫人一慟而絕終夕方蘇上使開府魚朝恩就宅敎諭京兆尹第五琦監護喪事九月己未追贈太保十一月闕二字太常議行謚曰武穆夫人薛國夫人太原王氏泉長子太僕卿義忠並先公而逝次曰太府少

卿太僕卿象殿中丞彙等皆保家克荷備聞詩禮無忝燕翼過庭之訓冬十一月廿七日庚申泣而洛於王母虔窆公於富平縣先塋之東禮也於戲公以吉甫文武之姿兼樊仲將明之德王國多難羣胡搆紛藉朔方偏師之旅入井陘不測之地思明銼銳於恆定祿山絕望於江淮守太原而地道設奇保河陽而雲梯罔冀破周贄於溫沇擒太清於覃懷走史朝義鈑渙之衆於梁宋救僕固瑒已危之軍於瀛莫皆意出事外虜墜計中天下有(闕二字)之(闕一字)國家無贅旒之患此皆公之力也公兄遵直遵行仕至將軍

臬弟光炎並不幸早世次曰光顏特進鴻臚卿皆以將略見稱時輩季曰光進開府儀同三司太子太保兼御史大夫渭北節度使涼國公清識表微沈謀絕衆剛亦不吐柔而能立與公並時仗鉞分閫(闕二字)淩霄翼聖既有戴天之功華原統師獨閒禁暴之德方當會同正至榮曜君親入侍黼帷峨二貂乎泰階之上歸聯綵服頓雙節於高堂之下斯歡未劇遺恨何居昔斛律丞相與弟并州同務烈於北齊賀拔行臺與兄雍州亦宣力於西魏咸稱義烈各懋勳庸而風樹寂寞偏隅隘陋比之我族事則不侔真卿昔守平原困於兇羯繄公莅止獲保餘生東帶與居空想北平之禮操觚論撰敢墜中郎之辭銘曰

羯胡猖狂俶擾皇綱降生臨淮佐我興王惟此臨淮萬夫之望爰初發迹罔或弗臧出入忠孝人倫激昂其心鐵石其行珪璋天寶末造河朔恇攘天子命公經營朔方沙河嘉山我伐用張思明歸節祿山震惶潼關勿帥醜虜其亡肅宗有命大鹵於襄應變如神兇徒靡亢介珪入覲台座用光俾公東征北國是皇長圍鄴下望入河陽擒斬渠魁霆擊龍驤淮瀆鎮定徐土翺翔服田蠖屈料瑒鷹揚不有

神筭疇戡暴強弟兄同時秉鉞煌煌方期凱旋雙映旗常晨趨法座夕慶高堂如何不辰愆此不祥素輀反葬白驥踢箱簫鼓悲鳴羽儀分行萬乘致祭千官送喪生榮死哀身歿名揚渭水川上壇山路旁唯餘豐碑突兀連岡往來必拜萬古沾裳

金紫光祿大夫守太子太傅兼宗正卿贈司空上柱國隴西郡開國公李公神道碑銘

昔周武以二公股肱王室然而允釐西土師保萬民者其惟召公乎漢室以二傅羽翼儲宮然而亮采東朝儀型百

辟者其惟蕭傅乎則九德之師六行之傅親賢既美亦何代無其人哉隴西公才爲國之垣翰位爲天之喉舌德爲朝之元老行爲帝之信臣蓋所謂宗室之間生士林之傑出者也公諱齊物字道用隴西成紀人自若水導其靈源而聖人作高邱峻其層構而才子生元元爲宋帝之先興聖有勤王之舉盛德彌於百祀靈根固於千葉太祖景皇帝功高佐魏慶始封唐家崇八柱之勳地半三分之業亦猶殷人之祖契周室之宗文公卽景皇帝之五代孫也鄭王亮之元孫淮安王神通之曾孫淮安王皇朝開府儀同三司尚書左僕射贈司空磐石開府介圭錫瑞成周之晉鄭西漢之勃平祖孝銳鹽州刺史父璟隴州司倉贈宏農太守並清白貽範仁賢繼軌連華公族濟美專城公稟乾剛之正性體坤順之中德爰自岐嶷特鍾美秀儼然王公之量鬱有台鼎之姿固已超等夷而出羣萃矣神龍初起家左右千牛備身歷尚輦直長許州司馬華州司兵時方振挨勢已飛騰此則江漢之濫觴華嵩之覆簣也丁太夫人憂公有至性毀瘠過禮扶杖於家哭不絕聲者累月倚廬於墓衣不解帶者終喪天子特降璽書就廬慰勉非常

之澤近古未聞服闋授鴻臚丞除尚輦奉御遷北都軍器監事太原爲一都之雄鎮軍器掌五庫之禁兵故乾沒之贓一徵百萬繕完之利費省巨億少尹嚴挺之連奏課最擢拜長安令陸海殷湊五方浩劇公以威禁暴以恕用刑邑里之人陶然大化遷將作少匠殿中少監太府少卿懷陝二州刺史雖漢之宗室不典三河而周之懿親先分二陝惟良之寄實在於公嘗以黃河經砥柱之艱有覆舟之患遂奏疏九派鑿三門屬役而堅冰大合興功而烈火潛熾不愆於素若有神焉人皆以公至誠之所感也又於石獲古銘曰平陸遂以名縣焉元宗異之賜貂裘一領絹三百匹特加銀青光祿大夫鴻臚卿并公之先隴州府君專城之贈上嘗賜公玉尺一詔曰謂之尺度可以裁成卿實多能故爲此賜識者知公必將金玉王度代天之工豈惟從容九列而已拜河南尹仍水陸運使屬左相李公適之尚書裴公寬京兆尹韓公朝宗與公爲飛語所中公遂貶竟陵郡太守時陸羽鴻漸隨師郡中說公下車召人吏告之曰官吏有簠簋不修者僧道有戒律不精者百姓有泛駕蹶弛者未至之前一無所問而今而後義不相容數年

閒一境丕變熙然若羲皇之代矣哀孤重老有隱逸好道者常騎馬於里巷之中親自恤問量移安康郎日上道老幼遮擁不得發者三辰轉漢陽蘄春其政如一公虛中自牧接下愈恭與物盡推誠之心正身無氣燄之忌每上春行令大戸閱農輕裏餱糧重煩縣道化流江漢如時雨焉故郡歷數四課事第一去思之感人到於今稱之天寶末徵拜將作監重授鴻臚卿縱壑巨鱗還游舊浦淩風勁翮俄返故林時國忠包藏於內下闕

特進行左金吾衛大將軍上柱國清河郡開國公

贈開府儀同三司兼夏州都督康公神道碑銘

竭誠奉主之謂忠率義忘躬之謂勇忠勇不犯則名登於明堂子仕教忠之謂義戰陣能勇之謂孝孝慈有裕則道存乎方冊兼此四者其惟清河公之族乎公諱阿義屈達干姓康氏柳城人其先世爲北蕃十二姓之貴種曾祖頡利部落都督祖染可汗駙馬都知兵馬使父頡利發墨啜可汗衙官知部落都督皆有功烈稱於北陲公卽衙官之子也正直忠鯁以信行聞爲國人所敬長於謀略工騎射其弓十鈞年二十三爲阿史那頡佚施默啜等九可汗宰相秉心顓一立言無二不吐剛以茹柔必蹈道而履義可汗每有過失未嘗不極言切諫蕃落中重焉以比國家之丞相宋璟初默啜弟拔悉密時勤嘗擊藥獄可汗公竊而藏之密持示默啜默啜大怒將誅之公以爲請但令歸於部落默啜知公至忠爲是益加親信同列四人莫與公比其後公以孤直屢見疑譖遂請退歸可汗察公非罪尋復追爲宰相先是毗伽可汗小殺爲其大臣梅錄啜所毒小殺覺之盡滅其黨旣卒國人立其子伊然可汗無何病卒又立其弟登利可汗華言登利猶果報也其母暾欲谷

之女與其小臣飫斯達干預國政登利從叔父因左殺右殺東西分掌其兵馬登利與其母誘斬西殺盡并其衆左殺懼及乃攻殺登利自立爲烏蘇米施可汗拔悉密擊敗之脫身遁走國中大亂天寶元年公與四男及西殺妻子默啜之孫勃德支特勒毗伽可汗女大洛公主伊然可汗小妻余塞匐登利可汗女余燭公主及阿布思阿史德等部落五千餘帳幷駝馬羊牛二十餘萬款塞歸朝朔方節度使王忠嗣具以上聞秋八月至京師元宗俾先謁太廟仍於殿庭引見御花萼樓以宴之仍賦詩用紀其事拜公

左威衛中郎將。屬范陽節度使安祿山潛懷異圖。庶爲巳用。密奏公充部落都督。仍爲其先鋒使。公旣不得巳。僶俛從之。四載以破契丹功遷右威衛將軍。俄拜范陽經略副使。五載又破契丹功居多。拜左武衛大將軍。仍充節度副使。元宗嘉之。璽書慰勉。盈溢篋笥。十四載冬十一月九日甲子。安祿山反范陽。公以天子有命。陷身凶逆。舉家見質。自拔莫由。旣至東歸。公泣血籲天。交於夢寐。欲與諸子逃歸國家。爲賊邢州刺史康節所告。遂被收繫。倂奏被誅者二十餘人。公之四子。各奔於外。賊恐衆情不安。貰之而後

出。至德二載。闔門二百餘口。被安慶緒脅至安陽。屬今上爲天下兵馬元帥。統令尚書令汾陽王郭子儀朔方之師。諸節度回紇之衆。東收二京。公率四子及孫姪等十餘人。冒死南奔。至汲郡。爲從者所告。家人殲焉。二子歿野波英俊。挺身行前。二子屈須彌施英玉持滿殿後。歿野波妻阿史那氏爲公控馬。登於西山。至高平界。遇賊蔡希德以精騎三百遮路邀擊。歿野波英俊策馬奔之。殺四十餘人。生擒四人。冬十有一月七日。投今上行營。至焉。先帝聞而嘉之。欲以開府儀同三司處公。仍加實封。公固辭。乃受。因以

爲金吾大將軍。加特進。增封清河郡開國公。食邑三百戶。策勳（闕十二字）衛大將軍（闕二字）卿（闕三字）射（闕四字）開府儀同三司太常卿殿前衛前射生兵馬。俄加上柱國姑臧縣開國子。歿野波雲麾將軍左金吾衛大將軍上柱國射生散騎常侍驃騎大將軍左武衛大將軍兼鴻臚卿上柱國殿前射生使清河郡開國公英俊等官秩各有差。因留公及屈須彌施英玉供奉射生。以歿野波英俊勇冠三軍。並令東隨故太尉李光弼於太原。後鄴郡瓦窑陣官軍與安慶緒相逼。王思禮爲其所敗。賊勢旣盛。太尉與思禮相顧氣索。歿

野波英俊勃然奮怒。遂直抵薄河。當鋒擊之。殺獲二千餘人。賊衆方退。太尉諸公覩而駭之。賞雜綵百匹。並以轉分麾下。一無所納。三軍欣羨焉。歿野波居常謙謹。臨事勇銳。戰則先鋒。前無強敵。捉生遊奕。所向必摧。九節度之圍安陽也。史思明悉衆來救。歿野波以十五騎過河逆擊之。幷馬刺倒者數人。生擒數十人。後擊懷州。思明又自來救。督爽之際。侵軼柴籬。歿野波領甲騎三十禦之。賊軍三千人。一時摧敗。眞卿之棄平原也。歿野波爲賊騎將。緩策不追。及聞渡河。然始奔躡。是以得脫於難。平原人至今稱之。英

俊瞪視眈眈姿氣雄果發勁矢持大槍嶷然萬衆之中左右馳突無不辟易而退嘗隨太尉討思明於河陽賊驍騎萬餘於中闌城索鬬將莫敢應者英俊挺身奔擊之應槍落者二十餘人英俊被槍刺頰貫喉而出擺首而去之猶殺二人而還太尉壯焉遂以從父兄子妻之故天下之言勇者以歿野波英俊兄弟爲稱首廣德元年上幸陝州公之諸子皆當扈從公以體貌瓌碩難於舉動方與之死訣歿野波妻爲公介馬扶奔華州公慮不免謂左右曰我若爲賊所得無累我兒子乎汝曹何不殺我衆人感懼叫然

皆哭遂竭力舁公至於行在上淒嗟賞之方極尊榮以終宴喜上天不惠以二年青龍甲辰冬十有一月二十日甲寅感肺疾薨於上都勝業坊之私第春秋七十有五親事左右莫不剺面截耳以哭初淩霄之難公實援立滻水之屯公親總統上之反正父子從焉帝疇厥功遂有開府儀同三司兼夏州都督之贈夫人清河郡太夫人交河石氏左衛中郎將珍之孫左金吾衛大將軍三奴之女溫敏淑惠柔明端雅有女師母儀之德克懋於家不幸遘疾以天寶十五載春三月八日先公而薨永泰元年春二月十日壬申與公合祔於萬年縣之長樂原禮也嗚呼公以沈果之姿抗英威之志降精昴宿炳粹天街忠肅表於生知義勇形於造次屬國家多難淪胥以痛壯一心而來事我君貫四時而不改柯葉義方懇到相攜於契闊之中臣節激昂三見於危亡之際天子感焉旣受腹心之託禁旅資焉俱列爪牙之地勳庸克茂聲問攸歸叢綵衣於王帳之前羅五戟於一門之內不其盛矣昔蕭相國舉宗佐命金日磾七葉珥貂望古儔今可謂同德其孤等窮人孺慕靡所寘哀聿求不腆之辭庶播無疆之美銘曰

北方之強歟十有二姓強哉矯部落之雄者康執兵柄緬乎眇特進誕生兮實登邦政德不擾職女滅國兮烏蘇不競慍羣小三濱九死兮舉族致命丹心皦一門萬石兮彰厥誠敬皇恩曉生爲忠臣兮後有餘慶其不夭家有孝子兮嚴親翊聖王之爪乃立豐碑兮百代遺詠鴻名表忠孝之際兮於斯爲盛遠圖窅

欽定全唐文卷三百四十三

顏眞卿八

有唐開府儀同三司行尚書右丞相上柱國贈太尉廣平文貞公宋公神道碑銘

於戲逆鱗劘上匡救之義湲守死不回人臣之致極況乎文包風雅道濟生靈建一言而天下倚平含九德而三光式序超無友而獨立者其惟廣平公乎公諱璟字（闕二字）邢州南和人其先出於殷王元子七代祖弁魏吏部尚書襲列人子祖欽道北齊黃門侍郎並事跡崇高各見本傳高

祖元節定州田曹曾祖宏俊大理丞祖務本皇櫟陽令父元撫衞州司戶贈戶部尚書自田曹至於尚書皆實浮於名而位不充量事見許公蘇頲所撰神道碑公七歲能屬文一遍誦鵬鳥賦丁尚書府君憂水漿絕口者五日八九歲時嘗夢大鳥銜書吐公口中公吞之遂乘而直上倏忽驚寤猶若下在胷間自後藻思日新襟懷益爽年十六七時或讀易曠時不精公遲而覽之自亥及寅精義必究明年進士高第補上黨尉轉王屋主簿相國蘇味道爲侍御史出使精擇判官奏公爲介公作長松篇以自興梅花賦以激時蘇湲賞嘆之曰眞王佐才也轉合宮尉長壽三年從調判入高等有司特聞天后親問所欲公以代爲唐臣不求榮達詭奏云家本山東願得魏之一吏遂手詔授錄事參軍拜舞趨出后異而召還又手詔拜監察御史裏行尋丁齊國太夫人憂服闋築室反耕志圖不起俄而卽眞遷殿中侍御史同列有博於臺中者將責名品而黜之博者惶恐自匿翌日公獨正辭引過天后悅而釋之遷天官員外郎鳳閣舍人御史中丞乃謂所親曰吾比欲優遊自免不圖要近驟至於斯其敢廢所職乎乃悉心納忠無所

迴避時張易之昌宗兄弟席寵脅權天下側目公危冠入奏奮不顧身天后失色蒼黃欲起公叩頭流血誓以死爭拾遺李邕奏曰陛下坐則天下安起則天下危內史令敕公出公曰天顏咫尺親奉德音不勞宰臣擅宣王命詞氣慷慨左右震悚遂俱攝詣臺庭立切責二豎股栗氣索不敢仰視自朝至於日昃敕使馳救之公不得已而罷又令詣公謝罪公拒之後有慘恤二豎來弔公辭曰貴近不宜與執法通同假滿朝士慰公二豎又欲序進公舉板迎揖之不得成禮而去神龍之興復也公實佐其謀及當疇庸

讓而不受曰清宮問罪事出五王祀夏中興功歸明主非曰逃賞誰敢貪天俄拜朝散大夫吏部侍郎兼諫議大夫遷黃門侍郎嘗遇梁王武三思於朝三思方欲言事公正色謂之曰當今復子明辟王宜以侯就第何得尚干朝政三思慚懼而退請急累月俄而兼攝尚書左丞中宗將幸西蜀深虞北鄙乃兼檢校幷州大都督府長史又改兼貝州刺史與數人同辭三思獨揖公住公顧謂之曰諸人已出不可獨留遂揖之而去屬年穀不登國租罷入三思食邑公悉蠲之既屢挫其鋒亦處之自若俄而眞拜轉杭州

又復遷相州尋入爲洛州長史唐隆初拜吏部尚書同中書門下三品粤五日兼右庶子尋加銀青光祿大夫元宗之在儲闈鎮國太平長公主潛謀廢立嘗於光範門內坐步檐中諷宰臣以此旨諸相失色莫敢先言公盛氣詰之曰東宮有大功宗廟社稷主也安得異議遂奏婦人干政恐生禍階請不令朝謁俄而男又縱橫公奏之繇是貶楚州刺史主亦竟以凶終無何復拜銀青歷魏兗冀三州兼河北按察使尋遷幽州都督兼御史大夫復爲魏州入爲國子祭酒東都留守開元二年尋拜御史大夫兼京兆尹貶睦州刺史轉廣州都督充按察經略討擊使又兼御史大夫特許便宜從事前是首領桀驁多據洞不賓公之下車無敢不靡彼之風俗競趨苟簡茅茨竹簷比屋鱗次火災歲起煨燼無餘公教之度林變以陶瓦千甍齊翼萬堵皆興於今賴焉燕國公張說著爲碑頌無何使中官楊思勖召公公拜恩而就馬便行在路竟不交一言思勖以將軍貴幸泣訴於帝帝嗟歎久之拜刑部尚書四年遷吏部兼黃門監監修國史五年改號侍中明年駕幸東都至三崤馳道險隘行不得前河南尹李朝隱知頓使中丞王怡

並坐當降黜公奏曰必若致罪二臣將來必受其弊遂命公舍之曰陛下責之以臣免之是過歸於上恩由於下臣請使且待罪然後俾其復職上嘉而從之元宗嘗命公名諸皇子及公主邑號既而又令各定一美名公奏稱七子均養鳲鳩之德錫以名號不宜有殊若母寵子愛恐非正家之道王化所宜元宗悅而從之八年拜開府儀同三司進爵廣平郡開國公策勳上柱國狂豎權梁山構逆長安有司深按其獄敕公按覆如京兆司錄李如璧等百餘家皆以借宅假器悉當連坐公以婚姻假借天下大同至於

京城其例尤衆知情卽是同反無罪不合論辜凶渠之外一切原免天下欣服焉中書令河東張公傑出將明之材獨運廟堂之上鏡機朗澈見事風生求公規模悉閱堂案每至危言讜議執正守中未嘗不廢卷失聲汗流浹背其爲通賢所服也如此十三年駕幸東都以公爲西京留守公極言得失無有所隱元宗感悅制曰所奏之言置之座右出入觀省以誡終身因賜綵物二百匹明年又兼吏部十七年拜尚書右丞相雅善戲謔不常矜莊與故戸部尚書王晙爲莫逆之友晚而彌篤凡所談諧人輒疏取端五

日蒙賜鍾乳命醫歸鍊或以爲上藥異味不宜委之公曰推誠求信猶懼不應猜以待人信其可得聞者慚退二十一年抗疏告老至於再三手詔優許遂特給全祿賜絹五百匹還東京公以爲大臣歸休不宜關通人事遂杜絕賓客其年駕幸洛陽公迎拜道左元宗親駐龍蹕使榮王琬勞問者數四自後中使往來賞賚不絕方崇乞言之典以極師臣之敬二十五年仲冬月十九日寢疾薨於東都明教里第享年七十五天下失聲元宗震悼追贈太尉謚曰文貞公賻物米粟常數有加喪葬官供仍詔河南少尹崔釋之充監護使夫人齊國夫人博陵崔氏滄州長史藝之女淑愼嚴整高明柔克訓諸子而慈且有威佐丞相而德無違者門内之理一以見咨躡公而歿允終偕老嗚呼公有七子復同州司功先公而卒昇尚書郎太僕少卿尚漢東太守渾職方郎中諫議大夫御史中丞東京畿採訪使太子左諭德恕都官郎中延原少尹華判入高等登封尉尉氏令衡右散騎常侍兼御史中丞河南節度行軍司馬或肅或乂或哲或謀克篤前烈以休令聞以戊寅歲五月二十九日虔奉遺約歸葬公於沙河縣太尉鄉丞相原之

先塋夫人合而祔焉禮也惟公間氣降神應期傑出生知禮度天縱才明玉立殿天子之拜介然秉大臣之節震雷憑怒讜言而不有厥躬鼎鑊沸前臨事而義形於色蠢迪檢押難常情之所易志淩直諫易古人之所難外其身而富貴不離行其道而死生勿替非夫含一之德格於皇天不二之心形於造次則何以異是乎允所謂振古之元龜皇王之威寶者矣且夫公之德烈充塞寰寓公之謀猷著明日月大歷五年冬十二月孫儼懼遺盛美不遠求蒙以眞卿天祿校文叨太僕之下列憲臺執簡承諭德之淚知

雖青史傳信實錄已編於方冊而豐碑勒銘表墓願備於論譔謹憑吏部員外郎盧僎所上行狀略陳萬一多恨闕遺其辭曰

天命元鳥降而生商湯孫之緒微子分疆詞招正則尉翼文皇吏部黃門紛綸耿光忠賢世出信史相望篤生丞相祚我有唐文明純嘏毅烈堅剛恒衡間氣星辰降芒嶷然山立鏗爾金鏘忠孝之盛人倫紀綱垂髫能文夢鳥發祥通夕究易沖齡擅場勝冠結綬歷政洋洋乃尉合宮貳郫琅琅賦嗤梅鹽篇美松長蘇公嗟稱才必佐王滿歲從調

試言高驤登聞黼扆驟列繡裳遷跡天官如圭如璋司言鳳閣綸綍煌煌乃作中丞威稜莫當志除凶狡廷劾二張天后愕眙百寮震惶公獨凜然出身激昂義形言色精貫穹蒼皇室中興嘉謨克彰功成牢讓事軼屠羊貳職選曹諫議是匡載清流品屢奏封章乃侍瑣闈時維夕郎悉心糾正庶績咸康三思睢盱席寵干常責之就第慚懼靡亢左曹攝轄大鹵於襄兼刺貝邱朋辟鴈行三思揖語公獨循牆處之不怍轉旆於杭既遷鄴城遂尹洛陽乃作冢宰討謨廟堂俄兼宮相丞綰銀黃元宗登儲鎮國是遑潛謀廢立謠諑相翔厥男撓政累奏慭殃聿臨楚邦游察冀方總督幽薊飄飄飛國庠亞相烈烈尹京趪趪旋臨建德欻莅南荒俚帥咸虩茅鴟是攘張公頌德雋咏甘棠所忠來召拜命卽裝略無交言帝用式臧載司刑吏八座抑揚兼監黃樞鈞軸是將匪躬蹇蹇終始洸洸乃拜儀同允釐保障河東閱故汗洽流槊狂豎犯闕凶渠既戕命公覆獄咸脫死亡乃涉右揆讜論泱泱每謔王君豈常矜莊懸車告老庶保康強方崇饋醻孤映縑緗天不慭遺萎哲壞梁一人震悼九有淒涼市既罷賈春仍絕粻乃贈太尉飾終禮滂

返葬沙河羽儀央央闔朝傾祖河尹護喪生榮死哀行路感傷令人孺慕攀泣喤喤高墳崔嵬鉅鹿劇旁森梢宰樹繚繞連岡吁嗟廣平宅此不暘孝孫翼翼論譔靡忘豐碑堅碣萬古旹相

朝議大夫贈梁州都督上柱國徐府君神道碑銘

自古遺聖明而功不立都卿相而名不稱者蓋有之矣其或荷丕搆而繼志不忘在下位而能伸其道克揚前烈以承後昆其唯徐君乎君諱秀（唐書宰相世系表作琇）東海郯人也其先出於伯益實掌舜虞裔孫偃王躬行仁義遂因國命氏

焉厥後樂以文侍金門稱以禮優塵榻俾人寄傲於賢聖偉長首冠於應劉英達相仍有自來矣宋有中書侍郎逵之司空羨之兄祕書監欽之欽之子尚書僕射中書令湛之湛之生黃門侍郎聿之聿之生齊太尉孝嗣孝嗣生梁侍中緄緄生陳五兵尚書君敕君敕生丹陽尹溫自司空已還四爲上公五降帝女尹生隋民部侍郎唐贈祕書監諱恕監生金紫光祿大夫右散騎常侍兼禮部尚書諱鎬尚書生庫部郎中萬年令太子詹事諱昕宰相世系表云孝嗣生齊侍中緄緄生陳常侍君欵君欵生隋通事舍人榮榮生尚食直長恕恕生春官尚書枝江公鎬鎬生昕皆以盛

德濟美垂於世家君即詹事第三子也幼而聰悟篤學能屬文事繼親以孝稱十餘歲時父友鳳閣侍郎姚元崇示君五百字詩一覽便誦姚公奇之因謂納言狄公曰徐子珠華玉潔後但不知命何如耳年十五爲崇文生應舉考功員外郎沈佺期再試東堂壁畫賦公援翰立成沈公駭異之遂擢高第調補幽都縣尉充相國尚書趙彥昭朔方節度判官以事去職又歷蔡州參軍爲御史宋遙關內覆囚判官公銳精鞫訊多所全活宋公以爲言公正色謂之曰僕從祖父司刑卿天授中詳理冤獄振雪者七十餘家今子孫猶困於襄陵豈忍以束溼之事以自便也因頓首請去宋謝而留之無何或訟冤於執事者召公問狀則他判官之爲也宋欲別白旌公公曰僕雖不材豈可藉人之過以爲巳功乎論者休之戶部侍郎徐知仁請爲招慰南蠻判官奏課居最轉瀛州司法參軍侍御史趙頤貞辟宣慰判官歷湖州德清長城潤州丹陽三縣令天寶二載春二月加朝散大夫敕攝新安郡別駕採訪使齊澣梁昇卿並奏爲判官六載秋七月拜臨淮郡長史加朝請大夫九載夏四月除濟南郡司馬加朝議大夫十二載春三月拜

信都郡長史不幸感疾天寶十三載秋七月九日終於郡之官舍春秋七十卜公先世塋壠宅於京師少陵原詹事府君巡按河南薨於洛汭因葬於緱氏縣西南大寇原公啓手足也顧命其子今侍御史績曰吾家代儉約不欲華衆歸全之後其以布車一乘虔祔先塋績泣而奉之及其葬也塋小無便地於次東馬鞍山下得紫龍飲乳岡之原龜筮從也夫人南陽縣君樊氏戶部尚書子蓋之曾孫袁州刺史文器之孫廬江太守季節之女仁孝柔明嫺於禮度左右圖史雅善琴碁中外孤弱躬自收視俾夫遠近咸懷

安之。春秋六十有八。薨堂帳於相州之安陽。天寶十五載秋八月十有四日。爰遵周公之典而合祔焉。禮也。廣德二年春二月。皇帝有事於南郊。追贈君都督梁州諸軍事梁州刺史。夫人南陽郡太君。蓋以纘簪白筆於赤墀。董材賦於巴漢。是用有永錫之寵。紆褒崇之命。哀榮之盛。不其至矣。君凡四爲綱佐。六奉使軒。所至之邦。必聞異績。舉天下之政事。莫不資折中焉。性嗜清貧。室無長物。孤煢叢萃。皆仰於君。既嬰沈痼之疾。縣歷三載。纘請就上國之醫。庶其逢吉。君曰。閭門之資者寸祿也。今疾劇命也。吾不以一身易百口。竟不從而歿。識者哀之。或謂君曰。君奉養嫠姊。用度萬錢(闕一字)粻。諸姑縑纔五兩。姑見君(闕三字)笑而不答。退謂纘曰。吾見其撫孤。不見其怨德。教義之士。有以見其用心也。君恬淡寡欲。雅好攝生。在新安。或指靈叟於洞。君齋心四日。采入其阻而後覯之。訊其由來。陳思王東閣祭酒蔣覬也。說魏時事。歷歷可聽。君稽首而蘄之。叟曰。從我乎。必可度世。君以王事靡盬。退而辭焉。比迴顧。則爲茅草矣。初君上計濟南。展羣祖之墓。松檟森然。巖猷莫紀。留居論譔時日。以成先德之不忘。緊是舉也。嗚呼。君體聰穎之上

姿。恬曠之衷。度寬明足以濟衆。和義足以長人。口絕莠言。目無還視。立身先張仲之志。與朋服子路之言。內行可以質神明。清規可以厲風俗。宜克享胡耇。荷天之寵光。輔乎漢之得人。高視乎周之列位。而道之將喪。命不偶時。屈與驥於身前。墮峴碑於歿後。吁足歎也。春秋貴九世卿族。漢史稱七葉珥貂。陪臣於下士。卑僚絕屬於天潢。戚里豈比夫登台者四世。尚主者五人。焜燿於數朝之間。蟬聯於百代之下。可同年而語矣。纘懿文懋學。峻節清標。天寶末陷居賊中。爲僞命連辟。辭疾不起。謀使家人與本朝通訐。爲部曲所發。遂遭禁詰。一日之中。議刑者數焉。俄而官軍大至。賊黨奔北。由是獲免。乾元中。奉使巴渝。屬段子璋搆逆。流輩十人。皆被屠害。以纘高名。欲留同惡。期之以死。承劒不回。時諸道徵求。人不堪命。纘至之邦。必荷仁信。如期而畢。則(闕三字)將崇必復之矣。寧止當朝之望。碑銘功伐。敢墜斯文。其辭曰。

益爲帝虞。偃不異途。世表東海。其帳徐乎。或文或武。或哲或儒。休美後昆。厥德不孤。猗那都督。克懋遠圖。邦國四佐。輶軒六徂。樹聲長世。與道爲徒。爰覯幽光。無寧集枯(闕八字)

仁義都盡彭殤曷殊所嗟人紀莫展嘉謨馬鞍山北龍乳
岡隅於焉崇祔先志靡渝豐碑崔嵬宰樹縈紆闕沾濡闕

中散大夫京兆尹漢陽郡太守贈太子少保鮮于

公神道碑銘

公諱向字仲通以字行漁陽人也其先出於殷太師周武王封於朝鮮子仲食邑於于因而受氏漢有京兆尹褒褒十二世孫康後魏秦州刺史直閤將軍武威郡公忠於本朝爲齊神武所害康元孫匡贊隋冠氏長義寧初通議大夫匡贊生士簡士迪並早孤爲叔父隆州刺史匡紹所育

因家於新政士簡士迪皆魁岸英偉以財雄巴蜀招徠賓客名動當時郡中憚之呼爲北虜士簡生令徵公之父也倜儻豪傑多奇畫嘗傾萬金之產周濟天下士大夫與妻兄著作郎廣漢嚴從泉殿中侍御史何千里俱以氣槩相高不肯仕官竟以壽終天寶九載贈遂寧郡太守廣德元年又贈太常卿公少好俠以鷹犬射獵自娛輕財尚氣果於然諾年二十餘尚未知書太常切責之縣南有離堆山斗入嘉陵江形勝峻絕公乃慷慨發憤屏棄人事鑿石構室以居焉勵精爲學至以鐵鉤其臉使不得睡讀書好觀大略頗工文而不好爲之開元二十年年近四十舉鄉貢進士高第二十六年調補益州新都尉視事二十日謝病去二十七年長史張宥奏充劍南採訪支使宥方謀拔安戎獨與公計畫幕中之事一以咨公司馬章仇兼瓊惡之及代宥節度乃移郡收公月餘仍釋之俄令攝判使事監越嶲兵馬復奏充採訪支使盡護劍南軍事首尾二載冒暑渡瀘者凡一十八度公秉操堅恔吏人望而畏之改授新繁尉充山南西道採訪支使頃之雲南蠻動瓊請公往以便宜從事公戮其尤害者數人蠻夏懾服山南盜賊舊

多光火公察其名居悉傾巢穴人到於今賴焉俄拜左衞兵曹例遷也瓊以兩道採訪節度使務悉以委公無何攝監察御史充劍南山南兩道山澤使遷大理評事充西山督察使天寶五載户部侍郎兼御史大夫郭公虛己代瓊節制郭以庶務一皆仗公公素懷感激竭誠受委故幕府之事無遺諝焉六載拜監察御史公誅羌豪董哥羅等數十人以靖八州之地郭公將圖弱水西之八國奏公入覲元宗駭異之卽日拜尚書屯田員外郎兼侍御史蜀郡司馬劍南行軍司馬既略三河收其八國長驅至故洪州與

哥舒翰隴右官軍相遇於橫嶺鳴鼓而還及郭公云亡慟哭之曰公亡矣吾無爲爲善乎初郭公對歎天休每薦公有文武之林堪方面之寄至是遂拜公爲蜀郡大都督府長史兼御史中丞持節充劒南節度副大使公當大任既竭丹誠射討吐蕃摩彌城拔之改洪州爲保寧都護府塹弱水爲蕃漢之界收戶數十萬闢土千餘里屬恩赦命召祗赴京師至臨皋驛上令中貴人勞問賜甲第一區又錫名馬兼供御饌俄拜司農卿將不遠而復十一載拜京兆尹公威名素重處理剛嚴公初善執事者後爲所忌十二

載遂貶邵陽郡司馬灌園築室以山泉琴酒自娛賦詩百餘篇俄移漢陽郡太守下車閉閤唯讀元經以自適不幸感疾以十四載閏十有一月十有五日終於官舍春秋六十有二十五載春正月歸葬於新政縣嘉陵江之西岸先塋寶應元年追贈衛尉卿廣德元年又贈太子少保公凡著坤樞十卷文集十卷並爲好事者所傳於戲公負不羈之才懷當世之志方及知命始擢一第從官十年超登四岳拔身巴江之下自致青雲之上非夫珪璋特達聖賢相遭則何以淩厲沉浮若斯之速既而吉凶糺纏慶弔相隨

天睠排於賊臣雄圖屈於促景有足悲矣有子六人仲曰贈左金吾衛郎將昊隨公陷於西洱河力戰而歿季曰前鄉貢明經晃神清才秀先公而卒伯曰壁州刺史昱克篤孝行見稱衣冠公之捐館也萬里迎喪泝湍而皸瘃拔蔥段子章之稱亂也閤門逃賊安親而晨夕板輿叔曰萬州刺史旻雅有父風頗精吏道肅宗之幸鳳翔也竭誠幕府以佐公家今上之命庶僚也由華原之政驟登省闥作牧萬州政績尤異有詔遷祕書少監尋又改牧巴州幼曰青城尉晏稚曰成都府參軍景皆保家之主亦著令聞公弟

晉字叔明敦厚溫敏少以任俠聞事公以悌稱與朋以信著好讀書而不爲章句精吏道而尤擅循良再爲法官三秉天憲二登郎署一宰洛陽從其兄之討南蠻也兩軍交戰仗忠信而必使其間佐寧國之如回紇也絕域奉辭布皇明而皆得要領肅宗褒異擢拜商州刺史無何超遷京兆尹不十年而兄弟相代論者偉之永泰二年秋八月有詔自太子左庶子復拜爲邛州刺史兼御史中丞邛南八州都防禦觀察等使眞卿與公同在御史亡兄國子司業允南弟今江陵少尹允臧又與少尹同時臺省既接通家

之歡載敦世親之好以爲徂謝永久所存者徽猷陵谷雖遷不朽者金石銘功篆美敢墜所聞其詞曰

洪範垂休系殷封周鮮于身緜派漁陽兮世掌漢曆子孫烏奕代有丕績臯定襄兮冠氏促齡二孫夙丁隋官不寧肇定疆兮嘉陵淼淼雲臺矯矯降生京兆爲龍光兮有武有文剛嚴不羣克懋鴻勳制惟梁兮旣靖巴蜀旣清輦轂日聞啓沃播周行兮結友不終孤我淚衷如彼飛蟲反予戕兮邵陽典午漢陽紆組熟云心苦坦行藏兮天不慭遺哲人其萎反葬江滸喧其傷兮此令有裕敎忠有素天介景祚熾而昌兮三世京尹二子專城一門載榮餘慶彰兮豐碑巍巍盛業曄曄舉世是希與天長兮

遊擊將軍左領軍衛大將軍兼商州刺史武關防禦使上柱國歐陽使君神道碑銘

使君諱琟字子琟渤海人其先出自帝顓頊高陽氏漢有歐陽伯和伯和孫高高孫地餘並列儒林晉有堅石著名文苑賢達繼軌其來邈乎六代祖僧寶始自渤海徙居長沙五代祖頠陳山陽郡公高祖紇陳開府儀同三司左屯衛大將軍交廣等十九州諸軍事廣州刺史襲山陽郡公功業並著於前史曾伯祖詢皇朝銀青光祿大夫給事中率更令崇賢館學士以詞學德行見重前朝筆法孤標垂名不朽曾祖允年十七以名門子入侍見賞於太宗十八加正議大夫魯王傅奉使和突厥不拜虜廷朝廷嘉之回封南海郡公施光二州刺史祖諶洛州鞏縣令父機漢州什邡令以休懿傳世著聞於家邦使君卽什邡之第四子志尚恬曠顓精於詩易春秋尤明吏術所居則理開元十八年解褐安西大都護府參軍充陽（集本作湯）嘉惠節度推勾官外憂去職服闋補北庭大都護府戶曹參軍節度使蓋

嘉運奏授金滿令仍充營田判官以破賊功當遷請回授幼弟孤姪者三人敎義者稱之二十九年河西節度使奏授晉昌郡戶曹參軍攝晉昌令轉張掖郡張掖令攝司馬知郡事按吏贓罪罪人誣訟於使司百姓苗秀康順忠等三十人皆截耳稱冤節度使王倕駭焉奏與上考轉岳州長史時屬荒旱人多莩餧君以祿奉職田并率官吏食餓者千餘人凡月餘遂多全活劒南節度使楊國忠奏知三峽轉運改衡陽郡長史賜緋魚袋天寶末羯胡作亂統江湖之兵先至南陽加賜紫金魚袋充魯炅南陽節度副使

攝淮南郡長史充當郡防禦使時南陽爲賊所圍諸將選懦莫敢先救至德元載君以當郡防禦士至新野芙蓉鄉遇賊合戰斬其將犯圍而入炅壯而德之賊圍解加遊擊將軍左金吾衛中郎將兼南陽郡司馬遷右驍衛將軍兼上洛郡太守充武關防禦使肅宗降璽書云卿以特達之姿挹殊常之略武關防守委卿一人屬賊陷商於復圍南陽君屯兵於淅川以保乂人吏逆賊悉力來攻六十餘日糧盡救絶遂陷賊庭賊將甘言怵君令至城下以紿炅君忠勇感激舍生徇義抗聲謂炅曰鳳翔諸將已收長安璀

不能效死軍前辱大夫所使願大夫保守忠義克終令圖賊以兵刃毆君君志氣彌厲因被執送洛陽令天子收復兩京僅得脱禍其事具向城令王瀟南陽記炅又奏君充節度兵馬使君遂辭疾不行税駕於鄭之别墅君所居以清白廉慎聞於朝廷祿俸之餘必賙親族之貧者先疇舊業悉畀羣從一簪不私於其身又常持誦金剛淨名經向逾三紀不茹葷血者十年至是無擔石之儲而處順安時不改其度蓋澹如也識者高焉粤以上元二年秋九月十四日寢疾而終春秋六十有五夫人高平徐氏安西都護高平縣公欽識之女婦順母儀克明休德以大歷二年夏六月二十五日終於岳州客舍享年五十有六其孤嵩泉中子崙少子峯等銜恤允窮竭力襄事以大歷十年冬十月二十四日合祔君泉夫人於滎澤縣廣武原遵理命也崙不遠千里泣而求蒙敢述無愧之詞式揚不朽之烈銘曰

猗那使君世挹清芬顒經飾吏休有令聞天子命我參卿西軍驟遷大縣克懋殊勳讓行親睦耳截冤分糜祿食餓馳師解紛孤城再色罷卒益振麾守商於移兵淅濆綢繆

宸眷焜燿天文力盡寇多師陷身屯詭詞紿賊解路是羣脱禍歸朝義高天雲乞骸廷闕税駕湊志敦禪誦茹絶羶葷處順齊終聊樂我云刻諸金石永永不泯

顔眞卿九

銀青光祿大夫海濮饒房睦台六州刺史上柱國汲郡開國公康使君神道碑銘

君諱希銑字南金其先出於周武王同母少弟衞康叔封之後也史記云成王長用事舉康叔爲周司寇賜衞寶祭器以彰有德封子康伯支庶有食邑於康者遂以爲氏周代爲衞大夫至漢有東郡太守超始居汲郡超之裔孫魏強弩將軍權權生晉虎賁中郎將泰泰生闕太守威威生

蘭陵令奮節將軍翼隨晉元帝過江爲吳興郡丞因居烏程事見山謙之吳興記翼生豫章太守鎭鎭生征虜司馬建武將軍欽信欽信生宋晉熙王兵曹參軍黯黯生南臺郎高高生齊驃騎大將軍孟眞孟眞生梁散騎侍郎僧朗僧朗生陳給事中五兵尚書宗謁爲山陰令子孫始居會稽遂爲郡人焉曾祖孝範江夏王府法曹臨海縣令祖英隋齊王府騎曹江寧縣令皇朝隨郡王行軍倉曹父國安明經高第以碩學掌國子監領三館進士教之策授右典戎衞錄事參軍直崇文館太學助教遷博士白獸門內供奉崇文館學士贈杭州長史君卽長史府君之叔子也年十四明經登第補右內率府胄曹應詞藻宏麗舉甲科拜祕書省校書郎轉左金吾衞錄事參軍應博通文史舉高第授太府寺主簿轉丞又應明於政理舉拜洛州河清令加朝散大夫涇州司馬德州長史轉定州屬突厥侵轢君以偏師抗之遷海州刺史上功以敕書賜方岳繡袍一領雜綵二百段下車未幾詔擇政術尤異者察使奏公恩制褒異遷濮州加銀青光祿大夫累封汲郡開國公策勳上柱國轉饒州入爲國子司業以言事貶房州轉睦州遷台

州所至之邦必聞美政開元初入計至京抗表請致仕元宗不許仍留三年請歸鄉敕書褒美賜衣一襲并雜綵等仍給傳驛至本州冬十月二十有二日不幸遘疾薨於會稽覺允里第春秋七十一夫人陳郡殷氏太子中舍人聞禮之曾孫右清道率令德之孫洛州錄事參軍子恩之第五女睿宗先天二年封丹陽郡夫人公薨之年歿於東都章善坊私第春秋六十九嗣子朝散大夫婺州司馬襲汲郡公元瑛會稽縣男元瑾宣州司士京兆府奉先尉會稽縣男元璟朝議郎前獲嘉丞元瓌等虔以天寶四載七月

四日窆於山陰縣離渚村之先塋卜遠日而合葬焉禮也嗚呼君負不器之姿包周身之智寬仁且惠愨愿而恭金玉其相敬明其道文意麗藻二雅所祗政事優長百僚所則嘗撰自古以來清白吏圖四卷仍自爲序贊以見其志宰相黃門侍郎韋承慶中書舍人馬吉甫等美而同述焉盛行於世赴海州時君兄德言爲右臺侍御史弟爲偃師令俱以詞學擅名時同請歸鄉拜掃朝野榮之與狄仁傑岑羲韋承慶嗣立元懷景姚元崇友善至是咸傾朝同賦詩以餞之近代未有此比君之四代祖至於大父爲諸王掾屬者七人歷尚書郎給事中侍御史者二人君之先君崇文學士府君有文集十卷注駁文選異義二十卷漢書十卷自述文集二十卷元昆修書學士顯府君文集十卷撰詞苑麗則二十卷海藏連珠三十卷累壁十卷姪祕書監集賢院侍講學士闕一字元撰周易異義二十卷秀州長史元瓌著千祿寶典三十卷姪刑部員外郎璀男美原尉南華撰代耕心鏡十卷闕六字百二十卷君之先君至南華四代進士登甲科者七人舉明經者一十三人時君闕五字門頗盛美矣君之女曰辦惠盩厔縣令陝郡長史郜象武

之妻君之孫台州司戶參軍闕三字先歲而卒汾州司田參軍眞弼德州平昌縣令輔旻崇元學生曙懷州武陟尉儋宣州南陵尉渭鄉貢明經緯綸皆修身踐言敦詩說禮紹承餘訓克稟義方及君告老鄒自然陳光璧閭邱景陽陶暹送至越州邑子謝務遷僧陸鑒校書郎陳齊卿恒爲文酒之會論者休焉愜求舊之念崇乞言之禮天乎不憖其恨若何大歷十一年元瓌闕九字乞願言刊勒懼沒徽猷求無愧之詞垂不朽之事顧惟末學曷足當仁銘曰

汲公恂恂德懋而淳濟濟多士東南有筠緝熙代業詞章發身佐軍貔虎典校麒麟三擢崑玉再司闕二字鵬翔海汭驥展河濵驟貳嘉州錫命斯頻繡寵方岳榮加搢紳六登闕一字洽膠庠闕六字華墓表申闕二字見節文昭友仁懸車告老衣錦頤神連璧龔懿梓澤齊彬饋酳未濟春瀼遽淪朝廷惋悼遠近悲辛季子象賢恐懼鬱堙嘉猷鴻伐千秋不泯

京兆尹御史中丞梓遂杭三州刺史劍南東川節度使杜公神道碑銘

征鎮四出釁門之寄崇邦畿千里內史之官最非夫任均

周召名軼趙張則何以展心膂之謀光鍇箾之制者矣公諱濟字應物京兆杜陵人晉征南大將軍當陽侯元凱十四代孫周禮部侍郎殿内監甘棠公懿之來孫隋符璽郎乾祐之元孫皇朝度支員外主客郎中續之曾孫朝散大夫明堂丞贈潤州刺史知讓之孫高陵令贈太子少保惠之第三子也器識通簡履懷坦易以文飾吏用晦而明逗機而舉無遺譯莅事而照有餘地早歲以寢郎從調書判超等爲李吏部彭年所賞補梁州南鄭主簿州主司馬垂爲山南西道採訪使引在幕下俄丁内艱終制轉許州長

社尉楊光翽都督隴西奏公爲法曹皇甫侁採訪江西奏公爲推官授大理司直攝殿中侍御史賜緋魚袋尋正除殿中俄宰鄜縣相國李峴尹京兆奏公爲渭南尉僕射裴冕爲劍南節度奏公爲成都令遷緜州刺史賜紫金魚袋屬徐知道作亂使裨將曹懐信招公公執以歸朝除户部郎中加朝散大夫廣德中檢校駕部郎中上柱國公善與人交於嚴武情均莫逆武再充劍南節度爲武行軍司馬郭英乂之代武也矯宣恩命毁元宗宮爲節度使宅公驚其異謀移疾不視事今司空冀國公崔寧旣誅英乂請知使事公堅卧不起仍俾通泉令今前殿中侍御史韋都兵密使家僮潛表事實大歷初杜鴻漸分蜀爲東西川公爲副元帥判官知東川節度拜大中大夫緜劍梓遂渝合龍普等州都防禦使梓州刺史兼御史中丞公以威信馭戎寬明莅俗克念八州之地綏靖兩川之人朝廷嘉之尋拜東川節度使俄而移軍復爲遂州都督徵拜給事中間歲拜京兆少尹明日遷京兆尹出爲杭州刺史不逾周歲風化大行不幸感疾又聞代到請尋醫於晉陵以大歷十二年歲次丁巳秋七月二日辛亥薨於常州之别館春秋五

十有八夫人京兆韋氏曰平仲房州刺史景駿之孫禮部尚書琅琊王邱之外孫太子中舍迪之第三女也精識高明正家柔克移天有幹夫之蠱宜室多綏族之仁六姻稱其壹則四德被於彤管生五子四女而公即世夫人晝哭茹毒星言割哀留子壻祕書省校書郎范陽盧少康泉四子匡陟緝寧家殘獨與子楊匍匐萬里以祗護喪櫬冬十一月至上都二十四日壬申虔窆公於萬年縣洪原鄉之少陵原祔先塋也仍自爲祭文以抒意其略曰周旋吳蜀備歷艱危不陷寇難賴君攜持一朝孤立更復何依魚失

水而鱗悴樹無根而葉萎詞理精婉才情懇到聞者傷懸焉於戲公以傑俊之林當艱虞之際伸其智略宣力盛時頡頏鴛鷺之間總統龍犀之節旋登瑣闥驟陟尹畿方當焜燿高衢升淩台序而一麾出守鍛翮江皋竟吉往而凶歸齎此志而歿地吾道憯矣眞卿何幸得忝維私未終倚玉之歡遽切據梧之恨吁足痛也銘曰

杜侯峩峩令聞猗那其用於世爲猷匪他理稱易簡政絕煩苛州縣發跡雲霄切摩化存江滸威肅岷嶓巴蜀靖謐精誠孔多瑣闈久拜亞尹遄過始陟京兆旋移浙河云如

不弔遘此凶瘥哲婦哭晝護喪奔波祔於先壟映蔚條柯曷用表德勒銘墳阿

和政公主神道碑

詩美下降傳書築館貴其中禮載籍稱焉漢魏已還寂寥罕嗣以蕩陵德則維其常皇唐勃興王道丕變平陽起娘子之軍於司竹襄城行匹庶之禮於宋公常樂糺匡復之師於武后皆前古之所未有其或生知禮樂周旋法度躬行婦道以懋大倫克順天經光昭懿烈名言之所莫究書記之所未聞聚衆美於一身鄰太虛而獨立者其唯和政公主乎公主姓李氏隴西成紀人皇唐元宗至道大聖大明孝皇帝之孫肅宗文明武德大聖大宣孝皇帝之第二女帝女之崇於斯爲盛今天子之同母妹也母曰章敬皇太后后之在襁褓也后父贈太尉吳君曰令珪嘗遊官蜀中使道士勾規占之規驚起曰此女貴不可言是生二子男爲人君女爲公主嫁於柳氏其後竟配肅宗生今上及公主神所命也厥惟舊哉公主三歲而孤卽能孺慕育於儲妃韋氏純孝過人幼而聰惠長而韶敏穠華秀整令德芬馨婉嫕發於天姿肅雍形於鑒察奉今上以悌道事韋

妃如所生繇是特爲肅宗之所賞愛至若左右圖史開示佛經金石絲竹之音績畫工巧之事耳目之所聞見心靈之所領略莫不一覽懸解終身不忘天寶九載春三月旣笄封和政公主降於河東柳潭旣笄之三載矣潭周太保敏之五代孫皇蘄州刺史懷素之曾孫贈祕書監岑之第四子衣冠地胄輝映當朝初以美秀承家中以名聲華國道勝而貴能下善謙尊而休有烈光士林偉之解褐左內率府胄曹轉穎王府戶曹陳留郡司功參軍以人門第一選尚公主拜太子洗馬亦旣好合雅相敬貴雖柳侯秉彝

有虔能降帝女之心而公主率履由衷每抗古人之節故宗族胥睦不獨親其親先後大同莫敢私其子伯姒宏農楊氏太眞姊務華采公主服無金翠之飾居有冰雪之容每至朔月六參朝天旅進嫣然班敘之內迥出神仙之表亦非希企之所及也梟凶猾亂常潼關不守元宗幸蜀妃后駿奔姊曰寧國公主孀嫠屏居誰或訃告乃棄其三子取其夫之乘以乘之柳侯徒行公主愧焉下而同趨者日且百里每臻坎險必先濟寧國而後從之柳侯辭公主曰我若先涉脫有危急不能俱全則棄我姊矣柳侯感歎躬

負薪之役公主怡然親饋饟之事竭力供侍潭兄澄之妻楊貴妃之姊也貴倖前朝勢傾天下公主交無諂黷恩未綢繆楊且云亡以孤見託馬嵬之役無噍類焉感其一言悉力營贍男登服冕之位女獲乘龍之匹出入存恤過於己子雖其密親罔或能辨柳之親昵伯仲姑姊隱餓將迎唯恐不至糾逖疏屬撫循惸嫠縣內及外終始如一孤窮滿目榮悴殊倫居薄推厚未嘗懈倦衣服飲食等無有差互或未周嬰孩罔及每至伏臘礿祠蒸嘗必具禮衣花釵之飾以躬中饋堂室之奠豈無婢使式燕孫謀姿性純儉

不以迄成先聖休之寶書清問秋八月元宗至蜀仍舊邑而冊公主以潭爲駙馬都尉銀青光祿大夫太僕卿屬狂將輿禍稱兵向闕元宗親御闈闥臨視誅討駙馬率領家豎折衝張義童等鬭於門中公主及寧國彀弓迭進駙馬乘勝突刃所向無前斬馘擒生殆逾五十節使時宰具以表聞元宗自繫詰示先帝懇讓莫當策勳遂寢今上之爲元帥也躬擐甲冑率先將卒舉兩京若拾遺摧凶寇如振槁勞旋方及帑藏其空公主貿遷有無億則屢中　闕贏優而數逾千萬懼不給悉畀縣官論者難之肅宗彌留衆皆

迭侍主獨瞻奉不已於旁帝有聞畫而謂之曰汝之純孝乃能至是遂賚莊一區帝愛季女曰寶眞公主因奏曰八妹未有請以賜之泣而諫焉哀動左右西陵遷窆上戒主曰凡厥親身之物必誠必信勿之悔焉主罄家有無以邑入千萬潛羨經費上深感歎焉上既宅亮陰未忍臨政人之疾苦事之得失豈嘗私謁動必以聞上敬異之朝廷賴焉廣德元年冬上既東幸主志期扈蹕迴兵充斥咫尺不通因至荆南尉薦諸將方隅載謐職貢以修主有力焉上之在陝憂主匱乏乃命中使屢敕節度及轉運使隨主所

須務令肅給主以國用空罄退而歎曰吾方竭家財以資戰士其能饕餮首冒國經唯請名香數斤賦於佛寺爲主祈福而已王公戚屬相攜而至者藍縷膩囊襁負鱗次竭其闕斧親自贍恤聚而泣之悲感行路初次商於頓於傳置羣盜蝟起奄譁譯亭呼而犒之曉以禍福一言革面願比家矣之死靡他至今猶在緬惟罔極無所寘哀從母鮮氏遺孤數四分宅居之皆俾成立萊華兄弟盡列通班二女有行克配良士主之慈忠悉皆若是親臨稼穡躬儉節用不憚煩縟雅好組紃駙馬裳衣必親裁紩爰及子女罔

衣綺紈綻新皆成主手每加訓誨蠢迪檢押廣德二載春二月歸於上都諸主高會議除夫黨覿其親族多曠周旋咸以爲時經百罹粗略可也主抗詞曰女之移天遂成他族怙貴長傲何以律人上方理定聞必不悅諸主歷然競崇討習禮之降殺親之薄厚翕然一變職主之由夏六月才生魄屬邊候不謹烽及京師城中震驚圜視無色主既彌月體未甚安曰事亟矣其入言之駙馬請間主曰吾業已行矣駙馬獨無兄乎因乘檐子直至寢殿乃悉索闕遺備陳利病以奏之上欣然嘉納所言未究傍或員來因爾

退歸遲明誕育展轉怊悵不能弭忘時屬炎暍熱疾有加聖情憂軫起坐失次天醫內官相繼旁午彼蒼不惠以其月二十有五日辛卯薨於常樂坊之私第春秋三十有六嗚呼皇上友愛天深痛毒兼至砉然一叫聲淚俱咽哀動木石豈伊人倫漣漣孔懷如失於臂曰余此妹國之鴻寶方期闕云如何瘥祝降時喪天實爲之胡寧忍予乃輟朝三日命京兆尹監護喪事一以官供務從優厚柳侯招魂永悼氣索神傷心苦而忽然忘生泣盡而繼之以血況乎五男三女或齔或孩呼阿母而哭無常聲籲昊天而仁覆

永絕哺以滋旨嗌而莫就其爲酷痛曷愈於斯以是思哀哀可知矣自朝及野知與不知聞之失聲罔不震悼棧有青牛素服轅軛主之薨也蹐地哀鳴仰天屑涙三日不䬴畜猶若是臣僕可知主之將薨駁馬先殞捐館之夕見夢別墅乘之周歷偏勞愁遺俾屏不遠田客傔從數騎久已云亡衆皆驚起髣髴猶見雖所憑則厚而精氣何多主於駙馬大義敦肅不恃倪天之貴每極家人之禮駙馬雅性夷簡恬於名利願究衞生之經庶臻久視之道主志淡婉順始慕眞宗故於他時並受法籙嘗謂之曰易崇積善詩

貴起予不以忠孝數事迭相告勖者則心有歉焉率而行之曷嘗廢墜又以爲死生恒理先後之間若幸啓手足必當襚我以道服瘞我於支提往來行言時見存恤則所懷足矣子若不諱我若歿身未亾灑掃塋隴出入宅窆奉君周旋噫嘻於斯之時以爲謔浪豈悟今者皆符昔言有司奉詔將厚其禮駙馬疏陳皆蒙允許粤以秋八月十九日甲申泉其男試太常少卿賜紫金魚袋晟鴻臚少卿暈試祕書丞賜紫金魚袋杲試殿中丞昱泉子三女等虔窆公主於萬年縣義豐之銅人原從理命也於乎風詠歌衣史

稱彤管纖微之善載籍猶稱況乎七葉帝女分形歸妹貴能上下忠以導躬德言容功之四美服女師母儀之訓訂之緜古孰與我京昔馬遷著記謂之實錄有道見述亦云無愧某學於舊史少識前載歷考長代跋彼（疑）之盛未有如公主者焉雖壼則家風每抱如賓之敬而勤崇垂懿敢忘傳信之辭銘曰

穠矣公主元元之緒聖皇之孫肅宗之女今上之妹生人之矩德言容功義仁孝忠溫良恭儉敬讓宏通率履弗越高明有融下嫁於柳猗那自久金石著明琴瑟斯友家道以正人倫斯厚鳳凰于飛梧桐是依雝雝喈喈福祿攸歸和樂既孺德音莫違麟之趾定振振子姓方紹母師奄摧邦令一人痛毒九有違詠詔葬於何銅人之阿支提鬱起宰樹誰過空餘好合來往滂沲

杭州錢塘縣丞殷府君夫人顔君神道碣銘

君號眞定琅琊臨沂人北齊黃門侍郎之推府君之元孫皇朝秦王記室思魯府君之曾孫著作郎宏文崇賢學士勤禮府君之孫皇曹王侍讀贈華州刺史昭甫府君之季女錢塘丞殷履直之妻也聰惠明達發乎天性孝仁敬讓

迴出人表精究國史博通禮經問無不知德無不備其在家也九族仰其壼儀其移天也六姻賴其任恤天后當宁旁求女史太夫人殷氏以彤管之才膺大家之選召置左右不違顧復二弟曰祕書監元孫府君太子少保惟貞府君藐焉始孩傾隔怙恃君躬自誨育教之詩書悉擅大名皆君力也叔父吏部郎中敬仲府君爲酷吏所誣君率二妹宜芳令裴安期妻司業岑獻妻割耳訴冤因獲減死又誕男成巳而左耳缺焉君有三子長曰武康丞嘉紹尤工小篆爲寸字飛白勁利絕倫紹子壻郎中柳芳今之良史

芳子太樂令寬幼立盛名次曰處士齊望有成人之姿幼曰晉州長史成巳雅善塡書兼綜才藝鳴謙勇退不登清秩每與文士族祖濬武平一呂因李瑕陳齊卿族舅岸朝內弟曜卿允南姨弟劉瓘族弟寅同賦詩多擅警絕之句六女長適李氏生安陸令銓孝養於君次適王元淑著漢春秋次適蔡九言生燕學生闕爲當代之冠次適顏昭粹粹女適司勳郎闕才器爲海內闕揚欽生濯季淮幼適我兄闕疑仁親友悌有闕度爲尼感殊闕慈明及女娉眞卿童孺時特蒙君教言辭音剖闕延壽王孫賦崔氏飛龍篇江淹造化篇五都賦不幸開元二十五年秋七月有五日以隨牒終於成巳尉氏尉之公館享年八十四粵以明年春正月合祔於東京萬安山之王寶原禮也嗚呼君全德內充慈仁外被才明可以升博士法度可以律母師雖偕老不俱無石窌魚軒之貴而長筵律慶多鏘鳳乘龍之歡於足云也眞卿不敏夙承誨誘追淡仁而莫逮謀不朽其庶茲銘曰

於惟我姑德盛才儁受淡倫育耳割冤蘇惠及疎賤仁涵朽枯子孫寔熹龍鳳相趨教我音辭王孫五都期頤未究人世俄殊刻石墳阿聲流八區

唐故容州都督兼御史中丞本管經略使元君表墓碑銘 幷序

嗚呼可惜哉元君君諱結字次山皇家忠烈義激文武之直清臣也蓋後魏昭成皇帝孫曰常山王遵之十二代孫自遵七葉王公相繼著在惇史高祖善禕皇朝尚書都官郎中常山郡公曾祖仁基朝散大夫褒信令襲常山公祖利貞霍王府參軍隨鎮改襄州父延祖清淨恬儉歷魏成主簿延唐丞思閒輒自引去以魯縣商餘山多靈藥遂家焉及終門人謚曰太先生寶應元年追贈左贊善大夫君聰悟宏達倜儻而不羈十七始知書乃授學於宗兄先生德秀常著說楚賦三篇中行子蘇源明駭之曰子居今而作眞淳之語難哉然世自澆浮何傷元子天寶十二載舉進士作文編禮部侍郎陽浚曰一第汙元子耳有司得元子是賴遂登高第及羯胡首亂逃難於猗玗洞因招集鄰里二百餘家奔襄陽元宗異而徵之值君移居瀼溪乃寢乾元二年李光弼拒史思明於河陽肅宗欲幸河東聞君有謀略虛懷召問君悉陳兵勢獻時議三篇上大悅曰卿

果破賊賊憂遂停乃拜君左金吾兵曹攝監察御史充山南東道節度參謀仍於唐鄧汝蔡等州招緝義軍山棚高晃等率五千餘人一時歸附大壓賊境於是思明挫鋭不敢南侵前是泌南戰士積骨者君悉收瘞刻石立表命之曰哀邱將吏感焉無不勇勵璽書頻降威望日崇時張瑾殺史翽於襄州遣使請罪君爲奏聞特蒙嘉納乃眞拜君監察仍授部將張遠帆田瀛等十數人將軍屬荆南有專殺者呂諲爲節度使諲辭以無兵上曰元結有兵在泌陽乃拜君水部員外郎兼殿中侍御史充諲節度判官君起

家十月超拜至此時論榮之屬道士申泰芝誣湖南防禦使龐承鼎謀反並判官吳子宜等皆被決殺推官嚴郢坐流俾君按覆君建明承鼎獲免者百餘家及諲卒淮西節度使王仲昇爲賊所擒裴茂與來瑱交惡遠近危懼莫敢誰何君知節度觀察使事經八月境内晏然今上登極節度使留後者例加封邑君遜讓不受遂歸養親特蒙褒獎乃拜著作郎遂家於武昌之樊口著自釋以見意其略曰少習靜於商餘山著元子十卷兵起逃難於猗玗洞著猗玗子三篇將家瀼濱乃自稱浪士著浪說七篇及爲郎時人以浪者亦漫爲官乎遂見呼爲漫郎著漫記七篇及家樊上漁者戲謂之聱叟（闕入字）又以君漫浪於人間或謂之漫叟歲餘上以君居貧起家爲道州刺史州爲西原賊所陷人十無一户纔滿千君下車行古人之政二年間歸者萬餘家賊亦懷畏不敢來犯既受代百姓詣闕請立生祠仍乞再留觀察使奏課第一轉容府都督兼侍御史本管經略使仍請禮部侍郎張謂作甘棠頌以美之容府自鄭虔以來所管皆固拒山谷君單車入洞親自撫諭六旬而收復八州丁陳郡太夫人憂百姓詣使請留大歷四年夏

四月拜左金吾衞將軍兼御史中丞管使如故君矢死陳乞者再三優詔褒許七年正月朝京師上深禮重方加位秩不幸遇疾中使臨問者相望夏四月庚午薨於永崇坊之旅館春秋五十朝野震悼焉二子以方以明能世其業名雖著而官未立以其年冬十一月壬寅虔葬君於魯山青嶺泉陂原禮也嗚呼君其心古其行古其言古躬是三者而見重於今雖擁旄麾幢總戎於五嶺之下彌綸秉憲對越於九重之上不爲不遇然以君之才之德之美竟不得專政方面登翼泰階而感激者不能不爲之太息也君

雅好山水。聞有勝絕。未嘗不枉路登覽而銘贊之。感中行見知之恩。及亡至今分宅以恤其子。其不偷也多此類。中書舍人楊炎常袞皆作碑誌以抒君之志業。故吏大足令劉袞江華令瞿令問故將張滿趙溫張協王進興等感念恩舊。皆送哭以終葬。竭資礱石。願垂美以述。誠眞卿不敏。常忝次山風義之末。尚存盡往。敢廢無媿之辭。銘曰。

次山斌斌。王之藎臣。義烈剛勁。忠和儉勤。炳文華國。孔武寧屯。率性方直。秉心貞純。見危不撓。臨難遺身。允矣全德。今之古人。奈何清賢。素志莫伸。羣士立表。垂聲不泯。

京兆尹兼中丞杭州刺史劍南東川節度使杜公墓誌銘

九有無虞。行師貴於衽席。四方取則。鈎鉅資乎浩穰。誰其有之。則杜公其人矣。公諱濟。字應物。京兆杜陵人。皇主客郎中續之曾孫。明堂令知讓之孫。贈太子少保惠之第三子。姿度韶舉。心靈敏達。在家必聞。既蘊睦親之志。所居則化。多稱不器之能。解褐南鄭主簿。州主司馬垂引在使幕。轉長社尉。隴西法曹。皇甫侁江西採訪。奏爲推官。授大理司直。攝殿中侍御史。賜緋魚袋。尋正除殿中。歷宰鄠渭南成都三縣。縣州刺史。賜紫金魚袋。戶部郎中。加朝散大夫。廣德中。檢校駕部郎中。上柱國。充嚴武劍南行軍司馬。杜鴻漸分蜀爲東西川。以公爲副元帥判官。知東川節度。拜大中大夫。縣劍梓遂都防禦使。梓州刺史。兼中丞。時寇盜充斥。公示以威信。八將之不隕。公之力焉。尋拜東川節度使。俄而移軍。復爲遂州都督。徵拜給事中。間歲拜京兆少尹。明日遷京兆尹。出爲杭州刺史。公務清簡。庭落若無吏焉。不幸感風疾。以大歷十二年歲次丁巳秋七月二日辛亥薨於常州之別館。春秋五十有八。夫人京兆韋氏。太子

中舍迪之第三女也。沈敏精淡。高明柔克。幹夫之蠱。以懋厥家。生五子四女。而公卽世。夫人星言晝哭。躬護櫬轝。與子楊以冬十一月二十有四日壬申歸窆公於萬年縣洪原鄉之少陵原。祔先塋也。嗚呼。以公之志業才力。宜其振揮鱗翮。凌厲清浮。而命迮成山。功虧長世。吁足恨也。眞卿忝居友壻。亟接周行。痛音徽之永隔。感存歿其何已。銘曰。

藹藹禺禺。時維杜公。業光臺省。政洽軍戎。乃尹京兆。乃麾江東。帝方倚理。命則不融。內子護喪。哀哀送終。

曹州司法參軍祕書省麗正殿二學士殷君墓碣

銘

善父母之謂孝睦昆友之謂悌孝悌也者其仁之本歟經天緯地之謂文博古知今之謂學文學也者其德之藴歟誰其兼之卽我伯舅殷君其人矣君諱踐猷字伯起陳郡長平人五代祖不害以孝見梁書高祖英童周御正中大夫麟趾學士曾祖聞禮唐太子中書舍人宏文館學士祖令言校書郎淄川令父子敬太常博士吳令累葉皆以德行名義儒學翰墨聞於前朝君卽吳縣之元子幼而聰悟絕倫長而典禮不易年十三日誦左傳二十五紙讀稽聖

傳一遍亦誦之博覽羣言尤精史記漢書百家氏族之說至於陰陽數術醫方刑法之流無不該洞焉與賀知章陸象先我伯父元孫韋述友善賀呼君爲五總龜以龜千年五聚問無不知也君性方正志業淳深識理清遠人皆望而服之解褐杭州參軍刺史宋璟以相國之重簡貴自居無所推揖每見君必特加禮敬凡政事之諉誰者皆咨決焉開元初舉文儒異等授祕書省學士尋改曹州司法參軍麗正殿學士與韋述袁暉同修王儉今書七志及羣書四錄流別銓次皆折衷於君璟與蘇頲既入相每引君詢

以當代之務友于兄弟羣從宗黨必盡糺綏之恩長妹蘭陵郡太夫人眞卿先妣也中年孀嫠遺孤十人未能自振君悉心訓奬皆究恩意故能長而有立開元九年秋七月九日有叔父臨黃尉子元之喪哀慟嘔血終於京師通化坊之私第夫人蘭陵蕭氏司空瑀之元孫括州司馬宋國公興宗之女賢和齊肅秉修禮度能讀論語周易泛觀史傳率諸婦以和義故閨範修睦焉君之捐館以清白留遺家道索然夫人躬甘菲糲勸勉桑穡晏息晨興以率勵僮僕行之數歲經費羨焉敎誨三子攝寅克齊等皆克負荷

攝大斌令克齊高平尉爲眞卿河東覆屯軍試判官並不幸早世寅聰達有精識能繼先父之業有大名於天下舉宏詞太子校書永寧尉箠殺讒吏貶移澄城丞久疾將歿顧瞻太夫人欲訣不忍其子監察御史亮年未志學隱而潛盡之及寅卒斬指翦髮寘於棺中誓事太夫人不敢渝常日及有疾不脫衣帶者數年故白燕巢於苫楣乾元元年太夫人季女適於邠州司馬陸超板輿隨牒俄而遘疾三月朔日終於超之官舍春秋八十有一龜筮未從因權殯於三水亮以校書郎遷壽安尉爲眞卿荊南節度推官

廣德二年十有二月。與弟令滎陽尉永甸徒步力護雙
櫬。合祔君夫人於新安縣之龍澗原三子塋從理命也。嗚
呼。以君之才之美。被服純行。加人數等。清修素業。爲代元
龜。竟不得贊皇極而叶彝倫。登泰階而儀百辟。不其惜乎。
嗟乎。仲尼聖者也。終於魯司寇。而君官與之比。公明達者
也。年纔四十八。而君壽與之齊。豈聖賢之道有遭遇乎。將
運命之數有窮通乎。茲小子所以獻疑而述報施也。大歷
五年夏五月。眞卿以恩宥刺撫於州。採石刻頌。丹寄碣於
墓左。銘曰。

殷之後。昆奕葉儒門。盛烈存兮。君能濟美。於穆不已。明德
尊兮。運促道長。身歿名揚。教義敦兮。合祔先塋。述遵理命。
哀順孫兮。高墳崔嵬。龍澗之隈。映鮮原兮。斯焉窆止。以望
君子。慰營魂兮。

祭姪季明文

維乾元元年歲次戊戌九月庚午朔三日壬申。第十三叔
銀青光祿大夫使持節蒲州諸軍事蒲州刺史上輕車都
尉丹陽縣開國侯眞卿。以清酌庶羞祭於亡姪贈贊善大
夫季明之靈。惟爾挺生。夙標幼德。宗廟瑚璉。階庭蘭玉。每
慰人心。方期戩穀。何圖逆賊間釁。稱兵犯順。爾父竭誠。常
山作郡。余時受命。亦在平原。仁兄愛我。俾爾傳言。爾既歸
止。爰開土門。土門既開。凶威大蹙。賊臣不救。孤城圍逼。父
陷子死。巢傾卵覆。天不悔禍。誰爲荼毒。念爾遘殘。百身何
贖。嗚呼哀哉。吾承天澤。移牧河東。泉明比者。再陷常山。攜
爾首櫬。及茲同還。撫念摧切。震悼心顏。方俟遠日。及爾幽
宅。魂而有知。無嗟久客。嗚呼哀哉。尚饗。

祭伯父豪州刺史文

維乾元元年歲次戊戌十月庚子朔廿一日庚申。第十三

姪男銀青光祿大夫使持節饒州諸軍事饒州刺史上輕
車都尉丹陽縣開國侯眞卿。敢昭告於亡伯故朝議大夫
豪州刺史府君之靈曰。日者羯胡祿山。侵擾河洛。生靈塗
炭。兵甲靡夷。二兄杲卿任常山郡太守。忠義憤發。首開土
門。擒斬逆豎。挫其凶慝。先蓋授衞尉卿兼御史中丞。城孤
援絕。身陷賊庭。聖朝哀榮。褒贈太子太保。甥姪八人。季明
盧逖等被賊害者。並贈五品京官。嫂及兒女皆被拘囚。睿
略昭宣。宇宙清廓。脫於賊手。並得歸京。眞卿比在平原。遭
罹凶逆。與杲卿同心協德。亦著微誠。二聖憫焉。授戶部侍

郎河北採訪招討使。又遷工部憲部二尚書，再兼御史大夫，出爲同蒲饒三州刺史。聖恩錫類，大父贈華州刺史，兄弟兄姪盡蒙國恩。允南授膳部郎中，允臧授侍御史，威明試太僕丞，頍受太子洗馬，頂授協律郎，頗授祕書省校書郎，賜緋魚袋。泉明、顥、頲、穎等並蒙遷改。一門之內，生死哀榮。眞卿時赴饒州，至東京，得申拜掃。又方遠辭違，伏增感咽。謹以清酌庶羞之奠，以伯母河南縣君元氏配。尚饗。

欽定全唐文卷三百四十五

張巡

巡字巡，鄧州南陽人。舊唐書云蒲州河東人，又樂史太平寰宇記亦云巡蒲州河東人開元末擢進士第三，以書判拔萃入等。天寶中由通事舍人出爲清河令，調眞源。安祿山反，巡募豪傑拒賊，與單父尉賈賁入雍邱，城守。雍邱令令狐潮降賊，引衆數萬圍城，凡四月，巡衆纔千餘，每戰輒克。河南節度使嗣虢王巨屯彭城，假巡先鋒，俄東平陷，賊巨引兵東走，巡失外援，拔衆至睢陽，與太守許遠、城父令姚闇等合，敗賊將楊朝宗，詔拜

巡主客郎中，副河南節度使。至德二載，御史中丞。賊將尹子奇圍之經年，城陷遇害，年四十九，贈揚州大都督。

謝金吾將軍表

想峨眉之碧峯，豫遊西蜀，追騄駬於元圃，保壽南山。逆賊祿山，殺戮黎獻，蹂汙一作腥羶闕庭。臣被圍四十七日，凡一千八百餘戰，主辱臣死，當臣効命之時，惡稔罪盈，是賊滅亡之日。

對西陸朝覲判

西陸朝覲，闕月繹之，御史劾之，非其時不合禮

薦必及時政無墜禮雨雹可禦淒風不流惟乙凌陰是司將頒肉之列愛俟伐冰之家將當夜頒有（此上數句應有闕誤）朝覲無戒且不違於西陸蓋取異於東鄰既憐中豐將除苦雨之變翻慚高子不爭靈星之詩御史職在乘驄誠爲直指有司義乖祭篚猶曰非時徒欲事於煩言得無同於矯舉罪之則可訴亦難從

對字詁判

甲書字詁所由計功不及日請科罪不伏訴云紙類不同

甲楷法有聞頗齊刀筆之吏象形自業偏在寫書之官不能殺竹惟青臨池盡黑當年有立應已盈裾計日不移無慚尺牘今乃字詁是事日課有違左氏門庭雖多筆硯稚川史籍不滿巾箱曾莫負於五車徒見司於雙管以是會意雖則麾肱不能中程何爲當理今之簿訴將俟片言欲遲單父之書須辨洛陽之紙然則類之大小猶或可問刑之出入於是乎在

許遠

遠杭州鹽官人右相敬宗曾孫初從軍河西爲磧西支度判官劾貶高要尉安祿山反召拜睢陽太守累加侍御史本州防禦使賊將尹子奇攻城遠與張巡姚誾固守城陷被害贈荊州大都督

祭纛文

太一先鋒蚩尤後殿蒼龍持弓白虎捧箭

祭城隍文

習井鳩翔老堞龍攖

李光弼

光弼營州柳城人起家左衞親府左郎將襲封薊郡公安

祿山反郭子儀薦其能詔攝御史大夫持節河東節度副大使知節度事尋加魏郡太守河北採訪使范陽大都督府長史范陽節度使肅宗立更授戶部尚書同中書門下平章事至德二載遷司空拜鄭國公乾元元年兼侍中爲天下兵馬副元帥上元元年拜開府儀同三司中書令河中尹晉絳等州節度使進太尉寶應二年進封臨淮郡王賜鐵券藏名太廟圖形淩烟閣長慶二年薨年五十七贈太保諡曰武穆

辭疾讓官表

臣自去月十七日舊疾發動有加無瘳至今月五日臣自量氣力恐至不起謹忍死口占陳露上聞臣受國重任荷國厚恩自陛下臨御以來方隅多故加以疾病不任扶持竟未獲趨拜闕庭瞻奉宸極忽此危亟氣候奄然將冥沒聖代長辭白日撫心內痛割切五情且鳥之死其聲尤哀況臣繫心聖朝結戀慈母倚枕西向覲謁永遐所以循環晷刻心腸斷絕臣以素無成效累加封邑每經陳讓不蒙允許今臣將死覬冒猶存若使無功之子嗣守素封臣赴下泉亦不瞑目況生人凋弊國用不充軍興所須實資錢穀謹上前後所賜實封二千戶請歸之有司庶裨萬一蓋臣宿素必守之誠伏惟聖慈特賜臨照行營兵馬使已下至將士及資糧營田所繇等並令恭守所職伏聽進止仰天瀝懇誠切氣微俛首嗚咽申吐不盡不勝哀迫痛戀之至

達奚珣

奚珣開元時官禮部侍郎汙安祿山僞命

太常觀樂器賦

昔者聖人之作樂也將以動天地感鬼神節風雅導人倫樂假器而成用器以樂而見珍或採孤篠於鄒魯或收浮磬於泗濱或斷彼金石或制自陶鈞被諸大道輝光日新逮乎上皇云謝戰國相滅雄殺氣於五兵崩禮容於八列大樂之器斯焉是缺剝極則貴天臨我皇化東戶而咸若歌南風而有光觀奮豫而崇上帝舞干戚而柔大荒樂器成列盈乎太常客有覩而駭者曰國之盛事殫所未識雅象純般叢光翕赩樹羽紛纚崇牙崱屴玉管清通瑤琴古色朱絲疏越之制雷鼓靈鼉之飾青笳闋列於軍容畫角融怡於武力故能頓應轃張柷敔猛獸赫怒而擊鐘金人嵌巖以負簴鸞笙在目疑髣髴於周王鳳簫可吹紛肸蠁於嬴女況復天球曜逸金鋭蒙鴻大籥清響虛籟生風怒齊竽之濫吹壯秦缶之爭雄稽爾既倬猗歟載豐匪天子之明德孰以成其衆美總四夷而徵妙越六代而高視思其鏗鍠嘈囋清暢透迤五色成文而不亂八風從律而不虧窮高遠而測淺厚故乃盡美而在斯

華山賦幷序

太華之山削成四面方直者五千餘仞蓋嶽之雄也往因行邁望之不及今來何幸作尉於茲因而賦之以歌厥美

華山維嶽羣嶽之雄天開厥狀神致其功昔與褢山連岡不絕河水長注橫流曲折神元再造拓崖而兩分仙掌常存倚天而迥列其後多歷年所至於夏王窮地絡正乾綱緣甲之功既就元圭之業有光定我祀典因爲舊章同夫三事偉哉煌煌徒觀其倚伏而起削成而峻作秦塞之高標爲豫州之巨鎭其南接楚其北臨晉欽乎數都之間豈惟直上者五千餘仞遠疑將適近若將騰氤氳綠潤霮䨴青凝發地壁立連天石稜披重霄而自致與元氣而相陵旁望羣山兮盡爲幽側猶夫南面兮用資峻極巍巍乎掩

夏雲之奇峰蒼蒼然合秋天之正色近壓關輔載樞京國此其所以爲嶽者也若乃人寰不遠勝氣常淸石含古色泉落秋聲懸巖蔽虧謂乾坤之闔闢洞壑幽邃汎雷雨之滿盈恍恍乎又似龍虎潛伏鬼神含精伊彼崇林望之盡目參灝氣而森秀倂斷山之迤矗仙草殊品靈花異族不以無人而不芳香風灑乎函谷皆負靈造是潤是贊具物靈繁故難詳鞫蕭條世俗髣髴神仙玉女明祠星壇尚在羊公舊室石榻常穿霧雨迷處雲臺巍然則知大象所存何有於古列眞攸萃寧獨於先國家南正司天北正司地人神不擾方嶽定位森森象設之若生憺憺威稜而可畏宗伯制禮巫咸視事殺氣每登騂剛必備蓋所謂敬而無黷厲夫精意此則邦之禮物也受命如響依人而榮攸歆盛德載答嘉生不愆旬時作爲雲雨白漿既挹黃玉斯睹隤止如山永康中土此則神之叶贊也揔被山嶽非無壯麗或隱峰於羣嶺或結根於荒裔空聞象外之談何貴人間之世而我直兩都之大道當三條之正中偏近日月高謝紛濛通天之氣成天之功鑾輅常峯聲明有融能事無爽揚言莫窮舉天下而爭長故難可而比崇

劒賦

代有劒兮物之至珍精鋼百鍊處匣千春含光匿耀守靜全眞蘊切玉之姿咸稱往歲呈斬蛇之銳幸在今辰至如歐冶素蘊風胡久委許提拔而非遙期磨礱而在邇蓮鍔熒煌思綠水之是投霜鋒煜爚諒碧天之可倚孰云巨闕亦曰龍泉借衞身而用光眉壽將行佩而永保流年俯而察乃白光略地仰而觀則紫氣射天若乃取舍從人沈淪委質埋厚地之聲有年望司空之來何日擊兕之名已彰決雲之勢不失大哉寶劒之神用等天地而齊畢

豐城寶劍賦

劒之利者有豐城之寶鍔夫其始也赤山破邪溪涸洪鑪洞融金景熇爍雖發揮於人事乃兆朕於天作爾其爲狀也鍛霆電明秋水殺氣森映光輝四起歐冶失律風胡愕視豈徒決浮雲絕地紀若斯而已矣爾其大運迴薄陵谷推遷東南地沒不知夫數千百年騰精動地直上衝天斗牛之間夜雄雄然異金陵之浮王氣同寶鼎之在汾川本知浮精粹剛決必備明而用晦者君子之時義窮而待達者丈夫之志事兼此數德難乎見棄知我者寡大賴張公

每讀舊書多兹感通不覺毛髮盡樹起雷息於胸中迨乎發蒙泉開祕匣文積幽翳上藏鱗甲磨礪畢兮見文章搖白日兮星煌煌鋒稜可畏動人膽表裏分明照眼光黃金裝兮綠龜飾荷提攜兮耿霜色豈辱命於洪造冀成能兮武力君其試將倚天外不日爲君清絕塞苟軍國之用在豈能雌伏於一代

秦客相劒賦 以決浮雲清絕域通題爲韻

有懷其寶而未别候以其時而自絕始藏用而有疑終因人而一決蓋時有遇否非事有工拙顧一二於擊轅之歌左右以相劒之說於越之君以五劒聞方潛神以閉匣非有意於決雲且切白玉其猶泥斷截蛟龍忽若箒泛夫以中庸之近者惡識天下之良劒有客來越其至自秦心以通於物理鑒有邁於人倫昔也聞風而悅今爲觀國之賓以天機之見明利器之因天氣得中而不易金精順理而無逆翼乎秋水之欲波涣乎春冰之將釋陽散陰漫霜鍔雪脊好勇者不能禦其折衝善說者不能離其堅白滿谷之馬未可齊乎此價傾城之金安能賣乎此客況非景罕匹流星莫闕八字歐冶之術爲優此名器因而有作明至寶

不得無妄劒非人而何識人非劒而何相雖鍛鍊於良工皆等衡於哲匠劒之能可以相著士之用可以劒明抱識者闕一字乎牽復藏器者以其彙征顧以小人之道而進期君子之鑒惟淸重曰析薪如之何匪斧不克求劒如之何匪相不得純鉤之器秦客所識非常人之區域

華山述聖頌序

序曰懸象著明莫大乎日月我聖人之文也發祥儲祉莫大乎神祇文之所繇與也原夫天作太華氣雄羣山秉靈伊何受命如嚮自坤元之所開拓虞帝之所巡遊祀典雖

存宏圖蓋闢洞陰陽之不測其惟大聖歟於是藻翰自天發揮神化建碑於廟以光寵焉乃命朝英實司其事經始勿亟庶人子來徒觀其神輸坤珍美石次玉追琢之際厥聲泠然磨礲之後其光洞納樹之平地嶷若斷山六龍盤薄糾其上羣神羅立負其下藝事既畢宸章乃開竊以洪鑪大造之時天動地業祕籙聿來之日風搖雲起詞義至廣含元氣而運行翰墨至精吐奎星而飛動剛柔相錯神妙無方合而五光昭離而萬象列宇宙之間粲如也由是發巖巒之氣色益祠廟之風稜不怒而威有來加敬蓋因

大君之一顧也寵秩榮幸不其至哉初有司以法駕時巡路直斯地將選巨石先期厎功天意若曰夫人神之主也嚴神以爲人也今穡事未已工徒復興人儻失業神將何據方待歲暮以須後圖粤若碑版業乎刊刻通其變則人不倦節其用而財不傷俾夫役者逸於從事天之臨下其道有赫曲成萬物何往非宜時厥使臣乃昌言曰國之大事在祀神之所歆在德以德舉事吾君有光比夫周銘弇山存乎車轍馬跡漢祀少室蓋欲遙輿一作與輕舉至誠逮下可同年而道哉頌聲未作詞客之過小人固陋遊聖難名實賴文宗繼其不逮敢託呂補闕向爲之頌云

對以管聽鳳判

乙以管聽雌雄之鳳而不合將罪之云中國無竅均者

鳳凰于飛聲中律呂雌雄是聽道在伶倫通乎忽微揆彼幽賾瞻言乙也忝跡於斯豈術數之未精而飾情之有訴且軒轅已降歲序茲深推律者寧止於一家揆竹者無聞於絕塞遐求嶰谷近捨金門荀勖聲高懸同此說京房識遠有愧其能旣謝知音宜從寘罪

宴濟瀆序

新安主簿高侯知名之士也自角巾私第居多散逸不遠伊邇薄遊於兹濟源宰寇公此侯之舊也乃昌言曰敝邑褊小何以娛賓是用戒朋遊選休暇總轡出郭頓夫濟瀆焉昔陶唐宅天洪水方割夏后敷土沈災克清瀆之稱位斯焉肇起夫其含靈厚載託勝中州初若爭雄截黃河而徑渡去而有禮揖滄海以朝宗均祀典於通侯蓋取諸此然後命舟子爲水嬉垂安流窺洞穴烟華鈞浦彩徹金潭表裏皆明下觀鱗石風雨時響遙影一作映雲山荷芰香而

酒氣添濃洲渚隱而榜歌鬬曲船移鳥下岸靜蟬鳴沿流溯洄坐得桃源之趣矣況時當大夏氣惟溽暑沸海焦陵流金爍石獨有茲地勢隔人寰高樹森沈窅若無日修竹陰映蕭然納清徘徊久之體靜心愜思壯士以翻景與諸公爲窮年不覺晴雲向山涼露霑夕對歸騎而將散頁幽情而更多如何誌之詩可以興

遊濟瀆記

軹縣西北數十里濟水出焉稽乎舊章可得而道自河浮綠甲帝命元夷疏畎澮而正乾綱鏟陵巒而通委輸所謂四瀆資我而成彼三川者或在幽僻遠而見奇伊何足貴豈與夫體清淳之氣據函夏之中平地開源分空正錄表裏皆淨似若非滲舟檝既加乃知無底沖和自抱斯君子之量歟從此而東截河通汶不以險阻殊其勢不以清濁汩其流終能獨運長波滔滔入海沈潛剛克斯君子之量歟意者洞幽明貫天壤包荒萬類出入無間形與化遊復歸於道不然何其異也雖金火交作變通殊制而浮沈之事亦無捨旃國家南正司天北正司地以爲百神授職則陰陽無錯繆之災羣望聿修水土得平均之序欽若稽古

道豈虛行闕宮有侐象設如在流目一望森森動人覺毛髮之間風颷四起然後以諸侯之禮禮而祀之至於下人日用蘋藻吉凶悔吝則以情言且神道無方豈存於此而物類相召或有憑焉盧溜潛通動植滋液高樹直上百尺無枝虛篁下清四時一色意隔人世空聞鳥聲陽浦先春草心方變皴岸猶冷苔生未穠紅晶落而天下陰青靄凝而衆山暮留賞無厭歸情坐忘中途載懷歷歷在眼庶記豪翰光昭厥美云

陳希烈

希烈宋州人開元中常於禁中講老易累遷祕書少監李林甫引爲左相兼兵部尚書同知政事封潁川郡開國公楊國忠嫉之罷知政事守太子太師祿山之亂與張垍達奚珣同掌賊機衡肅宗返正賜死於家

道士蕭從一見元元皇帝奏

伏見太清宮道士蕭從一云今日五更欲於殿上焚香行至三清門忽有一片紫雲從空下兼有異常音樂忽然如夢身心驚駭見空中有異人兼仙童玉女謂從者曰我是元元皇帝可報吾孫汝是上界眞人令侍吾左右吾冥使

天匠就助成就訖長衛護汝受命無疆災害自除天下安樂言訖隨雲氣便入殿門謹案諸道士學生皆稱今日淩晨於三清門外見道士蕭從一鞠恭唱喏三四聲有紫雲及音樂移時不散伏惟陛下虔誠奉道福祐所歸置玉石眞容侍聖祖左右仙樂下慶天將助成紫雲徘徊移時不散空中有語所報非常言聖壽之延長億萬載之無極伏望宣付史官

請以南華眞經宣付史官奏

臣伏見今月二十日恩制以莊子號南華眞人書曰南華

眞經所說皆理身之要發明奧義有十萬元言祖述道經含五千微旨昔常侍講疏演經文至於七篇陛下顧謂臣曰其篇有養生主已悟長年之術其次有德充符豈無非常之應臣稽首對曰陛下德充於內符應於外發言之後必有大慶以應之後篇之中所謂應帝王之篇是也今元元皇帝果降靈符彰寶祚無疆之福含眞人知來之旨尊以稱謂陳其象設希代之禮曠古未聞臣於此經宿願淺重受持讀誦三十餘年作禮焚香庶裨聖化獲逢殊慶倍百常情望宣付史官以昭靈應

修造紫陽觀敕牒

茅山紫陽觀右臣奉敕與修功德使元靜先生李含光內謁者監程元暹等同檢校修造前件觀並了并設齋謝上訖去年九月二十二日錄奏奉敕宜付所司修造觀迴殘錢二百四貫二百八十五文右修造外有前件迴殘爲造觀成附奏奉敕便賜觀家充常住郡司已準數分付三綱訖臣又與觀主道士劉行矩等商量請於便近縣置一庫收質每月納息充常住其本伏望長存觀額及徒衆先受地頃畝並足今載所收納苗子支來載糧亦充并觀內先

有奴婢四人小牛六頭車一乘見在右臣今對所管縣官及三綱檢責觀內先有前件產業數勘覆並同其糧食已有歲支來春請加營種觀內什物五行等右觀家先貧什物數少昨修功德使程元暹奉敕支供黃籙齋外有迴殘銀一百兩令臣分付觀內徒衆將回市所欠什物等並令充足觀內松竹果木等右臣伏以觀在茅山羣仙所集院宇雖則華壯松竹先多欠少比爲非時未由種植請至開春專令栽蒔并於南池種藕庶望周徧謹具以聞丹陽郡太守林洋奏件狀如前

中書門下牒丹陽郡牒奉敕宜依牒至準敕故牒天寶八載正月八日左相兵部尚書陳希烈左僕射兼右相林甫

李林甫

林甫高祖從父弟長平王叔良曾孫初爲千牛直長開元中累拜黃門侍郎禮部尚書同中書門下三品加銀青光祿大夫中書集賢殿大學士兼領隴右河西節度加吏部尚書天寶初易官名爲右相遷尚書左僕射加開府儀同三司十一載卒贈太尉揚州大都督

嵩陽觀紀聖德感應頌

域中之大有四道爲之首而王者統焉方外之人有五神爲之首而聖者用焉非道也無以致神非神也莫能感聖自炎師水玉軒訪峒山窅藐汾陽徘徊河上且猶私一巳之利屈萬乘之尊或得之而不存或求之而不及則未有宏心六合元化被於海隅滌覽九重異人臻於闕下密傳仙契潛役神功端拱紫庭坐進金鼎如我開元天寶聖文神武皇帝之至感也蓋德邁者其業崇道宏者其化博上初戡巨難纂睿圖以爲唐虞盛理教人而已矣乃昭禮物考經志於是乎帝典王綱罔不畢備及夫一戎夏致雍熙又以爲軒昊上德恭巳而巳矣乃敦清淨復淳樸於是乎偃甲垂衣示於無欲故載歷三紀功包九皇乃時有眞人方士不召而至者儼然而進曰臣聞昔者太初之先也嘗有受命握符一君千歲後代聖人順其外爲封禪修其中爲導養故玉檢有不死之名金丹爲長生之要五三以降玆道茂聞陛下承紫氣之眞宗接黃神之遠運玉檢之文巳備金丹之驗未彰天將授之其在今矣上覽其議而告之言朕聞神丹者有琅玕雪霜三化五轉太乙得之爲上帝之伯元君得之爲下教之尊必將假無爲之功任自然

之力乃可就矣於是考靈跡求福庭以爲嵩陽觀者神岳之宅眞仙都之標勝直天中晷影之正記烈祖巡遊之所抱汝含潁風交雨會陰陽之所烝液偓佺之所往還丹竈琳堂往往而在乃命道士孫太沖親承密詔對授眞訣一之日披圖於天府二之日陳醮於山壇然後俾太乙啓爐陵陽傳火積炭於廡下投藥於鼎中因以扃鐍室其窗戶隙光不容人跡罕到自河尹官屬邑宰吏僚目對封泥手連印署太沖乃與中使辟履信銜命而東涉海沂過蒙羽行且千里歸巳十旬然後剋日聚觀開封發印餘爐未滅

還丹赫然則已六轉矣明年移葯於緱氏山升仙太子廟其役制之功神異之效又如初焉每至降御詞陳祝冊紫泥素表倏忽飛天元酒玉盃繽紛移座祠官睥眙供吏驚呼靈貺昭答有如此者其餘瑞鶴卿雲祥光祕語匪朝伊夕不可勝記按中丹經云金華符成威光鼎就則有朱烏呈異白日激輝斯非類乎九轉既畢馳驛以獻聖上方滌慮穆清齋心虛白神期應會如合契焉於是三事百僚奉觴稱賀曰陛下撫羣黎而歸壽域上真降殊休而報聖德神丹一御與天無極且夫宏化至道先烈也還風太初昌運也異人委質聖感也靈藥薦壽天符也此四者皇圖帝載所未聞焉微臣預春秋之徒忝申甫之地上清事隱非魯冊之可徵大洞功成豈周頌之能紀強銘琬琰永播乾坤其詞曰

太古兮上皇千歲兮一君自軒轅兮獨往遂歷代兮無聞有唐兮英聖六葉兮十紀維天寶兮合符故淳風兮變始嵩有峯兮頹有瀨交靈氣兮集仙壇資聖壽兮效神丹神丹御兮福庭會虹蜺旗兮紫雲蓋臨萬邦兮彌億載

進御刊定禮記月令表

臣聞昔在唐堯則歷象日月敬授人時降及虞舜則璿樞玉衡以齊七政夏后則更置小正周公則別爲時訓斯皆月令之宗旨也逮夫呂氏纂習舊儀定以孟春日在營室有拘恒檢無適變通不知氣逐閏移節隨斗建洎乎月朔差異日星見殊乃令雩祀愆期百工作沴事資革弊允屬宜更昭代敬天勤民順時設教是以有皇極之敷言親降聖謨重有刪定乃依杓建爰準攝提舉正於中匪乖期於積閏履端於始不爽候於上元節氣由是合宜刑政以之咸序遂使金木各得其性水火無相奪倫蓋所謂順乎天而應乎人者也乃命集賢院學士尚書左僕射兼右相吏部尚書李林甫門下侍郎陳希烈中書侍郎徐安貞直學士起居舍人劉光謙宣城郡司馬齊光乂河南府倉曹參軍陸善經修撰官家令寺丞兼知太史監事史元晏待制官安定郡別駕梁令瓚等爲之注解臣等虔奉綸音極思何有愧無演暢之能謬承載筆之寄義深罕測學淺無能莫副天心空塵聖意謹上

賀克吐蕃安戎城請宣示百寮表

伏以吐蕃此城正當衝要憑險自固恃以窺邊積年以來

蟻聚爲忠縱有百萬之衆難以施功陛下親紆祕策不興師旅頃令中使李思敬曉諭羌族莫不懷恩翻然改圖自相謀陷神算運於不測睿略通於未然累載逋誅一朝蕩滅又臣等今日奏事陛下從容問臣等曰卿等但看四夷不久當漸摧喪德音纔降遽聞戎捷則知聖與天合應如響至前古已來所未有也請宣示百寮編諸史策

請宣示御製仁孝詩奏

伏見陛下因太子生日撰仁孝詩障子并書臣等伏以宸章煥發睿札凝輝懸日月而齊光自雲霄而下濟驚心靡

據動色相歡太子稟自生知備承聖訓沖委有裕令望夙彰陛下示以義方形於翰墨爰於誕育之日勗以仁孝之經上揚祖宗之美傍考天人之際錫類所宏教義斯遠足可發揮前古垂範將來凡在衣冠之流咸知父子之道豈比周稱教論造齒胄於上庠漢寵元良但招賢於望苑王化之本實此知歸人倫所資罔不申勸臣等愚陋謬典樞衡特奉鴻私幸覩殊貺捧天書而竊抃仰聖澤以無窮無任悦豫之至仍望具寫六章頒示中外兼編諸簡策傳之不朽

欽定全唐文卷三百四十六

楊國忠

國忠太眞妃從祖兄本名釗元宗爲改今名因諸女弟得召擢金吾兵曹參軍閑廐判官累遷京兆尹兼兵部侍郎自請領劒南節度俄加本道兼山南西道採訪處置使拜御史大夫領吏部代李林甫爲右相兼文部尚書集賢院大學士監修國史崇元館大學士太清太微宮使封魏國公徙封衞冊拜司空安祿山反以誅國忠爲名元宗幸蜀國忠從至馬嵬兵士爭刃之梟首以徇

破吐蕃獻俘表

臣國忠言頃以南蠻閣羅鳳敢背皇恩吐蕃與其潛謀欲於瀘南結聚窺窬越巂草竊昆明緣是西山諸郡及八國子弟知其狡計同請討除臣當戎行祗奉睿略破吐蕃雲南救兵六十餘萬屠拔隰州等三所大城擒俘虜六千三百臣以劒山迢遞不可盡來遂簡丁壯千餘并投降首領昨三日於勤政樓奉獻巳降殊恩臣又以男女口二百人六日於躍龍門進納陛下以生成之德不限華夷詔臣曰夫王者之義子育爲先每行干紀之誅嘗軫在予之念吐

蕃遺孽頻有負恩其君則然其人何罪且全其生理遂彼物情其所獻口并宜釋放遞還本國以直報怨於是乎在微臣於是何幸親奉德音聞所未聞以忻以感伏惟陛下含宏庶品康濟羣生大敷恩信下格昏迷自皇王以來未有如今日者也天下幸甚豈惟諸戎特望宣付史官頒示中外

王鉷

鉷太原祁人開元時累除戶部員外郎天寶中拜御史中丞遷戶部侍郎加銀青光祿大夫封太原縣公兼殿中監

十一載因邢縡謀逆詞連鉷弟銲賜鉷自盡

讓起復表

草土臣鉷言伏奉制書復臣御史中丞餘並如故恭承睿獎五情震越臣中謝臣弱喪所生不能自立慈親撫育得以成人所恨終身號慕無及今纔踰卒哭寧冀生全聖澤曲流天光特照記臣於苫凷之下起臣於風憲之前知臣轉淡萬死難謝誓將糜粉上答殊私豈固禮經輒稽嚴命但臣自丁艱疚日漸尫羸竊料形體未堪驅策徒招謗議無振紀綱伏乞聖恩舍憐俯矜覼冒容臣歲月抱釁私門稍能支持不敢辭訴無任感懼荒迫之至謹詣朝堂路左奉表陳乞以聞

第二表

草土臣鉷言臣迫以私情銜恤上訴曲垂聖禮敦喻彌淡恩重難移心孤易殞哀榮之極肝腦何酬中謝臣伏在糞土之中苟偷朝夕之命殊私薦及特蒙收獎授以風憲委以澄清臣雖至愚豈不知天慈所屬使臣卽蹈湯火若登雲霄安敢固辭輒拘常限但緣荒瘵忽忝衣冠自審殘生必招官謗謹冒死重請不勝戰越無任哀懇荷戴之至謹詣朝堂路左奉表陳乞以聞

請捨宅爲觀表

臣聞道本無爲虛而必應行之者時乘六氣得之者壽越二儀伏惟開元天地大寶聖神文武應道皇帝陛下高居衆妙淡契重元降自三清元君俯爲萬方聖主竊見朝之上宰是曰大賢首學眞宗先開道觀奉揚慈旨布淳化於蒼生恭啓福因延休祐於皇極臣昧於聞道不敢思齊瞻言報恩寧忘竊比且臣孤立明主所知竭力効官義惟守死捐軀奉國誓不偷生所賜榮寵所蒙任使不因人力特

出聖衷加以前後糾彈頻闕抵忤公言成謗恐不自明直道招愆甘爲已分陛下聖明先覺眞僞立分燕客上書遙知是詐漢臣引過逾察其忠蒙獨照於聖心免獲罪於浮議嘗憂萬死甑致九遷伏念殊私將洩罔極徒申答效無補萬分臣舊宅在城南安化門內道東第一家祖父相傳竹樹猶茂已更數代垂向百年同蕭何之買田誠爲偏僻異晏嬰之近市稍遠囂塵臣於此中選其勝處減兼官之祿俸廻累賜之金帛盡除遺堵創建道堂廊宇既成功德將畢伏乞俯矜丹懇特降皇慈因誕聖之辰充報恩之觀

捧迎仙棧光映敝廬每至三元八節之時天長乙酉之日臣得澡雪紛垢奉持齋戒一心至願稽首尊容獻福聖躬永資寶算千生頂戴萬劫歸依雖螻蟻之負細塵豈能裨嶽而鳥鵲之銜微毳有志塡河儻蒙睿澤曲流愚誠俯遂仰望許臣諸處招灼然有行業道士二十七人常修香火無任感恩荷德之至

賀蘭進明

進明開元十六年進士肅宗朝歷北海太守移南海太守擢御史大夫充嶺南節度使旋正授御史大夫河南節度使後貶秦州司馬

論房琯不堪爲宰相對

琯昨於南朝爲聖皇制置天下乃以永王爲江南節度潁王爲劒南節度盛王爲淮南節度制云命皇子北略朔方命諸王分守重鎭且太子出爲撫軍入曰監國琯乃以支庶悉領大藩皇儲反居邊鄙此雖於聖皇似忠於陛下非忠也琯立此意以爲聖皇諸子但一人得天下卽不失恩寵又各樹其私黨劉秩李揖劉彙鄧景山竇紹之徒以副戎權推此而言豈肯盡誠於陛下乎臣欲正衙彈劾不敢

不先聞奏

西楚伯王廟頌 幷序

我巨唐天寶之敦牂歲月壯旬八日而四郊不雨赤蔓擢穎而始花素稻含英而未吐心有螟節有賊根有蟊葉有螣噫十數載間荐傷於稼穡居則懸磬散爲浮食千里百城老農老圃奔走於道路相顧而言曰昔者災由是也今未及闕一字爲災也謂之何哉進明聞而避正堂以自咎卽齋次以詢謀乃命參軍王皓之告於伯王之廟十九日辛亥初拜恍兮若有所見忽兮若有所聞風闕一字雲蒸雷吼

電缺鞭頂視之魅斮翰飛之虵殄熖蟲（闕三字）停（闕一字）玉而煎砂水刑溪（盈川本名刑溪）兮（闕十一字）（闕十字）其（闕三字）而環周膏塗於疆場之內（闕一字）禦（闕三字）祀（闕一字）有（闕三字）虎踞龍蟠鸞鳳之所翔集（闕一字）梧修竹青翠崢嶸濬湯池稜石城停午無影虛聞籟聲雙闕霞張閟宮有侐徒三萬車千乘二矛重弓朱英緑縢虹旌日羽鐃歌勦舞若昭震於岡陵烏虖嬴政焚燒詩書胡亥繼之以昏虐當是時也豪傑並起而攻秦王以蓋代之才拔山之力喑啞叱咤横行於天下破釜沈舟隳城坑卒沛公謝罪子嬰

伏誅豈樸煩之徒轅門諸將目不敢視手不能發而已生則伯圭殁爲貴神山川出雲天降時雨善長嘉會事幹義和羞爾餚烝聿求多福災蝗癘鬼飛遁於犬牙之外雖上德不德而好是正直皇皇彼天孚祐下國春秋匪懈享祀不忒適變無窮永代作則銘曰

雷爲戈兮雲爲旆天殷殷兮雷聲䨏光明下濟兮澤雱霈

咸廙

廙（新唐書作廣業）平陽人官華陰縣尉景雲中殿中侍御史内供奉開元初官大理評事集賢院修撰遷直學士坐事左遷餘杭令

華嶽精享昭應碑

夫神其止也虛其行也直是以感生焉夫祀其事也大其馨也德是以福生焉維嶽有高㞕兌曰華天作峻極厥仞五千降靈集祉密邇上國故風雨時若必應休明玉帛之享亦豐其報致天人之和者功莫大焉歲在涒灘我皇帝以開元嗣極今八載也文德被武功成垂拱而天下理纘服而庶邦正於戲聖之配天不逆災祥之數而務修其德天之降福或彰譴告之符而終與其善是以成湯與而炎

暵遘周宣懼而頌聲作閒自日在奎雷始電迨乎畢春氣達萌芽山川如焚密雲不雨千耦適野胥病於失時百室崇墉將空於成歲我皇畏昊天之命憫烝人之艱自郊徂宮靡神不舉乃分命舊相尚書許國公蘇頲以瑞祝之辭旅於西嶽將以蒙嘉氣獲豐年公時膺保衡代修衮職克永先正對揚王休天子以才難九人允歸同德公是用僉諧八座懋廣疇咨有文章焉有禮樂焉既享冢位乃司宗伯實佐和邦敬恭明祀爰居爰處威儀孔將閟是亭廟有來斯啓州命長史河東薛縉俾焉協事於外宗人相禮展

器執書告備於內肅雍萃止蕭艾並作幣尊六號王用兩圭焚燎畢而禮容祇若昧爽交而神光有粲粵三月庚申陳薦請也公已事復命式遣其歸時厥翌日旋於闕下車轔轔而響止履鏘鏘而聲入則已浹周四溟澍洽千里拜獻純嘏天臨在歡嘉公克誠神用影響制書襃賚束帛有差既禱而祠古之義也吾不與祭帝有毖焉乃申命秩宗寵終厥事則有牲牷樂奏之備以昭配焉癸卯告賽如前禮夫陰陽不測至妙也因變感情至教也六府三事大功也四望六宗大禮也后王卿士如彼歲月其道不易時維

康哉蘇公乃言曰惟我后之德格於上下神哉其霈令茲巨人既可述已於是重費以謀始因物以書伐倬彼金石載刊其陰俾夫後之敬事者知景福之攸在其辭曰

於鑠太華降神西峙惟王荒之配天有祀雲雨成物馨香叶祉明明天子禱於慾陽肅肅蘇公王命是將克誠攸享離畢其滂年之用康祀事惟政非昵非假禮崇其敬祠而報焉以永終慶惟靈感和幽贊而生有豐者石刊之則貞蘇公作頌孔碩其聲

劉長卿

長卿字文房河間人開元二十一年進士德宗朝爲監察御史檢校祠部員外郎轉運使判官知淮南鄂岳轉運留後終隨州刺史

冰賦

水無心而清冰虛已而明始則同體終然異名水之動我變以靜水之柔我變以貞任方圓而能處其順在高下而不失其平北陸初凝結而爲冰東風始起融而爲水與時消息隨物行止水也不知其所然冰也莫知其所以何推運而有極乃忘情而合理觀乎外示貞堅內含虛澈無受

染以保其素無納汙以全其潔比玉而白不爲蠅玷比月而明不爲蟾缺瓊樹色奪瑤池光發變寒日之清瑩帶陰天之肅殺爰自止水遍於山川萬穴俱閉長波寂然皎皎彌靜峩峩遠連如雪覆地若雲披天雲之凝兮佇長風而可掃雪之積兮向太陽而莫全豈同夫氣之所感物莫能遷勁飈夕寒我力增壯晴景朝暖我心猶堅其堅伊何履霜斯至其薄伊何臨泉是畏君子用之以馴致其道覩之而不驕於貴二之日始鑿命虞官三之日始納享司寒天子陳禮容賦豳風大啓冰室獻於王宮氣肅雲陛寒生袞

龍闕九門於月下列千官於鏡中頒衆位取欽以受命御至尊得象於朝宗若君莫之求臣莫之見則溪山窮谷詎可得而加薦苟藏之不周用而不徧則災霜害雹如有待而爲變人或愛我淸人或愛我淨既潔其迹亦堅其性水之冰生於寒人之冰生於正無棄其道吾將何病

湘妃詩序

山海經曰洞庭之山帝之二女居之郭璞云天帝之女處江爲神即列仙傳所謂江妃二女也劉向列女傳曰帝堯之二女長曰娥皇次曰女英堯以妻舜于嬀汭舜既爲天子娥皇爲后女英爲妃舜死於蒼梧二妃死於江湘之閒

俗謂之湘君湘中記曰舜之二妃死爲湘水神故曰湘妃韓愈黃陵廟碑曰秦博士對始皇帝云湘君者堯之二女舜妃者也劉向鄭元亦皆以二妃爲湘君而離騷九歌既有湘君又有湘夫人王逸以爲湘君者自其水神而謂湘夫人乃二妃璞與逸俱失也堯之長女娥皇爲舜正妃故曰君其二女女英自宜降曰夫人也故九歌謂娥皇爲君女英爲帝子各以其盛者推言之也禮有小君明其正自得稱君也按琴操有湘妃怨又有湘夫人曲

首夏于越亭奉餞韋卿使君公赴婺州序

今年春王正月皇帝居紫宸正殿擇東南諸侯以我公爲少光祿自姑蘇行春於東陽愛人也頃公之在吳值欃槍構戾南犯斗牛波動滄海塵飛金陵公夷險一心忠勇增氣四面皆敵姑蘇獨靜臥甲霜天洗兵寒水竟使浙西士庶不見烟塵公之力也朝廷聞而多之以爲姑蘇之人已理東陽之人未化是拜也宜哉卿月既明仁風載淸出入數藩從容九棘在虞秦而皆智豈滕薛而異名頌聲洋洋實此行矣于越便道金華前山梅花過時槐色猶在白雲

芳草盡入詩興公實秉文律將爲詞雄逶迤退公知八詠之有繼作矣

仲秋奉餞蕭郎中使君赴潤州序

皇帝臨軒旰食憂濟在人擇良二千石與之共理民有疾苦得以安之吏有侵漁得以去之爲風化之本繫黎元之命不其難哉故內外闕官自卿大夫以下多責成元輔唯剖竹分符決在禁中又以政貴有成化難數易至於理行超異公論當徵但增秩錫金或移典大郡而已由是我蕭公建隼茲地化成五年漢庭羣公方待以右職而竟有南

徐之命蓋天子憂遠人而綏徽拜也公才可以濟物德可以化人五行之用備四時之氣足不立法而去弊不示禁而止奸寒者有衣飢者有食百城萬井若百草之得陽春不知其所以然而然也詔書既至公乃向闕北拜腰章遂行南徐之人望公如歸此邦之人去公如失千騎照路出於東郊男女滿野壺漿輻湊泣涕以送邀遮以留或攀我車或維我舟臨風鳴笳慷慨高秋君子是謂有古人之遺愛矣凡工文者能無詩乎

張僧繇畫僧記

天竺僧畫像者梁直閣將軍張僧繇之眞迹也張公繪事之始厥有二僧後屬侯景師至金陵江南喪亂此畫流離散落多歷年所遂遭剖割分而爲二其一在唐故右常侍陸堅處即此僧也陸公常嬰篤疾殆將屬纊忽於夢寐覩此胡僧謂公曰我有同侶一人自從離析已百餘年今在洛陽故城東李君家深所寶玩舉世莫知若能爲我求之再得會合當以法力扶助令爾無憂陸公既寤遂以求訪果如夢中之旨獲見斯人而僧亦俱在乃以俸錢十萬購而合焉即日陸公疾瘳勿藥有喜信知造思之妙通於神祇識者以爲千將鏌鋣散而復合亦其類也嗟乎陸公巳沒子孫不守有故姬鬻之於市爲校書郎宋儋所得開元中儋服藥過度因而喪明其李氏之僧復失所在惟入夢者歸然獨存儋卒傳故人劉傑傑隱居少室不求聞達天寶末遭祿山之難避地淮陰與道士魏審交深相結納無何傑以老卒傳於審交審交傳楚州刺史李湯湯傳睦州司馬劉長卿今爲劉氏之寶藏矣

唐睦州司倉參軍盧公夫人鄭氏墓誌銘

有唐大歷十三年九月二十一日睦州司倉參軍范陽盧

公夫人鄭氏終於所寓之官舍享年四十八以其月二十九日盧公受命於元龜權厝於津德縣佩犢鄉之東原禮也夫人滎陽人也曾王父松皇朝魏州莘縣令王父行恩晉州臨汾縣令父叔衞州新鄉縣丞鄭氏之先家牒詳矣元魏以衣冠人物首出諸族之右者五姓我居其一世濟厥美史不絕書夫人即新鄉府君第五女天姿淑德早有令聞中外推之難於擇對年十九以束帛墨車之禮送歸於公在滎陽家號女師入涿州縣人稱婦道恭儉以事上柔順以逮下服澣濯躬勤勞山東士風於是乎在嗚呼偕

者斯闕從秩猶卑不及中年梧桐半死安仁悼亡之歎人皆代而痛之一子一孫訴於彼蒼泣血而已銘曰
新鄉積善遂生淑媛詞邁克修乃光好仇母儀婦德萬古千秋新安江水已矣東流

祭蕭相公文

維某年月日殿中侍御史劉長卿謹以清酌庶羞之奠敬祭於故江州刺史相公蕭公之靈天降全德俾居元輔獨立堂堂高視前古和氣同積英姿外舉草木陽春山川時雨累葉當國同心事主業繼章平世生申甫龍潛少海公

佐儲闈朝有奸臣動履危機十年調護不虞嫌疑非以智免則將禍隨國移大盜公陷虜圍忍受拘逼誓酬恩私苟無所成雖死何爲果翻賊黨來赴王師懿夫川實朝宗雲亦成龍天地再開君臣相逢獨持一心翊戴兩宮明略戡難丹誠徇公輔國佞幸敢亂朝經潛申讜言請奪禁兵謀泄隙開反爲所傾倉卒之際播遷無名東出招邱南浮洞庭寄身滄江泛若流萍水國生疾炎洲促齡瓊樹先落金丹未成長卿自奉周旋於今五年才微顧重迹近位懸郎之溫如望之儼然奬飭何厚招尋亦偏春山彩擷秋水泂沿倰月舒嘯臨風扣舷懷舊如昨承歡眼前素業遂空清風獨遠哀哀孝子行哭而反託體山阿古來誰免湘流垂釣楚挽空吟明主思絕蒼生愛深江南春草自古傷心想像生平猶聞德音嗚呼哀哉去旌搖搖送馬蕭蕭長江遠山暮暮朝朝山有歸雲江有回潮公之逝矣一言寂寥挂劒於此魂兮可招尚饗

祭崔相公文

維年日月某乙謹以清酌之奠敬祭於故道州刺史相國崔公之靈唯嶽降靈唯公佐時大國樑棟中朝羽儀清迥

玉立峩峩冰姿秋水見底寒松無枝天步艱難海內崩離六合恟然一言安之帝憂南方公實載馳江漢之人惟公是依持衡署吏授節臨師三軍感恩多士如歸何名高而難恃翻寄重而先疑旋剖竹於滄海罷調梅於赤墀公頃歸朝時逢出震體道而處忘機於進澹然一心獨立千仞望重元老恩深顧問言必至公行惟周慎守孤直以見疾觸姦邪而結釁公之爲善匪近於名公之在貴匪貪其榮人皆畏黜公猶不驚飛鳥無迹白雲何情拜手魏闕退身楚城北渚在途南風掩扃顧婆娑之樹老歌滄浪之水清

雖優閒而適性終卑溼而傷生嗟乎若以神之輔德將未喪其正直若以天之愛人當復佐於陶鈞棄蒼生而不起留清風以益振長卿昔忝初秩公之一顧謬廁當時之選敢忘國士之遇旅櫬還鄉危旌啓路弔湘水而自淚望長沙而空暮嗚呼萬古兮歸舟千里兮東流過洞庭而搖落出夏口而夷猶月蒼蒼兮江淼淼人不見兮猿獨愁徒髣髴兮如在竟寂寥而若休尚饗

祭閻使君文

維年月日某乙謹以清酌之奠祭於故睦州刺史閻公之靈猗歟我公誕靈中和盛德茂才如山如河玉立清迴冰姿峩峩獨鶴不羣孤松無柯班氏九流孔門四科總而懷之巨海長波遭時艱難避地江淹浙水之源剖竹來過百城風偃萬室星羅感恩具存賞罰無頗帷褰訟止襁負肩摩俗謠蔽芾庭顧婆娑沈侯高詠謝客疲痾人之云亡天意若何故鄉道阻旅殯山阿哀哀孝子霜露滋多常懼流年邱隴陂陀乃告元龜是宅是他嗚呼我公所悲則那今去也哭昔來也歌引發東郊攀恩幡幡銘旌夕汲漭滄寒莎緬懷生平持奉仁和感恩臨奠悲如之何尚饗

又祭閻使君文

維某年月日某乙謹以清酌之奠祭於故睦州刺史閻公之靈天縱厚德曜於當代天與盛才宏夫濟世經綸萬類磅礴六藝禮樂詩書自中形外玉山迴出瓊樹無對秦鏡洞開吳鉤新淬青春立節白首彌勵五府交爭辟書相繼九州分按無遠不屆所居則理其去懷惠憔心苦形興利除害運屬横流道猶未濟一麾出守萬里長逝故林之下永閉龍泉埋沒於此經今幾年藹藹豐里油油原田田則有稼公之闢焉里則有桑公之植焉我衣我食公實賜焉人亡物在事往名傳滄海則變清風不窸長卿昔尉長洲公爲半刺一命之末三年伏事愛我以文獎我以吏禮變常儀恩生非次懷舊如在感今斯異身辱良知情依令嗣中原多梗旅櫬猶寄挂劒傷心看碑墜淚東風應律草綠川媚陽和發生物性咸遂冥冥逝者獨翳茲地空對一枝音容髣髴尚饗

祭董兵馬使文

維年月日某乙謹以清酌之奠祭於故鎮守兵馬使董公之靈溫溫董公純厚謙恭忠孝因心禮樂在躬薄伐襄漢

言從征東遠將偏師獨當羣凶朱旗薄霄白羽生風彼衆我寡兵盡矢窮手張空弮力殫氣雄孟明失律李廣無功有志不遂飲恨而終落梅笛怨細柳營空猶嘶戰馬永挂良弓銘旌悠悠此去何從寶劒埋沒黃泉幾重尚饗

祭故吏行官文

維年月日某乙謹以清酌之奠祭於故吏行官某乙之靈生也有涯天之常理悲夫逝者不得其死瞻彼行潦兮一勺之水嗟爾浮生兮千齡已矣憶昨金陵喪亂宣城危逼王師有征將破殘賊我事戎旃爾爲羽翼實執鞭弭豈辭

筋力熊羆失利豺狼反顧衣冠四散余之南渡白刃向人黃塵欲暮平生門闌皆已行路唯爾臨危秉心益固一身相依千里徒步嗚呼故鄉何在旅櫬何歸蔓草春綠孤魂夜飛心存簪履淚滿裳衣空餘旨酒以慰泉扉

欽定全唐文卷三百四十七

李白一

白字太白興聖皇帝九世孫白生夢長庚星因以命之舉有道不應天寶初至長安賀知章言於元宗召見金鑾殿論當世事奏頌一篇詔供奉翰林忤高力士摘其詩激揚貴妃帝欲官白妃輒沮之白遂求還山乃賜金放還安祿山反永王璘辟爲府僚璘起兵逃還彭澤璘敗長流夜郎會赦還代宗立以左拾遺召白已先卒年六十餘文集二十卷

明堂賦并序

昔在天皇告成岱宗改元乾封經始明堂年紀總章時締構之未輯痛威靈之遐邁天后繼作中宗成之因兆人之子來崇萬祀之丕業蓋天皇先天中宗奉天累聖纂就鴻勳克宣臣白美頌恭惟述焉其辭曰

伊皇唐之革天創元也我高祖乃仗大順赫然電發以首之於是橫八荒漂九陽掃欃槍開混茫景星耀而太階平虹蜺滅而日月張欽若太宗繼明重光廓區宇以立極綴蒼昊之頹綱淳風沕穆鴻恩滂洋武義烜赫於有截仁聲

駁沓乎無疆若乃高宗紹興拓統錫羨神休旁臻瑞物咸
薦元符剖兮地珍見既應天而順人遂登封而降禪將欲
考有洛崇明堂惟厥功之未輯兮乘白雲於帝鄉天后勤
勞輔政兮中宗以欽明克昌遵先軌以繼作兮揚列聖之
耿光則使軒轅草圖羲和練日經之營之不彩不質因子
來於四方豈殫稅於萬室乃準水臬攢雲梁馨玉石於隴
坂空瓌材於瀟湘巧奪神鬼高窮昊蒼聽天語之察察擬
帝居之將將雖暫勞而永固兮始聖謀於我皇覩夫明堂
之宏壯也則突兀曈曨乍明乍蒙象太古元氣之結空巃

嵸頹沓若嵬若業似天闔地門之開闔爾乃劃岑嶺以嶽
立郁穹崇而鴻紛冠百王而垂勳燭萬象而騰文窘惚恍
以洞豁呼嵌嵓而傍分又比夫崑山之天柱矗九霄而垂
雲於是結構乎黃道岧嶢乎紫微絡勾陳以繚垣闢閶闔
而啓扉崢嶸嶒㠁粲宇宙之光輝崔嵬赫奕張天地之神
威夫其背泓黃河垠漱清洛太行卻立通谷前廓遠則標
熊耳以作揭豁龍門以開關點翠彩於鴻荒洞清陰乎羣
山及乎煙雲卷舒忽出乍沒岌嵩噴伊倚日薄月雷霆之
所鼓蕩星斗之所伾佹挐金龍之蟠蜿挂天珠之硉矹勢
拔五嶽形張四維軋地軸以盤根摩天倪而創規樓臺崛
岉以奔附城闕欽崟而蔽虧珍樹翠草含華揚蕤目瑤井
之熒熒拖玉繩之離離摻華蓋以儻漭仰太微之參差擁
以禁扃橫以武庫獻房心以開鑿瞻少陽而舉措採殷制
酌夏步雜以代室重屋之名括以辰次火木之數壯不及
奢麗不及素層檐屹其霞矯廣廈鬱以雲布掩日道遏風
路陽烏轉影而翻飛大鵬橫霄而側度近則萬木森下千
宮對出熠乎碧光之堂炅乎瓊華之室錦爛霞駁星錯波
沏颯蕭寥以颼飀窅陰鬱以綿密含佳氣之青葱吐祥煙

之鬱律九室窈窕五闈聯綿飛楹磊砢走栱夤緣雲楣立
岌以橫綺綵桷攢欒而仰天皓壁晝朗朱甍晴鮮赬欄各
落偃蹇霄漢翠楹迴合蟬聯汗漫沓蒼穹之絕垠跨皇居
之太半遠而望之赫煌煌以輝輝忽天旋而雲昏迫而察
之粲炳煥以照爛倏山訛而晷換跨蓬壺之海樓吞岱宗
之日觀猛虎失道潛虯蟠梯徑通天而直上俯長河而下
低玉女攀星於網戶金娥納月於璇題藻井彩錯以舒蓮
天窻豔翼而銜霓扶標川而失足擬跟絓而罷躋要離欻
矔而外喪精視冰背而中迷亘以複道通乎宮垣坌入西

樓實爲崑崙三事庶尹正儀踽以出入九夷五狄順方面而來奔其左右也則丹陛崿崿彤庭煌煌列寶鼎歆金光流辟雍之滔滔象環海之湯湯闢青陽而啟總章廓明臺而布元堂儼以太廟處乎中央發號施令采時順方其閶闔也三十六戶七十二牖度筵列位南七西九白虎列序而躨跜青龍承隅而蚴蟉其深沈奧密也則赤熛掌火招拒司金靈威制陽汁光權陰坤斗主土據乎其心若乃熠燿五色張皇萬殊人物禽獸奇形異模勢若飛動瞪眄雎盱明君暗主忠臣烈夫咸政興滅表賢示愚於是王正孟

月朝陽登曦天子乃拖蒼玉鸞蒼螭臨乎青陽左个方御瑤瑟而彈鳴絲展乎國容輝乎皇儀傍瞻神臺順觀雲之軌俯對清廟崇配天之規欽若肸蠁維清緝熙崇牙樹羽熒煌葳蕤納五服之貢受萬邦之籍張龍旗與虹旌攢金戟與玉戚延五更進百辟奉珪瓚獻琛帛周旋俯僂儼容疊跡乃潔菹醢修粢盛奠三犧薦五牲享於神靈太祝正辭庶官精誠鼓大武之隱轔張鈞天之鏗鍧孫竹合奏空桑和鳴盡六變齊九成羣神來兮降明庭蓋聖主之所以孝治天下而享祀窅冥也然後臨辟雍宴羣臣陰陽爲庖造化爲宰餐元氣酌太和千里鼓舞百寮賡歌於斯之時雲油雨霈恩鴻溶兮澤汪濊四海歸兮八荒會哤聒乎區寓駢闐乎闕外羣臣醉德揖讓而退而聖主猶夕惕若厲懼人未安乃目極於天耳下於泉飛聰馳明無遠不察考鬼神之奧推陰陽之荒下明詔班舊章振窮乏散敖倉毀玉沈珠卑宮頹牆使山澤無間往來相望帝躬乎天田后親於郊桑棄末反本人和時康建翠華兮萋萋鳴玉鑾之鉠鉠遊乎昇平之圃憩乎穆清之堂天欣欣兮瑞穰穰巡陵於鶉首之野講武於驪山之旁封岱宗而祀后土掩栗

陸而包陶唐遂邀崆峒之道禮汾水之陽吸沆瀣之精英黜滋味之馨香貴理國其若夢遊華胥之故鄉於是元元澹然不知所在若羣雲從龍衆水奔海此眞所謂我大君登明堂之政化也豈比夫秦趙吳楚爭高競奢結阿房與叢臺建姑蘇及章華非享祀與嚴配徒掩月而凌霞由此觀之不足稱也況瑤臺之巨麗復安可以語哉敢揚國美遂作辭曰

穹崇明堂倚天開兮龍從鴻濛構瓌材兮偃蹇坱圠邈崔嵬兮周流辟雍岌靈臺兮赫奕日星噴風雷宗祀肸蠁王

化恢鎮八荒兮通九垓四門啓兮萬國來考休徵兮進賢才儼皇居而作固窮千祀兮悠哉

大獵賦并序

白以爲賦者古詩之流辭欲壯麗義歸博達不然何以光贊盛美感天動神而相如子雲競誇詞賦歷代以爲文雄莫敢詆訐臣請語其大略竊或褊其用心子虛所言楚國不過千里夢澤居其大半而齊徒呑若八九三農及禽獸無息肩之地非諸侯禁淫述職之義也上林云左蒼梧右西極考其實地周袤纔經數百長揚夸胡設網爲周阹放

麋鹿其中以搏攫充樂羽獵於靈臺之囿圍經百里而開殿門當時以爲窮壯極麗迨今觀之何齷齪之甚也但王者以四海爲家萬姓爲子則天下之山林禽獸豈與衆庶異之而臣以爲不能以大道匡君示物周博平文論苑囿之小竊爲微臣之不取也今聖朝園池遐荒殫窮六合以孟冬十月大獵於秦亦將耀威講武掃天蕩野豈淫荒侈靡非三驅之意邪臣白作頌折衷厥美其辭曰

粵若皇唐之契天地而襲氣母兮粲五葉之葳蕤惟開元廓海宇而運斗極兮總六聖之光熙誕金德之純精兮漱玉露之華滋文章森乎七曜兮制作參乎兩儀括衆妙而爲師明無幽而不燭兮澤無遠而不施慕往昔之三驅兮順生殺於四時若乃嚴冬慘切寒氣凛冽不周來風元冥掌雪木脫葉草解節土囊煙陰火井冰閉是月也天子處乎元堂之中餐八水兮休百工考王制兮遵國風樂農人之閒隙兮因校獵而講戎乃使神兵出於九闕天仗羅於四野徵水衡與林虞辨土物之衆寡千騎飈掃萬乘雷奔梢扶桑而拂火雲兮刮月窟而搜寒門赫壯觀於今古業搖蕩於乾坤此其大略也而內以中華爲天心外以窮髮

爲海口豁咽喉以洞開呑荒裔以盡取大章按步以來往夸父振策而奔走足跡乎日月之所通囊括乎陰陽之未有君王於是撞鴻鐘發鑾音出鳳闕開宸襟駕玉輅之飛龍歷神州之層岑遊五柞兮瞰三危挾細柳兮過上林攢高牙以總總兮駐華蓋之森森於是擢倚天之劒彎落月之弓崑崙叱兮可倒宇宙噫兮增雄河漢爲之卻流川嶽爲之生風羽毛揚兮九天絳獵火燃兮千山紅乃召蚩尤之徒聚長戟羅廣澤呵雨師走風伯稜威耀乎雷霆烜赫震於蠻貊陋梁都之體制鄙靈囿之規格而南以衡霍作

襟北以岱恆作袪夾東海而爲壍兮拖西冥而流渠麾九
州之珍禽兮迴千羣以坌入聯八荒之奇獸兮屯萬族而
來居雲羅高張天網密布罝罘緜原峭格掩路蟣蠓過而
猶礙蟭螟飛而不度彼層霄與翳㯶空翔鳥與伏兔從營
合技彌巒被岡金戈森行洗晴野之寒霜虹旗電掣卷長
空之飛雪吳驂走練宛馬蹀血縈衆山之聯緜隔遠水之
明滅使五丁推峯一夫拔木下塹高頹湲平險谷擺椿梧
開林叢喤喤呷呷盡奔突於場中而田疆古冶之疇烏獲
中黃之黨超呼嵥獵蒼莽喑嗚哮闞風旋電往脫文豹之

皮抵元熊之掌批狻手猱挾三挈兩既徒搏以角力又揮
鋒而爭先行虓號以鸇睨兮氣赫火而歊煙拳封貒肘巨
狿梟羊應叱以斃踣猰貐亡精而墜巔或碎腦以折脊或
歕髓而飛涎窮遐荒蕩林藪扼土伯殪天狗脫角犀頂拔
牙象口掃封狐於千里擷雄虺之九首咋騰蛇而仰吞拖
奔兕而卻走君王於是峩通天靡星旃奔雷車揮電鞭觀
壯士之效獲顧三軍而欣然曰夫何神讐鬼慄之駭人也
又命建夔鼓勵武卒雖轔轢之已多猶拗怒而未歇集赤
羽兮照日張烏號兮滿月戎車轞轞以陸離彀騎煌煌而
奮發鷹犬之所騰捷飛走之所蹉蹶攫麏麚之咆哮蹂豺
貉以挂格膏鋒染鍔填巖掩窟觀殊材與逸羣尚揮霍以
出沒別有白貘飛駮窮奇貙貓牙若錯劍鬣如叢竿口吞
殳鋋目極槍欃碎琅弧攫玉弩射猛彘透奔虎金鏃一發
旁疊四五雖鑿齒磨牙而致伉誰謂南山白額之足覩總
八校搜四隅馳專諸走都盧趫喬林撇絕壁抄獮猢攬貊
颬囚鼬鼯於峻崖頓榖貜於穹石養由發箭奇肱飛車巧
括更羸妙兼蒲且墜鵾鶬於青雲落鴻鴈於紫虛捎鶬鴰
漂鸕鷀彈地廬空神居斬飛鵬於日域摧大鳳於天墟龍

伯釣其靈鼇任公獲其巨魚窮造化之譎詭何神怪之有
餘所以噴血流川飛毛灑雪乍若乎高天雨獸上墜於大
荒又似乎積禽爲山下崩於林穴陽烏沮色於旭日陰兔
喪精於明月思騰裝上獵於太清所恨穹昊之路絕而忽
也莫不海晏天空萬方來同雖秦皇與漢武兮復何足以
爭雄俄而君王茫然改容愀若有失居安思危防險戒逸
斯馳騁以狂發非至理之宏術且夫人君以端拱爲尊元
妙爲寶暴殄天物是謂不道乃命去三面之網示六合之
仁已殺者皆其犯命未傷者全其天眞雖翦毛而不獻豈

剸鮮以染輪解鳳凰與鸑鷟兮旋騶虞與麒麟獲天寶於陳倉載非熊於渭濱於是享獵徒封勞苦軒行炰騎酌酤韜兵戈火網罟然後登九霄之臺宴八紘之圃開日月之扃闢生靈之戶聖人作而萬物覩覽蒐岐與狩敖何宣成之足數陋穆王之荒誕歌白雲於西母曷若飽人以滄泊之味醉時以醇和之觴鼓之以雷霆舞之以陰陽虞乎神明狃於道德張無外以爲罝琢太朴以爲杙頓天網以掩之獵賢俊以御極若此之狩罔有不克使天人晏安草木蕃殖六宮斥其珠玉百姓樂於耕織寢鄭衛之聲卻靡曼

之色天老掌圖風后侍側是三階砥平而皇猷允塞豈比夫子虛上林長楊羽獵計麋鹿之多少誇苑囿之大小者哉方將延榮光於後昆軼元風於邃古擁嘉瑞臻元符登封於太山篆德於社首豈不與乎七十二帝同條而共貫哉君王於是迴蜺旌返鑾輿訪廣成於至道問大隗之幽居使罔象掇元珠於赤水天下不知其所如也

大鵬賦并序

予昔於江陵見天台司馬子微謂予有仙風道骨可與神遊八極之表因著大鵬遇希有鳥賦以自廣此賦已傳於世往往人間見之悔其少作未窮宏達之旨中年棄之及讀晉書覩阮宣子大鵬讚鄙心陋之遂更記憶多將舊本不同今腹存手集豈敢傳諸作者庶可示之子弟而已其辭曰

南華老仙發天機於漆園吐崢嶸之高論開浩蕩之奇言徵至怪於齊諧談北溟之巨魚吾不知其幾千里其名曰鯤化成大鵬質凝胚渾脫鬐鬣於海島張羽毛於天門刷渤澥之春流晞扶桑之朝暾燀赫乎宇宙憑陵乎崑崙一鼓一舞煙蒙沙昏五嶽爲之震蕩百川爲之崩奔爾乃蹶

厚地摩太清亘層霄突重溟激三千以崛起搏九萬而迅征背嶪太山之崔嵬翼舉長雲之縱橫左迴右旋倏陰忽明歷汗漫以夭矯排閶闔之崢嶸簸鴻濛扇雷霆斗轉而天動山搖而海傾怒無所搏雄無所爭固可想像其勢髣髴其形若乃足縈虹蜺目耀日月連軒沓拖揮霍翕忽噴氣則六合生雲灑毛則千里飛雪邈彼北荒將窮南圖運逸翰以傍擊鼓奔飈而長驅燭龍銜光以照物列缺施鞭而啓途塊視三山杯看五湖其動也神應其行也道俱任公見之而罷釣有窮不敢以彎弧莫不投竿失鏃仰之長

吁爾其雄姿壯觀映背河漢上摩蒼蒼下覆漫漫盤古開天而直視羲和倚日以傍歎繽紛乎八荒之間掩映乎四海之半橫大明而掩晝若混茫之未判忽騰覆以迴旋則霞廓而霧散然後六月一息至於海湄欻翳景以橫翥逆高天而下垂憩乎泱漭之野入乎汪湟之池猛勢所射餘風所吹溟漲沸渭巖巒紛披天吳爲之怵慄海若爲之躨跜巨鼇冠山而卻走長鯨騰海而下馳縮殼挫鬣莫之敢窺吾亦不測其神怪之若此蓋乃造化之所爲豈比夫蓬萊之黃鵠誇金衣與菊裳恥蒼梧之元鳳耀綵質與錦章

既服御於靈仙久馴擾於池隍精衞殷勤於銜木鶢鶋悲愁乎薦觴天雞警曉於蟠桃踆烏晰耀於太陽不曠蕩而縱適何拘攣而守常未若茲鵬之逍遙無厥類乎比方不矜大而暴猛每順時而行藏參元根以比壽飲元氣以爲糧戲暘谷而徘徊馮炎洲而抑揚俄而希有見而謂之曰偉哉鵬乎若此之樂也吾右翼掩乎西極左翼蔽乎東荒跨躡地絡周旋天綱以恍惚爲巢以虛無爲場我呼爾遊爾呼我翔於是乎大鵬許之欣然相隨此二禽已登於寥廓而斥鷃之輩空見笑於藩籬

擬恨賦

晨登太山一望蒿里松楸骨寒宿草墳毀浮生可嗟大運同此於是僕本壯夫慷慨不歇仰思前賢飲恨而殁昔如漢祖龍躍羣雄競奔提劍叱咤指揮中原東馳渤澥西漂崑崙斷蛇奮怒掃清國步握瑤圖而倏昇登紫壇而雄顧一朝長辭天下縞素若乃項王虎鬭白日爭輝拔山力盡蓋世心違聞楚歌之四合知漢卒之重圍帳中劍舞泣挫雄威騅兮不逝喑嗚何歸至如荆卿入秦直度易水長虹貫日寒風颯起遠讎始皇擬報太子奇謀不成憤惋而死

若夫陳后失寵長門掩扉日冷金殿霜淒錦衣春草罷綠秋螢亂飛恨桃李之委絕思君王之有違昔者屈原既放遷於湘流心死舊楚魂飛長楸聽江風之嫋嫋聞嶺狖之啾啾永埋骨於綠水怨懷王之不收及夫李斯受戮神氣黯然左右垂泣精魂動天執愛子以長別歎黃犬之無緣或有從軍永訣去國長違天涯遷客海外思歸此人忽見愁雲蔽日目斷心飛莫不攢眉痛骨抆血霑衣若乃錯繡轂填金門煙塵曉沓歌鐘晝諠亦復星沈電滅閉影潛魂已矣哉桂華滿兮明月輝扶桑曉兮白日飛玉顏滅兮螻

蟻聚碧臺空兮歌舞稀與天道兮共盡莫不委骨而同歸

惜餘春賦

天之何爲令北斗而知春兮迴指於東方水蕩漾兮碧色蘭葳蕤兮紅芳試登高兮望遠極雲海之微茫魂一去兮欲斷淚流頰兮成行吟清風而詠滄浪懷洞庭兮悲瀟湘何予心之縹緲兮與春風而飄揚飄揚兮思無限念佳期兮莫展平原萋兮綺色愛芳草兮如翦惜餘春之將闌每爲恨兮不淺漢之曲兮江之潭把瑤草兮思何堪想遊女於峴北愁帝子於湘南恨無極兮心氳氳目眇眇兮憂紛

紛披衛情於淇水結楚夢於陽雲春每歸兮花開花已闌兮春改歎長河之流速送馳波於東海春不留兮時已失老衰颯兮情逾疾恨不得掛長繩於青天繫此西飛之白日若有人兮情相親去南越兮往西秦見遊絲之橫路網春暉以留人沈吟兮哀歌躑躅兮傷別送行子之將遠看征鴻之稍滅醉愁心於垂楊隨柔條以糾結望夫君兮與咨嗟橫涕淚兮怨春華遥寄影於明月送夫君於天涯

愁陽春賦

東風歸來見碧草而知春蕩漾惚恍何垂楊旖旎之愁人天光清而妍和海氣綠而芳新綵翠兮芊眠雲飄颻而相鮮演漾兮夤緣窺青苔之生泉縹緲兮翩緜見遊絲之縈煙魂與此兮俱斷對風光兮悽然若乃隴水秦聲江猿巴吟明妃玉塞楚客楓林試登高而望遠痛切骨而傷心春心蕩兮如波春愁亂兮如雪兼萬情之悲歡茲一感於芳節若有一人兮湘水濱隔雲霓而見無因洒別淚於尺波寄東流於情親若使春光可攬而不滅兮吾欲贈天涯之佳人

劒閣賦 送友人王炎入蜀

咸陽之南直望五千里見雲峯之崔嵬前有劒閣橫斷倚青天而中開上則松風蕭颯瑟颸有巴猿兮相哀旁則飛湍走壑灑石噴閣洶湧而驚雷送佳人兮此去復何時兮歸來望夫君兮安極我沈吟兮歎息視蒼波之東注悲白日之西匿鴻別燕兮秋聲雲愁秦而暝色若明月出於劒閣兮與君兩鄉對酒而相憶

悲清秋賦

登九疑兮望清川見三湘之潺湲水流寒以歸海雲橫秋而蔽天予以鳥道計於故鄉兮不知去荆吳之幾千於時

西陽半池映島欲沒澄湖練明遙海上月念佳期之浩蕩渺懷燕而望越荷花落兮江色秋風嫋嫋兮夜悠悠臨窮溟以有羨思釣鼇於滄洲無修竿以一舉撫洪波而增憂歸去來兮人間不可以託些吾將採藥於蓬邱

欽定全唐文卷三百四十八

李白二

趙公西候新亭頌并序

惟十有四載皇帝以歲之驕陽秋五不稔乃慎擇明牧恤南方凋枯伊四月孟夏自淮陰遷我天水趙公作藩於宛陵祗明命也惟公代秉天憲作程南臺洪柯大本聿生懿德宜乎哉橫風霜之秀氣鬱王霸之奇略初以鐵冠白筆佐我燕京威雄振肅虜不敢視而後鳴琴二邦天下取則起草三省朝端有聲天子識面宰衡動聽般南山之雷剖

赤縣之劇強項不屈三州所居大化咸列碑頌至於是邦也酌古以訓俗宣風以布和平心理人兵鎮唯靜畫一千里時無務言公退之暇清眺原隰以此郡東塹巨海西襟長江咽三吳扼五嶺輶軒錯出無旬時而息焉出自西郭蒼然古道道寡列樹行無清陰至有疾雷破山狂飈震壑炎景爍野秋霖灌途馬逼側於谷口人周章於山頂亭候靡設逢迎闕如自唐有天下作牧百數因循齷齪罔恢永圖及公來思大革前弊實相此土陟降觀之壯其迴岡龍盤沓嶺波起勝勢交至可以有作方農之隙廓如是營遂

鏟崖堙卑驅石翦棘削汚壤階高隅以門以墉乃棟乃宇儉則不陋麗而不奢森沈閑閣爍涇有庇若鼇之湧如鵬斯騫縈流鏡轉涵映池底納遠海之餘淸瀉蓮峰之積翠信一方雄勝之郊五馬踟躕之地也長史齊公光乂人倫之師表司馬武公幼成衣冠之髦彥錄事參軍吳鎭宣城令崔欽令德之後良材間生縱風教之樂地出人倫之高格卓絕映古清明在躬僉謀僝功不日而就總是役也伊二公之力歟過客沈吟以稱歎邦人聚舞以相賀僉曰我趙公之亭也羣寮獻議請因謠頌以名之則必與謝公北

亭同不朽矣白以爲謝公德不及後世亭不留要衝無勿拜之言鮮登高之賦方之今日我則過矣敢詢耆老而作頌曰

耽耽高亭趙公所營如鼇背突兀於太淸如鵬翼開張而欲行趙公之宇千載有覩必恭必敬爰遊爰處瞻而思之罔敢大語趙公來翔有禮有章煌煌鏘鏘如文翁之堂淸風洋洋永世不忘

崇明寺佛頂尊勝陁羅尼幢頌 幷序

共工不觸山媧皇不補天其鴻波汩汩流伯禹不治水萬人其魚乎禮樂大壞仲尼不作王道其昬乎而有功包陰陽力掩造化首出衆聖卓稱大雄彼三者之不足徵矣粤有我西方金仙之垂範覺曠劫之大夢碎羣愚之重昬寂然不動湛而常存使苦海靜滔天之波疑山滅炎崐之火囊括天地置之淸涼日月或墜神通自在不其偉歟魯郡崇明寺南門佛頂尊勝陁羅尼石幢者蓋此都之壯觀昔善住天子及千大天遊於園觀又與天女遊戲受諸快樂卽於夜分中聞有聲曰善住天子七日滅後當生七反畜生之身於是如來授之吉祥眞經遂脫諸苦蓋之天徵爲

大法印不可得而聞也我唐高宗時有罽賓桑門持入中土猶日藏大寶淸園虛空檀金淨彩人皆悅見所以山東開士舉國而崇之時有萬商投珍士女雲會衆布蓄沓如陵琢文石於他山聳高標於列肆鑱珉錯綵爲鯨爲螭天人海怪若叱若語貝葉金言刊其上荷花水物形其隅良工草萊獻技而去聖君垂拱南面穆清而居大明廣運無幽不燭以天下所立茲幢多臨諸旗亭喧囂湫隘本非經行圍繞之所乃頒下明詔令移於寶坊吁百尺中標矗若雲斷委翳苔蘚周流星霜俾龍象興嗟仰瞻無地良可歎

也我太官廣武伯隴西李公先名琬奉詔書改爲輔其從政也肅而寬仁而惠五鎮方牧聲聞於天帝乃加剖竹於魯魯道粲然可觀方將和陰陽於太階致吾君於堯舜豈徒閉閤坐嘯鴻盤二千哉乃再崇厥功發揮象教於是與長史盧公司馬李公等咸明明在公綽綽有裕轁大國之寶鍾元精之和榮兼半刺道光列嶽才或大而用小識無微而不通政其有經談豈更僕有律師道宗心總羣妙量包大千日何瑩而常明天不言而自運識岸浪注元機清發每口演金偈舌搖電光開關延敵罕有當者由萬竅同

號於一風衆流俱納於溟海若乃嚴飭佛事規矩梵天法堂鬱以霧開香樓岌乎島峙皆我公之締構也以天寶八載五月一日示滅大寺百城號天四衆泣血焚香散花扶櫬臥轍仙鶴數十飛鳴中絕非至德動天淡仁感物者其孰能與於此乎三綱等皆論窮彌天惠湛清月傳千燈於智種了萬法於眞空不謀同心克樹聖跡太官李公乃命門於南垣廓通衢會盤舊規累構餘石壯士加勇力侔拔山纔轚鼓以雷作拖鴻縻而電掣千人壯萬夫勢轉轆轤於橫梁泯環合而無際常六合之振動崛九霄之崢嶸非鬼神功曷以臻此況其清景燭物香風動塵羣形所霑積苦都雪粲星辰而增輝掛文字而不滅雖漢家金莖伏波銅柱擬茲陋矣或日月圓滿方檀散華清心諷持諸佛稱贊夫如是亦可以從一天至一天開天宮之門見羣聖之顏巍巍功德不可量也其錄事參軍六曹英寮及十一縣官屬有宏才碩德含香繡衣者皆列名碑陰此不具載郡人都水使者宣道先生孫太沖得眞人紫藥玉笈之書能令太乙神自成還丹以獻於帝帝服享萬壽與天同休功成身退謝病而去不謂古之元通微妙之士歟乃謂白曰

昔王文考觀藝於魯騁雄辭於靈光陸佐公知名在吳銘雙闕於盤石吾子盍可美盛德揚中和恭承話言敢不惟命遂作頌曰

揭高幢兮表天宮嶷獨出兮淩星虹神縱縱兮來空佗扶傾乎蒼穹西方大聖稱大雄橫絕苦海舟羣蒙陁羅尼藏萬法宗善住天子獲厥功明明李君牧東魯再新頹規扶衆苦如大雲王注法雨邦人清涼喜聚舞揚鴻名兮振海浦銘豐碑兮昭萬古

爲宋中丞請都金陵表

臣某言臣誠惶誠恐頓首頓首臣聞社稷無常奉明者守之君臣無定位闇者失之所以父作子述重光疊輝天未絕晉人惟戴唐以功德有厚薄運數有修短功高而福祚長永德薄而政教陵遲三后之姓於今爲庶非一朝也伏惟陛下欽六聖之光訓擁千載之鴻休有國之本羣生屬望粤自明兩光岐之陽昔有周太王之興發跡於此天啓有類豈人事歟皇朝百五十年金革不作逆胡竊號剥亂中原雖平嵩邱塡伊洛不足以掩宮城之骸骨決洪河灑秦雍不足以蕩犬羊之羶腥毒侵區宇憤盈穹旻此乃猛

士奮劍之秋謀臣運籌之日夫不拯橫流何以彰聖德不斬巨猾無以興神功十亂佐周而克昌四凶及虞而乃去去元凶者非陛下而誰且道有興廢代有中季漢當三七莽亦爲災赤伏再起丕業終光非陛下至神至聖安能勃然中興乎以臣料人事得失敢獻疑於陛下臣猶望愚夫千慮或冀一得何者賊臣楊國忠蔽塞天聰屠割黎庶女弟席寵傾國弄權九土泉貨盡歸其室怨氣上激水旱薦臻重罹暴亂百姓力屈卽欲平殄蠶賊恐難應期且圖萬全之計以成一舉之策今自河以北爲胡所凌自河之南孤城四壘大盜蠶食割爲洪溝宇宙嶢杌昭然可覩臣伏見金陵舊都地稱天險龍盤虎踞開扃自然六代皇居五福斯在雄圖霸跡隱軫猶存咽喉控帶縈錯如繡天下衣冠士庶避地東吳永嘉南遷未盛於此臣又聞湯及盤庚五遷其邑典謨訓誥不以爲非衞文徙居楚邱風人流詠伏惟陛下因萬人之蕩析乘六合之譸張去扶風萬有一危之近邦就金陵太山必安之成策苟利於物斷在宸衷況齒革羽毛之所生楩柟豫章之所出元龜大貝充牣其中銀坑鐵冶連緜相屬剗銅陵爲金穴煮海水爲鹽山以

征則兵強以守則國富橫制八極克復兩京俗畜來蘇之歡人多徯后之望陛下西以峨嵋爲壁壘東以滄海爲溝池守海陵之倉獵長洲之苑雖上林五柞復何加焉上皇居天帝運昌之都儲精眞一之境有虞則北閉劍閣南扃瞿塘蚩尤共工五兵莫向二聖高枕人何憂哉飛章問安往復巴峽朝發白帝暮宿江陵首尾相應率然之舉不勝屛營瞻雲望日之至謹先奉表陳情以聞

爲宋中丞自薦表

臣某聞天地閉而賢人隱雲雷屯而君子用臣伏見前翰

林供奉李白年五十有七天寶初五府交辟不求聞達亦由子眞谷口名動京師上皇聞而悅之召入禁掖旣潤色於鴻業或間草於王言雍容揄揚特見褒賞爲賤臣詐詭遂放歸山閒居製作言盈數萬屬逆胡暴亂避地廬山遇永王東巡脅行中道奔走却至彭澤具已陳首前後經宣慰大使崔渙及臣推覆清雪尋經奏聞臣聞古之諸侯進賢受上賞蔽賢受顯戮若三適稱美必九錫光榮垂之典謨永以爲訓臣所管李白實審無辜懷經濟之才抗巢由之節文可以變風俗學可以究天人一命不霑四海稱屈

伏惟陛下大明廣運至道無偏收其希世之英以爲清朝之寶昔四皓遭高皇而不起翼惠帝而方來君臣離合亦各有數豈使此人名揚宇宙而枯槁當年傳曰舉逸人而天下歸心伏惟陛下迴太陽之高暉流覆盆之下照特請拜一京官獻可替否以光朝列則四海豪俊引領知歸不勝慺慺之至敢陳薦以聞

爲吳王謝責赴行在遲滯表

臣某言伏蒙聖恩追赴行在臣誠惶誠恐頓首頓首臣聞胡馬矯首嘶北風以踢顧越禽歸飛戀南枝而刷羽所以流波思其舊浦落葉墜於本根在物尚然矧於臣子臣位叨磐石辜負明時才闕總戎謬當強寇駑拙有素天實知之伏惟陛下重紐乾綱再清國步愍臣不逮賜臣生全歸見白日死無遺恨然臣年過耳順風瘵日加鋒鏑殘骸劣有餘喘雖決力上道而心與願違貴貪尺寸之程轉增犬馬之戀非有他故以疾淹留今大舉天兵掃除戎羯所在郵驛徵發交馳臣逐便水行難於陸進瞻望丹闕心魂若飛慚墜履之還收喜遺簪之再御不勝涕戀屏營之至謹奉表以聞

上安州李長史書

白嶔崎歷落可笑人也雖然頗嘗覽千載觀百家至於聖賢相似厥衆則有若似於仲尼紀信似於高祖牢之似於無忌宋玉似於屈原而遙觀君侯竊疑魏洽便欲趨就臨然舉鞭遲疑之間未及迴避且理有疑誤而成過事有形似而類眞惟大雅含宏方能恕之也白少頗周愼忝聞義方入暗室而無欺屬昏行而不變今小人履疑誤形似之跡君侯流愷悌矜恤之恩戢秋霜之威布冬日之愛睟容有穆怒顏不彰雖將軍息恨於長孫之前此無慚德司空

受揖於元淑之際彼未爲賢一言見冤九死非謝白孤劒誰託悲歌自憐迫於悽惶席不暇煖寄絕國而何仰若浮雲而無依南徙莫從北遊失路遠客汝海近還鄖城昨遇故人飲以狂藥一酌一笑陶然樂酣困河朔之清觴飫中山之醇酎屬早日初眩晨霾未收乏離朱之明昧王戎之視青白其眼瞢而前行亦何異抗莊公之輪怒蟷蜋之臂御者趨召明其是非入門鞠躬精魄飛散昔徐邈緣醉而賞魏王却以爲賢無鹽因醜而獲齊君待之逾厚白妄人也安能比之上挂國風相鼠之譏下懷周易履虎之懼慙

以固陋禮而遣之幸容寗越之辜深荷三公之德銘刻心骨退思狂愆五情氷炭罔知所措晝愧於影夜慙於魄啓處不遑戰跼無地伏惟君侯明奪秋月和均韶風掃塵辭場振發文雅陸機作太康之傑士未可比肩曹植爲建安之雄才惟堪捧駕天下豪俊翕然趨風白之不敏竊慕餘論何圖叔夜潦倒不切於事情正平猖狂自貽於恥辱一忤容色終身厚顏敢昧負荊請罪門下儻免以訓責恤其愚蒙如能伏劒結纓謝君侯之德敢以近所爲春遊救苦寺詩一首十韻石巖寺詩一首八韻上楊都尉詩一首三十韻辭旨狂野貴露下情輕干視聽幸乞詳覽

與賈少公書

宿昔惟清勝白綿疾疲薾去期恬退才微識淺無足濟時雖中原橫潰將何以救之主命崇重大總元戎辟書三至人輕禮重嚴期迫切難以固辭扶力一行前觀進退且殷深源廬嶽十載時人觀其起與不起以卜江左興亡謝安高臥東山蒼生屬望白不樹矯抗之跡恥振元邈之風混遊漁商隱不絕俗豈徒販賣雲壑要射虛名方之二子實有慙德徒塵忝幕府終無能爲唯當報國薦賢持以自免斯言若謬天實殛之以足下深知具申中款惠子知我夫

何間然勾當小事但增悚惕

與韓荊州書

白聞天下談士相聚而言曰生不用封萬戶侯但願一識韓荊州何令人之景慕一至於此耶豈不以有周公之風躬吐握之事使海內豪俊奔走而歸之一登龍門則聲價十倍所以龍蟠鳳逸之士皆欲收名定價於君侯願君侯不以富貴而驕之寒賤而忽之則三千賓中有毛遂使白得脫穎而出卽其人焉白隴西布衣流落楚漢十五好劒

術徧干諸侯三十成文章歷抵卿相雖長不滿七尺而心雄萬夫王公大臣許與氣義此疇曩心跡安敢不盡於君侯哉君侯制作侔神明德行動天地筆參造化學究天人幸願開張心顏不以長揖見拒必若接之以高宴縱之以清談請日試萬言倚馬可待今天下以君侯爲文章之司命人物之權衡一經品題便作佳士而君侯何惜階前盈尺之地不使白揚眉吐氣激昂青雲耶昔王子師爲豫章未下車卽辟荀慈明既下車又辟孔文舉山濤作冀州甄拔三十餘人或爲侍中尚書先代所美而君侯亦一薦嚴

協律入爲祕書郎中間崔宗之房習祖黎昕許瑩之徒或以才名見知或以清白見賞白每觀其銜恩撫躬忠義奮發白以此感激知君侯推赤心於諸賢之腹中所以不歸他人而願委身於國士儻急難有用敢效微軀且人非堯舜誰能盡善白謨猷籌畫安敢自矜至於制作積成卷軸則欲塵穢視聽恐雕蟲小技不合大人若賜觀芻蕘請給以紙筆兼之書人然後退掃閑軒繕寫呈上庶青萍結綠長價於薛卞之門幸推下流大開獎飾唯君侯圖之

上安州裴長史書

白聞天不言而四時行地不語而百物生白人焉非天地安得不言而知乎敢剖心析肝論舉身之事便當談笑以明其心而麤陳其大綱一快憤懣惟君侯察焉白本家金陵世爲右姓（謹按此二句不可解舊唐書云白山東人父爲任城尉因家焉新書云白興聖皇帝九世孫隋末以罪徙西域神龍中逃還客巴西竊思白既爲興聖九世孫世爲西州右姓如自泝其族望則金陵或係金城之訛否則定因前涼張氏僑置建康郡於敦煌人遂目此建康爲金陵故下句云遭沮渠蒙遜之難奔流咸秦按崔鴻十六國春秋云沮渠蒙遜殺呂光酒泉太守疊滕共推建康太守段業爲涼州牧應卽此事若云江左金陵則白雖因崔宗之官金陵曾經遊此並非世居且與下句遭沮渠蒙遜之難云云俱不可通矣）遭沮渠蒙遜之難奔流咸秦因官寓家少長江漢五歲誦六甲十歲

觀百家軒轅以來頗得聞矣常橫經籍書制作不倦迄於今三十春矣以爲士生則桑弧蓬矢射乎四方故知大丈夫必有四方之志乃仗劍去國辭親遠遊南窮蒼梧東涉溟海見鄉人相如大誇雲夢之事云楚有七澤遂來觀焉而許相公家見招妻以孫女便憩跡於此至移三霜焉曩昔東遊維揚不逾一年散金三十餘萬有落魄公子悉皆濟之此則是白之輕財好施也又昔與蜀中友人吳指南同遊於楚指南死於洞庭之上白禫服慟哭若喪天倫炎月伏屍泣盡而繼之以血行路聞者悉皆傷心猛虎前

臨堅守不動遂權殯於湖側便之金陵數年來觀筋骨尚在白雪泣持刃躬申洗削裹骨徒步負之而趨寢興攜持無輟身手遂丐貸營葬於鄂城之東故鄉路遥魂魄無主禮以遷窆式昭朋情此則是白存交重義也又昔與逸人東巖子隱於岷山之陽白巢居數年不跡城市養奇禽千計呼皆就掌取食了無驚猜廣漢太守聞而異之詣廬親覩因舉二人以有道並不起此則白養高忘機不屈之跡也又前禮部尚書蘇公出爲益州長史白於路中投刺待以布衣之禮因謂羣寮曰此子天才英麗下筆不休雖風

力未成且見專車之骨若廣之以學可以相如比肩也四海明識且知此談前此郡都督馬公朝野豪彥一見盡禮許爲奇才因謂長史李京之曰諸人之文猶山無烟霞春無草樹李白之文清雄奔放名章俊語絡繹間起光明洞徹句句動人此則故交元丹親接斯議若蘇馬二公愚人也復何足陳倘賢者也白有可尚夫唐虞之際於斯爲盛有婦人焉九人而已是知才難不可多得白野人也頗工於文惟君侯顧之無按劒也伏惟君侯貴而且賢鷹揚虎視齒若編貝膚如凝脂昭昭乎若玉山上行朗然映人也

而高義重諾名飛天京四方諸侯聞風暗許倚劒慷慨氣干虹蜺月費千金日宴羣客出躍駿馬入羅紅顏所在之處賓朋成市故詩人歌曰賓朋何喧喧日夜裴公門願得裴公之一言不須驅馬埒華軒白不知君侯何以得此聲於天壤之間豈不由重諾好賢謙以下士得也而晚節改操棲情翰林天才超然度越作者屈佐鄖國時惟清哉稜威雄雄下慴羣物白竊慕高義已經十年雲山間之造謁無路今也運會得趨末塵承顏接辭八九度矣常欲一雪心跡崎嶇未便何圖謗詈忽生衆口攢毀將欲投杼下客

震於嚴威然自明無辜何憂悔吝孔子曰畏天命畏大人畏聖人之言過此三者鬼神不害若使事得其實罪當其身則將浴蘭沐芳自屏於烹鮮之地惟君侯死生不然投山竄海轉死溝壑豈能明目張膽託書自陳耶昔王東海問犯夜者曰何所從來答曰從師受學不覺日晚王曰豈可鞭撻寗越以立威名想君侯通人必不爾也願君侯惠以大遇洞開心顏終乎前恩再辱英盼白必能使精誠動天長虹貫日直度易水不以爲寒若赫然作威加以大怒不許門下逐之長途白卽膝行於前再拜而去西入秦海

一觀國風永辭君侯黃鵠舉矣何王公大人之門不可以彈長劍乎

爲趙宣城與楊右相書

某啓辭違積年伏戀軒屏首冬初寒伏惟相公尊體起居萬福某蒙恩才朽齒邁徒延聖日少忝末吏本乏遠圖中年廢闕分歸園壑昔相公秉國憲之日一拔九霄拂刷前恥昇騰晚宦恩貸稠疊實戴邱山落羽再振枯鱗旋躍運以大風之舉假以摩天之翔衣繡霜臺含香華省宰劇慚強項之名酌貪礪清心之節三典列郡寂無成功但宣布

王澤式酬天獎伏惟相公開張徽猷寅亮天地入夔龍之室持造化之權安石高枕蒼生是仰某鳴躍無已翦拂因人銀章朱紱坐榮宦達身荷宸眷目識龍顏既齊飛於鵷鷺復寄跡於門館皆相公大造之力也而鐘鳴漏盡夜行不息止足之分實媿古人犬馬戀主迫於西汜所冀枯松晚歲無改節於風霜老驥餘年期盡力於蹄足以答明主下報相公慺慺之誠屏息於此伏惟相公收遺簪於少昊念亡弓於楚澤衰當益壯結草知歸瞻望恩光無忘景刻

代壽山答孟少府移文書

淮南小壽山謹使東峰金衣雙鶴銜飛雲錦書於維揚孟公足下曰僕包大塊之氣生洪荒之閒連翼軫之分野控荊衡之遠勢盤薄萬古邈然星河憑天霓以結峰倚斗極而橫嶂頗能攢吸霞雨隱居靈仙產隋侯之明珠蓄卞氏之光寶罄宇宙之美殫造化之奇方與崑崙抗行閬風接境何人閒巫廬台霍之足陳耶昨於山人李白處見吾子移白責僕以多奇叱僕以特秀而盛談三山五岳之美謂僕小山無名無德而稱焉觀乎斯言何太謬之甚也吾子豈不聞乎無名爲天地之始有名爲萬物之母假令登封

禋祀曷足以大道譏耶然皆損人費物庖殺致祭暴殄草木鐫刻金石使載圖典亦未足爲貴乎且達人莊生常有餘論以爲斥鷃不羡於鵬鳥秋毫可並於太山由斯而談何小大之殊也又怪於諸山藏國寶隱國賢使吾君牓道燒山披訪不獲非通談也夫皇王登極瑞物昭至蒲萄翡翠以納貢河圖洛書以應符設天綱而掩賢窮月窟以率職天不祕寶地不藏珍風威百蠻春養萬物王道無外何英賢珍玉而能伏匿於巖穴耶所謂牓道燒山此則王者之德未廣矣昔太公大賢傅說明德棲渭川之水藏虞號

之巖卒能形諸兆朕感乎夢想此則天道闇合豈勞乎搜訪哉果投竿詣麾舍築作相佐周文讚武丁總而論之山亦何罪乃知巖穴爲養賢之域林泉非秘寶之區則僕之諸山亦何負於國家矣近者逸人李白自峨眉而來爾其天爲容道爲貌不屈已不干人巢由以來一人而已乃蚪蟠龜息遁乎此山僕嘗弄之以綠綺臥之以碧雲漱之以瓊液餌之以金砂旣而童顏益春眞氣愈茂將欲倚劒天外挂弓扶桑浮四海橫八荒出宇宙之寥廓登雲天之渺茫俄而李公仰天長吁謂其友人曰吾未可去也吾與爾

達則兼濟天下窮則獨善一身安能餐君紫霞蔭君青松乘君鸞鶴駕君虬龍一朝飛騰爲方丈蓬萊之人耳此則未可也乃相與卷其丹書匣其瑤琴申管晏之談謀帝王之術奮其智能願爲輔弼使寰區大定海縣清一事君之道成榮親之義畢然後與陶朱留侯浮五湖戲滄洲不足爲難矣卽僕林下之所隱容豈不大哉必能資其聰明輔其正氣借之以物色發之以文章雖烟花中貧沒齒無恨其有山精木魅雄虺猛獸以驅之四荒磔裂原野使影跡絕滅不干戶庭亦遣清風掃門明月侍坐此乃養賢之心實亦勤矣孟子孟子無見深責耶明年青春求我於此巖也

欽定全唐文卷三百四十九

李白三

春夜宴從弟桃花園序

夫天地者萬物之逆旅光陰者百代之過客而浮生若夢爲歡幾何古人秉燭夜遊良有以也況陽春召我以烟景大塊假我以文章會桃李之芳園序天倫之樂事羣季俊秀皆爲惠連吾人詠歌獨慙康樂幽賞未已高談轉清開瓊筵以坐花飛羽觴而醉月不有佳作何伸雅懷如詩不成罰依金谷酒數

早春於江夏送蔡十還家雲夢序

吾觀蔡侯奇人也爾其才高氣遠有四方之志不然何周流宇宙太多耶白遐窮冥搜亦已早矣海草三綠不歸國門又更逢春再結鄉思一見夫子冥心道存窮朝晚以作宴驅烟霞以輔賞朗笑明月時眠落花斯遊無何尋告睽索來暫觀我去還愁人乃浮漢陽入雲夢緗枻云叩歸魂亦飛且青山綠楓累道相接遇勝因賞利君前行旣非遠離曷足多歎秋七月結遊鏡湖無愆我期先子而往敬愼好去終當早來無使耶川白雲不得復弄爾鄉中廖公及諸才子爲詩略謝之

春於姑孰送趙四流炎方序

白以鄒魯多鴻儒燕趙饒壯士蓋風土之然乎趙少公才貌瓌雅志氣豪烈以黄綬作尉泥蟠當塗亦猶雞棲鶴籠不足以窘束鸞鳳耳以疾惡抵法遷於炎方辭高堂而墜心指絕國以搖恨天與水遠雲連山長惜光景於頃刻開壺觴於洲渚黄鶴曉別愁聞命子之聲青楓暝色盡是傷心之樹然自吳瞻秦日見喜氣上當攫玉弩摧狼狐洗清天地雷雨必作冀白日迴照丹心可明巴陵半道坐見還

吳之棹令雪解而松柏振色氣和而蘭蕙開芳僕西登天門望子於滄江之上吾賢可流水其道浮雲其身通方大適何往不可何戚戚於路歧哉

暮春於江夏送張祖監丞之東都序

吁咄哉僕書室坐愁亦已久矣每思欲遐登蓬萊極目四海手弄白日頂摩青穹揮斥幽憤不可得也而金骨未變玉顔已緇何常不捫松傷心撫鶴歎息誤學書劒薄遊人間紫禁九重碧山萬里有才無命甘於後時劉表不用於禰衡暫來江夏賀循喜逢於張翰且樂船中遇達人張侯

大雅君子統泛舟之役在清川之湄談元賦詩連興數月醉盡花柳賞窮江山王命有程告以于邁烟景晚色慘爲愁容繫飛帆於半天泛淥水於遙海欲去不去更開芳樽樂雖寰中趣逸天外平生酣暢未若此時至於清談浩歌雄筆麗藻笑飲醁酒醉揮素琴余實不媿於古人也揚袂遠別何時歸來想洛陽之秋風將鱠魚以相待詩可贈遠無乃闕乎

早夏於將軍叔宅與諸昆季送傅八之江南序

易曰觀乎人文以化成天下窮此道者其惟傅侯耶侯篇

章驚新海內稱善五言之作妙絕當時陶公媿田園之能謝客慙山水之美佳句籍籍人爲美談前許州司馬宋公藴冰清之姿重傅侯玉潤之德妻以其子鳳凰于飛潘楊之好斯爲睦矣僕不佞也忝於芳塵宴同一筵心契千古清酌連曉元談入微歡攜無何旋告睽拆將軍叔英略蓋古英明洞神天王貴宗誕育賢子八龍增秀以列次五色相輝而有文會言高樂曉餞金門洗德紘觴怡顏朱明草木已盛且江嶂若畫賞盈前途自然屏間坐遊鏡裏行到霞月千里足供文章之用哉征帆空懸落日相迫二季揮翰詩其贈焉

夏日陪司馬武公與羣賢宴姑熟亭序

通驛公館南有水亭焉四甍翬飛巉絕浦嶼蓋有前攝令河東薛公棟而宇之今宰隴西李公明化開物成務又橫其梁而閣之晝鳴閒琴夕酌清月蓋爲接輶軒祖遠客之佳境也製置既久莫知何名司馬武公長材博古獨映方外因據胡牀岸幘嘯詠而謂前長史李公及諸公曰此亭跨姑熟之水可稱爲姑熟亭焉嘉名勝槩自我作也且夫曹官紱冕者大賢處之若遊青山臥白雲逍遙偃傲何適

不可小才居之窘而自拘悄若桎梏則清風朗月河英嶽秀皆爲棄物安得稱焉所以司馬南鄰當文章之旗鼓翰林客卿揮辭鋒以戰勝名教樂地無非得俊之場也千載一時言詩記志

夏日諸從弟登汝州龍興閣序

夫槿榮芳園蟬嘯珍木蓋紀乎南火之月也可以處臺榭居高明吾之友于順此意也遂卜精勝得乎龍興留寶馬於門外步金梯於閣上漸出軒戶遐瞻雲天晴山翠遠而四合暮江碧流而一色屈指鄉路還疑夢中開襟危欄宛

若空外嗚呼屈宋長逝無堪與言起予者誰得我二季當揮爾鳳藻挹予霞觴與白雲老兄俱莫負古人也

秋日於太原南柵餞陽曲王贊公賈少公石艾尹少公應舉赴上都序

天王三京北都居一其風俗遠蓋陶唐氏之人歟襟四塞之要衝控五原之都邑雄藩劇鎮非賢莫居則陽曲丞王公神仙之冑也爾其學鏡千古知周萬殊又若少府賈公以述作之雄也鼇弄筆海虎攫辭場又若石艾尹少公廊廟之器口折黃馬手揮青蚨咸道貫於人倫名飛於日下

實難沈屈永懷青霄劒有隱而氣衝七星珠雖潛而光照萬壑今年春皇帝有事千畝湛恩八埏大搜羣才以緝邦政而王公以令宰見舉賈公以王霸昇聞海激佇乎三千天飛期於六月必有以也豈徒然哉有從兄太原主簿舒才華動時規謀匠物乃黖翠幕筵虹梁瓊蓋霞開羽觴電舉然後抗目遠覽憑軒高吟汾河鏡開漲藍都之氣色晉山屏列橫朔塞之郊原屏俗事於煩襟結浮歡於落景俄而皓月生海來窺醉容黃雲出關半起秋色數君乃輟酌慷慨搖心促裝望丹闕而非遠揮玉鞭而且去白也不敏先鳴翰林幸叨玳瑁之筵敢竭麒麟之筆請各探韻賦詩寵行

秋夜於安府送孟贊府兄還都序

夫士有飾危冠佩長劒揚眉吐諾激昂青雲者莫不誇炫意氣託交王侯若告之急難乃十失八九我義兄孟子則不然耶道合而襟期暗親志乖而肝膽楚越鴻騫鳳立不循常流孔明披書每觀於大略少君讀易時作於小文四方賢豪眈然景慕雖長不滿七尺而心雄萬夫至於酒情中酣天機俊發則談笑滿席風雲動天非嵩邱騰精何以

及此白以弱植早飲香名況親承光輝恩甚華萼他鄉此別誰無恨耶時林風吹霜散下秋草海鴈嘶月孤鶴翔雲驚魂動骨戞瑟落涕抗手緬邁傷如之何且各賦詩以寵行路

秋於敬亭送從姪耑遊廬山序

余少時大人令誦子虛賦私心慕之及長南遊雲夢覽七澤之壯觀酒隱安陸蹉跎十年初嘉興季父謫長沙西還時子拜見預飲林下耑乃稚子嬉遊在傍今來有成鬱負秀氣吾衰久矣見爾慰心申悲道舊破涕爲笑方告我遠

涉西登香鑪長山橫蹙九江卻轉瀑布天落半與銀河爭流騰虹奔電漈射萬壑此宇宙之奇詭也其上有方湖石井不可得而窺焉羨君此行撫鶴長嘯恨丹液未就白龍來遲使秦人著鞭先往桃花之水孫負夙願慙未歸於名山終期後來攜手五嶽情以送遠詩寧闕乎

送戴十五歸衡嶽序

白上探元古中觀人世下察交道海內豪俊相識如浮雲自謂德參夷顏才亞孔墨莫不名由口進實從事退而風義可合者厥惟戴侯戴侯居長沙稟湖嶽之氣少長咸洛

窺霸王之圖精微可以入神懿重可以崇德謨猷可以尊主文藻可以成化兼以五才統以四美何往而不濟也其二三諸昆皆以才秀擢用辭翰炳發昇聞天朝而此君獨潛光後世以期大用鯤海未躍鵬霄悠然不遠千里訪余以道邵國之秀有廖侯焉人倫精鑒天下獨立每延以宴謔許爲通人獨孤有鄰及薛公咸亦以爲信然矣屬明主未夢且歸衡陽憩祝融之雲峯弄茱萸之湍水軒騎糾合祖於魏公之林亭笙歌鳴秋劒舞增氣況江葉墜綠沙鴻冥飛登高送遠使人心醉見周張二子爲論平生難黍之期當速赴也

冬日於龍門送從弟京兆參軍令問之淮南覲省序

紫雲仙季有英風焉吾家見之若衆星之有月貴則天王之令弟寶則海嶽之奇精遊者所謂風生玉林清明蕭灑眞不虛也常醉目吾曰兄心肝五臟皆錦繡耶不然何開口成文揮翰霧散因撫掌大笑揚眉當之使王澄再聞亦復絕倒觀夫筆走羣象思通神明龍章炳然可得而見歲十二月拜省於淮南思白華之長吟眺黃雲之晚色目斷

心盡情懸高堂傾蘭醑而送行赫金鞍而照地錯轂蹲野朝英滿筵非才名動時何以及此日落酒罷前山陰烟殷勤惠言吾道東坐想洛橋春色先到淮城見千條之綠柳折一枝以相贈則華萼情在吾無恨焉羣公賦詩以光榮餞

冬夜於隨州紫陽先生餐霞樓送烟子元演隱仙城山序

吾與霞子元丹烟子元演氣激道合結神仙交殊身同心誓老雲海不可奪也歷行天下周求名山入神農之故鄉

得胡公之精術胡公身揭日月心飛蓬萊起餐霞之孤樓鍊吸景之精氣延我數子高談混元金書玉訣盡在此矣白乃語及形勝紫陽因大誇仙城元侯聞之乘興將往別酒寒酌醉青田而少留魂夢曉飛渡淥水以先去吾不凝滯於物與時推移出則以平交王侯遁則以俯視巢許朱紱狎我綠蘿未歸恨不得同棲烟林對坐松月有所款然銘契潭石乘春當來且抱琴臥花高枕相待詩以寵別賦而贈之

北斗延生經註解序

原夫太素未分無光無象混黃成化有始有終則昇清而滯穢輔善而貶凶置百二十曹局列於冥府造三十六部經祕於瓊宮度天人之有道啓含識之不曉余歎曰莫非三界十方天地人倫斯所以爲道之紀也今竊見聖世幸逢豐年得遇皇朝將道德而安家邦效勳華而育黎庶而況天下晏然太元彰耀今卽啓有道之心者扶風氏等志奉日新慕眞歲久禱天祐而制凶魔求師訓而傳道要遂得遇崆峒山元元眞人明龍漢之元文演赤文之妙奧敕符十洞三乘化列萬機一義註解北斗延生經一卷上則有飛神金闕中則有保國寧家次則有延齡益壽普度有情之品同登無礙之門於是謹作斯文用題經首李白謹序

澤畔吟序

澤畔吟者逐臣崔公之所作也公代業文宗早茂才秀起家校書蓬山再尉關輔中佐於憲車因貶湘陰從宦二十有八載而官未登於郎署何遇時而不偶耶所謂大名難居碩果不食流離乎沅湘摧頹於草莽同時得罪者數十人或才長命夭覆巢蕩室崔公忠憤義烈形於清辭慟哭

澤畔哀形於翰墨猶風雅之作聞之無罪覩之者作鏡書所感遇總二十章名之曰澤畔吟懼姦臣之猜常韜之於竹簡酷吏將至則藏之於名山前後數四囊傷卷軸觀其逸氣頓挫英風激揚橫波遺流騰薄萬古至於微而彰婉而麗悲不自我興成他人豈不云怨者之流乎余覽之愴然掩卷揮涕爲之序云

餞副大使李藏用移軍廣陵序

夫功未足以蓋世威不可以震主必挾此者持之安歸所以彭越醢於前韓信誅於後況權位不及於此者虛生危

疑而潛包禍心小拒王命是以謀臣將吠以節鉞誘而烹之亦由借鴻濤於奔鯨鱠生人於哮虎呼吸江海橫流百川左縈右拂十有餘郡國討未及誰當其鋒我副使李公勇冠三軍衆無一旅橫倚天之劒揮駐日之戈吟嘯四顧熊羆雨集蒙輪扛鼎之士杖干將而星羅上可以決天雲下可以絶地維翕振虎旅赫張王師退如山立進若電逝轉戰百勝僵屍盈川水膏於滄溟陸血於原野一掃瓦解洗清全吳可謂萬里長城橫斷楚塞不然五嶺之北盡餌於修虵勢盤地蹙不可圖也而功大用小天高路遐社稷

雖定於劉章封侯未施於李廣使慷慨之士長吁青雲且移軍廣陵恭揖後命組練照雪樓船乘風簫鼓沸而三山動旌旗揚而九天轉良牧出祖列將登筵歌酣易水之風氣振武安之瓦海日夜色雲帆中流席闌賦詩以壯三軍之士白也筆已老矣序何能爲

奉餞十七翁二十四翁尋桃花源序

昔祖龍滅古道威嚴刑煎熬生人若墜大火三墳五典散爲寒灰築長城起阿房并諸侯殺豪俊自謂功高羲皇國可萬世思欲凌雲氣求仙人登封泰山風雨暴作雖五松受職草木有知而萬象乖度禮刑將弛則綺皓不得不遁於南山魯連不得不蹈於東海則桃源之避世者可謂超昇先覺夫指鹿之儔連頸而同死非吾黨之謂乎二翁耽老氏之言繼少卿之作文以述大雅道以通至精卷舒天地之心脱落神仙之境武陵遺迹可得而窺焉問津利往水引漁者花藏仙谿春風不知從來落英何許流出石洞來入晨光盡開有良田名池竹果森列三十六洞別爲一天耶今扁舟而行笑謝人世阡陌未改古人依然白雲何時而歸來青山一去而誰往諸公賦桃源以美之

江夏送林公上人遊衡嶽序

江南之仙山黄鶴之爽氣偶得英粹後生俊人林公世爲豪家此土之秀落髮歸道專精律儀白月在天朗然獨出旣灑落於彩翰亦諷誦於人口閑雲無心與化偕往欲將振五樓之金策浮三湘之碧波乘杯泝流考室名嶽瞰憩冥壑凌臨諸天登祝融之峰巒望長沙之烟火遙謝舊國誓遺歸蹤百千開士稀有此者余所以歎其峻節揚其清波龍象先輩迴眸拭視比夫汨泥沙者相去如牛之一毛昔智者安禪於台山遠公託志於廬嶽高標勝槩斯亦嚮

慕哉紫霞搖心青楓夾岸目斷川上送君此行羣公臨流賦詩以贈

金陵與諸賢送權十一昭夷序

斯高柄秦嬴世不二三傑伏草與漢並出莽夷朱暉耿鄧乃起自古英達未必盡用於當年去就之理在大運爾我君六葉繼聖熙乎元風三清垂拱穆然紫極天人其一哉所以青雲豪士散在商釣四座名哲皆清朝旅人吾稀風廣成蕩漾浮世素受寶訣爲三十六帝之外臣卽四明逸老賀知章呼余爲謫仙人蓋實錄耳而嘗採姹女於江華

收河車於清溪與天水權昭夷服勤爐火之業久矣之子也沖恬淵靜翰才峻發白每一篇一札皆昭夷之所操哷捨我而南若折羽翼時歲律寒色天風枯聲雲帆涉漢冏若絕電舉目四顧霜天崢嶸銜杯敘離而羣子賦詩以出餞謫仙翁李白辭

江夏送倩公歸漢東序

昔謝安四十年臥白雲於東山桓公累徵爲蒼生而一起常與支公遊賞貴而不移大人君子神冥契合正可乃爾僕與倩公一面不忝古人言歸漢東使我心痗夫漢東之國聖人所出神農之後季良爲大賢爾來寂寂無一物可紀有唐中興始生紫陽先生先生六十而隱化若繼迹而起者惟倩公焉蓄壯志而未就期老成於他日且能傾產重諾好賢工文卽惠休上人與江鮑往復各一時也僕平生述作罄其草而授之思親遂行流涕惜別今聖朝已舍季布當徵賈生開顏洗目一見白日冀相視而笑於新松之山耶作小詩絕句以寫別意辭曰彼美漢東國川藏明月輝寧知喪亂後更有一珠歸

送黃鍾之鄱陽謁張使君序

東南之美者有江夏黃公焉白竊飲風流始接談笑亦有抗節玉立光輝炯然氣高時英辯折天口道可濟物志棲無垠鄱陽張公朝野榮望愛客接士卽原嘗春陵之亞焉每欽其辭華懸榻見往而黃公因訪古迹便從貴遊乃儕裝撰行去國遐陟諸子銜酒惜別沾巾贈分沈醉烟夕惆悵涼月天南迴以變夏火西飛而獻秋汀葭颯然海草微落夫子行邁我心若何毋金玉爾音而有遐心湖水演沔㫖哉是行共賦武昌釣臺篇以慰別情耳

李白 四

兗州任城縣令廳壁記

風姓之後國爲任城蓋秦之古縣也在禹貢則南徐之分當周成迺東魯之邦自伯禽至於傾公三十四代遭楚蕩滅因屬楚焉炎漢之後更爲郡縣隋開皇三年廢高平郡移任城於舊居邑雖屢遷井則不改魯境七百里郡有十一縣（英華云十三縣）任城當其要衝東盤瑯琊西控鉅野北走厥國南馳互鄉青帝太昊之遺墟白衣尚書之舊里也土俗古遠風流清高賢良閒生掩映天下地博厚川疎明漢則

名王分茅魏則天人列土所以代變豪侈家傳文章君子以才雄自高小人則鄙樸難治況其城池爽塏邑屋豐潤香閣倚日淩丹霄而欲飛石橋橫波驚彩虹而不去其雄麗坱圠有如此焉故萬商往來四海緜歷實泉貨之槖籥爲英髦之咽喉故資大賢以主東道製我美錦不易其人今鄉二十六戶一萬三千三百七十一（英華云一十七）帝擇明德以賀季眞宰之公溫恭克修儼碩有立季野備四時之氣士元非百里之才撥煩彌閒剖劇無滯鏑百發克破於楊葉刀一鼓必合於桑林寬猛相濟韋弦適中一之歲肅而教之二之歲惠而安之三之歲富而樂之然後青衿向訓黃髮履禮耒耜就役農無遊手之夫杼軸和鳴機罕嚬蛾之女物不知化陶然自春權豪鋤縱暴之心黠吏返淳和之性行者讓於道路任者併於輕重扶老攜幼尊尊親親千載百年再復魯道非神明博遠孰能契於此乎白探奇東蒙竊聽輿論輒記於壁垂之將來俾後賢之操刀知賀公之絕迹者也

朱虛侯讚

嬴氏穢德金精摧傷秦鹿克獲漢風飛揚赤龍登天白日

昇光陰虹賊虐諸呂擾攘朱虛來歸會酌高堂雄劒奮擊太后震惶爰鋤產祿大運乃昌功冠帝室於今不亡

琴讚

嶧陽孤桐石聳天骨根老冰泉葉苦霜月斲爲綠綺徽聲粲發秋風入松萬古奇絕

李居士讚

至人之心如鏡中影揮斥萬變動不離靜彼質我斤揮風是騁了物無二皆爲匠郢吾族賢老名喧寫眞貌圖粉繪

生爲垢塵從白得衰與天爲鄰儼然不語長存此身

安吉崔少府翰畫讚

齊表巨海吴嗟大風崔爲令族出自太公克生奇才骨秀神聰炳若秋月騫然雲鴻爰圖伊人奪妙眞宰卓立欲語謂行而在清晨一觀爽氣十倍張之座隅仰止光彩

當塗李宰君畫讚

天垂元精嶽降粹靈應期命世大賢乃生吐奇獻策敷聞王庭帝用休之揚光泰清濫觴百里涵量八溟縉雲飛聲當塗政成雅頌一變江山再榮舉邑抃舞式圖丹青眉秀

華蓋目朗明星鶴矯閶風麟騰王京若揭日月昭然運行窮神闡化永世作程

宣城吴録事畫讚

大名之家昭彰日月生此髦士風霜秀骨圖眞象賢傳容寫髮束帶嶽立如朝天闕巖巖兮謂四方之削成澹澹兮申五湖之澄明武庫肅穆辭峰崢嶸大舞若訥大音希聲默然不語終爲國楨

江寧楊利物畫讚

太華高嶽三峰倚天洪波經海百代生賢爲夔爲龍廓土濟川趙城開國玉樹凌烟筆鼓元化形分自然明珠獨轉秋月孤懸作宰作程摧剛挫堅德合窈冥聲播蘭荃鴻漸麟閣英圖可傳

誌公畫讚

水中之月了不可取虚空其心寥廓無主錦幪鳥爪獨行絶侶刀齊尺量扇迷陳語丹青聖容去住無所

金銀泥畫西方淨土變相讚　并序

我聞金方之西日没之所去中華十萬億刹有極樂世界焉彼國之佛身長六十萬億恆沙由旬眉間白毫向右宛

轉如五須彌山目光清白若四大海水端坐說法湛然常存沼明金沙岸列珍樹欄楯彌覆羅網周張硨磲瑠璃爲樓殿之飾頗黎碼碯耀階砌之榮皆諸佛所證無虚言者金銀泥畫西方淨土變相蓋馮翊郡秦夫人奉爲亡夫湖川刺史韋公之所建也夫人蘊冰玉之清敷聖善之訓以伉儷大義希拯拔於幽塗父子恩深用薰修於景福誓捨珍物購求名工圖金創端繪銀設像八法功德波動青蓮之池七寶香花光映黃金之地清風所拂如生五音百千妙樂咸疑動作若已發願及未發願若已當生及未當生

精念七日必生其國功德罔極酌而難名讚曰
向西日沒處遙瞻大悲顏目淨碧海水身光紫金山勤念必往生是故稱極樂珠網珍寶樹天花散香閣圖畫了在眼願托彼道場以此功德海冥祐爲舟梁八十一劫罪如風掃輕霜庶觀無量壽長放玉毫光

觀佽飛斬蛟龍圖讚

佽飛斬長蛟遺圖畫中見登舟既虎嘯激水方龍戰驚波動連山拔劍曳雷電鱗摧白刃下血染滄江變感此壯古人千秋若對面

羽林范將軍圖讚

羽林列衛壁壘南垣四十五星光輝至尊范公拜將遙承主恩位寵虎臣封傳雁門瞻天蹈舞踊躍精魂逐逐鶚視昂昂鴻騫心豪祖逖氣爽劉琨名震大國威揚列藩麟閣之階粉圖華軒胡兵百萬橫行縱吞爪牙帝室功業長存

壁畫蒼鷹讚

突兀枯樹傍無寸枝上有蒼鷹獨立若愁胡之攢眉疑金天之殺氣凜粉壁之雄姿觜銛劍戟爪握刀錐羣賓失席以睠眙未悟丹青之所爲吾嘗恐出戶牖以飛去何意終年而在斯

方城張少公廳壁畫師猛讚

張公之堂華壁照雪師猛在圖雄姿奮發森竦眉目颯灑毛骨鋸牙銜霜鉤爪抱月掣蹲胡以震怒謂大厦之嶢屼永觀厥容神駭不歇

金鄉薛少府廳畫鶴讚

高堂閑軒兮雖聽訟而不擾圖蓬山之奇禽想瀛海之縹緲紫頂烟赩丹眸星皎昂昂佇眙霍若驚矯形留座隅勢出天表謂長唳於風霄終寂立於露曉凝翫益古俯察逾妍舞疑傾而聽似聞絃儻感至精以神變或可弄影而浮烟

金陵名僧頵公粉圖慈親讚

神妙不死惜生此身託體明淑而稱厥親粉爲造化筆寫天真貌古松雪心空世塵文伯之母可以爲鄰

地藏菩薩讚并序

大雄掩照日月崩落惟佛智慧大而光生死雪賴假普慈力能救無邊苦獨出曠劫導開橫流則地藏菩薩爲當仁矣弟子扶風竇滔少以英氣爽邁結交王侯清風豪俠極

樂生疾乃得惠劒於眞宰湛本心於虛空願圖聖容以祈景福庶冥力憑助而厥苦有瘳爰命小才式讃其事讃曰

本心若虛空清淨無一物焚蕩淫怒癡圓寂了見佛五綵圖聖像悟眞非妄傳掃雪萬病盡爽然清涼天讃此功德海永爲曠代宣

魯郡葉和尚讃

海英嶽靈誕彼開士了身皆空觀月在水如薪傳火朗徹生死如雲開天廓然萬里寂滅爲樂江海而閒逆旅形內虛舟世閒邈彼崐閬誰云可攀

化城寺大鐘銘并序

嘻天以震雷鼓羣動佛以鳴鐘警大夢而能發揮沈潛開覺茫蠢則鐘之取象其義博哉夫揚音大千所以清眞心警俗慮協響廣樂所以達元氣彰天聲銘勳皇宮所以旌豐功昭茂德莫不配美金鼎增輝寶坊仍事作制豈徒然也粤有唐宣城郡當塗縣化城寺大鐘者量函千鈞聲盈萬壑蓋邑宰李公之所刱也公名有則系元元之英蕤茂列聖之天枝生於公族貴而秀出少蘊才略壯而有成西逾流沙立功絕域帝疇乎厥庸始學古從政歷宰潔白聲聞於天天書褒榮輝之簡牘稽首三復子孫其傳天寶之初鳴琴此邦不言而治日計之無近功歲計之有大利物不知化潛臻小康神明其道越不可尚方入於禪關覩天宮峥嶸聞鐘聲瑣屑乃謂諸龍象曰曷不建大法鼓樹之層臺使羣聾六時有所歸仰不亦美乎於是發一言以先覺舉百里而咸應秋毫不挫人多子來銅崇朝而山積工不日而雲集今乃採鳧氏撰鳴鐘火天地之鑪扇陰陽之炭回祿奮怒飛廉震驚金精轉涾以融熠銅液星熒而爗爍光噴日道氣歊天維紅雲點於太清紫烟矗於遙海烜

赫宇宙功侔鬼神瑩而察之吁可駭也爾其龍質炳發虎形躨跜縻金索以上絙懸寶樓而迭擊傍振萬壑高聞九天聲動山以隱隱響奔雷而闐闐救湯鑊於幽途息劒輪於苦海景福肸蠁被於人天非李公好謀而成宏濟羣物又孰能與於此乎丞尉等並衣冠之龜龍人物之標準大雅君子同僚盡心聞善賈勇贊成厥美寺主昇朝閒心古容英骨秀氣灑落毫素謙柔笑言海受水而皆納鏡無形而不燭直道妙用乃如是然常虛懷忘情潔已利物是人行空寂不動見如來有若上座靈隱都維那則舒名僧曰

暉蘊虛常因調護賢哉六開士普聞八萬法演入禪惠精修律儀將博我以文章求我以述作功德大海酌而難名遂與六曹豪吏姑孰賢老乃緇乃黄扈趨梵庭請揚宰君之鴻美白昔忝侍從備於辭臣恭承德音敢闕清風之頌其辭曰

雄雄鴻鐘砰隱天雷鼓霆轟警大千含號烜赫聲無邊摧慴魑魅招靈仙傍極六道下九泉劒輪輟苦期息肩湯鑊猛火停熾然愷悌賢宰人父母與功利物信可久傳芳金鐘永不朽

天門山銘

梁山博望關扃楚濱夾據洪流實爲吳津兩坐錯落如鯨張鱗惟海有若惟川有神牛渚怪物目圍車輪光射島嶼氣凌星辰卷沙揚濤溺馬殺人國泰呈瑞時詭返珍開則九江納錫閉則五嶽飛塵天險之地無德匪親

天長節度使鄂州刺史韋公德政碑 并序

太虛既張惟天之長所以白帝眞人當高秋八月五日降西方之金精採天長爲名將傳之無窮紀聖誕之節也我高祖創業太宗成之三后繼統王猷如一大盜間起開元中興力倍造化功包天地不然何能遏熾農之頹波返淳朴於太古雖軒后至道由聞蚩尤之師今網漏吞舟而胡夷起於轂下先天文武孝感皇帝越在明兩總戎扶風正帝車於北斗拯橫流於鯨口迴日轡於西山拂蒙塵於帝顏呼吸而收兩京烜爀而安六合歷列辟而罕匹顧將來而無儔太陽重輪合耀並出宇宙翕變草木增榮一麾而靜妖氛成功不處五讓而傳劒璽德冠樂推於戲昔堯及舜禹皆無聖子審曆數去已終大寶假人飾讓以成千載之美未若以文明鴻業授之元良與天同休相統億祀則

我唐至公而無私越三聖而殊軌騰萬人之喜氣爛八極之祥雲上皇思汾陽而高蹈解負重於吾君能事斯畢與人更始乃展祀郊廟望秩山川方掩骼於河洛弔人於幽燕但誅元凶不問小罪噫大塊之氣歌炎漢之風雲滂沛雨汪濊渠渥澤除瑕纇削平國步改號乾元至矣哉其雄圖景命有如此者我邦伯韋公大彭之洪允扶陽之貴族雄略邁古高文變風運當時賢才堪三事歷職剖劇能聲旁流衣繡而白筆橫冠分符而彤襜入境暴者永王以天人授鉞東巡無名利劒承喉以脅從壯心堅守而不動房

陵之俗安於泰山休奕列郡去若始至帝召岐下淩嘉直誠移鎮夏口救時艱也愼厥職康乃人滅兵歸農除害息暴大水滅郭洪霖注川人見憂於魚鼈岸不辨於牛馬公乃抗辭正色言於城隍曰若一日雨不歇吾當伐喬木焚清祠精心感動其應如響無何中使銜命徧祈名山廣徵牲牢驟欲致祭公又盱衡而稱曰今皇上明聖懷於百靈此淫昏之鬼不載祀典若煩國禮是荒巫風其秉心達誠皆此類也物不知化如登春臺有若江夏縣令薛公揖四豪之風當百里之寄幹蠱有立含章可貞遵之典禮恤疲

於和樂政其成也臻於小康中京重覲於漢儀列郡還聞於舜樂選鄂之勝帳於東門乃登嘯歌擊土鼓祀蓐收迎田祖招搖迴而大火乃落閶闔啓而涼風始歸笙竽和籥之音象星辰而迭奏吳楚巴渝之曲各土風而備陳禮容有穆簪笏列序羅衣蛾眉立乎玳筵之上班劍虎士森乎翠幕之前千變百戲分曹賈勇臚子跳劒迭躍流星之輝都盧尋橦倒掛浮雲之影百川繞郡落天鏡於江城四山入牖照山空之海色獻觴醉於晚景舞袖紛於廣庭鶴髮之叟雁序而進曰恭聞天子無戲言恐轉公以大用老父不畏死願留公以上聞悅坐棠而餐風庶刻石以寘美白覲樂入楚聞韶在齊採諸行謠遂作頌曰

爽朗太白雄光下射崢嶸金天華嶽旁連降精騰氣赫矣昭然誕聖五日垂休萬年孽胡挺災大人有作雷電發揚欃槍乃落九服交泰五雲縈薄掃雪屯蒙洗清寥廓軒后訪道來登峨眉上皇西去異代同時六龍轉駕兩曜迴規重遭唐主更覩漢儀肅肅韋公大邦之翰秀骨嶽立英謀電斷宣風樹聲遠威逆亂不長不極樂奏爭觀丸劒揮霍魚龍屈盤東迴舞袖西笑長安頌聲載路豐碑是刊

武昌宰韓君去思頌碑

仲尼大聖人也宰中都而四方取則子賤大賢也宰單父人到於今而思之乃知德之休明不在位之高下其或繼之者得非韓君乎君名仲卿南陽人也昔延陵知晉國之政必分於韓獻子雖不能遏屠岸之誅存孤嗣趙太史公稱天下陰德也其賢才羅生列侯十世不亦宜哉七代祖茂後魏尚書令安定王五代祖鈞金部尚書曾祖晙銀青光祿大夫雅州刺史祖泰曹州司馬考睿素朝散大夫桂州都督府長史分茅納言剖符佐郡奕葉明德休有烈光

君乃長史之元子也妣有吳錢氏女及長史即世夫人早孀宏聖善之規成名四子文伯孟軻二母之儔歟少卿當塗縣丞感慨重諾死節於義雲卿文章冠世拜監察御史朝廷呼爲子房紳卿尉高郵才名振耀幼負美譽君自潞州銅鞮尉調補武昌令未下車人懼之既下車人悅之惠如春風三月大化姦吏束手豪宗側目時有虆玉者三江之巨橫白額且去清琴高張兼操刀永興二邑同化時鑿齒磨牙而兩京城守易子而炊骨吳楚轉輸蒼生熬然而此邦宴如襁負雲集居未二載戶口三倍其初銅鐵曾青

不擇地而出大冶鼓鑄如天降神既烹且爍數盈萬億公私其賴之官絕請託之求吏無絲毫之犯本道採訪大使皇甫公侁聞而賢之擢佐輶軒多所宏益尚書右丞崔公禹稱之於朝相國崔公渙特奏授鄱陽令兼攝數縣所爲投刃而皆虛爲政則理成去若始至人多懷恩新宰王公名庭璘巖然太華浼然洪河含章可貞幹蠱有立接武比德弦歌連聲服美前政聞諸耆老與邑中賢者胡思泰一十五人及諸寮吏式歌且舞願揚韓公之遺美白採謠刻石而作頌曰

峨峨楚山浩浩漢水黃金之車大吳天子武昌鼎據實爲帝里時囏世訛薄俗如爍韓君作宰撫茲遺人滂注王澤猶鴻得春和風潛暢惠化如神刻石萬古永思清塵

虞城縣令李公去思頌碑并序

王者立國君人聚散六合咸土以百里雷其威聲革其俗而風之漁其人而涵之其猶衆鮮洋洋樂化在水波而動之則憂赬尾之刺作焉徐而清之則安頒首之頌興焉苟非大賢孰可育物而能光昭絃歌卓立振古則有虞城宰李公焉公名錫字元勳隴西成紀人也高祖楷隋上大將

軍緜益原三州刺史封汝陽公曾祖騰雲皇朝廣茂二州都督廣武伯祖立節起家韓王府記室參軍襲廣武伯父浦鄧海淄唐陳五州刺史魯郡都督廣平太守襲廣武伯皆納忠王庭名鏤鐘鼎侯伯繼迹故可略而言焉公即廣武伯之元子也年十九拜北海壽光尉心不挂細務口不言人非羣吏罕測望風敬憚秩滿轉右武衛倉曹參軍次任趙郡昭慶縣令奉詔修建初啓運二陵總徒五郡支用三萬貫舉築雷野不鞭一人功成餘八千貫其幹能之聲大振乎齊趙矣時名卿巡按陵有黃赤氣上衝太微散爲

慶雲數十處蓋精誠動天地也如此因粉圖奏名編入國史天寶四載拜虞城令而天章寵榮俾金玉王度炯若七耀昭回堂隅於戲敬之哉宸威臨顧作訓以理其俗魯而木舒而徐急則狠戾緩則鳥散公酌以鈞道和之琴心於是安四人敷五教處必礪食行惟單車觀其約而吏儉仰其敬而俗讓激直士之素節揚廉夫之清波三月政成鄰境取則因行春見枯骸於路隅惻然疚懷出俸而葬由是百里掩骼四封歸仁有居喪行號城市者習以成俗公易之親鄰厄以凶事而鰥寡惸獨衆所賴焉可謂變其頹風

永錫爾類先時邑中有聚黨橫猾者實惟二耿之族幾百家焉公訓爲純人易其里曰大忠正之里北境黎邱之古鬼焉或醉父以刃其子自公到職蔑聞爲災官宅舊井水清而味苦公下車嘗之莞爾而笑曰既苦且清足以符吾志也遂汲用不改變爲甘泉蠡邱館東有三柳焉公往來憩之飲水則去行路勿翦比於甘棠鄉人因樹而書頌四十有六篇惟公志氣塞乎天地德音發乎聲容縞乎若寒崖之霜湛乎若清川之月彈惡雪善速若箭飛尤能筆工新文口吐雅論天下美士多從之遊非汝陽三公二伯之積德則何以生此邑之賢老劉楚瓌等乃相謂曰我李公以神明之化大賴於虞人虞人陶然詠歌其德官則敬去則思山川鬼神猶懷之況於人乎乃咨羣寮與去思之頌縣丞王彥暹員外丞魏陟主簿李詵縣尉李向趙濟盧榮等同德比義好謀而成相與採其瓌蹤茂行俾刻石篆美庶清風令名奮乎百世之上其詞曰

激揚之水兮白石有鑿李公之來兮雪虞人之惡厥德孔昭折獄既清五教大行殷雲雷之聲既父其父又子其子春之以風化成草靡乃影我罔乃雨我田陽無驕徂四載

有年人戴公之賢猶百里之天棄余往矣茫如墜川哀喪惠博掩骼仁浹苦井變甘凶人易心三柳勿翦永思清音

唐漢東紫陽先生碑銘

嗚呼紫陽竟夭其志以默化不昭然白日而昇九天乎或將潛賓皇王非世所測闕十一字挺列仙明拔之英姿明堂平白長耳廣顙揮手振骨百關有聲殊毛秀采居然逸異闕十字而且達河龜鶴早世而蟪蛄延秋元命乎遭命乎余長息三日惜於變化之理先生姓胡氏闕六字族也代業黃老門清儒素皆龍脫世網鴻冥高雲但貴天爵何徵閥閱始

八歲經仙城山。闕十一字有清都紫微之遐想。九歲出家。十二休糧。二十遊衡山。雲尋洞府。水涉溟壑。神王闕八字召爲威儀。及天下採經使。因遇諸眞人。授赤丹陽精石景水母。故常吸飛根。吞日魄。密而修之。闕六字所居苦竹院。置餐霞之樓。手植雙桂。棲遲其下。聞金陵之墟。道始盛於三茅。波乎四許。華陽闕七字陶隱居傳昇元子。昇元子傳體元。體元傳貞一先生。貞一先生傳天師李含光。李含光合契乎紫陽。闕五字於神農之里。南抵朱陵。北越白水。稟訓門下者三千餘人。鄰境牧守。移風問道。忽遇先生之宴坐。闕五字隱機雁行而前。爲時見重。多此類也。天寶初。威儀元丹邱道門龍鳳。厚禮致屈。傳籙於嵩山。東京大唐闕二字宮三請固辭。偃臥未幾。而詔書下責。不得已而行。入宮一革。軌儀大變。都邑然。海鳥愁臧文之享。猨狙裂周公之衣。志往迹留。稱疾辭帝。尅期離闕。臨別自祭。其文曰。神將默余。余非默世。迺顧命姪道士胡齊物具平肩輿。歸骨舊土。王公卿士。送及龍門。入葉縣次王喬之祠。目若有覩。泊然而化。天香引道。尸輕空衣。及本郡太守裴公以幡華郊迎。舉郭雷動。南闕三字開顏如生。觀者日萬。羣議駭俗。至其年十月二十三日。

葬於郭東之新松山。春秋六十有二。先生含宏光大。不修小節。書不盡妙。鬱有崩雲之勢。文非夙工。時動雕龍之作。存也宇宙而無光。歿也浪化而蟬蛻。豈闕八字乎有鄉僧貞倩。雅仗才氣。請余爲銘。余與紫陽神交。飽餐素論。十得其九。弟子元丹邱王闕等咸儀鸞鳳之儀。羽想珠玉之雲氣。灑掃松月。載揚仙風。篆石頌德。與茲山不朽。其詞曰。

賢哉仙士。六十而化。光光紫陽。善與時而爲龍蛇。固亦以生死爲晝夜。有力者挈之而趨。劫運頹落。終歸於無。惟元神不滅。湛然清都。延陵既歿。仲尼嗚呼。青青松柏。離離山隅。篆石頌德。名揚八區。

溧陽瀨水貞義女碑銘

皇唐葉有六聖。再造八極。鏡照萬方。幽明咸熙。天秩有禮。自太古及今。君君臣臣。烈士貞女。采其史傳。名節尤彰。可激清頹俗者。皆掃地而祠之。蘭蒸椒漿。歲祀罔缺。而茲邑貞義女。光靈翳然。埋冥古遠。琬玉不刻。豈前修博達者爲邦之意乎。貞義女者。溧陽黃山里史氏之女也。以家溧陽。史闕書之。歲三十。弗移其志。清英潔白。事母純孝。手柔黃而不鼀身。激漂以自業。當楚平王時。王虐忠助讒。苛虐厥政芟於尚斬於奢血流於朝赤族伍氏怨毒於人何其濬哉子胥始東奔勾吳月涉星追或七日不火傷弓於飛逼迫於昭關匍匐於瀨渚舍車而徒告窮此女目色以臆授之壺漿全人自沈形與口滅卓絕千古聲淩浮雲激節必報之讐雪誠無疑之地難乎哉借如曹娥溍波理貫於孝道聶姊殞肆槩動於天倫魯姑棄子以却三軍之衆漂毋進飯沒受千金之恩方之於此彼或易爾卒使伍君開張闔閭傾蕩鄢郢吳師鞭屍於楚國申胥泣血於秦庭我亡爾存亦各壯志張英風於古今雪大憤於天地微此女之

力雖員爲忠孝之士焉能咆哮烜爀施於後世耶望其溺所愴然低徊而不能去每風號吳天月苦荆水嚮像如在精魂可悲惜其投金有泉而刻石無主哀哉邑宰滎陽鄭公名晏家康成之學世子產之才琴清心閑百里大化有若主簿扶風竇嘉賓縣尉廣平宋陟丹陽李濟南郡陳然清河張昭皆有卿才霸略同事相協緬紀英淑勒銘道周雖陵頹海竭文或不死其辭曰

粲粲貞女孤生寒門上無所天下報母恩春風三十花落無言乃如之人激漂清源碧流素手縈彼潺湲求思不可秉節而存伍胥東奔乞食於此女分壺漿滅口而死聲動列國義形壯士入郢鞭屍還吳雪恥投金瀨沚報德稱美明明千秋如月在水

爲宋中丞祭九江文

謹以三牲之奠敬祭於長源公之靈惟神包括乾坤平準天地劃三峽以中斷疏九道以爭奔綱紀南維朝宗東海牲玉有禮祀典無虧今萬乘蒙塵五陵墋黷蒼生悉爲白骨赤血流於紫宮宇宙倒懸欃槍未滅含識結憤思翦元凶而況參列雄藩各當重寄遵奉王命大舉天兵照海色

於旌旗肅軍威於原野而洪濤渤潏狂飈振驚惟神使陽侯卷波羲和奉命樓船先濟士馬無虞掃妖孽於幽燕斬鯨鯢於河洛惟神祐我降休於民敬陳精誠庶垂歆饗

爲竇氏小師祭璿和尚文

年月日某謹以齋蔬之奠敢昭告於和尚之靈伏惟和尚降靈自天依化遊世角立獨出嶷然生知鳳凰開九苞之翼豫章橫萬頃之陂始傳燈而納照因落髮以從師邁龍象以蹴踏爲天人之羽儀紹釋風於西域迴佛日於東維若大塊之噫氣鼓和風而一吹熱惱清灑道芽榮滋走矣

楚以宗仰將掃地而歸之嗚呼來無所從去復何適水還火歸蕭散本宅寶舟輟棹禪月掩魄痛一往而無踪愴雙林之變白某早乘訓誨偏倚恩慈忝飡風於法侶旋落蔭於禪枝號無輟響泣有餘悲手撰茗藥精誠嚴思冀神道之昭格庶明靈而饗之

欽定全唐文卷三百五十一

康子元

子元越州會稽人開元中舉能治易老莊者擢侍讀遷祕書少監兼集賢侍講學士徙宗正少卿以疾授祕書監卒贈汴州刺史

南郊先燔後祭議

議曰臣等謹按顯慶年修禮官長孫無忌等奏改燔柴在祭前狀稱祭祀之禮必先降神周人尚臭祭天則燔柴者臣等按禮迎神之義樂六變而天神降八變而地祇出九

變則鬼神可得而禮矣則降神以樂周禮正文非謂燔柴以降神也按尚臭之義不爲燔之先後假如周人尚臭祭天則燔柴容或燔臭先以迎神然則殷人尚聲祭天亦燔柴何聲可燔先迎神乎又按顯慶中無忌等奏稱晉氏之前猶遵古禮周魏以降妄爲損益者今按郭璞晉南郊賦及注爾雅祭後方燔又按宋志所論亦祭後方燔又檢南齊北齊及梁郊祀亦先飲福酒訖燔燎（一作後方燔）又按後周及隋郊祀亦先祭後燔據此即周遵後燔晉不先燔無忌之奏事乃相乖又按周禮大宗伯職以玉作六器以禮天

地四方注云禮爲始告神時薦於神坐也又云以蒼璧禮天以黃琮禮地皆有牲幣各放其器之色又禮器云有以少爲貴者祭天特牲是知蒼璧之與蒼牲俱合奠之神坐理卽一作節不惑又云四珪有邸以祀天旅上帝卽明祀昊天上帝之時以旅五方天帝明矣其青珪赤璋白琥元璜自是立春立夏立秋立冬之日各於其方迎氣所用自分別矣今桉顯慶所改新禮以蒼璧與蒼牲蒼幣俱用先燔蒼璧旣已燔矣所以遂加四珪有邸奠之神坐牲旣已燔矣所以更加騂牲充其實一作俎混昊天於五帝同用四

珪失特牲之明文加爲二犢深乖禮制事乃無憑請依貞觀舊禮先祭後燔庶允經義謹議

對習卜算判

趙丁年十八第乙年十六並解卜算所司補丁爲卜筮生補乙爲歷生訴稱歷生六年滿兒年長易就卜筮生八年方滿弟年幼請更習業所司不許苦訴不伏

趙達餘苗惟丁及乙並測玉衡之度俱闚瓦兆之占二十未能成童已邁謀龜謀筮補丁以卜史之曹六日六旬任乙於保章之署雖咸用其術而未愜所懷論長幼於弟兄徒稱易就訴六八之年載頗亦難從假有讓詞膚無他訐旣言並解方見同收所司差擇寧乖允當各參爾位無或浮言

對參軍鶻子判

西州人逯鶻子先任沙州參軍永淳二年赴選冬集歸至甘州病經二年今於沙州取選解不於京臺銓試直赴神都選曹司判不許稱鄉路阻遠旣有田收合便赴選

域中有道天下無外雖在戎落亦挂周行鶻子運偶南薰地濱西域久沐唐虞之化獲參州郡之班萬里牽絲俄畢子判之任九流懸鏡行披彥輔之雲未果登龍旋驚退鷁金微絕徼將還敬梓之鄉玉塞遙途尚轉飄蓬之陌風霜之疾忽遘於蚍杯寒暑之期亟環於鳳律瞻彼故里歸路仍懸載撫身名銓衡復及本州文解難以希求往往官曹易爲憑託遂蒙申送但事奔波不就京邑仙臺直指神都覽觀辭官歷稔不可妄託田收明勑垂文無宜越來此選二途咸爽百慮空馳請責詭隨之人無黷清通之鑒

對歸胙判

甲監享以胙歸父餕而祭

無文咸秩既重於肅雍有功則祭或防於跛倚甲以棘七方載式預監牲茅縮以陳遂聞歸胙餕食煙達應非尊者之餘胙致日嚴自入先生之饌用此而祭頗乖經禮之儀未及於刑須黜乎典之議

對小吏歡言判

景與小吏歡言倨見功曹將黜不伏

義在斯合借客猶重於將軍道或可存縫掖未輕於太守

景歡言小吏將疑十五之詩倨見功曹無近三千之律耕耘禮義儒行已申於仲尼嘯傲風雲高節未屈於光逸雖闕循牆之敬豈干銘鼎之科將加譴黜恐乖寬裕希從理遣無重斯愆

對文章判

鄭景才學高邁郡牧使求其文章景扶醉揮毫書於几上令使者寫之而去法司以爲失禮欲科傲慢罪縣令以文同宿構堪爲薦舉

鄭景學邁八千自高天爵郡牧賢求五百式貴人文而硯磈無拘忽醉廚中之酒崩騰有作便題几上之文使者操觚寫而旋去法司執憲訊以剛來雖疾惡之誠初疑可爾而優賢之道良或未然邑宰政尚儒風事符茅茹以爲詞同宿構無慙孫綽之金德應數駿堪薦郗詵之玉眷兹兩議須遵一理昔嗣宗酩酊曾不寘以科條今鄭景含毫何遽繩於傲慢請輟埋桐之事微申樹李之風

員俶

俶半千孫開元十六年以能言佛道孔子者召入禁中相答難屈其坐人

對家僮視天判

甲於庭中作小樓令家僮更直於上視天乙告違法甲云專心候業不伏

聖人體道雖旁行而不流君子爲儒亦博覽而多識甲誠不敏嘗窺祕文傳妙術於青猿得精符於翠鳳管公明之好事不寐每踰於夜分劉子政之多能觀星或至於明發固當率由古道仰止先賢既非日御之官當晦風占之跡況門庭之內賓友相趨遂乃別構青樓迴披丹檻當牖異紅粧之女寓宿乃蒼頭之僕董舒災異主父猶且致尤雖

語怪神秦帝尚令下獄既私庭竊候罪已良多公憲正詞刑其無捨但以考陳生之國志嘗有其人徵葛公之蜀科未聞斯罪古今異政夫何足疑待更細推方從公議

鄭績

績元宗時人

對無鬼論判

甲執無鬼論俄而鬼忽來取求乞免鬼云誰似汝者甲云乙似而便死後乙弟知告甲謀殺兄不伏

神理茫昧幽明肸蠁揆之於有演象涣於周經覈之於無持論標於晉史甲也持離堅之辨乙也遘无妄之災人謀鬼謀殊與能之迹一生一死等交情之見雖在原有急難之忿而從壑無可返之魂不降錫齡之神忽怨淫昏之鬼且當其變起倉卒事兼夭枉苟寧我之是圖豈恤人之有責況泛詳昭典靡及幽途讓以偷生方期恥格抑之謀殺稍涉淫刑非見所窺事宜從記

袁映

映元宗時人

神岳舉賢良方正策 原闕問

對臣聞天矜於人人必所從臣謬黷吹萬僻生草莽幸陶無爲之風得守忠蹇之迹常願拜手宸極敷獻乃誠危言匪躬少答亭育昔仲尼稱鳳鳥不至河不出圖蓋傷衰周之運不見聖明之代也臣今輿頌芻言肅祇眷命陪聖蹕於神岳奉金策於玉宸賡歌泰清咫尺旒扆是天縱聰明而超於孔某不圖幸之至於斯也況周頒禹膳列坐堯衢此優賢之至也愚臣何足以充塞敢不布其腹心竭盡聞見臣伏惟皇穹有成命聖唐受之崇高配天廣大配地天

地合德而陛下大明於其中有以覲高祖之耿光有以恢太宗之鴻烈樂成於郊祀而昭升上帝禮備於脽上而數聞后祇於是柴于岱宗望于秩首三光全而五行序八荒協而萬國諧皇靈丕應象物昭格無疆惟休能事畢矣況陰陽燮理則賢相盡規風俗敦龐則良牧宣政百揆時序庶物咸亨誠已轡映華胥邁績堯舜豈夷吾所記七十二之涼德而望清光哉而猶恭默思道勵精圖政帝闕崢嶸而下臨天問昭回而畫覩乃賜臣策曰延想無爲之理聿修太和之化匪曰能致將輿圖之所以謀廣聰明詢於大

陋使君子道長俊乂用彰陛下執謙之至也天下幸甚天下幸甚愚臣無得而稱焉制策曰夫原疾而授藥者良醫也因時而救弊者權政也今塞垣猶守府兵云耗閒人輕去冗食難歸者臣聞先王之理布在方策乘時司契其道深乎陛下窺覽萬化之源獨運安危之兆執大象鼓洪鑪知微其神惟睿作聖九門營藥致蒼生於福壽七政齊衡得元珠於利見雖講信修睦寰區大同而安不忘危故塞垣仍守雖道德齊禮黔庶康濟而寬以厚載故閒人或浮臣又聞之兵戈者威不軌而昭文德也兆庶者忘帝功而

畏苛政也邊鄙豫備誰能去軍參決違方時聞失業總寰瀛而觀偃伯則三邊之戍役不足多也據天下而覽兆人則萬一之逋逃不足怪也況國家皇極作乂七政有倫增新軍以保鑾革浮惰而綏輯何憂乎府兵之耗何有乎冗食不歸雖休勿休惟陛下之聖慮也制策曰膏粱無恥於僥倖蓬蓽未致於退讓選舉殷湊官員不給效職者或祿仕而養資試言者多浮華而背實當今士食舊德農服先疇結綬登朝咸遵揖讓被褐在野盡歸廉潔臣實覩還淳反素之風不知無恥未敦之事尊謙俯問臣何敢奉欽若

帝唐之有天下也久於其德人文化成敦詩書悅禮樂濟濟多士開元以寧日者十銓分鏡羣材焯敘觀行考言責名徵實克黜浮薄登延俊秀大革前弊其命維新則推讓之風行尸素之源滅其肯養資祿仕以速官謗若使會府持衡守而勿失將恐詠彼空谷歎此才難豈有員不給官殷煩乎選士言而背實浮華於舉才臣雖庸愚有以知其不然也制策曰豈風之不臧何草之難偃也澄源正本厥路何由聞乎古者井田有助公私取給諸侯貢士賞罰存焉改轍欲從迷津尚佇者臣聞人無恒德實從上教草順

風而靡偃水隨器而方圓陛下神謀元行德如天覆驅今之代歸於壽域深源固本政事惟醇俗既分於土宜人亦同於上好又何取乎井田古制力助前規賞罰於歲貢之士增削於諸侯之地若斯而已哉夫五帝不沿樂三皇不襲禮非固相反蓋取隨時泥以從鈞車難改轍臣誠愚妄不識大體竊願陛下神而化之使人宜之正如當今之代也策曰文質再復忠敬何適於時齊魯一變親賢何近於道也大哉聖問臣敢颺之臣聞之文質再而復正朔三而改殷因於夏周因於殷人德齊莊夏尚忠厚殷人質也周

人文也文質雖變忠敬咸宜不敬則禮節遂乖不忠則窮詣斯替臣朝闡化適時惟一然則敬自外飾忠由內淳必也奚先請同去食若乃親親而尊尊者其有周公之餘化乎舉賢而尚忠者其有太公之遺風乎孔子曰齊一變至於魯魯一變至於道魯由舊章斯焉殆庶制策曰擇何典而淳俗秉何法而安人何功而天地和平何德而黎元富壽者臣聞諸元元皇帝曰我無欲而人朴大哉至道不可多言伏願陛下克修聖祖恢維化綱崇帝象之風反皇人之始俗已淳矣人斯安矣三事允理六府孔修則地平天

成矣輕徭薄賦慎罰措刑則既富且壽矣豈臣庸觚克堪預焉伏以垂政立範因時變通布陳前載簡在帝聰今乃下問愚鄙徵其辨述豈不欲觀其末學收其微才臣狂妄斐然非相如子雲之流也幸屬千齡大慶五載修封遂得獻頌皇衢參陪鑾扆懸考言之無取念天獎而何階忠比魏臣空思捧日夢非秦后謬至鈞天蹋影天庭若臨冰谷

謹對

張日新

日新元宗時人

大邑縣鶴鳴山神碑

鶴鳴山據九老仙經云黃帝時有天真皇人駕鶴來此山上棲息數日有鶴悲鳴化而爲石因號鶴鳴山又言隋開皇三年蜀主秀夢一神人紫衣金冠侍從千人居此山下令使者訪焉古老曰先有此神在此山前闕水之側漢和帝封爲鶴鳴山君即此神也

賈彥璿

彥璿元宗時人

大唐故忠武將軍行薛王府典軍上柱國平棘縣開國男李府君墓誌銘

君諱無慮字忠眷隴西人也昔月貫於昴咎繇誕而邁德氣感流星伯陽生而啟聖惟彼降瑞因茲命氏曾祖貴隋太中大夫延州刺史凉國公皇朝封隴西公任切分憂寵加芳理朱旗映日阜蓋生風屬隋室道喪我唐天啟疇庸錫壤俾崇舊勳封以隴西昭其業也祖斌皇朝銀青光祿大夫隰吉二州刺史襲封隴西公闕高闕御下以寬洗犢清心不言而理襲封本郡昭其祚也父闕道皇金紫光祿大夫汾州刺史股肱之郡公輔之材克著政闕尤闕人望

遷鎭軍大將軍左驍衛大將軍上柱國襲封隴西郡公武庫森森縱橫矛戟智囊闕風雲煥乎鉤陳設在蘭錡乃祖乃父自公自侯昭其貴也君衣冠奕世禮樂闕賢慶靄炳靈光昭茂大君有命人衛天和階闕呈祥仲由爲三軍之勇燕頷標異班超封萬里之侯弱冠於清邊軍立功授游擊將軍左衛長上明畧經濟雄心英果剋清妖孽飲至天庭師出以臧功宜上賞朱紱斯曜可不偉歟無何轉授鄜州章州府右果毅時關内按察使強闕以君幹蠱奏攝會州司馬又改授同州洪泉府左果毅仍令長上一貴一賤

喜慍不形於色或出或處寵辱無介於懷位闕題輿闕申龐統名參都尉闕屈曾洪有勑差充闕野軍副使舉不失德勤不告勞展充國之務農轂揚雄之執戟軍儲是給闕馬賴焉尋爲太原節度使李暠奏授薛王府典軍蔽扞雄城趨侍闕每入招賢之觀時陪樂闕之遊習習雄風和而扇物粲粲闕寵而益闕青春始華元夜祕景歲不我與天奪其運以開元十七年五月七日終於靜恭私第春秋六十有二以其年六月十一日歸葬於萬年縣神禾舊原陪光塋禮也嗚呼哀哉賢王端憂故人啜泣垂天之翼必鍛於紫霄經國之林俄辭於白日遂使瑤林瓊樹瘁草木於佳城龍章鳳姿沒風煙於闕嗣子闕庭等孝履增感攀號無訴恭陳遺事俾刊豐石銘曰

公侯之子兮累代其昌河岳之秀兮爲龍爲光克岐克嶷兮發言有章立功立事兮厥政其芳天何爲兮速罹其殃哲人萎兮爲代所傷飛旐翩翻兮出帝鄉素車透遲兮西龍岡閉以大隧墐於便房勒勳鐘鼎畫像旗常日黯黯兮愁欲暮風蕭蕭兮悲白楊

熊曜

曜南昌人開元中進士爲貝州參軍

琅琊臺觀日賦 并序

秦築東門於海岸曰琅琊臺高可望遠而東之人悉以宵分之後觀日於海底者壯其觀而爲賦云

秦門之東天地一空直見曉日生於海中赤光浮浪如沸如鑠驚濤連山前拒後却圓規上下隱見寥廓焜煌天垂若吞巨鼇當其扶桑洶湧於雲光陽德出麗於乾剛汗漫翕納將吞六合沖融青冥遙浸大明羲和首馭夸父上征眩轉心目蒼黃性情傾地輿而通水府吸天蓋而駭長鯨

彼秦伊何崇此爲門委絕人力其誰敢論失萬邦者雖設門而必圮表東海者諒無門而亦存步秦亭而在此傷魏闕而何言千載之後石梁斯在時無鬼功豈越滄海念無道而肆志將不亡而何待我國家踰溟渤而布聲教窮地理而立郊坰畧秦皇於帝典參漢武於天經顧荒臺而寂寞取殷鑒於生靈爾其秋景超忽晴光渙發蜃氣干雲蚌胎候月長波沃蕩超百谷以深沈唳鶴徘徊想三山而滅沒齊魯郡邑霜天泬寥凌虛無而倒景臨沆瀣而乘朝日向濛汜雲横麗譙追魯連之達節行將蹈海仰田横之行義若在雲霄驪龍之珠羣玉之府想望緜邈依稀處所有海客之無心託扶搖之輕舉

徐太亨

太亨元宗時人

丈人祠廟碑

夫丈人山者本青城山周回二千七百里高五千一百丈即道家第五寶仙九室之天矣黃帝拜爲五嶽丈人因以爲稱服朱光之袍戴蓋天之冠佩三庭之印乘科車主五嶽上司六時降水仙唱泠泠而宵轉神燈爛爛而夕照仙都眾妙之奧福地會昌之域張天師羽化之處焉其爲狀重山疊嶂巨壑幽溪藏金而碕岸穹崇蘊玉而林篁潤澤紅巖爭出絳岑攢秀上巍峩而勢斷於空下峆岈而不見於底紫氛曉靄黛色晴濃嵚嵒嶷谷而中谽穹石隱嶙而回跨削成超華峻極逾嵩錦峯懸烏兔之輝赤水截虹蜺之影則有靈芝擢秀芳桂叢生龍篠嬋娟而駢峙麈松森梢而重列水因祈而愈疾山至感而登仙龜鶴於是乎栖游鸞鳳於是乎翔集露光懸白即盈隱士之杯霞氣飛紅遂映仙家之酒至夫恍惚幽象窅冥魏迹怪異休徵鬼神情狀則宣尼所不談矣我開元神武皇帝執持大象恢宏秘籙天宇廓清人寰交泰蚩尤害盡訪道於崆峒華封喜來尋真於姑射郊禋天地大禮也望秩山川巡狩也封勒岱宗報成也巡謁五陵至孝也講習二言崇道也飾禮神之館增類帝之壇禋於六宗徧於五嶽尊明號擁神休河洛獻圖書山川出車馬將以下咸五上登三與日月以齊明並乾坤而合德南山獻壽巍巍而永固西母進圖明明而本列則夏殷周漢將何以儔議哉奉開元十八年閏六月十八日勅於青城丈人山置祠室又奉今年八月二十

一日勑青城丈人山宜令所管州縣揀本山幽靜處興立祠廟其圖分付道士將往建立銀青光祿大夫使持節蜀州諸軍事蜀州刺史上柱國昌平縣開國侯臣楊勵本忠孝是資公清在職惠以綏物刑以平邪三刀之州縣克寧五符之功勳獨效奉遵宸旨恭惟靈廟親畫規模改興版築亟勤冰節採構雲林計日而成工徒不擾至若輪奐光華崇蔚晶麗倚碧巖而遐構面洚潭而宏峙栱櫨沓出棼橑疊施虹梁數重虬簷四起丹楹霞豔紫壁冰淨豐雄而曉挂斷雲皎晶而夜懸明月棟宇成矣彰聖主之崇恩堂

室巋然想神靈之是愛足可殷薦芳果尊奠馨稷又奉八月二十五日勑青城丈人廟准五嶽眞君廟例抽德行道士五人焚香供養聖恩覃溢天澤洪沛神姿麗美遠降於九天麗像昭輝長存於三蜀固當保持薦祉扶護聖躬鳳歷千秋龍居萬歲豈蓬萊方丈久視長生哉縣令薛椅錦製臨人絃鳴作宰惠存惸獨威息奸豪道揚三教政兼五縣僉爲揚洪徽騰茂烈大功必歆於刊勒大仙必期於福應微臣弱翰職慰斯勞黃卷雖勤元經已老庶夫紀功銘石地久天長山嶽之靈迹載揚江漢之豐碑獨立其詞曰

聖人大造澤及山川秩宗望祭通幽洞元惟此靈嶽代出神仙丹邱紫府逗月乘煙虔奉宸渙創營靈室峻宇干星回軒抱日虹梁載構虬簷突出燦爛孤雄巍峩罕匹天降神像飾以丹青眞空暱暱仙壁瑩瑩蘋蘩入奠黍稷陳馨光深岷曲色照江汀英英仙使奉宣明旨勤勤良牧至公而理式建華堂長開靈祀福庭幽寂齋壇迴起神功可紀聖德長存勒此銘石傳諸後昆景福肸蠁神報國恩宗枝百代子子孫孫徐太亨記

郭納

納開元朝陳留採訪使

對拜命布武判

王季拜命堂下布武王人謂失肅恭正以簡書季云其儀得中

國有燕饗使存聘覲苟趨步失容豈外臣倨禮王季秩班王爵位參朝會拜命之辱則崇布武之儀肅恭之容旋被簡書之正故知取禮則非爽謂失則深文肆無稽之薄言責有恒之大典眷言彼季頗習禮經得中之儀固無乖於揖讓同惡之恤爰匪臧於訟詞誰謂王人不如林放

右武衛將軍柳公神道碑

公諱嘉泰字元亨其先魯展氏自司空無駭至於展禽食邑柳下遂因采錫姓魯爲楚滅遷於晉之解縣今爲河東解人也洎衛之莊漢之祉褎之講論六義琮之黃金一笥赫奕勳業代有其人夫乾之垂象也上將躔於五緯坤之導河也中條控於一曲闕一字以毓粹應德岳以降神生賢可以爲王爪牙德可以爲國禦侮孰任其所事則公庶幾焉曾祖則隋左衛騎曹參軍皇贈蒲州長史堙厄卑位有才無時季葉蕩而困於先號聖人作而光於後命祖奭

皇中書令河東公厚德載庶物直心尹天下齊七政於璣衡致一人於仁壽雖子孺之周密方進之通明不是過也父爽皇贈朝散大夫鄜州司馬遜而守中敏以承德故有臺之樂未寵於王庭而斯皇之榮遂飾於泉壤三代繼業盛達公承累行之慶靈稟中和之粹氣粵自羈貫迨乎成人矗其隄防森是矛戟直節以成果勇溫德而著令儀其行巳也恭其親師也謹其從政也恪其取友也義奉長者之深誘不越中庸讀夫子之微言取其大畧公幼丁太夫人艱襁褓之内若有所失景雲元年先帝在藩以公女兄爲妃則申王之舅以外戚解褐授左金吾衛中候則知傳昭儀之淑德載誕恭王李夫人之麗容是榮協律公循道執一體正無貳不以怙寵而倨貴不以苟榮而屑禮無何丁鄜州府君艱一粥之食杖而能起無時之號泣以繼血先帝龍飛公猶在疚制令起復爲左領軍衛左郎將賜緋魚袋腰絰外除心喪内毀朝廷韙之開元二年申王以伯舅重奏公爲本府左帳内典軍九年又遷右衛率府郎將十年又轉剡王府諮議十三年加游騎將軍守左衛中郎十八年定遠將軍守左清道率或參桂巖之文雅或握蘭

錡之兵權肅宮道則荀理之清和翊周廬則衛綰之醇謹二十七年又加明威將軍守右武衛將軍上柱國賜紫金魚袋任同許褚職惟萬歲戎旅孔循禁衛斯整煥彼章綬崇其寵榮故一心事君凡遷徙官位不矯許以沽譽不介獨以轢羣所莅必聞所適必當來有其惠去有其恩無潘岳之一除免子文之三黜縉紳之士以爲美談以其年七月遇疾彌留有加無間御醫驛路中使在門猶能正不溷邪故巫覡莫進殁必合度故手足全歸以八月四日終於長安開化里之私第春秋六十有一遺誡薄葬明主驚悼

久之。詔使就第贈物三百段。粟一石。葬者量借手力緩幕。威儀簫鼓。飾終之典。斯爲盛矣。以十二月二日。歸窆於萬洪固之原。禮也。羽儀道路。觀霍葬之紛紛。龍虎岡原。見勝城之鬱鬱。公萬頃旁汪。千尋直上。碩量瑰林敏識。甘節。家人莫見其喜慍。時輩但美其風流。其存也子罕之不貪。其歿也國僑之遺愛。故欒棘斬焉。謂之善居也。金革不避。謂之從權也。貴而不滿。謂之鳴謙也。仕而守節。謂之公器也。疾而得正。謂之知禮也。終而薄殮。謂之達道也。詩曰。人之云亡。邦國殄瘁。其此之謂乎。夫人王氏。瑯琊郡君。晝哭之

外庀喪字孤。嗣子祐良等。遑遑焉過禮之孝也。哀哉。碑篆盡假於余。柔翰徒施。實慙於墨妙。貞石既刻。有愧於色絲。其詞曰。

將軍本冑。出自周後。羽父諸族。展禽食柳。自茲保姓。才與時偶。涉河居東。賢哲代有。鼎氣潛毓。河精陰受。降生將軍。百夫之首。明鑒思瑩。洪鐘待扣。三紀典兵。一心事后。賢妃之季。名王之舅。梁苑寵崇。漢家恩厚。朱軒繡軸。金印紫綬。渥洼籋雲。青萍衝斗。位纔上將。年未中壽。遇疾徹懸。全歸啟手。杜陵東陌。秦原北阜。旌轉城隅。烟凝谷口。屬屬孤允。哀哀孀婦。松櫝淺深。岡巒左右。通溝刻石。天長地久。嗚呼將軍。歿而不朽。

欽定全唐文卷三百五十二

胡交

交元宗時人

修洛陽宮記

禹因山川分畫九州大河之南厥土爲豫考極相方實處天下之中風雨所會陰陽所和而沖氣鍾焉其川河洛圖書之淵珍符是興其鎭嵩高孕秀生賢神靈是宅其浸瀍澗伊水之利環流灌溉壤沃物豐其地廣衍平夷洞達萬方輻湊朝覲貢賦道里均焉奠位宅中玆實帝王之居也

高祖太宗肇造區夏據秦百二之勢龔漢累世之基定都長安以隆上京惟是洛宅雖不獲奉萬乘之駕建諸夏之本而文皇帝顧瞻歷覽眷此舊邦肇新東都作對咸秦乃以貞觀六年名洛陽宮凡體國之制仰模太紫擬象河漢者雖因隋之舊逮夫一新號名昭揭於兩觀之上則觚稜金爵壁門鳳闕焜燿改觀益隆唐家興王之氣矣太宗以神武英偉之姿一加眄睞榮名斯被在物咸飾使巍巍玆宮復取重於當世豈不韙哉開元之降鑾輿時巡詔命儒臣宋璟馬惟白等博彙羣書於乾元殿又即明福門外置集賢書院置學士員校讐其閒而藏書之富殆與長安大明宮集賢書院等不其盛歟臣幸預翰墨紀事迹本末載於文字臣之職也竊惟周家興於岐邠武王宅都於鎬至成王乃命周召相基定卜於玆新邑宣王中興大會諸侯纂承文武師徒狩獵詩人詠歌則洛陽於周爲四方朝貢之地也尚矣太宗乃克大倣古以不廢周王逕衡之迹用宏玆賁光於中土克紹上帝匹休成周嗚呼盛哉若夫城隅廣陿之度宮庭考室之制皆不足書書是宮有先王之制者以詔後世云

張景明

景明開元時官侍御史

對無鬼論判

甲執無鬼論俄而鬼忽來取求乞免鬼云誰似汝者甲云乙似而便死後乙弟知告甲謀殺兄不伏

幽變生物惟微有象演伏羲之卦式載鬼一車修魯人之冊文時生二豎永言其事豈獨前聞而甲道在自專情非博應仲舒往記則謂知言于寶舊書斯爲妄作爰非有象

持成論衡徒折理以致詞終忤冥而速戾恍惚而見始慮阮瞻之疾彷彿有言仍多杜蠻之請惟乙不弔奄及兹凶以蔡邕之形初聞有似負莊叟之患溘然無疑昆既求往於隙駒季實悲鳴於原鳥雖死同無地情切於懷而生乃有涯欲將誰咎薄言謀殺理謂無憑

張季明

季明開元時官吏部員外郎

對輿屍謁廟判

鄭太曾祖亡輿屍謁其家廟人告狂怪

聖立謨訓禮明沿襲文物大備沮勸攸先是以茂閥高勳載在王府封侯廟食克濟家聲允歸通德之門未絕謀孫之道旣而鬼闞其室祖以負杖延災人告其狂太以輿屍獲譴卒哭而祔反葬而虞捨禮何觀撫事斯謬且執喪以寧戚爲本謁廟以如在致誠昭穆相承自可次其神主宗祧有序焉得失乎禮文狂怪之言責則甚矣旣灌之後不欲觀之

張環

環開元中進士官侍御史

以玉抵鵲賦

夫何荆山之崔嵬而美玉之在哉匿精輝於朗璞浮烟潤於崇隈連壤石以熠熠雜冰霰之皚皚未登光於瑞府畏委質於瑤臺嗟野人之屢獻而楚王之猶猜此昭昭焉曾不識寶之爲寶彼默默者焉知乎才與不才於戲亂玉者珉奪朱者紫以斯爲賤亦孔之恥舍白虹而靡察偶烏鵲而爰抵徒嬉戲以起予非特達而知己向使早遇鄭客先逢罕氏則必待價而沽命工而理剖以爲寶有珪璋之秉焉握而爲珍胡瓦礫之投矣然後式我王度比於君子其

故何哉用之而已類傅版築以滅跡呂垂緡而退趾忽殷帝以賚予復周王之至爾由匹夫以登良弼自孤叟而參多士豈非貴本於賤泰更於否觀彼玉之屈伸實伊人之行止則玉累形者璞人厄才者命投沙有去國之賢懷寶爲問津之聖苟或秉屯受蹇雖異物而同病然而人韜素德我獨文行用晦可以爲明以蒙可爲養正將有待於潛隱夫何取於奔競始用仰衣冠之駿德美銓藻之鴻柄清鑒雲披虛懷冰映大拾遺寶高懸明鏡典我權衡於斯爲盛別有被褐蘊眞而立伊投人之或誤乃按劍而遄及昔

同六鷁過宋都而退飛今隨乘鳫赴陸海而遙集振羽翰而有待搏扶搖而高戢慚巧媚以爲容恥空言而取級是宜不迨敢當元圃之中玷則可磨希復白圭之什儻或傾五都以置珍獻萬乘而爲執則玉乎玉乎無復向時之泣

新潭賦

惟國之左當河之南分逶迤之舊洛漲浩漾之新潭覲其沙石中映魚龍内涵泛危槎而獨隱紛衆水以相參原夫引派潛迴疏源洞出淙石門以雷注透金塘而箭疾暝浮天漢之雲晝洗嵎夷之日雖習坎之爲常乃流謙而不溢

若夫正月登晦韶風報春花明上巳柳暗長津出金埒之遊騎下瓊樓之美人愛清流之亹亹走香駕以轔轔樂此幽勝禊乎陽濱竭主第之羅幕盡侯家之錦茵窺浴鳥之呼伴見飛魚之觸綸既靈長於上國恒見美於斯辰若夫黛色沖融清光皛了綠苔一點疑濯髮於江波青楊四周若連帷於漢沼湛珠綵於星夜流鏡華於月曉苟形影之可觀乃妍媸而必表歲蒼茫兮寒氣升潭皎潔兮生堅冰比玉巵而逾淨對瓊華而更凝猶不若鏡室之爲朗銓臺之可稱庶狂愚之可鑒知簡要而相承

秋河賦

倬彼昭回鑿天而開含秋耿耿積曙皚皚水清淺而不落光逶迤而屢迴非碧海之分上卽黃河之轉來萬里直繩九霄橫帶奕奕高影湯湯連瀨透垂簾於戶前飛瀑布於雲外黯如平江不動矗似長雲欲銷映東吳而寫練挂南斗而成橋氣象晶明波瀾澒洞泛濫星點紆餘月弄界黃道而宵迥落青山而曉送雖滔天而作限乃沃日而爲節識示盈而必謙恒昏凝而晝滅亦猶靈烏之謝顧兔之缺適足明其舒卷夫何累乎昭晰於是張平子仰而歎曰此

何靈輝若有若微杳杳迴薄茫茫是非鵲填銀而何去人取石而何依乘槎之子兮上不上弄杼之女兮歸不歸坐迴皇而曉失空白露兮霑衣

對萊田不應稅判

勸農使稱萊田舊不應稅州縣令有徵納爲例各自不同或據畝數均收或隨上下加減百姓紛訴使司科均收以不應爲從重科加減以非法均賦斂州訴恐年饑無以給貸且使司法例不平不伏處斷

國征九賦。農辨三壤。用先疇之畝。畝則有磽肥。輸當年之井稅。寧均沃塉。是以農扈率職。夫家受田。較其菑畬。底以薰蕕。故我疆我理。爰滋翼翼之苗。如梁如茨。卒獲芃芃之稼。藝或若此。稅其可知。今者倬彼萊田。是稱荒隴。畝方兼以三百。始受一夫。獲寧取於十千。空勤四體。雖則休於間歲。易在他年。徒寒耕而熱耘。終費廣而收薄。永言州縣。是曰司存。土則異宜。畝何均稅。必以年須賑乏。事欲隨時。加減於上下之閒。徵納於權宜之際。則謀始立化。斯焉可作。慢官沮法。訟者奚為。且使以勸農為名。人以足食為本。民

苟可利。賦亦何傷。責以不應。或將得罪。處其非法。良恐未然。須從刑政之科。難枉使司之例。

薛寓

寓開元時人。

對萊田不應稅判

勸農使稱萊田舊不應稅。州縣令有徵納為例。各自不同。或據畝數均收。或隨上下加減。百姓紛訴。使司科均收以不應為從重科加減以非法均賦斂。州訴恐年饑無以給貸。且使司法例不平不伏處斷

皇家刻華歸素。抑末敦本。式稽堯典。授時之政克修。載歌豳頌。祈年之禮尤洽。是以野無曠土。國絕遊人。紅粟相因。華黍興詠。猶復二星分出。四牡載馳。察俗觀風。勸分務穡。至如分地之利。易田之宜。擇乎令典。酌於故實。若秋苗有獲。則可據地而徵。儻春萊不芟。焉得計畝令納。苟貽碩鼠之謗。須寘鳴鳩之典。若上田不易。自有常規。妄為加減。誠為非法。並從鳳舉之按。宜正隼旟之罪。

張寂

寂開元初官司勳員外郎郎中。

對萊田不應稅判

勸農使稱萊田舊不應稅。州縣令有徵納為例。各自不同。或據畝數均收。或隨上下加減。百姓紛訴。使司科均收以不應為從重科加減以非法均賦斂。州訴恐年饑無以給貸。且使司法例不平不伏處斷

我田既臧。農夫是慶。畝碩則播。歲成厥功。如茨如梁。或祈於稷稼。不稂不莠。載嘉於曾田。彼之荒萊。僻在窮野。芟夷

未絶耒耜何施便加税畝之徵豈厚生人之道且漳河富鄴涇水利秦人旣有藏國亦云幸當今百姓爲心六府修敎命勸分之使崇務本之農漢苑空閒已許蕭何之請魯田厚斂見譏哀公之昏人若屢空君孰與足州縣以政刑不用興訟是招使司以公職務平天心必稱雖假詞於給貸終失得於當官請寘明刑以鑒多士

魏瑅

瑅開元時人

對萊田不應税判

勸農使稱萊田舊不應税州縣令有徵納爲例各自不同或據畝數均收或隨上下加減百姓紛訴使司科均收以不應爲從重科加減以非法均賦斂州訴恐年饑無以給貸且使司法例不平不伏處斷

劃爲九州咸則三壤或溝洫創制或阡陌從宜肇允萊田無聞税畝今欲務耕興利盡地勸農驅役冗食之人示以不毛之罰則可規堰瀦（一作肥瘠）而辨等視舄鹵以分疆必遵桀貊之中是行什一之稅惟此州縣俱爲蓋臣不率古猷獨師襟抱而上下加減謂叶裒多之義據畝均收欲見無偏之迹曾不知定其可墾則奚適非宜捨彼所餘則仁將何遠欲救茲弊圖以拯人異李悝之上熟同冉求之急賦將恐事非適變狙怒咸于朝三日用不知馬力盡於劍百轄軒高責何所逃威外臺薄訴終思憲罰

樊衡

衡相州人

爲宇文戶部薦隱淪表

臣某言臣將使之辰特奉天旨念及遺逸委臣明敭兼恤

屢空令臣賙給臣謹依制命宣布遐邇承風藉嚮隱淪皆出考其精庀所得如右伏惟陛下恢徵士之典飾蒲車之儀昭示海內令知盛朝有寵賢之感臣之報國志願畢矣孰知多士盈朝四門已集微臣所奏不動聖衷誠願陛下留意才難願求邦本山海惟積不厭高深芻蕘有裨伏希裁擇臣無任懇迫之至

爲幽州長史薛楚玉破契丹露布

臣聞天地設險聖人則之士生懸弧其來尚矣故黃帝涿鹿之戰重華三苗之役湯伐有扈文王克崇至於不得已

而用之其實一也伏惟開元神武皇帝陛下秉五聖之資踞六合之大德光天下威振百蠻四方無金革之事蓋亦久矣蠢茲凶寇東胡餘孽日者關內未通隔在荒外自相殺戮君臣無序不能獨立交臂屈膝求我國家以安之聖朝矜其輸誠且以護塞故列于朝貢編於鴻臚故再冊名王累降重圭魁渠豪首靡不霑渥自開復營州二十年內部落不聳安農互商金帛山積我國家之於惠貸亦深矣而野性易動狼心不革中復背誕寇我柳城我是以有平盧之戰當爲兵少城孤不暇追北盡其巢穴殘凶游魂假

氣絕徼自以爲黃河涇渭可以保天險懸塞沙漠可以逃靈誅陸梁窮荒迷肆不復我王師遠略是以有黑山之討其突厥分兵助爲聲援官軍既會萬弩齊發逆順不敵賢王失陣契丹東龍鍾走林奔穴甌脫不守髦頭匿光可突干挾馬浮河僅獲殘喘謂其困而知悟面縛請降而西連匈奴東搆渤海收合餘燼窺我阿降奚我是以有盧龍之師當是時也四蕃雲屯十萬雨集動兵鼓噪聲聞百里山川晝昏土木皆震勢欲朝驅降戶夕通河朔我行軍七千秉天假威靈黜之硤石斬單于之愛子㬀契丹之積卒衆虜奔逃扶傷不暇於是從散約解雲卷霧消投戈棄甲莫敢迴視我降戶完然堅利而西蕃輜畜十遺半矣夫突厥秉天驕兩蕃藉其銳悍所向得志其來久矣昔漢高祖以三十萬衆猛將如雲謀臣若雨平城之下七日不食竟以計免頃萬歲通天中亦憤其不恭雷霆發怒驅熊羆之卒策貔武之將以數十萬相繼而出沒之峽中隻輪不返卒使趙定陷沒河北塗炭數十年閒瘡痏不復所以敢輕犯官軍之衆者以往事之驕我國家偏師不滿七千當十萬之寇綿險提寡揚桴而出勢同解竹兵不留行於戲前事

也如彼今事也如此哉蓋順人心因神怒察地利用天時威靈之所覆而逆順不敵也然自黃龍舉烽無歲不戰驚駭我城柵虔劉我亭戍勞軼我師徒糜耗我廣輸實巳四稔於茲矣若乘勝不殄無以一戎所以戰士憤惋餘怒未洩將斬踏頓以染鍔血頭曼以釁鼓彷徨北兵望烟塵而不肯返旆者久之臣以爲突厥銳而逃渤海懾懼勢未敢出契丹大戰之後人馬俱羸其心不振又恃以荒遠必無我虞而諸軍蓄銳久思奮發新聞破賊無不增氣若驅而襲之可不血刃而取也臣又與侍御史王審禮節度副使

烏知義及將士等僉議咸以爲然議猶未決適會勑令臣討逐已準勑書當日宣布三軍之士莫不踴躍於是拔距蒙輪之伍嚮應投蓋超乘之卒景集節度副使右羽林軍大將軍烏知義即令都護裴旻理兵述職大閱於松林管內勇士萬人騄駒千里拔三丈者得七十四輕幟迅走之乘鷹揚貔武之士左贏糧右持械者日越七百里朝發薊門夕宿碣石者得八千人勵以威神節以金鼓旣而鐃樂歸義王李詩衙官可支刺史伊覓啜燭祿弁里水扶餘者違末盧東胡雜種君長之郡左射人右射馬翼迅霆轉沙

振騂角者二萬五千餘騎鐵甲霜野朱旗火天遂陵赤山下塞谷絶泱漭橫大漠以四月二十三日夜銜枚渡黃河質明頓兵松漠漠庭疾雷暴驚天落地動羣兇狂顧周章自失於是三軍橫亘風偃電掃烏知義都統主中權裴旻領三千騎與宣慰計會發兵馬使內給事薊思賢副使內寺伯李安達右領軍衛翊府郎將李良玉軍前討擊副使大將軍鑰高等爲先鋒中郎內供奉李先壽領馬步五千與宣慰內供奉奚官局令王尚客內供奉中郎李延光長上折衝內直臣右驍衛左郎將王抱一經畧軍副使左衛李府右郎將李永定咸寧府軍李車蒙領馬步五千與宣慰使內謁者監劉元向供奉長上折衝康太和供奉長上折衝白延宗長上果毅高處謀永寧府果毅閻鼎臣副將布折等爲右翼中郎將裴倩領馬步五千與攝副使內供奉左驍衛府郎將抱忠英樂府折衝李瓚等爲殿奚王李詩與內供奉長上折衝歸州刺史韓仙松衙官段志忠等統其部屬知虜掠北郡長上折衝兼儒州都督烏承恩與供奉將軍恩盧延賓平盧軍攝副使遂城縣折衝桓善珍經畧軍副使政和府果毅楊元亨軍前討擊副使果毅路

順清夷軍子將英樂府右果毅樊懷璧等四面雲合煙塵俱起兩翼掩進前後夾攻數百里閒沸聲若雷波駭雲亂窮寇奪氣僵仆相藉弓不暇張戈不敢振雖蒙茸奔穴町疃走險轞轣所暨盡爲鯨鯢其餘孱幼匿車惕喘穹帳烈火旣焚與煙俱銷者不可勝數或遺奔迸脫扼據峻嶺聚徒嘯侶擬欲鳴吠而左縈右拂咸在彀中傷鳥惡弦舉弓皆落於是韜兵弛甲俯伏請命俘虜蔽於原野羊牛塡於坑谷遺械如草流膏成川然後戮渠魁斬封豕責元歸罪祐衆啟降二十五日收獲南驅二十七日次於烏鶻都山

前後大小三十一陣旗鼓所向莫不奔潰野絶遺寇萬里肅清然後頓軍休士大閱俘實約生級羊馬駞驢器械都獲三十餘萬口匹頭數其餘瀑潦奔注浮淵涉河揭厲未畢而中流汨沒不入見數者十餘二三所斬丁將豪健暴骸相藉者亦三萬餘級所焚爇車帳農具器械儲糧老小灰熸燼滅者不知涯極於是椎牛買酒散賞高會宣慰使內謁者監普心寂與判官掖庭局監潘進忠別勑行人李如意等銜命至便申慰諭三軍蹈舞呼聲動天將吏等今驅蠻夷而襲虜庭因寇糧以贍軍用亦降奚所勤懇也伏

惟勑俘虜許戰士奚等內附賞餌因而用之且不踰時禮也羊十六萬口牛四萬頭馬四萬匹車五十乘并生級除留堪進九千人已上餘四萬衆悉降奚既以蠻夷出攻亦以蠻夷入賞俘獲數廣行程不多自振旅而旋日役數十以今月四日兵馬並平安到平盧蕃漢健兒惟六人損一人死臣聞善戰不陣良將難之臣等不才承命出師遠征勁虜二十三部落並不鈍鋒士馬完歸軍容益整非陛下神威所覆則臣等碎首必然今幸覩洪勳不勝慶快之至謹遣戰將攝副使行軍虞候總管檀州密雲府果毅都尉賜紫金魚袋車仙惲奉露布以聞其所獲首級器械別錄申上

河西破蕃賊露布

朝議大夫守左散騎侍郎河西節度經畧使營田九姓長行轉運等副使判武威郡事赤水軍使攝御史中丞賜紫金魚袋上柱國臣某破蕃賊露布事尚書兵部臣聞背施怒鄰惡貫以滿者天誅之行慶布澤德政以順者人從之況乎夷背其鄰有貫盈之罪王將服叛舉德政之役彼曲我直何可敵哉蠢茲吐蕃僻在西裔山川禽獸以處之造

物者以限之於外區也我國家貞觀之際戎有微服來朝太宗因而異之啗以金帛終其身不敢近漢邊矣中宗之享國許修舊好姑務息人乃割愛主以降之至今朝廷無西顧之患洎我開元天寶聖文神武皇帝陛下嗣宅丕業文化遐被非不以德和之矣然彼戎以承數代之患晏安七十年之間而得掠諸夷之種落猶纖草之滋蔓因怙其衆轉以作雠悉國興師犯我河隴天罰有罪大敗其衆既而戎首旋悔願得比爲舅甥我皇帝以天地爲心山澤含垢重使信以綏撫蓋不忍以蠻夷而疲其中國人也噫卵

而翼之犬長吠主反伐勃律之屬國匿我四亂之亡人誘我石堡之城踐我蕃禾之麥多行背德是惡貫矣我皇帝怒之密發中詔使乘不虞以襲之臣以統五原之帥擁中軍之師奉聖畧憑天威以今月初六日戒嚴引高牙而出十二月會於大斗之南擇精騎五千皆蓬頭突鬢劍服之士乃遣都知兵馬使左羽林軍大將軍安波主帥之先鋒使右羽林大將軍李守義副之十將中馬軍副使折衝李廣琛等部之臣自以馬步三千於大斗建康三水張掖等五大賊路爲應接別委行軍司馬大理司直攝殿中侍御史盧幼臨領步兵五百過合黎川爲聲援又使大將軍渾大寧將軍契苾嘉賓各領步兵於三水賊境爲掎角波主等將辭臣戒之曰爾豈不聞乎天子之怒伏尸者百萬將軍之權得專誅戮爾須自大斗南山來入取建康西路而歸當我所戰鋒可斷飛鳥若不剋於敵逗留却行汝則有大刑雖剋於敵故道而還汝亦有大刑緣隴以西賊必知懼縱爲多備亦可鼓行此本出於聖謀縱舉覺亦必無慮諸將乃果於勇決進不顧身十二日至新城南吐蕃已燒盡野草列火如晝諸將曰賊果知備矣因躡其烽燧高揭

旌旗氣雄雷霆聲疾風雨十五日至清海北界遇吐蕃兩軍遊奕二千餘騎波主乃使先鋒使大將軍李守義領鐵騎一千穿賊之中取首而陣又使先鋒副使郎將安貞領鐵騎二百摩賊之壘斬馘而旋又使中馬軍副使李廣琛領勃律馬騎一千攻其旁又使節度總管李朱師等領兵八百騎亢其下使右馬軍副使張仁賢以遊兵一千敵其南北東西左右橫集而兵氣初鋭馬逸不止弓矢三注而連發長劍四按而無前初淫廢而苟在終蹂踐而皆盡誰爲其後徒言魂魄歸天不報國恩飜聞肝腦塗地則向之爲寇今已殲焉自朝至於日中凡斬二千餘級十六日進至魚海軍千里烟塵百道旗鼓波主已先遣前軍副使折衝傳光越設伏於便道及交矢石又使節度總管唐朝英等寇而僞奔戎爭追之遇伏皆死因得戮巨鯨於魚海墜封豕於鹿泉平積骸成京觀斬魚海軍大使劍具一人生擒魚海軍副使金字告身論悉諾匝生擒棄軍大使節度悉諾穀生擒遊奕副使諾匝生擒副使金字告身拱齋生擒魚海軍副使銀字告身統牙胡其餘偏裨難以盡載斬首三千級生俘千餘人牛馬羊駝八萬餘頭數獲未畢虜

救潛來在山滿山在谷滿谷顧盼之際合圍數重諸將皆曰兵法所謂致之死地今則是也亦焉能陷於虜庭辱明主之深料乎於是謀夫一心戰士倍力擇強弩長戟爲外拒寘輜重生級於其內雖喜獲多急何能保其俘囚有因動而將變且驅而斬之其虜畜有力極而難致則擁而焚之候暮夜之時望歸路而突之其初也銜枚屏氣鬼神無聲旣出而奮臂大呼天地搖動諸部將馳逐而元黃疑且戰且行一千餘里馬無齕草之所人無抔飲之地共食冰雪傳飡糗糧猶能夜盜虜之營使自攻殺朝拔虜之幟爭

爲致師凡七八日間約三百餘陣至合河之北斬得二丈之綏而莽布支更益其重兵追截我歸路安波主懼其危迫請救其後軍臣遂遣副使劉之儒等領後軍二千騎迎之會中使駱元表至臣行軍使善子雄監之同往救兵旣至旌旗相望其氣益振又戰數合虜旣不利夜遂逃遁臣聞軍得歸便牒安波主虜之去也必謂我不能復追之必出其不意可使安思順反戈卻入必盡擒之遂柬精騎二千與之又使副使娑羅度抱一二丈城副使李可朱副之臣別差大斗軍副使烏懷愿討擊副使哥舒翰等領精騎

一千應之分前麾隨間道蔽山乘夜晨壓賊營或馬淖其妖夢之時或刃遊於假寐之際死生同泯不知其云前有朱衣旃裘保而相距首已飛於異處身猶僵而兀立不可勝紀其有漏網得逸擐甲復來恥於生降窮以死決不免戈矛以撞捴而擁坑谷以顛塡而就拉拘十不存一所以擒金銀告身副使三人斬首千餘俘囚二百餘人獲牛馬羊駝共三千餘頭匹器械新物一萬餘事謂我再剋而虜再敗矣皆會漢境一如往哲之朝善戰以來人所不覩臣試迹前事行之惟艱且李陵之兵盡矢窮緤爲之虜秦人

之勞師襲遠再敗其師未有如今之深入能勝歸者此乃陛下神斷之謀也聖威之被也不然豈季冬之月天地嚴凝齎孤軍十月之糧入絕域重阻之地橫跳千里連鼓數軍討而復擒歸而復襲一日三捷震天聲而凱旋臣獨輯甲兵日討軍實終當拔邏些城青地斬贊普之首以懸北闕則臣之願畢矣不勝慶忭之至謹遣某官奉露布以聞

欽定全唐文卷三百五十三

唐道周

道周開元十九年承議郎行益都縣令

青州雲門山功德銘

夫代上役役人間蚩蚩茫是非之環溺死生之海者久矣六代祖後魏使持節青州諸軍事青州刺史諱輪作牧慈仁道被東夏逮從祖諱季卿剖符（闕二字）太庇（闕一字）人曁級（闕二字）貞休（闕二字）是邦纂（闕一字）丕烈（闕二字）以冥應（闕六字）嗟嗟（闕六字）淨業（闕六字）羣生（闕三字）屬介（闕一字）大千之徒蠲（闕一字）於

（闕一字）初翹勤最尊（闕三字）嵯峨崑業統（闕四字）涌洸瀁（闕六字）冈測惟像（闕二字）能不（闕二字）

楊慎矜

慎矜戶部尚書隆禮子初爲汝陽令遷侍御史天寶二年授諫議大夫擢御史中丞遷戶部侍郎李林甫惡之作飛牒告慎矜謀反搒掠服之詔賜死寶應初復官爵

對吏脫幘判

得丁爲吏脫幘挂縣門而去斷不應爲

天育萬類人含五情行藏殊途語默分緒故有晏安榮利入朝廷而風趨脫落塵紛遁精白以雲臥丁以情忘寵辱跡尚真閑陶潛屈身繫在彭澤安石有志終憶東山厭吏隱之喧卑倚劍不樂出都門之慷慨挂幘長辭得五倫之遺風掩逢萌之往跡清聲可以激貪鄙美事足以光圖書于何不臧反以爲罪昔漢皇御宇且高疏廣之才今唐堯握圖宜遂許由之性

對馬驚師徒判

卜氏爲御馬驚師徒小却監軍糾爲無勇卜氏遂死之或誅其功監軍請寘于理誅者執云非

罪

邊候時警聞列將之授師戎車啟行有僕夫之執御白刃交下望軍麾而且前紅塵四飛聞戰鼓而俄駭甚朽索之爲御因交綏而小却疇昔爲政雖異羊斟不仁今時敗績還同卜國無勇結纓而盡復矢空非請易其名蓋難雪於下士將寘於理焉可罪於亡魂雖聞舊經非辜當失不誅不罪斯焉取斯

對徒鄉判

甲徙於他鄉無旌節津吏輒以圖土内之彼告

非法
貿遷不倦人且知往來亡或生政亦嚴禁是以變而惟適時政任於磽肥行必有由誠取驗於旌節惟甲素非地著身同梗泛喬木猋在忽辭違於舊居斷蓬孤飛方行邁於他國行則無驗動而見疑津途已驗寧遇長沮之問獄户旋開行逢士師之鞫且夫爲政以簡貴清澆訛職司其居務取懲察雖率土之内莫非王臣而遷人之中或有姦者旌節雖且云復關山如何得踰詰其所由方盡于理致之獄吏夫何有違竊惟至公之道難加津吏之罰

房翰

翰開元二十三年朝請郎行六合縣令

大唐揚州大都督府六合縣冶山祇洹寺碑

昔者迦維誕聖兜率降靈雞足巖門以一音成佛象頭山上以三事教人舒慧日之光無幽不燭灑甘露之法隨器皆盈談法界之虚空演妙門之眞實及夫涅槃示滅舍利傳靈金人見於漢宫白馬來於西國由是綿花奥旨貝葉眞文流行域中遍滿天下國城聚落多葺禪宫山水園林散開精舍黃金布地則龜甲成文紫玉爲階則龍鱗疊彩希向者六根俱淨住持者五蘊皆空或有漏之良因得無生之法忍則知佛之教也其大矣哉夫揚州六合縣冶山祇洹寺者創自吳朝初爲像塔洎乎梁代更立道場以地若祇洹故寺標美號宋國公鎮吳州之日紺殿初營隋皇帝爲晉王之辰白樓方立其後隋室板蕩玉石俱焚唐運中興土木重建鐘應霜而復響爐含煙而更芬時有比邱僧智口惠哲等望攀澄什德冠卿雲精修六通妙達三昧想千花之帳懐四極之臺迺復營爲便成結闕一字座飛萬鶴門結千龍僧坊若須達所營佛刹如匿王所造香臺窈窕影殿陰岑鳳跂雕甍龍盤繡柱三百間之邃宇頳聖昭明十八變之雲圖丹青炳煥大乘法藏飾以七珍廣座眞容褒以百寶靈仙掣曳於梁棟若往若來神鬼闕一字巘於戶牖或俯或仰入海功就豈惟舍衛國人動山力成何必商那長者能使毒龍作禮屢集法筵乳鳥來馴每遊禪窟忍辱之草垂曉露以飄光歡喜之花搖春風而散彩其地則棠邑東嶺廣陵西巖背淮面江倚山枕壑鐵冶騰光而赫赫上燭霞空石梁激溜而洄洄旁亘煙野澗谿谿險巖岫纚連豐草羅生闕一字林闕解脫塔闕大師經行之地二

上人並勤修淨行高視法朋踐無垢之清塵談不闕一字之勝躅識我相非相知色空是空乘慈惠力解煩惱縛其時闕一字人八百因立村名世界三千俱傳法號或悲薪盡山門爲之洞開或歎芝焚庭樹爲之彫落眞儀滅已圖像儼然可以導利迷途可以發明覺路者矣復有門人曇影心內珠融法侶多文掌中印發實道門之龍象爲法海之舟航並結念四禪澄襟八解幽靈已度盛德仍傳今上座懷亮寺主惠勗都師德本道裕元逸惠瑳等揚枹淨域鼓栧法流發四諦之良音辯百非之妙旨遊遨寂境乘紺馬而

濟時出入眞門駕白牛而拯俗菩提樹下脫落囂塵般若路旁修持行果蹈如來之閫域度菩薩之津梁雖佛在虛空固難聞見而人瞻影像或易依憑迺修飭殿臺灑掃院宇擎法鼓以警俗聲雜雷霆然慈燈以著明光耀日月以爲雪山童子妙贊神功阿斯仙人能宣佛教於是求翠錦之石既已琢磨假黃絹之詞方希筆削翰學慙初日才愧凌雲舅氏能詩無因酷似家庭聞禮有恨闕如空調單父之弦彌乏河陽之藻辭不獲已敢作銘云

天大地大乃聖乃神感生諸佛覺悟黎人三千世界八萬由旬咸闕一字性相俱超至眞龍宮西祕象譯東闡貝葉假言貫花妙典四禪備習三藏俱衍闕勤誠闕善棠邑之甸冶山之旁宏開佛剎大啟僧坊徘徊廣院窈窕修廊日暖冬屋風清夏堂莊嚴成就相好具足體色開金毫光散玉十地部眾四大眷屬仰瞻尊顏護持芳躅闕一字石聳闕一字香泉流砌竹林烟積庵果雲洗狂象來馴毒龍作禮青蓮夜開赤蓮晝敞闕二字上德持律名僧行超惠遠道冠闕朝遊錫杖闕一字坐闕虔奉眞教規模法朋蠢蠢氓闕一字明明惠智一心向佛五體投地悔過罪銷闕福至闕寧非我利

王守泰

守泰莫州人

記山頂石浮圖後

大唐開元十八年金仙長公主爲奏聖上賜大唐新舊譯經四千餘卷充幽州范陽縣爲石經本又奏范陽縣東南五十里上垡村趙襄子淀中麥田莊并果園一所及環山林麓東接房南嶺南逼他山西止白帶山口北限大山分水界並永充供給山門所用又委禪師元法歲歲通轉一切經上延寶歷永福慈王下引懷生同攀覺樹粵開元廿

八年庚辰歲朱明八日。前莫州吏部常選王守泰記。送經京崇福寺沙門智昇檢校送經臨壇大德沙門秀璋都檢校禪師沙門元法。

齊澣

澣字洗心。定州義豐人。聖歷初進士。以拔萃補州司法參軍。景雲初官監察御史。開元中累擢祕書少監。出歷濠常潤三州刺史。徙汴州。充兩道採訪使。以老放歸田里。天寶初召爲太子少詹事。留司東都。卒年七十二。贈禮部尚書。

請禁鞭撻僧道奏

伏以至道沖虛。生人宗仰。未免鞭撻。孰瞻儀型。其道士僧尼女冠等有犯。望准道格處分。所由州縣官不得擅行決罰。如有違越。請依法科罪。仍書中下考。

請開伊婁河奏

潤州北界隔江爲限。每船繞瓜步江沙尾。迂迴六十里。多爲風濤所損。臣請於京口埭下直截渡江二十里。開伊婁河一十五里。即達揚子縣。無風水之災。歲收利有億。並立伊婁埭。自是免漂損之災。

苗晉卿

晉卿字元輔。潞州壺關人。第進士。累進中書舍人。天寶中封高平縣男。累遷憲部尚書。兼左丞。肅宗即位。拜左相。封韓國公。改侍中。册爲太保。罷政事。永泰元年薨。年八十一。贈太師。謚曰懿獻。元載入相。以舊恩諷有司改謚文貞。大歷七年配享肅宗廟廷。

上肅宗辭攝冢宰表

臣聞古者殷高宗在諒闇之中。百官聽於冢宰。更無事跡。但存文字。且一時之事。禮不相沿。今殘寇猶虞。日殷萬務。皆緣兵馬屯守。討襲善算。良謀立勝。擒敵。陛下若行古之

道。居喪不言。蒼生何依。百事皆廢。伏讀國家起居注。亦於禮部檢見舊勅。恭惟太宗高宗大行皇帝在位之日。皆有國哀。視事不輟。以爲君臨天下。難徇常情。今遺詔有處分。皇帝宜三日而聽政。陛下遵太宗故事。則無冢宰。遵大行皇帝遺詔。便合聽朝。萬姓禺禺。不勝大願。伏惟陛下知理國之重。順人心之切。以義斷恩。從宜無改。今朝臣一命已上。皆言臣心昏貌朽。加以疾病。事有急速。斷在須臾。凡聖不同。豈合受詔。陛下發哀已五日矣。願准遺詔聽政。則四夷萬國。無任悲幸。

上代宗辭攝冢宰表

臣以昔者天子居喪之時百官聽於冢宰者蓋君幼小御極事殷情理當然沿革不一今古異同而周武漢文合於通變垂範作則可舉而行又士或墨縗時遇金革豈非銜恤謂義在斷恩且百善之至無加於孝也其有容瘁心絕指景悼生此匹夫守節之常情殊王者嗣續之大計昨二十日陛下於大行皇帝柩前即位是承先帝遺顧之言亦前代不易之典則知所畧不爲害所存是適權防微滅端所利者大陛下因心純至天地明察伏以報劬勞之恩申

罔極之思終身之痛豈計朝夕但以一日之內萬務在中須達宸聰始成國政百寮萬姓及僧道耆壽等相顧聚言以臣老且無能愚豈測聖況久無居攝臣不敢奉詔特乞陛下遵遺命三日而聽政臣博聽衆情不勝懇願伏望割痛抑哀則天下悲幸

皇帝奉迎上皇請編史冊表

伏見工部侍郎李遵及殿中監李輔國言皇帝於望賢宮奉迎上皇望樓趨馳捧足嗚咽問安既退侍膳皆親及出宮之時親選龍媒侍從歸闕孝敬之至傍感人神四海歸心恩深錫類羣臣何幸得覩盛美陛下武功冠於千古孝德踰於百王昔夏之有窮少康復其業漢之新莽光武纘其緒雖復崇名茂績輝映當時而皆曠日持久動數十載致使宗社郡邑盪無復遺未有如陛下神武奮發睿謀獨斷曾不再稔掃清羣凶奉迎聖皇不失舊物蒸蒸翼翼榮輝區宇考之傳記振古未聞天地人神孰不慶幸臣請編諸史冊傳之不朽

對文詞雅麗策

問朕聞至道雖微不言而化皇天陰隲相叶其彝信寒暑

而生成施雲雨而沐潤垂範作訓樹君育人時有澆淳教垂繁畧成湯既聖禹道云亡桑扈谷風屢動詩人之刺塞門反坫時遺宣父之嫌我國家拯彼頹綱開茲盛業朕以不德襲號乘時而皇極之道未敷謨明之軌尚闕思宏厥理其義安從至如視聽貌言恒若時若會極歸極作哲作乂一以貫之何方而可夫禮以飾情情疏則禮畧樂以通感感至則神和理內爲同修外爲異同異之用有昧其功人俗未融佇明斯要又四時武德制自何君五行文始本之誰代昭德盛德莫辨所尊昭容禮容未詳所出悉情以

對用釋余疑
對陛下頃與三事大夫議于朝以計天下有奇才異行含光而不揚其輝詔諸侯咸舉之臣實至愚不通大識循才審行不副高求臣聞論語曰天何言哉四時行焉百物生焉孝經曰王者則天之明因地之利以理天下是以其教不肅而成其政不嚴而理所謂天地設位聖人成能而保大定功勲業蓋時也逮金石斯緬步驟不同時有澆淳教隨繁畧桑扈谷風之刺三歸八佾之嫌人用僭忒一至於此孔子曰上失其道人散久矣傳曰國家之弊恒必由之

陛下嗣守丕緒茂昭大德能使百家承式萬邦作乂所謂孕虞育夏甄殷陶周革弊移風自前代未有也陛下乃賜臣策曰皇極之道未敷謨明之軌尚闕者豈不以采芻蕘之義誠考試之端不宰其功俯垂下問實陛下謙德也微臣何足以知之制策曰至如視聽貌言恒若時若會極歸極作哲作乂一以貫之何方而可者臣聞劉歆以爲伏羲氏繼天而王受河圖則而畫之八卦是也禹理洪水天賜洛書法而陳之洪範是也故河圖洛書相爲經緯八卦九疇相爲表裏聖人行道各保其真若人有乖方數必徵於錯逆政惟協雅理必應於調和考之咎徵粲然著矣陛下隨陽澤以著恩慎嚴霜以肅威鷹隼未擊尉羅不施草木未零山林不伐足可使垂景星而降甘露騰休氣而漏醴泉臣以爲一以貫之其道久矣制策曰禮以飾情疏則禮畧樂以通感感至則神和理内爲同修外爲異同異之用有昧其功人俗未融佇明斯要者臣聞六經之道同歸禮樂之用爲急孔子曰安上理人莫善於禮移風易俗莫善於樂董仲舒對策曰王者欲有所爲宜求其端於天天道大者在於陰陽陽之爲德陰之爲刑王者承天意以從

事故務德教而省刑罰陛下修先王之好生存大易之緩死頃者省囹圄去桎梏此則省刑罰之謂也臣聞樂以理内爲同禮以修外爲異同則和親異則畏敬和親則無怨畏敬則不爭二者並行合爲一體揖讓而理天下者禮樂之謂也適時之要斯並存焉制策曰四時武德制自何君五行文始本之誰代昭德盛德莫辨所尊昭容禮容未詳所出悉情以對用釋余疑者臣以爲斯並漢主之樂載於班氏之書必先究其明徵考其敏博既勞更僕何易盡言雖敢畧而陳之尚未臻其極也臣聞易曰先王以作樂崇

德殷薦上帝以配祖考古者制宗廟太祝迎神於廟門其義也四時武德者漢文所作以示天下之安和也而武德奏于高廟焉五行舞者本之周武也秦始皇二十五年更爲五行也漢高祖六年更名曰文始以示不相襲也昭德盛德孝景孝宣之所以尊宗廟昭容禮容者出武德文始五行之舞也謹對

對不師棘寄軍獻二毛判

國子監稱冑子不師教將棘寄之省讓其侵冒刑章寘之理監固論不已　又軍旋凱獻俘毛

有二者執法止而劾之軍司云拔距投石者

文以經邦武以禦寇開石渠而設教整金鼓以宣威爰施上下之庠式奉孤虛之術語茲國序相彼軍容槐市立談未展先王之禮柳營作法但見將軍之令摳衣不聞守道擐甲已見伐功靡好成麟之名且許貪狼之意入室雖無鼓篋出塞終有解鞍既虧來學之能當令誘進未識出師之律誰爲否臧縱暴虎馮河猶期三省豈拔距投石方禽二毛夫子之道未行齊侯之失斯在自可因其雩詠令爾志之各言豈得承彼凱歌遂責人之不法投諸棘寺稍均東濕之嚴劾以干城恐挫橫行之氣矜乎愚戾何異宰予勸此苦辛宜哀去病握蘭稱過正合清明執簡彈違稍乖深識欲存疎網寧失不經

壽州刺史郭公神道碑

公諱敬之字敬之昔王季之列乎周虢叔之允或謂郭建國命氏百代可知則有燕昭築臺尊賢師隗漢祖分邑行賞封亭曾祖廣意光祿大夫生益儒爲馮翊之表也雖犬之聲相聞公先祖後徙宅於華山之下今爲華州鄭縣人也烈祖履球金州司倉大父昶涼州司法並丕緒齊美不

殞其名端操履正有恒其德故鄉黨交友以爲法度嘗謂人曰吾居閑而不悶其寂望榮而不貴其厚有道則仕豈辜乎祿則居之所以從好利貞亦其自然所以不至大官大邑也各尚其志夫復何言皇考通美原主簿器大孤特識兼精照明究羣書英聲諮邁於遠近矣初履畿甸縉紳歸高將昇臺閣雲霄自遠惜乎才仰餘地命嗟促齡公受天正性承家高範致用成於私室可試進於公門望形而高深莫窺聽言而是非不惑所莅造適不可得其詳也凡歷州掾至別駕者三轉府僚遷郎將者五兼團練監牧使

各一除吉渭綏壽刺史共四州累勳上柱國進階中大夫其牧守之理皆政聞一方化行千里變俗思義酌物從宜而節費尚儉用簡鎮靜清可率下寬能安衆舉事皆當察情必盡所謂愷悌君子人之父母何異乎仁風甘雨被於萬物也故天子璽書慰勉以彰分憂休蹟之聞焉未盡百祿可延三壽享年七十八以天寶三年正月十日遘疾終於京師常樂里之私第聞者永懷咨嗟揮涕夫人平原郡君河內向氏配哲生才夫賢子令德高佐美慈加訓深嗚呼哀哉慶可延而靈不祐先窮泉而別華堂天寶十三載

四月二十日合祔於京兆少陵原禮也頃羯虜犯順王師討逆公之子子儀任總元戎誓清大盜常山擒敵之後靈武翊聖之初成我六軍前驅效死於是掃秦里之寇復開奉天繫陝郊之俘更收洛邑加以蒲坂之下淇水之上摧暴廓地二城無虞況師不還延功皆戰伐豈敢言病必先啟行此由許國捐軀輸忠奮勇或謂公曰書勳疇賞莫與爲二公曰我國家將去否復必反正仗聖威而誰敢不雄奉睿謀而舉無遺策非爲己力所謂天功帝曰朕嘉爾竭誠稟命平凶除惡遂自御史大夫拜兵部尚書同中書門下平章事俄而改司空換僕射又除司徒兼中書令列爵代國實賦千戶蓋武定聲偉若茲巍巍者也他日又追贈公亡祖兵部尚書亡考太保亡妣魏國夫人弟姪子孫皆進秩位紆金紫此又殊常之恩也太保公禮畢封樹悲深歲月令慶延身後仰雨露而無涯德發生前比金石而不朽永言淑懿實在昭宣無窮之聞光乎刊刻銘曰

北州望崇左輔源同代無違德慶延我公仁能濟衆信必由衷邑裏(疑)支持凜凜清風知周才美君子不器掾州佐藩戎秩軍使砥開直道筆遺流事騏驥長途可遣百轡四

郡循良政一人康道之軌度終焉允臧於惟聖善輔訓義方何怙何恃痛極悲長少陵原上晝爲幽宅何代邱隴誰家松柏司徒所天太保追策哀榮超冠千秋聖澤行由己全名自人傳勒茲銘記表於墓田繼代者未知先德行路者過想遺賢紀實昭懿俾奮億年

啖助

助字叔佐趙州人後徙關中天寶末調臨海尉丹陽主簿秩滿屏居年四十七卒

春秋統例序

孔子修春秋意以爲夏政忠忠之敝野商人承之以敬敬之敝鬼周人承之以文文之敝僿救僿莫若忠夫文者忠之末也設教於本其敝且末設教於末敝將奈何武王周公承商之敝不得已用之周公沒莫知所以改故其敝甚於二代孔子傷之曰虞夏之道寡怨於民商周之道不勝其敝故曰後代雖有作者虞帝不可及已蓋言唐虞之化難行於季世而夏之忠當變而致焉故春秋以權輔用以誠斷禮而以忠道原情云不拘空名不尚狷介從宜救亂因時黜陟古語云商變夏周變商春秋變周而公羊子亦

言樂道堯舜之道以擬後聖是知春秋用二帝三王法以夏爲本不壹守周典明矣又言幽厲雖衰雅未爲風逮平王之東人習餘化苟有善惡當以周法正之故斷自平王之季以隱公爲始所以拯薄勉善救周之敝革禮之失也

春秋統例自序

三傳分流其源則同擇善而從且過半矣予考覈三傳舍短取長又集前賢注釋亦以愚意裨補闕漏商榷得失研精宣暢期於浹洽尼父之志庶幾可見疑殆則闕以俟君子謂之春秋集傳集注又撮其綱目撰爲統例三卷以輔集傳通經意焉

王岳靈

岳靈開元中進士天寶中累官監察御史

對升高判

解式與長年行因升高不從所視遂杖之式訴州斷闕論省科失入

長者與行登高向視古之用典決事原心越則謂昬逞而生害是夫鞠稚從陟邱陵已實處卑執奚有黷拾足于後固合益恭肆目以遊無乃長傲遠有所望問而莫知使曳

練吳門宣尼尚感微蕃晉壁楚子徒觀苟由禮以防非則記過而及杖況尊能制幼刑期就均所罰則可豈宜有訴嗟州議之非當招省司之是詰

責龜文

萬物之貴者人也人惟秀介蟲之智者龜也龜惟神隱括無形神之謂也窮通有極秀之道也況天之與人其道甚遠不有以也將何遠焉則吉凶之祥假子以告變化之象因子以明欲爰謀稽疑必先蔽昆命宜鐲割誘慕展布心腹子無欺於人人有望於子成天下之亹亹豈不率道與

何諸呂弄權昭大横於漢帝帝辛毒痡匪告緜於周武揆惡之輕重也呂之惡不浮於辛量德之休明也呂之德靡及於發子二其行誰不解體矣夫義禮之輿也信身之幹也何陳氏之母不疾而稱疾魯孫之臣卜僭而告義喪於禮失其徒實繁吾不殫悉考夫演卦緜者蓍也蓍之靈而不如子之長定妍媸者鏡也鏡之明而不如子之知銘乎竹帛萬代不泯奚起矛楯俾吾反惑於古人孰謂子原天地之美達五行之理徒使疏瀹澡雪仰止蒙求曾莫之校何異乎曹邱生遇拒季布羊舌肹已虞國僑哉必以剝桂

刻漆非材木所願拔鶡裂冠非禽鳥所欲當潛伏龠濟遁禍譽咢九江錫命其可得乎豈不免氓之蚩蚩熒惑於耳目也

欽定全唐文卷三百五十四

宋昱

昱楊國忠之黨國忠領山南西道採訪處置使開幕府引以自佐又用爲御史督屯戍後官中書舍人元宗西幸國忠旣誅昱亦爲亂兵所殺

日暮碧雲合賦

夕望兮見碧雲之出岑過太液拂上林配藜四施掩映千尋混蒼蒼之正色垂漠漠之輕陰西陸月弦南山風落輕濃象似倏忽龍蠖集高議之臺連寓直之閤亭亭廣陌異

公子之飛蓋裔裔長空如美人之卷幕遂能不遠仙宅來遊帝鄉無心而生自浮洛以徵瑞感化而動乃干呂而呈祥同君子之出處均至人之行藏故吾儕從政之暇觀此而一詠一觴已乎已乎余未始兮可量者也

對獻賢能書判

甲歲終致事不獻賢能之書御史糾不能教其所理辭曰待經三年則以禮賓之

考藝尚實進賢受賞必久於其道乃不失其人甲也齒鄉職於汲引觀其所與以德行爲先察其所安則文理爲後

縱舉不失選僉曰能賢猶同三年乃賓以旌五物無爽筐篚以將其意笙歌以勸其從儒者爲榮詞宗立志始於司徒授法終以大夫獻書俊寵於君舊史每令於續食成賦於國前王肇俾於計偕將慎薦延之儀遂下崆峒之拜登於天府貳於史職當由致事之歲則匪掄才之時卿則守官諒不愆於侯度臺因懵理頗有乖於紀律有詞不伐無簡可聽

源涓

涓天寶中闕一字南道觀察使

上雲氣圖奏

江陵郡古紀城東有紫氣成雲中有一人衣白衣乘雲氣向上其時安南招討使康令謙及同行軍將等同見臣謹畫圖奉獻伏望宣示中外編諸史冊

齊光義

光義開元中郴州博士

安陵縣石記

大唐開元十二年冬十月刺史趙理奏割郴縣北之二千室置安陵焉因其江以名縣越十三年秋七月勅乃可其奏若乃考傳驗圖辨方經野天文當翼軫之分地理在衡疑之西禹貢別於荆州此其南郡項王封於義帝闕二字上游代歷北朝年逾千祀自楚都而析壤時有貿遷因桂水而爲名不恒其闕八字皇運勃興造有區夏大司徒所以知土地職方氏所以掌封畿萬物由庚而得宜羣靈仰闕八字元澤既漫蒼生阜成此邦之人既庶而富下邑頗逾於四甸屬城或過於百里故可分其域而辨其官施其職而平其政朝議大夫守別駕上柱國崔公無詖博陵人也伯夷典禮尚父專征遷汝陽之兩派分祕書之闕二字光赫丕業

啟迪後人荷清茂之闕一字孕文明之秀宏中律度博藝周求禮樂以由其躬忠信以開於物承渙汗馭屏星州將出師任歸別乘而吳輕楚險慓悍其風侮吏強宗舛悖於理浮食而田疇自蕪末遊而庠塾輟業公覽其頹弊永歎良圖正其法以肅違清其身而勵下若到家戶翕從威令自整綱目三年于茲由闕一字之教確乎無拔明科禁而姦盜不興陳藝極而程課斯辨誠德既敷刑章具舉然後宏恤隱示軌儀道變齊魯人知俎豆其施化闕二字仁而恕其闕六字風闕二字於路衢義讓行於隴畝雖居刺史之半已專邦

國之功恭惟睿謨首（闕一字）興建判官（闕十二字）奉古殷墟誕裔那處遷苗鑠前代之風森殊向之節資忠履義學禮聞詩栖枳棘以仍留刷（闕一字）風而未遠從事不撓當官而行澄止水而逾清稟西霜而自肅昔晉陽爲禮厥趾攸高手足貽（闕二字）延於化族國家旣旌善之貸削（闕一字）之思井（闕一字）若（闕一字）孰副天獎任其穀貨我則司存賢謂功曹猶當議事乃從（闕一字）履郊甸（闕一字）險難（闕一字）京陵鳩發（闕十字）而考据爰得茲山是稱爽塏自初（闕一字）他所義於（闕三十字）地亦無餘信合（闕四字）闕於思慮挾（闕三字）仍因（闕五十字）經始模制（闕一字）

出于二公而費量庀材（闕一字）令南平縣丞向激（闕十五字）與聞綠竹之詩產靈無泯賢材經世濫（闕五字）途鬱遙俟三年之舉從（闕二十五字）校功徒於（闕二字）悅以忘勞人多競勸陳版築（闕二十一字）相望氣雄南極勢（闕三字）於是立社稷置膠庠令其盡神教以從學建倉廩（闕二字）交易有無廨宇星羅以碁布衢街（闕一字）平而（闕二字）其川陸襟帶南馳北走旌引炎徼連彼洞庭兼其閭閈之衆積以膏腴之壤萬類所產寧獨齊都四姓名家豈惟吳國信一湘之中一邑之湊也先是豹江之北羊山之西鄰莫聞於協比疆屢移於彼此及創斯邑方掩（闕二字）宜都之峯無化督郵之石知遠前梧州戎域縣令王思謹吉州永新縣令曹節封州開建縣尉趙辨令錄事李遂良與曹祐等並權幹楩楠曜（闕一字）江鬱舒逸翮於區外薄浩氣於湘江或相如罷歸舊是文園之令或符融未達且歷都官之曹相與聚族而謀曰昔此未縣同夫野盧首（闕一字）崔公草創之（闕五字）爲理衆務咸熙惠卹優暢規模宏遠輶軒升聞驟徹於上積翰所高（闕十字）圖其法述作者所以著其言豈名冠曩蹤業高前代使千載之下所述無聞故託於石時縣丞文林郎鄭侯（闕一字）尉文林郎段

元勳倉曹許（闕一字）開元十五年歲在丁卯七月辛未朔九日己卯豎此郴州安陵縣石記

後漢山亭鄉侯蔣澄碑

左傳載凡蔣邢茅胙祭周公之允則蔣氏系業可知封土期思爲漢東之國後以吞削楚實盡之而子孫散於郡縣苗裔守業重侯累祖有若來葉到弋陽之徙大族致杜陵之遷則亦龜組聯徽熊轓並拜逮我高祖詡之臨兗州也屬王莽秉政歸臥長安唯行三徑老而不起曾祖助會稽太守祖冕司徒公或良二千石或敬敷五教並立名當代

垂裕後昆父橫大將軍浚遒侯服大勛於王室遭遇讒慝功業不遂所生九子悉從降徙公即大將軍之第九子也諱澄字少朗貽慶丕構降生靈哲懷忠國之志立全家之蹤雖滅跡江湖而克雪冤恥大將軍初遘禍衅也爲司隸羌路所譖延以非罪泣血枕戈誓將讎復時童謠曰君用讒慝忠烈是殛鬼怨神怒妖氣充塞帝以覺悟覆羌路之族焉諸子各於所居之處受封故以丘亭鄉侯遂家於此其必復也自憑於我裔其大門也不待於他宗洎三方鼎分楚材晉用各爲佐命位在訏謨所以降延代之休所以

垂不朽之稱由是體江山之便圖土物之宜有泰伯克讓之風有延陵退耕之地其俗質其氣龢吾何以增之乃崇墉築室於周山之陽將老於此馮巖阜之固無郛郭之勞就土壤以爲高因泉源而養正芝朮未效形解告虆享年七十有一與夫人司馬氏葬於封内之都山順也公所懷罔極以遠形消取彼讒人感於天罰孝者德之本又何加焉用心惟微允報羣藝立身之道適意爲先故留名道學傳存其事也故城舊廟猶遺餘祀嗣子丹陽太守休襲丘亭鄉侯可謂公孫之子有後於魯敬仲之裔復爲正卿乎我族之熾有如斯也及將軍元遜列於陳史尚書孝儼見於實錄無遺德矣司農岑之盡力王室克著休勳遭彼敗言遠從播黜雖清明昭洗而舊位不躋以誣盛德豈其若是丘亭竄跡之初也非求形勝取致蕃陽後以就封始有茲所今之後嗣夾湖千室秀異於是乎出禮樂於是乎生節義成風而衣冠繼武雖克修代德乃謀孫之貽亦地產惟靈天其與善矣裔孫監察御史晁即司農第三子所志之心旹懷自遠痛夫艱難在目邱隴云平茫茫之迹永迷承奉之地纍纍之墓莫辨薪芻之所故以聚宗黨飾餘蹤

刻珉石示來裔大雅云無念爾祖聿修厥德不然子孫何以知之文曰

爰分我祖始自丘亭瞻望代祀倏忽千齡山門失記荒隧沈銘裔孫陟難今來一經用建碑碣載飾松坰其庶幾乎昭明之跡古而彌清令聞之響幽而重聆吁嗟兮壟樹永兮青青

袁懷光

懷光開元時人

通元觀銅鐘銘

唐開元十五年單閼歲純陽月再旬有三日辛卯常州江陰縣通元觀道士繆行崇等煉衆寶以成神鐘其火朶盤龍掘千鈞而駐迴花開明月銜五音而照空威讋三天聲摶八極員淵偶韻夜息焚燒紫府聆音晝飛眞氣鴻因嚴備乃記銘云

元元聖衆鍊珍精鑄出神鐘響玉京香臺曙擊蓮花月華廣宵懸福德聲音飛碧落迴眞駕韻度蓬萊噴水鯨恒沙道力無時盡永吟仙府讋羣生

錢嘉會

嘉會開元十五年太常博士

睿宗配九月雩壇享禮議

准月令及九月令農功畢大享五帝於明堂貞觀及神龍皆於南郊報祭中間寢廢有虧祀典准孝經宗祀文王於明堂以配上帝請每年九月於南郊雩壇行享禮以睿宗皇帝配

王從敬

從敬開元末官司勳員外郎

授李彭年等中書舍人制

門下朝請大夫守給事中李彭年等器業宏深風規穎秀士林楨幹文苑英髦並綜覈前言閑習政事瑣闈駁正旣稱詳密畫省彌綸允推精練俾遷掌於綸綍咸列侍於軒墀可依前件

授陳山慶監察御史制

勑宣議郎行大理評事攝監察御史河西節度採訪處置使判官陳山慶植性方雅從事公勤評刑有欽恤之名攝職著軍州之効任惟執憲寄以佐邊此焉擇才佇聞成績可監察御史

敬括

括字叔弓河中河東人鄉貢進士又應制登科再遷右拾遺內供奉出爲果州同州刺史累遷御史大夫大歷六年卒

八卦賦

太古之氣是生兩儀浩然莫測淵乎勿爲雖混沌之已判尚冥蒙而未知旣不辨其兩偶孰能察其三奇爰有皇聖其惟伏羲索四營之妙理究三才之大規乃畫八卦以窮萬象神可以測來智可以藏往辨庶品於奇功握羣形於

指掌使六位之恒存乃百王之是仰故乾以至健坤以利貞舍千變之象類萬物之情起潛龍以設位立牝馬而開名為大易之門戶極天下之至精離以象日巽以為風既明照於天下復扇動於虛空凡有象而皆見無幽而不通誠自然之妙理亦變化之神功爾其震位生木坎方生水擢修木於千尋汩長波於萬里和眾籟而成響寫羣峯而倒峙則有兌取於金艮乃為止既兼山而立卦亦麗澤而成軌表三索於永終贍萬物於資始莫究其探賾之妙虛測其精微之理物欲象而斯來窮則變而無已信可決疑

辨誤訓人軌物必定志以先占乃端蓍而後揲以通其變使人不倦賢哲好之以洗心愚夫覩之以革面則知卦之為道其亦至微妙不可測理不可違既設爻以盡數亦觀象而知幾天地由其開闢陰陽由其發揮總百慮而一致混殊途而同歸（謹案此文一作周存作）

神蓍賦（以天生神物用配靈照為韻）

神蓍之用兮誠稟靈於自然惟神也適變之義至惟用也極數之理全鉤深孰云乎筮短藏密彌彰於德圓再三則蒙捨我而懼瀆五十以學由我而樂天揲之而雖隱必索保之而其靜愈專易之重者胡可比焉原夫質稟精純叢分菱蔚覆青雲以表奇伏元龜而克配佐爾筮之貞吉覩我生之進退知微知章而可期何思何慮而或昧於是命彼筮人擇乎上春韞之而必致其用揲之而爰動其神感以洗心遂通端策之志執之指掌空嗤握粟之倫禮事其儀易贊其妙探彼幽賾覩其祕要皆多假爾之能必叶窮神之照將欲觀貞諒無與京乾道變化而悟神明幽贊而生原始要終思盡性於大衍知來數往翼明象於小成非我無以昭效法之道非我無以稽作易之情於以致百慮

於以類萬物象四時四十九數而有常推三才三百六旬而不拂惟蓍之用惟神是聽運不窮而或變通其志而遂寧且提攜而成列有感應而協靈滋而後數布之而可辨生而成象審之而必形何一卉之時育配十朋之天縱恥紅蘭之見鋤鄙白茅之藉用則知夫蓍之可貴也庶類安能而共之哉

季秋朝宴觀內人馬伎賦（以文彩節奏發揚蹈厲為韻）

夫何至德之極兮越五帝而作君羌柔遠以服外廓寓縣而同文若乃寅奉上天疇咨亮采道備淳白朝無闕殆由

是修樂以省風慮未善而將改高樓隱映廣場肅潔冠劍惟序奉天子之風儀笙鏞以和得先王之制節壽觴既已雅樂斯闋然後罷朝宴百僚與耆耋於是旁分美人下徹金奏玉勒齊習琱弓并彀鴻騫龍翥却蹇麐以驍騰左旋右抽突絢練而馳鬭沛艾多狀蹁躚不歇香汗與桂條爭薰麗色比桃花競發應繁鼓以頓挫歷層臺而超越何登降之蹻悍乍迴旋以抑揚寶釵曜日羅衣沐香乍倏忽以變態亦終然而允臧徒觀其匪疾匪徐以舞以蹈旋中規而六轡沃若動合節而萬人皷譟日既逮昏聖心攸憩斯帝皇所以因壯觀而戒逸遂居安而若厲豈淫樂以感人見終朝於鄭衛

花萼樓賦 以花萼樓賦一首并序爲韻

大哉神武四三皇而作主赫矣勳華一六合而爲家莫不北荒於窮髮西極於流沙故得殊方效祥則黃銀紫玉禁苑呈瑞則芝草仙花彼成康與文景又安足以道邪美夫一人有作庶品咸若以爲不壯不麗無以彰至尊是以上棟下宇將以信景鑠於是建百堵之崇墉起九重之層閣上鬱律兮中窈窕靈煌煌兮神漠漠形直舉而孤標勢將飛而不却俯蘭叢之長坂對旗亭之延郭鑾輿屢降豈寫望於桂巖金牓遥開遂興名於花萼懿哉鴻紛以光寵夫何佳氣之蕭索洎夫冰開御溝春滿皇州青氣始霽旭日初浮皇帝乃被法服登茲樓羅綵仗駐鳴騶開繡戶之銀鎖卷珠簾之玉鉤冠蓋穆然而仰欽睟容端拱而倚旒將欲居北辰而觀萬國嚮南面而朝諸侯豈徒爰居爰處以遨以遊而已哉邈邈凌雲崇崇作固虹梁蚴蟉而霞艷皓壁晶晃而月素亘以遐路近對東郭之門周以繚垣遥接上林之樹流雲衝牖而中斷飛鳥拂簷而斜度賁育之捷

猶睥眙而不能蹻揚馬之才斯侍從而爲之賦若乃雷雨作解乾坤得一澤布三春歡逢五日陳簪笏之濟濟耀威儀之秩秩皇帝乃臻夫此樓也若其旁倚鳳城却瞻龍首帟幕夥以分布車徒紛以相轢奉常陳百戲之樂大官進千鍾之酒巍巍天子南面山壽德洽蒼生樂乎大有别有失路營營棲遲此情時哉未遇命也難并參歲賦兮徒延佇懷明君兮變芳序思入仕以盡忠悵良時而誰與儻仙郎之高鑒冀夫鵷鷺而爲侶

嘉量賦 以金錫無耗然後量之爲韻

作之嘉量其義惟深嘉者以善爲節量者用平其心窮微於子穀之數酌憲於黃鍾之音蓋取諸象爰範於金亦既成止其儀可覩堅外可程虛中受益功格於衡鏡實同乎圭錫以分多少寧患乎不均以立信仁抑行之無斁然美其方能立矩卑莫可踰出入罔愆包含式孚徇公滅私乃爲而勿有納新吐故亦用當其無理將神而共契跡與道而相符且器守乎謙人惟厥操人非器罔主器非人奚導不謹則詐僞生端無方則羨溢爲耗職是司者胡顏相冒由此言旃不其至然外乎則槩斛乃旁穿既因物以進退

亦與時而懋遷施於政而四方仰則毗乎理而百代猶傳誠可美而可尚願斯馬而取焉異乎大小區分高卑奇偶始增撮而就合卒聚升而成斗隨求而獲進獲退順動而何先何後洎乎職與都尉計起宏羊洽乎糴而作典布均輸而有方常平由是以實大國因之用強豈比天有斗而酒漿不挹山有谷而牛馬空量然而當春秋分之期爲晝夜至之時於以較矣於以用之實萬人之所欲敢望聞於有司

觀樂器賦

明明國章禮樂其康掌在宗伯司乎太常所以納九土之器物崇百王之經教命伶倫使調準徵夔龍使典效於以遊止非禮不履於以觀焉惟樂之先去瀾漫之淫視詠清貞之雅篇是瞻是賞必誠必信遊方有日同季札之來觀入廟以時類孔宣之每問觀其有典有則爲紀爲綱土木異象金石殊光宮商節其聲韻絲竹分其短長錯龜龍以爲飾會雲霞而作章垂鍾炫以清布農瑟穆以高張堂庭別懸置之次左右分文武之行節柷敔以鼓動流戛擊以抑揚遠而瞻則金石絲竹雜之而殊狀俯而察則東西南

北懸之而異方乃既埏埴爲之塤篪貌有古象制無新規其氣混其音吹此土之器也及夫汶陽之篠入用曲沃之匏見娛爰裁爰截爲笙爲竽其氣散其音呼此匏之器也收犬羊之皮取虎豹之鞹爲鼗爲路是模是度其氣勃其音博此革之器也嶧陽之桐孤生荆山之玉秀出是鍊是斵爲琴爲瑟其氣清其音密此木之器也皆能協六律暢八聲合天地交神明調風雨以順序布陰陽以元亨既粲然以盈目蓋難得而縷名且夫頌功乃作樂因樂乃造器樂感而德崇器存而樂備樂爲和物之所器乃積聲之地

所以觀器者思述其由。聽聲者願歌其事。伊小人之不敏。終援翰而翹思。

玉斗賦 以他山之玉琢成寶器爲韻

王以至寶見珍。斗以至平爲器。聚圭合而成量。瑩瑜瑕以表義。藴石而山谷增輝。握樞而春秋定位。祕以重璞。攻以他山。中虛有待。旁達無閒。内倍殊璧。外圓若環。用之則稱物平施。運之則含照自閒。燕石既分。楚圭未剸。平準獻度。良工就琢。剸則爲璋。合而成斝。口應吐納。柄隨把握。有異擊刁漢營。進綴趙幄。議其遠邇。曾是悠邈。特達垂名。切磋有成。烱光月皎。洞澈冰清。揣摩律度。比較權衡。法帝車之杓。如軒如輊。較嘉量之趾。不縮不盈。至若劉項爭帝。龍蛇起陸。楚塞瞻烏。秦原逐鹿。羽輕灞上之敵。漢厄鴻門之酷。亞夫按劍。張良獻玉。雖碎手以稜威。終拔山而取辱。比德者何。邀功則多。佩服惟允。關石用和。既執契而不遠。諒求仁而靡他。爾以至公秉彝。我以不貪爲寶。扣之則清越流響。祕之則含宏守道。光照廡以如虹。價連城而無考。豈徒玉卮無當。冰壺見杲而已。是以在天成象。在物可師。立身而溫潤無匹。應用而盈虛有時。當爲國器。藏諸有司。若暴

新之所執。吾何以則而象之。

羨魚賦 有序

閏正月旬有八日。李崔二侯命余於邑之南澗以求魚也。洎至止。人鮮力微。網則虛設。遂無所獲。顧莫我從。且漁者卑事。非其人猶不可力行。特取豈容易哉。因貽賦云。

南有澗兮湜湜其流。北有人兮溫溫寡儔。涉春水兮以遨以遊。羨嘉魚兮載沈載浮。且人以功爲志。魚以水爲利。功高則其事易成。水深則其魚易致。況我網孔張。我心匪臧。網無及則魚以遐遁。魚已遁而人猶未忘。亦何異驅倚市者就戰。俾善駕者持航。雖終朝而筋骨之勞。備盡徒悉力而尺寸之功不揚。振振者李胡爲乎至此。平陸不可以行舟。千將不可以補履。歸止歸止。振振者崔胡爲乎忽來過屠之嚼。何益臨川之羨。空迴歸哉歸哉。

蜘蛛賦

蠢爾蠨蛸。樂居閑邃。不資毛羽以爲力。不假暉光以爲媚。挺自然之巧。蓄多端之思。託玉堂以謀生。當金牕而得地。得地於中。因而致功。委曲面實。迴環接空。駢長絲於柔指。拖纖網於輕躬。妙技將臨。愛南軒之上。月清心欲就。愁北

戶之生風始裔裔而將盡幾緜緜而不窮是經是構既勤既劬或連延於壁隅時濛羃於楹曲雜花幌而左右交引緣錦屏而遠近相屬爾其軋軋務生運動多情窈窕前移有作調梭之勢逶迤下退無聞震躡之聲遠而瞻籠絡紛披如罯罘罳之結出迫而察嬋娟斐亹似綾紈綺縠之綴成至如河漢佳人濮陽美婦蜀江新製秦樓妙手將積功之多塗固仁智而同壽且驗以張弛效其縈紆疏而不漏細而勿逾貼飛花則亂錦霑皓露則垂珠彼蒼蠅兮則縈縈而見縶此粉蝶兮亦栩栩而就拘則知縶縲絏者信

非其罪囚羑里者又匪其辜韓非所以歆恨伍子所以捐軀痛凝脂兮若鬬祝一面而得乎雖復龍之神兮深其穴而自全隼之捷兮高其巢而取樂龍竟入於炮醢隼終嬰於弋繳彼守道者尚然況履危而可作既而倚伏無次職此之由應塞而止從波而流四皓可以投契五湖可以泛舟卽松石之堪保奚名利之足求子徒羈牽於代網期遠害而能無少憂

枯楊生稊賦 以青春光耀爲韻

柔得乎剛則變化無方故能令老者以安分使衰者而再芳不然又之均奚獨殊其棟撓木之衆奚獨舉其枯楊徒覩其枝葉滋潤色帶韶光發枯槁擢毫芒直幹森梢欻浮於青翠高柯偃蹇漸變於蒼黃豈比夫顛木貴枿壞材稱良而已哉至如和風稍吹遲日久照淡清烟而羃歷合晚靄而凝耀苟非懷盡狀雖死而猶生忽應鳴禽類先號而後笑是知心動於內氣變於形以類相感因時則冥或叢生落落或孤峙亭亭映平林而迥秀倚長空而半青爰有翰林墨客懿此惟新覩物生興與時爲春在陽當榮於枯木理代實資於哲人遂稽大道將期小伸相長楊以體物

希百中於茲辰

豫章賦

東南一方淮海惟揚爰有喬木是名豫章根坎窞簒天綱鬱四氣煥三光矗縮雲聳離披翼張一擢而其秀穎發七年而其材莫當懿夫倚荆衡連楚越迴合湘沅之浦芬敷吳會之闕黕彭蠡而烟垂汩滄浪而吹發清輝豔豔朝濯陽臺之雲翠影亭亭夕皓巫山之月爾其孤幹直指交莖亂傾紺葉煙緜朱華日明掩冥靈之光價奪若木之芳榮卉不暇植蔓不及縈總此衆美疇之與京其下則啼飛猱

逐暴武宊兀鹿麌爪牙鉤拏盤遊其下蓋難勝數其上則陸鴻漸谷鸎遷孔翠曳曳鸞鵠翩翩翼翳日聲聞天巢集其顛動盈百千嗟乎不困不輪有典有則其蔭也廣其材也直空懷寶以自棄諒斤斧之未識日者龍官是構鵲觀云修罄山材之木應榱桷之求何獨不見千金而留爲媒紹也闕爲出處也幽爲爾不任大爲賢而致尤今叢木之所忽吾亦爲之心憂借如將趙括於上軍秩長卿於下令良驥爲鹽車之伏谷松爲山苗所映以旻倩而等侏儒尚俳優而輕雅正雖物情之共爾故君子之攸病向若廊君

之林池充君之苑圃膏澤既沐鴻休亦霑門柳不可齊華庭梧不能獨秀已矣夫用之則哲抑之則沈隨取舍之攸措何棟梁之所任梓匠之瞻望靡及江潭之歲月空深誰當徙植天池畔終冀成君桃李陰

建木賦

廣都有建木焉大五千圍生不知始高八千尺仰不見顛過雷電遺雲烟倚白日摩青天靡蟠桃於度索之上毫若木於滄海之邊斯未足奇者天收寸雲日在午位明白宇宙光皎燭祕枝枝攢太虛外青葉葉積元氣間翠無一點之影落之於地故自當玉京之要得天下之中左右仙爭前後玉童潤璚露颺祥風五雲翼之而斐亹八景含之而玲瓏帝或自天而降天寧假羽翼帝或自地而還地不乘虛空以我有飛陸之力以我有太階之功必我之由忽乎遂通如此見其真宰之意生巨材而不易上帝之心寄巨材而亦深不然奚至是哉俗人生代重疊詭譎其或不聞聞之或不信境之絕信之或不往往之或不到智之勞自非天付洞微神與明哲樹杳杳而何在身紛紛而已滅士有以廣都爲帝王之宅以建木爲台階之臣自謂未達仰

慕斯人髣髴雲霄徘徊風塵若巨材之一見希謁帝之有因

木蓮賦

蔽芾珍樹森森綺堂庇根天壤擢秀春光雖違性於舊國終奉恩於此鄉違性何若主人有勿翦之怙奉恩何其主人有挈瓶之滋君既加我以恵好我亦報君以萎蕤弱其枝圓其葉亂階前之萁莢跗綠縟蕚茸茸狀中浦之芙蓉既因其理又憐其美懷香則十步必聞含笑則千金可市有實雖漏於貢納有蔭足延乎憩止此木也誠則不林必

姑樹其桃李

蒲盧賦（以教以他蟲變成時類爲韻）

究政化之所歸於蒲盧而可見負么麿之異族能教誨而知變大鈞所播各異稟而殊方二氣相生遂改形而革面初其穿土取彼桑蟲負以蛸飛之勢寘諸蝸舍之中以氣相感以類相通笑鄧攸之輩無兒絶其天性若何晏之爲假子養在公宮甕甕鼓翅咽咽傳意本乃與吾同物孰云所畜非類如能肖貌便若假寐因蠕動而稍分與胎教而齊致蠆尾潛出蜂腰未備將革故而就新諒末同而本異

嗟乎俱爲化育別感生成已改其狀復移其情躡糞土而股戰弄清風而翅輕漸能羽化永別跂行具體皆遷雖似通於應變無心而守曾不知其改更連拳未已奮迅復止謂我自然莫知所以舉螳螂之臂而動振莎雞之羽乃起化形如蝶既以忘於神遷委蛻若蟬信難窮於天理雖離本質亦匪殊姿遇穴入易逢花去遲見其類而却爲非類遇其支而翻訝何支衆彙皆同昔不非兮今不是含生無別彼一時兮此一時然則聖人舉以立言指而垂教謂微蟲兮猶知適變矧伊人兮不能胥效於戲其形稍別其類靡他煦然而方隨氣母蠢爾而共稟天和吾徵夫螺蠃之與螟蛉也見品物而居多

對負劍辟咡判

甲負劍辟咡受詔者不掩口或告失儀曰唯而未對

父子異論應對殊旨或有不敬必遺其責負劍者甲莫履乎禮爰辟咡而有詔宜掩口而斯答何乃良袂未引哆口斯張心尚滯於童蒙氣先加於長者倖之内則斯闕義方語彼過庭此迷禮訓或非爲當仍訴何爲

對知名配社判

甲知名早卒郡守配食縣社糾不法曰恨不及之

駿馬雖死猶聞市骨秋蘭縱敗困或損香詢訏乃甲名器無瑕稟諸葛之美秀幼敏足稱韞子然之材能早代何速惟良者守克尚於賢仰之彌高未經旌其閭巷思而不見聿將配乎縣社俾善政彰聞下人悅勸伊可韙也何其糾之宜高孔氏之言無取使司之見

對易田請加倍數判

乙受易田請加數倍所由以非寬鄉不給訴云

三易以上

勞役異等廣狹殊制易固有數授惟從宜爾乙於何伊田是職衣夫襏襫徒思敏以四支闕彼萊蕪難望豐其五穀因而上請冀以曲從但務居堉之嫌莫原負郭之貴且一易再易禮誠舉以加饒近郊遠郊義或隨其衆寡枝辭不已甚所未然

欽定全唐文卷三百五十五

蕭昕

昕字中明河南人少舉崇文進士再中博學宏詞科累遷左拾遺哥舒翰爲副元帥辟掌書記翰敗入蜀累遷祕書監代宗幸陝轉國子祭酒大歷初轉工部尚書封晉陵侯德宗幸奉天遷太子少傅爵郡公兼禮部尚書以太子少師致仕貞元七年卒年九十三贈揚州大都督謚曰懿

總章右个賦 以氣變銅渾灰移玉管爲韻

大君嚮明神道設位恢三皇之軌物張五帝之經緯居皇

極以體尊配昇平而作謚上棟下宇圖出震之垂功崑崙辟雍模大壯之成器分五行以配德合四時而導氣審圓象以規天掜方儀而法地因節候之開闔得陰陽之奧祕不然何以審實位之尊彰后王之貴者也夫其體物辨方因宜制變壯雲構之直聳屬星躔而右轉玉露朝落金風夕扇收帝耤於西成誓武人於南面然後緝以衆政休玆百工草黃月季虛正昏中釋萊吹豳命樂人而萬舞斬牲示戮習軍威於五戎既依方以服玉遂候呂以吹銅徒觀其在陽體尊規模所存取閟寒暑以法乾坤環沔彼之流

水設有閎之高門布政居方順時開闔乞言講德肆志討論宣八風而配律齊七政以同渾爾其大禮盡設明堂洞開興亡之迹厥德不回見周公之負扆看紂王之罹災設殷監於旣往垂大軌於將來邃宇九房採唐堯之茅屋神階十二懲夏癸之瑤臺故當勤求庶政想望英才不爾何勞謙於昃日而旋斡於飛灰旣而四方述職九品陳儀禮有攸叙政無不施發聲明於風動趨劍履而星移道敷鵷鷺兆合熊羆永恭己而南面故垂拱而無爲非斯宇以攸贊亦何取於成規是月也天子禮神祇展牲玉感物增思

虔心以肅旣嘗稻以薦犬亦趨刑而斷獄明大閱以講威訓羣騶而撫俗別有粉署承風金門獻款念無媒以贈策謬談天於窺管

上林白鹿賦 以君德至天珍物充囿爲韻

大哉聖德望之如雲苑囿期廣動植惟分匪狙獷之猶狘將煦育於氤氳伊生靈之遂性實咸若於吾君爲白鹿之呈瑞時或友而或羣夫其充牣禁苑喜樂王國庇豐草而擇陰感食苹而懷德奮角觡以共觝粲圭璋而混色將攸處以寢興非挺走而畏逼旣而濯濯不羣呦呦慕類狎威鳳以來格侶騶虞而必萃笑元豹以深藏哂飛黃而遠致貞姿麌麌若皓鶴之羣驚逸足騤騤齊素翬而麇至然後飲刷銅沼咆哮瓊田忽往顧以騰倚時決驟以周旋分形雪散曳影霜懸豈有虞之可即將不羈於永年嘉貞祥之肸蠁知君德之居天大矣哉固當不愛其道不藏其珍我澤如浸我惠如春矧微貺之不腆豈足彰乎至仁者哉伊茲獸之匪陋亦大塊之品物感淳和之相甄會禎祥之駿發將因質以受彩豈不緇而自伐與芻狗之陶甄光圖牒之翦拂泱泱大風盛德惟充嗟不識之狂簡願賡歌於帝

功歌曰德由庚兮羣物湊協嘉祥兮擾靈獸感訢合於天符遂充塞於君囿

仲冬時令賦 以題爲韻

歲杪星窮時臨月仲元冥氣肅黃鐘律中北陸陰凝西成物衆觀四郊而息老朝萬國而來貢於是我皇乃親帥百辟觀隊三農整六軍以耀武肆大閱於仲冬然後乃卽太廟建元旗事神率禮撫俗觀詩斥聲色以不御守和平而自持山澤從宜候飛霜而校獵川源有秩因涸凍而沈祠謹門閭而守法愼蓋藏以應期斬木陽崖采周官於是月

藏冰陰室詠豳詩於此時然後受計郡國大頒錫命祭必先賢室惟行慶駕鐵驪以軌物居元堂而布政因宜制變必酌於古文授時鄉方乃行乎夏令爾其謀猷克臧備物必具飭王政之禮戒土功之務天地既貞陰陽乃裕苟愆伏之必節豈雪霜之是遇故當北辰正而衆星拱東海深而百川赴既一人而作哲惟四方之所注撫空懷以自憐媿揚雄之作賦

鄉飲賦

鄉飲之制本於酒食形於樽俎和其長幼洽其宴語象以

陰陽重以賓旅此六體者禮之大序至如高館初啟長筵初肆衆賓辟旋而入門主人稽首而再至則三揖以成禮三讓以就位貴賤不共其班少長各以其次然後肴果具設酒醴畢備鼙鼓遞奏工歌咸萃以德自持終無至醉夫觀其拜迎拜送則人知其潔敬察其尊賢尚齒則我欲其無競君若好之實曰邦家之慶士能勸之必著鄉曲之行今國家徵孝秀辟賢良則必設鄉飲之禮歌鹿鳴之章故其事可得而詳立賓立主或陛或堂列豆舉爵鼓瑟吹簧動而敬居則莊百拜乃畢用賓於王禮主於敬樂主於同明士苟習於禮樂則可招責於旌弓庶其緝熙聖迹宣暢皇風豈徒務燕諠而湛樂之是崇

對元日奏事上殿不脫劍履判

夷夏一體正朔同班車服旌旗光分五等聲明文物照臨百官國家庶績其凝四聰咸達九重清閟每降於絲綸萬人自奏方聞於復逆景以位階丹陛得奏青蒲竹帛未書既非子孟之錫劍履不脫須寘良夫之刑且道在守官物惟藏禮夫子相衞先在於正名謝息守郕無聞於假器既紊彝典須寘嚴科

對燕弓矢舞判

燕師國子以弓矢舞樂師廵列將撻之曰眂瞭詔來瞽臯

選勞策勳辨樂論德師曠侍晉知崇侑食之儀士丐平生頗識蒸餚之禮於是小臣戒備大師辨章笙入懸間歌升堂上禮亦異數既加籩而稱節樂其無算方及旅而揚觶率禮未見陳弓搢扑固宜行撻國子以行能不著版籍徒編乏周瑜之聽音同孔張之失位使仲尼忘味不及在齊吳札觀風還同自鄶舞師見察而不迷於樂章瞽人妄告

請無廢於杜舉

夏日送桂州刺史邢中丞赴任序

桂林巨鎮臨川荒服居五嶺之表控兩越之郊俗比華風化同內地然而洞居砦止人好阻兵有殊貨重褒吏無廉政選其任者實難其才故郡久曠官朝思稱職以腹心之寄轂爪牙之雄俾其澄淸行獨坐之事俾其式遏總防禦之權惟帝知人佇報尤政五月維夏畏途萬里溽暑方起大雲始生履蒼梧瘴癘之郊涉沅湘風濤之壯衆悅是舉而傷此行公陳力滅私飲冰徇節以忠則九折之途可叱

以信則三江之水可航聚糧戒徒肅裝候傳無酒酤我緩仳離之憂徵文寵別慰行邁之思僕以渭陽之故而首序云

唐銀青光祿大夫嶺南五府節度經畧採訪處置等使攝御史中丞賜紫金魚袋殿中監南康縣開國伯贈揚州大都督長史張公神道碑

公諱九皋其先范陽人也昔軒轅少子以弦弧受氏別封於張留侯以五代相韓安世以七葉榮漢特生間氣鍾美大賢餘慶遺芳襲於令嗣矣晉末以永嘉南渡遷於江表皇朝以因官樂土家於曲江高祖守禮隋鍾離郡塗山令曾祖君政皇朝韶州別駕祖子胄皇朝越州剡縣令烈考宏愈皇朝太常卿廣州都督皆世濟明德不隕令名公特稟中和誕生淳懿恭推色養孝自因心幼歲丁太常府君憂孺慕銜哀欒棘無怙毀能達理志若成人及日月外除而顧復就養思致逮親之祿方求筮仕之階籯金不珍琢玉成器殖學以明道修身以踐言弱冠孝廉登科始鴻漸也嶺南按察使尚書裴伷先幕府求賢軺車問俗以公後進之秀藉以從軍表授海豐郡司戶水變貪泉珠還合浦

時所稱也其後五溪阻兵羣蠻聚畧帝命按察使裴伷先討焉以公有罇俎之謀韜鈐之用奏授南康郡贛縣令於是坐其帷幄置以戎車公武能宣威文可化俗軍需倚辦供億無留前宣慰使御史梁勛奏公清白有聞後宣慰使竹承構奏公戶口增益共稱尤異褒進上聞特加朝散大夫遷巴陵郡別駕初丞相曲江公之元昆自始安郡太守兼五府按察使以爲越井殊方廣江剽俗懷柔之寄實在腹心奏公俱行可爲同氣遂授南康郡別駕季弟九章以爲桂陽郡長史太夫人在堂賜告歸寧承歡伏臘白華共

展於朝夕衣錦時入於鄉閭棣萼美於詩人德星聚於陳氏代所稀也無何丁於內艱柴毀煢煢勺飲不納至性聞於州里孝感達於神明白雀馴狎於倚廬黃犬隨號於行哭表其異也服闋除殿中丞又遷尚書職方郎中起草含香停車待漏位高元象職在彌綸及曲江公翊贊廟謨鹽梅鼎實講德論道求賢審官以識量通明與聞其議故能致君堯舜克濟忠貞公之佐也及元昆出牧荆鎮公亦隨貶外臺遂歷安康淮安彭城睢陽四郡守所莅之邦必聞其政作人父母爲國循良於是瑞鵲成巢嘉禾合穎祥烏

素翟而狎至焉考績議能詔書褒異遂遷襄陽郡太守兼山南東道採訪處置使以連率之權授以澄清之任化行江漢惠及黎元進封南康縣開國男賞有功也屬南夷不龔西蜀騷動犄角之勢連於嶺隅以公有經畧之才委公以干城之任乃除南海太守兼五府節度經畧採訪處置等使攝御史中丞賜紫金魚袋天書盈篋廄馬在庭恩華寵光旁午道路公召募敢勇繕治樓船綏懷遠人安集獷俗或指劍山之路或出銅柱之鄉以迴舶運糧省泛舟之役以于來授甲寬土著之人寄重務殷用省功倍天子嘉之特賜銀青光祿大夫兼手詔益封開國伯食邑七百戶旌其能也且五府之人一都之會地包山洞境濶海壖異域殊鄉往來輻輳金貝惟錯齒革實繁雖言語不通而贄幣交致公禁其豪奪招彼貿遷遠人如歸欽其信矣秩滿遷殿中監皇輿盡飾玉食惟精六尚委能一心主辦服御器用必信必誠勤勞不遑積憂聚痗以天寶十四載四月二十日疾亟薨於西京常樂里之私第春秋六十有六嗚呼哀哉哲人其萎邦國殄矣皇上哀悼賻贈盈門給遞還鄉首邱歸本遂贈廣陵郡大都督府長史禮儀哀制延素

握騐可謂飾終以明年葬於始興郡洪義里武陵原夫人宏農譚氏襄陽郡夫人國子博士知幾之子克訓母儀用光閫則粵以永泰三年薨南康郡次以大曆四年合祔焉禮也嗣十一人長曰捷前端州刺史次曰擢前右金吾衞兵曹參軍次曰攝試大理直康州刺史次曰抗檢校戶部郎中兼御史中丞賜紫金魚袋朔方邠寧節度行軍司馬次曰捍前宏文生皆王之藎臣國之多士令德之後必大其門公嘗與季弟同泛滄溟舳艫艅艎凡數百輩忽驚飇震發駭浪山連當呀呷之時謂汨沒同盡爲猿爲鶴曷可

保馬而中宵返風漂泊孤嶼遲明相視各在津亭同役之人僅有存者則知商邱蹈信入之而不傷呂梁履忠游之而莫惴愷悌君子福祿綏之宜其克享永年亦既逢吉且公之立身可謂盡美居喪致哀稱其孝也入幕決勝稱其才也列在藩翰則德化之政聞授之斧鉞則式遏之功著佐元昆則潤色王業睦諸季則致美閨門至於推挽忠良揄揚俊乂力行不怠時議高之夫生死有懷古今同盡歿而不朽君子韙之昕忝跡儒林嘗讀舊史覽賢人之事業知盛德之在焉敢揚休聲以誌貞石銘曰

軒轅錫羨百代蕃昌弦弧得姓受邑於張五代相韓七貂居漢平子數術茂先明贊誕鍾餘慶克享大名爰至我公天姿挺生率禮立身依仁從政學該百代官踰三命再登幕府四列藩條威行節制化合謳謠作牧襄陽授兵南越江漢底定要荒胥悅死生有命修短靡常禮贈殊秩魂歸故鄉梧檟成列邱陵無改夏日冬夜精靈斯在

元獻皇太后哀冊文

維寶應二年歲次癸卯閏正月乙巳朔十六日庚申元獻皇太后啟殯於永昌之陵寢安神於細柳之亭宮粵三月甲辰朔十二日乙卯將遷座於泰陵禮也詔冊昭禮容車儼駕皇帝執通喪而在疚遵遠日以戒期悼憫凶之薦及痛皇妣以銜悲泣外郊而阻禮將徹奠於有司命宗伯之貳職陳明德以爲詞詞曰

兩儀判質二曜分形乾剛坤順陽德陰靈嬪風以婉婦道惟聽王教斯立邦家以寧渭水定祥塗山協德式敷陰教用光內則紃組克修蘋蘩是職雜佩相警副笄盡飾族承嵩岳德備椒房福履蘭殿祥開畫堂黃花襲慶彤管貽芳姜嫄佐嚳堯母興唐靈婺沈彩仙娥墜魄厚夜無歸重泉

永隔義存故劍禮備追冊先志克遵爰開故宅坤儀載穆象服攸宜鸞輅爰止翬衣在斯藹藹邦媛雍雍母儀先天毓德早歲聞師日月有期山陵甫制六綍齊引八神警衞龍帷儼其載陳驥服騁以偕逝率土雷動殊方雪涕去城闕之遲遲望郊原之翳翳背黃山而北指渡清渭以東轅野色慘以凝幕青雲重而垂軒儼騑驂以就駕慘徒御而不喧捨曾城之禁掖向新廟之陵園嗚呼哀哉遵周道之合祔美詩風之同穴列容衞於山阿若平生之象設擬靈荃之淒楚泛薤露之清切痛修夜之不暘歎行芳之永絕

嗚呼哀哉緬惟在昔嬪德斯臧夫婦以正邦家之光明明淑德誕聖配皇肅威靈之如在欽懿範之不忘嗚呼哀哉

昭靖太子哀册文

維大歷八年歲次癸丑五月乙亥朔十七日辛卯開府儀同三司元帥鄭王薨旋殯於內侍省二十七日甲午册謚曰昭靖太子洎十年歲在乙卯十二月庚申朔二十六日乙酉遷窆於萬年縣細柳之北原乃詔京兆尹黎幹監護喪事展飾終之儀禮也嗚呼哀哉窮陰肅冽殺景凝沍蜃輅方巾龍驂在御設庭燎以終夕啟欑塗而即路皇帝悼

賢王之不淑念愛子之云亡齊彭殤以理遣顧形影而神傷錄舊功於藩邸議新謚於太常睠承家於匕鬯追嗣位於元良爰命侍臣式纂遺芳其詞曰

維昔啟土膺茲册命賜爵為王建封於鄭梁國寵異魯邦禮盛明哲在躬溫良成性國步艱難遘茲師旅克生才藝允是文武乃拜元戎俾殲醜虜職思靖亂功期禦侮守師律以殿邦振威聲而先舉問安內豎視膳寢門隨肩明兩順色晨昏光輝棣蕚友愛鴒原率禮不違人無閒言招賢南楚愛客西園宗子維城王室以藩樂善未終沈痾斯起羣望並走衆醫咸理有加無瘳蘭銷玉毀馳光度隙逝川閱水軫皇慈之怛化嗟國人之罷市嗚呼哀哉疇庸未紀度德則優崇以徽號闡其謀猷善則可旌禮無不酬吉凶同域神理難求列前星之儲位昭甲觀之虛慶撰日月以有時備塗芻以將命卜窀從吉辨方居正堇原霜苦松阡雪映起寢廟之崇嚴制園陵之尊敬嗚呼哀哉轀車發軔緹綺前旌祖載奠徹簫笳哀鳴挽出離宮路迴直城羽儀以列徒御不驚越素滻以東指背黃山而北征聯岡走以迴抱遠樹靡而低傾對驪宮以立表依細柳以開塋闕重

扃於穸壤悲執紼於桓楹川杳杳以暝色野梢梢以寒聲仰清芬之不泯實昭晰於鴻名嗚呼哀哉

王翰

翰并州晉陽人第進士為祕書正字遷駕部員外出為汝州長史貶道州司馬

對兩貫判

甲先有兩貫一延州一屬鄜州為定甲訴云先屬延州

獐維不虞塞門多事險其走集雖稱有典當其奔衝安得

無戰或逃或死家無康業且人戸平分文昌之舊也邊郡以實先王之制也甲無一德遂編兩貫禮不忘本延州密邇於京畿武以戒嚴鄜府遠鄰於河縣詳其動靜徇欲滋深違之則苦從之則樂國有大事在戎爲急邦之榮懷阜人斯可益其遠也不亦宜乎

崔曙

曙宋州人開元二十六年進士

瓢賦

送子清酤挹茲瓢杓器爲人用勢本天作生也縣縣長非濩落工雖能而莫騁實有量而是度外象招搖中虛橐籥汎然無繫似爲客之漂流浮而不沈如從事之鳴躍許何挂而厭喧顏何飲而爲樂傳一杯之引滿更百壺之竭涸儻遇主人之深恩敢忘此堂之斟酌

趙匡

匡字伯循河東人歷洋州刺史

舉選議

三代建侯與今事異請自漢言之漢朝用人自詔舉之外其府寺郡國屬吏皆令自署故天下之士修身於家而辟書交至以此士務名節風俗用修魏氏立九品之制中正司之於是族大者第高而寒門之秀屈矣國朝舉選用隋氏之制歲月既久其法益訛夫才智因習而就固然之理進士者時共貴之主司褒貶實在詩賦務求巧麗以此爲賢不惟無益於用實亦妨其正習不惟撓其淳和實又長其佻薄自非識度超然時或孤秀其餘溺於所習悉昧本源欲以啟導性靈獎成後進斯亦難矣故士林鮮體國之論其弊一也又人之心智蓋有涯分而九流七畧書籍無窮主司問目不立程限故修習之時但務鈔畧比及就試偶中是期業無所成固由於此故當代寡人師之學其弊二也疏以釋經蓋筌蹄耳明經讀書勤苦已甚既口問義又誦疏文徒竭其精華習不急之業而其當代禮法無不面牆及臨民決事取辦胥吏之口而已所謂所習非所用所用非所習者也故當官少稱職之吏其弊三也舉人大率二十人中方收一人故沒齒而不登科者甚衆其事難其路隘也如此而雜色之流廣通其路也此一彼十此百彼千撓其秩序無所差降故受官多底下之人修業抱後時之歎待不才者何厚處有能者何薄崇末抑本啟昏窒

明故士子舍學業而趨末伎其弊四也收人既少則爭第急切交馳公卿以求汲引毁訾同類用以爭先故業因儒雅行成險薄非受性如此勢使然也浸以成俗虧損國風其弊五也大抵舉選人以秋初就路春末方歸休息未定聚糧未辦即又及秋正業不得修習益令藝能淺薄其弊六也羇旅往來糜費實甚非惟妨闕正業蓋亦隳其舊產未及數舉索然以空其弊七也貧窶之士在遠方欲力赴京師而所冀無際以此揆度遂至没身使茲人有抱屈之恨國家有遺才之闕其弊八也官司運江淮之儲計五費

其四乃達京邑芻薪之貴又十倍而四方舉選之人每年攢會計其人畜蓋將數萬無成而歸十乃七八徒令關中煩耗其弊九也爲官擇人惟才是待今選司並格之以年數合格者判雖下劣一切皆收如未合格而應科目者纔有小瑕莫不見棄故無能之士祿以例臻才俊之流坐成白首此非古人求賢審官之義亦已明矣其弊十也選人不約本州所試悉令聚於京師人既浩穰文簿煩雜因此偷濫其事百端故俗間相傳云入試非正身十有三四赴官非正身十有二三此弊之尤者今若未能頓除舉選以從古制且稍變易以息弊源則官多佳吏風俗可變其條例如後謹議

舉人條例

一立身入仕莫先於禮尚書明王道論語詮百行孝經德之本學者所宜先習其明經通此謂之兩經舉論語孝經爲之翼助諸試帖一切請停惟令策試義及口問其試策自改問時務以來經業之人鮮能屬綴以此少能通者所司知其若此亦不於此取人故時人云明經問策禮試而已所爲變實爲虛無益於政今請令其精習

試策問經義及時務各五節並以通四以上爲第但令直書事義解釋分明不用空寫疏文及務華飾其十節總於一道之内問之餘科准此其口問諸書每卷問一節取其心中了悟解釋分明往來問答無所滯礙不用要令誦疏亦以十通八以上爲第諸科亦准此外更通周易毛詩名四經舉加左氏春秋爲五經舉不習左氏者任以公羊穀梁代之其但習禮記及論語孝經名一經舉既立差等隨等授官則能否區分人知勸勉

一明法舉亦請不帖但策問義并口問准經業科

一學春秋者能斷大事有兼習三傳參其異同商摧比擬得其長者謂之春秋舉策問經義并口問並准前

一進士習業請令習禮記尚書論語孝經并一史其雜文請試兩首共五百字以上六百字以下試牋表議論銘頌箴檄等有資於用者不試詩賦其理通其詞雅爲上理通詞平爲次餘爲否其所試策於所習經史内問經問聖人旨趣史問成敗得失并時務共十節貴觀理識不用求隱僻詁名數爲無益之能言詞不至鄙陋即爲第

一其有通禮記尚書論語孝經之外更通道德諸經通元經孟子荀卿子呂氏春秋管子墨子韓子謂之茂才舉達觀之士既知經學兼有諸子之學取其所長捨其偏滯則於理道無不該矣試策問諸書義理并時務共二十節仍與之言論觀其通塞

一其有學兼經史達於政體策畧深正其詞典雅者謂之秀才舉經通四經或二禮或三家春秋兼通三史以上即當其目其試策經問聖人旨趣史問成敗得失并時務共二十節仍與之談論以究其能

一學倍秀才而詞策同之談論貫通究識成敗謂之宏才舉以前三科其策當詞高理備不可同於進士其所問每十節通八以上爲第

一其史書史記爲一史漢書爲一史後漢書并劉昭所注志爲一史三國志爲一史晉書爲一史李延壽南史爲一史北史爲一史習南史者兼通宋齊志習北史者通後魏隋書志自宋以後史書煩碎冗長請但問政理成敗所因及其人物損益關於當代者其餘一切不問國朝自高祖下及睿宗實錄并貞觀政要共爲一史

一天文律歷自有所司專習且非學者卒能尋究並請不問惟五經所論蓋舉其大體不可不知

一每年天下舉人來秋入貢者今年九月州府依前科目先起試其文策通者注等第訖試官本司官録事參軍及長吏連押其後其口問者題策後云口問通若干即相連印縫並依寫解爲先後不得參差封題訖十月中旬送觀察使觀察使差人送都省司隨遠近比類須合程限省司重考定訖其入第者二月内符下諸道諸州追之限九月内盡到到即重試之其文策皆勘會書跡

詞理與州試同卽收之僞者送法司推問其國子監舉
人亦准前例
一諸色身名都不涉學昧於廉恥何以居官其簡試之時
雖云試經及判其事苟且與不試同諸皆令習孝經論
語其孝經口問五道論語口問十道須問答精熟知其
義理弁須通八以上如先習諸經書者任隨所習試之
不須更試孝經論語其判問以時事取其理通必在責
其重保以絶替代其合外州申解者依舉選例處分
一一經及第人選日請授中縣尉之類判入第三等及蔭

高授上縣尉之類兩經出身授上縣尉之類判入第三
等及蔭高授緊縣尉之類用蔭止於此其以上當以才
進四經出身授緊縣尉之類判入第三等授望縣尉之
類五經授望縣尉之類判入第二等授畿縣尉之類明
法出身與兩經同資進士及三禮舉春秋舉與四經同
資其茂才秀才請授畿尉之類其宏才請送詞策上中
書門下請授諫官史官等禮經舉人若更通諸家禮論
及漢以來禮儀沿革者請便授太常博士茂才等三科
爲學既優並准五經舉人便授官其雜色出身人量書

判授中縣尉之類判入第三等及蔭高者加一等凡蔭
除解褐官外不在用限
一其今舉人所習既從簡易士子趨學必當數倍往時每
年諸色舉人主司簡擇常以五百人爲大限此外任收
雜色

選人條例

一其前資官及新出身並請不限選數任集庶有才不滯
官得其人
一不習經書史無以立身不習法理無以効職人出身以

後當宜習法其判問請皆問以時事疑獄令約律文斷
決其有既依律文又約經義文理宏雅超然出羣爲第
一等其斷以法理參以經史無所虧失粲然可觀爲第
二等判斷依法頗有文彩爲第三等頗約法式直書可
否言雖不文其理無失爲第四等此外不收但如曹判
及書題如此則可不得拘以聲勢文律翻失其眞故合
於理者數句亦收乖於理者詞多亦捨其倩人暗判人
間謂之判羅此最無恥請牓示以懲之
一其授試官及員外等官悉不許選恐抱才者負屈若並

分集則僥倖者頗多當酌事宜取其折中請令送所在審加勘責但無偷濫並准出身人例試判送省授官日以九品八品官請同黃衣選人例七品六品官依前資解褐官例四品五品依前資第二正官例其官好惡約判之工拙也

一舊法四品五品官不復試判者以其歷任既久經試固多且官班已崇人所知識不可復爲僞濫矣自有兵難仕進多門僥倖超擢不同往日并請試判待三五年舉選路清然後任依舊法其曾經登科及有清白狀並曾

任臺省官並諸司長官已經選擇並不試依常例處分

一每年天下選人欲赴來冬選則今秋九月依舉人召集審勘責絕其姦濫試時長吏親自監臨皆令相遠絕其口授及替代其第四等以上封送省皆依舉人例處置吏部計天下闕員訖卽重考天下所送判審定等第訖從上等據本色人數收人具名下本道觀察使追之限十月內到並重試之訖取州試判類其書蹤及文體有僞濫者准法處分其合留者依科目資序隨穩便注擬

一其兩都選人不比外州請令省司自試隔年先試一同外州東都選人判亦將就上都考定等第兼類會人數明年依例追集重試之還以去秋所試驗其書蹤及詞理則隔年計會替代事亦難爲

一兵興以來士人多去鄉土既因避難所在寄居必欲網羅才能隔年先試令歸本貫爲弊更深其諸色舉選人並請准所在寄莊寄住處投狀請試舉人既不慮僞濫其選人但勘會符告並責重保知非僞濫卽准例處分

一宏詞拔萃以甄逸才進士明經以長學業並請依常年例其平選判入第二等亦任超資授官

一諸以蔭緒優勞准勑授官者如判劣惡者請授員外官待稍習法理試判合留依資授正員官

一諸合授正員官人年不滿三十請授無職事京官及州府參軍不得授職事官

舉選後論

有司或詰於議者曰吏曹所銓者四謂身言書判今外州送判則身言闕失如何對曰夫身言者豈非洪範貌言乎貌謂舉措可觀言謂詞說合理此皆才幹之士方能及此今所試之判不求浮華但令直書是非以觀理識於此既

蔽則無貌言斷可知矣書者非理人之具但字體不至乖越即爲知書判者斷決百事眞爲吏所切故觀其判才可知矣彼身言及書豈可同爲銓序哉有司復詰曰王者之臧莫逾堯舜書稱敷納以言爲求才之通軌今以言爲後亦有說乎對曰夫敷納以言者謂引用賢良升於達位方將詢以庶政非言無以知之其唐虞官百咨僉無幾下及小吏官長自求各行敷納事至簡易今吏曹所習輒數千人三銓藻鑑心目難溥酬喧競之不暇又何敷納之有乎其茂才以上學業既優可以言政教接以談論近於敷納

矣有司復曰士有言行不差而闕於文學或頗有文學而言行未修但以諸科取之無乃未備對曰吏曹所銓必求言行得之既審然後授官則外州遙試未爲通矣今銓衡之下姦濫所萃紛爭劇於獄訟僞濫深於市井法固致此無如之何豈若外州先試兼察其行苟居宅所在則鄰伍知之官司耳目易爲采聽古之鄉舉里選方斯近矣且今之新法以學舉者一經畢收以判選者直書可否可謂易矣修言行者心當敦固不能爲此餘何足觀若有志性過人足存激勸及躬爲惡行不當舉用者則典章已備但舉而行之耳有司復曰其有効官公清且有能政以其短於詞判不見褒升無乃闕於事實乎對曰苟能如此最爲公器使司善狀國有常規病在不行耳但令諸道觀察使每年終必有褒貶不得僭濫則善不蔽矣問曰試帖經者求其精熟今廢之有何理乎對曰夫人之爲學帖易於誦誦易於講今口問之令其講釋若不精熟如何應對此舉其難者何用帖爲且務於帖則於義不專非演智之術固已明矣夫帖者童稚之事今方授之以職而待以童稚於理非宜有司復曰舊法口問並取通六今令通八無乃非就

易之義乎對曰所習者少當務其精止於通六失在鹵莽是以然耳復曰舉人試策例皆五通今併爲一有何理對曰夫事尚實則有功徇虛則益寡試策五通多書問目數立頭尾徇虛多矣豈如一策之內併問之乎

春秋闡微纂類義統自述

匡自述曰啖先生集三傳之善以說春秋其所未盡則申已意條例明暢眞通賢之爲也惜其經之大意或未標顯傳之取舍或有過差蓋纂述僅畢未及詳省爾予因尋繹之次心所不安者隨而疏之

常從心

從心開元朝官御史

對持論攻擊判

慎到遇接子於路因持論遂攻擊人謂之狂生自云非狂生

講學崇儒語郊先禮詩書之奧以佇言揚元妙之門方求理辨初聞慎接具析精微既遇於途詎爲傾蓋之厚各持其論以爭重席之功湯池鐵城取言詞而自困焚舟夷竈庶攻擊而無迴設喻指之縱横不聞三倒語折角之勝負方持兩端孔某聽歌知接輿之有德漢高揮洗見酈生之不狂拘繫之端冶長何在言談之下甯越無辜恭論兩賢請從一釋

欽定全唐文卷三百五十六

梁洽

洽開元時處士

晴望長春宮賦 以登陴起遐望爲韻

雲收野迥兮目極千里空淨川長兮纖埃不起視河外之離宮信寰中之特美飛重樓之沓秀繚長垣而層阯詳巨制與宏模固一君而萬祀扼秦晉之襟帶據山河之表裏諒神功之所營匪靈光之能擬邈矣轇轕岌乎崚嶒對華山之贔屭挾重關之股肱文物著明則可久可大制度豐敞則不騫不崩來蘇之詠已作觀風之道斯宏遠樹搖晴挂長虹而欲飲祥煙不散俟吾君之復登宮闕多奇欒櫨疊施倚萬楹以磊砢洞千門而陸離玲瓏玉樹則偏澄霽色連騫繡檻則却映斜曦設璇題以曜殿黏頹壤以文陴度之以几筵則有典有則約之以軌物則不高不卑當今取實去華匪儉匪奢撙節三代光宅四遐豫順以遊御六龍而戾止聲明自溢奄九有而爲家且夫書稱梓林易稱大壯自昔棟宇之作未有茲宮之狀夫長者仁壽之宗符春者發生之所向伊嘉名之可偉乃動植之攸尚客有學

古之流乃舍毫而一望

梓材賦（以理材爲器如政之術爲韻）

立政施教能簡則理爲器擇林惟良是視政有乎而可大器自斲而稱美學古入官斯可已矣故周公設誡取鑒梓林百工飭化以物作萬勢曲成而象開柏之可伐而取諸新甫松之可斵而美於徂徠何備用之徵要信崇功而大哉觀夫良匠掄木知無不爲盡力以獻藝因材而合規勤樸斲而去夫濫竊尚儉素而昭於軌儀知者相物後人述器得成風之妙窮運斤之利或經緯乎陰陽亦法象乎天

地上棟下宇資丹雘之餘飾從有之無通舟車乎遠致嘉茲義之可分而發昭乎在位是尋是尺其榁其椐每從繩而則正異投刃而皆虛觀梓匠之斲矣吾是知爲政之所如材之既度可施於政若意匠以合則必由庚而在詠侯其褘而念茲在茲政有善人則不欺山有木工則度之材有常質政則匪一每呈器而受用亦相時而陳術夫如是諧利貞保元吉信前賢之濟代豈小人之能悉

海重潤賦

道之應物兮小大咸信物之感道兮禎祥必順況我儲君光膺在震乾乾夕惕兢兢日愼德澤潤於生靈滄海得無重潤惟海之量百川朝宗猶君之美萬國向風朝宗者歸其廣向風者欽其政既同類以相求故重潤而必應是使日光分色山輝度映風雨不淫魚龍遂性羣甿仰止是蟠瘞以告成外國聞焉願梯航而來聘然則我君之明兩也景毓前星休徵夢月主鬯之功昭著牽衣之智逸發四皓既親三朝不闕故曰惟其有之是以似之海則靈潮晨夜而無替君惟順動溫凊而有時詳夫海之爲器也吞吸八裔流不逆細怪必斯蓄珍無不麗沖融瀇泹轇轕澎濞飛

濤疊躍於秋陰白浪翻光於春霽雖則沙石混濁不蕩其清波瀾迅委終復於平惟此之故彰我君明至矣哉靈海之潤孰知其極願乘桴以攸往非引蠡而能測道未行兮竊喜取林敢獻賦兮揚君之德

金翦刀賦

金翦刀者奚其有情柔而能決堅而能貞表裏洞澈上下鮮晶缺處磨盡鋩閒淬成長鋒貯其煙色秀彩奪其霜明值凝寒則勁質加勵露微潤則青衣半生雙刃迴合兩稜斂傾闕之而綵縷皆隱用之而畫尺常并及其春服既裁

寒衣欲替隙光入座蟠蛟龍於影中暝色浮階下星辰於環際且夫小而輕生閨閤之幽情新而利爲房櫳之名器開玉匣則飛光射人落銀牀則喧聲碎地色絲滿篋細錦盈箱推妙使製擇賢而當豈顧常規而在準不徒借美而多傷方須取舍合時短長有限欲去纖過不遺片善貪寸美而寬裁避一花而斜翦紕繆者退之而自懲縟繡者進之而自勉莫不賞茲器之能荷情人之妙選矣

水德賦

大哉乎茲水獨靈長以利貞分位象於八卦得柔謙於五

行混之不濁流之不盈蓄恬淡以凝潤合虛無而洞清其近窺也若冰鮮與玉潔映曙空而內澈其遙視也如雨罷而日晶澄遠氣於初晴德之深與上善而均美讓之大居下流而不爭處地爲泉源則江漢朝宗之義立在天爲霧露則陰陽變理之功成辨涇渭於九流雖衆不雜察妍媸於萬象在隱皆明亦何異翹翹邦彥濟濟朝英作我吏部爲周亞卿昔掌地官其守土也能審今來會府其應物也以精迴廣照之能比其妙識以無偏之志喻此持衡故得自陝以東更仰知人之鑒普天之下皆稱如準之平則有

登舟未涉處轍未停遊子隴頭嗚咽斷腸之奏知音席上傳聞盈耳之聲倘爲廣由中之德流潤下之情則所謂滄浪之清兮可以濯吾纓

水彰五色賦 以渥彩彰明必資乎水爲韻

善利無方莫先乎水蓋當潤色之際必取務滋之旨黑黃蒼赤皆賴其激揚黼黻文章咸本而資始德旣洽於濟物色且叶於通理自得元之又元何謝美之爲美於以增奕奕於以散煌煌浴飛翬於陳寶浸社土於徐方染氏緊而衆彩繁糅繢人因而品彙咸彰博我以文不獨專於潤下

用而不竭將以效其靈長原夫被物如濡霑顏載渥狀暮山而翠疊法朝景而霞駮遠同墨氏類素絲之屢遷尚想蜀江嘉貝錦之斯濯飾袞衣而煥爛成繡服之葳蕤何采章之不昧由浸潤之所資漸以化成能令素以爲絢期於敷衍孰云涅而不緇旣得色斯舉矣亦可狎而玩之不假濯於滄浪寧同資於碧海凝瑞霞之炫燿發慶雲之光彩寫補天之績鍊石之資必該圖應聖之祥威鳳之儀咸在佐益丹而惟其深矣當後素而不曰白乎流濕之光允若受采之時是須且比成人之美實同因物有孚助其妍而

戴隨炳其用而無必乍成藻火之文幾變素紈之匹榮光可愛初謂出河之符備色咸宜更入夢江之筆先王所以因而立旨喻以相成含章而其輝未著發澤而其道彌精儻不苟於體用庶可致於文明

笛聲似龍吟賦 以聲之相類有如此者爲韻

笛爲樂兮人所吹噓龍爲神兮天泉是居何音聲之酷似而性質之本疏想其形謂同婉若聆其響稍異翕如始其伐幹厚地因材制器四孔有加五音俱備無煩乎鈞簧促柱有用於娛心滌志乍從容而寥亮究律呂以精粹伊滿

堂之咸驚疑在田之忽至淒清韻起方將樂以忘憂想象雲生實曰物從其類庶可分於繁會諒難測於同異徒察其含嚼奔放激濁揚清如泉水之或躍疑御日以飛聲象乎罍有逢逢之鼓疑乎鳳有嘒嘒之笙雖學如不及莫之與京曷若高下自乎氣洪衰應乎手曲引如變於雲霄霧雨若集其前後劉累聽之而欲豢葉公聞之而反走非影響以因依實混合於妙有東南之美厥狀蒼筤不因乎度土合木寧謝於玉質金相調逸簫管之奏音含宮招之祥若降於天如聞於野穆公簡子徒得其遊魂白雪陽春奚稱其和寡考終樂以自然信斯笛之美者當邁易持龍吟似之季長每悲於洛客鄰人能感於子期入耳之初喜攀鱗之有所迴眸之際覩截竹而在茲是知夫揮絃戛擊以洋洋轉喉紆餘之靡靡夫神物之相應者無能及此

吹竹學鳳鳴賦

鳳惟應聖竹乃無情何截彼嶰谷之節而吹象朝陽之聲音韻既生訝喈喈而成響宮商間起若鏘鏘以和鳴昔黃帝揆日伶倫制律將分天地之氣以正陰陽之術選碧鮮西域而非妙得厚均崑山而無匹既翦既伐玉潤之姿是

分以噓以吹金味之聲斯出貫時之容未改作瑞之思孔將呼吸兮斷而復續疾徐兮抑而更揚散漫於叢篠之間疑郊藪已集飄流於芳林之際謂庭梧來翔此音既舉彼德可序聞軫宮而引商若命儔而嘯侶遂使審音之士睨孤管而生疑考祥之人向高岡而延佇既而合黃鐘制大呂作候不乖於晷刻分時先報於寒暑逸韻蕭寥德音孔昭聆五聲而既備和六氣而能調儻吹於紫閣之前何異巢阿閣之日如發於青山之上可繼鳴岐山之朝且鳳聲雖虛竹響有稟伊異質之可用惟聖人而能審五聲並發

疑九雛之互鳴眾響難侔覺七音之異品今國家儆不言而四時以遂法無違而萬物如春竹兮任截鳳兮來馴至仁以調乎元氣大信用洽乎生人由是律候以正其唯大聖亦何必取鳳聲之作然後測陰陽之令

進賢冠賦 以明時急賢才爲韻

製冠有象惟賢表名冠在首而爲用政匪賢而莫成伊進賢之爲急乃斯冠之發明古人所尚永代作程豈比夫戴鵰聚鷸瓊弁玉纓彼旌武而貽咎寧比德而同聲念茲在茲候其禕而山有木工則度之君爲政賢必進之木自工

以生態政得人而允釐故君子進退以禮消息候時時既清兮惟賢是急賢既進兮其政必立總六官而謂何嘉此名而可挹客有聞之而言曰或標之豸或珥之蟬所謂二者莫如進賢忝從班於聖日願效試於明臺敢與弓旌之召無遺菅蒯之才

喬琳

琳并州太原人天寶初舉進士累授大理少卿國子祭酒拜御史大夫平章事除工部尚書罷知政事朱泚之亂扈從至奉天轉吏部尚書遷太子少師再幸梁洋琳以老疾辭不能從止仙遊寺爲僧泚至京城授僞吏部尚書官軍收京師斬之

太原進鐵鏡賦 以清光含眾象爲韻

晉人用鐵兮從革無方其或五金同鑄百鍊爲鋼雕鐫而雲龍動色磨瑩而冰雪生光爛成形於寶鏡期將達於明王故有徹候居守方物底貢擇使而天驥共飛登車而海月相送妍媸之鑒已久肝膽願呈者眾鏡之既明星衢是亨列照而三光共霽凝輝而四海俱清應人無疲知道不虛受處已不厚見心乎砥平若乃宇宙清朗提攜偃仰旁

窺而山澤入懷俯視而雲霄在掌雖因時而委照不偏物以呈象圓規可轉處順之物攸先勁質無虧持盈之道彌張墨客因進而歌曰金之精兮眾寶所參鏡之明兮羣象所含清至瑩兮氛埃不雜明至察兮醜類相慙幸忝秦臺之一鑒與飛鵲而圖南

炙輠賦 以才美潤身喻茲爲韻

惟輠以積膏而潤惟人以積學而才潤則浸之所致學則修之乃來亦猶山輝蓋玉之處石川媚乃珠之在胎則炙輠之義斯焉在哉原乎其始方我髦士言物也火及則潤

滋言士也用之則邦理喻研朱則其色不奪方扣鐘而其音不已故可以與理窟而爭深配智囊而共美炙之不竭夫豈同於瓶罄用之不窮固有殊於罍恥且國以賢興車以輠進車非輠而安往國非賢而莫鎮脂膏內實宜誠盈於撲滿滋液旁露信同功於河潤豈比薰以香而自燒玉遇火而不爐向非外取諸物內滋其身則一炙可以就燥再乃於馬中貪亦何潤色無斁輝光日新比至道動而愈出方君子磨而不磷原夫伊輠也服身以取路伊賢也開物而成務亦何近取諸身願借秦而為喻喻如何其唯良

在茲希德澤而惠物在脂膏以無私若然者豈止滯輶軒以聽察因鈎軸以為期增雨露之濡洽霑草芥而滋熙者哉

鶺鴒賦 有序

鶺鴒鶅鷚也詩取其鳴行搖尾相應以興兄弟急難之義而已然無窠巢無雛孕不知棲息孳育之所人之見者更無大小之殊隼不能搏彈不能射網罟不能取朝之與夕常在人間竟不知此鳥之所自來也

何鶺鴒之小鳥與羽族而特殊鷁鳩飛鳴肖翹畢通金睛玉爪紺尾青顙電瞥機駭火馳風趨來何從而去何適似出有而入無噫形氣有生之類非卵非胎不巢不穴罕知爾棲泊之所乳伏之節吾自見爾翩翾一狀小大無別莫涯雛孕之源以出陶鈞之轍亦稱王母之使豈在神仙之列味啄鋒銛毛衣霜雪惟若鷺之近道思數顧以周防苟彈射之莫中匪網罟而奚張齊姜所以遺重耳范蠡所以逃越王慮晏安之有毒斯儆戒以為良務相時而達變豈膠柱而守常偶來池館非意稻粱吾將注目而悠然以逝色斯舉矣而物莫之傷既忘情於進取遂遊仞以翱翔乘

興於人間之世全身於自遠之場苟日新於運用能獨善於行藏

大儺賦 以命有司送寒氣肅京室為韻

歲惟大儺國著成命有以焉爾請言其政夫四氣平分三光交映登臺眡祲必書於雲物象魏懸章式陳於時令是以一人垂拱萬方同慶者也且儺之為義其來自久實歐厲以名之於諂神而何有若乃率舊典飭有司上士下士左之右之或囂聲以作氣或詭貌以呈姿示以直道揚乎儺辭何四象之能行豈神明之見斯則有侲童丹首操緌

雜弄舞服驚春歌聲下鳳夜耿耿而將盡鼓喧喧而競送行看北斗已落於嚴城坐待東風方期於解凍皇帝御寢殿正元冠侍臣濟濟宮妓珊珊欣大禮之斯展覺輕陰之尚寒肅肅穆穆南面而看則知天不薦瘥同殄妖氛多休之瑞吾旣聞於方冊強死之魄彼其宜於驕意面攘有相向之禮堂贈有無方之事雖殊途而異觀可同歸而一致徒觀其執戈揚盾黃金四目其視眈眈其威肅肅將前驅以戒道必啟行而分逐國人稱之曰當今日月旣明乾元以亨福穰穰兮共蒼生恩湛湛兮莫與京恩旣湛兮犧人出春王正兮粤翌日願吾君兮千萬壽保巍巍兮唐之室

慈竹賦

維竹稱慈幾乎有知九族敦敘孝友威儀是竹必滋五服相殘胥月攜離是竹必衰苟自家而刑國亦觸類而增思苯䔿固護檀欒櫛比如東之稠如挿之密勁節中聳攢根內實聲唯戛風影不透日類宗族之親比同朋友之造膝至若暮歲窮律霜凝雪霏陶鈞無發生之理松柏有後彫之期是竹也叢篁劈開芽筍怒長紫籜連披青筠紛上有偕老之情感饋親之養如受制於籬界不旁侵於土壤兩露之澤謝羣衆芳細葉未吐貞心已長恥高標而迴出斯褢曲而不揚匪趨時於律候寧隨韻於笙簧保無用而以道自將愧不才而與物俱昌苟成陰於隙地作威景之清涼重曰夫緜緜瓜瓞兮如有子母邕邕鴻雁兮如次弟兄於家則疏附禦侮於國則磐石維城田氏不分庭之荆陳家則應天之星莫不鬱映棠棣急難鶺鴒斯竹也共根連茹一本千莖年深轉密歲晚彌榮一可以厚骨月一可以敦友生於靈臺而莫非信性彰慈孝而感通神靈

孤竹賦

有斐君子兮將以自怡藝孤篠於前墀翫以時愜所思且

面陛則陽笑猗猗而處渭向砌則懊祕青青之在淇問君何事生乎茲嬋娟抱節而無詞借而東南之美會稽千里阻江阻河所貴則那至乃柯葉不二吁嗟此地彼其之子賤目貴耳豈知孤者取稀物莫之依含混元之休氣吸太陽之清暉長則尺準大可寸圍有美遊兮忘其歸更憶朝霞露未晞懸明月而影短帶疎雨而聲微觀乎裊娜容與風生其處應知黙定洪鐘律幾日能令童子悟實方就而孤鳳食來枝或成而一龍飛去天造自然含虛佩堅以

保名虛以戒盈瞻彼標兮人之程萬類則攷千竿森在其在伊何增冰峩峩瞻彼磷兮不可磨則知天籟奇兮由我起道生一兮得我始得之者非取諸物而已

巴州化成縣新移文宣王廟頌 并序

或曰天生德於聖人是爲文宣掌以文宣之爲聖人蓋其自生非天生耳夫道有精德有純禮有意樂有神四物幽贊百靈淳感特與天地位而成三故夫子之前未曾生夫子夫子之後不復有夫子宇宙古今俾惟一人謂天能生曷不能數生也故曰非天生耳河圖鳳鳥言其德梁木泰

山言其用謙以況物物由我成且孔聖之道恢張而天下理汙殺而天下亂觀其可以卜理亂也領徒三千博徒三萬桓文不足倖其衆夾谷之戮齊優兩觀之誅少正氣盪河岳精迴日月然而俯僂魯鄉循循鄉黨行道救世不有其躬且唐堯五臣不無四凶周文十亂不無三叔孔徒萬數之內唯宰我怠於晝寢卜商短於假蓋未聞庶其之奔佛肸之叛遺墟舊宅剌草不生則教之所入者深化之所宏者遠鏡懸象緯掌著輿亡籌萬代於一算爾我國家敷教訓俗以王者之禮加徽號焉示明王果有宗也德位交欽以奉天時然三皇五帝迄於今春秋釋菜廟食千祀特惟夫子耳則冕旒衮服聖人之餘事封建褒崇有國之盛典化成縣令范陽盧沔純深貞特廉孝絜矩夏大旱偶有事於文宣公焚香至誠雷出自廟指觀倏忽霈然滂沱自下車數月有感輒應無方之神豈情於造物者乎可由而不知也以此頃因祠宇荒僻垣墉頹圮總聚樵牧褻瀆威靈公以必葺而未言頻假寢以夢聖隙地兼勝此爲新宮曰衣冠禮樂不下庶人宣風布教職先令長出家財以資匠費督門吏以勤役工青襟黃髮更唱迭和椽欒雖舊而

華魄惟新自甲至癸不及旬而功已集郡官畢賀百姓未知足見役不及人也君子曰盧侯以心感神以身律人可謂善政也已矣郡守楊公中和大雅聞善若驚悅而美之曰盧方辭滿不以家爲出鍾離俸錢修孔聖遺廟善政之餘地也僉曰都允哉梁國喬琳臺之作爲新廟頌頌曰

殷之系聖周之斯文生我夫子世教之君六藝折中三才更分視不可見聽不可聞登降既定天人大觀禮樂神鬼幽明協贊由之則理匪由則亂百王同流萬古彌煥夢奠既兆哲人其萎自家刑國廟貌思之周微唐興千祀於茲

春秋祭薦俎豆其時維巳之南亦揭其宇盧公宰邑人之父母假我升堂陋彼環堵爰就爽塏長岡之下相協厥居作爲新宇不日不月既葺且崇頌徒知歸發篋來同斯之未信此也求蒙時維龍見人懼魃虐寧丁我躬虔覃是託尸牖之際雷霆震薄雨公及私是刈是穫廟既更矣歲既盈矣公之志思人亦勸止變此夷俗參乎孔里學者行之造次於是

王邕

邕天寶間進士官金部郎中

勤政樓花竿賦

皇上朝萬國宴千官當獻歲之令節御高樓而賜歡應和風奏以天樂耀長伎出乎花竿偉夫如山之重如繩之直挺其質以百尋績其文以五色將烜赫以誇衆俟鏗鏘而取則高居乃在乎帝庭發迹乃因乎人力於是玉顏直上金管相催顧影而忽升河漢低首而下指樓臺整花鈿以容與轉羅袖而徘徊晴空乍臨若虛仙之踴出片雲時映若天女之飛來矧夫曲終示危乘危中矩八方勞觀億計如堵載之者強項超羣登之者纖腰迴舞猶盡巧於繁節且獻能於聖主廣場合勢則衽舉成帷衆伎驚心則汗流漂雨或有趫材告捷角力爭先鳴鼉鼓以動地仰花竿而拂天初騰陵以電激倏縹緲而風旋或暫留以頭挂又却倚而肩連躡足皆安象高梧之鳳集隨形便躍奮喬木之鶯遷然後贔屓用壯迴還變狀度岌岌之雲梯繞森森之仙仗通衢爲之翕習太蔟爲之條暢人自能藝信咫尺於重霄竿則有林惟飭磨於大匠是日也悅豫重情喧闐鎬京角觝憖妙巴歛寢聲賞含嘉用潤澤寰瀛觀斯樂之爲最孰不稱於美名

内人蹋毬賦

毬猶求也展轉馳逐兮將求仁而得仁毬上有嬪毬以行於道嬪以立於身出紅樓而色妙對白日而顏新曠古未作於今始陳俾衆伎而皆掩擅奇能而絶倫於是揚袂疊足徘徊躑躅雖進退而有據常兢兢而自勗毬體兮似珠人顏兮似玉下則雷風之宛轉上則神仙之結束無習斜流恒爲正游毬不離足足不離毬弄金盤而神仙欲下舞寶劍則夷狄來投方知吾君偃武之日修神仙之術但欲揚其善教豈徒悅其淑質謂豔色兮可輕使宮女兮程功

而出疑履地兮不履其地疑騰虛兮還踐其實當是時也華庭縱賞萬人瞻仰洛神遇而恥乘流飛燕逢而慚在掌幾看制而動息幾度紛而來往倏而復歸於雲霄何微妙之忽恍

後浯溪銘

巋然峿臺枕於祈陽迴然楚方臨於瀟湘孤標一峯不止百尺嵯峨巨峻闕一字潔堪礪英才別業雅有儒風河南元公高卧其中位爲獨坐人不知貴興愜茲地心閑勝事松花對偃蘚葉交垂鑿巇作逵因泉漲池乃搆竹亭乃葺茅

宇羣書當戶靈藥映圃嘉賓駐舟愛子能文弄琴對雲酒熟蘭薰何必磻溪方可學釣何必衡嶠方可長嘯我牧此郡契於幽尋刻銘山岑敢告煙林

梁德裕

德裕官四門助教

寶鼎賦

昔軒皇之有天下也鑠至範恢崇謨用建皇極永康帝圖徵鐵於晉國之野鑄鼎於荆山之湖以陰陽作炭以天地爲爐下碎礦而星入鼓長扇而風驅炎氣旁飛寒雪影消於玉馬紅光四照晴日色掩於丹烏於是以泄以實以銘以模故寶鼎之芳跡斯可得而聞乎爾其爲狀也下實上虛外圓內朗玉鉉金耳之飾巽木離火之象法三台之位均九州之壤鏤厥奇狀文有鸞鳳蛟龍禦其不若怪無魑魅魍魎故夫長子主之而祭聖人饗之而養徒觀其闡微洞幽崇德辨義作域中之寶通天下之利不汲而盈不炊而沸輕重自隨於德元亨克保於位楚問伊川表周王之至德齊求穀水豈人功之可致當今鼎命翹車鼎刑措獄道德以爲矩敦龐以淳俗不取法於六籍不徵金於九牧

自獲汾水以定郟鄏邁軒后於往圖遺夏王於後蘇況伊尹作相由巢爲僕乃傴僂其身不覆餗於足朗日月於金鏡調風雨於玉燭庶績其凝百姓無欲愚雖復望於其道欲負之而踊躍

投人夜光賦

士有作吏君之曾臣玉無能以藉手貨不足以藩身曠歲月緇風塵爲大夫兮既屈因君子兮求伸載剖厥蚌將投於人恐魚目以相銜乃龍頷以取真得徑寸之寶是千金之珍表裏照爛晶光洞澈體有象而至圓色無瑕而自潔

滿若墜露明如積雪高秋之夜月孤上長河之曉星未滅懿此特達湛夫龍光掩趙璧十城之價合吳鉤千户之鄉不假琢磨自無白圭之玷匪同銷鑠乃越黃金之剛願輝君之掌握而燭君之殿堂必將光輔上台儀形大道慙魏車之承照陋夏璜之有考遇物則遷從人攸好飾春申之屨曰非難得之貨遷太守之邦蓋是不貪之寶傳可歷代賞無溢尤復喜鑑於明哲敢自陳於暗投勿以無媒按劍而相拒勿以無脛委地而不收同作貢於楚國而便契於隋侯俾懷寶之君子盡銷聲而莫遊

重建易縣候臺記

昔武王順天應人奄有周室召公受命作伯宅茲燕土列分冀為幽之都專受脤執膰之命於是建宗廟立城市分器輯其邦家築臺觀乎雲物則候臺之建允或在茲初具版幹陳畚鍤書丈尺糗糧之數度高平遠近之差奔命子來執用林聚約之閣閣荷鍤而雲陰數重築之登登相杵而雷響四合成之不日鬱兮崇山將中天以懸居豈承露以特立然後分保章以典之命日者以覘之使八風不姦五雲式序人無凶札天瘥之疾國絕喪荒水旱之沴凡若是者數百年至六國糜沸九州瓜剖昭王平能破齊抗趙候雲在朔則二至二分之占五紀五緯之數雖少沒振未大滅裂及秦有華戎漢封郡縣析木空聞於分野甘棠已盡於翦伐則眡祲之儀掃地都鄙廊廡旅乎荊棘階阯穴其狐兔自我唐再造區夏大分岳牧使鎮天子之邦不同諸侯之郡遂及陳迹以作新臺既無占候之事共為宴樂之所雖山楶藻棁禮不僭於大夫而刻桷丹楹誠終慙乎君子代為故事人無間言洎我良牧郭公博采舊史發揮新意文物大備懲勸可觀公名明肅字晉容太原郡人也

監門將軍之孫御史大夫之子纘戎餘慶克荷明德靈源與天地爭長廣度與江湖比量故能受明主之詔剖太守之符澤從雲遊心入水淨俗變於道禮賢存擁篲之風人歌其德聽訟擬坐棠之化未三年而政教已成雖一日而牆宇必葺以為先王議事禮不忘本君子懷德人惟求舊況候臺易之古臺也壯址仍存昭王燕之賢王也盛德不泯欲觀古人之象至止可以肅肅如享太牢之味登之可以熙熙遂於臺之外壁列劇辛樂毅焉以為道者萬物之奧天地之禪六度之門寂滅之義施之于國則富證之于

人則壽況守道者必嚴之于吸風飲露安禪者必釋之以息照冥境乃於臺之內壁圖柔門宴坐焉以爲孝者德之本總人百行貞者事之幹爲乾四德至天則風雨以時比竹而霜霰不變廬於墓有田氏之子安其室有王章之妻生芝草於大隧之前是加一等詠柏舟在中河之側乃無二事復於其次爲遠墳薦鯉焉俾觀者如堵覽之駭目激懦夫烈士之節警貞女孝子之心豈徒壓百雉之崇墉架九烏之峻堞軒榭窈窕松柳蔭映幽室納寒谷之氣炎天下霜晝眾對齊雨之輝晴虹射日夫如是則登之不假瞻

扇北風其涼視之不待褰幃大山如礪豈比夫逐荆臺遂爲流遁畫麟閣不有姓名者哉别駕彭城劉公循忠從政以賢方協海沂之詠司馬清河張公瓚食祿以德爰光中外之遊咸本濟代之林以成考室之美雖二公宏化有無窮之令聞終三后協心樹不朽之丕構德裕邑人也實寡聞見拔薤投水德未平於任棠築臺置金禮何多於郭隗敢不傳美以爲實錄藏於屋壁誠有媿於家書勒於碑版庶無慙於臺記時建崇元年之歲秋八月旬有九日其從事參佐等學富今古材堪經濟雖懷坐嘯之功未展摩天之力並勒石于後以克永代

常非月

非月（登科記作自）官西河尉

對典同度管判

典同度管失候不應史稱黍細徒少其人

火正分司疇人命職欽若天象敬授人時黍絫無愆寸管測陰陽之數葭灰期應閉戶窺天地之心所以申命有司節宣丕序未遂御於乾道近獲戾於叛官辰迴雁天不奪於房次月躔龍宿莫命於勤農二分或錯於春秋九土有

虧於啟閉不修厥職猶飾彼辭且列在羣司匪無常典徒有成數黍有常形黍細當合龠乎徒少豈宜緘口防微於始胡不謀先敗而後言無乃太晚愆我星度宜暴刑章待憑高下之班方定重輕之罪

苪挺章

挺章國子進士

國秀集序

昔陸平原之論文曰詩緣情而綺靡是彩色相宜煙霞交映風流婉麗之謂也仲尼定禮樂正雅頌采古詩三千餘

什得三百五篇皆舞而蹈之絃而歌之亦取其順澤者也近秘書監陳公國子司業蘇公嘗從容謂芮侯曰風雅之後數千載閒詞人才子禮樂大壞諷者溺于所譽志者乖其所之務以聲折爲宏壯勢奔爲清逸此蒿視者之目聒聽者之耳可爲長太息也運屬皇家否終復泰優游闕里惟聞子夏之言惆悵河梁獨見少卿之作及源流浸廣風雲極致雖發詞遣句未協風騷而披林擷秀揭厲良多自開元以來維天寶三載譴謫蕪穢登納菁英可被管絃者都爲一集芮侯卽探書禹穴求珠赤水取太沖之清詞無

嫌近溷得與公之佳句寧止擲金道苟可得不棄於厮養事非適理何貴於膏粱其有巖壑孤貞市朝大隱神珠匿耀剖巨蚌而寧周寶劍韜精望斗牛而未獲目之鎌素有愧遺才尚欲巡采風謠旁求側陋而陳公已化爲異物堆案颯然無與樂成遂因絕筆今畧編次見在者凡九十人詩二百二十首爲之小集成一家之言

莊若訥

若訥天寶中進士

對徵什一稅判

長安縣徵什一稅百姓訴云取已過半人將不農縣官云恐國用不足

秦雍皇居田疇爲上若年有豐耗稅則等差相彼老農聿求多稼勤其四體庶彼千倉必也如京如坻無廢周公之典然而不足與足何恥魯侯之問縣司雖守文不替訴者亦舉直難違豆區之量必均過半之詞自息

欽定全唐文卷三百五十七

梁昇卿

昇卿開元中爲奉天尉擢侍御史内供奉遷祠部員外郎户部郎中出爲廣州都督

古義士伯夷叔齊二公碑 并序

二公諱伯夷叔齊昔有殷時遼東孤竹君之子也自歷載所記有國以來事之美者莫先於讓是故君老於位命立叔齊齊固辭以請伯伯固辭以不嗣遂相與義退遁逃西周當是時也帝殷不臧用錯天紀人棄莫保以戴於周周

武王秉白旄仗黄鉞經綸所以撥亂威畧所以龔罰雷震萬國風行六師二公於時推忠臣之誠明死君之節伏車而諫慷慨濿血且夫大運不以時曠達節不以義距黔首焉得以厭妄鬼神焉得以無主於是討罪於商爲天下王二公以立志貞也檢身操也建侯戡難不可以嗣也以臣伐君不可以訓也相於國莫非其土異於事不食其粟乃西上首陽之山歌采薇而死蓋天下義感之始也及孔子生東周之季演中興法游夏之徒皆誨納於教未嘗敘仁人烈士不先於二公者焉謂不辱其身不降其志矣若乃紛綸茂德載在策府則泰伯之道子臧之仁也上思附義退曰能賢則宋穆之言延陵之行也道無不貴志不苟合則許由之節伯成之高也處必中清廢能中權則虞仲之居夷佚之放也聲垂事載功存業廣則范蠡之去魯連之辭也此數公者至於黜榮保讓亦以盛矣兼之固君臣之分以愛其節曷可以同議也所謂繼之者忠矣杖之者義矣施之者誠矣用之者確矣昭矣至矣軆矣允矣上古無以加百代爲之憲越大梁歲行於是邦遇縣宰太原王公惠工訓農勸學敬教羣業頓以繫賴四方咨於作則邑臨

未周人悅有化以爲二公廟德不祀實甚懼焉復何以圖不朽示來者而已遂因閒力考餘時經始是圖敦崇舊規厥構棘翼自公尸之然則表前載揚懿烈使俊光熊熊彰紀事也以吾學乎舊史氏請隲其文固不佞乃作銘曰

大道混混或險夷兮殷實荒德莫業於主人神疑兮帝用克商大運期兮天下爭利而獨奔義貞名垂兮神農虞夏氏已沒曷所歸兮斵石千秋聞風規兮

高適

適字達夫滄洲渤海人舉有道科中第累拜左拾遺轉監

察御史元宗西狩適間道及帝於河池遷御史擢諫議大夫累除成都尹劍南西川節度使廣德元年召爲刑部侍郎轉散騎常侍封渤海縣侯永泰元年卒贈禮部尚書謚曰忠

蒼鷹賦

坤靈繁毓萬象周流綜羣物之衆夥懿羽族之齊倅俱含識與哺啄終愧容於爽鳩散以瑤光之彩來自鍾巖之邱周官以司寇比德漢氏以將軍作儔鉤成利觜電轉奇眸蒼姿疊色元距聯鞲至於長楊大獵雲夢時蒐寒光送曉

霜氣橫秋頓平原而亘弋截洞壑以張罘野霧初霽朝陽尚早於是排空漢飛絕島奮之鼓之載擊載討凌紫氣而蔽日下平皋而覆草歸鴻失四飛之路狡兔亡三窟之道夫品彙之功用之非器至於表德頗亦丰致仙莫過龍駿莫過驥鵬垂天以圖南劍斷甲以稱利夫其庶類之呈能未若茲禽之爲鷙固得緗牒再演史臣攸記逐彼鳥雀然明之對國僑擊於殿上要離之讐慶忌且般樂之遊君子未適禽荒是戒哲王戚績太康洛汭之表已驚不還李斯上蔡之門情何更溺覽二君之喪道每觀事其如惕幸免射於高墉願搏風而上擊

奉和李泰和鶻賦 有序

天寶初有自滑臺奉太守李公鶻賦以垂示適越在草野才無能爲尚懷知音遂作鶻賦其辭曰

夫何鶻之爲用置之則已縱之無匹懷果斷之沈潛任情性之敏疾頭小而銳氣雄而逸貌耿介以凌霜目精明而點漆想像遼遠孤貞深密將必取而乃遲若受詞而無失當白帝之用事下青霄而委質乃順節而勃然因指縱而挺出嚴冬欲雪莫草初焚野莽蕩而風緊天崢嶸而日曛

忿頑兔之狡伏恥高鳥之成羣始滅沒而畧地忽升騰而篲雲翻決裂以電擊皆披靡而星分奔走者折脇而絕脰鳴噪者血灑而毛紛雖百中而自我終一呼而在君夫其左右更進縱橫發跡埽窟穴之凌兢振荊榛之淅瀝翕六翮以直上交雙指以迅擊合連弩之應機類鳴髀之破的豁爾胷臆伊何凌厲以爽朗曾莫蔕芥豈虞夷險之怵惕觀其獲多不有得用非媒歷閶闔以肅穆翊鉤陳以環回幸耀光於蒐狩承翦拂於樓臺望鳳沼而輕舉紛羽族以驚猜路杳杳而何向雲茫茫而不開鶯出谷而徒爾鶴乘

軒而何哉彼懷毅勇軾軒而棄置胡不效其閒關而徘徊爾乃顧恩有地戀主多情念層空而不去託虛室而無驚雅節表於能讓義心激於效誠勢愈高而下急體彌重而飛輕戢羽翼以受命若肝膽之必呈嗟日月之云邁猶羈縻而見嬰別有橫大海而徑度順長風而一寫投足眇於巖巔脫身逸於弋者冰落落以凝閉雪皚皚而飄灑諒堅銳之時然寧苦寒以求捨匪聚食以祈滿聊擊羣以自假比元豹之潛形同幽人之在野矧其升巢絕壁獨立危條心倏忽於萬里思超遙於九霄豈外物之能慕曷凡禽之

見邀未知鴛鷺之所以孰與夫鵬鷃之逍遙云爾哉

東征賦

歲在甲申秋窮季月高子遊梁復久方適楚以超忽望君門之悠哉微先容以効拙姑不隱而不仕宜漂淪而播越出東苑而遂行沿濁河而茲始感隋皇之敗德劃平原而爲此西馳洛汭東並淮涘地豁山開川流波委六宮景從千官邐迤龍舟錦帆照耀乎數千里大駕將去羣盜日起戶位者卷舌而偷生直諫者解頤而後死寄腹心於梟獍任手足於蛇虺旣垂弑於匹夫尚興疑於愛子豈不爲窮力役於征戰務淫逸於奢侈六軍悲牧野之師萬姓哭遼陽之鬼嗟顛覆於曩日指年代於流水唯見長亭之烟火悲曠野之荊杞至酇縣之舊邑懷蕭相之高風旣屈節於主吏每歸誠於沛公始俱起於天下乃從定於關中推金帛於他人挹圖籍於我躬按山川之險阻救天地於屯蒙嘉盈倖以增邑方指縱而建功納邵平以防患舉曹參而告終經洛城而永望想譙郡而銷憂慨魏武之雄圖終大濟於橫流用兵戈以威四海挾天子而令諸侯乃擅命以誅伏徒矯跡以安劉吾始未知夫逆順胡寧比於殷周下

符離之西偏臨彭城之高岸連山鬱其滯蕩分大澤乎渺漫憶昔天未厭禍項氏叛渙解齊歸楚自蕭擊漢天地無色風雲潰亂憫君王之坎軻混士卒以奔散苟炎運之克昌豈人生之塗炭次靈壁之逆旅面垓下之遺墟嗟魯公之慷慨聞楚聲而悒於歌拔山以涕洟竊霸圖而莫居擯亞父之何甚悲虞姬之有餘出重圍而狼狽至陰陵以躊躇顧天亡以自負雖身死兮馬如登夏邱以寓目對蒲隧而愁予聞取慮之斯在微長直而舍諸宿徐縣之迴津惟偃王之舊域方以小而事大豈無位而有德彼皆昏暴以

喪邦伊何仁義而亡國高延陵之挂劍慕班彪之述職緬沛水之悠悠俯叢林之紆直卽日河滸依然泗上山川土地耳目清曠眺睢源之呀豁倚楚關之雄壯挂輕席於中流順長風以破浪過盱眙之邑屋傷義帝之波蕩歎三戶之亡秦知萬人以離項越龜山而訪泊入漁浦而待潮鴻鴈飛兮木葉下楚歌悲兮雨瀟瀟霜封野樹冰凍寒苗岸草無色蘆花自飄幸息肩於人事願投跡於漁樵思魏闕而天遠向秦川而路遙候鳴雞以進帆趨亂流以爭迅縱孤舟於浩大撫垂堂以誠愼遵枉渚於淮陰徵昔賢於韓

信哀王孫之寄食嘉漂母之無慍鄙亭長之不仁乃晨炊而晝餘忽從龍以獲騁遂擒豹以自奮破全趙有奇謀稱假齊以益振辛辭通以感惠俄結豨而謀釁當處約而心亨曷持盈而不順陵赤岸之迢遞棹白浪之紆餘歷山陽之村野投襄賁之邑居人多耆艾俗喜觀漁連葭葦於郊甸雜汀洲於里閭感百川之朝宗彌結念於歸歟日杲杲以麗天雲飄飄以卷舒魯放情而蹈海孔永歎於乘桴遇坎則止吾今不知其所如

謝封邱縣尉表

臣適言臣田野賤品生逢聖時得與昆蟲俱霑雨露常謂老死林藪不識闕庭豈期巖穴久空弓旌未已賢才畢用搜訪仍勤見堯舜之爲心荷乾坤之善貸臣藝業無取謬當推薦自天有命追赴上京曾未浹旬又拜臣職顧慙虛受實懼曠官捧日無階戴天何報臣已於正衙辭訖卽以今日赴官無任犬馬之志謹奉表陳謝以聞臣適誠惶誠恐頓首頓首

謝上彭州刺史表

臣某言伏奉聖恩授臣彭州刺史寵光自天喜懼交集臣

某誠惶誠恐頓首頓首死罪死罪臣本野人匪求名達始自一尉曾未十年北使河湟南出江漢奉上皇非常之遇蒙陛下特達之恩累登諫司頻歷憲府比逆亂侵軼淮楚震驚遂兼節制之權空忝腹心之寄銜命感激思効駑駘敢竭公忠動無迴避而智不周物才難適時俄塵聖聽果速官謗實謂斧鉞可待流竄在茲陛下宏覆載之恩明日月之鑒始拜宮尹今列藩條雨露之恩更霑枯朽陽和之氣忽振沈埋天高聽卑臣獨何幸臣某誠惶誠恐頓首頓首死罪死罪臣聞忠臣事君雖死無貳臣今未死敢忘至

公伏惟陛下哀臣愚懞矜臣方直臣雖在遠若近天顏臣以今月七日到所部上訖宣布德音草木增氣敷陳睿澤黎庶昭蘇無任悃款屏營之至謹附驛奉表陳謝以聞臣某誠惶誠恐死罪死罪謹言

謝上劍南節度使表

臣某言受脤登壇必先禮樂剖符攬轡是委腹心方將總領諸侯整訓戎旅分二南之名器創七德之籌謀君無虛授臣無虛受授受之際任用匪輕況全蜀奧區非賢勿守方面重寄擇善而從顧臣庸愚豈合祇拜遠奉恩制不敢

逡巡即以二月二日上訖天威在顏風俗思變飲冰食蘗策朽磨鉛臣往在淮陽已無展効出臨彭蜀又乏循良雖聖恩不移而微臣益懼謹當宣揚皇化鎮撫蕃蠻訓率吏兵翦除夷獠庶蕞毫髮增益山邱陛下慎擇任人朝廷多士伏願更徵英彥俾付西南許臣暮年歸侍丹闕臣子之懇君父之慈天高聽卑下情上達軍府多事稅賦方殷臣今逐便指撝秉閒式遏救蒼生之疲弊寬陛下之憂勤乃臣丹誠續纏於夙夜無任悾款之至謹遣洋州司馬攝參謀臣路球謹奉表陳謝以聞

謝上淮南節度使表

流布聖澤江淮益深扇揚皇風草木增色伏惟陛下大明照臨純孝撫御漢主事親之日爰總六師軒后垂衣之辰再清四海猶以京華尚阻國步暫艱運黃石之神謀推赤心於人腹臣器非管樂殊孔明之自比識謝孫吳異山濤之暗合豈意聖私超等榮寵薦臻拔自周行重寄方面以時危而注意竊愧非才因國難以捐軀顧爲定分即當訓練將卒緝綏黎甿外以平賊爲心內以安人爲務庶使殄滅兇醜舞咏時邕報明主知臣之恩成微臣許國之節

賀安祿山死表

臣某言臣得河南道及諸州牒皆言逆賊安祿山苦痛而死手足俱落眼鼻殘壞臣聞負天者天誅負神者神怒其道甚著今乃克彰臣某誠懽誠喜頓首頓首逆賊孤負聖朝造作氛祲嘯聚吠堯之犬倚賴射天之矢殘酷生靈斯亦至矣臣恨不得血賊於萬戟肉賊於三軍空隨率土之懽遠奉九霄之慶卽當總統將士憑恃威靈驅未盡之犬羊覆已亡之巢穴無任踊躍慶快之至謹遣攝判官李蒼奉表陳賀以聞

賀收城表

臣某言：閏正月十六日中使郭羅至，伏奉勅書示臣聖畧收復瀍洛，掃殄兇徒，臣某手之足之，歡欣戴躍。臣聞天不假易，將而必誅，守在四夷，難逃一面。頃者逆胡稔惡竊據中都，欲驅犬羊，敢肆蠆毒，碎首於雷霆之下，竄跡於城社之中，猶貯殘魂，擬收餘燼。陛下澤深覆載，功濟艱難，神武必止於干戈，寰區大拯於塗炭，好生惡殺，誠屢發於宸心，走獸奔禽，盡已羅於網目，使風雲一變，日月增輝，巨海絕其揚波，妖氛化爲和氣。臣忝司戎律，累奉德音，昭宣睿謀，底寧縣道，天下幸甚，豈獨方隅。無任慶快之至，謹遣洋州司馬員外同正員攝參謀臣路球奉表陳賀以聞。臣某言。

賀斬逆賊徐知道表

臣某言：臣聞人臣無將，將必誅之。逆賊前成都少尹兼侍御史僞稱成都尹兼侍御史中丞劍南節度使徐知道，中官攜養，莫知姓族，熒惑主司，叨竊憲臺，不能輸瀝肝膽，以答休明，而懷挾奸邪，嘯聚同惡，傾竭府庫，塗炭黎甿，遂爲欃槍，恣行蠆毒，杜塞劍道，擁遏朝經，部署兇殘，統領州縣，曾未數日，蕩壞一隅，郊原已空，市井如掃。臣與邛南鄰境左右叶心，積聚軍糧，應接師旅，以今月二十三日大破賊衆，同惡翻然，共殺知道，大軍慶快，雲物改容，百姓欣懽，景色相賀。此皆社稷昭應，神靈保持，伏惟皇帝陛下一德動天，無遠不屆，兵戈向戰，華夏克寧，布蕭王之赤心，竭臣子之丹款，妖氛聚而皆盡，郡國危而更安，高視百王，能事斯畢。臣忝守藩翰，罹此艱虞，覩天地之廓清，與飛動之咸若，無任踴躍之至，謹奉表陳賀以聞。

請入奏表

右自徐知道作亂，軍府畧空，救弊扶傷，事資安輯，臣夙夜

陳力，起處不遑。伏以二陵攀號，臣未修壤奠，萬方有主，臣未覲天顏，犬馬之誠，不勝懇款。候士卒稍練，蕃夷漸寧，特望聖恩許臣入奏，謹錄奏聞，伏聽勅旨，謹奏。

爲東平薛太守進王氏瑞詩表

臣某言：符瑞之興，實由王政；歌詩之作，本自國風。伏見范陽盧某母瑯琊王氏，性合希夷，體於靜默，精微道本，馳騖元關，旁通天地之心，豫紀休徵之感。去景龍二載，撰天寶迴文詩，凡八百一十二字，循環有數，若寒暑之遞遷，應變無窮，謂陰陽之莫測。誡其子曰：吾沒之後，爾密記之，當逢

大道之朝。必遇非常之主。則真圖之製。便可上言。君親之義不違。犬馬之誠斯在。臣早識其子。常與臣言。星霜屢移。書奏仍闕。以歲月悠遠。旨趣幽微。沈吟取耳目之前。倏忽應禎祥之後。伏惟皇帝陛下乘道御極。至聖興化。參日月之並明。一乾坤而同德。梯航萬里。爭飲淳和之風。臣妾四夷。盡歸仁壽之域。今陛下務於道。道可盡乎。法於天。天實長久。是知與道齊運。比天同休。無疆之休。乃在茲矣。則王氏之美。其可替乎。章句粲然。所謂沒而不朽者也。臣某誠惶誠恐。頓首頓首。昔漢幸甘泉。且昧神君之語。周窮轍跡。

徒稱王母之謠。豈若迴出名言。高懸嚮像。應皇王之丕命。運宮商於景福。且夫靈芝嘉禾。草木之瑞者。黃龍丹雀。禽獸之瑞者。猶能光揚帝載。標榜頌聲。方之真圖。彼未爲得。特望編之史策。列在樂章。則陛下先於天而聽於人也。臣才術淺劣。謬忝藩垣。曾微涓塵。以答萬一。恒馳北極。每切子牟之戀。遙奉南山。願效封人之祝。

陳潼關敗亡形勢疏

僕射哥舒翰忠義感激。臣頗知之。然疾病沈頓。智力俱竭。監軍李大宜與將士約爲香火。使倡婦彈箜篌琵琶以相娛樂。樗蒲飲酒。不恤軍務。蕃軍及秦隴武士。盛夏五六月。於赤日之中。食倉米飯。且猶不足。欲其勇戰。安可得乎。故有望敵散亡。臨陣翻動。萬全之地。一朝而失。南陽之軍。魯炅何履光趙國珍各皆持節。監軍等數人。更相用事。寧有是戰而能必勝哉。臣與國忠固爭。終不見納。陛下因此履巴山劍閣之險。西幸蜀中。避其蠆毒。未足爲恥也。

請罷東川節度使疏

劍南雖名東西兩川。其實一道。自邛關黎雅。界於南蠻也。茂州而西。經羌中至平戎數城。界於吐蕃也。臨邊小郡。各

舉軍戎。並取給於劍南。其運糧戍。以全蜀之力。兼山南佐之。而猶不舉。今梓遂果閬等八州分爲東川節度。歲月之計。西川不可得而參也。而嘉陵比爲夷獠所陷。今雖小定。瘡痍未平。又一年已來。耕織都廢。而衣食之業。皆貨易於成都。則其人不可得而役明矣。今可稅賦者。成都彭蜀漢州也。又以四州殘獘。當他十州之重役。其於終久。不亦至艱。又言利者穿鑿萬端。皆取之百姓。應差科者自朝至暮。案牘千重。官吏相承。懼于罪譴。或責之於鄰保。或威之以杖罰。督促不已。逋逃益滋。欲無流亡。理不可得。比日關中

米貴而衣冠士庶頗亦出城山南劍南道路相望村坊市肆與蜀人雜居其升合斗儲皆求於蜀人矣且田土疆界蓋亦有涯賦稅差科乃無涯矣爲蜀人之計不亦難哉今所界吐蕃城堡而疲於蜀人不過平戎已西數城矣邈在窮山之巔垂於險絕之末運糧於東馬之路坐甲於無人之鄉以戎狄言之不足以利戎狄以國家言之不足以廣土宇奈何以險阻彈丸之地而困於全蜀太平之人哉恐非今日之急務也國家若將已戍之地不可廢已鎮之兵不可收當宜却停東川併力從事猶恐狼狽安可仰於成

都彭蜀漢四州哉慮乖聖朝洗盪關東掃清逆亂之意也儻蜀人復擾豈不貽陛下之憂昔公孫宏願罷西南夷臨海專事朔方賈捐之請棄珠厓以寧中土讜言政本匪一朝一夕臣愚望罷東川節度以一劍南西山不急之城稍以減削則事無窮頓庶免倒懸陛下若以微臣所陳有裨萬一下宰相廷議降公忠大臣定其損益與劍南節度終始處置

後漢賊臣董卓廟議

昔漢祚陵夷桓靈棄德宦官用事國步多艱宗社有綴旒之危宰臣非補袞之具董卓地兼形勝手握兵鈐顛而不扶禍則先唱與晉陽之甲君側未除入洛陽之宮臣節如掃至乃發掘園寢逼辱妃嬪太后之崩豈稱天命宏農之廢孰謂人心敢諷朝廷以自尊貴大肆剽虜以極誅求焚燒都邑馳突放橫衣冠凍餒倚死牆壁之閒兆庶困窮生塗草莽之上於是天地憤怒鬼神號哭而山東義旗攘袂爭起連州跨郡皆以誅卓爲名故兵挫於孫堅氣奪於袁紹僭擬輿服黨助奸邪驅蹙東人脅帝西幸淫刑以逞有湯鑊之甚要之糜爛刳剔異端乃謂漢鼎可移郿塢方成

殊不知禍盈惡稔未或不亡故神贊允誠天假布手毋妻屠戮種族無留懸首燃臍遺臭萬代骨肉灰燼不其快哉今狄道之人不懲卓之不臣而務其爲鬼茍斯鬼足尚則漢莽可得而神晉敦可得而廟桓元父子可享於江鄉爾朱弟兄可杞於朔上嗟乎仁賢之魄寂寞於邱陵義烈之魂沈埋於泉壤何馨香之氣而用於暴悖之鬼哉適竊恭吹噓庇身戎幕每承餘論飽識公忠之言不遠下風盡知仁義之本昨忝高會敬受德音今具賊臣之事悉以條上謹按尚書王者望秩天地之神祇諸侯祭境內之山川亂

臣不言淫祀無取則董卓之廟義當焚毀

送竇侍御知河西和糴還京序

天子務西州之實歲糴億計何始於貴取而終以耗稱俾邊兵受寒戰馬多瘦輓域中之稅鑄海上之山江淮之人蓋奔命矣豈財賦之地抑以從來將利害之鄉猶有所闕廟堂精思其故表竇公自憲闈而董之開釋叢脞之病發揮鹵莽之極政之大者不其然與今農夫力於必登廉賈知夫踊賤嗚戲若惟斯之義以見天下之兵我幕府涼公勤勞王家常用此道于戈所適戎狄相弔宜哉八月既望

公於是領錢穀之要歸奏朝廷副節制郎中裴公軍司馬員外李公追臺閣之舊遊惜軒車之遠別席樓船於池上泛雲物於城下胡琴羌笛繚繞隈隩儛羅袨裝映帶洲渚醉後歡甚東日遐瞻（一作東林日高）語歧路於樽前指京華於天杪有若司直崔公之逸韻嘉其廷評數賢之間作適忝斯人之後敢拜首而序云

皇甫冉集序

皇甫冉補闕自擢桂禮闈遂爲高格往以世道艱虞避地江外每文章一到朝廷作者變色於詞場爲先輩推錢郎爲伯仲誰家勝負或逐鹿中原如果熟任霜封籬疎從水度又裛露收新稼迎寒葺舊廬又燕知社日辭巢去菊爲重陽冒雨開可以雄視潘張平揖沈謝又巫山詩終篇皆麗自晉宋齊梁陳周隋已來採掇者無數而補闕獨獲驪珠使前賢失步後輩却立自非天假何以追斯恨長轡未騁而芳蘭早凋悲夫

陳留郡上源新驛記

周官行夫掌邦國傳遽之事施於政者蓋有章焉皇唐之興盛於古制自京師四極經啟十道道列以亭亭實以駟而亭惟三十里駟有上中下豐屋美食供億是爲人跡所

窮帝命流洽用之遠者莫若於斯矣伊陳留雄稱山東聲英海內昌大囂庶有梁魏之遺跡風煙兩河之眇襟帶九州之半泊皇華軺傳夷使駿奔出關而馳南向北戶山川水陸之役兆於是矣故上源所置與其難哉居里之衝瀕河之陽地形湫隘館次卑狹巽在堤下面於劇旁走庭以隅建步終坎車靡方駕騎無並鞭其鬱閉有如此者壬辰歲太守元公連率河南之三載也堯治四岳而神人理漢詔八使而風俗清舉德推賢事高典策革已成之弊持獨

斷之明迨茲鄄亭俯視頹朽何逼側蹇淺不稱其壓將圖鼎新豈曰仍舊顧謂長史李公曰夫開釋故實發揮制度不有攸居者誰其允協令奏計闕前先甲而往小大之務公其領之申命錄事參軍馮元掌曰維操繩墨者蓋用於正蘊廉慎者俾臨於財公以正身用財均力紀綱相佐善莫大焉復命浚儀令裴勝曰公之爲縣也簡易於理訓迪其源秉清白之一門據忠信之餘地夫忠以創物清而守官立言有稽指使而可於是北吞里室人以利遷也南豁路旅事無苟免也合土以峻墉攻木以高戶楝宇相翼羣

材如生茲所謂動乃有經徐而不費於戲久於否者宜以改作本於功者終乎永貞則亭之成焉我方訪王公澄清之初也公時膺邁德天與大才屬梁宋不登朝廷旰食求瘼之重不其然歟用能官去粃政人無菜色百城偃於迅風萬象納於明鏡乃因寮吏慨然於茲亭曰且夫木石之新者而猶可觀況人而自新孰不覩者又曰傳不云乎敝塞從時用之善者而今而後吾以無事爲事焉君子是以知鄄亭之可嘉而我公之清淨無窮也末吏不敏紀於貞石云

樊少府廳師子贊

百獸至猛莫如師子紺眼星懸赤尾焰起銅爪鐵甲鋸牙鑿齒顧犀象則百隊山跧看熊羆則千羣野死以此言威威可知矣仙尉樊公寫其象於中廳崑崙卻捽而屋壁欲動虎豹膽懾而訟庭已空稜稜兮隔簾飛霜颯颯兮滿院生風於是乎師子爲百獸之長遂識樊公爲百夫之雄

繡阿育王像讚并序

阿育王繡像竇氏女奉爲亡妣太夫人蘇氏所建也嗚呼有以蓬首操行柴立孝思仰昊天之茫茫對高堂而泣血

女之孝矣將感於神明婦之義矣可施於王化故能塵垢明鏡住持青蓮永明宿因獨見諸淨以爲霜雪風雨之思胡寧以報親功德莊嚴之深莫以益吾親矣乃自方丈之室沛然廣大之願綵翠鮮秀光華可掬運夫心眼之靈盡如相好之美瞻仰圍繞涕淚是悲俾像教之勿墜如佛身之有在夫莫大者孝也不泯者善也惟孝與善可以導達幽冥則我太夫人宜歸淨土矣嗚呼孝之至也感人無窮乃爲讚曰

佛不可見兮法亦難知惟我莊嚴兮本乎孝思儼幽冥兮

昭乎景福彼淨土者可得而歸之

還京次睢陽祭張巡許遠文

維乾元元年五月日太子詹事御史中丞高適謹以清酌之奠敬祭於故御史中丞張許二公之靈中丞體質貞正才掩羣豪詩書自負州縣徒勞惆悵雄筆辛勤寶刀時平位下世亂節高賊臣通逆國步艱騷兩河震恐千里嗷嗷投袂灑泣據鞍鬱陶全譙入宋收梓捍曹心繫魏闕志清武牢帝曰嗟爾龍光豹韜憲台戎幕持斧擁旄嗚呼子亦忝竊統茲介胄俄奉短書至變狂寇裹糧訓卒達曙通晝

軍乃促程書亦封奏遂發趫勇俾驅鳥獸將無止心兵亦死鬬賊黨頻蹙我師旋漏十城相望百里不救紜紜嘯聚兵鋒亦湊積薪爲梁決岸成賓嗚呼當此虎敵豈無強鄰常時肝膽今日越秦堅守半歲絕糧數旬拆椽秣馬煮紙飼人病不暇拯歿無全身煎熬甲胄啄噬膠筋慷慨艱險淒涼苦辛嗚呼我辭淮楚將赴伊洛途出茲邦悲纏舊郭邑里灰燼城池墟落何九拒之崢嶸皆二賢之制作聲蓋天壤氣橫遼廓讓死爭先臨危靡却嗚呼闕天亦難論萬夫開壁一旅纔存衰羸既竭力弱相吞陷阱織路梯衝棧門土壕水合木柵雲屯卽其險突無其奔烟雲劍戟遍側紛昏與求生而害義寧抗節以埋魂嗚呼悖逆殲潰干戈將止海岳澄清朝廷郅理封功列爵懷黃拖紫傷哉二賢不預於此嗚呼孀婦伶俜愛子追贈方榮賞延茲始寂寂梁苑悠悠睢水黃蒿連接白骨塡委思壯志於冥寞問遺形於荆杞列祭空城一悲永矣

皇甫惟明

惟明天寶元年官隴右節度使

上龍馬奏

龍支縣人庫狄孝義有馬生龍駒經九旬有九日身有鱗而不生毛臣就簡視時有慶雲五色遙覆馬上久而不散伏望宣付史官以光實錄

欽定全唐文卷三百五十八

杜頠

頠開元十五年進士

灞橋賦 以水雲輝映車騎繁雜爲韻

溶溶元灞兮經秦川之有餘裹裹紅橋兮代造舟之厥初飛梁黕以霞起緜柱煜其星舒九陌咸湊三條所如連山疊翠而西轉羣樹分形而北疎電透孤棹雷奔眾車白日南登望長安之如綺黃烟東睇見咸陽之爲墟杲杲初騫蕭蕭晚吹登隱者之翹車度將軍之獵騎日既上巳禊於洪源晚具遊宴咸出國門七葉衣冠憧憧而遙度五侯車馬奕奕而騰軒鐘鼓既列絲竹亦繁秦聲嘔哇楚舞叢雜帷帟紛其霧委羅紈藹以雲沓棹輕舸之悠悠順清流之納納時憑倚以觀眺喜烟花之環合爾其居人出祖連騎將分望曲漵之清路視遠天之無雲紫沙兮皓晃綠樹兮氛氳莫不際此地而舉征袂遙相望兮愴離羣明月生岑涼風度水聽梟鴈之悽慘對苔蘋之霏靡或披襟以延佇獨掩涕而無已上臨烟磧霞石相輝過客對兮憺忘歸下近巖逕林巒隱映漁人去兮恣誦詠獨遊子而俟時倦塵

衣以嗟命謹按此篇本係杜頠作一誤作杜顏今改正

白環賦

羣玉之山兮居帝臺之列仙采瓊華兮永久事雕琢兮窮年青熒若水潔白如天剖以崑山之石洗以瑤池之泉弄影長嘯薰風颯然知東夏有德而虞舜之賢受穆清以出震服中和以御乾乃馳縞鹿與使者奉白環而獻焉玉華溫潤玉理精堅英光千以旁達肉好一以虛圓皛皛霜皎田田月懸兮清輝於綺殿失皓質於瓊筵賞三朝之盛禮恒五玉而來覲彼昭華之珍兮焉往延喜之珪兮誰錫亦所謂歸有虞之理功告大禹之成績美矣哉撫運兮天寶至大素皓兮聖人之瑞非天則莫之與非聖則莫之致琬無芒而未匹璧有美而奚類以和柔剛以配忠義亂曰白羽之白輕只白雪之白消矣未若茲環之有用縝如栗而未已至德竭而閟質帝道亨而薦祉豈我隨時斡運與物終始滋大政兮揚大德使吾君佩兮千萬祀謹按此篇本係杜頠作一誤作杜顏今改正

夢賦

夫人者何乾坤之至精夫夢者何精爽之所成及乎羣動

息閑宇清澹爾安寢儼乎無營亦或不意而得亦或因感而生明休咎之先兆通喜怒之深情其爲吉也懸三刀以作郡陵八門而上征或生松以表秩或贈蘭以爲名豈腦審其戰勝鑿心啟其才英其爲凶也晉侯彌留作疾於二豎孔公將歿觀奠於兩楹雖否臧之殊感諒希微之難明是以太古無夢以絕欲聖人肇夢以治想隨事而生觸類而長或含悲以增惕或當歡而契賞曾有慕而忽來屬所思而必往雖遼萬里邈諧疇昔之遊縱冥九泉亦覯平生之像鬼出神入惟惚惟恍則有睽間庭闈烟霜歲暮常馳

戀於定省忽飛魂於寐寤撩軒幌而無隔遡山河之徑度常倏忽而往來竟不由於道路獨有遭遇明時羇遊上國才譽不振命途仍蹇仰軒后之通感慕殷宗而見刻當捧日而披誠庶明君之夢得

兵部尚書壁記

周官大司馬卽今兵部尚書官屬掌邦國之政以九法封國以九伐正邦以籍我畿以倡我牧宏有萬類阜成兆民訏謨戎馬之事密勿鈞衡之地自我唐受命迄於今居夏官者衆焉或列於台階者蓋寡矣所以任必以親以德以勳以賢穆如清風翼我元化率惟茲有典用保乂有邦二十一年冬十二月詔工部尚書李公典之政數於時道濟於物優游學府蔚爲詞宗以公族之英受親賢之寄屬冢宰虛位官吏要才載委天衡是掌邦理東巡歲夏四月皇帝將崇厥德報厥功乃命再從兄開府儀同三司持節朔方節度副大使兼禮部尚書上柱國信安郡王禕禮樂天付衣冠人秀忠以匡濟文以經綸謀明道高功格化洽昭乃王度簡於帝心九命可以見其賢四征可以觀其績鎮朔方以無方之詩八年而北虜平攻右堡以不陣之師一

旬而戎狄服榆關之役用兵以奇故杖鉞而兵勝大河之戰戒軍以嚴故坐帷而軍捷建奉常之禮則神人協上下和從夏卿之政則萬國平六卿睦辨九州之國知其姦宄同其貫利掌六馬之物駕理以則講獻以時握五兵之要以辨功理以待軍事此九職司馬政之所統也王勤政以和是以戎翰允輯振旅以蒐茇舍以苗理兵以獮大閱以狩此四田司馬教之所被也王敦教以就禮是以祀典孔明初則以法示其令也終則以伐明其德也九功惟敍九敍惟歌是用陳既往之烈繫今來之美以書於壁

岑參

參南陽人天寶三年進士累官右補闕改起居郎由庫部郎中出爲嘉州刺史杜鴻漸鎭西川表爲從事以職方郎兼御史領幕職

感舊賦幷序

參相門子五歲讀書九歲屬文十五隱於嵩陽二十獻書闕下嘗自謂曰雲霄坐致青紫俯拾金盡裘敝蹇而無成豈命之過歟國家六葉吾門三相矣江陵公爲中書令輔太宗鄧國公爲文昌右相輔高宗汝南公爲侍中輔睿宗

相承寵光繼出輔弼易曰物不可以終泰故受之以否逮乎武后臨朝鄧國公由是得罪先天中汝南公又得罪朱輪華轂如夢中矣今王道休明噫世業淪替猶欽若前德將施於後人參年三十未及一命昔一何榮矣今一何悴矣直念昔者爲賦云其辭曰

吾門之先世克其昌赫矣烈祖輔於周王啟封受楚佐命克商二千餘載六十餘代繼厥美而有光其後闢土宇於荆門樹桑梓於棘陽吞楚山之神秀與漢水之靈長猗盛德之不隕諒嘉聲而允臧慶延自遠祐洽無疆自天命我唐始滅暴隋挺生江陵傑出輔時爲國之翰斯文在茲一入麟閣三遷鳳池調元氣以無忒理蒼生而不虧典絲言而作則闡綿蕝以成規革亡國之前政贊聖代之新軌捧堯日以雲從扇舜風而草靡洋洋乎令問不已繼生鄧公世實須才盡忠致君極武登台朱門復啟相府重開川換新楫羹傳舊梅何糾纆以相軋惡高門之禍來當其武后臨朝姦臣竊命百川沸騰四國無政昊天降其薦瘥靡風發於時令藉小人之榮寵墮賢良於檻穽苟惽怓以相蒙胡醜厲以職競旣破我室又壞我門上帝懵懵莫知我冤

衆人惽惽不爲我言泣賈誼於長沙痛屈平於湘沅夫物極則變感而遂通於是日光迴照於覆盆之下陽氣復暖於寒谷之中上天垂鑒佑我伯父爲邦之傑爲國之輔又治陰陽更作霖雨伊廊廟之故事皆祖父之舊矩朱門不改畫戟重新暮出黃閣朝趨紫宸繡轂照路玉珂驚塵列親戚以高會沸歌鐘於上春無小無大皆爲縉紳禺禺卬卬踰數十人嗟乎一心弼諧多樹綱紀羣小見醜獨醒積毀鑠於衆口病於十指由是我汝南公復得罪於天子當是時也偪側崩波蒼黃反覆去鄉離土隳宗破族雲雨流

離江山放逐愁見蒼梧之雲泣盡湘潭之竹或投於黑齒之野或竄於文身之俗嗚呼天不可問莫知其由何先榮而後悴曷暴樂而今憂盡世業之陵替念平昔之淹留嗟余生之不造常恐墮其嘉猷志學集其荼蓼弱冠干於王侯荷仁兄之教導方勵己以增修無負郭之數畝有嵩陽之一邱幸逢時主之好文不學滄浪之垂釣我從東山獻書西周出入二郡蹉跎十秋多遭脫輻累遇焚舟雪凍穿屨塵緇敝裘嗟世路之其阻恐歲月之不留睠城闕以懷歸將欲返雲林之舊遊遂撫劍而歌曰東海之水化爲田

北溟之魚飛上天城有時而復陵有時而遷理固常矣人亦其然觀夫陌上豪貴當年高位歌鐘沸天鞍馬照地積黃金以自滿矜青雲之坐致高館招其賓朋重門疊其車騎及其高臺傾曲池平雀羅空悲其處所門客肯念其平生已矣夫世路崎嶇孰爲後圖豈無疇日之光榮何今人之棄余彼乘軒而不恤爾後曾不愛我之羈孤歎君門兮何深顧盛時而向隅攬蕙草以惆悵步衡門而踟躕強學以待知音不無思達人之惠顧庶有望於亨衢

李康成

康成天寶時人嘗使江東

對假蔭判

甲爲人後請準蔭人色所由以同假冒甲訴法有差等

不享非類將以亢宗無念爾祖詎思述德甲庇身他族忘情本根頗類移天之規方同擇陰之義將策名以筮仕豈假蔭而因人約法是從不繼難失必若敖有餒而之歎庭堅有忽諸之言以爲等差誰曰非允如子服其有子寧斯焉而取斯

趙蕤

蕤字大賓鹽亭人後徙居郪隱居長平山安昌巖開元中三詔召之不起或云以讒死

關子明易傳敘

蕤非聖人五十安知天命然從事於易雖亂離中未嘗釋卷蓋天命深微莫研其極而子明之傳蕤粗通之然恨此書亡篇過半今所得者無能詮次但隨文義解注庶學者觸類而長當自知之爾

長短經敘

趙子曰匠成輿者憂人不貴作箭者恐人不傷彼豈有愛憎哉實伎業驅之然耳是知當代之士馳騖之曹書讀縱横則思諸侯之變藝長奇正則念風塵之會此亦向時之論必然之理矣故先師孔子深探其本憂其末遂作春秋大乎王道制孝經美乎德行防萌杜漸豫有所抑斯聖人制作之本意也然作法於理其弊必亂若至於亂將焉救之是以御世聖人罕聞沿襲三代不同禮五霸不同法非其相反蓋以救弊也是故國容一致而忠文之道必殊聖哲同風而皇王之名或異豈非隨時設教沿乎此因物成

務牽乎彼沿乎此者醇薄繼於所遭牽乎彼者王霸存於所遇故古之理者其政有三王者之政化之霸者之政威之彊國之政脅之各有所施不可易也管子曰聖人能輔時而不能違時智者善謀不如當時鄒子曰政教文質所以匡救也當時則用之過則捨之由此觀之當霸者之朝而行王者之化則悖矣當彊國之世而行霸者之威則乖矣若時逢狙詐正道陵夷欲憲章先王廣陳德化是猶待越客以拯溺白大人以救火善則善矣豈所謂通於時變歟夫霸者駮道也蓋白黑雜合不純用德焉期於有成不問所以論於大體不守小節雖稱仁義不及三王而扶顛定傾其歸一揆恐儒者溺於所聞不知王霸殊畧故敘以長短術以經綸通變者刱立題目總六十三篇合爲十卷名曰長短經大旨在乎寧固根蔕革易時弊興亡治亂具載諸篇爲沿襲之遠圖作經濟之至道非欲矯世誇俗希聲慕名輒露見聞逗機來哲凡厥有位幸望詳焉

柳貴

貴元宗時人

唐故左金吾將軍范陽張公墓誌銘　并序

公諱嘉祐范陽人相國河東公季弟曾祖長度光祿勲祖後興贈慈州刺史考思義贈秦州都督偕果行毓德揚名養正公挺質美秀資性強直生秦長晉武毅直方學不師授言無宿諾相國深器異之弱冠武舉及第充衲廟輦腳補右領軍司戈換同軌府果毅知含嘉倉幹其出內轉伊川府折衝時西戎不賓北狄款塞除鄯州別駕未之官拜忻州刺史雁關之陽人用小康矣假銀印朱紱以旌課最牧守寵章自公始也尋加朝散大夫還幷州司馬副燕公軍使經畧太原節制河外中權後殿緊公以輯俄兼衛尉

少卿進副大使恤人理劇訓戎料敵人到於今稱之轉光祿少卿晉京上黨省方肆覲徼巡惟謹忠公在擇拜右金吾將軍金章紫綬當元昆爲中書令君子以爲兄相弟將一門雙美行在中蜚言貶補陽府折衝無何河東自戶部復左台州乃相與登臨形勝賞樂歲月河東有北平之役公承制放還洎喪哲兄禮有加等復除都水使者內作副使公規模大拙巧思絕倫瀍洛斗門咸自所創尋授率更令皇子並建盛引賓僚初拜義府司馬抵諱改隸王府從容曳裾優游置醴未幾除相州刺史（闕一字）人心訛鄰守氣

餒公載杖忠信政若神明煩苛止除度典咸秩特降璽書賜紫金魚袋入計遷左金吾將軍州人思之刻石紀德公自遠闕廷垂紓天眷感念惟昔砥節礪名始表才昇不以私進中令之友愛金吾之授受（闕四字）克（闕四字）有由焉昊天降喪廿九年十月甲辰終於安邑里私第（闕一字）遠從心（闕一字）一矣嗚呼國殄乃望家亡其寶言旋鞏洛祖載鎬京遺孤在疚嫠婦銜恤悲夫收卜從兆以天寶元年二月甲申遷窆東都漢原夫人河東（闕一字）氏先公而終合祔禮也惟公負超俗之資多名教之樂喪祭甫（闕四字）之有難犯之色久而見託孤之心積而能散貴則思止聞一以知十由中而及外爰自幼稺秉訓元昆存無少違沒有過感弗忘慎獨蘊是經（闕一字）爲（闕二字）也方散二疏之金翻夢兩楹之奠哀哉嗣子寶節荼蓼惟濡霜露（闕四字）密（闕一字）用布徽猷銘曰

長河演慶中條降神挺生恭（闕五字）或出或處既損既益再執金吾復覲閨籍云何不憖而遘閔凶（闕一字）出（闕五字）東平首陟望今茲窆遷天道何知生涯到此式躊躇（闕九字）

吳保安

保安字永固魏州人睿宗時爲義安尉李蒙爲姚州都督表掌書記終彭山丞

與郭仲翔書

幸共鄉里籍甚風猷雖曠不展拜而心常慕仰吾子國相猶子幕府碩才果以良能而受委寄李將軍秉文兼武受命專征親綰大兵將平小寇以將軍英勇兼足下才能師之克殄功在旦夕保安幼而嗜學長而專經才乏兼人官從一尉僻在劒外地遍蠻陬鄉國數千關河阻隔況此官已滿後任難期以保安之不才厄選曹之格限更思微效

豈有望焉將歸老邱園轉死溝壑側聞吾子急人之憂不遺鄉曲之情忽垂特達之眷使保安得執鞭弭以奉周旋録及細微薄霑功效承茲凱入得預末班是吾子邱山之恩即保安銘鏤之日非敢望也願爲圖之唯照其款誠而寬其造次專策駑蹇以望招攜

郭仲翔

仲翔宰相元振從子李蒙爲姚州都督表爲判官與姚巂蠻戰被執吳保安贖之凡十五年乃還官蔚州録事參軍以優遷代州戶曹後爲嵐州長史感保安之義迎其子爲娶而讓以官

與吳保安書

永固無恙頃辱書未報值大軍已發深入賊庭果逢撓敗李公戰沒吾爲囚俘假息偷生天涯地角顧身世已矣念鄉國窅然才謝鍾儀居然受縶身非箕子日見爲奴海畔牧羊有類於蘇武宮中射鴈寧期於李陵吾自陷蠻夷備嘗艱苦肌膚毀剔血淚滿池生人至艱吾身盡受以中華世族爲絕域窮囚日居月諸暑退寒襲思老親於舊國望松檟於先塋忽忽發狂腷臆流慟不知涕之無從行路見吾猶爲傷慇吾與永固雖未披款而鄉里先達風味相親想覩光儀不離夢寐昨蒙枉問承間便言李公素知足下才名則請爲管記大軍去遠足下來遲乃足下自後於戎行非僕遺於鄉曲也足下門傳餘慶天祚積善果事期不入而身名並全向若早事麾下同參幕府則絕域之人與僕何異吾今在厄力屈計窮而蠻俗沒留許親族往贖以吾國相之姪不同衆人仍苦相邀求絹千匹此信通聞仍索百縑願足下早附白書報吾伯父宜以時到得贖吾還使亡魂復歸死骨更肉唯望足下耳今日之事請不辭勞

若吾伯父已去廟堂難可諮啟即願足下親脫石父解夷吾之驂往贖華元類宋人之事濟物之道古人猶難以足下道義素高名節特著故有斯請而不生疑若足下不見哀矜猥同流俗則僕生爲俘囚之豎死爲蠻夷之鬼耳更何望哉已矣吳君無落吾事

杜甫

甫字子美襄陽人徙河南鞏縣天寶初應進士不第十三載獻三大禮賦帝奇之使待制集賢院命宰相試文章擢河西尉不拜改右衛率府胄曹參軍祿山陷京師赴河西謁肅宗於彭原郡拜右拾遺上元二年嚴武鎮成都奏爲節度參謀檢校尚書工部員外郎永泰二年卒年五十九

朝獻太清宮賦

冬十有一月天子既納處士之議承漢繼周革弊用古勒

崇揚休明年孟陬將攄大禮以相籍越彝倫而莫儔歷良辰而戒吉分祀事而孔修營室主夫宗廟乘輿備乎冕裘甲子王以昧爽春寒薄而清浮虛閶闔逗蚩尤張猛馬出騰虬捎熒惑墮旄頭風伯扶道雷公挾輈通天台之雙闕警溟漲之十洲浩劫礧砢萬山飀飂歘臻於長樂之舍嵬入乎崑崙之邱太乙奉引庖犧左右堯步舜趨禹馳湯驟鬱閟宮之崒嵂坼元氣以經構斷紫雲而竦牆撫流沙而承霤紛蘂珠而陷碧燿波錦而浪繡森青冥而欲雨葩光炯而初晝於是翠蕤俄旳藻藉舒就祝融擲火以焚香溪女捧盤而盥漱羣有司之望幸辨名物之難究瓊漿自閒於粢盛羽客先來於介胄爍聖主之儲祉敬雲孫而及此詔軒轅使合符敕王喬以視履積昭感於嗣續匪正辭於祝史若肸蠁之有憑肅風飈而乍起揚流蘇於浮柱金英霏而披靡擬雜佩於曾巔芝葢歘以颯纚中泬漻以迴復外蕭蕭而未已上穆然注道爲身覺天傾耳陳僭號於五代復戰國於千祀曰嗚呼昔蒼生纏孟德之禍爲仲達所愚鑿齒其俗窫窳其孤赤烏高飛不肯止其屋黃龍哮吼不肯負其圖伊神器臬兀而小人呴喻歷紀大破瘡痍未

蘇尚攫拏於吳蜀又顛躓於羯胡縱羣雄之發憤誰一統於亨衢在拓跋與宇文豈風塵之不殊比聰廆及堅特渾貔豹而齊驅愁陰鬼嘯落日梟呼各擁兵甲俱稱國都且耕且戰何有何無惟累聖之徽典恭淑慎以允緝兹火土之相生非符讖之備及煬帝終暴叔寶初襲編簡尚新義旗爰入既清國難方覩家給竊以爲數子自誣敢正乎五行攸執而觀者潛晤或喜至於泣矧鱗介以之鳴簴昆蚑以之振蟄感而遂通罔不具集仡神光而徂闕羅詭異以戩孴地軸傾而融曳洞官儼以凝炭九天之雲下垂四海

之水皆立鳳鳥咸遲而不去鯨魚屈矯以相吸掃太始之含靈卷殊形而可挹則有虹蜺爲鉤帶者入自於東揭莽蒼履崆峒素髮漠漠至精濃濃條弛張於巨細覬披寫於心胸蓋修竿無隙而仄席以容裂手中之黑簿睨堂下之金鐘得非擬斯人於壽域明返樸於元蹤忽翳日而翻萬象却浮雲而留六龍咸轡跖而壯茲應終蒼黃而昧所從上猶色若不足處之彌恭天師張道陵等洎左元君者前千二百官吏謁而進曰今王巨唐帝之苗裔坤之紀綱土配君服宮尊臣商起數得統特立中央且大樂在懸黃鐘

冠八音之首太昊斯啟青陸獻千春之祥曠哉勤力耳目宜乎大帶斧裳故風后孔甲充其佐山稽岐伯翼其傍至於易制取法足以朝登五帝夕宿三皇信周武之多幸存漢祖之自強且近朝之濫吹仍改卜乎祠堂初降素車終勤恤其後有客白馬固漂淪不忘伊庶人得議實邦家之光臣道陵等試本之於青簡探之於縹囊列聖有差夫子聞斯於老氏好問自久宰我同科於季康敢撥亂返正乃此其所長萬神開八駿迴旗掩月車奮雷騫七曜燭九垓能事頗脫清光大來或曰今太平之人莫不優游以自得況是蹴魏踏晉批周抉隋之後與夫更始者哉

朝享太廟賦

初高祖太宗之櫛風沐雨勞身焦思用黃鉞白旗者五年而天下始一歷三朝而戮力今庶績之大備上方采尾俗之謠稽正統之類蓋王者盛事臣聞之於里曰昔武德已前黔黎蕭條無復生意遭鯨鯢之蕩汨荒歲月而沸渭衮服紛紛朝廷多閏者仍亘乎晉魏臣竊以自赤精之衰歇曠千載而無真人及黃圖之經綸息五行而歸厚地則知至數不可以久缺凡材不可以長寄故高下相形而尊卑

各異惟神斷繫之於是本先帝取之以義壬辰既格於道祖乘輿卽以是日致齋於九室所以昭達孝之誠所以明繼天之質具禮有素六官咸秩大輅每出或黎元不知豐年則多而筐筥甚實既而太尉參乘司僕扈蹕望重闈以肅恭順法駕之徐疾公卿淳古士卒精一黜宗廟之愈深抵職司之所密宿翠華於外戶曙黃屋於通衢氣淒淒於前旒光靡靡於嘉栗階有賓阼帳有甲乙升降之際見玉柱生芝擊拊之初覺鈞天合律筍簴佗以碣磍干戚宛而婆娑鞉鼓塤篪爲之主鐘磬竽瑟以之和雲門咸池取之

至空桑孤竹貫之多。八音修通。既比乎旭日昇而氛埃滅。萬舞陵亂。又似乎春風壯而江海波。鳥不敢飛而元甲崢嶸以岳峙。象不敢去而鳴佩剡爚以星羅。已而上乾豆以登歌。美休成之既饗。璧玉儲精以稠疊。門闕洞豁而森爽。黑帝歸寒而激昂。蒼靈戒曉而來往。熙事萃而充塞。羣心慶以振蕩。桐花未吐。孫枝之鸞鳳相鮮。雲氣何多。官井之蛟龍亂上。若夫生宏佐命之道。死配貴神之列。則殷劉房魏之勳。是可以中摩伊呂。上冠夔高。代天之工。爲人之傑。丹青滿地。松竹高節。自唐興以來。若此時哲。皆朝有數四

名垂卓絕。向不遇撥亂反正之主。君臣父子之別。奕葉文武之雄。注意生靈之切。雖前輩之溫良寬大。豪俊果決。曾何以措其筋力與韜鈐。載其刀筆與喉舌。使祭則與食則血若斯之盛而已。爾乃直于主索于祊。警幽全之物。散純道之精。蓋我后常用惟時。克貞升以薰合。酌以茅明。嘏以慈告。祝以孝成。故天意張皇。不敢殄其瑞。神姦妥帖。不敢祕其精而撫絕。軌享鴻名者矣。于以奏永安。于以奏王夏。福穰穰于絳闕。芳霏霏于玉笋。沛枯骨而破聾盲。施殀胎而逮鰥寡。園陵動色。躍在藻之泉魚。弓劒皆鳴。汗鑄金之風馬。霜露堪吸。禎祥可把。曾宮歘欻。陰事儼雅。薄清輝于鼎湖之上。靜餘響於蒼梧之野。上窅然漠漠。惕然兢兢。紛益所慕。若不自勝。瞰牙旗而獨立。吟翠駮而未乘。五老侍祠而精駭。千官巡聽而思凝。於是二丞相進曰。陛下應道而作。惟天與能。澆訛散。淳樸登。尚猶日慎。業業孝思烝烝。恐一物之失所。懼先王之咎徵。如此之勤恤匪懈。是百姓何以報夫元首。在臣等何以充其股肱。且如周宣之教親不暇。漢武之淫祀相仍。諸侯敢於迫脅。方士奮其威稜。一則以微言勸內。一則以輕舉虛憑。又非陛下恢廓緒業。其

瑣細亦曷足稱。丞相退。上蹋天蹐地。授綏登車。伊鴻洞槍纍先出爲儲胥。本枝根株乎萬代。睿想經緯乎六虛。甲午方有事於采壇紺席。宿夫行所如初。

有事於南郊賦

蓋主上兆於南郊。聿懷多福者舊矣。今茲練時日。就陽位之美。又所以厚祖考。通神明而已。職在宗伯。首崇禋祀。先是春官條頌。祇之書獻祭天之紀。令泰龜而不昧。俟萬事之將履。掌次閱氈邸之則。封人考壝宮之旨。司門轉致乎牲牢之繫。小胥專達乎懸位之使。二之日。朝廟之禮既畢

天子蒼然視於無形澹然若有所聽又齋心於宿設將旰食而匪寧旌門披陁以前驚轂騎反覆以相經頓曾城之軋軋軼萬戶之燅燅馳道端而如砥浴日上而如萍掣翠旌於華蓋之角彗黃屋於鉤陳之星神仙戍削以落羽魍魎幽憂以固扃戰岐慄華擺渭掉涇地回回而風淅淅天泱泱而氣青青甲冑乘陵轉迅雷於荆門巫峽玉帛清迥霽夕雨於瀟湘洞庭於是乘輿霈然乃作翳夫鸞鳳將至以沖融家廟不可乎彌度聲明通乎純粹溟涬爲之垠堮駟蒼螭而蜿蜒若無骨以柔順奔鳥攫而勦螺徒有勢於

殺縛朱輪竟野而杳冥金鉞成陰以結絡吹堪輿以軒輊槍寒暑以前却中營窈擁乎太陽宸眷眇臨乎長薄熊羆弭耳以相詆虎豹高跳以虛攫上方將降帷宮之綝纚屏玉軑以蠖畧人門行馬以拱乎合沓之場皮弁大裘始進於穹崇之幕衡牙鏗鏘以將集周衞轇轕而咸若月窟黑而扶桑寒田燭稠而曉星落肅定位以告潔藹嚴上而清超雲菡萏以張蓋春蕤蕤以建杓笹裾斐斐樽俎蕭蕭方回曲折周旋寂寥必本於天王宮與夜明相射動而之地山林與川谷俱標於是乎官有御事有職所以敬鬼神所以勤稼穡所以報本反始所以度長立極元酒明水之上越席疏布之側必取先於稻秫麴糱之勤必取著於紛純文繡之飾雖三牲八簋豐備以相沿而蒼璧黃琮實歸乎正色先王之丕業繼起信可以永其昭配羣望之徧祭在斯示有以明其翼戴由是播其聲音以陳列從乎節奏以進退韶夏濩武釆之於訓謨鍾石陶匏具之於梗槩變方形於動植聽官徵於砰磕英華發外非因乎笱簴之高和順積中不在乎雷鼓之大旣而膟膋挂罥柴燎窟塊睹者擘赫葩斜晦潰雷纚風升雪颯星碎拂勿涎瀎眇溟莌滢

聖慮岑寂元黃增霈蒼生禺卬毛髮清籟雷公河伯咸騷駭以修聳霜女江妃乍紛綸而晻曖執紱秉翟朱干玉戚鼓瑟吹笙金支翠旌神光倏歛祀事虛明於是滄滮乎渙汙紆餘乎經營浸朱崖而灑朔漠洶暘谷而濡若英耆艾涕而童子儛叢棘坼而狴牢傾是率土之濱覃酺醵以涵泳非奉郊之縣獨宴慰以縱橫元澤淡泞乎無極殷薦綢繆乎至精稽古之時屢應符而合契聖人有作不逆寡而雄成爾乃孤卿侯伯羣儒三老儼而絶皮軒趨帳殿稽首曰臣聞燧人氏已往法度難知文質未變太昊氏繼天而

玉根啟閉於厥初以木傳子攄終始而可見洎虞夏殷周兹煥炳而葱蒨秦失之於狼貪蠶食漢綴之以虵斷龍戰中莽茫茫夫何以從聖蓄縮曾不下眷伏惟道祖視生靈之磔裂醜害馬之蹄齧呵五精之息肩考正氣之無轍協夫貽孫以降使之造命更挈累聖昭洗中祚觸蹶氣慘黷乎脂夜之妖勢迴薄乎龍虵之孽伏惟陛下勃然憤激之際天關不敢旅拒鬼神爲之嗚咽高衢騰塵長劍吼血尊卑配宇縣刷插紫極之將頹拾清芬於已缺鑪之以仁義鍛之以賢哲聯祖宗之耿光卷夷狄之影撇蓋九五之後

人人自以遭唐虞四十年來家家自以爲稷卨王綱近古而不軌天聽貞觀以高揭蠢爾差僭粲然優劣宜其課密於空積忽微刊定於興廢繼絕而後覩數統從首八音六律而惟新日起算外一字千金而不滅上曰吁昊天有成命惟五聖以受我其夙夜匪遑宴用素樸以守吁嗟乎麟鳳胡爲乎郊藪豈上帝之降鑒及茲元元之垂裕於後夫聖以百年爲鶉鷇道以萬物爲芻狗今何以茫茫臨乎八極眇眇託乎羣后端策拂龜於周漢之餘緩視潤步於魏晉之首斯上古成法蓋其人已朽不足道也於是天子黙然而徐思終將固之又固之意不在抑殊方之貢亦不必廣無用之祠金馬碧雞非理人之術珊瑚翡翠此一物何疑奉郊廟以爲寶增怵惕以孜孜況大庭氏之時六龍飛御之歸

封西嶽賦 并序

上既封泰山之後三十年間車轍馬跡至於太原還於長安時或謁太廟祭南郊每歲孟冬巡幸溫泉而已聖主以爲王者之禮告厥成功止於岱宗可矣故不肯到崆峒訪具茨驅八駿於崑崙親射蛟於江水始爲天子之能事壯觀焉爾況行在供給蕭然煩費或至作歌有慙於從官誅

求坐殺於長吏甚非主上執元祖醇醲之道端拱御蒼生之意大哉聖哲垂萬代則蓋上古之君皆用此也然臣甫愚竊以古者疆場有常處贊見有常儀則備乎玉帛而財不匱乏矣動乎車輿而人不愁痛矣雖東岱五嶽之長足以勒崇垂鴻與山石無極伊太華最爲難上至於封禪之事獨軒轅氏得之夫七十二君罕能兼之矣其餘或蹶跲風雨碑版祠廟終么麽不足追數今聖主功格軒轅氏業纂七十君風雨所及日月所照莫不砥礪華近甸也其可

悳乎比歲鴻生巨儒之徒誦古史引時義云國家土德與
黃帝合主上本命與金天合而守闕者亦百數天子寢不
報蓋謙如也頃或詔厥郡國掃除曾顛雖翠蓋可薄乎蒼
穹而銀字未藏於金氣臣甫誠薄劣不勝區區吟咏之極
故作封西嶽賦以勸賦之義豫述上將展禮焚柴者實覬
聖意因有感焉爲其詞曰
維時孟冬百工乃休上將陟西嶽覽八荒御白帝之都見
金天之王既刊石乎岱宗又合符乎軒皇茲事體大越不
可載已先是禮官草具其儀各有典司俯叶吉日欽若神

祇而千乘萬騎已蠖略佁儗屈矯陸離唯君所之然後拭
翠鳳之駕開日月之旗撞鴻鐘發雷鞀辨格澤之修竿決
河漢之淋漓彍天狼之威弧墜魍魎之霏霏赤松前驅彭
祖後馳方明夾轂昌寓侍衣山靈秉鉞而踉蹡海若護蹕
而參差風馭冉以縱攀雲螭縒而遲蛇地軸軋軋殷以下
折原隰草木儼而東飛岐梁閃倏涇渭反覆而天府載萬
侯之玉尚方具左纛黃屋已焜煌於山足矣乘輿尚鳴鑾
和儲精澹慮華蓋之大角低回北斗之七星皆去居蒼山
而信宿屯絕壁之清曙既臻夫陰宮犀象硉兀戈鋋窸窣

飄飄蕭蕭洶洶如也於是太一抱式元冥司直天子迺宿
祓齋就登陟騈素虬超崱屴天語祕而不可知代欲聞而
不可得柴燎上達神光充塞泥金乎菡萏之南刻石乎青
冥之北上意由是茫然延降天老與之相識問太微之所
居稽上帝之遺則颯弭節以徘徊撫八紘而黜黑忽風翻
而景倒澹殊狀而異色罔若褰祛開帷下辨宸極者久之
雲氣翕以迴複山嘷業而未息祀事孔明有嚴有翼神保
是格時萬時億爾乃駐飛龍之秋秋詔王屬以中休覲羣
后於高掌之下張大樂於洪河之洲芬樹羽林莽不可收

千人舞萬人謳麒麟踆踆而在郊鳳凰蔚跋而來遊雷公
伐鼓而揮汗地祇被震而悲愁樂師拊石而具發激越乎
遐陬羣山爲之相峽萬穴爲之倒流又不可得載已久而
景移樂闋上悠然垂思曰嗟乎余昔歲封泰山禪梁父以
爲王者成功已纂終古嘗覽前史至於周穆漢武豫遊寖
濶亦所不取惟此西嶽作鎮三輔非無意乎頃者猶恐百
姓不足人所疾苦未暇瘞斯玉帛考乃鐘鼓是以視嶽於
諸侯錫神以茅土豈惟壯設險於甸服報西成之農扈亦
所以感一念之精靈答應時之風雨者矣今茲冢宰庶尹

醇儒碩生僉曰黃帝顓頊乘龍遊乎四海發軔匝乎六合竹帛有云得非古之聖君而泰華最爲難上故封禪之事鬱沒罕聞以余在位發祥隤祉者焉可勝紀而不得已遂建翠華之旗用塞雲臺之議矧乎殊方奔走萬國皆至元元從助清廟獻欷也臣甫舞手蹈足曰大哉爍乎眞天子之表奉天爲子者已不然何數千萬載獨繼軒轅氏之美彼七十二君又疇能臻此蓋知明主聖罔不克正功罔不克成放百靈歸華淸

越人獻馴象賦 以辭林邑望國門爲韻

倬彼馴象毛羣所推特稟靈於荒徼思入貢於昌期豈不以獻我令辰自林邑而來者稽之舊史在成康而紀之一則識王者之無外一則見遐方之不遺苟形瓌之足偉孰路遠之云辭於是出豐草去長林殊狒狒之被格異猩猩之就擒厲其容也故獸伏我力和其性也故人知我心作蠻方之貢爲上國之琛萬國標奇名已馳於魏闕千年表慶價實越於南金況乘之便習或訛或立動高足以巍峩引修鼻而噓吸塵隨蹤而忽起水將飲而迴入牙櫛比而槮槮眼星翻而熠熠中黃雖勇力不能加蒼舒信奇知之莫及服我后之阜棧光有唐之域邑驅之則百獸風馳訛之則萬夫雲集故其威容足尚筋力殊壯輪囷而重若旄邱鼎屭而高如巨防執燧奔戰牽鉤委䟕遇之者或驚駭而反行覩之者或披靡而遙望何斯象之剛克兼美義之不忒懼有齒而焚軀故全身而利國縱使牛能任重馬有報德徒久困於輪轅又每傷於銜勒豈如我邈自遠藩來朝至尊辭桂林之小郡入閶闔之通門負名聞之藉藉守馴擾以存誠幸投之於芻藁豈敢昧於君恩

雕賦

當九秋之淒淸見一鶚之直上以雄才爲己任橫殺氣而獨往梢梢勁翮肅肅逸響杳不可追俊無留賞彼何鄉之性命碎今日之指掌伊鷙鳥之累百敢同年而爭長此雕之大畧也若乃虞人之所得也必以氣稟元冥陰乘甲子河海蕩潏風雲亂起雪沍山陰冰纏樹死迷向背於八極絕飛走於萬里朝無所充腸夕違其所止頗愁呼而蹭蹬信求食而依倚用此時而椓杙待弋者而網紀表狎羽而潛窺順雄姿之所擬歘捷來於森木固先繫於利觜解騰攫而竦神開網羅而有喜獻禽之課數備而已及乎閑禁

受之也則擇其清質列在周垣揮拘攣之掣曳挫豪梗之飛翻識畋遊之所使登馬上而孤騫然後綴以珠飾呈於至尊摶風槍纍用壯旌門乘輿或幸別館獵平原寒蕪空澗霜仗喧繁觀其夾翠華而上下卷毛血之崩奔隨意氣而電落引壓沙而晝昏豁堵牆之榮觀棄功効而不論斯亦足重也至如千年孽狐三窟狡兔恃古冢之荊棘飽荒城之霜露迴惑我往來趑趄我場圃雖有青骹載角白鼻如瓠麾奔蹄而俯臨飛迅翼而遐寓而料全於果見迫寧遠屢攬之而穎脫便有若於神助是以曉哮其音颯爽其慮繢下鞲而繚繞尚投跡而容與奮威逐北施巧無據方蹉跎而就擒亦造次而難去一奇卒獲百勝昭著夙昔多端蕭條何處斯又足稱也爾其鶬鴰鳴鶂之倫莫益於物空生此身聯拳拾穗長大如人肉多奚有味乃不珍輕鷹隼而自若託鴻鵠而爲鄰彼壯夫之慷慨假強敵而逡巡拉先鳴之異者及將起而遄臻忽隅天路終辭水濱寧掩羣而盡取且快意而驚新此又一時之俊也夫其降精於金立骨如鐵目通於腦筋入於節架軒楹之上純漆光芒掣梁棟之閒寒風凜冽雖趾蹻千變林嶺萬穴擊叢薄之不開突杈枒而皆折此又有觸邪之義也久而服勤是可呀畏必使烏攫之黨罷鈔盜而潛飛梟怪之羣想英靈而遽墜豈比乎虛陳其力叨竊其位等摩天而自安與搶榆而無事者矣故不見其用也則晨飛絕壑暮起長汀來雖自負去若無形置巢巀嵲養子青冥倏爾年歲茫然闕庭莫試鉤爪空迴斗星衆雛儻割鮮於金殿此鳥已將老於巖扃

天狗賦 并序

天寶中上冬幸華清宮甫因至獸坊怪天狗院列在諸獸院之上胡人云此其獸猛捷無與比者甫壯而賦之尚恨其與凡獸相近其詞曰

瞻華清之華華漠漠而山殿戌削縹焉天風崛乎迴薄上揚雲旓兮下列猛獸夫何天狗嶙峋兮氣獨神秀色似狻猊小如猿狖忽不樂雖萬夫不敢前兮非胡人焉能知其去就向若鐵柱攲而金鎖斷兮事未可救瞥流沙而歸月窟兮斯豈踰晝日食君之鮮肥兮性剛簡而清瘦敏於一擲威解兩鬬終無自私必不虛透嘗觀乎副君暇豫奉命於畋則蚩尤之倫已腳渭戟涇提挈邱陵與南山周旋而

慢圍者戮實禽有所穿伊鷹隼之不制兮呵犬豹以相纏蹙乾坤之翕習兮望麋鹿而飄然由是天狗捷來發自於左頓六軍之蒼黃兮劈萬馬以超過材官未及唱野虞未及和閒髀矢與流星兮圍要害而俱破洎千蹄之並集兮始拗怒以相賀真雄姿之自異兮已歷塊而高臥不愛力以許人兮能絕等以爲大旣而羣有噉咋勢爭割據垂小亡而大傷兮翻投跡以來預劃雷殷而有聲兮紛膽破而何遽似爪牙之便禿兮無魂魄以自助各弭耳低徊閉目而去每歲天子騎白日御東山百獸踿蹌以皆從兮四猛

仡銛銳乎其閒夫靈物固不合多兮胡役役隨此輩而往還惟昔西域之遠致兮聖人爲之豁迎風虛露寒體蒼螭軋金盤初一顧而雄材稱是兮召羣公與之俱觀宜其立閶闔而吼紫微兮却妖孽而不得上干時駐君之玉輦兮近奉君之渥歡使輿處而誰何兮備周垣而辛酸彼用事之意然兮匪至尊之賞闕仰千門之崚嶒兮覺行路之艱難懼精爽之衰落兮驚歲月之忽殫顧同儕之甚少兮混非類以摧殘偶快意於校獵兮尤見疑於蹻捷此乃獨步受之於天兮孰知羣材之所不接且置身之暴露兮遭縱觀之稠疊俗眼空多生涯未愜吾君倘憶耳尖之有長毛兮寧久被斯人終日馴狎已

乾元元年華州試進士策問五首

問古之山林藪澤之地各以肥磽多少爲差故供甲兵士徒之役府庫賜與之用給郊廟宗社之祀奉養祿食之出辨乎名物存乎有司是謂公賦知歸地著不撓者已今聖朝紹宣王中興之洪業於上庶尹備山甫補袞之能事於下而東寇猶小梗率土未甚闢總彼賦稅之獲盡贍軍旅之用是官御之舊典闕矣人神之攸序乖矣欲使軍旅足

食則賦稅未能充備矣欲將誅求不時則黎元轉罹於疾苦矣子等以待問之實知新之明觀志氣之所存於應對乎何有佇渴救敝之通術願聞強學之所措意蓋在此矣得遊說乎

問國有郵車廬有飲食古之按風俗遣使臣在王官之一守得馳傳而分命蓋地有要害郊有遠近供給之比省費相懸今茲華惟襟帶關逼輦轂行人受辭於朝夕使者相望於道路屬年歲無蓄積之虞職司有愁痛之歎況軍書未絕王命急宣插羽先翥於騰驤敝帷不供於埋馬豈易

粟之勤獨繭實驂騑之價闕如人主之軫念屢及於茲邦伯之分憂何嘗敢怠乞恩難再近日已降水衡之錢積骨頗多無暇更入燕王之市欲使輶軒有喜主客合宜閭閻罷杼軸之嗟官吏得從容之計側佇嘉論當聞濟時

問通道陂澤隨山濬川經啟之理疏鑿之術抑有可觀其來尚矣初聖人盡力溝洫有國作爲隄防洎後代控引淮海漕通涇渭因舟楫之利達倉庾之儲又賴此而殷亦行之自久近者有司相土決彼支渠既潰渭而亂河竟功多而事寢人實勞止岸乃善崩遂使委輸之勤中道而棄今

軍用蓋寡國儲未贍雖遠方之粟大來而助挽之車不給是以國朝仗彼天使徵茲水工議下淇園之竹更鑿商顏之井又恐煩費居多績用莫立空荷成雲之鍤復擁填淤之泥若然則舟車之用大小相妨矣軍國之食轉致或闕矣矧夫人烟尚稀牛力不足者已子等飽隨時之要挺賓王之資副乎求賢敷厥讜議

問足食足兵先哲雅誥蓋有兵無食是謂棄之致能掉鞅靡旌斯可用矣況寇猶作梗兵不可去日聞將軍之令親覩司馬之法關中之卒未息灞上之營何遠近者鄭南訓練城下屯集瞻彼三千之徒有異什一而稅竊見明發教以戰鬬亭午放其庸保課乃菽麥以爲尋常夫悅以使人是能用古伊歲則云暮實慮休止未卜及瓜之還交比翳桑之餓羣有司自救不暇二三子謂之何哉

問昔唐堯之爲君也則天之大敬授人時十六升自唐侯者已昔帝舜之爲臣也舉禹之功克平水土三十登爲天子者已本之以文思聰明加之以勞身焦思既睦九族協和萬邦黜去四凶舉十六相故五帝之後傳載唐虞之美無德而稱焉易曰君子終日乾乾詩曰文王小心翼翼竊

觀古人之聖哲未有不以君唱於上臣和於下致乎人和年豐成乎無爲而理者也主上躬純孝之聖樹非常之功內則拳拳然事親如有闕外則悖悖然求賢如不及伊百姓不知帝力庶官但恭已而已寇孽未平咎徵之至數也倉廩未實物理之固然也今大軍虎步列國鶴立山東之諸將雲合淇上之捷書日至二三子議論宏正詞氣高雅則遺祲盪滌之後聖朝砥礪之辰雖遭明主必致之於堯舜降及元輔必要之於稷卨驅蒼生於仁壽之域反淳樸於羲皇之上自古哲王立極大臣爲體眇然坦途利往何

順子有說否庶復見子之志豈徒瑣瑣射策趨競一第哉頃之問孝秀取備尋常之對多忽經濟之體考諸詞學自有文章在策以徵事曷成凡例焉今愚之粗徵貴切時務而已夫時患錢輕以至於量資幣權子母代復改鑄或行乎前榆莢後契刀當此之際百姓棄利厚薄何人所制輕重又穀者所以阜俗康時聚人守位者也下至十室之邑必有千鍾之藏苟凶穰以之貴賤失度雖封丞相而猶困侯大農而謂何是以繼絕表微無或區分踰越棄實不敏仁遠何哉

進三大禮賦表

臣甫言臣生長陛下淳樸之俗行四十載矣與麋鹿同羣而處浪跡於陛下豐草長林實自弱冠之年矣豈九州牧伯不歲貢豪俊於外豈陛下明詔不仄席思賢於中哉臣之愚頑靜無所取以此知分沈埋盛時不敢依違不敢激訐默以漁樵之樂自遣而已頃者賣藥都市寄食朋友竊慕堯翁擊壤之謳適遇國家郊廟之禮不覺手足蹈舞形於篇章漱吮甘液游泳和氣聲韻寖廣卷軸斯存抑亦古詩之流希乎述者之意然詞理野質終不足以拂天聽之崇高配史籍以永久恐倏先狗馬遺恨九原謹稽首投延恩匭獻納上表進明主朝獻太清宮朝享太廟有事於南郊等三賦以聞臣甫誠惶誠恐頓首頓首謹言

進封西嶽賦表

臣甫言臣本杜陵諸生年過四十經術淺陋進無補於明時退常困於衣食蓋長安一匹夫耳頃歲國家有事於郊廟幸得奏賦待制於集賢委學官試文章再降恩澤仍猥以臣名實相副送隸有司參列選序然臣之本分甘棄置永休望不及此豈意頭白之後竟以短篇隻字遂曾聞徹

宸極一動人主是臣無負於少小多病貧窮好學者已在臣光榮雖死萬足至於仕進非敢望也日夜憂迫復未知何以上答聖慈明臣子之効況臣常有肺氣之疾恐忽復先草露塗糞土而所懷冥寞孤負皇恩敢攄竭憤懣領畧丕則作封西嶽賦一首以勸所覬明主覽而留意焉先是御製西嶽碑文之卒章曰待余安人治國然後徐思其事此蓋陛下之至謙也今玆人安是已今玆國富是已況符瑞翕集福應交至何翠華之脈脈乎維嶽固陛下本命以永嗣業維嶽授陛下元弼克生司空斯又不可以寢已伏

惟天子霈然留意焉春將披圖視典冬乃展采錯事日尚浩瀚人匪勞止庶可試哉微臣不任區區懇到之極謹詣延恩匭獻納奉表進賦以聞臣甫誠惶誠恐頓首頓首謹言

進雕賦表

臣甫言臣之近代陵夷公侯之貴磨滅鼎銘之勳不復照耀於明時自先君恕預以降奉儒守官未墜素業矣亡祖故尚書膳部員外郎先臣審言修文於中宗之朝高視於藏書之府故天下學士到於今而師之臣幸賴先臣緒業

自七歲所綴詩筆向四十載矣約千有餘篇今賈馬之徒得排金門上玉堂者甚衆矣惟臣衣不蓋體常寄食於人奔走不暇只恐轉死溝壑安敢望仕進乎伏惟明主哀憐之倘使執先祖之故事拔泥塗之久辱則臣之述作雖不足以鼓吹六經先鳴數子至於沈鬱頓挫隨時敏捷而揚雄枚皋之流庶可跂及也有臣如此陛下其舍諸伏惟明主哀憐之無令役役便至於衰老也臣甫誠惶誠恐頓首頓首死罪死罪臣以為雕者鷙鳥之殊特搏擊而不可當豈但壯觀於旌門發狂於原隰引以為類是大臣正色立朝之義也臣竊重其有英雄之姿故作此賦實望以此達於聖聰耳不揆蕪淺謹投延恩匭進表獻賦以聞謹言

為夔府柏都督謝上表

臣某言伏奉今月某日制授臣某官臣某祗拜休命內顧殞越策駑馬之力冒累踐之寵自數勳力萬無一稱再三怵惕流汗至踵謹以某月日到任上訖臣某誠戰誠懼頓首頓首死罪死罪伏惟陛下以君父任使之久掩臣子不逮之過就其小效復分深憂察臣劍南區區恐失臣節如彼加臣頻煩階級鎮守要衝如此勉勵疲鈍伏揚陛下之

聖德愛惜陛下之百姓先之以簡易閒之以樂業均之以賦斂終之以敦勸然後畢禁將士之暴宏洽主客之宜示以刑典難犯之科寬以困窮計無所出哀今之人庶古之道內救惸獨外攘師寇上報君父曲盡庸拙之分下循臣子勤補失墜之日灰粉骸骨以備守官伏惟恩慈胡忍容易愚臣之願也明主之望也限以所領未遑謁對無任兢灼之極謹遣某官奉表馳謝以聞臣誠喜誠懼死罪死罪

為閬州王使君進論巴蜀安危表

臣某言伏自陛下平山東收燕薊洎海隅萬里百姓感動

喜王業再康瘡痏蘇息陛下明聖社稷之靈以至於此然河南河北貢賦未入江淮轉輸異於曩時惟獨劒南自用兵以來稅斂則殷部領不絕瓊林諸庫仰給最多是蜀之土地膏腴物產繁富足以供王命也近者賊臣惡子頻有亂常巴蜀之人橫被煩費猶相勸勉充備百役不敢怨嗟吐蕃今下松維等州成都已不安矣楊琳師再脅普合禹禺兩川不得相救百姓騷動未知所裁況臣本州山南所管初置節度庶事草創豈暇力及東西兩川矣伏願陛下聽政之餘料巴蜀之理亂審救援之得失定兩川之異同

問分管之可否度長計大速以親賢出鎮哀罷人以安反仄犬戎侵軼羣盜窺伺庶可過矣而三蜀天府也徵取萬計陛下忍坐見其狼狽哉不即爲之臣竊恐蠻夷得恣屠割耳實爲陛下有所痛惜必以親王委之節鉞此古之維城磐石之計明矣陛下何疑哉在近擇親賢加以醇厚明哲之老爲之師傅則萬無覆敗之跡又何疑焉其次付重臣舊德智略經久舉事允愜不隕穫於蒼黃之際臨危制變之明者觀其樹勳庸於當時扶泥塗於已墜整頓理體竭露臣節必見方面小康也今梁州既置節度與成都足以久遠相應矣東川更分管數州於內幕府取給破散滋甚若兵馬悉付西川梁州益坦爲聲援是重斂之下免至多門西南之人有活望矣必以戰伐未息勢資多軍應須遣朝廷任使舊人授之使節留後之寄綿歷歲時非所以塞眾望也臣於所守封界連接梓州正可爲成都東鄙其中別作法度亦不足成要害哉徒擾人矣伏惟明主裁之又天下徵收赦文減省軍用外諸色雜賦名目伏願損之又損之劒南諸州亦困而復振矣將相之任內外交遷西川分壼以仗賢俊愚臣特望以親王總戎者意在根固流

長國家萬代之利也敢輕易而言次請愼擇重臣亦願任使舊人鎮撫不缺借如犬戎傲擾臣素知之臣之兄承訓自沒蕃以來長望生還偶親信於贊普探其深意意者報復摩彌青海之役決矣同謀誓眾於前後沒落之徒曲成翻動陰合應接積有歲時每漢使回蕃使至帛書隱語累嘗懇論臣皆進封上聞屢達臣兄承訓憂國家緣邊之急願亦勤矣況臣本隨兄在蜀向二十年兄既辱身蠻夷相見無日臣比未忍離蜀者望兄消息時通所以戮力邊隅累踐班秩補拙之分淺待罪之日深蜀之安危敢竭聞見

臣子之義貴有所盡於君親愚臣迂濶之說萬一少裨聖慮遠人之福也愚臣之幸也昨竊聞諸道路云吐蕃已來草竊岐隴逼近咸陽似是之聞憂憤隕追益增尸祿寄重之懼寤寐報効之懇謹冒死具巴蜀成敗形勢奉表以聞

欽定全唐文卷三百六十

杜甫 二

奉謝口勅放三司推問狀

右臣甫智識淺昧向所論事涉近激訐違忤聖旨既下有司具已舉劾甘從自棄就戮爲幸今日巳時中書侍郎平章事張鎬奉宣口勅宜放推問知臣愚戇赦臣萬死曲成恩造再賜骸骨臣甫誠頑誠蔽死罪死罪臣以陷身賊庭憤惋成疾實從間道獲謁龍顏猾逆未除愁痛難過猥厠袞職願少裨補竊見房琯以宰相子少自樹立晚爲醇儒有大臣體時論許琯必位至公輔康濟元元陛下果委以

樞密衆望甚允觀琯之深念主憂義形於色況畫一保泰素所蓄積者已而琯性失於簡酷嗜鼓琴董庭蘭今之琴工遊琯門下有日貧病之老依倚爲非琯之愛惜人情一至於玷汙臣不自度量歎其功名未垂而志氣挫衄覬望陛下棄細錄大所以冒死稱述何思慮始竟闕於再三陛下貸以仁慈憐其懇到不書狂狷之罪復解網羅之急是古之深容直臣勸勉來者之意天下幸甚天下幸甚豈小臣獨蒙全軀就列待罪而已無任先懼後喜之至謹詣閤

門進狀奉謝以聞謹進

爲遺補薦岑參狀

宣議郎試大理評事攝監察御史賜緋魚袋岑參右臣等竊見岑參識度清遠議論雅正佳名早立時輩所仰今諫諍之路大開獻替之官未備恭惟近侍實藉茂林臣等謹詣閤門奉狀陳薦以聞伏聽進止

爲華州郭使君進滅殘寇形勢圖狀

右臣竊以逆賊束身檻中奔走無路尚假餘息蟻聚苟活之日久陛下猶覬其匍匐相率降款盡至廣務寬大之本

用明惡殺之德故大軍雲合蔚然未進上以稽王師有征無戰之義下以成古先聖哲之用心茲事元遠非愚臣所測臣聞易載隨時不俟終日先王之用刑也抑亦小者肆諸市朝大者陳諸原野今殘孽雖窮變日甚自救不暇尚慮其逆帥望秋高馬肥之便蓄突圍拒轍之謀大軍不可空勤轉輸之粟諸將宜窮掎角之進頃者河北初收數州思明降表繼至實爲平盧兵馬在賊左脅賊動靜乏利制不由已則降附可知今大軍盡離河北逆黨意必寬縱若萬一軼略河縣草竊秋成臣伏請平盧兵馬及許叔冀等軍鄆州西北渡河先衝收魏或近軍志避實擊虛之義也伏惟陛下圖之遣李銑殷仲卿孫青漢等軍邐迤渡河佐之收其貝博賊之精銳撮在相魏衛之州賊用仰魏而給賊若抽其銳卒渡河救魏博臣則請朔方伊西北庭等軍渡沁水收相衛賊若迴戈距我兩軍臣又請郭口祁縣等軍蕃嵐馳屯據林慮縣界候其形勢漸進又遣李廣琛魯炅等軍進渡河收黎陽臨河等縣相與出入掎角逐便撲滅則慶緒之首可翹足待之而已是亦恭行天罰豈在王師必無戰哉愚臣聞見淺狹承乏待罪未精慎固之守輕

議擒縱之術抑臣之夢寐貴有裨益謹進前件圖如狀伏聽進止乾元元年七月日某官臣狀進

唐興縣客館記

中興之四年王潛爲唐興宰修厥政事始自鰥寡惸獨而和其封內非侮循循不畏險膚而行而一咨於官屬於羣吏於眾庶曰邑中之政庶幾繕完矣惟賓館上漏下濕吾人猶不堪其居以容四方賓賓其謂我何改之重勞我其謂人何咸曰誕事至濟厥載則違觀于大壯作之閈閎作之堂構以永圖崇高廣大踰越傳舍通梁直走嵬將墜壓

素柱上承安若泰山兩傍序開發洩霜露潛靜深矣步檻復霤萬瓦在後匪丹雘爲實疏達爲迴廊南注又爲覆廊以容介行人亦如正館制度小劣直左階而東封殖修竹茂樹挾右階於南環廊又注亦可以行步風雨不易謀而集事邑無妨工亦無匱財人不待子來定不待方中矣宿息井樹或相爲賓或與之毛天子之使至則曰邑有人焉某無以栗階州長之使至則曰某非敢賓也子無所用俎四方之使至則曰子既某多矣敢辭贄或曰明府君之侈也何以爲人皆曰我公之爲人也何以侈子徒見賓館之

近夫厚不知其私室之甚薄器物未備力取諸私室人民不知賦斂乃至於館之醯醢闕出於私廚使之乘駟闕辦於私廄君豈爲亭長乎是躬親也若館宇不修而觀臺榭是好賓至無所納其車或浩蕩無所措手足獲高枕乎其誰不病吾人矣疵瑕忽生何以爲之是道也施舍不幾乎先覺矣杜之友朋嘆曰美哉是館也成人不知人不怒解署之福也府君之德也府君曰古有之也非吾有也余何能爲是亦前州府君崔公之命也余何能爲是日辛丑歲秋分大餘二小餘二千一百八十八杜氏之老記已

前殿中侍御史柳公紫微仙閣畫太一天尊圖文

石鼇老放神乎始清之天遊目乎浩劫之家泠泠然馭乎風熙熙然登乎臺進而俯乎寒林退而極乎延閣見龍虎日月之君亙乎竦梁塞乎高壁骨者鬣者皙者黝者視遇之間若嚴寇敵者已伊四司五帝天之徒青節崇然綠輿駢然仙官洎鬼官無央數衆陽者近陰者遠俱浮空不定目所向如一蓋知北闕帝君之尊端拱侍衛之內于天上最貴矣已而左元之屬吏三洞弟子某進曰經始績事前柱下史河東柳涉職是樹善損於而家憂於而國剝私室

之匱渴蒸人之安志所至也請梗概帝君救護之慈朝拜之功曰若人存思我主籙生之根死之門我則制伏妖之興毒之騰凡今之人反側未濟柳氏柱史也立乎老君之後獲隱嘿乎忍塗炭乎先生與道而遊與學而遊可上以昭太一之神威于下下以昭柱史之告訴于上玉京之用事也率土之發祥也惡乎寢而庸詎仰而先生藐然若往頽然而止曰噫夫鳥亂於雲魚亂於河獸亂於山是畢弋釣罟削格之智生是機變退邀攫拾之智極故自黃帝已下干戈崢嶸流血不乾骨蔽平原乖氣橫放淳風不返離

書載蠻夷率服詩稱徐方既來許其墓中夏與夫容成中央氏尊盧氏輩結繩而已百姓至死不相往來茲茂德困矣矧賢主趣之而不及庸主聞之而不曉浩穰崩蹙數千古哉至使世之仁者蒿目而憂世之患有是夫今聖主誅干紀康大業物尚疵癘戰爭未息必撥當世之變日慎一日眾之所惡與之惡眾之所善與之善勅有司寬政去禁問疾薄斂修其土田險其走集以此馭賊臣惡子自然百祥攻百異有漸天下洶洶何其撓哉已登乎種種之民含夫啍啍之意是巍巍乎北闕帝君者肯不乘道腴卷黑簿

詔北斗削死南斗注生與夫圓首方足施及乎蠢蠕之蟲肖翹之物盡驅之更始何病乎不得如昔在太宗之時哉石鼇老畢辭三洞弟子某又某靜如得動如失久而却走不敢貳問

畫馬讚

韓幹畫馬毫端有神驊騮老大腰裹清新魚目瘦腦龍文長身雪垂白肉風蹙蘭筋逸態蕭疎高驤縱恣四蹄雷雹一日天地御者閑敏去何難易愚夫乘騎動必顛躓瞻彼駿骨實惟龍媒漢歌燕市已矣茫哉但見駑駘紛然往來良工惆悵落筆雄才

東西兩川說

聞西山漢兵食糧者四千人皆關輔山東勁卒多經河隴幽朔教習慣於戰守人人可用兼羌堪戰子弟向二萬人實足以備邊守險脫南蠻侵掠邛雅子弟不能獨制但分漢勁卒助之不足撲滅是吐蕃憑陵本自足支也推量西山邛雅兵馬卒叛援形勝明矣頃三城失守罪在職司非兵之過也糧不足故也今此輩見關兵馬使八州素歸心於其世襲刺史獨漢卒自屬裨將主之竊恐備吐蕃在羌

漢兵小昵而釁隙隨之矣況軍須不足姦吏減剋未已哉愚以為宜速擇偏裨主之主之勢明其號令一其刑賞申其哀恤致其懽忻宜先自羌子弟始自漢兒易解人意而優勸旬月大浹洽矣仍使兵羌各繫其部落刺史得自教閱都受統於兵馬使更不得使八州都管或在一羌王或都關一世襲刺史是羌之豪族發源有遠近世封有豪家紛然聚藩落之議於中肆與奪之權於外已然則備守之根危矣又何以藉其為本式遏雪嶺之西哉比羌族封王者初以拔城之功得今城失矣襲王如故總統未已余諸

董攘臂何王尹之獄是矣田策嗣羌王關王氏舊親西董族最高怨望之勢然矣誠於此時便宜聞上使各自統領不須王區分易制然後都靜聽取別於兵馬使不盜元戎氣壯部落無語或縱一部落怨獲羣部落喜矣無爽如此處分豈惟邛南不足憂八州之人願賈勇復取三城不日矣幸急擇公所素諳明了將正色遣之獠賊內編屬自久數擾背亦自久徒惱人耳憂慮蓋不至大昨聞受鐵券爵祿隨之今聞已小動爲之奈何若不先招諭也穀貴人愁春事又起緣邊耕種即發精卒討之甚易恐賊星散於窮

谷深林節度兵馬但驚動緣邊之人供給之外未見免刼掠而還賃其地豪族兼有其地而轉富蜀之土肥無耕之地流冗之輩近者交互其鄉村而已遠者漂寓諸州縣而已實不離蜀也大抵祗與兼并豪家力田耳但鈞畝薄斂則田不荒以此上供王命下安疲人可矣豪族轉安是否非蜀仍禁豪族受賃罷人田管內最大誅求宜約富家辦而貧家創痍已深矣今富兒非不緣子弟職掌盡在節度衙府州縣官長手下哉村正雖見面不敢示文書取索非不知其家處獨知貧兒家處兩川縣令刺史有權攝者須晝罷免苟得賢良不在正授權在進退聞上而已

雜述

杜子曰凡今之代用力爲賢乎進賢爲賢乎進賢賢乎則魯之張叔卿孔巢父二才士者聰明深察博辯閎大固必能伸於知已令聞不已任重致遠速於風飈也是何面目黧黑常不得飯飽喫曾未得富家奴茲敢望縞衣乘軒乎豈東之諸侯深拒於汝乎豈新令尹之人未汝之知也由天乎有命乎雖岑子薛子引知名之士月數十百塡爾逆旅請誦詩浮名耳勉之哉勉之哉夫古之君子知天下之

不可蓋也故下之知衆人之不可先也故後之嗟乎叔卿遺辭工於猛健放蕩似不能安排者以我爲聞人而已以我爲益友而已叔卿靜而思之嗟乎巢父執雌守常吾無所贈若矣泰山冥冥崒以高泗水瀰瀰瀰以清悠悠友生復何時會于王鎬之京載飲我濁酒載呼我爲兄

說旱

周禮司巫若國大旱則率巫而舞雩傳曰龍見而雩謂建巳之月蒼龍宿之體昏見東方萬物待雨甚大故祭天遠爲百穀祈膏雨也今蜀自十月不雨月旅建卯非雩之時

奈久旱何得非獄吏只知禁繫不知疏決怨氣積冤氣盛亦能致旱是何川澤之乾也塵霧之塞也行路皆菜色也田家其愁痛也自中丞下車之初軍郡之政罷弊之俗已下手開濟矣百事冗長者又以革削矣獨獄囚未聞處分豈次第未到爲獄無濫繫者乎穀者百姓之本百役是出況冬麥黃枯春種不入公誠能暫輟諸務親問囚徒除合死者之外下筆盡放使囹圄一空必甘雨大降但怨氣消則和氣應矣躬自疏決請以兩縣及府繫爲始管內東西兩川各遣一使兼委刺史縣令對巡使同疏決如兩縣及

府等囚例處分衆人之望也隨時之義也昔貞觀中歲大旱文皇帝親臨長安萬年二赤縣決獄膏雨滂足即獄鎮方面歲荒札皆連帥大臣之務也不可忽凡今徵求無名數又耆老合侍者兩川侍丁得異常丁乎不殊常丁賦斂是老男老女死日短促也國有養老公遽遣吏存問其疾苦亦和氣合應之義也時雨可降之徵也愚以爲至仁之人常以正道應物天道遠去人不遠

秋述

秋杜子臥病長安旅次多雨生魚青苔及榻常時車馬之客舊雨來今雨不來昔襄陽龐德公至老不入州府而揚子雲草元寂寞多爲後輩所褻近似之矣嗚呼冠冕之窟名利卒卒雖朱門之塗泥士子不見其泥矧抱疾窮巷之多泥乎子魏子獨踽踽然來汗漫其僕夫夫又不假蓋不見我病色適與我神會我棄物也四十無位子不以官遇我知我處順故也子挺生者也無矜色無邪氣必見用則風后力牧是已於文章則子游子夏是已無邪氣故也得正始故也噫所不至於道者時或賦詩如曹劉談話及衛霍豈少年壯志未息俊邁之機乎子魏子今年以進士調

選名隸東天官告余將行旣縫裳旣聚糧東人怵惕筆札無敵謙謙君子若不得已知祿仕此始吾黨惡乎無述而止

唐故德儀贈淑妃皇甫氏神道碑

后妃之制古矣而軒轅氏帝嚳氏次妃之跡最有可稱存乎舊史然則其義隱其文略周禮王者內職大備而陰教宣詩人關雎風化之始樂得淑女蓋所以教本古訓發皇婦道居具燕寢之儀動有環珮之節進賢才以輔佐君子不淫色以取媚閨房雖彤管之地功過必紀而金屋之寵

流宕一揆稽女史之華實嗣嬪則之清高亦時有其人偉夫精選淑妃諱某姓皇甫氏其先安定人也惟卨封商於赫有光伊元祖樹德於今不忘必宋之子莫之與比伊清風繼代惠此餘美夫其系緒蕃衍紱冕所興列爲公侯古有皇父充石則其宗可知也夫其體元消息經術之美刊正帝圖中有元晏先生則其家可知矣嗟乎我有奕葉承權輿矣我有徽猷展肅雍矣積羣玉之氣自對白虹之天生五色之毛不離丹鳳之穴曾祖烜皇朝宋州刺史祖粹皇朝越州刺史都督諸軍事父日休皇朝左監門衛副率

妃則副率府君之元女也粤若襁褓體如冰雪氣象受於天和詩禮傳乎胎教故列我開元神武之嬪御者豈易其容止法度哉今上昔在春宮之日詔詰良家女擇視可否充備淑哲太妃以内秉純一外資沈靜明珠在蚌水月鮮白美玉處石崖岸津潤結襦而金印相輝同輦而翠旗交影由是恩加婉順品列德儀雖掖庭三千爵秩十四掩六宮以取儁超羣女以見賢豈渥澤之不流曾是不敢以露才揚己卑以自牧而已夫如是言足以厚人倫化風俗彌縫坤載之失夾輔元亨之求嗚呼彼蒼也常與善何有初也不久好奈何況妃亦既遘疾怗如慮往上以之服事最舊佳人難得送藥必經於御手見寢始迴於天步月氏使者空說返魂之香漢帝夫人終痛歸來之像以開元二十三年歲次乙亥十月癸未朔薨於東京某宮院春秋四十有二嗚呼哀哉望景向夕澄華微陰風驚碧樹霧重青岑天子悼履綦之蕪絕惜脂粉之凝冷下麟鳳之銀牀到梧桐之金井嗚呼哀哉厥初權殯於崇政里之公宅後詔以某月二十七日己酉卜塟於河南縣龍門之西北原禮也制曰故德儀皇甫氏贊道中壼肅事後庭孰云疾疢奄見

凋落永言懿範用愴於懷宜登四妃之列式旌六行之美可册贈淑妃喪事所須並宜官供河南尹李適之充使監護非夫清門華胄積行累功序於王者之有始有卒介於嬪御之不僭不濫是何存榮沒哀視有遇之多也有子曰鄂王諱瑤兼太子太保使持節幽州大都督事有故在疚而卒豈無樂國今也則亡匪降自天云何吁矣有女曰臨晉公主出降代國長公主子滎陽潛曜官曰光祿卿爵曰駙馬都尉昔王儉以公主恩尚帝女爲榮何晏兼關内侯是亦晉朝歸美公主禮承於訓孝自於心霜露之感形於

顏色。享祀之數。缺於灑掃。嘗戚然謂左右曰。自我之西歲陽。載紀彼都之外。道里遐絕。聖慈有蓬萊之深。異縣有松檟之阻。思欲輕舉。安得黃鵠。未議巡豫。徒瞻白雲。望闕塞之風煙。尋常涕泗。懷伊川之陵谷。恐懼遷移。於是下教邑司。爰度碑版。甫忝鄭莊之賓客。遊竇主之園林。以白頭之嵇阮。豈獨步於崔蔡。而野老何知。斯文見託。公子泛愛壯心未已。不論官閥。游夏入文學之科。兼敘哀傷。顏謝有后妃之誄。銘曰。

積氣之清。積陰之靈。漢曲迴月。高堂麗星。驚濤洶洶。過雨

冥冥。洗滌蒼翠。誕生娉婷。（其一）婉彼柔惠。迴然開爽。綢繆之故。昔在明兩。恩渥未渝。康哉大往。展如之媛。孰與爭長。（其二）珩珮是加。暈褕克備。先德後色。累功居位。壺儀孔修。宮教咸遂。王于與飾。禮亦尊異。（其三）小苑春深。離宮夜遍。花間度月。同輦未歸。池畔臨風。焚香不息。嗚呼變化。惠好終極。（其四）馮相視祲。太史書氛。藏舟晦色。逝水寒文。翠幄成彩。金爐罷燻。燕趙一馬。瀟湘片雲。（其五）恍惚餘跡。蒼茫具美。王子國除。匪他之恥。公主愁思。永懷於彼。日居月諸。邱隴荊杞。（其六）巖巖禹鑿。瀰瀰伊川。列樹拱矣。豐碑缺然。爰謀述作。欲就雕鐫。金石照地。蛟龍下天。（其七）少室東立。繚垣西走。佛寺在前。宮橋在後。維山有麓。與碑不朽。維水有源。與詞永久。（其八）

唐故萬年縣君京兆杜氏墓碑

甫以世之錄行跡示將來者多矣。大抵家人賄賂。詞客阿諛。真偽百端。波瀾一揆。夫載筆光芒於金石。作程通達於神明。立德不孤。揚名歸實。可以發皇內則。標格女史。竊見於萬年縣君得之矣。其先系統於伊祁。分姓於唐杜。吾祖也。我知之。遠自周室。迄於聖代。傳之以仁義禮智信列之以公侯伯子男。春秋傳云。穆叔謂之世祿。其在茲乎。曾祖

某。隋河內郡司功。獲嘉縣令。王父某。皇監察御史。洛州鞏縣令。前朝咸以士林取貴。宰邑成名。考某。修文館學士。尚書膳部員外郎。天下之人。謂之才子。兄升。國史有傳。縉紳之士。誄為孝童。故美玉多出於崑山。明珠必傳於江海。蓋縣君受中和之氣。成肅雍之德。其來尚矣。作配君子。實惟好仇。河東裴君諱榮期。見任濟王府錄事參軍。入在清通。同行領袖。素髮相敬。朱紱有光。縣君既早習於家風。以陰教為己任。執婦道而純一。與禮法而始終。可得聞也。昔舅歿姑老。承順顏色。侍歷年之寢疾。力不暇於須臾。苟便於

人皆在於手淚積而形骸奪氣憂深而巾櫛生塵尊卑之
道然固出自天性孝養哀送名流稱仰允所爲能循法度
則可以承先祖供給祭祀矣維其矜莊門户節制差服功
成則運有若四時物或猶乖匪踰終日黼畫組就之事割
烹煎和之宜規矩數及於親姻脫落頗盈於歲序若其先
人後已上下敦睦懸磬知歸揖讓惟久在嫂叔則有謝氏
光小郎之才於娣姒則有鍾氏洽介婦之德周給不疑於
親疏泛愛無擇於良賤至於星霜伏臘軒騎歸寧慈母每
謂於飛來幼童亦生乎感悅加以詩書潤業導誘爲心遏

悔吝於未萌驗是非於往事內則致諸子於無過之地外
則使他人見賢而思齊爰自十載已還默契一乘之理絕
葷血於禪味混出處於度門喻筏之文字不遺開卷而音
義皆達母儀用事家相遵行矣至於膳食滑甘之美鍼結
縫線之難展轉忽微欲參謀而縣解指麾補合猶取則於
乖成其積行累功不爲薰修所住著有如此者靈山鎮地
長吐烟雲德水連天自浮星象則其看心定惠豈近於揚
搉者哉越天寶元年某月八日終堂於東京仁風里春秋
若干示諸生滅相越六月二十九日還殯於河南縣平樂
鄉之原禮也嗚呼哀哉琴瑟罷聲蘋蘩晦色骨肉號兮天
地感中外痛兮鬼神惻有長子曰朝列次朝英北海郡壽
光尉次朝牧女長適獨孤氏次閻氏皆稟自胎教成於妙
年厥初寢疾也唯長子長女在側英牧或以遊以宦莫獲
同曾氏之元申號而不哭傷斷鄰里悠哉少女未始聞哀
又足酸鼻嗚呼縣君有語曰可以褐衣斂我起塔而葬裴
公自以從大夫之後成縣君之榮愛禮實深遺意蓋闕但
褐衣在斂而幽隧爰封其所厥飾咸遵儉素春茲邑號未
降天書各有司存成之不日嗚呼哀哉有兄子曰甫制服

於斯紀德於斯刻石於斯或曰豈孝童之猶子歟奚孝義
之勤若此甫泣而對曰非敢當是也亦爲報也甫昔卧病
於我諸姑姑之子又病間女巫至曰處楹之東南隅者吉
姑遂易子之地以安我我是用存而姑之子卒後乃知之
於走使甫常有說於人客將出涕感者久之相與定謚曰
義君子以爲魯義姑者遇暴客於郊抱其所攜棄其所抱
以割私愛縣君有焉是以舉茲一隅昭彼百行銘而不韻
蓋情至無文其詞曰

嗚呼有唐義姑京兆杜氏之墓

唐故范陽太君盧氏墓誌

五代祖柔隋吏部尚書容城侯大父元懿是渭南尉父元哲是廬州愼縣丞維天寶三載五月五日故修文館學士著作郎京兆杜府君諱某之繼室范陽縣太君盧氏卒於陳留郡之私第春秋六十有九嗚呼以其載八月旬有一日發引歸葬於河南之偃師以是月三十日庚申將入著作之大塋在縣首陽之東原我太君用甲之穴禮也墳南去大道百二十步奇三尺北去首陽山二里凡塗車芻靈設熬置銘之名物加庶人一等蓋遵儉素之遺意塋內西

北去府君墓二十四步則壬甲可知矣遣奠之祭畢一二家相進曰斯至止將欲啟府君之墓門安靈櫬於其右豈歛飾未具時不練歟前夫人薛氏之合葬也初太君令之諸子受之流俗難之太君易之令茲順壬取甲又遺意焉嗚呼孝哉孤子登號如嬰兒視無人色且左右僕妾泊廝役之賤皆蓬首灰心嗚呼流涕寧或一哀所感片善不忘而已哉實惟太君積德以常臨下以恕如地之厚縱天之和運陰教之名數秉女儀之標格嗚呼得非太公之後必齊之姜乎薛氏所生子適曰某故朝議大夫兗州司馬次曰升幼卒報復父讐國史有傳次曰專歷開封尉先是不祿息女長適鉅鹿魏上瑜蜀縣丞次適河東裴榮期濟王府錄事次適范陽盧正均平陽郡司倉參軍嗚呼三家之女又皆前卒而某等夙遭內艱有長自太君之手者至於婚姻之禮則盡是太君主之慈恩穆如人或不知者咸以爲盧氏之腹生也然則某等亦不無平津孝謹之名於當世矣登即太君所生前任武康尉二女曰適京兆王佑任硤石尉曰適會稽賀撝卒常熟主簿其往也旣哭成位有若冢婦同郡盧氏介婦滎陽鄭氏鉅鹿魏氏京兆王氏女

適諸孫子三十人內宗外宗寖以疏濶者或元纁玉帛自他日互有所至若以爲杜氏之葬近於禮而可觀而家人亦不敢以時繼年式志之金石銘曰

太君之子朝儀所尊貴因長子澤就私門亳邑之都終天之地享年不永歿而猶視

祭遠祖當陽君文

維開元二十九年歲次辛巳月日十三葉孫甫謹以寒食之奠敢昭告於先祖晉駙馬都尉鎮南大將軍當陽成侯之靈初陶唐出自伊祁聖人之後世食舊德降及武庫應

乎虬精恭聞淵深罕得窺測勇功是立智名克彰繕甲江陵禮清東吳建侯於荆邦於南土河水活活造舟爲梁洪濤莽沺未始騰毒春秋主解櫜隸躬親鳴呼筆跡流宕何人蒼蒼孤墳獨出高頂靜思骨肉悲憤心胸峻極於天神有所降不毛之地儉乃孔昭取象邢山全模祭仲多藏之誡焯序前文小子築室首陽之下不敢忘本不敢違仁庶刻豐石樹此大道論次昭穆載揚顯號于以采蘩于彼中園誰其尸之有齋列孫鳴呼敢告茲辰以永薄祭尚饗

祭外祖祖母文

維年月日外孫滎陽鄭宏之京兆杜甫謹以寒食庶羞之奠敢昭告于外王父母之靈鳴呼外氏當房祭祀無主伯道何罪元陽誰撫緬維夙昔追思艱窶當太后秉柄內宗如纔紀國則夫人之門舒國則府君之外父聿以生居貴戚釁結狂豎雌伏單棲雄鳴折羽憂心惙惙獨行踽踽悲夫景分飛忽閒于鳳凰咄彼讒人有詞異於鸚鵡初我父王之遘禍我母妃之下室深狴殊塗酷吏同律夫人於是布裙屝屨提餉潛出昊天不傭退藏於密久成凋瘵遠至終畢蓋乃事存於義陽之誄名播於燕公之筆鳴呼哀哉宏之等從母昆弟兩家因依弱歲俱苦慈顏永違豈無世親不如所愛豈無舅氏不知所歸誓以偏往測戀光輝漸漬相勗居諸造微幸遇聖主願發清機以顯內外何當奮飛洛城之北邙山之曲列樹風煙寒泉珠玉千秋古道王孫去兮不歸三月晴天春草萋兮增綠頃物將牽累事未遂欲使淚流頓盡血下相續者矣捧奠遲迴炯心依屬庶多載之灑掃循茲辰之軌躅

祭故相國清河房公文

維唐廣德元年歲次癸卯九月辛丑朔二十二日壬戌京

兆杜甫敬以醴酒茶藕蓴鯽之奠奉祭故相國清河房公之靈曰鳴呼純朴既散聖人又殁苟非大賢孰奉天秩唐始受命羣公間出君臣和同德教充溢魏杜行之夫何畫一婁宋繼之不墜故實百餘年間見有輔弼及公入相紀綱已失將帥干紀煙塵犯闕王風寢頓神器圮裂關輔蕭條乘輿播越太子即位揖讓倉卒小臣用權尊貴倏忽公實匡救忘餐奮發累抗直詞空聞泣血時遭祲沴國有征伐車駕還京朝廷就列盜本乘弊誅終不滅高義沈埋赤心蕩折貶官厭路讒口到骨致君之誠在困彌切天道闊

遠元精茫昧偶生賢達不必際會明明我公可云時代貫誼慟哭雖多顛沛仲尼旅人自有遺愛二聖崩日長號荒外後事所委不在卧内因循寢疾憔悴無悔夭閼泉塗激揚風槩天柱旣折安仰翊戴地維則絶安放夾載豈無羣彦我心忉忉不見君子逝水滔滔泄涕寒谷吞聲賊壕有車爰送有紼爰操撫墳日落脫劍秋高我公戒子無作爾勞斂以素帛付諸蓬蒿身瘞萬里家無一毫數子哀過他人蠻陶水漿不入日月其慆州府救喪一二而已自古所歎罕聞知己曩者書札望公再起今來禮數爲態至此先

帝松柏故鄉枌梓靈之忠孝氣則依倚拾遺補闕視君所履公初罷任人實切齒甫也備位此官蓋薄劣耳見時危急敢愛身死君何不聞刑欲加矣伏奏無成終身愧恥乾坤慘慘豺虎紛紛蒼生破碎諸將功勳城邑自守鼙鼓相聞山東雖定灞上多軍憂恨展轉痛傷氤氳元豈正色白亦不分培塿滿地崑崙無羣致祭者酒陳情者文何當旅櫬得出江雲嗚呼哀哉尚饗

欽定全唐文卷三百六十一

王大悅

大悅太原人

雲居寺門右石浮圖銘 幷序

敘曰法所務善示儀生念物莫堅石留形則多伊童丱之增沙彼豐家之巖寶不孟不季非泰非約建茲浮圖於門右者鄭氏字元泰令范陽人也崇中宜利用廣蓋所以兼仰正法惠浹多生俾臧與嘉不潰惟永迺竭産充賈磬工剬奇璞散良効形都信美素璵鮮色皓瓊級之峩峩黃金

明輝爛寶層之擢擢東旭銜珠而更淨南風動鈴而不喧神儀護門而雄雄威如聖象端室以穆穆允若庶幾乎上帝萬壽先人百福夫蠢之類凡生之儔莫不覃茲利有如是木易熅滅土亦塵散惟石之永瞻其有恆緊法之堅念茲無替銘曰

高塔峩峩示延遐矚多生擾擾動善羣觸茲設茲刹無疑無疆其福豐衍其資廣長彼石惟堅我性亦定永永不滅視以知正

李蒙

蒙開元五年進士

耤田賦

揉爲耒剡爲耜取其象也遠矣農爲本食爲天惟其利也大焉聖人利器致豐躬親莫重於稼穡軌物勵俗敦勸克厚乎率先於以奉神衹昭報之誠達於以祈社稷孝享之德宣則躬耕之義也從古以然皇帝勤惟國本欽若人天所務惟農順動而取諸豫所寶惟穀時行而應乎乾洎正月之吉日將有事乎昊天列千官於近甸屯萬騎於遐阡當是時也其祭不戒而宿設其工職競以先後大禮備兮和樂陳嗇夫馳兮庶人走帝乃服蒽犗乘御耦我疆我理禮正於三推必躬必親義存乎千畝四輔冢宰六卿近臣大夫師長之族都鄙華裔之人聖有作兮萬物咸覩人胥效兮天下歸淳且圖匱者於其豐防儉者於其逸有備所以無患克勤是用終吉三推之禮廢則倉廩以之虛肆眚之恩廢則簡書以之佚欽哉欽哉能事斯畢矣然則農功可大農扈允臧以農爲本兮國有常令以農率下兮人知向方亦既奉宗廟亦既備粢盛一人垂訓兮萬國昌罔有迷於日用于胥頌美兮聲洋洋

娥女泉賦并序

泉在寧陽城南二里古老傳稱娥女美容色善歌舞度曲此地化爲泉生於巖石間垂灑如淚故云耳

水之裔巖之偏變彼娥女瀏爲沈泉伊昔巧笑淑靈穠華艷色頳唇發而寥亮素袖盤而掩抑故能傾北方掩南國超俗絕世神窮化極於是淒兮雨濕黯兮雲沈銷玉貌與紈質冶瓊姿及蕙心舞成水態歌入流音瞼眇眇以波盡眉娟娟而月深觀其岸草翠積厓苔綺映列山光以泛灩懸樹色而涵靜引耀冰玉貞明石鏡能含上善之心不改至柔之性若乃蠲祀典戒良辰蘋藻前奠笙竽下陳莫不淋漓玉集滴瀝珠新聲嗚咽而成韻淚闌干而向人及夫嚴風歲晚熾景炎節水壯河沈流枯海絕則必溫溜冬氿寒光夏冽異黃泉之下冥殊流水之東閱噫化將云盡奚假物而獨靈道或既存苟得仁而何慭靡度可持安知縈悴望神光兮水潛鑒化跡兮山閟搴杜若以誰與弄潺湲而增思

上林白鹿賦以君德至天珍物充囿爲韻

仰彼元化稽乎典墳驗休徵於列辟知至理之有君遠方

圖物不寶旅獒之貢靈契潛感豈惟鳴鳳之聞降百祥之昭晰和四氣之氤氳粤有奇獸言彰聖德賁然來思載白其色才廣廣以呈貺不呦呦於野食謝仙家之騰騎歸御苑而棲息於是上囿幽閒禁林清祕炯如玉立皎若霜華場町畽於池沙影光芒於山翠皇心愉兮德所感眾目駭兮榮其至晝轓爲飾能隨太守之車緣續稱珍可薦王侯之位且夫勁角昭勇縞色呈鮮應皇家之盛德當聖運之承天足使殷帝之狼恥擅銜鉤之瑞吳門之馬慙當曳練之姊其來也則天祚明德神推有仁故以奇質表瑞非爲

育珍其擾也則一人有道四海無拂故知以惠性含和寧將翫物宜其禎祥遠暢聖範光充保康功於勿伐彌大命於無窮賦曰元化凝兮神功就瑞獸格兮充君囿質皜耀以霜潔角淋漓而玉秀恥射兎於東遊笑獲麟於西狩惟皇靈之介福固永命而何究

南有嘉魚賦　以樂得賢者爲用韻

惟帝王之應運孰無賢而能作雖道洽於唐虞尚翹翹於林藪彼嘉魚之發興實思賢而共樂蓋風俗之盛衰以廢興爲善惡惟魚在淵兮其跡惟深賢在野兮其道惟默植忠信以自保俟休明而觀國屬王度之清夷復何求而不得然後爲衡爲量是倣是則成天下之亹亹定眾人之惑惑國家化造往古政在求賢釣嘉魚在丙穴得奇士於滋川故開闢之功作之於我太平之人匪降自天余是以知玉帛之禮至矣嘉魚之詩大焉若乃日旰而食思彼賢者念茲在茲誰與天下心不忘於寢處足流詠於風雅斯蓋嘉魚之義故可得而述也

盧重元

重元官通事舍人

沖虛至德眞經序

劉向云列子者鄭人也與鄭穆公同時蓋有道者也其學本於黃帝老子號曰道家道家者秉要執本清虛無爲及其理身接物務崇不競合於六經而穆王湯問二篇迂誕恢詭非君子之言也至於力命篇一推分命楊子篇唯貴放逸二義乖背不似一家之書然各有所明亦頗有可觀者且多寓言與莊周相類故太史公司馬遷不爲列傳張湛序云其書大畧明羣有以至虛爲宗萬品以終滅爲驗神慧以疑寂常全想念以著物自喪生覺與化夢等情巨

細不限一域窮達無假智力理身貴於肆任順性則所之皆適水火可蹈忘懷則無幽不照此其旨也然所明往往與佛經相參大歸同於老莊重元以爲黄老論道久矣代無曉之者咸以情智辯其眞宗則所諭雖多同歸於不了所詮雖衆但詳其糟粕莫不以大道元遠遥指於太虚之中道體精微妙絶於言詮之表遂使眞宗幽翳空傳於文字至理虚無但存其言說曾不知道之自我假言以爲詮得意忘言離言以求證徒以是非生滅之思慮因情動用之俗心矜彼道華求名喪實我開元聖文神武皇帝知道

爲生本至德非言廣招四方傍詢萬宇冀有達於元理將欲濟於含生小臣無知偶慕斯道再承聖旨重考微言謹尋列子之書輒詮註其宗要竊懷知此非欲指南儻黙契於希夷猶元珠於象罔是所願也非敢望焉論曰夫生者何耶神與形會也死者何耶神與形離也形有生死神無死生故老子曰谷神不死死而不亡者壽也然此之死生但約形而說耳若於神用都無死生神本虚元契眞者爲性形本質礙受染者爲情至人忘情歸性則近道凡迷矜性殉情則喪眞是故騁支黜聰道者之恒性貪生惡死在物之常情不矜愛以損生不祈名而棄實故莊子曰爲善無近名爲惡無近刑緣督以爲經可以養生可以盡年也代人以不求於名則縱心爲惡此又失之遠矣何則人笑亦笑人號亦號人之所畏不可不畏復安得爲不善耶是知神爲生主形報神功神有濟物之功形有尊崇之報神有害物之用報有賤陋之形故神運無窮形有修短報盡則爲死功著則別生亦由清白者遷榮貪殘者降黜約位而說也形不變則位殊約神而辯也神不易而形改至人了知其道故有而實眞眞神無形心智爲用用有染淨凡

聖所以分在染溺者則爲凡居清淨者則爲道道無形質但離其情豈求之於冥漠之中辯之於恍惚之外耳故老子曰吾道甚易知甚易行而不能知不能行其故何也代人但約形以爲生不知神者爲生主約氣以爲死不知神者爲氣根繫形則有情迷神則失道封有惑本溺喪忘歸聖人嗟其滯執之如此也乃歎夫知道者不易逢矣故曰千里一賢猶如比肩萬代有知不殊朝暮者惜之深矣豈不然耶儻因此論以用心去情智以歸本損之又損爲於無爲然後觀列子之書斯亦思過之半矣

李筌

筌自號達觀子官荊南節度副使仙州刺史

黃帝陰符經疏序

少室山達觀子李筌好神仙之道常歷名山博采方術至嵩山虎口巖石壁中得陰符本絹素書朱漆軸以緘之封云魏眞君二年七月七日上清道士寇謙之藏諸名山用傳同好其本糜爛應手灰滅筌畧抄記雖誦在口竟不能曉其義理因入秦至驪山下逢一老母鬟髻當頂餘髮倒垂弊衣扶杖路傍見遺火燒樹自語曰火生於木禍

發必尅筌驚而問之曰此是黃帝陰符上文母何得而言母曰吾受此符三元六周甲子矣謹按太一遁甲經云一元六十歲行一甲子三元行一百八十歲三甲子爲一周六周積算一千八十歲年少從何而知筌稽首再拜具告得處母笑曰年少顴頰貫於生門命輪齊於月角血腦未減心影不偏性賢而好法神勇而樂知是吾弟子也然五十六年當有大厄因出丹書符冠杖端刺筌口令跪而吞之曰天地相保乃坐樹下說陰符元義言竟誡筌曰黃帝陰符三百言百言演道百言演法百言演術參演其三混而爲一聖賢智愚各量其分得而學之矣上有神仙抱一之道中有富國安人之法下有強兵戰勝之術聖人學之得其道賢人學之得其法智人學之得其術小人學之受其殃識分不同也皆内出於天機外合於人事若巨海之朝百谷止水之含萬象其機張包宇宙括九夷不足以爲大其機彌隱微塵納芥子不足以爲小觀其精微黃庭八景不足以爲學察其至要經傳子史不足以爲文任其巧智孫吳韓白不足以爲奇是以動植之性成敗之數死生之理無非機者一名黃帝天機之書九竅四肢不具慳貪

愚癡風癇狂誕者並不得聞如傳同好必清齋三日不擇卑幼但有本者爲師不得以富貴爲重貧賤爲輕違者奪二十紀河圖洛書云黃帝曰聖人生天帝賜算三萬六千七百二十紀主一歲若有過司命輒奪算算盡奪紀紀盡則身死有功德司命輒與算算得與紀紀得則身不死長生矣每年七月七日寫一卷藏諸名山巖石閒得算一千二百本命日誦七遍令人多智慧益心機去邪魅銷灾害出三尸下九蟲所以聖人藏之金匱不妄傳也母語畢日已晡矣曰吾有麥飯相與爲食因袖中出一瓢令筌取水

筌往谷中盛水其瓠忽重可百餘斤力不能制便沈於泉隨覓不得久而却來已失母所在惟留麥飯一升筌悲泣號訴至夕不復見筌乃食麥飯而歸漸覺不飢至今能數日不食亦能一日數食氣力自倍筌所注陰符並依驪山母所說非筌自能後來同好敬爾天機無妄傳也

郗昂

昂高平人與李華同舉進士

老人星賦

魯大夫登大庫觀上元端北辰以正象望南極之穹天辨

列宿之高映見丈人之獨懸色熒煌以奪目形皎潔而臨邊候德至而浮彩副時和而應躔爾其元鳥司分蒼龍御歷節春秋而隱見當丙丁而的皪且遺光以表慶亦應祉而純錫故經曰其國泰其星明天垂象物與禎循晷度而靡替順璇衡而則呈其座也一符帝者之一位其義也壽契黍哉之壽名元武宵中偵西陸以凝質白藏氣杪直南郊以散精夫有開必先無福不應若政事中律則嘉祥叶證五緯分影而交朗九月騰華而吐孕此乃王澤宏天瑞作恒星轉耀而同煥布景搖輝以相薄初昇穹昊月午而孤燭猶然末映疏林夜久而圓珠未落景貺繁集靈機眾夥臣望氣以敷奏君向陽而拱坐雖戩穀而自天實休徵之在我驛芒下射滅草莽之飛螢紫燄旁融掩榆關之流火老人彰矣成此乾文老人出矣贊此明君書玉牒以垂範紀緗圖而播芬自古爲天官者莫不察時變紀殊尤唐昧擅譽於南楚史佚專美於西周宋則子韋遐鑒鄭乃裨竈深求殷馗縱眺識曹公之肇迹李郃凝目知漢使之將遊余非曩昔之羣彥媿慚學於前修徒循甘石之遺旨願獻祜而歸休

驪山傷古賦

天生蒸民而樹之君夫爲國者當建宗社廣數聲教尊其威靈儼其容貌其惠也遠浹其仁也普淖言靜而可以底綏言動而無所屈撓令四海惟精惟一俾萬人是則是傚安有臨伐木而棄其斧將涉水而投其楫童子猶知其不可況天下之龍豹初虎視八荒鯨吞六國攻必取戰必克所往而梟其渠帥所敵而斷其銜勒起翦之功遏蘇張之詐塞招星紀之南伐天街之北賞尉繚以爲忠譏誅文信以爲殘賊將大寶而康寧謂神仙之可得一何壯哉及其

浮江沉璧登山紀石徵茅濛爲却粒之符遣徐市爲求眞之客殫人力爲馳道鑄兵刃爲金狄方欲肆其暴露方欲窮其轍迹鬱輿閭左之徭大起阿房之役亦所以坑其儒士亦所以燎其經籍聞祖龍而非寤逢巨魚而必射不知望夷之兆未覩沙邱之厄又何謬歟天降圖籙言勦其辜惡貫以盈禍胎必膴載鮑之氣俄徹夢神之應聿徂意靡察於太子尚勞師以備胡人且懸於蒙將我獨憐此扶蘇廢至尊之丕烈任奸邪之逆謀將欲稱始帝而歷萬代卒宗滅而身屠王祿盡矣誰定其危天之所壞人不能支既

同信於望夷安肯從於李斯生且替其遺命死徒華其塋爲嗚呼驪山之隧其庸幾年上周五里下錮三泉礬珠璣之布濩盡金石之雕鐫匠人勞而不償反生埋於鬼埏狐兔穴而塵積牧豎焚而火連嗟拔山之壯氣成拱木之寒烟享祀輟矣疇相恤焉百二之襟帶莫守數仞之邱墳巍然何德之衰絕伯翳之餘業何力之競爲劉炎之著鞭枝葉將落本必先顛苕折巢覆胡能卵全是知不有廢也後王安得而處旃

蚌鷸相持賦 以洛城風日爲韻

水濱父老以漁弋爲事常持釣緡荷矰繳且浮灑澗晚泝伊洛亂平潋之磷磷步清流之鑿鑿匪畋魚以爲務將釣國而爲託異戕忽而害生時自斃而方搏亦猶守兔者目注於盧犬挾彈者志在於黃雀斬長鯨而四海宴如得巨魚而千里饜若夫一舉而擒兩固功全而利博同不狩而獲多齊不耕而自穫訝彼老蚌含胎孕明鷸是翔禽翼迅體輕或依岸而開合或遵渚而飛鳴既相遇於茲地亦相殘於此生鷸以利嘴爲銛鍔蚌以外骨爲堅城鷸以蚌爲腐肉可取蚌以鷸爲微禽可營鷸曰今日不雨必剖蚌之

腹蚌曰明日不出必喪鷸之精並相持而坎難俱莫知其困弊彼漁父聞而造曰危哉二蟲吾見爾命之將絕吾知爾力之已窮胡不潛泳於深水胡不乘高於大風何故枯骸於波際何故落翮於沙中乃攜以俱歸釋此雙疾利其美用取其形質鷸有羽兮彩映華冠蚌有珠兮光照巨室雖假物類以爲用誠亦辨說之良術莊生寓語於前古是用廣之於今日

梓材賦 以理材爲器如政之術爲韻

匠人度有山之梓相文木之理既因性而是度又從繩而

可擬故輪桷適任棟梁資始陰陽之體叶時檃括之形中軌飾其象乃圖之以鳥獸諧其音必均之以宮徵苟可擇於棫樸亦可殫夫杞梓徒觀其破擁腫斲瑰林攢節迸集斜文洞開蜀柹落而雨足交灑郢斤運而風聲飇來伐之丁丁奐甗貍之班首斲之橐橐碎空穴之青苔巧無匪制庸無所施因心則達觸物能爲初會方以成矩乍投圓而得規削斲同功準量成類方資剞劂之力乃作馨香之器厥若選德以序辨官以位誠當正直而無頗亦何患乎綱紀之紊墜小既以此大無不如文公立號以化洽康叔省

功以慎備仁義有常剛柔貴識其虛實寬猛相濟勤苦務知其疾徐教在洽人慈於出令亦猶代大匠斲罕或不傷其性俾夫來者式遵前聖且修短得喪亦奚其爲政森彼灌木工則度之有倫有要念茲在茲展矣君子如何勿思思不越乃心逸於人也明其采章於木也須其丹漆瞻濟濟之榛楛懿彬彬之文質雖非班扁之奇妙敢獻斲輪之良術

岐邠涇寧四州八馬坊頌碑

垂象者元上昭乎天廄天駟體元者聖下列乎庾人校人驥稱其德亦已遠矣願言馬之志曾有意乎粵若乾道爲良坤元利牝駒從渥水駿發中盧屈產貴其能鳴雁門多其美眷豈止宗生冀北族施汧西而已哉自相士運其天機孫陽明其骨性秦贊溢其前後許衛詳其毛色悲伐在其股膺寒管議其唇齒麻朝詆其頰胲女厲辨其目眸昔軒轅得之過寒門穆滿得之遊崑崙周王得之平東鄰漢帝得之定西秦我高祖得之四𡰱至我開元得之五輅備敢問毛蟲三百六十其誰力多於是乎夏殷以還經傳莫紀周制廄馬始頒廄官凡十二閑馬三千四百五十六始

皇吞并宇內六萬騎之國馬盡歸秦漢武大脩甲兵崇飭戰馬至四十萬匹是多乎哉自魏及隋天下騷動疲勞死轉數不足徵我有唐之新造國也於赤岸澤僅得牝牡三千匹命太僕張萬歲傍隴右馴字之四十年間孳息成七十萬六千匹屬張氏替職圉師敗官馬之教馳日失其序逮開元初唯得二十四萬匹至十九年復成四十四萬匹今之盈縮亦不甚過上耕籍之明年命我邠公典斯馬政公齊其飲食視其良駑膺芻庤涼綱惡去害天子以公有伯翳宜生之德爰錫土田日磾善養之功真堪宰相即召

公入掌三事外司百揆調飪鼎實緝熙帝繇夷吾果理於高傒咎單諶暢於伊尹帝曰若予邠之後亮采惠疇僉曰元祐帝曰俞咨祐汝作小司空兼攷牧圉李公言成允令才實允宗恪居本朝能率大戛載習載步稚之秣之疏穢鎮浮受劑聽訟匪燒匪剔斯馬斯才荷天之寵未可涯也判官尚乘奉御長孫昴壽安尉賀蘭弼華陰主簿常冀並心懸規鏡家韞賜書投刃靡全應機立斷侶昌門之驂乘行翼聖仙偕子況之能官坐登卿相有原迓浦非大而何雅所謂愷悌君子干祿愷悌信矣先是國家以岐山近甸

邠土晚寒寧州壤甘涇水流惡澤茂豐草地平鮮原當古公走馬之郊接非子犬丘之野度其四境分署八坊其五在岐其餘在三郡保樂第一蘇忠主之甘露第二劉義尸之南普潤第三田敬董之北普潤第四邵業監之岐陽第五李行守之太平第六馬慶尹之宜祿第七曾叡領之安定第八李仙正之八人者或折衝禦侮或果毅昭戎射御不違始終惟一又命朝散大夫都苑總監韋績總以統之韋公敢行利物克壯遠猷悉心效官盡瘁事國口占諸吏躬親百爲攻特執駒禁蠱驅蠥撫穌趣馬慰薦扈人陳損益以示其方明賞罰以防其慢立封準以課其程均衆寡以節其宜告之以畏威申之以誘掖曰善而筐蠶散而纓纕除而茲翦而蓋皆當循爾職制無使我馬元黃拖公絕私匪怒伊教君子曰韋公之僂下如此欲辭福祿得乎人從話言馬賴調豢將蕃其類必謹其初故春祭房星尊祖也夏祭先牧尚養也秋祭馬社敬乘也冬祭馬步存神也然後時其出入偵其肥羸一其種性殊其皁櫪旌別淑慝無相奪倫試言夫名且曰獻狀其名則汗血山子桃驂綠耳金喙騰黃騶吾吉光蒲梢啟服野麋娥鹿白蟻雞斯蜚

鴻母兒遺風騕褭茲白鐵離項王之騅符主之騧桓氏之驄晉侯之駮魏公絕影唐國驌驦劉之的顱呂之赤兔其狀則八尺之戎七尺之騋六尺之驕三尺之果下文臂花肩陰膺白顛握蹄作足昆蹄素懸縞形如練紫目如電有駹有騤有翎有驈騽駱異羣驪騵亦分散如摛錦聚若屯雲若乃審其容貌觀其尾鬣司其正骨鑑其回毛膺爲宜綦肘爲減陽幹爲弟方背爲闕廣水火又明城郭又張逸躍翹陸趨趯踣顧陛臚齕草降阿飲沱騤而翔駁而走如龍如彪或寢或吪矗至特立仰鳴俯噴威儀變態不可談

詳田事既昭軍容大備有馬如此何憂乎戎由是判官長上杲毅都尉成公雅貞尹承順兼諸寮吏及四郡齊人入坊長户因雜然相與謀曰天子亭育我邠公覆露我李公司牧我章公噢咻我君臣同德其利博哉若不毛舉數事指敕大較雖隸圉之後將不食吾餘且保樂者隋石門馬坊也其舊制褊狹多歷年所棟折榱摧隤牆塡塹甘露先置在九成苑外土良蒙美不迨苑中令茲數公得請於帝有詔令新保樂徙甘露所云叛萁許用正錢令則量抽掌閑供飼國馬數内商摧納其資課迴給工人計一歲省庫

錢七百貫有奇以約財裨國其利一也甲令曰諸坊馬每年四月十一日停料野放今則以三月中候陽崖墳盈春草先長便停藁穀俾逐川原計一歲減菽粟四千石箕秆三萬圍徯來年之用以隨時豫蓄其利二也八坊營田一千二百三十餘頃析置十屯密邇農家悅來租墾王在京邑則稅其生芻天旋洛師乃藏厥嘉實歲中收貯二萬五千石薪蒸倍之以安甿盡地其利三也又緣馬所須羈絆翦刷餔籆畚箒注藥灌劑之物乂鞬滌除之器比年皆旁勞州縣長度公錢誅求無時不給其用寖以承弊人多懼憂今則權差夫丁率自采造成二萬六千五百三十石升杴具歲中省百姓供費三千貫以杝煩激惰其利四也内廢馬每年有瘠者病者老者疲者擇其不任者以須諸坊則必餒之艾之行之節之俟其跳梁俟其充腯而後入之以内癰起廢其利五也是五者有仁人焉有王政焉何獨師古始爲成憲則知從邠公之教可以阜從李公之法可以經從三判官之幹蠱可以事事無留從章公之訓詞可以孜孜不怠古者有勞於國則紀之有功於人亦紀之里克賦在坰之頌燕公纂監牧之作吾從二史臣之後安敢

墜於斯文其詞曰

天王乘玉兮德至山陵澤馬於皂兮屢惟休徵君命臣力兮庶績其凝八坊載就兮畢來斯升岐山之下兮田疇好涇水之將兮多嫩草繚垣墉兮積芻藁天馬來兮從東道羣紫鸞兮駢綠蛇骨象奇兮歸帝家毛御風兮蹄踐雪舉蘭雲兮低噴沙既伯既禱兮無災害有駜有容兮眞沛艾縞身朱鬣兮又白顛睍影長鳴兮聲造天今安匹兮龍爲友吾君馭兮壽千年

崔頌

頌開元朝官荆州司馬。

對大匠將改廳判

姚先意拜將作大匠以父曾任此官請改易廳事坐處

先意夙傳餘慶生亦逢時章綬斯榮位崇多士箕裘不替代掌百工韋丞相之高風鬱然繼軌顧侍郎之嘉植貽厥有憑旣而事因地勢言從天爵雖於公府之間尚有私庭之禮父子不宜同席古典有諸居官直欲易廳今則何稟

對夢得籬粟判

索和誠家貧至孝夢西籬下有粟掘得十五鍾鄉人以告非營求所得請納官

索和中和產德純孝爲人親之所安類曾參之至性生無所養同子路之嗟貧定省切南陔之心殷憂有北門之興精誠所至動於鬼神吉夢有徵啟茲靈貺遂使鍾盈積粟自能貯於西籬庾得如坻無假事於南畝動天地而降福集人靈之休慶美劉殷之孝行再覩於茲伊索氏之鄉人一何狂簡天之所賜不合納官告者誕詞固宜反坐

欽定全唐文卷三百六十二

邱悅

悅元宗時人著三國典畧三十卷

石佛銘

奉爲亡妣扶陽郡太夫人天水趙氏所造夫人故司列少常伯仁本之女今左威衛將軍東都副留守諫之姊夫人幼柔婉長賢明詩禮天然圖史暗合家君之爲相也特見奇異常謂女師輔佐君子能循法度是稱婦德從宅垂訓多著才名斯爲母儀年七十七薨合祔京兆終天永奪泣

血無追唯托能仁用資冥果坎巖壁現眞容因高製龕郎空疏座東臨伊水百億津梁北走鼎門大千方便所願上昇忉利功德證明晏坐耆闍神通無㝵斯石不朽茲山永固窮佛劫以長存拂天衣而無盡銘曰

彌陀得道四劫前莊嚴幽路百福先法身不朽山石堅昊天罔極佛日懸

封利建

利建天寶十三載栢城縣令

大唐睢陽郡栢城縣令李公德政碑 并序

初利建之登於王畿也聞宋有栢城大夫隴西李公之德能媚於神而和於人者久矣及是而與之差肩焉覩其闕一字揚闕二字祇率訓典逾洒然而異之亦既詢事考言果於入境知善邑老皆稱曰人之不安由黠吏肆暴政之不一或亂法滋彰公下車視俗執轡遵途殲豕之牙府庭憚其強項除馬之害閭井伏於洗心令修伍鄙之閒理浹四封之內莫言一朝之便皆務闕一字身之功焉以爲豪右兼并不均之所從也糺逖以裁制之孱弱轉移流亡之所起也勞賚以安輯之登其孤終協其出入倉廩既實闕一字理闕四

字人之居矣阜其財求明其利弊羣萃州處心安不遷士旣閒燕以詳求典禮農服畎畝而察時節用商安市井識貿遷之利工守闕一字習辨功苦之宜是成人之事矣然後設奸宄之禁制吉凶之禮廉讓興而奪攘寢故扃鐍不用長幼順而闕二字達故絃誦日聞莓苔蔓聽訟之庭蛸蟏網思過之戶事無巨細必也躬親道有汙祟於焉適袁牛刀在握而竅郤餘地龍劒出匣而魑魅慴形到理聞其小康滿歲稱其大賴邑自成於保障賦不域於繭絲郡守襘冕唯頒詔令遊士幣帛兼禮才賢闕二字下於琴堂譽已充於輶傳以管子之術御下用平仲之心奉上莫不以石投水若礪資金故道不虛行人仰攸塈勝殘去殺百姓稱仁焉省徭薄賦百姓稱寬焉敬上愛下百姓稱順焉輕財重義百姓稱廉焉信有長闕一字使人之術寬肅宣惠之美寬所以保闕一字也肅所以濟時也宣所以施教也惠所以合人也若此而不令聞闕一字世者未之有也其或止灌壇之風雨息中牟之災沴則理符闕二字無得而書今太守越國李公明照肝膽首加賞譽十縣之內一人而已子徒見能政之所以成未識有開之所由然夫以理官謩九德柱天涼

重元疑武昭王之勤卹遠黎姑臧公之發揮餘闕一字而不澤流後裔寵集時賢者乎太翁雲將皇給事中常州刺史與房元齡等十八學士曳裾秦邸可不謂文乎王父元道皇尚書右丞隴州刺史闕二字行己終始若一可不謂忠乎昭考絳皇職方郎中滑州刺史不闕三字克開後人可不謂榮乎公名仲華字仲華以隴州之忠而納之以常州之文閱之以滑州之闕一字露知事君必闕三字幼也闕二字以從令壯也闕一字志而用令冠也和安而闕二字曾謂成人矣加之闕二字山闕一字仞而闕一字戢雲雨玉闕一字千尋而潛伏珍奇

鮴爰以（闕二字）內（闕一字）之年（闕二字）擢（闕一字）賈誼登朝之歲分陝參鄉以選授汝南郡錄事參軍振（闕二字）凋章善癉惡六條隨其指顧八使任之耳目以清白上聞俾作宰於是邦適名著於彼遠政成於此庶幾坐（闕一字）廊廟廟（闕一字）是（闕五字）員外丞鉅鹿魏崇仁故太師鄭公之曾孫也忠（闕一字）有（闕一字）祖遺風問望允時賢攸屬丞王嶷沈潛溫克潔淨（闕八字）實膏粱人惟儁穎耆壽等華髮含光顛毛（闕一字）齒（闕一字）督錄事等謹身稟命所奉竭誠愓槐檀之火遷惜桃李之飧（闕二字）日（闕五字）光耿於人多矣（闕一字）欲社而稷之尸而祝

之（闕一字）或（闕二字）期在他日姑務稱伐之典其庶銘勳之義由是述旨於（闕二字）假詞於（闕四字）為政如多方人利百倍故天錫純嘏神應嘉生夫自足於躬不知日用之力從事於此誠悟歲計之餘是用紀（闕六字）以遵之以光昭（闕一字）君之令德迺作頌曰

隴山峩峩渭水湯湯輔我盛族兮與代偕昌左轄之孫專城之子誕守丕業兮世繼其美分陝參佐汝南綱紀聲聞于天兮作（闕一字）于輔（闕二字）乘馬稅于株野此邦之人自天祐者所祐何居茂宰綏之昔也股無胈今也足生氂適歎來暮旋嗟去思分勢駸駸高駕難（闕一字）千金（闕一字）字以立（闕一字）碣頌美（闕二字）敬（闕三字）

王端

端開元二十七年官崇文館校書郎歷監察御史

唐鐵像頌

自我大師堅林示化不有像設人何以依小大之功蓋存乎願瞻彼朔易有大像焉厥高羌而不可乎彌度則我前太守盧君之所立盧君諱暉字子晃自尚書郎保釐我郡張皇軍容簡而明慧而肅害必革利必興爰徙軍爰置邑

刱闤闠飾招提遠者懷近者悅戈甲以理奪虜氣於塞外童耋以樂被旿謠於域中然猶躬行屬縣求人之瘼相彼村閭古多精舍往往阤陊而法鼓存焉或播或柞或鬱或震莫睹筍簴之狀寧聞宮徵之音君曰咨時則有若黃耇鮐背之老數百人隨車而請曰惟是衆多之金委於草莽不敢散為凡器以速戾實願合為眞容以祈褫君曰善且俾五臺沙門大端慮事樂施之力一惟百精誠之心百惟一炭嶺屬爐谷呀人雲屯槖雷動黃白之氣竭青氣生焉於是化天下之至剛為天下之至柔以至柔入無間亦既

成像復歸於剛眾奔走而觀之則三十二相備矣計功者蓋莫知其眾寡徒駭其不日而成也度財者又莫知其少多徒歎其不召而至也非我人心之歸於君君惠之及於人何以能之是舉也可以觀政矣間一歲使臣以君政尤異聞於帝帝用嘉之錫以束帛有由然也伊追琢之功未旣而惠盧君遷於瀛田君至自靈誕敷至化纘戎前功爛朗景彰飾道盡矣戊寅歲易人思卲父美杜母嘉願力謀不朽是用託頌於端端文館之吏也敢不祗若頌曰

崇崇睟容法之尊兮優優庶政直而溫兮如茨如陵不騫不崩福永存兮

羊愉

愉元宗時官左拾遺

嵩山會善寺故景賢大師身塔石記

大師諱景賢菩提大通法允也本姓薛氏汾陰人世爲著族容貌秀偉見者肅然幼而神明周覽傳記弱冠投心大覺宿好都遣問道於闕一字陽智寶禪師師言法王大寶世傳其人今運鍾江陵玉泉矣一佛出世亦難遭矣則星馳駿邁而得大通發言求哀揮汗成血大通照彼精懇喻以方便一見悟入罔然昭洗厲世議迫隘遠迹幽絕客居巴峽三抗山中山尋霓谷無景豺虎搏噬毒癘蒸鬱而我歲時宴居初無惱害豈闕一字爲之守而神靈保綏良可知也久之廣大圓極悉心以獻大通怡然克荷相許付寶藏傳明燈爲不讓矣時神龍闕一字歲也中宗聞風詔請內度法眾仰德乞留都下大師雅尚山林迫以祈懇或出或處存乎利濟化自南國被乎東京向風靡然一變於代蓋三世諸佛意闕一字法印妙極之用言外之功不可得而聞也觀乎萬形蠢蠢於黑闇千界熙熙於熱毒如來有以登大明灑甘露雖相示寂滅而業遵龍象則我先佛法身湛然常

住者矣始先祖師達摩西來歷五葉而授大通赫赫大通濟濟多士寂成福藏爛其闕一字門同波派流分景並照亦東闕一字之盛也噫世相不實應盡誰留菩薩知時示同於物開元十一年龍集癸亥歲八月在嵩山會善道場現有微疾沐浴宴坐神情儼然翌日而謝春秋六十有四雲山慘毒庭樹彫摧矧夫情靈痛可言也門人比邱法宣比邱慧嶽比邱敬言比邱慧林等不勝感戀奉爲建塔迢亭葩赫出於嵩半主上追懷震悼賜書塔額署曰報恩存沒榮

幸山川光燭廿年又起身塔於北巖下永奉安焉若其積微成著之勤乘定發慧之用堅剛勇猛之操大悲廣衍之業率皆碑版所詳不復多載也

姜立佑

立佑開元朝官侍御史

對夷樂鞮鞻爲任判

甲爲鞮鞻乃以爲南方所習將訓之於人人以爲非訴其有謬甲不伏

萬邦作乂同乎文軌百度爲貞崇其禮樂祖考來格神人以和必四夷而克諧明庶土之交正國家一其區寓無思不服歲覲有差方物斯備越裳重譯爰歸翡翠之賝大宛久開攸聞汗血之獻故得鞮鞻是別聲律會同諭彼來王昭其率舞擊石拊石歎入於予以雅以任義興詩頌泉魚涵泳聽朱絃而屢昇雲鳳騫迴訓金奏而不去考都鄙之所習順操土風混夷夏之聲塵以廣朝命各得其所無相奪倫明九序之惟歌均兩階之無事甲之所訓亦無憒焉人則未從其爲過矣且南方北方之樂惟禁惟任之名既人絕而路殊誠有條而不紊辨方正位允執其中明罰勑法亦可不罔

對樂官樂司請考判

景任樂司博士教弟子難色五周成請進考所司以不能發蒙教不進考不伏

和以人神文之金石所以發揮時政導揚國風惟景職在伶倫克諧聲律笙鏞以間本歌頌而知音鐘鼓是陳謂鏗鏘之在耳師也有教藝則不孤故得遠會生徒方來胄子教成難色功正在於發蒙獎勸多方亦何疑於進考

徐季鴒

季鴒元宗時人

屯留令薛僅善政碑

開元二十年有勑將幸太原重巡潞藩上顧謂侍中裴光庭先擇才能俾宿儲供公以左拾遺膺是選也潞州八邑屬時不稔上下克辦實多宏益朝廷稱之公名僅字沖用漢御史大夫廣漢之後以儒術學業遂登三公直言諫諍退官終寵其後自沛居河代有丕烈公七代祖辦後魏侍中汾陰武侯六代祖謙中書令涪陵元公英武忠肅魏書有傳曾祖範隋本州州都皇朝硤州刺史祖文度曹州刺

史父元儉溧陽鄞二縣令光州司馬並政理清白見重於時公受天正性承家具美敦龎重樸負經濟大才優閑江海紫薇令姚公黃門監盧公特奏有學有文身材拔萃起家授洪洞尉刺史蕭璦許以公輔之器羽林大將軍楊敬述持節河西以才畧奏請充管記秩滿授江陽丞長史王易從李朝隱以公清正直攝江陽江都海陵三縣令中丞宇文融殿中侍御史咸廙業並引爲判官狀稱滑吏畏威而破膽羣萌飲惠以息肩奏才學惟高公清特立公操斧則伐拂鐘無聲淮海之間義風一變會有制命舉才高未

達沈跡下寮宏詞博識至公從正者上御紫宸殿親試親考入拜獻替之司正議鯁詞多所獻納御史大夫李朝隱屢有推薦竟無昇擢及公之出宰也以擅美對揚推能撫字將化風俗且辭掖垣議者爲屈公無慍色躬親庶務朝夕勤勞寒者衣之飢者食之二十一年人尤困餒公輸出私米兼賑官糧從死得生百餘萬計勅使少保兖公深加器異當朝談獎狼暴出境鹿馴於邑廣開郵閈大創廄倉南塡巨坑北防深水太原尹王公以殊政奏長史李植以異能上七年在任無風雨霜雹水旱蟲蝗之害長史李公又考其孤清耿介冰碧在懷乃居高平山業公與祕書監賀知章中書侍郎嚴挺之虞部郎中褚光爲塵外之交嚴稱云難進易退翺翔宇宙之間廓然不可得而見褚每云暗與道合神超造化賀之篇翰往來精密公每讀古史及聞時說有一仁一義一忠一孝者未嘗不慷慨涕泣絕薰腥救窮急傲然獨得情智耿然君子稱之飄飄雲霄之氣磊磊棟梁之骨方將出地絡以遐邁超天衢而高視十七鄉父老崔亮臣郭全璧等五百餘人式刊善政季鶴作頌傳於終古詞曰

我公兮肅英嶶粹河汾穆崇闡我公兮深厥政稽邦典活人命我公兮豁虛受洞羣友垂大久

盧貽

貽開元朝官侍御史內供奉

對舉賢任選判

得上封事人云吏部計選不得其才請命公卿舉賢而任所司云知人之難恐不絕私非選士之策

求賢審官分職揆務必資慎擇乃罔姦邪惟彼禮闈式恭

髦士固宜品藻而無失夫何銓管而是昧所以懷山壽識量藴毛玠公方擇其琳瑯誰云非允刈乎杞梓孰曰謬賢嗟爾伊人議乎取士類匡衡之述古多所引經同谷永之上封獨將言事教驟邦典政敗暨儒且涉緣情殊非革弊天官嘉選是曰司存月卿薦賢恐成離局

李希言

希言鄭惠王元懿孫鄂州刺史璥子開元中爲右金吾大將軍再遷太子詹事

對墳樹有甘露判

楚州申殷賢喪親負土成墳甘露降樹芝草生廬青鸞鎮集白鶴翱翔縣令張德以爲孝感刺史欲旌表鄉人梁靜告國家祥瑞

楚州淮海北距江水南濱挹桐柏之遥源酌柴桑之遠派人沐無爲之化家覃孝理之風殷賢志切茹荼誠深負土故得靈芝三秀如馬如龍甘露載垂爲珠爲玉鳴琴邑宰先以檢尋集竹州司欲加旌表但飡和飲德日用猶迷舞鶴翔鸞天心有屬瑞允彰於周德孝因感於殷賢梁靜雖陳還宜準此

對學琴不進判

乙學鼓琴於伶曹十日不進將撻之詞云未得其數仰正斷

愔愔琴德先聖所營詠薰風以解慍歌白雪而成操士具不徹國有其官將以盪滌放心發揚和氣不有君子其能爾乎乙學安絃同宣尼之不進伶將執扑異師襄之下拜已習其數又得其人聞諸禦寇之書是曰文王之操若伶人子弟先父職官苟慢常以致尤遂飾詞以文過則檟楚之道何所疑焉

韋良嗣

良嗣天寶時人

對賜則出就判

甲賜則有司令其出就訴云未成

王者制義所以祿賢能人臣奮庸於是受錫命甲自天祐實勞王爵大邦吉士小雅蓋臣崇其黻章假其禮物漢詔求士寵錫惟重周官賜則命數未宏既曰不如守官且能辭不失舊密邇侯服公卿采地非成國之制無出就之義魯叔孫之朝王賜之先輅鄭豐段之如晉受以周田豈可

比諸侯之撫封等功臣之就國薄言之訴誠謂有孚慎乃攸司寧宜假器

恭皇后哀冊文

維開元二十八年歲次庚辰月朔日寧王妃元氏薨於西京之第旋窆于某塋天未忘釁相次徂落其明歲十一月二十四日王薨在殯制冊爲讓皇帝且有後命追謚妃爲恭皇后蓋以王有讓統之實而妃有恭德之美所以考行追崇皆聖皇天倫篤愛有光於古先者也粤天寶元年五月乙巳朔十七日庚申將遷祔于惠陵王薨及塋凡爲七

月天子之禮也命侍臣敘以書冊其詞曰

皇矣有熊處乎元宮衣冠所在祇允無窮以武而興復于土中以文始大元氣比崇禮侔周恪慶漸柔風展我邦媛倫昭有融至靜委和如天克令莫莫中谷夭夭作詠黃纔遵容素紗增映鑒圖閱史陰儀壼政帝寵元昆妃承累命降家人之禮擬陰安之盛鵲巢化行人倫以正或幾望於終古故守沖而益敬祥開夢兆服媚蘭蓀女延湯邑男受推恩綠車齊軫綵戟盈門各稟柔訓常貽話言天授戩穀無非審諦歸賵事凶毀臺成沴圓月忽蝕朝雲亦霽滅綵韶陽收華邸第嗚呼哀哉魯官未考津門遽哀帝以讓而追謚后從夫而永陪褕翟甃轝璋瓚誰開用小君之備物怨吾王之不來嗚呼哀哉娥輪半上蜃輅將移追雙旐兮遲遲卷六衣兮披披青門一別兮不駐素滻既濟兮相隨入長陵之松柏顧漢苑兮參差司馬門兮纍纍恭后墳兮在斯嗚呼哀哉

孫會

會開元二十九年官郴州太守

蘇仙碑銘

惟前漢蘇耽者長自郴邑稟之秀異幼則適野初因牧牛桂陽之邸每遊虞芮之畔遂因有開原之田縣人王懷步田間值羣鶴乃跪白其母潘氏曰忝在仙籙又逢眞侶迫以騏驥之便切以庭闈之戀咒橘井愈疾爲取給之資藥苗蔬畦爲調膳之費有闕就養將昇上清遂留連堂戶出涕如雨聳身而去莫知其所揮城郭以謝世乘羽翼於無際且五雲之路縹緲難追而一郡之人瞻望何及皆相謂曰蘇公以金骨邁俗瓊漿繕性能養其正不失其命亦猶梅子眞之去仙非關市卒成武丁之輕舉元由鄉人傳其

盛名布在方冊蓋殊倫矣及潘氏怛化之後仙公全以孝行棲于東山烟霧之中號哭不絕啼猿爲之酸切流水爲之嗚咽至若繫白馬於樹執慈母三年之喪所以竭哀戚之情也化赤龍爲橋感太守一弔之禮所以重桑梓之敬也當此之時近覩之難可得而見遠察之纔可得而辨豈不以貞氣有異囂塵無雜也且人之立身者一善則紀之一行則稱之猶與美談綽有餘裕況列仙是紀曠古莫儔將歸紫府之中相與赤松爲交向非餐霞契道外物全眞其孰能至於此矣巨唐開元二十九年也特有明詔追論

偓佺俾發揮聲華嚴飾祠宅皎潔遺像似逢姑射之人氛氳晚花何異武陵之境深院風灑松聲爲之淅瀝古壇烟横苔色爲之彬碧邑中耆艾愚然曰仙公之舊宅仙公之靈跡華表猶在空山相對今荷皇恩遠及祀典克明請考盛事皆願刊石時郴州太守樂安孫會文房之士也遂爲之銘其詞曰

靈啟道融降生仙公無宗無上冥感幽通至者不學學者不至莫知其然蓄踐神異孝悌是惇州壤是尊自藏於畔孰是其根裹城之野仙公牧馬桂陽之邱仙公牧牛千古一致比德同儔上清有命升元魁日永言孝思敬授靈術既超世而離人復軫慕而真親近賢者之喻夢表斯道之通神獨蘊殊行高標衆眞至哉仙公邃古無倫符守故圖載思載慕龍橋不留馬嶺如故徘徊塵跡髣髴雲步

欽定全唐文卷三百六十三

陳九言

九言開元時官太子舍人攝殿中侍御史內供奉朔方節度判官擢起居舍人遷右司員外郎

唐尚書省郎官石記序

夫上天垂象北極著於文昌先王建邦南宮列爲會府六官既辨四方是則大總其綱小持其要禮樂刑政於是乎達而王道備矣聖上至德光被睿謀廣運提大象以祐生人躬無爲以風天下三台淳曜百辟承寧動必有成舉無

遺策年和俗厚千載一時而猶捜擇茂異網羅俊逸野罄蘭芳林殫松秀盡在於周行矣夫尚書郎廿四司凡六十一人上應星緯中比神仙咸擅國華以成臺妙修詞制天一之議伏奏爲朝廷之容信杞梓之藪澤衣冠之領袖頃朝榮初拜或省美中遷昇降年名各書廳壁訛誤多矣總載闕如非所以傳故實示不朽者矣今諸公六聯同事三署並時排金門躡華轂鸞蹌鳳跱肩隨武接而不因僉謀補其闕典其於義也無乃太簡乎左司郎中楊公愼餘於是合清論創新規徵追琢之良工伐荆藍之美石刊刻爲記建於都省之南榮斷自開元廿九年咸立石于次且往者不可及來者不可遺非貴自我蓋取隨時班位以序昭其度也豐約從宜昭其儉也俾夫金石長固英華靡絕不編班固之年自然成表未讀馬卿之賦已辯同時不其偉歟

林謂

謂開元中濮州鄄城縣尉

對萊田不應稅判

勸農使稱萊田舊不應稅州縣令有徵納爲例

各自不同或據畝數均收或隨上下加減百姓紛訴使司科均收以不應爲從重科加減以非法均賦斂州訴恐年饑無以給貸且使司法例不平不伏處斷

倬彼甫田爰分沃壤定其差等故九州攸同處有勞逸誠萬人是繫周官掌事征稅畢均皇明燭幽遠邇咸歡德音天發直指風行既有察於農功將不遺於屋粟翦萊非季路之政就蕪興元亮之詞責郡縣之勞煩慰黎甿之薄訴借如據畝數以校率隨上下而加減蓋議事以制示得便

宜重戒年饑頗符日用苟殊乾沒獲戾何堪使司雖欲科懲愚謂傷於嚴刻且萊田不稅實師古之通方倉庾流衍乃自公之上務繡衣匪同楚失應副九重州縣請宥漢章賞其一切

太原府交城縣石壁寺鐵彌勒像頌 并序

維佛曰覺是法曰空鎔範所謂敬田薰崇可兼意境自西林晏滅東夏聞教納羣動故廣闢度門詣眞宰即窓傳智印功應沙劫化懸金界支提所以列寰宇建茸所以遍山林石壁寺者晉之西山舊號石壁谷隋隸西壽陽縣唐改

壽陽爲文水先朝分置交城而立寺焉太宗昔幸北京文德皇后不豫輦過蘭若禮謁禪師綽公便解衆寶名珍供養啟願玉衣旋復金牓遂開因詔天下名山形勝皆表剎焉所以報護力廣眞諦也特起紺臺之制頗餘紫禁之恩禪師尋終官寺初創分身建塔遺跡巋然多寶不開吾徒安仰年籥四紀紹復六僧修伽藍者瓘潤脫造山閣者毅本元竟未雄成且爲能事粤邑宰燉煌張公令孫清信香緣台鉉英胄隱若敵國知無不爲行春之餘瞻星閑製琢拓巖突所以面雙峯築基林間所以立前殿飛廊右轉高門南豁化檻棃爛於虹澗潄渠杳藹於龍鱗附麗張皇公之教也復次寺大衆縣諸吏鄉三老等端念斷結迴向增修屬廊殿功閑請鼓鑄象設信施山積稽懇雲奔弦朔再移公難久抑爰咨上座普公曰和上萬億之中已經付囑一方之內僉謂導師此處山泉人間卓絕常歎庭宇淺狹形像卑古既衆心同欲敢仰屈專知先捨俸錢次添淨儭想望耆闍之往思摹兜率之留寶臺繫念於儀形華林正觀於神衞倬開元廿六年十月十五日鑄鐵彌勒像一座良冶攻稾神物助銅回祿爇雲而噴練飛廉噫風而沸液

燄涌鈞外迺澈金光非普公之總衆罄心調御之慈悲冥應則何以髣髴相好成是福潤十二月八日設大齊而出之都人嚴護以禮供掌事蔡掀而改座鏟剃設色睟湛起容頃者都師思九先患兩足綿歷數年醫巫竭精蹇躄生念忍苦強步有加無瘳當監理之夜忽覺輕舉及成像之日曳舄如初此則指魔易容如鳥出㲉之攝也此寺幽深遠邃林巒猛獸不育濡草羅生列郡旱亢祈之則霖雨闔境歲儉念之則豐饒戒觸加敬警俗整僧此則軒臺不敢西射廬山長存東首也然結構大厦兼寫聖容工不召而

來役不言而應始謂陶唐之俗家盡歸依追悟巧妙之徒人皆飭力殿像云畢居處自空此則梵帝輸靈匠育王獻神兵也夫金者物之堅剛像者代之崇奉見不壞相故因感以存質在有爲跡故憑應以住法是梵場也其炳煥乎上座普敬寺主惠璡都師思九法師元炎大德茂忠守辿常念寶定洎龍象法允貞實貞華戒珠圓明智劍猛利當對初地蹔澤勝於閑安果證中天已授記於文佛鄉望王思貞縣吏郝仙壽等五色鵷鸞千里騏驥瓊樹塵映玉匣氣浮古署或列於桐鄉虔承遂陪於柰苑奉鍾離之舊政喜得人心結曇毗之後緣仍爲佛事於戲否往泰來聖作惠出微妙用之發揮匠意表刻紀靈則我皇之會昌景福天主之示現功利不其茂絕穹谷摩滅蒼岑者哉諤佗傑不偶誠敬字闕二與徒發於簡栖白林爲頌詞欲徵於靈運石壁言詩貝葉尚記買園線花亦題施樹佛則無愧謹偈銘云

世尊傳兜率天彌勒宴坐對諸仙晉山記石壁寺佛影下來留此地新殿開望昭迴白毫放兮照雲偎危樓敞臨懸象翠微濃兮洗煙上張公作神鬼諾五十六億龍華樂靈

匠罷眞僧楷八萬四千師子駭鎮帝鄉歸梵場法輪轉兮衆福諮銖衣拂兮聖劫長

蘇倇

倇一作婉常山人開元中爲太原府錄事參軍

對越人駕象入庭判

冬至朝越人駕象入庭不載黃門鼓吹法司科罪越人訴云依太康中儀不伏

大荒無限天下如截柔遠能邇老安少懷惟彼越人沐玆造化境遥銅柱聞伏波而蹔擊聲暨珠崖非尉佗而能制屬星躔北陸日居南長天子登靈臺觀雲物命羣臣以成列執五瑞而知禮牛羊勿踐駕象奚趍來賓丹禁之庭不載黃門之樂今朝高會笑塗山而未倫法奏虞章鄙蠻風而詎設棘司以多聞闕殆直寘先繩越人以古有典刑曾何敢侮且中古以降五運相乘太康之時九儀亦備具物云在時人屬遷須崇改更之文無致因循之禮

對投諸棘寄判

得國子監稱諸冑子不親師教將棘寄之省讓其侵冒刑章寘之於理監固論不已

聖人設教克勤於學胄子從師罕能由禮惟彼成均奉職宗伯分官將舞籥以持旄俾歌詩而序齒進而函丈知拾紫之華退而負牆識滿金之喻不傳其習或失於多嗟爾寡聞孰云功倍卬之勿應則待於從容發然後禁何驚於扞格誠宜扑作二物吾與其進焉用僰寄四夷若斯見罰伺行父之逐鳥豈殆庶乎徽楚子之奪牛理固深也不帥之教雖載於禮經侵冒之刑合歸於司寇仍爲多訴無乃厚誣

王忠嗣

忠嗣華州鄭人始名訓父海賓征吐蕃戰死授尚輦奉御時年九歲因入見賜今名養禁中試守代州別駕以功累遷左威衛將軍代北都督封清源縣男開元二十九年徙封河東縣公領河西隴右權朔方河東佩四將印討吐谷渾於墨離平其國李林甫忌其功使人誣告忠嗣嘗養宮中云欲奉太子詔驗罪應死哥舒翰請以官爵贖其罪乃貶漢陽太守徙漢東卒年四十五寶應元年追贈兵部尚書

平定諸蕃奏

臣聞北方雜虜之中突厥爲大其風俗彊悍弧矢利習而諸蠻夷皆出其下所以憑陵河塞歷代患之太原涇陽豈惟前事山東渭上曾是近憂自陛下君臨萬邦無遠不至惟此種落尚懷二心陛下執九有安危之樞制四夷長短之運如垂霈澤則斯與草芥同風若震天威則彼惟魚肉而已故從開元二十九載部落日以攜離可敦西殺并諸侯王貴人以下前後款塞者殆至萬計其餘復相保聚更立烏蘇米施爲可汗陛下又使內史尹招倩等曉以安危俾其內附鬼神所殛米施伏誅去秋又詔臣率驍騎直至

薩河內山以問其罪而左廂阿波達于等一十一部並應時誅擒獨右廂之衆未平今又爲九姓所破白眉特勒之首既傳於藁街骨咄祿娑匐可敦又獻於闕下霜刃未交而羣兇盡殪王師未老而大漠將空自先帝擒頡利靜北荒以來復見於今日矣伏請頒示天下宣付史館

張不矜

不矜至德初官范陽府功曹參軍兼節度掌書記

范陽郡憫忠寺御史大夫史思明奉爲大唐光天大聖文武孝感皇帝敬无垢淨光寶塔頌

惟唐紹統兮歲作靈天宅幽都兮鎮戎索彼命啟與禪虞繼鳳舉而龍躍馭閶闔而朝南面服日月而昇寶殿在璿衡以正乾坤握金鏡兮臨宇縣東宅四水西都八川天應景福億萬斯年神祇肸蠁而丕祐風化洋溢而昭宣疑心姑射既邁黃軒之理端思眞境高撫洪崖之肩迥出三界超居四禪我御史大夫忠而孝哲而賢禪我唐祚崇斯福田昔在棘城結願已修於寶塔屬茲版蕩除惡務盡於幽燕開拓郡縣馳突戈鋋咸荷威力掃逆清邊樹茲幢相游刃忘筌割淨貲以檀舍施珍俸於慈緣爰居爰處載詢載度薙金界於祇園擇伽藍之勝託徵郢匠稽樸斲具鉤繩備丹雘才生明而畚鍤攸萃月貞朔而陶瓬斯作暨峻砌而崛起堂皇聚楨幹而上干寥廓爾其庀徒有節力工惟時隱金椎以雷動走瓴甋以星馳椽之登登斗栱磊砢以扶衞築之閣閣甃甓龢羅而緝熙駢密石以疏趾齊玉璫以鎮陛班間布白九隅八維風伯雨師扣靈壇而請命雷公電女擁仙座以忘疲熠如聚雁赫若奔螭岌業天假髣髴神資千龕櫛比以攢構萬塔凌兢而護持觀其捫重扃披藻井鴻濛異狀咄咤靈影霞駮雲蔚陽舒陰靜游三界

而須臾視一劫而俄頃示大方便開大法境聞偈而刀輪折鋒承風而火穽收猛凝若蜃樓之孤秀皎類扶桑之迴映蓮花吐日攢太華之三峯香爐抱雲矗廬巖之一頂若乃八部經行萬方委輅離火宅啟筏喻魚貫爭上雁行齊赴隮穹崇陟迴互嗜眞如者拾級聚武而踽行慕釋猷者跕虛悉倅而徐步攀棼橑以失視援井榦以增懼龍象翕赫扶欂櫨而蓄威鬼神睢盱捫頳壁以含怒將以經啟萬祀永代作固置呪於梵刹之中釋網於毘耶之路啟招提之勝果祛樊籠之緇蠹行善者技癢而爭趍爲惡者震慄而憂怖逗塔影者洽背而魂悚聞鈴音者叩頭而心注是用敬我天威保我唐祚彼幢相之徽福荷無疆之率裕也客有扣虛幕府忝掾神州媿三語之默對歸八解之禪流巋然寶塔永贊鴻猷護鷲珠以守戒持鴿珍以精修刻字金版垂芳朔幽雲行雨施自公乃侯永錫難老厥德允修恭察視之嚴命敢不拜歇王休

唐憫忠寺无垢淨光塔銘

我聞西方有大聖佛伽號曰覺在伽毘羅城精舍閣內能庇極四天超證諸果而毫照劫界之外罔不諦聽而歸之

時戰茶外道昧佛威力有善相者諗之曰汝當墮無間大地獄受旃檀羅業若能悔過從正悛心歸眞當於刦毘羅城三岐古塔崩壞日久無人修崇能造輪棖書陀羅尼呪於其塔內念誦精持滅罪恒沙受大安樂其名曰无垢淨光塔夫塔者所以覩像生敬祈者所以昭德塞違虔誠依投罔不示應我大唐皇帝陛下孝因冥感聖以天資太上皇不宰功成禪代法禹創業垂統時邕象堯復寶位爲太上輿兆人爲父母珍符景命充溢寰瀛止難鋤兇洗清天宇光祿大夫范陽郡大都督府長史河北節度兼支度營

田海運等使攝御史大夫歸義王史思明碩量天假宏謀神授仁被逋植忠越古今竭節布懇成其名砥心礪行存乎道昔在平盧也於曹禪師早發宏願於彼造塔初經始未攜屬中原亂離有難便赴范陽其塔便罷修葺今重承恩命允釐東郊緬想闕誠式副前願敬於憫忠寺般若院造无垢淨光塔一所池五飾疑工力已周夫其始也堙堍墉精院疑掘地及泉寶其炭隱以金椎岌其階公輸運斤離子督墨摹規矱矩而陶甓霧集俗馳緇走而瓴甓雲屯工以子來人以心競哉生明月既望乃勤朴斲夫其甃四

摩凸刓方鏇圓龍鱗錯落以用密闕一字傑竪以儹扣闕一字栱杈闕一字以分赴綺疏迴合以洞開夫如是月有旬矣爾其層構削成棖輪孤聳金幢插漢截虹霓以中分寶鐸連星凝望舒而假道窗邐眶眦以缺立羣仙闕一字曳而下來怪獸蜿拏而捧鼇石人贔屭以承級翠若蓬壺仙館聳珠闕闕二字重皎如天台四明蒔琪林於絕頂夕而望之月當棠氾星辰晶晃而攢臨曉而望之日上扶桑雲霞蔽虧而捧出既殲諸累能植勝緣時八部天人九有緇俗日夕匍匐而歸之徒觀其趨福庭登梵扃披倒景躋重冥啟洞戶

排疏櫺勃窣嶙峋闕二字青熒俯瞰萬像平步高元迴惶怚悸既如折元牝於閶闔涉級聚武又若搏壁上之翠屏爾乃周游層甍嬰倚飛楹闕二字棧道詰立四顧而震魂井榦陵臨窮覽周流而失瞬至於契闕一字法者湛乎眞寂悟入解者得乎津梁於是艤涅槃岸屏瀑流河窺其神呪置於層刹之中巍巍梵幢列於毘羅之院逗影而八苦皆殲聞鈴而三業都捐用能裨佑熙朝希嘏保佑門閥闕修文偃武康闕於極樂之國歸馬休牛鼓腹於華胥之代求棠是作式創銘云

郡聚相之嚴厲兮巍然孤聳如天下來兮若地之踴瓊龕層刹兮駢龍從龍蛇獸拏兮鬼神捧輪棖岌業兮土宇膽悚鈴音聰合兮威力潛拱亞相持邊兮被光寵鎮此門兮謀重富國保家兮千萬億

裴鉉

鉉開元中隱居終南山

進延壽赤書表

臣聞明流八荒者日也聲飛萬古者道也故貞明不出於古先德聲豈遠於身外是以聖人洗心以至道如蹴踘焉

然則氣無形端有若道準固以柔鄰逃之無因取輿則小其宏則大微臣幸逢堯運忝預巢由服志中巖有易潤澤因編於儒典溥求於道書見仙家保命之眞言思君親永壽而無極眞言秘旨累繫纏緗誠則天鑒昭回私心懼勞聖覽是以披歷精要載騰眞聲進明白於一貫退光宣於少得故樂者易成功見之不駭俗誠皇極之道也經所謂王侯得一以爲天下貞者不空言哉斯蓋上元老眞延齡永壽之前梯也因以名曰上元高眞延壽赤書焉赤書者上以明星火賁於土德中以殷仲夏之朱明下以達微臣之丹懇也靈經云俾國太平轉災成福當用五老赤書作鎮也今屬三氣炳節降慶神期敢獻延壽之書冀申誕賀之禮伏惟開元聖文神武法天至道皇帝陛下道滿天大覆燾無私德通坤厚光載罔極不恥牧童之詞豈愧芻蕘之言言不賤廢天下幸甚書一軸凡八篇積數千字皆眾聖高眞之至言也在掌握之內足見長生之道焉

王璲

璲元宗時人

大唐會稽郡餘姚縣化字闕一寺主眞法師行業讚　并序

夫璞以假器必藉工能正聲闡揚亦資明哲承眞如之奧典啟不二之法門其誰曰然不遠千里法師東陽金華人也俗姓王氏其先太原苗裔昔永嘉南遷因官而處焉總角辭家童蒙入道發大精進堅持戒地一門之中數人緇服僩而無傲咸悉慈心傳曰積善之家必有餘慶經云難行能行難忍能忍削跡名利而歸於佛難矣哉閭閻依投親戚仰止覩其顏則知三善入其門乃聞三異允諧眾望精確道宗彌縫聚落能無法忍之心空閑林中了入寂然

之意法師學習師古義承先聖八部經理宛在掌中三乘法源盡於度內曉了中事恒無貢高猶如琉璃內外明徹是謂山岳之秀河海之英國之橋梁人之師範善療眾病爲大醫王應病與藥令得奉行乃我法師之器量宏博羌難得而涯也粤六載我皇帝加號爰有制度於時太守秦公長史狄公知其行高遂以名薦主此寺焉二公常相謂曰法師通深妙法元無上義聞一得三言發響應昔利涉辯博僧會智周與之齊驅未可同日退食之暇匪夕即朝私奉禮敬以爲法主晏居無何事有成應舉一隅則三隅

可視豈小子造次而談矣葺搆廊宇繕修佛像墾闢田疇蓄爾倉廩人有善欲天必從之虔奉夙心雅志斯在弟子忝預同盟宗祊有欽慕仰節操欽藉堅持限以孤陋寡聞曷能宣揚盛事不錄戒行何以嚴諸不記精修何以示眾小子狂簡斐然成章述德書能以傳不朽凡我同好寧孤讚之時天寶八載孟春正月

童蒙入道總角辭家清理歸正忍辱降邪結習已盡不染天花心如法水瑩澈金砂其一形貌端嚴風神體正卓爾孤標堅持佛性如竹之滋如松之盛晏居寂然智慧清淨其二法門之主天人之師能息三毒更慎四知磨而不磷涅而不緇闡我正聲非師而誰其三法本不生今亦無有賢哉眞公戒業堅久宣揭寶偈義傳金口記其行能永爲不朽其四

韋續

續駙馬都尉鐵之孫元宗末官天興令

五十六種書序

自三皇以前結繩爲政至太昊氏文字生焉所謂依類象形謂之文形聲相益謂之字著于竹帛謂之書書者以代結繩之政也故事有六文一曰象形日月是也二曰指事

上下是也三曰形聲江河是也四曰會意武信是也五曰轉注考老是也六曰假借令長是也又曰字有五易倉頡變古文史籀制大篆李斯制小篆程邈制隸書漢代作章草是也其八體者更加刻符摹印蟲書署書殳書傳信并大小篆爲八體也後漢東陽公徐安于搜諸史籍得十二時書皆篆神形也又加二十三體共定五十六列之於後

趙僎

僎元宗末人

書斷纂論

昔犧后作易周公叛禮孔父修雅豈徒異之而已將實大造化之根出君臣之義考風俗之正耳若三聖不作則後王何述故天地非伏皇不昭長幼非周公不序雅頌又非孔子不列矣是三聖者所謂能宏其道而由之也兹又論夫文字發軔牋翰殊出本於其初以迄今代三千餘載渺然難知而書斷之爲義也聞我后之所好述古能以方之不謂其智乎較前人之尤工陳清頌以別之不謂其白乎體物備象有大易之制紀時錄號同春秋之典自古文逮草跡列十書而詳其祖首神品至能筆出三等而備厥人

所謂執簡之太素含毫之萬象申之宇宙能事斯畢矣若是夫古或作之有不能評之評之有不能文之今斯書也統三美而絕舉成一家以孤振雖非孔父所刋猶是邱明同事偉哉獨哉君哉臣哉前載所不述非夫人之能誰究哉

韋迴

迴薊人天寶中官監察御史

對賜則出就判

甲賜則有司令其出就訴云未成

肆覲羣后事資班瑞疇庸千乘義取朝宗等威有正位之常名器無假人之道甲以榮參賜則齒列建侯位若附庸僭東蒙而爲主地非成國異南面而稱孤虛揖五玉之班徒承四時之事關內受賦獨申恩於萊田邱中食采未延賞於茅土恩齊國典方期率職眷言彼甲何煩就封皮弁守官寧拒有司之命袞衣知禮無違先正之書

王璵

璵鳳閣侍郎方慶六世孫元宗好神仙廣修祠祭璵希旨上言擢太常博士侍御史爲祠祭使肅宗立累遷太常卿

又以祠禱見寵乾元三年拜蒲同絳等州節度使以中書侍郎同中書門下平章事四年罷爲刑部尚書出爲淮南節度使徙浙東召入再遷太子少師卒贈開府儀同三司謚曰簡懷

請禁百官祭日無故請假奏

諸色祭官等並寬縱日久不懼刑憲當祭之日或逢泥雨或值節序盡皆請假曾無形跡自今以後臣皆私自察訪實無事故妄請假及不肅敬者錄名奏聞望加貶責應緣行事或稍後到小踈遺望請量事大小便牒所司奪其俸

祿

樊鑄

鑄天寶時人。

明光殿粉壁賦 以上春早朝伏奏青蒲爲韻

粉潔白兮壁宏壯白者取潤色於明光壯者取雄居於君上成巧人之手澤起漢皇之心匠凝雪彩耀冰狀宸旒居際謂分照於此日之君冠劍朝時欲和光於爲鹽之相茲殿攸起不無所因寧在於白亦以象眞守靜含虛上以鄰貞明於千年之主保純不汚下以範恬淡於萬國之臣煥

北極而開瓊室激南風而生玉塵月桂低檐失蟾暉於午夜御柳垂砌惹絮色於三春則知粉壁之道齊乎元造達上下而明明通晝夜之杲杲日昃之後慰天勤而暝遲夙興之時副聖恩而曙早信可大而可久實永堅而永好懿夫榮雖闕畫飾不至驕挺業發以莫變洞閑華而自昭可使楚客具瞻羞持練而稱獻荆人仰止恥懷寶而來朝豈止光動玉户氣射金屋秋露懷懸冬霜自伏蛾眉夜侍意瑤臺之已升玉顏曉臨若瑞雲之相逐而已哉觀夫匽匝蛟島迴環廣袤濃潤交翕浮華相透處高莫蔽通四目之敷求含明必竟受百官之草奏雖奢儉不失精研克構終未可小桂椒爲糠粃汰茅茨爲阨陋然爲用因有貴飾形居安撫極抱素常寧色不喪眞久已生於虛白白能受采冀一及於丹青噫漢皇立則未足爲模我聖作範實謂殊途象爲壁兮則搜材於豫章之器代其粉也則聚賢於堅白之徒以張皇二儀爲光明之殿以照耀四海爲粉壁之隅故錯薪從楚安輪以蒲是得趨於金馬希便維於白駒

檄曲江水伯文

主張於地之血脈者豈不曰水伯乎爾自獸爲身面爲人

控牽兩龍窟宅百谷億有祀矣故敷倫於元氣之液弄權於坤輿之竅所云老而不死是謂之賊伊我謂爾有是夫何者三載二月春服既成冠者五六人才子六七人皆簇揚文精開闔武庫游嬉春晝沿洄江干與飛壯心舞曳齒胄皆貸白龜之德不負赤鯉之本爾何爲陰發暴殄潛生毒痡簀禍階於沙岸埋死府於花島如數子者皆載垂堂之誡爾始若懸流三十仞跳沫四十里固應尊而不親豈豈相及爾岸不崒屼流不唐突設人所倚之福陷爾孔易之誘俾水銜貫堅之功舫如蜩螗之聲捫空呼天迄死不

欻倏忽化魚之惡誰下拜牛之惠溺我國寶豈明時弃珠之泉沉彼綵船實去夜藏舟之壑與夫覩右山四耳之獸夢穎川一角之人置於大江未匹斯甚使揭竿求父之子投牋請弟之兄奏箜篌傷妻之夫厲波濤徇壻之婦罹其凶害不忍荼毒並告無辜於上下神祇行哭失聲於爾安乎爾今肆行賊虐者豈不謂性與習成乎何哉曩者溺孫興公於後湖之中淪炎帝女於東海之上化鼈於黃氏之母爲魚於歷陽之郡爾應恃以舊捷蔓其後圖殊不知事不欲數數斯辱矣惡貫已滿天命誅之然今歷視爾自昔

爲過之所或天涯或地岊起於侯甸之外且非輦轂之下豈比今日俯九門臨四達使哀聲悲響上及聰聽爾誰欺欺天乎然曲江者南峙仙閣北距靈宮足可效赤水產黃帝之珠胡爲纖蒼生竊司命之契況之人也皆編中華俗游無何鄉所冀猛火烈山而莫焚大浸稽天而不溺旣遇爾省括之中縱使術飯解漂之餌山經不沈之木豈可免爾之圖乎茲中江自首創至於今時數千百年更代易主島流波耗纔可接腋於井蛙詎堪持頤於海鼇爾之所處豈不狹隘乎人之所賞豈有舳艫乎逮天寶載吾皇恢土德以博之實澤流以濬之積潤下之波瀾用濟川之舟檝豈不謂幸於爾也爾何滿以致溢兇以自斃使彼都人士自此之後懼爾同失神之海惡爾甚探手之湯匪徒歇爾盛事過自掇也雖悔可追然靈莫尊於君人時莫美於陽春君固愛人種德乘春宥罪省囹圄去桎梏爾奚得恃宅無聞括守有曲蘖不辜於止獄之候繫餘殃於積慶之家僕謂數子叫天曹訴地府黜爾主職在於斯須不然僕見欲上書於承明盧徵菑訴速周處擊劍長逐擘波深搜爾若遁逃則焦僥東請長臂者灑漉之又於雄棠北使長股

者憑踐之不然邀離朱以視之命宋定以縛之然後調烏梅扇獸炭是烹是醢以報東門爾儻若混空隱形和水匿象則使牛曳蛇尾絕其本根縱逢山見彘毛終難必復矣僕亦宜念五六日至於旬時恐爾有詞曰予不誠視戍不令而行故矢在弦上垂而未發儻能易轍僕則旣往不咎若爲刻舟爾則何辭以對徐察爾變惟審圖之

欽定全唐文卷三百六十四

張庭芳

庭芳天寶時人

故中書令鄭國公李嶠雜詠百二十首序

嘗覽尊德敘能述古不作竊所企慕情發於中顧有闕於愼言誠見貽於尤悔者矣然夫禁雞雖謬周鼠徒珍猶遇兼金以答豈獨盧胡致哂頃尋繹故中書令李鄭公百二十詠藻麗詞清調諧律雅宏溢逾於靈運密緻掩於延年特茂霜松孤懸皓月高標凜凜千載仰其清芬明鏡亭亭

萬象含其朗耀味夫純粹罕測端倪故燕公刺異詞曰新詩冠宇宙斯言不佞信而有徵於是欲罷不能研章摘句輒因註述思鬱文繁庶有補於琢磨俾無至於疑滯且欲啟諸童稚焉敢貽於後賢於時巨唐天寶六載龍集強圉之所述也

趙晉用

晉用天寶五載武進縣主簿

賽雨紀石文

昭明為神神正直而已其或歆夫詔祭阨我生人則神道喪矣故明命鬼神以為黔首此神祠者有吳公子諱季札賢而能讓信必由衷聽樂彰於識微挂劍表乎心許故以生則君子敬而讓之沒則國人思而像之宜其精氣作神盛德為祀日者時暘不若澤國尢亢露苗則暵風葉其黃俗憂無年人慮艱食我明太守兼江南東道採訪處置漳潮等六郡經略使彭城劉公名同昇惠恤人隱保釐東夏仗樂胥之德三英有翟飛遹駿之聲萬人所望故聖主委連率之任百姓獲名子之恩布常始於人和為政先於農祀瞻彼雲漢有事山川南畝徒勤西郊莫潤駿奔執豆殷

薦明神不待諒輔之積薪用馨我公之禴祭肸蠁斯應層穹有聲油乎蔚雲霈乎其雨嘗未信宿果諾願言甘液驟霔於崇朝飛潦雺流乎中夜豈只四境霑霈固亦千里昭蘇非神睿智聰明憫厥士庶非公之惠人勤稼豐我粢盛則不能鼓潤隨車結欣遺秉者矣詩不云乎無言不酬無德不報況神昭我忠信錫茲純嘏福應宜答則惟其常是用嚴恭祀事敬羞禮物歌韎任薦蘋藻所用報也夫道有著而用光德可歌而宜頌若神之德皆可歌樂焉有享其利而不報其功乎江陰縣令竇修睦樹德惟儼立政惟明

惠愛洽於人心。操割駭於神用。獲斯介祉。潤我編甿。爰加繪事用答靈祐。丞敬安孝主簿盧泆尉麴霧抱幹時之具。蓄兼濟之才。發言勇於公忠。祗事勤乎夙夜。實勞跋倚。其吐馨香。不有君子。安能輯事。乃相與斲豐石。揚神休。是歲大唐天寶五載季夏六月壬午三日甲申記。

杜鴻漸

鴻漸字子巽。濮州濮陽人。第進士。解褐延王府參軍。安思順表爲朔方判官。安祿山亂。從肅宗至靈武。授兵部郎中。累除河西節度使。兩京平。徙荊南。封衞國公。廣德二年以

兵部侍郎同中書門下平章事。進中書侍郎。以宰相兼成都尹山南西道劍南東川副元帥劍南西川節度副大使。入朝進門下侍郎。大歷四年卒。年六十一。贈太尉。謚文憲。

乞解職表

臣內顧微躬。自量拙分。無片善可取。無一事可稱。皆緣際會。參務軍國。尸榮竊位。公責所歸。且智小謀大。鮮不敗事。福過禍生。常然之理。一自嬰瘵。旬朔未瘳。大減服食。晦明異候。竊料氣力衰憊。恐先朝露。乞遂退閒。庶安形神。且臣素以疵賤。敢期貴遠。嘗慮薄質。不勝重任。今祿位俱極。過逾涯量。致此沈痾。得非害盈。思自損益。冀通神理。又不親政事。卧受寵榮。廢公曠時。益增慙懼。所以塵黷旒扆。至於再三。情迫於茲。敢有所隱。愚朴之性。陛下素知。漸加危頓。豈容矯飾。伏望罷其所授。貸以殘生。昔漢魏近臣。有暮年多疾。則賜告就第。或再起復位。若大限未盡。羸痾漸平。聖慈不棄。馳策非晚。重得珥貂形庭。鏘玉紫墀。則竭力之日長。乞恩之時少也。如或殆至深慮。何必暫榮。儻生遂其志。沒無所恨矣。實冀皇天聽用於上訴。太陽迴舍於至誠。俯納誠祈。退令攝衞。衰年餘齒。殊私曲全。受賜則多。生涯之

幸。

請定配享奏

冬至祀昊天上帝。夏至祀皇地祇。請以太祖景皇帝配享。孟春祈穀祀昊天上帝。孟冬祀神州。請以高祖神堯大聖大光孝皇帝配享。孟夏雩祀昊天上帝。請以太宗文武大聖大廣孝皇帝配享。季秋大享明堂祀昊天上帝。請以肅宗文明武德大聖大宣孝皇帝配享。臣與禮官學官憑據經文。講求正義。事皆明白。理無可疑。去年又與辯頎歸崇敬同見延英。備承聖旨。祖宗配祭。宜以殷周爲法。昊天時

祀一遵皇唐之禮德音詳定久未施行

百家巖寺碑

百家寺宿蹟在太行山南我唐天子所主之邦盡中國中國山嶽以千數太行爲靈長太行延袤且千里有巖焉肇自高齊爰立茲寺以其巖平易可容百室故命之曰百家也觀夫畫閣高懸寒玉亂瀉勢連重冥居凌太虛軼浮景以遠耀帶流霞而飛動信梵旅之寧處又何必花爲宮而瓊爲池乎周人滅齊初隆中廢隋氏踐位厥名乃復然而乾剛不周生人畢墜於水火佛日未明像法與時而銷滅

物不可以終否故天命既集於皇家惟聖祖建元嗣及我后赫赫在上以整亂略天平海清庶物遂成敖遊其中則莫之夭閼已雖（闕二字）蕞處同慕緇錫（闕二字）獸心追崇塔廟詩所謂自西自東自南自北無思不服矣況於邇者乎前此者禪師處忠身具律儀言爲訓誨萬衆蒙益千里向風故能磨斲嵓翦轕薈搖木斯拔巨石必轉儲供外辦功費不貲歷數十年以授於門人曇最最公則公之尚德也敬求留事懋跡先賢行細一塵誓深溟壑由是特啟宏宇易置高廊抔土樹芳貫石行水動有方略隨其便安終今以來假有尺塗片瓦之力蓋無足云爾記有之凝冬不冱永日清暑盈虛應期漱浣流惡廚北靈泉利用之極也傾崖前表飛澇遠激皦如晴蜺噴若風雷寺西瀑布威儀之觀也雙峯圻雲對壁爭峻仰攀霄漢下冥烟雨巖上天門通元之階也一徑橫亘紆餘乍滅靜出猨鳴視臨河嵩隱見眉睫極遠之路也若夫奇擅修竹秘竈孫臺鄧封遺堆玉仙餘水昔人之休寄此地者豈不宜哉上座如航寺主英俊都維那善等蓋嘗聚徒而言曰處寂默者而以了心資言說者亦以入義非山林境勝何以臻此內通非文字旨

遠何以宣乎外法會議刻石來徵予詞夫賢明之長有博陵崔珪焉其貳佐也敦信之士有崔伯嵩韋無擇崔皐焉能成之俊有趙璘焉協無異謀其敢勞讓銘之曰

巖巖太行縱橫千里環厚地兮寂寂梵宮懸處百仞乘顥氣兮毫光月滿照清三界破昏類兮石爲可久文亦播揚行佛事兮

崔寓

寓元宗朝官左司郎中出爲會稽太守加給事中肅宗朝以太子賓客副郭子儀節度河中終吏部尚書

對元日奏事上殿不脫劍履判

一人垂拱百官象物典禮不易威儀孔昭屬三朝會同萬國咸造列辟勿褻天威不違彼景何斯伏奏茲日若灌夫之傲禮且不釋劍異尚書之寵光徒聞曳履尊於朝聘雖古代之有文失於敬守乃今日之無懵必也位崇蕭霍榮極縉紳民具爾瞻備周官之九命馬錫蕃庶類康侯之三接不可議罪終然允臧

對燕弓矢舞判

燕師國子以弓矢舞樂師巡列將撻之曰眂瞭

詔來瞽皋

禮備吉凶義存燕享苟嘉事之不體豈刑書之獲宥命夔典教虞經所重立政崇術王制攸先國家授才任能講信勸學鄭聲久放不效文侯端冕簫韶已陳足使孔宣忘味顧是胄子舞斯嘉樂不能請業且服拳拳之道而乃將撻以速青青之刺樂師巡列蓋亦司存賴先父之職官敢有二習爲於子之擊拊能閑六律撻之不謹謂得其忠誠厚責而難逃奚薄言之妄訴將眂瞭成訟孰曰知言以瞽皋爲詞何居昧識德之不務失鵠自可求身過也必文溺人無宜反笑

李澥

澥字堅水天寶中進士累授左補闕監察御史奉使朔陲露奏安祿山逆跡反爲所構配流盧溪至德初起爲江陰令徵拜祠部員外郎遷刑部郎中上元中加御史卒

罔兩賦 以道德希夷仁義爲韻

夫物有形而必累影隨形以相保窮希微而歸真信罔兩之合道豈其取舍焉得醜好諒不由其運行實稟之於元造原夫不皦不昧無失無得寧在陽而必遷曷處陰而自

默罔言成象合莊叟之深衷責影辨疑異田巴之見惑豈徒飾詞比事所以尊道貴德增於物或有知其長短察於人孰可分其白黑搏之則微聽之則希將去彼而取此由虛往而實歸明引喻混是非用之於身豈疾走可息行之於國則至道之肥方來莫逆故往無思吾有影而何患吾有色而可遺同馬皆得沒而不衰尋邊鄙羿之於罔象鑄扃鐍合之於希夷夫然則豈止持操自係納虛爲隣復歸無物夫何有云匪勞逸之足眩曷行藏之是親任皇人之化迹通天地之不仁況我國家道周寥廓德及純粹攜偶

歸眞絕聖棄智漢陰抱甕而匿影赤水遺珠而有愧罔兩難明恍惚無眹徒以知人藏化見得思義儻微陰之所及幸餘光兮不我祕

麻察

察河東人第明經五遷殿中侍御史由大理丞出爲興州別駕時齊澣請斥王毛仲察漏其語再貶皇化尉

彈鄭遠就魏元忠求離書狀

鄭遠納錢五百萬將女易官先朝以元忠舊臣操履堅正豈獨尚茲賢行實欲榮其姻戚遂起復授遠河內縣令遠

子良解褐洛州參軍既連姻國相父子崇赫洎元忠下獄遂誘和離今日得書明日改醮且元忠官歷三朝榮躋十等雖金精屢鑠而玉色常溫遠冑雖參華身實凡品若言齊鄭非偶不合結縭既冰玉交歡理資同穴而下山之夫未遠御輪之聲已周無聞寄死託孤見危授命斯所謂滓穢流品黷辱衣冠而乃延首　闕　陬宜從擯斥雖渥恩周洽刑罰免加而名敎所先理資懲革請裁以憲綱禁錮終身

張鼎

鼎官司勳員外郎

禦雹賦　以日在北陸藏冰爲韻

聖人常夕惕而不寐懼時令之有失欲禦雹於明年必藏冰於是日深山窮谷於是收桃弧棘矢而後出蓋所以息天時之暴沴成國家之元吉不然者當純陽之用事有伏陰之相蒸炎雲際天而涷雨驟落芳草竟野而淒風暴興夫傷穀者莫大於雹禦雹者其在乎冰俾四時之事不悖信七月之詩有徵日臨下土時在北陸乃命凌人出斯冰谷威刺刺而正切聲冲冲而轉速雖暫勞而可佚終永寧以多福令國家酌於故實考於先王雖雹可以禦亦冰其

是藏等至仁於天地曾何咎於陰陽斯道可久百王不改苟或失之四方何罪周官之禮是具魯史之言斯在抑爲人者仰於食動於天者唯其德苟能用於天道自可忘其帝力夫如是用天與地自南自北寧有夭折之苦曾無凍餒之色若待反時以爲災其何禦之能得

霹靂賦

殷其靁在南山之陽黑蜧翔雲暗天起黃雀驚風動地來飄忽兮霏烟驛霧拂樓臺慘烈兮飛砂走礫揚塵埃波濤翻而海水激樹根拔而山石摧於是陰陽交戰晦明相賊

或擊或馳乍通乍塞望騰蛇之上下見飛龍之南北電光開而山澤紅雨氣合而原野黑威聲奮擊於霄漢逸響振動於都國爾乃隱軫徘徊謂高天壓而泰山頹鼓怒發洩謂厚地震而梁木折聲之所射者向無不碎氣之所奔者中無不絕值石則片片冰開當樹則重重瓦裂其爲始也則赫赫奕奕若烈風猛火之燎崑崙其爲終也砰砰轟轟若決水轉石之潰龍門擬戰鼓則三軍亂擊方戎車則百兩齊奔川岳爲之搖蕩天地爲之晝昏豈直聞之者掩耳而奪氣見之者瞑目而埋魂若斯而已哉觀其咈鬱氤氳

騰波磊落輝光之所倏閃聲氣之所噴薄豈在微而應必有感而作擊齊堂也識孝婦之懷冤震魯廟也哂佞臣之隱惡故導風伯從雨師以豐隆爲號令以列缺爲鞭笞洪崖飛霆以瀝液奔源走沫以流漿迫鯨鯢使蹭蹬怛蛟螭使躨跜鼉黿喪明於竈穴鱣鮪失路於庭墀當此時也別有跡履姦慝事兼狂狷想人孽之無逃慮天災之有譴各憂心而股栗咸戰驚而肉戰惟重華順之而不恚宣尼驚之而不變若乃依仁游藝之伍含道養性之流心且靜而神逸名既揚而行修通人倚柱而坦蕩孝子遶墓而思柔苟有言而寡悔夫何懼而何憂亂曰我何憂兮憂天怒豈不欲往兮爲多露我何懼兮懼天威豈不欲往兮露未晞素履直截時道善肥古而可作吾與同歸

古銅雀臺賦

伊昔三方列峙惟魏宅中五都分設因鄴爲宮北走邯鄲燕薊南馳鄘衛河潼於是聖武欽若啟戎締經國之初構立濟世之元功受命而創洪業取威而定羣雄土德王始炎靈告終天滅漢歷國封魏公黃星徵於分野素秋建於茅社諏良日兮御靈壇坐千乘兮馳六馬錫彤弓兮張海

外受金印兮安天下不飭不美無以壯哉營宮營室是爲王者乃僝梓匠掄瓌材伺農隙悅子來六府垂象制文昌之廣殿百工獻藝造銅雀之高臺壯閶闔於昭回軼沆瀣於烟埃俯臨而漳滏水合仰觀而宇宙天開返道截梁兮漫延紅篘縞壁兮徘徊連雙闕於日表飛累榭於雲嵔崪如五岳干霄而岌立對若三山出海而崔嵬金雀踶甍而欲翥玉螭盤柱而將迴召詞人於華屋留舞客於瑤杯登高必賦無遠不該洎乎鞠旅卭筰反旆咸洛雖納漢以吞江終頹山而擠壑遷神於建始之殿返葬於壽陵之郭悽

慨遺文凄涼舊閣罇盈玉座燈映蘭幕婕妤妓人鼓舞歌唱當春月而朝臨悵日暮而西望見松柏之成行愁歌舞之相向異哉戰雖必克愛亦有捐戰可以力勝愛難以威全撫四子兮魂斷念六宮兮涕漣何壯圖之夭閼而閨思之嬋娟紆曲念於弊屣昏盛德於繁絃非達人之所繫豈至尊之宜然歲月其除君王安在出入三國芟夷四海號謚殊徽質文異采及石氏之謀帝位高歡之竊神器雖修舊而增崇竟移時而改代銅龍噴水似落九天金鳳銜珠終淪五彩我君遑遑行指鄴旁弔古太息馮高獨傷東郊

道兮蕪漫西原樹兮微茫露寒吒兮泣蒼蘚風蕭梢兮悲白楊妝樓歇豔畫閣銷香陂陀巖屼歸巷摧藏井幹滅兮有遺甃殿垣毀兮無華構但見蓁蓁蒿棘生復看贊贊饑鼯鬥雨嘯幽鼪月哀離狖宿莽撐骨危巢覆鷇平皋晚兮拱木生寒紫陌昏兮黃埃奪晝人壽幾何留恨日多追士衡以投弔效明遠以作歌歌曰銅雀蒼蒼對古墟清風切切有餘悲試憶望陵三五夜便是西園明月時

小撲滿賦

天何言哉信陽去而陰來器之形矣必虛往而滿止埏埴爲質惟人爲軌靡不有初方應物以虛己鮮克有卒因藏鏹而見圯其中也幽幽冥冥其外也青青熒熒積而不散持莫能久何始吉而終凶竟出無而入有豈獨夫魯廟欹器中則正而滿則覆周陛玉人和其容而端其口譬高流而岸圻等珠盈而蚌剖日中則昃月滿則虧故君子終吉以流誡天地勞謙而自卑別有孫宏舉賢不患於貧窶長倩投贈竊勵於風規苟欲全身而避害固可翹動而鑒斯

欹器賦 以君子用之誡盈爲韻

聞夫日中則昃鼎折則傾月容守缺而忌滿神道福謙而

害盈聖人察兩曜之度觀萬物之情知務進者危於不止擬貪取者敗於幾成爰制座右與人作程開其可誡之跡加以必覆之名然而不增不減能正能平考低昂而必應亦有效於權衡爾其顛沛是虞包藏自縱或益之而損故至其滿成覆餗之凶或損之而益故當其無爲有器之用且聖人云其脆乃破其安易持則何不避禍於將盈之日圖全於未兆之時力小任重鮮不克敗滿而旣溢傾必從之亦猶富不與侈會貴不與驕期若以馬而喻馬則念茲而在茲又曰積德不積財無爲故無敗貪祿者致禍增高

者致褒是以古人作則爲今人之師前車覆軌誡後車之誡借如乃武乃文巖廊之君一生一死繁華之子故當觀其所由察其所以嗟乎福兮禍所伏禍兮福所倚既禍福之無門信吉凶之由己且喪道則貪邪貪邪至於喪生知足則不辱不辱在於知止苟欲圖安以遠害又宜去彼而取此則知欹器之器大哉吾將以爲教始

對禫服鼓琴判

得鄒人告孔叢子居親禫服鼓琴而作樂叢子曰此是子輿梁山之琴曲古器不伏

地惟洙泗人參鄒魯闕里之詩書斯在奄中之禮樂不渝孔叢子風樹搖悲寒泉動思霜露云惕日月其除是以君子爲難子臯親喪而永慕先王制禮孟獻禫懸而不樂既祥絲屨見孔父之深譏行奏綺琴聞子輿之雅操且恩懷罔極五日樂禁於成聲哀貫終身踰月禮通於作樂去順效逆曾史稱其速禍朝祥暮歌鄒人據而興誚節哀順變雖殊念始之心以今況昔未悖送終之禮欲加之罪其如詞乎

對封君祭判

乙祖是始封君祭以不毛所司科爲失禮不伏

百王率由禮建方社六服咸若寄切維城列玉瑞以推尊錫圭田以表德綬分四色爵配五等開國稱孤彼既光於祖業列筵設奠此何昧於家聲言念庀牲空慙掩豆雖展敬於如在果見嗤於不毛塟以大夫禮既隔於問子爵爲侯氏祭豈及於謀孫親牽之用頗乖受脤之名應缺自須聞義能徙何不以欲從人

對爲律娶妻判

甲善算爲律娶妻生子人告其妖不伏

理歷明時創自軒邱之帝寅餞納日制彼丹陵之主散在國典鬱乎疇人甲以妙察五均工言三統雄管雌管候六間而靡差上生下生稽五行而得象乾坤並位律固聞於娶妻陰陽易方呂實號於生子豈曰三星之會何驚十月之祥顧不謀於白圭寧取信於緹幕如簧之口雖欲加人匪石之心安能引咎疑則合闕妖則謂何

對吏脫幘判

得丁爲吏脫幘挂縣門而去斷不應爲

田園蕪坐知陶潛之罷職冠冕已挂見疏公之出祖雖吏

由推擇而道在雲山脫幘而行不顧棲鸞之局觸網嬰坐何逃建隼之司必也避譴韜光輒去無宜免幘况乃銷聲自逸既往不咎挂冠緬維晉史詎抵蕭章矧當堯舜之代宜縱巢由之隱欲加之罪其無詞乎棄高蹈而可嘉雖小吏而何失竊詳州斷未叶通規

對大夫祭判

有五品祭寢不祭廟饌用索牛御史劾於寢則以陋於饌則以泰訴云禮令無違

人生最靈魂變爲物儀陳祭禮祀分物類品第有差等威

是列秩牽朱紱雖登命於大夫廟闕丹楹未爲能於孝子祭寢非約用牛是泰儉以偪下已闕晏子之節禮而僭上更知管仲之罪蘭臺陔履雖陳膳柏署彈違竟持霜古訓是則今令未裁且祭寢祭廟既有秩而分求牛索牛豈無故而殺劾而是誡誡室惕而有孚訴者非辜終屨校而無咎

趙光乘

光乘天寶九載官費縣尉

古井銘

費城之井昭然道周土缶舊得石幹今修徵大易之不改垂一善於千秋

李湜

湜開元時人

唐江州沖陽觀碑

夫大易究天地之心老經遊道德之奧非先非後無始無終不行而至不疾而速跨億齡而超萬祀不以爲長馳寸晷而迫分陰寧云是促寒暑乘之而幹運四時行矣動植稟之以資生萬物成矣若乃注元精而懸斗極皇運以興

陶正氣以立乾維帝圖爰啟故軒后以道登於雲天唐后以德遜於尊位其餘法寶歷總璿衡皆以沖妙宰域中元通御天下逮秦皇慢德漢武驕眞幸集靈之宮遊祈年之館心非至懇意屬無厭徒健羨於一時竟貽嗤於萬代眷言魏晉咸瑣瑣焉迄至陳隋並區區者是知道之昌也無爲之化若斯道之喪也有累之求若此然則否終則泰窮變乃通得之一朝必復昌運我大唐之御極也應盤古而開混沌法太乙而掃欃槍降靈元始之前提象太初之外乾坤翕闢飛龍之德在天河洛經通神馬之圖出地高祖

神堯皇帝鑄宮授籙推亡懷負勝之圖太宗文武聖皇帝
豐戶收祥馭朽握瑤光之運高宗天皇大帝撫大鈞而司
左契執大象而御中樞籠徽於七十二君飛英於萬八千
歲中宗孝和皇帝小心恭孝大度寬仁上奉宗祧下安黎
庶睿宗大聖眞皇帝神功不宰聖謨廣運以由庚而安壽
域以洪範而享昌年開元神武皇帝變代重光創業垂統
撥亂反正應天順人知微知彰朝北辰而刊玉惟精惟一
會九牧而鑄金惟幾也能使遐邇肅清惟神也能使幽明
暢謐濛汜抵於暘谷同文同軌火坂際於冰邱一尉一候

其公卿也則伊周贊翼其牧守也則邵杜綏懷文以化成
虞庠有鬻金之業法惟刑措夏臺鮮辨璧之疑爾其南畝
澄清有如京如坻之積東山舉逸無在薖在軸之幽大樂
舉而音律諧大禮備而威儀整俗知和樂人識訓章加以
九苞六象之禽止庭巢閣雙觡五蹄之獸入囿馴郊慶雲
舒玉葉之陰甘露灑金莖之潤海貝積而江珠滿山車至
而澤馬來其餘絕瑞殊九應圖合牒者不可勝紀焉由是
赤駱青旂坐明庭而頒國政金繩玉版封日觀而紀天符
曷以臻茲蓋皇上得玉眞之要道也故能範圍三大陶冶

六虛候其褘而聃其美矣沖陽觀者梁普通三年刺史邵
陵王奏置奉詔造焉其觀當置之際山頂常有雙鶴棲託
每天氣清朗日色晴明西飛雲衢東至廬岳其居也乃爽
塏之層阜博敞之奧區南眺平原北臨激水松子之峯非
遠王喬之嶺猶存左對崇巖右瞻穹岫排雲掩日背陰向
陽狀若幃屏圖經之載數矣以其仙鶴沖霄居處向陽二
美可嘉故有沖陽之稱矣其地也上躔景緯牛斗寓其精
下料山澤廬江喩其鎭徒觀其數峯孕巒浪水瀼階風被
邃庭雲華鏤棨瑤林寶藥髣髴三珠之麗邃宇崇堂依稀

七寶之飾眞容式備道氣殊高少華金童捧香鑪而入侍
太淸玉女持眞訣而來儀鑿沼營壇宛在風塵之外藥堂
經藏蕭然松石之間此實元聖之殊庭列仙之遊館也逮
於垂拱四年冬遂爲野火所侵回祿揚光軒廊發燄崐山
之火燎及芝田廪氏之災烟侵桂棟致令元門殆毀仙構
俄傾迄至開元之初猶闕眞君之院爰有北岳先生洞元
蘇慕道等凝眞牝谷養素淸溪長往之迹逾高幽貞之志
彌遠多端濟物寡欲探微痛此荒蕪乘茲舍施衣布之外
衾被罔留撫遺迹而興工想全摹而崇葺日役攸勸風匠

是憑洞開妙門式圖眞彙炳乎丹鋪翠幌奐若秋水春臺鏤度元關重莊昔像影升元籥更飾仙儀鳳𢤱龍盤宛然功備把十蹈五鉤繩極妙能事斯畢不其然矣刺史趙郡李訥弓傳虎石將軍橫北塞之勳構䙴龍門司隸擅東都之望愷悌君子名教中人詞場則蘭桂叢生學海則蓬壺對出聲流宸扆道暢黎蒸風符三月之春人荷二天之福別駕趙郡李承允即州將之族父也長史京兆韋公允司馬滎陽潘公綬並題輿九派展驥二梁雅譽邁沂土之歌美政完荆南之價化宣千里無勞庾亮之書功贊六條自

得應詹之佐司軍功參軍長孫子尚司倉參軍姚令珣員外司倉參軍江克勵司兵參軍孫司𨚗司法參軍張延祚參軍陳德直嚴幹等八音繼響以同舉五色聯暉而異趣鳳藻揚日鶯遷弄春梁埭深恥屈爲州縣王彬博綜甫就典兵徐稚枉器於功曹楊珠屈聲於從事豫章擢七年之秀鵾鵬即六月之圖縣令黃撝主簿周曄尉宋不羇孫匪逸等並椅桐杞梓珠貝球琅禮樂專門詩書領藝家邦共理忠孝相資博通應時恭勤揆務嚴明既斷擿伏如神割滯豈異於解牛繩愆不殊於逐鳥鄉人楊公定周仁珙等茂族高門魁岸豪傑或挂冠而從三樂或結轡而騁九衢咸捨淨財以追冥祐具題爵里勒在碑陰所冀證福今生銷災往劫某頃因祇役齊沐朝眞躬謁崇祠覩茲勝躅悠然長想悵矣高風此際綱維道明祈請雖幼懷輕舉竊好神仙未逢太上之家不遇麻姑之席自惟庸鄙輕讚元功何敢述其天倪但且書其甲子昭宣不朽而爲頌曰

大哉元氣邈矣眞圖寧窮妙象罔究鴻鑪道氣方振澆風未斆發暉元籙何賢墨儒其一睢盱莫測肸蠁難名蟬蛻滓濁神遊太清沈尸載起枯骸更生韜光祕訣養正眞經其二

變相從彫驅淳入詐質文互起昏明遞謝燧火御圖觀龍演卦詭類千品殊形萬化其三嗚呼主唐異聖重光化呑窽古聲超上皇六幽允塞三靈再昌御九登運得一乘陽其四禀惟皇猷光宅天休張我元籥清我道流雙童晚憩四子晨遊山棲白鶴關度青牛其五至人有爲重交是考芸閣三襲琳鑒七寶海聖澄眞天神御昊含漱靈液規模元老其六一人有慶萬姓攸資仰稽眞宰式鍊精思往焚仙桂今植靈芝惟其嗣美賴我眞師其七王命良臣作牧江曲英英佐貳濟濟寮屬中和演化威恩動俗衆妙所歸羣生是屬其八

廬峯之右吳江之南仙居隱隱邃宇耽耽道原巨濟洞穴
難探荃微思拙文何以堪　其九

李荃

荃官左羽林兵曹參軍直翰林學士內供奉上柱國

大唐博陵郡北嶽恒山封安天王銘　并序

遁甲開山以方色受土水行作鎭元枵司野截巨壑以波委指平陸而海淸壓旄頭柱王國蔽虧日月棲泊雷雹可久可大取諸恒也恒之靈藏往知來威遠懼邇陰陽不測之謂神神聰明正直害盈福謙禪我淳勳荒札不勃拯膏

雨佐秋成再薦獻功六擾呈逸有孚盈缶奚貴而無位哉古者天子望于山川徧于羣神未嘗王五嶽而公四瀆大唐開元天寶聖文神武應道皇帝登泰山躡社首範圍天地幽贊於神明柔兆載上元庚寅詔曰五方定位嶽鎭總其靈萬物阜成雲雨施其潤上帝攸宅寰區是仰其岱宗西嶽先已封崇其中嶽三方典禮猶闕降神布澤同致福於生人肆類尊崇未齊名於禮秩永言光被同叶靈心其北嶽可封爲安天王所司擇日奏聞龍集丁亥律中姑洗壬午錫以金檢玉冊襃縣禮也夫聖人以天地爲本陰陽爲端五行爲質北嶽水正也乙酉水命也大君有命如彼北嶽鼎然不渝受茲介福蓋無方也驃騎大將軍員外置同正員兼范陽郡長史柳城郡太守平盧節度支度營田陸運兩蕃四府河北海運兼范陽節度經略支度營田副大使採訪處置使兼御史大夫上柱國柳城縣開國伯常樂安公曰祿山國之英也八柱承天三門出將風順遼海霜明憲秋山戎朝鮮繫頸請命明威將軍守右威衛將軍使持節博陵郡諸軍事兼博陵郡太守北平軍使上柱國賜紫金魚袋武威賈公曰循時之傑也康侯分符師貞受

律英畧外斷沈謀內融淸潭無私虛谷必應趙人化之如春陽也朝議郎攝別駕上柱國賞緋魚袋信都馮公承相中散大夫行長史上柱國賞紫金魚袋淸河張公元瓚人之望也利物足以和義貞固足以幹事威搖商秋德湛行露通直郎行錄事參軍滎陽鄭昽宣義郎行司功參軍汝南同璘騑奉義郎行恒陽縣令高平郄懷玉吏之雄也貂蟬稱家冰水作吏箇籥方勁球琳有聲僉曰聖王先成其人而後致力於神國其祉也昔省方展禮於虞帝敬鬼尚祀於殷人未有加望秩之榮錫封崇之號斯蓋我皇之能

事也燕山有石碩儒有文旣述且刊超孌陵谷銘曰
維恒兮作鎭壬癸善利萬物兮德配諸水雄峯屹立而朝
山邐迤閃電雷怒神鬼其神靈兮福之所履福善禍淫而
正直如矢其一君恩覃兮流湯湯汨神道蕩鬼方四瀆爲公
兮五嶽王山戎臣首而犬戎北亡勒貞石以一固浮大海
之三桑其二

邵混之

混之開元二十四年官鹿泉縣令

元氏縣令龐君淸德碑

我國家再誓山河重懸日月明罰勅法覈名實之故典考
績宣力甄象魏之舊章皇道煥炳而時承帝載緝熙而日
用德惟善政政在養人若令長子男銅章墨綬而尤善最
者可屈指而知宜父中都太公灌邑童恢責獸卓茂還蝗
男女別途鬼神息暴以今方古君何讓焉君姓龐氏名履
温字若水南安人也其先齊逄伯陵之裔曾祖卿惲元勳
佐命功臣第壹等左武侯大將軍封邾國公食實封四百
户贈幽平燕易嬀檀等六州諸軍事幽州刺史謚曰肅歷
數雖改雲雷尚屯披荆棘者馮異佐元功者蕭鄧將盟帶
礪畫象雲臺圖象衛霍之容仕遂漢光之願疇庸賞懋食
邑論封祖同福并州大都督府司馬饒州刺史左衛將軍
安北都護外授望殷衛珠寄重匪親不拜匪賢勿居皁蓋
南臨尋振喬卿之譽紅旌北卷式標鄭吉之能考承訓通
事舍人鄭州司馬贊善大夫率更令將作少監辭令抑揚
綸鳳述旨題輿叶詠展驥治中洪洞方樟允供於邦造激
揚少海贊裕於搖山君純德天資大材靈降龍章鳳彩凝
脂黙漆出忠入孝遊藝依仁荒蕪四壁寥廓千丈代陪豐
沛親預葭莩翼鱗翰之闕二字　風雲之會漢表有外戚恩澤

周詩有申伯渭陽起家補昭文生從勳閥也長安二年明
經擢第拜宣州參軍尋授莫州司功參軍事秩滿丁二親
憂痛疚瑩枝哀酸鄰杜往而不返杖而後行禫禮一年甫
從常調開元十九年春會府遂拜公爲此縣令曾子皐之
爲政禮變郕人漢原涉之舉能威行谷口庶矣富矣又何
加焉導之齊之非君莫可君有善政者七風雹咸下於屬
城樹稼獨滋於元氏其政一也頃以陽光暫亢陰液乖旬
苗慮騰輿人或狼顧公磬奠圭幣稽顙壇場俄而油雲四
周膏雨百里其政二也闢土葘畬用丁分地勸東作而播

稼課西成之鉦斂躬臨樹藝親載酒醪故使夏農服田秋得其實其政三也詢知疾苦所患虛丁撫狀上陳應時申削籍無闕稅人獲息肩其政四也修職奉符不爲進越下有鬱滯必掣肘諭言每課田租時臨調賦寬爲限約曾無再輸其政五也此地俗多懻忮跕躧彈絃素曰難持更承寬弛公整其銜策讁其權豪輒去害羣悛心斂蹟其政六也先縣館宅湫漏與百姓雜居公薄責人傭先抽己俸雖難與慮始而可以樂成其政七也是以廉平稱職西河知魯衛之風清儉當官南土變夷齊之俗可大可久是謂賢

人之德惟幾惟深以成天下之務公儀如繪畫神若轉規聲以聞於震雷用無待於周月惠如春露吏人不能窺喜慍之容潔若冬氷貨殖不能動首陽之行蕾霜鐘於絳府有感必通棲月鏡於元臺觸形皆照邑老謝虔祐等並鄉庭積善掾吏安排行義以達其道隱居以求其志相與族談城府錯立康莊裏德匪舒宣風技癢或叫帝閽而抒美或邀使駕而論功衆志懇誠如寒附火於是圖徽翠琬託懿金聲其詞曰

清風汎濫兮其來溥茂宰馳能兮超卓魯雞犬相聞兮人安堵一同仰之兮如父母聽謳謠兮詢疾苦諭屬城兮光趙部趙部遺風兮多懻忮君子爲之屏姦僞化澆浮兮勗以義邑尊三兮市無二政勝殘兮仍博施如水火兮時不匱刊石鐫金兮遠傳懿直爲循良兮守名器

張孚

孚肅宗朝由司膳郎中擢給事中大歷中授銀青光祿大夫行兵部侍郎上柱國清河郡開國公

金紫光祿大夫左金吾衛將軍贈揚州大都督臧府君神道碑銘并序

有唐廣德二年八月五日朔左金吾衛將軍臧公薨於闕都安邑里之私第享年五十有三大歷五年十月十五日葬於三原縣長坳鄉禮也公諱希晏字恭靖先封受氏奕葉重光僖伯諫魚哀伯諫鼎文仲立德武仲立言傳慶三闕字之闕六字之際子孫有後大庇生靈述職因官今爲京兆人也曾祖君寵通議大夫靈州長史祖善德銀青光祿大夫銀州刺史贈太子少師父懷恪右領軍衛將軍魏州刺史上蔡侯贈工部尚書重世將門一時人傑光臨舊圖非驚於守器繼登列郡載美於家乘元社白茅式旌餘烈爵

明朝也握五兵之要漏幽泉也追八座之尊禮備哀榮澤覃存歿名器之重今古無儔而高門棨戟前庭鐘鼎谷量千駟之馬籯滿萬金之婁三武邁賈氏諸昆八元爲高陽才子公幼負奇節長標雅操用武則武可畏學文則文足昭鬱爲圭璋俯拾青紫常以爲千户侯力可取萬人敵才之餘故藝總九流射穿七札長纓係頸於閩越短兵斷臂於匈奴開元理兵之歲塵飛碣石烽照甘泉盧龍北陲胡馬南牧克貞師律闕二字親賢天子御正陽前殿乃命禮部尚書信安郡王建牙璋擁金節控弦廿萬以專征之六郡

良家公爲特出而有征無戰闕二字勞旋公以爲揚雄執戟阮籍步兵千古同年我無慙色其後出右地窮河源收堅城拔高壘戰勝攻取左旋右抽合變出奇智闕神遇以闕功累遷至衛尉少卿尋加西受降城使河曲之間威聲載路屬三水之地五載未巡公侯腹心受委而拜遂以公爲東闕皇城使遷左監門將軍兼麟州刺史無何轉慶州刺史去思來暮行古之道特拜太僕卿兼寧州刺史夫漢宣共理所以寄諸侯也周文以寧是用咨多士也故佩中朝之印褰外臺之帷抑有由矣屬親征振旅薄伐弔人駐蹕而萬姓來蘇迎鑾而百神望幸由是闕其列郡因爲行宮頓六龍之旂儀雙鳳之闕擇能作牧匪易其人以政理殊尤拜左金吾衛將軍左街使任切爪牙寄崇心膂廣利功業亞夫闕名方欲鑿出師之門分制軍之閫未加明命忽閟幽泉故老泣於邊疆賢臣愴於冠劍將星夜落陣雲朝起凜然餘勇千載猶生故夫人贈燕國夫人劉氏百代舊封五公貽慶嬪則彰美姆訓垂芳生前已飾其闕井歿後更封於石窌先公早逝合祔同歸公之季弟希讓御史大夫工部尚書渭北節度贈太子太師往與公更執金吾同

參玉帳王肅儀貌陳平智謀雄憲臺之一闕殿長城之萬里因心則友義切天倫嗣子睦王府長史叔獻次子郢州別駕叔雅季子河南府河清縣主簿叔清欒欒孝思攀號罔極羔柴泣血曾參絕漿喪過乎哀行過乎禮敬承副相之託式紀冠軍之銘銘曰

臧孫有後千古立程才爲將畧道實人英出入三代光臨百城執金之寵闕二字之榮闕二字初授闕堂定傾闕六字嘉名陳氏父子荀家弟兄高碑之上長紀忠貞

游方

方開元中將仕郎守任城尉

任城縣橋亭記

唐再受命能事備於開元乃十有三年告成於岱翠華之往也則北巡濟河玉軑之旋也則南指陳宋故行宮御路次夫任城焉陽門橋春跨泗之別流當魯之要術初隨時以旣濟因大駕而改功觀其壅川爲池因地設險削金堰於馳道甃石門以飛橋夾以朱欄揭以華表炳若星漢拖

如虹蜺蓋乘輿乃以陽朝御六龍翊萬騎聲明紀律文物比象迴眷覽於洲渚駐天蹕於川梁先時望君之來也則金繩以界之鐵鎖以扃之厥後榮君之顧也則浚池以廣之築館以旌之經始玆宇惠而不費當備峙之末有舟粟之餘散之則人獲壹錢鳩之則動以千計請爲亭館以壯橋池故鄉老白於吏邑吏謀於府因人之欲得事之宜鼛鼓不勝工力徒競鬱爲層構在水之陽壓鮮原以迥出流古墉而却倚危欄巘巘反宇峨峨勢揺烟潭岌若飛動南軒虛明以旱朗北室懿潭而清冷自堂徂亭邐迤幽徑上覆藤篠前臨芰荷憑高佇目萬象皆見夫河南之勝有三橋亭得其一梁園有梁王之迹圃田有僕射之陂平池曲榭美則美矣豈與夫島嶼開合林嶂蔽虧旁薄大荒吐納霞景畫橋南度像清洛之規虛館字闕一臨叶滄洲之趣有是夫有是夫任風姓之國也謠俗古遠其太昊氏之遺人富而教之合於魯頌當太平無事而朝野多歡不然此池何以得花縣之名吾儕何以得仙舟之目不其字闕一而時則有若邑大夫滎陽鄭公延華信昭盈缶道契虛舟禮樂之行仁德歸厚丞范陽盧瓚主簿平昌孟景尉瑯琊王子

言尉河東裴迥皆士林英華學府金碧能勤在公之節無廢會友之文嘗授簡於方以爲之記會方有公車之召請俟於異時金鄉尉潁川韓邠卿舍於裴氏言於衆曰游子之讓斯文以諸公在此諸公之意也子何辭焉因命東嶠俾方操翰夜而成記翌日遂行開元廿六年秋七月旬有四日云

沈興宗

興宗字季長與李華同時

對賜則出就判

甲賜則有司令其出就訴云未成

王者建德是敬苴茅諸侯象賢必異名數器服將施於九命蒲穀攸彰於五等惟甲笙仕當年彈冠上國梓材晉用羔鴈周行方參叔豹之名未就伯禽之典稽諸載策閱以等威元士本視於附庸賜命不同於列國異唐侯之桐葉未翦參墟如鄭武之緇衣尚勤周政提封匪盈萬井旌旗猶闕九斿丞相出關昔聞其語絳侯就國今則未宜請詳訴者之詞無縱有司之糾

大唐開元寺故禪師貞和尚塔銘并序

禪師諱貞玆郡京兆人也俗姓張氏自輪奐規唐貂蟬蔚漢姜宋莫齒袁楊肯倫師泛浪知清依林擇茂將揮聖姓載顧華宗年弱冠秀才登科知名太學以爲儒家非正諦文字增妄想故去彼取此而爲上乘因亦既闕一字繕遂受衡陽止觀門居于洛陽白馬寺口不絕誦習心不離三昧闕一字妙闕一字之慧萌荆賴耶之濁種庶滅裂有我于盤無生焉後隸此郡開元寺又以爲喧者起之本靜者定之緣利緣舍起故復居此窟茨廡藥蔬之妙受谿篁巘擲之勝塵可畧言矣前刺史故丞相齊公崔日用吏部尚書李暠皆頂奉山宇斯豈元道歟然而闕一字熊軾疟龍宮紆紫綬稽紂闕二字以惕凡庶之見闕一字兆昏蒙之闕一字嚮闕一字以開元十三年九月十八日闕一字滅于開元闕一字舍春秋八十有四物慘烟雲哀纏黑白塗闕一字隕泣人到於今僧弟子宗本覺枝外茂闕一字性内融三晉公侯旋師子夏伯喈墳籍悉付仲宣痛微言之絕聆感星躔之易次遂爲銘曰

圓凝寂體兮邈彼眞如闕二字無明兮儵若蘧廬慈梁過駟兮歲月其除松栗窅冥兮窆此幽居

張思鼎

思鼎天寶時官侍御史

對城邑判

甲將仞邑乙不從命比周狗以屬之損乙

大道既隱天下爲家度土以居人量地而制邑將興版築必俟命一作金楨劃以斷岸長雲負以重城四郭孟軻五畝匪宅是營孔某數仞爰玆仰止生異里仁之美行多蕨惡之辭苟此不從胡施而可棄人用犬雖猛何爲且閭門塞竇在明時而難許比周阿黨豈君子之攸宜損乙既謝於當全罪甲庶期於無訟然恐造有妨害兆有吉凶或利晉

而闕秦將抑彼而就此各從所便不亦宜乎

敬騫

騫開元時官監察御史

射隼高墉賦 以君子藏器待時爲韻

養形元豹兮以隱霧而成文振羽飛蛾兮因附火而自焚彼紛然之落隼識昧此而喪羣誠不知高非小者所處靜爲躁者之君苟失度而棲遁將受斃而何云且夫長墉崇崇矗若雲峙飛隼翀翀倏隨風止曾不料其微陋焉更知其休否故疾惡之夫善射之子操騂角之弓調白羽之矢

縱穿楊之妙呈落雁之美量遠近於目端審高下於規裏紛洞胷而達腋果裂嗉而破嘴原夫剛鏃初架勁弦正張引彎彎之月影迸的的之星光鋒毛羽之振迅挫容貌之昂藏審必中而後發固焉用而不臧若乃處身順理投跡知常時決起而無滯或怒飛而有方烟雲足以遐賞翳薈足以來翔必絕捐軀之患豈貽在彀之殃是則素有雋志往無不利藏器者人獲隼者器矢應弦而上激禽應矢而橫墜微隼諒比於小人高墉亦方於重位苟不戒於遊處曾何免於顛躋士有五善斯在載櫜有待麗龜之知未忘貫隼之誠勿改幸文武之不墜希葑菲之必采則知發矢有期獲禽俟時想大易之靈文微言何賾稽高墉之元象壯志空持旣是則而是傚永念茲而在茲

盧諭

諭開元時官戶部金部員外郎

彈棊賦

惟古人之眾技必有託而觀智旣垂誡以爲喻故求能而不畏見小人矜捷之迹識君子安全之義孰謂猶賢在於茲戲觀乎局之爲狀也下方廣以法地上圓高以象天起

而能伏危而不懸四隅咸舉四達無偏居中謂之豐腹在末謂之緣邊棊之爲數也各一十二彙其始布也各以其類乃分其位環合相承櫛比爲次其始作也則云其末一作密之爲難乃契謀眾指意或多端欲因先以獲勝恐致危以思安每遇敵其增惕故用之而假歡則有飛迅一擊紛紜旣散慮加少以爲多實思危而不亂謀而後動審而方按或始否而終亨或先傾而後嘆一作滿若乃臨邊卻舞徑一作經天迴越必在知機之微騁異而發至如垂空勁往應心得雋雖具美於踰平終易虧於履嶮是知冒險者忘

於趨進規利者失於戒愼豈與夫所適多方所求惟順因其利不失於得追其遠若歸於信乍從容以周旋時倏忽於一瞬伊眾趣之無極諒所戒以唯貪苟能知其義者無棄學而退耽

楊諫

諫官永樂丞

公孫宏開東閣賦 以風勢聲理暢休實久爲韻

君立相以道崇相輔仁而協同庶輯多士允釐百工始於其家且有招賢之義刑於四海大啟尚賢之風猗乎哉漢武照臨之秋孫宏輔弼之歲能好善以逮下不恃貴而怙勢子興視夜居賓閣而猶開鶯鳴在春知賢路之不蔽道有行止時有興廢唯盛明則多士乃知人則下事遇風雨而不易將安樂以無替善乎立身誰爲之繼夫拔茅者利其彙征開閣者求其友生芽思同茹友貴同榮故秩秩執初筵之禮丁丁詣伐木之聲在貴則勿遺乎賤於舊而孰能無情況閣可以備時之燥濕相可以爲君之聽視賢是斯來賓是攸止升降出入溫柔之始脫粟布被雖逢汲黯之嗤下薦上聞竟遇漢皇之美況親仁而又崇此亦存乎下理動不爲妄德風遐暢善固有由仁聲允休豈比夫漢臣崇奢後堂空羅夫妓樂齊相爲監累年不易其狐裘者哉惟其人心酌乎故實德不遐棄敬之終吉然後知埽門者亦孔之醜望塵者未離乎咎當效平津而延賓知可大而可久

大蜡賦 以暮冬律變新陽載動爲韻

大蜡之祭今所以饗田神賞農務陰律窮元冬暮星迴於舊列日極於餘度必也介僎謀牲牲具狐裘以黃皮弁以素蓋欲息田夫而褒歲賦夫搜索之謂蜡閉藏之謂冬其索也可以舉羣祀其藏也可以勞三農欲碩苗而不害則迎貓塈於田鼠俾昆蟲之無作則祭坊與夫水庸以夫月建丑日在戊磔犧牲之體所以尚其腥登水草之葅所以貴其質詠豳詩以合雅擊土鼓以應律瑞穰穰芬苾苾百日之勤一日之薦或酬或酢既騰觚於無算爲宮爲徵方播樂於六變命清祀今在殷復嘉平今處秦繫率仁而終義實革故而迎新樂舉斯陶嗤子貢之來覲禮成而出美仲尼之爲賓故聖人之舉事也務於崇勸戒敦否臧樹之瓜華告多藏者必覆致乎女鹿示不德者斯亡豈唯乎其

儀抑抑其樂洋洋是以伊耆之禮不易大羅之職有常嗣歲將興或祈穀於上帝人才不匱或觀政於四方則知德厚者必祀功高者必載司啇之祐維永瑞於我唐先炊之神豈獨見於前代故曰蜡也移萬人登百種可以志陰陽之變動

珪璋特達賦

稽上古之貴德考先聖之立言偉珪璋之挺異同君子之不謏是以先王之制斯器也不資於瑌瑉而采之於璵璠欲使執之者比德佩之者克念自然威儀式序而有要有

倫班秩以明而不濫不僭徒觀夫貂蟬巍峨以耀彩組綬輝映以生文使夫閱信義堅貞以守職感瑕瑜不掩以事君故能靖恭厥位克舉其勳豈不由珪璋與賢哲相成其業曠千古而流芬則聖哲之創物也誠有足而稱云原夫代人莫識荆山之裏藏精淪滓爲寶未用多歷年祀笑瓦礫之相和喜蘭蓀之狎士嗟乎道不常屈終收卞子韞錯而眞質自然拂拭而夜光特起悲楚君之瞽昧曷碔砆之能似既而玉人攻治珪璋自尊短長有制規矩攸存其聲清越其潤溫溫處掌握而升玉砌隨佩服而列金門暉映增美炯然自持涵瑞日之洞澈凜寒風之淒其然後知至寶之成器允夫天下之不疑亦猶賢人君子遭遇惟時有強學懷書清規皎如以不貪爲寶思琢磨自居感珪璋之特達期哲人之吹噓

月映清淮流賦以題爲韻

地有四瀆其一也惟淮天有二曜其一也惟月月至明而不阻遐邇淮至清而可鑒毫髮故澄澈而相聯況埃壒而初歇泛灩多象朣朧交映類藏冰之在玉壺如臨水之懸明鏡引清潤而介若自潔和素光而終然不競千里伴孤

舟而淨百丈動纖鱗之泳此所謂物至淨而增其淨也如其孕靈納影委照淪精徐而匪濁攪之不盈蟾蜍下沈對蠙珠而增美璿源圓折混金波而更清皓鶴奪彩玉砂迷明如分舟子之望終起漁歌之聲此所謂物無情而感有情者也古人有引類爲贈因物傷懷風雲欲別琴酒相乖念居者已賦乎露濕寒草悲行者則想乎月映清淮蓋旨哉月以陰而合德水爲坎而處柔或麗天而成象或紀地而引流契仁者之理靜含道門之清幽有二美矣允乎於休將以求古之情多聞是務一則以紀其善一則以垂爲

裕以夾厭暈不學淮王之方進牘抽毫空作謝莊之賦

南有嘉魚賦 以樂得賢者次用爲韻

后非賢不乂魚非水不託賢豈晦以養蒙魚在藻而自樂故比事思理以徵以求如南有嘉魚是網是繳此所謂搉別淑慝愛人治國爲鹽梅之器用作生靈之表則不然豈延故老於終南收釣翁於渭北張皇勳業者棄此曾未得我國家憂勞庶績寤寐求賢且束帛戔戔每布之於寰海豈矰笱罩罩獨烝然於巨川吳坂不遺於騏驥丙穴載詠於鱒鱧詩人格言必將興之於王國老氏遺戒不可脫之

於重泉所謂持竿執柄者未容易焉爰有深沈參對純嘏雖臨矰以及繳苟未高於天下徒喚喁於香餌終夷猶於取舍儻鼎味之見珍甘殺身於庖者

新渾儀賦

夫象之大者曰天地理之廣者曰陰陽分八極懸三光不言而化有形而彰雖羲氏代掌初聞乎欽若而疇人離散覆亂其紀綱魏滅晉紹易齊爲梁莫革其弊有失其方將以事極則反否泰何常故渾儀之制而新之我皇則天工協謀鬼氏畢至煽洪鑪以效役鎔珍金以爲器管之應一十二律罔極爲期天之列二十八宿各分爾位然仰觀俯察以參以稽森羅乎象緯窮極乎端倪視朔於初時必書於雲物履端於始歲如得乎攝提候月不殊於蓂草測景方異乎土圭俾漢歷之黍累不失同舜年之風雨不迷且人之常性也重更改貴因循罔知失善是與謀新更苟有利何憚釐革循苟有失何必相因故天垂象聖人以審度歷乖次聖人以創陳亦將利物安下適時補政齊上方之斗極爲來代之龜鏡其義既美於斯爲盛恐貽誚於不談故形之乎賦詠

張之宏

之宏天寶中官曲阜縣令

兗公頌

若昔帝軌覆王綱頹則孔聖挺生而憲章克復故能羞人極酌彝倫聲明有度文武不墜講德泗上橫經淹中 闕七字 代嗚呼毆儒墨蹈仁義曠志鵬海服膺蟻術瑳琢金玉鑽仰情性者其唯兗公乎公姓顏名回字子淵魯人也 闕七字 十 闕一字 惠困而能通休休焉拾塵著德貧而不仕衎衎焉鼓琴自娛雖行藏坐忘黜聰墮體確乎不拔濇乎自持猶

以農闕五字談岱嶽辨星精之駙及夫杏壇花白素王哀一臂之交槐市葉青丹史煥四科之首輝光昭晰芝蘭鬱芬年代浸遠久闕三字美哉偉歟美哉偉歟之宏刻鵠見嗤雕龍寡譽昔往神仙之郡未繫想於王喬今來禮樂之鄉猥飛聲於宓賤徒以絃歌叶闕三字翟之朝飛冰鏡澄明希阜鸞之曉舞而都督渤海李公諱闕二字庭誨八命分憂兩歧標慶海澄泓量月灼貞明德之至則膏闕二字軒令惟行則仁風發扇實來茲邑泛覽川原企佇卬墟慨然永歎曰城郭猶是鶴鳴千歲之歌陋巷空存人饗一瓢之樂泳池春

盡白露秋生古往今來曷惟其已皇上禮行鄒魯思闡文明則夫子乘通三之尊兗公列惟五之長乃顧而謂之宏曰張令文蔚國章智樹仁策撝光可大譽望克韶宣王既以銘焉兗公豈宜闕爵恭惟嘉命勒茲徽猷俾夫亞聖同之前美由是也故得繚宮牆殖庭宇橑鳳翼瓦魚鱗清泠萃風疃曨照日綠樹霏靡紅藥鬖髿林齋囀鶯階香舞蝶宴於斯餞於斯器用陶匏粢食不爨命曰稱兗公之德歟遂吮墨含毫聆奇瞬美網鳳策獵麟書牽彼朱絲緯茲黃絹其頌曰

珠毓滄溟鳳飛丹穴況德君子聞諸往說彼美兗公儒林秀栁惠和天授聲聞風烈道成四友德浮十哲魯明御敗衛通哀洩宛爾龍盤颯然鶴髮噫天喪予芳蘭已折其一聖皇有道四隩攸同恩覆天宇令發春風緬懷泗上睿想淹中俯徵魯禮贈此兗公天書戾止儒術昭融弁冕載頒咸光自雄皇情有實陋巷何空其二昭昭良牧彬彬文質熊軾轜風隼旟槧日嶽鎮鄒魯道流溟渤神秀疎聳靈鑒朗逸德柔去殺仁深濟物來斯懷古中心壹鬱麥秀已謠黍離云述爰命作頌傳諸故實其三瞻彼魯國地固人安龜蒙鬱

氣洙泗鳴湍禮經雲委物產星攢伊予作宰諒匪能官蒲城懷仲河陽謝潘棼絲可理製錦良難儉懷簞笥禮想雩壇塗荒露浥樹古風殘愛而不見慨然永歎棟宇是葺金石斯刊悠悠千載其芳若蘭

萬楚

楚開元中進士

對冀田判

或以齋月屠犬縣科殺生曰爲輕輿所用

春鷹促農黎人務穡用宜種稑取化原防苟磽确之不滋

將彊埸之須糞或以今茲齋月言叶上春東作乃興咸持錢鎛南畝斯饁必潰蕡麻時器所以勸甿輿耡由其阜俗我疆我理庶起芃芃之秀或耔或耘思播茫茫之迹九夫取歡于歲稔十千期給于公征貪我上腴陷茲中典且農爲理本法在禁弛有利輕興誠宜重穀何繫之屠犬而謂殺生應稽諸草人將勤浸種縣司麗法詛曰優農或且犯齋期于宥獄

崔慥

慥元宗時人

對履畝判

景爲諸侯履畝擇其最好者取之百姓上訴御史糾違法云非入已

公田有洫私家有封人或不康君孰與足景分茅賜爵剪棄稱孤奪力役於夫家怠政教於公府徒使我疆我理空對汗萊爾宅爾田惟瞻磽确不勤東作但履西成急下民之見糧旣同蝥賊務公家之厚斂寧有盜臣豈漢文施令之心乃魯宣救弊之術子行而法則有周公之典我愛其禮請遵尼父之言未可加刑宜從削地

孫愐

愐天寶十載官陳州司法參軍

唐韻序

蓋聞文字聿興音韻乃作蒼頡爾雅爲首詩頌次之則有字統字林韻集韻畧述作頗衆得失互分惟陸生切韻盛行於世然隋珠尚纇虹玉仍瑕注有差錯文復漏誤若無刊正何以討論我國家偃武修文大崇儒術置集賢之院召才學之流自開闢以來未有如今日之盛上行下效比屋可封輒罄謏聞敢補遺闕兼習諸書具爲訓解州縣名

號亦據今時字體從木從才著彳著亻施殳施攴安尒安禾並悉具言庶無紕繆其有異聞奇怪傳說姓氏原由土地物產山河草木鳥獸蟲魚備載其間皆引憑據隨韻編紀添彼數家勒成一書名曰唐韻蓋取周易周禮之義也及案三蒼爾雅字統字林說文玉篇石經聲韻聲譜九經諸子史漢三國志晉宋後魏周隋陳宋兩齊書本草姓苑風俗通古今注賈執姓氏英賢傳王僧孺百家譜周何潔集文選諸集孝子傳輿地志及武德已來創置迄開元三十年並列注中等夫輿誦流汗交集愧以上陳天心又有

元青子吉成子者。則汝陽侯榮之曾孫。卓尓好古。博通內外。遁祿巖嶺。吐納自然。抗志鈐鍵。棲神芃宇。淡泊無事。希夷絶塵。倏忽風雲。靈竣怡懌。考窮史籍。廣覽羣書。欲令清濁昭然。學之上。有終日而忘食。有連宵而不寐。案捜神記。精怪圖。山海經。博物志。四夷傳。大荒經。南越志。西域記。西壑傳。漢纂。藥論。證俗方言。御覽字府。及九經三史諸子中。遺漏要字。訓義解釋。多有不載。必具言之。子細研窮。究其巢穴。澄凝微思。鄭重詳思。輕重斯分。不令恩糅。緘之金匱。珍之寶之而已哉。寧辭阻險。敢不躬談。一訴愚心。克諧雅況。依次編記。而不別番。其一字數訓。則執優而尸之。劣而副之。其有或假。不失元本。以四聲尋繹。冀覽者去疑宿滯者豁如也。又紐其脣齒喉舌牙部。仵而次之。有可紐不可行之。及古體有依約之。並采以爲證。庶無壅而昭其馮。起終五年。精成一部。前後總加四萬二千三百八十三言。仍篆隸石經。勒存正體。幸不譏繁。於時歲次辛卯。天寶十載也。

于休烈

休烈。河南人。開元初進士。擢制科。累遷比部郎中。出爲中部郡太守。肅宗朝擢工部侍郎。徙國子祭酒。代宗立。累進工部尚書。封東海郡公。加金紫光祿大夫。大歷七年卒。年八十。贈左僕射。謚曰元。

請停命婦入朝奏

據周禮。有命夫命婦。夫朝人主。婦朝女君。自永徽五年以則天爲皇后。始行此禮。其日也。命婦又朝光順門。朝官命婦並入。雜處殊爲失禮。

張良不合配饗太公奏

臣昨因秋饗漢高祖廟。見傍無侍臣。饗太公廟。有張良在側。伏以子房生於漢初。翊奉高祖。坐籌帷幄。佐定天下。考其年代。不接太公。自古配饗廟庭。陪葬陵寢。皆取當時佐命。同受哀榮。太公人臣。不合以張良配饗。請移於漢祖廟。

請捜訪國史奏

國史一百六卷。開元實錄四十七卷。起居注并餘書三千六百八十二卷。並在興慶宫史館。京城陷賊後。皆被焚燒。且國史實錄。聖朝大典。修撰多時。今並無本。伏望下御史臺推勘史館所繇。令府縣招訪。有人別收得國史實錄。如送官司。重加購賞。若是官書。仍赦其罪。得一部。超授官。得

一卷賞絹十匹

請不賜吐蕃書籍疏

臣聞戎狄國之寇也經籍國之典也戎之生心不可以無備典有恒制不可以假人傳曰裔不謀夏夷不亂華所以草其非心在於有備無患昔者東平王入朝求史記諸子漢帝不與蓋以史記多兵謀諸子雜詭術夫以東平漢之懿戚尚不欲示征戰之書今西戎國之寇讎豈可貽經典之事且臣聞吐蕃之性慓悍果決敏情特銳喜學不回若達於書必能知戰深於詩則知武夫有師干之試深於禮

則知月令有廢興之兵深於傳則知用師多詭詐之計深於文則知往來有書檄之制何異借寇兵而資盜糧也臣聞魯秉周禮齊不加兵吳獲乘車楚屢奔命一以守典存國一以喪法危邦可取鑒也且公主下嫁從人遠適異國合務夷禮返求良書愚臣料之恐非公主本意也慮有奔北之類勸教於中若陛下慮失蕃情以備國信必不得已請去春秋當周道既衰諸侯強盛禮樂自出戰伐交興情僞於是乎生變詐於是乎起則有以臣召君之事取威定霸之名若與此書國之患也傳曰于奚請曲縣繁纓仲尼云惜也不如多與之邑惟名與器不可假人狄固貪婪貴貨易土正可錫之綿繡厚以玉帛何不率從其求以資其智臣忝列位職刊校祕籍實痛經典棄在夷狄昧死上聞伏惟陛下深察

蔡希綜

希綜曲阿人

法書論

夫書匪獨不調端周正先藉其筆力始其作也須急回疾下鷹視鵬游信之自然猶鱗之得水羽之乘風高下恣情

流轉無礙每字皆須骨氣雄強爽爽然有飛動之態屈折之狀如鋼鐵爲鈎牽掣之蹤若勁直針下主客勝負皆須姑息先作者主也後爲者客也既搆筋力然後裝束必須舉措合則起發相承輕濃似雲霧往來舒卷如林花間吐每書一紙或有重字亦須字字意殊子頃嘗爲一體書賦亦畧陳梗槩今復論之用臻其理夫始下筆須藏鋒轉腕前緩後急字體形勢狀如蟲蛇相鈎連意莫令斷仍須簡畧爲尚不貴繁冗至如稜側起伏隨勢所立大抵之意員規最妙其有誤發不可再摹恐失其筆勢若字有點處須

空中遥擲下其勢如高峯墜石又下筆勢如放箭箭不欲遲遲則中物不入然則施於草跡亦須時時象其篆勢八分章草古隸等體要相合雜發人意思若直取俗字則不能光發於牋豪若非靜思閑雅發於中慮則失其妙用也

法書論

余家歷世皆傳儒素尤尚書法十九代祖東漢左中郎邕有篆籀八體之妙六世祖陳侍中景歷五世伯祖隋蜀王府記室君知咸能楷隸俱爲時所重從叔父右衛率府兵曹參軍有鄰繼於八體之蹟第四兄緱氏主簿希逸第七

兄洛陽尉希寂並深工草隸頗爲當代所稱也周宣王史籀作大篆秦始皇程邈改爲隸書東漢上谷王次仲以隸書改爲楷法仲又以楷法變爲八分其後繼蹟者伯喈得之極元常或其亞草聖始自楚屈原章草興於漢宣帝楷法則曹喜師宜官梁鵠皇象羅景趙嗣邯鄲淳胡昭杜度草法則崔瑗崔寔張芝張昶索靖衛瓘衛恒羲獻宋齊之間王僧虔羊欣李鎮東蕭子雲蕭思話陶隱居永禪師唐房喬杜如晦楊師道裴行儉高士廉歐陽詢虞世南及陸東之褚遂良薛稷其次有瑯琊王紹宗潁川鍾紹京范陽張庭珪亦深有意焉父兄子弟相繼其能者東漢崔瑗及寔宏農張芝與弟昶河東衛瓘及子恒潁川鍾繇及子會瑯琊王羲之及子獻之西河宋令文及子之愻東海徐嶠之及子浩蘭陵蕭誠及弟諒如是數公等並遭盛明之世得從容於筆硯始其學也則師資一同及爾成功乃菁華各擅亦猶綠葉紅花長松翠柏雖占雨露孕育於陰陽而盤錯森梢葦茸豔逸各入門自媚詎聞相下咸自我而作古或因奇而立度若盛傳於代以爲貽家之寶則八體之極是歸乎鍾蔡草隸之雄是歸乎張王此四賢者自數百

載來未之逮也

欽定全唐文卷三百六十六

賈至

至字幼鄰禮部侍郎曾子擢明經第解褐單父尉從元宗幸蜀拜起居舍人知制誥歷中書舍人廣德初擢禮部侍郎大歷中轉京兆尹兼御史大夫累封信都縣伯遷右散騎常侍卒年五十五贈禮部尚書謚曰文

元宗幸普安郡制

門下我唐受命百有十載德澤浸於荒裔聲教被於殊鄰紹三代之統緒綜百王之禮樂我高祖神堯皇帝奄有大

寶應天順人我太宗文武聖皇帝戡難造邦光宅天下我高宗天皇大帝修文偃武惠綏四方我中宗孝和皇帝聿遵孝德惟新景命我睿宗大聖真皇帝清明在躬元化溥暢朕承累聖之洪訓荷祖宗之丕緒兢兢業業不敢自寧往歲韋氏作逆宗社將墜是用翼戴先后掃蕩兇徒宸極既貞寰區載晏爾來在位垂五十年中原幸無師旅戎狄歲來朝貢夙興旰食勤念蒼生庶宏至理永躋仁壽愧無帝堯之聖德而有寄體之不明致令賊臣內外爲患蔽朕耳目遠朕忠良或竊弄威權或厚斂重賦梟壞一漏成此滔天構逆召戎馳突中夏傾覆我河洛擾亂我崤函使衣冠奔走於草莽黎庶狼狽於鋒鏑伊朕薄德不能守厥位貽禍海內負茲蒼生是用罪己責躬寤寐戰灼上媿乎天地下媿乎庶人外媿乎四海內媿乎九族乾乾惕厲思雪大恥夫定禍亂者必仗於羣才理國家者先固其根本太子亨忠肅恭懿說禮敦詩好勇多謀加之果斷永王璘盛王琦豐王珙皆孝友謹恪樂善好賢頃在禁中而習政事察其圖慮可試艱難夫宮相之才師傅之任必資雅善允屬忠貞況四海多虞二京未復今當慎擇實惟其人太子

亨宜充天下兵馬元帥仍都統朔方河東河北平盧等節度採訪都大使與諸路及諸副大使等計會南收長安洛陽以御史中丞裴冕兼左庶子隴西郡司馬劉秩試守右庶子永王璘宜充山南東路及黔中江南西路等節度支度採訪都大使江陵大都督如故以少府監竇紹爲之傅以長沙郡太守李峴爲副都大使仍授江陵郡大都督府長史兼御史中丞盛王琦宜充廣陵郡大都督仍領江南東路及淮南河南等路節度採訪都大使依前江陵郡都督府長史劉彙爲之傅以廣陵郡長史李成式爲副都大

使兼御史中丞豐王珙宜充武威郡大都督仍領河西隴右安西北庭等路節度支度採訪都大使以隴西郡太守鄧景山爲之傅兼武威郡都督府長史御史中丞充副都大使應須兵馬甲仗器械糧賜等並於當路自供其諸路本節度採訪支度防禦等使號王巨等並依前充使其署官屬及本路郡縣官並各任便自簡擇五品以下任署置訖聞奏六品以下任便授已後一時聞奏其授京官九品以上並先授名聞奏聽進止其武官折衝以下並實借緋紫任量功便處分訖聞奏其有文武奇才隱在林藪宜加

辟命量事奬擢於戲咨爾元子等敬聽朕命謹恭祗敬以見師傅端莊簡肅以莅衆官慈恤惠愛以養百姓忠恕哀敬以折庶獄邑不可犯以臨軍政犯而必恕以納忠規往欽哉無替朕命各須所管咸令知悉

詔天下搜賢俊制

敕朕聞惟理亂在庶官以先王旁求俊彥思皇多士以倡九牧阜成兆人頃者姦臣執權專利冒寵惟正直是醜惟邪佞是比壅塞賢路罔蔽天聰使忠臣不得盡其謀才士不得展其用廢三載之黜陟寖九德之推擇多有老於郎署滯於邱園吏稱無人才不給位朕以薄質嗣守大寶寇戎未殄王業惟艱兢兢乾乾日愼一日緬惟堯舜求賢之意周公吐握之義思欲廣進髦乂輔寧邦家實賴公卿大夫宏我視聽易曰方以類聚語曰舉爾所知凡宰相王臣宜加搜擇其常參官及郡縣長史上佐等皆從歷試而踐通榮如各知其密行異能博學深識才堪濟代術可利人名不彰聞位不充量湮淪屠釣流落風波者一善可錄便宜公舉遠則裁表附驛近則進狀奏聞勿避親讎無限儕伍其有獨負奇才未逢知己即仰投匭并所在陳狀自論

長官登時與奏夫惟薦士非止一舉永爲恒典有即登聞昔荀桓子立翟之功士伯受瓜衍之邑柳下惠賢而不舉臧文仲被竊位之名春秋書之千載不朽凡百在位可不勉歟宜宣示中外令知朕意

誡示諸道制

王者省方諸侯述職以時受計其來久矣自鑾輿南幸西巴厎寧俾予小子受命討難越自河隴及於朔陲兼北狄兵車億萬同至待收秦中後定河洛狂寇竊窘不日翦滅朕以百姓爲心敢忘終食中夏未清慮有驚擾且吏者人

之師非吏何以安人良化惠風在於循吏當用兵振旅之際事充政重之時必去煩苛存乎慈惠須岳牧令長以鎮撫者也且懲惡勸善激濁揚清尋有使車黜陟當備知之朕每命中官及諸出使所至郡縣妄宣口敕徵求賦歛便即奏聞不可容隱朕以軍政孔殷朝會未備禮猶闕於筐篚時且急於甲兵鄉昭宣國令以示民庶履新之慶與卿等同之

授裴遵慶給事中制

敕禮部郎中裴遵慶清正介直公才雅望智能利物行可

檢人今東夏務殷宰臣任重是資髦士以佐輶軒宜居駮議之職仍領銓衡之務可給事中

授崔寓給事中制

門下會稽太守崔寓識敏而周器清而直有冉季之政事兼應劉之詞藻累昇臺省咸以才遷驟歷藩條時惟德舉左曹樞近爰司駮正宜擇士林之秀俾參鸞渚之榮可給事中

授張孚給事中制

敕司勳郎中張孚果行育德疏通知遠是瑚璉之良器抱豫章之美才文以藻身屢得詞場之雋公而持操更推吏道之能譽洽禮闈風清憲簡宜擢拜於青瑣俾駮議於黃樞可給事中

授高適諫議大夫制

敕監察御史高適立節貞峻直躬高朗感激効經濟之畧紛綸贍風雅之才長策遠圖可云大體讜言毅色實謂忠良宜迴糾逖之任俾超風諭之職可守諫議大夫

授張鎬諫議大夫制

門下侍御史南汝疑節度判官張鎬崇德廣業宣慈惠和

主善爲師志古之道或直而溫可以居諫諍之任或強而誼可以在準繩之職或理而敏可以司草奏之繁官得其人鮮有敗事列於鶯鸞僉曰惟允可諫議大夫

授暢璀諫議大夫制

敕爲川者決之使導爲臣者宣之使言故堯有敢諫之鼓誹謗之木此其所以聖也楚靈稱凡百箴諫吾盡知之無怫吾慮此其所以敗也朕嗣守鴻業時方艱難實賴有位之士匡其不及故注意諫臣必求諸道關内監河判官暢璀頤眞養正精潔惠和有質直而無流心秉忠信而持讜

議頃歲去職晦跡邱園愛其身以有待養其志以有爲厥德不回允諧司議可兼諫議大夫餘如故於戲官之奇懦不能強諫春秋以爲失常臧僖伯繼論納郜鼎君子稱必有餘慶予違汝弼汝無面從

授王延昌諫議大夫兼侍御史制

門下古者天子有諍臣七人而事君有犯無隱故能獻可替否從諫則聖京兆少尹知雜王延昌學於古訓秉心塞淵以文藝之質飭幹時之器頃者彌綸省闥紀綱臺憲舊章克舉雅望攸歸貳政浩穰雖藉其條理列職規諷更思

其讜直諫大夫之密侍御史之雄爾宜兼之以臣子理可諫議大夫兼侍御史知雜餘並如故

授杜鴻漸崔倚一作猗中書舍人制

敕知中書舍人鴻漸等忠肅恭懿美秀而才蘊清通之理義兼貞固之幹能用制軍謀允屬夏卿持衡審官時惟小宰愼擇多士僉曰爾諧宜當銓綜之劇仍掌絲綸之任鴻漸可守中書舍人判武部倚守中書舍人判文部侍郎

授裴綜起居郎制

敕左史記事君舉必書先王之制也晉則董狐書法不隱楚則倚相能讀典墳善惡成敗實由其言愼擇端士永難其人殿中侍御史裴綜緒業清純言行惇敏俾之直筆庶勗厥官可行起居郎

授韋啟左拾遺制

敕劍門縣令韋啟雅有文詞仍兼政術諫官近密必擇正人忠讜之言期於無隱可左拾遺

授張伯倫等通事舍人制

敕太子左贊善大夫張伯倫博雅溫良能詳故事左金吾衛兵曹參軍張總淑愼徽美可立於朝休有令聞忠而周

敏出納朕命僉曰爾諧伯倫可兼試太子僕總可守通事舍人

授徐浩尚書左丞制

敕中書舍人徐浩精潔惠和敏而好學有凌雲之詞賦兼臨池之翰墨祗勤直道厥德允修右掖司言已光綸綍南宮掌轄仍佇紀綱可兼尚書左丞

授李巨憲部尚書制

門下褒賢策勳國之大典允文允武人之所賴陳留太守嗣虢王巨杖劍分閫專征東夏俾鎮遏寇之職以寵維城

之固可守憲部尚書

授房琯刑部尚書制

門下蠻夷猾夏舜命皐陶作士秝功邁德黎民懷之周官大司寇亦以五刑糾萬民之命邦典定諸侯之獄明德愼罰先王至理前漢州刺史房琯旣明且哲貞靜尚寬有文行可濟於時有直言能匡其國獻可替否翼亮先朝今兹賊初滅蒼生凋弊議獄緩死刑期無刑是用採人望於舊臣舉國楨於元老俾掌二典以弼五教庶不仁者遠姦宄道消尚德優賢仍加八命可特進兼刑部尚書封如故

授韋陟文部尚書制

門下周官大冢宰以九職任萬人三歲大計羣吏之誅賞選部綜覈時惟厥任非正人表臣齊明敏哲不可處此御史大夫郇國公韋陟代篤惟忠祗勤於德文可以經國業可以濟時有鄭僑惠主之仁懷史鰌君子之道頃居小宰翼勤萬務銓鑒而必審其實拔舉而不失其能秉心塞淵厥有成績可守文部尚書餘如故

授韋綬禮部尚書薛放刑部侍郎丁公著工部侍郎等制

勑尚書左丞韋綬等朕在東宮時先皇帝垂慈聖之德念予沖蒙選端士通儒使講貫今古自禮樂刑政暨君臣父子之道博我約我日就月將俾予於今不至牆面克荷丕訓大揚耿光實綬放公著之力也故朕嗣位未踰時月或自郡邸或自省署徵擢寵用爲丞郎給事中官雖超拜職亦具舉師道光而心愈讓人爵貴而身益恭宜更褒升重酬輔導以綬精粹辯博有先儒之風可作秩宗以放端明愼重行君子之道可居憲部以公著檢敬規度得有司之體可貳冬官於戲貞百工平五刑典三禮皆重任清秩予

無愛焉蓋欲表二三子道不虚行而明予一人德無不報也綬可禮部尚書放可刑部侍郎公著可工部侍郎餘官並如故

授盧正已工部尚書河南尹東都留守制

門下昔成王命君陳分正成周尹兹東郊曰惟爾令德孝恭克施有政實大其事俾振厥職先朝故事以擇舊德元老貞固之臣每居守焉今兹逆始平洛師殘弊周南分陝寄莫斯重太府卿盧正已忠肅恭懿仁而愛人專鎭分憂居必致理是用命爾問疲瘵之俗政必以寬化遷習之人

謨必以義勸農穡之務事必以靜禁侵漁之暴令必以嚴可守工部尚書東都留守散官勳封如故於戲無替朕命主者施行

授李峘武部侍郎制

門下全蜀奥區梁岷設險時清作鎮恒難其人況中夏未寧上皇南幸益州之政允賚忠諒非親非賢何以兼腹心爪牙之任前襄陽太守李峘貞固簡肅宗枝標秀歷踐中外咸克有聲今巴蜀之地停鑾駐蹕舉爾以文武之才倚爾以維城之固且小司馬之職連率之重兼而處之不曰

厚寄懋哉厥德無替朕命可行武部侍郎

授楊綰禮部侍郎制

門下鯨鯢初懸理化未洽思敦馳騖之俗必宏廉退之風太常少卿兼修國史楊綰質稟天和才優大雅理能自暢學不爲人自委身於周行孤立於中道喜慍莫形於顏色外物無得而親疏聲問日高志致彌遠固足以抑揚雅俗宏獎素風宜貳職於南宮仍屬詞於東觀俾難進之夫增氣干仕之子知慙斵雕澄源朕志斯在可守禮部侍郎仍修國史餘如故施行

授韋環司封郎中制

敕司駕員外郎韋環忠義激切智深謀敏懷斷割之利用慨國家之深讐淮海多虞寇戎未殄是擇才彥佐斯旌鉞宜兼臺閣以懋勳庸可司封郎中充淮南行軍司馬兼召募使

授裴諝考功郎中制

敕君子立義爲勇在國而能通故全其節而成其務矣守太子中允裴諝言忠信行篤敬有敏才斯可與權有直道磨而不磷造次顛沛秉心塞淵宜獎貞固之風俾縉臺閣

之政可守考功郎中

授程休文禮部郎中制

敕司封郎中程休文郎中應列宿之位御史爲準繩之舉紀必以德任難其人況於四海多虞兩京未復臺省樞要非賢不居或以節推或以才擇可守禮部郎中

授王璵祠部郎中兼侍御史制

敕知上黨司馬事王璵藏器於身策名清列多才多藝知微知章歷茲艱難屢有籌畫宜兼臺省之任仍總師戎之役可祠部郎中兼侍御史充招討權宜處置使

授張禹兵部郎中邱據兵部員外郎制

門下上應列宿尚書郎所以稱美也中持風憲侍御史所以推雄也況巢之藩翰加以師旅宜求異才允踐厥職澤州刺史張禹有貞固之資爲幹時之器澤潞司馬殿中侍御史邱據秉温良之質多利物之才咸提綱憲府佐理戎幕以示修直展其謀猷必將大耕戰之圖宏臺閣之務式加新秩俾修舊政禹可守兵部郎中懷州刺史據可兵部員外郎依前行軍司馬

授邢宇司封員外郎制

勑前戶部員外郎邢宇雅志沖澹敏識精達養閑移疾亦有歲年南宮地清列宿虛位擢才進善以佐邦理可守司封員外郎

授李華禮部員外郎制

勑九隴令李華學行薰茂藻思清新譽流京劇政洽巴庸會府章奏之殷春官典禮之要任難其選才可當人可試禮部員外郎

授韋少遊祠部員外郎等制

勑左補闕直宏文館韋少遊修詞懿文終温且惠守右監門衛胄曹參軍許登振藻揚釆穆如清風並藏器於身陳力就列南宮郎位是登題柱之才左禁諫臣方求折檻之直少遊可檢校祠部員外郎登可右拾遺

授裴薦攝主客員外郎制

勑左拾遺裴薦正直而温洵美且惠有紛綸之詞藻懷耿介之志氣自居近侍屢獻讜言中原未寧隣國是協俾領攝於郎署爲專對之使人可攝主客員外郎

授敬羽武部員外郎兼殿中侍御史制

勑攝武部員外郎朔方採訪等使敬羽美才多適直道滅

私通明可以斷疑貞固足以幹事自持風憲糾逖回邪不吐茹於剛柔有鷹鸇之搏擊與能褒美俾轉臺端載執諫光思宏讓節宜遂其懇志退守本官可守前官

授學士李讓夷職方員外郎充職制

勑夫言語侍從之臣非賢不命久而加獎則彝典也翰林學士朝議郎行左補闕賜緋魚袋李讓夷器以琢成材爲衆出藴積邁時之志發明扶道之心學務研精文推軼拔早飛身於戎幕遂躐位於諫垣忠言屢聞密命斯委果揚温雅之稱宜獲訏謨之効亦既久次宜所轉遷受假寵於

握蘭用酬勞於視草勉宏前懿以服寵榮可行尚書職方員外郎依前充翰林學士散官賜如故

授李何忌職方員外郎制

勅右補闕李何忌後進人物一時雋選或丕承清緒多負美才或直言正詞有犯無隱或繡衣持斧摘伏擒姦或馳譽翰林文詞藻麗或知名吏道政事詳審在邦必達歷試有聞宜居鵷鷺之列俾宏準繩之紀可試職方員外郎

授趙良弼司庫員外郎制

勅攝河東司馬趙良弼以敬直方內義形於色蘊帷幄之

謀畧真士林之忠良元戎起行師出以律將謀韓厥之職宜選子方之智俾登仙署仍佐中權可行司庫員外郎充朔方行軍司馬

授柏庭昌憲部員外郎制

勅監察御史柏庭昌吏道稱優公才致遠文法之用蓋推於友朋操割之能亦聞於臺省仙郎之選人譽斯歸道有藉於簡孚官不循於資序當兹清職宜勗慎擇可憲部員外郎

授李岑工部員外郎制

勅京兆府兵曹參軍李岑敏而好學出言有章累登甲乙之科嘗居匡輔之任雋才利器在邦必聞俾振翮於仙署用揚光於列宿可工部員外郎

授宋晦屯田員外郎制

勅行殿中侍御史宋晦質性温敏行能詳實再策名於霜簡久更事於輶軒理必有常條能不紊禮闈舉直郎署求才俾迴秋憲之威以佐冬官之屬可屯田員外郎

授韓滉吏部郎中制

勅尚書郎中佐理六卿事關政本御史則舉直錯枉綱紀

周行非雅正之才難在斯任吏部員外郎韓滉恪慎惇敏飭吏以文夙夜在公咸宜進位可吏部郎中

賈至二

授崔器御史中丞制

門下權判文部郎中崔器閑邪存誠公而不黨有樂枝貞愼抱史輶正直歷踐清列名與實偕今豺狼未寧中外多故羣才雜用則哲惟將肅其準繩舉其憲則俾不仁者遠邪佞以悛爾其留心宜專糾正可守御史中丞餘如故

授敬昭道殿中侍御史等制

勅朝議郎行監察御史敬昭道等見素爲質懷清守道學

以潤身文能比事自乘驄曉謁鷙隼秋飛或出臬王綸或入持天憲傳使者之命往則有功按罪人之贓居而不撓因其績用採以聲華宜叶歲遷允符時議可依前件

授第五琦殿中侍御史等制

門下監察御史第五琦南海長史楚璆等吏才貞固公心諒直可佐軍師歷試艱難必聞其政南越留務西憲準繩是擇髦傑用康厥任俾膺寵命欽乃攸司第五琦可殿中侍御史楚璆可守南海長史兼衛尉少卿餘如故

授高岑殿中侍御史制

勅京兆府長史高岑修詞立誠好古博雅策名早從於吏道當劇亟聞其政聲人而多艱脫豺狼之肆虐士也有節逃戎寇之逆命貞心峻操無忝前修宜超柱史之列用激忠臣之志岑可行殿中侍御史

授盧虛舟殿中侍御史等制

勅大理司直盧虛舟閑邪存誠遯世頤養持操有清廉之譽在公推幹蠱之才大理評事權皐臨難思義守死善道見危必履其臣節在困能變於人謀憲簡繩違紀綱斯屬宜擇髦士俾肅周行虛舟可殿中侍御史皐可監察御史

授董晉殿中侍御史制

勅汾州司馬董晉恪慎勵精詳於吏事飲冰將命克有成績準繩之地舉直任能俾彰善於使車宜即眞於憲簡可殿中侍御史

授李煜宗正卿制

門下前宏農太守李煜體正心和操端行潔或政能茂異所涖必聞或忠孝兼全避權勤讓咸推公議多負卿才官惟其人用必有適宜欽爾職以弼予教可守宗正卿

授吳仲孺試光祿卿制

門下守衛尉少卿充朔方經畧副使吳仲孺心温而直識敏而和習韜鈐之祕旨知孫吳之大畧久副戎幕克濟謨猷伊茂勳之可嘉俾寵光而宜及昇其階序列在正卿可中大夫試光祿卿

授馬承進試衛尉卿制

勅左金吾衛大將軍馬承進能以勇幹久於戎旅勳勤克著獎命宜加俾列九卿仍參八命可特進試衛尉卿

授向昌鑾試衛尉卿等制

勅前太子洗馬向昌鑾三品子昌釬等代業忠貞死於王

事能遵先志常著貞誠稽彼典謨賞延於代俾超秩次是用旌善昌鑾可試衛尉卿昌釬可通事舍人

授敬令琔太僕卿制

勅前左金吾衛大將軍員外置同正員敬令琔陳力戎事忠勇有謨入九軍之副獻七戰之獲嘉其誠節錄乃茂功俾列卿士是司馬政可太僕卿員外置同正員充朔方經畧副使

授許誠言檢校太僕卿制

勅金吾大將軍許誠言心和志堅訥言敏行被服禮義嗣圭組之資策名委質試文武之任課績斯著公勤無斁警其晝夜顧乃執金之勞象其河海寵以列棘之位可檢校太僕卿

授李成式大理卿薛景仙少府監制

門下守廣陵長史李成式貞白儉約履歷清貫前鳳翔太守薛景仙忠義慷慨憤激危時靖鎮藩條咸有成績遞遷中外宜登卿士成式可試大理卿景仙可少府監

授李光進鴻臚卿制

勅左驍衛將軍李光進行己莊肅臨戎果斷有卞莊之勇

懷孟明之材屢獻奇功益聞幹畧克副難兄之業能摧強寇之鋒允武允文宜加美秩光進可鴻臚卿同正

授李椿光祿少卿制

門下堂姪守太子家令開國男椿恭儉温良宗枝擢秀敏於從政勤以在公宜換儲闈之職俾居亞卿之任可守光祿少卿同正封賜如故

授張光奇光祿少卿制

勅始安充經畧使張光奇忠肅周敏懷其利用歷試中外累有能名嶺嶠地遐方隅寄重威懷之政惟爾悉舉宜參

榮於卿士俾兼鎮於藩條可兼光祿少卿勳封如故

授向蕚光祿少卿制

勅百里之長九卿之亞參於軍事職比廷評必舉才能以匡庶政荆南奏事官守太子僕同正向蕚等咸膺推擇俾在茲任可守光祿少卿同正

授崔器大理少卿制

勅國備其官則庶務理官得其人則善政舉廷尉所以執刑柄御史所以糾不法披垣崇諫諍之職郎署當草奏之煩皆朕注心柬求髦士守保定太守崔器諒直忠肅才行

周敏登於清列庶績其凝可守大理少卿

授裴藏之司農少卿制

勅蜀郡司馬裴藏之等果行育德忠肅温良或持憲握蘭譽流臺省或分憂共理政洽藩條咸在清貫備聞茂績兇難初息庶尹擇才宜任能於雋選俾分職於中外可守司農少卿

授蕭晉太府少卿等制

門下官相之位亞卿之職朝廷所精擇必惟其人守西河太守蕭晉陽城太守嚴向等歷踐中外皆聞政理涉於艱難尤著誠節宜司長府之劇式備儲闈之選晉可守太府少卿向可太子左庶子

授蕭昕秘書監等制

門下圖書之府掌天人之際禮義之柄繫風化之元爲官擇人必舉髦士行禮部侍郎蕭昕文質彬彬學於舊史行給事中韓滉恭儉莊敬藏器於身咸有令名昇降朝列正我墳典懋乃直清昕可守秘書監滉可守太常少卿

授高忠良殿中少監制

門下守司農少卿高忠良植質温恭持操端慤每恪慎於

公道尤精詳於吏事刃有餘地人無閒言亞我九卿既聞條理典斯六尚允謂僉諧可守殿中少監

授王震將作少匠制

門下壽王府司馬王震立志恒新在公惟恪雍容散地未愜其才亮采百工宜欽乃職可將作少匠主者施行

授嗣道王鍊雲安等五郡節度使制

勅衛尉少卿嗣道王鍊簡約忠諒即直而温鎮守南服黎人用乂且三峽艱阻四方多虞按撫綏熙宜分權總俾爾攬轡固茲磐石可充雲安夷陵南浦南平巴東等五郡節

度採訪處置防禦等使

授嗣虢王巨西京留守制

勅京師初復宮室始淸可擇宗臣俾之居守銀青光祿大夫守太子少保嗣虢王巨惠和忠諒貞幹含宏嘗處節度之權更居師傅之任嘉猷允塞茂績居多可以固我維城殿茲邦國可權充西京留守餘如故

授韓洪山南東道防禦使等制

勅襄陽太守韓洪左補闕韓紘等令德之後象賢而立克光前業不墜家聲或謀府沖深才膺鎮禦或文律典麗詞叶絲綸今寇虐未淸邦家多事用武之地宜徵奇傑掌翰之職故擇英髦洪可山南東道防禦使紘可考功員外郎知制誥

授竇紹山南東道防禦使等制

門下永王傅竇紹侍御史崔伯陽等強學立名檢身從政實有忠貞之操仍兼鎮禦之才荊州上遊襄陽衝要北據漢沔利盡南海連綴吳蜀非才勿居永思諸葛之謀佇振祖生之任紹可江陵防禦使伯陽可襄陽防禦使餘並如故

授李廣琛江南防禦使制

勅前蜀郡長史李廣琛閑邪存誠貞固幹事或因旁累往從還謫凶逆未翦江介多虞式遏寇戎是仗才傑建康巨鎮長洲右苑使臣之選咸曰其難朂乃謀猷佐斯旄鉞可守丹陽太守

授魯炅襄陽郡防禦使制

勅成允成功者才也確乎不拔者節也惟才與節可以戡禍亂定邦家南陽太守魯炅忠肅懿文仁而能武歷危難之際見貞固之誠自翰守南陽載罹寒暑城孤師寡負户以汲虜不得進江漢賴寧古之忠賢無以加也夫功崇者則授以高位才大者必委之厚權漢水方城國之要害宜加亞相之任兼收禦衆之功可依前件

授元載豫章防禦使制

勅荆吳之交撫之以連率貢賦所入董之以使臣非通才多可曷稱斯任守職方員外郎元載識度明允幹能貞固懷龍泉之利器抱鴻羽之榮姿彌綸典章能練南宮故事精詳政理嘗聞五府交辟豫章雄鎮襟帶江湖干戈始寧安人是切俾爾藩守緝熙厥政可豫章太守

授房琯文部尚書同平章事制

勑憲部侍郎房琯清識雅量工文茂學秉忠義之規靡憚艱險挺松筠之操寧移歲寒宜承賜劍之榮式允濟川之望可文部尚書同中書門下平章事

授郭子儀兵馬副元帥制

制昔伊尹與湯合傳說與高宗合尚父與周合故哲后良臣莫不至合非賢不乂有開必先久大之業也公上畧宏才惇信明誼受我旄鉞輯寧區夏典器銘勳高視前古實邦家之傑豈獨爲予社稷之衛可獨弼予節制咨謀安危

斯屬懼朕之不稱也往欽哉司空子儀可兵馬副元帥主者施行

遣鄭叔清往江淮宣慰勑

勑逆虜未平師旅淹歲軍用匱乏常賦莫充所以稅畝於荆吳校練於淮海從權救弊蓋非獲已夫法明則吏不欺斂均則人不怨輯事無擾繫乎使臣度支員外郎鄭叔清貞固幹事節用愛人考績視成所錯斯枉宜以本官兼侍御史充江淮東西及淮南道宣慰使

遣巡撫使勑

勑厄運者天地之時也理亂者人君之政也是以軒轅不能止蚩尤之患帝舜不能無有苗之征蓋在於人君修德刑以除之也頃者羯賊開釁亂常干紀誘脅戎卒竊弄邊兵九有之人罹其凶害當戰爭之地則肌骨多斃於鋒鏑在遐僻之方則杼軸其空於征賦離鄉去邑棄業抛家契闊凍餒飄颻畏逼朕每永念心折涕零是用嚴奉睿謨恭行天討躬被甲冑大率戎夷掃清中原誅斬蛇豕豈朕薄德能建功業蓋人心竭節於本朝而戮力於寇難也所以給其優復減其賦稅省其聚斂息其征徭賑其匱乏宥其

罪戾實其倉廩捨其逋懸養其傷痍賵其死事將使萬姓永登仁壽猶慮撫字尚闕疾苦未除於是分遣使臣親訪閭里夫人君高居大位非可以目徧四海耳周八極必仗賢能以廣其視聽而今使臣咸未稱職多僶俛經畧未盡至公致令遠人冤不上達而弊不下去今擇朝端忠貞仁惠之士飲冰乘驛巡撫四方其有政教煩苛勑令不便妨於耕稼害於蠶桑徵斂於人無踰小大咨爾兆庶必聞於使又有官吏邪虐豪猾侵漁擾於黎甿冒於貨賄上無隱也當悉懲之朕方以萬姓心爲心蒼生壽爲壽不欲獨賢

自聖而爲理。措暴惠姦而墮人。率土之濱。宜知朕意。

收葬陣亡將士及慰問其家口敕

自寇戎猾夏。干戈不戢。涉三載矣。而忠臣義士死王事者何可勝言。茲朕痛悼於厥心。若抜瘡痏。是用枕戈寢冑。親總六師。恃神祇之直。憑宗廟之靈。亦冀剋清載造京邑。近者諸軍告捷。屢摧賊衆。天意人事。若將叶符。而戰士陣亡多委溝壑。已令收瘞。猶慮或遺。撫存哀歿。朕之所切。宜令節度使與郡縣長官計會。悉收骸骨埋瘞。致祭。仍勘責姓名。續行奏聞。將褒贈其官爵。優恤其妻子。仍仰本道使者郡縣勿差科其家。庶乎幽明慰懷。知王師之不得已也。

冊漢中王瑀等文

惟天寶十五載歲次景申七月戊子朔。皇帝若曰。咨爾漢中王瑀。暨御史中丞魏仲犀。王室多難。凶逆未誅。是用建爾子姓。以爲藩屏。命爾忠良。以攝傅相。安危繫是。舉可不愼歟。夫王侯之體。則以任能從諫爲本。親賢仗信爲則。好問樂善爲心。安仁容衆爲節。然後能建其功業。夾輔王室。是以漢之宗王。多委政守相。故能享祚長久。令聞不已。朕聞汝瑀能寬大儉約。樂善好賢。敦悅詩書。動必由正。而久於高簡。未習政途。又聞仲犀才幹振舉。憂勤庶績。必能固爾磐石。匡補闕漏。軍旅之事。必委其專。訟獄之煩。必與其決。簡賢任能。必使其舉。懲惡勸善。必任其斷。惟協惟睦。其政乃成。同德合義。何往不濟。於戲。瑀其鎮撫黎人。莊肅守位。仲犀其悉心戮力。贊我維城。則瑀有任賢之名。犀有忠勤之績。匡復社稷。戡定寇讎。在此行也。勗哉。其無替朕命。

肅宗皇帝即位冊文

維天寶十五載歲次景申八月癸未朔十八日巳亥。皇帝若曰。咨爾元子某。惟天爲大。惟人君則之。順乃德。故舜禹揖讓而履皇極。咈乃道。故丹朱商均不能保鴻業。是以啟

有惠迪而夏嗣焉。隋有亂紀而唐受焉。五聖之御極。皆以勤儉兢業。日愼一日。故能享祚長久。垂慶無窮。洎予六葉恭位。四紀厭於勤倦。緬慕汾陽。當保靜怡神。思我烈祖元元之道。是用命爾元子某當位嗣統。於戲。爾有忠孝之誠極於君父。爾有友愛之義。信於兄弟。爾有仁恕之行。通於神明。爾有戡難之才。彰於兆庶。子懋乃懿績。嘉乃神武。天之歷數在爾躬。汝惟推誠禍亂。將冀爾永清。汝惟從諫。宗社將冀爾復寧。佞言惟疵。直言惟師。任賢勿貳。去邪勿疑

民非后孰治后非賢罔與守邦欽哉愼乃有位無忝我祖宗之丕烈矣

册回紇爲英武威遠可汗文

維至德二年歲次丁酉十一月某日皇帝若曰夫定禍亂者曰武建功名者曰義惟武與義是謂明德回紇毗伽可汗生而英姿邁越前古代濟威赫主祀北天與唐昏齒奕葉姻好安祿山竊弄邊兵暴亂函夏誘脅戎卒毒蠹黎人而可汗感激義動天地爰命葉護統率銳師叶贊官軍驅除凶逆或掎其足或角其首一旬之內雍洛掃清振古以

來義莫斯大朕是用式遵典禮封崇徽號敬册可汗爲英武威遠可汗每載賞絹五萬匹於戲陰陽和而天地泰四時和而萬物阜北土不靖有唐封而固之中原多故可汗義而赴之惠好和洽與日月永子孫百代克享鴻休欽哉其無替朕命

汝州刺史謝上表

臣某言伏奉某月日制除臣汝州刺史捧荷恩私違離軒陛專城之寄則厚魏闕之心斯切即以今月至州上訖臣某誠惶誠恐頓首頓首臣遭遇艱難謬忝近侍扈巡巴蜀朝覲朔方崎嶇三年恒伏輿軫而才微智淺內不能申奇謀異畫外不能預武毅崇勳掌翰承榮日以爲愧屬陛下神武戡難再搆乾坤動植生靈濟於塗炭臣以庸劣績用無聞生覩中興以爲殊幸官登列守彌覺叨榮汝墳之人久罹殘賊閭閻凋弊萑蒲未靜關陛下慈恤之旨承陛下雷霆之威緝理疲人畏懷亡命均其賦役勉其農桑庶憑睿謀迄可底定敢勵鉛刀之割終於犬馬之戀不任慺慺之至謹奉表陳謝以聞臣某誠惶誠恐頓首頓首謹言

論王去榮打殺本部縣令表

臣某言伏見宰臣奉宣聖旨將軍王去榮擅打殺富平縣令杜徽其罪將合寘殊死緣新收陝郡防遏要人特宜免死削除在身官爵白身配陝郡展効者臣等旣忝職司主在行下伏以聖人誅暴亂定王業必先明法令崇禮義於是百姓戮力賢愚悅隨是以漢祖之始入關約法三章殺人者死不易其則然後能戡定秦項而帝天下今陛下將欲清雲雨之屯掃欃槍之氛不自約其法恐異漢祖向時之事將何以成功業哉謹按王去榮是富平縣百姓朔方偏裨無專殺之權有犯上之逆且擁數千之衆不能整齊

行列外攻強寇翻乃無狀挾怨內殺縣尹易曰臣弑其君子弑其父非一朝一夕之故其所由來者漸矣若縱去榮可謂生漸矣臣聞去榮善放抛石能守城邑曩者陝郡初復非其人不可守之李光弼太原程千里上黨許叔冀靈昌魯炅南陽賈賁雍邱張巡睢陽無去榮抛石之能未聞賊能下之也其糧不足者自拔矣何獨陝郡非去榮不可哉陛下若以抛石一能所犯上者復何止之若曰且貸去榮而誅將來之犯者則是法令不一而招罪人也今惜一去榮之才而殺十倍去榮之才者不亦其傷益多乎夫去榮亂逆之人也焉有逆於此順於彼亂富平而治於陝郡悖於縣尹而不悖於君乎況今之律令太宗之律令也陛下不可惜小才而廢祖宗之法也伏惟明主棄瑣瑣之能全其遠者大者則禍亂不日而定師旅因茲整齊矣天下幸甚臣等不勝云云

為韋相讓豳國公表

臣見素言伏奉某月日制書封臣豳國公食邑五百戶仍特加金紫光祿大夫兼與一子五品臣亥男諤又特授五品官者臣才術寡薄操行無取幸因資序謬陟台衡不能燮理和氣裨補德化致使四凶搆慝天下震驚鑾輿南巡函谷失守語曰焉用彼相易曰負且乘致寇至由此言之臣雖殺身不足補過且臣值祿山干紀不能制其命臣與國忠同儕不能正其惡尸黍厚祿竊位多時一昨扈從之初不即死者蓋以翠華歷險牧圉無扞驚馬思効且伏轅輿俟至蜀城自拘司敗豈謂渙汗大布網豁江河茅土猥加恩迴日月當今天下未定忠義驅馳封賞之行不宜踰濫借如翼從行李操執鞭轡臣子職分何名為功以此受封不可以訓貪榮冒寵非臣所圖伏願俯垂矜憫捨此階爵不使臣父子得罪於公議見嗤於有識微臣幸甚不任懇迫之至

賈至 三

議楊綰條奏貢舉疏

禮部奏每歲貢人依鄉舉里選勑令議者謹按夏之政尚忠殷之政尚敬周之政尚文然則文與忠敬皆統人之行也且謚號述行美極於文文興則忠敬存焉是故前代以文取士本文行也由詞以觀行則及詞也宣父稱顏子不遷怒不貳過謂之好學至乎脩春秋則游夏之徒不能措一詞不亦明乎間者禮部取人有乖斯義易曰觀乎人文

以化成天下關雎之義曰先王以是經夫婦成孝敬厚人倫美教化移風俗蓋王政之所由廢興也故延陵聽詩知諸侯之存亡今試學者以帖字為精通而不窮旨義豈能知遷怒貳過之道乎考文者以聲病為是非而惟擇浮艷豈能知移風易俗化天下之事乎是以上失其源而下襲其流乘流波蕩不知所止先王之道莫能行也夫先王之道消則小人之道長小人之道長則亂臣賊子由是生焉臣弑其君子弑其父非一朝一夕之故其所由來者漸矣漸者何謂忠信之陵頹恥尚之失所末學之馳騁儒道之不舉四者皆由取士之失也夫一國之士繫一人之本謂之風贊揚其風繫卿大夫也卿大夫何嘗不出於士乎今取士試之小道而不以遠者大者使干祿之徒趨於末術是誘道之差也夫以蝸蚓之餌雜垂滄海而望吞舟之魚至不亦難乎所以食垂餌者皆小魚就科目者皆小藝四人之業士最關於風化近代趨仕靡然同風致使祿山一呼而四海震蕩思明再亂而十年不復向使禮讓之道宏仁義之風著則忠臣孝子比屋可封逆節不得而萌也人心不得而搖也且夏有天下四百載禹之道喪而殷始興

焉殷有天下六百祀湯之法棄而周始興焉周有天下八百年文武之政廢而秦始并焉觀三代之選士任賢皆考實行故能風俗淳一運祚長遠秦坑儒生二代而亡漢興雜三代之政宏四科之舉西京始振經術之學東京終持名節之行至有外戚竊位強臣擅權弱主孤立母后專政而社稷不隕終彼四百豈非學行扇化於鄉里哉厥後文章道弊尚於浮侈取士術異苟濟一時自魏至隋僅四百載三光分景九州阻域竊號僭位德義不修是以子孫速顛覆國咸促國家革魏晉梁隋之弊承夏殷周漢之業四

隩既宅九州攸同覆燾亭育合德天地安有捨皇王舉士之道從亂代取人之術此公卿大夫之辱也楊綰所奏實為正論然自典午覆敗中原板蕩戎狄亂華衣冠遷徙南北分裂人多僑處聖朝一平區宇尚復因循版圖則張閭井未設士居鄉土百無一二因緣官族所在耕築地望繫數百年之外而身皆東西南北之人焉今欲止依古制鄉舉里選猶恐取士之未盡也請兼廣學校以宏訓誘今兩京有太學州縣有小學兵革一動生徒流離儒臣師氏祿廩尚無貢士不稱行實胄子何嘗講習禮部每歲擢甲

乙之第謂宏獎勸不其謬歟祇足長浮薄之風啟僥倖之路矣其國子博士等望加員數厚其祿秩選通儒碩生間居其職十道大郡量置大學館令博士出外兼領郡官召置生徒依乎故事保桑梓者鄉里舉焉在流寓者庠序推焉朝而行之夕見其利如此則青青不復興刺擾擾由其歸本矣人倫之始王化之先不是過也謹議

工部侍郎李公集序

易曰觀乎天文以察時變觀乎人文以化成天下然則唐虞賡歌殷周雅頌美文之盛也厥後四夷交侵諸侯征伐文王之道將墜地於是仲尼刪詩述易作春秋而敘帝王之書三代文章炳然可觀泊騷人怨靡揚馬詭麗班張崔蔡曹王潘陸揚波扇飈大變風雅宋齊梁隋盪而不返昔延陵聽樂知諸侯之興亡覽數代述作固足驗夫理亂之源也皇唐紹周繼漢頌聲大作神龍中興朝稱多士濟濟儒術煥乎文章則我李公傑立當代於戲斯文將喪久矣習鄭衛者難與言咸護之節被氈裘者難與議周公之服而公當頹靡之中振洋洋之聲可謂深見堯舜之道宣尼之旨鮮哉希矣觀作者之意得易之變知書之達究詩之

微極春秋之褒貶可謂孔門之弟洙泗遺徒至其逸韻揚波扇飈餔糟啜醨時有婉麗之什浮豔之句皆牽於詔旨迫於時事然亦言近而興深語細而諷大罔有不舍六經之奧義覽者其知夫子之牆乎至先大夫與公有皮鮑之知公嗣子吏部侍郎季卿與至有聲譽之好德業度量弱歲聞之於趨庭文學編簡中年得之於吏部所見異辭所傳異文敢不序焉夫其游夏之文學不備顏子之德行許郭之機鑒未聞班張之贊述而公文與行協識與才并是故大名震於當代德慶流於後葉不其偉歟

送蔣十九丈奏事畢正拜殿中歸淮南幕府序

天子以淮海多虞黎人未乂命舊相崔公董之公以封畧所覆澄清是圖辟柱史蔣公佐之如翰負風以石投水於茲五稔方隅克定乃朝天闕將命述職帝用嘉之進其命秩七月流火言旋幕府懿親良朋寵行惜別曰兵興十年九州殘弊生人凋喪植物耗竭行者罹鋒刃之艱處者困求奪之累豈不以連率之敗類使臣之無恥獨揚州一隅人尚完聚屢遇海島震盪再當河南離叛亟供職役之繁而室家相保耕績未罷得非崔公之賢乎公之賢而其佐

可知矣今朝廷多故戎狄未服塞門不扃人心驚駭魚鹽之殷舳艫之富海陵所入也齒革羽毛元纁璣組東南所育也匡時之謨富人之術幕府所畫也豈伊方隅是賴得不勉歟時臨歧贈言盍各有望眾君子之志其詩乎

送于兵曹往江夏序

予謫居洞庭歲三秋矣有客自蜀浮舟來者則河南于侯能讀古人書辨當世務年逾四十猶沈下位為靜者之尚退乎先達之忽賢乎與予登麗譙緣島嶼一時累月多情甚歡忽然挂帆告我行邁豈非窮轍不能濡故也馮翊太守王公移鎮武昌好賢下士所以衣縫掖襲藝文者歸之如川吾子東行謂得時矣

送李兵曹往江外序

千里之馬維而不馭則意在空谷而遠思豐草累鷙之鶚韝而不搏則心在窮徼而愈懷雲霄是以濟時命代之才或湮淪未遇之士眇然在滄海之上扁舟之中矣李侯吾之鮑子也我知其為人立身清而廉從政敏而達內以孝悌著外以信義稱嘉辰良宵亹亹清話又足見林宗高識叔度洪量一命佐邑非以政學也再命環衛之曹非為官

擇也徒棲遲下位祿未代耕是以去游鏡亭探禹穴水宿雲臥彌年始還今又匹馬出關艤舟洛下念安石東山之賞懷子猷剡溪之興何雲思浩蕩而野情寥廓哉子因於徒勞累及五斗昇沈風波之裏跼蹐長吏之前豈滄洲遠蹈之情南陽躬耕之意臨歧對酒有愧長劍想子行邁路經東門見潁川陳兼河南于頔為問道心無恙星鬢如何宿昔屢空復為安邑也予近得陰君祕訣之北方河車郊原近山金鼎夕燎秋來氣冷爐火適宜刀圭一開與子攜手

沔州秋興亭記

在陽而舒在陰而慘性之常也履險而慄涉夷而泰情之變也觀揖讓而退睹交戰而競目之感也聞韶濩而和聆鄭衛而靡耳之動也夫其舒則怡慘則悴慄則止泰則通退則無咎競則有悔和則安樂靡則憂危性情耳目優劣若此故君子慎居處謹視聽焉沔州刺史賈載吾家之良也理沔州未期月而政通民和於聽訟堂之西因高構宇不出庭户在雲霄矣却負大別之固俯視滄海之浸闚吳蜀樓船之殷覽荆衡藪澤之大自公退食游焉息焉圖書

在左翰墨在右鳴琴洋洋亦有旨酒性得情適耳虛目開且處動則倦理倦莫若靜處靜則明惟明以理動窮則變變則通通則久今沔州靈府怡而神用爽政是以和觀其前户後牖順開闔之義簡也上棟下宇無雕斲之飾儉也簡近於智儉近於仁仁智居之何陋之有況乎當發生之辰則攢秀木於高砌見鶯其鳴矣處臺榭之月則納清風於洞户見暑之徂矣洎搖落之時則俯顥氣於軒檻見火之流矣値嚴凝之序則目素彩於簷楹見雪之紛矣政成訟清體安心逸而詩人之興常在四時四時之興秋興最高因以命亭焉余自巴邱徵赴宣室歇鞍棠樹之側解帶竹林之下嘉其俛仰美其動息乃命進牘抽毫以記之

虎牢關銘 并序

天地定位三川據其極王侯設險虎牢擁其要扼之以五嶽維嵩崪焉迫之以四瀆洪河突焉宜其咽喉九州閫閾中夏贊經綸之攻拒却欃槍之陵暴若乃金火代變山河分裂脅從力爭議散約解時則漢祖守之以臨山東坐清三齊強楚躑躅而不進及夫隋氏失馭中原板蕩封豕薦食龍戰元黃時則太宗據之以拒河朔克擒醜夏偽鄭袒

縛而請命於戲自周室微弱虎狼并吞盛衰千祀正閏更王而政和民安一統長久漢氏昭於前載我唐光於茲日其創業之主艱難定功咸在斯地意者天開險固為霸王之器乎聖作功業知冥冥之意乎不然何元期時事影響之若此也又聞諸鄭志曰制巖邑也虢叔死焉而唐漢紹興得非山靈河神正直是輔乃知英雄者不獨恃險而顛沛者在於涼德歟天寶七載至自宋都西經洛陽歇鞍登茲懷古欽望覽山河之壯麗想威靈而咫尺慨然有懷敢獻銘曰

邈矣維嵩，峻極於天，磅礴崔嵬，北臨洪川，嶽瀆會險，甗圻封泉，實開虎牢，作固伊瀍。維茲虎牢，天設巨防，攻在坤下，拒在離旁。昏恃以滅，聖憑而王，嗚嘑谿呀，孟門相向。伊昔漢祖，戡秦統周，劼敵相及，此焉淹留。終夷海表，遂割鴻溝，乘釁而東，奄有九州。隋氏敗績，黎人艱阻，帝命太宗，陳師鞠旅。鐵騎傳傳，雲旗容與，擒夏剋鄭，在此一舉。日月永清，昆蟲得所，歲在戊子，西經登茲。祇聖肅然，憫亡悽其，號叔反道，復隍熸師。項氏烹詐，莫能守之，險易同途，成敗異時。德不在鼎，王孫布詞，三苗不循，魏武忸怩。逆失順獲，古今

同期，申鑒勒銘，庶警將來。

旌儒廟碑

觀象考歷，本乎元；辨方正位，稽乎極。體元御極，莫先於教，教之大者，莫大於儒。旌儒有祠，我新典也。昔秦滅羲軒之制，廢唐虞之則，大搜學徒，竭索儒黨，懷書捧檄者鱗集麕至，然後罪九流之異論，尤百氏之殊術，無辜殺身，有道併命，冤骸積於坑谷，流血淬於泉壤，蹈仁義而死者不可勝紀。開元末，天子在驪山之宮，登集靈之臺，考圖驗紀，周覽原隰，見鄉名坑儒，頹壍猶在，慨然感亡秦之敗德，哀先儒之道喪，強死千載，遊魂無依，乃詔有司，是作新廟，牲幣有數，以時饗祀，因祠命鄉，號曰旌儒，人神和悅，怨氣銷散。於戲！秦皇帝以神武邁古，并吞六合，掃天下以一篲，芟羣雄如衆草，建守罷侯，大權在已，自軒轅已降，平一宇宙，未有若斯之盛也。夫戡亂以武，守成以文，文以正崇，武以權勝。秦皇知權之可以取，不知正之可以守。向使天下既定，守正崇儒，遵六經之謨訓，用三代之文質，則黃軒盛美，湯武宏業，不若也。觀夫坑儒焚書之意，乃欲蓋先王之能事，竊作者之鴻名，鼓衆耳以前聞，逞私欲於當代，此儒之所忌

也，秦之所志。悲夫！儒以恭儉爲宗，秦則疲弊生人，極力宮室；儒以道德柔遠，秦則竭耗中國，勞師四夷；儒以宥過議賢，秦則刻法峭刑，賊虐諫輔；儒以述先好古，秦則師心狗智，燔棄墳典。夫如是，則秦不得不滅，儒不得不坑，事使然也。今天子矯覆車之前軌，崇明祀於後葉，秦之所滅，我之所興，斯區夏無疆之休，子孫萬代之福也。昔武王封比干之墓，則招諫之道勸矣；晉文表緜上之田，則志過之名立矣；漢高護信陵之冢，則尊賢之風著矣。未若激揚大教，廟食衆賢，上以興天地之經，次以存顚覆之鑒，下以懲厲災

之旨建一祠而三德具焉鯫臣不敏敢作頌曰

於維先王設教崇儒作訓六經爲代典謨降及夫子三千其徒再揚清風文在茲乎天喪斯文道有通塞賈生暴秦反道敗德竊善攘譽師愚徇惑焚書坑儒萬古悽惻牢落千祀微茫九原驪山之北坎窞猶存草樹無色愁雲晝昏時聞夜哭知有冤魂帝在華清登高訪古愍黙頹壍悲涼榛莽上感亡秦覆車遺武下哀羣哲饗祀無主爰降嘉詔聿修清祠饋之牲牢奠酹以時幽幽廟門肅肅靈儀冥漠求食長無餒而粤自漢初迄於隋運亦有令主尊儒尚訓

闕典罔崇斯文莫振昭昭神理長懷幽憤我后濬哲聰明文思敷宏大教咸秩神祇鬼無妖災人不癘疵俾爾蒼生富壽無期小臣作頌敢繼刪詩

微子廟碑頌

昔者高宗既殁殷始錯命政有斁倫敗紀事有梗神虐天迄於獨夫積慝乃稔武庚不化茅土再血元鳥之祀宜其忽諸噫湯之德衰故微子復興於宋矣微子諱啟實帝乙元子帝乙懵賢之故而神器不集於君君肅恭神人恪慎克孝才兼八元之偉德首三仁之列始在擇嗣箕子贊焉尹茲東夏周公嘉焉殁而不朽仲尼稱焉覩其進思盡忠則忤主以竭諫退將保祀則全身以逃難去就生死之塗沈吟出處之域有以見聖達之情也若乃受爲不道暴殄天物剖諫輔之心解忠良之骨億兆墜於塗炭宗祧困於巃嵸而君崎嶇險阻避跡藏時免身龍戰之郊解縛鷹揚之師卒能修復舊物統承先祀七百餘年歆我神祇非明德至仁其孰能與於此於戲國之興亡不獨天命向使帝乙捨受而立啟前箕子而後少師則文王未可專征於諸侯武王未可誓師於牧野雖周公之聖不過子產善相矣

太公之賢不過穰苴之法矣是太王立季歷而昌帝乙捨微子而亡成敗繫人不其昭彰乎皇帝二十有一載予作吏於宋思其先聖遺事求於古老與人則得君之祠廟存焉感衰紛綸年祀超忽喬木老矣靈儀儼然椽欒茨墍者月繼蘋蘩牲幣者日接何百代之後而仁風獨揚乎留連廟庭乃作頌曰

天革元命皇符在木元天降災上墋下黷人怨神怒川崩鬼哭赫赫周邦如臨深谷遑矣微子逢時顛沛居亡念存處否求泰諫以明節仁而遠害作誥父師全身而退龍戰

於野鳥焚其巢桓桓周王奄有商郊面縛就執牽羊投庖祀商脩器啟宋分茅嗟爾宋人來蘇是仰穆如雨潤靄若春養以戴以翼是宗是長茫茫舊封千載餘響我來祠廟永挹遺芬荒階蔓草古木垂雲惆悵曩賢徘徊日曛鐫石紀德用流斯文

虙子賤碑頌

清靜致理中庸之德至高明柔克簡易之體大繹微旨而徵遺論何先生道蔚其蔵薿者也先生宣慈在躬精義入神德順乎天性根於仁殷其如雷曖然如春始受業於仲

尼終委質於魯君爾乃周道凌遲王風哀思夷狄竊於位號干戈亂於原野則我魯國無齊晉之強定哀非桓文之主三卿有僭虐之政先生處此亂邦從容理邑平心氣而全耳目晏然躋富壽之域焉自非知微知彰變化無窮孰能臻此觀夫為政之大體元之要恤孤哀喪舉事問弔訓之以悌加之以孝借五更而悟君賢三老而稟教然後燕居以佚其體張樂以和其人夜漁不戒而信欺吏不威而息是以宣尼惜君之理小子期問君之政暇何其遠哉向使移於有國之君則陶唐之理也施於有政之臣則二南之化也昔舜左禹而右皋陶不下席而天下理周公穀膳在御不解懸而四夷伏小大則異其揆則同天寶初至始以校書郎尉於單父想先生行事徵其頌聲而古碑殘缺苔篆磨滅使立志之士何以揖其遺風焉嗚呼其道存而其事往其人亡而其政息哀哉遂作頌曰

嗚琴湯湯虙子之堂清靜無為邑人以康堯風化淳霸俗致王誰謂陽鱎革而為魴皤皤黃髮或師或友芃芃麥苗不稂不莠齊師已卻魯俗斯阜諫或剖心伊人引肘穆穆伊人希聖之才堯舜既往孰為來哉從時卷舒與道徘徊

游泳孔門取容定哀泱泱千古顯顯令德聲隨悠牧惠與順息人亡政弊道播神默寂寥夜川惆悵舊國荒祠尚掃苔篆將磷壽風聆韻想見其人年代邈殊精誠闇親再表貞石頌聲惟新

陝州鐵牛碑頌

乾象元地勢坤稽謀惟神觀察孰見元善利物純陰騰而不仁坤順為牛或剛克以殊用彼見於陝郛者其陰騰歟其剛克歟寓精堅強壯趾慎固內習坎窞外形端倪居於道周敦兮若樸謂為首匪如山之狀謂用角匪如栗之象

曾覽古史周徵其由深不可識孰知其故吾將本自然歸神功豈謀人力役鬼傭哉東臨周畿西盡虢畧載厚地而莫聳拒長河而不崩向使非神或憑微子之力則城復隍矣人其魚乎乃詢耆耋聽輿誦僉曰子之鎮其日固久人由是怙恃物由是生資嘗欲掘地及源以觀其徵尨徒執用大臻於茲橫縻林梗四進雲錘尋下體之極達純陰之精至於退諸泉而入於穴俾圖木靡拉懸絙絕縋既致乃穽其見如初五丁力拔而不及方舟鎖曳而奚可虎無所措其爪猛焉能噬兵無所容其刃投豈皆虛鑣鑣行人無

住莅下當函關之路望若隨仙府桃林之墟時得歸獸若以匹敵必於其倫則長蛇遶閬風而周巨鼇負蓬萊而抃可明徵矣且察内以外觀遠以近在端鋩之末固未可量也亦何知不磅礴數州之間日用有迷其力矣夫能利於物帝之念擇善而爲臣之忠是以我國家咸秩無文發天使以祀我明牧謀始有作招墨客以頌頌者誦也容也誦令德昭厥異穆如清風敢刊之貞石頌曰

杳冥精兮混茫氣凝爲伏牛載厚地巨靈西掌屹贔屭長河東流浮沸潰堅立不動神之至層城固護人大庇德合無疆其可既昔人無述今是志

唐故正議大夫右散騎常侍贈禮部尚書李公墓誌銘

於維李公誕靈中和磊落懷奇如山如河胸中洞開萬里長波孝友忠信詩之無邪早歲登科以文從吏累擢大邑拔乎其萃時之方難朝慎名器帝曰忠讜爾居建議出典方岳入趨禮闈再掌絲綸翺翔鳳池乃作天官又侍紫薇八使澄清功濟危時諤諤正言有犯無隱詠諧善謔託諷脣吻雲衢未窮陰霜夙霣悽愴東川古來共盡人懷遺愛

帝念謀猷襃贈春官悲感林邱已矣平生哀哉若浮獨有令名與天悠悠

元載

載字公輔鳳翔岐山人天寶初舉明莊老列文四子學高第補新平尉肅宗朝累遷户部侍郎同中書門下平章事代宗立進中書侍郎封許昌縣子大歷十二年以貪猥收賜自盡興元元年詔復爵謚曰荒後改謚成

城原州議

四鎮北庭既治涇州無險要可守隴山高峻南連秦嶺北抵大河今國家西境盡潘原而吐蕃戍摧沙堡原州居其

中間當隴山之口其西皆監牧故地草肥水美平涼在其東獨耕一縣可給軍食故壘尚存吐蕃棄而不居每歲夏吐蕃畜牧青海去塞甚遠若乘間築之二旬可畢移京西軍戍原州移郭子儀戍涇州爲之根本分兵守石門木峽漸開隴右進達安西據吐蕃腹心則朝廷可高枕無憂矣

建中都議

自古建大功者未嘗不用天因地故高祖保關中光武據河內深根固本以制天下臣等考天地之心本聖人之意驗古往之事切當今之務則莫若建河中爲都隸陝虢晉絳汾潞儀隰慈石等十城爲藩衛長安去中都三百里順流而東邑居相望有羊腸底柱之險濁河孟門之限以轘轅爲襟帶與關中爲表裏劉敬所謂扼天下之吭而撫其背卽此之謂推是而言則建中都將欲固長安非欲外之也將欲安成周非欲捨之也將欲外制蠻夷非欲懼之也將欲定天下非欲弱之也河中之地左右王都黃河北來太華南倚總水陸之形勢壯關河之氣色每歲白露既降涼風已高陛下據金城湯池內綏華夏登信臣驍將外馭戎狄出於仲秋還於農隙有漕運泛舟之便無登高履塗之虞不傷財不害人得養威而時狩如此則國有保安之

所家無係虜之憂矣

故定襄王郭英乂神道碑

維永泰元年十有二月甲子開府儀同三司尚書右僕射兼御史大夫劒南節度支度營田觀察使成都尹定襄王斃於靈池兵故也夫懿文德者非謂禮君臣正上下其謂經綸大難乎鑠武功者非謂鞠師旅威戎夷其謂翼贊中興乎公名英乂字元武贈伊州刺史玠公之烈祖也隴右節度攝御史中丞贈太子太傅知運公之皇考也產雲赤

亭樹勳青海世傳良將載在國史公河岳之粹將相之器學劒輕短後曼纓讀書重金版玉匱天寶二載方筮仕轅門累授左武衛大將軍節度涼國公見之曰代我節制者必此子也其後十年累代涼公爲節度矣祿山之亂中原也二聖偏遊三秦賊據汧岐重鎮非公不可制授公秦州都督兼御史中丞隴右採訪使未幾賊將高嵩長驅幽燕深入汧隴公外申郊勞內設庭宴饗未屬厭兵已合圍賊黨數千應時勦滅繇是虜鏑不鳴於隴外皇輿始都於雍上至德二年詔公爲鳳翔太守轉西平太守加隴右節度

兼御史大夫吐蕃之逼西河也諸寇以堅甲乘城我以偏師遇敵勝在於戰利當用奇選驍騎以襲虛張疑兵以應銳前衝未及於隴島後勁已覆於梟巢邊捷書至虜圍夜潰進封西河郡公思明之陷成周也南入陳蔡詔公兼御史大夫統淮南節鉞東捍陝虢詔公兼陝州刺史主關外旌麾寶應之歲上乘龍躍之運寵虎臣之績進戶部尚書加開府儀同三司仍總戎職朝義之走河北也公雷震勇略風搏勁騎驅熊虎之師鬭龍蛇之陣一戰而殽水破再戰而邙山拔十年逋寇萬里如掃朝廷壯之詔領東京留守又兼河南尹俄拜尚書右僕射封定襄王加實封三百戶永泰元年兼集賢待制夏五月天子以劒門巨鎮推擇攸難歷選朝廷惟公是授即日加成都尹東西兩川節度兼御史大夫僕射如故是時也入承日月之光出擁風雲之氣以孫吳爲老生以韓彭爲兒戲千里爲之震動百蠻爲之慴畏秋七月西蕃犯境公戎馬驟捷軍人擅還裨將懼誅乘閒謀叛公擐甲擊鼓單車入深引西山之數騎望東川之外援短兵未接追寇橫及雖刃以通中而氣猶激射疆吏乘遽聞乎京師上投袂而驚仍加悼惜有以見聖

主之深仁重武臣之壯節不問輿尸之過爰旌折首之功以大歷三年正月二十七日詔葬於武公之先塋夫人鄭國夫人龐氏禮歸敬仲誠及伯宗生則六珈受寵歿則九原同祔嗣子將作少監嘉珍憤積嘗膽哀纏泣血飾櫬蜀門歸魂秦隴力樹祔連之冢思崇峴上之碣以載職在史臣業專文律琢石旌美傳奮大猷其辭曰

否遘天地運鍾雲雷熤熤定襄與時而來躬赴兵難志清國災推轂隴西士卒雲屯擁旄陝東羣寇雷奔五開幕府七鑿凶門以寡擊衆以亡易存六踐柏臺南憲是張再登

八座右揆有光同盟錫土異姓封王勲崇業大位重名揚召對蓬萊作鎮梁益秋霜發令春雨流澤望在股肱夔生肘腋南圍既合短兵未進單騎驟奔羣兇競振血殷朱輪首碎白刃䰟歸萬里悲慟三軍疏松蔽日孤冢參雲身歿冤氣名高戰勲

冀國公贈太尉裴冕碑

王者纂大業以拯時難君子合天符以成聖功在殷之傅說周之申甫漢之博陸其類也臨大事首大謀君子正位邦國是憲其道也琬圭火龍元社朱户其祿也古之人遇

其時行其道濟其業受其祿嗚呼裴公斯近之矣公諱冕字章甫河東大族著於系譜曾祖澧州刺史諱懷感祖滑州司馬諱陟考長安丞贈司空諱紀自司空而上世累清德公全樸以受其形器混冥以養其精和隤然大不爲累方駕前古其禮容誠敬可陳於蠻貊施於鬼神宜乎吉凶變幽而偶聖君精義致用而審天道天寶十四載皇上避狄於華陽肅宗偶遊於幽朔公以御史中丞奉詔翼贊元良釋位濟河會於靈武與侯伯卿士官師亞旅考大德除殘之運唱靈祇億兆之心負金璽玉旒爲人請命於西土維天意羣謀是告而蒼生災害是懷於時冊禮既畢公乃自左庶子拜中書侍郎平章事從時望也帝曰予欲教熊羆食猰貐公於是乎請蒐於岐陽朝於鄷宮以干鉞陳師以蠻夷誅暴公定大業運開中興帝曰予欲端百揆詔典司乃命公爲尚書左僕射於是乎綱理庶工四方來同左右始終十有三祀初自縣聯屬署監察御史嘗有姦蠹吏公按之時寵權臣之戚也黨其犯而請於公公竟正刑書不爲勢屈時論以公有不可奪之節故肅然由是歷侍御史尚書郎者五其中以直遇坎牧蠻溪者二以時當任兼

憲臺鎮梁益各一以勲封冀眞食五百户以秩開府儀同三司大歷四年冬十一月今上念伊尹之一德思孔光之再起詔復入相旬有二日兼河南江淮副元帥東都留守是月辛酉薨於長安年六十七翼日冊贈太尉明年二月塟於京城南畢原詔京兆尹護喪事賻布八百段凶儀塟具俾出有司昔在天寶之季公嘗爲御史大夫王鉷讒毀無何鉷弟銲坐大逆有詔庭辨而兇首訶引及鉷公自下列抗其矯誣朝廷謂之不黨其後程元振僭用威柄有道從虎賁公停車致詰面折及霤在黜無慍德仁遂行君子

謂公誠盡於忠者在於禮外其身故臨難不惑一其守故當事則明磅礴乎死生之間逍遥乎晦明之境公嘗北使殊俗班命氊裘單于君長稽顙屈膝覩王商而知懼從魏絳而來服以言尚其直以動尚其順以成事尚其濟物以進退尚其得中孝弟愛敬格於天地惇信明義通於鬼神帝王得之以奉天時百官得之以修典憲佐命者二后歷事者三朝皤皤華皓爲國元老執璧奉珪在君之堂生食邑土歿垂惠愛豈祿以爲尊者其孤正授辭家老請志於石以代三鼎林鍾之義銘曰

元精降靈建乎人極邈矣冀公順帝之式鴻造覆育大鈞埏埴業濟功成保和居直帝念髦碩二登輔翼爲時養賢以及萬國昔在上帝降命元老以佚愷元以明至道唐歷中否亦命我公順人戴天戡黎伐共德謝星隕仁沈海竭大廈梁崩崇山玉折領袖前古綱緯來轍幢幢豐碑耿耿鴻烈永傳億祀遺芳不滅

故相國杜鴻漸神道碑

皇帝正位建元之二年巡狩至陝郊季冬旋軫鎬京乃春王正月臨前殿延羣臣制詔太常卿衛公鴻漸研機味道國翰人師俾時不迷倚以爲相史臣載與公同官西掖聯務中樞入則並金門躡玉堂出則偕車輿馳廣路好我不淺德公亦深逮於薨殂得入公之室睹公之奧節以危難而固義以顛沛而彰故得復公之道察公之行開而當名品物定辭觀公之辨政消煩解結逢機立斷試公之輿物天樂失和猶陪行止彌留方殆嘗參藥禱名者世人之所重終不爲夭適見公之不居死者有情之至哀賢於貴生益知公之能達古史之流美而不揚乃廢職書而或畧亦近誣若然者則刋盛德於山阿藏茂勲於王府可也公帝

堯之允家於京兆春秋末諸侯耗盡炎黃唐虞之苗裔鮮有存者范宣子猶廣稱世閥盛誇穆叔而經秦涉漢百王千載名公大人駢衡繼武元宗朝叔考暹門下侍郎平章事以清節居東府垂拱中大父愼行荆州長史以文武式南邦開元之際皇考鵬舉安州都督以大名涖淮浦公杜陵男子邈廓不羈性與道合旁通多可思挹溟海自涯皆返將窺語嘿杳然難究輒孩時人不屑下位歷揚州參軍華縣尉大理評事司直關内度支副使虛已而不疵於物存誠而受汙於俗天寶末將相交隙海内寒心家有襄陵

之憂人懷崩角之懼公以為期死不勇必生非任莫肯念亂誰無父母於是始有濟難勤王拯溺定傾之意祿山果憑豺豕凌虐京畿窣洛成隴荒崤函為障塞命信臣捽扼二華之險守河渭之隘以挫其鋒分河隴材官據南陽當宛葉以遏其勢朔方節度中書令汾陽王發緣邊利兵略雲中出井陘以制其後汾陽拔公為戎副倚公以幕畫公議無返顧計不旋踵戒器蒐乘接食饋軍斯須決機閒暇辦劇故佩鐸兇徒未鼓而破恒陽逆守先聲而屈時大兵深入後計在完勅公西歸本軍鎮撫喻告調發兵食保綏

華戎會哥舒翰出師桃林以不計合戰既而從散約解形離勢沮六軍折北而莫濟上將授元而不歸強胡犯關長戟指闕元宗西巡巴蜀駐蹕槐里俾肅宗不從詔馬下受辭徵兵朔方東向問罪付以神器之重勗以興復之謀肅宗承命感咽北馳惶怖邠郊無館穀之犒安定絕薪芻之饟始誅二守物情尚疑衆纔一旅邊郡猶驚遂踰平涼出蕭關直趣豐安阻河為固公乘疾西上奏謁於白草頓請借前箸以圖安危靈州四臨兵車之會長安新破人心正搖姦豪竊窺雜種圜目衆情一呼而可潰危機視景而斯發北轅未改舍此奚之豐安僻界西陲北臨沙漠候吏不至疲兵徑渡黨軍門晏闔迴舟未具蒼皇朔裔蹈據無所非策之上也因條列市租計入幕府文書攻守便宜山川要害肅宗撫公背曰靈武即我之關中河內卿亦吾之蕭何寇恂虜在目中凶醜不足殄也即日大駕移幸靈州守則完郛戰有全兵伐鼓舉麾下令風生東極榆谿西洎先零莫不裹飯而趨揭弓而走重足揮汗惟恐居後肅宗雖受傳國之誥平戎之約謙讓未發守持益固顧以撫軍討賊賊盡歸報遐稟威略不正位號公與御史中丞裴冕率

呼韓單于羌戎君長校尉部曲塞翁老將頓首勸進封章十上肅宗深自閉絕留中寢答公獨排闥及霤披誠見意哀辭扣玉瀝血灑地以為命不得廢醜不可玩稽天後時物駭人散文武之業墜而莫振非天子之孝也上亦躊躇感動迴慮遷思公乃陳儀撰吉登帝大位於是義徒推轂迴紇橫厲蹴踏咸陽網羅關外救楚請命夷凶滌穢收秦復洛翊帝霸世皆公之力也定策之初既以大功推裴郭疇庸之際竟以常資為侍郎達者多公之遠名明主善公之能讓披我荊棘在主簿而難忘張良布衣固封留而已

足五涼四戰之郊荆州用武之地會稽淛河之險二都初定九服猶虞傾側動搖三方尤急東西萬里出入十年仗節擁旄更居迭撫公之在鎮河西無盜邊之警洞庭息三苗之禍海寇不動甌閩順軌得公之效也如彼公之罷守袁晁陷山越康元燒夷陵犬戎奪酒泉匈奴舒右臂失公之患也如此今上即位以公先帝大臣明於治亂漢庭儒雅習於制度往踐常伯登於相府禮崩樂缺自公綴之國綱天憲實公持之爲上從容論天下事甚衆潛跡密啟明可否者非一愼深於削藁功隱於詭詞永泰中西南大將

暴很淫虐腹心坐離師衆四潰雖事迫理順而形疑勢拒皇帝憫百姓之不辜哀羣校之罹毒公奉辭受鉞單車詣蜀辨邪正於一言安萬夫之反側始公未至皆鴟張内恐狼顧外視及公申令則飽德飲和且舞式歌岷峨既平雙流已清衛公告成乃眷以寧帝曰丞相善謀能權蹈難履危勤咎憂邊彎弓弭旆策勲勞旋公拜稽首天子萬年公有濟世戡難之才遺物離人之致自深根以寧柢每乘流而汨波及位極台衡勲高梁益未脫羈鎖終悲晩暮雖陳乞已屢而優眷愈深來朝之明年首夏初吉以東都河南

吳越荆楚保釐之任分鎮之務俾公居中總統遥領是歲仲冬月朔羸憊遜位及乎既望生涯告盡留誡諸子申約道侶罷塗車芻靈之送黜聚僂胈楯之飾捐牢餼禮不封不樹解紱脫紳稅囊親土待久客而稽變是留歸而隔至從吾所好示祛俗累乃隱几喪偶知常委蛻恬然而終晏然而逝非合氣於漠得全於天駭形而無損心且宅而無情死者其孰能至此極也惟公學與九流技括衆藝忘象遺數達者知禮存於身而致於用也吉凶悔吝散徹破詭應於化而鮮於物也技經肯綮理悟神對宜其翼宜大政

左右明聖位冠羣后聲施來裔載不虞非據偶得累公責重憂深心昏意擾公則宏我以命起予以道未嘗不體平神清忽在世表以過必告我躬是保實欲依公戮力仰答元造然後乞恩歸印相誓將老今左相齊公與子雙拜齊公全才稀售懷寶鄙試塵垢粃糠陶鑄名器頡頏委運俯仰隨俗及乎培風撫翼立朝當國則骨鯁魁壘奮揚蹈厲端莊寤主饑渇憂世執邪尊法起墜振廢方知達觀無早計月固不勝火逢指就而知人折大木而惟我時稱並用房杜所謂同登管樂式是百辟惠余小子爲新非故服我

甚忘散褱未卷高秋已行唯余與王相顧永傷鄙夫誄德齊公洒翰終愧強名何慙蔡篆系之以詞曰

陽驕必折陰勝亦邪剛柔雜居聖賢之家堂堂衛公含和用中爲保自易當難不逢首陽誠拙柱下非工餔糟末位致命危邦自西徂東足跰頭蓬簡稽衣食賦政理戎經營指揮雲合風從定計翊帝草暴勦凶退殊獨潔進不爭功出征入輔計文經武洗蕩三蜀雍容兩府神邁形局思深志遠封禪留草東山不歸台光拆耀白晝徂暉依仁孔夙履信不暮自天之佑宜無悔怒天之薦瘥時丁耗斁如魚

思涉若廢網罟或歲大旱孰爲霖雨生公則惠喪公何苦形有必待魂無不之誰存封域誰制喪期平皐漫澶野蔓離披延陵已達弋者何知

朔方河東河西隴右節度使御史大夫贈兵部尚書太子太師清源公王府君神道碑銘 并序

元宗再受命宅帝位三十有五載兵加幽都討平匈奴大將軍戢戈稅弓來朝獻功天子勞旋告成迴慮西戎迺制詔丞相御史咨爾朔方河東節度支度採訪使安北單于大都護御史大夫清源公王忠嗣統我六師萬方皆全磔裂單于封狼居山歸馬漠南列郡祁連撫茲北荒厥功茂焉犬戎睚眦作虐西裔攘據石堡漁獵青海皇天震怒以時致罪公拜稽首敢留王誅猖狂先零國怨家讐建牙榆溪樹羽河源東綴飛狐西壓陽關本天下勁兵制緣邊萬里徂長轂動雷馹旌旄轡摇干雲蔽地款流沙而瞰烏弋吸崑崙而轥濛汜方且繕完補缺勸稽戒車圖全遺近功盡敵非一戰陳章立論別白甚明以孤特之姿失貴臣之意安祿山保奸伺變忌公宿名李林甫居逼示專嫌公不附寢營平之奏沮樂毅之謀內隙外讒陰中交訕卒從吏

議竟罹大獄雖釗溫肆爪牙之毒而哥舒有折檻之爭辨牙門之至冤逢匡石之排姤黜守汭上沒於漢東涸我橫海鱗年終四十五羯胡得力并雲朔荏禍幽燕縱鳴騎於兩都投大艱於區宇悲夫父龍顏之英主感風雲之早契散禍於微圖堅在脆乾坤改施忠邪易地謫放隳落離披困畏人之云亡邦國殄瘁狩皇輿於巴蜀封宮廟於蛇虺如倒持而授柄豈天意與人事今上撫軍用公舊校士留殘憤將有餘雄謂諸葛之猶生走仲達而知懼及肅清東土正位北辰傷聞鼓鞞載感風烈追贈兵部尚書太子太

師邊吏增氣三軍激節蓋念功悼枉國之經也義明運詘
神所勞也公本太原祁人六代祖仕後魏爲青州刺史北
齊爲白道鎮將五代祖隨周武帝入關署馮翊掾因徙家
於鄭今爲華陰人也皇考諱海賓九原太守安撫朔方諸
蕃部落兼豐安軍使開元二年七月以騎士屯蕭關戍秋
臨垌牧禿髮舉卅萬衆東踰狄道郭知運節制隴右委稼
噉寇嬰城不動遂得踐圍西使驅掠馬牛爟火照平涼羽
書驚朔塞公召將校計事皆曰衆寡不敵利病相懸濟河
外之兵徵涼州之援公以爲羌虜入盜吞噬腹心埽國馬

而西歸不崇朝而事去方爲四夷恥終遺大漢羞職守封
疆身爲障蔽辭難就易進熟偷安而無後咎餘責者微諸
公誰不樂此乃拔勇簡材輕齎益馬有氣敢往不滿千人
雷動飈移自辰徂亥亟六百里突掩賊營縱吾奇兵乘彼
不意披猖受戮橫潰宵馳終夜追奔遲明會食勳歸師於
壕口殲困獸於達吡蹂轥之所殘戈矛之所斃積屍將崪
峒侔厚漂血與洮河爭流氣感忘銜橛之虞戰酣無存變
之意蒼黃顛仆落於我手亦足以暴威武於天下憎洪稜
於蠻貊五十年間犬羊遷跡不敢覘邊以取當戍皆失地
而遠客勳映古烈名垂壯籍初元宗省書廢朝問故流悼
偉其心而大其節哀其沒而念其忠褒贈開府儀同三司
安北大都護俾給事中倪若水乘馹弔祭命許國公蘇頲
爲之文以致意焉輕車介士麾兒屬將飾柩護喪封墳寵
塋公之遺閔年初九歲詔復朝散大夫尚輦奉御特令中
貴扶入內殿意苦而羸形絶地辭哀而迸血沾衣左右動
容上亦歔欷因撫而謂曰此去病之孤吾當壯而將之萬
户侯不足得也衣之以朱紱錫名曰忠嗣部曲主家後宮
收視每隨諸王問安否獨與肅宗同卧起至尊以子育儲

后以兄事公亦惟專惟直不傾不墮未嘗迕目孰云有過
每歲天子練戎整旅冬狩秋田翼鑾奉車越莽淩阡格麟
長楊掩兔黃山蹙屨輕狡流離往還斫纍益奮搏捷無前
出而有獲多不自賢上既知公有日磾之純固加李廣之
材氣義形於主確然秉志少而侍中慮不省事乃試守代
州別駕大同軍戎副干法大豪閉門自斂賣功老將俯伏
聽令涼秋八月桑乾草腓方佯白登外馳突長城下單戈
指虜輕騎犯胡有向必摧能當輒破往往射雕者居公掌
握中匈奴憚邊不敢抵當肅宗爲上泣曰王忠嗣負材敢

戰必恐亡之即日徵還守未央衛尉入侍之歲時方就冠元獻皇太后降家人之慈威擇配之禮命之主饋恩情甚厚公以讐恥未雪激憤愈深每對案忘餐或獨居掩涕元宗雖欲大其伸而全其屈終亦觀其志而感其衷俾以中郎將官從徐公蕭嵩出塞但使通知四夷事飽習軍陣容不得先啟行無令當一隊且有後命虞其矢鬬枕戈假寐如詔三年及徐公將入覲京師改轅張掖公曰無以歸報願一甘心乃候月乘風卷旗鞭馬精兵七百弩深入鬱標川遇贊普牙官踐更角武戈鋋山立介馬雲屯霧雨忽開

雄旗相接將校失色猶欲引馳公謂一足未移追射且盡無敢妄動觀我破之乃超乘貫羌當前皆廢吐蕃大將臨高整旅公陷胷走腹曲折迴旋取白馬於衆中捨大黃而盎振肩倚膝蹄蹈藉蹙圮蠡軼機駭羣擠亂墜提刀四顧如土委地綱決網漏逋誅久矣既伐且弔當而勿喜芟夷之又蘊崇焉係纍之亦焚燎焉執訊獲醜何啻數千牽羊縶駒殆將萬計擁戎州以入塞積京觀而徐迴幕府上功貳師奏狀上盎歎息詔令凱旋天子御勤政樓親閱軍實太常稽憲度獎授執金吾上亦多元戎因爲右丞相仍令

圖寫置於座隅自茲厥後恒當重任趙承先之敗於怒皆也隻輪不返公度桑乾河虜其全部復失亡之車重杜希望之輯鹽泉也戎侵宇下三帥受擒公獨潰堅圍護經時之板築信安王之臨遼碣也用武於盧龍塞朝鮮盛刊壘之功韋光乘之征駱駝峽也會援於李陵臺河朔受全軍之惠初佐戎關隴分鎭河湟一之歲拔新城走莽布夷烽壘燒積聚二之歲開九曲奪三橋梁洪河泝西海撥雷鼓勇士厲指蹩振耀傍偟塞裔開元之末擁旄汾代天寶之始兼統朔方獯鬻内離九姓橫叛大單于控弦度漠聲言

來附拔悉蜜引弓乘後尅日會師中使遽聞帝思沷蕩受降盡狄屈指猶遲亟決急衰天書百下公以爲出疆之任得守便宜冒頓北方之強未當屈折叛胡畏服大種不輕用兵勢潤言甘可虞他變盛師臨木剌致饑出蘭山含垢弁容兩存視隙全威持重閉壁堅營無名王大人到轅門受事絕單車匹馬報候吏前期防密慮周詐窮情見果穹廬焚黠將侵鎬及方右地郅支已解仇交質幾欲圖成大禍寧唯嚮化未醇於是設間以散其從肆諜以離其約二虜不合遁逃遠舍天子使繡衣御史問後將軍不念中國

之費乘機之速其上畏懦優遊之故且陳支解戎醜之謀
苟事得其中如將軍素料又匈奴何時可滅公條對不羈
之虜易以計破難以兵碎彼有乖離之漸我知貪利之戒
威加幽荒武暢陰海土崩歸德不二三歲因白逗遛未決
之狀備列平戎一十八策璽書還報從公所畫突厥前有
畏漢之偪後有事讐之恐縮衂遷徙散亡貧破遭罹瘃瘽
之患傍緣諭告之辭朝不及夕以傒王師受言而去者什
二三委辮而降者五千帳明年秋引軍度磧定計乘虛至
多羅斯壞巢焚聚涉汨昆水下將降旗皆倒戟自殘輿尸

請命斬白眉可汗之首傳置藁街繫葛督祿婆匐可敦獻
於闕下阿波達干持愛妻宵遁乘六贏突圍嘯聚東蕃迫
脅小種立烏蘇爲君長自尊任爲賢王保薩河仞山據丁
零古塞謂中國有磧鹵之限官軍無可到之期按甲休徒
擊鮮高會思歸故地卒復大名閒歲方暮嚴冬仲月公出
白道誓衆自單于北伐俾僕固懷恩阿布斯爲鄉導覘視
井泉命王思禮李光弼爲遊軍收羅服聽顧萬里若俄頃
過山川如枕席豈百舍之敢休不再旬而履狄夜驅胡馬
暗合戎圍自丑至辰頭驅面縛乘無物故士蓄餘怒羈虜

全國永清朔土告類上帝薦功皇祖三代之盛獫狁孔熾
方叔吉甫驅之而已勤霍倦衞掌亦終斃傾秦築怨糜漢
償費雖張愿列三城衞公擒頡利纔遏乘冰之勢但雪涇
陽之恥則自命將以來肅將天刑誅而不伐素定廟勝陣
而不戰龍荒絕貴種大漠無王庭恢武節而振天聲未有
如公之比公始以馬邑鎮軍守在代北外襟帶以自臨棄
奔衝而戴國河東乃城大同於雲中徙清塞橫野張吾左
翼朔方則并受降爲振武築靜邊雲內直彼獯虜巨防周
設崇墉萬堵開陽閉陰拓迹爰土藏山掩陸磅礴固護西

自五涼東暨漁陽南並陰山北臨大荒聯烽接守乘高掎
要塞風揚沙絕漠起鳥悉數於瞬息傳致於晷刻元黃不
得雜其象秋毫無以逃其狀矧襲侵與牧馬敢凌遽而南
向冰河風壯車甲鱗萃誰何疆理千長百帥秦將隸於降
虜漢卒羈於戎騎公乃衡懸華裔勢分衆寡由中制外長
御遠駕恢我朔邊有如彼圖難於易又如此當秉鈞之顥
國也巧文傷詆網密事蔡借公爲資動搖國本諷操危法
言酷意誣雖丞相置辭猶驚獄吏而貫高長者竟出吾王
成公謫居人無不恨方逆胡之兆亂也意并河東偶築雄

武常山臨代飛狐扼塞制夷夏之吭撫崤函之背徵鄰請助邀公赴會將欲詭遇買歡冀得兵留鎮廢公先期應詔未覩而退奏論本末之難指切未然之戒危辭洩漏凶黨交害摘抉排折俾公終貶公之始仕也自家移孝孤童被識策慮奮發義勇偪億其受任也屬三軍之氣同萬夫之力致誅則百蠻竦振武則暴強服支離約已盡悴事國嗚呼哀哉惟公明邁激朗信廉仁勇機敏神速內和外重處威權不得以非理撓臨大節不可以危亡動道將世迕器與時屯折衝厭難之臣旋踵及身不淄不磷之堅挫於刀

筆之前此慷慨義烈之士所以掩泣而流漣矧我依仁受賜託姻遠子守官秉策司勳運阨功在誠存理冤明沒河渭蒼蒼邈古原左掌太華邪睨鴻門刋銘路隅庶慰精魂其詞曰

古人有言兵者凶器戰實危事三代爲將道家所忌得非好勝樂殺欺降嗜利絶域到李杜郵悲起每原始而要終吾固知其所以溫溫清源幼寤聖君勇必顧禮質而能文摧剛爲柔塞兌解紛破虜志　闕　平戎讓勳肅致天討義誅不順密謀神斷四回六奮火烈風埽霆馳雹震捨服解網知成示信脅膽歸堯三苗格舜有守矜功謂之不克井堙木刊孰云非賊惟後將軍古訓是式先計後戰貴和賤力哀勝不敢持全制極遭罹　闕　故頗僻反側蒼鷹厲吻雛鷲爭食顛倒靜邁汨陳白黑威暴都賴功隳即墨浩歌滄浪飲恨南國希仁聖之遐暢兮亦管誅而蔡殛謂賢哲之悔亡兮顏與冉又不得桓尊周而滅項猶存功而掩愿苟思人以愛樹將十世而宥直如爲虜而報讐使伏讒而失職顧汧城以流慟投潘誅而太息賈生徒驚於糺纆北叟焉知其倚伏松凋玉缺直罔貞蹶竟埋千將終碎明月宿草

陳根蕪沒蒼墳垂清風於頌石與終古而存存

王昂

昂出自戎旅以軍功遷河中尹充河中節度使永泰元年檢校刑部尚書知省事後充荊南節度觀察使尋復如故時元載秉政與載深相結託載誅貶連州刺史墜硤江卒

對沈謀祕畧科策第一道

問西自臨洮東洎滄海延袤萬里控扼三邊林胡不賓犬戎猶梗守之衝要備其窺窬聚多則戍卒不充布少則敵人莫禦用捨之理揚搉而言立鎭屯兵其來非久懸道分

列自昔猶安李牧守邊匈奴竄伏魏尚爲郡郊壘乂寧今欲悉罷軍城委之牧宰敬逹嘉話將獻吾君

對昔者大刑甲兵陳諸原野次刑鞭扑致之市朝將以閑邪防淫禁暴禦亂乃覩千古茲率厥常我后光膺寶命誕敷文德建皇王之中協時雍之化聲教遠洎無思不洽猶恐至道未孚邊亭或聳爰招集謀畫之士議諸疆塞之虞斯誠居安慮危之深策也顧以蒙陋庶能無聞將何以副沈秘之求奉對揚之列恭承清問敢不薦其聞矣臣聞夫爲國之道必在任賢保境之方必先擇將國家授武秩設

邊防東自榆林西連蒲海可謂制度秘遠典章大備而猶以遼竄未清湟烽或照者但未得其人耳今若垂旌揚之期崇獎激之道用不求備任惟其材舉吳起則捨其貪推穰苴則畧其賤務升智術弗限資年則將得其人矣既得其衆必能撫其人必能盡其力將得其材以之東鎮則林胡清以之西征則犬戎息何憂乎制禦之不足多少之爲患也若乃布化宣威實資牧宰守全保固亦在城池則知牧者邦國之先而疆埸之主也疆埸無主則啟戎心戎心之生人慢其政國之患也今者選建良牧委之臨人修緝軍城足以禦敵則可以捍我中宇綏彼邊甿何以廢城然後爲得謹對

第二道

問用兵制敵先資良將搜奇掇異昔賢病諸厚貌深情最爲難辨受金善盜終而有益至如清言要理行之則違強力暗通口不宣意臨問定職何以分之李將軍簡易便人程不識刁斗嚴衛張飛勤於禮士關羽接於常流四子所施幸甄優劣兩適爲用何斯短長今邊烽未亡善將懸急試可淹於歲月拔萃昧於元黃子其直言以袪未悟且三

全五事十過九差何所廢興何所施用理國之貴何首愛人之道何爲各書名數佇濟邦國

對登壇分閫之傑行已應物之際顧雖愚蒙嘗聞之矣莫不蹈仁履義以修其身奉公滅私以樹其政但人無求備用各有宜十哲分科八能殊術吳漢則訥於詞理衛玠則善於清言今若取陳平之謀須捨盜金之行用杜預之智豈資穿札之能雖厚貌深情古人所病而收長棄短先達格言伏願徵之以九徵求之於五德甄其操履行以智謀雖言貌難分而華實不昧擇能而用斯則可矣亦何憂良

材之採擬官職之不分者哉夫簡以臨人嚴以應物嚴則勞而後濟簡則逸而能通勞逸既殊得失斯在異德擇士而禮要長接於常流爲道不廢固宜劣於張飛出門重禮誠合優乎關羽各隨時而用夫何擇於先後當今邊隅尚警征役未息必資良將方立奇功若拾奇傭保之中拔異淪滯之位則元黃可辨衛霍斯在夫兵之術語聖人所止後代故作譎書以寄勝於天道也故曰天地鬼神視之而不見聽之而不聞指虛無之行不足以制勝故人存而不務也則知吉凶之兆盡在乎人今若任皓皓之良收斷斷

之善使明法審令貴功養勞則不時日而事吉不卜筮而事利亦何必訪韜鈐之謀孫吳之訣然後爲得哉亦敢不陳其梗概至若軍國著三全之稱天地操五事之名勇急廉智將之十過也十百萬千一疑之九差也理國貴於仁禮愛人在於不勞昔霍驃騎不讀兵書猶言暗合項將軍素閑兵法亦歎天亡況事涉元微藝殊經誥豈伊蒙淺所能詳哉謹對

第三道

問料敵多途應變無算覽去病之對顧在方畧讀孔明之書虞於備預至如烈風猛火煙燄赫然雨水奔流瀰漫無際修何人事以却天時或有暴兵卒來我則未暇敵人非遠靜然無聞何法以知敵情何方以收我衆如其爭先不遠我怯須勇列軍甚嚴彼強使弱善戰不陣抑有前人未戰屈人佇聽嘉話四輕二重於將謀而何施三禮五才於兵形而何要幸存昇降曲盡所宜

對觀夫古之良將之行兵也莫不救災恤患以和其人先謀後動而制其敵軍有渴而不飲軍未飯而不食舉不失德賞不失勞故人悅忘疲士咸知死夫如是以之守則固

以之戰則克安則不肯蹈茲烈火過彼奔流斥候素明暴兵安可卒至法制素習敵人何由能逼我將賈勇寧見士怯我固常勝安有敵強未戰屈人謀其所以善戰不陣夫何遠矣至四輕二重之施三禮五才之入所用斯並事關幽祕理絕採求徒磬蒙襟豈酬高問謹對

欽定全唐文卷三百七十

王縉

縉字夏卿本太原祁人舉草澤及文詞清麗科上第歷工部侍郎左散騎常侍廣德二年拜黃門侍郎同平章事進侍中拜河南副元帥大歷三年領幽州盧龍節度兼太原尹北都留守河東節度營田觀察等使歸朝以本官復知政事坐附元載貶括州刺史移處州十四年除太子賓客留司東都建中二年卒年八十二

讓侍中及進封郡公第一表

臣性實至愚才非出衆幸以逢時之命久爲尸祿之人頃自艱難累職中外取之於武無逐蹤之勳用之於文乏經邦之畧不能陳力而猶冒進豈謂天眷擢居台衡時已洊於炎涼政無裨於塵露上慚報國內愧妨賢身無所容況加重寄既統師律又鎮方隅翔飛徒及於戾天蹇足不可以逐日致寇非遠害盈必徵竊念才微位高福過衰至憂懼所切晷刻爲年特乞聖慈察臣不逮退侍中及郡公等還臣舊官本封使赴前途或冀成事不然坐致顛沛取笑遠邇

第二表

君之使臣就死不避況增榮命翻敢固辭鄙辟之誠已罄陳露幸遇天高聽卑之日懼無下情上達之感且臣名在宰輔肅將聖恩行臨四方孰不悅服坐鎮萬里自然晏清豈必重以大官假之多邑無益時事實枉寵光於臣先爲之極於禮賞爲不中伏乞容臣輸力俟有成功從此懋官實爲未晚使臣即日奉詔陷於飾讓矯詞褊心成病恐無能爲也特望鴻慈必允所願

第三表

恩詔三降令出惟行愚臣萬死志不可奪竊恐器小受多既盈招損憂敗公事敢愛微軀將命前行湯火寧顧無功增秩荷伏是思履薄臨深心魂積悸伏惟陛下至明至聖洞鑒幽微以欲從人以慈育物自念沛然受恩天下咸服則能者必勸僭人知恥豈非陛下達臣子之道張國家之綱臣恨不開腹布心用表誠實謹冒死以聞

進王維集表

臣縉言中使王承華奉宣進旨令臣進亡兄故尚書右丞維文章恩命忽臨以驚以喜退因編錄又竊感傷臣兄文

詞立身行之餘力常持堅正秉操孤貞縱居要劇不忘清靜實見時輩許以高流至於晚年彌加進道端坐虛室念茲無生乘興為文未嘗廢筆或散朋友之上或留篋笥之中臣近搜求尚慮零落詩筆共成十卷今且隨表奉進曲承天鑒下訪遺文魂而有知荷寵光於幽穸沒而不朽成大名於聖朝臣不勝感戴悲歡之至謹奉表以聞臣縉誠惶誠懼頓首頓首謹言寶應二年正月七日銀青光祿大夫尚書兵部侍郎兼御史大夫臣縉表上

東京大敬愛寺大證禪師碑

醴泉湧而獨疾寶炬然而破暗蓮花無染而獨淨夜光不繫而自得其惟上智乎夫上智之身曲隨世界上智之心密遊聖境或宿植德本乘願復來或意生人間用宏開示非慧見孰能知之大德號曇眞姓邊陳留開封人也厥初為孩稟知特異亦既有識用晦如愚家有耕桑未嘗問鄉有學校未嘗顧則曰處豐屋何如方丈馳良馬何如振錫珪組耀世不如被褐金玉滿堂不如虛白食珍者豈覩飯來香積聽樂者豈聞梵唱云何戰既勝矣出門絕迹潛嵩少閒專於讀誦年至二十遂適太原受聲聞戒習根本律性甚聰敏博涉經論時同學者仰之為師久而歎曰大聖要道存乎解脫不入其門非佛之子乃損落枝葉澄清泉源詣長老大照醒迷解縛開心地如毛頭掃意塵於色界從此日益唯師能知於四威儀之中無一刹那有息不住以至於大寂無作以至於恒用我止無所虛空未為廣我照能遍日月未為明震雷破山聞不聞等烈風拔樹見不見等是身無主與四大假合方寸無生於一切離相猶以為未出心量彌勤深入大照既沒又尋廣德大師一見而拱手再見而分座問之於了荅之以默俱詣等妙忽合自

他梵衲之行楞伽之心密契久矣廣德又謝學徒嗷嗷相顧靡依來求於我嗣續前教皆以實歸出宅諸子俾稱所乘渡河三獸自止於分天寶季年祿山作逆陷我洛陽亂兵蜂聚大德澹然獨在本處天龍潛衛於左右豺狼仰瞻而讚歎施財獻供絡繹盈門於善惡等以慈於苦厄人以忍言說不辱無畏故也動靜皆如自在故也度眾無邊大願力也依報無量邁種福也夫修行之有宗旨如水木之有本源始自達摩傳付慧可可傳僧璨璨傳道信信傳宏忍忍傳大通大通傳大照大照傳廣德廣德傳大師一一

授香一一摩頂相承如嫡密付法印惟聖智所證非思議能測也大德既捨眷屬竊爲沙彌身不顧名志在成道聲稱浸遠歸向如林天寶八年緇侶領袖舉以上聞乃蒙正度初隸東都衛國寺旋爲敬愛寺請充大德遷彼與住此有緣非無因地雜人天之會法如雲雨之施衆有塵勞之悟寺盈河潤之福令學與其進當學起其信善誘不倦得師則喜利往者導之以捷覩奥者辨之以正深在定者戒於貪悟所覺者使之遠視彼來學如菴摩勒果冀其出世如優曇鉢花齊我者稀故我貴矣寶應二年正月十四日

趺坐如生薪盡火滅年六十夏四十哀纏門人悲及塵衆樹爲之變色獸爲之失聲棟折航沈佛土蕭索其年九月塟於嵩岳寺之北阜大歷二年有司奏諡上聞惻然乃賜號曰大證禪師縉嘗官登封因學於大照又與廣德素爲知友大德弟子正順即十哲之一也視縉猶父心用感焉以諸因緣爲之強述銘曰

上德不德與慈運悲現於濁界俯爲人師以我無思破彼盡思爾方厭俗我則隨時由多分別妄生垢淨根不緣廢象豈染鏡法不可著空即是病無得之得絕聖而聖文字非文字言語非言語云何以解脫云何而語汝隨宜說方便究竟非我與舍利依嵩山寂寥松柏所

奉天皇帝哀冊文

維元年建寅月二十六日故靖德太子諡曰奉天皇帝妃竇氏諡曰恭應皇后啟自細柳將遷座於新豐望黃山而入上苑過紫極而出天門傍臨鳳闕雙引龍輴乃詔左僕射冕祖饋於行宮禮也今上孝弟通於神明追崇徽諡用達皇情陟岡目送避殿涕盈爰命述者以振休聲其詞曰

昔在高祖文思武德龍戰必勝海飛爭息威加八荒奄有

萬國累業繼聖惟天是則昌運斯應睿哲乃生爰自弱歲有如老成稱象如小測日言輕率爾之對畧而不行問安內豎豈獨重明深居邸第亦稱維城禮無不執藝或可遊聯行魯衛虛佇應劉雁鶩非好神仙不求爲善自樂俾躬處休行成於內聲聞於外性實匪驕迹能用晦朝野多歡兄弟高會上客曳裾間園飛蓋仁者當壽天道何昧小山未傾盤石忽碎嗚呼哀哉天慈罔極寵命猶新前星告位少海遷神黃公誰客音容自春空悲天牒獨有芳塵正位乎內進賢闕二字肅肅令妃幽公之子家自漢室代爲戚里

百兩比肩四教盈耳不藝珩珮能循沼沚傳訓公宫留箴女史旋稱未亡身薨之死柔質泯焉徽音不已嗚呼哀哉帝念元昆人無間言不及讓國於是追尊惟儲出震惟儷居坤備陳服御更起陵園來九重兮復去動萬乘兮還靜挽淒楚而凝哀駕逶遲而轉影别青門之早春背素滻之斜景路已窮於咫尺時不延於俄頃嗚呼哀哉神輝永戢軒曜長零兮塏椒闈泉户彤庭開壽宫兮寂寂虚玉座兮冥冥賓上帝於窅眇陪五后之明靈海爲田兮岸爲谷德不朽兮名惟馨嗚呼哀哉

元宗大明皇帝哀册文

維寶應元年歲次壬寅建巳月五日元宗至道大聖大明孝皇帝崩於神龍殿旋殯於太極殿之西階粵以寶應二年三月甲辰朔十一日將遷座於泰陵禮也象物已設仙馭將飛空聞脫屣無復求衣孝孫皇帝親臨遣奠意延晷刻向池篽而涕流想山園而心惻九天兮無所一往兮何極感貽美於孫謀俾述事於祖德其詞曰

天厭隋亂中原無主人歸唐德上帝是輔以聖易暴與文繼武義冠殷湯威包漢祖仰膺歷數光宅區寓惟皇得一承乾嗣五赫哉厥初萬物斯覩景龍之際乾儀反坤不利王室將開禍門呂危劉氏趙啄皇孫我獨杖劍神期武賁上排閶闔俯掃軒轅不驚宗廟大造黎元爲而不有禮備尊尊乃奉睿宗爰受寶命問安視膳純孝至敬維城之年佐潞之政一著獻兆百靈翼聖躍馬截流水不敢競潛龍變海池亦呈慶有開必先典王之盛誥曰皇帝余倦於勤往纘丕績以順兆人辭之不可其命維新體乾之大法土之均臨之以日生之以春寒暑彰信動植知仁九族既睦四門既賓天通之聖電斷之神求賢與藁就列縉紳讜言

是聽庶政必親刑措兵弭威加德馴戎狄讋竄塞不警塵琛責爭入來自無垠駕皷斥騷焚裘棄珍風雨時若京坻相因師於上古思與還淳然後制禮節焉作樂和焉北祠后土南郊上元齋祭陵廟位號山川教戰講武祈農籍田冕旒問俗旌旗幸邊文物蔽地英聲動天鳳巢麟擾甘露醴泉九尾三脊朱草非煙繽紛效祉每歲且千道德洋溢乾坤交泰成功如何登封於岱太平如何是時無外才藝餘美帝王之最學究天人乙夜懃對文齊日月秋風靡遠推歷正元調律平害札動雲落弦開葉碎揮琴陋虞教詞

輕沛良辰可賞聽政方退鐘鼓屢陳君臣高會巍巍蕩蕩四十餘載巡省順動西南奥區命子出震繼明握圖長驅猛士累翦封狐不失舊物言旋上都離宮就養壽酒多娛習道久矣神仙遠乎嗚呼哀哉湖上鑄鼎海中祈藥忽乘紫氣長遊碧落千門萬户若無天兮寥廓八達九衢雖有人兮寂寞淚爲雨於宸扆哭成雷於郊郭遺轍迹而徒攀瘞衣冠而何託同軌畢至初陵已開震鳳輦於仙仗降龍輴於帝臺儼將行兮肅穆似有顧兮徘徊過春城兮如送望暮山兮謂來嗚呼哀哉壽原肇吉先天不違接橋山之

大隧營金阜之元扉擁馳道兮皆往獨宮車兮不歸厚夜兮藏晝終天兮戢輝文始建極武餘英威立德不朽至道惟微雖陰陽之與變化侔神聖兮安可希超前古以作則遺後代以垂衣嗚呼哀哉

蕭華

華太子太師嵩子天寶末嗣爵官兵部侍郎祿山之亂陷賊僞署魏州刺史賊平以汙僞命降試祕書少監稍遷尚書右丞擢河中晉絳節度使上元元年以中書侍郎同中書門下平章事肅宗寢疾李輔國矯詔罷爲禮部尚書貶硤州員外司馬卒

謝試祕書少監陳情表

臣某言伏奉制書以臣試祕書少監恩出意表榮超望外臣循涯揣分以慙以悚臣某中謝臣素庸懦又乏智謀進不能殺身以自明退不能拂衣以遠禍蒙昧昏虐僶俛歲時每讀李陵之書備見前賢之意以爲虛死不如立節成名不如報德常恐溘先犬馬湮沒羯胡上負君親之恩下貽妻子之恥何嘗不仰南雲而歎息瞻北闕而銷魂偷生苟安蓋所以誓將骸骨歸死朝廷伏賴陛下察以愚衷每

垂保護遂得潛通間使遠請官軍收全州而功不踰時掃餘孽而兵無血刃陛下矜臣一介之節捨臣萬死之罪念臣簪履之舊納臣葵藿之誠許歸故國之田園退守先人之墳墓則在臣之志願榮望畢矣陛下之聖恩於臣深矣豈期皇慈廣被元造曲成拔臣於泥滓之中致臣於雲霄之上已蒙殊奬遽典雄藩旋沐厚恩復登蓬閣空慙有命竊愧無能將何以發揮儒林潤色鴻業稠疊恩意感戴難勝豈臣隕越所能上報無任悚荷屏營之至

李栖筠

栖筠字貞一趙人第進士累擢工部侍郎進銀青光祿大夫封贊皇縣子授浙西都團練觀察使召拜御史大夫卒年五十八贈吏部尚書謚文獻

定常參官不到罰錢奏

伏以朝廷之儀義當祗肅今者以手力資錢比俸祿舊罰請准永泰元年八月勅為定其一司之中有三人以上是參官其日並不到者本司長官請罰一月手力資錢其一月內三度不到者雖每度有罰亦准前罰一月資錢每月仍便於左藏庫折納其有久不朝謁并假過百日以上者

望令本司錄奏如相容隱臺司訪察彈奏餘請依後勅處分

濟州穀城黃石公祠記

秦滅六國遂并區宇張良哀韓之亡怒秦之暴義感天地降神於圯神授良之書良為帝之師滅秦報韓成功遂志祠黃石於濟北穀城之山下蓋謂是矣世用其道傳祠此山惟德之馨介福不替天寶歲夏六月旱既太甚遍走羣望密雲卷而復舒零雨濛而不降太守河東裴公聚黃髮而咨謀曰山川神祇有不舉乎聞斯行諸夙夜展祭祀事未畢感而遂通自寅及未澤潤千里吁其靈也夫聖哲立法制君子脩理道莫不順承天則祗畏神明以天視無私神功不測或殄覆昏暴或孚祐明德與時推移未始有極蓋將輔其善必聽於人昔夏之興也崇山降焉殷之興也伾山次焉周之興也岐山鳴焉漢興有圯橋之事我唐之興有霍山之異今古不爽謂之神志聰明正直而一者也惟秦政滅德用刑匱人從欲寃痛在下馨香不登祚及二世毒流四海與天自絕惟神不獨有開必先祝降實命故其書極天人之際備興亡之端子房將有行也師焉而以

言酌消息於盈虛通擬議於變化楚漢之勢功利相百天威扶乘人謀協贊觀釁而動極深研幾發八難消六國之印招四人定重明之業以斷天下之疑以奪敵國之計正乾坤之位發日月之光所謂披堅執銳其功狗也居守饋糧其功人也運籌帷幄之中決勝千里之外其功神也此其大者豈徒效祉發祥於州里之間哉方今淳風允塞休徵薦臻意者謂宜上聞有以旌其異嘗學舊史敢記所知

劉晏

晏字士安曹州南華人七歲舉神童授祕書省正字舉賢

良方正累官户部侍郎領度支鹽鐵轉運鑄錢租庸使寶應二年遷吏部尚書平章事罷爲太子賓客俄兼御史大夫與第五琦分領天下金穀軍國之用皆仰於晏大歷十三年爲尚書左僕射德宗立楊炎誣搆其罪貶忠州刺史尋賜死年六十五貞元五年帝悟其冤追贈鄭州刺史加司徒

奏禁隔斷練湖狀

東都河南江淮等道轉運使檢校户部尚書兼御史大夫劉晏狀得刺史韋損丹陽耆壽等狀上件湖案圖經周迴

四十里比被丹徒百姓築堤横截一十四里開瀆口洩水取湖下地作田其湖未被隔斷已前每正春夏雨水漲滿側近百姓引溉田苗官河水乾淺又得湖水灌注租庸轉運及商旅往來免用牛牽若霖雨泛溢即開瀆洩水通流入江自被築堤已來湖中地窄無處貯水横堤壅礙不得北流秋夏雨多即向南奔注丹陽延陵金壇等縣良田八九千頃常被淹沒稍遇亢陽近湖田苗無水溉灌所利一百一十五頃田損三縣百姓之地今已依舊漲水爲湖官河又得通流邑人免憂旱淹奏聞中書門下牒浙西觀察使與韋損勿使更令修築致有妨奪永泰二年四月十九日

遺元載書

浮於淮泗達於汴入於河西循底柱硤石少華楚帆越客直抵建章長樂此安社稷之奇策也晏賓於東朝猶有官謗相公終始故舊不信流言賈誼復召宣室宏羊重興功利敢不悉力以荅所知驅馬陝郊見三門渠津遺跡到河陰鞏洛見宇文愷置梁公堰分黄河水入通濟渠大夫李傑新堤故事飾象河廟凜然如生涉滎郊浚澤遥瞻淮甸

步步探討知昔人用心則潭衡桂陽必多積穀關輔汲汲只緣兵糧漕引瀟湘洞庭萬里幾日淪波掛席西指長安三秦之人待此而飽六軍之衆待此而強天子無側席之憂都人見泛舟之役四方旅拒者可以破膽三河流離者於兹請命相公匡戴明主爲富人侯此今之切務不可失也使僕湔洗瑕穢率罄愚懦當憑經義請護河隄冥勤在官不辭水死然運之利病各有四五焉晏自尹京入爲計相共五年矣京師三輔百姓唯苦税畝傷多若使江湖米來每年三二十萬即頓減徭賦歌舞皇澤其利一也東都

殘毀百無一存若米運流通則飢人皆附村落邑廛從此滋多命之日引海陵之倉以食鞏洛是計之得者其利二也諸將有在邊者諸戎有侵敗王略者或聞三江五湖貢輸紅粒雲帆桂檝輸納帝鄉軍志曰先聲後實可以震耀夷夏其利三也自古帝王之盛皆曰書同文車同軌日月所照莫不率俾今舟車旣通商賈往來百貨雜集航海梯山神聖輝光漸近貞觀永徽之盛其利四也所可疑者函陝凋殘東周尤甚過宜陽熊耳至武牢成皐五百里中編戶千餘而已居無尺椽人無烟爨蕭條悽慘獸遊鬼哭牛

必羸角輿必說輹棧車輓漕亦不易求今於無人之境與此勞人之運固難就矣其病一也河汴有初不修則毀澱故每年正月發近縣丁男塞長茭決沮淤清明桃花已後遠水自然安流陽侯宓妃不復太息頃因寇難總不淘拓澤滅水岸石崩役夫需於沙津吏旋於濘千里洄上罔水舟行其病二也東垣底柱澠池二陵北河運處五六百里戍卒久絕縣吏空拳奪攘姦宄窟穴囊橐夾河爲藪豺狼狺狺舟行所經寇亦能往其病三也東自淮陰西臨蒲坂亘三千里屯戍相望中軍皆鼎司元侯賤卒儀同青紫每云食半菽又云無挾纊輓漕所至船到便留即非單車使折簡書所能制矣其病四也惟小子畢其慮奔走之惟中書詳其利病裁成之晏累年已來事缺名毀聖慈含育特賜生全月餘家居遽即臨遣恩榮感切思殞百身見一水不通願荷鍤而先往見一粒不運願負米而先趨焦心苦形期報明主丹誠未克漕引多虞屛營中流掩泣獻狀

包佶

佶字幼正潤州延陵人擢進士第累官諫議大夫坐善元載貶嶺南劉晏奏起爲汴東兩稅使充諸道鹽鐵輕貨錢

物使遷刑部侍郎改祕書監封丹陽郡公

罔兩賦 以道德希夷仁義爲韻

罔兩謂形豈伊天造試一商摧此焉探討謂之小入乎無間謂之大達於蒼昊雖則名參於異物抑亦理齊於至道今將議其旨窮其色爲涅而不緇爲繫而不食或託之於鱗介或生之於羽翼謂子有回日之役謂子有戴山之力向若執盈似虛大白若黑黽黽有難名之稱乘乘有可尙之德苟不然者人將奚則彼逐者影動每相依旣不可逼又不可違凌青冥而對舉投汗漫而雙飛鑒秋葉而逾靜

臨夕陽而暫微彼何事而相託此何心而所希罔兩曰我形子影我應子追我憑子之狀子假我之威寧論立兮與坐夫何操而不持似都捐於視聽宛冥合於希夷未識形爲影之主影亦形之賓詎可貴之於動息又何怒之於因循使惡跡者止其足厭影者蔭其身子之意兮焉適唯此求而得仁更憶班固麗藻漆園清真述幽通於前烈繼逍遥於後塵沈喰染翰顧慕書紳於是稽乎古陳乎義常未得其一端固多慙於明試

公卿朝拜諸陵奏

每年二月八日差公卿等朝拜諸陵伏見陵臺所由引公卿至陵前其禮簡畧因循已久恐非盡敬謹按開元禮有公卿拜陵舊儀望宣傳所司詳定儀注稍令備禮以爲永式

張宣明

宣明官左拾遺殿中侍御史內供奉監姚巂諸軍事兼招慰使

移益州牒

此路高山臨雲深谷無景至有斗絕巨險殆不通人蹤經之者必搏壁傍崖脅息而度雖竟日登頓二十許里木人猶堪狹下鐵馬亦可蹄穿

欽定全唐文卷三百七十一

于益

益贈僕射休烈子天寶初進士爲翰林學士

左武衞將軍白公神道碑

淳維之地上戴斗極其氣勁悍其人驍雄間生將才恢我王畧其革去故俗鼎從新風建功惟忠戡難以武常衽戈革每襟邊陲胙土連華重代襲祉啟迪後嗣光昭前人可得而言也公諱道生其先呼韓之宗谷蠡之允代居南部早入中原漢典論封特命弓高之秩周臣赴會爰書潞子

之班祖廣琛雲麾將軍左羽林大將軍心膂北軍爪牙中壘徼道以肅期門有嚴父崇禮忠武將軍左金吾衞翊府中郎將職副緹騎名雄鶡冠警於譙何勤以夙夜公誕自朔漢習於干戈太公之符如已神授孫子之要動皆暗合心傾奉國膽畧禦邊鎮在疆埸統其番部尋爲寧朔州刺史兼部落主恩附獷俗威除寇攘軍門罷扃虜騎遠遁開元中信安郡王禕以宗室之賢受登壇之寄每有討伐命公先鋒寇必能當險不避難馘黠虜之首繫林胡之俘仍援河湟大破戎醜數實過當議功居多一自捍邊三十餘載終於左衞大將軍春秋六十夫積善疇慶嗣續不忘辛氏繼封耿門多將求之於代公實有焉其子朔方先鋒使同節度副使開府儀同三司試太子詹事左武衞大將軍上柱國南陽郡王元光勇乃絶倫忠而能力九伐之際常爲戰鋒勞旋策勳議績當最封開八國秩亞三司皇上寵乃茂功義崇追遠恩光照於幽穸厚澤降於重泉贈公太子賓客夫人康氏爲越國太夫人喪事官供有加常等以永泰元年三月二十四日遷窆於萬年縣鳳棲原禮也雙旐同引千車會送更刊貞石式建豐碑同武庫之間樵蘇

永禁比祁連之象坵壠長存銘曰

地在元朔代生良將名重關西氣雄塞上繼秉金鉞遞居玉帳戰必爲鋒居常保障粤有令子時高茂勳援戈揮日杖劒決雲東平寇孽西掃祆氛志由忠立名以勇聞刻茲貞石以表孤墳

于肅

肅贈僕射休烈子與兄益相繼爲翰林學士終給事中贈吏部侍郎

内給事諫議大夫韋公神道碑

衡嶽之峻極於天作鎭五嶺炎海之包括於地委輸百川以崇山之靈漲溟海之潤孕毓粹氣實生英才厥有韋府君則其人也自豕韋開國積德累業西漢丞相父子繼爲醇儒衣冠相襲傳慶不絕得其姓者見重於時可謂源深派長本大枝茂者矣公諱某京兆人也祖某不仕父楚皇任朝散大夫內給事中武德使判官闈令事皆奕世載德繼美承家公幼有奇操形神爽邁器宇沈正識者異之髫齔之年參內侍省出入門闥情志專良開元十年解褐授內府局丞典御府之藏列內官之秩懃愿愼密肅恭矜莊

洵美可觀碩大且儼事因績著官以課遷尋充市舶使至于廣府賝賮納貢寶貝委積上甚嘉之每宣諭諸道曾無寧歲數敭詔旨人皆悅服天寶初拜朝議郎判官闈令知本局事至五年加朝散大夫內謁者監皇唐六葉道泰時康朝野歡娛禮物備具公以才藝敏悟頻操員職垂青組之榮綰銀艾之寵受宣詔命侍衞軒墀顧盼增輝時望歸美尋加朝議大夫拜內給事中判本官事眷遇愈深品秩優異上方垂衣致理端冕穆淸或侍獵長楊扈遊閑館隨雕輦而稱警接瓊筵而獻壽排金戺登玉堂請奏密命承

傳天憲公之德形於外可得而言公之美暢於中不可得而知也懿夫近臣之職其來尚矣位著天象官分周制蓋以萬乘崇嚴九重深邃出納綸旨陪奉宸居宜有司存委任親重或導從輿輦或典司禁署凡百千數不可殫論若非理識端詳幹畧稱最者則不得揮翰內省分曹局司以公之才雅有令聞嗚呼蘭孫方茂秋風敗之以乾元元年七月二十八日終於私第春秋六十有六皇情軫悼僚執零涕悲夫公歷事兩朝效官三紀其奉上也敬其與人也忠其莅職也勤其立身也信雖伯子好善史游納忠方之

於公彼有慙色夫人宋氏德行溫厚姿容婉淑從夫之貴尋封廣平縣君以至德二年先公而逝乾元二年五月七日合祔於長安縣龍首原禮也嗣子中散大夫守內侍省上柱國賜紫金魚袋守宗次子內侍省內侍伯守堅次子內侍省宮教博士守幹皆克紹前修佩服嚴訓永慕蓼莪之痛長懷創鉅之悲揚名顯親頌德襃美昊天罔極孝莫大焉敬述徽猷書於樂石銘曰

英英韋公山岳粹氣植性敏達存誠忠懿應物之材剸鐘之利踐言履信依仁守義五登秩序三掌職司便蕃省闥

窬匆軒墀進退容止周旋羽儀壯圖未展遷鑾纓悲鳳城之側龍首之陽墳生宿草魂閟連岡逝川兮茫茫隴樹兮蒼蒼勒銘兮貞石千古兮傳芳

蘇師道

師道天寶十三載官潭州刺史

司空山記

司空山者按梁任彥昇述異記云司空姓張名岊字巴玉清河郡人也齊明帝時仕至司空及東昏侯嗣位政尚煩苛內不修禮制外不聽臣諫縱恣穢行害虐生民常令宮

人作散叛髻百姓爭學之又作三橋裙向後總而結之司空乃興歎曰正直不任而耽女色齊國亡矣遂具奏闕下掛冠東門請休詔不許乃曰君不任臣臣今老矣人生所貴者在乎適意耳詔乃許傾朝餞送司空於是攜家去闕思樂林泉聞有勝境雖遠千里未嘗不一訪尋蓋欲希長生以避世也自此遍歷名山俱無可樂處忽一日有叟至而告曰瀟湘之南有壽山山有朱陵洞可以樂隱何不適此司空欣從其說遂領家入山操舟沿流上而造焉仰瞻巒嶂俯視流泉浮屠舍宇環疊左右乃歎曰奉教元皇身心清淨僻居一涯杜絕澆兢安能與世營營乎據聞洞南有麒麟山者漢代蘇隱真人隱此得道真人白日駕麟車而沖天以是得名於是傾家南來登山四顧雲岫回合松蘿蓊鬱泉源清冷乃遇神人曰上帝使吾語汝止此修真功行已滿十五日午時當沐浴俟命司空俯伏神人舞蹈爲謝乃乘雲而去十四日詰旦司空呼家僮侍妾語之曰吾晨當受上帝命令仙壇在焉誰可止此爲主者內有侍女盧瓊言願止此司空曰汝形貌貞烈可作仙壇主者遂取衣一襲以遺之令徙居山前仍以手撫其背曰好住好

住司空來晨於是登壇自晨至午天花交下綵霧盤空忽有紫雲直下壇所見一金童身穿青衣頭綰髻髻捧玉冊一道仙衣一通司空俯伏謝恩受衣冊俟聞鈞天鏗鏘鸞鶴翔鳴司空乃躡足登雲全家八十餘口白日沖天後至陳天嘉初有丹陽章馬二先生來此語人曰我二人乃司空弟子也同入此山精修道行至四年二月十四日功滿亦跨鶴執節昇仙矣唐天寶十三年師道始刺潭州下車按治未期月適時有旱暵之災民不聊生死者相枕遂整騎適於六邑城邑有廩米富民多其蓄積悉發而賑貧民

自是民間始獲甦息至攸有司空山者乃梁朝張司空輕舉之地遂命車而造焉時有道士鍾仙芝從山下見迎遂與同遊乃詢靈跡得其實令左右以筆記之以聞於田曹顧公喜聞勝事命予爲記予不敢讓謹按其事而記曰湖南攸邑爲地最僻有司空山去縣四十五里當南嶽之東隅連雲陽之福地振瀟湘之勝境作郡邑之崇邱東西廣一百二十里南北一百八十里高二千六百丈下有溫水源故名溫泉山焉亦名紫麟山及司空隱此得道遂名司空山焉中有大觀一所昔唐天寶七年主上因搜郡國圖

籍以司空全家輕舉之異五月十三日勅下建造祠宇標額爲朱陽觀蓋取南嶽朱陽洞當此山之南故也乃度道士焚修禁止樵採每遇歲旱居人祈禱無不昭應自是十方歸從紛若雲臻殿砌之前有古壇三級方廣數丈故老相傳云司空朝斗之壇也傍有杉松開四季不謝之花松皆偃蓋每清秋景寂皓月當空居人過客靜夜之間往往猶聞步虛杵臼之聲自觀遠近司空遺跡尚可尋訪東南隅有秀峯十三聳翠卓立其峯有畫屛青牛大蓮花小蓮花紫蓋瑞雲洞門紫麟遠吟隱眞迴龍白鶴名稱不一又壇之西二里有眞武岡相傳云眞武常出現於此又名土地岡蓋盧瓊徙居止此爲土地主者故今鄉俗以眞武土地爲一堂而祭之凡所祈禱無不感應司空宅在山之西去觀一十里今殿宇有像壇井基圖宛然在焉宅左有光石山書院故基尚存北一里有惠光寺前有洗藥池池水冬溫夏涼異香襲人掬飲可以愈病又十里有菩提寺寺前有池方廣二十丈其水亦如藥池歲旱不涸傳云司空昔常於此水沐浴今謂之仙池又去三十五里有隱眞崖是司空煉藥時棲止之地故崖之左右平石之上有石臼

僅二尺許臼底微紅猶有藥氣傍有石池方廣一丈水清如鑑中有荷生芳華甚異每花開五色相間傳云司空種荷之池也於戲自司空發跡於茲奇蹟遺蹤異址不鮮若夫志學之士棲心之人尋訪於此往往亦有遇焉今道士鍾仙芝年過九十而顏貌益少領徒數十增修妙行持香火而皆清虛道服非天地儲異江山炳靈則曷由纂懿流光若斯之盛者哉師道幸承餘烈敢刻金石而誌之時則十四年冬十月也

李軫

軫。鄭王亮四世孫官歙州別駕

泗州刺史李君神道碑

夫崇孝悌者必竭力以事親厚忠貞者亦盡心以奉上故聖人廣而教之以勸退裔至若馬遷續太史之紀安國傳夫子之書潘氏家風謝公別傳內足以貽厥後昆外足以錫祉爾類小子不敏仰希前哲竊述類本用表流光君諱孟犨字公悅其先乃太上元元之糸五代祖景皇帝始封於唐高祖諱亮至德初追冊鄭王諡曰孝曾祖諱神通武德初以佐命元勳封淮安郡王開府儀同三司尚書左僕

射諡曰靖烈祖諱孝義武德初封安永郡王貞觀中改封膠西郡公銀青光祿大夫司農卿上柱國冀貝等州刺史烈考諱璥易州司馬朝散大夫上柱國襲膠西郡公至德初追贈平陽太守皆英藻至德琢磨令範仁經義緯敦教易俗理化勳庸備詳史牒君純懿靈粹得之自天先府君貶南州也以正直忤物爲邪醜正辛已告終於官舍君未弱冠號天踴地漿勺不入禮過成人寮吏賙贈一無所受扶護艱險泣血萬里提攜幼稚盡室獲全以某月日遷塋祔廟禮物無闕由是以純孝聞服闋調補梁州參軍轉右衛錄事參軍相王府戶曹以清幹稱恩詔特加朝散大夫出宰郃陽猗氏三原德風洽聞香聲遠茂君之臨猗氏也萊田數十里上蔽荆榛下關舃鹵逋逃夜聚豺狼曉嘷公曰穀不足者地有遺利食不足者人有遺功長其荆棘孰若樹其禾稼聚其豺狼孰若利其貧窶乃尋斧於拱木疏鑿於涑川化草莽爲陂塘變磽确爲墳壤人民胥悅工亦子來雖史起決漳鄭國開白亦何加也人荷其德邑茂其功建頌立碑迄今斯在後中司撫循廉按嘉公丕績薦爲鄧州司馬兼陸門堰稻田使君迺鑿白水之口壅樊陽之

陂築埇雲屯疊石山積樹楗立則截流施扃制蓄洩之門爲水府之權分血脈之經緯爲農夫之司命條流百道浸潤七邑疆畦綺錯稼穡龍鱗田疇之歌何獨子產宗司皋以郎署擢授禮部員外屬東封扈蹕轉虞部員外郎出牧泗州清明簡肅治行第一而地接吳楚氣候卑濕因之疾癘辭以疾歸開元十九年十一月十九日終於大梁旅館享年五十有五權厝大行山至德初累贈宋鄭二州刺史季子巽自衛鄂轉運使兼漢南租庸從事爰適上國分遣啓扈奔就吉辰以大歷元年十一月十四日遷窆於京兆

萬年縣之畢原先夫人崔氏稱祔焉禮也今夫人清河人也父諱惟明累遷海沂等州司馬兄鏡遯隱居大行累辟不起弟國輔秀才擢第制舉登科歷補闕起居禮部員外郎夫人沖和備體柔順居中出起仰茂先之箴閨門遵大家之誡自府君捐世庶務親臨存孤撫稚有妨禪寂是以通大乘頓悟門挹沆瀣餌花香而又現舉止之異者有二凡於宴坐口吐舍利香骨頂生如佛螺髻驚聞中外得未曾有翼等以額珠外見意寶內明釋氏前言今爲見世遂感涕奉戴歸於故園起塔瞻奉莫之測也及天寶末隨子

權赴陝州司馬屬狂賊犯闕中原鼎沸權負板輿自宏農藍田值潼關失守朝野震驚扶老攜幼潛避山谷重壑固陰深林酷冷因之違豫至於彌留以其年九月二十九日薨於終南山居享年七十有三有子六人長曰權故金州刺史次曰衡故洺州清漳尉次曰樞故檢校虞部員外兼侍御史次曰軫歙州別駕次曰房故渭南令季曰翼陝府長史兼侍御史丞陝府都防禦觀察陝虢等使惟軫與翼永號孤苦松楸斯拱銘碣未彰感奉遺範懼深失墜敬尊典故不虧以文其詞曰

於赫大祖蟬聯我王夢蘭異感翦葉殊祥擇賢建德立社封疆肇分枝族貽厥其昌淮安忠黨英靈倜儻率衆關西濟師江上膠西酷似文武不墜運屬休明化流撫字烈考謫官遭罹艱時酷吏深文天下共悲君之岐嶷生知敏識磨礱節行韜晦仁德鍾罰釁貊膺填氣塞天之輔護日茂嘉聲參卿發跡語掾馳名宰邑佐都事明理貞爲郎起草後範規程出守泗濱明德惟馨繼疏驪陸修身知止福亮未極壑舟旋徙猗那夫人性合天真心遊志道跡棄喧塵嘉偶君子敬待如賓衣冠之族禮樂之門詞林翰苑金友玉昆垂芳後葉流慶無垠令聞不朽貞石斯存

呂諲

諲蒲州河東人天寶初進士累歷虞部員外郎侍御史肅宗即位於靈武諲馳赴行在拜御史中丞從幸鳳翔遷武部侍郎乾元二年以本官同中書門下平章事遷黃門侍郎上元元年同中書門下三品累加銀青光祿大夫封東平男坐昵中官馬上言貶太子賓客拜江陵府尹卒年五十一贈吏部尚書謚曰肅

蓂莢賦 以呈瑞聖朝爲韻

聖人法天兮無物不成皇天輔聖兮有覘必呈蓂莢之嘉瑞爰乃應乎休禎稟神靈以擢質因堯階而得名抽莖蕁蕁布葉英英二八而落三五而盈陰德自然仰蟾蜍而知晦太陽常近與葵藿而同傾爾乃丕體其祥博考其義所以厚上天之德所以表皇王之瑞其國亂也則植之猶難其國理也則生之孔易惟我后之欽若亦合符而受賜承榮金殿旁霑三露之滋每奉玉階上蔭五雲之施豈無萱草以悅其性豈無靈芝以彰其威芝擢其秀既以紛綸於策書萱樹於堂曷能彌縫於明聖未若蓂莢生於皇朝與

夫髦士來應弓招受成於天諒多聞於國瑞託其得地且有異於山苗竊預談於皇道庶有望於遷喬

霍山神傳

霍山神者黃帝之中子也生於天靈之紀著雍赤奮若之歲封冀總領海內名山錫璜黃裳以象其德青帝赤帝之子元司白司之神咸稟承焉堯時洪水爲災遣黃熊入洪波導禹故禹承舜命乘四載先登太岳霍山禱之於是隨山刊木奠高山大川地平天成萬世永賴妃厥藐姑輔厥五老帶以黃河礪以太行中條五臺衙官僕從也當殷之衰蜚廉助紂爲虐神賜之死亦給石棺周季晉獻公六年伐霍霍公求奔神令復之而賜晉穰及晉衰趙簡子秉國政神使從者致帝命又使使遺襄子竹書曰趙毋卹余霍山山陽侯天使也三月丙戌余將使女反滅知氏將賜女林胡之地後世且有伉王亦黑龍面而鳥噣鬢麋髭髯大膺大胷修下而馮左衽介乘奄有河宗至於休溷諸貉南伐晉別北滅黑姑襄子受之至雍稱武靈王焉嗣是而秦而漢歷魏六朝變化靈應以對上帝以答天下隋氏之末民罹塗炭聖唐啓運高祖執義旗救寰宇神靈幽贊引翼

王師爰定大業於關中嗚呼太岳之山神符帝謂望氣者徒知鬱鬱葱葱含芳吐秀羅植萬物以美珠玉夫亦知神之所以爲神乎予故爲傳以神之而初非故神其說也

李揆

揆字端卿隴西成紀人開元末進士補陳留尉獻書闕下試中書擢拜右拾遺遷考功郎中知制誥扈從劒南拜中書舍人乾元初兼禮部侍郎遷拜中書侍郎平章事貶萊州長史入爲禮部尚書德宗幸山南用爲入蕃會盟使拜尚書左僕射興元元年還至鳳州卒年七十四贈司空謚

曰恭。

謝賜光宅坊宅表

臣某言中使某至奉宣聖旨知臣無宅以光宅坊去內最近賜臣宅一區寵渥特臨喜懼交集臣某中謝臣自惟固陋謬忝恩私陛下收其瑣材擢以密職司言北闕已揮翰於紫垣秩禮南宮復影纓於丹地故得迴翔三省出入九重此皆稟自宸衷不因人譽毛髮之內曾未報於生成雨露之恩猥有加於疵賤頃以寓居失火事忽聞天（闕三字）慈親垂恤問環堵之業雖有愧於曾經賜宅之仁遂承榮於

漢詔況王人啟戶大廈當衢顧螻蟻而知懸迎鷰雀而相賀古制宮闕近地公卿不居惟信臣密戚時聞詔賜所謂北闕甲第者蓋由遠近差之今宅在廟圖地近丹禁朝天不遠於咫尺捧日如奮於雲霄仰惟明主之恩實私微臣之幸銜恩撫已尤懷戰跼誓當竭心盡節鏤骨刻肌豈捉足而獲安誓捐軀以為報

請罷選羽林騎士備巡檢疏

昔西漢以南北軍相統攝故周勃因南軍入北軍遂安劉氏皇朝置南北衙文武區分以相伺察今以羽林代金吾警夜忽有非常之變將何以制之

恭懿太子哀冊文

維上元元年太歲庚子六月己未朔二十六日甲申皇帝第十二子持節鳳翔等四鎮節度觀察大使興王佋薨於中京之中邸殯於寢之西階粵八月丁亥冊贈皇太子廟號恭懿冬十有一月庚寅詔葬於長安之高陽原禮也鸞隊開封龍輴進轍陳祖載而就位儼塗芻而成列皇帝哀玉林之閟景惘璿萼而罹霜瞻蜃綍而增思懷鴈池而永傷考謚惟古褒崇有式爰詔史臣恭宣懿德其詞曰

維天祚唐累葉重光中興景運再紐乾綱本枝建國磐石疏疆克開聖允實曰賢王驪源孕彩日幹騰芳深仁廣孝蘊藝含章秀發孩笑惠彰髫齒蹈禮知方尊賢叶旨對日流辯占風繼美曾衛後塵開乎絕軌胡孽初構王師未班爰從襁褓載歷險艱爰備中掖名崇懿藩居常稟訓動不違顏禮及佩觽朝加分器胙土延壤登壇受脤璇軾金箱文經武緯樂善為寶崇儒是貴濬哲外朗溫文內深閱書成誦觀樂表音五經在口六律諧心才優藝洽絕古超今蚍豕猶梗寰區未泰滌慮祈真焚香演偈食去葷血心從

定慧庶福邦家俾清光襪霜露嬰疾聰明害神沈痾始遘彌曠盈旬正慮無擾發言有倫在膏方亟問膳逾勤雲物告徵星辰變象楚藥無救秦醫莫伏靈儀杳而上賓徽音邈其長往違舊邸於青社即幽陵於黃壤嗚呼哀哉魂氣奄兮去何之精靈在兮孝有思痛君親之永隔託夢寐而來辭延桂宮而震悼賁椒壺而纏悲旌遺芳於碣館賁新令於儲闈嗚呼哀哉先遠戒候占龜獻吉指鶉野而西臨背鳳城而右出天慘慘而苦霧山蒼蒼而翳日揚薤挽之哀悽盼松埏之蕭瑟龍烏服以禮竣掩黃腸而思密望馳

道而長辭赴幽途而永畢嗚呼哀哉生為寵王兮宸愛所鍾歿追上嗣兮朝典斯崇昇玉荎於洞府閟銀棨於泉宮金石誰固兮人生有終簡冊攸記兮德音無窮敢直詞以篆美庶永代而承風嗚呼哀哉

裴諝

諝字士明禮部尚書寬子擢明經累擢京兆倉曹參軍襄鄧營田判官史思明叛僞授御史中丞陰疏賊虛實於朝賊平除太子中允遷考功郎中代宗朝歷太子右庶子進兵部侍郎河南尹東都副留守卒年七十五贈禮部尚書

諫不宜置司決庶獄疏

夫諫鼓謗木之設所以達幽枉延直言今輕猾之徒援桴鳴鼓始動天聽竟因纖悉若然者安用吏理乎

彭構雲

構雲宜春人天寶中為刺史李璟所薦元宗欲官之固辭歸里上元元年卒

謝遣中使送鄉表

臣聞大德曰生非慈無以宏其用舍容曰道非聖無以闡其功伏惟開元天地大寶聖文神武證道孝德皇帝陛下

以慈子育以道君臨鑾輿宅心禎祥應化巍巍蕩蕩豈容臣言而夢寐賢才搜訪巖谷臣濫聞天聽近赴闕庭處臣以羽客真居飽臣以僊廚玉食勸臣以入仕慰臣以遠來臣固辭無能乞歸養疾賜臣以束帛榮臣以副衣而更憫其疲羸送以專使非大慈何以安茲懦耎非至道何以被斯稊稗光寵之極於臣實超以今月二日到郡延望城闕犬馬之戀長深感戴衣纓閭里之歡交集徒知手舞足蹈無息晨昏實懃滴露微塵尤增戀結謹因中使房嘉進送臣回附表陳謝以聞

李震

震河東人。天寶間進士。

雲麾將軍左龍武將軍彭城劉公墓誌銘 并序

猗夫秉間氣孕淳精扇風雲盪河岳體五行之秀應三才之靈者繄我劉公而是焉公諱感彭城人也曾祖諱脊隱德不仕耽逸邱園祖諱晃父因子貴克大吾門皇朝贈南磎郡司馬公清德難尚至理可師屬我皇撥亂之開元也公提劍以從杖戈而先附鳳高翔攀龍潛躍遂使羣兇泥首萬方革面解褐授翊衛副尉行興州大桃戍主遷右衛寧州彭池府左果毅靈鑒洞照應變知微命偶聖君職參都尉又改昭武校尉行左衛陝州曹陽府折衝轉左領軍衛同州襄城府折衝參謀帷幄之中制勝樽俎之右無何拜寧遠將軍左武衛翊府右郎將賜紫金魚袋旋授定遠將軍行右龍武軍翊府右郎將又遷明威將軍右龍武翊府中郎將公位階鴻漸官達虎賁騰淩建信之名標準公幹之氣轉雲麾將軍左龍武將軍上柱國進封彭城郡開國伯食邑七百戶皇帝乃命圖形麟閣賜印雲臺公侯伯子之榮封河山茅土貝胄朱緩之貴列長戟高門忽興逝水之悲終銜過隙之歎以天寶十二載二月廿一日薨於永興里之私第春秋七十一以其年十月卅日葬於咸寧縣黃臺鄉之原禮也嗚呼地埋勇骨天落將星蕭瑟松門悽涼薤挽嗣子秀等哀哀血淚欒欒棘心願頌惟家之風以篆他山之石銘曰

三秦岡九泉窟鶴報地兮潛恍惚森拱木閒荒墳人瘞玉兮碎氛氳

魏璀

璀天寶間進士

擣練賦

細腰杵兮木一枝女郎砧兮石五彩聞後響而已續聽前聲而猶在夜如何其秋未半於是拽魯縞攘皓腕始於摇揚終於凌亂四振五振驚飛雁之兩行六舉七舉遏彩雲而一斷隱高閣而如動度遙城而如散夜有露兮秋有風杵有聲兮衣有縫佳人聽兮意何窮步逍遙於涼景暢容

與於晴空黃金釵兮碧雲髮白素巾兮青女月佳人聽兮良未歇擘長虹而乍開凌倒景而將越是時也餘響未畢微影方流透迤洞房半入宵夢窈窕閒館方增客愁李都尉以胡笳動泣向子期以鄰笛增憂古人獨感於聽今者況兼乎秋屬南昌舊福東魯前邱昇黃綬之堂論文謝賈入素王之廟捧瑟齊由願君無按龍泉色誰道明珠不可投

謝良輔

良輔天寶十一年進士德宗時官商州刺史

秋霧賦 以輕散長空寒飛迥野爲韻

有物混成陰陽之精騰而爲質晦而爲名遊塵未足方其細纖縠不能擬其輕度水凌亂從風半散表銀山之美素色增鮮沐元豹之姿奇文獨煥若乃暑退朱方時惟白藏空濛大澤鬱郁崇岡始經夫少昊之野終遍於無何之鄉含草木而功大混山川而氣長浮我極浦靄我層穹如雨如霰自西自東倏而來比君子之道廣忽而逝侔至人之性空奚水土之同致俾陰陽之異觀秋何霧而不起霧何秋而不寒至德發祥雜非烟於北極皇居瑞聖伴佳氣於南端及夫丙火方馳騰蛇欲飛三辰被汨五星霏微道不

虛行來集黃公之兕神其有感去解白登之圍則知因時舒卷與物動靜資於坱圠變態俄頃與非塞望雄鳴之路不迷冒且有聞彥輔之天自迥露遊兮月之下霞斂兮風之假俟一揚於飛塵同秋空於迥野

洪鐘賦

昔者皇帝度六律和五音率伶倫之士總鈞石之金將合樂以教令俾洪鐘以平心當其形器作坯工進太房既列風橐伊震奉明謀以立象宛椒不僭出良冶而成聲函圓

得儻。空以受氣。動以發生。尚羽大擊。逢霜小鳴。識浮爲之跳躑。沈伏由其震驚。如戢韻以待扣。每登懸而惡盈。若乃長鯨似小。猛簴爲猱。崇戀蚴糾。練響潛越。九乳形矣。信垂範於九州。兩欒存焉。更分儀於日月。虛而不屈。應而無窮。廣樂之器。爲音之雄。欲其能鳴。幸春容以大扣。冀乎聞外。必鉤厲之有中。不誇乎窮髮之墟。實美乎亭臺之宮。儻擊考之無厭。敢昭宣於國風。

豹舄賦 以兩適用四聲爲韻

惟茲舄兮稱珍。受異質而彬彬。其文也合變於君子。其用也見美於詩人。伊昔大匠。未知含章可久。棲山隱霧。或羣或友。且申威以肅殺。寧畏險而鋌走。豈知獸狀於獠者之身。入用於屨人之手。敏手既至。光華增媠。兩美必合。一朝成器。信常功之嘉猷。爲盡飾之美利。苟賞善之在我。甘殺身而不懟。曲直栽成。威儀可覿。若向也獸而今也舄。諸侯所重。楚子之翠被有光。王者攸宜。周官之赤繶無斁。左之右之。乍合乍離。每唯命以進退。將有翼於威儀。擇地而行。豈慮泥塗之辱。有道則至。尚懷文彩之奇。故尚書之曳屨聲則有音。中郎之倒屣義亦爲美。雖措足以同方。豈能文

而可紀。則知隨時應物。順人合度。克通夫莫往莫來。實怪於規行矩步。滯阜鄉之自惜。飛鄴縣之可慕。願賓上國之階墀。冀吾君之一顧。夫材俟時而進。用時俟材以求。索彼微獸之有章。亦飾躬而制作。慕公孫之几几。恥滑稽以交錯。幸參鵷鷺之行。無雜犬羊之鞹。若然者。則荷夫天衢之亨。對斯文而不怍。

李暐

暐開元時官殿中侍御史。天寶中遷吏部郎中。出爲景城司馬瀛州長史。

拒賊盟詞

大唐天寶某載月日。瀛州長史李暐河間司法李奐攝東光縣尉穆寧鹽山尉賈載等盟曰。逆賊安祿山。棄恩負德。敢於稱兵。天綱。妄肆逆亂。煽范陽幽薊之衆。驅胡奚犬羊之羣。違叛朝廷。恣逞凶禍。瀛州近與賊接。在腹脫間。賊意欲取之。以絕牽掣。僞署守長。岸然直來。思據城郭。盜其府庫。用其民人。有其土地。以豐賊資。暐等身爲唐臣。義爲唐守。安有從逆賊而背天子。汙僞命以辱名教。所遣僞景城守劉道元。已縛斬之。凡我諸僚逮佐吏等。咸共同心。爲國

堅守移檄遠近上告方伯苟可滅賊殞躬不辭有渝此盟神殛毋貰

柳芳

芳字仲敷蒲州河東人開元末擢進士第由永寧尉直史館上元中坐事徙黔中歷左金吾衞騎曹參軍史館修撰終右司郎中集賢殿學士

對三命判

乙仕登三命舉以特牲祀以少牢人告其僭加於舉禮也

孝自天經禮爲人紀事有動於神理迹無昧於生成乙則大夫位登右職庶極四時之享以符三命之貴飲食讌樂特牲備舉珪璧嚴奠少牢是加用誠信以敷心資豐潔而致薦是實其訓何糾其違徵之於前固不可罰

食貨論

昔開元初宇文融首以稅客戶籍外剩田戶口色役之策行於天下其後天寶間韋堅又以穿廣運潭興漕之利楊慎矜王鉷楊國忠等議財貨之政君子曰融等之敗也豈不哀哉詩云人之多僻無自立辟融等之謂也初元宗以雄武之才再開唐統賢臣左右威至在己姚崇宋璟蘇頲等皆以骨鯁大臣鎮以清靜朝有著定下無覬覦四夷來寇驅之而已百姓富饒稅之而已繼以張嘉貞張說守而勿失自後賦役頓重豪猾兼并強者以才力相君弱者以侵漁失業人逃役者多浮寄於閭里縣收其名謂之客戶雜於居人者十一二矣蓋漢魏以來浮戶流人之類也是時也天子方欲因士馬之衆貫將帥之勇高視六合慨然有制御夷狄之心然懼師旅之不供流庸之未復思覩奇畫之士以發皇明蓋有日矣而宇文融揣摩上旨款闕謁

見天子前席而見之恨得之晚言發融口策合主心不出數年之中獨立羣臣之上無德而祿卒以敗亡既而天子方事四夷國用不足多融之能追而悔焉於是楊崇禮又以善計財帛見幸然廉謹自守與人無害故能獲終融死且十餘年始用韋堅及崇禮慎矜皆以計利興功中人主脅權相滅爲天下笑而王鉷楊國忠威震海內尤爲暴橫人反思融矣大凡數子少者帶數使多者帶二十使判官佐使徧於天下客戶倍於往時主司守以取決備員而已四十年間覆族者五棄人貫害豈天道與夫先王牧人之

制既富而聚之以興利也儉則散之以除害也所以裒多益寡稱物平施降及後代亦克用乂禮記曰倉廩實而知榮辱人苟不足而可理者自古及今未之有也觀數子之意欲竭人財乘主之欲殫天下之力以供國竊王者之柄以徇已奮其長策以鼓天下於是權歸掌握利出胸臆呼吸指顧車舟沸渭於萬里之外矣狙詐既騁拱袂而取公卿竊富國安人以爲名紆青拖紫以爲實名實不其爽歟且君以安人爲憂而融輩擾之矣人以豐財爲利而融輩竭之矣向之所利者豈不反歟而數子方自以爲功無讓

坐受富貴斧鉞已在其後而謂身安於泰山及其死之菹醢不足以謝天下豈不愚哉於戲以元宗之才業爲中興君奸臣一說利動明主堅等窺其餘烈不顧萬死者貪爵祿也蓋國之利器不可以示人

姓系論

氏族者古史官所記也昔周小史定系世辯昭穆故古有世本錄黃帝以來至春秋時諸侯卿大夫名號繼統左丘明傳春秋亦言天子建德因生以賜姓胙之土命之氏諸侯以字爲氏以謚爲族昔堯賜伯禹姓曰姒氏曰有夏伯夷姓曰姜氏曰有呂下及三代官有世功則有官族邑亦如之後世或氏於國則齊魯秦吳氏於謚則文武成宣氏於官則司馬司徒氏於爵則王孫公孫氏於字則孟孫叔孫氏於居則東門北郭氏於地則三烏五鹿氏於事則巫乙匠陶於是受姓命氏粲然眾矣秦既滅學公侯子孫失其本系漢興司馬遷父子乃約世本修史記因周譜明世家乃知姓氏之所由出虞夏商周昆吾大彭豕韋齊桓晉文皆同祖也更王迭霸多者千祀少者數十代先王之封既絕後嗣蒙其福猶爲彊家漢高帝興徒步有天下命官

以賢詔爵以功誓曰非劉氏王無功侯者天下共誅之先王公卿之胄才則用不才棄之不辨士與庶族然則始尚官矣然猶徙山東豪傑以實京師齊諸田楚屈景皆右姓也其後進拔豪英論而錄之蓋七相五公之所由興也魏氏立九品置中正尊世胄卑寒士權歸右姓已其州大中正主簿郡中正功曹皆取著姓士族爲之以定門胄品藻人物晉宋因之始尚姓已然則別貴賤分士庶不可易也於時有司選舉必稽譜籍而考其眞僞故官有世胄譜有世官賈氏王氏譜學出焉由是有譜局令史職皆具過江

則爲僑姓王謝袁蕭爲大東南則爲吳姓朱張顧陸爲大山東則爲郡姓王崔盧李鄭爲大關中亦號郡姓韋裴柳薛楊杜首之代北則爲虜姓元長孫宇文于陸源竇首之虜姓者魏孝文帝遷洛有八氏十姓三十六族九十二姓八氏十姓出於帝宗屬或諸國從魏者三十六族九十二姓世爲部落大人並號河南洛陽人郡姓者以中國士人差第閥閱爲之制凡三世有三公者曰膏粱有令僕者曰華腴尚書領護而上者爲甲姓九卿若方伯者爲乙姓散騎常侍大中大夫者爲丙姓吏部正員郎爲丁姓凡得入

者謂之四姓又詔代人諸冑初無族姓其穆陸奚于下吏部勿充猥官得視四姓北齊因仍舉秀才州主簿郡功曹非四姓不在選故江左定氏族凡郡上姓第一則爲右姓太和以郡四姓爲右姓齊浮屠曇剛類例凡甲門爲右姓周建德氏族以四海通望爲右姓隋開皇氏族以上品茂姓則爲右姓唐貞觀氏族志凡第一等則爲右姓路氏著姓畧以盛門爲右姓柳沖姓族系錄凡四海望族則爲右姓不通歷代之說不可與言譜也今流俗獨以崔盧李鄭爲四姓加太原王氏號五姓蓋不經也夫文之弊至於尚官官之弊至於尚姓姓之弊至於尚詐隋承其弊不知其所以弊乃反古道罷鄉舉離地著尊執事之吏於是乎士無鄉里里無衣冠人無廉恥士族亂而庶人僭矣故善言譜者繫之地望而不惑質之姓氏而無疑綴之婚姻而有別山東之人質故尚婚婭其信可與也江左之人文故尚人物其智可與也關中之人雄故尚冠冕其達可與也代北之人武故尚貴戚其泰可與也及其弊則尚婚婭者先外族後本宗尚人物者進庶孽退嫡長尚冠冕者畧伉儷慕榮華尚貴戚者徇勢利亡禮教四者俱弊則失其所尚

矣人無所守則士族削士族削則國從而衰管仲曰爲國之道利出一孔者王二孔者彊三孔者弱四孔者亡故冠婚者人道大倫周漢之官人齊其政一其門使下知禁此出一孔也故王魏晉官人尊中正立九品鄉有異政家有競心此出二孔也故彊江左代北諸姓紛亂不一其要無歸此出三孔也故弱隋氏官人以吏道治天下人之行不本鄉黨政煩於上人亂於下此出四孔也故亡唐承隋亂宜救之以忠忠厚則鄉黨之行修鄉黨之行修則人物之道長人物之道長則冠冕之緒崇冠冕之緒崇則教化之

風美乃可與古參矣晉太元中散騎常侍河東賈弼譔姓氏譜狀十八州百十六郡合七百一十二篇甄析士庶無所遺宋王宏劉湛好其書宏每日對千客可不犯一人諱湛爲選曹譔百家譜以助銓序文傷寡省王儉又廣之王僧孺演益爲十八篇東南諸族自爲一篇不入百家數弼傳子匪之匪之傳子希鏡希鏡譔姓氏要狀十五篇尤所諳究希鏡傳子執執更作姓氏英賢一百篇又著百家譜廣兩王所記執傳其孫冠冠譔梁國親皇太子序親簿四篇王氏之學本於賈氏唐興言譜者以路敬淳爲宗柳沖

韋述次之李守素亦明姓氏時謂肉譜者後有李公淹蕭穎士殷寅孔至爲世所稱初漢有鄧氏官譜應劭有氏族一篇王符潛夫論亦有姓氏一篇宋何承天有姓苑二篇譜學大抵具此魏太和時詔諸郡中正各列本土姓族次第爲舉選格名曰方司格人到於今稱之

柳并

并字伯存大歷中辟河東府掌書記遷殿中侍御史喪明終於家

意林序

子書起於鬻熊六韜盛於春秋六國時莊老道宗起覆載之功擴日月之照高視六經爲天下式故絕於稱言矣墨翟大賢其旨精儉教闕三字名亞孔聖至矣闕三字管晏文闕十二字可謂庶矣而部帙繁廣尋覓頗難梁朝庾仲容鈔成三帙汰其沙石簸其粃糠而猶蘭蓀雜於蕭艾璠璵隱於璞石扶風馬總精好前志務於簡要又因庾仲容之鈔畧存爲六卷題曰意林聖賢則糟粕靡遺流畧則精華盡在可謂妙矣隋代博林李文博撰諸子編成理道集十卷唐永興公虞世南亦採前史著帝王畧論五卷天后朝宰臣

朱翼祖則又述十代興亡論一帙洎扶風意林究子史大畧者蓋四人意矣予扁舟途水留滯廬陵扶風爲余語其本尚且曰編錄所取先務於經濟次存作者之意罔失篇目如面古人予懿馬氏之作文約趣深誠可謂懷袖百家掌握千卷之子用心也遠乎哉旌其可美述於篇首俾傳好事貞元丁卯歲夏之晦文廢瞍河東柳伯存重述

代汾陽王祭貞懿皇后文

維某年月日駙馬都尉郭曖父關內河東副元帥司徒兼中書令汾陽郡王臣子儀謹遣上都進奏院官傳濤敢昭

告於貞懿皇后行宮伏惟德曜坤靈明齊月魄母儀萬國化洽六宮光輔聖人贊成陰教載榮史策式播謳謠奄違聖日上仙靈界遐邇痛憒宮闈哀慕臣幸忝諸親男尚貴主天人之美鞠育所鍾姻戚光榮宗族咸戴今園陵禮備祖載及期臣限守方鎮不獲陪侍行宮瞻望靈駕不勝摧慕伏荷皇恩眷以國戚許申祭禮超越等夷古今所絕獨開聖造無任惶恐銘戴之至謹獻牲牢庶羞之奠尚饗

嚴郢

郢字叔敖華州華陰人第進士補太常協律郎代宗初爲

監察御史累拜河南尹大歷末進拜京兆尹罷爲大理卿遷御史大夫出爲費州刺史

奏五城舊屯兵募倉儲等數疏

案舊屯沃饒之地今十不耕一若力可墾闢不俟浚渠其諸屯水利可種之田甚廣蓋功力不及因致荒廢今若發兩京關輔人於豐州浚渠營田徒擾兆庶必無其利臣不敢遠引他事請以內園植稻明之上秦地膏腴田稱第一其內園丁皆京兆人於當處營田月一替其易可見然每人月給錢八千糧食在外內園丁猶僦募不占奏令府司集事計一丁歲當錢九百六十米七斛二斗計所僦丁三百每歲合給錢二萬八千八百貫米二千一百六十斛不知歲終收獲幾何臣計所得不補所費況二千餘里發人出塞屯田一歲方替其糧穀從太原轉餉運直至多又每人須給錢六百三十米七斛二斗私出資費數又倍之據所收必不登本而關輔之人不免流散是虛畿甸而無益軍儲天寶已前屯田事殊臣至愚不敢不熟計惟當審察

第二疏

伏以五城舊屯其數至廣臣前已揭名聞奏訖其五城軍

士若以今日所運開渠之糧貸諸城官田至冬輸之又以所送開渠功直布帛先給田者至冬令據時估輸穀如此即關輔免於徵發五城豐厚力農闢田比之浚渠十倍之利也

駮太常擬故相國江陵尹謚議

伏以故相國江陵尹兼御史大夫贈吏部尚書呂公諲昔事先朝累當大任至德之初天步艱難公首披荊棘扈蹕靈武忘軀進忠一日三接先朝察匪躬之節納沃心之議爰立作相弼諧神人其嘉謀嘉猷獻可替否之跡入則造

滕出則詭辭溫樹不言難可得而知也至有爛焉明白欲蓋而彰者請區而載之乾元收復之際兩都衣冠多繫於三司詔獄御史中丞崔良器議事失入時宰苗太師崔趙公等雖廷諍之然未堅決公有犯無隱引經正辭上是其言刑爲之省所全活者蓋數百人明主收雷電之威聖朝行寬大之典者緊公之力也古者進賢受上賞書不云乎咎繇曰都在知人公踐台衡專以推賢任人爲務故相國房公琯故吏部尚書韋公陟入登左職皆公之由今相國黃門侍郎杜公之莅江陵也公薦在方面之任今相國中

書侍郎元公之在度支也公咨以幕府之政曾未數歲而二相接武於上台天地交泰聖賢相得庶績咸熙五典克從者資公之舉善也則子皮之舉子產鮑叔之舉管仲蕭何之舉曹參武侯之舉蔣琬方之前人我有餘地其在荆南也戢兵和衆令行禁止理績爲天下最雖古之羊杜無得而踰今太常議荆南之政詳矣而曰在台司齷齪無匪躬之能者乃抉瑕掩德之論非中適之言也國家故事宰臣之謚皆有二字以彰善旌德焉夫以呂公文能無害武能禁暴貞則幹事忠則利人盛烈宏規不可備舉傳敍八元之德曰忠肅恭懿若以美謚擬於形容請謚呂公曰忠肅謹議

駮論自徒已下罪人並徙邊州議

臣伏以徒置邊州者流之異名流罪者有三等一例移配或恐未當其死罪除殺人之外有十惡重罪造僞刻印並主典僞印及強盜光火等若一切免死徙邊卽於法太輕不足懲戒其徒罪條目至多或鬬毆爭競小有傷損或夫妻離異不犯義絕或養男別姓或立嫡違式或私行度關或相冒合戶如此之類不可悉數令一切徙邊與十惡造

僞同等卽輕重懸殊又准刑部格京城縣雜愆犯百端觸網陷刑徒罪偏廣若皆送覆繫滯實多其徒已下罪非除免官當及勅杖者宜准外州例州縣量事處分今若天下徒罪悉申所司皆從讞報法司斷結准式有程州縣禁囚動盈千百計天下每月徒配必不啻五六千人此則百姓動搖刑章紊撓又邊州及近邊犯死及徒流者復何以處之伏請下刪定使詳覆然後施行

大唐興善寺大廣智不空三藏和尚碑銘 并序

和尚諱不空西域人也氏族不聞於中夏故不書元宗燭

知至道特見高仰訖肅宗代宗三朝皆爲灌頂國師以元言德祥開右至尊代宗初以特進大鴻臚褒表之及示疾不起又就臥內加開府儀同三司肅國公皆牢讓不允特錫法號曰大廣智三藏大歷九年夏六月癸未滅度於京師大興善寺代宗爲之廢朝三日贈司空追謚大辯正廣智三藏和尚荼毗之時復遣中謁者齎祝文祖祭申如在之敬睿詞深切嘉薦令芳禮冠羣倫舉無與比明年九月以舍利起塔於舊居寺院和尚性聰朗博貫前佛萬法要指緇門獨立邈邈其無雙稽夫真言字義之憲度灌頂

升壇之軌迹卽時成佛之速應聲儲祉之妙天麗且彌地普而深固非末學所能詳也敢以概見序其大歸昔金剛薩埵親於毗盧遮那佛前受瑜伽最上乘義後數百歲傳於龍猛菩薩龍猛又數百歲傳於龍智阿闍黎龍智傳金剛智阿闍黎金剛智東來傳於和尚和尚又西遊天竺師子等國詣龍智阿闍黎揚擢十八會法法化相承自毗盧遮那如來迄於和尚凡六葉矣每齋戒留中導迎善氣登禮皆答福應較然溫樹不言莫可記已西域隘巷狂象奔突以慈眼視之不旋踵而象伏不起南海半濟天吳鼓駭以定力對之未移晷而海靜無浪其生也母氏有毫光照燭之瑞其歿也精舍有池水竭涸之異凡僧夏五十享年七十自成童至於晚暮常飾供具坐道場浴蘭焚香入佛知見五十餘年晨夜寒暑未曾須臾有傾欹懈倦之色過人絕遠乃如是者後學升堂誦說有法者非一而沙門惠朗受次補之記得傳燈之旨繼明佛日紹六爲七至矣哉於戲法子永懷梁木將紀本行託余勒崇昔承微言今見几杖光容溯漠壇宇淸愴篹書昭銘小子何讓銘曰

嗚呼大士右我三宗道爲帝師秩爲儀同昔在廣成軒后

順風歲逾三千復有肅公瑜伽上乘真語密契六葉授受傳燈相繼述者牒之爛然有第陸伏狂象水息天吳慈心制暴慧力降愚寂然感通其可測乎兩楹夢奠雙樹變色司空寵終辯正旌德天使祖祭宸衷悽惻詔起寶塔舊庭之隅下藏舍利上飾浮屠跡殊生滅法離有無刻石爲偈傳之大都建中二年歲次辛酉十一月乙卯朔十五日己巳建

劉秩

秩字祚卿贈工部尚書子元子開元末由憲部員外郎除

隴西司馬至德初遷給事中出爲閬州刺史貶撫州長史卒

貨泉議

臣伏奉今月二十一日勅欲不禁鑄錢更令百僚詳議可否者夫錢之興其來尚矣將以平輕重而權本末齊桓得其術而國以霸周景失其道而人用弊考諸載籍國之興衰實繫於是陛下思變古以濟今欲反經以合道而不卽改作詢之芻蕘臣雖蠢愚敢不薦其聞見古者以珠玉爲上幣黃金爲中幣刀布爲下幣管仲曰夫三幣握之則非

有補於煖也捨之則非有損於飽也先王以守財物以御人事而平天下也是以命之曰衡衡者使物一高一下不得有常故與之在君奪之在君富之在君貧之在君是以人戴君如日月親君如父母用此術也是爲人主之權今之錢卽古之下幣也陛下若捨之任人則上無以御下下無以事上其不可一也夫物賤則傷農錢輕則傷賈故善爲國者觀物之貴賤錢之輕重夫物重則錢輕錢輕由乎物多多則作法收之使少少則重重則作法布之使多多則輕輕重之本必由乎是奈何而假於人其不可二也夫鑄錢不雜以鉛鐵則無利雜以鉛鐵則惡惡不重禁之不足以懲息且方今塞其私鑄之路人猶冒死以犯之況啓其源而欲人之從令乎是設陷穽而誘之入其不可三也夫許人鑄錢無利則人不鑄有利則人去南畝者衆去南畝者衆則草不墾草不墾又鄰於寒餒其不可四也夫人富溢則不可以賞勸貧餒則不可以威禁故法令不行人之不理皆由貧富之不齊也若許其鑄錢則貧者必不能爲臣恐貧者彌貧而服役於富室富室乘之而益恣昔漢文帝之時吳濞諸侯也富埒天子鄧通大夫也財侔王者

此皆鑄錢之所致也必欲許其私鑄是與人利權而捨其柄其不可五也陛下必以錢重而傷本工費而利寡則臣願言其失以効愚計夫錢重者由人日滋於前而鑪不加於舊又公錢重與銅之價頗等故盜鑄者破重錢以爲輕錢錢輕禁寬則行錢重禁嚴則止止則棄矣此錢之所以少也夫鑄錢用不贍者在乎銅貴銅貴在於採用者衆夫銅以爲兵則不如鐵以爲器則不如漆禁之無害陛下何不禁於人禁於人則銅無所用銅無所用則銅益賤賤則錢之用給矣夫銅不布下則盜銅者無因而鑄無因而鑄

則公錢不破人不犯死刑錢又日增必復利矣是一舉而四美兼也惟陛下熟察之謹議

選舉論

王者官人必視國之要杜諸戶一其門安平則尊經術之士有難則貴介胄之臣夏殷周選士必於庠序非其道者莫得仕進是以誘人也無二其應之者亦一及周之末諸侯異政取人多方故商鞅患之說秦孝公曰利出一孔者王利出二孔者強利出三孔者弱於是下令非戰非農不得爵位秦卒以是并吞六國漢室干戈以定禍亂貴尚淳

質高后舉孝悌力田文景守而不變故下有常業而朝稱多士及孝武察孝廉置五經博士弟子雖門閥二三而未失道德也逮至晚歲務立功名銳意四夷故權譎之謀設荊楚之士進軍旅相繼官用不足是以聚斂計料之政生設險興利之臣起番係嚴熊羆等經營作渠以通漕運東郭偃孔僅建鹽鐵諸利策富者冒爵射官免刑除罪公用彌多而爲官者徇私上下並求百姓不堪刓弊故巧法慘急之臣進而見知廢格之法作杜周減宣之屬以峻文決理貴而王溫舒之徒以鷹擊敢殺彰而法先王之術習俎豆之容者無所任用由是精通秀穎之士不游於學游於學者率章句之儒也是以昭帝之時霍光問人疾苦不本之於太常諸生徵天下賢良文學以訪之是常道不足以取人也至於東漢光武好學不能施之於政乃躬自講經肅宗以後時或祖效尊重儒術不達其意而酌其文三公尚書雖用經術之士而不行經術之道是以元成以降迄於東漢慷慨通方之士寡廉隅立節之徒衆無何漢氏失馭曹魏僭竊中正取士權歸著姓雖可以鎮伏甿庶非尚賢之術蓋尊尊之道於時聖人不出賢哲無位詩道大作

怨曠之端也洎乎晉宋齊梁遞相祖習其風彌盛舍學問尚文章小仁義大放誕談莊周老聃之說誦楚詞文選之言六經九流時曾閱目百家三史罕聞於耳撮羣抄以爲學總衆詩以爲資謂善賦者廊廟之人雕蟲者台鼎之器下以此自負上以此選材上下相蒙持此爲業雖名重於當時而不達於從政故曰取人之道可以敦化周書曰以言取人人竭其言以行取人人竭其行取人之道不可不愼也原夫詩賦之意所以達下情所以諷君上上下情通而天下亂者未之有也近之作者先文後理詞冶不雅既

不關於諷刺又不足以見情蓋失其本又何爲乎隋氏罷中正舉選不本鄉曲故里閭無豪族井邑無衣冠人不土著萃處京畿士不飾行人弱而愚夫古者以勳賞功以才莅職以才莅職是以職與人宜近則以職賞功是以官與人乖古者計人而貢士計吏而用人故士無不官官無乏吏近則官倍於古士十於官求官者又十於士故士無官（後魏羽林士今萬騎軍功是也）官乏祿吏擾人古者王畿千里千里之外封建諸侯諸侯之吏自卿以降各自舉任當乎漢室除保傅將相餘盡專之州縣佐史則皆牧守選辟夫公卿者主

相之所任也甸外之官吏者又諸侯牧守之事也然則主司之所選者獨甸內之吏公卿府之屬耳豈不寡哉所選既寡則焉得不精近則有封建而無國邑五服之內政決王朝一命免拜必歸吏部按名授職猶不能遍何暇採訪賢良搜覈行能耶時皆共嗤其失而不知失之所以故備詳之又曰夫官有大小材有短長長者任之以大官短者任之以小職職與人相宜而功與事並理是以孟公綽爲趙魏老則優不可以爲滕薛大夫近之任官其選之也畧其使之也備一人之身職無不莅若委游夏以政事責冉

季以文學也何其謬歟故人失其長官失其理是以三代之制家有代業國有代官孔子曰醫不三世不服其藥史墨曰古之爲官代守其業朝夕思之一朝失業死則及焉是知業不代習則其事不精此周之所以得人也昔羲氏和氏掌天地劉氏代擾龍籍氏代司史庾氏庫氏代司出納制氏代司鑄鐘即其事也後代以代卿執柄益私門卑公室齊奪於田氏魯弱於三家革代卿之失而不復代業之制醫工筮數其道浸微蓋爲此也故老子曰聖人常善救人故無棄人常善救物故無棄物不善用人者譬若使

驥捕鼠令鷹守肉驥之捕鼠終不可獲而千里之功廢矣鷹之守肉死有餘罪而攫撮之效沒矣夫裁徑尺之帛刻方寸之木不任左右必求良工者裁帛刻木非左右之所能故也徑尺之帛方寸之木薄物也非良工不能裁之況帝王之佐經國之任可不審擇其人乎故構大廈者先擇木然後揀林理國家者先擇佐然後守人大匠構屋必以大材爲棟梁小材爲榱桷苟有所中尺寸之木無棄此善理木者也

考課論

昔周公使伯禽理魯三年而後報政周公曰何遲伯禽曰變其理易其俗難所以遲太公理於齊三月而後報政周公曰何疾曰因其俗簡其禮易所以速故孔子論之曰齊一變至於魯魯一變至於道由是而言勞不甚者理不極功不積者澤不深故堯舜三年而考三考而黜陟所以能盡其智術也近古人情敦厖未淳乎堯舜禮正樂和未逾於虞夏官賢吏能未稱於殷周或一年而考或四考黜陟或比年而巡狩或歲時便遷或旬月升擢令長今日旣上明日部內有犯名義者即坐之不其速歟

李峴

峴吳王恪孫以門蔭入仕累遷京兆尹至德初封梁國公乾元二年以中書侍郎同中書門下平章事出爲蜀州刺史代宗即位入爲禮部尚書兼宗正卿拜黃門侍郎同中書門下平章事罷爲太子詹事尋遷吏部尚書出爲衢州刺史永泰二年卒年五十八

請宥陷賊官寮奏

夫法有首有從情有重有輕若一概處死恐非陛下含宏之義又失國家惟新之典且羯胡亂常狂寇凌據二京全陷萬乘南巡各顧其生衣冠蕩覆或陛下親戚勳舊子孫責之以死恐乖仁恕昔者明王用刑殲厥渠魁脅從罔治況河北殘寇今尚未平苟容漏網適開自新之路若盡行誅是堅叛逆之心誰人更肯歸順困獸猶鬬況數萬人乎崔器呂諲皆守文之吏不識大體殊無變通

欽定全唐文卷三百七十三

陳兼

兼祕書少監京兆官右補闕翰林學士

陳留郡文宣王廟堂碑 并序

唐天寶十有一載歲次壽星陳留改文宣王宮郡守河南道採訪處置使元公彥沖所以崇德樹風敬教勸學也初公以三務之隙分命有司修廢功舉墜禮而此堂也舊規偪陋下宇將壞我是以有經始之制冬十月丙午新宮成凡天下有道則文教大洽爲政者克廣舊典以尊先聖禮也浚儀令河東裴勝叶恭大猷祗奉成績乃立石於廟廷

以旌盛德所庇云

有三才然後有剛柔剛柔交而利害作乎其中於是橫目蚩蚩天不能節黃帝堯舜氏始以仁義拯溺其流及乎夏商而周監二代有明堂之禮樂教之首也逮周德下衰王室卑而五霸起彝倫墜而六學缺天將持其木鐸以授後聖緜是周公沒五百歲而夫子生雲從龍風從虎大道旣作天下化成故夫子修詩書以酌虞夏殷周之損益而國風帝典備約魯史記以書二百四十二年之廢興而亂臣賊子懼嗚呼不有大壞何以見聖人之全功乎粵若中都之制立民極也以匡頹風防不爲曲兩觀之法用重典也以去奸宄政不爲苛夾谷之會誅無禮也以尊兩君刑不爲僭三預是邦之政而魯至於道向使鳳鳥來河圖出東周之化其在魯乎嗚呼明王未興亢龍無輔運匪我與德今何衰蓋宏其教以救物處其順以安時行藏屈伸與化推移其世衰也揭仁義於天下其世平也啟土宇於身後出入百代波流萬方孰不日用聖猷欽若祀典然後知素王之德與天地並或曰夫子栖栖於魯衛陳蔡之閒或者其未智歟君子曰是智也聖人與時消息同彼憂患不有

匡蒲之難麟鳳之感何以戒苟合安蒙求使達者順時窮者知命然則卷舒之迹其可究乎奕奕新廟庶人成之有以建誕敷之德勿亟之化蓋黜至其極元端其服加釁器之等正當宁之位王命所以寵舊章也兩楹之下四科以班兗公東序西向費侯鄂（一作鄭）侯薛侯徐侯衞侯齊侯黎侯吳侯魏侯西序東向其餘未入室者畫衣冠于四（一作西）墉配祭所以辨等威也議者謂我邦君於是乎建宏規而播新命修令典而崇明祀講義以度功懋功以從時訓人

以成德昭德以合禮六者禮之善物而時有遷邑有政不銘考父之鼎紀奚斯之功是廢名也何以示後嗣遂命客卿前封邱縣丞泗上陳兼志之

陳章甫

章甫開元中進士

與吏部孫員外書

某叩頭伏地上書吏部員外孫公階陛伏惟拔英苗而佐明主奉盛德而居要路亦光天衢樹桃李之秋也僕非敢隱籍名實昨聞戶部檢報似有參差嗚呼雖有周孔之才

無所施也矧茲虛陋能勿非乎但僕一臥嵩邱二十餘載既不能學許由巢父務光伯成終至青雲高謝堯禹而乃棄藜杖脫草衣薦頌雲壇陪科岳牧此已孤負芝桂損辱高風矣若緣籍有誤蒙袂而歸亦何面目垂見巢由舊邱光成隱路耳公言泉百氏腹笥九經前古取人應所多見至於傅說無姓殷后致鹽梅之地屠羊隱名楚王延三旌之位未聞徵籍也范雎折脅於魏改名爲張祿先生秦用之爲相張良報仇變名姓而亡漢祖因之實取天下何必考名也是知善收賢者不以小瑕棄大美今若以籍名有誤便廢其人僕恐蔽賢之議在有司矣夫籍者所以編戶口計租稅耳本防羣小不約賢路若人有大才不可以籍棄苟亡其德雖籍何爲謹按周禮鄉大夫職曰國中自七尺以及六十皆征之其捨者爲賢也貴也服公事也注捨謂若今復除其計耳所以優賢能也三歲則考其德行道藝羣吏獻賢能之書於王王再拜而受之登於天府鄭司農云若舉孝廉茂才由此觀之乃舉賢之餘事爾比來天下此道都喪無論賢貴宜被籍書所以風俗不淳賢能不勸由此故也公爲官擇才務協於治典進賢輔政何拘於

版圖且古之招賢降蒲輪束帛卑辭厚禮猶恐不來今乃坐徵籍書務在駮放此所謂嫉賢也若將古不足法謂時無賢才經邦致治非籍勿用於是僕也鞭骨自悔裹足而亡雖分國如錙銖終不敢望於臣仕也

亳州糾曹廳壁記

漢官儀郡主簿秩四百石綱紀一郡糾整不法岳牧無政蒼生有瘼則天子責我汙吏侵人姦聲載路則使臣責我吏不述職曹有留事則二千石責我役奪人時官有虐典則黎元怨我由此觀之錄事參軍待責之府也所以天官

署吏獨難其人觸邪外臺禮隆其秩由斯賞拔多至重官譙亳都上應星火禹貢屬徐州分野隴西李公負王佐之才所以顧盼廳壁歎曰官猶四序功成者去屋壁無記吾將安仰始編舊政令余敘之天寶九載七月十日記

梅先生碑

漢成帝時綱紀頹壞先生以書諫天子者再三夫火政雖去而劒履間健者猶數百位尚不能爲國家出力以斷佞臣頭復何南昌故吏憤憤於其下得非南昌遠地也尉下寮也苟觸天子網突倖臣矛止於殛一狂人噬一單族而

已彼公卿大臣有生殺喜怒之任有朋黨蓄衍之大出一言作一事必與妻子謀苟不便其家雖妾人婢子亦攖挽相制而況親戚乎況骨月乎雖有憂社稷心亦噤而不吐也嗚呼寵祿所以勸功而立大者不語朝廷事是知天下有道則正人在上無道則正人在下余讀先生書未嘗不爲漢朝公卿恨今南游復過先生里吁何以爲道之多也遂碑

庾光先

光先鄧州新野人官御史遷吏部員外郎安祿山之亂不受僞署遁去後事肅宗官至吏部侍郎

對兩貫判

甲先有兩貫一延州一屬鄜州爲定甲訴云先屬延州

國正封畧甿編邑閭定要荒之制莫非王土開版圖之職司於封人甲唯常流迹齒編庶居先零之地早及戎風近燒當之俗久覃宏化既因流寓終是播遷失延州之故鄉隸鄜部之外郡亦猶宰嚭辭宋陶朱去越蓬飄萍轉曾何足以少留維桑及梓固不忘於祇載省司既定誠合三緘

甲且有詞須分二里至若軍落關右地濶流沙總六郡之兵馬當三邊之要害戎羯時抄邊人屢聳事資捍禦安可輒移如或身列榮班苟非規免情有深於懷土人何繫於匏瓜叩其兩端宜不然矣

毋煚

煚右率府冑曹參軍開元時被詔與馬懷素等校正祕籍

對申公杜門判

申公杜門不出聚遠方衆百餘人里中興訟

達士尊德至人樂道金圖玉簡自勤鄒壁之書緑綬青章

不樂漢庭之貴申公括囊墳史養道衡門洞曹曾之書倉擬任永之經苑知尚仁乎跡重任吾德以逾高閭里俗之事乖杜茲門而不出仲舒之帷屢下太邱之衆增多適光闡於邦儒遽辭與於里訟況詩宗傳府馬鄭之徒鴻儒碩生游夏之黨周人紀律不覩於前科鄭國鑄書未彰乎舊法庶惟先哲謂合通方

對小吏歡言判

景與小吏歡言倨見功曹將黜不伏

聲同律和氣合形比度遼捨雁門之守獨揖書生中郎捐

座客之談方迎處士吁惟小吏職在含香光逸有著於美名李斯果昇乎列位神期暗許能紆長者之歡精義其同何廢達人之話功曹望慙樂廣才謝范滂空嫌倨見之輕遂啟黜賢之責不省諸已翻欲退人巡覆再三匪聞其可磁石非曲鍼之取武魄無俯芥之收捨凡就能幸從其議

對歸胙判

甲監享以胙歸父餕而祭

宗廟崇儀禴嘗明祀先王有以尊祖考歷代所由追饗敬惟甲趨名奠奉烝羞與於蜡賓非喟然之有歎侍於邦祭聞立者之無跛接神旌而下御來盡肅恭送靈驛而方行去昇微滅眇威儀之奕奕期降福之穰穰已而往辟云除笙鏞則闕罷儀於國休事於家致胙以歸奉其親乎則可既餘爲餕因設祭而何乖永言禮經瞻彼祀典匪伊天降寧惟地出有誤於事貽謗何追

撰集四部經籍序畧

竊以經墳浩廣史圖紛博尋覽者莫之能徧司總者常苦不多何暇重屋複牀更繁其說若先王有闕典上聖有遺事邦政所急儒訓是先宜垂教以作程當闡規而開典則

不遑啟處何獲宴寧曩之所修誠惟此義然體有未愜追怨良深於時祕書省經書實多亡闕諸司墳籍不暇討論此則事有未周一也其後周覽人間頗覩闕文新集記貞觀之前永徽已來不取近書採長安之上神龍已來未錄此則理有未宏二也書閱不徧事復未周或不詳名氏或未知部伍此則體有未通三也書多闕目空張第數既無篇題實乖標牓此則例有所虧四也所用書序咸取魏文貞所分書類皆據隋經籍志理有未允體有不通此則事實未安五也昔馬談作史記班彪作漢書皆兩葉而僅成

劉歆作七畧王儉作七志踰二紀而方就孰有四萬卷目二千部書名目首尾三年便令終竟欲求精悉不其難乎所以常有遺恨竊思追雪乃與類同契積思潛心審正舊疑詳開新制永徽新集神龍近書則釋而附也未詳名氏不知部伍則論而補也空張之目則檢獲便增未允之序則詳宜別作紕繆咸正混雜必刊改舊傳之失者三百餘條加新書之目者六千餘卷凡經錄十二家五百七十五部六千二百四十一卷史錄十三家八百四十部一萬七千九百四十六卷子錄十七家七百五十三部一萬五千

六百三十七卷集錄三家八百九十二部一萬二千二十八卷凡四部之錄四十五家都管三千六十部五萬一千八百五十二卷成書錄四十卷其外有釋氏經律論疏道家經戒符籙凡二千五百餘部九千五百餘卷亦具翻譯名氏序述指歸又勒成目錄十卷名曰開元內外經錄若夫先王祕傳列代奧文自古之粹籍靈符絕域之神經怪牒盡載於此二書矣夫經籍者開物成務垂教作程聖哲之能事帝王之達典而去聖已久開鑿遂多苟不剖判條源甄明科部則先賢遺事有卒代而不聞大國經書遂終年而空泯使學者孤舟泳海弱羽憑天銜石填溟倚杖追日莫聞名目豈詳家代不亦勞乎不亦弊乎將使書千帙於掌眸披萬函於年祀覽錄而知旨觀目而悉詞經墳之精術盡探聖哲之審思咸識不見古人之面而見古人之心以傳後來不愈其已

代茶餘序畧

釋滯銷壅一日之利暫佳瘠氣侵精終身之累斯大獲益則歸功茶力貽患則不爲茶災豈非福近易知禍遠難見

李玭

玭蘄州黃梅人開元中元宗夢神人自稱廬山使者因爲立廟下詔所在學士製碑文作者六百八十一人獨玭文合旨名不赴

太平宮九天使者廟碑

伏稽諸大易曰一陰一陽之謂道陰陽不測之謂神惟道也生三混成洞徵於變化惟神也得一而妙蓄祕於恬冥欽若太元遐徵妙有運陶甄之極不獨尊歟后唐累聖光華大明終始陟曦陽之午廓照瑤京操元命之符銘昌鼎算白雲孤峙時望嵩邱紫烝千齡日飛函谷我開元神武

皇帝圓靈受睠方輿寵祕握元珠之妙捐可寶之珍演至道於希夷刊雜法之凝滯乃聖一也於穆祀典清廟皦皦孝友光明天地冥洽乃神二也劒戟之器返於三農弧矢之威神斷六合乃武三也察時變者觀乎天文人習凡庸無階測聖乃文四也故沖精象外高視鴻名昴薦河圖靈朝海若堯心攝照顧言筌於几蘧軒目司明屈旌秉於茨隗所以虞環益地夏玉從天納殊貴於西王展告成於東后五龍推紀邁梁甫之高曾八駿巡遊陋崑墟之轍跡昭回上轉山嶽下騰列聖攸居通仙福會文皇質義武帝佩

圖至道之興其來尚矣自華封獻壽聖德祈年金格傳書珠鎣味液公主以天慈入道挹化芙蓉祕監以王子出家調芳芝朮北方著列仙之籍南州希至學之因聖緒無爲斯其有作乃睠羣嶽眞君道府光啟祠室幽贊神宗青城盧嶽二山者佐命羣峯之望也丈人仙籙祕諦眞君使者靈司孔昭冥察名書五法舉亞三魔滀洩崇巒冀弗騫於物阜寒暑穹谷將必順於人時開元十九年八月二十一日降明旨曰青城山丈人廟盧山使者廟宜準五嶽眞君廟例抽德行道士五人焚修供養仍委所管揀擇灼然道行者安置具年名申所由敕置廟使內供奉將使者眞圖建立祠廟弁章醮行道設齋使大宏道觀法師張平公粵自秦京宣猷江服煥丹青之節賜元牡之儀驛傳光臨雲巖皎色使持節江州諸軍事守江州刺史獨孤禎重鎮柴桑孚謠枳棘時觀武庫代服文雄經始干城全摹益厲崇規逸麗壯思逾分朝散大夫行長史楊楚玉行司馬皇甫楚玉潯陽縣令魏昌等恭惟聖善式議靈場道俗虔精冥休推異爰初築土則雨霾烟嶂俄頃佇立而色霽霞標寶龜眞臬之辰金虬驛程之際陰濛溶窓黮晦遄交注想元

空肅思皇道芬芳載潔章醮翹襟六虛窈冥一夕融朗半空之上忽吐神輝綴灼九微頫揚千仞寮宷率扑人吏並觀昔天靈降周以雲門舞奏神光燭漢以太乙登槪然北陸氣交南州燠變物委霜霰人嗟沍寒使法師恬懇仙庭憑威國命故元冬易煖朱景敷暉暢於幽明優乎力役並利攸往咸欣子來使茲勝郊遂臻靈域騰赬桂嶺鬱翠松巖召斲郢門僝材荆岫疏峻城繚長垣紅壁列錢丹楹繡礎三間四表炳繪文櫨八維九隅懸鎪鏤檻虹梁亘構風牖承楣剡井藻鮮芳壇竹埽銀鋪月曉瑤簾霜開至若聖

理全幽真容罕測夫其祕狀遠降使司蓋考三仙之圖不於九牧之鼎徽姿粉墨備質光姸符彩冥標侔靈瑞表工徒磬想殊思感通齋室盟祠既僾如在霓旌霞旆時颺羽儀列冠名山禮均行潦覃薰紫極供養黃冠玉釜常煎金鑪永爇牲牷革享鸞鳳于飛露挹神翁星臨婺女清吹洞唱天注匏瓜之津匹水仙宮海曲蓬萊之島龍驤鳳翥飄翻淨戒之庭師子辟邪趯躍精思之地珠幡衛筤瓊蓋擁輿法供大廚六時朝念真經雲帙萬劫精修弗翦茅茨明代久彰於克儉經營梓匠神理邈尊於寵光聖渥堂閣靈

棲窟宅揭來禔福不亦宜乎冬十有二月司存式命畢鈎繩也元門道士章沖寂等挹教五千齊懽億兆歷仙階而仰止攀睿算以驤誠天使顧奉於雕鐫心存魏闕法眾希憑於茗碗道在吳岑春水桃花迷源遂遠幽林杏塢勝地非遙伏荷天休敢述頌曰

道祕重冥神幽福庭三景運極五嶽棲靈其真有物厥妙無形理則怳惚功惟泰寧於赫皇極昭融亭造睿握元珠祥丕大寶蒼垠集貺紫雲宗道致享百神採因五老乃睠崇山嶽靈之祕三象浮精十華仙使威畜雲雨神存天地法象昭凝真圖炳粹幸明德之嘉運降幽祠之寵章扈仙儀兮肅肅煜瑞彩兮煌煌爍琳宮之夕照拂琪木之神光雕輝兮翠輦玉釜兮調香擷五芝於秀崿搴八桂於飛梁龍吟鳳舞天路長青雲衣兮白霓裳節空歌於瑤磬臻羽旆於瓊漿冥澂兮福宇飄眇兮神極搴匹水之布流睨香鑪之綺色留鶴語於千載翥鸞襃兮一息絳河真母將易逢碧海仙姑彌難測恭至道兮三五奉休符兮萬億紀貞石於名山壯洪規於帝力

蘇源明

源明京兆武功人初名預字弱夫天寶中進士更試集賢院累遷太子諭德出爲東平太守召拜國子司業安祿山陷京師以病不受僞署肅宗復兩京擢考功郎中知制誥終祕書少監

自舉表

草莽臣某言臣實陋微素乏才業將遂長往守此無用天鑒孔明澤覃幽僻伏奉今年正月五日制詔闕自舉不次之私無限於物豈伊庸菲所當膺荷伏惟開元神武皇帝陛下道窨旒扆德孚天地忝在草木幸均雷雨朝夕徽命

虛受臣生偃臥窮藪詎知帝力展義介邱肆覲羣后得列庶人之間不在役夫之上王者能事邦家烈光耳未前聞目所畢覩載懷涵育無答造化孰謂聖恩曲貸嚴壑顧慚庸近何階對敭臣聞明主臨下也務求才以自輔賢臣事上也當量能以自進臣才非令問譽寂鄉黨志尚庸寡理絕聞知縣令臣柳國狀臣於編户之中刺史臣柳綘論臣以明制之意且臣山東一布衣耳在昇平之時徵求之日非自察者難審其可苟欲避嚴令發困蒙心靈震越寢寐驚悸無任承恩喜躍之至

諫幸東京疏

臣等今月四日及七日上言車駕幸東京不便顧天而訴稽首而祈竭誠不精留中不下臣等自咎自毒若惛若狂以爲雨淫孟冬霖積季秋道路且泥甚不可一也從春大旱方始秋苗田農之閒十已耗半方且斂穫猶未收入先之以清道之役申之以祗頓之苦水欲澄而撓之人欲靜而棼之甚不可二也臣等每立廊下竊見旌旗之下盡是餓夫執殳仆于行門者日見一二市井之中半是餒人或求食死於路傍者日見四五甚不可三也姦人連牆盜兒接棟磨礪以須陛下出爾前麾凌於灞上兇人肆於城中御史大夫必不能愊而禦之甚不可四也臣等伏料之殷鑒不遠近在天寶十五載季夏爾聖皇巡蜀後大都內府財貨朝臣富民資產盡在道路之手有乘馬駛驢入宣政紫宸殿者擾亂如此一至於是況陛下復二都有四海日淺錢穀滿蓄不及曩時者必爲利而行此賊臣作計誘掖陛下而已詩曰三星在罶臣不勝嗚咽爲陛下痛之宜速下詔書罷東幸不然窮隸樂禍已扼腕爾甚不可五也方今犯王畿者河洛驛騷侮侯服者江湖叛渙詩曰中原有

菽庶人采之彼思明康楚元者采菽之庶人也陛下何遽輕萬乘而媒孽速成之邪甚不可六也自河南北盡爲盜境淮東江西又見修阻王公已下未給稟祿將士已來且支日月陛下中官冗食不減往年梨園雜伎有減今日陛下未得穆然高枕用此奚爲中官指使太常正樂外一切放歸仍給長牒勿事待郎五六年後隨事進退今聚而仰給甚不可七也司空李光弼能拔河陽尚書王思禮應下晉原中丞衛伯玉勁卒接馬者過析支不日且至御史大夫王元志壓巫閭臨幽都汝州刺史田南金秉關口遏二

室揚州長史鄧景山凌長淮籲梁汴然而狂賊失身處於
緱氏山北不敢逾孟津東不敢過覺子只待反接耳陛下
不坐而受之而欲親征徇一朝之怒甚不可八也王者於
天地神祇第付之有司享之牲幣則已夫何求哉記曰不
祈土地今方士惷愚巫祝淫瀆妄有閑說甚不可九也天
子順動人皆幸之之謂幸人皆病之之謂不幸不幸之謂
虐臣等見陛下否而弗聽聯伏赤墀之下頓顙流涕而出
陛下或容而免之或毀而罪之凡百之臣如昌言於朝有
萬之口必錯謗於外甚不可十也臣聞子不諫於父且焉

得爲孝乎臣不諍於君又焉得爲忠乎不孝不忠而苟榮
冒祿圈牢之物不若也臣等至賤不能委身圈牢之中使
樵夫共指而笑之不勝大願陛下留神元微養和淡泊天
下幸甚

元包首傳

傳曰理亂相糺質文相化亂極則先乎太易文弊則從乎
巨包聖人以遺也賢人以發也易始乎乾文之昭也以行
包起於坤質之用也以靖行者所以動天下之務靖者所
以黙天下之機太陰太陽潛相貞也少陰少陽潛相成也

亢并莫黙地之輿也顛亾勹盈天之冒也仍而通之極乎
三十六全而劘之窮乎六十四其旨微其體正語其義則
矗然而不誣觀其辭則奃然而不及梲一以布氣藏萬以
植言斯道君子之幾也夫至誠君之爲也夫於戲流於睿
監講於太學伏而惟之使自怡之深而極之使自測之歸
人於至和示人以太璞已矣

元包五行傳

傳曰五行者陰陽之精氣造化之本源德贊三才功濟萬
物在乎天也謂之五星據乎地也謂之五嶽行於人也謂

之五材若天無五星則辰宿錯滅地無五嶽則山澤崩竭
人無五材則性命勦絶故知天以五星爲政地以五嶽爲
鎭人以五材爲用三正之立五行所成也人者上稟五星
之氣下居五嶽之分中受五材之助故天地之閒惟人最
靈則知人者五行之瑞五行之秀是以包五藏藴五神全
五體備五事合而行之有五德皆本於五行然則色不以
五行雖有離婁之明不能定其文彩聲不以五行雖有師
曠之聰不能定其音律味不以五行雖有俞跗之術不能
定其性命氣不以五行雖有老聃之道不能定其噓吸言

不以五行雖有尼父之德不能定其詞理歷數不以五行雖有重黎之算不能守其敘陰陽不以五行雖有犧炎之聖不能定其吉凶萬物無不由五行以定包者定也定之為義博矣哉夫不定而眎則五色亂於目矣不定而聽則五音亂於耳矣不定而食則五味亂於口矣故五色令人目盲五音令人耳聾五味令人口爽鼻不定而吸則不能理五氣心不定而語則不能敷五教志不定而行則不能修五德身不定而動則不能用五事夫有一不定則人不畏有一不定則人不信是以君子定其目而後視定其耳

而後聽定其味而後食定其氣而後吸定其心而後語定其志而後行定其身而後動定其數而後算定其意而後占故無失矣夫至人不占者何以其定也占者所以定美惡至人無惡占者所以定吉凶至人無凶占者所以定休咎至人無咎占者所以定嫌疑至人無疑夫惟定矣又何假於占哉

元包說源

在昔哲王受明命皆能變文質順陰陽大矣哉此帝王之能事也古者天生人而未樹之以君上下交雜品位紛錯陰陽初分文質未作庖犧之王天下也畫八卦定三才而一之質斯尚文之代也自黃帝暨乎堯舜垂衣裳而天下理蓋取諸乾則尚文也取諸坤則尚質也通其變而使民不倦神而化之使人宜之是以自天祐之吉無不利後夏有連山殷有歸藏周有周易皆卦次不同而算術各異斯文質之更變也仲尼有言其或繼周者雖百世可知也斯則百王不易之道明矣自茲以降代歷千禩人非一性窮奢極麗飫欲厭心不能正本澄源反文歸質若河傾海覆汎濫平陸流盪無依迄至今日而莫之變也夫王者之有

天下必改正朔易服色以其既往者廢將來者興是以三皇之王五帝之理樂不相沿禮不相襲且物極則反理有固然文質之體其將變矣喆人觀象立言垂範作則將以究索厥理匡贊皇極推吉凶於卦象陳理亂於邦家廣論易道冀裨帝業蓋時尚質之書也嗚呼采世人之訂述作者之意焉爾

魏顥

顥開元中進士

李翰林集序

自盤古畫天地天地之氣艮於西南劒門上斷橫江下絕岷峩之曲別爲錦川蜀之人無聞則已聞則傑出是生相如君平王褒揚雄降有陳子昂李白皆五百年矣白本隴西乃放形因家於綿身旣生蜀則江山英秀伏羲造書契後文章濫觴者六經六經糟粕離騷離騷糠粃建安七子七子至白中有蘭芳情理宛約詞句妍麗白與古人爭長三字九言鬼出神入瞠若乎後耳白久居峩眉與丹邱因持盈法師達白亦因之入翰林名動京師大鵬賦時家藏一本故賓客賀公奇白風骨呼爲謫仙子由是朝廷作歌

數百篇上皇豫游召白白時爲貴門邀飲比至半醉令製出師詔不草而成許中書舍人以張垍讒逐游海岱間年五十餘尚無祿位祿位拘常人橫海鯤負天鵬豈池籠榮之顥始名萬次名炎萬之日不遠命駕江東訪白遊天台還廣陵見之眸子炯然哆如餓虎或時束帶風流醞籍曾受道籙於齊有靑綺冠帔一副少任俠手刃數人與友自荆徂揚路亡權窆迴棹方暑亡友糜潰白收其骨江路而舟又長揖韓荆州荆州延飲白誤拜韓讓之白曰酒以成禮荆州大悅白始娶於許生一女二男曰明月奴女旣嫁而卒又合於劉劉訣次合於魯一婦人生子曰頗黎終娶於宋間攜昭陽金陵之妓迹類謝康樂世號爲李東山駿馬美妾所適二千石郊迎飲數斗醉則奴丹砂撫青海波滿堂不樂白宰酒則樂顥生平自負人或爲狂白相見泯合有贈之作謂余爾後必著大名於天下無忘老夫與明月奴因盡出其文命顥爲集顥今登第豈符言耶解攜明年四海大盜宗室有潭者白陷焉謫居夜郎罪不至此屢經昭洗朝廷忍白久爲長沙汨羅之儔路遠不存否極則泰白宜自寬吾觀白之文義有濟代命然千鈞之弩魏王

大鄃用之有時議者奈何以白有叔夜之短儻黃祖過禰晉帝罪阮古無其賢所謂仲尼不假蓋於子夏經亂離白章句蕩盡上元末顥於絳偶然得之沈吟累年一字不下今日懷舊援筆成序首以贈顥作顥酬白詩不忘故人也次以大鵬賦古樂府諸篇積薪而錄文有差互者兩舉之白未絕筆吾其再刊付男平津子掌其他事跡存於後序

欽定全唐文卷三百七十四

杜楚賓

楚賓應賢良科擢第官雷鄉令

雷鄉縣白石鹿記

開元丁丑春二月朔又七日杜楚賓令雷鄉之二年雷鄉之民情事耕作其具修其種戒於茲曰乃倣載焉古者遂大夫正歲簡稼器修稼政三歲大比則帥其吏而興氓明其有功者屬其治地者而司稼掌巡邦野之稼而辨穜稑之種周知其民與其所宜地以爲法而縣於邑閭嶺南無

祁寒故二月民殷東作楚賓以牧民職得遵天子勸農詔省耕於民見耕者不休餉者不息方引以爲喜取饟具嘗之烝髦士勞之忽有白鹿二縞然鮮毛昂然勁角從湖山來如將依人初不知其爲何物及近視之乃鹿也一奔而踣十人使人逐之還西山乃卽縣之西郊潛化爲二白石夫鹿壽物也千年而白萬年而元又瑞物也一獲於敏邱再獲於槐里齊之以伯漢之以王得其一焉已爲難矣況雙出乎其化爲石者彷彿夢幻不知石爲鹿而鹿爲石意者天將假此以志皇唐盛際寔明寔昌白璧應圖厥瑞不常矧循州南方之極也上應南極爲一人之壽徵下應西郊兆萬井之豐稔人文赫奕將千萬年而盛易曰密雲不雨自我西郊言陰已上也鹿亦自我西郊則陰而就陽也一氣潛化金石可格鳥獸潛形況於人乎乃命匠大刻白鹿石三字記之石之上建爲亭亭之上立碑爲文以誌一時奇事昔有石化爲羊白鹿隨車良不誣哉庶後之君子覩此記者知民事當重不使循吏傳中專美於前云開元丁丑二月朔七日應賢良舉雷鄉令杜楚賓記

趙良器

良器開元時官殿中侍御史兵部員外郎

鼎賦

夫君所以爲天下重者以其寶位鼎所以爲天下貴者以其神器則君得鼎以祚長鼎應君以時昌故黃帝徵大匠稽舊章異國貢物遠人來王鑪銅於雷首之下合冶於荆山之傍聲沓沓以海沸氣曈曈而雷光乾坤於是震動日月於是昭彰歘然烟收而燼滅卓爾成功而效祥煥以雕文錯蚪龍之鱗介騰乎瑞色雜天地之元黃蓋聖人所以享帝養賢烹飪薦祉重以安國利以出否納之不以其道

則君失其人。聽之不以其聰。則雉鳴於耳。是以囊括衆彙。恢模崇深苞木火於六爻之象。鏤山川於九牧之金。於是總百靈之異。見萬國之心。然美其影射金晶。光飛玉鉉。論者徒議其小大。觀者寧識其深淺。故道歸天命。無勞楚子之言。德自休明。實賴王孫之辨。爾其法剛柔之節。順行藏之志。乃有道則見生於汾水之陰。無道則隱沒於彭城之地。可以斥姦慝。可以禦魑魅。應時而動。吉無不利。故曰作者之謂聖。述者之謂明。何明聖之至神。契陰陽之至精。德表先知。火不然而自沸。量含光大。水不汲而自盈。既去故

以元吉。終取新而利貞。則知執虛以待物者。正乎位。體柔而進。已者宜乎亨。故能應皇家之至德。垂不朽之鴻名。

印賦 以王道正直執契理人爲韻

域中四大。得一者王。混同區宇。端拱巖廊。運元功而莫測。故神用之無方。穴處巢居。時尚傳於朴畧。結繩刻木。化始漸於昭彰。曁夫扇澆薄。事征詐。知慧出而下有大僞。忠信興而上失其道。聖人以智周萬物。仰觀俯考。追淳化於往初。發鳥迹而爰造。是鑄至堅之金。騁至巧之性。方圓設象以迴合。雕錯得宜而瑩淨。其道恒。其體正。其君者是效。故有聞於至乎王者。是司。故不待於嚴令。詳觀其貌。且横且直。文繚繞而外轉。字連緜而内逼。迹處泥而髣髴。容因朱而翕赩。迫而察之。若披彩畫之圖。遠而望之。若散晴霞之色。爾其大小咸準。委曲相襲。隨時而行。仗義而立。羣吏則有慮其誕。故合之而給。天子則不責於人。故司契而執。借如九命作伯。三朝謁帝。服冠冕而去來。佩印綬而有繼。當司存之部領。覽職事之巨細。罔不典常作師。圖恍之子。且契之不明。訟之所起。契之既用。人得而理。豈徒中山張氏。化墜鵲而初成。餘不亭侯。感迴龜而相似。光錫忠義。若斯

而已。亂曰。古之善爲道者。非以明人。執其左契。欲使還淳。故得永全太朴。不斁彝倫。斯亦爲政之機要。何止更光於搢紳。

履賦

朝廷兮赫曦。冠劒兮逶迤。惟斯履之所用。得禮容之威儀。綴珠綦以崇飾。遵玉趾而更移。其始造也。佳人運思。女工妙選。爰斯功之始畢。出閑庭之試踐。眇輕步以相矜。指奇文而爭衒。若乃相國承寵。尚書見榮。歷彤階而曳響。上玉殿而規行。出郡標奇。則簷前燕落。入朝表異。則雲際鳧驚。

運蓍絲以示儉躡瓜田而見明時行則行時止則止潔其容色固其表裏偶簪裾未以爲榮踐泥沙而以爲恥其義翼翼其貌邕邕曳踵則輪軌不斷接武則塵迹相重其取進也每迎前以啟路其守謙也常處下而翹容其受用也旣虛中以待物其順人也亦應時而曲從是以加其絲飾廣其文繡所以表威儀光領袖宗廟祭祀非履不行揖讓周旋舍履何就易履者禮也吾謂斯文之不謬

冠賦

懿哉聖人之所爲觸類而長緣情以施大則察乾坤之用

小則稽鳥獸之儀近取諸身旣制冠以象德遠取諸物亦模範而開規衮玉彩而晶耀鈿珠華而陸離禮容於是乎克尚首飾於是乎攸宜故柔以虛中剛而勁外惟德是輔惟仁是大緌香簪以半出垂寶纓而雙對珥白筆以孤懸總紺髮而繁會若乃九門朝啟千官奉職劒履鏘鏘旌旗翼翼趨玉階以雲聳入金門而電艴於赫朝廷其儀不忒此乃禮容之有則也爾其尊卑異制古今殊情備鶡所以貴勇加蟬所以貴淸進賢表文者之號章甫尊儒者之名獬豸觸邪惡佞臣而直指鵕鸃崇飾光近侍以增容此又威儀之孔明也是以舉之有節施之無妄或用晦而冕旒或蔽聰而黈纊居正而不失其職得位而不忽於上每守分以自安故雖高而不亢此乃進退之惟當也客有賦之而歎曰夫檢身者禮表容者服服之不稱必近於妖祥禮之或差自階於傾覆故君子履道以遠害小人崇奢而取戮鄭臧聚鷸果貽出境之誅疏受挂門克保永終之祿則知逆理者天之所禍順常者神之所福況乎在位之庶寮可不鑒茲而敬肅

邵瓊之

瓊之歸州刺史說父元宗朝官殿中侍御史

對祭七祀判

甲爲鹽人緣祀中霤供祭或告慢神訴云於事無失

國禮在祀先王志其嚴潔神歆惟德靈鑒期於肅恭苟有孚於蘋藻固非馨於黍稷鹽人職列周官事供王祭因潤下之成用備奉上之班司屬夏禴爰臚羣祀咸秩乎薦饗於中霤式虔誠於內饔五行之味或爽七祭之容遂闕然時有異同事有隨變至信爲用誠應明心亨飪不虧何傷

介福既異不供之罰難科作笞之刑

對百神判

將事百神差日有司不舉

講信修睦禮行於時人和年豐神降以吉屬歲陰云暮田畯至喜農事不作役車告休於是乎具器孚薦陳菜戒掌答成功於衆神設禋祀於大蜡雖既滌既灌不愆不忒日違精擇神將曷歆吁嗟是司不謹有職昔仲尼觀魯助祭興於喟然今大卜差時償神失於禺若祝史陳信其多媿詞司存不舉坐寘恒罰

對疈辜祭不供物判

以疈辜祭百物不供

水旱雩禜山川沈埋畢爲雨師斗亦司命順四時之序祈萬姓之福疈辜充祀於百物望秩備禮於四方事或闕供罪亦斯得無止風之磔狗同告朔之餼羊卜而罷郊以著春秋之失祭而廢禮宜投司寇之刑

張倚

倚天寶時官侍御史內供奉遷左司員外郎御史中丞終吏部侍郎

對長才廣度沈迷下僚策

問四岳疇庸羲和代掌其任九官命職稷禹不易其能逮化久以庸（一作康）時藉功深而成務洎乎嬴劉以降曹馬承流罕爲官以擇人直循資而就列或十旬而登三事或一日而致九遷遂開趨競之門莫守代工之美國家網羅羣彥驅駕時英其政洽於至和其人淳於太古今欲削漢魏之遺法復堯禹之遠圖能其事者永守其官稱其職者不遷其任增秩賜爵用申勸善之規金帛璽書載表優賢之義變通之理尚或多端用捨之途佇聞良算

對昔者明王之御天下也奉若天道建邦設都樹之以后王化之以師長用人勿及私昵建官惟在賢才夫難知非獨在於今日故曰知人則哲惟帝難之自生人以來有國之王莫不得賢則治失賢則亂此乃自然之義百王不能易也是知賢人君子國之所急詩曰南山有臺北山有萊樂只君子邦家之基言人君得其賢臣所以成其美化廣其基業也遐觀歷代聖王之求賢哲也義匪一途或精選以取之或降訪以得之有營之經載而始獲有求之不日而便至遲速之理雖異輔弼之職不殊黃帝勞於夢想而

感力牧誠之至也唐堯務於疇咨而致夔龍訪之審也至唐虞之黜陟幽明三載考績夏禹之顧盼空谷七起成名殷宗託夢於傅巖姬文遊心於渭水此六君者可謂勤於求賢而善於用人也故能使元凱就績申甫登朝道濟五臣功宣十亂康良作誦喜起成歌人無險詖之情代有雍熙之樂由庚入咏天保爲詩下懷報主之心上荷受天之祿書曰百僚師師百工惟時庶績其凝此之謂也斯並政符大道理合至公委質能臣之一德所以天工可代人爵攸宜憑久化以濟寰瀛藉深功而安宇宙曁戰國之代王

道寖微各佇英賢或雜或霸楚襄勞持金之聘燕昭躬擁篲之禮空聞僭號之議未覩升平之業雖桓公之有仲父晉侯之獲趙文委任責成共登霸道唯勤鬬爭之理不務淳和之績而動乖王度舉違帝典故五尺童子恥之不論況所由齷齪何其卑也秦皇不仁虐亂是極儒生填於坑井詩書滅於烟火忠貞清白以爲徒苦諂佞邪媚謂之至公卒以覆亡爲後代誡實由遠賢近佞使之然也漢高祖雖不好儒然亦任用英傑登壇而禮韓信輟洗而迎酈生委蕭曹以股肱寄張陳以社稷至孝武之代儒學漸該採董仲舒之策始令郡國貢舉於是賢良方正之士霧委雲集其晁錯公孫宏匡衡蕭望之輩並繼踵而至故當文景之代號爲得人詩稱濟濟多士文王以寧漢所以寧者亦士之力也光武仗吳鄧以立功任賈寇以起事拔奇取異決自於心爰至顯宗中興於茲爲盛由此而兩漢之代數百年間陟正黜邪褒善貶惡雖不襲唐虞之法亦去煩芟亂幾乎大成矣逮獻靈之際姦猾縱橫升必以財進不由道於是搢紳潔白之士疾之若讎乃曰舉秀才不知書察孝廉父別居寒素清白濁如泥高第良將怯如黽至乃懸

爵而賣之列價而爭之守正道者以爲陸沈由斜徑者謂之智變衣冠爲之失序賢哲由是潛藏遂使社稷喪亡後嗣覆滅悲夫此伐檀所以興刺黍苗所以勞歌無他故焉賢人不得進也及乎當塗啟運典午開基陳羣制九品之條劉毅興八損之權故曹羲疾其濶遠孫楚以爲鬼錄遂令權要歸於中正威福去於天朝藏否任情品藻乖次宋齊之季梁隋之末聘士求賢罕聞稽古棟撓鼎折唯見陵夷旣同自鄶之譏詎勞更僕之說聖上覽百王之得失立萬代之規模大開舉爾之科廣陳訓迪之典用與不用賢

否各稱其能材與不材輪桷並當其任小人去位疾之猶若寇讎君子盈朝求之恒如不及故得百僚無濫九有昇平不聞濡翼之譏永絶爛頭之誚仲長亡越級之論賈生無調下之悲今欲遠服堯禹之蹤近棄劉曹之法增秩令其永任錫帛許其不遷使官不易能職遵代掌雖優賢之義有所會通而隨時之談或恐未可何則太古敦朴務靜人希敦朴則易淳務靜人希則易理故不勞而功可就今聖明撫運才多俗阜俗阜則事煩才多則理劇必咨明哲獨任不以避嫌但使委得其人數遷何妨化理如其用失

其理久任豈補功虧愚管所窺以爲如此大體期於不濫所務在於得賢苟違此途未知其可謹對

程諫

諫字仲幾休寧人靈洗七世孫開元二十七年進士再選藍田尉累遷著作郎大理司直汾州巡官入爲衞尉卿京兆少尹終密州刺史

蓂莢賦

堯階蓂莢兮實稱休禎蓋歷代而難值至我后而斯呈植之以前墀左城映之而鏤檻丹楹激薰風而葉轉迎太陽而心傾日往月來深符大小之數時和歷應因見天地之情觀乎榮謝以月德爲常卷舒以日數成類隨初吉以增茂暄然自春度既望以漸零翛然如寄體盈虛而方同得道任消息而匪殊有智金波桂樹遠合象於彫榮炎漢芝房近方慙於祥瑞彼朱草與蓮蒲曷於茲而擬議則知聖作物覩物興由聖聖於赫而克著元亨物效祥而天莫之令然而蓂之爲應也博蓂之爲瑞也昭贊睿主則太平在邇測陰靈則時變不遥初也則日益一日終也則宵盡一宵弱質浹金莖之露輕姿散玉戸之飈或曰麟在郊而合

圖鳳來儀以聽簫韶雖感見而可貴於列迹而斯超豈如蓂貢著總集於厚地焜燿於皇朝

對升高判

解式與長年行因升高不從所視遂杖之式訴州斷闕論省科失入

恭敬何常少長有禮自以引以翼無失於等威左之右之動從於瞻視苟昧斯者則何以觀解式陪彼長年身居弱歲比景未聞於有德居卑且見於無儀於是捨車而徒升高自下異聚鴻之適越不覩與謠殊桓景之禳災豈能成

俗既而碧空一色翠微萬里迷周流於遠眺闕咫尺以承顏梢雲之杖遂行白雪之途且黙然艱以爲罰恐傷剛暴且人而無禮寧罷防閑與其居尊而肆威曷若遵愚而誘暗況擊蒙垂象於周易叩脛設教於孔門徒事薄言寧容文過剖符之郡涉深故以闕論握蘭之司雅議懲於失入

李子簡

子簡天寶時進士

天晴景星見賦 以有道之邦德星昭見爲韻

君德惟馨天文效靈於是廓氛霧埽青冥發彼嘉氣浮茲

景星南有光而霞赤東有色而烟青合彼氣之郁郁渾此色之冥冥昭然在天明乎有德仰其狀而可嘉究其靈而莫測君有至道不間元以韜光時無纖埃必在天而發色或出或處念茲在茲占莫知其常度出必應乎感時所以當今夕而彰矣向青霄而仰之乘乎方色遵彼天逵泰階正其位五星守其維然後見茲星之昭燭經彼天以透迤晴空寥寥列星炫炫紛乎二氣始若烟而非烟炯彼羣星初乍隱而乍見並我質之惟黃總彼氣而成絢霏微類干呂之雲煇赫如繞樞之電星氣合會光華動搖二氣之色交至三星之狀孔昭曭朗惟明疑沐其雲露光芒振曜若擊夫天飈明麗太極遐映青昊呈貺遙對乎三台效祥何慚於五老克表王德信由元造在翼常瑞於堯年居房永叶乎舜道載美往牒今祥我邦觀茲瑞之尤異知景福之攸降當其次天關歷牛斗既應道而昭格豈越度於前後出無常處向樂土以是臨仰之彌高登靈臺而可偶是知景星之爲德也必得瑞一時光九有乃傳芳而永久

欽定全唐文卷三百七十五

張謂

謂字正言河南人天寶二年進士乾元中爲尚書郎大歷中官禮部侍郎

進寶應長寧樂表

臣某言臣聞理定制禮功成作樂古先哲王不易之典伏惟寶應元聖文武皇帝陛下纘堯立極繼武承天神授五兵聖包七德頃歲自王邸登將壇祇奉廟謀龔行天罰卷舒龍豹指麾而復洽陰陽誅翦鯨鯢顧盼而並收河朔九

鼎還重三光益明趙魏小康周秦大定伏見所部寄住客前棃園供奉官梁州充義府果毅劉日進新造寶應等凡十八曲其調合雅其聲用宮以歌盡言以舞盡意夫雅者三代之樂貴之則鄭衛不行宮者五音之名用之則角徵咸敘興亡理亂實繫於茲昔王令言聽安公子失宮聲知隋氏禍敗非久今臣見寶應樂用宮調知皇家運祚無疆故製造其詞發揮成曲庶登樂府上達天朝謹附前棃園供奉官某進表以聞

爲封大夫謝勅賜衣及綾綵表

臣某言中使某至奉宣勅旨賜臣衣若干事目覩絲綸手披篋笥新衣二稱虹蜺間出綵綾五色鸞鳳互飛臣受鉞西門建旟北府地僻萬里天遠九重豈億仁出於聖心賜出於御府白日亭午忽蒙慶雲之惠清秋屆節偏承玉露之恩負邱山而忘疲瞻闕庭而莫見臣無任

進娑羅樹枝狀

右臣所管四鎮境天竺山壓枝園枝國有拔汗那最爲密近乃有娑羅樹時稱奇絶不比凡草不棲惡禽聳幹無慚於松柏成陰不愧於桃李但以生非得地譽終因人榮枯

長在於異方委葉不聞於中土陛下高視三代橫制四夷威信浹於君長仁惠沾於草木前件樹枝臣去載已進訖臣伏以凡遵播殖貴以滋多今屬陽和之時願助生成之德近差官於拔汗那討會又採前件樹枝二百莖並堪進奉如得託根長樂擢頴建章布葉垂柯鄰月中之丹桂連枝接影對天上之白榆於物無遺在人知感謹差軍將李滔押領赴京

進白鷹狀

右臣管内大小鷹娑羅山採得前件鷹鶻擇並堪進奉特

稟異氣挺生殊姿頭圓頂平臆潤脛短眼目時轉志凌雲霄花毛始齊色靜霜雪旣拔奇而賞異實超等而殊倫但四鎭川原千里砂磧草木旣少禽獸亦稀礪其爪距調其羽翮徒有願於擊搏竟無階於效用今寒風凜冽殺氣嚴凝萬乘時巡六龍冬狩出樊籠之地登校獵之場必能隨人指蹤驅御苑之狐兔順時行令逐禁林之鳥雀物性有適天心所知

宋武受命壇記

昔在王癸不道帝辛失德天命將改人心已去聖哲拯之

歷數歸焉商湯所以革夏周武所以伐殷也至於太甲初放成王未長國步猶梗時屯尚虞忠賢處之名節存焉伊尹所以反正周公所以復嗣也元興之際義熙之間晉主中庸幸無桀紂之罪劉公大畧遂有伊周之勳當其驅駕英雄芟夷僭僞南摧勁楚北破強燕電掃秦雍風清巴蜀三方爲我有四海爲已任誠能秉汾陽之志息漢陰之機牽率何劉同爲翊戴指撝徐傅共致雍熙則元皇建業之都至今享殷周之祚劉后豫章之地至今爲齊魯之國而近希曹馬遠棄桓文禍徒及於兩朝福未盈於三載八葉傳其世嗣六君不以壽終漢氏寬仁允緒成大族劉公殘暴子孫無遺種天之報施其明徵乎則知握元符升大寶禮義得之者難絶智力得之者易亡使成如宋齊無足稱者況敗如莽卓豈勝道哉後之人運屬陵夷業崇經濟周爰故地殷鑒在茲唐永泰元年二月二十五日建

有夏大夫關公碑陰文

禹敘九功誕受天命桀喪一德悖於人心爲虺爲蛇如豺如虎旣毒螫焉又呑噬焉重之以昆吾因之以妹喜匹夫醜夏多士懷殷萬方囂然九州危矣公夏后之諍臣也以

謂爲臣之禮不擇其利食君之祿不避其害亦知直言之賈禍國蹙時危欲其行之速也亦知諷諫之徼福里迂車遠恐其效之遲也由是犯帝座排天門謀成深心藥進苦口石可轉也不可奪其堅貞身可殺也不可掩其忠義夫生死者必然之常數忠義者不易之大節位卑則迹遠祿厚則恩深恩深則義重於生全義可也迹遠則生重於義全生可也夫子世卿之族捨生卽義賢哉且伊尹之遇殷湯也賢與聖合之賢聖之閒相去甚近此其所以行道也夫子之逢夏桀也賢與愚合之賢愚之閒相去甚遠此其

所以喪身也向若桀昧可革從公之言則國不失夏之初君不失禹之舊殷湯不能成大業伊尹不能建元勳諸侯奉於天子一姓傳於萬世驕君暴怒亂國淫刑朝行斧鉞之誅夕覩市朝之變千載之下九原之上殷人比干攜手而遊耳嗚呼先王納諫而昌後王拒諫而亡當其昌也忠良勝於邪佞及其亡也邪佞勝於忠良故君子慎於語默審於行藏豈徒然哉蓋有以也乾元歲以戎車之殿朝於京師一覽吳子之文再明關公之義託於匠石勒於碑陰亦猶公穀作傳之異同韓毛解詩之先後也

虞帝廟碑銘 并序

堯有天下七十載將遜於位久難其人支伯許由全其節而固讓羲仲龢叔審其才而固辭帝德合於天天命歸於帝帝盡善也我其試哉由是賓於四門納於百揆星辰合度雷雨不迷堯之二女釐降於内堯之九男服勤於外受昭華之玉允洽人神泥封祀之金大報天地五臣皆進明賞也四族咸黜明刑也先質後文敦俗也貴德尚齒優賢也於斯之時君明於上人化於下山川鬼神亦莫不寧烏獸魚鼈罔不咸若無爲而治其聖也歟夫以萬乘之尊一人之貴多見軼其軌度少能窒其嗜欲瑤臺瓊室堯舜則茅茨土階矣玉食寶衣堯舜則藜羹皮裘矣歷代多嬪御堯舜顧禮經娶一姓矣自古好征伐堯舜舞干戚懷四夷矣百姓樂堯舜未嘗不樂百姓憂堯舜未嘗不憂歷數之來人以位授我謳歌之去我以位授人其來也攖於樊籠其去也脫於桎梏形神非吾有天地之委和子孫非吾有天地之委蛻此其所以禪代也近日曹丕父子世爲漢賊當鼎易之時發荒唐之論高視前古大夸羣雄猥以漢魏之間輒同堯舜之際此河伯不知於海若盜跖自方於仲

尼也古人云堯以義終舜以勤死稽諸祀典永垂世教游夏之徒豈誣也哉稱堯見囚小儒之虛誕爲禹所放曲士之穿鑿攻乎異端斯害也已九嶷北麓三湘南澨帝之遺廟存焉地僻易蕪徒生荆棘水深難涉誰薦蘋蘩先聖不祀後賢之過攝邵陽令前監察御史宇文宣大樹風教小康黎元相岡巒移棟宇前豁林莽得爽塏之地焉下指城隅見祈禱之人焉如或宣室言徽閟宫靈降娥英近侍稷契旁趨則歌南風覲東后朝衆聖會羣臣則知湯武不敢升堂自愧於廊廡之下高光不敢及户退慙於閫閾之外

成康文景無所譏焉謂也無孔氏之祖述有顏子之希慕作頌於清芬勒文於元石其銘曰

系自顓頊家於勾芒大口奇表重瞳異相俗變山中風移河上其器不窳其人皆讓二年成邑三年成都惟彼陶唐禪於有虞域中交泰天下昭蘇彩鳳聽樂黃龍負圖其德難名元功不宰脫屣城闕遺形江海陵廟有依山川無改象耕未輟鳥耘猶在託此巖阿神心若何蒸嘗昔少俎豆今多百越迢遙九嶷嵯峩湘雲古色楚水新波庭羅松桂森若容衞櫓度風飈宛如簫韶黎庶以寧陰陽以調憑茲

聖靈祚我皇朝

長沙土風碑銘并序

天文長沙一星在軫四星之側上爲辰象下爲郡縣遁甲所謂沙土之地雲陽之墟可以長往可以隱居者焉其山麓山其水湘水其畜宜鳥獸其穀宜秔稻厥草惟鐇蘭杜荃蘅留荑藹車出焉厥木惟喬椅桐桂樫貞松文梓生焉篠簜嬋娟於原野碔砆照耀於崖谷昔熊繹始在此地番君因此而後定王國焉漢道凌遲董卓狼顧文臺以三湘之衆績著勤王梁朝覆沒侯景虎視僧辯以一州之人勳成定國桓文之舉亦何加焉至於致禮舊君請屍歸葬桓氏之子可謂忠也殞身強寇有死無辱尹氏之女可謂貞也軾鄧粲之宅足以厚儒風表古初之墳足以敦素行齊魯之俗其何遠哉巨唐八葉元聖六載正言待罪湘東郡臨江湖大抵卑濕修短疵癘未違天常而云家有重膇之人鄉無頒白之老談者之過也地邊嶺瘴大抵炎熱寒暑晦明未愆時序而云秋有爀曦之日冬無凜冽之氣傳者之差也巴蛇食象空見於圖書鵩鳥似鴞但聞於詞賦則知前古之善惡凡今之毀譽焉可爲信哉因徵故老之言

用紀他山之石辭曰

舜去黃屋於焉巡遊禹逢元夷於焉滯留五嶺南指三湘北流鄰聯滄浪邊遙峋嶁湘山之下青青衆草有蕙有蘭在江之島烟雨冥冥波瀾浩浩不采不擷棄捐遠道湘山之上青青衆木有栝有松在巖之麓風霜凄凄柯葉沃沃不榱不棟老朽空谷陸有玉璞水有珠胎隋侯云亡卞氏不來湘雲莽蒼湘月徘徊貞石紀事層城之隈

韋應物

應物京兆長安人少以三衞郎事元宗永泰中授京兆功

曹。還洛陽丞。大歷中授鄠令。建中三年拜比部員外郎。出爲滁州刺史。調江州。改左司郎中。後出爲蘇州刺史。

冰賦

夏六月。白日當午。火雲四至。金石灼爍。元泉潛沸。雖深居廣厦。珍簟輕箑。而亦鬱鬱燠燠。不能和平其氣。陳王於是登別館。散幽情。招親友。以高會。尊仲宣爲客卿。睹頒冰之適至。喜煩暑之暫清。王乃誇賓而歌曰。含皎皎兮瓊玉姿。氣淒淒兮奪天時。飲之瑩骨兮何所思。可進於賓。請客卿爲寡人美而賦之。客諾曰。美則美矣。而大王不識其短。夫

謂之瓊玉。竊名器也。氣奪天時。干陰陽也。內熱飲之。媒其疾也。寵一物而三失德。且出寒谷而至下。薦宗廟而至高。僕竊惑之。而歔欷安得不爲之而抽毫。何積陰之勝純陽兮。惟此元冰。居炎天之赫赫兮。獨嚴厲乎稜稜。其始也。月元冥。日北陸。天地閉。水泉縮。動靜一變。剛柔反覆。壯以烈風。積如羣玉。由是依廣澶漫。憑高崢嶸。大寒御節。萬動潛形。浮彩皓皓。仰吞素靈。羣山旱曙。陰壑夜明。古者祭之黑牡。其藏以節。祓之桃弧。其出以潔。今明明大魏。禮物必備。實大王樽俎之常品。非小民造次之所致。若尊卑異等。頒命有度。碎似墜瓊。方如截璐。況粉壁雲矗。象筵霜布。座有麗人。皎然俱素。雖衆賓之同輝。諒爲物之難固。其竊名假質。以謬一時之賞也如此。若乃對修竹。臨方塘。俾炎作寒兮反我天常。嗟絺綌之失御。於三伏兮亦紈扇委篋。而內傷其嚴沍之威。以干陰陽之候也如此。若皎潔的皪。與時消釋。或沈珠於杯。或化璞於液。王將甘飲。聊以自適。豈知乎一寒一溫。日夜相激。久之以生疾兮。內外不和而怵惕。其歆意而媒疾也如此。觀其力足以淒一室。利庖廚。俾甘肥晚敗。醇醲不渝。非可調腠理。安營魄。奈何以誇。客陳王

於是艴然而慙曰。寡人生於深宮。懵於服食。左右唯燕姬趙女。侈服美色。微客卿之言。則何以雪余惑。方當命有司而徹冰。書盤盂以自式。

盧庾

庾。元宗時人。

梓潼神鼎賦 以靈瑞珍寶出爲韻

於戲。德包生植者。不能動彼天之道。瑞及飛走者。未能感無一疑之實。故知瑞之大者。下及無心之金石。德之深者。上合不言之元造。我國家高選物理。光天順人。膺景命。闡

坤珍由是函谷關旁靈符出而啟聖梓潼郡內寶鼎光乎取新此鼎者聖人之大寶有國之神器量則宏深體乃殊異嶷如斷山之嵳峩屹若巨鼇之贔屭峙其足者可以象三德虛其心者可以含萬類不汲而滿不燃而沸內烹飪以養賢上歆雲而作瑞應火木之卦既調鹽梅鏤山川之容且禦魑魅是鼎也豈徒靈感亦有欵識不假雕鐫宛然文字實彼天之所錫表吾君之至治揚五百代之昌符成六萬年之寶位與夫遷鼎郟鄏卜代三十卜年七百者不可同日而議宜書於冊於帝之庭以合明應以昭神靈士

有聞而嘆曰昔黃帝作寶鼎三秦帝莫神鼎一周之衰也沈泗水而隱藏漢之盛也在汾陰而見出未有能來聖壽之無疆應人文以純吉竊亦欲負鼎於明主啟心而獻術若能使我徵於有商豈見遺於今日

閻寬

寬官醴泉尉

溫湯御毬賦

天寶六載孟冬十月霜清東野斗指北闕已畢三農亦休百工皇帝思溫湯而順動幸會昌之離宮越三日下明詔伊蹴鞠之戲者蓋用兵之技也武由是存義不可舍頃徒習於禁中今將示於天下廣場惟新埽除克淨平望若砥下看猶鏡微露滴而必聞纖塵飛而不映欲觀乎天子之入先受乎將軍之令宛駒冀駿體佶心閑銀鞍月上華勒星還細尾促結高鬐難攀儼齊足以驤首待馳鶩乎其閒羽林孤兒力壯身勇蓋稷門而未捷攀泰鼎而非重積習爲常成規親奉咸技癢而願効望鳴鑾而跂踵雲開紫殿日臨丹墀無譁眾士其局各司聖神之主於是乎帥師君前決死且不敢辭珠毬忽擲月仗爭擊並驅分鑣交臂疊

跡或目留而形往或出羣而受敵稟王命以周旋去天威兮咫尺有騁趫材專工接來未拂地而還起乍從空而倒迴密陰林而自卻堅石壁而迎開百發百中如電如雷更生奇絕能出慮表善學都盧仍騎騕褭輕劇騰狖迅拚鷙鳥捎虛而訝人手長攢角而疑馬身小分都驟滿別部行收哮㘎則破山盪谷踴躍則跳巒簸邱爭靡違於君子中寧謝於諸侯況賞罰之必信旌君國之大猷其中志氣超神眉目勝畫地祇衛蹕山靈捧靶眾沸渭以紛紜獨雍容而閒暇峩冠而雲散五色揮策而日迴三舍狀威鳳之飛

翔等神龍之變化此神人兮有作豈臣子之齊駕是時也天宇闢睿情歡命京尹將屬官美斯場之寵麗成今日之遊盤詳其指揮雅標幹事之首察其任使孰爲知人之難遂賞功而褒德何縑縞之戔戔尹乃拜手稽首逡巡不受曰子來之功臣何力之有夫稱物以平施則可大而可久故職司與役徒亦恩加其賜厚且稱玆藝精鍊古來罕見寓今斯成伐謀足擅可以震疊戎狄康寧寓縣漢祖未悟果有白登之圍唐堯闕修載勞丹浦之戰然明者覩於未兆戒者圖於不見城誠狹頗積往來之勤馬雖調恐生銜

橜之變憑覽則至樂躬親則非便帝曰俞忠哉眞知言之選

孔璋

璋許州人天寶中上書請代李邕死配流嶺南

理李邕疏

山東布衣臣某言臣聞明主御宇捨過舉能取材棄行烈士抗節勇不避死見危授命晉用林父豈念過乎漢用陳平豈念行乎禽息殞身豈愛生乎北郭碎首豈愛死乎向若林父死陳平棄百里不用晏嬰見逐是晉無赤狄之利漢無皇極之尊秦不幷西戎齊不霸東海矣臣伏見陳州刺史李邕學成師範文堪經國剛毅忠烈難不苟免往者張易之弄權人畏其口而邕折其角韋氏恃勢言出禍應而邕挫其鋒雖身受謫屈而姦謀中損然則邕有大造於我邦家也前宋璟每厚遇之豈以才重抑嘉其忠於國矣今聞坐贓醜敗厥行且斯人所能者拯孤恤窮救乏賙患積而能散家無私聚陛下下吏訊之聞諸道路執法者將加之以極刑噫天之將喪斯文死在朝夕永辭聖代臣聞生無益於國不若殺身以明賢臣顧朽材輪轅無取徒歎

視禽息雖生何爲況賢爲國家之寶社稷之衞若喪國家之寶失社稷之衞哲人云亡國將若之何是臣痛惜深矣臣願以六尺之軀甘受膏斧以代邕死臣之死所謂落一毛邕之生有足照千里然臣與邕生平不款臣知有邕邕不知有臣是臣不逮邕明矣夫知賢而舉仁也代人任患義也臣獲二善而死死且不朽則又何求陛下若以臣之賤不足以贖邕厲門縫掖有足效矣伏惟陛下寬邕之生速臣之死令邕率德改行全林父曲逆之功使臣得瞑目黃泉附禽息北郭之跡臣之大願畢矣陛下若以陽和之

始難於用斧鉞俟天成命敢忘伏劒豈煩大刑然後歸死皇天后土實鑒臣之心昔吳楚七國叛周亞夫得劇孟以爲寇不足憂夫以一賢之能敵七國之衆伏惟陛下敷含垢之道存棄瑕之義遠思劇孟近取李邕豈惟成愷悌之澤實亦歸天下之望臣先君孔子曰鄉人皆惡之未可也況大禮之後天地更新赦而復論人誰無罪惟明主深思之臣聞士爲知己者死且臣不爲死者所知而甘於死者豈獨爲惜邕之賢亦成陛下矜能之德惟明主圖之臣璋死罪死罪

韋建

建字士經天寶中爲河南令

對名田判

乙爲列侯名田縣道有司糾云既違新制請沒入縣官乙訴云雖已受封實未之國不伏

錫社啓土開國建侯惟彼占田制無踰等贍言縣道未可裂封乙實無良不能幅利憖晏嬰之辭邑雖謝能賢非丞相之出關未宜加罪必也異蕭何之窮僻同王立之占求則漢典可遵殷鑒斯在待於閱實方正爰書

黔州刺史薛舒神道碑

名位所以寵賢爵祿所以馭貴德盛者慶遠源深者流長垂裕後昆啓迪前烈今見其人矣薛氏之先奚仲爲夏車正仲虺爲湯左相與滕爭長薛實先封佐漢登臺因而胙土河東冠族代不乏賢五代祖道衡隋吏部侍郎內史侍郎隋文帝創造霸圖發揮綸翰變當時之文體高祖收皇朝行臺金部員外天策府學士我太祖之經綸王業專掌詔檄擅經國之詞宗凡所事業著於史傳曾祖元超皇朝戶部尚書中書令汾陽縣開國男丹青景化金玉王度訏謨載於盟府故事留於臺閣祖毅皇朝鄜州洛交縣令太子舍人父儒童皇朝京兆府醴泉縣丞贈梁州都督潛德養蒙晦明藏用位不充量道屈安卑武子之德在人太邱之德益茂府君諱舒字仲和醴泉府君之長子也元和誕靈純粹時秀覃訏有異敏惠夙成聞詩禮之義方深仁明之正性讀書知王霸大體覽史慕名臣高節脫略細務經濟遠圖銓衡賞擢年十九授華州司士參軍從累考也轉相州司法參軍又遷岐州司功參軍鄜郡舊都扶風左輔掾曹之選必先才地以儒學飭吏以明察莅官筮仕之初

有令名再命而傴不忘循牆之恭三語故稱則聞趨府之譽堆案之下析滯無虞天寶初寰宇昇平典刑攸敘旁求端士以授法官拜大理寺丞敬爾繇獄有郡吏抵犯議合惟輕台臣作威俾令從重服念累日至於旬晬苟有動搖必將頗類彰書厥狀實曰非辜初秉直而不移終忤權而獲罪貶青州司戶參軍君子曰守法不回正也移官無慍達也道不可屈身屈何傷無何授金州司馬遷夷州刺史舉淹滯擇廉平也至德初遷渝州刺史西通楚道北控漢中山鎮縉雲峽通明月歌來暮於巴俗願借留於梁境昇

課最矣君理行第一所居必聞冉季膺政事之科龔黃獲循良之首累遷巫溪二刺史兼少府監殿中侍御史溪洞雜類蠻夷徼外緩耳素服小有底寧言語之所不通撫柔之化風靡寶應初皇上以四郊多壘五谿未安乃拜黔州刺史黔中經畧招討官觀察處置鹽鐵選補等大理卿兼御史中丞黔中者禹貢荆州之域秦開武陵郡其啟土也大其貨殖也殷有廩君之土舟擅寡婦之丹穴惠化所感無思不服昆明者西夷絕域開池習戰漢所未通遠聞德政翻然納款琛賮尤物來獻於重譯紫泥寶書屢榮於手詔尋加金紫光祿大夫御史大夫河東郡開國伯賞茂勳也十郡土風百域異俗輕劓呰窳姦宄矯虔示之以威信興之以禮讓華風變於夷裔膏雨浹於殊壤方將作鎮藩翰永為長城天不慭遺人將安仰以大歷十年四月二十五日薨於溪州之公館春秋六十有八勤王事也魏闕將朝來展韓侯之覲荆州罷市深懷叔子之仁百蠻感慟三軍雨泣惟君愷悌之性始於閨門忠義之誠聞於邦國少有大量幼而老成結綬勤王敬恭朝夕精識可以應務明斷可以析疑每推是心以接於物魏其廡下金盡散人汜

毓室中衣無常主而雅好文酒醉猶溫克陶然忘機傲然自得儻來軒冕曾不在懷此則山簡之疎曠莊周之造道貴而不驕謙遜每推於寮友寬而能恕喜怒不見於家人信大雅之保身中庸之蹈道況乎負才器以身許國剖郡符簡易之風政行於南國者二紀領藩鎮者十年凡所條奏上簡聖心汝實專征嘗受元戎之鉞我惟共理兼榮副相之印充國之功宣右地伏波之式是南邦遺愛去思古今一揆君外祖故中書令逍遙公韋嗣立先朝碩德叔父故陳留郡太守河南採訪使江童當代名賢季弟前吏部

侍郎今宣州刺史宣歙等州觀察使邕朝之俊茂旣闕隋朝至今掌綸翰者四葉天寶之後膺方面者三人中外相門奕代文學閥閱之大莫之與京夫人京兆韋氏故工部尚書東都留守虛心之次女婉淑之德早映圖史柔明之姿動成師範方保榮於韓樂奄追悼於潘詩以永泰二年三月殂逝巫州官舍追贈扶風郡夫人從夫貴也長子前鄉貢明經安親次子左金吾衛兵曹安國早承訓導皆成器業才行之美孝友彰聞有志不時相次淪夭三子永王府參軍安郡髫稚之歲執親之喪致毀而終人踰所痛卜

云其吉列兆先塋不忘孝也第二女故梓州射洪縣令杜滔妻至孝純深提攜孤幼江山險阻扶護言歸誠孝所通龜筮協吉喪事不敢不勉備物必誠必信聖恩震悼贈禮部尚書賻物三百匹仍令中使監護弔祭儀仗禮優常等飾終之典迴日月於佳城詔葬之儀濡雨露於泉隧以大歷十一年七月二十日合祔於萬年縣棲鳳原禮也季子太常寺奉禮郎遵誠協律郎遵誨太祝遵訓等七人童丱而孤孺慕罔極松楸已拱地邇先君棣萼前彫塋連愛子封之若斧尚行夫子之規坎不及泉白合延陵之禮余忝內弟早荷周旋傳盛德而備詳敘高行而無愧詞曰

汶水源長條山連岡鼎氣發祥大族其昌車正仕夏鈞衡佐湯藾君法令內史文章德厚慶遠才優道彰中書政本綸閣傳芳時稱茂緒代濟業祉學小申韓藝通墳史邦有良翰朝推端士析滯列曹申寃大理三黜無慍九遷茲始州縣蹔勞雲霄則邇西南重鎮實倚長城夷落風變蠻陬化行駐車決遣攬轡澄清赤舄命服朱綸錯衡霜飛憲簡露溢戎旌絕域輸款殊方獻誠牙璋旣備介圭方覲仁則宜壽天胡不憗迢遞江山悲涼旅櫬震悼宸衷哀痛藩鎮

詔使護喪同盟執引哀哀孝子煢煢弱允銘德敘功庶乎傳信

王之賁

之賁并州人長安尉之咸弟

對初稅畝判

所司初稅畝怨者實多僉議罪其變法中尉云匪躬之故兩稅不同

飭力長財任農勸業利則已久稅宜在均或乘弊以斂輕或因虛而斂重邦都以入未息夫家之征倉廩是資仍鞭

什一之稅。籌茲變法。初欲賸官。亦猶搜粟都尉。冀立卓時之策。司農中丞。用成強國之算。雖將實於邦府。恐多奪於吾人。人其不足。國也何有。徵之以古。則魯公之制難循。用之於今。則有若之言可尚。出其過籍。非禮誠深。言人匪躬。過之已甚。

欽定全唐文卷三百七十六

任華

華元宗時官祕書省校書郎。出爲桂州刺史參佐。

明堂賦

粵若稽古巨唐。千靈累聖。二葉重光。思文烈以宗祀。象天地之圓方。考遺訓。建明堂。俯南端之赫赫。擬北極之鏘鏘。盤螭黝糾捧神珠而高翥。遊鵾翕習。仰層檻以迴翔。星辰出納於疏牖。虹蜺縈帶於軒廊。遠而望之。若扶桑吐日生高岡。近而察之。若叢雲轉蓋陵昊蒼。屹崢嶸以岑立。漫披離而翼張。其奧祕也。懿濞退槩。靈仙髣髴。肅枚枚以實實。

窅眇清爽。日月來往。赫昈昈以煌煌。階陛嶙峋而分據。欒櫨磊落以相望。實造化之難測。非輸墨之所詳。吾君正冠冕。垂衣裳。佩玉璽。腰干將。猛虡列。崇牙張。百揆時序。萬國來王。敦行尚年。既在南而近夏。貴仁親族。乃居東而曰陽。中主尊於太室。西尊德於總章。務兢兢之孝理。匪晏晏之樂康。然後知嚮明之位正。隨時之教臧。因方備色。乘五運以順行。選士養賢。崇四學而敷令。豈直若斯而已哉。其宮十二。以象辰。行水四周而爲海。堂筵楣徑。可以見乾坤之籌策暑往寒來可以知六九之變改室也州之數總也卦之在高得黃鍾之實柱懸列星之彩畢千古之能事終一人之不宰至有虞之總期夏后之太室殷重屋以五周太廟以七伊數君之餘制各殊途而並逸雖信美於當年是無取於今日別有清河絆鳥長沙求贄討論公玉之圖錯綜伯喈之議儻繡桷之有漸庶青雲之可致

與庾中丞書

中丞閣下公久在西掖聲華滿路一昨還拜中憲臺閣生風甚善甚善華竊有所怪請試言之何者華自去冬拜謁

偏承眷顧幸辱以文章見許以補袞相期衆君子聞之當信矣華頃陪李太僕詣闕廷公乃謂太僕曰任子文辭可爲卓絕負冤已久何不奏與太僕丞華也不才皆非所望然公之相待何前緊而後慢若是耶豈華才減於前日而公之恩遇薄於茲辰退思服念良增歎惋耳況華嘗以三數賦筆奉呈展手劄云足下文格由來高妙今所寄者尤更新奇公言之次敢忘推薦朝廷方以振舉遺滯爲務在中丞今日得非公言之次乎當公言之次曾不聞以片言見及公其意者豈欲棄前日之信乎華本野人常思漁釣尋常杖策歸乎舊山非有機心致斯扣擊但以今之後進咸屬望於公公其留意焉不然後進何望矣任華頓首

與京尹杜中丞書

中丞閣下僕常以爲受人恩不易何以言之昔辟陽侯欲與朱建相知建不與相見無何建母喪家貧假貣服具而辟陽侯乃奉百金往稅焉及辟陽侯遭讒而竟獲免者建之力也其後淮南王以諸呂之故誅辟陽侯而建以曾往來亦受其禍是知相知之道乃是禍福存亡之門固不易耳僕到京輦常以孤介自處終不能結金張之援過衛霍

之廬苟或見招輒以辭避所以然者以朱建自試一昨不意執事猥以文章見知特於名公大臣曲垂翦拂由是以公爲知已矣亦嘗造詣門館公相待甚厚談笑怡如僕由是益知公懿德宏遠必能永保貞吉而與人有終始之分不然何乃前日輒不自料而有祈丐於公哉若道不合雖以王侯之貴親御車相迎或以千金爲壽僕終不顧肯策款段崎嶇傍人門庭開強言乎矧僕所求不多公乃曰亦不易致即當分減然必若易致則已自致矣安能煩於公且凡有濟物之心必能輟於已方可以成濟物之道公乃

曰分減豈輟己之義哉況自掌見許已經旬日客舍傾聽寂寞無聲公豈事繁遺忘耶當不至遺忘以爲閒事耶今明公位高望重又居四方之地若輕於信而薄於義則四方無所取惟公留意耳任華頓首

告辭京尹賈大夫書

大夫閤下昔侯嬴邀信陵君車騎過屠門而信陵爲之執綏此豈辱公子耶乃所以成公子名耳王生命廷尉結襪廷尉俯僂從命無難色此豈辱廷尉耶亦以成廷尉之名耳僕所邀明公枉車過陋巷者豈徒欲成君之名而已哉

竊見天下有識之士品藻當世人物或以君之才望美則美也猶有所闕焉其所闕者在於恃才傲物耳僕感君國士之遇故以國士報君其所以報者欲澆君恃才傲物之過而補君之闕宜其允迪忠告惠然來思而乃躊躇數日不我顧意者恥從賣醪博徒遊者乎觀君似欲以富貴驕僕乃不知僕欲以貧賤驕君君何見之晚耶抑又聞昔有躄者恥爲平原君家美人所笑乃詣平原君請笑者頭平原君雖許之終所不忍居無何賓客別去過半平原君怪之有一客對曰以君不殺笑躄者用君爲愛色而賤士乎原君大驚悔過即日斬美人頭造躄者門謝焉賓客由是復來今君猶惜馬蹄不顧我況有請美人頭者豈復得哉僕亦恐君之門客於是乎解體僕解體者也請從此辭任華頓首

上嚴大夫牋

逸人姓任名華是曾作芸省校書郎者輒敢長揖俾三尺之童奉牋於御史大夫嚴公麾下僕隱居巖壑積有歲年銷宦情於浮雲擲世事於流水今者輒魚釣詣旌麾非求榮非求利非求名非求媚是將覩俯仰察淺深何也公若

帶驕貴之色移夙昔之眷自謂威足凌物不能禮接於人則公之淺深於是見矣公若務於招延不隔卑賤念半面之曩日迴親眼於片時則公之厚德未易量也惟執事少留意焉且君子成人之美僕忝士君子之末豈不敢成公之美事乎是將投公藥石之言療公膏肓之疾未知雅意欲聞之乎必欲聞之則當先之以卑辭申之以喜色則膏肓之疾不勞扁鵲而自愈矣公其善聽之何者當今天下有識諫之士咸皆不減於先侍郎矣然失在於倨闕在於恕且易曰謙謙君子卑以自牧論語曰君子之道忠恕而

已矣公之項者似不務此道非恐垂於君子亦應招怨於時人禍患之機怨讎之府豈在利劒相擊拔戟相撞其亦在於辭色相干拜揖失節則潘安仁以孫季獲罪嵇叔夜爲鍾會所圖古來此類蓋非一也公所明知之又安可不以爲深誡乎必能遇士則誡於倨撫下則宏以恕是可以長守富貴而無憂危矣成人之美在此而已矣念之哉任華一野客耳用華言亦唯命不用華言亦唯命明日當拂衣而去矣不知其他

送李侍御充汝州李中丞副使序

華州汝州兩京股肱郡也朝廷以股肱之郡非有股肱之才者則不可造次任焉是以命華州牧兼御史中丞李公亟乘轅於汝所以輟於華而急於汝者何蓋由華已致理而汝久缺人久缺者何不易其遷故也然則州有兵而刺史爲之使使不可以獨理爰命前監察御史李公爲之副淸泗上朝周之路絕漢東封汝之心屹然長城蕃我王室亦在副貳之力也且御史仲兄金吾將軍嘗處中司之雄職鎭於上洛之要地招我於芸閣之上假我以栢臺之榮與華甚厚同於骨肉華見侍御如見金吾方將遠別值余有犬馬之疾不遂攜酒灞岸賦詩河梁魂消暮雲心折秋草而已矣汝穎自古頗多奇士荀陳令族豈無子孫君其善待之無忘推遷至如公堂閑坐對三十六峯或青雲半收或新月初掛當有佳句時時寄來

送王舍人歸壽春侍奉序

太子舍人王良輔時人覩之呼爲玉人我心重之有如瓊枝今隴西公卽舍人譚公之親也公尤哀而憐之情義同於長兄禮秩優於諸弟夫如是豈得爲萬里之别乎蓋以舍人急於倚門之期切以趨庭之戀若之何因留之贈言

贈言伊何莫過於勤孝立身伊何莫過於守正而已秋天壓溟海白波走洞庭後期何日悵惘猿聲

送祖評事赴黔府李中丞使幕序

自武陵守擁旄分閫有唐已來李公一人而已自非忠義特達有文武才畧者曷以致茲公以黔巫之地西控微瀘彭濮東接桂林象郡北漸巴峽南馳滄溟蓋蠻夷獷俗罕遵聲教必藉於幕畫而詳延祖生豈伊異人卽我府主隴西公之嘉客也方將表於金闕而加之鐵冠適會有黔中之命相繼而至夫天下之寶當與天下共之況黔中桂林

兄弟之國又何閑然哉俾朝廷知黜中得人與桂林得人何異出餞何許舜亭峩峩凭檻窺竈鼉之窟酌酒滴魚龍之背金石絲竹雖有秦聲青山白雲恨非吾土華承命製序因贈以言不慮吾子以忠貞爲本又當指蹤不選地感恩不顧身死見賢良則引而薦之勿憚勿疑見仇怨則報之以德勿瑕勿疵吾常以此爲終身之寶今以終身之寶贈君以爲何如也

送杜正字暫赴江陵拜覲叔父序

吾見驥子齠齔之時愛其神清知其才清今果爾也頃漂

淪荆楚旣孤且貧求食於誰託身於誰四海茫茫未獲所寄及遇我隴西公獲所寄矣公以故人之子憐而收之去溝壑而寄乎南山罷轉蓬而蔭於桃李君子曰隴西公在正字爲不孤巳今離叔父頗久覲歸阮家之巷感知巳厚恩尋赴李膺之門華與臨別撫其背曰高門積慶無忘乎聿修厥德大名難繼宜其自彊不息念哉

送温司馬進降誕方物序

昔者黄帝生於壽邱文王生於岐陽數千年閒以爲盛美況我明主感龍而生如鳳之鳴黄河爲之清率土爲之寧豈壽邱岐陽足云哉是以四方牧守咸獻方物用賀南山之壽長居北極之尊今此邦使乎誰膺愼擇則司馬温矑其人也矑相門子温其如玉五德備焉堅其如金百鍊成焉旣出車彭彭羣公追餞於北郭草草亭巃嵸羣峯疊出青石逶迤秋水下藏碧沙對此爲別飲酒而巳

送宗判官歸滑臺序

大丈夫其誰不有四方志則僕與宗衮二年之閒會而離離而會經途所亘凡三萬里何以言之去年春會於京師是時僕如桂林衮如滑臺今年秋乃不期而會於桂林居

無何又歸滑臺王事故也舟車往返豈止三萬里乎人生幾何而倐聚忽散遽覺若此抑知巳難遇亦復何辭歲十有一月二三子出餞於野霜天如掃低向朱崖加以尖山萬里平地卓立黑是鐵色銳如筆鋒復有陽江桂江畧軍城而南走噴入滄海横浸三山則中朝羣公豈知遐荒之外有如是山水山水旣爾人亦其然衮乎對此與我分手忘我尚可豈得忘此山水哉

桂林送前使判官蘇侍御歸上都序

桂林秦所置郡也南臨天池東枕滄溟西馳牂牁北走洞

庭地方三千里帶甲數萬卒實五府一都會矣連帥之任朝廷難其人往年命御史中丞張公公號爲稱職去年又命我以佐之初張公受命之日以爲五嶺荒服不同於他邦百蠻獷俗不可以獨理乃薦武功蘇澥自祕書省校書郎除金吾掾攝監察御史以佐焉澥在幕中多所匡輔洎張公家艱去職澥統其留務澡其正色操持紀綱而十州之地晏如也洎我公至止覩其迹而美其政將表請焉澥辭以久辭墳墓不見兄弟已六年願得生入武關一到闕下足矣公從之或筵於西堂或餺於東樓或饌於亭皋凡

飲餞之盛未有若此之綢繆者也且予有善公爲揚之予有功公爲敘之予有患公爲排之予有屈公爲伸之亦何異脫騏驥於鹽車擲秋鷹於天畔乃騰驍難料擊搏在卽亦足以快意矣且爾兄吾兄也爾身吾身也雖萬里爲別何別之哉雖然不能不愴恨儻見二相國當爲深陳江嶺安危之體焉料子必見潘庶子因登高把酒南望千峯白雲離披橫在山畔與我疇昔所見豈有異乎由是益令人思北歸

送姜司戶赴宣州序

士莫不伸於知己屈於不知己頃姜生以調集不偶薄言東歸乃告辭於吏部徐公公素知其才惜其去竟不與之別無何授宣城掾得不謂少伸於知己乎秋天晚晴碧色如掃橫度一鳥時時行雲益令姜生有懷吳會況還家有循陔之慶趨府有牒辟之命哉僕與斯人曾未覩止其友人姜正範與余善邀余序之範誠以我筆家流則不知姜意以爲何如也

送李彝宰新都序

宗室後進有以學術辭藻著稱者彝也少好學通九流百

家之言善屬文頗有大節去年制舉不捷無何以書歷抵二相國論安邊術由是召試西掖凡數十百人彝與莊若訥高郢同入高等何垂翅於制舉而奮翼於西掖哉蓋道之屈伸命之通塞各有時也執政以彝大人在蜀故授新都以榮之彝豈不欲高步臺省時時與朝廷羣公談笑所以俯就遠縣蓋爲大人屈耳秦雲滿天倏聚忽散與子分飛亦爾也古人別遠貴於贈言子昔爲什邡令蓋鳴琴不下堂而理今領新都則異於彼焉蓋以盧井灰於焚爇之後甿庶瘡於刀箭之末樹立存育洪惟艱哉況奔衝塡湊

晝夜風雨誅求供應旬晦山岳其親庶務則宜戴星而出戴星而入焉其接賓客則宜一沐三起一飯三吐焉此朋友之望也如月照雪峯花飛錦江當有新詩時時復寄來念之哉李生

秦中奉送前涪城賀拔明府歸蜀序

吾嘗以忠孝禮義清慎此六者士君子立身從政之道而兼之者稀涪城兼之矣何以知之嘗糾余郡又宰吾邑每升其堂以觀其政況不以編戶遇我而以國士待我情願交深貫於金石自我不見於茲五年長安相逢如自天落

而喜可知也公以時命未偶駕言于歸南山巖巖分我鄉之南北秦雲日暮類吾徒之聚散況公之仲兄季弟與余爲忘年友涪水春風巴山秋月靡游不同久阻山陽之歡又此河梁之別二事交戰祇醉我心今紫微郎常公朝廷之詞伯而公之舊也君其請賦一詩以大誇西蜀父老矣

薦福寺後院送辛嶼尉洛郊序

一昨渭北節度工部尚書臧公表薦辛嶼尉洛郊蓋知嶼事親以孝聞與朋友以信聞於吏道以幹聞不然非所聞也秋七月將之官乃胥命於此寺後庭蓋所以破臨歧之妄想銷操袂之煩惱也僧院少客蒼苔滿地終南曉晴洗然黛色日暮飲罷鐘聲傍山贈言曰子之叔父以清白著稱歷踐臺省官至二千石子其克已自勵無墜叔父之風

送李審秀才歸湖南序

平西原之歲隴西李審自湘東來才甚清氣甚和節甚奇心甚高僕是以恨相知晚也秋九月又言歸於湘東衆君子出餞於北郭碧峯巉巉出於柏梢有如虎牙夾天而立加以白日欲落挂在巖半橫照灞水月帶微明操袂於茲揮袂於茲恨無崑山片玉以相贈贈君桂林之一枝審再

拜曰幸甚

重送李審却赴廣州序

吁嗟乎蒼梧之片雲或隨風而東或隨風而西片雲既如是孤客亦如是昨日李生言歸湘東今日李生將赴南海昨日今日豈有二李生乎亦猶前日蘇秦與今日蘇秦不殊耳所以然者何耶蓋乘流則進見機而作明有志於四方非凝滯於一途其中或有不得已之事亦不怪有也昔孔某嘗爲東西南北之人張儀亦爲燕趙齊楚之客其已乎滄波遠天混和暮色孤舟一去曷日而旋歸哉

送標和尚歸南岳便赴上都序

南岳有大比邱其名曰道標性聰惠穎悟通於禪門精於律儀善於說法該於儒術是以禪師伯之律師仰之法師宗之儒流服之自登戒壇凡四十餘夏致弟子彌漫於江嶺閒不下萬二千人不然安得前後連率新舊岳牧莫不嚮風稽首焉屬我中司隴西公方崇東流之法化南越之俗是以惠然杖錫而公待之禮敬甚厚前隴西公曰維摩經不云乎法無往來常不住故金剛經不云乎應無所住而生其心每念雙林樹下將歸乎湘東郡又憶王舍城中

當詣於漢北闕公難違其意悵然久之乃命幕中樂安任華爲之序序云彼上人者甚爲稀有方以般若爲舟而浮於洞庭以大乘爲車而游於京師皇帝深信釋氏必將延入內殿問以祕藏豈唯將相得歸依之地王侯發迴向之心而已乎王疑曰如吾言焉

送虔上人歸會稽覲省便游天台山序

圖書所載名山如天台者鮮矣故老萊游於斯應真游於斯虔上人亦游於斯老萊崇於孝者也應真崇於道者也二公之美上人兼而有焉上人緇侶之澄肇詞場之沈謝讀盡貝葉能了於空淨如蓮花不著於水不然安得眾君子禮敬若是焉言歸滕下則孝名爲戒將遊物外而朗詠長川豈徒蔭長松以隱身承瀑布以洗足是將採掇靈藥搜訪仙經歸獻北堂永同西母也鏡湖秋月當見色空稽山片雲能引詩興剡溪白鳥知爾無機雲門疎鐘訝君來暮豈不謂然耶今朝贈別桂林花洞庭白烟濕袈裟上人與君各在天一涯

送魏七秀才赴廣州序

此邦詞客往來亦云多矣其有論詩則爲詩人對酒則爲

酒徒如魏秀才元稹者不可多得況爾兄殿中侍御史萬成吾友將爲遠別豈同他人江亭暮天匆辭一醉醉後解纜則月照滄海猿啼碧山其奈爾何

夏夜對雨餞李玕擢第還鄭州序

今年東都秀才登第者凡十數人隴西李玕爲之稱首且宗伯方以拔淹滯懋勸舊爲務而玕則年甫二十餘豈張公意耶其如考舊文則上等試文策又上等欲以年少棄可乎不可也朝廷由是翕然謂張公之用心也周選才也當不膠柱於一途耳夏五月李玕將歸於鄭我中司李公

惜明晨東郊之别成此夜西園之會桐葉滴其疏雨竹枝鳴其夕風夜酒既醉俾我小爲之序

隨求即得大自在陁羅尼神咒經序

我本師說教務存饒益會因啟聖方有激揚則大梵懷愍念之心如來演神妙之句使無願不滿有求則隨故此經標之爲其品題矣夫大自在者天之王陁羅尼者咒之目蓋以憑神咒威力同天王自在且咒有八首除八難也經惟一軸明一乘也若聽受講誦若書寫帶持即是金剛之身便作如來之眼是知煩惱大海本從妄想中生業障高

山亦因覺悟而破則頸邊瓔珞衣中寶珠未足比其珍矣懿夫能摧他敵不假韓信之登壇能致甘雨乃同傅說之作相此則有功於國矣至若火坑成水刀刃爲塵毒龍生慈夜叉作禮此則有功於人矣及乎泥黎自苦阿旁驚怪人便生於天上塔猶在於城南此則有功於鬼矣非我有九十九億那由他諸佛同心同德安樂天人曷致於此矣粵有雅和尚者誕生中土如從西域而來不讀外書只說東流之法丙午歲訪余於景城西巖之蘭若從容曰此咒有不可思議之力竟無序述謂之何哉華荅曰唯然和尚謹聞命矣將欲無垢之咒可驗淨居之言足徵豈獨施於信者亦將悟彼疑者若可信而不信不應疑而疑則三途之中不出入此輩畧述少言耳亦乃勉旃諸仁

西方變畫讚

離一切相修諸善法夫如是乃得菩薩心心所感者爲應夫如是乃膺多福道無上者歸極感罔極者報親在心佛在相唯心與相脣齒相依二事同源百行宗孝蔣氏兄弟惟孝也哉前殿中侍御史蔣鍊鍊弟前右拾遺鎮鎮弟前無錫尉鏑鏑弟前千牛鏠鏠弟前協律郎錡等泣血三年

哀過乎禮願西方上聖永福先人故尚書左丞贈太常卿汝南侯大祥敬畫妙法蓮華變一鋪惟此經開佛知見授聲聞記如來祕藏菩薩上緣始發乎鍊也伯仲之心見乎法如來大士之相終成乎太常無餘之度孝矣哉太常盛德公才師訓天下朝廷遂謙沖之德後生興祿士之歎邦國殄瘁元元安仰華太常故吏也侍御以華情之拳拳見示經變泣對靈相祇感遺仁侍御女弟潤州長史京兆王宙妻次前信州刺史高陽齊翩妻季前拾遺東海徐閎妻哀禮兼極此道也古所難況衰俗乎敬爲讚曰

大孝尊親。其次用勞。其次用力。蔣氏之子。三者備極。誠哉孝德。匱竭精素。哀空上慈。乃績靈相。光儀既備。景福隨之。並無衡量。

欽定全唐文卷三百七十七

柳渾

渾字夷曠。一字惟深。本名載。襄州人。天寶初進士。累除衢州司馬。棄官隱武寧山。召拜監察御史。除殿中侍御史。大歷中累遷尚書右丞。貞元元年遷兵部侍郎。封宜城縣伯。三年以本官同中書門下平章事。五年卒。年七十五。諡曰貞。

請禁田季羔貨宅奏

故尚書左丞田季羔。公忠正直。先朝名臣。其祖父皆以孝行旌表門閭。京城隋朝舊第。季羔一家而已。今被堂姪伯強進狀。請貨宅召市人馬。以討吐蕃。一開此門。恐滋不逞。討賊自有國計。豈資僥倖之徒。且毀棄義門。虧損風教。望少責罰。亦可懲勸。

柳識

識字方明。代宗朝官左拾遺。

爲潤州太守賀赦表

臣某言。臣聞元氣氤氳。生成道達。聖王教化。恩煦流行。自昔仁壽之時。皆同寬大之典。伏見五月二十九日恩制。昭洗庶獄廓清萬寓億兆欣戴人神叶心臣某中賀伏惟寶應元聖文武皇帝陛下體元立極至德提運俗阜和平之理天埀景福之祥故得年穀大豐五兵不用倉廩旣實禮義興行此以道合一作洽羲軒功格天地陛下聖德之至勞謙恤隱猶慮淳風未漸罹咎或多務寬典刑以廣覆載當一陰始生盛陽用事言念冒犯慘酷幽閉囹圄降元獻渙汗之恩賛朱明長養之氣而使省躬者自新有路懷生者得遂其情枯朽重沐陽和雲烟助爲喜色元元感戴皆見聖明一作慈遇此昌時生靈何幸臣忝庶職字人不任忭舞

欣躍之至

草堂記

海昏縣東北一二里有澄陂永泰初檢校左司郎中蘭陵蕭公置草堂於陂上偶然疏鑿從其易也虛楹東向清曠十里傍有古樹密竹一如籬落澄漪風篁終日不厭非出非處優游中道於茲三年矣柴篠爲門蔬圃取給怡愉色充止足於斯士君子皆仰其清達也清而多愛達而彌約曩昔持憲仁德恤刑進退之道道皆可勸予學史者也得而紀述思簡子天下之士往歲天子自鳳翔歸於上都大兵之後秦人陷法抵冒者衆疑似詿誤者倍之皇綱初振國典未一公職在畿甸位卑才露京尹器之委以決獄惟刑之恤上簡帝心向三年遷以持憲歷臺三院折獄如初或如絲棼因我繩直蓋亦多矣不其才難未止於此當此之時寇逆雖却而猶金方播氣事多陰勝公仁勇中發忘危與衆前後按乎舊獄察色見情疑似當刑口伏心怨果斷出之者數百人去其智足飾非盤根難狀爲無辜之害者亦十數人持憲如此仁乎至哉向使生全愛養之心不備乎陰陽運用之才則視人殘傷空歎息而已焉能密網

之中多所濟活昔人有生全之功高門待封者欲人行之所以彰其善也知止足者委順志之所以晦其善也其意不同同歸於德其德雖異觀各有宜詩曰愷悌君子人之父母此之謂也予家於修江之上十年矣茲地阻遠兵戈不至而猶日見乎罷人貨鬻之怨時聞乎豺狼凌肆之殘春對乎淒風苦雨之音秋經乎炎燠札瘥之氣又見野有此當益感歎而已大歷二年正月七日左拾遺柳識述

新修四皓廟記

國之所以病者在乎名分差賞罰謬賤妨貴孽代宗河決

樹顛可拱而俟夫聖人作則必建皇極敘彝倫植禮為務坦順為路使尊有定位下無覦心春秋垂子貴母貴之文年鈞德鈞之說姪娣審於左右文質殊其後先等威著明條貫纖悉選師保以教之設疑丞而輔之春誦夏絃一物三善故刑于寡妻文王之所以正家道也抗法伯禽周公之所以致頌聲也昔申后黜而小弁賦子朝寵而王室亂獻公從筮晉祀如綫楚建遇讒芊姓累棋列於格言垂作殷鑒漢高皇帝提三尺劍奮布衣夷秦翦項南面而帝及乎疎孝惠私趙王本根一搖海內失望向使安車空駕羽

翼不來蹈金寒玦離之蹤成母愛子抱之計四百之祚岌乎殆哉非四公之高名不能割漢祖肌膚之愛非留侯之奇策不能振大賢金玉之音然而顯晦異宜語默殊用塗山玉帛有櫛風沐雨之勞陋巷簞瓢無被髮纓冠之責兼濟獨善相與背馳唯四先生兩有之矣往者明祠頹壞靡有孑遺太傅兼中書令許國公爰命經營不日而就棟宇甚美神形若生如裁兔鹿之書似指狼羊之喻松涼桂燠雲白霞丹坐視天倪時聞地籟公秀發人瑞雍容國楨本於忠孝文以禮樂每絕編而嗜學常吐哺以迎賓至於戡定之懋勳廉察之殊政則銘於彝器藏在史官宜有如季文子者請之太史克者詩之非昧者所宜造次道也公以為四先生避秦亂逃漢祿而所立利澤如揭日月彼佩金印乘朱軒食萬鍾潤九里而括囊避事全軀保孥聞四賢之風可以有立志矣故公之飾是廟也見聖王固本之制焉有詩人伐檀之志焉豈特燭耀巖穴旌賁隱淪而已

琴會記

君子之座必左琴右書雅好閱古古亦置於舟車也大歷六年浙西觀察使蘇州刺史兼御史大夫贊皇公秖命朝

於京闕春正月夕次朱方刺史樊公稱江月當軒願以巵酒侑勝居無何贊皇公絃琴樊公和之演操相應澄清撫緩遞為伯牙更為子期琴動人靜琴酣酒醒清聲向月和氣在堂春風猶寒是夜覺暖罷宴之後贊皇顧潤州曰見明珠者始賤魚目知雅樂者方鄙鄭聲自樸散為器真意在琴與眾樂同出於虛獨能致靜同韻五音獨能多感同名為樂獨偶聖賢是宜稱德切近於道昔堯以美利利於天下曲名始暢自舜禹至於夫子不止且聲著哀思或當戚自陳其後居常翫之和理所措若然者寧龔陶公真意

空拍而已豈襲胡笳巧麗異域悲聲我有山水桐音寳而持之古操則爲其餘未暇是知贊皇所好無非訓典似有道而猶重之若此況乃眞有道之士乎輒紀述所論貽諸達者

茅山白鶴廟記

茅山舊句曲也本記云内有靈府空通五岳其外山形似乙因名爲句曲有軒轅鼎湖之後世多近智漸闊眞有故金闕玉清大聖至神之事眞靈時闡於人間以彰道妙則漢元帝世有茅君積襲道德來受仙任遊内統外澤加幽

顯邦人瞻戴因改爲茅山元教旣溥二弟亦此山得道三峯是三君駐雲鶴之所備詳傳記至明帝永平二年詔勅修崇其廟後代相承罔敢或替我國家統承眞胄宗奉至教天寳七載五月十三日於山之西偏制置祠宇度道士三人以修時醮列在祀典夫廟享功德顯然殊致以道而言則天地之外亦有覆載陰陽之外亦有生化斯乃虛而有象運而無形蓋顯爲皇王師範道之形器也隱爲眞靈變化道之精微也體雖隱顯心則感通有無交暢化乃大備初眞人旣受羽節留二弟於句曲而謂之曰吾今去便有局任不得數相往來要當三月十八日十二月二日邀師攜友以來遊盼有好道者待我於是乎吾自當科之有以相教則法之本也内習精眞沖寂外行廉清仁惠每歲春冬皆有數千人潔誠洗念來朝此山自漢至今宇宙開潛修精感轉相化誘其可勝紀乎若然者我眞人元功聖德陰騭妙用豈言能盡歟夫學道則所見無有不忘得道則所忘無有不在多泯迹於常或標靈引類不顯定一理始曰無方之用孰知終極是知聖人情忘愛存慈勸不已益見道之至也眞人昔將輕擧俯視六合虛徐翔翺於是

綵雲自異靈鶴自至者亦如天之運行日月爲照星辰爲曜則日月星辰爲天地光大之用天豈有之自是眞富也綵雲靈鶴爲眞聖昇虛之用聖豈待之自是眞貴也世之賢士高位濟俗乃無意於車輿道之眞仙孕元育化寧有意於雲鶴廟者亦如人思召伯而愛甘棠也道士容行延生法成韋崇珣等經營修奉歲月久矣願刻金石以誌於山唐大歷十三年太歲戊午三月十八日記

茅山紫陽觀元靜先生碑

道門華陽亦儒門洙泗蓋元化振於此也白日登昇有西

漢茅氏兄弟隱景遁化有東晉許氏一門襲明冲用以闡道風有梁貞白先生唐元靜先生開元中元宗禮請尊師而問理化對曰道德經君王之師也昔漢文帝行其言仁壽天下次問金鼎對曰道德公也輕舉公中私也時見其私聖人存教若求生徇欲則似繫風上悅因加元靜之號無何固以疾辭東還句曲先生諱含光本姓宏則天諱宏改爲李氏考孝威州里號貞隱先生家本醇儒廣陵人也夫性與道妙則真有運無古之學者離有得有不外觀馳景而內觀馳心不遠思化金而近思化欲今之學者多見

反是若迺行於真理窅然觀妙先示正性發明宗元則元靜其人也年十三辭家奉道端視清受慈向蠢動闇室之中如對君親時人見之性情皆斂幼工篆隸或稱過父一聞此議終身不書所撰仙學傳記闕遺備載又論二元異同著真經及本草音義而皆精詳袪惑窮理於學如鐘蘊聲其後師事華蓋峯司馬君雲篆寶書傾囊傳授既而目之曰真玉清之客抱虛無而行功者與道不窮託幽阜而滅跡者於德亦淺承之自遠宜且救人於是引後學升堂稟元訓也先生元氣不散瑤圖虛映達靈已久晦曜爲常動非用闕靜非默閑當吹萬之會若得一之初應跡可名常道不可名也羣蒙求我豈勞言說孕育至化虛融一心心一變至於學學一變至於道同淑氣自來得之不見所以樞衣而進無有遠邇仰範元和茂資全性者若秋芳之依層巘夏潦之會通川也先生忘情於身而慈於人禎祥屢應視同眾象士庶咨詢色授其意嘗令章壇閉院熏火擇薪精微誠敬率皆此類曩者天書繼至務欲尊崇公卿祈請信無虛月卒使元門之中轉見真璞持慈儉之寶歸羲黃之風至矣哉我師教也大歷四年冬十一月顧謂入

室弟子韋景昭孟湛然曰吾將順化神氣恬然若坐忘長往時年八十七靈雲降室執簡如生據真經斯迺秉化自由仙階深妙者也門人等以爲醴泉之味飲者始知我師之道學久方見願敘真宗以示於後忝曾遊道敢述元風銘曰

古有強名元精希夷黃帝遺之先生得之縱心而往與一相隨真性所容太無同規日行仙路不語到時人言萬靈我見常姿元宗仰止徵就京師紫極徒貴白雲不知退方後學來往怡怡空有多門真精自持委順而去人焉能窺

元科祕訣本有冥期大歷七年八月十四日建

弔夷齊文

洪河之東兮首陽穹崇側聞孤竹二子昔也餓在其中偕隱胡爲得仁而死青苔古木蒼雲秋水魂兮來何依兮去何止掇澗谿之毛薦精誠而已初先生鴻逸中州鸞伏西山顧薇蕨之離離歌唐虞之不還謂易暴兮文武謂墨縗兮胡顏時一叱兮忘饑若有誚兮千巖之閒豈不以冠弊在於上履新居於下且曰一人之正位孰知三聖之純嘏讓周之意不其然乎是以知先生所恤者偏矣當昔夷羊

在牧商綱解結乾道息坤維絕鯨吞噬兮鬼妖孽王奮厥武天意若曰覆昏暴資濬哲於是三老歸而八百會一戎衣而九有截況乎旗錫黃鳥珪命赤烏俾荷鉅橋之施俾伸羑里之辜故能山立雨集雷掃風驅及下車也五刃不礪於武庫九駿伏轅於文途雖二士不食而兆人其蘇旣而溥天率土咸爲周人吁嗟先生逃將何臻萬姓歸仰兮獨鬱乎方寸六合蕩蕩兮終踽於一身雖忤時而過周固嘔心而惻殷所以不食其食求仁得仁然非一端事各其志若皆旁通以阜厥躬應物以濟其利則焉有貞節之規各親之事靈乎靈乎雖非與道而保生可勗爲臣之不二

許先生潁陽祠庭獻酹文

壬辰歲夏四月客有自洛東游至先生遺廟而潁水古風舊山巋然追懷古蹤慕羨至道以時酒敬酹於靈旣酌旣拜獻乎言曰

天清旣能久地靜不能朽先生清靜天地全性出於胚渾入於鴻濛雲遊鳥遷蓊鬱和風當時帝道已半滋章欲深大樸散於人未散於山林乃有巢父杳冥同心堯齋公器退然見推遇聖相感不得不知耳雖濯於清流道終播於

無爲所爲春膏時蒸朽葉自滋先生含德唐堯發之潁陽之仁德日大天下之祿利日卑且聖王所重者名器至人所重者感通推以大名義同讓終廉能感俗道自爲功任應會之偶然生垂後之清風人登雲嶺多憶箕潁猗歟先生山水齊名茲焉遺廟萬古芬馨

李琚

琚頓邱人開元中進士官石山令

公孫宏開東閣賦　以風勢聲理暢休實久爲韻

客有海上浴德淄川養蒙業因才進位以經通當漢皇之

有道登股肱於此公順天招物德盛聲崇接士於衡門之下起閣於相府之東陽榮納日陰戶生風爾其建高規起崇制簷宇深靜垣牆閑衞取木非南澗之才延賓乃北山之滯訪善不日馴道以歲其選器也則收用而棄瑕其進德也則取材而遠勢故能克遐厥聲休績莫京宴私則布衣韋帶自公惟脫粟菜羹服之而德以廉恥食之而心以和平豈粱肉夏屋而賓實之名哉則知厚內者德先薄外者事理身正則遠怨心邪則近恥固惡盈而守沖誠見足而知止太常居甲第之日丞相作封侯之始是以作漢名

相惠音流暢誠前哲之用心豈後賢之缺望及夫人歿政絕閣廢道休俾馬廄之是宅奚人德之不修言念於此我心其瘳故知道劣者事微徇名者失實奚量才之遠近寧比跡於勞逸

陳正卿

正卿名晉以字行潁川人

望雲物賦 以察微表象書物備年爲韻

天道昭著靈臺聳拔將治歷以明時必仰觀而俯察誰敢倣擬曾不範圍既七政以欽若亦四序而發揮寒暑有次啟閉相依彼疇人以視遠類君子之表微維人有令維天有兆道在乎觀法用不揆彼分至之復應生雲物以縹緲俾占望以聿書將豐災以是表夫其大觀在上南正是掌審仁和之景色候肅殺之氣象授時莫愆行令靡爽舉祀物以昭報順禳祈之肸蠁若乃履端於始以正厥初分職辨雲既明於周典申命出日載列於虞書舉春奉始積閏歸餘節候應乎寒燠政令隨乎慘舒是用敬授以崇祇祓將舉正以畢中寧不軌而不物豈唯中臺端立永望以肆將以見天地之心辨剛柔之位庶乎有典有則克明克類

若夫春景載陽冬日已至望西成之平秩見南郊之敬致莫不參陰陽之則符璿玉之器審四時以成序察五雲而有備備用先天實惟有年儻靈臺之可頌庶無忝乎周篇

李齊古

齊古天寶時官銀青光祿大夫國子祭酒

進御註孝經表

臣聞孝經者天經地義之極至德要道之源在六籍之上爲百行之本自文宣既沒後賢所注雖事有發揮而理甚乖舛伏惟開元天寶聖文神武皇帝陛下敦睦孝理躬親

筆削以無方之聖討正舊經以不測之神改作新注朗然如日月之照邈矣合天地之德使家藏其本人習斯文普天之下罔不欣戴仍以太學王化所先孝經聖理之本分命璧沼特建石臺義展睿詞書題御翰以垂百代之則故得萬國之歡今刊勒既終功績斯著天文炳煥開七曜之光輝聖札飛騰奪五雲之氣色烟花相照龍鳳沓起實可配南山之壽增北極之尊百寮是瞻四方取則豈比周官之禮空懸象魏孔子之書但藏屋壁臣之何幸躬覩盛事遇陛下興其五孝忝守國庠率胄子歌其五德敢揚文教

不勝忭躍之至謹打石臺孝經本分爲上下兩卷謹於光順門奉獻兩本以聞

楊譚

譚肅宗朝官廣州都督

扶風郡賀慶雲見表

臣某言臣聞休徵所應克昭明盛之期靈貺攸歸必會升平之運伏惟開元天寶聖文神武皇帝陛下發揮眞宰撫育道樞致妙用於希夷納蒼生於仁壽故得風雲效祉動植呈祥臣所管内雍州界天柱山頂有元元皇帝古宮考時代而罔知覩寂寞而如在今月十四日辛丑皇妹持盈守法於宮前紫虛觀中齋心伏形爲陛下祈福忽有慶雲照耀施五彩於山巓嘉氣紛綸散重光於宮上其日從巳時至未時官吏僧道瞻顧彌遠陛下纘元元之仙籙授天寶之禎符千古未聞百靈何幸克叶天意必因人心表陛下無疆之福明陛下無疆之壽臣忝列方岳寄重分憂忭躍之誠倍百恒品謹寫圖奏以聞特望天恩宣示中外以光史策天下幸甚臣等誠歡誠喜頓首頓首

進孝烏頌表

草莽臣譚言臣聞自昔皇王撫運提象天錫禎應以光盛業臣伏見以爲至道有孚能招異類深仁所協克順天心陛下孝理天下孩視羣動恩被羽族感通陽精雖器車馬圖洋溢祕府而黃龍丹雀委積近郊此或爲常不甚專美豈如孝烏俯爾營巢不懼不驚以育羣子臣幸逢昌運好覽休祥萬古珍圖安能有此百代良史未之前聞況肅穆紫宸曉夕嚴警會弁星列爪士雲屯燕雀飛翜無相賀之所魚龍在棟成駭目之觀惟此孝烏晏然能馴明陛下深愛子物之慈表皇太子歸哺報恩之孝首出衆瑞莫與之

齋謹按符瑞圖云宗廟肅敬則烏至昔范賢對蜀主言慈烏知孝誠養之禽必有遠方懷而至者陛下聖策遠備威震遐戎暑地攻城無歲不克巴蜀之外今斯獲醜慈烏效祉可謂有徵加以遠降日輪近巢天宇據北辰以永固豈南風以遠枝自古攸傳無聞此瑞顧陳不朽垂裕將來謹獻孝烏旌德頌七首雖論揚之美有愧於清風而葵藿之心無忘於捧日謹投延恩匭奉表以聞冒觸宸嚴伏增戰越臣譚誠恐頓首死罪謹言

兵部奏劒南節度破西山賊露布

臣聞天分四序寒暑莫同地裂八方華夷各異言語不達詎可以政令齊苞茅不供乃可以干戈服黃軒有涿鹿之戰以定火災顓頊有共工之陣以平水害逖聽前古無能去兵將用撫柔遐荒混一書軌豈徒勞師玩寇黷武殘人而已哉伏惟開元天地大寶聖文神武應道皇帝陛下清靜端極無爲體道祖文德而耀昌期則種虜解甲恢武功而運上策皆慕化來賓惟彼西戎可逃天擊豈謂慈仁廣覆猶見背陽之禽聲教旁羅尚有吠堯之犬伏以南蠻亂德恃險偷生吐蕃舉國興兵資其叛逆頃者西山戰士及八國子弟因其窘逼遂欲憑陵敢懷猶鬬之心來犯必誅之令以正月五日率故洪臘城裏壘邛三節度兵馬八萬餘人分爲六道攻圍萬安柔遠明威平戎及保寧都護衛等五城驅牛馬有甚於谷量運干戈實踰於山積萬安城使金吾衛將軍張知海柔遠城使右金吾衛大將軍于仙障平戎城使武衛劉元果明威副使折衝管希光攝保寧都護折衝馬仙童等久戍邊陲備閑攻守或自固堅壁不發懸門或蓄其精銳誘以羸弱賊等不虞設詐競欲登陴再鼓當彼竭之餘一舉得我盈之勢矢石齊發噍類無遺

前後殺傷不可勝紀八國招討副使左羽林軍大將軍董當左羽林軍將軍董旁郎董畢郎右羽林董利董哥弄左驍衛將軍董利峯左武衛將軍董奉仇左威衛翊府中郎將先鋒黨利才統八國子弟八千餘衆并拜都護武士府健兒一千餘衆間道設伏潛入深林旗鼓相望晝夜苦戰自其月十五日都護武士殺賊衆退散至十七日遂攻合所圍明威柔遠兩城兵馬併力死戰攻萬安新城十八日都知西山子弟兵馬副使左金吾衛大將軍攝臨翼郡太守董郤麴左羽林軍大將軍兼靜郡太守董元智右羽林

大將軍兼蓬山郡太守董懷恩右驍衛將軍兼歸城郡太守董恩賢江源郡太守董懿右驍衛大將軍董仁麗折衝董弄封等領八郡驍勇并蕃漢武士等七千人自蓬婆路取牙山出其不意銜枚夜襲賊等震驚遂相殘戮棄其輜重稍欲抽軍蒼黃之際翦除畧盡漂杵之血方此非少積觀之屍今茲目覩同州節度副使都知兵馬使左羽林大將軍兼通化郡太守譚元受遣左金吾衛將軍裴振攝維川郡長史折衝張粲雲山守捉使折衝姚高侶攝天保郡折衝楊夏日攝司馬董元勤等率健獷三千人自滴博領入競施犄角之勢各陳擒縱之謀自正月五日至二月五日前後轉戰五十餘陣生擒吐蕃哥末國王渠時兵馬副使翟步離并士衆等二千餘人斬獲故節度副使且祿翁都知使乞呂徐男律熙等械牛馬羊等二十餘萬右威衛郎將康裕昌保寧都護府長史鍾景等恭承將命挺劒重圍宣傳聖恩曉諭將士遂得賈勇萬夫激節以少克衆實仗天威取亂推亡誠因廟算今長鯨就戮封豕載屠桃塞放牛徒聞往牒華陽歸馬稀遇聖朝無甚慶快之至謹遣威衛郎將楊如海奉露布以聞軍資器械別簿錄上

兵部奏桂州破西原賊露布

臣聞聲教無外修文德以來遠人職貢有虧耀武威而討亡命然則五材並用金革爲遏亂之資八卦相宣弧矢乃濟時之具事非獲已道豈爲謀將治衆以安人必除殘而禁暴歷覽古今誰能去兵未有捨禮樂而致升平奮干戈而宏大業者也伏惟乾元大聖光天文武孝感皇帝陛下明齊日月德配天地化同異類澤洎無垠寰宇巳墜而更興社稷將顛而復振崇勳累績曠古莫儔蠢茲魑魅之鄉敢恃犬羊之衆據其險要恣其寇攘西原羈縻舊染聲教被其不閒誘引同惡者多僭稱王侯偽署官爵旌旗蔽野鼓角沸天恣殺戮以威人將玉帛而濟衆方圓數千里控帶十八州丁壯並執其干戈子女盡充其僕隸自謂強盛轉加兇頑迫之則鳥散獸驚緩之則蟻結蜂聚老幼奔走耕稼失時萬井無烟兆人失業不賓王化於茲四稔臣前年銜命到州深入招慰示之仁信許其自新猶尚憑陵每行攻劫管內州縣日漸流離村落焚燒廬井空竭伏奉去年三月十日勅遣中使魏朝瑧宣慰凡諸首領皆賜敕書再三曉諭許其官爵但以炎方人物躁競者多承平以來

久絕朝命自蒙提獎感激殊私戮力同心傾家竭產訓勉子弟策勵甲兵介冑自出於私門糧儲不損於官廩向非陛下化周動植德及遐荒豈有不勞王師坐清氛祲去年二月二日睦州武陽珠蘭金溪黃橙等一百餘洞大賊帥偽號中越王廖殿偽號桂南王莫淳偽號拓南王相文偽號越南王莫潯偽號象郡王梁泰偽號鎮南王羅成偽號戎成王莫禱偽號南海王羅品等潛相結搆約二十萬衆跨壤連州志如梟獍風號雨嘯心等豺狼仍欲先破嶺南後圖嶺北遠近百姓皆不聊生臣遂激勸將士宣傳聖旨

誘以厚賞使其盡節皆決命苦戰非無損傷不顧危亡志懷忠勇大首領梧州長史鎮南副都護攝柳州刺史西原遊奕使張維南率勸首領統茲軍政萬夫齊進一舉無遺都知兵馬使朝散大夫象州刺史成匝領當管及柳州刺史衡州等戰手共一萬人卷其旌旗踰挺爭先膺有渠魁當陣斬獲經略副使朝議郎行賀州長史穆成搆防禦副使朝議郎梧州長史任早梧州刺史本州防禦使李抗先鋒總管梧州長史秦匡朝四界遊奕使廣州番禺府折衝譚崇慰及總管子將等五百餘人并西原環古等州首領方子彈甘令暉羅承韋張九解宋原等五百餘人各領子弟并部外義征及總管內戰手共成二十萬衆或擐甲伏兵縱其救援或致果決勝扼其喉咽左右夾攻飛走無路諸將及首領等義在竭誠以死無生以晝繼夜或攻或圍當其彼竭之餘遂得我盈之勢封豕既戮長蛇又屠餘黨喧騰自相蹂踐勢如解籜事等摧枯指揮而夷獠喪魂叱咤而山川阻色賊等既因失律不知所向或連袂墜谷自成積觀之尸或帶刃投江有同漂杵之血橫行歲久驕縱日深勢如雷霆莫敢拒敵臣乃陳師誓衆思各忘軀自春

徂冬凡經二百餘日前後苦戰各三十餘陣破賊二十萬衆斬首五千餘級以頭首喪亡餘黨奔亂窮滅之後然始求降臣伏以人無盡劉道忌太甚因陛下好生之德合陛下至仁之心於是宣傳聖恩示其生路大賊帥武承裴敬簡等二人餘衆竄伏無地周章失圖解甲輳門面縛請罪臣便脫其桎梏仍加宴賞兼賚匹帛散於營農各分疆界使其斥堠遞相轄控永絕憂虞今臣管內亦且寧帖實賴天威遠被廟算遐臨靜彼兇殘康茲億兆無任慶躍之至謹遣所部官桂州臨桂縣丞朱璟謹奉露布以聞其立功

將士首領別簿奏上。

裴子建

子建天寶朝官御史

對澤宮置楅判

甲司澤宮將祭而習禮所由置楅不設中御史劾之訴云自邦國已下則有名制王者之式未之前聞

選賢觀德存乎射義爲邦之度因文物以肅陳將祭之儀必先朝而慎習於是審茲貍步張彼熊侯揖至讓升和容顯於相圃持弓挾矢雅頌彰乎澤宮司馬分進退之規工人奏蘋蘩之節百禮式序五善無替既有備於置楅復何遽於設中法官執此簡書欲行糾摘訴者確乎執禮憑於名制用捨之道抑有司存且列國諸侯擇士而祭自守彝憲無相奪倫事乃屬於邦君罪寧歸於彼甲緬稽古訓斯爲正典得失之旨居然可知

對祭闕頌諧判

所司有禮事不頌諧所由斷徒訴不伏

禮典之制期諸豐潔祼鬯將行無宜秕稗是以有司卜日

而須教所由先庾而讀法故能籩豆有楚殷薦聿修皇祖降歆萬壽攸酢孝孫有慶百祿是荷若後時而不陳則臨事而或闕偶俱罹謗須一辨明彼以不戒視成居然有罰此以未承憲令無狀可明俱曰官臣當須慎守自貽伊慼尚欲奚爲

對復以冕服判

甲復以冕服御史糾其違失

喪制孔昭復禮攸設公侯以下非無降殺用明沿襲且辨等威求彼平生振衣裳而有處號之某甫冀魂魄而知歸

至如衮冕是陳爵弁斯列用捨之際抑亦有殊甲實伊何昧我常度未明死者之貴賤罕識凶儀之重輕自可憲章宣尼每事有問何乃祖述季路率爾而行法則無稽難爲叔氏之許舉而不物豈免先王之誅白簡彈違固其宜也

王士源

士源宜城人著亢倉子

孟浩然集序

孟浩然字浩然襄陽人也骨貌淑清風神散朗救患釋紛以立義表灌蔬藝竹以全高尚交遊之中通脫傾蓋機警

無匿學不爲儒務掇菁藻文不按古匠心獨妙五言詩天下稱其盡美矣閒遊祕省秋月新霽諸英華賦詩作會浩然句曰微雲淡河漢疏雨滴梧桐舉坐嗟其清絕咸閣筆不復爲繼丞相范陽張九齡侍御史京兆王維尚書侍郎河東裴朏范陽盧僎大理評事河東裴總華陰太守鄭倩之守河南獨孤策率以浩然爲忘形之交山南採訪使本郡守昌黎韓朝宗謂浩然閒代清律寘諸周行必詠穆如之頌因入奏與偕行先揚於朝與期約日引謁及期浩然會寮友文酒講好甚適或曰子與韓公豫諾而忘之無乃

不可乎浩然叱曰僕已飲矣身行樂耳遑恤其它遂畢席不赴由是間罷既而浩然亦不之悔也其好樂忘名如此士源它時嘗筆讚之曰導漾挺靈實生楚英浩然清發亦自其名開元二十八年王昌齡遊襄陽時浩然疾疹發背且愈相得歡甚浪情宴謔食鮮疾動終於冶城南園年五十有二子曰儀甫浩然文不爲仕佇興而作故或遲行不爲飾動以求眞故以誕遊不爲利期以放性故常貧名不繼於選部聚不盈於擔石雖屢空不給而自若也士源幼好名山行年十八首事陵山踐止恒嶽咨求通元文人又

過蘇門問道隱者元知運太行採藥經王屋小有洞太白習隱訣終南修亢倉子九篇天寶四載徂夏詔書徵謁京邑與冢臣八座討論山林之士麕至始知浩然物故嗟哉未祿於代史不必書安可哲蹤妙韻從此而絕故詳問文者隨述所論美行嘉聞十不紀一浩然凡所屬綴就輒毀棄無復編錄常自歎爲文不逮意也流落既多篇章散逸鄉里搆採不有其半敷求四方往往而獲既無他事爲之傳次遂使海內衣冠縉紳經襄陽思覩其文蓋有不備見而去惜哉今集其文詩二百一十八首分爲四卷詩或缺

逸未成而製思清美及他人酬贈咸錄次而不棄耳

裴冕

冕字章甫河中河東人以蔭再調渭南尉歷殿中侍御史爲河西節度使行軍司馬元宗入蜀詔皇太子爲天下兵馬元帥拜冕御史中丞兼左庶子副之肅宗即位進中書侍郎同中書門下平章事罷爲尚書右僕射兩京平封冀國公出爲劒南西川節度使大歷中拜左僕射同中書門下平章事兼河南江淮副元帥東都留守卒贈太尉

賀佛見光相表

聖德動天湛恩育物齋心甲夜稽首梵筵助元造於慈元登蒼生以壽域休徵允荅聖功契符騰神光於玉毫發晬容於金殿宮中咸覩夜復如初臣等得奉殊祥無任懽欣之至伏請編諸史冊宣示中外

請以來歲上尊號奏

頃者逆寇亂常悖逆天紀六位回薄三光失序上皇南巡以避狄羣臣東沒而面僞當此時也勇者不及奮智者不及謀則高祖太宗之業將墜於地矣上皇知聖嗣在昌人望大啟乃付陛下以天地之事將復高祖太宗之業告成

功於天伏惟陛下至孝恭順格於天地不敢以翦逆夷難之務爲上皇憂遂乃赫然龍驤雷動朔野以一旅之衆康天下之地躬堯之聰明廣聽天下率禹之勤儉以先兆人孝通德茂格乎三極故蠻夷君長來庭於要荒之外五玉寶龜納錫於旌門之內其行如雲其植如山莫不裂背致命開懷飲鏃死而後已實乃甘心是以猰狗噬脛而遇毒奔鯨觸綸而皆斃大風一鼓而沴氣廓清斯實再造生人之極也陛下以上皇未至延佇鑾輿清宮待幸守而不失今上皇戾止昭德報功廣聖崇本之義徵王者未舉之禮

百神奉職親受寶符過堯邁舜以慶天下以陛下有光上皇之德經天下之文定禍亂之武窮不測之聖通神明之孝故命陛下曰光天文武大聖孝感皇帝皆象德景行自然之符陛下尚執謙沖遷延若未當者今羣臣咸服睿謀肅將天威猶各有茅土銘勳景鐘陛下盛德大業終古獨立不速即徽號以蔚皇圖臣恐天地神祇勤勞仰止臣謹與太常禮官等僉擇請以來歲正月五日上尊號伏惟陛下膺天地之誠恭上皇之命遂羣臣之請滿百靈之心延光無窮天下幸甚

李泌

泌字長源其先遼東襄平人徙居京兆天寶中自嵩山上書召見待詔翰林爲東宮供奉肅宗北巡至靈武泌奔赴行在授銀青光祿大夫掌樞務判元帥廣平王軍司馬事拜中書令乞隱衡山代宗立召爲翰林學士德宗在奉天授左散騎常侍貞元三年拜中書門下平章事累封鄴縣侯五年卒年六十八贈太子太傅

對肅宗破賊疏

賊掠金帛子女悉送范陽有苟得心渠能定中國耶華人爲之用者獨周摯高尚等數人餘皆脅制偷合至天下大計非所知也不出二年無寇矣陛下無欲速夫王者之師當務萬全圖久安使無後害今詔李光弼守太原出井陘郭子儀取馮翊入河東則史思明張忠志不敢離范陽常山安守忠田乾眞不敢離長安是以三地禁其四將也隨祿山者獨阿史那承慶耳使子儀毋取華令賊得通關中則北守范陽西救長安奔命數千里其精卒勁騎不踰年而斃我常以逸待勞來避其鋒去翦其疲以所徵之兵會扶風與太原朔方軍互擊之徐命建寧王爲范陽節度大

使北並塞與光弼相掎角以取范陽賊失巢穴當死河南諸將手必得兩京則賊再強我再困且我所恃者磧西突騎西北諸戎耳若先取京師期必在春關東早熱馬且病士皆思歸不可以戰賊得休士養徒必復來南此危道也

議復府兵

府兵平日皆安居田畝每府有折衝領之折衝以農隙教習戰陳國家有事徵發則以符契下其州及府參驗發之至所期處將帥按閱有教習不精者罪其折衝甚者罪及刺史軍還則賜勳加賞便遣罷之行者近不踰時遠不經

歲高宗以劉仁軌爲洮河鎭守使以圖吐蕃於是始有久戍之役武后以來承平日久府兵浸墮爲人所賤者百姓恥之至蒸熨手足以避其役又牛仙客以積財得宰相邊將效之山東戍卒多齎繒帛自隨邊將誘之寄於府庫晝則苦役夜縶地牢利其死而沒入其財故自天寶以後山東戍卒還者什無二三其殘虐如此然未嘗有外叛内侮殺帥自擅者誠以顧戀田園恐累宗族故也開元之末張說始募長征兵謂之彍騎其後益爲六軍及李林甫爲相奏請軍皆募人爲之兵不土著又無宗族不自重惜忘身

徇利禍亂遂生至今爲梗曏使府兵之法常存不廢安有如此下陵上替之患哉陛下思復府兵此乃社稷之福太平有日矣

劉貺

貺字惠卿贈工部尚書子元子子元卒有詔訪其後擢起居郎歷右拾遺内供奉修國史

對學耕判

得甲於善田者學耕種養苗狀後期里父老罰之云告力牛少無以趨事

唯農是務經國之令典日服其鎛長人之美訓皇上躬耕千畝儀型萬邦天報嘉祥風雨時若人惟善誘遠近咸勸甲也思趙過之有誨比樊遲之請學爰屬農政務興土膏脈起家徒四壁人無五牸是藨是蓘既失於協風或耕或耘載愆於零雨實差龍見之序謬以牛少爲說漢史著區種之術唐臣首代田之教長沮故事則非假於服箱勝之遺文亦無資於負軛既推司里之禁宜處惰農之刑

武指

自昔議邊者推高於嚴尤班固嚴尤議曰御匈奴自古無

得上策云云貺以爲嚴尤之議辯而未詳班固之論詳而未盡推而爲言周得上策秦得其中漢無策焉何以言之荒服之外聲教所不逮其叛也不爲之勞師其降也不爲之釋備嚴其守禦險其走集犯塞則有執訊之捷深入則有殪戎之勳俾其欲爲寇而不能願臣妾而不得斯御戎之上策禁暴之良算惠此中夏以綏四方周人之道也貺故曰周得上策易稱王侯設險以固其國築長城修障塞易之設險也今朔塞之上多古長城未知起自何代七國分爭國有長城趙簡子起長城以備胡燕秦亦築長城以

限中外則長城之作其來遠矣秦兼天下益理城塹城全國滅人歸咎焉自漢至隋因其成業或修或築何代無之後魏時築長城議曰虜騎輕捷風來電往塢壁未遑開牛羊不暇收雷擊至於近郊雲飛出於塞表不得不立長城以備之人築一步千里之城役三十萬人不有旬朔之勞安獲久長之逸始皇斥中國之戍出諸塞表匈奴不敢南下而牧馬戰士不敢彎弓而報怨貺故曰秦得中策史稱劉敬說高祖以魯元公主嫁匈奴嗣王則漢之外孫豈敢與大父爭哉假立宗女匈奴不信無益也帝欲遣魯元后

泣諫曰帝唯一女奈何棄之匈奴乎由是遣宗女行又按魯元公主則趙王張敖之后也人告王反呂后言趙王以公主故不宜有此高祖曰使張敖有天下豈少乃女乎高祖審魯元公主不能止趙王之謀而謂能息匈奴之叛耶假有欲遣之辭固戲言爾且冒頓手刃頭曼躬射其母而冀其不與外祖爭強豈不惑哉然則高祖之和親不能久安而爲之者以天下初定苟紓歲月之禍以息兆人之勤爾而天姿豁達不矜智能沈謀內斷人莫之識武帝時中國康寧胡寇益鮮疎而絕之此其時也方更糜耗華夏連兵積年嚴尤以爲下策可矣漢之失策非止用兵至於昭宣武士練習斥堠精審胡入則覆亡居又畏逼收跡遠徙窮竄海陰朝廷不遵宗周之故事乃襲奉春之過舉啟寵納侮傾竭府藏給西北方無慮歲二億七十萬賞賜之費傳送之勞尚不計焉皇室淑女賓於穹廬掖庭良人降於沙漠夫貢子女方物臣僕之職也詩曰莫敢不來享莫敢不來王傳稱荒服者來王此皆稱其來不言當往也杞用夷禮經貶其爵公及吳盟諱而不書奈何以天子之尊與匈奴約爲兄弟帝女之號與胡媪並爲戎妻烝母報子從

其汙俗中國之異於蠻夷者以有父子男女之別也若乃位配天地職調陰陽不能革膻昧之性使漸習華風反令婉冶之姿毀節異類其爲垢辱可勝道哉漢之君臣常莫之恥東漢至曹馬招來羌狄內之塞垣資奉所費有踰於昔百人之酋千口之長金印紫綬食王侯之俸者相半於朝牧馬之童乘羊之隸齎毳毼之資邀綾紈之利者相錯於路九州五服耒耨之所利絲枲之所生方三千里植於三千里之中散於數萬里之外人焉得不勞國焉得不貧故夷狄歲驕華夏日蹙當其強也又竭人力以征之及其

服也又如是以養之病則受養強則內攻嗚呼爲羌胡服役且千載而莫之恤可不大悲哉爲政者誠能移其財以賞戍卒則吾人富矣移其爵以餌守臣則我將良矣富利歸於我危亡移於彼無納女之辱無傳送之勞此之不爲而棄同卽異與頑用嚚以夷亂華以裔謀夏變上國之風俗汩中和之正氣既故曰漢無策焉嚴尤深以古無上策者爲不能臣妾也聖王誠能之而不用爾秦氏無策者謂其攘夷狄而亡國也秦亡之咎非攘夷也稱漢氏得下策者謂伐胡而人病人既病矣又役人而奉之是無策也既

故曰嚴尤之議辯而未詳者也班固之論頗究其情而曰其來慕義接以禮讓使曲在彼是未盡也何者禮讓以交君子不以接小人況於禽獸夷狄乎夫奇貨內來則華夏之情蕩纖麗外散則戎羯之心生華夏情蕩出兵之源也戎羯心生侵盜之本也聖人唯此之慎不貴奇貨不寶遠物禽獸非其土性不育器服非其所産不御豈惟贄幣不通哉至飲食聲樂不與共之故夷狄來朝坐之門外使舌人體委以食之若禽獸然不使知馨香佳味也獲其聲不列於庭廟受其貢不過楛矢獸皮不爲贄幣不爲財貨利既小矣酬亦宜然漢氏習玩驕虜使悅燕趙之名倡雅質甘太官之八珍六齊使五都之文綺羅紈供之則長欲而增求絶之則滅德而招怨加以斥堠不明士卒不習是由飽豺狼以良肉而縱其獵噬疲人求其禍源接以禮讓之所致也故通貢獻則去錦繢而得毛革討貢約則獲犬馬而喪士人許和親則毀禮義而順戎俗張騫使西域得摩訶兜勒曲漢武採之以爲鼓吹東漢魏晉樂則胡笛箜篌御則胡牀食則貊炙器則蠻盤祠則胡天晉末五胡遞居中夏豈無天道亦人事使之然也華人步卒也利險阻虜

人騎兵也利平地彼則馳突我則堅守無與追奔無與競逐來則杜險使無進去則閉險使無還衝以長戟臨以強弩非求勝之也創之而已措彼頑兇寘之度外譬諸蟲豸方乎虺蜴如是何禮讓之接何曲直之爭哉既故曰班固之論詳而未盡者此也

劉餗

餗字鼎卿贈工部尚書子元子天寶初歷集賢院學士兼知史官終右補闕

蘭亭記

王右軍蘭亭序。梁亂出外。陳天嘉中爲僧所得。至大建中。獻於宣帝。隋平陳日。或以獻晉王。王不之寶。後智果從帝借搨。及登極。竟不從索。果師死後。弟子僧言得之。太宗爲秦王日。見搨本驚喜。乃貴價市大王書蘭亭。終不至也。乃遣問辯才師歐陽詢就越州求得之。以武德四年入秦府。貞觀十年。乃搨十本以賜近臣。太宗崩。中書令褚遂良奏。蘭亭乃先帝所重。本不可留。遂秘於昭陵。

劉迺

迺字永夷。河南伊闕人。天寶中進士。累官民部郎中。充浙

西留後。大歷中遷兵部侍郎。朱泚作亂。迺臥疾私第。聞車駕幸梁州。投牀搏膺。不食卒。年六十。贈禮部尚書。謚貞惠。

冊郭子儀尚父文

維大歷十四年五月甲子。皇帝使金紫光祿大夫尚書左僕射彭城郡開國公攝太尉劉某持節冊命曰。惟爾太尉兼中書令汾陽郡王某。其聽命於戲。上天孚佑下民。若保赤子。弗俾罹此於毒螫。伊昔殷辛秦季。萬姓愁苦。時則有太公望留侯良毗武翼。高爲之請命。若顛覆而躋。執熱斯濯。其在天寶至德之際。二叛稱兵。犬戎孔亟。則公投袂雷赴。捍我於艱方。其憂亂化爲安靖。然後燮和徐進。清廣安和。緊公之勳業。蓋於張呂矣。憫予小子哀煢在疚。公又熙帝之采。納於軌度。小大謀猷。罔不率服。實賴公羽翼爲師爲保。豈齷齪常典。擬於春秋之褒。今故持冊公尚父之號。欽哉。公左右三朝。年與德耆。尚迪古訓。匡予不及。節順風雨。參知鼎實。天人之任。將以仰成。公其念哉。惟公克享黃髮。優游廣堂。頤神導和。克綏予任。勗哉。敬聽誥言。尚父用成其明德。欽哉。光膺寵命。可不慎歟。

與宋昱論銓事書

虞書稱知人則哲。能官人則惠。巍巍唐虞。舉以爲難。今文部既始之以掄才。終之以授位。是則知人官人。斯爲重任。昔在禹稷臯陶之衆聖。猶曰載采采。有九德。考績以九載。近代主司。獨委一二小冢宰。察言於一幅之判。觀行於一揖之內。何其易哉。古今遲速。何不侔之甚哉。夫判者以狹詞短韻。語有定規爲體。亦猶以一小冶而鼓衆金。雖欲爲鼎爲鏞。不可得已。故曰判之在文。至局促者。夫銓者必以崇衣冠。自媒耀爲賢。斯又士之醜行。君子所病。若引周公尼父登之於銓庭。則雖有圖書易象之大訓。以判體挫之。

曾不及徐庾雖有淵默罕言之至德以喋喋取之曾不若嗇夫嗚呼彼干霄蔽日誠巨樹也當求尺寸之林必後於椓杙龍吟虎嘯誠希聲也若尚頰舌之感必下於蛙黽觀察之際能不悲夫執事慮過龜筴文含雅誥豈拘以瑣瑣故事曲折因循哉誠能先咨以政事次徵以文學退觀其理家進察其臨節則厖鴻深沈之士亦可窺其門戶矣

段秀實

秀實字成公隴州汧陽人天寶中歷官太常卿拜涇州刺史大歷元年加開府儀同三司拜御史大夫四鎮北庭行軍涇原鄭潁節度使德宗立就加檢校禮部尚書封張掖郡王除司農卿建中四年朱泚盜據宮闕秀實以笏擊泚中額流血遂被害年六十五興元元年贈太尉諡曰忠烈

禁兵寡弱疏

臣聞天子曰萬乘諸侯曰千乘大夫曰百乘此蓋以大制小以十制一也尊君卑臣強幹弱枝之義在於此矣今外有不庭之虜內有梗命之臣竊觀禁兵不精其數削少卒有患難將何待之且猛虎所以百獸畏者爲爪牙也若去其爪牙則犬彘馬牛悉能爲敵伏願少留聖慮冀裨萬一

欽定全唐文卷三百七十九

岑勛

勛南陽人

西京千福寺多寶佛塔感應碑

粵妙法蓮華諸佛之祕藏也多寶佛塔證經之踴現也發明資乎十力宏建在於四依有禪師法號楚金姓程廣平人也祖父並信著釋門慶歸法允母高氏久而無姙夜夢諸佛覺而有娠是生龍象之徵無取熊羆之兆誕彌厥月炳然殊相岐嶷絕於葷茹齠齔不爲童遊道樹萌芽聳豫章之楨幹禪池畎澮涵巨海之波濤年甫七歲居然厭俗自誓出家禮藏探經法華在手宿命潛悟如識金環總持不遺若注瓶水九歲落髮住西京龍興寺從僧籙也進具之年昇坐講法頓收珍藏異窮子之疾走直詣寶山無化城而可息爾後因靜夜持誦至多寶塔品身心泊然如入禪定忽見寶塔宛在目前釋迦分身遍滿空界行勤聖現業淨感深悲生悟中淚下如雨遂布衣一食不出戶庭期滿六年誓建茲塔既而許王瓘及居士趙崇信女普意善來稽首咸捨珍財禪師以爲輯莊嚴之因資爽塏之地利

見千福黙議於心時千福有懷忍禪師忽於中夜見一水發源龍興流注千福清澄泛灔中有方舟又見寶塔自空而下久之乃滅卽今建塔處也寺內淨人名法相先於其地復見燈光遠望則明近尋卽滅竊以水流開於法性舟泛表於慈航塔現兆於有成燈明示於無盡非至德精感其孰能與於此及禪師建言雜然歡愜負畚荷鍤于橐于囊登登憑憑是板是築灑以香水隱以金鎚我能竭誠工乃用壯禪師每夜於築階所懇志誦經勵精行道衆聞天樂咸嗅異香喜歎之音聖凡相半至天寶元載創構材木

肇安相輪禪師理會佛心感通帝夢七月十三日勅內侍趙思侃求諸寶坊驗以所夢入寺見塔禮問禪師聖夢有孚法名惟肖其日賜錢五十萬絹千匹助建修也則知精一之行雖先天而不違純如之心當後佛之授記昔漢明永平之日大化初流我皇天寶之年寶塔斯建同符千古昭有烈光於時道俗景附檀施山積庀徒度財功百其倍矣至二載勅中使楊順景宣旨令禪師於花萼樓下迎多寶塔額遂總僧事備法儀宸睠俯臨額書下降又賜絹百匹聖札飛毫動雲龍之氣象天文挂塔駐日月之光輝至四載塔事將就表請慶齋歸功帝力時僧道四部會逾萬人有五色雲團轉塔頂衆盡瞻覩莫不崩悅大哉觀佛之光利用賓於法王禪師謂同學曰鵬運滄溟非雲羅之可頓心遊寂滅豈愛網之能加精進法門菩薩以自強不息本期同行復遂宿心鑿井見泥去水不遠鑽木未熱得火何階凡我七僧聿懷一志晝夜塔下誦持法華香烟不斷經聲遞續炯以爲常沒身不替自三載每春秋二時集同行大德四十九人行法華三昧尋奉恩旨許爲恒式前後道場所感舍利凡三千七十粒至六載欲葬舍利豫嚴道

場又降一百八粒畫普賢變於筆鋒上聯得一十九粒莫不圓體自動浮光瑩然禪師無我觀身了空求法先刺血寫法華經一部菩薩戒一卷觀普賢行經一卷乃取舍利三千粒盛以石函兼造自身石影跪而戴之同置塔下表至敬也使夫舟遷夜壑無變度門劫算墨塵永垂貞範又奉爲主上及蒼生寫妙法蓮華經一千部金字三十六部用鎭寶塔又寫一千部散施受持靈應旣多具如本傳其載勅內侍吳懷實賜金銅香鑪高一丈五尺奉表陳謝手詔批云師宏濟之願感達人天莊嚴之心義成因果則法

施財施信所宜先也主上握至道之靈符受如來之法印
非禪師大慧超悟無以感於宸衷非主上至聖文明無以
鑒於誠願俾彼寶塔爲章梵宮經始之功眞僧是葺克成
之業聖主斯崇爾其爲狀也則岳聳蓮披雲垂蓋偃下欻
崛以踴地上亭盈而媚空中晻晻其靜深旁赫赫以宏敞
硤磩承陛琅玕綷檻玉瑱居楹銀黃拂戶重簷疊於畫栱
反宇環其壁璫坤靈贔屭以負砌天祇儼雅而翊戶或復
肩拏鷙鳥肘擐修蛇冠盤巨龍帽抱猛獸勃如戰色有奭
其容窮繪事之筆精選朝英之偈贊若乃開扃鐍窺奧祕

二尊分座疑對鷲山千帙發題若觀龍藏金碧炅晃環珮
葳蕤至於列三乘分八部聖徒翕習佛事森羅方寸千名
盈尺萬象大身現小廣座能卑須彌之容欻入芥子寶蓋
之狀頓覆三千昔衡岳思大禪師以法華三昧傳悟天台
智者爾乃寂寥罕契眞要法不可以久廢生我禪師克嗣
其業繼明二祖相望百年夫其法華之教也開元關於一
念照圓鏡於十方指陰界爲妙門驅塵勞爲法侶聚沙能
成佛道合掌已入聖流三乘教門總而歸一八萬法藏我
爲最雄譬猶滿月麗天螢光列宿山王映海蟻垤羣峯嗟

乎三界之沈寐久矣佛以法華爲木鐸惟我禪師超然深
悟其貌也岳瀆之秀冰雪之姿果脣貝齒蓮目月面望之
厲即之溫覩相未言而降伏之心已過半矣同行禪師抱
玉飛錫襲衡台之祕躅傳止觀之精義或名高帝選或行
密衆師共宏開示之宗盡契圓常之理門人苾蒭如巖靈
悟淨眞眞空法濟等以定慧爲文質以戒忍爲剛柔含朴
玉之光輝等旃檀之圍繞夫發行者因因圓則福廣起因
者相相遣則慧深求無爲於有爲通解脫於文字舉事徵
理含毫強名偈曰

佛有妙法比象蓮花圓頓深入眞靜無瑕慧通法界福利
恒沙直至寶所俱乘大車其一於戲上士發行正勤緬想寶
塔思宏勝因圖階已就層覆初陳乃昭帝夢福應天人其二
輪奐斯崇爲章靜域眞僧草創聖主增飾中座眈眈飛簷
翼翼荐臻靈感歸我帝力其三念彼後學心滯迷封昏衢未
曉中道難逢常驚夜杌還懼眞龍不有禪伯誰明大宗其四
大海吞流崇山納壤教門稱頓慈力能廣功起聚沙德成
合掌開佛知見法爲無上其五情塵雖雜性海無漏定養聖
胎染生迷鷇斷常起縛空色同謬薝蔔現前餘香何嗅其六

形形法字緊我四依事該理暢玉粹金輝慧鏡無垢慈燈照微空王可託本願同歸其七

歸崇敬

崇敬字正禮蘇州吳郡人擢明經調四門助教天寶中舉博通墳典科高第累遷膳部郎中大歷中爲國子司業兼集賢學士貶饒州司馬建中時累授光祿大夫加特進檢校戶部尚書改兵部致仕貞元十五年卒年八十八贈左僕射謚曰宣

請定皇太子釋奠儀注奏

準制皇太子時幸太學行齒胄之禮者伏請每至春秋國學釋奠之時所司先奏聽進止其釋奠齒胄之禮如開元禮或有未盡請委禮儀使更以古議詳定聞奏

東都太廟不合置木主疏

東都太廟不合置木主謹按典禮虞主用桑練主用栗重作栗主則瘞桑主所以神無二主猶天無二日土無二王也今東都太廟是則天皇后所建以置武氏木主中宗去其主而存其廟蓋將以備行幸還都之所也且殷人屢遷前八後五前後遷都一十三度不可每都而別立神主也議者或云東都神主已曾虔奉而禮之豈可以一朝廢之乎且虞祭則立桑主而虔祀練祭則立栗主而埋桑主豈桑主不曾虔祀而乃埋之又所闕之主不可更作作之不時恐非禮也

駁巨彭祖請四季郊祀天地議

按舊禮立春之日迎春於東郊祭青帝立夏之日迎夏於南郊祭赤帝先立秋十八日迎黃靈於中地祀黃帝秋冬各於其方黃帝於五行爲土王在四季生於火故火用事之末而祭之三季則否漢魏周隋共行此禮國家土德乘

時亦以每歲六月土王之日祀黃帝於南郊以后土配所謂合禮今彭祖請用四季祠祀多憑緯候之說且據陰陽之說事涉不經恐難行用又議祭五人帝不稱臣云太昊五帝人帝也於國家即爲前後之禮無君臣之義若於人帝而稱臣則於天帝復何稱也議者或云五人帝列於月令分配五時則五神五音五祀五蟲五臭五穀皆備以備其時之色數非謂別有尊崇也

辟雍議

禮記王制曰天子學曰辟雍又五經通義云辟雍養老教

學之所也以形制言之雍壅也辟壁也壅水環之圓如璧形以義理言之辟明也雍和也言以禮樂明和天下禮記亦謂之澤宮射義云天子將祭必先習射於澤宮故前代文士亦呼云壁池亦曰璧沼亦謂之學省後漢光武立明堂辟雍靈臺謂之三雍宮至明帝躬行養老於其中晉武帝亦作明堂辟雍靈臺親臨辟雍行鄉飲酒之禮又別立國子學以殊士庶永嘉南遷唯有國子學不立辟雍北齊立國子寺隋初亦然至煬帝大業十三年改爲國子監今國家富有四海聲明文物之盛唯辟雍獨闕伏請改國子

監爲辟雍省又祭酒之名非學官所宜按周禮師氏掌以美詔王教國子請改祭酒爲太師氏位正三品又司業者義在禮記云樂正司業正長也言樂官之長司主此業爾雅云大板謂之業按詩周頌設業設簴崇牙樹羽則業是懸鐘磬之栒簴也今太學既不教樂於義則無所取請改司業一爲左師一爲右師位正四品上又五經六籍古先哲王致理之式也國家創業制取賢之法立明經發微言於眾學釋回增美選賢與能自艱難已來取人頗易考試不求其文義及第先取於帖經遂使專門業廢請益無從師資禮虧傳受義絕今請以禮記左傳爲大經周禮儀禮毛詩爲中經尚書周易爲小經各置博士一員其公羊穀梁文疏既少請共準一中經通置博士一員所擇博士兼通孝經論語依憑章疏講解分明注引旁通問十得九兼德行純潔文詞雅正儀刑規範可爲師表者令四品以上各舉所知在外者給驛年七十以上者蒲輪其國子太學四門三館各立五經博士品秩上下生徒之數各有差其舊博士助教直講經及直律館算館助教請皆罷省其教授之法學生至監謁同業師其所執贄脯修一束清酒一

壺衫布一段其色隨師所服師出中門延入與坐割修斟酒三爵而止乃發篋出經摳衣前請師爲依經辨理畧舉一隅然後就室每朝晡二時請益師亦二時居講堂說釋道義發明大體兼教以文行忠信之道示以孝悌睦友之義旬省月試時考歲貢以生徒及第多少爲博士考課上下其有不率教者則檟楚扑之國子之不率教者則申禮部移爲太學生太學之不變者移之四門四門之不變者歸本州之學州學之不變者復本役終身不齒雖率教九年而學不成者亦歸之州學其禮部考試之法請無帖經

但於所習經中問大義二十得十八爲通。兼論語孝經各問十得八。兼讀所問文注義疏。必令通熟者爲一通。又於本經問時務策三道。通二爲及第。其中有孝行聞於鄉閭者。舉解具言於習業之下。省試之日。觀其所實義少兩道亦請兼收。其天下鄉貢亦如之。習業考試並以明經爲名。得第者授官之資與進士同。若此則教義日深。而禮讓興。禮讓興則強不犯弱。衆不暴寡。此由太學中來者也。

李抱玉

抱玉本安興貴曾孫。世居河西。始名重璋。乾元初李光弼

引爲裨校。天寶末元宗以戰河西有功。改今名。至德二載上言恥與逆臣共宗。詔賜姓李。徙居京兆。進右羽林大將軍。攝御史中丞。陳鄭穎亳節度使。佐李光弼破史思明。功第一。封欒城縣公。代宗立以功授兵部尚書。武威郡王。懇辭王爵。徙涼國公。進司徒。廣德中以尚書左僕射同中書門下平章事。河西隴右副元帥。大歷中加山南西道副元帥兼節度使。十二年卒。贈太保。謚昭武。

讓副元帥及山南節度使表

臣志誠有涯。寄任過分。嘗懼覆敗。自貽譴責。且授其旄節扞彼蕃戎。所掌之兵。須自訓練。如臂使指。若網在綱。則人有固心。前無彊敵。今以臣守在西鄙。兼統漢中。撫循實難。臧令不及。況自隴坻達於扶文。綿亘邊陲二千餘里。雖山谷險阻。足爲藩蔽。其中賊路不一。皆要防虞。加之夷狄無厭。憑陵滋甚。去年既侵右地。復擾西山。倘至前秋兩道俱下。臣若固其汧隴。則不救梁岷。若進兵扶文。恐患逼關輔。首尾不應。進退無從。伏惟陛下居安慮危。圖難於易。其前件使及梁州刺史。伏請別擇能者。悉以委之。令臣西備隴關。竭其誠節。國家大計。敢不上陳。

錢起

起吳興人。天寶十年進士。釋褐秘書省校書郎。大歷中官司勳員外郎。司封郎中。終考功郎中。

千秋節勤政樓下觀舞馬賦 以態有餘妍貌無停趣爲韻

惟大唐之握乾符。聲諧六律。化廣三無。能使乘黃服皁。龍馬負圖。必將登高率舞。豈獨載馳載驅。歲八月也。一聖之生。千秋之首。舉天慶丹陵之會。率土獻南山之壽。上乃御層軒。臨九有。張葛天氏之樂。醉陶唐氏之酒。感百獸之來儀。即八駿之孔阜。於是陳金石。儼簪裾。廣場天迥。彩仗晴

初有騢有驕有驔有魚雲聚日下花明露餘帝曰司僕舞我騏鼻可以敷張皇樂可以啟迪歡趣須臾金鼓奏玉管傳忽兮龍跽愕爾鴻翻頓纓而雷落朱鬣驤首而星流白顛動容合雅度曲遺妍盡庶能於意外期一顧於君前噴玉生風呈奇變態雖燕王市駿貳師馳絶塞豈比夫舞皇衢娛聖代表吾君之善貸向使垂耳長坂翹足遠坰天驥之才莫用鹽車之役不停安得播天樂輝皇靈服御惟允簫韶是聽則知絶羣稱德殊藝逸貌足之舞之莫匪聖人之教則陳力者願驅策而是效

朝元閣賦 以高抗山頂升覽清遠爲韻

上將恢帝宇壯神皋斲景山之松用而有節感子來之眾役不告勞成仙閣之宏敞配紫極之崇高先是徵規模宏大壯經始聖迹責成梓匠當桂戶而八水悠遠植玉階而千巖相抗升陽烏於赤霄之表棲玉兔於翠微之上可以吞貝闕壓崑閬盛矣哉亦神明之化也不可得而稱狀觀乎儉以示德高卽因山虹梁天近丹陛雲還漢武求仙望蓬萊於海上吾君有道致方士於人間厥構旣崇其寧惟永正色深沈於木末浮光崢亂於山頂如翬斯飛獨出於顥農務暇霜氣澄天門闢龍輅升俯人烟於萬井小雲樹於五陵天臨宇宙日照黎蒸是時也靈仙嚮集品物交感因高載著於人風有象寧遺於睿覽聖人垂化稽古上清彼會昌之構宇得朝元之美名不奪稽地知庶心胥悅高標靈阜表聖壽長亨襟懷動植指掌寰瀛將九圍載廣與三光克明斯乃棟宇之大也雖前史莫之與京夫如是古之濬城隍飭宫苑孰比我君居高而致遠

西海雙白龍見賦 以天下安樂龍見于海爲韻

唐六葉嘉祉降皇威宣師出以律將有事於金天赫矣神

武感通上元雙龍呈瑞一色皎然惟白也昭素秋誕聖惟龍也主殺氣清邊不爾者寧出乎海不躍於泉穆乎白龍之爲物也潛依水德利用天下精異冥通騰驤神假苟非君行其道物有其官則鬱湮不育潢汙而蟠隱見罔知其旨窅冥孰見其端故我君宣八風之惠化澄四海之波瀾覆幬斯極生靈以安惟此上瑞灼然可觀其始見也精光曷耀溟漲清廓曳冰雪於半空晏雷霆於萬壑若長雲帶水而不散雙劒倚天而中落忽虹立而電迴其儀不可彌度表其祥同乘黃之偶運處其度掩嘉魚之有樂偉夫鱗

介之族莫智於龍苟靈應無兆豈休明再逢昔軒以負圖爲景福舜以入壇爲神變殊旨同歸千載一見是以天祚明德幽贊貞符彼二龍之萃止合一聖之有孚皓爾其真異葉公之藻繪超然將舉同正禮之友于是時也西戎駭目莫不感化而風趨夫如是則在宥之理足徵無疆之休可待洋洋歌頌日聞於四海者也

蓋地圖賦 以聖德感通靈仙降獻爲韻

有虞氏提地鼇享天命光啟九有緝熙八政能使坤德以寧祥符錫慶神矣王母通靈感聖獻爾寶圖昌爾金鏡嗣

堯之美於斯爲盛固知冥貺有則休明無極非天私我有虞惟神歸於至德必將永其歷數寧惟錫彼封域俾皇鑒之昭昭豈神明之默默諒可耀寰宇盛邦國蓋地如何匪兹不克懿此圖籙實昭應感廣豎亥之遐步資重華之睿覽規方遠近微妙元通致蠻貊於度內出山川於卷中可以明四目達四聰易曰不出戶知天下何莫假此神功徒稽其囊括也吞八極盡四溟霜露所墜日月所經莫不總天目入帝庭嗤秦政得燕圖以拓境小穆公夢鶉首以稱靈亦有周王御天漢君求仙窮人力於宇宙遍轍迹於山川孰與夫高居深視探微洞元得地理於冥契擁神休以永年則知明德在茲景福是降播頌聲以洋溢洎寰海與里巷美矣哉歷選列辟符瑞鉅萬雖元珪告成白環入獻曷若斯圖之用也九土宏而庶績建

泰階六符賦 以元亨利貞爲韻

考星象之躔次探瑞氣之奧源得泰階於前史總六符以爲言既出沒以候君德有熒煌以麗乾元元德升聞慶一人而祥發白雲夜卷映九霄而色繁爾其祥德而發觀瑞而明德正則正俗平則平何君王之播理俾品物以咸亨

股肱掩於稷契輔翼賢於阿衡人迹其卑德至誠而上感天象守默因列宿而下呈配兩曜以齊美非眾宿之敢爭豈比夫聚彼德星頗上賢人所感託於箕尾巖閒傳說之精而已哉故符之爍兮有明義符之爛兮有深意其形昭晰其理奧祕朝發於天而應於地向夜月而滅沒拂曙光而蒼翠上通其象分三台而爲六下應於人感一德之不二皆英主之所有匪常君之能致原其所出將表上帝之心考其所歸實惟天子之利爾其臨大國懸太清德之所感符乃無情既依高以託質亦以數而爲名與物無競避

太陽之光色相時而作表明王之利貞火映元天似燭龍之銜吐珠沈漢水無巨蚌之虧盈豈光輝之足異亦感應之可驚忝觀光於上國仰霄漢以屏營

圖畫功臣賦 以立定爾功惟克永代爲韻

先帝之革隋也應歸運而大義舉獲仁人而鴻業集及乎計伐錄功日不暇給寶玉不足以勸賞故茅土是封鐘鼎不足以昭宣故圖贊是紀傳厥象於繪事壯崇臺於天邑貔武之臣忽披雲而鶚視股肱之任乃捧日而山立何惟肖而斯在皆凜然而可挹初庶賢遇聖神器未定天有彗

兮歷象昏雲從龍兮川谷應帝曰隋失厥御國將頹弛人心如惔王室如燬膺圖受籙明徵在予保大定功克成伊爾由是十亂輔主三傑制戎敢揚休命克贊聖功埽乾坤之埃曀濟品物之屯蒙闢天關而七曜再朗迴地軸而萬寓來同暨王道淸夷乃念茲而在茲既艱難是毗亦四方是維享其勳力嘉彼令德懿我武之雄成賴爾謀之剛克宜其藏勳庸於盟府圖冠劍於紫極則是繪也其麗不億倬哉羣彥丹青彪炳列盛服之暉華儼高居之祕靜斜月在壁疑假寐以將朝頹陽半軒同處陰而休影胡像設之既固將山河而惟永則知我唐大賚光掩前載功高賜履追呂望於周年鳥盡藏弓異韓信於漢代盛矣哉容貌方崇光靈不昧

象環賦 以謙德無事循轉爲韻

聖有制作人具爾瞻是環也用之撝謙成乎其規故有典有則全乎其素故匪彫匪刻動法天旋溫如玉色可以觀象見意可以取文昭德終日佩之其儀不忒懿夫圖通既固雅麗且殊皓質中澂騰光外敷守其明也處暗室而不昧偕其道也映素服而如無鄙南容之圭貞而猶玷嗤卞

氏之璧瑾而不瑜升諸組綬不亦宜乎或有黃雀酬恩鄭商所利其名則一其實則異皆浮俗之所珍乃老氏之遐棄寧若斯爲美也將君子而比義文而不華垂之如墜循環無極參日月之在躬佩服有常於韋弦而戒事固知宣尼之旨有要有倫於此表禮創物乃將卑服謙身是以成形而不受其彩散璞而不失其眞瑩爾情性潔白惟純導爾情性貞明日新捨之則禮容若缺用之則法度是循物既合權古稱其善常虛心以隨運雖匪石而可轉觀妙用之昭宣知前哲之舒卷

豹鳥賦 以雨適用四聲爲韻

麗哉豹鳥文彩彬彬豹則雕虎齊價鳥與君子同身故得飛聲入楚見賜留秦曩者胡爲隱霧而不下今復何幸對雪而迎賓蓋因虞者之獲成於匠者之手苟當時以爲用雖殺身而何有於以履之美且無度旣居下以禦濕亦迎前而啟路花映香塵先生玉步借使登朝廷列臺閣規矩不改會同自若投其跡必陟鴛鷺之行取其文不改犬羊之鞹詩人歌其事春秋美其名舍則止用則行拂漢齊飛遙分鄴令之術入朝曳響近雜尚書之聲彼糾糾葛屨珊

珊珠履一則固窮一則僭起制度首出憲章俱美嘗試殫論其茲鳥而已士或覽之而言曰象以齒而焚龜以骨而斃況之豹也憑巖穴以逞欲以爪牙而自衛而有用於人竟以皮而戾一朝寢處成此新偉夫班文散渙毳毛蒙密映鶴鷺以凝暉臨翠被以曜質於斯時也不可談悉亦有刻意未參卑秩東郭之曳履長穿王生之結韤何日思蔚然而一變歌豹鳥以自畢

豹鳥賦 以雨適用四聲爲韻

豹何爲兮鬱矣其文材貫害兮用之楚君用之則那爲鳥几几雖工與其飾亦天鍾厥美奢以則之眾目所視異哉惟雜爾巧有詭其制也青蔥掩其真赤繶慙其麗動容而彩射金屋舉趾而聲傳玉砌諒服玩之惟奇知侈靡之無藝徵夫至理也匪威儀不忒匪古訓是則甚葛屨之失禮同鷸冠之敗德何役智以宣驕乃自躬而刑國噫先王立極念茲在茲服有常度行無越思何爾鳥之豹飾雜珠綺與文貍若昭其泰無乃簡彝是鳥也君子歎之觀乎異狀斑然復周蹙霞起煥爾文質當其踐履知我者謂我惡居下流不知我者謂我親承玉趾則知物有所歸天之冥數

惟豹作鳥殺身思遇惜其有美而來亦以禦寒之故雖雨雪而盈尺俾陽和而在步不然者寧踐於斯路客有感而言其文也何麗其用也何薄當思步武之間徒異犬羊之鞹飾被已甚於翡翠爲裘更羨於狐貉別南山之霧以奉進趨同鄴縣之鳧頗翔寥廓

洞庭張樂賦 以八音克諧天地充滿爲韻

洋洋乎軒轅之作也陶元化以發生運神武之不殺張至樂之淳備播皇風之块圠舉端於素得太始之自然克成於和蕩生靈之夭札何必管聲爲五羽數惟八然後合夫

大夏請言斯樂也不振而其聽博不眩而其意深大而不擸樂而不淫將使儉者得中和之紀奢者已醉飽之心君子曰是樂也不朽之德音於是一僨一起于彼南國眞聲暢和氣塞其靜也洞庭安波其清也楚山霽色百蠻以之神化六狄由斯仰德是樂也乃不朽之德音於是柔克可以上享天心可以蕃屛人則知武也美而未盡濩矣猶有慙德觀其妙矣則天地感而氣不乖陰陽感而六律諧惟精惟一嗤萬舞之奕奕無荒無怠見鐘鼓之喈喈觀其皦矣則合於自然施之無邊揮綽發越行流散遷事高太古

功儷鈞天其曲直其音至飾諸喜以平諸心極乎天而蟠乎地率是樂也何享而不利原夫樂之契道也在心而心正在聽而聽聰故至人定和而守一合愛而流通必以濟刑政之理行山川之風豈徒耳目是翫情性克充而已哉當是時也太虛遏雲寒谷生暖三光昭晰八極充滿何淳風之泱泱諒千古之纂纂吹伶倫之律惜彼時移繼炎氏之頌媿玆才短

潢汙賦 有序

潢汙水之微也汲引之際人皆舍諸惟有德者知之薦鬼神以昭忠信則百川雖廣莫逮其用焉喻士先沈後升一作伸於知已也辭云

潢汙之水天實降之雲散雨絶淵然在玆胡稟柔而成性能處下以任時善乎濁而徐清貯之將綠蕖捐池沼之外隱翳林皋之曲接九派而何勞方一勺之自足至若雲霽地表霞開水陰乾天可鑒物象是臨山曉映而色近雲高淨而影深險阻不行芥舟寧覆盈滿知節鴻毛匪沈產蘋蘩同南澗之有藻聚飛動異舊井之無禽斯其善利也乃至人之用心且夫出山者泉歸海者川汲引無絶隄防在

焉彼苞蕭屢浸東楚不傳惟潢汙也獨此晏然其明若昧其壅若退竭而自中盈不侵外天資其潔德維貫神明人棄爾微道不行畎澮夫事有小而可廣運有塞而必通當休明之聖代徵洞酌之古風彼湛然以虛淨盍薦之於王公俾爾忠信昭明有融俾爾嘗祀景福延洪斯則椒漿與桂酒可以比美而同功

尺波賦 以水澹幽色風初起波爲韻

潋灩駭水奫淪始波引分寸之餘方從一勺激尋常之內無爽盈科勢將坌涌迹異盤渦感跬步以無數蕩分陰而

自多觀其日色遙臨風生未已圓規可驗疑沈壁之舊痕前後相倖若浮書而競起跡疊相近萍縈有餘促漣漪之散漫擁跳沫以虛徐流脈中移類蠖影求伸之際浮光上透若雪花呈瑞之初湧以回回馳乎澹澹始羣分而下瀨將積少以習坎生而有準動必若浮如投石以花散等覆杯而迹幽影不過於布指光遽溢乎寸眸洶洶安翔似欲將乎斗注洄洄增繞如潛運以環周無驚川后未發陽侯當澹以成之寧同瀑怒謂小爲貴也爰進涓流淺漾風光輕蟠水力寸長所及知文在其中方折是回見動不過則

散或往之浮彩轉初盈之淨色將潛甯戚之鯉半未能容若流張協之薪重而纔得汾溫若沖溶滴相通未合流於曲岸方鼎沸於分風磐石愈廢淪池不融是將寬其泓量誠有重於泉濛濩也如委淪然可視茲延袤以上騰匪徒旋於中沚翠激交映瑤源共紀將不退於大成固在乎有便於風水

晴皋鶴唳賦 以警露清野高飛唳天爲韻

迥野遠色寒空繁聲眺莫媚於雨霽聆何長於鶴鳴孤飛而天宇澄曠獨立而霜皋砥平對明景之逾秀遡晨風而自清炯爾體空冷然響遞疑磬發而珮搖若霜標而雪麗林鵬之皓色難比雲雁之清音罕繼雖居下而在幽亦高聞而遠唳或引或罷以遊以遨顧塵寰而不雜仰天路而飛高懿夫秉心清迥稟質貞素偶影思侶矜容舉步忘機遂性豈思寵於乘軒遠害全軀每勞心於警露聽聞令易感聲怨兮難度非陸氏之無聞想王生之可慕原其翔集元圃騰騫翠微睨蓬壺而易感冒江海而懸飛情慕必止心徂匪違或羣翔而反顧或孤賞而忘歸厭仙府而舉華亭思鳴皋而適綠野爰捧日以退鶩遂凌烟而獨下晴皋

曙兮遡矣靜皓鶴鳴兮杳何永俄度曲於澗瀨乍迷影於雲景聞幽而音響清越覩麗而羽儀閒整何霽野之無人獨仙禽之虛警

欽定全唐文卷三百八十

元結

結河南人天寶十三載進士擢右金吾兵曹參軍攝監察御史爲山南西道節度參謀以討史思明功遷監察御史裏行進水部員外郎代宗立拜道州刺史進容管經畧使加左金吾衛將軍卒年五十贈禮部侍郎

說楚何荒王賦上

梁寵王召君史問曰史之記事無有遺乎對曰有之臣楚人也請說楚人之遺事昔聞臣何荒王使釣翁相水相置浮宮之所相用罛釣之處翁曰臣相水多矣不能悉說請說湘江之流有礲有瀧其至險也實迴山如鬬敧壁若合陽崖陰巒景氣常雜崩流激聲空響相答則有岹峒峻束噴潰觸沃衝回縈漩圮崖開谷故衆聲相喧積氣相昏藹閲深沈出入千里常如凝陰是以魚經其中皆鬣秃鱗脫盱䁥嚅眗忽爲淵流瀛瀛油油蘊淳無聲島嶼若浮則有厭波濤湍險之苦者必於其閒養鱗讓鬣休游施舒如此之處皆曰魚都君王審之無易此乎荒王眺歎曰釣翁皁父其思臨歟乃欲置吾於湘水一曲釣羅病魚吾自相水

洞庭可矣於是命造罛釣於是命造浮宮令罛釣所至淵無藏龍令浮宮所狀與仙府比同宮有天舡龍殿當居史端實要巫鬼祝女司宮侍何荒王而公族國卿莫得至焉宮有艎臺揭拔類擬天都薰珍鈿塗纓佩垂紆金珠玉爐蕭瀏清泠苾馥芬敷臣何荒王於此臺上與姙女嫭姝雙歌閑徐娭然自娛宮有艂堂艀房舸館艨廊載戲兒奴妓官諧奴内臣宮姥優倡及翫器不名咸維宮傍宮有聯艣負土以爲艣囿囿多夭草媚木淫禽醜獸宮有海舸之關仡偪解懸左曰瑞風右曰祥煙宮有四門青氣白雲丹景元寒然後始爲鷁城亟宮屯備交戰禁御𦳂羅攢峙其餘駭鯨之艐飛龍之舫梟艋鶴艢羅宮上下者千里相望浮宮可御而罛釣無成臣何荒王乃浮浮宮於都龍之漩泠出洞庭之南漢將觀蠻師夷人與漁者試罛釣於沅湘會涺臣何荒王始見積魚之山而喜色未起及見罘猶畜委釣未施已瀠洄淵洑周袤千里罛中之魚皆觸蹙鍛駭投跳委壘可以薦車臣何荒王輦於其上而心始喜是日置魚監拜網尉釣尹司綸各有等次又有類龍學鰉肘釣胜釛鵰騰鶚躍潛深錯捺得怪魚狀龍者皆差授官爵寵王

聞之喜曰吾國無有長流激湍平湘大淵而不知有此樂也始知城池宮館爲拘我之邸山澤鷹犬爲勞我之方當誦記所聞歸學而主君史証曰不然須臣言已或可聽焉臣聞浮宮之成也臣何荒王令羣臣有後爲浮司不爲浮茅者族百姓能率爲浮家共爲浮鄉者復男子能湍游上下者爲王賓女子能淵居移日者爲王嬪未及一年遂變楚俗川原有楚室之鄉江湖有駢舟之曲家見湍上之悲戶聞臨淵之哭時野有歎曰嗚呼有國者非喜愛亡國有家者非喜愛亡家當取其亡也如喜愛者耶今君上喜愛

浮宮眾釣令臣下喜愛浮司浮鄉吾恐君臣各迷而家國共亡此實楚正士歎臣何荒王臣願君王驚懼爲心指此爲箴

說楚何惑王賦中

寵王瞞然復問君史曰更有記乎曰有之甚妖怪也何故不說寵王曰當必爲吾說之對曰臣聞天鄙有山山有玉鼓實有天魒扣之歌舞聲媚金石韻便宮羽寵王曰生休矣吾將購之君史証曰不可臣所不欲說者懼君王好之君誠不忘歟臣請備說其可好乎昔臣何惑王用闇嬖之謀肆極荒淫更經年歲鑿嶮塡深轉餽通千里萬金五譯臣妾借喻其心然後云獲非嬰女撫鼓而天魒不舞非嬰女引和而天魒不歌天魒舞一容化一分眄一祥襜一宛袂臣何惑王見之舒舒曳曳若多醇酎而不知所制天魒歌一化顏一主顧一更聲一換氣臣何惑王聽之娭娭懿懿若已酎昏而不知所至天魒歌舞臣何惑王氣如陽春始霽時雨天魒不歌舞臣何惑王心若已喪而頹壞不主嗚呼天魒惑人至此嗚呼天魒媚人至斯如有魒顛甡甡輔之使臣何惑王之心無所不欲使臣何惑王之意無所

不爲獨言選女於餘可知其選女也豈止嫈孅嫩嫮及嬰未笄將齠將齔將嬩將嫛可喜美者毋姨貧拖姑姊引提詣於王宮字籍王闥然後剸楚國廟右爲天魒作宮分楚國社陽爲魒顛作館悉楚國之好奉之已竆於所奉之心其猶未滿楚國之人已悲咨冤怨日苦其毒其臣何惑王尚熙悛數娛日思未足野有直士觸而証曰大王溺於天魒惑於魒顛不顧宗廟遂亡人民如何下命其令且云舞者能變一度歌者能變一聲應魒樂之節數充寡人之性情且能富其親族又能貴其父兄至於毋姨姑姊皆能與

之封邑以爲世業令行逾月楚俗皆化女忘蠶織男忘耕稼里開學歌之館鄉築教舞之榭遂使黃鐘大呂生溺惑之聲孤竹空桑起怨離之調變風俗於一歡忘正始於一笑大王未覺遂不節損此所謂鑿顛覆之源造亂亡之本今之所好則妖惡之物所爲又怪醜之事義軒之耳必不肯聽堯禹之心必不肯喜臣何惑王悟之於是使夔臣挾玉鼓與魏樂使閽尹抱天要魒顉鎖以金索繫於石人沈之深淵飛械而旋

說楚何惛王賦下

寵王曰殆哉楚國幾爲浮宮魏樂所亡君史曰幾亡楚國有甚於是昔臣何惛王極暴極虐使臣下得肆姦肆佞肆光肆惡臣何惛王不知如此亡可待矣而乃歎曰於戲堯實皁帝禹實隷王般周君長并夫可方焉有慘然勞苦而爲人主焉有監然九州而裂封諸侯吾必合外荒夷狄海內人民悉奉我爲主欲世世臣臣此臣何惛王所云又謀變先王之典禮更萬物之名號列官官於海外窮天地而徧到而復思稽極變化徵驗怪異盡難得之物充無窮之意荒娛厭怠思計所爲度國土之不大料財力之不支乃令人曰吾欲勞汝人民休汝人民汝人民豈知今悉汝丁壯婦人繼之童翁分力負載而隨我已老謀我已名師人民聽我當無二思所舉既甚所資不足乃署官而賈鉗孤而鬻始令國中絕人謗議贊謀者俟敢諫者族其令朝行其俗暮改有以逃罪正言不發萬口如封諂媚相與干顏一容野有忠臣負符矯謁僞爲齊客給而証曰臣入君王之封域見君王之風化跲蹰路隅不覺泣下或聞哀號或聞悲呼訊於閭里必鰥寡惸孤或見凶侈或見驕奢訊於左右必公侯之家客說未已臣何惛王曰然乎謂何對曰

噫君王不知忠正不植姦佞騈生能焇殄仁惠冒蓋聰明令巧媚得口爲矛戟令姦凶得心爲甲兵此皆明跡甚於鬼神發機有若雷霆實畏君王已鉤於牢圈實恐君王已暴夫乾枯君王如何不是念乎臣恐楚國化爲荒野臣恐君臣不如犬馬臣何惛王於是眄容而慚撫身而哀仰爲容曰君幸憐之得無戒哉君爲臣化心心化身身化人人鳴呼遁化之道在制於內外外之入也有視聽言聞內之出也有性情嗜慾出入相應必有禍福臣何惛王聞之議居化心諷誦斯言終身爲箴遂罷已成之事寢未成之謀

廢所買之官復所鬻之孤敢諫者侯贊謀者誅君史言已王客捧酒爲寵王壽起而贊曰君史說楚似欲戒梁敢願君王示鑒不忘

大唐中興頌 并序

天寶十四載安祿山陷洛陽明年陷長安天子幸蜀太子即位於靈武明年皇帝移軍鳳翔其年復兩京上皇還京師於戲前代帝王有盛德大業者必見於歌頌若今歌頌大業刻之金石非老於文學其誰宜爲頌曰

噫嘻前朝孼臣姦驕爲昏爲妖邊將騁兵毒亂國經羣生

失寧大駕南巡百僚竄身奉賊稱臣天將昌唐繄曉我皇匹馬北方獨立一呼千麾萬旗戎卒前驅我師其東儲皇撫戎蕩攘羣兇復服指期曾不踰時有國無之事有至難宗廟再安二聖重歡地闢天開蠲除袄災瑞慶大來兇徒逆儔涵濡天休死生堪羞功勞位尊忠烈名存澤流子孫盛德之興山高日昇萬福是膺能令大君聲容沄沄不在斯文湘江東西中直浯溪石崖天齊可磨可鐫刊此頌焉何千萬年

虎蛇頌 有序

猗玗子逃亂在碙南人云猗玗洞中是王一作三下同虎之宮中碙之陰是均蛇之林居之三月始知王虎如古君子始知均蛇如古賢士然哉猗玗子奪其宮王虎去而不回猗玗子侵其林均蛇去而不歸借順惠讓可作頌矣

虎頌

猗王虎將何與方方古太王非不方於今今也惠讓不如王虎之心

蛇頌

猗均蛇將何與儔儔古延州非不儔於時時也順讓不如均蛇之爲

問進士 永泰二年通州問

第一

問天下興兵今十二年矣殺傷勞辱人似未厭控強兵據要害者外以奉王命爲辭內實理車甲招賓客樹爪牙國家亦因其所利大者王而相之亞者公侯尚不滿望今欲散其士卒使歸鄉里收其器械納之王府隨其才分與之祿位欲臨之以威武則力未能制欲責之以辭讓則其心未喻若捨而不問則未覩太平秀才通明古今才識傑異

天下之兵須解蒼生須致仁壽其策安出子其昌言

第二

問往年天下太平仕者非累資序積勞考二十許年不離一尉至於入廊廟總樞轄則當時名聲籍甚者得至焉今商賈賤類臺隸下品數月之閒大者上汙卿監小者下辱州縣至於廊廟不無雜人如專經以求進主文而望達者若不困頓於林野則必悽惶於道路今日國家行何道得九流鑑清作何法得僥倖路絕施何令使人自知恥設何教使賢愚自分

第三

問開元天寶之中耕者益力四海之內高山絕壑耒耜亦滿人家糧儲皆及數歲太倉委積陳腐不可校量忽遇凶年穀猶耗盡當今三河膏壤淮泗沃野皆荆棘已老則耕可知太倉空虛雀鼠猶餓至於百姓朝暮不足而諸道聚兵百有餘萬遭歲不稔將何爲謀今欲勸人耕種則喪亡之後人自負苦寒餒不救豈有生資今欲罷兵息戍則又寇盜猶在尚須防遏使國家用何策得人安俗阜不戰無兵用何謀使縱遇凶年亦無災患

第四

問往年粟一斛估錢四百猶貴近年粟一斛估錢五百尚賤往年帛一匹估錢五百猶貴近年帛一匹估錢二千尚賤今耕夫未盡織婦猶在何故往年耕織計時量力勞苦忘倦求免寒餒何故今日甘心寒餒惰游而已於戲曩時粟帛至賤衣食至易今日粟帛至貴衣食至難而人心勤惰如此其何故也試一商之欲聞其說

第五

問古人識貴精通學重兼博不有激發何以相求三禮何

篇可刪三傳何者可廢墨氏非樂其禮何以儒家委命此言當乎彼天女天孫不知何物彼日兄月姊弟妹是誰駔儈與儈奴寧分一純將二精何說孤竹之君何姓新城老婦何名棘竹出自何方毒銅產於何國何鄉無水可飲何地臥冰而溫何人恩信過於田橫何人壯勇等於關羽何人鑿坯而遁何人終日掃門無淺近之不爲悉說

賀廣德二年大赦表

臣某言臣伏奉某月日赦某月日宣示百姓訖伏惟皇帝陛下以慈惠馭兆庶以謙讓化天下凡所赦宥皆允人望

凡所敦勸皆合大經生識之類不勝大幸臣方領陛下州縣守陛下符節不得稱慶下位蹈舞闕庭不任歡戀之至謹遣某官奉表陳賀以聞

賀永泰改元大赦表

臣某言某月日恩赦到州宣示百姓訖百姓貧弱者多勞苦日久忽蒙恩澤更相喜賀歡呼抃躍不自禁止伏惟皇帝陛下增修典禮宏正紀度勞謙慈惠與人更新此實興王之盛烈明聖之至德戴履天地誰不慶幸臣方鎮守州縣不得蹈舞闕庭無任歡欣之極謹奉表陳賀以聞

辭監察御史表

臣某言臣伏奉某月日勅除臣監察御史裏行依前充山南東道節度參謀忽承天澤不勝慶喜負荷恩任伏增憂懼臣在至德元年舉家逃難生幾於死出自賊庭遠如海濱敢望冠冕陛下過聽疑臣有才謀可用謂臣以忠正可嘉枉以公詔徵臣延問當時之事言未可取榮寵已殊事未可行授任過次其時以康元狡逆陛下憂勞臣亦不辭疲駑奉宣聖旨招集士卒師旅未成又逢張瑾姦凶再驚江漢臣恐陛下憂無制變遂曾表請用兵陛下嘉臣懇愚頻降恩詔聖私殊甚特加超擢至今臣自布衣未踰數月官忝風憲任兼戎旅今不勞兵革凶豎伏辜臣不可終以無能苟安非望自姦臣逆命於今六年愧無寸能苟求祿位分符佩印不知慚羞戮辱及之死將不悔陛下忍而從者其可勝言臣才弱識下非智無謀循涯顧分實自知恥臣老母多病又無弟兄漂流殊鄉孤弱相養伏願陛下矜臣愚鈍不合齒於朝列念臣老母令臣得以奉養則聖朝無辱官之士山澤有純孝之臣不任悃款之至謹遣某官奉表以聞謹言

請節度使表

臣某言臣自以愚弱無堪遠跡江湖全身之外無所冀望陛下過聽徵臣顧問令臣起家數月之內官忝臺省爾來三歲無益効用愧恥之甚在臣無踰臣竊以荊南是國家安危之地伏願陛下不輕易任人陛下若獨任武臣則州縣不理若獨任文吏則戎事多闕自兵興以來今八年矣使戰爭未息百姓勞弊多因任使不當致使敗亡伏惟陛下審擇重臣即日鎮撫全陛下上游之地救愚臣不逮之急謹遣某官奉表以聞

乞免官歸養表

臣某言臣以爲才不稱任位過其量不自知分禍辱皆及臣才不如人量識褊僻踰越秩次忝辱衣冠人亦有慙臣自知愧臣少以愚弱不願爲吏書學自業老於儒家今迹在軍中日預戎事此過臣才分近於禍辱者矣臣常恐荒浪失於禮法自逸山澤預於生類今穢汚臺省紊亂時憲此過臣才分近於禍辱者矣伏惟陛下察臣才分不令亂官則貪冒苟進之徒自臣知恥陛下若官不失人則天下自理故曰天下理亂繫之官人臣以爲官人之難無敢易

者陛下焉可易於臣哉臣無兄弟老母久病所願免官奉養生死願足上不敢汚陛下朝列是臣之忠下不欲貽老母憂懼是臣之孝願全忠孝於今日免禍辱於將來伏惟陛下許臣免官許臣奉養在臣慶幸無以比喻謹遣某官奉表陳請以聞

讓容州表

臣結言臣伏奉今月二十二日勅授臣使持節都督容州諸軍事守容州刺史御史中丞充本管經畧守捉使四月十六日勅到二十一日發付本道行營臣實愚弱謬當寄任奉詔之日不辭憂懼臣結中謝臣聞孝於家者忠於國以事君者無所隱臣有至切不敢不言臣實一身奉養老母醫藥飲食非臣不喜臣蹔違離則憂悸成疾臣又多病近日加劇前在道州黽勉六歲實無政理多是假名頻請停官使司不許今臣所屬之州陷賊歲久頹城古木遠在炎荒管內諸州多未賓伏行營野次向十餘年在臣一身爲國展効死當不避敢憚艱危但以老母念臣疾疹日久時方大暑南逾火山舉家漂泊寄在湖上單車將命赴於賊庭臣將就路老母悲泣聞者悽愴臣心可知臣欲扶持

版輿南之合浦則老母氣力艱於遠行臣欲奮不顧家則母子之情禽畜猶有臣欲久辭老母則又汚辱名教臣欲便不之官又恐稽違詔命在臣肝腸如煎如灼昔徐庶心亂先主不逼令伯陳情晉武允許君臣國家萬代爲規伏惟陛下以孝理萬姓慈育生類在臣情志實堪矜愍臣每讀前史見吳起游宦嚙臂不歸溫嶠奉使絕裾而去常恨不逢斯人使之殊死臣所以冒犯聖旨乞停今授待罪私門長得奉養供給并稅臣之懇願塵黷天威不勝惶恐

再讓容州表

草土臣結言伏奉四月十二日勅以臣前在容州殊有理政使司乞留以遂人望起復臣守金吾衛將軍員外置同正員兼御史中丞使持節都督容州諸軍事兼容州刺史充本管經畧守捉使賜紫金魚袋忽奉恩詔心魂驚悸哀慕悲感不任憂懼臣某中謝臣聞苟傷禮法妄蒙寄任古人所畏臣敢不懼國家近年切惡薄俗文官憂免許終喪制臣素非戰士曾忝臺省墨縗戎旅實傷禮法且容府陷沒十二三年管內諸州多在賊境臣前行營日月甚淺宣布聖澤遠人未知有何政能得在人口使司過聽誤有請

留遂令朝廷隳棄法禁至使愚弱穢污禮教臣實不敢踐古人可畏之迹辱聖朝委任之命敢以死請乞追恩詔前者陛下授臣容州臣正任道州刺史臣身病母老不敢辭讓實爲道州地安數年祿養容州破陷不宜辭避臣以爲安食其祿蹈危不免此乃人臣之節其時臣便奉表陳乞以母老地遠請解職任陛下察臣懇至追臣入朝臣以爲不貽憂歎榮及膝下人子之分不圖恩勅未到臣丁酷罰哀號冤怨無所追及今陛下又奪臣情禮授容州臣遂行則亡母旅櫬歸葬無日几筵漂寄奠祀無主捧讀詔書不勝悲懼臣舊患風疾近轉增劇荒忽迷忘不自知覺餘生殘喘朝夕殞滅豈堪金革能伏叛人特乞聖慈允臣所請收臣新授官誥令臣終喪制免生死羞愧是臣懇願臣今寄住永州請刺史王庭璬爲臣進表陳乞以聞

謝上表

臣某言去年九月勅授道州刺史屬西戎侵軼至十二月臣始於鄂州授勅牒即日赴任臣州先被西原賊屠陷節度使已差官攝刺史兼又聞奏臣在道路待恩命者三月臣以五月二十二日到州上訖耆老見臣俯伏而泣官吏

見臣已無菜色城池井邑但生荒草登高極望不見人烟嶺南數州與臣接近餘寇蟻聚尚未歸降臣見招輯流亡率勸貧弱保守城邑畬種山林冀望秋後少可全活臣愚以爲今日刺史若無武畧以制暴亂若無文才以救疲弊若不清廉以身率下若不變通以救時須一州之人不叛則亂將作矣豈止一州者乎臣料今日州縣堪征稅者無幾已破敗者實多百姓戀墳墓者蓋少思流亡者乃衆則刺史宜精選謹擇以委任之固不可拘限官次得之貨賄出之權門者也凡授刺史特望陛下一年問其流亡歸復

幾何田疇墾闢幾何二年問畜養比初年幾倍可稅比初年幾倍三年計其功過必行賞罰則人皆不敢冀望僥倖苟有所求臣實孱弱辱陛下符節陛下必當謹擇臣固宜廢歸山野供給井稅臣不任懇款之至謹遣某官奉表陳謝以聞

再謝上表

臣某言某伏奉某月日勅再授臣道州刺史以某月日到州上訖臣前日在官雖百姓不至流亡而歸復者十無一二雖寇盜不犯邊鄙而不能兵救鄰州雖賦斂僅能供給

而有司不無罪狀雖人吏似從教令而風俗未能移易臣又多病不無假故水旱災沴每歲不免疾疫死傷臣州尤甚以臣自訟合抵刑憲聖朝寬貸猶宜奪官陛下過聽重有授任伏恐守廉讓者以臣爲苟安祿位抱公直者以臣爲內懷私僻有材識者辱臣於臺隸之下用刑法者罪臣於程式之中臣所以不敢卽日辭免待陛下按驗虛實然後歸罪有司今四方兵革未寧賦斂未息百姓流亡轉甚官吏侵尅日多實不合使凶庸貪猥之徒凡弱下愚之類以貨賄權勢而爲州縣長官伏望陛下特加察問舉其功過必行賞罰以安蒼生誰不自私臣實不敢所言狂直朝夕待罪不任懇款之至謹遣某官奉表陳謝

爲董江夏自陳表

臣某言月日勅使某官某乙至賜臣制書示臣云云者臣伏見詔旨感深驚懼臣豈草木不知天心頃者潼關失守皇輿不安四方之人無所繫命及永王承制出鎮荆南婦人童子忻奉王教意其然者人未離心臣謂此時可奮臣節王初見臣謂臣可任遂授臣江夏郡太守近日王以寇盜侵逼總兵東下傍牒郡縣皆言巡撫今諸道節度以爲

王不奉詔兵臨郡縣疑王之議聞於朝廷臣則王所授官有兵防禦鄰郡並邑疑臣順王旬日之閒置身無地臣本受王之命爲王奉詔王所授臣之官爲臣許國忠正之分臣實未虧蒼黃之中死幾無所不圖今日得達聖聽臣今年將六十老母在堂縱未能奉義捐生則豈忍兩忘忠孝臣少以文學爲諸生所多中年自頤逸在山澤聖明無事甘爲外臣無何以鄙僻之故返爲人知遂汙官次以至今日臣又頃年貶謫罪未昭洗今所授官復超越班秩罷歸待罪是臣之分今陛下以王室艱難寄臣方面臣亦以忘

身許國誓於皇天伏惟陛下念臣懇至謹因勅使臣某官
奉表以聞

爲呂荆南謝病表

臣某言臣自去秋疾疹以至今日轉加羸弱庶事不理某月日附某官口奏請替某月日又進狀陳情未蒙允許伏增憂懼陛下應以臣久曾驅策未忍替臣臣實憂陛下方隅切須鎮守臣不能起止四十餘日艱虞之際實慮變生今淮西敗散唐鄧危急在臣病廢豈敢偷安伏望天恩即與臣替儻餘生尚在得至闕庭犬馬之心死生願畢不勝

懇款之至謹遣某官奉表陳乞以聞

欽定全唐文卷三百八十一

元結二

舉呂著作狀

故荆南節度觀察使江陵尹兼御史大夫呂諲姪男季重

右見任祕書省著作郎

以前件狀呂某立身無私歷官清儉身歿之後家無餘財長男幼小未了家事前件姪質性純厚識理通敏仁孝之性不慙古人自其疾甚不視事向五六十日軍府之事皆

季重諮問事無大小處之無猜以臣所見季重不獨爲賢子弟今時穀踊貴道路多虞漂流異鄉無以自給伏望天恩與季重便近州一正員官令其恤養孤幼謹錄奏聞伏聽勅旨

奏免科率狀

當州准勅及租庸等使徵率錢物都計一十三萬六千三百八十八貫八百文

一十三萬二千四百八十貫九百文嶺南西原賊未破州已前

三千九百七貫九百文賊退後徵率

以前件如前臣自到州見租庸等諸使文牒令徵前件錢物送納臣當州被西原賊屠陷賊停留一月餘日焚燒糧儲屋宅俘掠百姓男女驅殺牛馬老少一州幾盡賊散後百姓歸復十不存一資產皆無人心嗷嗷未有安者若依諸使期限臣恐坐見亂亡今來未敢徵率伏待進止又嶺南諸州寇盜未盡臣州是嶺北界守捉處多若臣州不安則湖南皆亂伏望天恩自州未破以前百姓久負租稅及租庸等使所有徵率和市雜物一切放免自州破以後除

正租正庸及准格式合進奉徵納者請據見在戶徵送其餘科率並請放免容其見在百姓產業稍成逃亡歸復似可存活即請依常例處分伏願陛下以臣所奏下議有司苟若臣所見愚僻不合時政干亂紀度事涉虛妄忝官尸祿欺上罔下是臣之罪合正典刑謹錄奏聞

奏免科率等狀

當州奏永泰元年配貢上都錢物總一十三萬二千六百三十三貫三十五文

四萬一千二十六貫四百八十九文請據見在堪差科徵送

九萬一千六百六貫五百四十六文配率請放免

以前件如前臣當州前年陷賊一百餘日百姓被焚燒殺掠幾盡去年又賊逼州界防捍一百餘日賊攻永州陷邵州臣州獨全者為百姓捍賊今年賊過桂州又團練六七十日丁壯在軍中老弱餽糧餉三年已來人實疲苦臣一州當嶺南三州之界守捉四十餘處嶺南諸州不與賊戰每年賊動臣州是境上之州若臣州陷破則湖南為不守之地在於徵賦稍合優矜令使司配率錢物多於去年一

倍已上州縣徵納送者多於去年二分已下申請矜減使司未許伏望陛下以臣所奏令有司類會諸經賊陷州據合差科戶臣當州每年除正租正庸外更合配率幾錢庶免使司隨時加減庶免百姓每歲不安其今年輕貨及年支米等臣請准狀處分謹錄奏聞

論舜廟狀

右謹按地圖舜陵在九疑之山舜廟在太陽之溪舜陵古老已失太陽溪今不知處秦漢已來置廟山下年代寖遠祠宇不存每有詔書令州縣致祭奠酹荒野恭命而已豈

有盛德大業，百王師表，歿於荒裔，陵廟皆無。臣謹遵舊制，於州西山上已立廟訖，特乞天恩，許蠲免近廟一兩家，令歲時拂灑，示爲恒式。豈獨表聖人至德及於萬代，實欲彰陛下元澤及於無窮。謹錄奏聞。

舉處士張季秀狀

臣州僻在嶺隅，其實邊裔，土風貪於貨賄，舊俗多習吏事。獨季秀能介直自全，退守廉讓，文學爲業，不求人知，寒餒切身，彌更守分，貴其所尚，願老山林。臣切以兵興已來，人皆趨競，苟利分寸，不愧其心，則如季秀者，不可不加褒異。

臣特望天恩，令州縣取其穩便，與造草舍十數間，給水田一兩頃，免其當戶徭役，令得保遂其志。此實聖朝旌退讓之道，亦爲士庶識廉恥之方。謹錄奏聞。

請省官狀（乾元三年上來大夫）唐鄧等州縣官

右方城縣舊萬餘戶，今二百戶已下，其南陽向城等縣更破碎於方城。每縣正員官及攝官共有六十人。

以前件如前，自經逆亂，州縣殘破，唐鄧兩州，實爲尤甚。荒草千里，是其疆畎；萬室空虛，是其井邑；亂骨相枕，是其百姓；孤老寡弱，是其遺人。哀而恤之，尚恐冤怨，肆其侵暴，實恐流亡。今賊寇憑陵，鎮兵資其給養；今河路阻絕，郵驛在其供承。若不觸事救之，無以勞勉其苦。爲之計者，在先省官。其方城湖陽等縣正官及攝官并戶口多少，具狀如前。每縣伏望量留令并佐官一人，餘並望勒停。謹錄狀上。

請收養孤弱狀

當軍孤弱小兒都七十六人（張季秀等三十九人無父母，周國良等三十七人有父兄在軍）

以前件狀如前，小兒等無父母者，鄉國淪陷，親戚俱亡，誰家可歸？傭丐未得。有父兄者，其父兄自經艱難，久從征戍，

多以忠義遭逢誅賊，有遺孤弱子，不忍棄之，力相恤養，以至今日。近令諸將有孤兒投軍者，許收驅使；有孤弱子弟者，許令存養。當軍小兒，先取回殘及回易雜利給養。謹錄狀上。

請給將士父母糧狀

當軍將二千人，父隨子者四人，母隨子者二十八人。

以前件如前，將士父母等皆因喪亂，不知所歸，在於軍中，爲日亦久。夫孝而仁者，可與言忠信；而忠信者，可以全義勇。豈有責其忠信，使之義勇，而不勸之孝慈，恤以仁惠？今

軍中有父母者皆共分衣食先其父母寒餒日甚未嘗有辭其將士父母等伏望各量事給其衣食則義有所存恩有所及俾人感勸實在於此謹錄狀上

時議三篇 并表

臣某言臣自以昏庸無堪逸浪江海陛下忽降公詔遠徵愚臣陛下豈不以凶逆未除盜賊屢起百姓勞苦力用不足將社稷大計與天下圖之者乎荒野賤臣始見軒陛又拘限忌諱不能悉下情以上聞則陛下又安用煩勞車乘招禮賢異臣實不能當君子之羞受小人之辱故編輿皁

之說爲三篇名曰時議敢以上聞抵冒天威謹伏待罪臣結頓首謹上乾元二年九月日前進士元結表上

上篇

時之議者或相問曰往年逆亂之兵東窮江海南極淮漢西抵秦塞北盡幽都令趙衛之疆悉爲盜有凶勇之徒在四方者幾百餘萬如屯守二京從衛魁帥者不計當時之兵可謂強矣當時人心已不固矣天子獨以數騎僅至靈武引聚餘弱憑陵強寇頓軍岐陽師及渭西曾不踰時竟能摧堅銳復兩京逃降逆類悉收河南州縣今河北醜陰姦逆尚餘今山谷江湖稍多亡命今所在盜賊屢犯州縣令天下百姓咸轉流亡今臨敵將士多喜奔散今賢士君子不求任使天子往在靈武至於鳳翔無今日兵革而能勝敵無今日禁制而無亡命無今日威令而盜賊不起無今日財用而百姓不亡無今日封賞而將士不散無今日朝廷而人思任使何哉豈天子能以弱制強不能以強制弱豈天子能以危求安而忍以未安忘危時之議者或相對曰此非難言甚易言矣天子往年悲恨陵廟爲凶逆傷汚怨憤上皇忽南幸巴蜀哀傷宗戚多見誅害驚惶聖躬

動息無所是以勤勞不辭親撫士卒與人權位信而不疑渴聞忠直過則喜改如此所以能以弱制強以危求安今天子重城深宮燕私而居冕旒清晨纓佩而朝太官具味當時而食太常修樂和聲而聽軍國機務參詳而進萬姓疾苦時或不聞而廄有良馬宮有美女輿服禮物日月以備休符佳瑞相繼而有朝廷歌頌盛德大業四方貢賦尤異品物公族姻戚喜符帝恩諧臣戲官怡愉天顏而文武大臣至於公卿庶官皆權位爵賞名實之外似已過望此所以不能以強制弱忍以未安忘危若天子能視今日之

安如靈武之危事無大小皆若靈武何寇盜強弱可言當天下日無事矣

中篇

時之議者或相謂曰吾聞道路云云說士人共自謀曰昔我奉天子拒凶逆勝敵則家國兩存不勝則家國兩亡所以生死決戰是非極讓今吾屬名位已重財貨已足爵賞已厚勤勞已極天下若安吾何苦哉天下若不安吾屬外無仇讐相害內無窮賤相迫何苦更當鋒刃以近死乎何苦更忤人主以近禍乎又聞曰嗚呼吾州里有忠義之者

仁信之者方直之者今或有病父老母孤兒寡婦如身能存者皆力役乞丐凍餒不足況於死者父母妻子人誰哀之又聞曰今天下殘破蒼生危急受賦役者多寡弱貧獨流亡死生悲憂道路蓋亦極矣天下若安我等豈無隴畝以自處若不安我等不復以忠義仁信方直死矣縱有盜於我者安則隨之人且如此其然何故時之議者相對曰今國家非欲其然蓋失於太明太信而然耳夫太明則見其內情將藏內情則罔惑生焉罔上惑下能令必信信可必矣故太信為太信之中至姦元惡卓然而存如此使朝廷遂亡公直天下遂失忠信蒼生遂益冤怨如公直亡矣忠信失矣冤怨生矣豈天子大臣之所喜乎將欲理之能無端由吾屬議於野者又何所及

下篇

時之議者或相問曰今天子思安蒼生思滅姦逆思致太平方力圖之非不勤勞於今四年而說者異之何哉時之議者或相對曰如天子所思如說者所異天子大臣非不知之凡有制誥皆當言及言雖懇懃事皆不行前後再三頗類諧戲今或有仁恤之詔憂勤之誥人皆族立黨語指

而議之其由何哉以言而不行之故也天子不知其然以為言雖不行足堪沮勸嗚呼沮勸之道在明審均當而必行也必不行矣有言何為自太古以來致理興化未有言之不行而能至矣若天子能追行已言之令必行將來之法且免天下無端雜徭且除天下隨時弊法且去天下拘忌煩令必任天下賢異君子屏斥天下姦邪小人然後推仁信威令與之不惑此帝王常道何為不及

與韋尚書書

其月日前進士元結頓首尚書公閣下結每聞賢卿大夫

能以至公之道推引君子使名聲德業相繼稱顯則思見之若不以至公之道推引君子使禍惡凶辱同日更受則不思見之結所以年四十足不入於公卿之門身不齒於利祿之士豈忘榮顯蓋懼汚辱昨者有詔使結得詣京師至汝上逢山龜亦承詔詣京師結與山龜俱得乘郵而來郵長待結頗如龜者前日謁見尚書俯拜階下本望齒乘郵與諸龜結待命而退不望尚書不以結齒之於龜以士君子見禮問及詞賦許且休息此結之幸豈結望尚書之意古人所以愛經術之士重山野之客採輿童之誦者蓋

爲其能明古以論今方正而不諱悉人之下情結雖昧於經術然自山野而來能悉下情尚書與國休戚能無問乎事有在尚書力及能不行乎結頓首

與李相公書

月日新授右金吾兵曹參軍攝監察御史元結頓首相公執事某性愚弱本不敢干時求進十餘年間在山野過爲知己猥見稱譽辱在鄉選名汚上第退而知恥更自委順亦數年矣中逢喪亂奔走江海當死復生見有今日林壑不保敢思祿位忽枉公詔命詣京師州縣發遣不得辭避三四千里煩勞公車始命蹈舞帝庭即日辭命擔囊乞丐復歸海濱今則過次授官又令將命誅人軍者誰曰易乎相公見某但禮文拜揖之外無所問焉忽然狂妄男子不稱任使坐招敗辱相公如何某所以盡所知見聞於左右不審相公以爲可否如曰不可合正典刑欺上調下是某之罪謹奉詔書及章服待命屏外某頓首

與韋洪州書

某月日荆南節度判官水部員外郎兼殿中侍御史元結頓首某聞古之賢達居權位也令當世頌其德後世師其

行何以言之在分君子小人察視邪正使無冤濫而無憤痛耳某不能遠取古人請以端公賢公中丞爲喻前者獲接端公餘論某嘗議及中丞某以爲賞中丞之功未當論中丞之冤至濫端公不知情至泣涕交流豈不爲有冤濫未申而生此憤痛某與端公頗爲親故官又差肩曾不垂問便即責使冤濫者豈獨中丞而已乎憤痛者豈獨端公而已乎所以至遣使者試以自明端公前牒則請不交兵端公後牒則請速交兵如此豈端公自察辨誤耶有小人惑亂端公耶端公又云荆南將士侵暴端公豈能保荆南

將士必侵暴乎豈能保淮西將士必不侵暴乎端公少垂察鬬某又聞泗上隣家之事請說以自喻昔泗上有隣家有朋友遊者鬬之遊東家則曰公之友賢能益主人西家之友愚能損主人遊西家則曰公之友智能譽主人東家之友狡能毀主人見其友亦如鬬主人之論於是隣家之友相惡將相害隣家之翁怒將相絕里有正信之士為辨之然後隣家通歡隣友相善荊南與江西猶隣家也某其友乎遊者方相鬬誰為正信之士一為辨之某敢以此書獻端公閣下

與呂相公書

某月日某官某再拜相公閣下某嘗見時人不能自守性分俛仰於傾奪之中低徊於名利之下至有傷汙毀辱之患滅身亡家之禍則欲劇為之箴於身豈願踰性分取禍辱而忘自箴者耶某性荒浪無拘限每不能節酒與人相見適在一室不能無歡於醉醉歡之中不能無過少不學為吏長又著書論自適昔天下太平不敢絕世業亦欲求文學之官職員散冗者為子孫計耳自兵與以來此望亦絕何哉其一身奉親奔走萬里所望飲啄承歡膝下今則辱在官以逾其性分觸禍辱機兆者日未無之某又三世單貧年過四十弱子無母年未十歲孤生嫁娶者一人相公視某敢以身徇名利者乎有如某者以身徇名利齒於奴隸尚可羞而況士君子也歟某甚愚鈍又無功勞自布衣歷官不十月官至尚書郎向三歲官未削人多相嫉某實自憂相公忍令某漸至畏懼而死甚令必受禍辱而已某前所言相公似未見信故藉紙筆煩瀆門下某再拜

與何員外書

月日次山白何夫子執事皮弁時俗廢之久矣非好古君子誰能存之忽蒙見贈驚喜無喻次山漫浪者也昔不愛便事之服時世之巾昔年在山野曾作愚巾凡裘異於制度凡裘領緇界緇緣緇帶其餘皆褐帶聯後縫中腰前繫愚巾頂方帶方垂方緇葛為之元絲為纓次山自衣帶巾裘雖不為時人大惡亦嘗辱其嗤誚方欲雜古人衣帶以自免辱贈及皮弁與凡裘正相宜若風霜慘然出行林野次山則戴皮弁衣凡裘若大暑蒸溼出見賓客次山則戴愚巾衣野服野服大抵緇褐布葛為之也腰襻為裳短襟為衣裳下及履衣垂及膝下不審夫子異時歸休適在山

野能衣戴此者不乎若以爲宜當各造一副送往元次山白。

自釋書

河南元氏望也結元子名也次山結字也世業載國史世系在家牒少居商餘山著元子十篇故以元子爲稱天下兵興逃亂入猗玗洞始稱猗玗子後家瀼濱乃自稱浪士及有官人以爲浪者亦漫爲官乎呼爲漫郎既客樊上漫遂顯樊左右皆漁者少長相戲更曰聱叟彼誚以聱者爲其不相從聽不相鉤加帶笭箵而盡船獨聱齖而揮車酒

徒得此又曰公之漫其猶聱乎公守著作不帶笭箵乎又漫浪於人間得非聱齖乎公漫久矣可以漫爲叟於戲吾不從聽於時俗不鉤加於當世誰是聱者吾欲從之彼聱叟不慚帶乎笭箵吾又安能薄乎著作彼聱叟不羞聱齖於鄰里吾又安能慙漫浪於人間取而醉人議當以漫叟爲稱直荒浪其情性誕漫其所爲使人知無所存有無所將待乃爲語曰能帶笭箵者全獨而保生能學聱齖者保宗而全家聱也如此漫乎非邪

文編序

天寶十二年漫叟以進士獲薦名在禮部會有司考校舊文作文編納於有司當時叟方年少在顯名跡切恥時人諂邪以取進姦亂以致身徑欲塡陷穽於方正之路推時人於禮讓之庭不能得之故優游於林壑怏恨於當世是以所爲之文可戒可勸可安可順侍郎楊公見文編歎曰以上第汚元子耳有司得元子是賴叟少師友仲行公公聞之諭叟曰於戲吾嘗恐直道絕而不續不虞楊公於子相續如纊明年有司於都堂策問羣士叟竟在上第爾來十五年矣更經喪亂所望全活豈欲跡參戎旅苟在冠冕

觸踐危機以爲榮利蓋辭謝不免未能逃命故所爲之文多退讓者多激發者多嗟恨者多傷閔者其意必欲勸之忠孝誘以仁惠急於公直守其節分如此非救時勸俗之所須者歟叟在此州今五年矣地偏事簡得以文史自娛乃次第近作合於舊編凡二百三首分爲十卷復命曰文編示門人子弟可傳之於筐篋耳叟之命稱則著於自釋云不錄時大歷二年丁未中冬也

篋中集序

元結作篋中集或問曰公所集之詩何以訂之對曰風雅

不興幾及千歲溺於時者世無人哉嗚呼有名位不顯年壽不終獨無知音不見稱頌死而已矣誰云無之近世作者更相沿襲拘限聲病喜尚形似且以流易爲辭不知喪於雅正然哉彼則指詠時物會諧絲竹與歌兒舞女生汙惑之聲於私室可矣若令方直之士大雅君子聽而誦之則未見其可矣吳興沈千運獨挺於流俗之中強攘於已溺之後窮老不惑五十餘年凡所爲文皆與時異故朋友後生稍見師效能似類者有五六人於戲自沈公及二三子皆以正直而無祿位皆以忠信而久貧賤皆以仁讓而

至喪亡異於是者顯榮當世誰爲辯士吾欲問之天下兵興於今六歲人皆務武斯焉誰嗣已長逝者遺文散失方阻絕者不見近作盡篋中所有總編次之命曰篋中集且欲傳之親故冀其不亡於今凡七人詩二十二首時乾元三年也

送張元武序

乙未中詔吳興張公爲元武縣大夫公舊友河東柳潛夫裴季安扶風竇伯明趙郡李長源河南元次山將辭讌言悉以言贈上有勸仁惠卹勞苦之風下有惜離異戒行役之論元子聞之中有所指國家將日極太寧垂休八荒故自近年兵出漢外討者或曰西南少疲是以天子特有命也將天之命斯未易然於戲蜀之遺民化於秦漢純古之道其由未知無置此焉姑取廢也如德以涵灌義以封植其教遐遠其人迎喁至乎不可固未必也則曰保仁以敦養流惠以懷恤知其所勞示其所安無以醜之當可然也潛夫聞之中與不樂歎曰吾嘗與朋友有四方之異不甚感人如今之心多問其故對曰嗟嗟子能有是言也吾故感焉行有規矣多無曰我四十於此無曰我時祿位下哉

公乃復曰當不失於二公之意爲異年觀會之方也已敢戒行役敢自清慎終不貽朋友之憂何如於是醉歌中堂極樂而已諸公有贈遞相編次

送王及之容州序

乾元初漫叟浪家於瀼溪之濱以耕釣自全而已九江之人未相喜愛其意似懼叟衣食之不足耳叟亦不促促而從之有王及者異夫鄉人焉以文學相求不以羇旅見懼以相安爲意不以可否自擇及於叟也如是之多叟在春陵及能相從遊歲餘而去將行規之曰叟愛及者也無惑

叟言及方壯可強藝業勿以遊方爲意人生若不能師表朝廷即當老死山谷彼區區於財貨之末局局於權勢之門縱得鍾鼎亦胡顏受納行矣自愛耿容州歡於叟者及到容州爲叟謝主人聞幕府野次久矣正宜收擇謀夫引信才士有如及也能收引乎二三子賦送遠之什以系此云

送譚山人歸雲陽序

吾於九疑之下賞愛泉石今幾三年能扁舟數千里來遊者獨雲陽譚子譚子文學隱名山野隱身雲陽之阿世如

君何牧犢愛雲陽之牢峻公不出南岳三十年今得雲陽一峯譚子又在焉彼眞可家之者邪子去爲吾謀於牧犢近峻公有泉石老樹壽藤縈垂水可灌田一區火可燒種菽粟近泉可爲十數間茅舍所詣纔通小船吾則往而家矣此邦舜祠之奇怪陽華之殊異㵢泉之勝絕見峻公與牧犢當一一說之松竹滿庭水石滿堂石魚負樽鼍舫運觴醉送譚子歸於雲陽漫叟元次山序

別韓方源序

昔元次山與韓方源別於商餘約不終歲復相見於此山忽八年於今始復相見悲懽之至言可極邪次山與方源昔年俱頤於山谷有終焉之意今方源得如其心次山汙在冠冕次山一顧方源再三慙羞時復飲酒求其安我今方源欲安家肥陽次山方理兵九江相醉相辭不必如昔年之約此情豈易然者邪乙未之前次山有元子乙未之後次山有猗玗子戊戌中次山有浪說悉贈方源庶方源見次山之意

別王佐卿序

癸卯歲京兆王契佐卿年四十六河南元結次山年四十

五時次山頃日浪遊吳中佐卿頃日去西蜀對酒欲別此情易邪在少年時握手笑別雖遠不恨以天下無事志氣猶壯今與佐卿年近五十又逢戰爭未息相去萬里欲強笑別其可得乎與佐卿去者有清河崔異與次山往者有彭城劉灣相醉相留幾日江畔主人鄂州刺史韋延安令四座作詩命余爲序以送遠云

別崔曼序

漫叟年將五十與時不合垂三十年愛惡之聲紛紛人間博陵崔曼感叟所爲遊而辦之數月未去會潭州都督張

正言薦叟爲蜀邑長將行叟謂曰叟異時乃山林一病民耳宜不相罔行矣勿惑吾子有才業且明辨又方年少必能樹勳庸垂名聲若求先達賢異能相拔拭正在張公張公往年在西域主人能用其一言遂開境千里威振絶域寵榮當世公往在淮南邊巡指麾萬夫風從遭逢猜疑弛而不爲今海内兵革未息張公必爲時用吾子勉之所相規者宜緩步富貴從容謀畫少節酒平氣槩耳

欽定全唐文卷三百八十二

元結三

道州刺史廳壁記

天下太平方千里之内生植齒類刺史能存亡休戚之天下兵興方千里之内能保黎庶能攘患難在刺史耳凡刺史若無文武才畧若不清廉肅下若不明惠公直則一州生類皆受其害於戲自至此州見井邑邱墟生人幾盡試問其故不覺涕下前輩刺史或有貪猥惛弱不分是非但以衣服飲食爲事數年之間蒼生蒙以私欲侵奪兼之公

家驅迫非奸惡强富殆無存者問之耆老前後刺史能恤養貧弱專守法令有徐公履道李公廙而已遍問諸公善或不及徐李二公惡有不堪説者故爲此記與刺史作戒自置州以來諸公改授遷黜年月則舊記存焉

茅閣記

已巳中平昌孟公鎮湖南將二歲矣以威惠理戎旅以簡易肅州縣刑政之下則無撓人故居方多閑時與賓客嘗欲因高引望以抒遠懷偶愛古木數株垂覆城下遂作茅閣蔭其清陰長風寥寥入我軒檻扇和爽氣滿於閣中世

傳衡陽暑溼鬱蒸休息於此何爲不然今天下之人正苦大熱誰似茅閣蔭而庥之於戲賢人君子爲蒼生之庥蔭不如是邪諸公詠歌以美之俾茅閣之什得系嗣於風雅者矣

右溪記

道州城西百餘步有小溪南流數十步合營溪水抵兩岸悉皆怪石欹嵌盤缺不可名狀清流觸石洄懸激注佳木異竹垂陰相蔭此溪若在山野則宜逸民退士之所游處在人間則可爲都邑之勝境靜者之林亭而置州已來無

人賞愛徘徊溪上爲之悵然乃疏鑿蕪穢俾爲亭宇植松與桂兼之香草以裨形勝爲溪在州右遂命之曰右溪刻銘石上彰示來者

菊圃記

春陵俗不種菊前時自遠致之植於前庭牆下及再來也菊已無矣徘徊舊圃嗟歎久之誰不知菊也方華可賞在藥品是良藥爲蔬菜是佳蔬縱須地趨走猶宜徙植修養而忍蹂踐至盡不愛惜乎於戲賢人君子自植其身不可不慎擇所處一旦遭人不愛重如此菊也悲傷奈何於是更爲之圃重畦植之其地近讌息之堂吏人不此奔走近登望之亭旌旄不此行列縱參歌妓菊非可惡之草使有酒徒菊爲助興之物爲之作記以託後人并録藥經列於記後

殊亭記

癸卯中扶風馬向兼理武昌以明信嚴斷惠正爲理故政不待時而成於戲若明而不信嚴而不斷惠而不正雖欲理身終不自理況於人哉公能令人理使身多暇招我畏暑且爲涼亭亭臨大江復在山上佳木相蔭常多清風巡

迴極望目不厭遠吾見公才殊政殊跡殊爲此亭又殊因命之曰殊亭斲石刻記立於亭側庶幾來者無所憾焉

寒亭記

永泰丙午中巡屬縣至江華縣大夫瞿令問咨曰縣南水石相映望之可愛相傳不可登臨俾求之得洞穴而入棧險以通之始得搆茅亭於石上及亭成也以階檻憑空下臨長江軒楹雲端上齊絶巔若旦暮景風烟靄異色蒼蒼石磷含映水木欲名斯亭狀類不得敢請名之表示來世於是休於亭上爲商之曰今大暑登之疑天時將寒炎蒸

之地清涼可安合命之曰寒亭乃爲寒亭作記刻之亭背

廣宴亭記

樊水東盡其南乃樊山北鮮津吏欲於鮮上以爲候舍漫叟家於樊上不醉則閑乃相其地形驗之圖記實吳故宴遊之處縣大夫馬公登之歎曰謝公贈伏武昌詩云樊山開廣宴非此地邪吾欲因而修之命曰廣宴亭何如漫叟頌之曰古人將修廢遺尤異之事爲君子之道於戲天下有廢遺尤異之事如此亭者誰能修而旌之天將厭悔往乎使公方壯而有是心也吾當截蓄簡札待爲之頌故作

廣宴亭記以先意云

九疑山圖記

九疑山方二千餘里四州各近一隅世稱九峯相似望而疑之謂之九疑亦云舜望九峯疑禹而悲從臣有作九疑之歌因謂之疑九峯殊極高大遠望皆可見也彼如嵩華之峻峙衡岱之方廣在九峯之下磊磊然如布碁石者可以百數中峯之下水無魚鼈林無鳥獸時聞聲如蟬蠅之類聽之亦無往往見大谷長川平田深淵杉松百圍榛栝並茂青莎白沙洞穴丹崖寒泉飛流異竹雜華迴映之處似藏人家實有九水出於山中四水南流灌於南海五水北注合爲洞庭若度其高卑比洞庭南海之岸直上可二三百里不知海內之山如九疑者幾焉或曰若然者茲山何不列於五岳對曰五帝之前封疆尚隘衡山作岳已出荒服今九疑之南萬里臣妾國門東望不見涯際西行幾萬里未盡邊陲當合以九疑爲南岳以崑崙爲西岳衡華之輩聽逸者占爲山居封君表作苑囿耳但苦當世議者拘限常情牽引古制不能有所改刱也如何故圖畫九峯畧載山谷傳於好事以旌異之如山中之往跡峯洞之名

稱爲人所傳說者並隨方題記庶幾觀者易知時永泰丙午年也

二風詩論

客有問元子曰子著二風詩何也曰吾欲極帝王理亂之道系古人規諷之流曰何如也夫至理之道先之以仁明故頌帝堯爲仁帝安之以慈順故頌帝舜爲慈帝成之以勞儉故頌夏禹爲勞王修之以敬慎故頌殷宗爲正王守之以清一故頌周成爲理王此理風也夫至亂之道先之以逸惑故閔太康爲荒王壞之以苛縱故閔夏桀爲亂王

覆之以淫暴故閔殷紂爲虐王危之以用亂故閔周幽爲惑王亡之於積累故閔周赧爲傷王此亂風也訂曰子頌善上不及羲軒湯武閔惡又不及始皇哀靈焉可稱極帝王理亂之道對曰於戲吾敢言極極其中道者也吾且不曰著斯詩也將系規諷乎如羲軒之道也久矣誰能師尊如湯武之德吾則不敢頌爲規法過於是也吾子審之

寱論

元子天寶中曾預燕於諫議大夫之坐酒盡而無以續之大夫歎曰諫議冗者貧無以繼酒嗟哉元子醉中議之曰

大夫頗能用一謀令大夫尊重如侍中威權等司隸若何大夫問謀對曰大夫得寱婢一人在人主左右以寱言爲先諷則可請有所說大夫不聞古有部侯侯家得寱婢寐則寱言言則侯輒鞭之如是一歲婢寱如故侯無如婢何有吏奴每厭勞辱寐則假寱其言似不怨主而若忠信侯聞問之則曰素有寱病寐中寱言非所知也引寱婢自辨詞說云云侯疑學婢鞭之不止髡之鉗之奴寱愈甚奴於是重窺侯意先事寱說說侯之過警以禍福侯又無如奴何客有知侯禍機因寱奴之先扣侯門諫侯侯以改過免禍侯納客爲上賓復其奴命曰寱良氏子孫世在於部大夫誠能學奴效婢假寱言以規諫人主俾悔過追誤與天下如新大夫見尊重威權何止侍中司隸大夫乃歎曰嗚呼吾謂今之士君子曾不如部侯吏奴邪

丐論

天寶戊子中元子遊長安與丐者爲友或曰君友丐者不太下乎對曰古人鄉無君子則與雲山爲友里無君子則與松柏爲友坐無君子則與琴酒爲友出遊於國見君子則友之丐者今之君子吾恐不得與之友也丐者丐論子

能聽乎吾既與丐者相友喻求罷丐友相喻曰子羞吾爲丐邪有可羞者亦曾知未也嗚呼於今之世有丐者丐宗屬於人丐嫁娶於人丐名位於人丐顏色於人甚者則丐權家奴齒以售邪佞丐權家婢顏以容媚惑有自富丐貧自貴丐賤於刑丐命命不可得就死丐時就時丐息至死丐全形而終有不可丐者更有甚者丐家族於僕圉丐性命於臣妾丐宗廟而不敢丐妻子而無辭有如此者不可爲羞哉吾所以丐人之棄衣丐人之棄食提罌荷杖在於路傍且欲與天下之人爲同類耳不然則無顏容行於人

間夫丐衣食貧也以貧乞丐心不慙跡與人同示無異也
此君子之道吾君子不欲全道邪幸不在山林亦宜具罌
杖隨我作丐者之狀貌學丐者之言辭與丐者之相逢使
丐者之無恥庶幾時世始能相容吾子無矯然取不容也
於戲丐者言語如斯可編爲丐論以補時規

漫論并序

乾元已亥至寶應壬寅歲時人相誚議曰元次山嘗漫有
所爲且漫聚兵又漫辭官漫聞議云云因作漫論論曰
世有規檢大夫持規之徒來問叟曰公漫然何爲對曰漫

爲公也漫何以然對曰漫然規者怒曰人以漫指公者是
他家惡公之辭何得翻不惡漫而稱漫爲漫何檢括漫何
操持漫何是非漫不足準漫不足規漫無所用漫無所施
漫焉何效漫焉何師公髮已白無終惑之叟俛首而謝曰
吾不意公之說漫至於此意如所說漫焉足恥吾當於漫
終身不羞著書作論當爲漫流於戲九流百氏有定限邪
吾自分張獨爲漫家規檢之徒則奈我何

化虎論

都昌縣大夫張粲君英將之官與其友賈德方元次山別
且曰吾邑多山澤可致麋鹿爲二賢羞賓客何如及到官
書與二友曰待我化行旬月使虎爲鹿豹爲麕梟爲鶻鳩
蝦蟇爲兎將以豐江外庖廚豈獨與德方次山之羞賓客
也德方對曰嗚呼兵興歲久戰爭日甚生人怨痛何時休
息君英之化豈及虎豹將恐虎窟公城豹遊公庭梟集公
楹蟇蛙匝公而鳴敢以不然之論反化君英次山異德方
報君英化虎之論豈直望化虎哉次山請商之君英所謂
待吾化虎然後羞吾屬也其意蓋欲待朝廷化小人爲君
子化謟媚爲公直化奸邪爲忠信化進競爲退讓化刑法

爲典禮化仁義爲道德使天下之人心皆涵純樸豈止化
虎而羞我哉德方未量君英歟次山故編所言爲化虎之
論

管仲論

自兵興已來今三年論者多云得如管仲者一人以輔人
主當見天下太平矣元子異之曰嗚呼何是言之誤邪彼
管仲者人耳止可與議私家畜養之計止可以修鄉里畎
澮之事如此仲可當焉至如相諸侯材量已似不足致齊
及霸材量極矣使仲見帝王之道識興國之禮則天子之

國不衰諸侯之國不盛如曰不然請有所說仲之相齊及齊彊富則合請其君恢復王室節正諸侯君若惑之則引禍福以喻之君既聽矣然後約諸侯曰今王室將卑諸侯更彊文王風化殘削向盡武王彊域割奪無幾禮樂不知其由征伐何因而出我是故謹疆域勉日夜望振兵威可臨列國得與諸侯會盟一旦能新復天子之正朔更定天子之封畿上奉天子復先王之風化下令諸侯復先公之制度以爲何如若皆不從我則以兵臨於魯魯不敢不從魯從則與魯西臨宋鄭宋鄭從則與三國北臨燕衛燕衛

從則與諸國西臨秦晉秦晉從則與七國以尺簡約吳楚吳楚從則天下無不從之國然後定約若有果不從者則約從者曰吾屬以禮樂尊天子以法度正諸侯使小國不常患弱大國不敢怙彊此誠長世之策若天子國亡則諸侯交爭兵戈相臨誰爲彊者則安得世世禮讓相服宗廟血食我是故力勸諸侯尊天子今某國猶豫宜往問之若不從約則與諸侯率兵伐之分其疆土遷其子孫留百里之地奉其宗社下爲諸侯廣子孫之業上爲天子除不順之臣何如如此則諸侯誰敢不從然後定天子封畿諸侯疆域輿服器玩禮樂法度征賦貢輸自齊魯節正節正既定乃共盟曰有貳約者當請命天子廢其驕凶以立恭順廢其荒惑以立明哲敢不聽者伐而分之如初約制定於是諸侯先各造邸於天子之都諸侯乃相率朝覲已而從天子齊戒拜宗廟禮畢天子誓曰於戲王室之卑久矣予不敢望皇天后土之所覆載將旦暮隸於諸侯不可則願全肌骨下見先王今諸侯不忘先王之大德不忘先公之忠烈共力正王室俾予主先王宗祀予若昏荒淫虐不納諫諍失先王法度上不能奉宗祀下不能安人民爾諸

侯當理爾軍卒修爾矛戟約爾列國罪予凶惡嗣立明辟予若能日勉孱弱力遵先王法度上奉宗祀下安人民爾諸侯當保爾疆域安爾人民修爾貢賦共予郊祀予有此誓豈云及予將及來世予敢以此誓誓於宗廟予敢以此誓誓於天地諸侯聞天子之誓相率盟曰天子有誓俾我諸侯世世得力扶王室使先王先公德業永長諸侯其各銘天子之誓傳之後嗣我諸侯重自約曰諸侯有昏惑當如前盟若天子昏惑不嗣虐亂天下諸侯當力共規諷諫諍如甚不可則我諸侯共率禮兵及王之畿復諫諍如初

又甚不可進禮兵及王之郊終不可進禮兵及王之宮兵及王之宮矣當以宗廟之憂咨之當以人民之怨咨之當以天子昔誓咨之當以諸侯昔盟咨之以不敢欺先王先公告之以不敢欺皇天后土告之然後如天子昔誓如諸侯昔盟使管仲能如此則周之天子未爲奴矣諸侯之國則未亡矣秦於天下未至是矣如曰仲才及也君不從也仲智及也時不可也則仲曾是謀也乎君不從之也歟仲曾是爲也乎時之不可也歟況今日之兵不可以禮義節制不可以盟誓禁止如仲之輩欲何爲矣

縣令箴

古今所貴有土之官當其選授何嘗不難爲其動靜是人禍福爲其嘘噏作人寒燠煩則人怨猛則人懼勿以賞罰因其喜怒太寬則慢豈能行令太簡則疎難與爲政既明且斷直焉無情清而且惠果然必行或曰關由上官事不自我辭讓而去有何不可誰欲字人贈君此箴豈獨書紳可以銘心

自箴

有時士教元子顯身之道曰於時不爭無以顯榮與世不佞終身自病君欲求權須曲須圓君欲求位須姦須媚不能此爲窮賤勿辭元子對曰不能此爲乃吾之心反君之言作我自箴與時仁讓人不汝上處世清介人不汝害汝若全德必忠必直汝若全行必方必正終身如此可謂君子

冰泉銘　并序

蒼梧郡城東二三里有泉焉出在郭中清而甘寒若冰在盛暑之候蒼梧之人得救渴泉與火山相對故命之曰冰泉以變舊俗銘曰

火山無火冰泉無冰惟彼泉源甘寒可徵鑄金磨石篆刻此銘置之泉上彰厥後生

五如石銘　并序

涍泉之陽得怪石焉左右前後及登石顛均有如似故命之曰五如石石皆有竇竇中湧泉泉詭異於七泉故命爲七勝泉石有雙目一目命爲洞井井與泉通一目命爲洞樽樽可貯酒石尾有穴有如礲者又如瀧者泉可渟澄匝石而流入礲中出而爲瀧於戲彼能異於此安可不稱顯之銘曰

五如之石何以爲名請悉狀之誰爲我聽左如旋龍低首回顧右如鷩鴻張翅不去前如飲虎飲而蹲焉後如怒龜出洞登山若坐於顚石則如船乘彼靈槎在漢之間洞并如鑿淵然泉湧澄瀾涵石波起如動不旌尤異焉用爲文刻銘石上於千萬春

丹崖翁宅銘 并序

零陵瀧下三十里得丹崖翁宅有唐節督者曾爲瀧水令去官家於崖下自稱丹崖翁丹崖湘中水石之異者翁湘中得道之逸者愛其水石爲之作銘銘曰

瀧水未盡瀧山猶峻忽見淵洄丹崖千仞礌礌丹崖其下誰家門前斷船籬上釣車不知幾峯爲其四墉竹幽石磴飛泉户中怪石臨淵硐硐石巔何得石巔翁獨醉眠吾欲與翁東西茅宇飲啄終老翁亦悅許世俗常事阻人心情徘徊崖下遂刻此銘

陽華巖銘 并序

道州江華縣東南六七里有回山南面峻秀下有大巖巖當陽端故以陽華命之吾遊處山林幾三十年所見泉石如陽華殊異而可家者未也故作銘稱之縣大夫瞿令問藝兼篆籀俾依石經刻之巖下銘曰

九疑萬峯不如陽華陽華嶠巉其下可家洞開爲巖巖當陽端巖高氣清洞深泉寒陽華旋回岑巔如闢溝塍松竹輝映水石尤宜逸民亦宜退士吾欲投節窮老於此懼人譏我以官矯時名節彰顯醜如此爲於戲陽華將去思來前步却望踟蹰徘徊

浯溪銘 并序

浯溪在湘水之南北滙於湘愛其勝異遂家溪畔溪世無名稱者也爲自愛之故命浯溪銘曰

湘水一曲淵洄傍山山開石門溪流潺潺山開如何巉巉雙石臨淵斷崖夾溪絕壁水實殊怪石又尤異吾欲求退將老茲地溪古地荒蕪沒已久命曰浯溪旌吾獨有人誰知之銘在溪口

唐廎銘 并序

浯溪之口有異石焉高六十餘丈周迴四十餘步西面在江口東望峿臺北臨大淵南枕浯溪唐廎當乎石上異木夾户疎竹傍簷瀛洲言无由此可信若在廎上目所厭者遠山清川目所厭者水聲松吹霜朝厭者寒日方暑厭者

清風於戲厭不厭也厭猶愛也命曰唐庼旌獨有也銘曰功名之伍貴得茅土林野之客所耽水石年將五十始有唐庼愜心自適與世忘情庼傍石上篆刻此銘

峿臺銘并序

浯溪東北二十餘丈得怪石焉周行三百餘步從未申至丑寅厓壁斗絶左屬回鲜前有磴道高八九十尺下當洄潭其勢碉礴半出水底蒼然泛泛若在波上石巔勝異之處悉爲亭堂小峯歎竇宜間松竹掩映軒户畢皆幽奇於戲古人有蓄憤悶與病於時俗者力不能築高臺以瞻眺

則必山巔海畔伸頸歌吟以自暢達今取茲石將爲峿臺蓋非愁怨乃所好也銘曰

湘淵清深峿臺陗㠊登臨長望無遠不盡誰厭朝市羈牽局促借君此臺一縱心目陽厓礱琢如瑾如珉作銘刻之彰示後人

東崖銘并序

峿臺西面鼓鈘高迥在唐亭爲東崖下可行坐八九人其爲形勝與石門石屏亦猶官羽之相資也銘曰

峿臺蒼蒼西崖雲端亭午崖下清陰更寒可容枕席何事不安

寒泉銘并序

湘江西峯直平陽江口有寒泉出於石穴峯上有老木壽藤垂陰泉上近泉堪戙維大舟惜其蒙蘙不可得見踟躕行循其水本無名稱也爲其當暑大寒故命曰寒泉銘曰

於戲寒泉瀛瀛江湄堪救渴暍人不之知當時大暑江流若湯寒泉一掬能清心腸誰謂仁惠不在茲水舟楫尚存爲利未巳

異泉銘并序

天寶十三年春至夏甚旱秋至冬積雨西塞西南有迴山山巔是秋崩坼有穴出泉泉垂流三四百仞浮江中可望於戲陰陽旱雨時異以至柔破至堅事異以至下處至高理異故命斯泉曰異泉銘於泉上其意豈獨旌異而已乎銘曰

何故作銘銘於異泉爲其當不可闕坼石出焉何用作銘銘於異泉爲其當不可下窮高流焉君子之德顯與晦殊爲此銘者忘道也歟

瀼溪銘并序

乾元戊戌浪生元結始浪家瀼溪之濱瀼溪蓋湓水分稱瀼水夏瀼江海則百里爲瀼湖二十里爲瀼溪瀼溪浪士愛之銘之其濱於戲古人喜尚君子不見君子見如似者亦稱頌之瀼溪可謂讓矣讓君子之道也稱頌如此可遺瀼溪若天下有如似讓者吾豈先瀼溪而稱頌者乎銘曰

瀼溪之瀾誰取盥焉瀼溪之漪誰取飲之盥實可矣飲豈難矣得不慚其心不如此水浪士作銘將戒何人欲不讓者慚遊瀼濱

抔樽銘 并序

郎亭西郛有藂石石臨樊水漫叟構石顛以爲亭石有窊顛者因修之以藏酒士源愛之命爲抔樽乃爲士源作抔樽銘銘曰

窊顛之石在吾亭上天全其器實有殊狀如竇而底似傾幾歁非曲非方不準不規孟公高賢命曰抔樽漫叟作銘當欲何言時俗澆狡日益僞薄誰能抔飲共守淳樸

退谷銘 并序

抔湖西南是退谷谷中有泉或激或懸爲竇爲淵滿谷生壽木又多壽藤縈之始入谷口令人忘返時士源以漫叟退修耕釣愛遊此谷遂命曰退谷元子作銘以顯士源之意銘曰

誰命退谷孟公士源孟公之意漫叟知焉公畏漫叟心進跡退公懼漫叟名顯身晦公恐漫叟辭小受大於戲退谷獨爲吾規干進之客不羞遊之何人作銘銘之谷口荒浪者歟退谷漫叟

抔湖銘 并序

抔湖東抵抔樽西侵退谷北匯樊水南涯郎亭有菱有荷有菰有蒲方一二里能浮水與漫叟自抔亭遊退谷必泛

此湖以湖在抔樽之下遂命曰抔湖銘曰

誰遊江海能厭其大誰泛抔湖能厭其小故曰人不厭者君子之道於戲君子人不厭之死雖千歲其行可師可厭之類不獨爲害死雖萬代獨堪汚穢或問作銘意盡此歟吾欲爲人厭者勿泛抔湖

七泉銘 并序

道州東郭有泉七穴或吐於淵竇或䉲於嵌臼皆澄流清漪旋沿相凑又有藂石歁缺爲之島嶼殊怪相異不可名狀此邦豈世無好事者邪而令自古荒之乃修其水木爲

休暇之處每至泉上便思老焉於戲凡人心若清惠而必忠孝守方直終不惑也故命五泉其一曰潓泉次曰淲泉次曰涍泉汸泉淔泉銘之泉上欲來者飲漱其流而有所感發者矣留一泉名曰漫泉蓋欲自旌漫浪不厭歡醉者也一泉出山東故命之曰東泉引來垂流更復殊異各刻銘以記之

潓泉銘

於戲潓泉清不可濁惠及於物何時竭涸將引官吏盟而飲之清惠不已泉乎吾規

汸泉銘

古之君子方以全道吾命汸泉方以終老欲令圓者飲吾汸泉知圓非君子能學方惡圓

淔泉銘

曲而爲玉直蒙戮辱寧戮不玉直而不曲我須斯曲以命淔泉將戒來世無改淔焉

淲泉銘

不爲人臣老死山谷臣於人者不就汙辱我命淲泉勸人事君來漱泉流願爲忠臣

涍泉銘

浤浤涍泉流清源深堪勸人子奉親之心時世相薄而日忘聖教欲將斯泉裨助純孝

漫泉銘

誰愛漫泉自成小湖能浮酒舫不沒石魚漫也叟稱名泉何爲旌叟於此漫歡漫醉

東泉銘

泉在山東以東爲名愛其懸流溶溶在庭作銘者何吾意未盡將告來世無忘畎引

窊樽銘 并序

道州城東有左湖湖東二十步有小石山山顛有窊石可以爲樽乃爲亭樽上刻石爲志銘曰

井石何狀如獸之踆其背顛窊可以爲樽空而臨之長岑深壑廣亭之內如見山岳滿而臨之曲浦回淵長瓢之下江湖在焉彼成全器誰爲之力天地開鑿日月技拭寒暑琢磨風雨潤色此器大樸尤宜直純勒銘亭下以告後人

朝陽巖銘 并序

永泰丙午中自春陵詣都使計兵至零陵愛其郭中有水

石之異泊舟尋之得巖與洞此邦之形勝也自古荒之而無名稱以其東向遂以朝陽命之焉前刺史獨孤愐爲吾翦闢榛莽後攝刺史竇泌爲吾刱制茅閣於是朝陽水石始有勝絶之名已而刻銘巖下將示來世銘曰

於戲朝陽怪異難狀蒼蒼半山如在水上朝陽水石可謂幽奇巖下洞口洞中泉垂彼高巖絶崖深洞寒泉縱徉在幽遠尤宜往焉況郡城井邑巖洞相對無人修賞競使蕪穢刻石巖下問我何爲欲零陵水石世人有知

欽定全唐文卷三百八十三

元結　四

水樂說

元子於山中尤所耽愛者有水樂水樂是南磳之懸水淙淙然聞之多久於耳尤便不至南磳即懸庭前之水取欹曲竇缺之石高下承之水聲少似聽之亦便銘曰

烟繞通寒淙淙隔山風老鼓鐘

辯惑二篇 有序

議者多惑朱公叔第五興先所爲故引之作辯惑二篇以喻惑者其意亦欲將辯惑與時人爲勸懼之方

上篇

昔南陽朱公叔爲冀州刺史百城長吏多懼罪自去公叔不舉法彈理之聽其去官而已惑者曰公叔才達者也苟能威畏苟能逃罪當下自新之令不問前時之過公叔之爲也是哉辯者曰嗚呼先王作法令蓋欲禁貪邪絶凶暴使人不得苟免是以惡蒙異世之誅善及子孫之賞若法令不行則無以沮勸苟失沮勸則賞罰何爲嗚呼先王懼人民自相侵害故官人以理之加其爵祿使其富貴蓋爲

其能理養人民者也彼乃絕理養之心以殺奪爲務去而不理而曰是乎豈有冠冕軒車佩符持節取先王典禮以爲盜具將天下法令而爲盜資乎致使金寶千囊財貨百車令彼盜類各爲富家公叔不理奈何咨嗟

下篇

昔第五興先爲詔使舉奏刺史二千石豪削免者甚衆與先以奉使稱職獲遷官焉或者曰興先能糾劾過惡直哉使臣遷秩次也宜乎辯者曰夫理人貴久其法明其禁使人知常且長也漢家法不常耶禁不長耶何得與先暴將

威令急操刑獄使蒙戮辱者如斯多乎若漢家天下法禁皆如冀州四方詔使皆如與先則亂生於令出禍作於遣使誰爲惑者聽我商之嗚呼畏陷人於法故先於禁制有抵犯者理而刑之示其必常也人始知懼先王欲人自新故爲善者賞之俾人勸而無懼然後乃理所以施賞罰於人民令似衣冠不可脫去如此慇懃乃能措刑殺致太平耳故曰賞善而不罰惡則亂罰惡而不賞善亦亂賞罰不行與過差必止若如此漢家之法在乎與先之爲是也乎衆人之惑喻乎

喻友

天寶丁亥中詔徵天下士人有一藝者皆得詣京師就選相國晉公林甫以草野之士猥多恐洩漏當時之機議於朝廷曰舉人多卑賤愚瞶不識禮度恐有諠言汙濁聖聽於是奏待制者悉令尚書長官考試御史中丞監之試如常吏（如吏部試詩賦論策）已而布衣之士無有第者遂表賀人主以爲野無遺賢元子時在舉中將東歸鄉人有苦貧賤者欲留長安依託時權徘徊相謀因諭之曰昔世已來共尚丘園潔白之士蓋爲其能外獨自全不和不就饑寒切之不

爲勞苦自守窮賤甘心不辭忽天子有命聘之玄纁束帛以先意薦論擁篲以導道欲有所問如咨師傅聽其言則可爲規戒考其行則可爲師範用其材則可爲經濟與之權位乃社稷之臣君能忘此而欲隨逐驚駘入棧櫪中食下廄贅麧爲人後騎負皁隸受鞭策耶人生不方正忠信以顯榮則介潔靜和以終老鄉人於是與元子偕歸於戲貴不專權罔惑上下賤能守分不苟求取始爲君子因喻鄉人得及林甫言意可存編爲喻友

出規

元子門人叔將出遊三年。及還。元子問之曰。爾去我久矣。何以異乎。諾曰。叔將始自山中及長安。見權貴之盛。心憤然切悔比年於空山窮谷。與夫子甘饑寒愛水木而已。不數月。自王公大人卿相近臣之門。無不至者。及一年。有向與歡宴過之可乎。有始賀拜侯。已聞就誅。豈不裂封疆土未識。豈無印綬懷之未暖。其客得祿位者。隨死得金玉者皆孥。參遊讌者。或刑或免。叔將之身。如犬逃者五六。似鼠藏者八九。當其時。環望天地。如置在杯斗之中。元子聞之歎曰。叔將。汝何思而爲乎。汝若思爲社稷之臣。則非正直

不進。非忠讜不言。雖手足斧鉞。口能出聲。猶極忠言。與氣偕絕。汝若思爲祿位之臣。猶當避赫赫之路。晦顯顯之機。如下廄累馬。齒食而已。汝忽然望權勢而往。自致身於刑禍之方。得筋骨載肉而歸。幸也大矣。二三子以叔將爲戒乎。

處規

州舒吾問元子曰。吾聞子多矣。意將何爲。對曰。雲山幸不求吾。是林泉又不責吾。非熙然能自全。順時而老可矣。復安爲哉。舒吾曰。元子其過誤乎。其太矯也。吾厭世人飾言以由道。藏智以全璞。退身以顯行。設機以樹名。吾子由之。使我何信。元子俛而謝之。滕許大夫友元子。聞不應舒吾之說。乃曰。嗟嗟元子。少辭者邪。何不曰使吾得所處。但如山林不見吾。是非吾將娛而往也。以子爲飾言藏智退身設機。何不曰如此。豈不多於盜權竊位。愛汙萬物。富貴始及而刑禍促之者乎。元子謝不及季川。問曰。既終不復二論。既有意乎。於戲。季川吾有言則自是言。達則人非吾。安能使吾身之有是。而令他人之有非。至於聞聞也哉。

戲規

元子友倚於雲邱之巔。戲牧兒曰。爾爲牧歌。當不責爾。暴牧兒歌去。乃暴他田。田主鞭之。啼而冤元子。啼不止。召其父而止之。元子友眞卿聞之。書過於元子曰。嗟嗟次山。苟戲小兒。俾陷鞭焉。而蒙冤之。彼牧兒望次山。猶僮隸不敢于其主。及苟戲。乃或與次山猶仇讐。斯豈愼德也歟。吾聞君子不苟戲。無似非。如何感一兒使不知所以蒙過。此非苟戲似非之非者邪。惡不必易此。元子報眞卿曰。於戲。吾獨立於空山之上。戲歌牧兒。得過幾不可免。彼行於世上。有愛憎相忌。是非相反。名利相奪。禍福相從。至於有蒙戮

辱者焉。得不因苟戲似非世兒戲之以及者乎。眞卿吾當以戲爲規

心規

元子病遊世。歸於商餘之中。以酒自肆。有醉歌。里夫公聞之。酩元子之酒。請歌之。歌曰。元子樂矣。俾和者曰。何樂亦然。何樂亦然。我曰。我雲我山。我林我泉。又曰。元子樂矣。俾和者曰。何樂然爾。何樂然爾。我曰。我鼻我目。我口我耳。歌已矣。夫公曰。自樂山林可也。自樂耳目何哉。人誰無此。元子引酒當夫公曰。勸君此杯酒。緩飲之。聽我說子行於世

間。目不隨人視。耳不隨人聽。口不隨人語。鼻不隨人氣。其甚也則須封苞裹塞。不爾。有滅身亡家之禍。傷汙毀辱之患生焉。雖王公大人。亦不能自主口鼻耳目。夫公何思之不熟耶。

時規

乾元已亥。漫叟待詔在長安。時中行公掌制在中書。中書有醇酒。時得一醉。醉中叟誕曰。願窮天下鳥獸蟲魚。以充殺者之心。願窮天下醇酎美色。以充欲者之心。中行公聞之歎曰。子何思不盡耶。何不曰願得如九州之地者億萬。分封君臣父子兄弟之爭國者。使人民免賦虐殘酷者乎。何不曰願得布帛錢貨珍寶之物。溢於王者府藏。滿將相權勢之家。使人民免饑寒勞苦者乎。叟聞公言。退而書之。授於學者。用爲時規。

惡圓

元子家有乳母。爲圓轉之器。以悅嬰兒。嬰兒喜之。母使爲之聚孩孺助嬰兒之樂。友人公植者。聞有戲兒之器。請見之。及見之。趨焚之。責元子曰。吾聞古之惡圓之士歌曰。寧方爲皁。不圓爲卿。寧方爲汙辱。不圓爲顯榮。其甚者則終

身不仰視。曰吾惡天圓。或有喻之以天大無窮。人不能極遠視四垂。因謂之圓。天不圓也。對曰。天縱不圓。爲人稱之。我亦惡焉。次山奈何任造圓轉之器。恣令悅媚嬰兒。小喜之長必好之。教兒學圓。且陷不義。躬自戲圓。又失方正。嗟嗟次山。入門愛嬰兒之樂圓。出門當愛小人之趨圓。吾安知次山異日不言圓。行圓。動圓。靜圓。以終身乎。吾豈次山之友也。元子召季川謂曰。吾自嬰兒戲圓。公植尚辱我言絕忽乎。吾與汝圓以應物。圓以趨時。非圓不預。非圓不爲。公植其操矛戟刑我乎。

惡曲

元子時與鄰里會曲全當時之歡以順長老之意歸泉上叔盈問曰向夫子曲全其歡道然也苟爲爾乎元子曰叔盈視吾曲其心以徇財利曲其行以希名位當過吾吾苟全一歡於鄰里無惡然可也東邑有全直之士聞元子對叔盈恐曰吾聞元次山約其門人曰無惡我之小曲眞惛鄙惡辭也吾輩全直三十年未嘗曲氣以轉聲曲辭以違意曲步以便往曲視以回目猶患於古人古人有惡曲者不曲臂以取物不曲膝以便坐見天下有曲於君曲於民

曲於鬼神者往劫而死之今元次山苟曲言貌强全一歡以爲不褻其直愚哉若能苟曲於鄰里强全一歡豈不能苟曲於鄉縣以全言行能苟曲於鄉縣豈不能苟曲於邦國以彰名譽能苟曲於邦國豈不能苟曲於天下以揚德義若言行名譽德義偕顯豈有鍾鼎不入門權位不在己乎嗚呼曲爲之小爲大之漸曲爲之也有何不可姦邪凶惡其圖乎元子聞之須曰吾以顏貌曲全一歡全直君子之惡我如此由有過於此者何以自免

訂司樂氏

或有將元子水樂說於司樂氏樂官聞之謂元子曰能和分五音韻諧水聲可傳之來請觀學元子辭之使門人以南磵及庭前懸水指之樂氏醜惡慢罵曰韻瀆多矣焉有聽而云樂乎此言聞元子元子謝曰次山病餘惛固自順於空山窮谷偶有懸水淙石泠然便耳醉甚或與酒徒戲言呼爲水樂不防君子過聞而來實汙辱君子之車僕樂官去季川問曰向先生謝樂官不亦過甚曰然吾爲汝訂之汝豈不知彼爲司樂之官老矣八音教其心五聲傳其耳不得異聞則以爲錯亂紛惑甚不可聽況懸水淙石宮

商不能合律呂不能主變之不可會之無由此全聲也司樂氏非全士安得不甚謝之嗟乎司樂氏欲以金石之順和絲竹之流妙宮商角羽豐然迭生以化全士之耳猶以懸水淙石激淺注深清瀛滉溶不變司樂氏之心嗚呼天下誰爲全士能愛夫全聲也

浪翁觀化 并序

浪翁山野浪老也聞元子亦浪然在山谷病中能記水石草木蟲豸之化亦來說常所化凡四說

有無相化

浪翁曰陰陽之氣化爲四時四時之行化爲萬物萬物形全是無化有萬物形盡是有化無此有無相化之說

有化無

浪翁曰人或云我立於東西望萬里目極則無人我兩忘終世相無此有無有無相化之說

無化有

浪翁曰人或云我來於南北行萬里至無不有人我兩求終世相有此無有無有相化之說

化相化

浪翁曰吾觀化於無也何無不有吾觀化於有也何有不無有無更化曰以相化化言何極化言何窮

時化

元子聞浪翁說化化無窮極因論諭曰翁亦未知時之化也多於此乎曰時焉何化我未之記元子曰於戲時之化也道德爲嗜慾化爲險薄仁義爲貪暴化爲凶亂禮樂爲耽淫化爲侈靡政教爲煩急化爲苛酷翁能記於此乎時之化也夫婦爲溺惑所化化爲犬豕父子爲惛慾所化化爲禽獸兄弟爲猜忌所化化爲讐敵宗戚爲財利所化化爲行路朋友爲世利所化化爲市兒翁能記於此乎時之化也大臣爲威權所恣忠信化爲奸謀庶官爲禁忌所拘公正化爲邪佞公族爲猜忌所限賢哲化爲庸愚人民爲征賦所傷州里化爲禍邸姦凶爲恩幸所迫厮皁化爲將相翁能記於此乎時之化也山澤化爲井陌或曰盡於草木原野化爲狴犴或曰殫於鳥獸江湖化爲鼎鑊或曰暴於魚鼈祠廟化爲宮寢或曰數於祀禱翁能記於此乎時之化也情性爲風俗所化無不作狙狡詐誑之心聲呼爲風俗所化無不作諂媚僻淫之辭顏容爲風俗所化無不

作奸邪蹙促之色翁能記於此乎

世化

浪翁聞元子說時化歎曰吾昔聞世化可說又異於此昔世之化也天地化爲斧鑕日月化爲豺虎山澤化爲州里草木化爲宗族風雨化爲邸舍雪霜化爲衣裘呻吟化爲常聲糞污化爲粱肉一息化爲千歲烏犬化爲君子元子感之浪翁曰子不聞往昔世之化也四海之內巷戰門鬬斷骨腐肉萬里相藉天地非斧鑕也邪人民暗夜盜起求食晝游則死傷相及日月非豺虎也邪人民相與寄身命

於絕崖深谷之底。始能聲呼動息。山澤非州里也。邪人民奔走非深林莽叢不能藏蔽。草木非宗族也。邪人民去鄉國入山海。千里一息。力盡暫休。風雨非邸舍也。邪人民相持於死傷之中。裸露而行。霜雪非衣裘也。邪人民勞苦相冤。瘡痍相痛。老弱孤獨相苦。死亡不相救。呻吟非常聲也。邪人民多饑餓。溝瀆痛傷。道路糞汚。非粱肉也。邪人民奔亡潛伏。戈矛相拂。前傷後死。免而存者。一息非千歲也。邪僵主腐。鄉相枕。路隅鳥獸讓其骨肉。烏犬非君子也。邪

元謨

古者純公以惛愚聞。或曰。公知聖人之道。天子聞之。咨而問焉。公謝曰。臣生自山野。順時而老。心如草木。身若鳥獸。主君所問。臣安能知。請說所聞。惟主君聽之。臣曾記有說風化頹弊。或以之興。或以之亡者。不知何代君臣。其臣曰。上古之君用眞而恥聖。故大道清粹。滋於至德。至德蘊淪。而人自純。其次用聖而恥明。故乘道施教。修教設化。教化和順。而人從信。其次用明而恥殺。故沿化興法。因教置令。法令簡要。而人順教。此頹弊以昌之道也。迨乎衰世之君。先嚴而後殺。乃引法樹刑。援令立罰。刑罰積重。其下畏恐。

繼者先殺而後淫。乃深刑長暴。酷罰恣虐。暴虐日肆。其下須臾。繼者先淫而後亂。乃乘暴至亡。因虐及滅。亡滅兆鍾。其下憤凶。此頹弊以亡之道也。其君歎曰。嗚呼。眞聖之風。沒無象耶。明順之道。誰爲嗣耶。嚴正之源。開已竭耶。殺淫之流。日深大耶。吾其頌昌人之道。爲戒心之寶。

演謨

天子聞之。惕然不娛。𥈤然深思。乃曰。昌人之道。豈無故歟。公其演之。其故何如。公曰。嗚呼。頹弊以昌之道。其由上古強毀純樸。強生道德。使興云云。使亡惛惛。始開禮樂。始鼓仁義。乃有善惡。乃生眞僞。然後勤儉之風。發而逾肩。嚴急之教。起而逾變。須智謀以引喻。須信讓以敦護。是故必垂清淨。必保公正。所謂聖賢相逢。瀛瀛溶溶。不放不封。乃見禁而無殺。順而無訛。猗猗優游。尚致平和。嗚呼。頹弊以亡之故。其由中古轉生澆眩。轉起邪詐。變其娭娭。驅令嗤嗤。則聞溺惑。則見凶侈。遂長淫靡。然後忿爭之源。流而日廣。慘毒之根。植而彌長。用苛酷以威服。用謟諛以順欲。是故皆恣昏虐。必生亂惡。所謂庸愚相遭。諠諠囂囂。以悲以號。乃見苦而彌怨。逆而彌悖。撣援拉挻。轉肩不歇。天子感之。

歛然歎曰噫聖賢孤獨生不斷世蒼蒼四海生類誰濟公曰嗚呼不可遂已聖人須極道於常臣賢人須滋德於庸君使道德優優不豐不紛乃須殺而不淫罰而不重戒其虐惑制其昏縱

系謨

天子聞之惆然思而歎曰太皇之道於今已亡衰季之德吾不忍當將學殺而不淫罰而不重戒其虐惑制其昏縱行之之道惟公教之公曰於明主君斯道未易猗明主君斯道良難敢爲主君商較其端夫王者其道德在清純元

粹惠和溶油不可恩會盪爣衰傷元休其風教在仁慈諭勸禮信道達不可沿以澆浮溺之淫未其衣服在禦於四時勿加敗弊不可積以綺繡奢侈過制其飲食在備於五味示無便耽不可煎熬珍怪尚惑所甘其器用在絶於文彩敦尚素朴不可斷鈿珠貝肆極侈削其宮室在省費財力以免隘陋不可殫窮土木叢羅聯構其苑囿在合當制度使人無厭不可牆塹肥饒極地封占其賦役在簡薄均當使各勝供不可橫酷繁聚損人傷農其刑法在大小必當理察平審不可煩苛暴急殺戮過甚其兵甲在防制戎夷鎮服暴變不可怙恃威武窮黷爭戰其畋獵在順時教校不追以驅不可騁於殺害肆極荒娛其聲樂在節諧八音聽聆金石不可耽喜靡慢宴安淫溺其嬪嬙在備禮供侍以正後宮不可寵貴妖豔婚好無窮其任用在校掄材能察視邪正不可授付非人甘順姦佞其郊祀在敦本廣敬展誠重禮不可淫慢禱祈僻有所係其思慮在愼於安危誡其溢滿不可沈溺近習肆任誕誕如此順之爲明聖逆之爲凶虐可以觀乎興廢可以見乎善惡純公言已天子謝曰公之所述眞王者之謨必當篆刻置之座隅

七不如七篇 有序

元子常自愧不如孩孺不如宵寐又不如病又不如醉有思慮不如靜而閑有喜愛不如忘其情及其甚也不如草木此意多顯於元子者或曰訂如是不如則不如也不如如者止於此乎元子於是系之於人事演之於此喻始爲七不如不如之義始極也

第一

元子以爲人之毒也毒於鄉毒於國毒於鳥獸毒於草木不如毒其形毒其命毒其姻戚毒其家族者爾於戲毒可

頌也乎哉毒有甚焉何如

第二

元子以爲人之媚也媚於時媚於君媚於朋友媚於鄉縣不如媚於廏媚於室媚於市肆媚於道路者爾於戲媚可頌也乎哉媚有甚焉何如

第三

元子以爲人之詐也詐於忠詐於信詐於仁義詐於正直不如詐於愚詐於弱詐於貧賤詐於退讓者爾於戲詐可頌也乎哉詐有甚焉何如

第四

元子以爲人之惑也惑於邪惑於佞惑於姦惡惑於兇暴不如惑於狂惑於誕惑於詭弄惑於諧戲者爾於戲惑可頌也乎哉惑有甚焉何如

第五

元子以爲人之貪也貪於權貪於位貪於取求貪於聚積不如貪於德貪於道貪於閑和貪於靜順者爾於戲貪可頌也乎哉貪有甚焉何如

第六

元子以爲人之溺也溺於聲溺於色溺於圓曲溺於妖妄不如溺於仁溺於讓溺於方直溺於忠信者爾於戲溺可頌也乎哉溺有甚焉何如

第七

元子以爲人之忍也忍於毒忍於媚忍於詐惑忍於貪溺不如忍於貧忍於苦忍於棄汚忍於病廢者爾於戲忍可頌也乎哉忍有甚焉何如

訂古五篇 有序

天寶癸巳元子作訂古訂古前世君臣父子兄弟夫婦朋

友之道於戲上古失之中古亂之至於近世有窮極凶惡者矣或曰欲如之何對曰將如之何吾且聞之訂之嗟之傷之泣而恨之而已也

第一

吾觀君臣之間且有猜忌而聞疑懼其由禪讓革代之道誤也故後世有劫篡廢放之惡興焉嗚呼即有孤弱將安託哉即有功業將安保哉

第二

吾觀父子之際且有悲感而聞痛恨其由聽讒受亂之意

感也故後世有幽毒囚殺之患起焉嗚呼即有深慈將安興哉即有至孝將安訴哉

第三

吾觀兄弟之中且有鬬爭而間殘忍其由分國異家之教薄也故後世有陰謀誅戮之害生焉嗚呼即有友悌將安用哉即有恭順將安全哉

第四

吾觀夫婦之道且有冤怨而間嫌妬其由耽淫惑亂之情多也故後世有滅身忘家之禍發焉嗚呼即有信義將安

及哉即有柔順將安守哉

第五

吾觀朋友之義且有邪詐而間忌患其由趨勢近利之心甚也故後世有窮凶極害之刑生焉嗚呼即有節分將安興哉即有方正將安容哉

自述三篇 有序

天寶庚寅元子初習靜於商餘人聞之非非曰此狂者也見則茫然無幾人聞之是是曰此學者也見則猗然及三年人聞之參參曰此隱者也見則崖然有感而問曰子其隱乎曰吾豈隱者邪愚者也窮而然爾或者不喻遂爲述時命以辯之先曾爲述居一篇因刊而次之總命曰自述

述時

昔隋氏逆天地之道絕生人之命使怨痛之聲滿於四海四海之內隋人未老隋社未安而隋國已亡何哉奢淫暴虐昏惑而已烝人苦之上訴皇天皇天有命於我國家六葉於茲高皇至勤文皇至明身鑒隋室不敢滿溢清儉之深聽察之至仁惠之極泱泱洋洋爲萬代則聖皇承之不言而化四十餘年天下太平禮樂化於戎夷慈惠及於草

木雖奴隸齒類亦能誦周公孔父之書說陶唐虞夏之道至於歌頌謳吟婦人童子皆紓性情美辭韻指詠時物與絲竹諧會綺羅當稱況世貴之士博學君子其文學聲望安得不顯聞於當時也哉故冠冕之士傾當時大利軒車之士富當時大農由此知官不勝人逸於司領使秩次不能損又休罷以抑之尚駢肩累趾受任不暇予愚愚者亦嘗預焉日覺抵塞厭於無用乃以因慕古人清和蘊純周周仲仲癒然全真上全忠孝下盡仁信內順元化外娛太和足矣如戚促歯諸封蒙遏滅暮爲朝貴心所不喜亦由

金可鎔不可使爲汚腐水可濁不可使爲塵糞然已鄙語曰愚者似直弱者似仁子殆有之夫復何疑

述命

元子嘗問命於清惠先生先生曰子欲知命不如平心平心不如忘情喏曰幸先生教之先生曰夫平心能正是非忘情能滅有無子何先焉曰請先忘情先生曰子見草木乎子見天地乎草木無心也天地無情也而四時自化雨露自均根柢自深枝幹自茂如是天地豈醜授而成哉草木豈憂求而生哉人之命也亦由是矣若夭若壽若貴若

賤烏可強哉不可強也不可強也不如忘情忘情當學草木嗚呼上皇強化天下天下化之養之以道德道德偽薄天下亦從而偽薄嗚呼後王急濟天下天下從之救之以權宜權宜侈惡天下亦從而侈惡故赴貪徇紛急之風以至於今聖賢者兢兢然猶傷命性愚惑者恩恩然遂忘家國其由不審不遇醜授憂求而已子不喻乎

述居

天寶庚寅元子得商餘之山山東有谷曰餘中谷東有山曰少餘山谷中有田可耕藝者三數夫一夫百畝有泉停浸可畦稻者數十畝泉東南合肥溪溪源在少餘山下溪流出谷與深水合匯於瀧將成所居故人李才聞而來會乃歎曰吾未始知夫子之所至焉今知之矣吾聞在貧思富在賤思貴人之常情也聖賢所有然而知貧賤不可苟免富貴不可苟取上順時命乘道御和下守虛澹修己推分耕君子者始不忝乎乃相與占山泉闢榛莽依山腹近泉源始爲亭廡始作堂宇因而習靜適自保閑夫人生於世如行長道所行有極而道無窮奔走不停夫然何適子當乘時和望年豐耕藝山田兼備藥石與兄弟承歡於膝下與

朋友和樂於琴酒寥然順命不爲物累亦自得之分在於此也

元魯縣墓表

天寶十三年元子從兄前魯縣大夫德秀卒元子哭之哀門人叔盈問曰夫子哭從兄也哀不亦過乎禮歟對曰汝知禮之過而不知情之至叔盈退謂其徒曰夫子之哭元大夫也兼師友之分亦過矣元子聞之召叔盈謂曰吾誠哀過汝所云也元大夫弱無所固壯無所專老無所存死無所餘此非人情人情所耽溺喜愛似可惡者大夫無之

如戒如懼如憎如惡此其無情此非有心士君子知焉不知也吾今之哀汝知之焉而不知也嗚呼元大夫生六十餘年而卒未嘗識婦人而視錦繡不須之何以誡荒淫侈靡之徒也哉未嘗求足而言利苟辭而便色不須之何以誡貪猥佞媚之徒也哉未嘗主十畝之地十尺之舍十歲之童不須之何以誡占田千夫室宇千柱家童百指之徒也哉未嘗阜布帛而衣具五味而食不須之何以誡綺紈粱肉之徒也哉於戲吾以元大夫德行遺來世清獨君子方直之士也歟

左黃州表

乾元已亥贊善大夫左振出爲黃州刺史下車黃人歌曰我欲逃鄉里我欲去墳墓左公今既來誰忍棄之去於戲天下兵興今七年矣淮河之北千里荒草自關已東海濱之南屯兵百萬不勝征稅豈獨黃人能使其人忍不去者誰曰不可頌乎後一歲黃人又歌曰吾鄉有鬼巫惑人人不知天子正尊信左公能殺之於戲近年以來以陰陽變怪將鬼神之道罔上惑下得尊重於當時者日見斯人黃之巫女亦以妖妄得蒙恩澤朝廷不問州縣惟其意公忿而殺之則彼可誅戮豈獨巫女如左公者誰曰不可頌乎三拜遷侍御史判金州刺史將去黃人多去思故爲黃人作表如左氏世系左公歷官及黃之門生故吏與巫女事則南陽左公能悉記之

哀邱表

乾元庚子元子理兵於有泌之南泌南至德丁酉爲陷邑乾元已亥爲境上殺傷勞苦言可極耶街郭亂骨如古屠肆於是收而藏之命曰哀邱或曰次山之命哀邱也哀生人將盡而亂骨不藏者乎哀壯勇已死而名跡不顯者乎

對曰非也吾哀凡人不能絕貪爭毒亂之心守正和仁讓之分至令吾有哀邱之怨歟

呂公表

上元二年置南都於荊州爲江陵府使舊相東平呂公爲江陵尹兼御史大夫分峽中湖南及武陵澧陽巴陵凡一十七州爲荊南節度觀察使公理荊南三年年五十一薨於官嗚呼使公年壽之不將也天其未厭兵革不愛蒼生歟公明不盡人之私惠不取人之愛威不致人之懼令不求人之犯正不形人之僻直不指人之恥故名不異俗跡

不矯時內含端明外與常規其大雅君子全於終始者邪公所以進退其身人不知其道公所以再在台衡人不知其德頌元化者誰與頌乎於戲公將用於人而不見其用人將得於公而公忘其所得乎結等跡參名業嘗在幕下將紀盛德示於來世故刻金石留於此邦

惠公禪居表

泝樊水二百餘里有湧溪入溪八九里有蛇山之陽是惠公禪居禪師以無情待人之有情以有為全已之無欲各因其性分莫不與善知人困窮喻使耕織因人災患勸守

仁信故閭里相化恥為弋釣日勤種植不五六年沮澤有溝塍荒皋有阡陌桑果竹園如伊洛間所以愛禪師者無全行無全道豈能及此鄉人欲增修塔廟託禪師以求福禪師亦隨人之意而制造焉直門臨溪廣堂背山庭列雙臺修廊夏寒松竹蒼蒼周流清泉岑嶺複抱衆山回旋斯亦曠絕之殊境矣吾以所疑咨於禪師禪師曰我恐人忘善以事誘人及人將善固不以事為累吾以所惑咨於禪師禪師曰公若以惑相問我亦惑於問焉公若無惑我亦何對於戲吾漫浪者也焉能盡禪師之意乎縣大夫孟彥深王文淵識名顯當世必能盡禪師之意故命之作贊贊曰

聖者忘跡達人化心惠公之妙無得而尋如山出雲如水涵月惠公得之演用不竭無情之化可洽羣黎將引天下同於湧溪

夏侯岳州表

癸卯歲岳州刺史夏侯公沒於私家門人弟子愛思不忘願旌遺德將顯來世會子詔許優閑家於樊上故為公作表庚子中公鎮岳州子時為尚書郎在荆南幕府嘗因廉

問到公之州其時天下兵興已六七年矣人疲州小比太平時力役百倍公能清正寬恕靜以理之故其人安和而服悅為當時法則及公罷歸州里公家與吾相鄰見公在州里與山野童孺與當道辭色均若語是非得喪語夭壽哀樂戀意澹然吾是以知道勝於內者物莫能撓德充於外者事不能誘公之所至其獨有乎於戲公既壽而貴保家全歸於今之世誰不榮羨至於公之世嗣與公官則本縣大夫李公狀著之矣

舜祠表

有唐乙巳歲使持節道州諸軍事守道州刺史元結以虞舜葬於蒼梧九疑之山在我封內是故申明前詔立祠於州西之山南已而刻石爲表於戲孔氏作虞書明大舜德及生人之至則大舜於生人宜以類乎天地生人奉大舜宜萬世而不厭考大舜南巡之年時已一百一十二歲矣自中國至蒼梧亦幾有萬里蒼梧山谷深險可懼帝竟入而不回至今山下之人不知帝居之宮帝葬之陵嗚呼在有虞氏之世人民可奪其君耶人民於大舜能忘而不思耶何爲來而不歸何故死於其山吾實感而作表來者遊

於此邦登乎九疑誰能不感也歟

崔潭州表

乙巳歲潭州刺史崔瓘去官州人衡州司功參軍鄭淛爲鄉人某等請余爲崔公作表公前在澧州謠頌之聲達於朝廷褒異之詔與人爲程及領此州在今日能使孤寡老弱無悲憂單貧困窮安其鄉富豪強家無利害賈人就食之類各得其業職役供給不置人而當於有司若非清廉而信正直而仁則不能至於觀察御史中丞孟公奏課又第一會國家以犬戎爲虞未即徵拜使蒼生正渴而去其麻麿使蒼生正渴而歎其清源時艱道遠州人等不得詣闕冤訴且欲刻石立表以彰盛德嗚呼刺史有土官也千里之內品形之屬不亦多乎豈可令凶竪暴類貪夫奸黨以貨權家而至此官如崔公者豈獨真刺史耶鄭淛之爲豈苟媚其君而私於州里耶蓋懼清廉正直之道溺於時俗君子遺愛之心不顯來世故采其意而已矣

張處士表

永泰丙午中處士張秀卒於戲吾嘗驗古人將老死巖谷遠跡時世者不必其心皆好山林若非介直方正與時世

不合必識高行獨與時世不合不然則剛褊傲逸與時世不合彼若遭逢不容則身不足以爲禍將家族以隨之至於傷污毀辱何足說者故使之矯然絕世逃其不容直爲逸民竟爲退士枕石飲水終身而已當時之君欲以祿位招之有土之官欲以厚禮處之彼驚懼抗絕而去時之見能如此所以尤高尚焉嗚呼處士與時不合者耶而未能矯然絕世遺以禮法相檢不見容悲夫

欽定全唐文卷三百八十四

獨孤及一

及字至之河南洛陽人天寶末以道舉高第補華陰尉代宗立以左拾遺召還禮部員外郎歷濠舒二州刺史加檢校司封郎中徙常州刺史卒年五十三謚曰憲著有毘陵集

夢遠遊賦并序

老氏稱吾所以有大患者為吾有身大哉聖人之知微乎夫生者一氣之暫聚耳有天地之和自然之力以運其行

止節其夭壽非智力之所能扶明矣而舉世矻矻莫不保持形骸謂為已有特執迷妄往而不返小者攘禮樂竊忠信以賈譽大者盜天地之權至於忘身道德之衰皆此物也余生於浮而長於妄汩沒當世與羣動俱智不能逃形於名聲之韁鎖脫屣於冠冕之籠檻及其世界顛倒萬物反覆始返照收視以觀身世然後知一生之患假合豈直芻狗土苴熱燄聚沫而已則我之身也與百憂偕長況重險之中乎思欲沖三清出五濁乘變虛極與造物者為伍莫有由矣嘗中夜夢飛昇太空若有以名跡見誚者覺而自失乃為賦以狀遠遊且旌悟道之晚也其詞曰

仰太素兮觀元精之烟熅孰官司乎物物兮得流形而為人太皞遺吾八卦藏天地於文字黼而黻之為聖為智褎衣之徒相與擊建鼓而揭日月兮奔孝慈而走仁義其弊也古是而今非身賤而名貴驂騑駁還兮道路屯雲而奔波絢煥轇轕兮玉帛鐘鼓之騈羅霍㸌一作蘷兮心懸天地而火馳蒼黃兮得未終也而失已繼之百骸與日月并走五藏與哀樂交戰羲和未及弭轡榮枯紛而萬變何生涯之侘傺兮蹇吾降此中州憑世道以上下若涉水而迷津

兮與吹萬同其波流況世緒坱軋兮如棼絲之相繆見辰極之低昂兮知杞人之殷憂顧兔呀以蝕月兮天地閉而雲愁鳳凰焚其故巢兮遺舊國以失儔埃壒翳以上薄兮虞羅紛其四周吾始未知夫六合湫隘之若此孰與吾兮遠遊豈無太清之路兮夫何漫漫而迢遞望帝鄉之低徊兮微白雲之與偕逝澄予神於遙夜與顥氣期於無垠真境物穆以傍感精誠薰然而來親歘乘夢以奮飛博至靈以上賓望見碧落天地如掌洞開八門別有萬象亭亭物外乘化直上身世雙遺一作獨與道往其往也泛兮若游

魚振鱗而泳清川問兮若翔雁得順風而緣秋天忽不知予誰之身夫何爲者深（本集作罙）入空界七曜在下問予津於混茫兮蹇徜徉以延佇若有人兮縹緲指人間以喑予曰鳳兮鳳兮何德之睽天固桎若以禮義梏若以機事盍支離其德而超乎物累使逸翮可得而籠樊兮孰云夫吾毛之自異天運地載剛柔生焉千變萬化如環無端彼與廢與往復同大鑿之波瀾將令歸根明徵其源則吾與若皆幻也又奚睢盱於其間幻未始有封物未始有疆成則虧進則傷無汩而和無易而方山立其中央善汝行密汝藏

道將自光吾在大羅之上元都之所乾坤爲家日月爲宇噓吸元氣大虛之下（音户）尚一乃心勿謂道阻游乎無窮吾顧見汝奉眞告以自省兮五情惄其增熱哀攀龍之無階兮思過天之曷月未知去下方幾萬億兮退將返遵吾歸轍修玉虛以下降濟銀漢以中歇憑東井以俯視識故國之城闕千門萬户邈如蟻穴百川綺分五嶽羅列見舊山與喬木纔依希而明滅見伊川大道鞠爲戎狄歷陽故人半作魚鱉纍之奔命於市朝者如紛紜飛馳囂囂嗤嗤蹴踔蹁躚肖翹陸離若蠛蠓之聚壞絮蜘蛛之乘遊絲吾乃今日識羣動之變態兮莞然倚長空而笑之亦既自得周覽未畢惕焉形開萬象如失羣有儼以偕作百慮繽其來歸乃夙昔之人寰始故時之喧卑向之俯仰忻戚無非妄者然後知我之生也與妄皆生邪氣乘之萬緣合并爲憂爲患爲虧爲盈彼君子方碌碌然自以爲覺猶飾妄以賈名安知聖人不以世界爲重狴死生爲大夢視變化與品類亦猶神交飛動與遺物以顧身兮悟生浮而質陋以一氣之倏忽與萬化而紛糅自視俄（本集作哦）然寄形宇宙尚何能濡首於榮辱之境甘心於哀樂之圃鷦鷯于飛載翩載

翻君子至止栖息化元獨立道樞怡神胚渾萬物轉薄吾眞長存止水不波浮雲無根與時盈虛委質乾坤倚伏相軋吉凶同源物各自爾予欲無言優哉游哉聊以窮年

漢光武渡滹沱冰合賦（以上天無親惟德是輔爲韻）

昔漢光武收河北之年馳馬將進滹沱在前爲敵所迫當冰不堅及軍裝隱轔以登岸殺氣崢嶸而塞川意者欲定神器於茲日彰聖人之動天若非使不道者喪有德者王則水不能以造次而結冰不能以斯須而壯變浩浩之流爲峩峩之狀擁高旌以進雷長轂以上及企路以全軍又

迎風而破浪於時進隔關於長津顧邀遮其後塵患勢莫之敵沒不可振求一徑而莫遂惟羣臣之不親賴王霸至誠之力協光武至聖之德人從悅己之詐天贊勤王之直故得舟楫不設衣裳不濡避地以往乘冰以趨一水之上兩軍相殊使後人視水則有求冰則無望飛塵而惆悵對寒流而踟蹰由是知天人之合發與神祇而相符不然則何以延十二之祚總四七之輔滅新室流毒之日作漢氏中興之主受命之瑞也亦何異元女降於軒轅白魚躍於周武燕趙之間清流瀰瀰高風以遠遺躅於是

慶鴻名頌 并序

唐興百三十有八載皇帝在宥天下鑄五兵爲農器栖萬姓於壽域道證德洽神人以和春正月冢臣上將卿士庶尹洎三老五更公侯伯子男相與揭厲皇猷請增明號上撝謙而未許也僉曰陛下孝達神明道超先帝以德則符廣運以時則復大樸以功則保定丕業格於上下而尊稱猶淺鴻名未光億兆之心何戴神祇之望何塞天子南嚮而讓者九不得已而俞之乃命有司具昭告之禮二月乙酉備法駕朝太清宮勑官神以灑掃詔月將使警蹕雲動天旋至於靈壇報功乎三清祈禨乎上元景戌享太廟用明水越席玉豆彫籩之禮爇蕭以合薌灌鬯以報魄神休擁而萬靈接精意陳而六幽感丁亥朝羣臣於蓬萊前殿於是四方人大和會命太尉班五瑞合六樂遂展禮奉策虔受大號曰開元天地大寶聖文神武證道孝德皇帝是日也解商野之三網受塗山之萬玉大赦天下與人更始協時月同度量贊俊傑書雲物恤高年禮大祇接天瑞受地鼇撫柔萬邦存省其安危遂迎日推筴布慶行賜扇薰風調元氣拓千歲之大統操三皇之遺珠垂其衣裳與天地合符樂遍禮崇乘輿乃入然後屏椒房而徹黃屋徜徉乎大庭氏之館泊兮凝神悅兮存眞想洪崖廣成之倫披霓裳而下鳳闕蹁躚左右上千萬壽凡遭逢昌運沐浴聖涯而不能頌烝人賦江漢吉甫仍叔之罪也臣敢有二事

乃作頌曰

穆穆閟宮敷時繹思天有成命孝孫受之鋪衍下土報功神祇我瑞如山我福孔夷聖敬攸感上元豈私誕受鴻名載揚緝熙風動雲行雨飛露垂昆蟲昭蘇草木阜滋恭已南面無爲之師柏皇尊盧萬代一時昭假遲遲上帝是祗

永錫多祜。萬壽無期。

阮公嘯臺頌 并序

按晉陽秋。阮公諱籍。字嗣宗。陳留尉氏人也。夫雲蒸於山。不擇時而出。故公以全德生於衰世。於時中州多故。大道浸（闕）缺。於用者知膏火自鑠。逃於累者懼木雁兩傷。公由是內張道機。外隳天轂。土梗聖智。粃糠軒冕。遂登廣武以覽古。望梁臺而寓詞。埋照於竹林。放神於蓬池。德充也。爾其與懷昔遊。故爲東平相。怡情善釀。故受步兵校尉。弛張蘧甯之際。出處夷惠之表。否泰莫得介於靈府。名實不足汩其沖氣。蝺蟠龍臥。與道偕隱。所以沈吟志全。慷慨神王。獨立長嘯。遺榮此臺。當其寓興也。蓋將豪視泰山。囊括浩氣。頹然自得。與造化者爲友。故卷其用而懷之。世莫得而窺也。其外物所感。則寄之翰墨焉。謂道莫至於專氣抱一。於是著釋老論。哀莫大於矯時死名。於是有弔比干文。情動於中而形於言。賦咏懷詩。問道蘇門。笑而不答。作大人先生傳。歲在元默。余登大梁之墟。墟中之人。方誦公遺塵。歎元風蕪沒。議樂石以旌朽壤。余採其故事之存於糟粕者。勒而爲嘯臺頌。頌曰。

天下多故。賢人穀恥。隱於沈飲。以俟傾否。越禮逃用。晦德忘已。不知我者。爲我狂且。長嘯懷人。詠古著書。感時而慟。非必窮途。洒彼汴水。東流無返。跡是人非。荒臺可踐。升高延佇。想見青眼。道烏乎在。日逝日遠。（一本作五運相錯。三微交戾。天地之氣。有時而閉。居子逃陽。亦既懸解。萬象離境。一盃籠世。大辯不言。至清無徒。泠然長嘯。味道之樞。神和天倪。跡寄窮途。物我兩忘。獨與化俱。湯湯汴河。東流不返。之子已往。德音日遠。荒臺未傾。嘉樹勿翦。升高延佇。思見青眼。山有蓁。隰有薇。逝者不作。吾誰與歸。望古刻石。永昭清徽。）

勅與吐蕃贊普書

勅吐蕃贊普外甥。朕共贊普代爲與國。自我元宗至道大明孝皇帝與生甥（一作外甥）贊普和親結好。將六十年。仰思當時之約。豈爲一朝之故。實欲相恤災患。永同休戚。使代代子孫爲兄弟甥舅。如手足之相衛。脣齒之相依。自爾便息戍罷兵。二境無征戰之苦。金玉綺繡。問遺往來。道路相望。歡好不絕。贊普寧忘之乎。自我國家有安祿山史思明之難。朕謂言贊普必有恤鄰救患之意。豈知乘我之釁。恣其侵軼。煞畧河湟之人。爭奪汧隴之地。又與朕叛臣僕固懷恩共扇誘回紇等諸蕃。同惡相濟。犯我都邑。三年之間。三至城下。此實贊普苟窺分寸之利。自棄一家之信。不念婚姻之好忍絶甥舅之歡累代親鄰一朝併棄有目有耳者皆爲贊普羞之夫以小國伐大國且勞師襲遠而助叛臣有是三者神宜悔怒果然懐恩自斃回紇來降羌渾諸蕃内難外散天實有眼心可負乎朕頃以背盟不祥絶親不義寧人負我我不負人所以含垢數年未忍致討既不得已方思用師正欲悉天下精兵長驅西向弔人問罪然後凱旋上以雪宗廟之讎恥下以釋將士之憤怒自料以德征暴以大攻小以信討詐以義伐不義當如沸湯沃雪猛火焚枯人神同力何往不濟籌議之次適會彼國使來云願

修前好復如舊日覽書見意良用憮然欲不許則人來歸我欲許則信不可恃是以遣御史中丞楊濟往諭朕意且探誠款九月濟與彼國宰相某乙等同到得所寄書然後知事皆由衷言無虚謬再披來旨朕甚嘉之何者自非聖哲人誰無過過而能改亦古人之所善追思六十年之舅甥有先祖先贊普之誓約言在史冊信結天地豈以小不忍而廢大體使百姓疲於甲兵兩主遂爲仇讎貳過遷怒朕所不取敬依來請彼此結和而今而後不復念惡已令内外屯戍罷析解嚴凡我二國洗瑕還善經畧封疆素有分地各守土宇爾無有侵永爲親好復如開元中故事昊天上帝山川鬼神實聞朕言無謂不信冬寒贊普外甥比平安遣書指不多及

策賢良問

問天六地五經緯斯列内和外順禮樂攸興體也備而後成履也踐而乃立厥語則興導諷誦厥德則祗庸孝友而大道之行本無制作忠信之薄翻爲亂首終以六君子繇此振三代之英四豪士違之嬰五伯之罪焉往可以還厚反樸何適可以持盈守成郁乎文哉周監二代綱羅弃放

沿革多端至若緇布纁裳夏居冬椎弓矢詢於五物嚌啐正於三命示惠而加折節訓恭而置房烝間問殷聘揖三揖一詩懷祝嘏絲紑尸賓抗木虞筐桑匱藉館然禊鷺總盎況瓢齋苟敬之儀甫寵之節此等之物各爲何與用之安所捨之何從經邦之畧焉假設施别白書之無或曖昧

策宰相科問

問聖人握天下之圖居域中之大莫不仗羣材而康庶績資多士以牧黎元夢想傅巖之野佇思磻溪之上遂得秉箕入相就三命而作鹽梅投餌昇朝封四履而稱師父故

知英靈間出千載一賢皇化軌躅殊途共貫我大唐道冠犧軒功高媧燧長楚必剡翹木無遺虛席旌賢宵衣納善降賢良之制下徵辟之書子等弁藏器待時懸瓢俟扣深識宰相之體妙達經邦之術欲使陰陽調六律風雨應四時一百姓之心平九州之利餘糧棲畝外户不扃亭障無虞關河罷戍漁者虛湍瀨田者讓肥腴路不拾遺市無二價春言於此何道以臻至如九儀八座之指歸四師六典之題目并取人之大體撫俗之良規幸陳名義之端無致疎遺之對

策秀才問三道

問儒有安身以全德有殺身以成仁有徇名以行已有忘名以救物雖俱出於儒墨而用之不同聖人立言豈其無操持歟夫魏顆違命申生受賜伍尚赴郢伍胥如吳四者孰孝比干死之微子去之太公投竿伯夷采薇四者孰義石户竄於海上伯陽隱於柱下范蠡汎舟於越三者孰絜今欲考其本末度長以挈大較其去就合異以爲同渴聞貫之之道辯之之說

問黄帝氏以無爲爲政垂衣裳而天下順周人三千其儀亦克用乂舜誅四罪天下咸服而成康恭已刑措不用致化之本豈不同源而文質殊貫損益相反以古範今何去何就孔子用鉞兩觀而魯至於道而宓子賤鳴琴愔愔單父亦化寬猛之際大小不侔比權量實其義焉在敷暢厥旨敬佇嘉言

問傳曰其君齊明精潔則神饗人聽故明神降之夫天地絪縕沖氣爲人神何由降明何由出至於晉祟實沈崧生申甫編傳穀城之老言發魏榆之石檮杌杜伯與商周而存亡黄熊白毛將晉號而興敗是何祥也根本焉在二三

子賁然來思宜究乎天人之終始其悉數以對

對洞曉元經策

問大象無體元功陰騭雖稟生之類萬殊而舍道之原一致是以至人垂訓將以微言演爲真宗貽厥後學包括六藝周流八表或因事以立言或寓言以詮意至如交樂於天交食於地不相與爲事不期與爲謀善無所私惡無所棄施之於教何以勸勉經曰不爭善勝不言善應正直如繩平易如水常務斯道何往不臻又曰善建不拔善抱不脱子孫以祭祀不輟斯言信矣昔放勳欽明光宅天下人

歌擊壤政叶雍熙可謂善乎建抱善乎拔脫宜其帝緒蕃遠貽厥孫謀綿綿瓜瓞邁德垂裕何丹朱之不嗣而祭祀輟乎又天無二日民無二主若以天下觀天下豈有二君乎夫君爲元首臣爲股肱君無賢臣誰與共理粵若舜舉八元致垂拱之化漢用三傑成霸王之業夏殷之末任使去賢宗社淪亡爲無匡輔經稱不尚賢者其旨何也聖人立教專氣致柔故形不欲勞性不欲竭深根固蔕可以常存則有朝穆肆任勞逸過度促齡損性却以爲然又有惟靜惟淸守貞守樸二經之說何取則焉又聞善攝生者動

與吉會武不措爪兵難容刃單豹嵓居水飲身代俱損毒永色黶不免噬搏何衞生之不異而利害之頓殊子既洞曉元經探微索隱矛盾若此何以會明側席虛心佇聞啟沃

對臣聞道之爲物無名無形蓋聖人酌而用之推而宏之取其精以修身用其麤以救物從本降跡散樸爲器於是有可道之道忘言之言其大略雖以沖寂爲宗虛極爲體然妙用無眹故不可致詰今陛下詰其體探其宗豈不欲因言演教於教奚有夫長風吹而衆竅號則大無不動細無不應況陛下用大道爲風以鼓羣有臣則吹萬之一音也敢不唱於衆竅之末臣謹按天有施地有利用天之施以處其和謂之交樂分地之利以養其正謂之交食夫相與生於有爲有爲生於有事有事則謀名存矣善惡生於公私公私生於用用則棄名立矣然聖人有爲不爲焉有事無事焉有謀不謀焉有善無善焉有惡無惡焉泯善惡於一致合異同於萬殊則妙門可存教父斯在臣又按道德經云天網恢恢踈而不失常有司殺者殺之此不爭善勝之應也文宣王稱天何言哉四時行焉百物生焉此不

言善應之驗也周書云無偏無黨王道蕩蕩此正直如繩之效也經又云居善地心善淵與善仁言善信此平易如水之證也陛下宏其言提其道以爲天下式三十有二載矣且復推功外名不有不恃考言詢事若沖若缺詔臣等曰常務斯道曷往不臻臣鮿生也焉知其辨雖然有一於此願陛下守而勿失與神爲一使神不遠於人人不遠於天天人合并如影響交應則甚夷之道焉往而不臻夫有國者必善建皇極善抱至道道之不存傾其宗遷其社之謂拔桀放南巢受死牧野是也極之不建失其器亡其國

之謂脫太康去洛汭幽王敗驪山厲王流彘是也至如堯知天歷在躬故以至公官天下天下戴之而不辭知丹朱不肖又以至公禪天下天下去之而不怨可謂邁德矣其後裔更霸迭王重之以御龍唐杜之代祿可謂垂裕矣陛下興廢繼絕立五帝祠即春秋備其祭典亦可謂祭祀不輟矣方之拔脫臣謂不同經曰不尚賢使民不爭大哉聖人之知微知彰乎夫尚賢者國家之所當先然古先聖人曰雖求賢審官其用未始不無爲也而聖人能無爲於求賢不能使無爲無迹存則有爲者尚之以爲利於是有飾

智以驚愚修身以明汙其斷起於一時之名其弊存乎千載之後不尚賢者非謂廢股肱之任絕匡輔之力也蓋欲因時致功功成則遺而遺之因義立事事遂則有而無之無之則跡滅跡滅則爭息爭息則於爲無爲於事無事雖八元以翼唐彌虞三傑之戡秦滅項其無爲無事一也若夫齊天地冥萬物莫大於全眞專氣致柔全眞之本也惟清惟靜全眞之中也各然其所然各可其所可全眞之末也設教者三合其道一以貫之雖道遙與道養殊途然性情與力命同轍苟因其合而較其分則子產不得不勞於刑政朝穆不得不逸於肆任若矯其肆任之性以徇刑政之端是續鳧截鶴虧其全矣故聖人以大猷御六氣之辨以大方合二經之旨明應變無方立言不一學者宜忘言以究其體統不可執言以滯其筌蹄經不云乎反者道之動惟動而常靜靜可以取則權足以合義義無反經凡養生者以本爲精以物爲麤閉其外慎其內迹不踐凶危之境故兵不能容其刃心不居馮暴之地故武安得措其爪苟守其精而遺其麤故得於內而喪其外外內無以持其分則衛生之經悖矣謂之不異臣竊異之至如希微大體

微妙元鍵陛下得黃帝之遺珠久矣雖廣成無所陳其至精傳說無所用其舟楫啟沃之問豈臣及之有黷睿謀懼殞越於下謹對

代文武百官賀芝草表

臣某言臣等伏見開府儀同三司魚朝恩奏含暉殿及白華亭院內并芝草生者臣等謹披圖按牒竊考前志蓋王者以道莅天下而德及庶物則有神木靈草儲祥效異陛下賢聖恭儉慈仁愛人開闡學校尊教勸德將以五經根本庶政風化斯浹神人以和和氣旁感蒸而爲瑞不然豈

靈芝菌蠢異處同植不產他宇必於宸居輝輝九葩之蓋煌煌三秀之質蓋表陛下之欽明光宅以人文成化靈根碩茂萬葉無疆神應炳然天意如答臣等獲忝朝列幸覩禎祥臣無任喜慶之至

賀擒周智光表

臣等言臣聞征而無戰王者之師也將而必誅春秋之義也臣伏見周智光傲很頑虐昏迷猖狂敢專生殺之威以慢王度崇飾奸慝之志自干天誅陛下謂罪在已躬視人如子永言式遏之義不得已而用師而將纔受鉞兵未血

刃已梟元惡之首載安舊污之俗昔漢征黥布望陣而憂殷伐鬼方積年乃克豈若今日陛下朝命將帥夕殲渠魁制勝神速從古未有臣無任慶快之至

賀袁傪破賊表

臣某等言臣等伏見河南副元帥行軍司馬太子右庶子兼御史中丞袁傪露布奏今年五月十七日破石埭城賊方清并降烏石山賊陳莊等徒黨二萬五千五百人者臣聞聖人之生不能使大盜不起故唐虞之代時則有三苗之師奸宄草竊為患舊矣山賊方清等蕞爾狂狡敢干天誅聚椎剽之徒謂險遠可恃作為蛇豕以薦食句吳乃有跨據大江吞噬東土之計七州之地人罷耕織百姓業業全活無所陛下方銳志於偃武不得已而用兵乃命將受畧使先勝後戰故傪等役不再舉而師有成績巢窟皆傾俾無遺類詿誤之輩得返故業污俗更始流人汔康此三代之舉也非陛下齊聖格天文思柔遠豈能底綏盜亂如此其速臣等幸覩成功不勝大慶臣無任抃躍之至

請降誕日置天興節表

臣某等言臣聞天有春秋冬夏之氣時也時有分至啟閉

之候節也至若寒食上巳端午重陽或因人崇尚亦播為風俗況歷運光啟聖人降生固宜紀載震之辰與八節同號故元宗生日命曰天長節肅宗生日命曰天平地成節并以飲食宴樂布慶萬方使賜及同軌風流異代陛下纂祖宗純懿與天地同德禮樂克修憲章咸備而聖誕之日未有嘉名將何以表出震之期慶流虹之瑞率土延企思扇舊風是以臣等禺禺不勝大願願以十月十三日為天興節其王公士庶上壽作樂悉如開元乾元故事上以殷薦崇先天不違之德下以布澤錫萬代無疆之休使鳳鳴

河清寳在茲日。臣無任。

賀櫟陽縣醴泉表

臣等言。伏見京兆尹李勉奏。櫟陽縣有醴泉湧出。飲之者痼疾皆愈。臣聞王者澤周庶類。則神降百祥。天地之心。去人不遠。陛下厚德載物。與坤同符。以善利人。如水潤下。故后土獻瑞。湧泉療疾。靈源酌而不竭。沈痼飲而皆痊。勿藥之喜。萬人是賴。仰窺天意。豈不以是彰陛下之德施乎。不然。何眾庶禺禺。強名聖水。彼丹井朱草。白麟赤雁。徒稱太平之瑞。未聞功施於人。方之聖泉。豈踰神異。臣等無任喜慶之至。

賀太陽當虧不虧表

臣某等言。伏見今月一日雲物陰晦。太陽當虧不虧者。臣聞殷太戊宋景公皆修德立言。而妖變爲福。陛下以日月薄蝕。勞謙惕厲。而災不勝德。雲爲垂陰。若天降衷。使其謫收不見。易象曰。既憂之。咎不長也。臣等無任欣戴之至。

賀潞州芝草嘉禾表

臣某等言。臣伏見陳鄭澤潞隴右節度使奏。潞州使院行軍司馬裴政廳事柱上生紫芝草七莖。長子縣厚載鄉生嘉禾兩莖同一穗者。臣聞靈芝嘉禾。太平之瑞。昔在周漢。嘗表休徵。當時福應。疾如影響。今庶政方乂。而二瑞薦臻。是天降殊祥。用彰有德。豈非陛下寳持慈儉。輯柔遠邇。克俾天下和平。當如周漢之盛乎。神祇景貺。實甚昭晰。彼唐叔之獻。與齋房之歌。明德所感。古今同契。臣無任

直諫表

臣等言。伏見陛下屢發德音。招延獻納。使左右侍臣得直言極諫。忠謇者無不聽。狂訐者無不容。又辛丑詔書。詔裴冕崔渙等十有三人。并集賢殿待制。以備詢事考言之問。

此五帝之盛德也。而臣以目覩。生則幸矣。然頃者陛下雖容其直。而不用其言。進匭上封者。大抵皆事寢不報。書留不下。但有容諫之名。竟無聽諫之實。遂使諫者稍稍自引。鉗口就列。飽食偷安。相招爲祿仕。此忠鯁之士所以竊歎。而臣亦恥之。十室之邑。必有忠信如孔某者。況以朝廷之大。卿大夫之眾。而陛下選受之精與。假令不能如文王之多士。堯舜之比屋。其中豈不有溫故知新。可使懋陳政要。而億則屢中者乎。陛下唯虛存其儀。令條奏不躋。及議政之際。曾不採其一說。堯之疇咨。禹之昌言。豈若是耶。昔堯

設謗木於五達之衢孔子亦曰以能問於不能以多問於寡又曰某也幸苟有過人必知之然則多聞闕疑不恥下問聖人之心也臣不勝大願願陛下試以堯孔之心爲心日降清問廒其宏議不可者罷之可者議之於朝與執事者共之使知之必言言之必行行之必公則君臣無私論朝廷無私政天下無私是陛下以此辨可否於獻替而建太平之階可也況國體乎自師興不息十年矣萬姓之生產空於杼軸擁兵者第館亘街陌奴婢厭酒肉而貧人羸餓就役剝膚及髓長安城中白晝椎剽京兆尹不敢詰加

以官亂職廢將惰卒暴百揆隳剌如紛麻沸粥百姓不敢訴於有司有司不敢聞於天聽士庶茹毒飲痛窮而無告令其心惸惸獨恃於麥麥不登則易子齩骨可跂而待眠於焚薪之上豈危於此陛下不以此時軫薄冰朽索之念勵精更始思所以救之之術忍令宗廟有累卵之危萬姓悼心而失圖臣實懼焉去歲十二月丁巳夜中星隕如雨昨者清明降霜三月苦熱寒暑氣候錯繆顛倒沴莫大焉豈下凌上替怨讟之氣熖以取之耶不然天意之丁寧譴誡以此儆陛下宜反躬罪己旁求賢良者而師友之黜棄貪佞不肖而竊位者下哀痛之詔去天下所疾苦廢無用之官罷不急之費禁止暴兵節用愛人罔使宦官亂國政佞言敗厥度兢兢乾乾以徼福於上下必能使天誠感而神心應反妖災以爲和氣彼太戊桑穀宋景熒惑焉足爲陛下道哉臣一昨陳奏請減江淮山南等諸道兵馬以贍國用陛下初不以臣言爲愚妄許即施行然及今竟未有沛然之詔臣竊遲之今天下唯朔方隴西有吐蕃僕固之虞邠涇鳳翔等兵足當之矣自此而往東泊海南至番禺西盡巴蜀萬里無鼠竊之盜已積歲矣而兵不爲之解傾

天下之貨竭天下之穀以給不用之軍而爲無端之費臣不知其故假令居安思危用備不虞自可於阨要之地少置屯禦餘悉休之以其糧儲扉屨之資充疲人貢賦歲可減國賦之半陛下豈遲疑於改作逡巡於舊貫使大議有所壅而率土之患日甚一日是益其弊而厚其疾也臣竊惑焉夫療癰者必決之使潰今兵之爲患猶癰也不以漸戢之其害滋大大而圖之必力倍而功寡豈周易不俟終日之義與伏惟圖其始而要其終天下幸甚臣無任懇款之至

為李給事讓起復尚書左丞兼御史大夫第二表

草土臣某言臣昨以哀瘵愚懇昧死上陳冀回日月之光曲念螻蟻之志伏奉丁酉詔未蒙矜允捧讀聖旨五情殞裂臣某中謝伏以適四方宣王命之任必擇職位素貴聞望炳著學能專對才有餘力者以充其選臣以宗室末屬忝荷寵命惟才與智俱不如人況今衰羸殘喘加以病苦支離沈瘵歷夏及秋終日不過一食不杖不能自起自料若力疾祇命適數千里雖欲自強必中道委頓璽書詔旨廢失是憂臣伏見廣德二年七月赦書罷天下起復之官許終喪禮此陛下孝德過於兩漢然渙汗之發率土霑霈豈獨令臣隔在赦外又尚書右丞會府之樞轄御史大夫天下之繩墨宣慰巡檢朝廷之大寄今臣受此三職而以起復為名因臣過舉破陛下法令使百寮師師何以取則臣夙遭不造備生人之艱官始一命先臣棄背慈母鞠育至於成立遭罹二京覆沒弱弟以宗室見害臣惸然茹痛獨侍板輿備嘗險阻冀及榮養纔擢掖垣慈顏違代罔極之痛終天莫追今靈筵未撤墳土尚濕遽令臣荷金印之寵處黃華之榮使繐帷廓然奠祭無主此恒情之所不忍也陛下其忍之乎伏乞以聖慈曲臨皇明下照矜臣尫瘵察臣不逮更擇時彥授之使職許臣得以羸骸終其喪紀實天地之施鍾於臣身倘殘魂未滅朽質可委誓當摩頂至踵以答聖造臣無任哀瘵懇迫之至

第三表

草土臣某言臣再以微誠伏闕請命綸言累降天聽未回仰戴聖情俯循哀感悲懼交迫悼心失圖臣某中謝臣才能不及中人且未嘗有毫髮勳效陛下不以臣不肖特降殊私授以驅馳之任賜以親賢之目臣且匍匐奉詔戮力將命寧敢矯禮為名以讓自飾顧臣羸瘵奄奄行步支離力有所不任用有所不逮風憲重任也宣撫大典也誠恐以疾墜王命瘝使職負陛下所舉以重臣之罪方今濟濟多士盈於朝列陛下舍而不用而拔臣於苫廬之中必以臣智識為小有可採臣之他日猶不如人況今尫羸餘息方寸紊矣焉能為陛下振揚休命覽觀風俗竊自惟忖知不勝任是以拳然寸丹猶冀識察陛下仁聖孝德錫類海內豈令善貸不霑臣身敢希殊造俯遂微懇則死之日生之年也臣無任哀懼之至

第四表

臣某言一昨臣以哀瘵叨奉恩私封章三上不蒙矜允猥以羸薾之質謬銜出疆之命賴陛下威靈免貽咎責復得待罪朝闕許守几筵仰荷天慈俯慙靈祐臣某中謝頃陛下不以臣駑蹇特加寵遲者豈非知臣屬辱忝宗盟曾奉使河朔謂能闡揚天旨懷柔遠方而尚書省材賢如林庶政必舉陛下垂拱羣臣守職固不假臣以區區之力重尸省闥明矣今將命既復本職未解敢恃皇眷輒復陳乞臣煢然在疚獨無兄弟荼毒日淺創鉅痛甚且又疹病四體

支離重寄榮遇人之所欲力有不任名敢虛受此臣所由拳拳不已有望於陛下也臣伏以三年之喪未足申罔極之恩先王制禮以節人情臣在喪未逾一年奉使已歷三月若又假國家名器食陛下祿俸是臣亡母於臣有終身之愛而臣於亡母無數月之報先聖以孝感爲號陛下以孝德格天錫類之恩宜及海內今寵命一降使臣有不孝之目子而不孝如臣不忠不孝不忠人所當棄是又豈足爲陛下操持綱轄彌綸憲章臣之頑固猶知不可況天下僉論朝廷公議乎伏願許臣免冠遂臣私志倘終喪紀尚有餘息誓當摩頂粉骨以答殊恩臣無任

第五表

臣某言臣去年十一月某日又詣銀臺門下上表陳情至今積旬未奉恩旨屏營無地哀惶疚心臣某中謝臣蕞爾朽質叨奉明恩違天固辭豈不知罪實由恃陛下蒸蒸之德故敢守臣子區區之意伏以忠孝之道禮生於情資親事君愛敬同等臣生處聖代齒力未衰致身日長效節途遠獨慈親違棄永往莫追先王制禮居喪之紀有限昊天不弔欲報之德罔極而今茹痛緘哀冒寵干責雖欲僶俛

從事使臣何以爲心蓋三年之喪金革無避自魯公伯禽晉襄公始也實以徐戎秦師之役有爲爲之非是則否故孔子對子夏問曰以三年之喪從利者吾不知也今朝無徐秦之難臣非金革之任竊陛下名器是從利於喪也食稻衣錦之責捨臣誰歸凡曲全萬物使不失性天地之仁也鞠育煦嫗知寒熱疾痛父母之慈也兼而有之明君之惠也臣是以又持悃款昧死上言竊希天父之恩不奪臣子之志泣血待命惟陛下省察臣無任

第六表

臣頃頓首昧死詣闕累陳情狀肝膽悉以披露懇誠冀蒙識察於今浹辰德音不下實由臣詞淺意陋無以動天哀惶失圖跼蹐無地臣某中謝臣雖親忝葭莩才實駑鈍位忽過望恩亦加等宜竭精力仰酬造化豈敢飾讓自言企禮顧望當聞上有至仁之君下無失性之人陛下以蒸蒸聖德格於上下故哀哀孝思敢辭榮祿陛下豈忍抑其微誠假令臣損情變禮陳力就列亦猶雙梟乘雁何補江海況敢貪不次之寵遺罔極之報因喪從利以哀爲榮此臣所以屢瀆天威望回宸聽懇至之願形於累表奉然待命

惟聖慈察之臣無任

第七表

臣某言伏奉某月日批勑矜臣荒謬之情許以殘喘終喪使奉几筵獲展哀報陛下誕敷五教惇敘九族以臣屬忝枝葉哀纏蓼莪恤以皇慈使及於禮天地之意曲全人欲日月迴照下及苫廬伏讀詔書感懼交集仰戴聖造若蚉負山屏營瞻奉惶懼隕越臣無任哀戴之至

爲譙郡唐太守賀赦表

臣某言伏奉二月五日制書大赦天下喜氣動天榮光被物百神踊躍衆庶悅豫臣某誠歡誠喜頓首頓首臣聞大道所寶莫先於慈聖人之德無以加孝陛下執大象以御物不得已而用兵假一戎之威爲萬物戡難再造區宇以康黎元慈之至也纂服配天不失舊物然後增鴻名以嚴父正榮號以恭己元元本本尊尊親親孝之大也猶慮物有不遂其性政有不卑於俗宏肆眚之恩與天下更始滌瑕蕩穢燭幽及微風行物表鏡照海內雷作而萬户蟄振網開而三面鳥飛陽春無私品物何幸臣位忝郡守預沐渥恩績考勳微徒沾潤澤臣無任抃躍之至謹奉表陳賀

以聞

欽定全唐文卷三百八十五

獨孤及二

爲張濠州謝上表

臣沐言頃陷身凶族待罪黃沙戮社釁鼓職臣之分陛下照臣以日月之光察其微懇拔臣於縲絏之下授以專城今日餘生實聖朝所賜寵章榮命豈賤臣之心碎首粉骨未答天造今以某月日到濠州上訖謹當竭力官守正身率下勉勵苦節綏安疲人冀立犬馬之誠或申絲髮之效無任感懼之至謹附表陳謝以聞

爲江淮都統使賀田神功平劉展表

臣某言得田神功等狀稱官軍以正月二十六日過江大破賊衆擒元惡於祘山之下凶殘撲滅江界無事臣某誠歡誠喜頓首頓首臣聞四時成歲秋爲司殺故聖人則之以作五兵蓋奸宄賊寇或乘釁而起則干戈弧矢亦有時而用陛下率遏亂畧再造區宇欃槍旬時竹破瓦解蕞爾狂狡敢干天誅作爲長蛇薦食江漢乃矯誣我天命擾竊我王師暴殄我城邑俶擾我邊鄙荆吳之人若墜泉谷萬姓業業奔走無所陛下神聽不測睿筭無方將欲擒之必固縱之先侈其心而厚其毒然後制勝兩楹之下授署千里之外使神功等一戰而陷陣再戰而逐北三戰而擒渠魁繫頸以索覆巢傾穴刮野掃地如烈風之破駭浪嚴霜之隕落葉浹辰之內平揚州定淮南下朱方收三吳流亡者復故業塗炭者返壽域扇以皇風與之更始遂令東土耆老復見漢官威儀非陛下乃文乃武之鴻烈日用不知之元化孰能陰騭聖功如此其速臣無任慶忭之至

爲杭州李使君論李藏用守杭州有功表

臣某言臣聞當逆賊劉展擁兵過江之日變起倉卒鋒不

可當人心動搖物情危駭五道節制望風潰散自淮而南至於海隅遂無敢保一城守一節者惟少府少監李藏用以宗室近屬憂國如家臨危抗憤忠勇奮發收集散卒糾合義師挺身履險出萬死一生之地與賊轉戰堅守蘇州相持經月殺獲過當使凶徒逆黨鋒鋭挫衂自此王師載張賊衆知懼其後以外援不至衆寡懸絕遂移師就險退保杭州當此之時江淮諸軍已散平盧之師未至三分全吳賊有其二藏用且募且戰獨守孤城以忠義感激令驍勇樂用旬月之內致死士三千賊遣僞將張景超孫待封

等盡率銳卒分道來攻藏用與將士等戮力一心義形於色殊死決戰奮不顧身遂能兵鋒所加無不摧陷皆一舉盡敵覆而屠之前後俘斬虜獲至數萬計向使微夫人之力捍此州之境則江界土宇盡爲戎疆海隅蒼生非復吾有由是浙江之外南至閩嶺士庶免有波迸道路窮寇不敢唐突藩籬屏息風波晏然百姓樂業父不喪子兄不哭弟藏用之功也今都統使停本職已罷孤軍無主莫知適從將士嗷嗷未有所隸天聽高邈無人爲言遂使殊勳見委忠節未錄口不言賞賞亦不及伏恐非聖朝旌有德表

有功之意今逆寇雖殄人心猶攜山洞海島往往結聚睦州草竊爲蠹猶深惟憚藏用之兵是以未敢進逼若此軍一散必羣盜交侵則臣此州危亡是懼伏望早降恩旨以答其勤錫之勳策委之戎政俾總統所領以鎮遏江表實江東萬姓喁喁之望艱難之際人多二心以宗子維城智勇如此必能使寇賊奸宄不敢窺伺間隙則江淮足以高枕而臥而陛下可無東顧之憂臣忝蒞茅任居牧守安危之分臣實預焉無任懇款之至

爲江淮都統使奏破劉展兵捷書表

臣聞聖人之生不能使大盜不起唐堯之代時則有四凶在列王制所以誅不恪討不庭小者市朝大者原野奸宄草竊何代無之劉展包藏禍心爲日固久敢肆奸慝乘間阻兵長驅兇徒掩臣未備以僞言亂衆謂天命在己於是有豕食淮泗鯨吞荆吳之心使黎庶播越人神憤怒臣職司靖難敢不戮力當憑廟略以殄寇仇謹遣副使少府少監攝侍御史李藏用屯兵杭州伺隙進討且分處隘害以遏其唐突賊衆狃於初役師輕而驕不虞吾軍能折其銳也乃以今月三日使其僞將軍張幹朱法雲等領步卒七

千馬軍六百徑入杭州東門焚燒閭閻鼓譟而進藏用引其精銳設伏於途羸師張之使入死地然後整堂堂之陣以薄其壘使左廂兵馬使潭州長史李澄爲左軍左第一將張嵩光先鋒將李強李陵等佐之都押衙高幹爲右軍左押衙楊履和都虞候魏守寂佐之左第二將皇甫山棲左三將梁朝康承寂左四將吳季之李楚玉顔光允等督游軍之騎以彌縫其闕表裏合戰奇正夾攻以將帥之餘勇因黎元之積憤奮皆敢死登必爭先赤羽交而三軍風生金鼓鳴而萬夫氣作自卯至午覆而敗之神扶電掃雷

落山破嶕類無餘隻車莫返鋒鏑之血朱殷長江甲齊崇山尸作京觀實賴陛下聰明齊聖與日月合照故能慮圖發於樽俎而威靈加於遠方臣等盡敵如拾芥成功如指掌惡氣沴祲掃蕩無餘海隅蒼生比屋何幸臣無任慶快之至

爲江淮節度使奏破餘姚草賊龔厲捷書表

臣聞皇天分時秋爲司殺王者立極兵爲禁暴唐虞有共工三苗之患殷周有鬼方昆夷之戰蓋蠻夷猾夏自古有之自頃胡寇作逆吳越震恐龔厲父子乘間起兵劫明州之人略餘姚之地負阻海口憑陵江干蟻聚偷安蠶食取給屬王師北伐未遑南征逮茲二年侵掠益甚將擬復東甌故地窺南越僭跡邊邑黎庶爲之騷然臣方荷推轂之寄懷盡敵之計思所以扶乘天威圖制遠略料其貪而無整勇而無剛烏合獸聚不足當堂堂之陣山潛海匿不足用桓桓之師難以力制易以計滅臣遂遣軍將潘景蘭領輜馱數十輩僞爲商旅傍山谷往來以餌之又遣軍將呂道光領拍刀手一百人取其便道爲伏以待之遣軍將左璋率弩手一百五十人爲左翼軍將余能變率弩手一百五十人爲右翼皆三吳良家百越勁卒爭賈餘勇樂於公戰蓬頭突鬢焱駭火烈相爲輔車夾敵之路又遣軍將張思覽率拍刀手一百人爲中軍操中權之制以節其進退以三月二十九日至青烟洞口果如臣策賊遂出山先者遇伏鼓譟合戰於是奇正畢舉四軍夾攻賊衆奪氣不知所守鳴鞞雷動飛鏑雨集轉戰四十里殺其三百餘人龔厲尚稽天誅且偷晷刻收合餘燼八九十人更登高壘背山借勢張思覽等連弩亂發引軍合圍天聲揚而勇士厲銳氣作而妖星隕遂斬元凶父子擒其妻孥餘黨僵仆原隰脂膏草莽猶恐藉潢翳薈尚有伏奸遂攬山搜谷刮野掃地傾其巢窟返旆而旋累載逋誅一朝撲滅非陛下聖謨神策與天合契制勝兩楹加威四海則安能翦豺狼如拉朽掃欃槍如拾芥使吳越乂安江漢澄廓臣受鉞未幾覩茲成功無任慶快之至謹差攝福州泉山府別將左璋奉捷書以聞幷齎逆賊父子頭奉獻伏望懸之藁街以示百姓其餘首級於當州梟示訖所獲賊物各令分賞將士器械官收山海餘妖自取誅滅既非強敵不足敘功謹錄奏聞

爲張洪州謝上表

臣某言伏奉某月日敕除臣使持節都督洪州諸軍事洪州刺史充洪撫等七州都防禦觀察等使臣才不如人位忽過量仰戴天造兢然自失臣某誠惶誠恐頓首頓首臣往歲祿山以盜泉飲臣臣受左衽之辱而不能死陛下以鴻私活臣臣荷乾坤之施而不能答徒竊寵祿三典藩郡至於俗阜不擾人或小康此實堯風被物比屋日用敢貪天功以爲己力不謂陛下獎勸是務以臣爲勸自春徂秋凡三錫命九州之伯臣忝其一况豫章重鎮荆揚奧區五

嶺控其南九江在其北連帥所統安危是繫分憂之寄豈臣足當負荷恩輝懼隕越於下今以某月日到所部上訖謹當靖恭守位夙夜在公宣皇猷以導風俗仗天威以訓師旅庶以四境無虞百姓輯睦爲報力或不足則繼之以死臣之分也敢有二事臣無任喜懼之至謹奉表陳謝以聞

爲獨孤中丞天長節進鏡表

臣某言臣仕於太上聖皇之朝早蒙寵秩位至剖符任兼干城摩頂至踵皆聖皇所賜陛下又不以臣菲薄加臣憲威殊私降臨榮命重疊臣頃雖罄誠竭節竟未能夷凶靖難思所以仰酬天造緬邈無階以去年五月五日於淮陽鑄上件鏡欲獻之行在爲聖皇壽冀申犬馬之意臣子之心屬豺狼方熾道路艱阻懇願空積上達無由今宸極正而乾坤貞鸞鷲塵收而日月開朗當白露戒序之秋是黃河澄清之日臣幸逢佳節願展微忱謹遣某乙進上件二鏡一獻聖皇一獻陛下輒以愚懇上續聖壽臣伏以聖皇執契垂化有如金玉之式陛下時乘馭天騁飛龍於國步臣故以金龍飾鏡以表聖德伏冀纖塵莫翳朗鑒長懸掛

仙臺而如日之昇含品物而無私不照而臣之肝膽亦庶呈於此輕黷宸扆戰越交深臣無任

爲獨孤中丞讓官爵表

臣聞任非其賢則負乘之寇至寵過於分則尸素之患生所以建官者必惟賢是擇就列者亦量力而處臣幸以駑蹇遭逢聖明頃當過亂之日謬以專城見委雖常嘗膽歷年然未有以報國陛下獎臣微效驟加崇班以執憲剖符之職兼推轂授鉞之寄位至十連澤及三族臣豈不知踰涯越分冒寵叨榮顧兇黨尚存王師未戢當聖主宵衣之

日非臣子釋負之秋是以勉勵疲朽不敢陳讓然邇來竟未能奮一奇展一策掃蕩寇賊仰酬恩私而事乖誠願又加風疾無功而當厚賞抱病而處大藩尸位曠職臣實增懼今聞大軍長驅已濟河圖鄴妖氛沴氣朝暮廓清聖朝方當橐弓矢而休牛馬搜俊乂以備鴛鷺豈臣菲薄之質疲苶之身所宜猶握兵要仍居寵秩使上黷朝倫下速官謗以臣固陋猶知其不可況聖心乎伏乞特降睿慈憐臣尫瘵許臣停官養疾以避其賢良則僂僂餘生於茲幸甚臣無任感戴之至

爲獨孤中丞謝賜紫衣銀盤椀等表

臣某言今月十九日越州長史盧漸至伏奉某月日勅書特賜慰勞聖藻御札降臨自天二十三日中使劉光俊至又奉宣口勅賜臣衣一副銀盤椀等各一兼百索一筒紫衣十副分賜用命將士端午續命推心而澤流萬里頒賜而慶及三軍臣等奉戴恩渥隕越是懼臣某誠惶誠恐頓首頓首臣拔自周行見委戎律受金鉞分竹符荷天之寵歲一周矣竟未能虔奉廟畧誅鋤殘寇使邊烽尚燃虜馬未卻臣之罪也陛下不以臣官非其據任重於力而驟降殊榮累加厚賜天文下矚而星辰爛宸翰俯臨而烟雲動況盤盂器用章服繒綵賜臣爲壽施及行間投醪之恩未足言醉挾纊之德曾何喻煖臣等雖勉勵忠勤誓清塵霧然絲髮之效未展雨露之渥亟加揣分循涯臣懼深矣謹當宣皇恩以勵將帥奉師律以練甲兵必使江漢無虞士卒知訓然後畢力殄寇以答鴻私臣無任

謝濠州刺史表

臣及言臣伏奉今年五月一日勅授臣使持節濠州諸軍事濠州刺史臣頃待罪禮官備位郎署職曠無補增懼且

愧陛下不以臣愚擢居二千石之列今之刺史古之諸侯州人安否係在一吏臣非其才無以稱旨奉詔之日懼有甚焉以閏六月十二日到所部上訖惟當奉宣聖猷竭誠帥下瞻戀天造酬效無階臣無任喜懼之至謹附驛奉表陳謝以聞臣及誠惶誠恐頓首頓首

謝舒州刺史兼加朝散大夫表

臣及言臣奉七月十八日勅加臣朝散大夫使持節舒州諸軍事舒州刺史充當州團練守捉使兼知淮南岸當界緣江賊盜臣典濠州無政可紀人幸不擾時和所致流者

稍復年登之力臣亦何敢貪此以爲已能陛下過聽驟降殊私旣增之秩又命以服無德受賞愧孰甚焉仰戴皇渥且榮且懼今以九月二十七日到州上訖州經積年寇盜瘡痍之後百姓流竄十不一存臣以奉宣聖慈與之休息勞來鰥寡薄其徭賦是以招攜亡者輯柔存者庶經秋之後賴獲安集非曰能爾冀竭力焉臣無任感戴之至謹奉表陳謝以聞

謝加司封郎中賜紫金魚袋表

臣及言臣伏奉三月一日敕加臣檢校司封郎中使持節

舒州諸軍事兼舒州刺史充當州團練守捉使仍知淮南岸當界緣江賊盜賜紫金魚袋殊榮厚渥驟鍾臣身且喜且驚以愧以懼臣聞堯舜建官三考黜陟漢代二千石以循良稱者於是有璽書勞勉增秩賜金之制臣到官始半載職事未有所補見在戶口纔肯地著其中鰥寡疲弱不能自存者十猶六七徵遣征賦未嘗及期此臣政不逮力不任之效獲宥罪戾幸固深矣豈謂皇恩驟降復以古典命臣加位受服寵過臣量伏讀詔旨懼孰大焉此則古荆舒之地詩人懲其剽輕復當賊寇虔劉比屋流亡之後其人心已難安易動況加徭役稅斂日不獲已緩之則驕急之則散輯柔底綏之道尤非愚臣所及伏思夙夜勉勵力安斯人省事以慰其愁示信以杜其爭亦冀俗稍務本人漸足食使貢賦之入歲增月長三歲大比以版圖歸於有司犬馬之心敢有二事臣無任感戴之至

謝常州刺史表

臣及言臣伏奉去年十二月二十三日敕授臣使持節常州諸軍事守常州刺史充當州團練守捉使臣伏以江東之州常州爲大陛下不以臣不肖拔臣於羣吏之中以考

則年未久以勞則功無可錄而除拜之次加於人一等臣及誠惶誠恐頓首頓首臣往歲嘗忝諫官歷博士尚書郎之秩雖備嘗獻納累黷天聽竟無絲髮裨補明威及典濠舒二州出入七年又不能副陛下政平訟息與吾共此之歎至如流人自占旱不爲災實由陛下當勤卹之初下哀痛之詔寬減租稅入三分之二是以和氣旁感變災爲福福流臣州人是以乂臣寧敢貪天之功以爲己力今陛下賜臣詔曰斷獄歲減流庸日歸以人俗之豐給當淮湖之災旱陟爾明效宜列中朝臣無其實謬奉殊獎伏覽聖旨

惶悚隕越況陛下勵精百揆之始日以堯吁舜咨旁求俊造或經時不除一吏除必以公才爲先苟非其人位不虛授搢紳之華僥倖望絶臣當此時獨荷榮寄人之多幸將自臣始致寇速謗實憂自貽今以三月十七日到州上訖雖欲勉勵疲鈍增修吏職懼力不逮上累皇明奉詔夕惕且慚且駭無任感戴喜懼之至謹奉表陳謝以聞

常州奏甘露降松樹表

臣及言臣州內廳東堦下二松樹自今年十月十三日夜至今月十八日夜前後二十七度甘露下降樹根枝葉霑

灑皆遍潔白凝沍味同飴蜜餘瀋滴地委積成泥傾州官吏咸共榮觀臣謹按鶡冠子云聖王之德上及太清下及萬靈則甘露下瑞應圖曰王者德至於天則甘露降松柏陛下實行慈儉懷柔遠近無爲之政與太古同風故天地氣和合而呈瑞況休徵感應之始當陛下降生之日皇符昭晰天意炳煥蓋表聖壽實歷將與天比崇臣爲州三年無績可紀疲朽何幸目覩禎祥臣無任喜忭之至謹奉表以聞伏望宣付史館

賀赦表

臣某言中使某至宣示赦書大赦天下者臣伏以作解宥過前王之茂典嚴配享神聖朝之縟禮非大孝無以肅祇宗廟非洪勳不得告承天下伏惟皇帝陛下誕敷文德昭烈武功鋪於八埏橫被四海拯兆人之疾苦恢累聖之洪業伐叛問罪電發王師爲人除災爲時誅惡陛下恬神凝慮儲道蘊德以義制事以欲從人雷霆之震也心不恕於凶戾元惡之戮也勳不書於簡策淡泊功德陰騭萬邦大哉聖王之爲君也無得而稱矣頃者賊臣伺梟獍之變翠華巡遊四方愁冤百神震駭誅翦大憝清復闕廷事不稽

於浹旬慶已延於萬億接踵之禍又起近郊犬羊猖獗相繼夷滅然後舉墜典修禮文鏟草繁苛搜揚嘉遯自上古之所不臣前聖之所未賓梯航而來悗（悗當作悅）我聲教掃除氛沴日月載貞大安反側上下交泰而又發德音降明詔歸過罪己降去鴻名含生動植許遂其性草木知感況在人倫今以履端之初先陳盛禮豐潔易簡應時順人展敬於郊壇薦誠於清廟丕昭列聖咸秩神祇抑臣聞之仲尼曰明乎郊社之禮禘嘗之義是陛下德合祖宗道符三五慶於社福與天無疆鴻私湛恩溥施萬國洗蕩痕垢咸使

維新牢獄空虛囚拘蕩滌禎祥鬱於川瀆嘉氣塞於乾坤天下臣妾不勝慶幸

賀赦表

臣某言伏奉今月某日制大赦天下恭承恩詔宣布藩隅負瑕累者咸荷生成被傷痍者如蒙覆育中賀臣聞春以首時蓋本於陽德澤以周物取象於鴻私伏惟皇帝陛下出震繼明體元立極作解施會順時致和問安禮備於三朝班朔恩加於九有猶念刑不可變死不復生泣辜興慈納隍軫慮與民更始其命維新禦魑魅者復還係桎梏者

咸宥丹檄（疑當作徽）無滯黃沙已空疏漢網而遠無不賓祝湯羅而下無犯順雖水旱繫於常數每惻憂勤以征賦本於黎人載加蠲貸應天以實推己以誠疇庸懋能自家刑國或圖舊以延賞或錫類以崇先日月徧燭於幽明雨露不私於中外舊章備舉墜典咸秩崇儒術所以宏教化旌孝義所以厚時風惻耆耋而廩賜有差蠲橫斂而凶荒是禦皆歷代哲王之茂典今陛下修而行之洋洋聖謨曠所聞見雖虞帝之孝殷后之仁垂拱而人無間然鞬櫜而兵不復用方於今日未足比崇臣幸屬昌期謬領藩服官惟責實未効涓埃之勞賞及無功亦洽（一作沾）渙汗之寵拜恩竊忭萬倍恒情

代獨孤將軍讓魏州刺史表

臣莊言伏奉今月十九日制書以臣爲中大夫持節魏州諸軍事守魏州刺史寵命光臨心靈震奪中謝臣才質汚濫學藝空疎往緣乏人謬叅多士膏雨降而鮮鱗躍和風流而短翮飛遂以庸微累升清貫天臺望重始預郎官帝贊務殷仍露縣宰翊州司而罕效撫邊鎮而何功睿澤旁滋皇明遠照曲顧先臣之舊不忘支屬之姻還臣以大樹

之榮總臣以儀本之任旣而力微招責祿厚延痾深慮即塡溝壑不得重趨階陛伏屬天地仁慈聽臣入都醫療承恩之日頓減焦勞在路已來小將瘳健若何以仰祗嘉惠俯策疲駑當河北之奧藩忝山東之厚寄魏郡太守豈岑熙之可攀冀州刺史寧籍章之敢列伏乞迴光斂露寢汗停綸矜臣竊位之誠遂臣量能之請庶知人之鑒影響不差循吏之聲期年而至無任忝冒屛營之至謹詣朝堂奉表陳讓以聞其所讓人別狀封進

爲崔使君讓潤州表

臣某言伏奉今月日制書以臣爲使持節潤州諸軍事潤州刺史散官如故前命甫流後恩遄集進退維谷憂喜聚門臣某中謝臣材質孤陋藝能鄙薄徒以頗承舊業遂得歷踐清資國庠司級（一作极）既非所據六衛陪軒又無足採久欲避賢公府移疾家園不悟沖眷曲臨殊私屬委鮑溝東望始拜寵於韓臺竹里南浮遽遷榮於楚澤何以仰承皇寄俯緝甿徭伏乞日月迴光雲雨流霈深惟鑒察改任良能則朝有至公臣知免戾無任屛營之至

代于京兆請停官侍親表

臣某言臣聞審官而用者君上之明也量力而動者人臣之義也然則審官先於責實量力在於知止苟違斯道是必終凶臣以薄劣素空行藝遭逢際會累忝驅馳自受京尹向逾周月上無報國安民之效下乏推賢審己之能官謗日深內省知愧伏以去年冬末迄於今日竊聽閭閻頗有流散在於京輦亦多攘奪臣兄枉橫爲賊所傷哀苦之中忍恥尤甚雖久令分捕而竟未就擒臣之無能於茲可驗偷安重任夫亦胡顏況臣同氣數人相次淪沒閨門之內哭不絕聲應由臣無德而禍召此殃釁興言感慕痛骨

摧心又臣老母素多羸瘵近從數載頗益沈綿臣妻先亡無人侍側飲膳衣服臣悉親躬頃任京兆少尹中間又司帑藏雖稱要劇亦有餘閒臣每退朝便道覲親方藥自公言歸早見安否老母以數在左右都忘呻吟及臣典領大府事繁務切雞鳴而出暮夜方歸清晝之時莫見親面凡所服餌或非調適心有未快疾亦轉侵在臣焦灼啟處無地專力養則有妨吏職徇公事則闕奉慈顏忠孝兩虧紀綱將廢以天倫哀緒未平之日憂老母方寸已亂之時雖欲自強必不勝任倘漸荒府政小紊朝經他日嗤膌固將何及或當重責已負前恩是敢泣血祈天瀝肝請命乞特免臣所職就養私門非惟有光孝理實亦少裨元化龜蛇賤類上報何階烏鳥微情反哺斯足無任懇願迫切之至謹詣右銀臺門奉表陳乞以聞誠惶誠恐頓首頓首

謝敕書兼賜冬衣表

臣某言伏奉某月日敕書慰問將士等跪承寵錫仰荷天慈忭躍周章不知所措臣某中謝陛下體仁恤遠崇德念功恩浹勳賢禮優方國臣行能無取志略非長徒以嘗謬台司遂叨藩守誠寬覆餗之罪更切致寇之憂豈謂宸睠

不遺天波薦及獎飾加於尸素恩意逮於庸微嶺嶠萬里迴日月之私照偏裨一介沐乾坤之厚施緇黃載躍班白相歡騰喜氣於城壘舞祥風於旌旆臣曠官已久無補休明戀闕滋深又移寒燠累忝逾涯之賜敢安非據之榮邱山至重灰壤寧報無任感恩戀主屏營之至

爲郭令公請停親征表

臣某言經畧副使太子右諭德傅濤至伏承鑾駕欲有親征恭聞聖旨載惶載懼臣以薄劣謬總元戎受命於朝成師以出雖志期靜難而力未摧兇邦甸多虞有貽聖慮遂

使六軍雷動七萃天行臣實無能萬死餘責然臣面辭之日已具奏聞假令寇賊猖獗猶願陛下務於持重內安宗廟外固人心臣之素懷正在於此縱微臣智力淺短終無所成陛下仍須別擇英才授之師律豈有事非至切便欲親戎誠恐上國衣冠自生震恐遠方士庶更有驚疑以臣觀之竊謂非便兇虜傷沮其勢式遏天威赫赫所向皆靡陛下責成之日愚臣死難之秋伏望付臣以專征委臣以集事回鑾上國端拱中朝豈惟微臣受賜抑亦萬方幸甚謹奉表以聞

上陝州刺史裴稹謚狀

尚書省考功夫存以行觀其志歿以謚表其德則名實不虧善惡知勸謹按故尚書祠部員外郎贈使持節陝州諸軍事陝州刺史裴稹鼎鉉公族珪璋令名孝克負荷忠能匡諫宏圖方壯利涉未息舟壑遽遷音徽已沬命官褒德合荷寵章考行飾終敢徵前典謹上

欽定全唐文卷三百八十六

獨孤及三

景皇帝配昊天上帝議

謹按禮經王者禘其祖之所自出以其祖配之凡受命始封之君皆爲太祖繼太祖而下六廟則以親盡迭毁而太祖之廟雖百代不遷此五帝三王所以尊祖敬宗也故受命於神宗禹也而夏后祖顓頊而郊鯀纘禹黜夏湯也而殷人郊冥而祖契革命作周武王也而周人郊稷而祖文王則明自古必以首封之君配昊天上帝惟漢氏崛起豐

沛豐公太公皆無位無功德不可以爲祖宗故漢以高皇帝爲太祖其先世微故也非足爲後代法伏惟太祖景皇帝以柱國之任翼周弼魏肇成王業建封於唐高祖因之以爲有天下之號天所命也亦猶契之封商后稷之封邰禘郊宗祖之位宜在百代不遷之典郊祀太祖宗祀高祖猶周之祖文王而宗武王也今若以高祖創業當躋其祀是棄三代之令典遵漢氏之末制黜景皇帝之大業同於豐公太公之不祀反古違道失孰甚焉夫追尊景皇帝廟號太祖高祖太宗所以崇尊尊之禮也將更七聖載經二百名臣碩儒備經討論未嘗有獻同異於宗廟今將議其全典變更先聖制度曷知其可若配天之位既易則太祖之號宜廢祀之不修廟亦當毁尊祖報本之道其墜於地乎漢制擅議宗廟以大不敬論今武德貞觀之憲章未改國家方將敬祀事以和神人禘郊之間恐非所宜言臣謹稽禮之舊文參諸夏殷周漢故事配饗天帝之制請仍舊典謹議

故太保贈太師韓國苗公謚議

太師稟天純懿爲唐股肱兩朝當國庶績惟允論道賦政

送往事居協恭秉彝動罔違德惠和以懋其事明哲以保其身昔嘗懸衡九流剖竹四郡刀尺之下無滯用襦袴之間無負人洛陽居守東夏輯睦天寶之季二京爲戎皇輿西狩億兆左衽太師踐危機不易心處横潰不忘國奮身拔跡於豺狼之口道不汙而節不奪忠之大者至德乾元年中天下多故皇綱未張肅宗循漢宣故事用刑名繩下而太師以曹參爲師持清靜守職勵翼王度將順事典人亦寧一厥猷茂焉能知人能官人慎選乃僚言刈其楚至有拔羣萃而取公器不五六年比肩袞職者光映策府當

代榮之漢史稱胡廣與故吏陳蕃并爲三司太師有焉夫九德咸事寬爲之首百工惟時哲則能惠宜其享天眉壽爲國元老古者生以行觀其志歿以謚易其名謚之美惡視行之大小後代或三字以表德貞惠文子是也或二字以彰善鄭文終侯留文成侯是也蓋其跡大名盛則禮優謚崇太師德冠搢紳位侔周召將加誄謚之制宜以鄭留爲准謹按大戴禮體和居中曰懿文賢有成曰獻稽千載之令典合二名以配德請謚曰懿獻謹議

故御史中丞盧奕謚議　獨孤及

盧奕剛毅而忠直方而清勵精吏事所居可紀天寶十四載洛陽陷沒於時東京人士狼狽鹿駭猛虎磨牙而爭其肉居位者皆欲保性命而完妻子或先策高足爭脫羿彀或不恥苟活甘飲盜泉奕獨正身守位蹈義不去以死全節誓不辱身勢窘力屈以朝服就執猶慷慨感憤數賊梟獍之罪觀者股慄奕不變其色西向而辭君然後受害雖古烈士方之者鮮矣或曰洛陽之存亡操兵者實任其咎非執法吏所能抗師敗將奔去之可也委身寇仇以死誰懟及以爲不然勇者禦而忠者守必社稷是衛則生死以之危而去之是智免也於忠何有蓋荀息殺身於晉不食其言也仲由結纓於衛不避其難也元冥勤其官而水死守位而忘軀也伯姬待保姆而火死先禮而後身也彼四人者死之日皆於事無補夫豈愛死而賈禍也以爲死輕於義故蹈義而捐生古人書之使事君者勸然則祿山之亂大於里克孔悝廉察之任切於元冥之官分命所係不啻保姆逆黨兵威烈於水火於斯時也能與執干戈者同其戮力挽之不來推之不去豈不以師可虧義不可苟身可殺節不可奪故全其操持於白刃之下孰與夫懷安偷

生者同其風哉謹按謚法圖國忘身曰貞秉德尊業曰烈奕執憲戎馬之間志藩王室可謂圖國矣國危不能救而繼之以死可謂忘身矣歷官十一任言必正事必果而清節不撓去之若始至可謂秉德矣先時黃門以直道佐時奕嗣之以忠純可謂尊業矣請謚曰貞烈謹議

故左武衛大將軍持節隴右節度經畧大使兼鴻臚卿御史中丞贈涼州都督太原郡開國公郭知運謚議

郭知運驍勇有謀善用兵起行間爲唐上將當時唐與百

餘載矣天下充富太倉有二十年之蓄元宗循漢武故事方銳意拓土知運適與時會遂乘天威奮其材力敢與虜角故能破黠啜可汗以靖其北庭敗吐蕃誅康待賓隴坻以西烽火爲息慰薦麾下吏士任必以才往往超倫績用茂著王君㚟以果勇代處分閫之寄牛仙客出將入相以清幹信謹稱斯又奬拔之明也當時議者謂知運與郭虔瓘王晙薛訥并爲中興名將至今隴上將士思之或有起祠宇於故城遺壘尸而祝之者上元中肅宗加太公望以武成王之號知運列於配食之位則是勳伐事業宜有以

美稱易其名者謹按謚法服叛懷遠曰威易曰厥孚威如繫辭曰弧矢之利以威天下虞書曰董之用威傳曰非威非懷何以示德則威者聖人所以佐仁義以濟天下者也施於名號可以表將帥之德請謚知運曰威謹議

駮太常停謚隴右節度使郭知運議

禮時爲大順次之將葬易名時也有故闕禮追遠請謚順也假如諸侯五月而葬魯惠公之薨也有宋師至隱公元年十月而改葬不以踰時廢禮又公叔戍請謚適當葬前謹按禮經曾不言已葬則不可追謚況帝王殊途不相沿襲新禮則死必有謚不云日月有時今請易名者五家無非葬後苗太師一年矣呂諲四年矣盧奕五年矣顏杲卿八年矣并荷褒寵無異同之論獨知運以其子不幸遂以過時見抑苟必以已葬未葬爲節則夫八年與五四年者其緩一也而與奪殊制無乃不可乎議云已孤暴貴不爲父作謚此謂其父無位而其子則居大官不當以已之貴加榮於父也禮不云乎父爲士子爲大夫葬以士禮若知運者處方面之寄位列九卿茂勳崇名與衞霍侔飾終之禮宜加於他將一等豈待因依嗣子然後作謚今之專征

者雖逢風雲化爲侯王其祖父爵位與知運齒者鮮矣奈何懼名器等於草芥以是殺禮竊爲近誣乾元以來累有詔追贈百官祖父內外文武具寮之先悉蒙恩錫或音徽久沫或墓木已拱受大名貴位於九原者以萬數未嘗以歿代遠近爲限夫贈謚一也贈者一時之寵謚者不刊之令今以歲久而廢易名是王澤浹於天下而獨隔於一人也當開元二年吐蕃以舉國之師入五原塞擊柝之聲聞於咸雍知運與郭虔瓘討平之以張王室當時微知運則汧隴之西左衽是懼今朝廷方命將帥以征不服討不廷

宜褒寵之以勸握兵者安可以埜久而廢大典況夫諡法者蓋考其言行事業之邪正必以字褒貶之使生者聞美諡而慕覩惡諡而懼不待賞罰而賢不肖皆勸是一字之論賢於三千之刑本非爲歿者之子孫以爲哀榮寵贈之具假令知運無子且未嘗立功苟位至上將則諡不可廢豈以其子之存亡爲請諡之可否竊稽載籍徵諸舊章易名之禮請如前議謹議

故江陵尹兼御史大夫呂諲諡議

呂諲任職從政聰敏肅給能以才智潤飾吏道至德中與

三司同鞫大獄獨引律文附會經義而平反之當時卒用中典諲參其論在臺司齦齦雖無匪躬之能然平章法度守而勿失其爲荊州一年有成號令明具賦斂均一物有制而事有倫大抵以威信爲主戮陳希昂按申太芝之奸而三楚之人悅服厥功茂焉自至德以來荷推轂受脤之寄處方面者數十輩而將不驕卒不墮政修人和如諲者蓋鮮矣豈不以人散久矣而兵未戢挹濁流者難俟淸整棼絲者難爲功諲當此時能以慈惠易其疾苦且訓其三軍如臂使指闔境無拔葵啖棗之盜而楚人到於今猶歌咏之此其才畧必有過人者雖欲勿襃之其可乎按諡法威德克就曰肅禁暴威也愛人德也考禮議名而擬諸形容請諡曰肅謹議

駁太常擬故相國江陵尹諡議

呂諲任宰相日淺當時會肅宗躬親萬幾庶政羣臣畏威奉職而已雖有謨謀於巖廊之上莫由有知之者及其荆門之政爲仁由己其畧見於事其惠被於物其風謠存乎人故得而稱之議名之際敢不闕其所疑而錄其尤著者有司之職也其閱實詔獄在未執政之前已議之詳矣敢

辱再告至若推進名賢使當大任既同溫室之樹且行狀所不載孔子曰君子於其所不知蓋闕如也故不書今奉符令必用二字且以忠配肅謹按舊儀凡歿者之故吏得以行狀請諡於尚書省而考行定諡則有司存朝廷辨可否宜任衆議今駁議撰諡異同之說幷故吏專之伏恐亂庖人尸祝之分違公器不私之戒且非唐虞師錫僉曰之道昔周道衰孔子作春秋以繩當代而亂臣賊子懼諡法亦春秋之微旨也在懲惡勸善不在哀榮在議美惡不在字多文王伐崇周公殺三監誅淮夷晉重耳一戰而伯諸

侯武功威矣而皆謚曰文以冀缺之恪德臨事甯俞之忠於其國隨會之納諫不忘其師謀身不失其友其文德豈不優乎而并謚曰武固知書法者必稱其大而畧其細故言武不言文言文不言武三代以下樸散禮壞乃有二字之謚二字謚非古也其源生於衰周施及戰國之君漢興蕭何張良霍去病霍光俱以文武大畧佐漢致太平其事業不一謂一名不足以紀其善於是乎有文終文成景桓宣成之謚雖瀆禮甚矣然猶褒不失人唐興參用周漢之制謂魏徵以王道佐時近文極言直諫愛君而忘身近貞

二德并優廢一莫可故曰文貞公謂蕭瑀端直鯁亮近貞性多猜貳近褊言褊則失其謇正稱貞則遺其吝狹非一言所能名故曰貞褊公其餘舉凡推類大抵準此皆有爲爲之也若跡無殊途事歸一貫則直以一字目之故杜如晦謚成封德彝謚明王珪謚懿陳叔達謚忠溫彥博謚恭岑文本謚憲韋巨源謚昭唐休璟謚忠魏知古謚忠崔日用謚昭其流不可悉數此并當時赫赫以功名居宰相位者謚不過一字不聞其子孫佐吏有以字少稱屈者由此言之二字不必爲褒一字不必爲貶若褒貶果在字數則是堯舜禹湯文武成康不如周威烈王慎靚王也齊桓晉文不如趙武威魏安釐秦莊襄楚考烈也杜如晦王珪以下或成或懿或憲不如蕭瑀之貞褊也歷考古訓及貞觀以來制度似皆不然今奉所議云國家故事宰相必以二字爲謚未知出何品式謹請具示當以爲按據若忠者臣事君之常道苟靖恭於位誰則非忠非有炳然之異則不必以爲謚至如議獄緩死任賢舉善德之美者然肅者威德克就之名也亦足以表之矣且月令有之曰時及孟秋天地始肅詩言之矣曰曷不肅雝又曰肅肅王命仲山甫

將之肅嚴也敬也忠之屬也天地不肅則歲不成宗廟不肅則禮不立軍旅不肅則人不服肅之時義大矣哉若夫以謹之從政也威能以閑邪德可以濟衆故以肅易其名而忠在其中矣亦猶夫隨會甯俞之不稱文豈必因而重之然後乃爲美也魏晉以來以賈詡之籌算賈逵之忠壯張旣之政能程昱之智勇顧雍之密重王渾之器量劉惔之鑒裁庾翼之志畧彼八君子者方之東平宜無慚德死之日并謚曰肅當代不以爲貶何嘗徵一字二字爲之升降乎謹上稽前典下據甲令參之禮經而究其行事請依

前論曰肅謹議

答楊貴處士書

上德無爲其次爲而不擾及爲邦歲期而人疲如初終日以貢賦不入獲譴於上官遂以州比不調之琴思解弦更張之義算口徵賦以代他征意欲因有爲以成無爲爲未著而人已告怨跡其所以然無德故也夫導政齊刑民猶免而無恥況權道以反經爲用去德逾遠使無速謗未由也已所喜幸苟有過吾子知之貽書見讓以直諒相益商也起予孟孫愛我吾子兼之矣愧辱嘉貺顧無以當之三

復白圭欲罷而不能然來書所陳富人出萬今易以千貧人出百今亦數倍富倍優貧倍苦竊詳雅旨事或未然昨者據保簿數百姓并浮寄户共有三萬三千比來應差科者唯有三千五百其餘二萬九千五百户蠶而衣耕而食不持一錢以助王賦詩不云乎或燕燕居息或盡瘁事國在於是矣每歲三十一萬貫之稅悉鍾於三千五百人之家謂之高户者歲出千貫其次九百八百其次七百六百貫以是爲差九等最下兼本丁租庸猶輸四五十貫以此人焉得不日困事焉得不日蹙其中尤不勝其任者焉得不襁負而逃若以已困之人已竭之力杼軸不已恐州將不存苟以是爲念安敢不夙興夕惕思有以拯之方今爲口賦誠非彝典意欲以五萬一千人之力分三千五百家之稅愚謂之可復使多者用此以爲裒少者用此以爲益損有餘補不足之道實存乎其中富人貧人悉令均減倍優倍苦何從而生竊料動揺不安以逋逃相扇者不過以規避之户與寄客耳此輩浮食偷安久漏差科惡同均賦稅之名祇思苟免若編户地著者雖驅之使逃亦固不從今已擇吏分官以辨其等差量分入賦其數懸牓以示之

信若信之不明分之或過等差之不均官吏之不仁困而後去誰曰不可乃未及知斂之薄厚辯之濟否望風聆聲遽告勞而逃斯豈爲政者之過乎顧禮義之不德孰能恤叛者之言耶天下無不食王土之臣寧有不輸王賦之民此輩飲國之澤食地之利將薄斂以助逋賦則曰挈妻子而去之是與鳥獸蠻貊無以異矣其來既不可以奉征稅其去亦何足以病州縣違之一邦亦猶是也等不爲用又焉能資鄰然計斯人之徒亦未必悉然固或有不去者焉庶幾其所濟猶大但不防之於微拙誠有之奉教三省敢

不知罪子産鑄刑書作邱賦以救鄭國而獲譏於叔向及才不如子産口算不如邱賦吾子之言過於叔向之直中心藏之何日忘之簿領拘限莫由詣展未見君子馳誠無極不宣舒州刺史獨孤及頓首

欽定全唐文卷三百八十七

獨孤及 四

奉送元城主簿兄赴任序

往歲兄之尉匡德刑成禮義舉粃政杜姦綱緝人曰莅民如此其達必大十四年春王正月再命於元城元城地雄人悍土壤賦錯處宋衛中山燕齊趙魏之都會三川輻湊四術轂擊兄方以德舉吏此大邦則千里之迹兆於是矣彼徒勞者其騫翥之濫觴乎歲物已春泰山日綠亦既選吉駕言徂東豈不知常棣之詩廢則和樂之好缺盍使伯氏仲氏偕詠歌之以贈行邁

送廣陵許户曹充召募判官赴淮南序

再覿不庭三年矣王師戒嚴將問罪荒服於是上將分職慎選乃僚以許公有持斧舊名斷犀餘地故授以戎政俾發卒於東夫三河之人豪全齊之人武荆吳之人悍藉其餘勇可以盡敵信以致之緊公是賴然則諭王命敎師律度程以料民徵騎以濟衆歌事以遣役輯謀以定功在是行乎高天晚秋殺氣動地靡靡歧路悠悠旆旌送離如之何賦小戎以爲好

仲春裴冑先宅宴集聯句賦詩序

先是先清明一日右金吾倉曹薛華陳嘉肴醴清酤會河東裴冀滎陽鄭裒河南獨孤及於署之公堂引滿舉白自午及子促席於花陰賦詩於月波樂極不醉夜艾而罷後清明三日二三子春服成思欲修好尋盟選勝卜晝裴侯是以再有投轄之會是會也鄭不至吾兄惠然而來堂有琴庭有篠芳草數步落花滿席中和子冠烏紗帽相與箕踞嗢噱傲睨相視稱觴乎其間趣在酒中判爲酩酊之客家本秦也能無嗚嗚之聲其詩云上天垂光兮熙予以青

春今日何日兮共此良辰與君能濁酒而藉落英兮如年華之相親蹇淹留以醉止孰云含意而未申歌數闋裴侯弁慢罵曰百年懽會鮮於別離開口大笑幾日及此日新無已今又成昔不紀而賦之如春風何其演爲連珠以志此會

鄭縣劉少府兄宅月夜登臺宴集序

夏五月小暑至矣吾兄方愼夜天掃月榭有酒如乳醑我乎城隅城臨近山俯瞰平隰秦郊漢苑相錯如繡且有顥氣足以娛人故數君子稱觴焉其誰同之有若功曹隴西李華參軍滎陽鄭洵瑯琊王休河東裴晛鄭尉京兆韋造皆卿材也聲同而形骸相忘道契故機事不入是以有高會遠望危言浩歌或心愜清機寓興於物或語及陳迹盱衡而笑於是初筵而惠好修中飲而意氣接既醉而是非遣夫彭澤採菊隱侯臨風謂之盛矣況高城古臺深夜朗月芳樽良友佳景勝事今夕何夕八者俱幷盍亦皆賦於此乎覩二三子之志

華山黃神谷讌臨汝裴明府序

黃盧子減景上漢千歲矣留碧峯白雲以貽後世故清機

勝事未始有極余吏於華之明年道侶裴冀亦再命爲臨汝令夏六月假道敝邑稅鞅此山思欲追高步詣眞境於是相與攜手及二三友生童子將命者六七人挈長瓢荷大壺以濁醪素琴會於黃神之谷輿也桉谷之西頂實三峯東面石壁叢倚東爲洞壑乳竇潛泄噴成盤渦兩崖合闢若與天接二三子將極其登探也至則繫馬山足披榛石門入自洞口至於梯路躡連嶂與壘嶧度嶇嶔而躋凌兢夤緣絕磴及橫嶺而止澡身乎飛泉濯纓乎清漣想夫君侯我於花峯下碧空而嬋娟愛而不見搔首空山然後

靡靈草以爲席傾流霞而相勸楚歌徐動沂詠亦發清商激於琴韻白雲起於筆鋒是日也高興盡而世緒遣幽情形而神機王頹然覺形骸六藏悉爲外物天地萬有無非秋毫亦既醉止則皆足言以志仙跡且旌吾友嘉會之在山也

建丑月十五日虎邱山夜宴序

方今內有夔龍皋伊以佐百揆外有方叔召虎以守四海江海之人高枕無事則琴壺以宴朋友嘯歌以展霞月吾黨之職也吾是以有今茲虎邱之會巖巖虎邱奠吳西門

崒然如香樓金道自下方而踊鎖丹霞白雲於蓮宮之內會之日和氣滿谷陽春逼人巖烟掃除肅若有待余與夫不亂行於鷗鳥者銜流霞之杯而羣嬉乎其中笑向碧潭與松石道舊兕觥既發賓主醉止狂歌送酒坐者皆和吳趨數奏雲去日沒梵天月白萬里如練松陰依依狀若留客於斯時也撫雲山爲我輩視竹帛如草芥頹然樂極衆慮皆遣於是奮髯屢舞而歎今夕何夕同者八人醉罷皆賦以爲此山故事

冬夜裴員外薛侍御置酒宴集序

二公以大司馬之命領浙河東西十有三州之政相與周爰咨度平均邦賦者三月矣當割而遊刃無閒臨機而舍拔則獲由是在薄領之際無江海而閒冬十月辛未徵會於此堂宴朋友故舊也賢豪畢會升降有序逢衣淺帶十有五人聲同故窮達不閒意得而鄙吝皆遣肴芳酒濃夜寂琴暢慷慨言志絡繹舉白盱衡抵掌啞啞大笑三爵耳熱萬念如洗不復計名身之親疎憂患之去來也況他累乎既醉余以箸擊唾壺扣商而歌其詞曰簿領日盈機知君傲煩囂飲和自忘渴況以初筵招道契跡自親誰爲列

宿遙何用結同心絲琴復長瓢日月若走馬炎涼催斗杓一年解頤笑幾日如今宵奉君千金壽莫使歲寒凋是日禮成於易歡生於同滯憤積慘彗掃湯沃方今溟海始波世屯未康二公克壯其猷以立事爲己任行當自致青雲之上不復與適莽蒼者羣矣吾儕浮湛其閒與風水俱它日或潛泉映天一離一合雲動雨散然後知今日尊酒未易再得將子無金玉其音姑偕賦以卒觥

送宇文協律赴西江序

復周正之年天子以潤州刺史張公林（本集作休）爲豫章太守

豫章之人既庶且富部從事縣大夫缺而不補先以檄徵協律於會稽時人皆賀豫章之得賢協律之遭遇君子則曰夫子刃有餘地不啻切玉割小鮮而用其鉛無乃不可乎夫子曰不然蓋其不患秩卑而患已素餐不患國士之不我遇患遇之而不答苟有用我者吾其爲執射乎於是舉帆西陵是日于邁然後知大丈夫之感義而不私其身也於越長路江皋暮春沈吟秦山悽愴鏡水豈不知今日斗酒明旦不共顧懷安敗名無勇也怨別傷離非丈夫也苟將申其道而成其務則萬里咫尺少别何有二三子其

詠歌之以代雜佩

送賀若員外巡按畢歸朝序

今年春上以富人侯爲丞相百揆時敘九州賦錯方欲齊職貢之法崇厎慎之典使六府修九敘成謂尚書吏部郎賀若公貞明直躬特達公器才足以茂功蔵事政足以宏道救物故俾繡衣持斧巡撫江介分王命也公電發神機霜淬智刃其始至也問謠俗省疾苦命司書示年數之上下削郡縣之版圖且爲之實其多與寡以差等井賦焉然後勞之來之安之集之俾其有寧宇而族聚以宣天子之宏恩而煦之於是乎民之樂矣如饑者之得以食也寒者之獲以纊也乃使苞茅之貢必敘而杼軸之詩亦不作冬十一月爰命郡吏致事言旋於京師且將捧府檄於南陔侍版輿以西上事有成而功不伐以是覲揚天子以盡考績之事禮也夫其由家以及於國資事親以事君甘旨之未遑勤於王家奔走之不暇以顯親身斯眞能奉慈訓不廢陳力將君命不違色養忠孝之大者又人子人臣之所難及也而況姦宄已弭干戈將戢天子方以律令章程責成三府然則操六轡騄四駱周爰咨詢以成天下之務在

是行乎翰飛方騁瞻望何及唯獻酬東閣弼成大猷使烝人粒海水靜農夫高枕及亦預焉凡執手於路者請偕賦鴻雁取之子于征劬勞于野爰及矜人哀此鰥寡以爲善頌

送長洲劉少府貶南巴使牒留洪州序

曩子之尉於是邦也傲其跡而峻其政能使綱不紊吏不欺夫跡傲則合不苟政峻則物忤故績未書也而謗及之臧倉之徒得騁其媒孽子於是竟謫爲南巴尉而吾子直爲己任慍不見色於其胸臆未嘗蔕芥會同譴有叩閽者

天子命憲府雜鞫且廷辨其濫故有後命俾除館豫章侯條奏也是月也艤船吳門將涉江而西夫行止者時得喪者機飛不搏不高矢不激不遠何用知南巴之不為大來之機括乎由圖南而致九萬吾惟子之望但春水方生孤舟鳥逝青山芳草柰遠別何同乎道者盍偕賦詩以貺吾子

送王判官赴福州序

松梓楩柟茂於深山不能逃匠石之顧賢士君子晦其言跡不能使人不已知其勢然也之子言忠信行篤敬以文

雅麗則括而羽之而世皆覩願我獨儉德吾固知長風六翮必有時而去及御史大夫李公之命介也辟書四下果以嗣宗為首歲二月載驟四駱脂車而東閩中者左溟海右百越嶺外峭峻風俗剽悍歲比饑饉民方札瘥非威非懷莫可綏也議者共謂君匡戎幕以義佐師律以禮報國士以直道罷人以德使安危懸於指掌勝負決於談笑則洛謀之道宏矣豈椎髻殊俗覆車畏途足為志士之怵惕哉凡吾與之出祖者亦既偕賦之

送薛處士業游廬山序

薛侯敦於詩固於學敏於行時然後言言而寡尤口弗言祿祿亦不及識其真者以為永歎而薛侯居之淡如君子哉若人也方以城市鄙於邱壑倦游不如嘉遯是月也拂纓上之塵西游廬山山上有峯頂大林下有東林西林化成遺愛六寺惠遠道生二公昔嘗眷戀於斯焉履痕屐齒遍滿崖谷神期肸蠁恒若對面之子之往獲心契矣苟藏器於身時行則行大之將來隱顯一致彼安貞者其或為利涉之樞機乎趙補闕驊王侍御定張評事有畧各以文為貺記行邁之所以然余亦持片言用代疏麻瑤華之贈

送韋員外充副元帥判官之東都序

太尉臨淮王之秉旄淮沂也天子命公為介洎臨淮薨而相國太原公繼授兵符盡護東夏諸將亦表公參戎周軍事如初命故事登掖垣者不驅傳居諫臣者不就辟將使其能必易其秩故自左補闕為尚書郎元年仲春始以使節赴洛陽經大盜虔劉之餘頑民雖遷汙俗未返三軍之心注於帥帥之耳目屬於參佐以公貞諒文敏能恤大事且成宜之後也故以部從事咨焉夫民殘則訛訛則流禁流莫若以德兵不戢則翫翫則暴禁暴莫若以信建信與

德以爲幕中之畫繫吾子是冀將賀不暇別於何有我飲餞者姑以詩代路車乘馬

送孫侍御赴鳳翔幕府序

右扶風之地枕跨隴蜀扼秦西門帝命司徒爲唐方叔開府之日搜賢自貳於是孫侯以監察御史領司徒掾夫子卿族也用文學纘緒而兄弟皆林伯曰宿以秋官郎辟丞相府仲曰絳拾遺君前及余爲寮夫子則以貞幹肅恪之能入主方書出佐戎政花萼灼於三臺時人榮之二月丙午乘傳詣部人謂扶風於是乎有三幸獲白額而南山有

採藜藿者一幸也先是司徒於南山擒賊帥高玉今夫操兵者如虎而司徒仁而愛人二幸也其府君則賢其幕府多士而孫侯懿之以文德三幸也恪於德以臨事度於義以從政力於忠以成績吾子勉之其蔑不濟矣士爲知己者用豈干榮乎請居者歌之子其行乎君子贈人以言亦以是也

清明日司封元員外宅登臺設宴集序

可以排天下細故使憂客不作莫聖於酒況與同志者共之復遇司烜出火勾芒宣氣天地氤氲熙我以春乎是日也卉木羅其庭除柔嘉充於圓方言必遺累笑必造適故談話不及朝市跡無町畦事不機括故和樂不恃笙磬主人有才子四人侍酌於前臺下有南山倚庭碧草芊芊滿膝圖畦如龍鱗龜甲芳樹繡布白花雪下於是一觴解顏再觴解憂三觴忘形而傲睨隨之商絃數奏牆陰移而坐客醉手持濁醪笑向朗月夫以世道之多故年歲之不吾與也若憂患歡樂衆寡之不侔苟來者猶可追無亦顧隙間之駟以罇酒買笑余敢惜費貽青春羞凡今日之娛莫我若也吾乃今日視薄游空名如爭蝸角又何用知接輿伯夷不遇於杜康乎顧謂滿座展詩以贈亦命夫四子者志

之

送澤州李使君兼侍御史充澤潞陳鄭節度副使赴本道序

今歲皇帝擇可以守四方之臣分命大司徒涼公作藩汧陽平秩西夏涼公季弟曰抱眞敬事好學仁勇忠信凡仁則不偷勇則不撓忠則能宣力信則人任焉故天子器之方倚以胥附使宅高平綏厥有衆董次將之任且以杜後惠文冠冠之詔下之日軍府胥悅蓋蕭何守關中舉宗詣軍而涼公荷方召之寄亦以愛弟居東旅於行間忠之大

者夫高平上黨之地當趙魏燕代潞之咽喉太行恒山爲之襟帶公居有專城之任行有亞旅之職其畧足以固其封疆其惠足以柔其民人勗哉夫子進吾往也伯兮仲兮執兵之要謹身以肥家自家以刑國高平之政可以未行而窺矣彼瞻望佇立壯夫恥之非歌詩莫足以贈

送兵部梁郎中上奏事旣畢還幕府序

元年夏相國涼公將城汧陽百里二城即戍於境先命從事兵部郎中安平梁公鎭如京師請王命且料民以調兵食五月甲戌至自雍危冠上前手畫地圖以兵機軍儲屈

指而條奏上甚悅事下三府六月庚戌以璽書還雍改轅而西旣犯軷於是有追而送之者皆賦以美夫使臣將命而往者不辱命而又專對以直君遣使臣以禮詩之所由作也且公亦嘗郎中宰昭應矣而昭應之奏績也賦惟均而人惟和及參事於相府相府穆穆今元帥七萃之士萬計以王命伐不庭公章甫其冠縵胡其纓咨諏乎轅門惟愼惟嚴靡不盡乃心布乃謀敷乃心腹腎腸討軍實而申儆之咸莫不指臂其宜也手足之捍頭目也戎政所舉蔑不以濟票衛之制勝在我營平之威謀越人子姑佐之固

亦整軍經武而爲干城之賴者唯王室是奬夫豈徒以一介之末區區乎載驟四駱皇華原隰之謂也歟秋晚猶勁隴關雪下企予望吾子以班固之筆札銘崆峒山而還悠悠我思章句以贈之

送成都成少尹赴蜀序

歲次乙巳定襄郡王英乂出鎭庸蜀謀亞尹僉曰左司郎成公可溫良而文貞固能幹力足以參大畧弼成務旣條奏詔曰俞往公朝受命而夕撰日卜十一月癸巳出車吉尚書諸曹郎四十有二人歎軒騎將遠故相與載籩豆醆

斝刲羊鱠魴修飲餞於肅明觀以爲好飲中客有賦蜀道難者公曰士感遇則忘軀臣受命則忘家姑務忠信夷險一致患已不稱於位於行邁乎何有言訖抗手建節即路且以紛帨刀礪侍輕軒而西凡強學以修業積行以取位赴知己不爲名適四方不違親卿大夫之孝也吾子其毋忘可移之忠將咨度是務使岷峨其乂苛慝不作天聽自民誰謂蜀遠夫別細故也豈蔕芥乎凡今會同非詩無以道居者之志

送吏部杜郎中兵部楊郎中入蜀序

二公罷東西曹章奏啟事之劇而參軍西南時人或譏朝廷易其大而難其細及以為不然當其天子命將帥以守四方丞相秉鉞為唐南仲擇佐命介宜先才者賢者事孰大焉彼夫采薇出車以遣役勞勤我則異於是受王命者不言勤赴知己者不愴離今日斗酒姑展交好遂以道吾子四方之志亦使滿座歌二公乎

送商州鄭司馬之任序

往歲司馬宰湖而湖人安輯是德政之孚也大駕東狩之往復也其供帳職辦無不整具因是天子以為能故寵之

以兩綬勞勤也今茲佐商增秩也人謂使人任器之道當處司馬以劇而觀其利用司馬曰與其徇名以利人寧勤身以安親況佐郡之逸乎於是五采其衣是日南邁流火戒節寒蟬嘹唳嶢關白雲片片秋色二三子之感時傷離者斯可以言詩矣

送洪州李別駕還任序

別駕昔嘗宰三縣佐四郡未始不以廉直為己任亦未始以廉直衒已名仕有餘力則寄傲於琴趣遠是以曲高意精是以聲全得於心而形於手故非外獎所及當其操絃如操政焉時人知其琴不知其政善而無伐光而不耀故也今也來思上台解榻卿大夫士從之如不及時因觀操縵之妙可以見從政之道是行也吾子其懋修乃德恪儆爾位夫亦將抑與不暇求於何有維湯湯郢章明旦將遠廬峯湓水大江間之風景可同而聽不可共由是衆君子賦詩以壯別且曰備折楊皇華之韻用抒他年之相思

送韋司直還福州序

遠別非難行路難行路非難相逢難始者與吾子會於撫以吾一日長乎子子嘗敦弟兄之好而不吾先自雲搖雨

散凡四悲秋而一會面亦既道舊別又繼之斯亦可以愴矣然君子患德之不遠不患人不我知吾子克慎厥身以荷先大夫之覆露賁然將命為邦司直被服文行而鏃礪之揚其家聲吾惟子之望豈行邁與聚散足貽志士之忻戚乎是別也祇以歌咏貺吾子而已

送潁州李使君赴任序

公之為潁州也朝廷以不失人為明潁人以得父母為幸公獨以去色養為戚故執事者難之其為公謀者則曰受命忘家公也愛親讓祿私也君子不以私廢公不以孝棄

忠況國家方親親賢賢而當頼人傒師長之日可以此時急聞禮而緩君命乎公曰諾然後明日朱兩轓而東竭力致身之誠於是乎全矣方當輯寧疲人襦而袴之宜其大王事而小行役豈徂暑之熱遠道之思與前期之難足攬胷臆賦詩爲別於以持贈

送屯田李員外充宣慰判官赴河北序

秦吳燕宋之別昔人所愴若君子以令德佐王之使臣將命以適四方當用文教柔遠威懷示德則其舉也可以悅其愴也可以遣況吾子家本全趙倦游一紀駟馬以過故鄉足展南枝北風之思買臣歸越相如還邛古今相望是可同轍明日渡滹沱涉桑乾布王澤覽風俗之暇爲我問蘩臺蒯邱厥狀何似平原樂毅故事存否歸而揚搉用廣異聞夫道別離之志亦緣情之不能已耳

送歸中丞使新羅弔祭冊立序

儒家者流鮮肯冠獬豸冠者蓋抗節剛奮以排擊爲氣使故也今天子以公身衣儒服力儒行行之修可移於官學之精可專對四方是故公任執法之位且使操節以濟大海須我王度於大荒之外夫新羅嗣王以喪訃且請命於

我矣我則歸賵繼好以策命命之實懷遠示德禮之大者夫亦將宏宣王風誕敷微言使雞林塞外一變可至齊魯不然歸公何以不陋九夷之行也蓋行於忠信者無險易拘於王程者無遠近故公受詔之日則遺其身視涉海如蹈陸謂窮髮猶跬步豈鯨怒鼇抃足戒行李凡以詩貺別姑美遣使臣之盛云爾

送渭南劉少府執經赴東都覲省序

彼徇名者遭時多故乘地高勢便罕不爭先鞭務飛速以誇當代獨吾子以文行裕蠱思不出其位奉籯金之所遺羞地芥而不拾其初以筮仕也典校祕書祕書之職修尉於渭南渭南無粃政歲二月以紛帨觴燧歸覲於洛白華之戀也和氣用事春物滿眼之子于征五綵其服想成臯花合轂洛水大是吾子拜嘉慶問清高之日歟夫克家而家肥策名而名彰居官而居辦孝之大者也則貂蟬羔雁將在子外府姑務遠圖何嗟少別到洛陽爲我寄聲謝嗚臯故山抒離如之何詩以贈遠

送餘杭薛郡守入朝序

有大道者遺小成之跡抱宏畧者非曲士所見公嘗以匪

躬之故三入承明時議用舟檝期公者七載矣而猶建隼河壖洗幘江島輿貝錦之歎詠跋胡之詩豈不以名至盛德至廣而厦材多節夷道若纇乎今天子受宣室之釐忽思賈誼以謗書之篋先示樂羊且捜元珠俾詰丹闕則巨鱗方縱未可料也雖欲抱黃老之術與赤松子游公器所歸難乎免於珪組矣夏五月弭棹睢渙脂車而西火雲成峯郊草如織誰謂秦遠岐予望之有以見升赤霄捧白日在此行也謂攀四牡者各賦南山有臺之四章取樂只君子德音是茂以爲志云爾

崔中丞城南池送徐侍郎還京序

侍郎昔爲河南督郵河陽令其解龜也東人思其遺美今出入夷險歷二十載而一來廳樹未老佐吏半在公位望章紱輝光城邑觀者榮之而東都主人亦以籩豆醆斝徵會修好之不暇凡莘止十有五日而去去之日主人歎曕佇之莫及也故又釃酒於此池池上有雙彩艫與竹齋對布賓主位於樽之左右而蘭臺金閨建禮承明之英十有八人序列其次池外有闕塞雙嶺迢作外户嵩高逶迤數峯當窗伊洛春樹若刺繡布錦仙桃火然顧我則笑於是游眺之不足則舉白以相歡而狂歌送之唱棹鳴榔簫鼓陳乎其間醉中疑三江五湖去人不遠謂千慮萬事無非妄作况少別可以興愴乎但駟馬行塵明日將遠登而無賦謂樽酒何宜歌而詩之且以見追攀者之志

送蔣員外奏事畢還揚州序

揚州牧趙國崔公使其部從事侍御史吳與蔣晃如京師條奏官府之廢置歲月之要會其來也吳楚之衆君子酒而詩之而薛水部弁李司直翰雙爲之序以冠篇首既將命趙公拜左僕射蔣侯加尚書郎之位其還也之子曰執

書卷以言於朝曰始者與數賢別賴斯文故常若在眼今幸而還秩行車在門明旦離羣想今日之會亦猶於此而思彼也非置書袖中人謂我何然後西人之舊者皆賦韻道別而鄙夫和之詩大畧蓋美蔣侯以才智任職有周爰咨諏之用而將事不墜專對不辱能一其心以佐大府之政政靡小大惟公是謀謀之臧歸於府不知我者則謂我專趙公所以有成瑨坐嘯之論而無慚示樂羊謗書之篋而不疑斯可謂之明矣今也於歸腰曳兩綬然濁涇素滻春水始生秦原青青諸草皆秀可共樂也而又別焉凡我

同寮是以有瞻望不及之歎故送遠之志悉形於文

晚秋陪盧侍御遊石橋序

以公責左遷於兹迨一周星矣首疾心痗繼日經懷實由南冠尚簪憂所未忘是以幽求人境之外將蕩滌煩慮得諸石橋久之豈無他人不如我志願言卒獲者亦久之殿中御史范陽盧子至監理下國未浹辰而居簡乘暇行鑣載勒致爲客數公方駕儐從如林煌煌焉奔走乎虚落延屬乎禪宮矣三登彌高累息以進而後偕集於橋下徒觀夫挂長虹以飛來凌半霄而勢去下空如豁纖蘿不生上

頂平衍惟佳木蘖秀不可得而總載也以爲本於融結庸可自然資於造化力役不及明矣東極大水北走長安羅郭雉堞如示諸掌大田多稼宜乎有秋羣山積翠以回合好鳥追飛而下上有是勝賞以是開懷盍賦新詩以紀一時之事也侍御以嘗忝鵷沼潤色鴻業以文司錄俾序良游敢復畢辭多慙老耽

欽定全唐文卷三百八十八

獨孤及五

唐故左補闕安定皇甫公集序

五言詩之源生於國風廣於離騷著於李蘇盛於曹劉其所自遠矣當漢魏之間雖以樸散爲器作者猶質有餘而文不足以今揆昔則有朱絃疏越太羹遺味之歎歷千餘歲至沈詹事宋考功始裁成六律彰施五色使言之而中倫歌之而成聲緣情綺靡之功至是乃備雖去雅寖遠其麗有過於古者亦猶路鼗出於土鼓篆籀生於鳥跡也沈

宋既歿而崔司勳顥王右丞維復崛起於開元天寶之間得其門而入者當代不過數人補闕其人也補闕諱冉字茂政元晏先生之後銀青光祿大夫澤州刺史諱撒德之曾孫朝散大夫饒州樂平縣令諱价之孫中散大夫潭州刺史諱顗之子十歲能屬文十五歲而老成右丞相曲江張公深所歎異謂清穎秀拔有江徐之風伯父祕書少監彬尤器之自是令聞休暢舉進士第一歷無錫縣尉左金吾兵曹令相國太原公之推轂河南也辟爲書記大歷二年遷左拾遺轉右補闕奉使江表因省家至丹陽朝廷虛

三署郎位以待君之復不幸短命年方五十四而歿嗚呼惜哉君忠恕廉恪居官可紀孝友恭讓自内形外言必依仁交不苟合得喪喜慍罕見於容故覩君述作知君所尚以景命不永斯文未臻其極也蓋存於遺札者凡三百有五十篇其詩大畧以古之比興就今之聲律涵詠風騷憲章顔謝至若麗曲感動逸思奔發則天機獨得有非師資所奬每舞雩詠歸或金谷文會曲水修禊南浦愴別新聲秀句輒加於常時一等才鍾於情故也君母弟殿中侍御史曾字孝常與君同稟學詩之訓君有誨誘之助焉既而

麗藻競爽盛名相亞同乎聲者方之景陽孟陽孝常既除喪懼遺製之墜於地也以及與茂政前後爲諫官故銜痛編次以論撰見託遂著其始終以冠於篇

唐故殿中侍御史贈考功郎中蕭府君文章集録序

足志者言足言者文情動於中而形於聲文之微也粲於歌頌暢於事業文之著也君子修其詞立其誠生以比興宏道歿以述作垂裕此之謂不朽侍御諱立南蘭陵人也御史中丞汝州刺史府君之仲子奕世純嘏及公始大振

褆克岐十五而立神静氣和才與道并孝悌忠信以爲已任行有餘力故幼而學文嘗謂揚馬言大而迂屈宋詞侈而怨沿其流者或文質交喪雅鄭相奪盍爲之中道乎故夫子之文章深其致婉其旨直而不野麗而不豔天寶元年詔徵賢良方正以備多士公時年十七射策甲科盛名翕然震諠京邑論者知遠大之跡自此始也既而莅萬官途遭遇世故歷佐戎幕周旋江海攸徂之邦必聞其政嘉謨成績藏在諸侯之策既言中彝倫亦動與吉會由是自廷尉評拜監察御史轉殿中侍御史覩其逐逐利往冥冥

翰飛方將乘驚風以騁鶩視青雲如咫尺天道何善而無報與其才而不與其壽成其器而不成其志命矣夫斯才也而有斯年也公之元兄尚書庫部員外郎兼侍御史曰某與公俱以文學政事爲臺閣領袖丹穴之雙鳳纔舉棠棣之一花先落天倫之慟可勝既邪以公瑰姿瑋度利器淑德與東流皆逝今則已矣可以藏遺芳以示後嗣者其惟夙昔麗藻平生翰墨乎於是茹痛開緘抆血散帙緝其遺札得詩賦贊論表啟序頌銘誄誌記凡若干篇編爲五卷以爲集録庶幾弔賈生者省鵩集之日問相如者知禪

草猶存云爾

揚州崔行軍水亭泛舟望月宴集賦詩序

言同者無約束而信心同者未謔浪而樂聲應情至則不俟外獎況遺累之言造適之笑與杯中物池上月風中絃五者合以助余歡其可勝旣乎於時衆君子棲公翰林如翔鳥之得茂樹也至是登於仙舟泳彼新流掇芳玩奇以永今日日不足故用夜漏以繼之羽觴未及數覆銀河橫而金波上樂作神王百憂如失而絃繁管清悲歡交乎其間則高歌爭進或道舊以泣酒酣意眞樂極感至故也當

斯時視身後之竹書鼎銘猶稊米芻狗也況細故乎二三子醉猶能賦且酌且咏余屬而和之

送武康顏明府之鄂州序

多故以來干祿者進必欲速大抵悉棄夷道而趨捷徑顏子獨曳儒服非其知己之命不苟合非稽古力所致不妄動今其來斯也不以賄不以名不以遊眺挾策讀書藝成而去君子哉若人邪將以特舟片帆泝洄於大江秋濤之中涉彭蠡歷西塞浮於潛踰於沔吾子安於忠信亦當安於風波況滔滔江漢茫茫禹跡乎於此乘渚反顧齊吳榜以擊汰其聲可想司馬子長浮沅湘窺九疑亦此路也足以覽古乘興窮極視聽行將搜異不暇懼於何有凡今賦詩以抒居者之思且以用勗吾子四方之志云爾

送六合林明府清白名聞上都赴選序

今之爲邑者祗事趣辦而已矣之子獨以公廉不苛聞於朝廷夫公則能力廉則不苟不苛則無害六合之人飽畀三德故家肥人讓而名隨之其黜陟考績之日首冠賢能之選也宜哉夫上方勤恤人隱渴良吏如不及之子令聞將與位偕行將見函洛春物迎馬首於千里之外勿謂蕪

城衰草足愴遠別二三子何以持贈其歌詩乎

送崔詹事中丞赴上都序

初公由尚書郎出佐蜀郡無何熊軾暢轂專席而坐休績布於巴漢天子器之時人謂公逸足騄驥視公卿猶步武耳旣而剖符驅傳出入吳楚專五城佐三府府罷身退復藏於密出處之道歷二十載而未光知公者不堪其歎公未始屑於胸臆貞直廉讓之德內充故也夫貞則專直則固廉則不競讓則後時故其寵不及而名益茂也宜哉今上方勵精熙載用官人安民爲急百工以釐不至者知罪

故公朝貢然伏軾入關時然後行動而不格在是役也銷憂者莫若酒酒中樂酣可以道千里之意者莫若文羣賢詩之以送遠蓋古人雜佩以贈之之流也

送李副使充賀正使赴上都序

之子領祕書著作於是邦參我軍事事必肅謀必忠居處必恭三年矣而身無擇行職無粃政政之和非吾子曷賴今茲將東諸侯之命朝於京師稱壽之儀舉專對之才遠是行也將爲度材者所得豈復顧池中乎正月元日和氣資始大行設九賓於蓬萊前殿皇帝輦出百辟奉賀公將

以此時捧章奏於雲陛之下得觀虞舜之九成簫韶塗山之萬國玉帛況惟仲氏典司宸翰棠棣之華交映於朝斯可謂之榮矣懋修乃職尚慎行邁勉從欒伯之戒將復臧孫之烈至如道大路之歎不足爲吾子設矣吾嘗同寮且士龍之執也江樓醉别何用貺遠以其章句當佩玉瓊琚乎

送張徵君寅遊江南序

初貞元二年進賢星明於是夫子與廣陵馬曾俱以元纁辟焉一命而俯受服赤墀之下子甘節不奪歸耕南陽議者稱馬之利用陋子之獨善及以爲不然君子之道舒之則雲蒸雨降以救大旱卷之則天倪道機不盈一握姑務忠信以安聖時則歌國風於畎畝是亦爲政有民人焉有社稷焉何必薄遊然後稱德至是夏六月以菰菜之興扁舟而東是行也與夫乘桴揚舲者不同日矣津樓直望江漢在目少别非志士所悲深衷豈短章能見桃源秋至僕當搴其仙實俟子於武陵之南溪

送李白之曹南序

曩子之入秦也上方覽子虛之賦喜相如同時由是朝詣

公車夕揮宸翰一旦襆被金馬遂累而行出入燕宋與白雲爲伍然則適來時行也適去時止也彼碌碌者徒見三河之遊倦百鎰之金盡乃議子於得失虧成之間曾不知才全者無虧成志全者無得失進與退於道德乎何有是日也出車桐門將駕於曹仙藥滿囊道書盈篋異乎莊舄之辭越仲尼之去魯矣送子何所平臺之隅短歌薄酒擊筑相和大丈夫各乘風波未始有極哀樂且不足累上士之心況小别乎請偕賦詩以見交態

送張處士申還舊居序

海水不揚波久矣故昆蟲草木得遂本性夔益巢許各安其節天鍾靜於子而博之以文大壑無底虛舟任觸世皆尚白獨守太元顧流俗而不言退將修乎初服吾於是見全人之操矣乃知白雲上下蓋無心自出黃鶴飛去當有時而來他年孤舟冀再會於五湖之口

宋州送姚曠之江東劉冉之河北序

春葉尉吳興姚曠至自洛陽中山劉冉至自長安俱以文博我相與交歡於睢渙之涘始則開青天豁其雲霧亦既窺武庫見其矛戟凡旬有五日而姚適吳劉濟河余歸梁

各有四方之事將爲千里之別夏四月抗手於盧門議別故也夫別與會悲樂存乎其中故賢智所不能遣然達者遊世隨變所適靜而與陰同德動而與陽同波異乎金柅之有繫匏瓜之莫食于其行矣別何爲者北斗在巳南風始來蕤臺草長京口水濶何以送遠唯當賦伐木以爲仁人之贈

送張泳赴舉入關序

彼馳騖乎士林者鮮不爭九流之勝負徇三川之聲利而張侯獨以善閉關乃知純白內充天機外朗則塵垢糠粃所不能入癸巳歲六月始以出處之道問仕於余予灑然曰今四表文明八紘屢顛此志士所當登秀造而取青紫不奮不躍如休明何由是罷琴高臺投竿舊浦單車匹馬是日西上君子以爲知幾吾見垂天之雲不復顧北溟矣盍使居者歌吾子乎

送史處士歸滏陽別業序

初史侯至自帝邱僕方釃酒於蔣氏之館揖讓堂下由東階升於是一酌而賓禮舉再酌而交態接三酌而威儀幡幡深衷畢見醉裏投分客中忘形吾固知握手難常嘉會

可惜其聚也言不浹日而意氣感其散也興未及盡而離憂至則臨觴徙倚孰能不以之黯然窮陰欲臘漳滏冰厚班馬連嘶歸雲無色非詩何以見離羣者之志

送開封李少府勉自江南還赴京序

世或謂邦有道穀或謂全於德者不以徇名降志彼於致命猶數數然孰與李侯兩忘而脗合之張其天機與道出處道長則陳力筮仕績成而退藏於密戰勝江海之上然後乘歸流而返舊京乃知淩雲麗天則切玉利器於夫子爲鄧林之一葉耳而精微純粹豈中士所能得其門哉然

當今堯親九族契敷五教材之美者工將度之子雖忘機機未忘予庸詎知泥蟠沙卧不爲雲霄之鑿枘乎但蘭舟桂檝倏忽鳥逝朔風秋草柰離憂何緣情者莫近於詩二三子盍咏歌以爲贈

送陳留張少府勛東京赴選序

每歲孟春冢宰懸象魏之法以官民林天下髦士於是乎雲屯詞鋒角立智刃令子投袂而起將鼓行乎其閒其於湛盧發硎批郤如玉繁弱在手拾拔則獲者吾惟子之望當知君子廣其業達其道則榮譽貴仕可得而拾執云婦

娟秋風悠悠遠道足爲志士之感哉雜佩可以申永懷尊酒可以慰別緒其贈言之分顧謂坐者志之

送弟愐之京序

蒼龍居元枵之歲與爾吹壎篪於長安靈臺之下當時爾方青襟余適紈袴各志小學相期大來其後爾以經術薦遂觀光於上國余牢落兩河爲病所繫星分雨散十有二載中間暫攜手一笑者及今而三昨日遊寓今成疇昔此會綿邈空成夢想豈不欲申橘柚之性咏和樂之什桑末終也別又繼之然君子修誠則物應克已則名彰爾能建璋特達甲胄忠信致遠足於千里吾有望焉方務遠圖何嗟少別到秦地有問吾事者爲報江湖閒心

送韋評事赴河南召募畢還京序

自唐蒙司馬相如開牂牁鑿零山於是西南夷君長始受漢印及國家綏以大道振以長策滇越邛僰世亦皆爲外臣蠢茲六蠻獨抗王旅天子方將開外戶掃絕漢故授相國衞公鉞俾出作方叔入爲吉甫且募如貔之介士將羈長蛇之遠飛由是分命我廷尉評事韋公實佐其任公以止戈諭之采薇歌之使政有典則人知義所故燕齊少年

韓魏勁卒召募如景附赴敵如猋馳自春至於是月受命羽檄之下凡萬八千計然後頒賜筭級將朝於京師夫勤王集事之謂忠周爰咨諏之謂智復命而不愆於素之謂信姑樹三德載馳六轡行當以柱下之書讚幕中之畫是役也冥冥羽翰非瞻望所及矣請偕賦以知魏風

檢校尚書吏部員外郎趙郡李公中集序

志非言不形言非文不彰是三者相爲用亦猶涉川者假舟檝而後濟自典謨缺雅頌寢世道陵夷文亦下衰故作者往往先文字後比興其風流蕩而不返乃至有飾其詞

而遺其意者則潤色愈工其實愈喪及其大壞也儷偶章句使枝對葉比以八病四聲爲梏拳拳守之如奉法令聞皋繇史克之作則呷然笑之天下雷同風驅雲趨文不足言言不足志亦猶木蘭爲舟翠羽爲檝翫之於陸而無涉川之用痛乎流俗之惑人也舊矣帝唐以文德旉祐於下民被王風俗稍丕變至則天太后時陳子昂以雅易鄭學者浸而嚮方天寶中公與蘭陵蕭茂挺長樂賈幼幾勃焉復起振中古之風以宏文德公之作本乎王道大抵以五經爲泉源抒情性以託諷然後有歌咏美教化獻箴諫

然後有賦頌懸權衡以辯天下公是非然後有論議至若記序編錄銘鼎刻石之作必採其行事以正褒貶非夫子之旨不書故風雅之指歸刑政之本根忠孝之大倫皆見於詞於時文士馳騖颷扇波委二十年間學者稍厭折楊皇荂而窺咸池之音者什五六識者謂之文章中興公實啟之公名華字遐叔趙郡人安邑令府君第三子質直而和純固而明曠達而有節中行而能斷孝敬忠廉根於天機執親之喪哀達神明其任職鶱績外若坦蕩內持正性諫不犯顏見義乃勇舉善惟懼不及務去惡如復仇與朋友交然諾著於天下其偉詞麗藻則和氣之餘也學博而識有餘才多而體愈迅每述作筆鋒風生聽者耳駭開元二十三年舉進士天寶二年舉博學宏詞皆爲科首由南和尉擢祕書省校書郎八年歷伊闕尉當斯時唐興百三十餘年天下一家朝廷尚文夫羿工乎中微拙於使人無己譽公才與時并故不近名而名彰時輩歸望如鱗羽之於虬龍也十一年拜監察御史會權臣竊柄貪猾當路公入司方書出按二千石持斧所向郡邑爲肅爲奸黨所嫉不容於御史府除右補闕祿山之難方命圮族者蔽天聰

明勇者不得奮明者不得謀公危行正詞獻納以誠眾陳誅兇渠完封疆之策閽犬迎吠故書留不下時繼太夫人在鄴初潼關敗書聞或勸公走蜀詣行在所公曰奈方寸何不若間行問安否然後輦母安輿而逃謀未果爲盜所獲二京既復坐謫杭州司功參軍太夫人棄敬養公自傷悼以事君故踐危亂而不能安親既受汙非其疾而貽親之憂及隨牒願終養而遭天不弔由是銜罔極之痛者三故雖除喪抱終身之戚焉謂志已虧息陳力之願焉因屏居江南省躬遺名誓心自絕無何詔復授左補闕又加尚

書司封員外郎璽書連徵公卿已下傾首延佇至之日將以司言處公公曰焉有聽節奪志者可以苟君之寵乎遂移疾請告故相國梁公峴之領選江南也表爲從事加檢校吏部郎中明年遇風痹徙家於楚州疾痼貧甚課子弟力農圃贍衣食雅好修無生法以冥寂思慮視爵祿形骸與遺土同惟吳楚之士君子譔家傳修墓版及都邑頌賢守宰功德者靡不齎貨幣越江湖求文於公得請者以爲子孫榮公遇暇日時復綴錄以應其求過是而往不復著書少時所著者多散落人間自志學至校書郎已前八卷

弁常山公主誌文竇將軍神道碑崔河南生祠碑禮部李侍郎碑安定三孝論哀舊遊詩韓幼深避亂詩序祭王員外端沈起居輿宗裴員外騰文別元旦詩弁楊騎曹集序王常山碑並因亂失之名存而篇亡自監察御史已後所作頌賦詩歌碑表敘論誌記讚祭凡一百四十三篇公長子羔字宗緒編爲二十卷號中集其中陳王業則無疆頌主文而譎諫則言璧含元殿賦敦禮教則哀節婦賦靈武二孝讚表賢達盛德則崔賓客集序元魯山碣房太尉德政碑平原張公頌梁國李公傳德先生誄權著作墓誌李太夫人傳盧夫人頌一死一生之間抒其交情則祭蕭功曹劉評事張評事文吟咏情性達於事變則咏古詩思舊則三賢論辨卿大夫之族姓則盧監察神道碑自敘則別相里造范倫序詮佛教心要而合其異同則南泉眞禪師左溪朗禪師碑其餘雖波瀾萬變而未始不根於典謨故覽公之文知公之質不俟覿容貌聽詞氣假令東帶立於史臣之位足以潤色王度天而病之時不幸歟公之病也嘗以斯文見託詒某書曰桓譚論揚雄當有身後名華亦謂足下一桓譚也及於公不宜播其述作之美明於後人

故拜命之辱而不讓今乃著其文德爲之冠於篇首焉自監（察御史已下文苑英華作自監察御史已後迄至於今所著述者公長男羔字宗緒編而集之斷自監察御史已前十卷號爲前集其後二十卷頌賦詩碑表敘論誌記讚祭文凡一百四十四篇爲中集其中陳王業則無疆頌議世道則卜原論質文論主文而譎諫則言璧含元殿賦敦禮教則哀節婦賦靈武二孝讚與外孫女二孩書表賢達盛德則元魯山碣房太尉頌德銘崔賓客集序平原張公頌梁國李公傳德先生誄權著作墓表李夫人傳盧夫人頌一死一生之間抒其交情則祭蕭功曹劉評事張博士文吟咏情性達於事變則咏古詩辨卿大夫族姓則盧監察神道碑思舊則三賢論自敘則別相里造范倫序詮佛教心要而會其異同則南泉眞禪師左溪朗禪師碑其餘雖比興萬變而未始不根於道德故覽公之文知公之質不俟覿容貌聽詞氣而後觀其行若使東帶立於史臣之位其備獻替足以潤色王度正一代之訓與天而病之國不幸也然遐叔身甚病而心甚壯文益贍而才不竭則前路）

逸氣詎可度矣他日繼於此而作者當爲後集及常遊公之藩也久故錄其述作之所以然著於篇

送孟評事赴上都序

孟子以鄉舉秀才射策甲科二十年矣同時中楊葉者今或蔚爲六官亞卿或彤襜虎符秩二千石而孟子猶羸馬青袍客江潭間遇與不遇何其寥敻也然君子不患貧患業不修不患位下患道不行孟子言忠信行篤敬好學工文令名藹然今茲入關有司之喜也諸公展相遇之禮其肯不以推之挽之爲己任見三月四月之交灃灞之間王雎飛鳴草木暢茂是吾子彈冠之時也二三子不可以不賦

送柳員外赴上都序

初弱用之拜也吏者隱者相見皆賀曰朝廷搜賢不遺邱壑中人則搢紳之賢者日至矣未有賢人至而太平不興者而弱用獨以衰疾行邁爲憂諫議大夫昌黎韓幼深貽弱用書曰君子之命知己之遇其可易乎由是不敢言病即日戒路夫君子之道進不苟容退不懷安不以欲咈人不以私棄公時止則止時行則行弱用之心也仁矣哉與夫捨龜觀頤自戚以橐者異矣方今主上用文思柔遠馭邪謀謨惟賢是渴想見厖眉大冠俯僂於朝廷與公卿大夫言三代故事出入金馬石渠之署國人孰不宜之今之史臣樂安蔣鎮博陵崔儒頊與弱用同以德進倘與夫二君子道舊必話鄙夫疲於郡齋之狀勿使不知我者謂我不思若夫抒今日秦吳之別斗酒之外詩而已矣

送崔員外還鄂州序

員外曳朱組擁使節將鄂州牧御史中丞吳公之命方舟如吳祗役蔵事肆覲伯姊展歡申悲浹辰而還飲木恪慎夙夜匪懈孝悌友恭形於容止追攀者觀禮於公見公之

仁繄公之先德與位偕由大王父已下一門三太子保傅二御史大夫一宰相四二千石家之範可刑於國今則兄掌冬官弟列郎署閨門怡怡花萼相鮮欲辭必復之榮朝廷其肯捨諸永言夙昔將繼舊好惠而顧我其敢不以久要爲答雖嘉肴充圓方旨酒盈樽罍祗攪別緒不足慰瞻望不及之歎故可以於此乎言詩

送朱侍御赴上都序

子以才茂經明鄉黨稱仁起褐衣四五年超參夏口軍事同時諸生有未登賢能之書者公以惠文冠出入殿中蘭

臺其以文章干祿何啻如拾芥吳中賢士大夫由是益勸
今復戒鞅而西言赴所從昔陸士衡入洛張華如舊相識
之子之文章粲然有昔賢風采彼茂先之徒其肯捨吾子
乎將子獻詩著論特備風雅以宣上德抒下情爲己任勿
獨誇吳趨閶門之廢興辯蓴羹羊酪之優劣而已急賢之
日何患人不已知凡今贈別皆吳士也

送少微上人之天台國清寺序

或問上人曰文者所以足言也言說將忘文字性離示入
此徒無乃累一相乎答曰稱示入者過矣以習氣未之泯

也率性修道庶幾因言遣言故欲罷之而未能耳時人謂
上人爲知言知道歲次乙卯自京持鉢而來給事中天水
趙公涓賦詩抒別卿大夫已下屬而和者二十七章旣而
飛錫濟江休於晉陵又東至於姑蘇將涉震澤踰會稽上
天台至國清上方而止趣靜境者不料遠近登漸門者不
計歲月則上人還斯詎可知也上人之文章可得而聞也
諸公將議遠別得不以斯文爲贈乎

送陳贊府兼應辟赴京序

初公讀梁竦傳始慨然薄遊恥揭其公器退而耕於楚縣
知言者以爲子眞吳都禦寇圃田卜商西河與公道雖不
同其操一也昇工於中徽拙於使人無已譽固知大名之
下天爵難讓十二載冬十月果以公才徵龍泉自惜暫隱
牛斗之次美玉無脛竟爲秦人所得且晉以梁山召伯宗
漢以明堂延申公尊德問禮於斯爲盛況朝廷頓八紘久
矣頃來儒服立於魯人之門者公祗命台鉉將濯纓而孤
矣當貞女不字十年反常及大翼怒飛知一日幾萬問離
羣何贈請賓賦車乘主人賦南有嘉魚以代零雨之什

送司華自陳留移華陰赴任序

去年春公自京兆北部尉謫掾陳留議者或歎公大才未
光直道而黜君子則曰否患德不立不患遇坎始用舉至
是雖速謗何傷有才與時不遠而復其明年春肆大眚家
宰量殿最厚薄以令聞遷公於華陰然後知朝廷之祿用
也華陰者左崤函右雍州潼津鐘池綴於分野長河太華
爲之襟帶甸近所以難其選地雄所以寵其秩公將以利
器刃物淸機臨人吾見岑公孝不得專美於南陽大火初
落昊天欲高遠山雲開歸路秋色請各抒別操使行者得
歌而咏之

欽定全唐文卷三百八十九

獨孤及六

吏部郎中廳壁記

太微五帝星座後十五星曰郎位。秦漢之君則而象之。乃建郎官。至魏世祖分尚書曹爲六。郎各六人。今之吏部。魏之選曹也。掌選舉銓覈。以正公卿大夫士羣吏之品位。凡廢置之柄。官府之序。歲終令天下郡縣會計致事。而郎官起草立議。操而成之。然後尚書受成於郎中。郎中之選。非楚金百鍊。崧弓六鈞。弗與也。故居官者不由選曹而進。罔

以見其才之餘地。亦猶劍刃之刅。未嘗割大瓠切大玉。則雖曰我且必爲鏌鋣。人猶疑之。由其途而昇。必驟周三臺。翰飛兩掖。登喉舌秉刀尺者什六七。諸曹郎莫敵也。歲在乙巳。河南賀若公用貞幹諒直。實莅厥位。往歲公爲員外郎也。東曹朗然如得水鏡。治餘杭也。吳人熙熙若逢陽春。今也來斯。八法在手。操割成務。彌綸舊章。悉如初政。嘗以前哲軌躅。我之韋弦。而武德以來。廨署鼎新者數。官曹易名者五。若姓不表。年不紀。是廢德也。將來何覩。故謹而列之。俾我曹之春秋存乎座右。其選部司列天官文部之目。各因其所革時之先後。冠於其首。以爲志云。

慧山寺新泉記

此寺居吳西神山之足。山小多泉。其高可憑而上。山下靈池異花。載在方志。山上有眞僧隱客遺事故迹。而披勝錄異者。賤近不書。無錫令敬澄字深源。以割雞之餘。考古案圖。葺而築之。乃飾乃圬。有客竟陵陸羽。多識名山大川之名。與此峯白雲相與爲賓主。乃稽厥創始之所以而志之。談者然後知此山之方廣。勝掩他境。其泉伏涌潛洩。潗滘舍下。無沚無竇。蓄而不注。深源因地勢以順水性。始雙墾

袤丈之沼。疏爲懸流。使瀑布下鍾。甘溜湍激。若醍醴乳。噴發於禪牀。周於僧房。灌注於德地。經營於法堂。瀑瀑有聲。聆之耳清。濯其源。飲其泉。能使貪者讓。躁者靜。靜者勤道。道者堅固。境淨故也。夫物不自美。因人美之。泉出於山。發於自然。非夫人疏之鑿之之功。則水之時用不廣。亦猶無錫之政煩民貧。深源導之。則千室襦袴。仁智之所及。功用之所格。動若響答。其揆一也。予飲其泉而悅之。乃志美於石。

太常少卿廳壁記

太常掌玉帛鐘鼓等威文物以報本乎天地神祇人鬼凡吉凶賓軍嘉之禮唐虞謂之秩宗周謂之宗伯秦謂之奉常漢謂之太常其掌一也後魏太和十五年始建少卿官少小也用別二卿大小之序亦猶宗伯有小宗伯列國有上卿下卿郡有守丞亦位亞一等以少參長而佐其成務焉故事自御史中丞給事中中書舍人遷秩爲亞卿者必於是司故官因職雄地以人貴餘八卿不敢與太常齒廣德中上尤審官注意禮樂其選也以才能不以資以恩澤不以勞謂李公卿材也是用超拜公將以忠孝敬慎肅恭

神人且懋其官府政令俾無不恪方議酌前賢之遺塵而損益之乃瞻屋壁所記漫滅於是夏五月己丑皆姓而名之使如珠之貫盱衡指顧儼若對面曰賢者吾得而師之不賢者吾韋而絃之賢遠乎哉既進牘然後命博士河南獨孤及爲之志

江州刺史廳壁記

古者國有史氏君舉必書倚相董狐史䲡史嚚卽其人也秦已來國化爲郡史官廢職策牘之制寖滅記事者但用名氏歲月書於公堂而春秋檮杌存乎屋壁其來舊矣是州也在荆之域於潯之陽江從岷山東注渤澥洪濤至是派分爲九而廬山湓水周於雉堞洞庭彭蠡爲之襟帶故自晉元康訖於梁陳出入五代四百餘載世稱雄鎭且曰天府匪親匪賢莫荷其寄唐有天下六合一軌設險斯廢惟民是恤則命官擇任與列郡等矣至德已來戎馬生而楚氛惡猶以是邦咽喉秦吳跨躡荆徐而提封萬井岐路五裂每使臣計郡縣之財入調軍府之儲峙璽節旁午羽書絡繹走閩禺而馳於越必出此路而防虞供億功倍他郡故亦大其任而難其人今年春渤海封公繼踐厥位夫

爲政猶工之攻木也得於手應於心則盤曲擁腫迎刃而解况美材乎故公以發硎之利導勝殘之俗布政三月而人從乂每歎曰茫茫舊壤千載在目覩乎版築則灌嬰之業朗而存焉披乎圖牒則溫太眞庾元規之車塵若可窺焉義寧已來百四十有九載纂斯位者風聲相聆軌躅相躡前賢後賢纍纍如貫珠善惡成敗我之元龜酌而行之吾師存焉於是徵諸故老鳩其名氏之存者凡若干人揭而書之以爲九江郡國誌

撫州南城縣客館新亭記

古者國野之道十里有廬廬有飲食三十里有宿宿有路室於是乎賓客有止息羈旅有寄寓而是邦也與兩越七閩犬牙其疆守官者以爲地迫途窮而瑣瑣行邁之罕到也則殺其禮而闕其物焉無修除之備無井樹之設及客至則候人不爲導里不授館而盤飧薪芻之眖弃如也由是途而往者僉曰陋如之何是歲也台司審縣尹之寄擢王公昕爲南城公至之日則制其事典陳其藝極視年之上下去民之疾苦凡三月而南城之人和於是飾廢置以候賓客葺旅次以待羈旅夏六月築其館辨其域於道周

作新亭於館之陽廈屋眈眈俯瞰瀋塹賓位在左主位在右然後剷磽确堙坎窞以爲大逵屬之於溪設雙船於清津以備迎渡每將之迎之則自郊勞至於致饔無曠禮無違物而茲亭之經始也取廢徹之材以利用用適有節入鞭扑之贖以庀工工忘其勞崇棟宇之製以禮賓賓至如歸三者不愆於素功是以懋政是以立若行者有犯軷之祭居者修飲餞之好登斯臨斯釃酒以贈之溪雲竹風生於楝牖而緣野青山爲之亭障三爵之後可以送千里之目可以道四方之志焉玆又勝會之佳境也凡厎績以興剏草故以謀始修禮以備物僝功以成務政之大者宜其刋作者之茂實以示後嗣不然他山之石何以在此是歲廣德二年也

豫章冠蓋盛集記

鳳凰鵷鶵翔於碧霄非梧竹不下而食賢人君子有四方之志非樂國不適其土豫章郡左九江而右洞庭挾苗氏之遺墟非觀風按郡參事莅職者則長者車轍莫由至也歲次辛丑春正月東諸侯之師有事於淮西是役也以蜂蠆竊發華夷震驚執事者匪遑啟居亦旣播越我都督防

禦觀察處置使兼御史中丞韋公元甫克振遠畧殷爲長城且修好於鄰侯從交相見敦同盟戮力之義圖靖難勤王之舉故三吳舟車八使冠蓋名公髦士羣后庶尹輻輳鱗集其來如歸於是戶部尚書兼御史大夫李公峘至自廣陵越州刺史兼御史中丞杜公鴻漸至自會稽潤州刺史試鴻臚少卿韋公儇至自京口蘇州刺史韋公之晉至自吳廬州刺史前尚書右丞徐公浩至自合淝由是越人吳人荆人徐人以其挈行絡繹薦至大江之涯於是乎宏舸巨鷁舳接艫臨輴車鸞鑣轄挂轂擊每講射合禮賓主

好會峨星弁執象笏雁行而揖者五十有九人凡處八座者一歷中司者三尚書司轄者二建隼旟者九冠獬豸者十一其載筆掖垣曳裾廷寺分曹環衞典校蓬閣者印綬纍然若差肩駕於宇下翼如也夫衞甸侯也以多君子而誇列國梁孝王漢寵弟也有鄒枚嚴馬之盛而焜燿後世孰與以一郡之狹五湖之阻而濟濟俊乂馳軒冕而就客位者殆九州多士之半則鵷鳳羣翔而萃止不若也彼昔人所稱方斯其陋乎歲二月楚氛掃除江介底定然後皆整歸旆分鑣言旋縶維莫從音徽將遠不頌不述後嗣何

觀公於是謹而目之且列其爵里名氏於館俾來世知衆君子之車塵在此境也

盧郎中潯陽竹亭記

古者半夏生木槿榮君子居高明處臺榭後代作者或用山林水澤魚鳥草木以博其趣而佳景有大小道機有廣狹必以寓目放神爲性情筌蹄則不俟滄洲而閒不出戶庭而遠俗尚書右司郎中盧公地甚貴心甚遠欲卑其製而高其興故因數仞之邱伐竹爲亭其高出於林表可用遠望工不過鑿戶牖費不過翦茅茨以儉爲飾以靜爲師辰之良景之美必作於是憑南軒以瞰原隰沖然不知錦帳粉闈之貴於此亭也亭前有香草怪石杉松羅生密篠翠竿臘月碧鮮風動雨下聲比簫籟亭外有山圍湓城峯名香爐歸雲輪囷片片可數天香天鼓若在耳鼻是其所以誇道客而傲漢貂也百里奚爵祿不入故飯牛而牛肥盧公恬智相養於是竹亭構而天機暢嘗試論亭之趣夫物不感則性不動故景對而心馳也欲不足則患不至故意愜而神完也耳目之用繫於物得喪之源牽於事哀樂之柄成乎心心和於內事物應於外則登臨殊途其適一

也何必嬉東山禊蘭亭爽志蕩目然後稱賞公欲其迹之可久故命余爲志

風后八陣圖記

物不終靜必授之以動當純坤用事陰疑於陽則飛龍戰大樸已散聖盜並起故戎馬生乃有力吞八荒爭截九有大者天柱折地維絕小者作慝盧山負阻中冀上帝憑怒下土是恤乃眷武德黃帝受之始順殺氣以作兵法文昌以命將於是乎征不服討不庭其誰佐命曰元老風后蓋戎行之不修則師律用爽陰謀之不足則凶器何恃故天

命聖者以廣戰術俾懸衡於未然察變於倚數握機制勝作爲陣圖夫八宮之位正則數不愆神不惑故八其陣所以定位也衡抗於外軸布於內風雲附其四維所以備物也虎張翼以進蛇向敵而蟠飛龍翔鳥上下其勢所以致用也至若疑兵以固其餘地游軍以按其後列門具將發然後合戰弛張則二廣迭舉犄角則四奇皆出必使陷堅陣拔深壘若星馳天旋雷動山破魏之鶴列鄭之魚麗周武之熊羆昆陽之虎豹出匪以律我異於是既而圖成樽俎帝用經畧北逐獯鬻南平蚩尤戡黎於阪泉省方於崆

峒厎定萬國旁羅七曜鼎成龍至去而上僊於是遺風冥冥時亡而圖存焉於戲聖迹長往神機未昧酌其流者猶足以決勝三軍禦侮萬里故項籍得之以霸西楚黥布得之奄有九江漢孝武得之攘匈奴服甌越東收獩貊西拓大夏然則聖圖幽贊未始有涯天寶中客有爲韜鈐者得其遺制於黃帝書之外篇裂素而圖之勝敗之朕在我指掌天地之心見於毫末議欲獻諸策府用廣武事會天子以不戰爲師無爲爲寶則是圖也興於多難廢於升平堙淪不書盛德其沒乃旌諸圖側以爲三皇之故事六藝之餘技云

吳季子札論

謹按季子三以吳國讓而春秋褒之余徵其前聞於舊史氏竊謂廢先君之命非孝也附子臧之義非公也執禮全節使國篡君弒非仁也出能觀變入不討亂非智也左邱明太史公書而無譏余有惑焉夫國之大經實在擇嗣王者所慎德之不建故以賢則廢年以義則廢卜以君命則廢禮是以太伯之奔勾吳也蓋避季歷季歷以先王所屬故纂服嗣位而不私太伯知公器有歸亦斷髮文身而無

怨及武王繼統受命作周不以配天之業讓伯邑考官天下也彼諸樊無季歷之賢王僚無武王之聖而季子爲太伯之讓是徇名也豈曰至德且使爭端興於上替禍機作於內室遂錯命於子光覆師於夫差陵夷不返二代而吳滅以季子之閎達博物慕義無窮向使當壽夢之眷命接餘昧之絕統必能光啟周道以霸荊蠻則大業用康多難不作闔廬安得謀於窟室專諸何所施其匕首嗚呼全身不顧其業專讓不奪其志所去者忠所存者節善自牧矣謂先君何與其觀變周樂慮危戚鐘曷若以蕭牆爲心社

稷是恤復命哭墓哀死事生孰與先覺而動治其未亂棄室以表義掛劒以明信孰與奉君父之命慰神祇之心則獨守純白不干義嗣是潔已而遺國也國之覆亡君實階禍且曰非我生亂其孰生之哉其孰生之哉

招北客文 謹按是篇文苑英華作岑參

蜀之先曰蠶叢兮縱其目以稱王當周室陵頽兮亂無紀綱洎乎杜宇從天而降鼈靈泝江而上相禪而帝據有南國之九世蜀本南夷人也皆左其衽而椎其髻及通乎秦也始於惠王之代五牛琢而秦女至一蛇死而力士斃二

江雙注羣山四蔽其地卑陋其風脞脆蠻貊雜處滇僰爲鄰地偏而兩儀不正寒薄而四氣不均花葉再榮秋冬如春暮夜多雨朝且多雲陽景罕開陰氣恒昏以暑以淫一作溼爲瘵爲厲氣浥蟄以中人吾知重膇之疾兮將嬰爾身蜀之不可往北客歸去來兮

其東則有大江漂漂下絕地垠百谷相吞出於荆門突怒吼劃附於太白渤潏硼砰會於滄溟跳噴浩淼上濺飛鳥蹙縮盤渦下漩黿鼉三峽兩壁亂峯如戟岌岈屹崪澒洞劃坼高於天霓雲外水積晝日無光其下黑窖瞿塘無底淺處萬尺啼猿哀哀腸斷過客復有千歲老蛟能變其身好飲人血化爲婦人衒服靚裝遊於水濱五月之間白帝之下洪濤塞峽不見灩澦翻天感地霆吼雷怒亦有行舟突然而去人未及顧櫂未及舉瞥見陽臺不辨雲雨千里一歇日未移午須臾黑風暴起拔樹震山石走沙飛波騰浪翻舟子失據摧檣折竿漩入九泉沒而不還支體糜散蕩入石間水族硏碎拔刺爭餐蜀之東不可往北客歸去來兮

其西則有高山萬重峻極屬天西有崑崙其峯相連日月

迴一作巡環閟於山巔嶠崖盤嶽天壁夐絕陽和不入陰氣固閉千年層冰萬古積雪谿寒地坼谷凍石裂夏月草枯春天木折一作冬天水折蒼烟凝兮黑霧結人墮指兮馬傷骨江水噴激迴盤紆縈棧壁緣雲鉤連相撐繩梁㠎虛傍沓杳冥下不見底空聞波聲過者矍然亡魂喪精復引一索其名爲窖人懸半空度彼絕壑或如鳥兮或如玃倏往還來幸不落或有豪豬千羣突出深榛努鬣射人寒熊孔碩登樹自擲見人則擘巨麋如牛脩角如劍餓虎爭肉吼怒闞闞復有高崖墜石兮聲若雷之軒轟上敲下磕似火迸兮

滿山流星，碉溪忽兮倒流，林岸（一作崖）為之頹傾，碎騰狖與過鳥，駭木魅兮山精，飛石壓人兮不可行。西有犬戎，與此山通，形貌類人，言語不同，氈廬隆穹，毳裘蒙茸，啜酪啖肉，持鎗挾弓，依草及泉，務戰與攻，其聲如犬，其聚如蜂。中國之人兮，或流落於其中，豈只掘鼠茹雪以取活，終當鈹其足而縶其胻，泣漢月於西海，思故鄉於北風。蜀之西不可往，北客歸去來兮。

其南則有邛笮之關，天設險艱，少有平地，連延長山，橫亘盧江，隔閡百蠻。吁彼漢源，上當漏天，靡日不雨，四時霧然，

其人如魚，爰處其泉，終年霖霪，時復日出，狺狺諸犬，向天吠日。人皆濕寢，偏死腰疾。復有陽山之路，毒瘴下凝，白日無光，其氣瞢瞢，暑雨下濕，黃茅上蒸，南方之人兮不敢過，豈只走獸踣兮飛鳥墮。吾不知造化兮何知此方些，蜀之南不可以往，北客歸去來兮。

其北則有劍山巉巉，天鑿之門，二壁谽谺，高崖嶙峋，上柱南斗，傍鎮於坤，下有長道，北達於秦。秦地神州，中有聖人，左右伊皋，能致我君，雙闕峩峩，上覆慶雲，千官鏘鏘，朝於紫宸，玉樓鳳皇，金殿麒麟，布德垂澤，搜賢修文，皇化欣欣，煦然如春。蜀之北兮可以往，北客歸去來兮。

蘇州刺史兼御史大夫襄武李公寫眞圖贊

作繢精至，於藝懸解，擬公德容，與化同製。獨立正色，神和氣邁，婉兮清揚，若聞嘉話。公綽不欲，仲山匪懈，形於懿範，覩者目駭。百城仰止，羣吏儆戒，成務安民，亦猶此畫。

尚書右丞徐公寫眞圖贊（并序）

侍御史韓公至（一作志）清以學藝書畫之美聞於天下。辛丑歲三月，以王事靡盬，館於豫章，與前尚書右丞徐公同舍於慧命寺之淨室。嘗以暇日裂素灑翰，畫徐公之容，陳於

公之座隅，而美目方口，和氣秀骨，毫釐無差，若分形於鏡。入自外者，或欲罄跽曲拳，俯僂拜謁，不知其畫也。衆君子嗟歎之不足，則言以贊其美，及亦繼唱於後，乃贊之曰：

哲匠運思，天姿是具，假之筆精，實以神遇，居然成象，豁若披霧。瞻仰神鋒，如窺武庫，婉婉高識，昂昂獨步。絕頂孤松，空陂白鷺，不犯之色，匪躬之故。孰知其（一作造）化，亦在毫素。

楊起居畫古松樹贊

道在毫末，神凝意注，闖然雷生，千歲古樹，龍蟠屈盤，精魅固護，霜封雪埋，翠幄如故。宜構大廈，胡爲中路，豈猶有待

公輸之顧落落貞姿傳之繪素

張侍御寫眞圖贊

堂堂乎張洵美且恭執法柱下分形畫工玉立天姿霜淬神鋒武庫森戟寒山勁松方彈獬豸以佐夔龍他年雲臺與古同風

佛頂尊勝陀羅尼幢贊并序

道無形相心離文字非言無以導引故諸法生於假名非智無以調伏故大音傳於密教茫茫五濁客塵覆之根識相緣生滅相隨世王有爲之牢獄二乘求慧而著空十地

見性而弗了微我智印俟誰司南故如來以大悲自定之慧力示總持無畏之祕藏雲覆世界雷震羣有淨除我垢令入法性設字根本假文以筌意也足聲齒舌因音以見法也以十四音攝一切智雖入無漏而不捨有爲卽色以證空也奉之者惡趣固可使關閉黑業必爲之清淨况勝緣乎初太保韓國苗公以兩朝秉鈞所積慶賜顧命宗子家老曰喪祭之餘以庇功德於是我相國穎川公將演成公宏誓之果也是以樹因此幢韓公生代天工德本植焉歿無鬼責惠牙滋焉而穎川公猶興哀於絕紘之地將乞靈於無我之法庶俾法雨雨公身田故琢貞石以刋微言仰之贊之如揭日月嗚呼墨點之界有極鐵圍之山有壞惟梵音與法印等空虛而無窮則公之前際疇可彌度其辭曰

六趣輪轉根塵相刃死生變化如響如瞬何用拯溺總持祕印道罔不在宏之者人乃經靈幢公子之因贊持大力啟迪迷津天魔遁形地獄開門拔箭解縛如日破昏韓公善根與石長存

觀世音菩薩等身繡像贊并序

元年建寅月前相州安陽縣令何昌系以是月甲子當受生之辰痛欲報而罔極哀現在之無住顧非大雄之慈法雲之悲則莫能救拯我無明苦果敷佑我宏誓願力乃彰施五色以刺繡成文寫菩薩之眞相等觀音之全身於是乎諦觀睟容瞻仰聖位知海潮之梵音不遠蓮花之法座可識將令功德池水漑灌其三業菩提根芽發生於一雨至哉安陽之樹善也宏矣欲廣其善利以偈贊云

法雲垂蔭光破黑業五眼周視四魔怖懾以色觀空於相見法永植慈緣恒沙億劫

仙掌銘并序

陰陽開闔。元氣變化。泄爲百川。凝爲崇山。山川之作。與天地并。疑有眞宰。而未知尸其功者。有若巨靈贔屭。攘臂其間。左排首陽。右拓太華。絶地軸使中裂。坼山脊爲兩道。然後導河而東。俾無有害。留此巨跡於峯之顚。後代揭厲於元蹤者。聆其風而駭之。或謂詼詭不經。存而不議。及以爲學者拘其一域。則惑於餘方。曾不知創宇宙。作萬象。月而日之。星而辰之。使輪轉環繞。箭馳風疾。可駭於俗。有甚於此者。徒觀其陰騭無眹。未嘗駭焉。而巨靈特以有跡駭世

世。果惑矣。天地有官。陰陽有藏。鍛鍊六氣。作爲萬形。形有不遂其性。氣有不達於物。則造物者取元精之和。合而散之。財而成之。如埏埴鑪錘之爲瓶爲缶爲鉤爲棘。規者矩者。大者細者。然則黄河華嶽之在六合。猶陶冶之有瓶缶鉤棘也。巨靈之作。於自然蓋萬化之一工也。天機冥動。而聖功啟。至精密感。而外物應。故有無跡之跡。介於石焉。可以見神行無方。妙用不測。彼管窺者。乃循跡而求之。揣其所至於巨細之境。則道斯遠矣。夫以手執大象。力持化權。指揮太極。蹴蹋顥氣。立乎無間。行乎無窮。則捩長河如措盃。擘太華若破塊。不足駭也。世人方以禹鑿龍門。以導西河爲神奇。可不爲大哀乎。峩峩靈掌。仙指如晝。隱轔磅礴。上揮太清。遠而視之。如欲捫青天以掬皓露。攀扶桑而捧白日。不去不來。若飛若動。非至神曷以至此。唐興百三十有八載。余尉於華陰。華人以爲紀嶒嶸勒之罘頌嶧山銘燕然舊典也。元聖巨跡。豈帝者巡省伐國之不若歟。其古之闕文。以俟知言歟。仰之歎之。斐然琢石爲志。其詞曰。

天作高山。設險西方。至精未分。川壅而傷。帝命巨靈。經啟地脈。乃眷斯顧。高掌遠跖。砉如剖竹。騞若裂帛。川開山破

天動地坼。黄河太華。自此而闢。神返虛極。跡挂石壁。跡豈我名。神非我靈。變化翕忽。希夷杳冥。道本不生。化亦無形天何言哉。山川以寧。斷鼇補天。世未覩焉。夸父愚公。莫知其蹤。屹彼靈掌。懸諸巃嵸。介二大都。亭亭高聳。霞旄烟幩。雲抱花捧。百神依憑。萬峯朝拱。長於上古。以閱羣動。下視衆山。蜉蝣蠛蠓。彼邦人士。永揖遺烈。瞻之在前。如揭日月。三川有竭。此掌不滅。

古函谷關銘并序

王者建邦經野。觀象立極。於是有重門擊柝。以待暴客。故

封畧土宇守在關塞山川邱陵爲之城池天作崤函俾屏京室崇山迴合連岡纂倚長河屈盤萬里來東崖奔嶺蹙谷拖溪關崛起重險爲秦東門截函夏於閶闔鎖天府於戶牖外扼九州之咽喉故百二形焉內擁六合之奧區故霸王出焉當其周原鹿駭戰國蝟起嬴氏建瓴山東擇肉宇內持戟百萬連衡此關是時也開門而九國師遁振策而二周鼎入奄有大寶遂吞中區洎江返秦璧天祐漢祚高皇帝提劍而西以遏亂略斬白帝紬降王舉漢中平咸陽廓金城以建都活萬姓以三章取威定功此焉是保粵若詢事國牒聆風仙籙則眞氣靈蹤起乎其中柱史一去流沙萬里留玉函於舊宅傳寶圖於本枝豈上帝乃眷興王是感不然何錫羡開國如此其大耶歲在大火余適下陽停驂塞門憑覽舊國襟帶如故世道不留秦餘空山漢遺茂草恐復舟失於壑岸化爲谷萬載之後昧者不知乃刻頌此石以示來裔其詞曰

天地雷雨英雄交爭設險守國作藩於京姓易時移山空塞平千秋陵谷想見精靈仙駕長往雄圖杳冥於以志之勒銘巖扃

洪州大雲寺銅鐘銘 幷序

參變化孕律呂和神人莫疾於聲故天地以雷震萬物聖人以樂節八風佛土以鐘警六時天造聖作同符異貫自眞乘開設其輪三轉像教不墜而法鼓之制存焉形形蓮宮於江之濱萬井在其前善惡興乎人將欲誕敷我法音啟迪我善根我是以作萬鈞之鐘大其器所以昭其度也侯誰尸之長者杜海泊此方上士精法觀釋法鸞與比邱衆百三十有五人實果其願將辦所作於時火官金工循厥戒令範陰陽九六之數以合造化均薄厚侈弇之齊以諧清濁聚精會神鳩工於其間宏誓旣達昏疑皆破故衆心如城施者如市大悲之感與萬靈接況祝融回祿髣髴交應越五日辛丑新鐘成於是此邦民大和會膜拜縱觀川塞衢溢億兆諦聽鯨魚乃發訇然如扶搖號而萬竅怒霹靂作而崇山破在坑滿坑在谷滿谷金界岌嶪若震若蕩旣而拗怒散渙與迴飈俱激度越大千周流六虛經於禁城入於梵宮徘徊乎霜天淩厲乎清夜千門徹萬戶警魚龍皆奮蟲豸不蟄於是聆其音者貪駭遷善聾盲知方識浪安流地獄清涼叱王解刑刀輪摧藏嚴乎心者聞聲

以知受觀受以悟法若露清耳根鏡照身業彼金鼓聲氣木鐸徇路整衆孚號方斯陋矣蓋聖人宏道以勸善因善以建法作法器以爲天下利利者教之果法者教之因善者教之宗也作銘曰

我鐘乃懸是訓是崇世界有極大音無窮

鹿泉本願寺銅鐘銘并序

八音之列數者金爲長金聲之動物者鐘爲大相彼創制本乎無心隨輕重之所考遇洪纖而必應其體妙乎其幾神乎故帝庭用之以和樂梵宇作之而助道其有旨哉伊

本願道場昔鬼土所卜卽輪王建塔之地有隋氏因而緝爲皇唐統天增壯厥構雖臺殿有赫而鐘簴未雄曰都維那某等顒允令德鬱爲紀綱洞三學之奧府張二嚴之巨翼以爲是聲聞則有以歎衆美不則無以徧十方乃同寅叶恭倡議改作我心匪石彼應如雲緇流輔仁而或勤或懋清信委施而爲岡爲陵於是乎遠貿金精博召良冶凫氏宰陶人翼鎔範修林樸植火正叱咤以啟號風師闔怒而陳力巨扇咆哮洪鑪赫曦焮奪清夜光連紫微旁通寶以決注下潛成於數圜察夫陰未凝陽爲烈㸌爆泉沸氣憤雲洩旣旬而後實旣堅而後發轉於隧漸於堂混乎其輪圓洞然而博暢仙獸勒於下驪龍踏於上蓄精誠含寥亮乃神工之旣濟而寶器之大壯也且夫作有度而體有經侈弇均厚薄中則不播不石不鬱不柞雖鴻音未揚識者已知其妙矣故緇衆咸躍善願克充而縣之衣冠里之髦彥聚捨珍翫翕營層臺崚嶒百常沆瀣一色然後揮雲柱倚天梯騈轆轤縮修索攢勵力以下拔軋豐容而上昇雄以筍鱗顛以交虬猛以簴權作以離立大器斯屬洪椎乃鏗咸音潼溶而一吼摅響岌業乎三界上極有頂下彌

空輪飛行天仙海陸神識莫不警革塵滯褰開冥蒙滌曠劫之瑕滅長夜之苦使浩福潛潤冥機坐融其諸佛神通之用乎不然者千鈞之聲一杵之播則曷以臻於是矣允釐僧務本三勢而克終式遏劍輪後四爰而長擊故初起細而促漸登鍠以舒旣銳而入微又增而復壯於是壯也乃而畢爲（八字有誤）若是者何皆皇覺啟導抑揚之深思也實欲普其念周乎仁張皇慈音引曳悲韻使萬物咸若六時登聞不惕不惶以安以樂或謂霆闕雷裂山傾河洩靈祇殲走猛毅僵魇皆恐怖殺傷之事我大雄氏慈制又悲乎

然哉五字有誤若乃禺禺聖賢翼翼龍象以之懺薩以之引宣微妙其心精進厥德有秩有序不差不忒住持我象教洋溢我元風洞達我幽明清寧我邦國神之不可以已其在茲乎皇唐十有八年春仲月八日是鐘也旣成卽其秋孟月上弦茲臺也復構他方聖衆咸飛來而讚揚地中菩薩咸踴出而瞻仰於是陳巨會以落之張梵樂以考之煌煌乎休哉越實庭之能事畢矣而宏範莫紀又八稔於斯河南史凜然文林之秀也尉於右邑攝茲銅章惠化一清於灌壇希聲重美於洪器命我昭述式副羣心之望焉而主

簿宏農楊量新尉楊光朝等幷高幹才敏力懋於道勉奉天秩允恭仁祠輔營樂石贊就厥美雖默者果得不言乎

銘曰

靈鐘上空儀法天體道內虛含至圓雄威蓄毓時乃宣震擊鏗鍠流大千十萬調御及聖賢應我眞聲開梵筵一切苦輪悲熾然聞我眞聲咸息肩虛空有盡福無邊神用廣大莫與先

琅琊溪述幷序

隴西李幼卿字長夫以右庶子領滁州而滁人之飢者粒流者占乃至無訟以聽故居多暇日常寄傲此山之下因鑿石引泉釃其流以爲溪溪左右建上下坊作禪堂琴臺以環之探異好古故也按圖經晉元帝之居琅琊邸而爲鎭東也嘗游息是山厥跡猶存故長夫名溪曰琅琊他日賦八題題於岸石及亦狀而述之是歲大歷六年歲次辛亥春三月丙午日述曰

自有此山便有此泉不濬不刋幾萬斯年造物遺功若俟後賢天鍾靈奇公潤色之疏爲迴溪削成崇臺山不過十仞意擬衡霍溪不袤數丈趣侔江海知足造適境不在大

恠石皚皚涌湍潺潺洞壑無底雲興其閒仲春氣至草木華發亘陵被坂吐火噴雲公登山樂樂者畢同無小無大乘興從公公舉觴酒酒酣氣振溪水爲主而身爲賓搖瑟詠歌同風舞雩時時醉歸與夕鳥俱明月滿山朱轓徐驅石門松風聲類笙竽嗚呼人實宏道物不自美向微羊公遊漢之涘峴山寂寞千祀誰紀彼美新溪維公嗣之念茲疲人繫公其肥後之聆清風而歎息者挹我於泉乎已而

金剛經報應述幷序

洪州牧刑部尚書兼御史大夫魏公身挂元冕心冥眞如

昔嘗奉般若法以宏正見雖顛沛造次心與經俱十有若干年矣皇帝中元年冬十月車駕有避狄之師百僚倉皇南馳商於公爲盜所擄而亡其經其往也匪家之念惟經是悼行與其獲七寶也寧見經生與其亡四句也寧捨身明年王正月大駕返正公爲京兆尹痛宏誓之未從也則惟經是圖末於元法寺之藏藏人以送公發函披卷乃商於所亡之本也問守藏者亦曰不知其所自而能得公瞻禮悲喜捧持而泣然後知精專感達故隨心而至昭報肸蠁其疾若答顧謂孟子太常博士友順志之或曰得與喪

偶然爾何必謂誠感乎及對曰誠於此者形於彼故出其言善千里之外應之此仁義忠信感於物者也況第一義諦超貫仁義自在慧力不啻忠信則因發而果從心誠而經還是法味幽贊非思議所可及豈佛以般若之雨啟公善牙使因相以次獲願進啟乎無願法之法歟不然何必境元合若律呂相召歲在乙酉公以異見告及跪而述之曰

上士勤道精應若馳願形於心報亦隨之至感無礙經斯來歸護公身田俾公斷疑公之善根疇可度思

欽定全唐文卷三百九十

獨孤及七

唐故揚州慶雲寺律師一公塔銘并序

公諱靈一俗姓吳廣陵人也神氣清和方寸地靈與太初元精合其純粹聞思修惠介然生知九歲出家三千斷結嚴持律藏將紹法寶示人文學以誘世智初不計身中有我我中有身德充報圓緣斷相滅寶應元年冬十月十六日終於杭州龍興寺春秋三十有六臨滅顧命以香木荼毘爲送終之節門弟子虔奉遺旨粤以是月某日焚身於

某山起塔於某原從拘尸城之制也右補闕趙郡李紓殿中丞侍御史頓邱李湯嘗以文字言語游公廊廡至是相與追錄遺懿以詒塵劫謂公貞靜直方淵遠宏大而密識洞鑑天倪道機注不滿酌不竭沖如也自受生至於出家貪恚不入念哀樂不見色自出家至於涅槃六根不染欲界之塵自知道至於返眞雙履不踐居士之門公之嚴持也初公之先世爲富家既削髮推萬金之產悉以讓諸孤昆季所取者獨衲衣錫杖及身而三捨七界五欲如棄涕唾公之純白也其所底止必擇山間樹下無塵垢之地初

舍於會稽南山之南懸溜寺焉與禪宗之達者釋隱空虔印靜虛相與討十二部經第一義諦之旨既辨惑徙居餘杭宜豐寺鄰青山對佳境以嶺松澗石爲梵宇竹風月露爲丈室超然獨往與法印俱自是師資兩忘空色皆遣暴風偃山而正智不動巨浪沃日而浮囊自安於是著法性論以究實諦公之懸解也公智刃先覺法施無方每禪誦之隙輒賦詩歌事思入無間興含飛動潘阮之遺韻江謝之闕文公能綴之蓋將胎合詞林與儒墨同其波流然後循循善誘指以學路由是與天台道士潘清廣陵曹評趙

郡李華潁川韓極中山劉穎襄陽朱放趙郡李紓頓邱李湯南陽張繼安定皇甫冉范陽張南史清河房從心相與爲塵外之友講德味道朗詠終日其終篇必博之以文約之以修量其根之上下而投之以法味欲使俱入不二法流公示教之樓門也內張天機外與物接捨法無我以虛受人曠焉若空谷之響止水之象優而柔之使自得之其道樞未始不無爲也而飲其和者亦虛而來實而歸明徵其所以然則不得其眹公應之無涯也宜豐寺地臨高隅初無井泉公之戾止有靈泉呀然而涌噴金沙之溜於禪

庭左右挹之彌清斛之無窮公精至感物也嗚呼日發天啟壽量彼一劫住世聖道以拯拔喪得大雲而涼火宅其公乎吁嗟昊穹奪我善友使生不極其涯道不竟其源豈前已就諸有可出將轉現他方乎爲應化之始終法身之去來非思議所及乎凡今學徒戒歸若涉大水而無梁抽毫強名以志陳迹其銘曰

茫茫五濁愛習如債何以爲師尸羅之戒卓爾上士一念識滅萬法懸解名離性空破魔結壞（英華作卓爾立志於焉懸解持佛祕藏俾道勿壞）穎脫諸有獄視三界上德不器大道無方天縱之文

亦和其光發彼蒙童啟迪思量我皆令入直心道場奈何法船今也則亡適來豈逆適去豈順施未及普天胡不憖飛鳥無跡法雷罷震福庭空虛來者曷問言之糟粕留爲祕印（謹按自知道至於返眞以下文苑英華作雙鳥不踐居士之門六根不染欲界之塵學無常師悟不以漸內以了因證心果外以惠用接物與止水空谷同其應和而法施不住天機無方精義元言或形於章句騷雅之遺韻陶謝之缺文公能綴之其終篇必以了義博約和者量其根之上下而投以法味飽其風者亦虛而來實而歸或以足言言必緣情一緣則萬緣作而諸相見無乃不可乎曰佛法自利他不係於權實將善誘之心咱和之固曰示入固波可也公又嘗謂無生正位實相宗本二乘所感訣者莫究於是著法性論以辨之而迦葉後問惠遠與旨聽焉疑斷渙若冰釋者是以爲向使大啟壽量好務宏道則法王度聞非公孰寄嗚呼生不極其涯道不竟其源豈應）

物之緣住世之數止於是乎爲世締之始終報身之去來非思議之所及乎清塵緬然學者安仰若涉大水而無舟航儒生強名以志陳跡

福州都督府新學碑銘 并序

世與道交相與喪宏之者在人非庚桑楚不能使畏壘大壤向化微文翁蜀學不崇閩中無儒家流成公至而俗易民賴德施古今一也初成公之始至也未及下車禮先聖先師退而歎堂室湫狹斆學荒墜懼鼓篋之道寖于衿之詩作我是以易其地大其制新其棟宇盛其俎豆俎豆既修乃以五經訓民考校必精絃誦必時於是一年人知敬

學二年學者功倍三年而生徒祁祁賢不肖競勸家有洙泗戶有鄒魯儒風濟濟被於庶政大歷十年歲在甲寅秋九月公薨於位於是羣吏庶民耆儒諸生雨泣廟門之外若有望而不至號曰豈天不欲斯文之漸漬於東甌之人歟不然何錫厥化而不遐公之年也吾黨瞠然嗚呼曷歸判官膳部員外郎兼侍御史安定皇甫政殿中侍御史穎川韓贄監察御史河南長孫繪率門人部從事州佐縣尹相與議以公之功績明示後世謂及嘗同司諫之列宜備知盛德善政見託論譔以實錄刻石曰公諱椅字某皇帝之諸父宗室之才子寬裕愷悌孝慈忠敬莊而成式文而強力治王氏易左氏春秋酌其精義以輔儒行故居處執事著書屬詞非周公軌躅不踐也天寶三載應選部辯論爲安陽縣尉中興之後歷御史尚書郎諫議大夫給事中十餘年間周歷三臺言中彝倫動中大本上交不諂下交不瀆家貧不樂清近求爲京兆少尹無何出守宏農宏農人和又移典華陰兼御史中丞華陰之近者安遠者來天子以爲才任四岳十二牧之職大歷七年冬十有一月加御史大夫持節都督福建泉汀漳五州軍事領觀察處置

都防禦等使八年夏四月龍旂六轡至自京師閩粵舊風機巧剽輕資貨產利與巴蜀埒富猶有無諸餘善之遺俗號曰難治公將治之也考禮正刑節用愛人頒賦遣役必齊其勞逸視年豐耗量入以制用削去事之煩苛法之掊克者吏不奉職民不師教則懲以薄刑俾寖遷善繇是民知方矣公將安之也初哥舒晃反書至公屢及於門遽命上將帥戈船下瀨之師西與鍾陵軍會先拔循潮二州以援番禺推誠誓衆士皆奮勇既而大憝就戮五嶺底定民是以康繄我師是賴人無奸宄寇賊之虞矣公將教之也

考頖宮之制作爲此學而寓政焉躬率羣吏之稍食與贖刑之餘羨以備經營之費而不圂於民也先師寢廟七十子之像在東序講堂書室函丈之席在西序齒胄之位列於廊廡之左右每歲二月上丁習舞釋菜先三日公齋戒肄禮命博士率胄子修祝嘏陳祭典釋菜之日釁器用幣籩豆在堂鐏罍在阼公元端赤舃正詞陳信是日舉學士之版視其藝之上下審問慎思使知不足教之導之講論以勗之八月上丁如初禮歲終博士以遜業之勤惰覃思之精粗告於公斂其才者進其等而貢之於宗伯將進必

以鄉飲酒之禮禮之賓主三揖受爵於兩壺之間堂下樂作歌以發德鹿鳴南陔由庚嘉魚南山有臺以將其厚意繇是海濱榮之以不學爲恥州縣之教達於鄉黨鄉黨之教達於衆庶矣公薨之明年太常議按公叔發修衞國之班制以交四鄰故易其名曰文孔文叔其勤公家夙夜不懈衞人銘其彝鼎以公尊教勸學德洽荒服乃奏謚曰成詔贈禮部尚書而刻金石之禮則闕而未備今也敢播德馨貽之無窮其銘曰

公之文兮肅恭且仁宣力事君潤飾經術底綏斯民公之武兮鰥寡不侮剛亦不吐率師勤王截厥醜虜公之移風經始泮宮百堵皆興孔堂崇崇四科以班乃侯乃公秩秩祀典鏘鏘禮容大昕鼓徵學士萃止褎衣方屨登降以齒從公于邁樂我泮水我廛我里講誦資始比屋爲儒俊選如林縵胡之纓化爲青衿公宜難老爲學者司南板日告凶實天匪忱噦噦和鑾兮不聞遺音願言思公兮如玉如金餘烈鏤石以塞民心

唐故洪州刺史張公遺愛碑并序

北斗魁戴匡六星曰文昌宮其三曰貴相聖人法天建官

作爲台司以左右民於是乎有敬敷五教平章百姓之職居之者下代天工上應星宿其或一麾出守八命作牧內爲吉甫外爲方叔宏道利物其政一也惟唐七世皇帝誅羿澆纂舊服得柱石之臣曰平原張公諱鎬字從周秉中庸之德含光大之量輟耕隴畝爲唐皐夔推轂於河南樹風於荆門作賓銅樓登侍禁掖牧撫人半歲洪州再稔鰥寡不侮神人咸若慈惠之政洽於百城享壽六十有一歲在癸卯七月壬寅薨於位夫德之被物也厚則物之興感也至故公之捐館自九江至於敷淺原南暨於梅嶺東臻

於閫微。蚩蚩之民。靡幼靡艾。泣涕乎遺風。悽愴乎棠陰。懇懇乎若求而不得。企而不及也。僉曰平原其可謂盛德也已。子惠困窮。俾富而庶。若解衣衣我。輟食食我。棄我往矣誰育我矣。逝矣遠矣。音徽沫矣。吾儕小人。嗚呼曷依。盍詠歌之。刻諸金石。秋八月。既殯。耆老吉州安福縣丞鄧林玉等一百一十五人。乃率籲衆感。謀及故吏從事州長縣尹虎賁亞旅鄉老大夫。相與稽乎陳迹。建頌表德。用廣留侯之世家。紀子產之遺愛。禮也。公曾祖曰善見。位朝議大夫越州司馬。司馬生武定。任荊州都督府戶曹參軍。戶曹生

知古。官止代州司馬。廣德元年贈太子少傅。自司馬至少傅。世以儒顯。天鍾美於其後。嗣四世而生平原。燕頷犀額山立玉色。森然若大廈棟梁。清廟祭器。該宗六學。大抵以周易為師將。探元化。恥觀朵頤。隱居南山。蓋三十朞。天寶十四年。始褐衣召見。凡用舍繫於才。行止牽乎時。當無為無事。則許由善卷各得安其節。及人思俾乂。則黃公角里不能逃其用。勢使然也。繇是一命左拾遺。再命右補闕。修國史。三命侍御史。四命諫議大夫。五命中書侍郎同中書門下平章事。起布衣二年。綰相印。佐王業。明勳之盛。輝動

古今。於時至德二載也。天子方以復夏之師蒐於岐陽。三河之人左衽。是懼公入斂百揆。出分二陝。帥東諸侯之兵收復宋鄭。誅後至者。以懲不恪。安危之機。懸於方寸。方將董正東夏。懷柔山戎。會帝咨百工曰。有能典朕荊楚。俾奸宄不作。予惟克邁乃勳。於是拜公荊州大都督府長史。明年元良肇建。上曰。疇若予樂正父師之職。汝作賓客。卒調護太子。嘉言惟允。於是授太子賓客。上思夙夜出納言語侍從之臣。命公作左散騎常侍。會鍾陵鄱陽之間人咨艱食。上又曰。命汝作州伯。總十聯之任。俾余無虞。惟爾賢。於

是有洪州之拜。粵寶應元年冬十月。公朝服受命。至自臨川。彰善用明。癉惡用威。一法度。用信布愷悌。用德慰薦。掾吏勞徠。鰥寡化以公廉。扇以禮讓。煦而嫗之。使自得。清而靜之。使自定。於是豪民猾吏。革面斂手。家有忠信。人懷孝弟。暢於事業。布於風俗。浹於人心。被於歌詠。是歲也。三吳飢。人相食。厲鬼出行。札瘥毒痡。淮河之境。骼胔成岳。而我倉如陵。我民孔阜。犬牙之境。疵癘不作。災不勝德也。臨海賊袁晁狃於會稽之役。侵我東鄙。江介大恐。民斯繹騷。公命左軍屯上饒之隘。塞常山之口。斬其唐突者三千餘人。

自是姦黨散落不敢南向而射邦人安焉舒城賊帥楊昭憑蜂聚之衆殺同安郡守劉秋子以叛師潰而奔犯我疆埸公覆而取之懸其首於五達之衢凶徒殲焉沈千乘者新安大豪結推劉之黨爲之囊橐弄兵潢池虔劉我民桴鼓之聲相聞郡國二千石不能禁公命次將斬之以徇鋤其根株俾無遺類新安民庶室家相慶江干清焉振六條之宏綱開布大信從善如不及視民如赤子克己推誠以百姓心爲心飲之以和俾服從教化輕剽呰窳奪攘矯虔之俗罔或干於政懵悴蹇亟苛察繳繞之吏不能見其巧

哀矜民庶期於無訟德政行焉眷選乃僚必國之良有若博陵崔貢昌黎韓洄趙郡李惟岳北海王士華河間邢宙河東裴孝智隴西李道皆卿才也以嘉言碩畫參公軍事澄清之內無濁流審克之下無冤民淑德旌焉公之解裋褐而拖國章也十有一年矣雖匪躬之故宣力不暇而滄洲顧言未始弭忘每曰少伯子房吾之師也累乞骸骨將角巾故山朝廷方虛三老五更之位待公除書未下而公薨焉嗚呼哀哉褒德之盛典退身之正志嚮用之遐福三者俱未從人欲斯可以歎矣惟公出將入相文武爲憲讜言成畧藏在冊府代莫得而聞也今採其德刑禮義之善利物者頌之於石慰彼墮淚者之心焉爾其文曰

純粹之氣升於星辰降爲賢人皇王得之以釐百工以隲下民九江之南五品不遜百姓不親平原來思綏之以德俾民化淳寬厚清靜飭躬率先是訓是勤猛獸不噬夜犬不吠豐年來臻藹藹令德家有膏雨户有陽春牧我苦晚棄我苦早實天不仁南州寥寥東山依依德音若存千載之後魂魄登此頌聲不泯

唐故開府儀同三司試太常卿懷州刺史贈太子

少傅楊公遺愛碑頌并序

皇帝嗣位二載河內得賢二千石曰猗氏楊承仙者剛毅公廉仁明愛人起鞞鼓間爲唐循吏天生貞方非有經術潤飾推誠御衆以身率先民用不擾政是以茂於時王師始平河北而覃懷纔歸於我大兵之後城郭爲墟相國梁公拔公於戎馬之上表爲刺史俾慰安斯人公既至則弔其瘡痍薙其荊棘省事節用寬其征而均其力然後濬決古溝引丹水以溉田田之污萊遂爲沃野衣食河內數千萬口流人襁負不召自至如歸市焉鰥煢無告不能自耕

者貸其種與農器而教之視五穀所宜督其程課勞來不怠使民無不咸返其本每循行屬縣問所疾苦時其飢飽心爲慘怛如身之恤臂指慈父之視幼子也性嚴不殘而恭於奉法訓軍以律禁暴以肅有抵刑者雖拔葵犯禾殺之無赦由是兵不爲盜猛獸不食人河内之犬無夜吠者人人得敦其業而厚其生上竒其能以璽書勞勉封宏農郡公邑二千户拜其男鋭河南府參軍方倚以牧人不遐其福大歷二年八月六日公薨於州春秋五十四皇帝悼惜詔曰軍興已來列郡凋耗二千石少能以教化稱者唯

承仙苦心精力惠此一州家給而人知禮節氣和而歲無灾害三年有成表課第一賢守既歿誰其嗣之宜贈太子少傅好事者撰公景行謂公清直強力能勤其官百城之州三軍之帥可使居其任量不及而歿惜哉初岐國公魯炅之守襄鄧也公爲新軍佐敢殊死督戰奮士卒先藺石亂中敗面滅鼻而不言病卒以是挫敵軍中服其義勇及涼公秉鉞而委質焉前後保河陽守高平安潞鎮鄴董戎壺口戮力危機之中賈勇倉猝之間惟盡敵是求未嘗顧身元戎賴之卒成大勳由是歷羽林金吾光祿大夫加開府儀同三司試太常卿而後至於是州也公嘗表請歸葬途由於洛洛陽人聞楊懐州之至也環而觀之及其還也懐人數千須於路其亡也闔境相弔童子不巷歌凡立誠應物者信不足則行失飾知沽名者實不足則名喪若楊公者非仁必由巳而誠在言前則不能使千萬人悅之之速如是某官某者壽某等願復攀公之朱轓望公之淸揚而靡因也故立石爲碑慰彼永思云其詞曰

吳公文翁遭時無危因而綏之其績易施公之來斯大盜始夷師旅饑饉丁於此時頑民反側比屋流離飲公醇仁

而忘怨咨飢者得食寒者得衣豈知典謨以吏爲師豈必法令信則不欺功倍古人愛及煢嫠人之戴公父兮母兮公之品望與古賢希宜從人欲俾壽無期嗚呼不憖捨我曷歸公俾我活何以報之我思公兮涕淚此碑

唐故睢陽太守贈秘書監李公神道碑銘 并序

漢家之建侯親親也以荆燕吳楚爲首封而後嗣多材世濟厥美辟彊路叔更生子駿比肩而出慶鍾故也唐有天下肺腑是依有若江夏淮安河間東平以明畧茂勳左右大業其休德粹氣降爲百禩公子公孫或哲或仁勤勞王

家焜耀國牒從東平三葉後生睢陽言春秋者謂公族多
士與炎漢侔矣公諱少康字某太祖景皇帝五代孫太祖
生雍王繪雍王生東平王紹東平王生高平王道立高平
王生畢公景淑初畢公娶於太常京兆韋萬石女有才子
三人伯曰孟康忠敬直溫謙光不耀官至太子左贊善大
夫仲曰仲康宏毅密重文敏貞諒由尚書主客郎中剖符
楚州人到於今由其教而思其賜公楚州之母弟也纂二
昭二穆慎身之烈廸元方季方裕蠱之範家貽其謀天鍾
其休故蓄爲和氣播爲盛德年始孩而畢公捐館七歲受

孝經至喪親章捧書孺慕哀哽不食鄰伍長幼爲之涕泗
既冠遭太夫人棄孝養苴皃茹毒泣血無聲者三年自是
孝稱鄉黨名冠宗室會垂拱永昌以後天下有燕啄之謠
七廟支庶不絕若綖公正志蒙難危行全德貞厲二十年
以俟道長中興後乃筮仕由朝邑縣尉凡七徙官至尚書
祠部郎中以大府上佐授潞州司馬因考績彰聞拔爲青
州刺史於是海岱貢篚衣履天下俗尚夸侈吏務豪奪公
以德禮示法度以誅賞禁淫慝宣明教化飭行率先使刺
繡倚市者悉返耕織於是貪者廉善者勸海濱之俗變至
鄒魯按察使戶部侍郎宋遙以狀聞璽書褒異遷公於常
州賜一子出身常之吏民望公風聲其奇袤僭濫者解印
綬自去比及下車無爲而治復以高第擢拜徐州刺史先
是歲比大歉人流者什五六公條奏逋逃之名削去其版
然後節用務本薄征緩刑以來之歲則大穰人不患寡浮
游自占者至數千萬優詔嘉歎賜帛二百匹元宗後元年
改宋州爲睢陽郡命公爲太守淮河漕輓刀布輻湊萬商
射利奸之所由聚也公謂非勝之艱安之惟艱故峻其侵
漁之令宏其幷容之仁吏或不廉不恪不惠不迪糾之誥

之必誠必信公之誠信不欺故獄市不擾閭井輯睦由是
飲公醇固之德者如餒者得哺寒者得纊有司方將計課
以聞天不惠於宋乃崇降厲疾三年春賜告歸洛陽是歲
十二月丙午薨春秋六十有四宗室悽欷士友失圖宋人
徐人輟舂相唁明年某月遷宅兆於京兆見子原先塋禮
也公雅善屬詞有集二十卷晚節好禪味耽道論嘗傳道
德上下經五千言爲之訓解以究微旨其爲政貞方廉靜
明達端懿嚴不殘直不訐清不矯時善不徇名交友推誠
好惡中節博見強志親仁愛士居險用晦遭時利往行藏

之機與道屈伸未始以去就寵辱瀆其出處而壽位未極其量也故休祐復集於後昆夫人某縣太君廣平程氏生元子曰涵以忠文孝讓儀刑王室天子謂可內司九法外鎮百城大歷七年夏五月由尚書兵部侍郎爲御史大夫蘇州刺史巡省江左邁德詒訓之所及也夫人沛國武氏以繼室生仲子汗汗弟濃皆卿林而不幸早世某年月日朝廷建推恩之令追贈公祕書監大夫之孝達於祖禰也及嘗忝禮官之屬知王侯之廟祧昭穆與功烈德善故受命於大夫酌而爲志著之樂石以代烝彝曰

敦敘九族皇風所始公生德門運叶麟趾王曰叔父高陽才子纘乃祖服似續介祉厎績三署舊章孔修赤舄形襜牧彼四州明照奸訛仁覆隱憂神罔時怨民斯輯柔民之不幸公壽不永王曰彼天匪慭俾屏仁浹鰥寡道在彝鼎臧孫有後遺烈煥炳

唐故朝議大夫申王府司馬上柱國贈太常卿韋公神道碑銘 幷序

楚元王傅後五世長孺相漢始自魯國徙家杜陵其後十六世孫景略仕魏爲青州刺史青州生隋倉部侍郎南皮公瓚南皮公生三子皆才同時爲郎長曰季武實居主爵次曰叔諧典司庫部季曰叔謙歷吏部考功時人號爲三列宿考功生知人以司庫員外郎爲職方郎中自長孺至青州二丞相一侍中十一二千石自南皮至職方二葉五尚書郎爲當世言婚宦者謂之郎官韋家楩柟瑶琨非崇山濬源不生故公侯卿大夫實鍾德門事業名聲與冠蓋俱四牡龍旂之慶百代彌熾盛矣哉公諱縝字某職方之仲子也性忠廉無邪溫直好禮用誠明博厚祗若祖考之訓雖顛沛不違仁非得之不苟求言足以成事而濟衆默

足以居易而慎獨鄉舉經行吏部登賢能拔授祕書省校書郎親累從官再遷至亳州臨渙縣令寬仁愷悌之政行乎千室期年而頌聲興遷薛王府文學轉祕書郎王宮圖牒天祿典籍公皆以儒服參焉藝文修而彝章敘歷佐濮徐仙三州清恪如一入爲申王府司馬以達才居陪臣之列宏道以奉職安義以直已諫從政肅繄忠亮是賴掌邦典者謂王門之治可移於公卿方議登之三府會寢疾終於位是歲開元十二年歲在甲子冬十月二十二日春秋若干夫人河南元氏益州唐安縣主簿知柔之女承先祖

供祭祀之謂職閔勤勞勸以義之謂德莊敬恭順婉娩聽從之謂禮顧復勞瘁均養善訓之謂慈夫人兼有焉某年月日春秋若干卒某年月日合葬於某原嗚呼才宜貴仁宜壽世祿宜富三者公夫人皆居其地不臻其分鄉黨宗族以命不可說相弔焉惟明德必有後之言也信有若孟子幼成博見利器鏗若金錫天寶十年自尚書兵部郎出守漢中兼山南西道採訪處置使移典河內河內人至今頌之仲子幼卿洛陽縣丞叔子幼奇宋州楚邱縣令季子幼章有貞幹密識恭寬而明前後八執憲而再起草自兵

部郎中持節典泗楚二州錫金印紫綬咨以屯田贍軍食如漢營平侯故事以言以立皆公之教訓也寶應二年春三月以子爲大夫故詔追贈公太常卿君子謂公之義方慶及其身而楚州之孝誠格於宗祏禮也猶以爲與化俱者人事不我期者邱隴雖大宗小宗可詳諸姓氏譜命官日時各存乎屋壁之志若遺直與故事非金石刻則無以示後世也由是楚州稽首於廟見託譔德垂懿萬億孝思罔極其銘曰

肅肅乃祖翼商屏周總羣邦兮退傅閒生扶揚重侯德乃降兮龜紐虎符黼衣彤弓世相副兮百代純嘏鍾仁於公德斯懋兮爲邦三年足民知方政之臧兮校文石渠觀書魯堂志自強兮三佐列郡曳裾游梁道未光兮巳矣介福不充景行吁嗟命兮一經之遺垂裕果盛哀榮並兮子子孫孫丕承忠敬荷餘慶兮

唐故朝議大夫高平郡別駕權公神道碑銘 幷序

開元天寶之際元宗始以八柄付三公由是台司得專其廢置其中或憑寵固位懼天下有異巳者諸附離之者皆出入三臺若公才令名以望見憚則稍稍優其俸而黜其

職故天水權公幼明由新安縣令爲絳郡司馬高平郡別駕而歿同於道者皆竊歎之是歲天寶六載秋八月也歿後廿有二載歲次巳未春二月返葬洛陽故塋夫人新鄭縣君滎陽鄭氏祔焉縣君某縣某官某之孫某之子以仁儉好禮輔佐懿德柔明之風訓齊閨門壽六十五大歷二年十月某日終於丹陽初公娶於博陵崔氏生子曰驊而終新鄭以繼室生四子曰軼曰申曰器曰舒舒不幸短命驊軼申器悉忠信好學善屬文位未顯而令名歸之慶之垂訓之流也至是既卜宅兆驊等懼日月逾遠後裔不知

其先人之德善謂及忝鄉舉之舊故使錄而銘之云公諱徽字幼明隴西天水人也權氏之先出於顓頊其遠祖殷武丁之小子生而有文在手曰權因以權受封且命氏焉至周爲楚武王所滅國除其後有仕隴西者遂家於天水歷漢魏晉宋閒子孫世都尉爲郡守至裔孫翼與王景畧同佐苻堅官至僕射後僕射數世至景宣景宣生士玢並知名於時士玢生萬春歷華州刺史封千金縣公華州嗣右領軍將軍曰文奬領軍嗣永興令曰懷育公永興之嗣也奕葉之明德粹氣蓺於其躬故融而爲仁行播而爲文

學童子時舅氏崔湜奇其文嘗謂有何無忌之似其鄉舉也考功郎中蘇頲拔諸羣萃之中連尉湖城汾陰新繁渭南河南五縣開元二十三年拜監察御史會監祭太廟先時同事者約相與偕赴及將赴祭約者有故不至遽不暇告公曰人約我矣可先已而後信乎遂不赴坐是降爲河南府法曹君子義之初選部舊制每歲孟冬以書判選多士至開元十八年乃擇公廉無私工於文者考校甲乙丙丁科以辨論其品是歲公受詔與徐安貞王敬從吳鞏裴朏李宙張烜等十學士參焉凡所升奬皆當時才彥考判之目由此始也於是天下無兵百二十餘載搢紳之徒用文章爲耕耘登高不能賦者童子大笑公攘臂其間以仁義爲已任片言隻字動爲學者所法時華榮之而居家清方惟德禮是依潤身飭吏不過經術不矯持操以游媚貴倖行威作福者忌之由是官徒而階不遷從法曹數歲而後有新安之拜及至歷絳郡高平任愈疎遠安貞中立未嘗易方虛舟其心與位升降春秋六十四而終蓋道之行止與時不并論者以漢梁叔敬桓君山爲比公所著文二十卷其立言之宗趙郡李華編而序之若世系事業則書

諸斯文其文曰

咺兮權公有德有言忠恕廉清道直而溫行有餘力言足成文居官釐績勤約是守與明以信寧黜不苟跡屈志伸義彰身後冉政游學左詩潘誄風流遺烈足以遺子九原與歸末由也已

舒州山谷寺覺寂塔隋故鏡智禪師碑銘 并序

按前志禪師號僧璨不知何許人出見於周隋閒傳教於惠可大師摳衣於鄴中得道於司空山謂身相非眞故示有瘡疾謂法無我所故居不擇地以衆生病爲病故至必

說法度人以一相不在內外不在其中間故足言不以文字其教大畧以寂照妙用攝羣品流注生滅觀四維上下不見法不見身不見心乃至心離名字身等空界法同夢幻亦無得無證然後謂之解脫禪門率是道也上膺付囑下拯昏疑大雲垂陰國土爲化謂南方教所未至我是以有羅浮之行其來不來也其去無去也既而以袈裟與法俱付悟者道存形謝遺骨此山今二百歲矣皇帝即位後五年歲次庚戌及剖符是州登禪師遺居周覽陳迹明徵故事其荼毘起塔之制實天寶景戌中別駕前河南少尹

趙郡李公旹經始之碑版之文隋內史侍郎河東薛公道衡唐相國刑部尚書贈太尉河南房公琯繼論譔之而尊道之典易名之禮則朝廷方以多故而未遑也長老比邱釋湛然誦經於靈塔之下與硎松俱老痛先師名氏未經邦國焉與禪衆寺大律師釋澄俊同寅叶恭亟以爲請會是歲嵩岳大比邱釋惠融至自廣陵勝業寺大比邱釋開悟至自廬江俱纂我禪師後七葉之遺訓日相與歎塔之不命號之不崇懼像法之本根墜於地也願申無邊衆生之宏誓以抒罔極揚州牧御史大夫張公延賞以狀聞於

是七年夏四月上沛然降興廢繼絕之詔冊諡禪師曰鏡智塔曰覺寂以大德僧七人灑掃供養天書錫命暉煥崖谷衆庶踊躍謂大乘中興是日大比邱衆議立石於塔東南隅紀心法興廢之所以然及以爲初中國之有佛教自漢孝明始也歷魏晉宋齊施及梁武言第一義諦者不過布施持戒天下惑於報應而人未知禪世與道交相喪至菩提達摩大師始示人以諸佛心要人疑而未思惠可大師傳而持之人思而未修迨禪師三葉其風浸廣眞如法味日漸月漬萬木之根莖枝葉悉沐化雨然後空王之密

藏二祖之微言始燦然行於世間浹於人心當時問道於禪師者其淺者知有爲法無非妄想深者見佛性於言下如燈之照物朝爲凡夫夕爲聖賢雙峯大師道信其人也其後信公以教傳宏忍忍公傳惠能神秀能公退而老曹溪其嗣無聞焉秀公傳普寂寂公之門徒萬人升堂者六十有三得自在慧者一曰宏正正公之廊廡龍象又倍焉或化嵩洛或之荆吳自是心教之被於世也與六籍侔盛嗚呼微禪師吾其二乘矣後代何述焉庸詎知禪師之下生不爲諸佛故現比邱身以救濁劫乎亦猶堯舜既往周

公制禮仲尼述之游夏宏之使高堂后蒼徐孟戴慶之徒可得而祖焉天以聖賢所振爲木鐸其揆一也諸公以爲司馬子長立夫子世家謝臨川撰慧遠法師碑銘將令千載之後知先師之全身禪門之權輿王命之丕顯在此山也則揚其風記其時宜在法流及嘗味禪師之道也久故不讓其銘曰

衆生佛性莫非宿植知誘於外染爲妄識如浪斯鼓與風動息淫駭貪恚爲刃爲賊生死有涯緣起無極如來憫之爲闢度門即妄了眞以證覺源啟迪心印貽我後昆閒生

禪師俾以教尊二十八劫迭付微言如如禪師曆期宏宣世涸法滅獨與道全童蒙來求我以意傳攝相歸性法身乃圓性身本空我無說焉如如禪師道既棄世將三十紀妙經乃居皇明昭賁億兆膜拜凡今後學入佛境界於取非取誰縛誰解萬有千歲此法無壞

欽定全唐文卷三百九十一

獨孤及八

唐故特進太子少保鄭國李公墓誌銘

少保諱遵皇唐太祖景帝七世孫也祖瑜鄭州刺史追贈太常卿烈考日暈官至太僕贈太子太師揚州都督公聰朗奇偉豪邁曠達率性忠孝臨節有勇開元十年初仕天寶六年出守始於淄川歷濟南汝南以剛明莅衆所居政肅民受其賜生爲立祠十四年秋九月由執金吾爲彭原郡守明年長安覆沒元宗遜於南京便橋之役我師敗績

自新平屬之五原二千石皆反爲賊守莫有勤王者肅宗以餘騎十數次於彭原公頓首迎謁且憤且喜因獻衣服鞍馬泣問大計乃悉發倉庫募敢死士獲九百人公自誓衆扈蹕而北翌日師次臨涇又北至於平原收攜貳逆命者斬之以殉破其餘黨進幸靈武旬日之間有衆至數萬王師遂張於時法駕播越神器無主公與裴冕等率羣臣勸進陳天意上尊號以定民志上乃卽皇帝位拜公尚書工部侍郎領宗正卿乘輿南旋公封鄭伯舊京始復公典營建社稷宗廟園陵壇墠罔不畢修百工咸若乾元二年

論功行封。策爲鄭國公。定食實封二百戶。加特進工部尚書宗正如故。上每拜公相。命將帥。建妃后。公悉參焉。渥澤滂沱。羔雁盈門。家有陸生之橐。樂兼魏絳之賜。中興宗臣。荷寵莫二。會李輔國泄省中語。且諷公卿舉己爲相。公不從。銜陳其奸。明年。肅宗崩。公由太子少傅貶袁州刺史。竟爲盜憎且讒勝故也。寶應二年拜鴻臚。尋復加太子少保。貶永州司馬。大歷二年七月某日。薨於永州。春秋若干。夫人盧氏。蘄春郡長史諭之子。以副笄宜室。封范陽郡夫人。而偕老偲願。先公十二歲而歿。大歷三年夏五月庚申。合

葬於萬安山北原。禮也。惟公宣力殷憂之際。克扶艱難之業。忘身衛上。忠之至者。及居職任事。知無不爲。永泰之後以列侯朝請。則放志達生。以親其身。再處左官。皆非其罪。知公者謂公進因策勳。退不附邪。善無近名。直而忘懷。斯可謂之達矣。有四子。謂誦謜謠。願書其先人之勳烈。使後嗣子孫得酌而觀之。於是公母弟祕書少監日勛。謂及忝佐典三禮。宜知先王先公之昭穆。故命及爲誌。其詞曰

貞松之姿。匪寒不知。公之清規。見於國危。抗憤忠勤。發民濟師。戮力扶義。天步乃夷。奄有滎波。遂荒鄭封。帝曰俞往。汝作共工。澤流於家。慶積恩重。門羅軒蓋。賜有歌鐘。再謫湘源。謂當後笑。遂遊岱宗。天實不弔。寂寞舊館。淒涼江徼。琢石泉戶。摛其光曜。

唐故衢州司士參軍李府君墓誌銘

公諱濤。皇唐太祖景皇帝六代孫也。曾祖道立。嘗典陝濟陳三州刺史。封高平郡王。祖景淑。畢國公。父仲康。官至尚書主客郎中楚州刺史。世秉懿德。爲公族領袖。語在皇室譜。公純孝忠厚。貞信廉讓。直而遜。明而晦。朴而不固。靜而應物。克己復禮。時然後言。策名居官。清畏人知。弱歲好學

篤志經術。專戴氏禮。晚節耽太史公書。酌百代之典故。以輔儒道。以經明行修。宗正寺舉第一。初仕許州臨潁縣主簿。歷宋州宋城縣尉。皆以恭寬信惠。聞於千室。議黜陟幽明者謂公文行吏事。宜登三臺。會河朔軍興。避地江表。相國崔渙承詔署衢州司士參軍。於時五府辟召之權。移於兵間。務苟進者。多由徑而致顯位。公儉德正志。安貞俟時。未嘗以得喪夷險。芥蔕方寸。視榮辱晏如也。論者高之。乾元二年某月日。寢疾終於揚州。春秋若干。某月日。權窆於衢州。嗚呼。仁可以師表搢紳。而無貴仕。禮可以軌範風俗。

而不遐壽沖用休績卷而未形澹焉化往使善人相弔嗚呼哀哉公歿後十有二載從父弟涵以宗室柱石爲御史大夫按節江東痛仁兄生不登公侯卿大夫之位歿不備踰月外姻至之禮遂茹哀筮日減月俸以庀喪具由是大歷九年夏四月二十七日公長子居介及居佐居敬居易奉公之輤柩歸葬於洛陽先使君夫人宅兆之側凡今孝乎惟孝友於兄弟者於此乎觀禮及謂知公者宜莫若懿親今將以無媿之詞申報幽路故作銘以刊之於石其詞曰

天地方否君子安卑世道既夷隙駒莫追仁而不壽才既無施積善必慶天何余欺襜襜裳帷浙江絕淮蒼蒼故山玉樹斯埋死喪之威兄弟孔懷令德家風與天壤偕

前左驍衛兵曹參軍河南獨孤公故夫人韋氏墓誌

夫人諱某字某楚王交傳孟裔孫唐許州司馬皎曾孫渭南主簿懿之孫兗州金鄉縣尉商伯季女祕書省著作郎睦州刺史價之妹其先自彭城郡徙京兆從丞相賢後九世至本州大中正穆始有東西眷之號二十五世至徵士夐居魏周二代出不降志處不隨俗時人號爲逍遙公夫人之七世祖也逍遙公生民部尚書建安公世恭建安生上大將軍宋州刺史仁裕將軍生給事中旅卽許州之禰也夫以四言之遺直一經之遺烈十徵之高風焯於古今宜其秉哲垂懿百代不隕地之華望之崇與春秋之唐杜范氏漢晉之袁楊王謝侔其熾大矣哉三十八葉之明德茂祉降衷於夫人故孝慈貞儉溫惠淑慎文敏好禮三者皆天機生知不待師訓而至廣德二年夏六月歸於我衣服飲食躬自菲薄夙夜戒敬致孝於荇菜接娣姒以謙馭

幼賤以敬敦善勸義恕不知而矜不能喜慍未嘗見於容止也其德禮所化宗族以睦兒童知讓生一子四歲而夭大歷四年夏六月癸丑再孕不育乙卯歿於舒州春秋若干仁厚而不福德備而不壽是天不惠於我家也向使錫厥永年正家承筐宜爾子孫百祿是享非夫人曷歸啟手足之日長幼號咷外姻內姻親疎皆行哭失聲也宜哉是歲九月甲申以輤裧裳帷遷於洛陽十一月丁巳安宅兆於舅姑先塋之西南隅恐時逝事遷景行不貽於後故刊石以志卒葬且謹而日之

殤子韋八墓誌

殤子河南獨孤氏小字韋八以其弱而未名也故以字稱北齊司空行臺尚書令臨川郡王七代孫有唐安南郡長史府君之曾孫潁川郡長史府君之孫左驍衛兵曹參軍公之元子祕書省著作郎京兆韋儹之甥生有奇表温明聰秀覃訏於保姆傅婢之手嶷然異於凡童氣閑體和取與必時諸父諸姑每謂與我家者必此兒也賓客之至者看玉人不暇倘假以壽命則成器致位未易度也不幸多病大歷六年歲次辛亥十二月二十二日夭於舒州壽止

五歲三十甲子長幼悅毒六姻悼惜嗚呼天將不昌我後裔乎不然曷使此孩不至於成歟大歷八年夏四月十六日以其喪歸洛陽祔於王父母宅兆之側其仲父衡涕書其始終記於墓云

唐故潁川郡長史贈祕書監獨孤公第三子憕墓誌

唐天寶元年歲次壬午潁川郡長史府君第三子曰憕寢疾卒於潁川至德二載冬十月四日權窆於洛陽龍門之西山焉至大歷四年五月十有二日詔追贈潁川府君祕書監是歲七月十有一日壬午遷宅兆於壽安祖塋甘泉鄉之原以君之喪葬於塋之左禮也君沈毅出於天成幼年性卽果斷岸然不可以屈撓資稟穎悟過目成誦若出之素得兼之好學不倦朝夕無廢時弱歲專於左氏春秋晰疑洞義二百四十二年之事若列之指掌尤工於畫尤善音律圖書之奧靡不深究津津乎神遊而趣洽所以爲之卽得其理意氣倜儻達節不欲以細行竊名志氣方遠未仕不幸多病年方二十二而歿嗚呼修短之經聖人罕論同塵顏冉茹恨何言嗚呼

唐太府少卿兼萬州刺史賀若公故夫人河南郡君元氏墓誌銘

夫人諱某魏景穆皇帝九代孫也祖諱某皇朝贈太子少保父諱某克荷前烈不幸早世夫人在孕而孤鞠育於叔父相國潁川公天機聰明生知仁孝被服法度綜習文史年十四嫁河南賀若瓚瓚積功勞剖符爲郡夫人輔佐以副幷宜室能睦其族且勸以義而風藻禮範儀刑閨門晚節厭離心垢嚴持禪誦而道機未宏壽量有極永泰元年三月某日終於渠州享年若干嗚呼以夫人之柔明孝慈

温惠淑茂。況承景穆之餘裕。少保之貽則。季父當國良人專城。河潤澤及。福綏宜遠。胡弗眉壽。鍾是短歷。潁川公之慟。其可旣乎。大歷二年二月二十二日。反葬於京兆鄠縣之某原。宜列景行。貽於彤史。恐陵岸或遷。音徽將沬。故月而日之。銘諸堅石。蓋猶父之志也。其詞曰。

人亦有言。天祚明德。吁嗟邦媛。未偕壽域。家節旣成。蕙芽方植。仁而無報。爲善者惑。夜臺超忽。神斯冥默。貞石有礎。德音罔極。

唐新平長公主故季女姜氏墓誌銘

乙巳歲四月二十六日。有唐新平長公主季女姜氏卒於京師昊天觀。五月六日。葬於某原。長公主歎季女姿度柔茂。温惠淑慎。能修女師之訓。動中禮範。其曾祖柔遠。位至尚書地官侍郎。祖皎。以勳舊歷太常祕書。剖符封楚。其父慶。初能踐修祖考之耿光。嗣爵舊國。復居太常。元宗其外王父也。肅宗其舅也。天池波瀾。澤潤本根。謂德鍾下。錫祉與壽。宜君子家室。且貽芳於彤管。乃未笄而夭。命也夫。嗚呼窈窕專柔。含德而未形。雖當鵲巢小星采蘩殷雷之德今已矣夫。史氏蔑由記之矣。長公主之慟。其庸可及乎。故月而日之。銘諸堅石焉。其詞曰。

思孌季女。生於公族。稟懿德兮。天世其祿。不遐其福。胡不淑兮。彭殤同躅。數不可續。哀靡極兮。

唐前楚州司馬河南獨孤公故夫人博陵崔氏墓誌銘

夫人諱某。博陵安平人也。曾祖恭禮。國朝駙馬都尉。延齊易三州刺史。封博陵郡男。祖興宗。饒州長史。考儁。亳州臨渙縣丞。夫人少孤。在家以純孝稱。旣笄。莊明而賢。柔順有識。年若干。歸於獨孤氏。奉蘋藻。供祭祀。事長撫幼。糾合宗

族。敬恭而誠。孝愛備至。動必由禮。非法度未嘗踐也。生子四人。教之以義方。夙夜貞勵。家道以正。娣姒服其義。親戚稱其慈。天不降衷。於我大歷八年十一月某日。享年若干。歿於壽州。少長行哭。六姻涕泗。傷夫人有宜室之美。勸義之明。而司命奪其長算。使德與壽反。嗚呼哀哉。明年十一月日。公使長男勤。奉夫人之喪。返葬京師某原先塋之側。禮也。刊石以誌。庶德不朽。其銘曰。

夫人之德。柔明淑慎。從夫以禮。承筐以順。奉若家節。率由彝訓。遐福是期。溘至何迅。謂仁者壽。天實不信。同塵彭殤

歸根大運於以刊石永播淑聞

唐司直博陵崔公故夫人趙郡李氏墓誌銘

夫人諱某趙郡人也皇朝德州將陵縣令銛之長女天生柔懿齠齔知禮年十六歸於崔氏丕承宗祀虔恭中饋謙敬恭儉貞固淑溫閨門化之宗族以睦生一子年十一而殤有女四人長女夭於襁褓次女適范陽盧履純第三女適河南獨孤及年若干早世少女適樂安蔣鎮皆柔明好禮淑慎有德循度勤義雖造次不違仁實夫人之教訓也輔佐君子三十有九年夙夜靡違家道以正向使神祈正

直天報德善宜登期頤與君子偕老嗚呼不造春秋五十四而歿凡所願復太半道夭撤琴瑟之日無見主祭德與事反哀有何極嗚呼哀哉是歲十月某日卜宅兆於某山某原追紀往行以志幽石禮也及忝婚姻之故常瞻清懿逝歿相尋報德靡及敢不備書實錄期於不朽其詞云

莊敬柔順婦行之極抑抑夫人秉是懿德衿鞶爲戒蘋藻惟職四始之美六姻是式仁而必報當躋壽域天實匪忱古今同感變化忽恍音徽冥默閫右遺範是效是則

唐萬年縣尉崔肅洌故妻李氏墓誌銘

夫人其先隴西人也皇唐高平郡王道立之元孫畢國公景淑之曾孫祖仲康開元中爲尚書主客郎中楚州刺史父濤以貞信篤行爲宗室冠冕歷宋城尉衢州司士參軍而歿德厚而位不稱啟手足之日爲守道者所痛夫人吾之姊子也稟氣於家君之中和母氏之柔明故姿度淑茂恭儉謙順天性孝慈聰慧有識讀書善鼓琴造次必以禮自持莫見其喜怒之容言歸於崔以德宜夫事姑禮節儀刑閨壼輔佐之美六姻是瞻有識者謂當有鵲巢之貴鮐背之壽天則反是使春秋二十七而終醫不至歟命有極

而然歟適來適去皆忽然歟吾痛且感傷悼之不足故形於文且遂爲誌其文曰

爾德爾容天實爾鍾爾志爾年天何不從勸義孤塋歸安跡絕哀哀母氏泣盡繼血刻守此石記爾芳烈

唐故朝散大夫中書舍人祕書少監頓邱李公墓誌

公諱誠字元成魏郡頓邱人也九代祖誕魏太傅陳留郡王從太傅七葉生左威衛將軍翊左威衛生汾州長史昇長史生濮陽令諒濮陽生公四歲知禮七歲善屬文年十

六戶部尚書姚珽以賢良薦比之終賈開元三年舉進士十年舉茂才十七年舉文學皆射策取甲科由太平尉爲金吾曹監察御史河南司錄美原令膳部員外郞天寶元年考功郞中知制誥修國史二年中書舍人五年祕書少監七年十二月終於京師自初仕至終二十七年歷官十享壽五十三動靜由禮交不諂瀆宏毅貞諒直而不肆居官必忠執事必敬未嘗以悔吝改操爲權倖屈法由是自御史爲河南府司錄持正不阿故也宰美陽周月收案大猾除其根株然後布政及期而美陽無訟乃有涸泉湧流

白雀馴於庭開元中蠻夷來格天下無事搢紳聞達之路惟文章先公以俊造文賦皆第一京師人傳寫策藁相示以爲式無何司言載筆乃典祕書公才威名高與職位俱論者謂公以文學政事取公器如拾芥雖不至公卿其令聞令望足貽後昆夫人孝義縣君宋氏萊州司馬元同之女禮樂風操家之範也柔明孝慈天之質也淸淨厭離修之惠也能修采蘋之職以正家節李氏之閨門肅九族睦實夫人是賴乾元元年隨長女從夫於洋州二年正月二十五日終於某居享年五十七遂權窆焉路難不克反葬故也有才子二人曰興曰殷悉能荷先大夫之德興三十爲左補闕起居舍人殷舉秀才甲科永泰二年興請命於上迎夫人喪至自洋州十月二十七日合祔於澠池先塋夫惟天地能長且久若邱隴陵谷則無不遷者也故纂其先人之景行勒於石以爲誌

唐故大理寺少卿兼侍御史河南獨孤府君墓誌銘

府君諱瑛河南洛陽人漢世祖光武皇帝第二子沛獻王輔之昭也齊臨川郡王河陽道行臺僕射洛州刺史永業

府君五代孫國朝明威將軍文惠府君第二子越州都督浙江東道節度觀察處置使兼御史中丞右金吾大將軍峻府君之季弟也聰明仁恕專直寬信擾而毅溫而厲弱冠筮仕以藝卽戎藏器安卑非其志也天寶十四年安祿山反朝廷以淮泗海沂三吳咽喉宜擇良佐以貳藩鎭命府君爲泗州長史無何換滁濠二州倅戎備參吏職忠敏肅給所涖繫賴御史中丞崔公昭之尹河南也盛選僚佐表府君爲太常丞兼殿中侍御史營田判官使罷轉湖州別駕大歷五年崔公受詔持節牧宣歙池三州府君復爲

從事以太子右諭德兼殿中侍御史遷大理少卿兼侍御史方謂宜民宜人祿與壽俱遺命不淑春秋五十五而殁是歲大歷九年春三月二十四日也夫人隴西李氏以柏舟之誓提攜諸孤某等奉府君之喪言歸洛陽某月日窆於某原禮也府君少孤事兄嫂以友悌稱在邦在家言信行果居官祗事強志能力及其冠法冠佐太府上以勤恪周爰成務下以明誠勞謙應物和禮正家敦睦族姻自疏及親必慈必愛而命不我與年未下壽夭夭其極嗚呼哀哉初府君之金吾伯兄擁旌浙東也拔崔公於郡吏之中

升爲軍司馬推誠委政之分猶晉得韓厥宋得子罕及中丞之開府辟掾府君爲首旣而府君之喪也中丞哭之慟贈賻賵給加於人一等由是稚子孀妻得奉喪而西三月而葬禮無違者賻布之餘足備祭器君子謂金吾之明哲詒厥兄弟宣州之交情見於死生知已之道斯其行者鮮矣及敢不以直詞書仲父之美於墓石其辭曰

叔父懿德承家令儀惠迪哲兄踐脩靡違移治於官發跡淮沂及佐皇華亦繡其衣天子命我再參軍機駱馬嘽嘽所從其誰顯允君子爲諸侯師府君委質咨諏載馳式壯其猷耄未及之陰陽爲寇子鵩治期昔也陟岡哀哀永思令也反眞匪公曷依伯兮叔兮今乎已而他年九原公誰與歸

唐故正議大夫右散騎常侍贈禮部尚書李公墓誌銘

歲在丁未七月丁卯有唐故右散騎常侍李季卿薨享年五十九文經邦國行滿天下無人非鬼責之悔以近後劇無中人十金之産以補祭於身殁顧謂宗子家老必以巾車一乘斂手足形還葬其孤馮翊縣令霸等泣奉遺命以某月庚寅附宅兆於長安九陣原之先塋名公上士護喪

會葬同道必至哀纏都邑初公烈考曰適神龍中歷官中書舍人昭文館學士工部侍郎才高而明爲文章蓍龜公生而好學地使然也豁然宏達天所縱也臨大節而賈勇不私其身也進賢不進不止事君以忠也當昔天步方艱王師有征公入參謀臣出佐軍政直躬咨諏戎臣賴之其後領二曹判二州再司王言三貳京尹由祕書少監爲吏部侍郎復兼御史大夫慰撫山東淮南明年勞旋典選如故大歷三年拜右常侍其勤王家十有餘年舉措由道行

止以直居貞守忠慤不能惑思賢求才若渴若飢推心吐誠親疏以之執德之經不爲利回正進退於忠信視得失如洟涕凡君子在位則不仁者遠攸徂之邦宜皆蒙福遽奪公算是不惠於斯人也天難忱斯嗚呼哀哉諸公以爲不可奈何者壽夭之數若奮揚景行宜在知己由是尚書右丞長樂賈至作銘以銘之

唐故祕書監贈禮部尚書姚公墓誌銘

有唐祕書監永安縣侯姚公諱子彥字伯英其先馮翊蓮勺人也至高祖僧洪徙家河東祖思聰祕書少監父坦汝

州梁縣丞贈祕書監公忠諒孝愛寬仁愿恭質方氣沖天所授也而力行博學溫故知新錯綜六藝以作詞賦初舉進士又舉詞藻皆升甲科尉清苑獲嘉永寧三縣開元二十九年詔立黃老學親問奥義對策者五百餘人公與今相國河南元公載及廣平宋少貞等十人以條奏精辯才冠等列授右拾遺內供奉歷左補闕於時天下無金革之虞選多士命百官先文行而後名法而柱下方書南宮章奏主張綸翰典司禮文尤精其選非盛名莫居由是遷公殿中侍御史禮部員外郎禮部郎中知制誥中書舍人太常少卿天寶十四年奉詔宣慰江東淮南覽觀風俗無何二京昭覆太夫人捐館公外罹憂患內纏擗疢銜憤泣血毀瘠滅性乘輿反正公適外除拜太子右庶子於時迍難始康百揆草創官復其職人亦求舊俄又授公中書舍人禮部侍郎光祿卿左散騎常侍加銀青光祿大夫復知制誥廣德二年授祕書監以儒行懿德策名三朝遺跡故事周徧臺閣資忠體和惟道是居正身奉上中立不倚恐懼戒慎形於隱微故遭值傾否出入夷險而未嘗有悔名與身偕德善是依明哲以保故也享壽七十有八大歷二年

四月某日薨於位五月某日詔贈禮部尚書知言者以爲壽富康寧攸好德考終命洪範謂之嚮用五福而公居四焉以清儉貽厥子孫故所不至者富焉爾非明德介祉何以享茲有子曰驍曰驥曰驂曰駰曰驌號於昊天痛欲報之罔極也銜恤問禮扶血裹事十月丁酉卜兆此原惟盛德與公器若川流之無還垂芳如之何刻銘於其墓之門將以志不朽其詞云

恂恂祕書蘊粹含和服膺孔門行鄰四科遭時之康天下尚文公奮羽翰翱翔慶雲晚逢中興貴德尚齒公秉懿範

入作卿士逮事三后出入二紀典禮司書媚於天子居貞保儉與祿終始鬱鬱佳城烈烈餘美日月有逝令聞無已

欽定全唐文卷三百九十二

獨孤及 九

唐故尚書庫部郎中滎陽鄭公墓誌銘

永泰元年六月四日尚書庫部郎中鄭公卒春秋四十有九知舊茹痛行路嗟悼謂公曰無擇言身無擇行得乾之貞固損之元吉坎之常德明夷之正志宜荷福履俾如山阜而秩止於三百石年不及知天命明神豈予欺乎嗣子正蕤然始孩孤窮何怙八月四日葬於先塋宗人家老於是乎以果行實錄責於豐石禮也公諱寵字若驚滎陽開

封人也其先建國命氏有鄭世家言之矣大王父某澧州司馬贈衛州刺史衛州生襄陽令某襄陽生臨汾令某臨汾生郎中純懿休祉之所叢也貞亮忠厚仁讓孝敬融明而溫性與道升二十舉明經高第解褐鄭尉太尉房公之由鄭郡而為右扶風也表公茂才擢虢縣令虢土狹而人痝公用教化漬之謂任力不及任人聽訟不及使無訟故以直宏道以信齊政以禮肅墮以讓息競莅止一歲虢人恥格至德二年拜監察御史徙太原戶曹領平遙令眞拜太谷其在晉如在虢也詔書勞之錫以命服遷華原令拜

尚書工部員外郎而唐人晉人猶歌咏盛德願得公常居其邦莫有由也太原守上其狀詔遷太原少尹未行轉庫部郎中凡歷十官宰四縣一持斧而再起草其政先道德而後刑法內精辨而外若訥戮力事上吐誠率下罔曲物而直己罔咈百姓以干名聲惟畏清之知善之彰飲其教者忻然樂康而不知其惠之所由生也與公遊者靡親靡疎悉飽醇德而莫見其天機之弛張也其學而知者惟濟南之書淹中之禮田何之易胡毋之春秋酌其微言以治其身身之治移於閨門閨門之治移於官官之治可移於

國而壽不可踰於域故位量未半良史無述焉自古有死彭殤同途獨有其身歿而其名存乎故老之口此之謂不朽不可以不識其詞曰

剛德干時道家所忌抑抑鄭公直溫柔毅衆人鈌鈌鄭公見朴衆人昭昭鄭公若濁布政四邑四邑和樂雷震風偃物亦允若御史執法郎官草奏鄭公莅止德音是茂於以經術潤色王度宗族敘惇鄉黨歸仁孝謹之風萬石之門兄也弟也天天申申善則無報天地不仁抑抑鄭公執德之中生不近其名歿不隤其聲吁嗟乎鄭公

唐故吏部郎中贈給事中韋公墓誌銘

郎中諱元曾字顯叔司農少卿德敏之孫衢州刺史會縣康公璆之子天寶五載解褐尉邠州新平其後參佐使臣者五入御史府者三一居專城六爲尚書郎大歷二年十二月乙酉以吏部郎中終於京師靜恭里之故宅春秋五十有五啟手足之日朋從僚吏親者疎者匍匐而泣奔之如不及惟郎中寬靜博厚孝友貞儉朴而愿達而好禮氣和以中而博之以文好惡嗜欲發皆中節以誠待人不務智巧雅尚儉慎臨事則虛己應物與道弛張性若疎緩赴

急則慘怛之仁形於顛沛誦詩三百不以文自衒在官必聞未嘗近名尤樂閑曠每以邱壑爲己任機事嬰之而未遑也則公之歿也跡負其志壽違其德官屈其量君子以是三者思其人而哀其命公無允子以兄子某爲嗣大歷三年正月癸酉卜窆於舊塋初執事者議三府高選欲以給事黃門待公既而弗及僉以爲恨至是詔贈給事中以襃美之且復其言也嗚呼渭水東注時與之俱音容緬然何嗟及矣公之從父兄曰元甫與公友愛之外有知己之道焉故天倫之戚加於人一等謂及忝仲氏之舅故使爲

誌云
言罕兼德勇不必仁文行忠信獨鍾於身凡厥正人旣富
方穀闕叶於極命故不淑結志方遠爲郎未老孰與若木
先秋而槁變化誰宰天地何物目不容瞬盛德如失昨日
容徽今如夢焉採君遺塵誌君新阡

唐故范陽郡倉曹參軍京兆韋公墓誌銘

永泰二年五月七日有唐故衢州刺史會縣子京兆韋璆
第三子范陽郡倉曹參軍諱元誠葬於少陵原先塋夫人
范陽盧氏祔焉從周禮也公少時爲坊州參軍歷襄州司

法試守棗陽縣令眞授蒙城令凡五遷至范陽倉曹初安
祿山以范陽叛劫脅元元以殺整衆士之因官因居而困
窘顚躓墮圍中者數千計凶威所及不死則汙公掾吏也
在僞署伍中涸跡佯狂冀以病免盜憎之乃加害焉春秋
若干夫陽九厄會天地鞠凶燎火炎岡玉石何訴是歲天
寶十五年也嗚呼人皆筮仕必以廉平公幹稱於州里人
誰無死死則名不辱志不奪不嗾盜哺以易其生生且不
苟其事親事君之禮不待史氏而自明矣在官必聞則居
家正身與朋友臨財之節可知矣有子曰彤龍鍾崎嶇於
險阻之中十年不克返葬哀有何極歲在乙巳冬某月始
跋涉太行恒山之路以公之喪至自某郡公季弟吏部郎
中元曾旣得吉卜痛天倫之歡莫之追也願以兄之忠於
君恪於官友於家之德之美以播後嗣庶幾陵岸遷而德
音不磨謬以及爲習於禮者故使之爲誌其詞云
天地橫隤二象霾兮梟獍擇肉鸞鷟懼兮明夷于飛罹其
故兮美玉寧折質不汙兮子子孫孫荷餘裕兮

唐故左右一作金吾衛將軍河南閻公墓誌銘

公諱用之遠祖曰文周昭王瑕之後也生而手有文曰閻

康王奇之命封閻城文四十五代孫滿仕後魏太祖爲諸
曹大夫自馬邑家河南其裔孫慶在隋爲少司空慶生毗
毗生立本立德唐永徽中立本爲中書令立德爲工部尚
書立德生元邃以司空尚書之餘裕也官至澤州刺史邃
生巨源常宰射洪有仁政射洪人詠歌之公射洪第二子
也溫毅遜直廉恪寬信讀論語老子周易被服其教初仕
彭州參軍常攝督郵一日糾案本州僭謬不法數十事太
守徐知人以爲材後有詔擇舍人以公魁偉爽悟有醞藉
乃登其選會戎侵我天子方愛人息戰將以辭讓屈之詔

公使西域以王命諭襁褓戎人頓首請罪介馬不汗戈鋋不用而虜軍却遷右衛郎將知引駕仗金吾將軍李質上殿不解佩刀公呵下殿陛請按以法左右皆震慄自是環衛加肅先是有司以三衛執扇登殿引蹕公奏曰三衛皆趫悍有材力不當升階陛邇御座請以宦者代上曰可遂爲故事天寶二年冊拜公長女爲王子義王玭妃加公左驍衛將軍遷榮王傅初元宗懲諸侯王之國任事率多驕蹇不奉法度而人受其害故開元之後皇子皇孫雖荷封建之命未嘗離阿保之手悉無出宮閤任卿大夫者公以

爲王居深宮則傅相職廢上疏陳古義請諸王申輔導之禮議雖廢格上以爲忠公已白首位爲將軍諸侯傅太夫人尚無恙以銀印赤紱侍朝夕膳色難無違時人榮之太夫人捐館舍禮五十不毀公泣血死孝既免喪天子復目以端士俾傅壽王加朝散大夫上幸温泉經時未還宮京師人望屬車咸懷怨思公獻四言詩十二章諷諫優詔褒歎後遷左金吾將軍天寶十五載二京覆沒公爲虜所獲明年戎師奔然後以初服歸至德二年十二月終於京師春秋五十九夫人雍州司倉參軍博陵崔眘言之女專靜沖懿慈惠而明用德禮以佐君子有古風烈亦天鍾其仁不遠其算年若干月日歿於私第歿六載而公薨俱權窆少陵原有四子寧寀宰宣以家之不造世故之無寧歲也銜恤茹血不克喪事者九載廣德中寀以監察御史領高陵令明年辭職始卜葬於故原吉乃歲在丙午十一月日遷兆合祔焉嗚呼惟音形事業悉如化往獨陳迹與邱墓存焉非金石則無以示久遠故表而銘之孝子之志也其詞云

郁郁金吾洵美且温事君之忠資於愛親以德資身其祉

宜繁彼美輔佐儀刑閨門禮樂是悅孝慈是敦百歲之後合德九原獨以令軌垂諸後昆

唐故商州錄事參軍鄭府君墓誌銘

公諱密字愼微滎陽開封人也初韓哀侯滅鄭羣公子奔陳宋閒始以國爲氏惟桓公武公之德盛故國除而其姓彌大歷漢魏晉迄於今冠冕婚姻世莫與京公其裔也齊中書監南兖州刺史謚曰平諱述祖公之六代祖國朝衛州刺史府君諱某公之大王父也博州刺史府君諱某晉州臨汾令贈太常少卿府君諱某公之祖禰也公貞方介

直勤而愛人初仕趙州柏鄉尉所涖不過一扃而政行一邑廉使省風俗至趙趙父老率吏人數千遮道稱公之能識者韙公材且得衆滿歲歸洛陽家於嗚皋山南趣深險以避安祿山之亂親故數百家攜老幼往依之公悉發實窖無親疎皆仰給餓者窘者得公全活先是累歲力耕致粟至千斛至是而盡談者稱公之義二京返正天子選賢守相令長將蘇瘡痍之人殿中侍御史王政以公充賦拜商州洛南令數月訟平賦均監察御史李椅殿中侍御史王延昌御史中丞元公載並表言其狀詔書褒稱加公壽

王府戶曹參軍洛南如故無何遷上津令專知轉運水陸漕輓邦都移用賴公而濟徙大理評事商州刺史盧浦以公前後課績條奏遂以本官兼商州錄事參軍御史中丞王延昌表公才任御史奏未下會疾終於位春秋五十是歲廣德元年八月七日也其年權窆於商州夫人清河崔氏某之女生子雅弟幹大歷九年歲次甲寅十一月某日返葬於洛陽北邙山某原禮也公世業尚文伯仲皆才公尤深於詩言合麗則究緣情之美天性孝悌檢身端方居官廉恪其家道足以勸所不至者位止於中士壽不過知天命命矣夫公母弟尚書刑部郎中宣祕書省著作郎寶以其兄之德善授牘於及及跪讀三復敢以實錄刻石其辭曰

緇衣之宜敝予改爲蔚彼明德蔭此本支乃公乃侯典則是貽蘩祉於公實生令儀試吏柏仁嶷然忠規清不奪節剛不干時以道蒙難處險若夷臨財務施依者如歸匪愛千鍾仁爲吾師亂已運開乃從縶維先禮後刑以牧煢嫠商於之人家肥俗移督郵廷評九仞之資曷云不淑命天功虧明畧未申貽痛所知吉凶匪忱今古同悲桐鄉之愛

懷縣之詩令聞禺禺子孫承之

唐故虢州宏農縣令天水趙府君墓誌

府君諱令則字某天水人也其先造父實佐周穆有平徐偃王之勳因封命氏至晉而大以成季宣孟之慶故化家爲國及武靈而稱王語在太史公趙世家秦滅諸侯使趙王嘉子公輔主西戎戎人懷之子孫因家隴西世爲天水著姓其源遠矣曾祖元楷隋殿中監工部尚書淮安公祖崇基國朝岐州郿縣令符璽郎右衛長史烈考慶逸正議大夫許州長史府君長史第二子也好古博學涉獵百家

之言善屬文尤注意詩賦外剛毅峭直内温良而仁率由天性果於行已起家幽州薊縣尉敏給強濟聞於河朔以直道事人忤幽州刺史張守珪貶封州開建縣尉遇赦遷建州建安縣丞稍移湖州安吉縣丞天寶九載選授虢州宏農縣令宏農甸服也地邇賦殷號爲難治府君治之如治家刑以肅淫息德以哀鰥寡爲政期年邑民知方三年績成人無不均不安之患號人頌之解龜後貧無餘資因遊方河朔會天寶十五載幽都爲戎薦瘥鍾運明夷垂翼至德二載某月日遇疾終於某州春秋若干嗚呼民莫不穀我獨百罹才如府君胡不朋三壽綏百祿而生世坎壈歿身喪亂若之何不弔命矣夫夫人河南獨孤氏朝議大夫汝南郡長史府君之孫武功縣丞府君之女明哲柔懿實天生德結帨宜室四十有四載内修法度輔佐君子躬勤慈儉以化閨門趙氏之家肥族睦繄夫人是賴有子若干人訓以義方咸能被服文藝幹父之蠱使有德者必壽夫人宜登期頤奈何不淑遽奪長算天實不信人爲徼福大歷十年五月二日寢疾終於郿縣官舍春秋六十有七嗚呼哀哉長子湖州安吉縣丞琪琪弟某官瓘蘇州嘉興

縣丞璒太子舍人兼京兆府鄠縣令玗晉州臨汾縣尉珮臨晉縣尉珣珣弟玘是歲秋八月某日奉府君夫人之喪合祔於京兆某原禮也府君有集若干卷遐邇之志見於詞矣若言行才業官族歲月非銘無以示後裔也故著於石

唐故天水趙琚墓誌銘

琚字邁憐宏農令府君第五子厥生之初會府君先有封州之役契濶萬里愛而不見故邁以字之太夫人顧之復之訓視加等及長温厚孝謹文敏好學美姿儀有材藝戊戌歲十月以櫛縰笄總從府君涉河十一月卒於深州嗚呼未壻未祿夭夭是絶不見其成六姻所痛大歷五年八月某日葬於洛陽先府君塋之次禮也乃爲之銘曰

彭氏殤子其壽未易數子之往死生艱蹶未如之何刻石以記

唐故給事中贈吏部侍郎蕭公墓誌銘

公諱直字正仲梁長沙王懿七代孫有唐御史中丞臨汝郡守諒之孟子聰秀英達忠敏孝敬志強體和才方而圓果於從政當斷不惑有妙用明識足以濟衆利物與朋友

重然諾見於一貴一賤之際十歲能屬文工書十三遊上庠十七舉明經上第名冠太學二十餘以書記參朔方軍事中丞府君之遇讒謫居也公亦播遷漢東移尉穀熟至德二年乃由廷尉評授監察御史歷河南府户曹京兆府司錄參軍其後驟升尚書户部庫部司勳吏部四曹郎自殿中進兼侍御史中丞徐州刺史廣德元年中一歲四遷吏七職朝廷難奉使之選謂非公莫可故也永泰元年拜太子左庶子大歷三年授給事中前後居官二十辟書記支使判官副使行軍司馬貳使臣之車者八出入冠柱後

惠文冠者六所從之主則朔方元帥張懷欽汴州刺史李彥允揚州刺史李成式戶部尚書李公峘故相國今戶部侍郎第五公琦今相國黃門侍郎王公縉中書侍郎元公載其人也當乾元上元中大憝未靜王室之安危惟方面藩鎮是瞻公所佐之府必以忠力主畫疑謀危事談笑而決刀筆之所加應機成務談者稱其多才初公居先公夫人之喪外除猶毀其後母弟立卒公期不絕哭再期懸不樂食不肉談者高其孝友人有緩急大小之請必儲必副內姻外姻與所知之喪必匍匐而救之賵含加於人一等談者服其仁愛其爲庶子（一作至是以爲庶子）給事黃門出入兩宮優游三公間皆得其歡心方謂六卿九伯之位可坐而拾命不我與天孤人望歲在丁酉二月二日終於靜安里正寢春秋四十六談者歎其名與位與才與時四者皆弁獨壽不至時輩以爲痛三月二十五日詔贈吏部侍郎嗣子策密莒羸然銜哀奉喪來歸冬十月甲午卜葬於洛陽龍門岡先中丞塋之左禮也先其期論譔功烈以墓銘乞其父友孝也余欲塞其孝思之誠故錄其實以志其大節不欲華其文也銘曰

天地氣和靈芝吐葩德善下鍾才子承家爲言爲行是構是荷天子謂公濟美忠文駱馬鐵冠俾佐使臣周爰海隅撫循斯民往踐諸曹亦倅戎車一麾出守言隼其旟乃推（大典作擢）銅樓復登明廬竹花梧葉棲食茲始曷云不淑今也遄已萬里可到中途而止逝者如斯化往莫留瑤林瓊樹零落山邱匪石之貞曷紀德休

唐故銀青光祿大夫太子左庶子嚴公墓誌銘

皇唐太子左庶子河內縣子馮翊嚴公諱損之故都督洮州諸軍事洮州刺史協之孫贈太常少卿方約季子中書

侍郎挺之母弟家之慶天之休鍾於公躬故其德備少仕昌世遇權臣惡直官不登三臺晚值多難安貞不競故位不過郡守宮尹前後佐兩衞參四府領二縣典七州再入石渠三升龍樓凡處任十八享年七十六未嘗以利苟合違道從欲用之則行見機不俟動靜允迪勞謙有光廣德二年六月二十五日終於襄陽是歲八月權窆楚山西原冢子曰式官至江陵少尹不幸道夭仲子曰士元由殿中侍御史爲尚書虞部員外郎少子曰士良領祕書著作郎悉能裕父蠱懿文德取公器他日獨立訓所至也大歷三

年歲在戊申五月二十九日返葬洛陽先塋禮之至也宗人故太常卿向嘗狀公往行貽諸有司謂公外寬內剛廉正篤敬溫而不厲直而不訐學究原本行有枝葉故其適道求友莅職任事覈其實不居其華初公宰汜水也以莊明慈惠爲政汜水人不敢欺而戶口增倍獄訟衰止御史中丞蕭隱之以狀聞公是以有著作郎之拜其後歷太原上谷弋陽餘杭丹陽雖風俗殊異治效如一不曰才乎公在清池會安祿山與當國者交惡公曰難作矣遂移疾請告奸黨惡之是以有弋陽之貶貶之明年河北爲戎不曰智乎涉患難不辱身踐祿位不徇名居義處順動罔違吉不曰貞乎嗚呼榮問素業與時皆逝可稱也而不可追也今採其實錄刻石示後蓋欲報罔極者之志也其辭曰

君子之道容民畜衆公宰二邑二邑無訟與國共理惟二千石公七剖符七著成績乃師國子司成望苑考藝較德以弼三善中和其心正直是踐道亞羽翼名掩春華忠以事君孝施於家粲粲令子鮮侔晨葩若何不弔盛德旣喪音徽永沫士友孤望千載九原遊者悽愴

唐故浙江東道節度掌書記越州剡縣主簿獨孤

丕墓誌

皇唐故潁川郡長史贈祕書監河南獨孤公遷宅兆於壽安縣甘泉鄉之原公第五子丕陪葬於塋之西序第三兄燈墳在右第六弟萬墳在左三穴齊列如平生侍立之序禮也丕字山甫少聰明有志操好學博古年十五能屬文祖述典謨實而不華有古人風采至若探綜圖緯推步六甲昊天歷象太乙之奧悉究其趣尤好黃老之道與脈藏榮衞之數奉之以爲衞生之經每餌藥煉氣謂丹砂可學乾元二年從季父峻爲御史中丞都督江東軍事盛選僚

佐表爲剡縣主簿軍書羽檄悉以諮訪觀其志氣遐遠沖然有騁長途致青雲之勢不幸短命臥疾累旬卒於會稽春秋纔二十有三位不過部從事其宏識明畧真氣妙用藏於身而未行世無得而稱之矣嗚呼哀哉是歲乾元三年歲在己亥秋九月也臨歿歎曰孝道以冀全真策名期於顯親未中道二志俱棄命也夫是月也殯於雷門之南先夫人壽宮之傍行已十年反葬此宮無兒可以主祭悲孰甚焉故月而日之以備朽壞灑淚紀德哀罔有極

舒州山谷寺上方禪門第三祖璨大師塔銘

右淮南節度觀察使揚州大都督府長史兼御史大夫張延賞狀得舒州刺史獨孤及狀得僧湛然等狀稱大師遷滅將二百年心法次第天下宗仰秀和尚寂和尚傳其遺言先朝猶特建靈塔且加塔冊諡大師爲聖賢衣鉢爲法門津梁至今分骨之地未霑易名之禮伏恐尊道敬教盛典猶闕今因肅宗文明武德大聖大宣孝皇帝齋忌伏乞准開元中追褒大照等禪師例特加諡號兼賜塔額諸寺抽大德僧一七人灑掃供養冀以功德追福聖靈中書門下牒淮南觀察使牒奉勅宜賜諡號鏡智禪師其塔餘依牒至准勅故牒大歷七年四月二十二日牒中書侍郎平章事元載門下侍郎平章事王縉兵部尚書平章事李使
司徒兼中書令使

唐故潁川郡長史贈祕書監獨孤公第六子萬墓誌

萬潁川長史府君第六子性專靜內敏有幹局多才藝嗜學好古誦老子莊子之書究其大畧懼於多難未遑筮仕乾元三年夏六月與昆弟同侍板輿將如吳遇疾歿於楚州春秋二十九七月殯於廣陵山光南之西大歷四年五

月詔贈潁川府君祕書監是歲七月壬午奉遷神座令祔於壽安縣甘泉鄉之原先是萬之喪至自廣陵是日陪葬於塋西隅禮也夫維天壽之數雖聖智所無奈何今刻石志美亦以冀其名之悠久也

欽定全唐文卷三百九十三

獨孤及十

唐故亳州刺史鄭公故夫人河南獨孤氏墓版文

夫人河南洛陽人也其先劉氏出自沛獻王輔其裔孫因山命氏中復姓劉自獻王十九世至齊行臺尚書令永業始復爲獨孤氏自臨川至潁川郡長史府君六葉明德道炳於世夫人潁川府君長女性聰巽有志尚寬仁慈順加之以明柔而不惑儉必中禮歸鄭氏生二男二女而寡男始孩女未齔鞠而育之導之義方長男曰季華次曰子華旣長皆敦說詩禮被服文行時人稱夫人善誘善教乾元三年因洛陽再擾隨子北征永泰二年某日終於鉅鹿郡享年若干嗚呼仁而宜壽慈儉宜福二者反是爲善者惑焉初夫人少因有行思歸寧而不得晚值多故去邦族而無復由是終身有遠父母兄弟之痛焉臨終顧其子葬我必於先大夫之壠季華等泣奉遺旨大歷三年歲在戊申以夫人之喪至自鉅鹿冬十一月庚寅反葬洛陽龍門潁川府君塋兆之側夫人之志也及敢書伯姊之德銘諸墓石云

唐故河南府法曹參軍張公墓表

有唐逸士吳郡張從師沖和純粹辯博宏達卓犖好古儻蕩逸羣言不近名惟代耕是謀貞不絕俗以忘機爲心秀才高第起家臨濮縣尉歷馮翊伊闕二縣主簿乾元元年拜監察御史御史中丞鄭炅（一作旻）之擁旌濟江辟爲從事轉河南府法曹參軍凡歷官五政享年五十八忘懷樂道終始以之攘臂於爵祿聲利得喪虧盈之間如浮雲無心野鶴獨立形全神全身與化俱上元二年八月辛卯終於吳郡私第其孤惟儉惟靜能稟蓍訓弱歲皆精左氏穀梁春秋藐爾在疚零丁何怙季弟祕書省正字曰從申乃茹天倫之哀謀及卜筮以是歲九月二十八日權窆於虎邱山之西原禮也初公祖損之隋大業中進士甲科位至侍御史尚書水部郎損之生烈考滶（一作法）以碩學麗藻名動京師亦舉進士自監察御史爲會稽令文雅之慶施於後昆故擢秀才而衣繡衣者及公三葉君子以爲榮少好黃老且修禪慧晚節持六經微言以遺三子三聖之學不墜於地君子以爲博詼諧不羈頡頏傲世視軒冕纓紱如塵埃必也臨事能斷義形於色推賢進善不進不止君子以

爲達當伊川啟戎歷陽爲魚公力竭身陷者至於再涵泳沸鼎揭厲横流而跡無緇磷憂患不能及君子以爲智宜享黄髮而升青雲天胡降凶殲我仁人嗚呼先生往無返期談藪清風詞林逸韻墨池真草三事永絶凡今友朋可勝痛乎恐後代邱隴將平川澤相失求遺跡者莫知德音之所始乃志之於石永爲靈表

唐故朝散大夫潁川郡長史贈祕書監河南獨孤公靈表

公諱某其先劉氏出自漢世祖光武皇帝之裔世祖生沛獻王輔輔生釐王定定生節王正正生長子廣嗣王位次子廙仕漢爲洛陽令廙生穆穆生進伯爲度遼將軍擊匈奴兵少援不至戰敗爲單于所獲遷居獨孤山下生尸利單于加以谷蠡王之位號獨孤部尸利生烏和烏和生二子長曰去卑爲右賢王建安中獻帝自長安東歸有李傕郭汜之亂右賢王率其部衛車駕還洛遂徙許復歸國卒次弟猛代立生嗣論嗣論生路孤路孤生眷眷生羅辰從魏文帝遷都洛陽遂爲司州洛陽人始以其部爲氏用勲伐錫爵永安公位征東將軍定州刺史征東生萬齡官至廷尉謚曰貞廷尉生穉字延平善左右射學究金匱之奥魏世祖初從平滑臺以功授散騎常侍歷守冀定相三州時新定律令慎選廷尉徵公拜焉再世爲法官俱以廉平不苛顯名當時榮之加鎮東將軍薨謚曰文鎮東生歸辯聰而才又爲鎮東薨贈太尉太尉生冀字希顔以博學侍講東宫歷安南將軍定州刺史贈司徒司徒生永業以文武兼備佐齊王入洛定鄴都督幽洛二州由行臺尚書令升司徒封臨川郡王語在齊史臨川王生子佳在齊爲勳務將軍在周爲儀同三司在隋守清遠一作懷朔鎮握節死難

贈幷州刺史幷州生義順武德中歷户部侍郎尚書左丞光禄大夫封洛南郡公洛南生左千牛備身諱元慶公之祖也千牛生朝散大夫定州長史諱思陳公之父也二十三葉之德善鍾其人一作仁於公公剛方廉清貞信宏寛德厚性和與四時氣侔非天下之直道不行非先王之法言未嘗言當出處去就之間非抑與不苟求與朋友交非同道不苟合至守王事臨大節非其正雖臨大兵不懼恪德危行居易中立不可得而親不可得而疎讀書觀忠孝大畧不索隱賾屬詞止乎禮義不止詠情性而已太極元年

詔舉文可以經邦國者宣勞使源乾曜以公充賦時對策者數百人公與榮陽鄭少微特冠科首起家拜同州郃陽縣尉歲滿授好畤縣尉開元十四年元宗初登封泰山注意二千石令長以煦嫗下民授公益州温江令公治縣如治家明不至察威不至猛去煩苛繳繞之政施德信刑禮以訓齊之温江人飲公之化遁者復疲者悅善者勸不善者知恥益州刺史張敬忠以狀聞詔授監察御史轉殿中侍御史會權臣惡直斥去不附己者貶公廬州長史明年惡直者罷位公稍移武功令未到官病免二十三年除寧

州司馬二十八年遷潁川郡長史初公爲御史嘗以直忤吏部侍郎李林甫是時林甫當國常欲騁憾於我而五府三署每有高選羣公皆昌言稱公全才且各以臧文竊位自引由是得免於咎然十年再遷而位不離郡佐或勸公卑其道可以取容於世公曰可卑非吾道也屈伸天也非人也人其如予何天寶元年加朝散大夫二年七（一作二）月七日寢疾終於位春秋五十七位不尊壽不遐志不行善不報其直虛語守道者相弔以爲痛是歲八月殯於郡東至德二年歲次丁酉十月十四日權遷窆於洛陽龍門山西岡大歷四年五月十三日詔贈祕書監命卿之位錫於身後嗚呼哀哉夫人河南洛陽人也薛國長孫覽之元孫咸陽縣丞諱頊府君之女左金吾將軍諱子哲府君之妹稟天元和生知孝慈含德之厚與坤體合執笄助祭四十餘載人莫見夫人喜怒之容躬勤順承動叶禮經宗族以睦長幼以序無言無爲化成於家公之加命服也夫人封封邱縣君汜等既孤夫人棄采蘋之度修釋氏教受正觀法於長老比邱尼上方服勤一年得四念處三昧視去諸結猶棄涕唾至德二年隨子東征明年歲在戊戌七月二

十四日終於會稽享壽六十有四八月某日權殯於雷門之南汜巨及正等遭天不弔無恃無怙以世故坎壈不克遷祔者十一年矣欲報顧復天胡有極今年問宅兆於前鄴水使者張傃傃卜甘泉東伊水西甘泉鄉之原吉謹以歲次己酉秋七月壬午遷公夫人靈坐合安厝於此原猶懼陵谷世人之不我期也故不敢不志抆血勒石以貽後嗣

唐故尚書祠部員外郎贈陝州刺史裴公行狀

曾祖仁基隋光祿大夫行左光祿大夫皇朝贈使持節都

督原州諸軍事原州刺史諡曰忠祖行儉皇朝銀青光祿大夫禮部尚書聞喜縣開國公贈太尉揚州大都督諡曰獻父光庭皇朝光祿大夫行侍中兼吏部尚書正平縣開國男贈太師諡曰忠獻絳州聞喜縣崇慶鄉太平里裴稹年若干行狀公天姿英拔德宇宏曠禺昂公器磊砢高節武庫森戟玉山照人起家以門調補千牛備身歷太子通事舍人太常寺主簿是時萬邦方乂獻公當國天子垂衣穆清以有天下而袞職之闕疇咨之府公入則竭力出則匪躬外詢輿人以備過庭之問陰騭多士用宏審官之選

既而濟濟俊乂爛盈東閣邦之得賢於斯爲盛畫一之詩作而嘉魚之頌興公之幹蠱也轉京兆府司錄參軍輦轂之大綱轄之劇牒訴浩穰文墨填委公游刃餘地而大郤斯批若網在條而衆目不紊談笑之隙簿領肅如論者知逸驥之足方自此始開元二十一年忠獻公捐館悴然在疚哀越乎禮會執事者醜正作福怙寵匿怨乃因喪乘釁將逞憾於我言之如簧上亦投杼公乃銜恤進牘叫閽抗憤危言自明至誠旁感由是宗祏垂祉高天聽迴恩方照微神亦悔禍卒令臧孫有加等之葬公業有不忘之歎公

之克家也服闋授起居郎載筆丹墀書法不隱開元二十四年三庶人以罪廢事出宮闈變生飛語時壽王以母寵子愛議者頗有奪宗之嫌道路憫默朝野疑懼公乃從容請間慷慨獻諫上述新城之殷鑒下陳戾園之元龜謂興亡之由在廢立之地天子感悟改容以謝因詔以給事中授公公曰陛下絕招諫之路爲日固久今臣一言而荷殊寵則言者衆矣何以錫之上善其敏而多其讓乃止不拜尋除尚書祠部員外郎恪居禮闈休問惟穆宏濟之畧因爲己任於時搢紳高議方以青雲期公不弔昊天降此短

歷開元二十九年某月日薨於私第春秋若干君子謂公貂蟬之業瑚璉之器壽不及黃耇名不登明堂天其未亡狐趙之勳成宣之德也非昌其身必大於後果介繁祉有才子四人長曰倩尚書駕部員外郎兼殿中侍御史江西道租庸鹽鐵等使次曰儆尚書司勳員外郎兼殿中侍御史參中軍元帥雍王軍事次曰倚殿中侍御史試守萬年縣令季曰侑太原府榆次縣尉構廈瓌林切玉利器價敵三虎族擬八王朝廷褎之方倚以成務元年春建辰月肆大眚命有司錄勳追舊於是詔贈公諫議大夫猶以禮未

超倫位不充德秋八月下詔曰贈諫議大夫裴某操履貞純器能溫敏素推雅望嘗踐清班志業屈於當時風猷悲於既往顧其允嗣久在周行雖禮及前修已申追遠而恩霈後命宜有贈榮俾高列岳之班更表重泉之飾可贈使持節陝州刺史禮也公天機超邁雅有大畧氣直而溫性擾而毅貞可幹事善足救物外坦蕩豪舉朗然不羈內敦敏純固忠而能力至若輕死重義貴身賤名視錢帛如糞土戲公卿若草芥其於履危機臨大節則氣冠賁育勁侔風霜未嘗以得喪夷險蔕芥於胸臆詩云昭明有融高朗

令終公實有焉謂宜荷天之休俾熾而大龍泉未試隙駟先往天乎斯才而有斯壽今寵優八命澤及九原已申追遠之恩請遵易名之典寶應二年某月日故吏某官某謹上

爲吏部李侍郎祭李中丞文

某年月日某官某乙謹以清酌少牢之奠敬祭於故蘇州刺史兼御史中丞贈吏部侍郎李公之靈嗚呼天以純粹鍾美於公孝友慈惠公廉貞直事君以忠臨節有勇可以師表鄉黨儀刑搢紳宜荷百祿乃朋三壽執司物化曾莫輔德諸公不死公獨返眞官不過八命年未踰六十豈五藥乖養九藏失節以及此乎將修短之域窮達之數止於是乎前期幽報如所修乎俯覿生前亦有恨乎昔公出入臺閣勤勞王事馳驅使車周旋天下克已奉職一何正也姑蘇之役姦倖搆難公秉義勇誅其渠魁海寇圍逼句吳震駭公率羸師克翦大敵奇謀生於死地貞節見於孤城夫豈惡生誓無奪志臨危致命一何壯也濯纓來朝祇若王命三府高議方以黃散咨公天乎無知不從人欲旅櫬委於空館妻孥恨於遠道其來也駟馬朱轓其往也孤轜

丹旐天子興悼台臣雪泣情鍾我輩哀可旣乎某乙等義惟寮友季卿等屬忝宗族歡愛如昨書札猶新伸眉未幾交臂忽失形骸留此魂魄何之鳴琴潺湲怳若在耳前路冥冥良遊無期靈之來兮歆此薄酹尚饗

爲元相祭嚴尚書文

年月日某官某乙謹以清酌少牢之奠敬祭於黃門侍郎兼吏部尚書御史大夫嚴公之靈嗚呼天惟匪忱才不必壽冉耕斯疾顏回短命吉凶兆眹凡聖共惑惟公茂質見於芳年菌蠢九葩磊砢千丈頃嘗戮力當代以智開物若

發硎之刃，決雲切泥。長安浩穰，憲網疎漏，天子命公尹京執法。能秉直道，以張皇綱。盜奔訟淸，周月報政。巴蜀亟擾，上爲旰食。公之攸徂，亂亦遄已。昆夷授首，卭僰飲化。乃加冢卿，爲天喉舌。謂當任極台鉉，壽如岡陵。青雲可攀，白日忽暮。嗟來桑扈，溘與化往。孰云夫君，而有斯命。蕙蘭春敗，大壑夜失。非君與哀，吾誰爲慟。昔公先中書以道消讒勝，不踐袞職。公復算屈短歷，卒無相印。蒼生孤望，前後同悲。曩子論交，於予投分。形接意敵，聲應事感。俱涉世故，累荷寵榮。予忝台司，公亦亞相。大駕東狩，獲陪屬車。各負羈紲，

同扞牧圉。誠節見於多難，交態彰於困蒙。願言悉心，共奬王室。鎭蜀之役，南北頗限。猶易前期，未嗟少別。別未艾也，死生間之。夙昔歡愛，今反爲悲。真宰何人，壽夭誰司。善而無報，天豈予欺。憶昨攸往，火旗電轜。今也來斯，白馬龍輀。鯉書遂絕，雞黍無期。惜無寶劍，挂君松枝。旨酒一壺，幽明此辭。尚饗。

爲楊右丞祭李相公文

年月日，尚書右丞楊綰、吏部侍郎李季卿、吏部侍郎王延昌、刑部侍郎魏少遊、工部侍郎徐浩，謹以清酌少牢之奠，敬祭於故相國李公之靈。嗚呼！宗祏儲祉，降神生公。稟天純懿，爲國柱石。負荷大業，儀刑本枝。九居專城，六處八座，五領憲府，兩登台司。惟公廉忠信是務，惟寬厚清靜是守。危言獻可，未嘗脂韋取容；直躬而行，不爲權倖改操。三已無慍，一麾乃出。其茂勳崇名，遺芳餘事，輝映策牘，標準搢紳。所莅之邦，於今頌美，若鄭人之思子產，周人之歌召伯。謂公福如山阜，壽登期頤，爲天子元老，以弼成庶政。溘與化往，嗚呼曷歸！何萬人之具瞻，與天命之相違。窺遺塵於臺閣，想見公之容徽。嗟道申而壽屈，痛迹是而人非。綰等

恭承嘉惠，昔嘗登門。接後堂之懽娛，參東閣之討論。謔浪在耳，書札是存。奈何少別，忽間九原。尚饗。

爲吏部楊侍郎祭李常侍文

年月日，某官某乙謹以清酌之奠，敬祭於故右散騎常侍贈禮部尚書李公之靈。嗚呼！沖粹之氣，生德於公。忠孝貞諒，聰明宏達。卓犖特立，英明虛受。自司翰持衡，觀風執法，周旋三閣，出入十載。能直其道，而正其身。致命臨節，仁而有勇。造次顚沛，義形於色。莊敬發於談笑，孝謹扇乎閨門。若天祚明德，神與正直，公宜錫慶鍾壽，俾大而昌。於何官

不至三事年不及六十積德無報爲仁者惑焉今行及先遠將安宅兆嗟來桑扈往無返期追思生平夙昔懽好懇款交臂之分殷勤同心之言今則冥寞無非夢想非夫人之爲慟吾誰爲慟不知神之所在彼乎此乎旨酒一樽庶以爲別尚饗

爲明州獨孤使君祭員郎中文

年月日某官某乙謹以觴豆之奠敬祭於故某部郎中兼某州刺史員公之靈吳越偲歲元元艱食帝咨四嶽分命於公克勤於邦克儉於家忠而能力剛亦不吐出入臺閣

將十五載動合律度言爲程式及茲剖符銜疾受命而慨然有表正東夏澄清江湖之心海隅蒼生方望公以大庇朝廷搢紳期公以上台而悠悠蒼天屈公以下壽時既須而命不與智未窮而生有涯嗚呼哀哉昔公繡衣持斧予忝接武於朝公負譴投荒予亦左袵異域山川有間交情無極各隨流波在天一方險阻艱難亦既備嘗邂逅相遇荆蠻之鄉惠而好我何日能忘浙右巨鎮甬東孤城風煙相接弔伐同盟未及前驅莫申微誠遽聞沈疴忽聞死生九原誰歸萬事長往夙昔懽愛無非夢想舟逝壑走吾將安仰隻雞之薦靈兮歆饗

祭衢州李司士文

年月日前華陰縣尉獨孤及謹以清酌庶羞之奠敬祭於衢州司士參軍李君之靈惟君砥節礪行抱粹含純剛亦不吐直而能溫筮仕誠立安卑道存宜錫難老亦高其門奈何盛德迫此短辰追惟夙昔修好於君托以良援申之昏姻勸我以義敦我以仁各徇薄宦俱期致身頃復離別幾爲胡秦契闊乖阻艱難苦辛君限靡鹽陳力甌閩予集荼蓼零丁海濱弔恤何深舊好殷勤贈言如昨尺素猶新

倏忽長往吾誰與親常日音徽平生懿文今則已矣長爲古人憐君不知哭君不聞灑酒墳草灑淚隴雲庶因薄奠髣髴精神尚饗

爲華陰李太守祭裴尚書文

年月日華陰郡守李某謹以清酌庶羞之奠敬祭於故禮部尚書裴公之靈嗚呼元精純粹生德於公峻極降祉貞明在躬濯纓登朝事君以忠出入三閣周旋兩宮褰帷井陘推轂盧龍喉舌是寄淑問斯崇鯤背垂天鴻毛順風亦既左官時更困蒙夷險能齊高明有融三已無慍再命滋

恭肇受方伯俄昇秩宗將陳蓍謀以佐時雍如何不弔降此鞠凶珠履聲絕蒼生望窮機返太素勳留景鐘杳杳龍輀瞻言徂東敬飾薄奠邀神昊穹靈願來饗髣髴音容嗚呼哀哉尚饗

祭吏部元郎中文

年月日禮部員外郎獨孤及謹以蔬飯壺酒致祭於故吏部郎中元公之靈上士齊死生下士愛生惡死而惑之知生死若幻而不能忘情於其間者我輩所不克免始者與公同弔死問生論議亦頗嘗及此豈謂言未絕口而公又

長往昨日經過遽成疇昔何變化之速乃至於是視不及瞬言不及息嗚呼元君今已返於機夫彭祖殤子同歸於盡豈不知前後相哀達生者不爲歎公齒髮未老官途方半相視而笑冀前路各有所展豈圖閒濶數日而死生間之竹林如故階塵未掃惟人琴兩亡影絕響滅湯湯清弦豈可復聞承以令辰將赴塋闕痛天道之茫昧予豈無言而悲來從中遠復抒意匪祭也永以爲別也尚饗

祭壽州張使君文

年月日舒州刺史獨孤及謹以清酌嘉蔬柔毛之奠敬薦於故尚書工部郎中壽州刺史兼侍御史張公之靈頃者剖符爲郡與公鄰邑祗役往復日以攜手嘗辱嘉惠愛我則深奈何此別後盈魄未周相去無山川之閒纔聞嬰疾遽告不幸古詩稱一息不相知今乃爾耶別時高論精義在耳袖中尺書灑翰猶溼而形影驟滅了無還期雖欲效古賢謂悲哀爲怛化情莫可遏徒虛語耳惟公貞亮溫毅強學好古人皆窪而盈曲而全公獨以峭直接物雖悔悋不改其度人多求田問舍公獨以百家言爲寶藏書至八千卷而不止以斯道也施於有政故其德形於事業其仁

浹於百姓楚人壽人如得陽春識者揣公壽與位偕今也溘焉而人何望嗚呼王事拘限會葬莫及思賢歎逝執紙涕零若久要之不敢忘也豈不顧饗於今日蘋藻之奠尚饗

祭揚州韋大夫文

年月日朝散大夫檢校尚書司封郎中兼舒州刺史充本州團練守捉使賜紫金魚袋獨孤及謹以嘉蔬柔毛之奠敬祭於故揚州大都督府長史兼御史大夫淮南道節度觀察處置使韋公之靈王命九伯底綏四方惟公剖符作

藩維揚往歲斯民匪迪匪康自公戾止視之如傷飭吏以儒出言有章革剗煩苛戢暴強將吏奉君若綱在綱罔或作威以紊典常民斯輯睦政亦允臧和氣被物豐年降祥天之輔仁公宜熾昌奈何不淑景命遽央百城悼心萬民何望及忝列城備守封疆獲宥罪戾庇身餘光德宇所覆今也則亡偏思遺愛追蹈餘芳俛仰興懷望慕悽涼拘限所職路阻且長遙抒下情旨酒一觴尚饗

爲楊右相祭西嶽文

維年月日司空右相楊國忠吏部尚書同中書門下平章事韋見素等謹以少牢之奠敬祭於西嶽金天王之神頃自獻歲達於三月畜極不雨屯膏未光元元其咨滌滌是懼國忠等是用虔奉睿慮聿遵祀典謹遣鳴臯山人韋朝眞敢邀福於大神之靈精意纔申而休祐肸蠁宸衷遙達而瑞澤滂沛非神之幽贊叶於國神之景命符於人則曷能降祥薦祉如此其速故簠簋犧象敬修享禮雖冥應無方非馨香所答而神威如在庶明靈惟歆尚饗

祭韋端公炎文

維年月日司封郎中兼舒州刺史獨孤及前舒州司馬皇甫曾等謹以清酌庶羞之奠敬祭於故侍御史舒州桐城縣丞韋公之靈昔公執法柱下某等接武周行嘗趨後塵飽聽公議某既出守曾復播遷公亦負譴黜官辱同官爲寮之好敢不知孝悌忠信強毅正直樂善惟恐不及嫉惡不去不止分枉直於心識以澄清爲已任形於造次發於自然謂必眉壽且鍾介福奈何強壯之年大才先謝志業所趨未申萬一有生之涯溘然永已慈親羸老弱子未齔反葬無望委骸他山等爲歸眞艱痛太甚天不我弔哀有何極某等頃嘗以樽酒豆肉邀君同懽今之所獻猶前鐏也但夙昔志氣比來話言遽悉冥寞無非夢想往既不及來莫可追猶持此奠以抒永別夭閼之痛夫復何言尚饗

祭賈尚書文

維大曆七年四月二十一日朝散大夫檢校尚書司封郎中兼舒州刺史賜紫金魚袋獨孤及謹以清酌庶羞之奠敬祭於故散騎常侍贈禮部尚書賈公六兄之靈嗚呼性命之源仲尼罕言頃者與兄存而不論亦謂景福必鍾德門未虞昊天驟忍我欺所以分手容易前期日往書札祇嗟別離執云别中死生間之賈生謫去遭世不用以命問

鵬千古猶痛兄逢盛世任適梁棟青雲咫尺巨鱗始縱溘爾中止俄同大夢天下孤望非兄誰慟追念夙昔嘗陪討論綜覈微言揭厲孔門匪究枝葉必探本根高論拔俗精義入神誓將以儒訓齊斯民文章陵夷鄭聲奪倫兄於其中振三代風復雕爲朴正始是崇學者歸仁如川朝宗六義炳焉自兄中興大名全才儀刑百工嗚呼彼天胡不祐賢闒茸讒諛或錫永年好學不幸緊兄復然豈天地不仁將斯民薄祐禺禺之望見奪何遽某獲見於兄二十有六年矣兄有七年之長棠以伯仲相視博文約禮謂仁由已

同心之言期於沒齒前後尺牘羅列案几愔愔清論怳怳在耳一旦如失萬事遄已民之所望今也胡俟某守職拘限會葬願乖白馬素車欲往無階寢門一號心酸骨悽容撤自此永不復見若魂魄無不之也豈不覿平生心於今日斗酒之奠乎尚饗

祭相里造文

年月日舒州刺史獨孤及敬以清酌之奠敬祭於河南少尹贈禮部侍郎相里公之靈嗚呼往歲嘗與公度論死生變化豈不知身與萬物悉當歸無猶謂不惑於道者可以不奪其算豈圖論猶在耳目未及瞬而公度之身復爲異物益知觀化而怛自古皆妄而哀來從中妄豈易遣嗚呼公度有志有文量足韜世善可救物宰賜言語冉季政事古莫兩大緊公兼之伊昔密薦可否廷折凶佐京師童兒亦知公名其後江人杭人頌德不暇洛表耆老徯公而蘇秉公論者無賢不肖孰不謂公致君致身方自此始奈何吉未會也凶問隨之天下悼惜士友悽欷況某投分於策名之始竝命於剖符之列久要不忘平生實惟公度是望同心同病我身子身也子與化往奈我心何名跡留爲故

事語言存乎耳目惟音形眇忽無前期可望每一念至哀填胸臆往矣公度去我何之匆言一餉永無共持倘肯顧饗表公我思尚饗

祭滁州李庶子文

年月日常州刺史獨孤及謹以清酌嘉蔬之奠敬祭於故右庶子滁州刺史揚州大都督府司馬兼侍御史隴西李長夫之靈嗚呼才與上壽并者吾不得見之矣得見中壽者斯可矣嗚呼長夫曾未半之官不展才事不如志奄謝昭世溘歸黃泉雖欲茹哀哀可茹乎追惟長夫行茂神俊

孝愛友睦諒直仁勇卓犖夸邁英明曠達文武志畧邦家必聞爲州治行居百城之最詩賦歌事窮六義之美休聲喧於里巷佳句被於管絃珪璋令問中外注耳謂當入拜九卿出分四岳萬人所望一旦中止行路悼惜豈直同心者之心滄州長挹之談玉溪獨往之興竟迫身世永孤願言儻魂而有知當飲痛泉下往歳滁城之會俱未以少別爲慼臨岐道舊坎坎鼓我酒酣氣振言盡歡甚孰知此際以是永訣今萬事如昨書札猶新惟故人音容不可復見悲莫悲兮生別離況長往之別乎王事拘限莫由執紼卮

酒豆肉後會無期彼蒼悠悠逝者何之長夫長夫魂兮來斯尚饗

祭亡妻博陵郡君文

維大歴八年二月十五日檢校司封郎中兼舒州刺史獨孤及謹以清酌菜果之奠祭於故博陵郡君之靈嗚呼及顧惟鄙薄謬忝好合采蘩助祭歳時未幾執手偕老昊天遽奪齊體苦晚遺迹太早猶未知壽域有涯短長巳臻其極耶將及薄祐速釁宜爲淑明所棄耶屋壁挂存琴瑟嚮絶修法勸義今將疇依日月有時龜筮告協將涉故路祔於先塋及爲印綬所拘不獲親自封樹豈虞此別死生間之往歳方舟偕來今也單轄獨歸郊圻一慟心骨可絶頃者萬事無非去塵變化茫茫往矣何道今也卮酒將抒永別尚饗

祭吳塘神祈雨文

某年月日朝散大夫檢校司封郎中兼舒州刺史獨孤及謹以清酌之奠敢昭告於吳塘神之靈山作靈鎭神實司之人作神主及實尸之神非人罔以薦馨香人非神罔以降福祥馨香不薦伊人之尤福祥不降亦神之羞及剖符

爲邦今二年矣制節謹度不敢怠遑庶無罪悔以奉禋祀祀未豐潔政或頗纇實及之責非人之愆惟神祐之俾大有年今盛夏旱蒸五稼將枯田畯訴號靡知其辜神明豈不降鑒下土油然爲雲沛然作雨使萬人歡康百穀阜滋灑我公田遂及我私我京我庾維萬維億豈伊人粒神亦血食衆心禺禺非歳曷望之濟否惟神所相尚饗

禜土龍文

陽驕陰伏女魃作孽孟夏不雨至於是月后土將乾百谷恐竭天道下濟龍德正中宜甘其雨亦祥其風曰歳與時

俾和而豐胡然屯膏物乃殄瘁民用艱食神將乏祀豈天不仁豈龍不智盍正直以自輔惘雲漢於下土詔列鈌使舉火命商羊以鼓舞喻兮爲雲霖兮爲雨滲我王土而毛之取我黍稷而膏之俾爾稼如茨俾爾穗如坻實廩實藏爲盛爲粢無貽龍羞俾神我欺尚饗

祭岏山文

某年月日朝散大夫檢校司封郎中兼舒州刺史充當州團練守捉使賜紫獨孤及奉勅以清酌之奠敢昭告於岏山神之靈頃緣亢陽不雨粢盛將敗敢以人欲乞靈於神謂必肸蠁遄賜介福俄以浹日未蒙降衷澗磧不徵觸石無望稼穡盡瘁澗溪將竭豈有悔怒將爲毒痡不然何瘨我以旱使滌滌至此今元元怨咨皇帝旰食下罪已之詔崇羣神之祀將以敬恭之懇邀福於明神神其沛然迴慮驟降以雨使枯苗復生飢者得食上以應聖主乾乾之心下以副萬人喁喁之望是人性命與神存亡敢不以太牢少牢剛鬣翰音之薦以爲明祀以報純嘏若猶陽固陰蓄蘊沖如初神則不明人將何賴亦當徹惟馨之奠寢嚴禋之儀祭禮興廢在此一雨敢因陳告庶無神羞尚饗

爲李峘祭纛文

年月日都統江淮之南節度觀察處置等使戶部尚書李峘謹以少牢之奠敬祭於六纛之神天地不仁神明無親惟正是與若響之答敢有象恭滔天搆釁稱亂國有明罰神其捨諸賊臣劉展假寵多難敢包狼心竊發蠆毒將數虐於我上下神祇使東溟揚波羣動昏墊皇帝震怒按劒授鉞命我上將底天之伐於是有虎牙鷹揚之臣蛇矛犀渠之羣橫行而東我伐用張月羽雲旗以先啟行方將歷潯陽下南陵收京口掃建業斮梟獍以釁鼓封鯨鯢爲京觀俾萬里浪破三象霧廓今以今月吉日整駕即路是用邀福於爾有神惟神降衷尚弼予志敢告無靡旗無絓驂無汰輈無僨車命五將護野萬靈並轂令天地氛祲望風掃除魑魅魍魎罔不率俾莫我敢遏爲神祇羞尚饗

弔道殣文　并序

辛丑歲大旱三吳饑甚人相食明年大疫死者十七八城郭邑居爲之空虛而存者無食亡者無棺殯悲哀之送大抵雖其父母妻子亦啖其肉而棄其骸於田野由是道路積骨相支撐枕藉者彌二千里春秋已來不書或謂縣官

處師旅饑饉之弊，宜禳災於未然，既將不時賑卹，又苦之以杼軸，故及是。及以為不然，當陽九之厄，陰陽錯而災沴降，天也，非人也。於是延陵包佶作道殣文，蓋小雅雲漢之流。及亦斐然獻弔，且告之運命云：

八風不和，六氣不均。上天疾威，大厲薦臻。俾災流行，殄殲斯人。北自淮沂，達於海隅。札瘥夭昏，亦既毒痛。匪蹈密網，匪罹萑蒲。饑饉降喪，淪胥以鋪。人生寄世，孰非遠客。嗟爾賦命，天年逼迫。生不餬其口，死不掩其骼。曠野茫茫，僵尸纍纍。髑髏崢嶸，如堆如坻。里閭無烟，雞犬去之。死非爾所

鬼其餒而。水陷歷陽，貴賤同之。秦坑趙卒，內塡長平。實天不傭，謂禍莫京。爾復胡為，無辜命舛。將夭閼之，則如勿生。司殺之柄，孰云孔明。伊昔太古，上元之世。天無鞫凶，物無疵厲。父不喪子，兄不哭弟。亦有華胥，民壽千年。陰陽常和，玉燭常然。彼何人斯，而生斯時。聖人既興，大盜亦隨。外戶反閉，賢愚相欺。我先王乃作五兵，固不得已而用之。堯舜既殁，揖讓不傳。黃鉞白旄，謂之應天。德乃下衰，干戈相連。陽九袄興，災纏凶年。烏皆夜鳴，人失其全。食盡力疲，守死道邊。不自子後，不自爾先。萬世一時，運有固然。帝在法宮，清問下民。青旗鸞輅，時令惟新。叶風和布，天下皆春。爾往莫及，委骸窮塵。命不可問，嗚呼蒼旻。

李叔明

叔明字晉卿閬州新政人本姓鮮于氏擢明經乾元中爲司勳員外郎累除太子右庶子拜東川節度使遂州刺史移鎮梓州建中初檢校戶部尚書遷左僕射德宗幸興元出家貲助軍加太子太傅封薊國公朝京師拜尚書右僕射貞元三年卒謚曰襄

請刪汰僧道疏

佛空寂無爲者也道清虛寡欲者也今迷其内而飾其外

使農夫工女墮業以避役故農桑不勸兵賦日屈國用軍儲爲斁耗臣請本道定寺爲三等觀爲二等上寺留僧二十一上觀道士十四每等降殺以七皆擇有行者餘還爲民

暢璀

璀河東人鄉舉進士天寶末爲河北海運判官三遷大理評事至德初累轉吏部侍郎廣德二年爲河中尹兼御史大夫永泰元年授散騎常侍集賢院待制大歷五年遷戶部尚書十年卒贈太子太師

良玉比君子賦 以精光溢色矩絕寶圖爲韻

白虹爲氣太陽爲精堅其質孚其明卞子識之而曰至寶他山之石攻而挺英融雪華於潛潤洞冰彩而凝清彼其良玉焜焜煌煌瑩若既兼縝密爍乎其有文章積千金而比價掩十城以騰光將以配君子比皇王豈徒潤林薄蘊巒岡而已哉伊何配之溫潤含溢瑕穢不匿貞心固持性自然也灼而不變質有餘也涅而不緇溫以作德成我邦式天子展四時之儀庶官修五等之職珪以爲瑞佩以比德上下有軌尊卑有翼既山水節其文元蒼差其色四者

爰備勞逸是主民也事也右叶於角徵君也物也左諧於宮羽反而規旋而矩其志不散其容斯取況居則設朝則結進退鏘鳴抑揚磬折禮樂之儀著非僻之心絕是則維身允固惟玉不撤且駭雞之珍驪龍之寶雖絕其豔煥其藻但侈於庶心何補於王道豈若玉之義也深乎博乎詩人以生芻取喻賢則高矣孔氏以佩環讓德謙莫比夫故藏之瑞府偶之河圖奉之者生敬執之者不趨幸無棄於照廡得一獻而論都

路嗣恭

嗣恭字懿範京兆三原人始名劒客以世蔭爲鄭尉遷蕭關令連徙神烏姑臧考績爲天下最元宗以爲可嗣漢魯恭因賜名永泰二年爲江西觀察使大歷八年兼嶺南節度使封冀國公德宗立拜兵部尚書東都留守加懷鄭汝陝河陽三城節度東都畿觀察使卒年七十一贈左僕射

請旌表張球奏

信州弋陽人張球父歿五年廬於墓側哀毀過禮墓門塼上生芝草七莖有鵲巢於墓之叢竹請旌表門閭

賈耽

耽字敦詩滄州南皮人天寶中舉明經累授汾州刺史入爲鴻臚卿大歷十四年領山南西道節度使興元中召爲工部尚書貞元九年拜右僕射同中書門下平章事封魏國公順宗立進檢校司空守左僕射永貞十年卒年七十六贈太傅謚元靖

進九州圖幷別錄通錄表

臣聞楚左史倚相能讀九邱晉司空裴秀創爲六體九邱乃成敗之古經六體則爲圖之新意臣雖愚昧夙嘗師範累蒙拔擢遂忝台司雖歷踐職任誠多曠闕而率土山川不忘寤寐其大圖外薄四海内別九州必藉精詳乃可摹寫見更纘集續冀畢功然而隴右一隅久淪蕃寇職方失其圖記境土難以區分輒扣課虛微採掇輿議畫關中隴右及山南九州等圖一軸伏以洮湟舊墟連接監牧甘涼右地控帶朔陲歧路之偵候交通軍鎮之備禦衝要莫不匠意就實依稀像眞如聖恩遣將護邊親書授律則靈慶之設險在目原會之封畧可知其諸州諸軍須論里數人額諸山諸水須言首尾源流圖上不可備書憑據必資記注謹撰別錄六卷又黃河爲四瀆之宗西戎乃羣羌之帥

臣並研尋史牒翦棄浮詞罄所聞知編爲四卷通錄都成十卷文義鄙朴伏增慙悚謹隨表奉進

進海内華夷圖及古今郡國縣道四夷述表

臣聞地以博厚載物萬國棊布海以委輸環外百蠻繡錯中夏則五服九州殊俗則七戎六狄普天之下莫非王臣昔毋邱出師東銘不耐甘英奉使西抵條支奄蔡乃大澤無涯罽賓則懸度作險或道里回遠或名號改移古來通儒罕遍詳究臣弱冠之歲好聞方言筮仕之辰注意地理究觀研考垂三十年絕域之比鄰異蕃之習俗梯山獻琛

之路乘船來朝之人咸究竟其源流訪求其居處閭閻之行賈戎貊之遺老莫不聽其言而掇其要閭閻之瑣語風謠之小說亦收其是而芟其僞然殷周以降封畧益明承歷數者八家渾區宇者五姓聲教所及惟唐爲大秦皇罷侯置守長城起於臨洮孝武却地開邊障塞限於雞鹿東漢則哀牢請吏西晉則裨離結轍隋室列四郡於卑和海西創三州於扶南江北遼陽失律因而棄之高祖神堯皇帝誕膺天命奄有四方太宗繼明重熙柔遠能邇踰大積通道北至仙娥於骨利幹置元闕州高宗嗣守丕績克廣

前烈遣單車賫詔西越葱山於波刺斯立疾陵府中宗復配天之業不失舊物睿宗含先天之量惟新永圖元宗以大孝清內以無爲理外大宛驥騄歲充內廄與貳師之窮兵黷武豈同年哉肅宗掃平氛祲潤澤生人代宗剗除殘孽彝倫攸敘伏惟皇帝陛下以上聖之資當太平之運敦信明義履仁包元惠養黎蒸懷柔遐裔故瀘南貢麗水之金漠北獻余吾之馬元化洋溢率土霑濡臣幼切磋於師友長趨侍於軒墀自揣孱愚叨榮非據鴻私莫答夙夜兢惶去興元元年伏奉進止令臣修撰國圖旋即充使魏州汴州出鎭東洛東郡間以衆務不遂專門續用久虧憂愧彌切近乃力衰朽竭思慮殫所聞見藁於丹青謹令工人畫海內華夷圖一軸廣三丈從三丈三尺率以一寸折成百里別章甫左衽奠高山大川縮四極於纖縞分百郡於作繪宇宙雖廣舒之不盈庭舟車所通覽之咸在目並撰古今郡國縣道四夷述四十卷中國以禹貢爲首外夷以班史發源郡縣紀其增減蕃落敘其衰盛前地理書以黔州屬酉陽今則改入巴郡前西戎志以安國爲安息今則改入康居凡諸踈舛悉從釐正隴西北地播棄於永初之

中遼東樂浪陷屈於建安之際曹公棄陘北晉氏遷江南緣邊累經侵盜故墟日致堙毀舊史撰錄十得二三今書搜補所獲太半周禮職方以淄時爲幽州之浸以華山爲荆河之鎭既有乖於禹貢又不出於淹中多聞闕疑詎敢編次其古郡國題以墨今州縣題以朱今古殊文執翫簡易臣學謝小成才非博物伏波之聚米開示衆軍酇侯之圖書方知阨塞企慕前哲嘗所寄心輒罄庸陋多慙紕謬無任戰惕之至

說文字源序

庖犧氏觀鳥獸之文象形指事作書契以代結繩降及夏殷周通謂之古文至宣王太史史籀著大篆十五篇古文小異七國分裂篆與古文隨其所尚始皇兼并海內丞相李斯作倉頡七章中車府令趙高作爰歷六章太史令胡毋敬作博學七章並約籀文而篆體轉工即世謂之小篆後發卒理獄茲多吏趨省易隸書出焉漢興書師以隸合小篆爲五十五章教閭里平帝元始中徵通小學會京師者百有餘人揚雄採掇其可用者作訓纂八十九章除其重複東漢班固加十三章共一百二章六千一百二十字

羣書所載畧備自三國後隸書盛行古文篆籀寖微矣歷晉魏周隋宋齊梁陳通篆籀者日寡惟碑頌之額時覩數字仍十中八九檢文題之國家成均六館書居其一學者粗紀畫點鮮造精微至德後方事之殷鄉吏富家咸俯拾青紫郡邑髦楚不復積功於六藝惟趙郡李陽冰神假篆法上躋李斯時人獲之悉藏篋笥大歷中篆故李司徒新驛記於東廳之門右筆法古淡識者宗師猶子檢校祠部員外郎騰能嗣其業耽每歎隸書轉訛難究會意篆體如正方辨發源小學中獨許慎說文最爲首出目錄五百四十言衆字之根若能研慮於中則聖人之旨趣可得而知因請騰繼世父之妙書坯山之石藉其久垂示將來茲亭控白馬之古津實皇華之都會流傳模寫以俟君子

令狐彰

彰字伯陽京兆富平人天寶中以軍功累遷至左衛員外郎將安祿山叛僞署博滑二州刺史統兵屯滑臺彰思以節自顯悉籍士馬州縣以獻拜御史中丞兼滑州刺史滑亳魏博等六州節度使史朝義滅遷御史大夫封霍國公加檢校工部尚書右僕射贈太傅

遺表

臣自事陛下得備藩守受恩則重效節未終長辭聖朝痛入心骨臣誠哀懇頓首頓首臣受性剛拙亦能包含頃因魚朝恩將掠亳州遂與臣結怨當其縱暴臣不敢入朝專聽天誅即欲奔謁及魚朝恩死即臣屬疾苦又遭家艱力微眼暗行動須人拜舞不能數月有闕欲請替辭退即日望稍瘳冀得康強榮歸朝覲自冬末舊疾益重瘡腫又生氣息奄奄遂期殞歿不遂一朝天闕一拜龍顏臣禮不終忠誠莫展臣之大罪下慙先代仰媿聖朝臣竭誠事上誓

立大節天地神明實知臣心心不遂行言發自痛當使倉糧錢絹羊馬牛畜一切已上並先有部署三軍兵士州縣官吏等各恭舊職祗待聖恩臣伏見吏部尚書劉晏及工部尚書李勉知識忠貞堪委大事伏願陛下速令檢校上副聖心臣男建等性不爲非行亦近道令勒歸東都私第使他年爲臣報國下慰幽魂臨歿昏亂伏表哀咽

令狐峘

峘德棻五世孫天寶末進士累遷起居舍人大歷中遷司封郎中知制誥建中初進禮部侍郎累貶衢州别駕順宗

立以祕書少監召未至卒元和中贈工部尚書

諫厚奉元陵疏

臣聞傳曰近臣盡規禮記曰事君有犯而無隱臣幸遇昌運謬參近列敢竭狂愚庶裨分寸伏惟陛下詳察焉臣嘗讀漢書見劉向抗疏論王者山陵之誡良史稱歎萬古芬芳何者聖賢之心勤儉是務必求諸道不作無益故舜葬蒼梧不變其肆禹葬會稽不改其列周武葬於畢陌無邱隴之處漢文葬於霸陵因山谷之勢禹非不忠也啟非不順也周公非不友也景帝非不孝也其葬君親皆守微薄

至宋文公始厚葬用蜃炭益車馬其臣華元樂舉春秋書爲不臣秦始皇葬於驪山魚膏爲燈燭水銀爲江海珍寶之藏不可勝計千載非之故桓魋爲石椁夫子曰不如速朽子游問喪具夫子曰稱家有無張釋之對孝文曰使其中無可欲雖無石椁又何戚焉是以漢修霸陵皆以瓦器不以金銀爲飾繇是觀之有德者葬逾薄無德者葬逾厚昭然可睹矣陛下自臨御天下聖政日新進忠去邪減膳節用不珍雲物之瑞不近鷹犬之娛有司給物悉依元估利於人也四方底貢惟供祀事薄於己也故澤州奏慶雲

詔曰以時和爲嘉祥邕州奏金坑詔曰以不貪爲寶恭惟聖慮無非至理而獨六月一日制節文云應緣山陵制度務取優厚當竭帑藏以供費用者此緣仁孝之德切於聖衷伏以尊親之義貴於合禮陛下每下明詔發德音皆比蹤唐虞超邁周漢豈取悅凡常之目有違賢哲之心與失德之君競其奢侈者也臣又伏讀遺詔曰其喪儀制度務從儉約不得以金銀錦綵爲飾陛下恭順先志動無違者若制度優厚豈顧命之意邪伏惟陛下遠鑒虞夏周漢之儀深惟夫子釋之之戒虔奉先旨俯遵禮經爲萬代法天

下幸甚今赦書雖頒行諸條猶未出因之奉遺制敷聖理固其時也伏望速詔有司悉從古禮臣聞愚夫之言聖王擇焉況臣忝職史官親述睿德恥同華元樂舉之爲臣也願以舜禹之理紀聖猷也夙夜懇迫不敢不言祗犯聖明實憂罪譴言行身黜雖死猶生

光祿大夫太子太師上柱國魯郡開國公顏眞卿墓誌銘

正議大夫行太子右庶子史館修撰上柱國晉昌縣開國男令狐峘述惟深也故能通天下之志惟幾也故能成天

下之務君子極深而研幾不出户而制動行諸已而馭化其惟聖德乎有唐名臣贈司徒魯郡文忠公顏公奉大順爲元功建大節爲至忠以安橫流以紐頹綱秉是一心祗事四朝今上興元元年八月三日蹈危致命薨於蔡州之難貞元二年春蔡州平冬十一月二旬有三日嗣子櫟陽尉祕書省正字碩銜恤奉喪歸葬於萬年縣之舊原皇帝徹懸震悼乃冊贈上公詔有司具鼓吹羽儀送於墓所遣中謁者弔祭贈錢五十萬粟三百石命太常考行誄德謚曰文忠凡厥士庶梟方侯伯識與不識晞聲想形莫不惕然創焉感慕思齊爲人子者益孝爲人臣者益忠爲人弟者益順爲人吏者益敬有以見盛德之儀型也公諱眞卿字清臣瑯琊臨沂人蓋孔宣父之門人曰回好學知機道亞聖人公其後也五代祖之推北齊黃門侍郎爲海内大儒著家訓稽聖賦冤魂志及文集藏在書府歷代傳之高祖思魯亦儒行仕我太宗掌記秦府列於國史曾祖勤禮著作郎宏文館學士祖昭甫晉曹二王侍讀贈華州刺史考惟貞薛王友贈太子少保儲和襟沖是感間氣用集於我公公受天純休克廣前烈識度元遠節行不羣早孤太

夫人殷氏躬自訓育公承奉慈顏幼有老成之量家貧屢空布衣糲食不改其樂餘力務學甘味道藝五經微言及百氏精理無所不究既聞之必行之尤工文詞善隸書書格勁逸抗行鍾張弱冠進士出身尋判入高第授祕書省校書郎天寶初制策甲科作尉醴泉又以八使表能遷於長安未幾拜監察御史洊承詔旨巡撫河隴曾至五原有冤訟久而不決公理之得情郡人悅服時方炎亢而甘澤澍焉巷俗謠言謂之御史雨又士族有斁於名教者朝臣有侮於憲度者公悉彈奏正以禮法憲綱震肅朝旨嘉焉

遷武部員外郎。屬宰臣楊國忠以外戚登庸。惡不附己者。出爲平原太守。公性本宏裕。及到官。推是道也以臨其人。躬疾苦以勸義。寬征傜以勸學。令不肅而信。行教不數而化洽。十四年。賊臣安祿山豕突蟻動。逆常干紀。徵師矯命。自薊長驅。公血憤中激。乃宣言曰。焉有人臣忍容巨逆。必當竭節。龔行天討。會郡中方集靜塞軍屯丁三千餘人。公因之。又召境内舉武藝者。仍發財募義勇之士。未踰旬成萬人。軍於是戒嚴固守。仍表其狀。是時海内承平。祿山竊發。兩河之間。未有奉章表者。時祿山陷洛陽。害留守李憕

中丞盧奕御史蔣清。以三人之首傳脅河北列郡。至平原。公斬其使。收三人之首。哭而葬之。遂有表上聞。初元宗每朝以薄俗罪己。及得公表。大悅。稱歎者久之。顧謂左右曰。眞卿何如人。而所爲乃得爾。因就拜户部侍郎。兼領平原。又加河北採訪招討使。仍賜以詔書云。卿之一門。義冠千古。由是公之德聲震於天下。時公從父兄常山太守杲卿同公建義。憤激於衷。生縛賊將何千年高邈。獻於闕下。遂通太原之路。忠烈之風。出於一門。詩云。孝子不匱。永錫爾類。夫忠臣亦如之。是時漁陽太守盧全誠。濟南太守李隨。清河長史王懷忠。景城司馬李暐。各擁兵數千。或至萬人。以附於公。鄴郡太守王燾。被祿山移攝河間。燾俾掾吏李奐斬僞署河間長史杜暮睦。以河間衆歸於公。北海太守賀蘭進明率精鋭五千濟河。有詔助公討伐。自是仁者赴仁。義者赴義。勇者不敢愛其力。智者不敢祕其謀。清河詞客李萼。少年有志。獻奇於公。以通鄰好。增補軍實。前殿中侍御史沈震。鹽山尉穆寧。武邑尉李銑。清河主簿張澹。清池尉賈戬。各抒器能。參贊成務。公以長事進明。衆同甘苦。莫不畢力。能公之役。賊帥袁知泰恃衆犯我聊城之西。公

二鼓而破之。獲斬萬計。其時河朔一十七郡。同日嚮順。進兵二十萬。橫絶燕楚。旁貫井陘。啟土門。通太原。河北節度使李光弼。朔方節度使郭子儀。得横行河朔。復常山趙二郡。大破賊帥史思明於嘉山。皆公之由也。推誠無私。信及旁郡。平盧將劉正臣以漁陽來歸。公以漁陽賊之本根。欲堅其意。乃割愛子頗。令越海與正臣通問。兼遺軍資十有餘萬。俄而寇陷京師。駕在靈武。往來傳置。梗圮不通。公以帛書表章。封於蠟丸内。俾健步宵行晝伏。四遠以聞。因奉詔。肅宗即位之初。遣使乘驛布於江淮。王命再通。繫茲是

輯又遷工部尚書兼御史大夫採訪招討等使如故其年冬十月賊將尹子奇史思明等以勁兵十萬發自燕南先陷滄瀛次陵德棣猛若燎火衝如決防公內無兼月之蓄外絕同盟之援度勢量力義無幸給不敢委身待擒貽國之恥遂與麾下歸於鳳翔有詔遷憲部尚書尋兼御史大夫西京平思復舊章屢進讜議觸鱗忤旨竟不久留出爲馮翊太守換蒲州刺史充本州防禦使又爲酷吏所搆貶饒州刺史遷昇州刺史充浙西節度使時劉展在於睢陽反狀已萌公乃飭偏師利五刃水陸戰備以時增修都統

使李峘奏以爲過防駭衆肅宗有詔追拜刑部侍郎進爵縣公尋而劉展陷江淮李峘敗績奔走時之議者皆多公之先覺怒峘之沮計焉御史中丞敬羽詐佞取恩惡公剛直以謗語陰中之天威赫然責命斯極貶蓬州長史代宗卽位移利州刺史未之任徵拜戶部侍郎轉吏部侍郎加銀青光祿大夫進金紫光祿大夫除江陵尹兼御史大夫充荆南節度觀察使未辭闕而鑾輿幸陝州公扈蹕行在拜尚書右丞及還京遷刑部尚書續兼御史大夫充朔方宣慰使進封魯郡公食邑二千戶宰臣元載怙權專政每有公議公正言引經不爲之屈指擿將如規之載心銜色忿蓄而將發者數四矣會攝享太廟誣以祭器不修啟於宰臣載因奏公謗讟時政貶峽州別駕未到任換吉州別駕移撫州刺史轉湖州刺史政尚清淨長孫養耆徹備浚隍式廉明進吏事特責大旨而已郡人悅之立碑頌德而耽嗜文籍卷不釋手初在德州嘗著韻海鏡源遭難而止至是乃延集文士纂而成文古今文字該於理者摭華撮要罔有不備爲三百六十卷以其包荒萬彙其廣如海自末尋源照之如鏡遂以名之又著吳興集十卷廬陵集

十卷臨川集十卷並行於代大歷末姦臣伏誅宰臣楊綰常袞舉公舊德宜在中朝徵拜刑部尚書公乃奏上所著韻海鏡源帝嘉之藏於集賢書院及祕閣公前後三領大司寇以年老辭榮上愛其才遷吏部尚書清汰九流用正庶官代宗晏駕朝廷以公鴻儒詳練典故舉充禮儀使祇護陵寢率禮無違加光祿大夫太子少師使如故著禮儀集十卷上方倚以爲相爲權臣所忌遷太子太師外示崇高實以散地處之也建中四年賊臣李希烈阻兵淮右詔公奉使宣慰豺狼方熾或諭公逗遛以需公曰君命也焉

避之既見希烈奉宣朝旨詞不屈志不撓賊黨乃交刃脅之慢罵不遜公視之凜如責以悖逆希烈不敢亢逼而退久之置酒大會將餞公復命行有時矣遇叛臣李元平陷我汝海委質賊庭公於座上數其背恩厲氣叱責叛者慙赧密以異語動於希烈希烈意變遂執公囚於官舍防以甲士或掘穽於側或積薪於前或紿以瘞埋或許以焚爍虐毒萬計期公毀節公謂之曰願假一劒豈勞多端服義而終乃其所也賊竟不敢逼貞元初希烈陷汝州是時公幽辱已三歲矣度必不全乃自爲墓誌以見其志是年遇

害於汝州之龍興寺春秋七十有六自登朝及作藩牧常以安君厚俗爲務奬善伐惡爲志言非至公不發於口事非直道不幾於心植操則夷齊之高也理戎則羊陸之仁也當朝則汲黯之正也莅下則廉范之通也蘊是具美行乎至險強暴莫敢衝干飈不能動大義久廢公起之醇風久醨公還之非賢人之業何以臻此然虛己下士不以名位自高苟有道者蓬門鶉衣必與抗禮在平原嘗薦安陵處士張鎬有公輔之量數年間鎬位列鼎司論者稱之善與人交執友之子義均甥姪介操所至不遷其守剛而中禮介而容衆靜而無悶動而有光便於己希權倖不爲也君有命蹈湯火不辭也心在弭亂不在功志圖報國不圖生故其殺身成仁視死如歸雖漢之龔勝魏之王經無以加焉昔衛銘孔悝魯頌僖公載在禮經形於雅什僉以爲公之事君事親愛敬直清跬步不忘德充也服義戴仁顛沛以之行極也探賾儒府述古立言文經也勤勞王家靖難安仁武功也頌聲不昭後嗣何觀於是故吏盧州刺史李萼乃刊石建碑旌於不朽以峘嘗參公會府公卿之末備位史臣俾讚丕烈永示將來敢竭不才恭述所聞銘曰

天祚聖唐降賢救時烈烈魯公毓德應期巖峙玉鎮伊傅之師文武忠信天子是毗亦既升朝侃然正色潤我王度作藩於德賊爲豺虺流蠆下國公飭王旅殄掃妖慝解紛以和柔逆以忠萬里狂飆半爲淳風君子知微遇變則通全我庶人入奉宸聰乃副丞相是司喉舌周旋七命内外胥悅營營青蠅不害其潔危行言孫保兹明哲用啟土宇俾侯於魯式是百辟彝倫攸敘亂靡有定盗擾淮浦帝曰汝賢代予宣撫執不懷忠處死難之於赫我公視險若夷猛獸齗齗履之不疑扇彼薄俗惟緝惟熙昔在申伯作藩

周室詩人歌頌尚播聲律矧我文忠人之紀綱功侔四時節貫雪霜煥乎立言歿而彌彰日居月諸垂範無疆

尚衡

衡至德中歷官散騎常侍檢校禮部尚書兼御史大夫

文道元龜 并序

天寶初適於平陽平陽太守稷山公則衡之從考真雅好古道門尚詞客當今文人相與多矣嘗歎曰取士之道才其難乎或精文而薄於行或敦行而淺於文斯乃有失其道一至於此顧衡曰吾嘗謂爾知言爾其言之衡私門以

文場而進五世鄙雖不嗣忝藉餘訓敢著元龜以敘其事

元龜曰

文道之興也其當中古乎其無所始乎且天道五行以別緯地道五色以別方人道五常以別德易曰觀乎天文以察時變觀乎人文以化成天下非五緯孰可以知天非五方孰可以辨地非五常孰可以化人文之為道斯亦遠矣天人之際其可得於是乎夫卦始乎三畫文章之闡大抵不出乎三等斯乃從人而有焉工與不工各區分而有之君子之文為上等其德全志士之文為中等其義全詞士之文為下等其思全其思也可以綱物義也可以動衆德也可以經化化人之作其惟君子乎君子之作先乎行行為之質後乎言言為之文行不出乎言言不出乎行質文相半斯乃化成之道焉志士之作介然以立誠憤然有所述言必有所諷志必有所之詞寡而意懇氣高而調苦斯乃感激之道焉詞士之作學古以攄情屬詞以及物及物勝則詞麗攄情逸則氣高高者求清麗者求婉恥乎質貴乎情而忘其志斯乃頹靡之道焉古人之貴有文者將以飾行表德見情著事杼軸乎天人之際道達乎性命之元

正復乎君臣之位昭感乎鬼神之奧苟失其道無所措矣君子也文成而業著志士也文成而德喪然今之代其多詞士乎代由尚乎文者以斯文而欲軌物範衆經邦敘政其難致乎化成悲夫敢著元龜庶觀文章之道得喪之際悔吝之所由者也

欽定全唐文卷三百九十五

杜位

位襄陽人右拾遺甫之從子至德中與甫同在嚴武幕中後貶新州還爲夔府司馬歷司勳員外郎

對國公嘉禮判

國公有嘉禮謁者不示儀式科之云非五品已上仰處分

開國承家已膺明命成人宜室當率舊章所謂伊人展斯嘉禮三揖三讓爰修著代之儀墨車漆車將執親迎之道

眷言謁者曾莫是思儀式之間自合寵其茅土降殺之數復何昧於等威縱以五品爲辭終冀片言斯折

許嵩

嵩肅宗時人

建康實錄序

司馬子長善敘事古稱良史然班固嫌其疏畧是非頗謬於聖人言論數篇以爲所蔽嵩述而不作竊思好古今質正傳旁採遺文始自吳起漢興平元年終於陳末禎明三年而吳黃龍已前雖引漢歷二十餘年其實吳之首事及晉平吳太康之後三十餘載復涉西晉之年洎瑯琊東遷太興即位元年始爲東晉首年東晉一十一帝一百二年而禪於宋宋八帝六十年而禪于齊齊七帝二十四年而禪于梁梁五帝五十六年而入于陳陳五帝三十三年止隋開皇元年陳建首號梁之末年梁稱元年齊之季年齊初即位宋之餘年則四家終始共用三年而吳四帝五十九年南朝六代四十帝三百三十一年通西晉革吳之年并吳首事之年總四百年間著東夏之事勒成二十卷名曰建康實錄具六朝君臣行事事有詳簡文有機要不必

備舉若土地山川城池宮苑當時制置或互興毀各明處所用存古跡其有異事別聞辭不相屬則皆注記以益見知使周覽而不煩約而無失者也

劉太眞

太眞宣州人天寶末舉進士大歷中爲淮南節度陳少游掌書記徵拜起居郎累歷臺閣自中書舍人轉工刑禮三部侍郎貞元五年掌貢士多取大臣貴近子弟坐貶信州刺史卒

爲陳大夫謝上淮南節鎮表

臣某言今月二十日中使輔懷恩送告身至伏見恩制特加臣銀青光祿大夫揚州大都督府長史充淮南節度使仍封潁川縣開國子食邑五百户者臣以駑駘賤質葵藿愚誠謬荷深恩頻膺重寄日月私照雨露曲霑負戴不任兢惶失措臣某中謝臣自遠辭天闕恭守海隅伏恩陛下臨御之勤竊罄愚衷蹇拙之分所恨智慮不及績用無成豈望陛下知懇款之不渝將纖毫而見擢特超階序俾易旌旄錫以開國之封授以臨戎之節由江南之遠鎮踐淮表之名藩且地在要衝職名分閫副茲統理豈易其人臣

亦何功忽當此任仰膺休命難叨覆載之榮伏省微躬實積負乘之懼臣即以今月二十五日發赴揚州其浙東使事已差觀察使殿中侍御史盧翰權知留後無任感戴戰越之至

上揚相公啟

太真啟前者曲蒙處分令獻所學舊文伏念早年僻居江介泛窺經典莫究宗源天寶中嘗遇故揚州功曹蘭陵蕭君語及文學許相師授而家貧世亂不克終之其後從役外府所用寡細雖抱夙心無因警發雖欲奔前賢之牆宇指作者之風度涉隅角而輒滯望端倪而自失嘗有一言逸至理一章適遺恨竊懷恥愧不覺淹留以深稽命之愆寧負厚顏之愧謹上近所記錄三十餘章反復内省慙惶汗流伏惟相公秉人文以作相敷天縱之盛美發六籍以立言極三才之奧義協贊一德化成羣有懸衡而制其輕重操繩而審其曲直小人既無學術又無材用形神低悴年鬢頹老又念頃日曾霑引問擊蒙而恒失所對庸劣而竟無上補今復以此昧塵明鑒相公假爲之納其瑕穢小人不亦自重其嫌斥乎向使彊仕之間獲趨門館荷深仁

於哲匠被君子之善誘雖其頑魯或有庶幾之道焉今過五十已加其四學之已困力又不足遇伯樂而反惡于長鳴視姬姜而自退其陋質抑小人之命也不敢多言謹啟

與韋應物書

顧著作來以足下郡齋燕集相示是何情致暢茂遒逸如此宋齊間沈謝何劉始精於理意緣情體物備詩人之旨後之傳者甚失其源惟足下制其横流師摯之始關雎之亂於足下之文見之矣

顧著作宣平里賦詩序

宣平里環堵之宅嘉木垂陰疎篁孕清友生顧君寓之所也前相國宜城伯夏官卿博陵公陳蓬州藏用上人賢顧君而訪之鄙夫與焉披襟嘯風境邇神王孰闕炎暑焉知市朝吾君則超然如在天壇華頂之上意喬松可得而友也乃賦六言詩以紀會既明日屬文之士翕然而和之八音鏗其盈耳環堵爛而溢目舉國傳覽以爲盛觀太真獲因首唱不敢遺繼之美

送蕭穎士赴東府序

先師微言既絶者千有餘載至夫子而後洵美無度得夫天和頃東倭之人踰海來賓舉其國俗願師於夫子非敢私請表聞於天子夫子辭以疾而不之從也退然貧居述作萬卷去其浮辭存乎正言昔左氏失於煩穀梁失於短公羊失於俗而夫子爲其折衷王公交辟拒而不應從官三年始參謀於洛京家兄與先鳴者六七人奉壺開筵執弟子之禮於路左太真以文求進以無間見舉而不惙爲夫子蕃春雲輕陰草色新碧皎皎匹馬出於青門吾徒喟然瞻望不及賦詩仰餞者自相里造賈邕以下凡十二人皆及門之選也

房州刺史杜府君神道碑

茂天爵者薄人秩韜真機者疵世道是有草萊纓組塵埃聲利位始階而身退名始存而跡遠者見之於府君矣府君杜氏諱元徵字金剛京兆人也宗啟周封業光魯史層源演派疊萼舒英以地則因人斯大以世則令郡望族王若驟諫興王飛謀戰國垂康漢之績著平吳之功咸寵冠往賢鬱華前載斯粗舉而未能也曾祖良杞府君銀青光祿大夫國子祭酒贈左僕射祖士倫府君太中大夫左衛大將軍考元隱府君游擊將軍商州洵水府折衝上柱國或導揚儒風或宣肆武烈芳傳學省勳在戎府俾昌而裕毓我令人府君貞亮居體中和成性孝慈根於素風明敏彰於羈貫唯道素是味唯還丹是慕浮碧落而雲高立秋江而鶴遠既而宗族喻良弓之業親朋示博帶之義事感於中勉而筮仕解巾署陪戎校左金吾翊府尋授左監門衛長史晁錯才識始從掌固揚雄詞賦仍聞執戟滯脩鱗於汙瀆棲逸翮於榆枌摩重霄躍洪瀾將有日矣然而雅好翰墨尤工弧矢援毫露垂舍拔星落循倒薤以皆極掩穿楊而稱妙造次於是專精無怠況匪驚愚以飾智匪隱

身以徇物則儒墨兩忘也匪江湖而閑匪仁義而修則朝野一致也是用齊榮賤混淹速歲星逾所名秩乃徙人不堪其望我則莫之屑其練性存神遠希彭羨猶初志也府君之從父昆弟有懸王官宿債者簡書烟交司空星至悉責薄產殆將不給且家人嗷嗷臬壤貽懼府君憂攢於貌事甚在已遂鬻所居之業而代償焉卜遷於西郊之別墅又有至自西州者宦遊既久田屋斯變陶園兼松菊已荒江宅與桑田懼盡府君復推別墅以居之其仁愛之厚多此類也屬虜起幽都兵交中原二京弛禁六龍偏幸府君

心壯血憤志圖家國乃激勸親族糾率子弟弦木礪金有車一乘督責遣之曰吾聞救時者無險易赴難者無遠邇況文武繼代食君之祿者乎吾夙有林棲之契又齒髮將暮不有處者誰保家屬汝曹行乎吾欲兼濟遂提老襁幼集於終南時勳武爭搏齊人大擾戰血殷野殤魂嘯林丁壯濟師婦姑行餉府君深居事外適與靜合耳絕鞞角目無鋒刃天下鼎沸雲卧恬然伊昔漢臣擇日而不去秦客緣源以忘返屯往泰還我無凝滯由是放蕩形役徜徉家林州閭歸仁疆理息訟儒書仙籙開卷自得鶴侶鴻儔風期相許實清冥上人也以乾元二年夏四月十八日遘疾終於長安居德里私第春秋六十有四夫人渤海郡太夫人高氏婉娩懿茂柔貞惠和含真樂道合府君之志以貞元四年秋九月庚午合葬於咸陽之洪瀆原禮也長子前河北招討都統領兵馬使銀青光祿大夫檢校太子詹事兼御史中丞上柱國建安郡王食實封一百五十戶季玭宣茂績於邦家施湛恩於祖考忠誠好謀沈毅能斷當禁衞之心膂總兵符於掌握皇威揚於外臣節固於中勳庸大來爵位斯集朝廷以府君垂裕道至貽謀慶深下詔褒

寵用光幽穸贈房州刺史次子冠軍大將軍兼試太常少卿季璘探賾兵謀妙通韜術致身環列亦著殊名惟伯與仲孝心罔極莫不切追遠之情循聿修之旨爰託圖篆式昭令德其詞曰

休祉錫美元淳毓靈是曰哲人惟道之英風質簡遠音詞淑清優游下秩想像高冥謀能圖國射足觀德藥竈霜元書池水墨義自情感仁非教植鬻業推居宗親翼翼當吏亂華高蹈雲崖子弟從師策勳王家艱難既平吐納元和玉貌雖全促齡如何詵詵令嗣忠武濟世位崇銀章權總

羽衞是降褒贈載光幽竁撰詞揚休昭示來裔

李紓

紓字仲舒禮部侍郎希言子天寶末拜祕書省校書郎大歷初爲左補闕累遷司封員外郎知制誥改中書舍人尋自虢州刺史徵拜禮部侍郎德宗居奉天擢爲同州刺史尋棄州詣行在拜兵部侍郎反正兼知選事移禮部卒年六十二贈禮部尚書

享武成王不當視文宣廟奏

準開元十九年敕置齊太公廟以張良配享太常卿及少

卿丞充三獻官又按開元禮祝文云皇帝遣某官敢昭告於齊太公漢留侯至上元元年敕追贈太公爲武成王享祭之典一同文宣王有司因差太尉充獻官兼御署祝版伏以太公卽周之太師張良卽漢之少傅聖朝列於祀典已極褒崇今屈禮於至尊施敬於臣佐理或過當神何敢歆伏以文宣垂教百代宗師五常三綱非其訓不明有國有家非其制不立故孟軻稱生人已來一人而已由是正素王之位加先聖之名樂用宮縣獻差太尉尊師崇道雅合政經且太公述作止於六韜勳業形於一代豈宜擬諸盛德均其殊禮其祝文請不進署其敢昭告於請改爲致祭於其獻官請準舊式差太常卿已下充

故中書舍人吳郡朱府君神道碑

極以象爲文三辰章焉地以植爲文百卉昌焉辟以誥爲文萬宇揚焉故三才之文人文爲至三代之文周文爲備秦漢承式簡而未宏魏晉繼軌則而方麗在河朔也其流靡淸至江介也其細已甚以逮於亡隋焉國朝鏟邇代之弊振中古之業掌文命官發華歸本出入二百載上下十數公粲粲然與漢魏同風矣而曠士之制博而通豪士之

制英而辯道流之制精而密君子之制直而溫吳郡朱君其君子歟諱巨川字德源嘉興人也此邦之人不學則農苟違二業必自他邑故王父舉茂才先子舉孝廉皆在上第君以文承祖以經傳代行中規身中度陽休於氣和積於中而藻之以文章也年二十明經擢第嘗著四皓碑磅礴君臣之際表章出處之跡正或蒙難顯黜於晦柔能麗明語賢於默道宏藏術義與定傾識者已知其有易諒佐檢之風矣其後北戎病燕華夷爭土率先心計緘競力刑潛不隱鱗飛不藏羽而君深居里巷鮮越户庭靡躬靡親

不以潔羞膳不蠶不績不以獻温凊行之有餘重志於學考經義之箋訓撰策書之贊敘每立新評必度常均將欲舍堅超長鉞肓起疾矣又著睢陽守城論一篇以爲義者忠之徒廉者節之本苟忘義以自重是臨節而可移固以探二公之心垂萬古之訓使違難者銷聲以結舌苟生者寄愧而終身斯深於春秋而不義者遠矣御史大夫李季卿實舉賢能授左衛率府兵曹參軍户部尚書劉晏精求文吏改睦州錄事參軍濠州獨孤及懸託文契舉授鍾離縣令兼大理評事沔鄂聯帥獨孤問俗忻慕士程表爲從

事授監察殿中等御史數公皆人之望也士趨於門猶恐不及君辟其府未嘗有容至於幹固守成平端吏職所至賞其福利所奉由其重輕人皆誦之君以爲恥本州牧御史大夫李涵推善里仁拜章特徵薦左補闕内供奉行以直聞文以正舉皆君之素也況官以諫爲名乎傅納從容休問昭晰由是擢起居舍人知制誥換司勳員外郎掌誥如初拜中書舍人錫以章綬凡載書之傳信者贊書之加命者詔策之封崇者懸策之襃厚者其詞必温其道必直洪而不放纖而不繁實根作者之心無愧前人之色前後

時宰僉稱任職其小成也猶嘗秉考秀之刀尺掌條流之衡度而焦明顛於層旻飛黄頓於局路此人情所以爲慟天問之所宜賦也以建中四年三月九日遘疾終於上都勝業里私第春秋五十有九以其年七月七日歸窆於本縣西上蔡原舊塋禮也詔以侍御從之贈華州刺史俾所在州縣續食以過喪詔恩之崇終始加等朱氏之先出自顓頊吳回後也建國曰邾有儀父勤王之義去邑爲朱有平原佐漢之績博以忠輔顯雲以義烈聞從吳爲世家在晉爲冠族以至於曾祖伯道皇朝襄州司馬祖貞筠皇朝

筠州豐利縣令父循贈洗馬君即洗馬府君之元子嗚呼嘉禾之偏宰樹焉依崇邱即高大寢重潤元精之發迴復其中故君生受英華之氣殁歸隱厚之邃宜其騰振洪緻延垂慶嗣也子徧纂祖之武得君之文甫逮弱齡擢登秀士與其弟端靖定等遐護歸輤進拜先友哀託斯銘往旌不朽銘曰

猗朱君秉國文星回漢鼎歆汾丹素絢雅鄭分音扣玉氣飄雲才日新行日聞騁夷道天中身霈洪私贈朱輪勾吳邑靈海濱降精英積氤氳地貞吉宅還眞門修夜非我春

聳孤石垂後人

王璥

璥貝州人開元朝官幽州都督法曹參軍

石浮圖銘

此浮屠者唐中興七年歲次辛亥夏（闕一字）月八日宣義郎守幽州都督府法曹參軍上輕車都尉貝州王璥上爲聖唐皇帝下爲法界蒼生次逮七葉先亡俯（闕一字）見存眷屬之所建也究夫溺川思拯必（闕二字）楫之功火宅懷離載俟牛車之力矧乎迦維聖濟非視聽所（闕三字）賢刼乃慈悲之

理璥以頑蔽（闕一字）事（闕一字）隅左右（闕二字）聿加非各誓意輸歸妙造竦（闕九字）彼岸矣豈非丈夫潛施雄（闕六字）靈焉（闕一字）戾是故乃（闕一字）捨衣命構（闕四字）石（闕二字）巖祇（闕一字）寶樹基（闕一字）界則獨苑增（闕七字）黃陂萬頃却臨雲嶠翠巘千重信（闕四字）乃昇龍之別業者也庶夫瀛桑百變（闕四字）在我此功與天亡極銘曰

悛哉傑聖（闕一字）德有（闕二字）我嬰枉惠予殷仁得免時燦實賴慈（闕五字）運此名斤爵離崛起鳳跱天辰諸刼有（闕五字）

鄭務

務元宗時人

對卒史有文學判

有司選擇卒史以文學掌故備員有比百石巳上誦多者先求之不得訟如功令

縣官疑命化天下以人文有司愼舉闡大猷以儒行雖司徒既有詞客當國豈無髦士掌故帶經傳業射策徵庸歐陽生之代業自昔斯授孔安國之家書居常時習剌六經以達士就百石以代耕曩者植杖而耘未嘗釋卷今茲梼棘而訊豈廢傳儒由是策名廷尉公門惟其自訟備員文

學卒史實以次就以命求之自貽不得嫉詞多而有訟誣功令而不公寧假爰書宜從告詰

李廷暉

廷暉元宗朝擢書判拔萃科

對祭社判

宋元君叩鄫生鼻血祭社人告妖

尊俎牲牢歲時享獻祭神如在明德惟馨感以此誠膺茲介福先王令典列代通規且有生最靈惟人爲貴怨嗟尚傷於和氣淫酷豈叶於明神今叩鄫生之血以充勾龍之

祠且送終尚不致殉祭社焉可用人往諫前非撫事不遠原情據罪在法難容告以爲妖或亦未可永言其虐須寘於刑

對卒史有文學判

有司選擇卒史有文學掌故備員有比百石已上誦多者先求之不得訟如功令

學以從政位將錄賢必考徵言以登稍食詢諸漢制或漸通班按彼周官須當下秩若業同晁錯才比匡衡多聞闕疑果行育德三墳五典頗倚相而無慙七畧九流仰劉歆

而可繼固宜虛位允應旁求實乖與善之情而啟多訟之訴舍光易退則醜歸於訟者推誠應物復過在於有司儻其誦過萬言加以通識千古與能從事可不務乎

閻伯璵

伯璵開元時官華州鄭縣尉天寶中遷吏部郎中出爲袁州刺史歷撫州徵拜戶部侍郎未至卒

都堂試才賦 以平上去入爲韻

原夫六官分職理化之紀綱八座設位國成之周行屬天下有道羣才向方今茲觀德足用舊章天子開司會之府求俊選之良昭其能則平施其祿思其濫則大爲之防既作鏡於前典乃懸衡於高堂信入仕之覆簣爲登科之履霜名實斯別謀猷以昌分雁行於廣廈引魚貫於長廊明試以言率由厥道彼興邦之所急庶用賢而爲寶上之化下也猶風下之應上也如草惟德助理惟才輔政啟甲乙之科修文學之令卦列在陰之象詩著食場之詠固藏器以俟時亦進思而體命徒觀其來須來歌以引以翼因考覆而升降隨臧否以黜陟叩兩端而不疑守大中以立極將採梢雲之幹必表凌霜之色人未易知道亦難測儻棄

瑕而錄用希萬國以不息

射宮試貢士賦 以試之射宮考藝觀德爲韻

古者先擇藝之科盡得賢之意以諸侯益祿之選用男子懸弧之事禮容斯作皆專正鵠之能藝實不同故有射宮之試於是英髦畢集弓矢皆持望其審固定以妍媸驗體正心平之方取其類者設周旋進退之度用以觀之苟三侯之不失在五善而奚疑當其立德有容凝神多暇弦開而滿月初生箭發而飛星共借推高於衆人之上所謂簡能定準於百中之先斯爲善射始則于時上國貢藝澤宮

念登科之有望冀捨矢而成功蘊破的之心每期於度內致穿楊之用終在於彀中是故節以采蘩之詩尊於在公之道謂得失之可驗故否臧而盡考爲仁在我助祭之事固宜有慶於君益地之期可俟今也時在推公人皆獻藝思呈妍於揖讓之表願騁志於操張之際動而有節君子之爭不爲發必循聲長者之容是繼必以蘊才思妙用古爲難則當追軒后弦木之功於是取驗法仲由執弓之道庶或可觀然後以射爲規以仁爲則冀大道必公於取希有司不愆其職夫如是則天下蘊藝之徒莫不望君門而效德

歌賦 并序

虞書詩言志律和聲察乎歌以形言聲以導律時其聞見聊因紙以賦曰

驗謳歌於樂府戒伶人以迭唱隨轉意合難爲形狀始趨曲以熙熙終沿風以颸颸繚繞容與逶迤超暢函五聲之參差極六律之清壯原夫蹈性以純密寬平率心於悠曠或曲或止如墜如抗盡或可續應而不匱來無攸往去有遺意荆王感而增悲楚妃歎而掩涕察乎靡靡似游絲以爲緒聽乎纍纍若貫珠之爲隧括繁言以入節同大道而無器浮而不蕩聚而不盈比擊鼓以作氣尋鳴笛以遣聲亘簫笳之異響亂楚漢之疑兵斷絕齊變支離帶情或引商刻角或濆渭通涇思彈劒於逆旅念採菱於江汀發河激之慷慨奏滄浪之濁清賦扣角以悽切歎食薇之廉貞於是載賡載颺積思覆句引韻下散沿源上溯若寒雲凝於沙漠秋風起於燕路情激烈以懷霜氣絪縕而掩露卒意縱誕耽聲指顧眷五噫之匪陋遵九章之淪悟委頓颺厲抑揚緜妙啟子均洛北之曲泉客理淮南之調或間以彈絃或雜以長嘯陟降配德登之於郊祀一唱三歎用之

於宗廟至哉但擬其形容淵乎莫見其光耀蹈迹載德流言居要九辯勤於水土二南分於周召寶鼎見於汾陰天馬來於荒徼徒觀其浩浩嫋嫋渢渢泱泱堯帝繼以虞帝禹跡盡於殷王省周詩於魯策欽漢風於沛鄉嗟人命之何幸逢天道之昭彰諒股肱之匪懈載元首之輝光制頌創雅漂齊流商聲統樂教士符人康展來蘇於日域諧擊壤於皇唐附威儀之濟濟和金石之鏘鏘白雲互進淥水激揚聊以永日歌而無荒

彈碁局賦

西南之美有華山之礦石焉厎貢之珍有荆山之象齒焉於是工人創器軌物備敍豐腹上圓頹根下矩憑陵衡隧擲算師旅發號啟行兵棊迭舉赴縱奔電影亂飄風左掎右角爲鳥爲雄易心而行候釁而動奮以武怒賈其餘勇作威以襲敵厭陣以承權建瓴桓桓謂戎馬之旋路長斜矯矯猶翰音之登天恥交綏而退旅尚彼廢而我全倅射隼以藏器眷得魚以忘筌惴惴將頹識成敗之亹亹纍纍不絕歎瓜瓞之緜緜始收功而隔澗終制敵以緣邊原夫

粲若星離偃如雲岸映垂奩而㪚合拂轉巾於霧散示之以弱效嬴師以設疑謀之其臧象觀兵以靜亂克乃因於通理敗不由乎強幹或應爲而不爲或當斷而不斷鄙夫遘戰而未非智者見機而已歎連連搏漠必成其鴈行歷歷登壟何異乎魚貫魄逃政以周流憊不競於奔竄諒棲遲以保險仍跪跪而長歎良工飾法以修身小人恥射以作翫鑒炯誡於博奕吾是以箴之藻翰

函谷關賦

函谷天險宏農邦鎭南據二虢北荒三晉洞開一軌壁立千仞逕薦雙合梯苔孤峻世濁先封道康後順遠秦塞近崤陵幽泉脈脈斷峯稜稜增陴霧杳聚堠煙凝高卑異級坻㟭相承靡屆靡究不騫不崩實隄防之樞轄爲造化之緘縢齊之以權衡危不可得約之以符璽信而有徵昏主既廢聖人以興慎終於始欲罷不能觀夫憧憧往來驂駐成霧據於石東西十里臨其深前後咫步建瓴百二之國扼喉三七之路幅員既長城小而固恃元化之陰隲望爽倫之攸序於是敕用傳禁棄繻商君本魏之公子柱史乃周之臣符知結草之可守故習坎以無虞原夫阻河稱深

因山爲衞背宇宙之衝連阡陌之勢萬方納款百工獻藝四旁礫攘諸侯之政典一丸成功陪臣之邪說直指天符變稊荑之末橫分地維弛旂旐之贅聿修綱紀以遏醜戾或懸門而不發殊勇夫之重閉懷德維寧將鎭其細既皇漢之辟國實扃鐍於新安固之胡易舍之則難復襟帶於故道徒頹壞而未乾善孟子之禁暴惡臧孫之謬官存古訓以是式庶斯文之不刊

河橋賦 以山河魏國寶爲韻

壯三輔之雄極非魏國其伊那總魏國之繁隘非斯橋而

豈他條山左臨高障東連於渤海晉關右抱浮梁西截於長河却頓鐵牛駭浮川之魍魎旁飛畫鷁驚入浪之黿鼉竹笮其維不虞於奔濤擘赫金鏁斯纜何懼於層冰皚峩川有梁兮閒閒於揭涉王在鎬兮有格於來訛蓋取諸益其不謂何故馬卿之歎爾斯題請觀即事尾生之溘焉守死夫奚足多豈比夫虹能象之不可以來往鵲能塡兮不可以經過若斯之利用吾賓薦之士亦可歌頌諸侯之盛績樂王化之雍和爾其薄煙霏霏初日杲杲遠之而望勢侔神造既似乎瀑布之界天台又似乎蓬萊之橫海島虛

其內則用當於無疏其間則屈而且抱憑險作固夾咽喉之重關用否而通連秦晉之長道東西水滸義非待於秦求襟帶山河固可兼於魏寶爾其憧憧往還曳曳空間華柱上征殊馬援之標界石臺中聳若鼇力之負山偉哉武侯時賞茲國況天樞要作限通塞旁達無垠下臨不測舟形崎嶬似火龍之飲川梁勢綿緜疑海鵬之斂翼其拯物也有來斯適其濟時也遐方不亟非夫蓄巨川之運迴斡地之力則何能掄梓材以當路臨要津而作式守此道也夫有何極然而物有成規國有虛費信彼才之可取奚此橋之獨貴使夫期不日以獻珠連城而出魏

鹽池賦 以天造靈物資人食爲韻

坤之美兮焉可以測鹽之池漭沆兮劃開於郇瑕之側廓平陸而無際浸長天之一色前對條山照峯巒之巀嵲却隣安邑對城樓之嶷岌其出形鹽也狀雄虎之蹲於長野攫拏兮布濩其吐精光也如白日之昇暘谷照爛兮熻艴既似乎鏡湖之不遠又似乎渤澥之在即是以我良牧宣風千里褰帷憑軾覩茲池兮荷上天之報覩茲鹽兮恤下人之食意者以爲季布鎭乎股肱黃霸蘊其輔翊不爾何

魚鹽川澤之用饒土潤鹹鹺之利飭天人之緊列則有典有乎百姓之攸迷而不知不識粲矣郊甸丕哉庾億且觀其皎晶池濱皚峩嶙峋髣髴珪壁依稀碝珉入澤遐窺喜晴天之速曙隔林斜望訝瓊樹之驚春餌之者若茹膏之客捧之者疑獻玉之人況生殊播植動必合時爲諸侯之賞愛入嘉賓之賦詩嗟乎其皎皎兮于川之湄其郁郁兮于川之坻有美玉之價沈之而不汙有君子之德涅之而不緇利入桓公之論名留謝氏之詩充郡國之珍產實亭育之攸資永言沈鬱必由光拂可取於人況鑿於物懿夫

天不祕寶地不藏靈可以和梅羹之調鼎致君於堯舜可以偶脂鱐之入薦效祉於勳名爾河汾之賚信同天造豈若分溝塍之綺錯則萬頃花明市井田之周環則千里雪皓由斯言構有美自天幸無委於泥滓將以報於陶甄

對諸侯祭判

私廟三室將置新主家老毀檐主人訟之所由以非禮免之

毀廟遷主告終稱嗣父昭子穆將順從時之典易檐改塗恐墜思先之戚儀雖仍舊禮則謀新初致孝以觀德終因

心而崇敬歲聿云暮祭則有倫守宗祏之威儀率由殷奠考新宮之成式虔奉外除所謂斯人未明古道訟彼家老自貽不臧

周太師蜀國公尉遲公祠廟碑

有周上柱國蜀國公河南尉遲迥字居羅代人也與魏同祖乃胙岳濱因部立家遂雄荒服父俟兜尚太祖姊昌樂大公主贈太傅長樂郡公秉操中和率心純嘏無命早世公七歲而孤天授禮樂神資文武合乾元昴宿之祉得雲中金陵之氣稟昌樂胎教之德聞長樂庭訓之旨觀時俯仰與道周旋大統初仕魏散騎侍郎歷大丞相帳內都督尚魏金明公主封西都縣侯亳社未遷天人主饋虞賓載祀茅土增封四年進爵為公轉車騎將軍領侍中尚書僕射珮倚兼璽劍橫重紱元戎載警端揆允釐十六年拜大將軍時侯景詐梁蕭紀叛蜀委公以上國之甲靖偏方之盜假公以垂天之翼虞轂中之輪公於是承廟算出銳師張我軍三覆之勢蹶敵人七擒之跡胥加庸蜀城守皆降詔公兼益梁等十八州諸軍事益州刺史公孝思不匱色養有違長公主春秋既高西南夷威懷允洽自家刑國重

荷溫凊之詔飲至書勞仍頒袞冕之錫旌其伐也改寧蜀郡公中領軍綱弟因兄寵安固公順子箕父勳豈獨長安置郊勞之禮成都刊德政之頌周之興也換小宗伯督隴右十二州后稷仕虞且尊君命伊尹去夏未虧臣節陶唐之美無易至公進公蜀國公邑萬戶總秦渭文康十四州軍事累遷大司馬冊太師加上柱國師傅之地非賢不居軍國之重唯才是寄俄拜大右弼又拜大前疑將付畀安危授相州總管宣皇晏駕周鼎方移晉京上流非無陶侃魏廷舊史尚有王陵是年京師將徵公公以隋公當權辭

不受代乃自稱大總管承制署官司諸呂擅朝幾亡劉氏新都納女竟覆漢宗公子魏安公沁東之敗也公綠巾尚整猶背城請戰黃龍既潰則登樓自裁公志匪圖全誓將死難不憚征繕以勤事君恒畢心而禦侮因見危以授命嗚呼壽在黃髮位爲元輔生不敢齒沒有疑年史之闕文從古也公凡仕二代易九朝內設官師歷職三十四外建侯伯撫封五十六五增邑徙封忠不辱隋節能奉上唯幼孫獲宥而門子從卑唐武德中朝制改葬飾終追舊國禮缺於曩日表墓思人天澤流于異世開元丁丑歲上選建

衆哲輯寧庶邦相州刺史張公嘉祐先相國河東恭肅公之介弟作時膏雨爲廟瑚璉立朝則兼掌巡徼佐郡則預參師律至於建節是邦也教以肅政以清起忠貞之廟制享獻之祀初公之下車問俗而郡稱多祟公曰匹夫匹婦強死者猶能爲厲況蜀國公言足昭行可則大象之際獨爲純臣毀家紓國既書於直史蘊藻潢汙未孚於前代二千石既荷重祿闕修殷薦其取戾也宜哉我是用發私藏之俸則崇宮壯構轉他山之石則豐碑頌成陵谷不遷永昭洪烈

唐若山

若山魯郡人先天中歷官尚書郎開元中出爲潤州刺史

登仙遺表

世祿暫榮浮生難保惟是登眞脫屣可以後天爲期昔范丞相泛舟五湖是知其主不堪同樂也張留侯去師赤松是畏其生不可久存也二子之志與臣不同臣運屬休明累叨榮爵早悟昇沈之理深知止足之規棲心元關偶得丹訣黃金可作信淮南之昔言白石可延察眞經之妙用既得之矣餘復何求是用揮手紅塵騰神碧海扶桑在望

蓬島非遙遐瞻帝闕不勝犬馬戀軒之至

沈諒

諒開元二年賢良方正科擢第

對賢良方正策

問朕聞理國莫尚乎任賢命官必資乎選衆堯舜以聲不以度考聚良難殷周取德兼取言徵求匪易朕所以載懷經術之彥夕遺其寢虛佇藝能之士朝忘其飢子大夫光我弓旌應斯揚擢爲政作法豈無前範安人濟時亦有令躅宜敘立身之志各言從官之術至如七輔八元施何綱

紀十臣四老正何得失並陳事迹兼詳名氏夫朝會古禮
登享舊章九儀式辨其賜六贄各明所執雍時起自何年
亳社立於何代天士地士此何所封諸布諸嚴彼何所主
又穆邦家而濟生死三聖之教何長利動植而益黎元五
材之用何要工商兩業在俗何先文武二柄適時何急凡
此數科不獲雙美必去者方於去食可存者同夫存信朕
將親覽爾等明言

對臣聞時雨作解靡物不滋春雷發聲羣蟄漸覺閶者明
詔咨九牧闢四門光燭巖藪恩覃側陋葵藿仰惠以納景

山川有開而出雲使草茅微臣幽賤朽質辱旌賁陳芻蕘
瞻璚臺之穆然預煙閼而伏對此臣之鴻造也敢不瀝誠
哉臣聞堯之光宅也以親九族以命百官舜之登庸也以
察萬人以齊七政大禹拜皋陶伯益惟其昌言武王問黃
帝顓頊存乎至道此四君者文思濬哲恭儉高明仁以創
制慎乎體國思借力以任重簡遠以安人故選賢以居位
先事而後爵則考績以庸取人必才賦納獻可聲度言狀
庶存茲矣伏惟陛下豐功厚利資始萬物以統天執契含
元富有八方而纂聖家道以正庶績咸凝師師滿雲火之
庭濟濟盛龍光之列尚紆神睠更晬天儀思仁壽之登域
緬前王以作鏡雖軒轅之徇齊藏用重華之好問察言未
足以扶轂大明驂乘元聖臣聞之遊大海者難爲水窺聖
門者難爲言陛下侔造化而作法尊道德以垂範敬宗廟
以示孝愛臣子以興仁懷蠻夷以廣德抑禎祥以崇理禮
經大備四海共職而朝宗樂物至和百獸來庭而率舞至
於爲政安人之躅則微臣何足以知之其餘備父母之體
以立身欽聖人之化以從官之問則願竭其愚臣惟忠孝
可以從官奉陛下之法以自理守陛下之職以自安以之

居處則莊以之戰陣則勇是陛下軼堯舜之上愚臣忝比
屋之封臣雖不才則亦有志矣昔者風后力牧仲容庭堅
相與謀謨於有熊之朝邈違於納麓之運講信而脩睦肆
直而惠和垂衣裳作舟楫分州土敘星辰其紀綱也如此
其後閎散周召園黃綺季鎬京得之爲心膂漢儲得之爲
羽翼終能牧野清明惠皇不廢其救失也如彼夫國有五
服朝聘申其貢禮有五經享祠肅其首職方品其遠邇宗
伯辨其瑞玉乃開封壝是設方明錫之以鞶纓袞裳執之
以圭璧羔鴈秦之立雍時也將以禘其自出周之居亳社

也亦以戒於不臧臣又聞先王之制禮法也以勞定國汰哉漢武曾是驕神採少君以端信庶樂通之貞固帳甲乙樹旄頭望嶧山祈石室天士地士不治於昏淫諸布諸嚴何裨於風雨乎聖策以三教立言歷代彌勤成軌制以化時較醇醨而景俗此聖君合懸解之旨而小臣慚默識之明然臣亦嘗聞之矣夫禮者始諸飲食盛於冠婚分而爲陰陽轉而爲太一失之者死得之者生二氏包虛無而含寂滅長性靈而已宜去於斯傳曰仁義禮智以信爲主貌言視聽以心爲正則士德優矣若乃神農之肇皇業揉木

爲耒弦木爲弧皇帝之開帝功致天下之人聚天下之貨器以成務稼惟人天利以通財阜國周用苟能全人天可達乎故臣願抑商而進工也大哉武之爲功赫矣師之所處象震耀而舉垂雲雷以揚宣威而山河蕩容訓誓而煙塵動色可以定禍亂可以翦暴強項者牝雞之晨陛下潛龍或躍提白虵之劒揭翠鳳之旗入於北軍兵皆袒左氛祲殄滅日月光華此神武之壯觀謹對

劉清

清開元五年進士

止水賦 以清審洞澈涵容爲韻

覩夫太古之初乾坤定列有坎方一德之大成江河四瀆之別注仙海以環流度星橋而靡竭立體清靜舒光朗澈觀五行以獨舉潤萬物而齊悅豈惟以善下之故長應流行抑亦能遇坎則止以竭爲平居荒野而不動合寒虛而自清晝則烟雲亂出夜則星象羅生若乃湖稱青草澤若雲夢淺深潾渟表裏寒洞當朱陽之夏晚遇白露之秋仲紫闕之鴻雁飛來綠浦之蓮舟風送既能止而利物所以歸之者衆亦有鳳凰之沼明月之潭每澄流於庭院常不

注於東南蒙寮寀之玩洽渾琴酌而相參以游以賞如液如涵若英賢之取則類貞咸之是湛居夫玉宇初晴風颸載寢籠碧天而似鏡展紅霞而若錦納衆影而不遺比羣情而特甚用使至人觀之而心察智者樂之而情審達士愛而欲臨高節聞而願飲復乃養龜鶴藏魚龍怪石積明珠重虛以受物謙而克從有一人兮充賦每咨歎於澗松飾清顏而自肅希止水而今逢則知無美惡以畢鑒豈徒取乎矯容

崔鎮

鎮開元五年進士天寶時官倉部員外郎

尚書省梧桐賦（以託根得地藏器待時爲韻）

惟皇立極建都河洛會府疎庭珍木咸若偉梧桐之嘉遇竟因人以勝託傾鳳翼於朝陽偶鵷行於祕閣貴有常尊靜爲躁君花繁翼子幹直謀孫履素至潔體柔常存揭日月以曜穎含雨露以流根豈與夫龍門半死嶧陽孤植齊萬籟而混吹合千巖以共色勁質冰摧而杍人莫識高標風折爲樵人所得求知音於爨燃論分理於繩墨且問之以死生又焉議夫通塞故至人以全身遠害君子以自強

不息失其理山林不足以攝生順其道朝市何妨乎育德梧桐生矣自遠而至輕去無何之鄉不居有過之地謂繁華兮國人服媚吾獨後春而翠謂搖落兮物情共棄吾亦先秋以悴不改節以邀利不立名而自異必居常以待終將百慮而一致大年椿幹捎雲豫章箘簵貞勁桂椒信芳百果甲坼於金谷千林花發於河陽實繁者皆折材用者先亡我異於是于何不臧布清陰於仙署棲白雲於帝鄉旁連杞梓俯接琳瑯蔚金蟬之氣色耀錦帳之輝光我封我樹無臭無香後天年於社櫟用當代於甘棠得喪齊致語默兩忘吾不知夫支離之德何獨擅而自出蘧瑗之智何獨卷而自藏復有翦刻爲圭琢磨成器龍章鳳軫金符玉瑞平君子之心戒王者之戲晉侯得之諸侯膺至子野得之元鶴來暨雖信美於疇日未若茲辰之佩仁履義我求懿德於是乎在踈相比遠相待以其彙征成而不宰譬諸草木生植有時除惡務本樹善務滋引之斯至推之斯離角弓兮有仆杕杜兮陳詩敢告在位如何不思念茲在茲順事恕施苟求夏陰與秋實無拔楊以樹荑

北斗城賦（以池塘生春草爲韻）

昔炎漢之開國宅咸陽而設規闢都邑之壯麗紛制作而多儀象蓬島以踈嶽擬天河而鑿池館倚南山擬雲霞而上出城侔北斗仰星漢而曾披何爽鳩之代謝驗驪驄之運虧是以作之者不處居之者不爲祚我神唐丹青焜煌峻址雲矗層譙錦章纂頹壞以疊形凝皓粉以飛光門結黃金之石檐施白璧之璫堞盤紆於曲檻池徑復於圓塘城勢透迤若臺岑之隱映樓形宛轉似崑崙之相望接千門之宮闕通八達之康莊既而鑾駕西巡嚴扃啟晨羽衛咸集聲明克陳登睥睨以清夜聽畢逋而候春儼雄戟以

耀武振鵷行而拱辰夕沈煙雲之色曉流車馬之塵引祥暉之爛漫吐佳氣而輪囷於是歲發青道池隍駢早槳霧縈林岸風柔草暖懸實以彌藹飾崇隅之增好映春水之澄澄納朝陽之杲杲惟壯勢之崢嶸達洪規而鎮京望浮雲之黑水對翔鳳之丹楹配宗子之永固等皇家之不傾俯賓庭而贊義終自惡其輕生

張甫

甫開元二十三年進士

花萼樓賦 以花萼樓賦一首并序爲韻

粵若帝業盛惟皇家宅秦都雍枕梁通巴開別館以對赫飾離宮而再華敘溫恭之深愛沐棠棣之榮花當其代邸初構華池方鑿鴻雁新來潛龍未躍磐石利建維城固作授東華之門飛蓋西園之樂升降五位周環四託維梓維匠爰謀爰度建綵樓規層閣欒櫨跂翼以攢鬪枝掌杈枒而相拄凌兢雲垂嶪岌星錯風恬氣隱雨霽煙廓中坐平望數香街之往來憑檻下觀盡天京之郊郭厲丹鳳陵白鶴浮綱玲瓏流光灼爍陰移翠仗影碧潭之清泠日上金題照錦林之花萼帝曰惟休順豫而遊躋攀初極眺覽還周登萬樂或歌或舞列千品乃公乃侯莫不傾赤縣竭神州士女都集衣冠盡留悉觀聖哲共仰皇猷掩宮扉則聞簫聲之下漢卷珠箔則覩天人之在樓至若乃趨是求立喻政有光於聽覽事無妨於農賦邀以迴出花容玉質綺樹紛映類仙臺之下空天光照臨若秦樓之上日列眾牕以啟扉疏重門而夾室紅塵晝歛則數之疑千綠雲暮屯則望之如一理孝光大敦敬則友撫安戎狄調六合以爲家敦睦友于冠百王而爲首化猷方行土無不弁演湯禹之仁惠灑唐虞之頌聲士庶從而言曰觀其壯則知至

尊之攸處察其功則知萬人之是與欽其號則知昆弟之相穆見其儀則知君臣之有序此聖情方在於元邈豈小人之賦能舉

陶舉

舉開元二十三年進士

花萼樓賦 以花萼樓賦一首并序爲韻

粵若稽古大哉皇家叶聰明於六聖敦孝友於四遐睦親親以相及樂韡韡以同華漢后龍宮建邸園之水樹梁王鴈沼通禁夜之烟花仍峻隅以立制葺重樓之可嘉嘉其

謂何感物而作取諸棠棣目以花萼既揆日而爰謀亦占星而是度奢必去泰儉而匪薄素壁照耀以霜縞丹桂翁施而霞錯疊欒櫨之夭矯繞軒楹之周流雖麗萼之不足實規模而寡仇秦王祈年之觀漢武井幹之樓在縱驕而彼得豈興奇而我儔若乃百寮望幸一人流盼君御下而觀風臣登高而獻賦信布澤而昭德豈徒樂而是務銜徑且千鄽閈如一察遠近而皆盡指纖微而匪失前卷珠簾後却疎牖分渭北之川光別終南之峯首千門迴霽百陌微明翠幄凝烟暖青軒以霞映紅荷浸水嬌綠浦以縈盈

洛誅景暇遊務晨并爰居爰處載笑載語萬人是察九族惟敘猶側聽於輿言或敢揚於君舉

高蓋

蓋開元二十三年進士

花萼樓賦 以花萼樓賦一首并序爲韻

開元中歲天子築宮於長安東郭有以眷夫代邸之義舊者中宮起樓臨瞰於外乃以花萼相輝爲名蓋所以敦友悌之義也銀牓天題金扉御闕俯盡一國旁分萬里崇崇乎實帝城之壯觀也是時海內賓薦之士咸遊仙署馳神累日以待問於有司有司咸稱茲樓並命賦之小子庸蔽敢同頌美辭曰

惟唐六代盛德被於幽遐彌元都暨丹穴掩扶海與流沙莫不推福祚之攸永極威靈之所加敦本既同夫羲軒之日睦親又比乎棠棣之花裂土苴茅以表慶錫珪分瑞以聯華信可以受無窮之祉而保乂我皇家者哉迺命有司濬池隍繕城郭將崇大壯之義載考方中之作繚垣牆周乎舊宮設井幹而爲新闈既準既繩以揆以度望馳道而通禁林走建章而抵長樂攢晝栱以交映列綺牕以相薄

金鋪搖吹以玲瓏珠綴含煙而錯落飾以粉繪塗之丹臒飛梁迴繞於虹光藻井倒垂乎蓮萼信神明之保護亦列仙之憑託於是乘輿乃登夫翠輦而建華旗鉤陳警道今環衛周命期門使按蹕將有事乎娛遊六龍驤首以啟路八駿騰光而央軌且肅肅以穆穆幸夫花萼之樓然後層軒四敞聖情周顧遙窺函谷之雲近識昆池之樹綠野初霽分渭北之川原青門洞開覽山東之貢賦亦以崇友悌之德勸農桑之務豈止唯臨鄠杜之郊空指邯鄲之路而已哉且壯麗難匹光華匪一馮禁掖以孤明隱垂楊而半

出赫盼盼以宏敞肅隱隱而靜謐非匠氏之奇工梓人之妙術孰能至於是哉歲如何其歲之首花萼樓兮對仙酒願比華封兮祝我聖君千萬壽歲如何其歲始正花萼樓兮開御觴願同吉甫兮頌我聖君億載馨蓋聖人去有欲反無名深宮皓素高居穆清觀羣材之樂業朝諸侯而嚮明即知華夷欣慶冠帶混并均五氣之善叶三光之精嗟乎時難再得歲不我與跡已混於沈滯心未齊於出處此小子之所以瞻梁棟以自非仰雲霄而失序

樊系

系開元時第進士調校書郎歷涇縣尉遷尚書員外郎

對列侯實封判

得甲爲列侯以名田縣道所由以違新制合沒官訴云雖已受封實未之國不伏仰處分

五等疏封三壤咸則其於疆里各有區分甲忝居列侯且未之國威儀有翼雖委質於清朝日月其除終望歲於嘉穀爰在芃野是用占田將植油油之苗冀獲芃芃之稼未侵侯甸之服且近蠻夷之郊於典章而莫違取縣道而何害所由未詳漢制恐奪齊人將欲入官無寧非法

馬逢

逢開元時人

西郊迎秋賦 以題爲韻

稽夫王者御極上法璿衡分五方以辨位察四時以作程節既云徂躬履端而御極氣之將始必出郊以親迎然後人心不惑君德用明是時火官威寢金精氣浮有司來奏詰旦迎秋皇帝乃齋心以待曉御袞龍以垂旒俄而金闕戒辰司魚鑰以撤鍊玉漏將曉直雞人以獻籌乘輿乃駕赫奕皇州天仗倏以雲合風旗閃而星流馳六飛以啟道

騰八駿以夾輈祝三辰與七宿儼公卿與諸侯在位則其帝少皞配坐則其神蓐收我皇乃順時候育黔黎佩白綬執白圭盛德在金就金方以蒞事西成有望出國門以面西豈比夫簫鼓徒樂於汾水玉帛空朝於會稽誠晨既畢酒縮靈茅笙鏞諧廟粢稻充庖日轉天旋既將歸於北極雲行雨霈匪空自於西郊是月也天地始肅秋冬將布勞我農夫張我王度疑獄在斷命司寇而按囚徒遠方來賓發天兵而開武庫然後人畏威而自正俗知禁而刑措休祥畢至則河湧靈圖慶賜遂行乃山呼聖祚於赫哉國容

既備時令將徂樂萬姓以雍熙總百川而奔注余亦願於
賓王效武賁而作賦

崔譚

譚開元時判入高第調赤縣尉除侍御史遷司勳員外郎
歷左司郎中

對賜則出就判

甲賜則有司令出就訴云未成

天地設位聖人成能任良列官以同而異故周分六職懸
教理之文禮辨九儀正邦國之典惟甲位荒王爵寵受公

車賜則當五命之差等威陳七就之數既圖龍鵠之象亦
分金玉之飾大赤以朝開諸異姓之伍太白爰即崇乎四
位之封彼已之詞誠組總之未備有司之令意彝倫之是
疑國容此欺爾瞻何在子有車馬不馳不驅禮尚威儀不
軌不物寘以典憲允乎清明當是負霜之凶非為遇雨之
吉

欽定全唐文卷三百九十六

氾雲將

雲將開元中官監察御史遷殿中侍御史內供奉

對吏脫幘判

得丁為吏脫幘挂縣門而去斷不應為

學古入官式著墳典陳力就列聞諸聖人丁則鮿生頗為
高尚欽陶公之五斗初聞折節同方朔之一囊且安卑位
作勞州縣早結梁生之悲挂幘公門晚慕伯魚之操齊季
鷹而命駕不俟秋風想仲翁之辭榮近歸蘿月江湖道逸

狎魚鳥而為羣龜墨信榮將松菊而齊致況大君有命廊
廟須才旌帛日賁於邱園山林不容於隱遯欲將無悶未
可即依

對城邑判

甲將仞邑乙不從命比周狗以屬之損乙

侯伯之城中五之一苟不以度事或有虞甲恪居官曹慎
固封守會大夫之為政必葺其垣晉獻子之城周先仞其
邑豈謂澤門之皙見詛於邑中之子于垣載關於詩頌眷
言於乙深昧從時且人之比周既貽官謗而牆之隙壞誰

執其愆今遐邇乂寧邊鄙不聳苟不從命亦何憚焉遽嗾夫勢棄人何甚況屬於古今出惟行欲加典刑可以理遣

鄭少微

少微滎陽人開元時對策擢第官中書舍人歷金部員外郎戶部郎中

授張均等加階制

門下中大夫行中書舍人張均等竝藻珪璋騰華綸綍文行致美駮議惟精肅侍嚴極咸稱盛禮宜覃行慶之典俾承加等之榮可依前件

對文可以經邦策

問三雄鼎立四海瓜分魏氏獨跨於中原孫劉割據於南土五勝更襲惟受命以當塗四大居尊咸仗義而稱帝二十八宿指躔次於何方三十六郡列封疆於何所醇化懿綱非無寬猛之規愛國治人自有弛張之度皇皇祖考並建鴻名眇眇子孫俱聞失德爲功業之厚薄而存亡之後先至如獻納忠規縱橫武節既自方於樂毅或見比於張良各有其人詳諸史傳所行事迹咸試縷陳

對漢氏失德魏圖爰啓孫劉建號脣齒相依咸能廓帝緒以定業振皇綱而握紀雖數有五勝運鍾當塗而土無二王終殊霸業然則封疆畫界俯稽於地理瞻星揆景仰煥於天文東井發曜於梁岷傍分蜀漢南斗連輝於吳會遠接荆衡詳魏土之分野當畢昴之躔次伊洛列三川之郡曹公居四隩之中毗陵在吳華陽惟蜀疆理所得其在茲乎至於開國基行政令垂統履順永傳來葉創業與緒克昌後昆咸終數代一何倫比雖鴻名休德將崇貽厥之謀而繼代守文頗著聿脩之美是以堂構始於祖考功業由於厚薄負荷因其子孫存亡以之先後至於忠規動俗武

節冠時異代齊名孔明自方於樂毅死而可作文若偶比於張良懷獨見之明旣一謀於匡濟行闇合之策終不謝於孫吳謹備諸前庶幾萬一謹對

對傭書判

甲居道周以傭書爲業乙侮之折筆以笞其背

甲告他物毆人

禮訓成俗負販有尊明義在躬德威不侮講學脩業固無取於筆耕與義輔仁事必資於善誘而由衷靡及旁狎是崇疑爽子之引肘類徒人之袒背議諸私室雖一抶之何

傷列在公庭抵三尺而誰咎佗物毆擊法所難逃

對圍棊判

安北副都護連帥愛與人弈棊聞寇至不輟御史以逗撓糾察

肅然北庭不敢南牧有備無患尚勞我師都護副彼軍容屬當戎旅理宜躬擐甲冑靜柝邊城焉得留翫弈棊撓師亭候懷爛柯之末技虧授鉞之良謀苟失律而否臧況慢令而致寇逗撓之罪已孽難逃糾按之明職司其舉丘拘司敗以正彝書

對小吏歡言判

景與小吏歡言倨見功曹將黜不伏

智士敏德難進易退明識流鑒察微知彰與善無求於貌恭選能何限於厮役一言而善三語攸升交匪竭歡談仍諧理不乏吾事在小吏而非辜無速我尤何主吏之頗類不從棄黜深謂得宜

對移貫判

甲居兩鄉偏儉人請徙之甲訴是穀伯不合移貫

賦命多途勞生各業或務農而敦本或易地以求安潘岳閑居且樂邱園之事樊遲學圃寧忘稼穡之勤惟甲平人名編比屋和風不應地罕膏腴百穀不登兩鄉偏儉歲聿云暮年儲屢空苟貧賤而焉欲在窮途而周流適彼樂土雖美擇鄰之詞宜敬維桑將悟詩人之戒稱爲穀伯難更邑居

憫相如賦

趯長卿之絕塵邈下睎於屈宋思眇眇以入微辭蔚跂而易貢鶩八紘之津涯括動植而錯綜擢篆籀於重泉斡形

聲而磬控當其奮翼巴庸前無古人拾阨灰之斷簡搜屈壁之遺文紛齊魯之老師徒騁辯於說鈴蜺筆上梗鼻端運斤專兎園之右席麾鄒枚於嚬呻顧天西之櫟社悵夜錦之未晨念絃歌之石友傷落魄於情親夫何婺人之豔豔兮感熠燿之宵光矚綺疏以託誠兮佩徽音而曷忘嗟父母之不聽兮昧彼都之臧手盼星河之照闌兮徑溯洄而往從搢紳先生而爲此歟涼德污行既不勝誅闇闇烈女世未乏諸足不下堂步中瑀琚紉幽蘭以爲裳兮鈿美玉以爲車豈無泳漢之游女兮亦有采桑之秋胡秉周禮

以律身兮諒冰雪之難渝禆化國之陰教兮飾家道之權輿爾弗安於正吉兮蒙惡聲於簡書訪舊墟於故老莽榛蕪之離離胥井乃貪泉之戒修梧實曲木之規渴者勿汲暍者勿栖噫嘻余觸類取譬操觚默惟滔滔儒服相遠幾希摟處子者迷忠義之大閑窺鄰牆者闇富貴之危機斥雁幣之聘媒妁之辭播閒之夫河閒之婦等亡羊耳未容勝負又奚獨料理十日卜之與典午耶

袁參

參開元時布衣

上中書姚令公元崇書

曹州布衣袁參頓首謹上梁公閣下參將自託於君長爲君欲用之乎參之託君何以利君也若使君常懷相印不失通侯壽客滿堂黃金橫帶則參請以車軌所至馬首所及而掩君之短稱君之長使天下之人不能議君矣若使君當不測之時遭不測之禍身從吏訊妻子滿獄則參請以翳翳之身渺渺之命伏死一劍以白君冤使酷毅之刑不能陷君矣若使君因緣謗書不得見察卒至免逐爲天下笑則參以一寸之節三寸之舌抗義犯顏解於闕廷使逐臣之名不能汙君矣君有盛忿之隙睚眦之怨朝廷之士議欲侵君則參請以直辭先挫其口不爾則更以背血次汙其衣見陵之羞不能醜君矣若使君事至不可知千秋萬歲後而君門闌卒有饑寒之虞則參請解參之裘推參之哺勉勉不怠終身奉之使子孫之憂不能累君矣此五者參之所以利君而自託也君其可乎夫人不易知知人不易參於君非有食客之舊門生之恩今便欲自託於君長爲君用得無不知參意而疑參妄乎然妄心實亦有之何也參行年巳半春秋客復數載黃金盡烏裘敝脣腐

齒落不得成名而親之在堂終莫有慰日暮途遠不知所爲然獨念非君無足依者故今敢以五利求市於君冀君一顧見試使得慰親恐懼參聞言爲必聽者出義爲知巳者行丈夫雄心能無感激況今以親親之故而祈德於君使君歡然卒不見拒爾後卽參尚何面目遂得默然而巳哉本向時之言終不負德夫幽則有鬼天則有神鬼神之閒參所必有如使參敢負於君者則鬼神之靈共誅之敢以自盟惟君之惠信也且君以偉才四入爲相艱難情僞君盡知之至於進人亦多矣然亦能有以參之五利而許

君乎參必愚儕鰥生而自守取咎爾則君之相士何其備耶至愚殆欲窺君之鑒矣頓首頓首參今亦不敢盛稱譽上給於君然竊自言之正參亦非天下庸人也今君若見相以義則參之本圖若見相以才則惟君所識今幸君之力能必致參顧此時坐而相棄語曰厚利可愛盛時難再失利後時終必有悔君獨不聞蒯人之泣乎昔蒯人爲商而賣冰於市客有苦熱者將買之蒯人自以得時欲邀客以數倍之利客於是怒而去俄而其冰亦散故蒯人進且不得冰二者俱亡自泣而去今君坐青雲之中平衡天下

天下之士皆欲附矣此亦君賣冰之秋而士買冰之際有利則合豈宜失時苟使君強自遲迴至冰散則君尚欲開口其事焉得哉願少圖之無爲蒯人之事也參頓首

孟友直

友直開元三年官將作監主簿

將作監主簿孟友直女墓誌銘

女十一孃字心河間人也年十九適馮貞祐敬極如賓禮優侍櫛雖靡他之誓將固於同心而與善之徵竟虧於異物嗚呼哀哉春秋廿以開元二年七月二十日終於洋州興道縣廨舍開元三年四月九日葬於陳倉縣之新平原禮也惟父與母恩深骨肉痛切哀憐方備儀於幽隧用畱念於終天迺爲銘曰

天道懸遠神理難明嗟彼淑譽淪乎此生荒埏月照古樹風驚人誰不死爾獨傷情

尉遲士良

士良開元時人

周太師蜀國公碑陰記

在周之宣帝錫我別祖蜀公命曰附海至衞實齊之封胙

爾太師以守兹土況大闕幼沖豈撫寧闕人將社稷是衞且受遺旨震悼於厥心誓當仗順四征遂荒區外俾君三古闕薦瘥大盜闕國幽孺子以矯制陷純臣闕於是不克有成殆懼隕墜枕干闕師方結征東之陣闕武賁少却待鑾起未行天假滔淫既合而北志懸魏闕身行孤闕而飛白羽救兵路斷上下七旬謂姪成平郡公勤曰汝親當矢石吾已竭闕周命若之何其奮劒大呼止之不及而卒三軍慟哭夷夏慕之荀息縊死闕奉君傳闕也洎有唐撥亂反正崇德報功式闕忠貞之封更優賵贈之禮以稱敎甫

泯代垂仁闕若名臣試郡粤天下師通禮樂以布和撫幽明以靖厲歷典凡百獨惟張公曰嘉祐相國河闕也汾吐金景鬱生雲氣不然豈光贊紫文俾五星同舍咸宣丹禁而三柱克闕於闕代由是殿中受略鄰下分憂俗隱咸柔政闕必舉闕我先正勤君死難闕直書副闕之誠請軒綴斯翼庭植有幽儼惟肖以赫靈肅應虔而麗福屬夏正闕羞告期旁午焚蕭而片雲飛蓋整策而沛澤隨車齊後宵初天清月滿忽有雙鶴闕而去公之族有侍御史環賦賞

雨美其事鄰縣主簿郭坦以爲鶴者闕聞天闕其闕旣而秋霖昏作將害粢盛公祈以巫應時晴朗飛蝗自魏蔽日而西公祝以誠闕焉故嘉種黄茂歲則大熟百姓歌曰張公張公清且明蝗蟲避境闕成正晴闕雨闕晴公每見闕沴不常旰俗忤政閉閣引咎而異自銷京兆理劇之能闕博物乃知志以系性性正而神不違忠以奉法法一而人不犯神人從天地當此其闕魁壘闕刃投虛淪鑒象著於述職奇士傳其詳士良忝沐家聲徒知祖德闕詞闕紀諸貞石

夏侯銛

銛開元朝官殿中侍御史內供奉歷度支金部員外郎遷給事中

安定公主不得合葬王同皎墓駁議

公主初昔降婚梧桐半死逮乎再醮琴瑟兩亡則生存之時已與前夫義絕殂謝之日合從後夫禮葬今若依縣所請却祔舊姻但恐魂而有知王同皎不納於幽壤死而可作崔詵必訴於元天國有典章事難逾越原縣此意雖申罔極之情求禮而行或致不稽之請謬膺駁正敢曠司存請傍移禮官幷求指定

宋儋

儋字藏諸廣平人開元中以宇文融薦爲祕書省校書郎

報友書

自一接拜情同弟兄沈吟緬懷固非小子之所勸及也策質前謝恐乖昔賢其弊之道晦事勿語且絕詩人匪報之實遲佪循軀緬俛未已殆將有辰矣足下多可不怪高情內舍如筠斯清比蕙又暢儋不以感氣厚而修詐自廣不以撫巳多而私頌作德未致力謝馳懷宣書何陳萬一也悚息今秋盡野外草木變衰長郊蕭條風物淒緊清都久

客莫復相親足下退食公庭睡罷私室櫛沐晞景收視解聽豈念歲華不待厭倦爲旅之士哉頃者釀玉初令絃絲正調竟欲左攜鄭君幽指藥妙右對董叟高談道微情酣世忘浩去塵粃思足下能順試實其事爲何如哉時聞眞聲迴閒笙鶴此復異於人境耳可以息宴可以嘯歌久不閒然期今日之事也倚候騎氣自豫光臨幸甚謹馳疏不復具宋儋白

嵩山會善寺故大德道安禪師碑銘

上闕祐所闕識曠劫誰比次有闕大禪師乎禪師法諱道安俗姓李氏闕獨闕塵惑闕被艱難行洞精苦越生於開皇泊夫大業龍戰在野黎人狼顧無家而塵垢惟深不靃珠曜冰霜惟慘不奪松貞闕乘揚闕以曳闕禪池洌淨以通原是日大師宏忍傳禪要於蘄下闕窗闕會同闕片言洞闕念闕則佛池淨其法身圓月湛於清空傳燈闕達摩納衆流以成海總闕沙以立身一香普聞千光分照闕而闕大師大師每歎曰予嘗有願當令一切俱如沙門獲所安樂學人多矣闕秀闕安闕徵請之八師受禪要禪師順退避位推美於玉泉大通也從此就闕泉足以澡漱與道而

遊不樂何求竟居嵩山會善寺焉夫日登渾天苦遥夜者利見火闕忝爾懷晢塗我闕拂衣而起却遊以餘益指於荊州玉泉巳而返覆年序矣闕有涕闕若夫高密請耶則無務薄言神梵儀耶則無閒往教哲后躬親禪窟咨闕道門闕而以月繫年非道妙動於時能仁感於俗安至如是乎遂不得巳而心副於世闕或闕以闕遣義維遠悟之者意豁而無住昧之者思絕而失常闕詬或揚而闕虛空渾大得之同體日月融朗得以同暉始自山門徧於天下也鳥感韶樂者美克紹之闕心於禪師有之惟景龍二年二月三日中夜禪師忽而令門弟子等謂闕以山無闕無闕深以林闕因之野火尋焚而滅惟吾之初願也操必化之闕大闕自書馳闕納闕相渝至八日遂闔户去人臥脇黑足而闕詢諸耆宿蓋云闕其聖道闕其歲時故莫得實其報闕也嗚呼是生如電隨風闕盡卽風如我隨闕從遊者不能盡造希聲者不能畢聞門人之閒故有百身請代闕血闕而不得者既而闕主君輟朝可其付託侯王哀赴侑以禮儀道遠惟光闕嵩巖焚餘起幽闕於道場瑞氣結於林頂異虹奇鳥首末連見因感盛賢之去也以予度禪師

之至採闕由下而轉高斯固道以生之德惟天縱者也以爲教必稱師是有雙峯之學貞不愚俗自有闕洞於存沒勝被於師資一爲聖胎一爲僧寶是以弟子慧遠者襲明承慶演末裕源東傳之闕高標業精深寄永慕師道長懷友風緣幽石以形言向遺履以投體式資墨客而揚德馨

闕

闕定之以清泛泛者心慧之以明定復伊何清照萬有慧復伊何明徹重垢是訓是學惟德惟師闕俗諦闕眞如萬法都胎五蘊何備堂堂如月光流不極撫照餘暉取拾無

得衆所瞻仰香闕齊致離會同然永痛斯日載奉何年解吾人之慍妙覺常存化吾人之道淨戒彌尊勿闕

崔令欽

令欽開元時官著作佐郎歷左金吾衞倉曹參軍肅宗朝遷倉部郎中

教坊記序

昔陰康氏之王也元氣肇分災沴未弭水有襄陵之變人多腫腿之疾思所以通利關節於是制舞舜作歌以平八風非慆心也春秋之時齊遺魯以女樂晉梗陽之大宗亦以上獻子始淫聲色矣施及漢室有若衞子夫以歌進趙飛燕以舞寵自茲厥後風流彌盛晉氏兆亂塗歌是作終被諸管絃載在樂府呂光之破龜茲得其樂名稱多亦佛曲百餘成我國家元元之允未聞頌德高宗乃命樂工白明達造道曲道調元宗之在蕃邸有散樂一部戢定妖氛頗藉其力及膺大位且羈縻之常於九曲閱太常樂卿姜晦孌人楚公皎之弟也押樂以進凡戲輒分兩朋以判優劣則人心競勇謂之熱戲於是詔寧王主蕃邸之樂以敵之一伎戴百尺幢鼓舞而進太常所戴卽百餘尺比彼一

出則往復矣長欲半之疾仍兼倍太常群樂鼓噪自負其勝上不悅命內養五六十人各執一物皆鐵馬鞭骨檛之屬也潛匿衷中雜於聲兒後立（坊中呼太常人爲聲兒）復候鼓噪當亂捶之皎晦及左右初怪內養麏至竊見衷中有物於是奪氣褫魄而戴幢者方振搖其幢南北不已上顧謂內人者曰其竿卽自當折斯須中斷上撫掌大笑內伎咸稱慶於是罷遣翌日詔曰太常禮司不宜典俳優雜伎乃置教坊分爲左右而隸焉左驍衞將軍范安及爲之使開元中余爲左金吾倉曹武官十二三是坊中人每請祿俸每加

訪問盡爲子說之今中原有事漂寓江表追思舊遊不可復得粗有所識卽復疏之作教坊記

教坊記後序

記曰夫以廉潔之美而道之者寡驕淫之醜而陷之者衆何哉志意劣而嗜慾強也借如涉畏途不必皆死而人知懼溺聲色則必傷夭而莫之思不其惑歟且人之生身所稟五常耳至有悅其妻而圖其夫前古多矣是違仁也納異寵而薄糟糠凡今衆矣是忘義也重袵席之娛輕宗祀之敬是廢禮也貪耳目之玩忽禍敗之端是無智也心有

所愛則覩冒苟得不顧宿諾是棄信也敦諭履仁蹈義修禮任智而信以成之嗚呼國君保之則比德堯舜士庶由之則齊名周孔矣當爲永代表式寧止一時稱譽儻謂修小善而無益犯小惡而無傷殉嗜慾近情忘性命大節施之於國則國風敗行之於家則家法壞壞與敗不其痛哉是以楚莊悔懼斥遣夏氏宋武納諫遽絕慕容終成霸業號爲良主豈比高緯以馮小憐滅身叔寶以張貴妃亡國漢成以昭儀絕冢嗣燕熙以符氏覆邦家乎非無元龜自有人鑑遂形簡牘敢告後賢

常東名

東名開元十四年官鄠縣尉

唐思恒律師誌銘

道不虛行必將有授受聖教者非律師而誰律師諱思恒俗姓顧氏吳郡人也曾祖明周左監門大將軍祖元隋門下上儀同三司萊蕪郡開國公使持節洪州諸軍事行洪州刺史父藝皇朝恒州錄事參軍竝東南之美江海之靈係丞相之端嚴散騎之仁厚以積善之慶是用誕我律師焉律師稟正眞之氣含太和之粹生而有志出乎其類越

在幼沖性與道合兒戲則聚沙爲塔冥感而然指誓心乃受業於持世法師咸亨中勅召大德入太原寺而持世與薄塵法師皆預焉律師深爲塵公所重每歎曰興聖教者其在茲乎遂承制而度年廿而登具戒經入夏卽預臨壇參修素律師新疏講八十餘遍弟子五千餘人以爲一切諸經所以通覺路也如來金口之言靡不該涉菩薩寶坊之論皆所研精天下靈境所以示聖跡也乃涉方山五臺聞空聲異氣幽巖勝寺無不經行感而遂通所以昭靈應也嘗致舍利七粒後自增多移在新瓶潛歸舊所有爲之

福所以濟羣品也造善提像一鋪施者不能愛其寶建塗山寺一所仁者於是孑而來洗僧乞食以生爲限寫經設齋惟財所極志形杜口所以歸定門也詣秀禪師受微妙理一悟眞諦果符宿心寂爾無生而法身常在湛然不動而至化滂流於是能事畢矣福德具矣以見生爲過去則弃愛易明以遺形爲息言則證理斯切乃脫落人世示歸其眞開元十四年十一月二十六日終於京大薦福寺年七十有六初和帝代召入内道場命爲菩薩戒師充十大德統知天下佛法僧事圖像於林光殿御製畫讚律師固

辭恩命屢請歸閑歲餘方見許焉其靜退皆此類也屬纊之夜靈香滿室空樂臨門悠爾而逝若有迎者蓋應世斯來自天宮而暫降終事則往非人寰之可留弟子智舟等彼岸仍遥津梁中奪心猿未去龍象先歸禪座何依但追墳塔法侶悲送且傾都鄙其年十二月十五日葬神禾原塗山寺東各願託勝因思陳盛美法教常轉自等於圓珠雕斲斯文有慚於方石銘曰

聖立萬法法無二門以身觀化從流討源有爲捨械無生定猨律師盡妙像教斯存我有至靜永用息言示以形逝留乎道尊有緣有福求我祇園

楊休烈

休烈開元二十五年官京兆府倉曹參軍

大唐濟度寺故大德比邱尼惠源和尚神空誌銘

嘗聞見性爲本知常曰明幽探元珠相付法印必將有主人無閒言故如來立三世之事也大師諱惠源俗姓蕭氏蘭陵人也曾祖梁孝明皇帝大父諱瑀皇中書令尚書左右僕射司空宋國公父諱鈛給事中利州刺史紛綸葳蕤奕世名家原大師之始誕也惠音清越閒氣沖亮稟天眞

於太和集神祐於純嘏及數歲後養必申敬動皆合理發跡契道出言有章屏金翠而室其繁華絕葷羶而割其嗜欲超然戰勝但思出家天鑒孔明精心上感年二十二詔度爲濟度寺尼如始願也受戒和上闕寺大德尼闕道之崇也羯磨闍梨太原寺大德律師薄塵法之良也迺延師立踰登壇進律僧夏歲潔戒珠日明奉以周旋不敢失墜初大師纔至九歲遘先大夫之酷二十有七執先夫人之憂皆泣血茹哀絕漿柴毀古之孝子烏足道哉每秋天露下衰林風早棘心欒欒若在喪紀不忘孝也亦能上規伯

仲旁訓弟姪嗢嗢閨門俾其勿壞則天倫之性過人數級夫其内炳圓融外示方便恂恂善誘從化如流亦猶獅子一乳魔宮大隤則感激有如此者行住坐臥應必皆空慈悲喜捨用而常寂黄裳元吉清風穆如則龜鏡有如此者後遇高僧義福者常晏坐清禪止觀傳明殊禮印可又有尼慈和者世莫之識知微通神見色無礙時人謂之觀音菩薩嘗於大衆中目大師曰十六沙彌卽法華中本師釋迦牟尼之往號也非大師心同如來孰能至於此而更精承密行親佩耿光十數年間演其後事他日大師厭世示

疾以開元二十五年秋九月二日從容而謂門人曰死生者天之常道身沒之後於少陵原爲空遷吾神也言卒右脇而臥怡然歸寂始知至人不滯於物矣嗚呼天喪門人曷以仰曷以律時大師享年七十有六卽以十一月旬有二日從事於空遵理命也志無疆之德旌不刊之典不亦可乎銘曰

猗那明行足不復還至人去兮逍遥天地之閒

陳光

光開元二十五年官太子司議郎

大唐大溫國寺故大德進法師塔銘 并序

法師法名進俗姓高氏渤海蓨人也自錫土派姜而世官懿德姓牒代闕詳之矣法師天縱淑靈性與眞粹越在嬰弱已現殊表每闕有侂傺之心闕嬰娩以笑闕髫丱就學便耽習眞典年始闕歲闕誦萬言闕十二部經春秋廿而畢闕多劫闕慧異於今闕哉文明年中占闕而闕仙遊山闕將闕超絶世闕經行於闕中闕菩提樹下三明所照五蘊皆空闕潛闕播諸方闕衆闕爲闕著禪味利益闕身不闕門津梁萬物闕菩薩闕用如來心大闕羣迷將登正覺

歸依者歲廣鑽仰者日多始遷香積闕終闕溫國大德闕由巳牽闕在闕衆藉綱維闕寺主頃之闕上座闕餘之心雖無闕爲所應終闕清闕涅槃仍經闕身世如閱闕嗚呼始闕師遘疾之初闕彩雲闕所及大闕道俗省問三百餘人闕異香闕氳闕樂髣髴至闕感闕測粤丙子歲開元二十四年八月闕日終闕十五日窆兹隧禮也弟子乘侶闕十闕恩闕諸比丘比丘尼闕講闕密闕毒不可勝數闕爲天地長闕人代遷闕刊記曷播徽烈闕乃銘之曰

闕相蕩薄滅闕寂闕乃爲樂如如我師淨無著音容一去

長冥寞

常允之

允之開元朝官懷州獲嘉縣主簿

重修臨高寺碑（并序）

聞夫謂天蓋高敬授羲和之職謂地蓋廣俯窮章亥之步元珪降瑞故別於九州玉衡正時迺分於七曜伊恍惚其尚爾況泡幻之爲言豈若世雄湛然不生不滅在有爲而是空入無閒而非假豪光發照徧近遠而咸燭法雨散霑普大小而同潤運其自在海變成酥現以威神移山（闕三字）輕舟於彼岸濟以浮生儼高駕於長衢誘其愚子示方便力說最上乘難可以聲求難可以色見智慧具足功德巍巍者歟臨高寺者西魏（闕一字）書（闕一字）劉謙之宅捨充寺焉處高臨下茲以建號杏壇竹徑舞（闕二字）樓孰爲列戟之門俄成布金之地溉白石之澗斜帶逶迤枕黃軒之原傍連邐迤（闕二字）更興替代易侯王川嶽多沸騰征戍匪遑晏祿去公室政行私門天網於是不恢法輪由其暫息樂崩禮壞寧復云乎遂令象教凋殘梵宇淪落歔滅之望雖異歎於蕪城慞惶之遊未殊悲於火宅若行若坐每是思惟於

戲我唐德淳仁洽歲無荒札邊盡封守鴻儒碩秀繼踵於（闕一字）臺赤烏朱鳫接翼於祥府仍精想道意銳念真寂昇乾用尊於九五世界載廣於三千有若大比邱上座釋法震俗閻氏也寺主智琬俗楊氏也德祖踵美於魏公續伯見賢於太傅行祛五濁心清六塵登於仁壽之路超以閻浮之境都維那曇一俗賈氏也朝廷獲寵恃外戚而相國洛陽馳聲勞文章而佐郡濟拔貪著汲引津梁搖玉柄而開談鳫聽不去坐銀牀而入定鳥乳何驚衆比邱釋惠琬彥莊嘉（闕）法琇法會法海道林（闕）超談論曇晞希逸惠靜等並庇影禪林凝情定水已除疑網共振頹綱彌天掞天之才詞光麗藻東山北山之部義了精微力役將俟於子來制作共符於造化（闕一字）是或杖錫或乘杯踰嶮槎木以攸往泳淙編桴而利涉途窮理迫便作是念言順志柔而爲譬諭喜檀施之衆以大伽藍罄衣鉢之餘以崇輪奐事惟靡盬誠無怠遑諦聽則被物如雲降伏則偃人猶草資供霧蔆輻轤霆砰然後詳共工之度費審班匠之施巧經之營之不盈不縮珠貝之寶非獨漢臯松石之林寧專岱畎再加剞劂重肆彫礲勢戢香以攢倚狀支離而分赴造

宫觀於天路日月出入於其閒浮梁柱於星躔煙霞棲泊於其表千櫨競糺大鵬垂而欲飛百栱爭高翔闕仰而何逮松揺麈尾直對香鑪巖聳鷲頭下臨禪窟長廊窈篠曲榭周流叢階珠草而未名倒井瑞蓮而幾色璀璀粲粲金碧炯晃而爛亂煒煒煌煌丹青炳煥而昭彰映以甘泉之玉樹隱以崑崙之銀闕北據竹箭激波浪以成池南距荆衡峙峯巒以層閣塵飛劫石似拂雲衣風觸鳴琴乍傳天樂故知功高由志業廣由勤功成而其頌可宣業就而其名可著將持聖勲在勒豐碑陵谷可遷相好常住敢憑此義不朽斯文銘曰

皇矣能仁空即是眞青蓮曜目丹果開脣恒沙世界累劫微塵作禮圍遶誰之與鄰其一曰若比丘仁精行修究竟微妙洞達元幽言驚黑鼠先乘白牛欲設方便思伏其柔其二聲高道安業尊惠遠禪林永邁寂路忘返德洽雲揺信行風偃將植龍樹先經鹿苑其三爰始結構廣茲闕宇鐸迴風吟闕一字危雲聚叢倚闕一字立杈牙邪豎壁露銀泥繩交金縷其四遠瞻迢遰迴望崔嵬文以栗玉藻以玫瑰彫甍鳳翥畫壁龍來自然風角何必天台其五雲蔚霞爍赫奕彰灼下極窅冥上肆寥廓瑤林瓊樹蕙樓芸閣海變成田此其如昨其六

權倕

倕皋父德輿祖開元二十五年官河西尉終羽林參軍

左輔頓僚西嶽廟中刻石記

上闕師左馮翊太守魯闕之事旬有二日奉迎闕尨耋七百餘人獻闕旌旃火天組練雪闕雄貌風清九夷聲闕而赫彌天之崇涖臨闕礴一邑非夫奮霆雷闕能自明辟而下逮王公卿士洎趣馬小闕我魯公之肅龔丕闕實勾據盧奕功掾揚日休馮翊宰前御史薛巘尉裴季通苗元震朝

邑尉劉遵素澄城尉邵潤之河西尉權倕不敢怠也仰眺闕掌俯虔靈祠虛聞悉戊之音實荷穰穰之佑倕固陋舊學於師氏見命書事因刻石而闕

裴朏

朏河東人開元中官懷州司馬入爲侍御史二十八年遷禮部員外郎

大唐故朝議郎行尚書祠部員外郎裴君墓誌銘

幷序

君諱稹字道安河東聞喜人也自桐川建封燉煌爲郡魏分三祖晉方八王奕代嘉其美闕二字年載其令德高祖定周大將軍馮翊太守襲瑯琊公績茂戎昭化成郡國曾祖仁基隋左光祿大夫兼河南道討捕大使以陰圖王充義扶舊主遭時不利玉折名揚皇朝追贈原州都督命諡曰忠祖行儉禮部尚書兼定襄道行軍大總管聞喜公贈大尉諡曰獻既明且哲經文緯武故事宗於禮閣大勳炳於雲閣考光庭侍中兼吏部尚書贈太師諡忠獻器識宏遠牆宇高深亮采天階丹青神化君二川淑靈三事鴻烈植貞闕一字之性抱經濟之才生而聰敏幼而穎悟仁和孝友

君子之德日新文學吏能賢人之業闕一字歲開元初舉孝廉高第弱冠敕授左千牛備身秩滿轉太子通事舍人闕一字宸捧日青禁朝春詞令可觀風儀有裕歲餘調補太常寺主簿闕二字寺署辨闕一字禮法按驗伏藏動盈累萬鄉章韜欲以昇聞期於顯擢君不求苟祿固讓厥功闕二字京兆府司錄未上丁太師憂柴毀骨立殆將滅性杖而後起闕一字日戒期闕二字屢聞寵光是冀爰紓聖札用勒豐碑仍命宰臣俾令護闕一字此乃顯闕一字千古哀榮九原者也太師公直道不回存亡交變明主優闕一字恩禮時列害其公忠

定謚之辰將沮其美君晝夜泣血號訴聞天特降闕一字言
以旌其實詔改謚曰忠獻豈非孝感之至以發皇家報應
之期有如影響憂制鈌主上永言念舊方議賞延命執事
於五品官時宰以君闕一字量清通不欲處之散地請授史
官是日拜起居郎君衰服外除心喪内疚闕二字令職遠闕一
字先碑敷奏上感於冕旒情禮近傷於冠佩自武德之始
迄於茲日注闕一字所闕四百餘卷南史直筆東掖記言考
古而行怡然理順俄遷尚書祠部郎君才兼闕三字典郊廟
續祖訥之清言循樊準之儒術明光伏奏聞望攸歸嗚呼

天不假年神爽其善視事累月卧疾彌旬以開元二十八
年十二月十九日終於長安光德里私第春秋卌其先葬
於聞喜之東涼原也即以辛巳歲二月癸丑二十日壬申
旋窆於長安萬春鄉神和原禮也初日者有言曰且有横
厄願禳之君曰苟無負於神明亦何禳之有生死有命誠
性已齊此則達人之用心也君博識多聞含光育德志希
宏濟心鏡无爲嘗覽太一之書黄公之略每懷遠大自比
范張及我官成期於身退挂冠投紱卧壑栖林青雲始陷
黄埃溘至海内豪儁孰不悢惜嗣子倩等異才動俗純孝
通神永慕寒泉式刋貞石其詞曰
全晉舊國彼汾一方宗門貴仕代有烈光鼎鉉襲懿蘭菊
垂芳地靈世德之子含章含章伊何載挺時哲闕一字服教
義退紹忠烈詞煜春葩操貞暮雪珪璧内潤鼓鐘外徹肅
祇一命趍侍兩宫奉常典禮左掖記功清輝就日逸翮摶
風高選郎署公議攸同建禮休瀚漳濵移疾方奏丹墀遽
辭白日隱嶙前嶂微茫此室勒銘幽泉永識芳實

梁渙

渙一作淇 開元朝官殿中侍御史内供奉

對津吏告下方傷水判

得津吏告下方傷水請毁左右隄水工景固爭

遠通漕引近切河渠擁左右之連隄隨深淺之積態屬流
水之至長河沓起桃花淼淼實類迷牛之闕一作開竹箭滔
滔方比鑿龍之迅委輸無限傷害爲虞既爲長隄固全豈
使下方傷水導之則可毁之匪宜無從津吏之言請依水
工之見

張秀明

秀明開元朝官御史遷吏部員外郎

西郊迎秋賦

彼元天平分以成乎歲也惟日有令將法於王者服蒼玉而應春居明堂而順夏旣隨時而有義皆率禮而無捨若乃律中夷則神司蓐收涼風以厲大火西流草木不芳誰忍聞於鶗鴂罔圖再繕亦申命於鵜鴂先三日而太史以謁率百官而天子乃遊然後天仗齊列野慶清秋乘白輅而啟行載白旗而扈從天顏逌穆帝典攸重彼詞客與史臣咸作歌而陳頌旣啟鑾輅爰居總章備水潦修隄防鴻雁將賓待橫舟於汾曲鷹隼已擊且校獵於長楊實惟道

映三五何啻聲超百王而已哉別有原憲長貧仲尼少賤朝遊白社驚一葉之辭秋夜宿靈臺聚羣螢而燭卷旣覩西郊之禮將述東山之禪欣庇影於禹陰願陳力於周諺

對初稅畝判

所司初稅畝怨者實多僉議罪其變法中尉云匪躬之故兩執不同

什一而稅周道如砥二吾不足魯政斯壞國家嚮善以化實穀而理上下皆給不學算車移人邑和大來惟知手舞足蹈嗟爾加稅昧我大猷曾不慕於若堯坐貽陷於大桀將謂浚我有司何取於匪躬寧有盜臣中尉且多於尸祿儻能率法抑有前聞若苟而爲斯亦奚問

對旄人奏散判

日本請吏賜宴於朝旄人奏散不以靺爲惠文冠所持辭云屬鞮鞻氏

國家有道日本請吏皇恩載洽式宴於朝眷彼旄人掌我夷樂邊夏不雜聲未動於禁靺風霜有典罪已彰於惠文雖御史彈毫雅存綱紀而旄人有訴請問鞮鞻

對祭五嶽判

所司有事恒山用沈辜御史糾失禮不伏

天子遍祭無文咸秩牲幣之禮則有司存惟彼恒山是稱北嶽洩雲雨以潤物森草木而藏景有靈則祀故能視彼三公執文而行何其誣我五禮御史以實符作氣雖久歇於無恤沈辜受欺曾不若於林放按以失禮竊謂其宜誠合沒齒無怨豈爲噬腊遇毒所司不伏雖聞飾非敢陳愚見以罰白金

裴鼎

鼎開元二十年官金吾將軍出爲會稽刺史二十六年移

衢州

對陂防判

甲秉權決去陂水人相傳云有兩鵠言陂當復

甲以惑衆云飯我豆食羹芋魁科不伏罪

天生五材水善利物且溉且糞長我黍禾爲隄爲防制爲畜泄甲秉國鈞軸作人父母可以興利除害仍舊貫以從時豈宜違俗變常師乃心而改作使或者相駭訛言不懲託黃鵠以興詞冀鴻陂之必復鳥鳴亳社抑有前聞石言魏榆斯無可採昔田疇是闢歌鄭卿之遺愛今羹芋興謠

嗟漢臣之不軌緬想翟公之策安可效諸竊詳甯越之鞭非其罪也

潘觀

觀開元時人

使者徵祥記

開元神武皇帝膺圖馭歷出震承天陽春涵惠澤之滋元古興匪常之頌建茲祠宇厥瑞駢臻置立以來靈應有五其一也山遙水阻運木頗難不雨不風水忽漂漲汀洲泛溢吠栰近山計木纔登水便復舊江人稱異老少咸嗟其二也廟地形勝林芳澗清野竹散林則連岡距谷丹粉雜色則穴出崖生私訪者失路迷津緣廟者往求必獲其三也謝土之際風雲久暗焚香有告俄爾之間雲收風歇野光火色盡耀山林騰焰數回明朗如晝其四也彭蠡臻湊之處三縣水陸皆經時有數百人求渡云我今往廬山謁使者廟汝載我渡當酬汝直留錢經宿咸成紙錢其五也使者騎從刻削馭人或泥或木忽有數軀流汗霡霂凡此五事前世罕聞良以聖德潛通遂使休祥煥著

王燾

燾珪之孫開元朝官殿中侍御史內供奉還給事中歷戶部員外郎

外臺秘要方序

昔者農皇之治天下也嘗百藥立九候以正陰陽之變沴以救性命之昏札俾厥土宇用能康寧廣矣哉洎周之王亦有冢卿格於醫道掌其政令聚毒藥以供其事焉歲終稽考以制其食十全爲上失四下之我國家率由茲典動取厥中置醫學頒良方亦所以極元氣之和也夫聖人之德又何以加於此乎故三代常道百王不易其所從來者

遠矣自雷岐倉緩之作彭扁華張之起迨茲厥後仁賢間出歲且數千方逾萬卷專車之不受廣厦之不容然而載祀綿遠簡編虧替所詳者雖廣所畧者或深討檢則功倍力煩取舍則論甘忘苦永言筆削未暇尸之余幼多疾病長好醫術遭逢有道遂躡亨衢七登南宮兩拜東掖出入臺閣二十餘載久知宏文館圖籍方書等繇是覩奥升堂皆探其祕要以婚姻之故貶守房陵量移大寧郡提攜江上冒犯蒸暑自南徂北既僻且陋染瘴嬰痾十有六七死生契濶不可問天賴有經方僅得存者神功妙用固難稱

述遂發憤刊削庶幾一隅凡古方纂得五六十家新撰者向數千百卷皆研其總領覈其指歸近代釋僧深崔尚書孫處士張文仲孟同州許仁則吳昇等十數家皆有編錄並行於代美則美矣而未盡善何者各擅風流遞相矛盾或篇目重雜或商較繁蕪今並采精英詮其要妙俾夜作晝經之營之捐衆賢之砂礫掇羣材之翠羽皆出入再三伏念旬歲上自炎昊迄於聖唐括囊遺闕稽考隱祕不愧盡心焉客有見余此方曰嘻博哉學乃至於此耶余答之曰吾所好者壽也豈進於學哉至於遁天倍情懸解先覺吾嘗聞之矣投藥治疾庶幾有瘳乎又謂余曰稟生受形咸有定分藥石其如命何吾甚非之請論其目夫喜怒不節飢飽失常嗜慾攻中寒温傷外如此之患豈由天乎夫爲人臣爲人子自家刑國由近兼遠何談之容易哉則聖人不合啟金縢賢者曷爲條玉版斯言之玷竊爲吾子羞之客曰唯唯嗚呼齊梁之間不明醫術者不得爲孝子曾閔之行宜其用心若不能精究病源深探方論雖百醫守疾衆藥聚門適多疑而不能一愈之也主上尊賢重道養壽祈年故張王李等數先生繼入皆欽承請益貴而尊之

故鴻寶金匱青囊綠帙往往而有則知日月所照者遠聖人所感者深至於嗇神養和休老補病者可得聞見也余敢採而錄之則古所未有今並繕緝而能事畢矣若乃分天地至數別陰陽至候氣有餘則和其經渠以安之志不足則補其復溜以養之溶溶波波調上調下吾聞其語矣未遇其人也不誣方將請俟來哲其方凡四十卷名曰外臺祕要方非敢傳之都邑且欲施於後賢如或詢謀亦所不隱

乳石論序

按古先服餌賢明繼踵合和調鍊道術存焉詳其羽化太清則素憑仙骨若以年留壽域必資靈助此蓋金丹乳石之用豈流俗淺近而能知所患其年代浸深訣籙微密世有傳習罕能詳正更加服石之士精麤不同雖志貪補養而法未精妙遂使言多鄙褻義益繁蕪每加披覽實長疑惑旣子弟不得親授亦家童莫能曉了存諸左右殆謂闕如余宿尚谷神棲心勿藥歲月云久經書粗通知文字之一失乃性命之深誤是以會集今古考量論訣取斷名醫都凡纂要建題篇目並五藏合氣經絡受病八風所中形

候論訣兼諸家會同將息妙術及乳石丹與雜石壓埋之法錄定倫次卽以時代爲先後今刪畧舊論纂集新要分成上下二卷可謂價重千金比肩萬古垂之於後學豁若冰消者乎

明堂序

夫明堂者黃帝之正經聖人之遺教所注孔穴靡不指的又皇甫士安晉朝高秀洞明醫術撰次甲乙並取三部爲定如此則明堂甲乙是醫人之至寶後之學者宜遵用之不可苟從異說致乖正理又手足十二經亦皆有俞手足者陰陽之交會血氣之流通外勞肢節內連臟腑是以原明堂之經非自古之神解孰能與於此哉故立經以言疾之所繇圖形以表孔穴之名處比來有經而無圖則不能明脈俞之會合有圖而無經則不能論百疾之要也繇是觀之書之與圖不可無也又人形不同長短異狀圖象參差差之毫釐則孔穴乖處不可詳也今依準甲乙正經人長七尺五寸之身（千金方云七尺六寸四分）今半之以爲圖人長三尺七寸五分（千金方云三尺八寸二分）其孔穴相去亦半之五分爲寸其尺用古尺其十二經脈皆以五色作之奇經八脈並以綠

色標記諸家並以三人爲圖今因十二經而畫圖人十二身也經脈陰陽各隨其類故湯藥攻其內以灸攻其外則病無所逃知火艾之功過半於湯藥矣其針法古來以爲深奧今人卒不可解經云針能殺生人不能起死人若欲錄之恐傷性命今並不錄針經惟取灸法其穴墨點者禁之不宜灸朱點者灸病爲良具注於明堂圖人並可覽之黃帝素問擿孔穴原經脈窮萬病之所始九卷甲乙及千金方甄權楊操等諸家灸法雖未能遠窮其理且列流注及旁通終疾病之狀爾

張星

星開元朝官太常博士

贈工部尚書宋慶禮謚議

慶禮太剛則折至察無徒有事東北所亡萬計所謂害於家凶於國按謚法好功自是曰專請謚爲專

張守節

守節開元時官諸王侍讀守右清道率府長史

上史記正義序

史記者漢太史公司馬遷作遷生龍門耕牧河山之陽南遊江淮講學齊魯之郡紹太史繼春秋括文魯史而包左氏國語采世本戰國策而摭楚漢春秋貫紬經傳旁搜史子上起軒轅下暨天漢作十二本紀帝王興廢悉詳三十世家君國存亡畢著八書贊陰陽禮樂十表定代系年封七十列傳忠臣孝子之誠備矣筆削冠於史籍題目足以經邦裴駰服其善序事理辯而不華質而不俚其文直其事核不虛美不隱惡故謂之實錄自劉向揚雄皆稱良史之才況墳典湮滅簡冊闕遺比之春秋言辭古質方之兩漢文省理幽守節涉學三十餘年六籍九流地理蒼雅銳心觀採評史漢詮衆訓釋而作正義郡國城邑委曲申明古典幽微竊探其美索理允愜次舊書之旨兼音解註引致旁通凡成三十卷名曰史記正義發揮膏肓之辭思濟滄溟之海未敢侔諸祕府冀訓詁而齊流庶貽厥子孫世疇茲史於時歲次丙子開元二十四年八月殺青斯竟

馬損

損開元朝官侍御史

對坐於左塾判

里胥坐於左塾鄰長怒而逐之縣科無禮鄰長訴非失

聖人作孚百姓以理農夫服田乃亦有秋中庸可範則鄉有黨而國有學南畝不勤則里有胥而鄰有長豈獨敦崇耕稼平秩出入亦將禮異班白儀成風化胥闕於禮自可徵詞長怒逐之夫何釁焉縣司科罪亦未爲得無方之士誠宜咎之

張子漸

子漸開元朝官監察御史遷殿中侍御史內供奉

對習星歷判

得甲稱人有習星歷屬會吉凶有司劾以爲妖

款云天文志所載不伏

南正司天北辰列象昭回可議坐徵雲漢之詩歷數難推自合史官之序當今銅渾設範玉衡齊政四畤各業庶績其凝舉而推之雖頗會於終吉子不語怪竟貽咎於爲妖彼何人斯獨探幽說然古人垂教良史屬詞重黎掌日得唐堯之躔次甘公言星明漢家之歷象遐覽前志事有職司攻乎異端誰任其罰請寘霜典無取星占

鄧承緒

承緒豫章南昌人開元中九經擢第釋褐京兆府參軍充虢王府判官拜兵部員外郎出爲信州刺史

對澤宮置楅判

甲司澤宮將祭而習禮所由置楅不設中御史劾之訴云自邦國已下則有名制王者之式未之前聞

六藝之修五善之備禮稱觀德義在興賢豈加爵而益封實選士而預祭惟甲何者司射澤宮見雅步之張侯以鹿鳴而應樂設中置楅用陳矢算之儀釋獲建旌遂明多少之數賓主存乎百拜公卿繼乎六耦能其中質定以和容豈罰能之爲懸亦削地而成恥禮之美者德實在茲況名位不同自邦君而節制器物有等實王者之殊儀畢不踰尊上得兼下法官所劾敢奉守官之誠訴者有辭恭聞克謹之義

對西陸朝覲判

西陸朝覲闕彤繹之供御史劾之云非其時不合禮

獻歲發春列宿分曜人其不惑序惟莫愆乙也司存式瞻

天道令乎窮谷以將納冰物其惟新時漸於廟日在北陸其藏之也以周星見東方其出之也以徧克諧冬夏之氣不悖陰陽之宜彼彤繹而不修何祭祀之爲禮御史之舉差執簡而不違有司之儀盍變通而盡利刑惟不濫其可加諸

張景

景開元時擢書判拔萃科官侍御史

對舉抱甕生判

河南東道持斧舉抱甕生或告云矯州科生妄

罪不伏

弓旌待士束帛登賢授方任能察言觀行雖三徵改運文質有殊百代可知風聲不替國家克明峻德無曠庶官多士斯聞得人爲盛猶恐考槃有作邁軸生詞思草澤之遺芳憶山泉之逸賞傍馳鶴板博訪龜枚將求異等之才載下非常之制方書執簡直指觀風澄清之道莫聞黜陟之宜且昧海隅沉隱未薦褒衣漢陰矯識翻稱抱甕詳延不中使司自是疏遺混沌假修野老若爲加罪

河南縣尉廳壁記　張景

縣尉能禦盜而不能使民不爲盜盜賊息非尉之能盜賊繁過不在乎尉矣上失其平下苦其情弱者困死彊者偷生道之常也豈樂盜哉無竭民力民心安盜無盡民物民利豐實居鄉聚族有良有睦履詐跡僞有責有愧民之常也孰肯爲盜哉故曰能與過不在乎尉在時政之得失爾若夫平鬬訟懾兇狡惟盜是禦者尉之職也苟失其人則貪殘誣枉民不勝弊反甚於盜焉今郡縣至廣庸不知所得者幾何人哉太原王昭度字世範登進士第爲河南尉尉之職無所不舉焉然誠不足展世範之才顧其所得亦斯民幸矣世範於景有舊因求記刻於廳壁庶有信於後於是乎書

皇甫璟

璟開元中官陽翟尉上疏諫罷勸農判官貶盈川尉

諫罷勸農判官疏

臣聞智者千慮或有一失而愚夫千計亦有一得且夫無益之事繁則不急之務重不急之務重則役數役數則人疲人疲則無聊生矣是以太上務德以靜爲本其次化之以安爲上但責其疆界嚴其隄防山水之餘卽爲見地何

必聚人阡陌親遺檢量故奪農時致令受弊又因出使之輩未識大體所由殊不知陛下愛人至深務以刻剝爲計州縣懼罪據牒卽徵逃亡之家鄰保代出鄰保不濟又便更逃（一作輸）急之則都不謀生緩之則慮法交及臣恐逃逸從此更深至如澄流在源止沸在火不可不慎今之具寮向逾萬數蠶食府庫侵害黎民國絕數載之儲家無經月之蓄雖有厚稅亦不可供戶口逃亡莫不由此縱使伊皋申術管晏陳謀豈息兹弊若以此給將何以堪雖東海南山盡爲粟帛亦恐不足豈量田稅客能周給也

李宙

宙開元朝登進士第官殿中侍御史內供奉

奉和聖製喜雨賦

旣五月兮生一陰猶不雨兮思作霖聖自咎兮天同德誠下荅兮神孔歆臣聞澤不潤下意欲乾封豈大明在御而荒歲或逢禮有旱暵之舞詩有昭回之詠陛下退史巫之紛若追后土之虔敬以乾坤而合德何造化之不測當赫曦兮是時與雺霓兮爲期粵三日而將澍未崇朝而已布霏微露立之壇霡霂風旋之步緬察獄以臨幸嘗禱林而

戒懼曷若不言而順於陰騭曰肅而變其陽數非破塊與鳴條惟滌埸及灑路靈臺是升斯考休徵渾儀已緯更酌元亨爾乃紫微涼夏彤庭景深初泛灔於太液復蕭條於上林傾菡萏而花舞散青蔥而葉吟宜刻漏於銀箭雜秋聲於玉琴龍虎飛騰兮多氣色鸛鶴鳴叫兮有清音况田畯之至喜奉聖人以爲心惟大君之德也如雨施於上元如澤漏於重泉浸四溟而無遠洞萬物而無偏喜羣生之遂也山不翦其毛髮河不污其宮闕思就紺而生虹願從風而移月絕奔雷以無景靜行雲以不發願依稀兮其奚多雖三五而可越

對不供祭用判

景奉使沈貍虞人不供其用

厚德載物山澤通氣珍怪奇產虞衡是職無幽不通在山川而有事至誠則感故鬼神以是依惟景肅將天威祇若事典式崇望祀之禮用展沈貍之義而虞人不虔祭物有闕各守爾典奚曠於庶官莫恭其職自貽於伊咎請舉虞人之罪歸於士師之辟

張利貞

利貞河閒人開元朝官殿中侍御史內供奉金部員外郎遷御史中丞出爲陳留守領河南道採訪處置使卒於官

對不供祭用判

景奉使沈貍虞人不供其用

國之大事必存乎祀禮有五經莫重乎祭故肅事享薦雖不祈求而歆馨碩德是資昭報主上纂堯丕緒欽虞大孝是卑宮室固非爲已用崇享祭其以佑人故臨遣制使聿修祀典飭躬戒告展采錯事捧珪幣潔牷牲盛儀宿設嘉樂具舉川先河後得沈浮之義因方卽陰合瘞貍之禮比

時具物責成存乎有司虛中慮事先令期於使者彼何爲爾而敢闕供夫惟虞人不應無訴

王師乾

師乾字修然琅琊臨沂人

王右軍祠堂碑

公諱羲之字逸少琅琊臨沂人也原夫在天呈象箕昴垂其宿在地成物嶽瀆耀其英蘊粹含精孕靈誕祕降爲人傑君酌其休自黃龍紀德帝軒握大寶之符丹烏啟瑞周儲開氏姓之兆爾其吉駿誠感標秀質於文昌離蕭止殺

協英圖於武帳既而呂刀慶遠郭筮靈長或瀏瀏風松或爛爛巖電盛哉茂族其昭昭乎繫德象賢爲海內之冠冕國史家諜可畧言焉曾祖覽清河太守宗正卿光祿大夫即邱子劉德智畧始參宗正蔡義經術初登大夫故得象海括河昇高能賦祖正散騎常侍父曠建威將軍淮南內史建始侯應德璉之規獻入掌禁中韓安國之嚴明才兼閫外公之生也踐得二之機應五百之慶骨鯁清貴鑑裁端凝夷簡澹雅魁梧頹放性教如也深爲從伯大將軍敦丞相導之所器重學總墳素藝苞流畧書窮八體才贍五能至若垂露崩雲芝英薤葉鸞迴鵲顧之巧虎踞龍騰之勢信可挺拔終古暉映來今者乎我大唐太宗文武聖皇帝甄陶堯舜漂滌羲軒物色賢良夢寐前載萬機之暇宏覽典墳得之右軍欣然師範親紆聖旨製讚論焉其畧曰詳察古今研精篆素盡善盡美其惟王右軍乎心慕手追此人而已斯乃萬代之榮觀也與夫周表商閭漢修樂墓故不同年而語矣時太尉郗鑒負佐命之勳居台鉉之貴使求佳壻於文獻公公令東廂自觀之子姪聞者莫不聳身矜持公獨坦腹而不屑意竟當選矣起家祕書郎石渠

與府天祿仙臺藉非揚雄劉向之才華班固左思之覃思筆削之舉不亦難乎征西庾亮請爲參軍累遷長史參預謀謨總統網紀魏陽元之領袖早歷清階溫太真之鮮明遠登英位兼此二美在我公焉遷寧遠將軍江州刺史滙澤西浮潯陽重鎮伊昔南夏埒擬扶風江湖沓滙匡廬崑崙所以山藪藏疾川澤納汚非無草竊之人實有萑苻之盜下車無何梟音遽革公譽望幼挺才器夙彰聲名洋溢公卿藉甚識與不識莫不引領而思交知與不知咸願舉手而同薦頻召爲侍中吏部尚書皆不應命常伯補袞家

宰提衡唐虞則龍作納言漢魏則貂蟬近侍卒不降志保真恬怡荀卿所謂德行高則驕富貴禮義重則輕王公於右軍見之矣復授護軍將軍亦推遷不拜除右軍將軍會稽內史甌越奧區地惟關輔浙河襟帶秦嶺股肱士女殷繁商賈聯絡一部之會氓俗難循公示以威恩孚以誠惠敦學校勸農桑梟雄猾賞廉孝未踰朞月風化大行然後致書朝端以誠執事詞理鯁亮言旨切直豈徒賈生流涕孟軻浩然而已哉既而金行不競小人道長興言慷慨峻誓墳塋隨時卷舒關國隆替卽不屑之願循長往之誠窮

遊名山徧歷滄海捐龜組褫龍章練金膏屑瓊蘂濬曲水茂蘭亭開禮賢之館引貞肥之客於是謝安孫綽李充許詢支遁許邁之儔若非抗首謝時卽是文章冠代何嘗不攀勝慕德夕處朝遊公自爲之序以申其志也竟以樂死遂其初情春秋五十有九卒於會稽之里第朝野軫慟郡縣傷嗟路泣行號風悲日慘豈徒舂者不相工女輟機而已哉追贈金紫光祿大夫諸子仰遵先旨固讓不受公有濟天下之心蘊公輔之量智度淹曠規模宏遠抱劉琨之氣嗟地狹而不容懷樂毅之才嘆主昏而弗用有以知晉

室之不延也夫盛德之祀綿於百代公侯之允必復其先自晉迄陳統會稽時殆逾數十可謂英英門戶矣既而黃旗霸盡紫蓋英衰衣冠咸返帝鄉禮樂並歸宸甸子孫流落今爲居人十二代孫庭之祐之愔愔善人高尚其事貞不絕俗隱不違親偃仰琴書逍遙魚鳥雖心懷追遠之道而家迫屢空之恨遂使烝嘗久曠享德無依樂毅之後未封若敖之魂遂餒師乾幸因承乏叨佐越藩仰休烈而延佇俯遺塵而景慕敬聚宗族隆構清祠靈宇森邃修廊轇轕時思之禋再茂如在之敬逾明荃壁藥房煜晨風而轉

翠蕙館蘭藉順四序而流馨北望蕺巖題扇之風更遠東連竹徑養鵝之沼彌清西接邑居朱城麗日南通阡陌翠柳含煙加以萬壑爭流千巖競秀澄湖湛鏡漬星象於波瀾洞穴封金孕靈符於宛委信允常之勝境句踐之名都焉從十一代孫正議大夫守越州都督上柱國公士希俊師乾八從兄也操行端舉風神朗邁汪汪焉人不能測凜凜然吏不敢犯愛人如父母摘伏如神明春露流滋厮庶銘其巨惠秋霜泛簡豪猾肅其嚴威遊刃有餘雍容多暇乃昌言曰陸機文章猶陳祖德潘岳詞賦先述家風況我

族盛門昌首出天下爰自著姓以迄於茲莫不儀表三台抑揚二鉉英賢濬發才產光揚苟無述焉寧昭勳績恭承嘉命敢不云乎師乾學非覘古文慙秀異聊申舉一詎述芳猷敬疏無愧之詞庶披文以見簀公有七子並有重名晉史詳矣或早終絕嗣或無子國除其有子孫蟬聯以暨今日者其惟黃門乎可以配享祖宗列爲昭穆矣又諸與公交遊者英貴特達勳績昭著獨謝太傅乎今配食賓筵矣從十四代孫石城寺僧道欽金庭觀道士道崇研空兩諦覈妙重元入龍藏而冥搜遊鳳京而賾祕從十四代孫

朝議郎行歙州黟縣令爽銅章撫俗墨綬親人惠訓浹於重泉謳謠光乎單父從十六代孫元慶令嗣賢文毒師元保家等並晦跡林泉脫屣纓冕追仲長之逸軌慕郭舉之高蹤共扇家風同宣祖德殫素產頌洪猷勒琬玉於東甌俾庶幾於南峴其辭曰

沂波括地緱嶺干天代載雄傑奕葉英賢三槐繼軌九棘蟬聯盛哉茂族人無間然秦則離翦漢惟吉駿武帳揚暉文昌挺韻象賢踵德誕生英俊汪汪萬頃森森千仞常伯獻替納言喉舌僉曰具瞻是屬明哲竟不降志朗其不屑霜氣稜稜風威切切匯澤西楚稽岫東甌人稱險躁俗號輕浮威而不猛善而能柔獄囚靡滯庭事無留有道則仕無道則亡關國隆替與時行藏屑瑣膏銑晦景韜光山川益秀草樹增芳我唐太宗兮皇王冠文經天地兮武戡亂欽墨妙兮右軍發睿詞兮製幽讚幽讚敏兮叨紀綱佐郡未理兮泛沂康欽族祖之休烈峻祠宇兮巀巖陽明德惟馨兮茂烝嘗子孫不知其所以遂刊石而流芳

欽定全唐文卷三百九十八

盧昌

昌開元時擢書判拔萃科

對坐於左塾判

里胥坐於左塾鄰長怒而逐之縣科無禮鄰長訴非失

人最物靈道由學立詩書禮樂列聖巨儒之教行孝慈忠良父子君臣之義備是以國學宏建東序西序鄉校大起左塾右塾聞詩以言執禮而動遵夫子之善誘仰先師之至德里胥未役鄉人是賴公門鞠躬未彰於嘉躅黌塾促膝便乖於令典苟茲無禮胡異有皮鄰長逐之允謂宜矣縣曹專斷竊未得諸

對弔服加麻判

甲乙二人所受學師亡皆弔服加麻甲出有所之則絰乙居則絰出則否縣司科甲乙不合爲師制服並不伏

惟甲惟乙夙庇唐封如琢如磨服勤師訓自凝情於竹素將比色於朱藍既而逝水方驚梁木其壞微言已絕先師從召於鶴書素業無憑弟子空思於鱣序閑階寂歷泣對履綦舊宅淒清愁聞絲竹爰制縗絰以報師資雖乖心喪之儀未失禮經之意何者宣尼既沒子貢爲廬鄭生云亡叔然制服往哲不貽伊誚縣司何遽見繩請寬二公之愆無濫五刑之法

元承先

承先開元時擢書判拔萃科

對無夫修隄堰判

河南諸州申無夫修理隄堰請與之平價仍免外徭省司以爲與平價則官無所供免外徭則公事廢闕不之許州訴人實阻飢恐不及冬成至春復桃花水爲害

備豫不虞古來善策隨事興理今亦宜然於廓長河邈界中國來萬里之外歷數州之間滎光載浮竹箭長下千里作曲呈瑞馬以出圖三日成霖或迷牛而爲害永言諸郡夾河之壖竟水屢逢蝎灾未止俾太守沈馬空竭精誠將軍負薪猶勞太息則必土功展事金隄爰起匪用齊人之力孰免爲魚之歎恭聞漢事以蠲六月之徭大哉聖朝實

平百姓之價公家之事知無不爲苟利於人胡爲不可省司所見未室盈庭之辭州訴宜從可塞如川之口

牛上士

上士涇陽人太常博士聳之父

獅子賦并序

上士曾讀實錄貞觀九年西域進獅子祕書監虞世南獻賦前史美之竊謂虞公博物洽聞誠則可重瓌瑋倜儻或非所長欲精體物乃賦其事

窮汙漫之大荒當崑崙之南軸鑠精剛之猛氣產靈猊之

獸族指千里於崇朝逾鐵山而往復非取俊於熊豹豈方姿於甝貙故其方頤蹙額隅目高眶攫地蹲踞騰空抑揚簇拳毛以被頸縷柔毳以爲裳逢之者碎犀象聞而頓伏值之者破鵰鶚不敢飛翔哮呼奮迅睒瞲騰振掌攫攢鈹口銜霜刃怒雙睛以電射揭一吼而雷震似烏獲之摧鋒疑項王之入陣及夫朝晡未食鼓髯奮力後勁雙瞋前張瞯臆蹉殊榛以傲睨跳絶梁而翕赩倏橫噬而風馳乃掉尾而雷息口裂奔軀足捎狂兕猛虎摧於掌握豪猪碎於牙齒既飽飫而心和乃宛頸而帖耳彷徨於金河之外生長乎葱山之裏嘉此獸之奇傑邈蹻勁而殊材隨馬牛而內向順謳歌而竭來逾烏城之積阻獻龍闕之崔嵬資譯人之納貢弭雄心以效能何虞者之維縶驚牙爪之可怖頓金鎖而長縻閉鐵牢而永固悲此生之窘束懷舊國而愁慕雖食肉於當年思盡力而無路羨文豹之擒鹿美韓盧之逐兔伊薄技之見收而偉材之不顧聞夫天以煦育爲施草木皆春帝以惠訓爲施猛戾皆仁夏后氏擾驪龍而伏皁軒轅氏役熊羆以佐人此奇獸之爲用豈無用而來馴何不校之於搏擊投之於絶倫而使之鬱鬱於窮檻

區區於後塵者乎

古駿賦

寒關月壯羽書南向虜馬秋肥胡兵犯障爟烽夜驚候馬相望雲橫朔塞之前雪滿天山之上於是天子按劍將軍事邊雷驅甲卒直指幽燕風蓬蓬而出海波漫漫而騰天當雁門而北上薄龍沙而左旋既而漢虜齊兵三軍合陣虹旗篲掃鼓聲雷振奕奕熊羆森森鋒刃或左提而右拂乍一留而一進則有俠少驫賊雄駒捷疾耳若插筩顱疑削出蹄金鑣以弄影控鐵銜而齧膝始趻䠆以舞風忽獲

署而追日蒙具裝擇組練雜然一往鼓仆旗旋足不得揺目不得眴超騰絶壑走及奔箭疑隅漢之流星似披雲而出雷左賢爲之膽慴骨都爲之頷戰飛奔肅肅恣意馳逐宛若遊龍行如驚鹿左右披靡東西往復溝滅汗以朱殷毛拂霜而蝟縮蕭條萬里顧盼翹陸横塞上以長嘶餘聲振於山谷況乃項籍英雄驅馳冠戎旗翻落日劍倚長虹惜良騅之不逝歌美人於帳中摧拔山之氣泄指烏江而路窮遂使畢會戰塲挑身鋒鏑人控馬以騰踊馬隨人而奮擊轉足生風簸塵無迹跳山超澗冒刃衝敵突圍則漢將奔波怒目則追軍辟易遭楚王之不利當壯年之虚擲也别有渥水龍媒朱旄逸才雙瞳日耀五色花開逢漢王之棄置踼吳坂以徘徊思效技於金埒願追仙於玉臺懷玉臺兮傷遠道朝朝暮暮銜枯草千金買骨君儻知百萬交錢猶未老垂兩耳兮伏鹽車倚雙輈兮態蹇驢絆櫂奇而不用空倜儻其焉如

對歸胙判

甲監享以胙歸父餕而祭

祀祭以神官司執事昔者由也曾陪季氏之庭孰謂鄉人每入魯侯之廟甲既策名朝列監享嚴禋剛鬣柔毛不作庖人之饌白茅醴酒遽聞歸胙之榮食美思親無乖孝養餕餘有祭暫越禮經柴也之愚雖聞小過參也之魯何妨大倫以禮許人則吾豈敢棄瑕録用將子有聞論情雖欲薄言與進未宜深責

竇鞏

鞏開元時擢書判拔萃科

漏賦

易曰天垂象聖人則之故備以人事法乎天時定損益之道察盈虚之期嗟歲運兮倏忽眷年容之逶迤景苒苒而難駐晷銖銖而在茲蓋以重金壺之器建銅史之司致用久而不易循環因而可推爾其漏之所作漏之所託至精至微惟寂惟寞水滴瀝而潛響箭差池而靡錯俯通軒禁上應寥廓亘千門兮連萬戶左彤階兮右丹閣亂微唱於晨雞雜幽聲於夜鶴清清泠泠日殷鳥星送春漏於重扃赫赫曈曈時方祝融傳夏漏於深宮的的緜緜明河爛然耿秋漏於涼天暗暗陰陰濃氛鬱沈轉冬漏於寒林觀夫修短之意見乎造化之心信晷刻之道廣知挈壺之用深

故能度量萬物。均分四序。既不忒於盈縮。亦無差於寒暑。順之則千載可通。逆之則寸陰是阻。應乎日月。合乎律呂。蓋漏亡則時昧。漏存則政舉。實邦國之是務。諒樞衡之所興。悲夫天轉氣流。人生悠悠。景有虧而有滿。時或沈而或浮。恥功名之未立。懼容華之先秋。所以懷寶獻玉。彈冠振裘。歌聖明而不已。亦休暇於林邱。

對吏脫幘判

得丁爲吏。脫幘挂縣門而去。斷不應爲。

諠囂易擾。野性難馴。鴻鸞不處於俗中。珠玉自生於塵外。丁至情無欲。含章寡詞。琴書未入於山林。刀筆久勞於郡縣。清風忽至。白雲意多。拂衣不留。挂幘長往。陶潛之美志斯在。疏廣之芳猷未歇。幽谷歸來。高山可仰。州司牽於常法。責以詭時。欲處伯魚之刑。實恐冶長非罪。

李黃中

黃中。開元時擢書判拔萃科。

對受田兼種五菓判

丁受田兼種五菓。吏稅之。丁云在外田稼不善。諸郡科吏。吏固執合稅。久莫能決。廉察使按郡守令不行

王者域人。是制廬井。丁之受地。用給公私。以耕以耘。窮筋力於歲月。是蕉是蓺。慘容鬢於風霜。猶旨蓄以禦冬。慮艱食而爲饉。漢陰抱甕。殆欲忘懷。於陵灌園。庶乎自適。雖屋粟興稅。園廛有征。而田畯急民。已闕三時之務。誠邦家有賦。焉取五菓之供。恐非民之未宜。將責吏之爲當。還同履畝。郡令誰可封行。請效埋輪。廉使卽當隼擊。

魏烜

烜。開元時擢書判拔萃科。

對津吏告下方傷水判

得津吏告下方傷水。請毀左右隄。水工景固爭

決河之虞。備聞前載。隄防之設。厥務匪輕。故得其宜。則俗除陻墊。如失其道。則人受沈淪。由是禹得元圭。漢陳白璧。古來所慎。寧其忽諸。且將毀右隄。則左隄不理。下方之弊爲患將深。漢代成規。自宜遵奉。不達舊載。昧於物宜。輕此毀除。未聞其可。水工之議。謂得通方。

王利器

利器。開元時擢書判拔萃科。

對舉抱甕生判

河南東道持斧舉抱甕生或告云矯州科生妄罷不伏

大道潛運羣動無心明王德乎庶物適遂由是山栖谷隱常有居巢之人鬻蔬灌園時聞抱甕之叟屬旒冕側席載勤於夢卜繡衣持斧博訪於邱園皇華以知無不爲誠樸略之可尚或人以多聞博識明混沌之非真跡初兆於行藏事有同於倚伏舉者縱非折衷猶或獻芹科者貴叶平反無疑寘棘愚之寡見告記爲宜

王惟孝

惟孝開元時擢書判拔萃科

對升高判

解式與長年行因升高不從所視遂杖之式訴州斷闕論省科失入

先王設教各有等威君子盛儀必修德禮苟昧斯道時謂不欽解式妄人不若厥訓徒守尊卑之位終乖敬讓之節不從所視實曰愆儀或人杖之事亦奚爽州曹丕蔽因噬腊之遇毒省司失入覺從者之詞游罪自己招云誰之咎請當從禮之罰勿聽無稽之訴

王希明

希明開元時人自號青羅山布衣

太乙金鏡式經序

太乙天帝之神也下司九宮中建皇極欽若則彝倫攸敘怠棄三正錯亂五常黃帝以惠迪吉而爲五帝之聖大禹戒從逆凶而衍九疇之文炎漢高祖受命張良祕金刀之籙吳主爭權劉惇演炎旌之祥神用於不言之載睿化於無爲之間閉戶而休咎自徵拂鑑而毫髮皆極非至精妙

物孰契於混沌之始者又何足以知之爰發上元迄是帝載幾千年而一聖數百年而一賢得隩隅有登龍之喜窺閉鍵若重關之隔沿波獨往泛滄海而不歸討本窮源峙孟門之嶄絕至於計神審物天目司姦一三置將之數四六對絕之氣掩迫孤單開杜七精羅睺交軑以八節占水旱九州言吉凶五將定主客亦猶兵戈勝負邱明受經而作傳見非公穀子夏師聖而序詩復殊毛魯學而時習之攻乎異端笑他人未工忘乎已拙以蠡測海以管窺天心見之外愚衷未盡或指陳實錄或誕錫嘉名正二局有陰

陽之殊紀六壬附時計之謬淮南分野縱博我以多聞黃道日躔竟有疑而則闕源流則廣枝葉扶疏狐裘同士蔿之風玉石抵崑山之鵲雖億則屢中時自賢於仲尼而謀之不臧且推過於季氏風國之事多惟慚德伏惟開元皇帝陛下明極稽疑睿聖作範察璇璣以齊七政制禮樂以穆百揆明太乙之威神封泰山之能事高視萬古名言謂何神嘉承日月之照荷覆幬之廣參詔賜於金馬觀祕籍於蘭臺嗟此式經有乖徵旨乃上稽天象中迹算術下統人事旁觀歲時考帝先於神女之符歷載紀於蒼頡之筆甲乙之終數宮元之往復奇偶之二算勝負之八門與人甚法式之僁陣圖水火之失禮樂不興之論周宇狂簡之文或義通而卽流或理僻而便削皆考經義以一貫之穆若蕙畹聲如玉振夫詩對惠連輒得嘉句筆因樂廣便至能文萬殊皆極而同歸獨見忘言而旣驗校之以元紀又精之以日時代謀於述作之前總括於天人之際會披覽得意之妙動契合如神之在亦曠代之能事也經凡十卷名曰太乙金鏡式經若筆削後於孔明用賢則子房升堂風后入室宋琨樂產李淳風屬可座廊廡之下如以爾言過矣將俟來哲

趙昷

昷開元時擢書判拔萃科

對鄉貢進士判

鄉舉進士至省求試秀才考功不聽求訴不已

鄉大夫之興賢能大司徒之論俊造旣升司馬又告諸王天府拜而已登內史職爲其貳周云進士漢曰秀才在今日之區分非曩時之名數文藝小善進士之能訪對不休秀才之目美彼良士賢乎我師以窮鄉之莫知徒舉其小

庶會府之達識卽致其大亦猶鯨魚之鼓溟海數蹄涔之暴鱗驊騮之局中庭望雲朔而驟首考功自可表其秀傑拔以殊倫縱常式之文不歲登其尤異急賢之地宜日新於進才聞言不聽斯爲蔽矣試可乃已何至是乎公使湮沈坐令求訴

對鬯酒不供判

太常申博士請鬱鬯酒光祿以久無匠人且金草不知所出不造祠部亦以爲禮有沿廢不允

所請寺執見著唐禮豈得不行祠部云籍田准

令兼給廩犧籍田令或不供犧亦廢用酒無鬱鬯於事何闕寺猶固執

雍穆清廟苾芬孝祀爲酒爲醴以烝以嘗執鬯玉之黃流香鬱金之美草觀灌禹若居歆孔明鬱人是供鬯人聯事司樽彝之藥鬻贊宗伯之祼將自周道崩離禮籍咸滅漢儀草創祀典多遷有徐生之爲容非如叔氏雖匡衡之復古未及周監其後浸微不資沿革奉常執典同制氏之鏗鏘光祿莅祠無大酋之湛饎莫行其義徒紀斯文皇聖時乘官人則惠禮司皆好古之英博士有表徵之職將盡善

而論德固大道之中行豈可以沿廢爲言積習而惑未辨方志不監匠人何荆州之包茅獨供王祭有盧家之蘭草不入國香惟昔肆師位同祠部無爲大祭之佐不若君子之言又以籍田明乎甲令去禮經之逾遠類俗吏之所爲且甸師之給神倉潔粢以供鬼享虢文諫千畝之籍崔實刺數畝之耕亦曰文存不當禮廢使唐禮不備於周禮犧牲苟供於廩犧旣慢乎粢盛仍拒我鬱鬯宜投棘署俾解星郎

蔡景

景開元時人

述二大德道行記

大德檀越門徒情深道義惠燈傳照朗晤心靈示誨之恩碎軀難報今賜讚佛之次述二師之至誠輒申毫末之辭式頌彌天之德庶望將來君子知三寶之住持敬題行記書之如左

法師義紹字宏濟東魏鄴城人也俗姓張氏年七歲依（闕一字）馬寺（闕五字）息慈弟子天縱英靈聰惠明哲文明初歲落髮染衣住谿谷寺勤於藝業內外俱贍解行雙美妙善悉

曇奉勅徵（闕五字）二京翻譯於是參詳聖旨（闕一字）闡梵言譯金光明經薩婆多律掌珍論等三百餘卷並詮辭證義筆授綴文又補充（闕一字）僧統司修窣堵波檢校尋被抽入薦福寺滿世大德百坐講說頻登勝席殿庭論議擢以令名法師學海宏深辭林迥茂闡揚（闕二字）名播二京其時僧衆咸號法師東魏大乘紹矣又補京慈悲寺都維那復於內道場佛光殿轉經行道面奉（闕六字）菩提迎接經像至乾陁羅國迎得三藏鄔帝弟婆將真容畫像廿鋪舍利千餘粒三藏梵本二部至京聞奏聖（闕一字）嚴駕（闕二字）法師馳驛王

城方窮異域往來四載途經一萬八千供奉二朝十有三記前後勅賜法衣道具隨得轉施不以自資（闕二字）之懷無以加也覲省重奏請歸（闕一字）道俗欽風屈爲谿谷寺主其時州將賀蘭溫六條儒雅八正居懷（闕一字）寺（闕三字）補充大雲寺法師教授於是宣揚妙旨成庶品之津梁演暢微言啟含生之耳目衆又舉法師以爲上坐綱紀寺衆（闕六字）准勅再滌釋門甄明戒律重補充清滌上座法師精勤攝念策勵持經維摩法華日誦一遍戒定惠解詎測淺（闕五字）式題斯記

法師乾壽字崇詮義紹同郡人也俗姓李氏年廿歲依化樂寺崇（闕一字）法師爲傳法弟子學法華經惟識俱舍因明等論皆理極精微妙窮法相證聖之歲剃落披緇住谿谷寺奉別勅補充當寺教授法師於是廣演談元深攻理趣威儀肅物雅操超羣又補都維那綱紀衆事利益常住軌範僧（闕一字）修復伽藍咸皆壯麗故得寶坊金地月殿重明嚴飾山門光揚佛日緇徒濟濟士庶鏘鏘三寶鬱興四衆攸仰者其惟法師住持之德也又以崎嶇山路剪拓修夷枯涸川原疏泉汲引哀矜物類濟乏賙無悲敬雙修廣行（闕一字）捨此皆法師大悲之行也又乃天資妙（闕一字）巧惠殊倫智用合宜動中規矩內懷至孝無忝所親生事愛敬死事哀感是謂孝道畢矣恭穆仁慈謹敬謙（闕一字）是謂禮儀備矣未有已任孝別起津梁者哉故經云孝名爲戒亦名制止法師志崇清淨之福以報鞠育之恩神用研精敬（闕二字）室於是依山構宇備設堂儀鑿石疏（闕一字）宏開洞室池引八功之水爐焚六銖之香七物咸珍衆事周贍長時供養通浴聖凡法師四攝利生三悲鬻（闕一字）融心二諦觀照五停積德難量解行彌廣畧陳綱紀題斯紀焉

三尊真容像支提龕銘

原夫至道寥廓等寂寞以無言真智如如湛然（闕二字）之外應權變化運神用於無邊至於無生之生示現非相之相灑甘露於塵界普洽四生轉法輪於大千哀矜六趣（闕一字）大悲（闕二字）孰能預於斯焉我大師造化神功此地多形勝之所金門梵嚮振萬古之音聲谿谷伽藍樹芳因於億劫鄰茲福階之（闕二字）靈瑞之幽巖仰瞻鷲嶽之峯俯接祇園之地非直溪谷幽邃抑亦聖跡昭然康哉大哉故無得而稱矣爰有遺法弟子義紹乾壽等宿乘妙業俱崇勝因稟

質天資人靈特秀懼暴流之巨度建愛渚之津梁闕一字乃運用奇功依巖起塔雕龕鏤室窮匠闕一字之神綺餝莊嚴竭工輸之妙望之如日自有昭昭之暉仰之如天非復蒼蒼之色大千世界悉現於寶蓋之中應化三尊處闕一字思議之一室梵宮晃耀此乃非殊相好圓明光同月愛恐桑田變海陵谷俄遷用紀微功刋茲貞石其詞曰

邈矣大聖耀質金軀三身化現四智如如不生不滅非實非虛有無所有無無所無其一真容毫相光流月愛常遊十方恒在三昧示入生滅無罣無礙脫屣寰塵超然物外其二

粵我三尊惠力難量慈雲廣被普洽無疆應權利物導引隨方羣生舟檝苦海津梁其三仙巖聖跡式建支提斜連麓岫俯瞰幽溪天長地久日月昭迴金門動響石室方開其四

褚思光

思光開元時擢書判拔萃科。

對馬驚師徒判

卜氏爲御馬驚師徒小却監軍糾爲無勇卜氏遂死之或誅其功監軍請寘乎理誅者執云非罪

卜氏習聞秋駕工隨水曲屬出車檻檻有六月之師將執訊連連成九天之勝而深谿難拔小駟易驚殊攝叔之致師有懸賁之敗績是無勇也於此死之監軍糾慝未窮通憲必若馬爲流矢所驚人殊執轡之罪則死非其道誄得其功率象前聞寧宜寘理

熊季成

季成開元時擢書判拔萃科。

對受田兼種五菓判

丁受田兼種五菓吏稅之丁云在外田稼不善

詣郡科吏吏固執合稅久莫能決廉察使按郡守令不行

度土居民使有寧宇省徭薄賦期於利物政之善者傳不云乎惟丁計畝受田奉時供上周公之典斯在穀梁之志可徵且同居八家並種五菓取其葱韭既云救乏賙無樹以楸桑誠得養生送死人苟利矣吾無間然此夫伊何多求是務不遵有若之盍徹徒事冉求之聚斂況廬舍自損田園將蕪勤私自可以非人率禮無聞於稅畝迷而不復過也必文以虧郡守之明宜允使司之舉

平超然

超然開元時擢書判拔萃科。

對受田兼種五菜判

丁受田兼種五菜吏稅之丁云在外田稼不善詣郡科吏吏固執合稅久莫能決廉察使按郡守令不行

擇土制邑。度地居民。是分公私。爰制内外。食九食五。制稱上下之農。近郊遠郊。師有異同之賦。彼丁何者。實曰田夫。四體初勤。五菜云樹。既緣葵而白薤。亦秋韭而冬菁。但類

潘仁用供朝夕之費。同夫楊惲取給公上之求。公田爲居履畝非古。考龔遂之政。計口而畦。讀穀梁之書。損廬以種。稼則不善。吏固應科。既匪大猷。爰彰薄訴。籍而不稅。雖固執而奚爲。久而無成。於從政乎何有。廉使所按。誰曰不然。

平伾

伾開元時擢書判拔萃科。

對受田兼種五菜判

丁受田兼種五菜吏稅之丁云在外田稼不善詣郡科吏吏固執合稅久莫能決廉察使按郡守令不行

度土有衆。務農理國。人力是借。公田爲居。既八家而共資。亦五菜而云取。惟丁率常由己。不遷見異。守質抱甕。將類漢陰之夫。閑居鬻蔬。未減河陽之令。相維彼吏。而乃弗經。既忘過籍之非。將爲履畝之稅。是同大桀。宜剌小東。且私田於人。餘力豈讓。吏之不恤。稼乃無成。失官之譴已彰。稅人之理徒執。季孫茍賦。周典聞仲尼之言。宣公不仁。魯史有穀梁之譏。吏而多僻。守可論刑。不能莅官。何逃使按。

趙不疑

不疑開元時擢書判拔萃科。

對無鬼論判

甲執無鬼論俄而鬼忽來取求乞免鬼云誰似汝者甲云乙似而便死後乙弟知告甲謀殺兄不伏

惟怳惟惚。甄巨匠於無名。一陰一陽。鼓鴻鈞而不息。是知天道元遠。子所不言。甲以志尚縱橫。心懷貞正。振談端於海嶽。抗高議於雲天。取類阮瞻。疑書生之自屈。有符宗岱。遇使者之方求。乙以才貌略同。稱其似是。殊仲堪之昆弟。

於此相推異張衡之後身斯焉見取生乎公府無聞鶴板之徵冥寞幽途忽見鵲衣之召弟以鴿原義切雁序情深惜棣蕚之無春恨泉扃之不曙告稱謀殺未達幽明語事雖云代命至理終當澮盡捨而不鞠實謂爲宜

楚一作樊冕

冕開元時擢書判拔萃科

對萊田不應稅判

勸農使稱萊田舊不應稅州縣令有徵納爲例各自不同或據畝數均收或隨上下加減百姓

紛訴使司科均收以不應爲從重科加減以非法均賦斂州訴恐年饑無以給貸且使司法例不平不伏處斷

夏闢山川周疆井邑四人得業萬國作孚欲令應陽和以蕆事候秋霜而畢力故除彼公田人耕百畝用資國賦家茂九農是知居墒卽勞處沃便逸必耕與壤以易萊田祈南畝之有年望西成而必穫誰謂田其蕪矣似陶令之歸來稅輒均收疑魯卿之厚斂使司以愛人活國人富則國殷州縣以反裘負薪裘敗則毛落既未閑於大體徒輕擬於小東縱訴將備年饑終合請裁天旨使科非法未失清通

畢遷喬

遷喬開元時擢書判拔萃科

對圍碁判

安北副都護連帥愛與人弈碁聞寇至不輟御史以逗遶糾察

連帥職當邊徼任切爪牙不留意於軍容迺忘情於奴戲雖費禕不輟未可因循而陶侃旣捐何勞健羨一枰之上

空闡懷陣之心百戰之前不見臨戎之節御史秉驄按罪執簡彈違白以羣兇實由連帥此而可捨法安用哉寘以逗撓雅符彝憲

鹿慶期

慶期開元時擢書判拔萃科

對城邑判

甲將㓨邑乙不從命比周狗以屬之損乙

自上棟下宇疆里井田度土居人量地制邑故墉垣是葺版築聿修華元巡功見謳於城者子囊臨逝貢策於荆王

甲何人斯職茲㓜邑乙不從命同之鑿坯趣舍路殊便爲隙末雖叔孫受縶每効勤勞而子騫發言何必改作遽營爲堞未崇射隼之規不憚嚴科輒嗾夫獒之噬棄人用犬何其不臧旣紊風猷請書霜簡

單有鄰

有鄰開元時擢書判拔萃科

對歸胙判

甲監享以胙歸父餕而祭

甲幸彼曲成官同直指不被澤宮之誡與監清廟之儀執

燭薦腥禮循朝饋崇牙樹羽樂遽徹懸方致美於吉蠲卽同班於福肉榮仍在巳祿逮其親詠蘭陔之詩晨昏少力申綵服之養烏鳥多歡用廣中廚因茲外胙爲子之道始則著於先嘗食父之餘終必歸於致祭且聖人之禮祭示有先夫婦各差父子異數盡於是矣何所疑焉

劉仲宜 一作宣

仲宜開元時擢書判拔萃科

對清白二渠判

得清白二渠交口不著斗門堰府司科高陵令

罪云是二月一日以前

殷俗富人實惟稼穡分疆列土必假溝渠白公入秦卒興涇水之利史起居魏大引河流之溢信衣食之是資知珠玉之非貴理宜順時役築作制隄防惟彼高陵地稱三輔瞻言沃壤良由二渠完謹苟虧畜洩乖用必貽罪戾何以逃刑且如雨畢除道旣候於天時水涸成梁再編於月令斗門不設交口未修功雖闕於千金時靡過於二月遽卽科殿恐爽廉平請從矜釋謂合通典

劉璿

璿開元時擢書判拔萃科

對馬驚師徒判

卜氏爲御馬驚師徒小却監軍糾爲無勇卜氏遂死之或誅其功監軍請寘乎理誅者執云非罪

登庸取士六藝稱先設策除兇五兵是要卜氏爲御招愆於馬驚監軍正刑志存乎鶴逐昔懸貫理御嘗聞流矢之災卜國佐驂遂彰白肉之患有功必賞有犯必科未明敗績之由須覈馬驚之故請重尋詰然定是非庶使幽冥申

寃功過昭著。卽寘於理。深涉乖疎。

欽定全唐文卷三百九十九

韋巡

巡開元時擢書判拔萃科。

對太室擇嗣判

甲於太室而擇嗣。先幼者。或非之。稱神所命。

將正人倫。必惟嗣續。故有側室嫡子。乃別尊卑。等威以年。以德則聞。常典神之聽之。抑非通法。惟甲啟爾宗廟。守其茅苴。類簡主之承祧。嗣則未卜。同獻公之有子。其誰立焉。爰訪恭王之事。更徵駘仲之道。佩玉而兆。既云取吉。當璧而拜。遂不敢違。且繼體本以承家。知子莫若其父。借令愚知無辨。何得長幼仍乖。假之神明。其義則淺。捨我恒禮。取譎何多。文過飾詞。徒爲妄作。

樊光期

光期（一作光明）開元時擢書判拔萃科。

對萊田不應稅判

勸農使稱萊田舊不應稅。州縣令有徵納爲例。各自不同。或據畝數均收。或隨上下加減。百姓紛訴。使司科均收以不應爲從重科加減以非

法均賦斂州訴恐年饑無以給貸且使司法例不平不伏處斷

因鳸爲農俾人作畝是刈是穫必在有苗不菑不畬何以望歲故剡耒斲耜自春徂秋雨公及私既庭且碩然後論彼薄稅取於豐年仍聞寡婦之歌寧有匹夫之怨若斯土靡藝大田其荒稼穡之功不加於此寢訛之地或在其中而欲徵諸我箱問彼嘉穀非苗取實慙於老農棄本求華違此通論州縣以廣地爲務入粟是功用藏於人何必改舊使司以惠言及物準度從人誚彼均收黜於加減罪雖一致法欲重科然不伐有詞且稱從責隨時之義庶叶論刑

劉璀

璀開元時擢書判拔萃科

對張倓下綱判

景張倓下綱不及地武賓遂貫之監者謂無揖讓之禮不坐奠豐上賓祖決而退

六藝崇射五善遵禮景也張倓職効能於棲鵠賓之遂貫遽呈妙於啼猿曾不知揩策有揖讓之儀飲算行多少之節下綱不及如堵奚瞻監者有知奠豐是闕人而無禮祖決難留以之觀德從何擇士若不論辜是誣恒憲

劉爲輔

爲輔彭城人國子祭酒璦子

對賜則出就判

甲賜則有司令其出就訴云未成

度土居人量地制邑政不求備官惟其能故周設六卿辨方正位禹敷九土俾乂厎績將以緝綏黎獻作乂都鄙是崇錫命之儀爰求則柄之法靖言伊甲生也逢時祿以代耕榮冀登於一命朝以拜錫位何辭於小國必若才惟致理道可濟時則所告必聞何始乎就列昇高自下宜忘於擇地況堯舜在上車書必同莫非王臣咸仰天秩未能敬恭君命曷得遐棄厥司宜褫帶以受服奚薄言而有訴咎自作也刑其渥凶庶片言之可懲慙兩端而斯和

姚承構

承構開元時擢書判拔萃科

對張倓下綱判

景張倓下綱不及地武賓遂貫之監者謂無揖

讓之禮不坐奠豐上賓袒決而退

開彼澤宮臨茲相圃可以觀德必也射乎所以揖讓而升審固而動矢流貫的侯服親於主皮樂奏采蘩笙鏞備於和體豈失於獻士而亂於簡能下綱靡及於地前飛羽虛驚於雲際坐奠斯闕袒決而還宣父之妙誰崇仲由之命何寄且君子之爭應免於嚴科小人伐伎須從於薄黜禮律之道斯合宜然

嚴迴

迴開元時擢書判拔萃科

對太室擇嗣判

甲於太室而擇嗣先幼者或非之稱神所命

將建嗣子必先克家豈惟輿宗亦稱繼代今茲甲者昭穆蔑如爰擇允而承祧俾傳棨而開國而乃業歸於幼禮且殊於長年命自於神理徒稱於太室必也義均襄子覩常山而得符迹偶平王拜楚廟而當璧事則有據或者何非且今之所爲有異於是無聞德舉將由愛立則覆求致福慮喪主鬯之尤事乃得能奚堪幹蠱之任甲且違禮罪實難逃理不足稱刑之無捨

尹暢

暢開元朝進士

對賢良方正策 問闕

對臣聞非才難遭時難況躬忝觀光之舉不俟媒揚之地儼身天闕用感良辰伏惟陛下建初立元創業垂統夷兇靖難聖敬日躋格上下而無憂內治光四表而誼德昭振故能荷天之休福應尤盛殷薦嚴配升中告成十數年間而功業大備豈非徇齊之德神化所致哉雖少康復夏宣王興周比之當今萬分不及而猶賜臣策曰常恐上塵五

聖之耿光下辱萬方之瞻戴日昃觀政夜分思理者可謂無念增德勿休熙載履眾美而不足躬聖明而流謙而臣愚對菲誤自充賦雖言及之將何以承奉清問對敭天休乎然臣聞立德之謂道體道之謂仁固無宏逸安敢詭濫是以古之善爲士者必將微妙元通豈獨重於偏才迂誕而已如此則黃帝之功濟生人素王之道遵先聖離朱喫詬奚得議其淺深夷齊尹惠抑可語其同異何者食薇絕粟終慙淑媛之言醜夏歸殷卒致成湯之業寓言莊叟良未足徵側訊蒙矜誠將異爾無貪至理寧副虛懷若乃喜

怒哀樂之四端。貌言視聽思之五事。雖擴充之在我。諒休咎之關天。殷臣格言。已貫之於皇極。鄒子戲論。亦頗存於昭應。詎茲辨志方用沃心。伏惟陛下事天明。事地察。無文咸秩。羣望畢舉。故祈穀汾脽。薦寶鼎於宗廟。燔柴岱嶺。靄飛烟於雲日。神歆效其如答。靈貺昭而必聞。雖飄風作起。曾不終朝。大雨時行。旁霑數郡。亦未聞偃拔包裹之甚也。陛下憂勤夕惕若厲。信禹湯之罪已。實堯舜之用心。蓋天災流行。國家代有。屠龍牲馬。亦何以爲。書稱安人則惠。易翼損上益下。謂宜開倉廩以賙給。選牧宰以寵綏。散利薄

征。息役施捨。禳修之道。何莫由斯。傳曰。德勝不祥。義厭不惠。謂此物也。雖歸諸天道。亦以人事。故周官六職。水旱則宗伯是司。漢宰三公。災眚則丞相是主。不然何以昭燮贊之術。開勸戒之端哉。大體若茲。祥徵何有。臣聞夫大理之後。有易亂之人者。安寧無故。驕心起也。大亂之後。有易理之人者。創艾避災。思樂生也。當今海服清晏。太平無虞。眾宜曲折。萬事纖妙。文理至詳。不可復加矣。陛下享已成之功。居崇高之位。入有後庭聲色之務。出有苑囿遊觀之樂。志得無滿乎。欲得無極乎。古語云。行百里者半於九十。言末路之難也。此言雖微。可以喻大。是以聖人乾乾日惕。莫敢或遑。雖休勿休。盡善盡美。伏願陛下慎終如始。以成德政。使鴻圖盛烈。作唐龍光。不騫不虧。永永無極。此適時務之所當先也。臣又聞善爲政者。在能其事。能其事而不知所以少其吏者。則竭而不足。臣竊惟今國家所使分威權御黎庶。幹府庫。理刑獄者。皆天下長吏也。而其俸祿各有差等。以勸其徒。百官以理萬人。以察天下幸甚。然而都內冗散。叨假名器者。不可勝數。或倡優雜伎之伍。弁射夷貊之流。紆紫懷金。出入周衞。漿酒霍肉。乘堅策肥者。奉一人

猶聞不給。今官此輩。何所取資。狐鼠既託於城社。粟帛載殫於倉庫。非所謂侍御僕從。罔非正人。爵勿及惡德。惟其賢者矣。此救弊之所急也。臣草莽諸生。地卑識淺。陛下誘而進之。訪以時政。將承汝弼。安敢面從。輒陳末議。伏深隕越。謹對。

蔣勵已

勵已。開元時擢書判拔萃科。

對城邑判

甲將仞邑。乙不從命。比周狗以屬之。損乙

大道既隱天下爲家巢燧已遠於三皇城邑已安於萬姓將以寇盜無擾鄰伍有爭崇墉濬洫用備於王制屋粟里布亦率於周典猗嗟彼甲務成厥功足使孔子門人論於千乘之賦鄭國說者難於九仞之高豈謂立身致誠人未從命不聞忠信之迹翻起比周之言忘筌深謝於得魚致損俄聞於屬狗且辨璧以聽理貴審詳束矢而論道取嚴科損者恐其無過命者寧載有詞待窮三刺之典爰措片言之折

對夾臾合三所知哭寢判

敕造夾臾少府合三而成規不九科罪又太史令緒所知亡哭於寢門之外人告違禮

武有七德戎械攸先禮有五經喪紀爲重少府秦卿命爵海稅孔殷太史吳將疏苗家聲允迪天有成命式栽弦木之規人之云亡來展生芻之弔雖圓鑿方枘恒必由之而同波異瀾區以別矣何者弧矢之利張皇國威俯企之儀撙節人序理宜器因古式自取妙於烏號禮合前聞固無譏於鼠刺昔宋公研慮妙盡踰山齊婦御哀深辭在野何得輕其琱葺命不審於絲言忽彼朋從慟無依於繐帳遂使規殊宛轉未全明月之輝交喪親仁遽異成風之質且天子疏制侔九合以成規友生不幸拊百身而奚贖魚膠象珥已爽令儀白馬素車全殊昔契造廝夾臾豈獻春林哀懷寢門徒悲宿草眷茲有失請依漢相之科推彼無儀深懵鄒人之譏或恐規聞異制制因義而隨時禮有異文文緣情而僶俛自須見可而進未必同年擇善而行寧俟終日

朱濟

濟開元時擢書判拔萃科

對履畝判

丙爲諸侯履畝擇其最好者取之百姓上訴御史糾違法云非入已

俾侯胙土分茅撫封視彼黔黎均其毛澤今者制田非古厚斂殘人履畝尚徇於魯宣盍徹蔑聞於有若且農之有畔穀不過藉小桀之規是舉大侵之禮謂何此而浚我以生無乃刑人之力既貪膏壤取溢京坻獨阻南薰盡其東畝雖非入已已是盜臣無罔繡衣請從褫帶

賈廷瑤

廷瑤開元時擢書判拔萃科

對太室擇嗣判

甲於太室而擇嗣先幼者或非之稱神所命

主器承宗雖存乎冢嫡象賢擇德必在乎權宜甲何人哉將定諸嗣年則有序未肆契龜之卜室乎憑靈遂稽當璧之懿由是求周之故伯邑見捨卽趙之美無恤是膺旣崇定命之制克允尊神之道古則然矣夫何非哉

于儒卿

儒卿開元時擢書判拔萃科

對越關判

越度關府欲科罪稱告急切不暇請公文

因固作關設險居國豈伊征算是隔夷夏踰則歸法理惟其常越度人斯初聞有告棄繻抗志無似終軍之遊辭謀遂行且殊蘧瑗之出彼則請給寧異公文足可坐視更籌候雞鳴而容度豈謂意淩霄漢學梟飛而影移行雖有由越侵無狀寘之於理其誰不然

康濯

濯開元時擢書判拔萃科

對太室擇嗣判

甲於太室而擇嗣先幼者或非之稱神所命

納約自牖是修禘祫於穆清廟肅供神人旣不專而爲名當幹蠱而承孝惟於甲也克構是思擇乎太室期以當阼壓紐斯兆想平王之舊儀佩玉忘哀痛石駘之絕繼神保是格信龜筮之叶和人謀僉同乃匕鬯而不喪就諸臣位尚檀弓之所嗤辱以臨喪蓋子游之習禮先乎幼者豈曰遲迴誣善之人何詞以免韋賢後嗣謀之允臧季歷嘉猷誰執爲咎或委成股誠爲朶頤自羝羊而觸藩倖鼫鼠而非據小懲是誠宜在執牛忿疾於頑無行射隼

康子季

子季開元時擢書判拔萃科

對復陶以行判

甲託秦復陶以行人告其不軌訴稱嚴霰使然非是妄作

日車南至星斗北迴徂歲旣窮重陰飍發寒生大漠雪下平蕪海曲於是先行山陰由其興往惟備乃無患必藉重裘而彰厥有常須遵法服甲縈徽簪組候屬嚴凝節愧高

臺寧懷平君之操尊非楚國輕襲靈王之儀罪當抵於嚴霜詞徒稱於積霰向若楚制是用庸敢避於濡身今乃秦陶謬加因難逭於非服既貿不衷之刺宜投僭上之科

對孝女抱父屍出判

錢塘人孫戳少以迎濤爲事因八月迎濤（一作潮）乘船衝濤船覆至死戳女娟容巡江哭以瓜設祭而因自投江水抱父屍出縣司以爲純孝欲立碑州司不許乃禁娟容數日（一作月）

海水有期三秋必壯江濤可望八月須迎孫戳既曰篙工

是稱舟子自言習水不慮驚風豈知白馬俄奔空邀伍相青凫坐覆忽識馮夷應同罔象之神頗異呂梁之子娟容悲纏枕草志切投殘忽以桐瓜何殊薦芰銜心似石寧怕海童泣淚如珠即追泉客初均洛媛持弱態以淩波竟學曹娥抱沈骸而出浪論情足爲純孝撫事不愧褒揚未題黃絹之詞先置元纍之罪州司治獄法恐不然縣請立碑理應爲當

對樂請置判縣判

有州申百姓皆好操縵都不識雅章以不能易俗請置判縣供釋菜賓社之用使人觀習省以爲非所宜言不爲聞欲科罪訴云州將鹵簿見著令文且方古軒縣爲降已其置之何過

雅有大夫樂有君子將以昇幽崇德降物平心當令牽土齊觀頌無爲而擊壤普天同樂學操縵以施絃涓選既修匡衡之章遂覩鄭聲久絕文侯之臥亦興比屋可封薰琴解慍自應雨日施化三年有成釋菜之儀則聞於肆夏賓社之用蓋取於登歌欲還甿庶之風何假大夫之樂而引今鹵簿空肆危言州乃不應請置有紊彝章省以非所宜

言雅符公正事緣共理過亦難科未推皐陶之刑宜典平輿之品

常日進

日進開元時擢書判拔萃科

對履畝判

丙爲諸侯履畝擇其最好者取之百姓上訴御史糾違法云非入已

政在利人法難變古苟非愼舉事則不經伊丙列侯無聞嘉績未明盡地之力獨聞履畝之稅且以小惠誅怨莫見

安人之理蘊利生孽先聞入已之嫌重稅既同於魯侯盍徹明棄於周典憲臺糾謬實可準繩分土煩言益爲文過敢告司敗宜寘薄刑

翟禹錫

禹錫開元時擢書判拔萃科

對小吏持劍判

得乙爲小吏持劍執燭事功曹後忽帶劍於槐棄炬於地功曹將罰之乙不伏

周曰胥吏漢稱轄幹既别府中之位仍標幹下之曹所以

安其計食從於負版乙忻逢有造幸預可封不學奇童俄爲小吏既而心勤左右荏苒驅馳慕郭太之平生有蕭何之志業帶昆吾之寶寧慙挂樹之人棄回祿之烟誰賞移薪之客功曹班同許邵才謝山濤未見優容遽聞致罰情有所急罪不合加

張韓卿

韓卿開元時擢書判拔萃科

對祭五嶽判

所司有事恒山沈辜御史糾失禮不伏

星開幷汾嶽鎮恒山聚氣成德蘊靈藏寶吐納烟雲之秀密邇胡狄之鄉國之大儀實在明祀所司有事期用無失潔牲幣而茂典舉祈懸而揭名茲秩秩而備章佇禳禳而助福山旣若是川亦有之抑此沈辜之迹實重澤物之祭爰考樂歌與流峙而無别及徵禮號乃科目之斯殊豈得視諸侯之秩薦三公之用苟則有忝孰云不知御史學優竹帛榮高衣繡既觀祠祀之差遂推簡墨之糾諒爲昭範斯得罪人

張法

法開元時擢書判拔萃科

對舉抱甕生判

河南東持斧舉抱甕生或告云矯州科生妄罪不伏

詩咏考槃易稱嘉遯聲流載籍美播邱山誠出處之多途乃蕭蘭之或致至若邱中老圃漢上栖神跡徒挂於幽閑名未通於東帛既而金潭洗菊不暇優游玉甃滋園徒施混沌御史乘驄按俗持斧臨人有悔必彈聞善斯舉然以羸缾小節抱甕微流賁然來思竊用多愧或告云矯深柰

前聞生也不甘如何厚貌

盧韞價

韞價開元時擢書判拔萃科

對津吏告下方傷水判

得津吏告下方傷水請毀左右隄水工景固爭

覆釜遐源濫觴遙派龍門激浪飛竹箭於千里馬頰驚流擁桃花於三月尺波不住素厚或臨霧逐牛迷查隨客至維舟不易航葦稱難洪濤之委無涯下方之傷遄及隄防是制啟塞隨時固之則兩傷毀之則雙美津吏宅生禹跡

行偶堯封名厠水官位居河右使迴天之浪遙注百川濺日之波傍流九派水工末品直買公心算垂柳之懸隄借瓠子之成詠雖守挈瓶之智還貽膠柱之責依津吏之請杜水工之疑不俟終日於是乎在

盧先之

先之開元時擢書判拔萃科

對三命判

乙仕登三命舉以特牲祀以少牢人告其僭加於舉禮也

易陳殷薦書列禋宗於昭孝祀作樂崇德況春冰風泮河濱有獺祭之魚秋葉霜凋山林有豺祭之獸微物尚爾生靈伊何且國有十倫仕登三命尊卑式序威儀孔昭車服以庸祀享寧僭矧惟舉禮無乃用心凡舉特牲者克從其秩祀少牢者實符於班失或歸於訟人禮不黷於君子謂之過矣其在茲乎

郭尚溫

尚溫開元時擢書判拔萃科

對無夫修隄堰判

河南諸州申無夫修理隄堰請與之平價仍免外徭省司以爲與平價則官無所供免外徭則公事廢闕不之許州訴人實阻饑恐不及冬成至春復桃花水爲害

使人以時不奪農務前王令典歷代通規頃屬月離畢星天作霖雨緣河諸郡水害方殷王尊之祭徒誠陽侯之怒無息是隳隄堰乃請修營動衆興功雖不違於九月免徭酬直或大優於百姓握蘭則兩停俱廢恐未得於隨時剖竹則二事兼全亦頗同於大過況頻遭墊溺人實阻饑若

不冬成必貽春慮理須折衷事遵合宜則丞相無壞陂之尤將軍免負薪之苦

郭立

立開元時擢書判拔萃科

對學書判

丁學盤盂書庚相爲引重後一云遂學或止之舉庚或止之丁云以此報德

丁本諸生弱齡有志操觚游藝負笈從師服膺孔甲之書留心田蚡之業精窮小學聲洽大成庚有親仁之風乃思

延譽之美爲游揚於左右得推擇於簪裾不以引重之恩而忘奏舉之義盡言報德在此奉公韓厥之故事非遙郤詵之前蹤可襲行諸則仰推故典止之則未識通方自得盡忠之規何聽無稽之說

于峴

峴開元時擢書判拔萃科

對投諸棘寄判

得國子監稱諸胄子不親師教將棘寄之省讓其侵冒刑章寘之於理監固論不已

有教無類下學上達春詩秋禮日就月將必復象賢之規以光函胄之訓喻玉成器符金滿籯渥赭觀其屢舞拾青嘉其載擇況乎服勤多闕仰止徒虛溫故知新未之已矣進德修業此其謂何是朽木之難雕非檟楚之能及造士選士匪曰伊人左鄉右鄉攸稱往誥雖迂夫棘寄斥之遐邈且涉禦魑之罰將有招魂之詞會府以近瀆刑章言投法理監司以遠探經義事合禮文亦既狀申復奚科抑

欽定全唐文卷四百

武同德

同德開元時擢書判拔萃科

對封君祭判

乙祖是始封君祭以不毛所司科爲失禮不伏

禮經三百列爵五等食菜地以居榮封茅土以建號代不絶祀人其捨諸乙以孫謀贍言祖德精意以享展如在之儀利用建侯思不復之始詢諸家祭酌彼周官薦羞之容無聞於肥腯不毛之事有異於粢盛且物貴緣情猶言禮

不下庶而乙非妄作何妨儉而合禮既能師古奚事驚愚所司告言頗爲漏畧大易自宜窒訟春秋寧待有詞

對爲律娶妻判

甲善算爲律娶妻生子人告其妖不伏

物生有象象而後數洎夫化原孰得其始惟此甲也算莫善焉乃窮日者之言畢盡唐生之術不測謂神推陰陽之度數暖能變谷知律呂之短長想彼娶妻寧因匪斧之克與言生子備見弄璋之慶與物相召誰其忽諸人告爲妖一何誣也

周之翰

之翰開元時擢書判拔萃科

對封君祭判

乙祖是始封君祭以不毛所司科爲失禮不伏

封植之規盛自三代享祭之設編諸五禮故存欲其貴粢疎發勞人之言沒憂其祀若敖與餒而之歎乙祖幸攀日月視列山川堂構不貽於謀孫廟食遂虧於厥祖乃云可薦孰致其嚴洪業不享其牲牷明懷誰歆其黍稷所司重從周之訓糾以常刑愚者昧反會之言尚多紛訟彼不愛

禮奚能舍諸須寘恒辜雅符通議

對爲律娶妻判

甲善算爲律娶妻生子人告其妖不伏

甲道窮靈府藝盡數原探鄒衍之幽谷總洛閎之妙術洞律呂相生之算尚陰陽更配之理推計必究其精微變育乃均乎造化言其孕子如逢蘭夢之徵語以好仇似叶楊生之慶且智殫風律尚有革於京生況妙極元穹豈無知於鄒道稽之自古尚不爲妖察之於今如何結罪告者無理咸從配之

杜嚴

嚴開元時擢書判拔萃科

對輿屍謁廟判

鄭太曾祖亡輿屍謁其家廟人告狂怪

廟者曰貌則事之若生鬼之言歸則敬而莫黷考孔子之要道將入必問覽周文之繫象輿屍且凶鄭太久挹家聲素高門閥自宣王之母弟承后稷之神人讀司農之經業分爾族聽尚書之履代著其名爵賞不泯錫承家而開國垣廟而立寵貽孫而及祖禍鍾斯兆哀慕何追父已喪親

緦亦從嫡莫延無主孫也哭曾自宜別外內之嫌分吉凶之敬謁廟以輿屍見責寧合禮經告人以狂怪見尤豈諧典則太從笞罰有蔭須寬於贖刑告者任還無識不勞於反坐

王智明

智明開元時擢書判拔萃科

對樂官樂司請考判

景任樂司博士教弟子難色五周成請進考所司以不能發蒙教不進考不伏

聖人返古之道崇尚雅樂笙鏞鏘洋絲竹宴衎后夔節響子野垂聽文侯睹而存魏仲尼悅而留齊故列其樂司班以冑子九變至妙五年成聲奏之方澤地祇昇登之圜丘天神降師則獲考所由奚疑童蒙之求可以漸進功不聞教胡用抑為格令無文謂宜憑據

對不受徵判

甲有賜田不受徵稅

王者制田庶人計畝徵孟子之說徹故難移讀公羊之書禁皆不可然則食土之子與執圭之人按籍既有常法加

田固宜不稅此乃行古之道誠非近今之宜甲之所執或未為允

閭隨侯

隨侯開元時人

鎮座石獅子賦 以今日良宴會為韻

有西域之奇獸顯嘉名於古今因匠石之著象非虞羅之所擒若乃良牧見悅觀者同欽以可重而作鎮將制猛以示心仁而能馴似悅君子之德獸用不擾無假虞人之箴爾其拂拭為容剖斷成質臨玉簟而雙麗向雕楹而對出

形勢雄壯似生入戶之風浮彩輕明欲奪臨軒之日用之則進舍之則藏信賢智之堪擬豈飛走之可當幸茲爲玩設彼華堂視之者震來虩虩對之者容自鏘鏘俯以琉璃之砌安以玳瑁之牀芳座豔綺羅之色錦衣染蘭麝之香光耀銅武彩映銀章威慴百城褰帷見之而增懼坐鎮千里伏猛無勞於武張有足不攫若知其豢擾有齒不噬更表於循良豈比夫昔者作貢從來於遠幸蒙處之羅薦承榮靡倦一爲席上之珍幾對高堂之宴棄置爲從於取舍光價幸生乎顧盼觀乎府庭之內莫之爲最其情也無欲於中其質也見神於外既狎人之不恐亦與物而何害願承翦拂之恩長表衣冠之會

西嶽望幸賦

壯哉太華兮爲金方之鎮削成四面壁立千仞勢阨河關兮橫地以傑出氣雄宇宙兮極天而增峻疏鑿則禹封崇則舜歷選列辟咸五載而一巡於昭有唐曷不登以肆覲我聖君之開元一十八載盛靈限乎無外至德與日月齊明寶位與乾坤比大鴻澤洋溢湛恩滂沛萬國同於文軌百蠻襲於冠帶河海清夷風雲昭泰鬼神奔走而奉職玉

帛梯航而入會蕩蕩乎巍巍乎誠聖人之神用也美不可得而稱載至若祖武宗文之業觀風問俗之勤舉由禮兮動爲仁禔百福兮延羣神無文之典咸秩中和之政惟醇邦國之鴻猷克播帝王之盛事畢陳若乃詩書禮義之府禮樂典章之則設金馬石渠之署修成均崇文之職坐公卿以論道養更老而崇德詢善而當宁委裘禮賢而日旰忘食振木鐸而施令正銅儀而御極歌舞盡盛德之容聲明彰具物之飾此聖人之文教也先王剡木爲矢弦木爲弧所以修戎器戒不虞於是簡車徒誓將帥百官象物而動軍政不戒而備重之以三令五申示之以戎昭果毅正卒伍駢部位鵞鸛魚麗兮鴈行鱗次鳴笳疊鼓兮隱天動地自朝及野兮千乘萬騎谷轉山移兮天旋雲被赫赫震震耀武中原兮將除害以興利因農隙而講武事羌夷覩之以奪魄蠻狄聞之以挫氣雖商湯有景亳之命方此以知慙周成有岐陽之蒐比茲而多媿然後班師旅行慶賜穆穆煌煌焉舍爵策勳而飲至此聖人之武功也太原啟聖誕受駿命傳萬代兮本枝盛上黨與王休有烈光應大橫兮天業昌漢高不忘於豐沛光武本起於南陽故踰孟

門越太行鏟危磴夷高岡馬無泛駕兮鑾佩鏘鏘車靡摧
輪兮和鈴鉠鉠紛習霍以電邁震隱轔以軍衆全入乎舊
宮之皇皇思祖宗之艱難詠潛龍於沂康出德教兮修國
章問老病兮勸農桑豈徒率子弟以佐酒歌大風而還鄉
此聖人之巡狩也古者爲高必因邱陵爲下必因川澤去
春陵之天邸望臺駘之星陌黃軒訪道乃逍遥於廣成丹
陵出遊還悵望於姑射踐唐人之舊壤遵漢家之餘迹祠
后土於汾陰盛禮容於瑶席既而泰折啟方壇闢有潔在
盛有牲在滌奏咸池兮羅金石欽瘞繒兮埋玉璧幽髣髴

兮地祇格電輝輝兮神光赫時展豫兮羣瑞臻紛景福兮
隨吾君黃龍降兮應景運寶鼎見兮寫龍文整樓船兮濟
橫汾縱歡樂兮歌白雲此聖人之報地也禮行於郊百神
受職焉禮行於社百貨可極焉既即陰以報地遂就陽而
禮天因吉土歷廣壥跨周服掩秦田萬乘星陳出直城之
郊外八方雲會就京兆之天邊騎雜沓車駢闐赫赫奕奕
而燭川以居乎圜丘之前於是牲用特酒尚元樂以雲門
是重禮以蒼玉爲先推高祖以作配五精率而來旋達上
下合腥膻設柴燎致高煙上帝降監兮享明德子子孫孫

兮萬億年此聖人之禮天也王者受命必升中以因名山
告成功而紀厥美四時以春方首事五嶽以岱宗爲始無
懷以降七十有餘管仲所詳十二而已我皇承先王正統
繼列聖遐軌幽明協同靈物蕃祉故天不愛其寶地不愛
其珍卿雲爛漫而動色醴泉湧溢而流津莫赤匪狐九尾
而自擾莫黑匪烏三趾而來馴況復西鶼比翼東鰈呈鱗
秬黍生於鄗沚苞茅出於江濱一莖九穗之禾備粢盛而
競發雙骼共觝之獸供犧牲而自臻可不謂然乎我皇雖
以地平天清時和歲貞欲行封禪之事猶執謙撝之情則

有冠冕列辟搢紳諸生互陳嘉頌爭獻懇誠候屬車之塵
者率土皆是請闕庭之下者靡日不盈於是備法駕順卜
征襲時服肅天行河洛之人尚觀於後乘鄒魯之地已識
其前旌水湛千年之色山呼萬歲之聲常龍之峯帝鄉之
白雲遥接金雞之岫長安之曉日再明所以登封降禪所
以騰鴻飛英既刻石以頌美亦泥金而告成信四三皇而
六五帝曾何周漢之足名然後審度量正權衡咨岳牧問
黎甿人荷復除之惠家掌牛酒之榮此聖人之東封也宗
廟所以本仁祭祀所以尊祖馨香寧止於黍稷備物必該

於水土故醴醆在堂粢醍在戶歌采茨肆夏之節奏文始五行之舞有來斯雍助我明主祝嘏祠說豈云虛取宜其時和人豐而神降之祜也故所以靈芝秀祥飈興月毳下膏露凝奉先帝而追孝遂加敬於園陵此聖人之致孝也倬彼靈嶽傑出秦畿豁爲巨防壯我皇威雖國家盛德之無限固先王設險而可依雄天府以岌岌符聖壽而巍巍萬物生華稟少陰之精粹五星分緯融太白之光輝俯壓黃壤上干翠微況靈異之所蓄乃神仙之所歸實五鎭之爲首諒羣山之所稀且夫西嶽之爲鎭也大焉西方之爲

義也多矣其色也白白爲五色之質其音也商商爲五音之紀其味也辛辛爲五味之和其行也金金爲五行之始帝則少皞居神位則蓐收在祀歲時有揫斂之功瓌寶多金石之美然所以能協我大君之明命永作固而配天高峙也徒觀其交錯糾紛之勢盤礴峻秀之形巖崿巉巘停停熒熒紛刻峭其若削洞𡸣岈以杳冥樹色凝黛天光結青暗谷崢嶸而藏胚渾之氣幽巖暎暘而化神仙之靈中融寒暑下聞雷霆南澗載陽而北澗停雪西峯見日而東峯見星偉哉靈造上穹昊憑之者永安陟之者難老疊

嶂重巒互稠沓千巖萬壑相縈抱其虛谷也數行發地緣茂松其峻壁也百仞懸崖不生草夫崑閬峙於方外蓬瀛傑於海島皆元聖之所遊非化人之可保豈若茲嶽俯臨京鎬上有明星玉女峯下有長安洛陽道作鎭弁崇於雍豫靈祠化傳於灑掃雖則祀典遠更於百王都未若祚我唐之壽考矣然則神其聰明正直而一旣德則斯輔知信不可失往歲垂天文運宸筆勒苕琬崇望秩云待余安民治國然後徐思其事懿夫俗阜時康今也正惟其日故可揚鴻徽而騰茂實奚不指河潼而嚴警蹕也又欲大康兆

人兮嶽翼化淳四海兮嶽布有沖和無疵癘兮嶽奬定禮樂諧神人兮嶽聽令萬邦胥悅四海肅清禮交樂舉人和政平豈猶茲嶽之所致實維我后之明明又曰斯嶽降神生此多士則庶績咸若百工允釐河東地近領袖旣得乎裴公圯上神人帷幄復歸於張氏況業固磐石城維宗子以爲肺腑之親更任股肱之理惟邦是翰諒在乎此生甫及申豈惟於彼況乎聖德幽運通天至精山靈附化而開石磎路非人而自成舊日隘途將帝道而俱泰從來絕險與太階而共平非我后至聖之所感豈能使造化之力再

呈至乃紫闕東臨黄河北注嘉氣通於郊野休光被於草樹桃林之野佇天馬而來遊蓮花之峯翼華蓋而高度昔禹禪吳會穆幸崑邱既江山勞止徒轍跡空留豈如是嶽不遠皇州何云歲時展狩信亦朝夕可遊今左馮郡縣萬方黎獻僉曰吾王不遊吾何以休吾王不豫吾何以助咸傾想於班瑞之辰屬望幸於肆朝之處國家頻成大禮天下大和豐穰歲積符瑞日多聖人雖欲行謙光遜讓之禮其如天意人欲何其如鬼神符命何誠可備西封之盛儀採東巡之舊制順三秋之仲月升二華而展祭巨靈贔屭

願高掌以扶輪仙廟虛佇欲睟容而警衞尋可封十狀之美盡遙陟七梯之勢命茲毛女執左纛而先驅策彼茅龍隨六馬而高逝坐金機於雲表題玉册於巖際象榻與瑤壇共華石鼓將天聲俱厲如是則鴻猷振於萬古盛烈光於千帝然後臨大河而沈璧更秩於百靈睠東洛以迴鑾永延於億歲已而歸格藝祖道洽華胥更崇太室之事復率東岱之礿遂就恒山而展禮望衡嶠而移車聖主功成永穆羲皇之化小臣多幸敢獻登封之書

員押

押（一作狎）開元時擢書判拔萃科

對學書判

丁學盤盂書庚相爲引重後一云遂學或止之舉庚或止之丁云以此報德

學貴博通九流異軫書稱祕奧四徵攸藏必温故而知新方不朽而致遠丁服勤罔倦考古斯多精孔甲之書方求筮仕獲鄭莊之薦終聞推轂登朝有譽常懷報德之心司敗在官遂致無私之罰此乃韓厥之舉郤詵其人旌國史而無慙訪朝英而罕輩彼或止者何其小哉請息挽弓之

言以錫來車之寶

對祭五嶽判

所司有事恒山用沈辜御史糾失禮不伏

能興雲雨山川有咸秩之文以懸日月祭祀爲不刊之典必考前志是謂禮經或忘甲令寧因官守惟彼恒山鎮茲魏國有虞巡狩玉瑞班乎冀州無恤登臨寶符弁於代郡準天之極括地之維先王是崇上公攸視四時有禮珪璧或闕其瘞埋百代常行牲牢不忘於封劄所司有事故實無稽沈既殊乎大川辜亦非乎小祀山川反覆禮物徒施

職業廢隳。刑章安捨。惠文直指。始跡事而平彈。尸祝無能。遽繁詞而直對。不有丕蔽。何懲曠官。

孟楚瓊

楚瓊開元時擢書判拔萃科。

對無夫修隄堰判

河南諸州申無夫修理隄堰。請與之平價。仍免外徭。省司以為與平價則官無所供。免外徭則公事廢闕。不之許。州訴人實阻饑。恐不及冬成至春復桃花水為害

五材並用。水德靈長。八卦裁成。坎宮流潤。銀河有漂查之浪。金堤苦懸釜之憂。漢書以溝洫興謠。史記乃河渠發詠。疏導得理。編甿以寧。眷彼諸州。是稱修葺。隄堰縱橫。瓠子須切。黎人阻饑。匏瓜莫食。遠由蘭署。庶救梅林。何高見之不同。而平價之無給。夫則非人莫可。人則非食罔存。數日暫勞。猶宜不許。累旬重役。焉可闕如。官供尚且云無。私備奚能取濟。況國家無事。主是唐堯。河內有倉。吏非汲黯。但使準格興役。何必申省拘文。公課自有常程。令式寧無舊例。免徭請價。蒙竊惑焉。

韋縝

縝開元時擢進士第。

讀春令賦

首四時曰春。貞百度曰聖。復其度必聖之元。定其時惟春之孟。太史先謁。以明在木之文。上公奉儀。乃讀行春之令。故漢王修之以展禮。晉后奉之以施敬。伊歷載之或虧。洎我唐之斯盛。若夫太昊統節。勾芒御辰。歷以元而天地更始。氣直震而物候惟新。皇上乃順時令。序彝倫。載青旗之容與。服蒼玉之璘玢。辨色而金貂列位。迎春而玉輅迴輪。爰奉令以進讀。遂授時而發春。俯僂前止。精誠上陳。曉色分於丹陛。韶華發於紫宸。遂煥爵以頒秩。乃布德而昭仁。則知臣職不忝。國典靡闕。修陽事而考陰令。祀朝日而享夕月。陳而未讀。千門之寒氣猶飛。捧而既宣。九有之春輝

已發。覽讀斯竟。慶賜乃行。緩政刑於肅殺。遂性命於生榮。習習和風。扇萬物而條暢。遲遲麗景。照八極之文明。陳盛禮於元辰。酌宏謨於往書。祀為國本。燔柴斯用乎上辛。食惟政先。祈穀必當於太蔟。莫不汩之則斯禍。敘之則斯祐。所以勅上公之恒典。俾疇人之敬授。穆穆祕殿。明明我皇。

體乾道以從事。閱春令而頒方。可謂君奉時而罔失。臣出言而有章。時歷克正。憲度克揚。既同文於戎貊。亦暨教於要荒。諒皇家之宏務。將永世而觀光。

賈登

登開元時官中書舍人。

上陽宮賦

天子卜惟洛食。受於河圖。開上陽之別館。取大壯之規模。爾其則以三象。當乎四術。杳雲構而承天。擎露盤而洗日。俯馳道而將半。臨御溝而對出。疑海上之仙家。似河邊之織室。昔者嚮明南面。十月遊巡。既其避暑。亦以迎春。鏤章霞布。環衛星陳。集諸侯則朝乎萬國。張廣樂則和乎千人。得橫汾於即事。將燕鎬而爲鄰。既而大駕斯去。華宮不御。閉玉戶而藏春。掩金臺而罷曙。見芳草之空積。看桂花之獨著。人多望幸之誠。地惜離宮之處。別有洛陽下客。東魯餘風。辭官北部。對問南宮。賦甘泉於此日。希客薦於揚雄。

奉和聖製喜雨賦

聖人在位。體天法地。示人以五行。應天以五事。修其貌也時雨若。正其言也時暘至。彼氣象之或乖。將反身而可致。皇哉我君。元德數聞。御極而三才交正。乘時而四序平分。十有六年。以至今載。旬有一雨。不愆乎晦。所謂元化之功行於太平之代。粵在春餘而乘夏初。或土官以位。或火正其居。土勝於水。午衡於子。陽景且曜。陰風莫起。當天數之適然。非歲行之常紀。惟帝念茲。聞諸有司。莫獻舞雩之請。或陳齋社之期。省而不錄。云奪農時。直以萬乘之貴。躬親三日之祠。王言既出。聖心惟一。天昭厥誠。神降之吉。霈然爲雨。不俟終日。明明聖后。知微知彰。迪彼炎暑。化爲清涼。恐二氣之相迫。於兆人而不臧。以身作戒。因物考祥。當是時也。收其威而雷不敢作。隱其耀而電不能爍。昭其令而風不憒憒。布其和而氣不交錯。徒以元默爲貞。清明惟神。簡服用。興德仁。如此者上獨感其雲行。下獨成其雨施。六合雖廣。一朝畢被。其始至也。歷亂希微。霧雜烟霏。其少進也。湛覃凌厲。泉飛飈逝。驚碎滴於瑤池。噴懸流於錦砌。傳聲竹樹之末。濯色菱荷之際。秉日月而此多。仰年豐而可計。帝乃罷薰風之絃。奏其雨之篇。歸功於大造。致美於皇天。詞因喜降。義以情傳。是禮也。且高於商武。斯文也。復掩於周宣。非聖德之兼濟。何以臻於此焉。巍乎聖主。謙以自輔慮其率土。猶稱疾苦。申命文武。更求多祐。又吹之以軒后大風。又沐之以殷宗霖雨。潤再洽兮恩重溥。自朝廷兮至草莽。鑠皇篇兮熙帝譜。於胥德兮振萬古。

對凶荒判

豫州昔歲人饑。芋魁所由徵租。百姓不伏。

則以三壤均乎九賦。或從歲計之期。必降時宜之典。荆河惟豫。芋區在蜀。往有菜蔬之色。獲充藜藿之資。采葑以菲。且存下體。如葵非智。斯無衛足。既而吏作輕稅。人因薄言。雖稱漢代有文。頗異堯年作法。且所緣歲損。合豫申陳。六

條初不上言。百姓無從下免。任從收稅。豈謂合宜。

對太室擇嗣判

甲於太室而擇嗣。先幼者。或非之。稱神所命。

立嫡以長。不惟其賢。或有時而捨兄。則因次而謀弟。惟甲克紹先烈。啟迪後生。有高陽之才。聚太邱之德。聿求門子。聽是廟謀。僉斯其繩。雖有衆多之義。雁行以列。然乖長幼之序。義則非據。人斯見尤。必欲搆之以神。何如節之以禮。況楚君遺法。殷家舊制。人實不等。代亦頗殊。縱爲疑義。益彰違越。罪之僭失。在甲宜以準科。懲之後先。其男請從改正。

顏朝隱

朝隱。曲阜人。開元時擢進士第。

對驅儺判

月晦所司。闕堂贈之禮。

室勿自索。凶其罕除。因憑神之道。戒夭厲之災。所以職在夏官。事殷元月。煥其金目。紛若侲童。是知阼階之儀。用符堂贈之禮。況夫時方代序。推蓂砌而已殘。物有札瘥。在桃符而何闕。載紊舊典。合寘彝條。

對小吏持劍判

得乙爲小吏。持劍執燭事。功曹後忽帶劍於槐棄炬於地。功曹將罰之。乙不伏。

天生小人。以事君子。各徇所守。式恭爾位。恪勤或懈。法罰必施。居官之恒。雖細不宥。既署名於小吏。則委質於功曹。持劍爲儀。執炬行夜。乙誠微品。猥搆無良。徒效激節慕奇。不知安卑守道。遂使披蓮寶鍔。向春樹而棄捐。爇桂華熠。委宵途而撲滅。執御洋洋。不爽伊善。爲士諤諤。果貽其傷。空思彊梁。罪欲何逭。

對凶荒判

豫州昔歲人羹芋魁所由徵租百姓不伏

食以爲天農固其本幾缺有秋之稔徒有望歲之憂睠彼荆河實惟菜色豐祥不聞於鳴雀徇急頗見於蹲鴟地雖化於岐山豈臻豐富人已歌於翟氏詎得徵收百姓有詞理固難奪

虞咸

咸開元時擢書判拔萃科

對太室擇嗣判

甲於太室而擇嗣先幼者或非之稱神所命

天子建國諸侯立家率由舊章克備恒典列昭穆以有序承繼嗣而道著粤惟彼甲若昔大猷無忝乃先懋昭有訓同乎班氏思欲斂其家聲類夫韋孟將以傳其祖德雖珪璋克荷而嫡庶尨茂載懷捧翟之倫猶疑幹蠱之嗣協比長幼陰騭廟祧庶降祉以象賢憑靈貺以立德同其楚國先棄疾之當璧方彼衛人乃祁子而順兆神所命也則嘗聞之龜有知焉實在茲矣或非無藝甲擇有孚欲寘於理誰謂其可

張郊

郊開元時擢書判拔萃科

對升高判

解式與長年行因升高不從所視遂杖之式訴州斷關論省科失入

行已以恭執事在敬同人攸往於野則亨茍践禮而不踰必遊目而從睹瞻言解式惟是長年道契三人方擬同心之利名參百行亦專好德之寵行邁云靡邱陵是升覽雲物於五方壯山河於千里不從吾視奚率爾虞事類武侯

且未屈於吳起義同文子仍不徵於叔向禮經有紊櫝楚收威實長者之訓恭何薄言之速訟淫刑以逞外臺於是觸藩寬政荐數仙省準宜一作其射隼

任璆

璆開元時擢書判拔萃科

對萊田不應稅判

勸農使稱萊田舊不應稅州縣令有徵納爲例各自不同或據畝數均收或隨上下加減百姓紛訴使司科均收以不應爲從重科加減以非

法均賦歛州訴恐年飢無以給貸且使司法例
不平不伏處斷

宇宙爲家實惟天府疆理爲畝成賦中邦而九州同風萬國共貫莫不開廬井而平賦稅準沃塉以明勞逸則人狎於野穡而成功是以晉置爰田旣易種於差美周任稍地復出布於不毛相彼萊田是稱餘地舊不應稅今則有徵事將利國法焉循古雖紛若人訟而畧陳地宜何者彼田若焚薙草溝塍相錯稼穡屢登亦可據畝數以均收隨上下而加減必孟春月陳新未卽事不應而可坐處非法而

奚疑況州阻饑饉薄言給貸做均地之法事舉其中軫憂人之道斂從其薄勸農便國待子而行卽宜嶶纆未爲允當

對陂防判

甲秉權決去陂水人相傳云有兩鶬言陂當復
甲以惑衆云飯我豆食羹芋魁科不伏罪

紐金曳組賢不兼利決水窒陂權曷由巳伊甲開町洗務無聞史起之功鳩藪牧臯習爲翟進之理俾初汪萬頃隱長天而不見載翔千仞下高風而有言評其放紛涸將必復而草木震色猶失其潤況曷鹵偏漑孰不思肥寄黃鶬而遺音食蹲鴟而猶美且受羹含菽利不天來委畝宿糧事資陂漲今奪衆水不及私恩是曰殘人何以富俗更收威也能無辭乎與其秉權以求利曷若乘祿以自馭請遏其清映之流罔慾我宜鱗之所